KB068744

최신보험수리학 연습

오창수 · 김경희 지음

박영사

제1판 서 문

　현재 보험수리학 분야는 국제회계기준 2단계의 도입을 앞두고 큰 변혁의 시점에 놓여있다. 기존의 계산식에 의한 보험료산출과 책임준비금산출이 국제회계기준의 도입과 함께 현금흐름방식의 보험료산출과 부채의 평가로 바뀌는 대 변혁기에 놓여있다. 이러한 변화는 보험수리학의 패러다임의 변화이기 때문에 그동안 우리가 경험해보지 못했던 근본적인 대 변혁이다. 본 교재는 이러한 변화에 능동적으로 대처하는데 필요한 새로운 이론들을 대거 포함하고 있다.

　보험수리학을 공부하는 방법은 논리적으로 잘 저술된 기본 교재를 중심으로 공부하는 것이 우선 필요할 것이다. 그 다음에 여러 가지 유형의 문제를 체계적으로 풀어나간다면 기본 교재에서 공부하였던 공식이나 내용들에 대한 이해가 깊어질 수 있다. 따라서 보험수리학을 학습하는데 있어서 많은 문제들을 풀고 이해하는 과정이 필수적인 학습의 단계라고 생각한다. 이러한 관점에서 본서에서는 각 장마다 꼭 필요한 문제들을 풍부하게 제공하고 있다. 본서에서 제공하는 정도의 문제 수준과 분량이면 보험수리학을 충실히 공부할 수 있을 것으로 생각한다.

　본서는 우리나라 보험수리학의 대표적 저서인「최신보험수리학」의 연습문제 풀이와 추가적인 심화학습문제들을 자세히 설명한 내용들을 포함하고 있다. 본서에서는 최신의 보험수리학 이론을 학습하기에 필요한 연습문제와 심화학습문제들을 충분히 제공하고 있으며 기존 문제에 새롭게 추가된 연습문제들과 심화학습문제들의 대부분은 여러 가지 자료를 참고로 하여 저자들이 새롭게 만들었다. 본서와「최신보험수리학」을 학습하면 미국의 보험계리사시험(SOA Exam)과 국내 보험계리사 1차 시험 및 2차 시험을 완벽하게 준비할 수 있을 것으로 판단된다. 본 교재의 연습문제나 심화학습문제들은 그 내용이 방대하고 저자들이 새롭게 만든 문제나 문제풀이들이 많기 때문에 설명과정이나 문제풀이에 더 좋은 방법 등이 있을 수 있다. 이러한 더 좋은 설명방법 등에 대하여 독자들의 적극적인 의견들을 기대하며 좋은 코멘트들은 적극적으로 수용할 예정이다. 본서는 독자들의 의견을 항상 들을 수 있게 하는 개방형 시스템으로 운영할 예정이며, 독자들의 좋은 의견들은 다음 개정판에 반영하여 더 좋은 보험수리학 참고 교재로 만들어갈 계획이다. 많은 보험수리학도들의 참여로 우리나라 보험수리학이 더 높은 단계로 발전하기를 소망한다.

　　본서는 영업보험료식 책임준비금, 마르코프모형을 이용한 다중상태모형, 현금흐름분석 등 최근에 발전된 새로운 이론들과 국제적 기준의 보험계리제도에 응용될 수 있는 이론들을 충실히 포함하고 있다. 본서에서는 이러한 새로운 토픽들에 대하여 많은 연습문제들을 제공하고 있으며 또 어려운 문제들에 대한 풀이를 자세히, 이해하기 쉽게 제시하려고 노력하였다. 너무나 긴긴 시간 동안 저자들은 보험수리학 저술 작업에 몰두하면서 그동안 어떻게 수많은 계절들이 바뀌었는지 모를 정도로 본서와 최신보험수리학 3판의 저술 작업에 온 힘을 쏟았다. 본서의 문제 하나 하나마다 온 정성을 쏟았으며, 연습문제 풀이 하나 하나에 심혈을 기울였다. 보험수리학도의 학습에 조금이라도 도움을 주기 위하여 편집과 교정에도 반년 가까운 시간을 투입하면서 읽기 편한 책자로 만들어 나갔다. 이러한 혼신의 노력으로 탄생된 본서가 향후 우리나라 보험수리학의 발전에 큰 기여를 하기를 기대한다.

　　본서의 저술 작업은 국내 유일의 대학원 보험학과/보험계리학과인 한양대학교 일반대학원 금융보험학과와 관련된 많은 분들의 전폭적인 도움과 지원을 받았다. 본서의 개정 작업에 도움을 준 최양호 교수, 심현우 교수, 유인현 박사, 김지운 군, 곽재구 군, 정지훈 군에게 감사드린다. 이 분들의 노력이 없었으면 본서가 지금과 같이 발간되기는 어려웠을 정도로 많은 노력을 해 주셨다. 그리고 7장과 11장의 저술과 관련된 실무적 자료 제공과 도움 말씀을 해 주신 안치홍 대표, 오승철 박사, 서재영 본부장, 김훈기 부장, 김형근 대표, 김상범 팀장, 강범수 팀장, 서유남 대리에게도 고마움을 전한다. 또한 본서를 출간하는데 도움을 주신 박영사의 안종만 회장님, 안상준 상무님, 조성호 부장님, 박광서 대리님, 까다로운 편집과 교정에 너무 고생하시고 애써 주신 김선민 부장님, 배우리 님을 비롯한 박영사 직원분들과 홍익 m&b의 김진홍 대표님과 직원분들께도 진심으로 감사를 드린다.

2014. 8.

저 자

차   례

제11장 **현금흐름분석** ————————————————————— 997

부록 **한국 보험계리사 시험문제** ——————————————— 1069

제 **1** 장

이자론

Ⅰ. 기초이론

1. $a(t)$와 $a^{-1}(t)$

이자율, 할인율		단위종가함수 $a(t)$	단위할인함수 $\dfrac{1}{a(t)}$
복리	i	$(1+i)^t$	$v^t = (1+i)^{-t}$
	$i^{(m)}$	$\left[1 + \dfrac{i^{(m)}}{m}\right]^{mt}$	$\left[1 + \dfrac{i^{(m)}}{m}\right]^{-mt}$
	d	$(1-d)^{-t}$	$(1-d)^t$
	$d^{(m)}$	$\left[1 - \dfrac{d^{(m)}}{m}\right]^{-mt}$	$\left[1 - \dfrac{d^{(m)}}{m}\right]^{mt}$
	δ	$e^{\delta t}$	$e^{-\delta t}$
단리	i	$1 + it$	$(1+it)^{-1}$
	d	$(1-dt)^{-1}$	$1 - dt$

2. δ_t(δ가 변동하는 경우)

(i) $\delta_t = \dfrac{a'(t)}{a(t)}$ $\qquad\qquad\qquad$ $\delta_t = \dfrac{d}{dt} \ln a(t)$

(ii) $a(t) = \exp\left[\displaystyle\int_0^t \delta_s \, ds\right]$

(iii) $\displaystyle\int_{t_1}^{t_2} \delta_t \, dt = \int_{t_1}^{t_2} \frac{d}{dt} \ln a(t) \, dt = \ln\left[\frac{a(t_2)}{a(t_1)}\right]$

$\exp\left[\displaystyle\int_{t_1}^{t_2} \delta_t \, dt\right] = \frac{a(t_2)}{a(t_1)}$

(iv) $\exp\left[\displaystyle\int_{t_1}^{t_2} \delta_t \, dt\right] = \exp\left[\displaystyle\int_0^{t_2} \delta_t \, dt - \int_0^{t_1} \delta_t \, dt\right] = \dfrac{\exp\left[\displaystyle\int_0^{t_2} \delta_t \, dt\right]}{\exp\left[\displaystyle\int_0^{t_1} \delta_t \, dt\right]} = \dfrac{a(t_2)}{a(t_1)}$

(v) $\text{AVF}_{t_1, t_2} = \exp\left[\displaystyle\int_{t_1}^{t_2} \delta_t \, dt\right]$ t_1에 투자된 1원에 대한 t_2시점에서의 종가

(Accumulated Value Factor)

(vi) $\mathrm{PVF}_{t_1, t_2} = \exp\left[-\int_{t_1}^{t_2} \delta_t \, dt\right]$ t_2시점에서 1원에 대한 t_1에서의 현가

  (Present Value Factor)

3. 확정연금(전화기간 = 매회 지급기간)

(i) $a_{\overline{n}|} = \dfrac{1 - v^n}{i}$ $\qquad$ $s_{\overline{n}|} = \dfrac{(1+i)^n - 1}{i}$

(ii) $\ddot{a}_{\overline{n}|} = \dfrac{1 - v^n}{d}$ $\qquad$ $\ddot{s}_{\overline{n}|} = \dfrac{(1+i)^n - 1}{d}$

$\left(d = \dfrac{i}{1+i} = iv = 1 - v = i - id \right)$

(iii) $\ddot{a}_{\overline{n}|} = a_{\overline{n}|}(1+i)$ $\qquad$ $\ddot{a}_{\overline{n}|} = a_{\overline{n-1}|} + 1$

(iv) $_{m|}a_{\overline{n}|} = v^m a_{\overline{n}|} = a_{\overline{m+n}|} - a_{\overline{m}|}$

(v) $\ddot{a}_{\overline{\infty}|} = \dfrac{1}{d}$ $\qquad$ $a_{\overline{\infty}|} = \dfrac{1}{i}$

4. 확정연금(전화기간 > 매회 지급기간)

(i) $a_{\overline{n}|}^{(m)} = \dfrac{1 - v^n}{i^{(m)}}$ $\qquad$ $s_{\overline{n}|}^{(m)} = \dfrac{(1+i)^n - 1}{i^{(m)}}$

(ii) $\ddot{a}_{\overline{n}|}^{(m)} = \dfrac{1 - v^n}{d^{(m)}} = \dfrac{d}{d^{(m)}} \ddot{a}_{\overline{n}|}$ $\qquad$ $\ddot{s}_{\overline{n}|}^{(m)} = \dfrac{(1+i)^n - 1}{d^{(m)}} = \dfrac{d}{d^{(m)}} \ddot{s}_{\overline{n}|}$

(iii) $a_{\overline{\infty}|}^{(m)} = \dfrac{1}{i^{(m)}}$ $\qquad$ $\ddot{a}_{\overline{\infty}|}^{(m)} = \dfrac{1}{d^{(m)}}$

5. 기본적인 변동연금(전화기간 = 매회 지급기간)

(i) $(Ia)_{\overline{n}|} = \dfrac{\ddot{a}_{\overline{n}|} - nv^n}{i}$ $\qquad$ $(Is)_{\overline{n}|} = \dfrac{\ddot{s}_{\overline{n}|} - n}{i}$

(ii) $(I\ddot{a})_{\overline{n}|} = \dfrac{\ddot{a}_{\overline{n}|} - nv^n}{d}$ $\qquad$ $(I\ddot{s})_{\overline{n}|} = \dfrac{\ddot{s}_{\overline{n}|} - n}{d}$

(iii) $(Da)_{\overline{n}|} = \dfrac{n - a_{\overline{n}|}}{i}$ $\qquad$ $(D\ddot{a})_{\overline{n}|} = \dfrac{n - a_{\overline{n}|}}{d}$

6. 영구연금

(i) $(Ia)_{\overline{\infty}|} = \dfrac{1}{id}$ $\qquad\qquad$ $(I\ddot{a})_{\overline{\infty}|} = \dfrac{1}{d^2}$

(ii) n년거치 기시급 영구연금의 현가: $L_n = \dfrac{v^n}{d}$

(iii) n년거치 기시급 누가영구연금의 현가: $I_n = \dfrac{v^n}{d^2}$

1.1 기본연습문제

01 일정액(즉, $A(0)$)이 4년 동안 투자되었다. $d_1 = 0.1$, $i_2 = 0.2$, $A(2) = 100$, $d_3 = 0.2$, $i_4 = 0.1$일 때 4년 동안 부리된 이자의 총액을 구하시오.

풀이

4년 동안 부리된 이자의 총액을 구하기 위해 $A(0)$, $A(4)$를 구해보자.

$$A(1) = \frac{A(2)}{1+i_2} = \frac{100}{1.2}\text{이므로}$$

$$A(0) = (1-d_1)A(1) = (1-0.1)\frac{100}{1.2} = 75$$

$$A(3) = \frac{A(2)}{1-d_3} = \frac{100}{0.8}\text{이므로 } A(4) = A(3)(1+i_4) = \frac{100}{0.8}(1.1) = 137.5$$

따라서 4년 동안 부리된 이자의 총액은 $A(4) - A(0) = 137.5 - 75 = 62.5$

02 10,000원을 3년 동안 은행으로부터 대출받을 경우, 다음 가정하에서 I_1, I_2, $A(3)$을 구하시오.

(a) 단리이율 $i = 0.05$ $\qquad\qquad$ (b) 복리이율 $i = 0.05$

풀이

(a) $I_1 = A(1) - A(0) = 10000 \times (1+0.05) - 10000 = 500$

$$I_2 = A(2) - A(1) = 10000 \times (1 + 2 \times 0.05) - 10000(1 + 0.05) = 500$$

$$A(3) = 10000 \times (1 + 3 \times 0.05) = 11500$$

(b) $I_1 = A(1) - A(0) = 10000 \times 1.05 - 10000 = 500$

$$I_2 = A(2) - A(1) = 10000 \times 1.05^2 - 10000 \times 1.05 = 525$$

$$A(3) = 10000 \times 1.05^3 = 11576.25$$

03 어떤 복리체계의 이율하에서 투자된 1원이 $x+2y$년 후에 20원이 되고, 투자된 1원이 $2x+y$년 후에 50원이 된다. 이때 1원이 투자되었을 때 $x+y$년 후의 금액을 구하시오.

풀이

$$1 \times (1+i)^{x+2y} = 20 \quad \cdots\cdots ①$$

$$1 \times (1+i)^{2x+y} = 50 \quad \cdots\cdots ②$$

① × ② $= (1+i)^{3(x+y)} = 1000$이므로 $1 \times (1+i)^{x+y} = 10$

04 복리 i하에서 투자된 금액이 n년 후에 2배가 된다. 복리 $2.04i$에서 투자된 금액은 $\frac{n}{2}$년 후에 2배가 될 때 i를 구하시오.

풀이

$(1+i)^n = (1+2.04i)^{\frac{n}{2}}$이고 $(1+i)^2 = 1 + 2.04i$이므로 $i^2 - 0.04i = 0$

$i \neq 0$이므로 $i = 0.04$

05 A는 10,000원을 3년 동안 은행에 예금하였다. B는 10,000원을 A와 동일한 은행에 예금한 후 2년 후에 원금과 이자를 인출하여 바로 같은 은행에 예금하였다. 적용되는 모든 예금이자가 단리이율 5%일 때, A와 B가 예금한 10,000원의 3년 후의 종가를 구하시오.

풀이

A가 예금한 10,000원에 대한 3년 후의 종가를 $\mathrm{AV_A}$라고 하면

$$\mathrm{AV_A} = 10000\,a(3) = 10000(1 + 3 \times 0.05) = 11500$$

B가 예금한 10,000원에 대한 3년 후의 종가를 $\mathrm{AV_B}$라고 하면

$$\mathrm{AV_B} = 10000\,a(2)(1 + 0.05) = 10000(1 + 2 \times 0.05)(1 + 0.05) = 11550$$

06 생명보험의 보험수익자가 보험금에 대하여 다음과 같이 두 가지 제안을 받았다.

(i) 10시점에 10,000원을 지급

(ii) 0시점에 1,000원을, n시점에 3,000원을, $2n$시점에 5,000원을 지급

연간이자율이 i일 때, 두 가지 제안은 동일하다고 한다. $v^n = 0.85$를 이용하여 i를 구하시오.

> **풀이**

제안 (i)의 현금흐름의 현가를 PV1, 제안 (ii)의 현금흐름의 현가를 PV2라고 하자.

PV1 $= 10000v^{10}$, PV2 $= 1000 + 3000v^n + 5000v^{2n}$이고 PV1 $=$ PV2이므로

$$10000v^{10} = 1000 + 3000 \times 0.85 + 5000 \times 0.85^2 = 7162.5$$

$$v^{10} = 0.71625$$ 이므로 $i = 0.033936$

07 A는 0시점에 100원을 적립하고 5시점에 300원을 적립하였다. 적용되는 이자율은 단리이율 10%이다. B는 n시점에 100원을 적립하고 $2n$시점에 300원을 적립하였다. 적용되는 이자율은 복리이율 8%이다. 12시점에서 A와 B의 적립금이 동일하다고 할 때 n을 구하시오. (단, $2n < 12$)

> **풀이**

n시점에서 A의 적립금을 AV_n^A, B의 적립금을 AV_n^B라고 하자.

$AV_{12}^A = AV_{12}^B$이므로 각각을 구해보면

$$AV_{12}^A = 100\,a(12) + 300\,a(7) = 100(1 + 0.1 \times 12) + 300(1 + 0.1 \times 7)$$

$$= 730$$

$$AV_{12}^B = 100(1.08)^{12-n} + 300(1.08)^{12-2n} = 251.82v^n + 755.45v^{2n}$$

$$730 = 251.82v^n + 755.45v^{2n}$$ 이고 $755.45v^{2n} + 251.82v^n - 730 = 0$이므로

$$v^n = 0.830372$$

양변에 $\ln$을 취해주면 $n \ln v = \ln 0.830372$

따라서 $n = \dfrac{\ln 0.830372}{-\ln 1.08} = 2.415267$

08 25세인 A는 3,000원씩 두 번의 지급액을 받기로 하였다. n시점에 처음 지급을 받고 $n + 10$시점에 두 번째의 지급을 받는다고 할 때, 두 번째 지급을 받을 때의 A의 나이를 구하시오. 단, $i = 0.05$이고 각 지급액의 현가의 합은 3,500원이다.

> **풀이**

총지급액의 현가는

$3000\,(v^n + v^{n+10}) = 3500$이고 $v^n + v^{n+10} = v^n(1 + v^{10}) = 1.166667$이므로

$$v^n = \frac{1.166667}{1 + 1.05^{-10}} = 0.72288$$

$n \ln v = \ln 0.72288$이므로 $\ n = \dfrac{\ln 0.72288}{-\ln 1.05} = 6.651178$이고 $\ n + 10 = 16.651178$이므로 두 번째 지급을 받을 때의 A의 나이는 $25 + 16.651178 = 41.651178$세이다.

09 $\left(\dfrac{d}{dv}\,\delta\right) \cdot \left(\dfrac{d}{di}\,d\right) = -v$ 가 성립됨을 보이시오.

> **풀이**

$d = \dfrac{i}{1+i}, \ \dfrac{d}{di}\,d = \dfrac{(1+i)-i}{(1+i)^2} = v^2$이고

$\delta = -\ln v, \ \dfrac{d}{dv}\,\delta = -\dfrac{1}{v}$ 이므로 $\left(\dfrac{d}{dv}\,\delta\right) \cdot \left(\dfrac{d}{di}\,d\right) = -\dfrac{1}{v} \cdot v^2 = -v$

10 다음 각각의 가정하에서 $a(5)$를 구하시오.

(a) 단할인율(simple discount rate)은 5%이다.

(b) 단리(simple interest rate)는 5%이다.

(c) 복리하에서 실이율(effective rate of interest)은 5%이다.

(d) 복리하에서 명목이율 $i^{(12)}$는 5%이다.

(e) 복리하에서 명목할인율 $d^{(4)}$는 5%이다.

> **풀이**

(a) $a(5) = \dfrac{1}{1 - 5d} = \dfrac{1}{1 - 5 \times 0.05} = 1.333333$

(b) $a(5) = (1 + 5i) = (1 + 0.05 \times 5) = 1.25$

(c) $a(5) = (1+i)^5 = 1.05^5 = 1.276282$

(d) $a(5) = (1+i)^5 = \left(1 + \dfrac{i^{(12)}}{12}\right)^{12 \times 5} = \left(1 + \dfrac{0.05}{12}\right)^{60} = 1.283359$

(e) $a(5) = (1+i)^5 = \left(1 - \dfrac{d^{(4)}}{4}\right)^{-4 \times 5} = \left(1 - \dfrac{0.05}{4}\right)^{-20} = 1.28605$

11 A은행에서 100만원을 대출받을 경우, 명목이율 $i^{(4)} = 0.06$이 적용되고 B은행에서 100만원을 대출받을 경우, 연간실이율 $i = 0.061$가 적용된다고 하자. 두 은행의 대출 조건의 차이를 설명하시오.

풀이

A은행은 대출금에 대하여 매 분기 $\dfrac{i^{(4)}}{4} = \dfrac{0.06}{4} = 0.015$가 적용되며, 이를 연간실이율로 나타내면 $(1+i) = \left(1 + \dfrac{i^{(4)}}{4}\right)^4$이므로 $i = 0.061364$이다. B은행은 대출금에 대하여 매년 $i = 0.061$의 이자율을 적용하므로 B은행에서 대출받는 것이 대출이자를 덜 지급한다는 것을 알 수 있다.

12 100원이 $\delta_t = \dfrac{1}{1+2t}$로 4년간 적립되었을 때의 종가와 같게 만드는 $d^{(4)}$를 구하시오.

풀이

$a(t) = \exp\left(\displaystyle\int_0^t \dfrac{1}{1+2r}\,dr\right) = \exp\left(\dfrac{1}{2}\left[\ln(1+2r)\right]_0^t\right) = \sqrt{1+2t}$ 이므로

100원이 4년간 적립되었을 때의 종가는 $100\,a(4) = 100\sqrt{1+8} = 300$

$300 = 100\left(1 - \dfrac{d^{(4)}}{4}\right)^{-4\times4}$ 이므로 $d^{(4)} = 0.265$

13 A는 현재($t=0$시점) 은행으로부터 70,000원을 대출하였다. 그 후 1년 후($t=1$)에 20,000원을, 5년 후($t=5$)에 10,000원을 추가로 대출하였다. 이때 A가 은행으로부터 대출한 총대출금액 100,000원에 대한 현가를 PV1이라고 하자. 한편 B는 t시점에 은행으로부터 100,000원을 대출하였다. B가 은행으로부터 대출한 100,000원에 대한 현가를 PV2라고 할 때 PV1 = PV2가 되는 t를 구하시오($i^{(12)} = 0.1$를 이용하시오).

풀이

[풀이 1]

$$v = \left(1 + \dfrac{i^{(12)}}{12}\right)^{-12} = \left(1 + \dfrac{0.1}{12}\right)^{-12} = 0.905212 \text{이므로}$$

$\text{PV1} = 70000 + 20000v + 10000v^5$

$\qquad = 70000 + 20000 \times 0.905212 + 10000 \times 0.905212^5 = 94182.11149$

$\text{PV2} = 100000v^t = 100000\,(0.905212)^t$

PV1 = PV2이므로 $94182.11149 = 100000\,(0.905212)^t$

따라서 $t = \dfrac{\ln 0.9418211149}{\ln 0.905212} = 0.6018903897$

[풀이 2]

한달간의 실이율 j는 $j = \dfrac{i^{(12)}}{12} = \dfrac{1}{120}$, t의 단위를 연으로 하면

$$70000 + 20000\,v_j^{12} + 10000\,v_j^{60} = 100000\,v_j^{12t}$$

여기서 $v_j = \dfrac{1}{1 + (1/120)}$, $v_j^{12} = 0.905212429$ 이므로

$$94182.13451 = 100000(0.905212429)^t$$

$$t = \frac{\ln 0.9418213451}{\ln 0.905212429} = 0.6018907997$$

14 기금 A는 $i^{(12)} = 12\%$로 적립되고 기금 B는 $\delta_t = \dfrac{t}{6}$ 로 적립된다. $t = 0$에서 기금 A와 기금 B의 금액이 같을 때 두 기금의 종가가 같아지는 시간인 t^* $(t^* > 0)$의 값을 구하시오. ($\ln 1.01 = 0.00995$)

풀이

종가함수를 이용하면 $a(t^*) = \exp\left(\displaystyle\int_0^{t^*} \dfrac{t}{6}\, dt\right) = \exp\left(\dfrac{(t^*)^2}{12}\right)$

$(1.01)^{12t^*} = \exp\left(\dfrac{(t^*)^2}{12}\right)$ 이므로 $12 t^* \ln(1.01) = \dfrac{(t^*)^2}{12}$

따라서 $t^* = 144 \ln(1.01) = 1.4328$

15 $\dfrac{\left[1 + \dfrac{i^{(2)}}{2}\right]\left[1 + \dfrac{i^{(3)}}{3}\right]\left[1 + \dfrac{i^{(6)}}{6}\right]}{\left[1 - \dfrac{d^{(2)}}{2}\right]\left[1 - \dfrac{d^{(3)}}{3}\right]\left[1 - \dfrac{d^{(6)}}{6}\right]} = (1+i)^2$ 임을 증명하시오.

풀이

$$\frac{\left[1 + \dfrac{i^{(2)}}{2}\right]\left[1 + \dfrac{i^{(3)}}{3}\right]\left[1 + \dfrac{i^{(6)}}{6}\right]}{\left[1 - \dfrac{d^{(2)}}{2}\right]\left[1 - \dfrac{d^{(3)}}{3}\right]\left[1 - \dfrac{d^{(6)}}{6}\right]} = \frac{(1+i)^{\frac{1}{2}}(1+i)^{\frac{1}{3}}(1+i)^{\frac{1}{6}}}{(1-d)^{\frac{1}{2}}(1-d)^{\frac{1}{3}}(1-d)^{\frac{1}{6}}}$$

$$= \frac{1+i}{1-d} = \frac{1+i}{v} = (1+i)^2$$

16 2022년 7월 1일에 A는 1,000원을 이력 $\delta_t = \dfrac{3+2t}{50}$ 로 투자하였다. 여기서 t 는 2022년 1월 1일부터 경과한 시간(단위: 년)을 말한다. 2023년 1월 1일의 종가를 구하시오.

풀이

$$종가 = 1000 \exp\left(\int_{\frac{1}{2}}^{1} \frac{3+2t}{50}\, dt\right) = 1000 \exp\left(\frac{1}{50}\left[3t + t^2\right]_{1/2}^{1}\right)$$

$$= 1000 \exp\left(\frac{4}{50} - \frac{7}{200}\right) = 1000\, e^{0.045} = 1046.03$$

17 1원이 투자되어서 8원이 될 때까지의 시간 n을 구하시오. 단, 이력 $\delta = 0.04$이고 $\ln 2 = 0.693$이다.

풀이

$(1 + i)^n = e^{\delta n}$를 이용하면 $e^{0.04n} = 8$

따라서 $n = \dfrac{\ln 8}{0.04} = \dfrac{3 \ln 2}{0.04} = 51.986$

18 $t = 0$에서 투자된 원금이 $t = 7$에서 1,000원이 되었다. $\delta_t = 0.03 + 0.001t$, $(t > 0)$일 때, $t = 4$에서의 종가를 구하시오.

풀이

[풀이 1]

$$A(7) = A(0)\,a(7) = A(0) \times \exp\left(\int_0^7 \delta_t\,dt\right) = A(0) \times \exp\left(\int_0^7 (0.03 + 0.001t)\,dt\right)$$

$$= A(0) \times \exp\left([0.03t + 0.0005t^2]_0^7\right) = 1.264276\,A(0) = 1000 \text{이므로}$$

$$A(0) = 790.9665$$

따라서

$$A(4) = A(0)\,a(4) = A(0) \times \exp\left(\int_0^4 \delta_t\,dt\right)$$

$$= A(0) \times \exp\left(\int_0^4 (0.03 + 0.001t)dt\right)$$

$$= A(0) \exp\left([0.03t + 0.0005t^2]_0^4\right) = 790.9665 \times 1.136553$$

$$= 898.98$$

[풀이 2]

핵심요약에서 $\mathrm{PVF}_{t_1, t_2} = \exp\left[-\int_{t_1}^{t_2} \delta_t\,dt\right]$ 이므로

$$\mathrm{PV} = 1000 \exp\left[-\int_4^7 (0.03 + 0.001t)\,dt\right]$$

$$= 1000 \exp\left[-[0.03t + 0.0005t^2]_4^7\right]$$

$$= 1000 \exp[-0.1065] = 898.9750$$

[풀이 1]보다는 [풀이 2]로 푸는 것이 더 효율적임을 알 수 있다.

19 t시점에서의 이력 δ_t가 다음과 같을 때, (a)와 (b)를 구하시오.

$$\delta_t = \begin{cases} 0.03, & 0 < t \le 3 \\ 0.01(t^2 - t), & t > 3 \end{cases}$$

(a) $a(7)$　　　　　　　　　(b) $t = 7$시점의 100원에 대한 $t = 0$에서의 현재가치

풀이

(a) 핵심요약에서 설명된 AVF_{t_1, t_2}의 개념을 이용하면

$$a(7) = \exp\left[\int_0^7 \delta_t \, dt\right] = \exp\left[\int_0^3 0.03 \, dt\right] \exp\left[\int_3^7 0.01 (t^2 - t) \, dt\right]$$

$$= \exp\left[0.03 \times 3\right] \exp\left[0.01\left[\frac{t^3}{3} - \frac{t^2}{2}\right]_3^7\right]$$

$$= 2.568529$$

(b) t의 범위에 따라 δ_t가 다른 경우, $t = 7$시점의 1원에 대한 $t = 0$에서의 현가는 핵심요약에서 설명된 PVF_{t_1, t_2}의 개념을 이용하면 다음과 같이 구할 수 있다.

$$\text{PVF}_{0,7} = \text{PVF}_{3,7} \times \text{PVF}_{0,3}$$

$$= \exp\left[-\int_3^7 0.01 (t^2 - t) \, dt\right] \exp\left[-\int_0^3 0.03 \, dt\right]$$

$$= \exp\left[-0.01\left[\frac{t^3}{3} - \frac{t^2}{2}\right]_3^7\right] \exp\left[-0.03 \times 3\right] = 0.389328$$

$$\text{PV} = 100 \, \text{PVF}_{0,7} = 100(0.389328) = 38.9328$$

20 $a(t) = K t^2 + L t + M \, (0 \le t \le 2)$이고, $a(0) = 100$, $a(1) = 110$, $a(2) = 136$일 때 $t = \dfrac{1}{2}$에서의 이력 $\delta_{1/2}$을 구하시오.

풀이

$$\delta_t = \frac{a'(t)}{a(t)} = \frac{2K t + L}{K t^2 + L t + M} \text{이며,}$$

연립방정식

$$a(0) = M = 100, \quad a(1) = K + L + M = 110, \quad a(2) = 4K + 2L + M = 136$$

을 풀면 $K = 8$, $L = 2$, $M = 100$

$$\text{따라서 } \delta_{1/2} = \frac{(2)(8)\left(\dfrac{1}{2}\right) + 2}{(8)\left(\dfrac{1}{2}\right)^2 + (2)\left(\dfrac{1}{2}\right) + 100} = \frac{10}{103} = 0.09709$$

21 다음 자료를 이용하여 (기금 A − 기금 B)가 최대가 되는 시점 t를 구하시오.

(i) $\delta_t = \dfrac{3t^2 + 2}{t^3 + 2t + 5}$, $\quad 0 \le t \le 1$　　　　(ii) i는 δ_t와 상등한 값이다.

(iii) 기금 A는 단리이율 i로 적립하고, 기금 B는 δ_t로 적립한다.

(iv) 시점 $t = 0$에서 1원이 기금 A와 기금 B에 투자된다.

풀이

(ii)로부터 $1 + i = \exp\left[\int_0^1 \delta_t \, dt\right] = \exp\left[\int_0^1 \dfrac{3t^2 + 2}{t^3 + 2t + 5} \, dt\right]$

$\qquad\qquad = \exp\left[\left[\ln(t^3 + 2t + 5)\right]_0^1\right] = \exp\left[\ln\left(\dfrac{8}{5}\right)\right] = \dfrac{8}{5} = 1.6$

따라서 $i = 0.6$

$f(t)$를 t시점에서의 기금 A$-$ 기금 B라고 하면

$$f(t) = (1 + 0.6t) - \exp\left[\int_0^t \dfrac{3r^2 + 2}{r^3 + 2r + 5} \, dr\right]$$

$$= \dfrac{10 + 6t}{10} - \exp\left[\left[\ln(r^3 + 2r + 5)\right]_0^t\right] = \dfrac{10 + 6t}{10} - \dfrac{t^3 + 2t + 5}{5}$$

$f(t)$가 최대가 되는 시점 t는 $f'(t) = 0$이 되는 t이다.

$f'(t) = \dfrac{6}{10} - \dfrac{3t^2 + 2}{5} = 0$이므로 $t = 0.57735$

$f''(t) = -\dfrac{6}{5}t$이므로 $f''(0.57735) < 0$이 되므로 최대값을 체크할 수 있다.

22 $\ddot{a}_{\overline{n}|} = 7.536$, $\ddot{s}_{\overline{n}|} = 18.997$일 때 d의 값을 구하시오.

풀이

[풀이 1]

$\dfrac{1}{\ddot{s}_{\overline{n}|}} + d = \dfrac{1}{\ddot{a}_{\overline{n}|}}$ 을 이용하면 $\dfrac{1}{18.997} + d = \dfrac{1}{7.536}$ 이므로 $d = 0.08$

[풀이 2]

$$v^n \ddot{s}_{\overline{n}|} = \ddot{a}_{\overline{n}|}, \qquad v^n = 0.397$$

$$\ddot{a}_{\overline{n}|} = \dfrac{1 - v^n}{d} = \dfrac{1 - 0.397}{d} = 7.536$$

따라서 $d = 0.08$

23 0시점에서의 현가를 (a), (b), (c)로 나타냈을 때 틀린 것을 각각 고치시오.

	100	100	100	100	300	300	300	300	300	200	200	200	200	200
0	1	2	3	4	5	6	7	8	9	10	11	12	13	14

(a) $100 a_{\overline{4}|} + 300 v^5 a_{\overline{5}|} + 200 v^{14} s_{\overline{5}|}$

(b) $(300 s_{\overline{10}|} - 100 s_{\overline{5}|}) v^{14} - 100 a_{\overline{4}|}$

(c) $200 a_{\overline{14}|} + 100 a_{\overline{10}|} - 200 a_{\overline{4}|}$

> **풀이**

각 기호의 의미를 생각해보면 알 수 있다.

(a) $300 v^4 a_{\overline{5}|} (v^5 \rightarrow v^4)$이나 $300 v^5 \ddot{a}_{\overline{5}|} (a_{\overline{5}|} \rightarrow \ddot{a}_{\overline{5}|})$

(b) $-100 a_{\overline{4}|} \rightarrow +100 a_{\overline{4}|}$

(c) $100 a_{\overline{10}|} \rightarrow 100 a_{\overline{9}|}$

24 A기업은 55세에 퇴직하는 종업원에 대하여 매해말에 100,000원씩 10년간 지급하는 퇴직연금을 고려하고 있다. 이를 위해 지금부터 매해초 x원씩 7년간 적립하여 퇴직 연금을 지급할 수 있는 기금을 마련하려고 한다. 지급과 적립에 적용되는 이자율을 5%라고 가정할 때, x를 구하시오.

> **풀이**

$x \ddot{s}_{\overline{7}|} = 100000 a_{\overline{10}|}$을 만족하는 x를 구해보자.

$$100000 a_{\overline{10}|} = 100000 \left[\frac{1 - (1.05)^{-10}}{0.05} \right] = 772173.4929$$

$$\ddot{s}_{\overline{7}|} = \frac{(1+i)^7 - 1}{d} = \frac{(1+i)^7 - 1}{i/(1+i)} = \frac{(1.05)^7 - 1}{0.05/1.05} = 8.5491088$$

따라서 $x = \dfrac{772173.4929}{8.5491088} = 90322.10385$

25 처음 15년 동안 적용되는 이자율이 5%, 그 이후에 적용되는 이자율이 4%라고 할 때, 매 연도초에 100원씩 20년 동안 지급되는 기시급연금의 현가를 구하시오.

> **풀이**

이 연금의 현가를 PV라고 하면

$$PV = 100 \ddot{a}_{\overline{15}|0.05} + 100 v_{0.05}^{15} \ddot{a}_{\overline{5}|0.04}$$

$$= 100 \left[\frac{1 - (1.05)^{-15}}{0.05/1.05} \right] + 100 (1.05)^{-15} \left[\frac{1 - (1.04)^{-5}}{0.04/1.04} \right] = 1312.569971$$

26 $a_{\overline{n}|} = x$, $a_{\overline{2n}|} = y$라고 할 때, $a_{\overline{kn}|}$을 x와 y를 이용하여 나타내시오. 단 $k > 0$이다.

> **풀이**

$$a_{\overline{n}|} = \frac{1 - v^n}{i} = x \quad \cdots\cdots ①$$

$$a_{\overline{2n}|} = \frac{1 - v^{2n}}{i} = y \quad \cdots\cdots ②$$

②를 ①로 나누면

$$\frac{a_{\overline{2n}|}}{a_{\overline{n}|}} = \frac{(1 - v^{2n})/i}{(1 - v^n)/i} = 1 + v^n = \frac{y}{x}$$

$$v^n = \frac{y - x}{x} \quad \cdots\cdots ③$$

③을 ①에 대입하면

$$i = \frac{2x - y}{x^2}$$

따라서 $a_{\overline{kn}|} = \frac{1 - v^{kn}}{i} = \frac{1 - \left(\dfrac{y - x}{x}\right)^k}{\dfrac{2x - y}{x^2}} = \frac{x^2\left[1 - \left(\dfrac{y - x}{x}\right)^k\right]}{2x - y}$

27 어떤 사람이 지금부터 10년 후부터 매해말에 10,000원씩 10년 동안 확정연금을 지급받기 위하여 매해초에 x원씩 8년간 적립하려고 할 때, x를 구하시오. $i^{(4)} = 0.08$을 이용하시오.

풀이

$x \ddot{a}_{\overline{8}|} = 10000 v^{10} a_{\overline{10}|}$ 을 만족하는 x를 구해보자.

$(1 + i) = \left(1 + \dfrac{i^{(4)}}{4}\right)^4 = 1.02^4 = 1.08243216$이므로 $i = 0.08243216$

$(1 - d) = \left(1 + \dfrac{i^{(4)}}{4}\right)^{-4}$, $d = 1 - \left(1 + \dfrac{i^{(4)}}{4}\right)^{-4} = 0.076154574$

따라서

$$\ddot{a}_{\overline{8}|} = \frac{1 - (1 + i)^{-8}}{d} = 6.163342158$$

$$a_{\overline{10}|} = \frac{1 - (1 + i)^{-10}}{i} = 6.63708903$$

$$x = \frac{10000 v^{10} a_{\overline{10}|}}{\ddot{a}_{\overline{8}|}} = \frac{10000(1.08243216)^{-10}(6.63708903)}{6.163342158}$$

$$= 4877.01953$$

28 다음과 같은 연금 지급이 있을 때 y를 구하시오. $i = 0.05$를 이용하시오.

(i)	x	x	x	x	$\cdots$	x	0	0	$\cdots$	0	y	y	y	y	y	y	
0	1	2	3	$\cdots$	16	17	18	$\cdots$	28	29	30	31	32	33	34	35

(ii) $x - y = 100$ (iii) 35시점에서 이 연금의 종가는 100,000원이다.

풀이

이 연금의 종가를 AV(Accumulated Value)라고 하자.

$$\ddot{s}_{\overline{17}|}(1+i)^{18} = \frac{[(1+i)^{17}-1](1+i)^{18}}{d} = \frac{(1+i)^{35}-(1+i)^{18}}{d}$$

$$= 65.29731881$$

$$\ddot{s}_{\overline{6}|} = \frac{(1+i)^6 - 1}{d} = 7.142008453$$

$$AV = x\,\ddot{s}_{\overline{17}|}(1+i)^{18} + y\,\ddot{s}_{\overline{6}|}$$

$$= 65.29731881(y + 100) + 7.142008453\,y$$

$$= 100000$$

따라서 $y = \dfrac{100000 - 6529.731881}{65.29731881 + 7.142008453} = 1290.324906$

29 어떤 물건의 현재 가격은 10,000원이며, 매년 4%씩 물건의 가격이 인상된다고 한다. 지금부터 12년 후에 이 물건을 구매하기 위해 지금부터 8년간 적립하려고 한다. 8년 동안 매년초에 1,000원씩 예금하고, 제6, 7, 8연도초에는 추가로 x원을 예금하기로 하였다. 예금이율이 7%일 때, x를 구하시오.

풀이

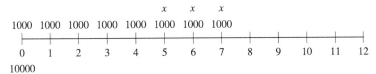

8시점에서 적립액의 종가가 $(1000\,\ddot{s}_{\overline{8}|} + x\,\ddot{s}_{\overline{3}|})$이므로 12시점에서의 종가는

$$(1000\,\ddot{s}_{\overline{8}|} + x\,\ddot{s}_{\overline{3}|})(1.07)^4 = 10000(1.04)^{12}$$

$\ddot{s}_{\overline{3}|} = \dfrac{(1+i)^3 - 1}{d} = 3.439943,\ \ddot{s}_{\overline{8}|} = \dfrac{(1+i)^8 - 1}{d} = 10.977989$임을 이용하면

$$14389.90418 + 4.509064\,x = 16010.32219$$

따라서 $x = 359.369$

30 $x = a_{\overline{7}|},\ y = a_{\overline{11}|},\ z = a_{\overline{18}|}$일 때 i를 $x,\ y,\ z$를 이용하여 나타내시오.

풀이

$a_{\overline{18}|} = a_{\overline{7}|} + v^7 a_{\overline{11}|}$이므로 $\dfrac{1 - v^7}{i} = a_{\overline{7}|}$을 이용하면

$$a_{\overline{18}|} = a_{\overline{7}|} + (1 - i\,a_{\overline{7}|})\,a_{\overline{11}|}$$

이를 $x,\,y,\,z$ 를 이용해서 나타내면 $z = x + (1 - ix)y$ 이므로 $i = \dfrac{x - z + y}{xy}$

31 $a_{\overline{5}|} + a_{\overline{10}|} + a_{\overline{15}|} + \cdots + a_{\overline{100}|} = \dfrac{1}{i\,s_{\overline{5}|}}[20s_{\overline{5}|} - a_{\overline{100}|}]$ 임을 증명하시오.

> **풀이**

$$a_{\overline{5}|} + a_{\overline{10}|} + a_{\overline{15}|} + \cdots + a_{\overline{100}|} = \frac{1 - v^5}{i} + \frac{1 - v^{10}}{i} + \cdots + \frac{1 - v^{100}}{i}$$

$$= \frac{1}{i}[20 - (v^5 + v^{10} + \cdots + v^{100})] = \frac{1}{i}\left[20 - \frac{v^5(1 - v^{100})}{1 - v^5}\right]$$

$$= \frac{1}{i}\left[20 - \frac{1 - v^{100}}{(1 + i)^5 - 1}\right] = \frac{1}{i}\left(20 - \frac{a_{\overline{100}|}}{s_{\overline{5}|}}\right)$$

$$= \frac{1}{i\,s_{\overline{5}|}}[20s_{\overline{5}|} - a_{\overline{100}|}]$$

32 다음을 증명하시오. (Hint: $\left(v^n s_{\overline{n}|}\right)^2 = \left(a_{\overline{n}|}\right)^2$ 을 이용할 것)

$$\frac{\left[(s_{\overline{n}|})^2 - (a_{\overline{n}|})^2\right](1 + i)^{2n}}{i(i\,s_{\overline{n}|} + 1)^2(s_{\overline{n}|})^2} = a_{\overline{2n}|}$$

> **풀이**

$$\frac{\left[(s_{\overline{n}|})^2 - (a_{\overline{n}|})^2\right](1 + i)^{2n}}{i(i\,s_{\overline{n}|} + 1)^2(s_{\overline{n}|})^2} = \frac{(s_{\overline{n}|})^2(1 - v^{2n})(1 + i)^{2n}}{i((1 + i)^n - 1 + 1)^2(s_{\overline{n}|})^2} = \frac{(1 + i)^{2n} - 1}{i(1 + i)^{2n}}$$

$$= \frac{\dfrac{(1 + i)^{2n} - 1}{i}}{(1 + i)^{2n}} = \frac{s_{\overline{2n}|}}{(1 + i)^{2n}} = a_{\overline{2n}|}$$

33 $\displaystyle\sum_{t=1}^{50} s_{\overline{2t}|\,i} = \frac{1}{i}\left[\frac{s_{\overline{100}|}}{a_{\overline{2}|}} - 50\right]$ 임을 증명하시오.

> **풀이**

$$\sum_{t=1}^{50} s_{\overline{2t}|\,i} = s_{\overline{2}|} + s_{\overline{4}|} + \cdots + s_{\overline{100}|}$$

$$= \frac{1}{i}[(1 + i)^2 + (1 + i)^4 + \cdots + (1 + i)^{100} - 50]$$

$$= \frac{1}{i}\left(\frac{(1+i)^2\left[1-(1+i)^{100}\right]}{1-(1+i)^2}-50\right) = \frac{1}{i}\left(\frac{1-(1+i)^{100}}{v^2-1}-50\right)$$

$$= \frac{1}{i}\left(\frac{s_{\overline{100|}}}{a_{\overline{2|}}}-50\right)$$

34 은행에서 대출받은 1,000,000원을 매달말에 15,000원씩 상환하기로 하였다. n번 상환한 후 15,000원보다 작은 금액 x원을 그 다음 달에 상환할 때 n과 x를 구하시오. $i^{(4)} = 0.16$을 이용하시오.

> **풀이**

상환이 매달말에 이뤄지므로 1개월간의 실이율 $\dfrac{i^{(12)}}{12}$를 구해보자.

$\left(1+\dfrac{i^{(4)}}{4}\right)^4 = \left(1+\dfrac{i^{(12)}}{12}\right)^{12}$ 이고 $1.04 = \left(1+\dfrac{i^{(12)}}{12}\right)^3$ 이므로 $\dfrac{i^{(12)}}{12} = 0.013159$

$15000\,a_{\overline{n|}\,0.013159} = 1000000$ 이므로 $a_{\overline{n|}\,0.013159} = \dfrac{200}{3}$, $\dfrac{1-(1.013159)^{-n}}{0.013159} = \dfrac{200}{3}$

따라서 $n = 160.4615$

x를 구해보면 $1000000 = 15000\,a_{\overline{160|}\,0.013159} + x\,v^{161}$ 이므로 $x = 6947.37$

또는 $15000\,s_{\overline{161|}} - 15000 - x = 1000000(1.013159)^{161}$ 으로도 구할 수 있다.

$$s_{\overline{161|}} = \frac{(1+0.013159)^{161}-1}{0.013159} = 547.5571056$$

따라서 $x = 6947.368$로 동일함을 알 수 있다.

35 $\displaystyle\sum_{n=20}^{50} a_{\overline{n|}} = \frac{1}{i}\left[31 - a_{\overline{50|}} + a_{\overline{19|}}\right]$ 이 성립함을 보이시오.

> **풀이**

$$\sum_{n=20}^{50} a_{\overline{n|}} = \frac{1}{i}\left(31 - v^{20} - v^{21} - v^{22} - \cdots - v^{50}\right) = \frac{1}{i}\left[31 - \left(\frac{v^{20}(1-v^{31})}{1-v}\right)\right]$$

$$= \frac{1}{i}\left[31 - \left(\frac{v^{20}-v^{51}}{1-v}\right)\right] = \frac{1}{i}\left(31 - \frac{v^{20}-v^{51}}{iv}\right)$$

$$= \frac{1}{i}\left[31 - \frac{(1-v^{50})-(1-v^{19})}{i}\right]$$

$$= \frac{1}{i}\left[31 - a_{\overline{50|}} + a_{\overline{19|}}\right]$$

36 6개월마다 100원씩 10년 동안 지급하는 연금이 있다. 마지막 지급을 하였을 시점에서의 종가를 δ를 써서 나타내시오.

풀이

j를 6개월간의 실이율이라고 하면

$(1+j)^2 = e^\delta$이고 $(1+j)^{20} = e^{10\delta}$이므로 $j = e^{\delta/2} - 1$

마지막(즉 20시점) 지급 시점에서의 종가는 $100\,s_{\overline{20|}} = 100\left[\dfrac{(1+j)^{20}-1}{j}\right]$이므로

$$100\,s_{\overline{20|}} = 100\left[\frac{e^{10\delta}-1}{e^{\delta/2}-1}\right]$$

37 매달 50원씩 6년 동안 매달말에 지급되는 기말급연금의 현가를 구하시오. $i^{(6)} = 0.18$을 이용하시오.

풀이

2개월간의 실이율 j를 구해보면 $j = \dfrac{i^{(6)}}{6} = 0.03$이고

$j^{(2)} = [(1.03)^{\frac{1}{2}} - 1] \times 2 = 0.0297783$이므로

$$\text{현가} = (2\times50)\,a^{(2)}_{\overline{36|}} = 100\,\frac{1-v_j^{36}}{j^{(2)}} = 100\left[\frac{1-\left(\dfrac{1}{1.03}\right)^{36}}{0.0297783}\right] = 2199.48$$

38 A는 매년초에 1,000원씩 은행에 입금한다고 하자. 매해 적용되는 예금이자율은 5%로 동일하다. 매년말에 A는 예금에서 생기는 이자를 인출하여 반년마다 3%의 수익률을 갖는 기금에 투자한다고 한다. 이때 8번째 해의 첫 반기 동안 기금에서 발생한 이자를 구하시오.

풀이

예금이자율이 5%이므로 제1연도말에는 50원, 제2연도말에는 100원, 제3연도말에는 150원 ⋯ 등을 인출할 수 있다. 또한 $\dfrac{i^{(2)}}{2}$가 0.03이므로

$$1+i = \left(1+\frac{i^{(2)}}{2}\right)^2 = 1.0609$$

$$50\,(Is)_{\overline{7|}\,0.0609} = 50\times\frac{\ddot{s}_{\overline{7|}}-7}{0.0609} = 1584.1529$$

따라서 8번째 해의 첫 반기 동안 기금에서 발생한 이자는

$$50\,(Is)_{\overline{7|}\,0.0609}\times0.03 = 47.524587$$

39 어떤 사람이 노트북을 구입하기 위하여 매 분기초에 300,000원씩 2년 동안 적립하였다. 2년 후의 노트북의 가격이 2,900,000원일 때, 적립금 이외에 필요한 금액을 구하시오. $i^{(2)} = 0.08$을 이용하시오.

풀이

매 분기초에 300,000원씩 적립하므로 $i^{(2)}$를 이용하여 $i^{(4)}$를 구해보자.

$$\left(1 + \frac{i^{(2)}}{2}\right)^2 = \left(1 + \frac{0.08}{2}\right)^2 = \left(1 + \frac{i^{(4)}}{4}\right)^4 \text{ 이므로 } i^{(4)} = 0.079216 \text{이므로}$$

분기간의 실이율은 $\dfrac{i^{(4)}}{4} = 0.019804$

적립금 이외에 필요한 금액을 x라고 하면

$300000\, \ddot{s}_{\overline{8}|\, 0.019804} + x = 2900000$이므로

$$\ddot{s}_{\overline{8}|\, 0.019804} = \frac{(1.019804)^8 - 1}{0.019804 / 1.019804} = 8.7468869$$

$$x = 2900000 - 300000(8.7468869) = 275933.93$$

40 2015년부터 2025년까지 매년 1월 1일과 7월 1일에 적립금이 납입된다. 7월 1일에 적립되는 금액은 같은 연도의 1월 1일에 적립되는 금액보다 10.25%가 더 크며, 1월 1일에 적립되는 금액은 전년도 7월 1일에 적립된 금액과 같다(2015년 1월 1일은 예외). 적립시 적용되는 이자율은 $i^{(2)} = 10\%$이다. 2025년 12월 31일에 적립금의 종가가 11,000일 때 2015년 1월 1일에 적립된 금액을 구하시오.

(자료: $(1.05)^{22} = 2.925$, $(1.05)^{23} = 3.0715$)

풀이

x	$x(1.1025)$	$x(1.1025)$	$x(1.1025)^2$	$x(1.1025)^2$	$\cdots$	$x(1.1025)^{10}$	$x(1.1025)^{11}$
15.1.1	15.7.1	16.1.1	16.7.1	17.1.1	$\cdots$	25.1.1	25.7.1	25.12.31

그림에서와 같이 총 22번 적립한다는 것을 알 수 있다.

$j = \dfrac{0.1}{2} = 0.05$를 6개월간의 실이율이라고 하고 $(1.1025) = (1.05)^2$임을 이용하면

$$\begin{aligned}
\text{종가} &= x(1.05)^{22} + x(1.1025)(1.05)^{21} + x(1.1025)(1.05)^{20} \\
&\quad + x(1.1025)^2(1.05)^{19} + x(1.1025)^2(1.05)^{18} + \cdots \\
&\quad + x(1.1025)^{10}(1.05)^2 + x(1.1025)^{11}(1.05) \\
&= x[(1.05)^{22} + (1.05)^{23} + (1.05)^{22} + (1.05)^{23} + \cdots + (1.05)^{22} + (1.05)^{23}] \\
&= x[11(1.05)^{22} + 11(1.05)^{23}] = 11000
\end{aligned}$$

따라서 $x = \dfrac{1000}{(1.05)^{22} + (1.05)^{23}} = 166.76$

41 어떤 p값에 대하여 $a_{\overline{n}|}^{(p)} = 30$, $s_{\overline{n}|}^{(p)} = 50$이 성립한다. n을 $i^{(2)}$를 이용하여 나타내면 $\dfrac{\ln \sqrt{5} - \ln \sqrt{3}}{\ln \left[1 + \dfrac{i^{(2)}}{2} \right]}$ 가 됨을 유도하시오.

> **풀이**

$\dfrac{s_{\overline{n}|}^{(p)}}{a_{\overline{n}|}^{(p)}} = \dfrac{s_{\overline{n}|}}{a_{\overline{n}|}} = (1 + i)^n = \left(1 + \dfrac{i^{(2)}}{2} \right)^{2n} = \dfrac{5}{3}$ 이므로

$$n = \dfrac{\dfrac{1}{2} \ln \dfrac{5}{3}}{\ln \left[1 + \dfrac{i^{(2)}}{2} \right]} = \dfrac{\ln \sqrt{5} - \ln \sqrt{3}}{\ln \left[1 + \dfrac{i^{(2)}}{2} \right]}$$

42 은행에서 행하는 정기적금(定期積金)과 같이 일정년수 후에 일정의 목표액을 얻는 것으로 하여 매회 일정액을 적립하는 경우 외국의 보험회사에서는 이를 원금상환보험(元金償還保險)이라고 칭하고 판매하는 경우가 있다. 이것은 사람의 생사에 관한 요소를 포함하지 아니하므로 진정한 의미의 보험은 아니다. 이 경우 만기시에 지급되는 금액을 보험금, 매회 납입금액(적립금액)을 보험료라고 부른다. 보험금 1원, 만기시까지의 기간을 n년으로 하고 연 m회의 보험료를 납입하는 것을 가정하자. 보험료의 연액을 $P_{\overline{n}|}^{(m)}$으로 표시하면 매회 납입금액은 $\dfrac{1}{m} P_{\overline{n}|}^{(m)}$이다. n년 후에 지불하는 보험금(적립금) 1원의 계약시에 있어서의 현가, 즉 일시납순보험료(一時納純保險料)를 $A_{\overline{n}|}$으로 표시하면

$$A_{\overline{n}|} = v^n, \quad P_{\overline{n}|}^{(m)} = \dfrac{1}{\ddot{s}_{\overline{n}|}^{(m)}}, \quad P_{\overline{n}|} = \dfrac{1}{\ddot{s}_{\overline{n}|}} = \dfrac{A_{\overline{n}|}}{\ddot{a}_{\overline{n}|}}$$

1원을 투자하여 매년 선급이자 d를 수령한다면 매년말의 원금은 1원이므로 n년 후에 투자를 회수하면 1원이다. n년 후의 회수금 1원을 매년 정액으로 회수하려면 $P_{\overline{n}|}$씩을 매년 회수하면 되므로 매년 $d + P_{\overline{n}|}$씩을 수령하면 n년 후에 투자금은 0원이 된다. 한편 1원을 투자하여 연금을 구입하는 경우 매년 $\dfrac{1}{\ddot{a}_{\overline{n}|}}$씩 수령하면 n년 후에 0원이 되므로

$$\dfrac{1}{\ddot{a}_{\overline{n}|}} = d + P_{\overline{n}|} = d + \dfrac{1}{\ddot{s}_{\overline{n}|}}, \quad A_{\overline{n}|} = 1 - d\,\ddot{a}_{\overline{n}|}$$

$$\frac{1}{\ddot{a}\,\frac{(m)}{n|}} = d^{(m)} + P^{(m)}_{\,n|}, \ A_{\,n|} = 1 - d^{(m)}\,\ddot{a}\,\frac{(m)}{n|}$$

t년 경과 후의 원리합계는 보험료를 수취한 보험회사가 미래의 지급을 위하여 보유하지 않으면 안 되는 금액으로 보험의 경우와 유사하게 책임준비금(責任準備金)이라고 부르며 $_tV_{\,n|}$, $_tV^{(m)}_{\,n|}$으로 표시한다. 이때

$$_tV_{\,n|} = P_{\,n|}\,\ddot{s}_{\,t|} = \frac{\ddot{s}_{\,t|}}{\ddot{s}_{\,n|}} = v^{n-t} - P_{\,n|}\,\ddot{a}_{\,n-t|} = 1 - \left(\frac{\ddot{a}_{\,n-t|}}{\ddot{a}_{\,n|}}\right)$$

$$_tV^{(m)}_{\,n|} = P^{(m)}_{\,n|}\,\ddot{s}^{(m)}_{\,t|} = \frac{\ddot{s}^{(m)}_{\,t|}}{\ddot{s}^{(m)}_{\,n|}} = v^{n-t} - P^{(m)}_{\,n|}\,\ddot{a}^{(m)}_{\,n-t|} = 1 - \left(\frac{\ddot{a}^{(m)}_{\,n-t|}}{\ddot{a}^{(m)}_{\,n|}}\right)$$

위 두 식이 성립함을 증명하시오.

풀이

$$_tV_{\,n|} = v^{n-t} - P_{\,n|}\,\ddot{a}_{\,n-t|} = 1 - (P_{\,n|} + d)\,\ddot{a}_{\,n-t|} = 1 - \frac{\ddot{a}_{\,n-t|}}{\ddot{a}_{\,n|}}$$

$$= \frac{\ddot{a}_{\,n|} - \ddot{a}_{\,n-t|}}{\ddot{a}_{\,n|}} = \frac{v^{n-t}\,\ddot{a}_{\,t|}}{\ddot{a}_{\,n|}} = \frac{\ddot{s}_{\,t|}}{\ddot{s}_{\,n|}}$$

$$_tV^{(m)}_{\,n|} = v^{n-t} - P^{(m)}_{\,n|}\,\ddot{a}^{(m)}_{\,n-t|} = 1 - (P^{(m)}_{\,n|} + d^{(m)})\,\ddot{a}^{(m)}_{\,n-t|} = 1 - \frac{\ddot{a}^{(m)}_{\,n-t|}}{\ddot{a}^{(m)}_{\,n|}}$$

$$= \frac{\ddot{a}^{(m)}_{\,n|} - \ddot{a}^{(m)}_{\,n-t|}}{\ddot{a}^{(m)}_{\,n|}} = \frac{v^{n-t}\,\ddot{a}^{(m)}_{\,t|}}{\ddot{a}^{(m)}_{\,n|}} = \frac{\ddot{s}^{(m)}_{\,t|}}{\ddot{s}^{(m)}_{\,n|}}$$

43 다음과 같은 연금의 0시점에서의 현가를 구하시오. $i = 0.05$를 이용하시오.

	1	2	3	⋯	19	20	20	19	⋯	2	1
0	1	2	3	⋯	19	20	21	22	⋯	39	40

풀이

이 연금의 현가를 구하기 위해 $a_{\,20|}$, $\ddot{a}_{\,20|}$을 구해보자.

$$a_{\,20|} = \frac{1 - (1.05)^{-20}}{0.05} = 12.46221$$

$$\ddot{a}_{\,20|} = \frac{1 - (1.05)^{-20}}{0.05\,/\,1.05} = 13.085321$$

$$\text{PV} = (Ia)_{\,20|} + v^{20}(Da)_{\,20|}$$

$$= \frac{\ddot{a}_{\,20|} - 20v^{20}}{i} + v^{20}\left(20 - \frac{a_{\,20|}}{i}\right)$$

$$= \frac{13.085321 - 20 \times (1.05)^{-20}}{0.05} + (1.05)^{-20}\left(\frac{20 - 12.46221}{0.05}\right)$$
$$= 167.769$$

44 영구연금의 지급이 다음과 같을 때 이 연금의 0시점에서의 현가를 구하시오. $v = 0.8$ 을 이용하시오.

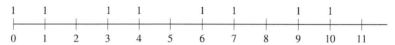

풀이

$$\text{현가} = 1 + v + v^3 + v^4 + v^6 + v^7 + \cdots$$
$$= (1 + v + v^2 + v^3 + \cdots) - (v^2 + v^5 + v^8 + v^{11} + \cdots)$$
$$= \frac{1}{1-v} - \left(\frac{v^2}{1-v^3}\right)$$
$$= \frac{1}{1-0.8} - \left(\frac{0.8^2}{1-0.8^3}\right) = 5 - 1.31148 = 3.68852$$

45 어떤 사람이 현재 시점에 100원을 적립하고, 10년 뒤에 300원을 적립하기로 하였다. 처음 5년 동안은 명목할인율 $d^{(2)}$를 적용받고, 그 이후에는 명목이율 $i^{(4)} = 8\%$를 적용받는다고 한다. 현재 시점부터 20년 후의 종가가 1,200원이 되게 하는 $d^{(2)}$를 구하시오.

풀이

0시점에 100원을 적립하고 10시점에 300원을 적립하는 확정연금의 20년 후 종가를
$(1+i)^n = \left(1 + \frac{i^{(m)}}{m}\right)^{mn} = \left(1 - \frac{d^{(m)}}{m}\right)^{-mn}$ 을 이용하여 구해보자.

$$\text{종가} = 100\left(1 - \frac{d^{(2)}}{2}\right)^{-2 \times 5}\left(1 + \frac{i^{(4)}}{4}\right)^{4 \times 15} + 300\left(1 + \frac{i^{(4)}}{4}\right)^{4 \times 10}$$
$$= 328.1030788\left(1 - \frac{d^{(2)}}{2}\right)^{-10} + 662.4118991 = 1200$$

이므로 위 식을 풀어보면 $d^{(2)} = 0.096355$

46 기말급연금의 지급이 제1연도말에 100원, 제2연도말에 150원 등 매년 50원씩 증가하여 연금지급액이 600원이 될 때까지 지급한다. $i = 5\%$를 이용하여 이 연금의 현가와 제7연도말에서의 종가를 구하시오.

풀이

연금지급액이 600원이 되는 시점을 t라고 할 때 $50 + 50t = 600$을 만족시키는 t는 11이므로 이 연금의 0시점에서의 현가는

$$a_{\overline{11}|} = \frac{1 - v^{11}}{i} = \frac{1 - (1.05)^{-11}}{0.05} = 8.3064142$$

$$(Ia)_{\overline{11}|} = \frac{\ddot{a}_{\overline{n}|} - n v^n}{i} = \frac{[1 - (1.05)^{-11}] / (0.05 / 1.05) - (11)(1.05)^{-11}}{0.05}$$

$$= 45.80525498$$

$$\text{PV} = 50\, a_{\overline{11}|} + 50\,(Ia)_{\overline{11}|} = 50 \times 8.3064142 + 50 \times 45.80525498$$

$$= 2705.58346$$

제7연도말에서의 종가 AV7은

$$\text{AV7} = \text{PV}\,(1 + i)^7 = 2705.58346 \times 1.05^7 = 3807.03$$

47 다음을 하나의 기호를 이용하여 나타내시오.

(a) $(Da)_{\overline{5}|} + {}_{5|}(Da)_{\overline{5}|} + 5a_{\overline{5}|}$

(b) $\ddot{a}_{\overline{5}|}\, s_{\overline{4}|} - (Is)_{\overline{4}|}$

풀이

(a) 그림으로 나타내면 $(Da)_{\overline{10}|}$을 의미한다는 것을 알 수 있다.

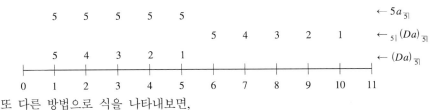

또 다른 방법으로 식을 나타내보면,

$$(Da)_{\overline{5}|} + {}_{5|}(Da)_{\overline{5}|} + 5a_{\overline{5}|} = \frac{5 - a_{\overline{5}|}}{i} + v^5 \frac{5 - a_{\overline{5}|}}{i} + 5a_{\overline{5}|}$$

$$= (1 + v^5)\left(\frac{5 - \dfrac{1 - v^5}{i}}{i}\right) + 5\,a_{\overline{5}|}$$

$$= (1 + v^5)\frac{[5i - (1 - v^5)]}{i^2} + 5\,\frac{(1 - v^5)}{i}$$

$$= \frac{5i(1 + v^5) - (1 - v^{10}) + 5i(1 - v^5)}{i^2}$$

$$= \frac{10i - (1 - v^{10})}{i^2} = \frac{10 - \left(\dfrac{1 - v^{10}}{i}\right)}{i} = \frac{10 - a_{\overline{10}|}}{i}$$

$$= (Da)_{\overline{10}|}$$

(b) $\ddot{a}_{\overline{5}|} \, s_{\overline{4}|} - (Is)_{\overline{4}|} = \dfrac{1 - v^5}{d} \times \dfrac{(1 + i)^4 - 1}{i} - \left(\dfrac{\ddot{s}_{\overline{4}|} - 4}{i}\right)$

$$= \frac{1 - v^5}{i} \times \frac{(1 + i)^4 - 1}{d} - \frac{\ddot{s}_{\overline{4}|} - 4}{i}$$

$$= a_{\overline{5}|} \, \ddot{s}_{\overline{4}|} - \frac{\ddot{s}_{\overline{4}|} - 4}{i} = \frac{i \, a_{\overline{5}|} \, \ddot{s}_{\overline{4}|} - \ddot{s}_{\overline{4}|} + 4}{i}$$

$$= \frac{\ddot{s}_{\overline{4}|} (i \, a_{\overline{5}|} - 1) + 4}{i} = \frac{\ddot{s}_{\overline{4}|} (-v^5) + 4}{i}$$

$$= \frac{-\ddot{s}_{\overline{4}|} (v^4) v + 4}{i} = \frac{4 - a_{\overline{4}|}}{i} = (Da)_{\overline{4}|}$$

48 기말급연금의 지급이 제1연도의 말에 1원, 제2연도의 말에 2원 등 매년 1원씩 증가하여 20원이 된 후 1원씩 감소하여 0원이 될 때까지 지급된다. 이때 이 연금의 현가가 $\ddot{a}_{\overline{20}|} \, a_{\overline{20}|}$으로 나타낼 수 있음을 보이시오.

풀이

					-1	-1	$\cdots$	-1	-1	-1	$\leftarrow v^{20} a_{\overline{20}|}$
					20	19	$\cdots$	3	2	1	$\leftarrow v^{20} (Da)_{\overline{20}|}$
	1	2	$\cdots$	19	20	0	0	$\cdots$	0	0	0 $\leftarrow (Ia)_{\overline{20}|}$
0	1	2	$\cdots$	19	20	21	22	$\cdots$	38	39	40

그림으로부터 현가를 구해보면

$$\text{현가} = (Ia)_{\overline{20}|} + (Da)_{\overline{20}|} v^{20} - a_{\overline{20}|} v^{20}$$

$$= \frac{1}{i} (\ddot{a}_{\overline{20}|} - 20 v^{20} + 20 v^{20} - a_{\overline{20}|} v^{20} - i \, a_{\overline{20}|} v^{20})$$

$$= \frac{1}{i} [\ddot{a}_{\overline{20}|} - a_{\overline{20}|} v^{20} (1 + i)] = \frac{\ddot{a}_{\overline{20}|}}{i} (1 - v^{20}) = \ddot{a}_{\overline{20}|} \, a_{\overline{20}|}$$

49 실이율 $i = 10\%$하에서 $(Ia)_{\overline{n}|} = 55.00$, $a_{\overline{n}|} = 8.08$이다. $\dfrac{\partial a_{\overline{n}|}}{\partial i}$의 결과를 이용하여 실이율 $j = 10.20\%$하에서의 $a_{\overline{n}|}$의 값의 근사치를 구하시오.

(Hint: $\dfrac{\partial a_{\overline{n}|}}{\partial i} \doteqdot \dfrac{a_{\overline{n}|\,0.102} - a_{\overline{n}|\,0.1}}{0.002}$)

> **풀이**

$a_{\overline{n}|}$을 i에 대하여 미분하면 다음과 같다.

$$\frac{\partial}{\partial i}\, a_{\overline{n}|} = \frac{\partial}{\partial i}\,(v + v^2 + \cdots + v^n)$$

$$= \frac{\partial}{\partial i}\,[(1+i)^{-1} + (1+i)^{-2} + \cdots + (1+i)^{-n}]$$

$$= -(1+i)^{-2} - 2(1+i)^{-3} - \cdots - n(1+i)^{-n-1}$$

$$= -v^2 - 2v^3 - \cdots - nv^{n+1}$$

$$= -v(v + 2v^2 + \cdots + nv^n) = -v(Ia)_{\overline{n}|}$$

$\dfrac{\partial a_{\overline{n}|}}{\partial i} \doteqdot \dfrac{a_{\overline{n}|\,0.102} - a_{\overline{n}|\,0.1}}{0.002} = -v(Ia)_{\overline{n}|}$ 이므로

$$a_{\overline{n}|\,0.102} = a_{\overline{n}|\,0.1} - (0.002)\,v(Ia)_{\overline{n}|} = 8.08 - \frac{0.002}{1.1}\,(55) \doteqdot 7.98$$

50 기말급 영구연금의 처음 지급액은 150원이고 33원이 될 때까지 매해 1원씩 감소한다. 33원이 된 후에는 더 이상 감소하지 않고 계속 33원이 지급된다. 이 기말급 영구연금의 현가가 매년 x원씩 지급하는 기말급 영구연금의 현가와 동일하다고 할 때, $i = 0.05$를 이용하여 x를 구하시오.

> **풀이**

이 연금은 $(150 - 33)$, $(149 - 33)$, $\cdots$, $(34 - 33)$을 지급하는 기말급 누감확정연금과 매년말에 33원씩을 지급하는 영구연금의 합으로 나타낼 수 있다. 두 연금의 현가의 합을 PV1, 매년 x원씩 지급하는 기말급 영구연금의 현가를 PV2라고 하면

$$\text{PV1} = (Da)_{\overline{150-33}|} + 33\,a_{\overline{\infty}|} = \frac{(150 - 33) - a_{\overline{150-33}|}}{i} + \frac{33}{i}$$

$$\text{PV2} = \frac{x}{i}$$

PV1 = PV2이므로

$$\frac{(150 - 33) - a_{\overline{150-33}|}}{i} + \frac{33}{i} = \frac{x}{i}$$

$$150 - a_{\overline{150-33}|} = x, \quad a_{\overline{150-33}|} = 150 - x$$

$1 - v^{150-33} = (150 - x)(0.05)$이므로 $x = 150 - \dfrac{1 - v^{117}}{0.05} = 130.066356$

51 0시점에 기금 A에는 10,000원이 있고 연간실이율 5%가 적용된다. 기금 A에서 매해 말에 발생하는 이자와 1,250원이 매해말에 기금 A에서 기금 B로 이전된다. 기금 B 에 적용되는 연간실이율은 7%이다. 이때 기금 B의 제8연도말 종가를 구하시오.

풀이

기금A의 현금흐름을 나타내면 다음과 같다.

시점	0	1	2	⋯	7	8
원금인출액	–	1250	1250	⋯	1250	1250
이자인출액	–	0.05×10000 $= 500$ $= (8)(62.5)$	0.05×8750 $= 437.5$ $= (7)(62.5)$		0.05×2500 $= 125$ $= (2)(62.5)$	0.05×1250 $= 62.5$ $= (1)(62.5)$
잔액	10000	8750	7500		1250	0

$$s_{\overline{8|}} = \frac{(1+i)^8 - 1}{i} = 10.259803 \text{이고}$$

$$(Ds)_{\overline{8|}} = (1.07)^8 (Da)_{\overline{8|}} = 1.07^8 \times \left(\frac{8 - a_{\overline{8|}}}{0.07} \right) = 49.795527 \text{이므로}$$

이자인출액은 $1250 \times 0.05 = 62.5$만큼씩 매년 감소한다. 이자인출액은 $n = 8$인 누감확 정연금이며 $62.5 \times 8 = 500$이므로 이자 인출액의 종가는 $62.5 (Ds)_{\overline{8|}}$이 된다. 따라서 기 금 B의 제8연도말 종가는

$$종가 = 1250 s_{\overline{8|}} + 62.5 (Ds)_{\overline{8|}}$$
$$= 1250 \times 10.259803 + 62.5 \times 49.795527 = 15936.97$$

52 생명보험의 보험수익자가 보험회사로부터 1,000,000원의 보험금을 15년 동안 매년 초에 동일한 금액으로 받기로 하였다. 수익자는 5번째 지급액을 받은 날, 지급방법을 변경하여 매달말에 x원씩 영구확정연금으로 받기로 하였다. 정확히 한 달 후 새로운 지급이 시작될 때, x를 구하시오. 단, $i = 5\%$이다.

풀이

지급방법이 변경되기 전의 15년 동안 매년초에 지급받는 금액을 R이라고 하자.

$$\ddot{a}_{\overline{15|}} = \frac{1 - (1.05)^{-15}}{0.05 / 1.05} = 10.89864$$

$R \ddot{a}_{\overline{15|}} = 1000000$이므로 $R = \dfrac{1000000}{\ddot{a}_{\overline{15|}}} = \dfrac{1000000}{10.89864} = 91754.56$

5번째 지급액을 지급한 후 남은 보험금에 대한 현가는 $91754.56 \, a_{\overline{10|}} = 708504.3909$

영구연금의 PV를 계산하기 위해 매달실이율 $\dfrac{i^{(12)}}{12}$를 구해보자.

$$(1.05) = \left(1 + \frac{i^{(12)}}{12}\right)^{12} \text{ 이므로 } j = \frac{i^{(12)}}{12} = 0.00407412$$

따라서 영구연금의 현가는 $\text{PV} = \dfrac{x}{j} = 708504.3909$이므로 $x = 2886.53$

53 다음을 증명하시오.

(a) $(Ia)_{\overline{n-1}|} = \dfrac{a_{\overline{n}|} - n v^n}{d}$

(b) $(I\ddot{s})_{\overline{n}|} + (D\ddot{s})_{\overline{n}|} = (n+1)\,\ddot{s}_{\overline{n}|}$

(c) $\displaystyle\sum_{t=1}^{n} (\ddot{a}_{\overline{t}|} - a_{\overline{t}|}) = n - a_{\overline{n}|}$

> **풀이**

(a) $(Ia)_{\overline{n-1}|} = \dfrac{\ddot{a}_{\overline{n-1}|} - (n-1)v^{n-1}}{i} = \dfrac{(1+i)\,v\left[\ddot{a}_{\overline{n-1}|} - (n-1)v^{n-1}\right]}{i}$

$$= \frac{v\left[\ddot{a}_{\overline{n-1}|} - (n-1)v^{n-1}\right]}{d} = \frac{a_{\overline{n-1}|} - (n-1)v^n}{d}$$

$$= \frac{a_{\overline{n-1}|} + v^n - n v^n}{d} = \frac{a_{\overline{n}|} - n v^n}{d}$$

(b) 좌변의 기호의 합은 매년초 $n+1$을 n년 동안 지급하는 기시급연금의 종가이므로 $(n+1)\,\ddot{s}_{\overline{n}|}$이 된다. 또 증명과정에서 $\dfrac{1}{d} - \dfrac{1}{i} = \dfrac{1}{iv} - \dfrac{1}{i} = \dfrac{1-v}{iv} = \dfrac{d}{d} = 1$을 이용한다.

$$(I\ddot{s})_{\overline{n}|} + (D\ddot{s})_{\overline{n}|} = \frac{\ddot{s}_{\overline{n}|} - n}{d} + \frac{n(1+i)^n - s_{\overline{n}|}}{d}$$

$$= \frac{\ddot{s}_{\overline{n}|} - s_{\overline{n}|}}{d} + \frac{n(1+i)^n - n}{d}$$

$$= \frac{\left[(1+i)^n - 1\right]\left(\dfrac{1}{d} - \dfrac{1}{i}\right)}{d} + \frac{\left[(1+i)^n - 1\right]n}{d}$$

$$= \frac{\left[(1+i)^n - 1\right]\left(\dfrac{1}{d} - \dfrac{1}{i} + n\right)}{d}$$

$$= \ddot{s}_{\overline{n}|}\left(\frac{1}{d} - \frac{1}{i} + n\right) = (1+n)\,\ddot{s}_{\overline{n}|}$$

(c) $\ddot{a}_{\overline{t}|} - a_{\overline{t}|} = (1+i)\,a_{\overline{t}|} - a_{\overline{t}|} = i\,a_{\overline{t}|} = 1 - v^t$

따라서 $\displaystyle\sum_{t=1}^{n} (\ddot{a}_{\overline{t}|} - a_{\overline{t}|}) = \sum_{t=1}^{n} (1 - v^t) = n - a_{\overline{n}|}$

54 다음을 증명하고 그 의미를 설명하시오.

$$(I s)_{\overline{n+1}|} - (I \ddot{s})_{\overline{n}|} = n + 1$$

풀이

증명과정에서 $\ddot{s}_{\overline{n+1}|} = \ddot{s}_{\overline{n}|}(1+i) + (1)(1+i)$ 를 이용한다.

$$
\begin{aligned}
(I s)_{\overline{n+1}|} - (I \ddot{s})_{\overline{n}|} &= \frac{\ddot{s}_{\overline{n+1}|} - (n+1)}{i} - \frac{\ddot{s}_{\overline{n}|} - n}{d} \\
&= \frac{\ddot{s}_{\overline{n+1}|} - (n+1)}{i} - \frac{(\ddot{s}_{\overline{n}|} - n)(1+i)}{i} \\
&= \frac{1}{i}\left(\ddot{s}_{\overline{n+1}|} - n - 1 - (1+i)\ddot{s}_{\overline{n}|} + n + ni\right) \\
&= \frac{1}{i}\left(1 + i + ni - 1\right) = n + 1
\end{aligned}
$$

의미는 다음과 같다.

두 연금의 값을 비교하기 위하여 평가기준시점을 정하여야 한다. 연금의 종가비교이므로 $n+1$시점을 기준으로 각 연금을 그림으로 나타내면 위 그림과 같다. $n+1$시점에서 두 연금이 평가되므로 두 연금의 차이는 $n+1$원이다.

55 기말급 변동연금의 지급기간은 $2n$년이다. 처음 지급액은 1원이며 매년 1원씩 증가하여 n연도말에는 n원이 된다. $n+1$연도말의 지급액은 n원이며 그 후 매년 1원씩 감소하여 $2n$연도말에는 1원이 된다. 이러한 연금의 현가가 $a_{\overline{n}|}\left[\dfrac{1}{d} - \dfrac{v^n}{i}\right]$가 됨을 보이시오.

풀이

	1	2	3	⋯	$n-2$	$n-1$	n	n	$n-1$	$n-2$	⋯	1
0	1	2	3	⋯	$n-2$	$n-1$	n	$n+1$	$n+2$	$n+3$	⋯	$2n$

[풀이 1]

그림으로부터 이 연금의 현가는

$$
\text{현가} = (Ia)_{\overline{n}|} + v^n (Da)_{\overline{n}|} = \frac{\ddot{a}_{\overline{n}|} - nv^n}{i} + \frac{v^n(n - a_{\overline{n}|})}{i} = \frac{\ddot{a}_{\overline{n}|} - v^n a_{\overline{n}|}}{i}
$$

$$
= a_{\overline{n}|}\left[\frac{(i/d) - v^n}{i}\right] = a_{\overline{n}|}\left(\frac{1}{d} - \frac{v^n}{i}\right)
$$

[풀이 2]

$$\mathrm{PV} = I_1 - I_{n+1} - I_{n+2} + I_{2n+2} = \frac{v}{d^2} - \frac{v^{n+1}}{d^2} - \frac{v^{n+2}}{d^2} + \frac{v^{2n+2}}{d^2}$$

$$= \frac{v\left[(1-v^n)-v^{n+1}(1-v^n)\right]}{(iv)^2} = a_{\overline{n}|}\left[\frac{1}{iv}-\frac{v^{n+1}}{iv}\right]$$

$$= a_{\overline{n}|}\left[\frac{1}{d}-\frac{v^n}{i}\right]$$

[풀이 3]

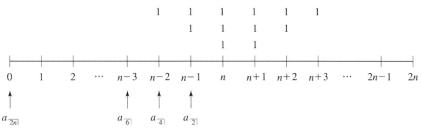

그림과 같은 형태로 지급을 받으면 원래 그림과 같아진다.

$$\mathrm{PV} = v^{n-1}a_{\overline{2}|} + v^{n-2}a_{\overline{4}|} + \cdots + v^2 a_{\overline{2n-4}|} + v a_{\overline{2n-2}|} + a_{\overline{2n}|}$$

$$= \frac{1}{i}\left[v^{n-1}(1-v^2)+v^{n-2}(1-v^4)+\cdots+v^2(1-v^{2n-4})\right.$$

$$\left. + v(1-v^{2n-2})+(1-v^{2n})\right]$$

$$= \frac{1}{i}\left[\ddot{a}_{\overline{n}|}-v^n a_{\overline{n}|}\right] = \frac{1}{i}\left[(1+i)a_{\overline{n}|}-v^n a_{\overline{n}|}\right]$$

$$= a_{\overline{n}|}\left[\frac{1+i}{i}-\frac{v^n}{i}\right] = a_{\overline{n}|}\left[\frac{1}{d}-\frac{v^n}{i}\right]$$

56 다음을 증명하시오.

(a) $\dfrac{i^{(m)}}{m} - \dfrac{d^{(m)}}{m} = \left(\dfrac{i^{(m)}}{m}\right)\left(\dfrac{d^{(m)}}{m}\right)$

(b) $i^{(m)}d^{(m)} = m i^{(m)} - m d^{(m)}$

> 풀이

(a) $\left(1+\dfrac{i^{(m)}}{m}\right)^m = 1+i = (1-d)^{-1} = \left(1-\dfrac{d^{(p)}}{p}\right)^{-p}$ 이므로

$m = p$인 경우

$\left(1+\dfrac{i^{(m)}}{m}\right) = \left(1-\dfrac{d^{(m)}}{m}\right)^{-1}$ 이다.

따라서

$$\left(1 + \frac{i^{(m)}}{m}\right)\left(1 - \frac{d^{(m)}}{m}\right) = 1$$

$$1 + \frac{i^{(m)}}{m} - \frac{d^{(m)}}{m} - \left(\frac{i^{(m)}}{m}\right)\left(\frac{d^{(m)}}{m}\right) = 1$$

$$\frac{i^{(m)}}{m} - \frac{d^{(m)}}{m} = \left(\frac{i^{(m)}}{m}\right)\left(\frac{d^{(m)}}{m}\right)$$

(b) (a)의 결과를 이용하면

$$\frac{i^{(m)}}{m} - \frac{d^{(m)}}{m} = \left(\frac{i^{(m)}}{m}\right)\left(\frac{d^{(m)}}{m}\right) \text{이므로}$$

양변에 m^2을 곱하면

$$i^{(m)} d^{(m)} = m\,i^{(m)} - m\,d^{(m)}$$

위 식은 $i\,d = i - d$와 유사한 식이다.

 심·화·학·습·문·제 1.1

1 $t = 0$에서 투자된 금액이 $t = 5$에서 7,800원이 되었다.

$a(t) = 1 + t^2 \, (t \geq 0)$일때 $t = 2$에서의 종가 $A(2)$를 구하시오.

풀이

$$A(0) = \frac{A(5)}{a(5)} = \frac{7800}{1+25} = 300 \text{이므로}$$

$$A(2) = A(0)\,a(2) = 300\,(1 + 2^2) = 1500$$

따라서 $t = 2$에서의 종가 $A(2)$는 1,500원이다.

2 0시점에서 투자된 1,000원이 4년 후에 1,331원이 되었다. 처음 2년간 적용된 이율은 단리이율 i이고 2년 후의 종가가 복리이율 $2i$로 2년간 다시 투자되었다. 이때 i를 구하시오.

풀이

$$A(2) = A(0)\,(1 + 2i) = 1000\,(1 + 2i)$$

$$A(4) = A(2)(1+2i)^2 = 1000(1+2i)^3 = 1331$$

따라서 $(1+2i)^3 = 1.331$이고 $1+2i = (1.331)^{\frac{1}{3}} = 1.1$이므로 $i = 0.05$

3 퇴직연금의 기금이 단리 5%로 투자되었다. 투자된 지 몇 번째 해에 실이율 4%가 되는지 구하시오.

풀이

n번째 해의 연간실이율 i_n은

$$i_n = \frac{a(n) - a(n-1)}{a(n-1)} = \frac{(1+0.05n) - [1+0.05(n-1)]}{1+0.05(n-1)} = 0.04$$

$\dfrac{0.05}{0.95 + 0.05n} = 0.04$이므로 $0.05n = 1.25 - 0.95$

따라서 $n = 6$ 즉, 6번째 해에 실이율 4%가 된다.

4 n년 후의 2원의 현가는 현재 1원의 가치와 $2n$년 후의 1원의 현가의 합과 같을 때 이율 i를 구하시오.

풀이

n년 후의 2원의 현가는 $2v^n$, 1원의 가치와 $2n$년 후의 1원의 현가의 합은 $1 + v^{2n}$

$$2v^n = 1 + v^{2n}$$이므로 $(v^n)^2 - 2v^n + 1 = (v^n - 1)^2 = 0$

$$v^n = \frac{1}{(1+i)^n} = 1$$이므로 $(1+i)^n = 1$, 따라서 $i = 0\%$

5 다음과 같이 3개의 연금에 대한 자료가 주어졌다. 이를 이용하여 b를 구하시오.

	제t연도말 지급액			제15연도말 종가
	$t=5$	$t=10$	$t=15$	
A연금	100	200	300	a
B연금	0	350	500	$a+200$
C연금	b	450	0	a

풀이

A연금, B연금, C연금의 제15연도말에서의 종가를 나타내면 다음과 같다.

$$100(1+i)^{10} + 200(1+i)^5 + 300 = a \quad \cdots\cdots ①$$

$$350(1+i)^5 + 500 = a + 200 \quad \cdots\cdots ②$$

$$b(1+i)^{10} + 450(1+i)^5 = a \quad \cdots\cdots ③$$

①에서 ②를 차감하면

$$100(1+i)^{10} - 150(1+i)^5 = 0$$

$$50(1+i)^5[2(1+i)^5 - 3] = 0$$이므로 $(1+i)^5 = 1.5$

②에 $(1+i)^5 = 1.5$를 대입하면 $350 \times 1.5 + 500 = a + 200$, $a = 825$

③에 $(1+i)^5 = 1.5$, $a = 825$를 대입하면

$$b(1.5)^2 + 450 \times 1.5 = 825$$이므로 $b = 66.667$

6 다음 자료를 이용하여 A를 구하시오.

(i) t번째 해의 연간실이율은 $\dfrac{1}{9+t}$이다.

(ii) A는 매년 1원씩 지급하는 10년 기시급연금의 2번째 해의 말(2시점)에서의 가치이다.

::: **풀이**

$i_t = \dfrac{1}{9+t}$, $1+i_t = \dfrac{10+t}{9+t}$ 이므로

$$A = (1+i_1)(1+i_2) + (1+i_2) + 1 + \frac{1}{1+i_3} + \frac{1}{(1+i_3)(1+i_4)}$$

$$+ \cdots + \frac{1}{(1+i_3)\cdots(1+i_9)}$$

$$= \left(\frac{11}{10} \times \frac{12}{11}\right) + \frac{12}{11} + 1 + \frac{12}{13} + \frac{12}{13} \times \frac{13}{14} + \cdots$$

$$+ \left(\frac{12}{13} \times \frac{13}{14} \times \cdots \times \frac{18}{19}\right)$$

$$= \frac{12}{10} + \frac{12}{11} + 1 + \frac{12}{13} + \frac{12}{14} + \cdots + \frac{12}{19}$$

$$= 12\left(\frac{1}{10} + \frac{1}{11} + \frac{1}{12} + \cdots + \frac{1}{19}\right) = 8.625257$$

7 $i^{(2)}$, i, δ와 d가 모두 상등한(equivalent) 값이고 $(1+i)\left(1+\dfrac{i^{(2)}}{2}\right)^4 (1-d)^{-3} e^{4\delta} = 4$ 일 때 투자된 금액이 2배로 될 때까지 걸리는 시간을 구하시오.

::: **풀이**

$$(1+i)\left(1+\frac{i^{(2)}}{2}\right)^4 (1-d)^{-3} e^{4\delta} = (1+i)(1+i)^2(1+i)^3(1+i)^4$$

$$= (1+i)^{10} = 4$$

$$10\ln(1+i) = \ln 4, \quad \ln(1+i) = \frac{\ln 4}{10}$$

$(1 + i)^t = 2$가 되는 t의 값을 구하면 된다.

$$t \ln(1 + i) = \ln 2$$

$$t = \frac{\ln 2}{\ln(1 + i)} = \frac{\ln 2}{\ln 4 / 10} = \frac{10 \ln 2}{2 \ln 2} = 5$$

8 100원이 20개월 동안 $d^{(3)} = 0.09$로 투자되었고 이자와 원금이 다시 28개월 동안 $i^{(6)} = 0.12$로 투자되었다. 이때 다음을 구하시오.

(a) 48개월 후의 종가 　　　　　(b) 이 투자의 연간실이율

풀이

처음 20개월 동안 적용되는 4개월당 이자율을 i_1, 4개월당 할인율을 d_1, 그 다음 28개월 동안 적용되는 2개월당 이자율을 i_2라고 하자.

(a) $\dfrac{d^{(3)}}{3}$은 4개월당 할인율이며, $\dfrac{i^{(6)}}{6}$은 2개월당 이자율이므로

$$\text{AV} = 100(1 + i_1)^5 (1 + i_2)^{14} = 100(1 - d_1)^{-5} (1 + i_2)^{14}$$

$$= 100\left(1 - \frac{d^{(3)}}{3}\right)^{-5}\left(1 + \frac{i^{(6)}}{6}\right)^{14}$$

$$= 100(0.97)^{-5}(1.02)^{14} = 153.65$$

(b) $100(1 + i)^4 = 153.65$이므로 $i = 0.1134$

　　따라서 이 투자의 연간실이율은 11.34%이다.

9 $t = 0$에서 투자된 원금이 $t = 2$에서 100원이 되었다. $\delta_t = \dfrac{t}{1 + t^2}$ $(t > 0)$일 때 $t = 5$에서의 종가를 구하시오.

풀이

$A(5)$를 구하기 위해, $a(t)$를 구해보자.

$$a(t) = \exp\left(\int_0^t \delta_s \, ds\right) = \exp\left(\frac{1}{2}\int_0^t \frac{2s}{1 + s^2}\, ds\right)$$

$$= \exp\left[\frac{1}{2}\ln(1 + t^2)\right] = \sqrt{1 + t^2}$$

따라서 $A(5) = A(0)\, a(5) = \dfrac{100}{a(2)}\, a(5) = \dfrac{100\sqrt{26}}{\sqrt{5}} = 228.035$

10 이력 δ하에서 1원이 27.72년 만에 2원이 된다. 전화기간이 2년인 명목이율 i가 δ일 때 (즉, 전화기간당 실이율 $j = 2\delta$) 1원이 n년 후에 7.04원이 된다. $\ln 2 = 0.693$일 때 n을 구하시오.

:: 풀이

$$e^{27.72\delta} = 2,\ j = 2\delta \text{이므로 } \delta = \frac{\ln 2}{27.72} = 0.025$$

따라서 $(1 + 2\delta)^{\frac{n}{2}} = (1.05)^{\frac{n}{2}} = 7.04$를 만족하는 n을 구해보면

$$n = 2 \times \frac{\ln(7.04)}{\ln(1.05)} = 80$$

11 A는 0시점에 100원을 적립하고 2시점에 x원을 적립하였다. 이력 $\delta_t = \frac{t^2 + t}{100}$, $t > 0$ 이라고 하고 2시점과 4시점 사이의 이자가 x원이라고 할 때, x를 구하시오.

:: 풀이

2시점과 4시점 사이의 이자를 구하기 위해 $A(2)$, $A(4)$를 구해보자.

$$A(2) = 100\exp\left(\int_0^2 \delta_t\, dt\right) + x = 100\exp\left(\int_0^2 \frac{t^2 + t}{100}\, dt\right) + x$$

$$= 100\exp\left[\frac{1}{100}\left(\frac{t^3}{3} + \frac{t^2}{2}\right)\right]_0^2 + x = 100\exp\left(\frac{7}{150}\right) + x$$

$$= 104.7773 + x$$

$$A(4) = (104.7773 + x)\exp\left(\int_2^4 \frac{t^2 + t}{100}\, dt\right)$$

$$= (104.7773 + x)\exp\left[\frac{1}{100}\left(\frac{64 - 8}{3} + \frac{16 - 4}{2}\right)\right]$$

$$= (104.7773 + x) \times 1.279752$$

$$= 134.08896 + 1.279752x$$

$A(4) - A(2) = x$이므로

$$(134.08896 + 1.279752x) - (104.7773 + x) = x$$

$$29.31166 + 0.279752x = x$$

따라서 $x = 40.6966$

12 매 분기말마다 1,500원씩 지급하는 4년 기말급 확정연금의 현가가 19,500원일 때, 이력 δ를 구하시오.

:: 풀이

j를 3개월간의 실이율이라고 하자.

$1500\,a_{\overline{16}|j} = 19500$, $a_{\overline{16}|j} = 13$이므로 $j = 0.025543$

따라서 $e^\delta = (1 + i) = \left(1 + \frac{i^{(4)}}{4}\right)^4 = (1 + j)^4 = 1.106154$이므로

$$\delta = \ln(1.106154) = 0.100889$$

13 기금 F는 $\delta_t = \dfrac{1}{1+t}$ 로 적립되고 기금 G는 $\delta_t = \dfrac{4t}{1+2t^2}$ 로 적립된다. $F(t)$는 t시점에서 기금 F의 종가이고 $G(t)$는 t시점에서 기금 G의 종가를 나타낸다. $F(0) = G(0)$일 때 $F(t) - G(t)$가 최대가 되는 t의 값을 구하시오.

::: 풀이

$$F(t) = \exp\left(\int_0^t \frac{1}{1+r}\,dr\right) = \exp\left[\ln(1+t)\right] = 1+t$$

$$G(t) = \exp\left(\int_0^t \frac{4r}{1+2r^2}\,dr\right) = \exp\left[\ln(1+2t^2)\right] = 1+2t^2$$

따라서 $H(t) = F(t) - G(t) = t - 2t^2$가 최대가 되는 t를 구해보면

$H'(t) = 1 - 4t$가 0이 되는 t이므로 $t = \dfrac{1}{4}$

14 $a_{\overline{n}|} = 5$, $i = 10\%$일 때 $s_{\overline{n+2}|}$를 구하시오.

::: 풀이

$s_{\overline{n+2}|}$를 구하기 위해 $(1+i)^n$을 구해보자.

$$a_{\overline{n}|} = \frac{1-v^n}{i} = 5 \text{이므로 } v^n = 0.5, \quad \frac{1}{(1+i)^n} = \frac{1}{2} \text{이므로 } (1+i)^n = 2$$

따라서 $s_{\overline{n+2}|} = \dfrac{(1+i)^{n+2}-1}{i} = \dfrac{(1+i)^n(1+i)^2-1}{i}$

$$= \frac{2(1.1)^2-1}{0.1} = 14.2$$

15 $\ddot{a}_{\overline{n}|} = 10$, $\ddot{s}_{\overline{n}|} = 50$일 때 i를 구하시오.

::: 풀이

i를 구하기 위해 d를 구해보자.

$\ddot{s}_{\overline{n}|} = (1+i)^n \, \ddot{a}_{\overline{n}|}$이므로 $(1+i)^n = 5$

또한, $\ddot{s}_{\overline{n}|} = \dfrac{(1+i)^n - 1}{d} = \dfrac{4}{d} = 50$이므로 $d = \dfrac{4}{50}$

따라서 $i = \dfrac{d}{1-d} = \dfrac{\dfrac{4}{50}}{1 - \dfrac{4}{50}} = 0.08696$

16 다음을 하나의 기호(예: $a_{\overline{n+1}|}$, $a_{\overline{2n}|}$, $s_{\overline{3}|}$ 등)로 나타내시오.

(a) $(1 + a_{\overline{n}|})v$　　　(b) $(s_{\overline{n}|} + a_{\overline{n}|})v^n$　　　(c) $(s_{\overline{2}|})^2 - (1 + i)$

::: 풀이

(a) $(1 + a_{\overline{n}|})v = \left(1 + \dfrac{1 - v^n}{i}\right)v = v + \dfrac{v}{i} - \dfrac{v^{n+1}}{i}$

$\qquad = \dfrac{1}{1+i} + \dfrac{1}{i}\left(\dfrac{1}{1+i}\right) - \dfrac{1}{i}\left(\dfrac{1}{(1+i)^{n+1}}\right)$

$\qquad = \dfrac{i(1+i)^n + (1+i)^n - 1}{i(1+i)(1+i)^n} = \dfrac{(1+i)^n(1+i)}{i(1+i)^{n+1}} - \dfrac{1}{i(1+i)^{n+1}}$

$\qquad = \dfrac{1}{i} - \dfrac{1}{i(1+i)^{n+1}} = \dfrac{1}{i}\left(1 - \dfrac{1}{(1+i)^{n+1}}\right)$

$\qquad = \dfrac{1}{i}(1 - v^{n+1}) = a_{\overline{n+1}|}$

(b) $(s_{\overline{n}|} + a_{\overline{n}|})v^n = \left(\dfrac{(1+i)^n - 1}{i} + \dfrac{1 - v^n}{i}\right)v^n = \left(\dfrac{(1+i)^n - 1 + 1 - v^n}{i}\right)v^n$

$\qquad = \dfrac{\left(\dfrac{1}{v^n} - v^n\right)v^n}{i} = \dfrac{1 - v^{2n}}{i} = a_{\overline{2n}|}$

(c) $(s_{\overline{2}|})^2 - (1 + i) = \left(\dfrac{(1+i)^2 - 1}{i}\right)^2 - (1 + i) = \left(\dfrac{2i + i^2}{i}\right)^2 - (1 + i)$

$\qquad = (2 + i)^2 - (1 + i) = i^2 + 3i + 3$

$\qquad = \dfrac{i(i^2 + 3i + 3) + 1 - 1}{i} = \dfrac{(1+i)^3 - 1}{i} = s_{\overline{3}|}$

17 $a_{\overline{n}|} = 6$이고 $i = \dfrac{1}{9}$ 일 때 $a_{\overline{n+2}|}$ 의 값을 구하시오.

::: 풀이

[풀이 1]

$a_{\overline{n}|} = \dfrac{1 - v^n}{i} = 6 = \dfrac{1 - v^n}{1/9}$ 이므로

$\qquad v^n = \dfrac{1}{3}, \quad v^2 = \left(\dfrac{1}{1+i}\right)^2 = \left(\dfrac{1}{1 + 1/9}\right)^2 = 0.81$

따라서 $a_{\overline{n+2}|} = \dfrac{1 - v^{n+2}}{i} = \dfrac{1 - v^n v^2}{i} = \dfrac{1 - \left(\dfrac{1}{3}\right)\left(\dfrac{81}{100}\right)}{1/9} = 6.57$

[풀이 2]

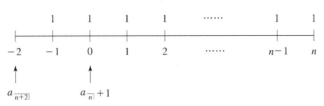

그림에서 현가를 구하는 기준시점을 -2시점으로 하면

$$a_{\overline{n+2}|} = (a_{\overline{n}|} + 1)\left(\frac{1}{1+i}\right)^2 + \left(\frac{1}{1+i}\right) = (6+1)(0.9)^2 + 0.9 = 6.57$$

또는 그림으로부터

$$a_{\overline{n+2}|} = a_{\overline{n}|}\, v^2 + a_{\overline{2}|} = (6)(0.81) + \frac{1-0.81}{1/9} = 6.57$$

18 $a_{\overline{n+1}|} = 6.25$일 때 $a_{\overline{n}|}$의 값을 구하시오. 단 $i = 6\%$이다.

▶ 풀이 ▶

[풀이 1]

$a_{\overline{n}|} + 1 = \ddot{a}_{\overline{n+1}|}$이고, $\ddot{a}_{\overline{n+1}|} = a_{\overline{n+1}|}(1+i)$이므로

$$a_{\overline{n}|} = a_{\overline{n+1}|}(1+i) - 1 = 6.25(1.06) - 1 = 5.625$$

[풀이 2]

그림으로부터 $a_{\overline{n}|} = a_{\overline{n+1}|}(1+i) - 1 = 6.25(1.06) - 1 = 5.625$

또는 그림으로부터 $a_{\overline{n}|} + 1 = a_{\overline{n+1}|}(1+i)$, $a_{\overline{n}|} = a_{\overline{n+1}|}(1+i) - 1 = 5.625$

19 $a_{\overline{7}|} = 5.153$, $a_{\overline{11}|} = 7.036$, $a_{\overline{18}|} = 9.180$일 때 i의 값을 구하시오.

▶ 풀이 ▶

$$a_{\overline{18}|} = a_{\overline{11}|} + v^{11} a_{\overline{7}|} \text{ 이므로 } v^{11} = \frac{a_{\overline{18}|} - a_{\overline{11}|}}{a_{\overline{7}|}} = 0.4161$$

따라서 $(1+i)^{11} = (0.4161)^{-1} = 2.40327$이므로 $i = (2.40327)^{\frac{1}{11}} - 1 = 0.083$

20 어느 부부가 아이의 교육비를 마련하기 위해 매달초에 20,000원씩 적립하기로 하였다. 적립시 적용되는 명목이율이 $i^{(12)} = 5.25\%$일 때, 교육비 1,000,000원을 마련하기 위한 적립기간을 구하시오.

:: 풀이

1개월간의 실이율을 j라고 하면 $j = \dfrac{i^{(12)}}{12} = \dfrac{0.0525}{12} = 0.004375$

$20000 \ddot{s}_{\overline{n}|0.004375} = 1000000$을 만족하는 n을 구해보면

$$\frac{(1+j)^n - 1}{d} = 50, \quad (1.004375)^n - 1 = 50 \times \frac{0.004375}{1.004375}$$

$$(1.004375)^n = 1.217797, \quad n = 45.14$$이므로

교육비를 1,000,000원 마련하기 위해서는 46개월, 즉 3년 10개월을 적립하여야 한다.

21 어떤 연금의 지급이 다음과 같을 때, 이 연금의 0시점에서의 현가를 $\ddot{s}_{\overline{n}|}$의 기호를 이용하여 나타내고, $v = 0.9$라는 가정하에서 이 연금의 0시점에서의 현가를 구하시오.

30	30	30	30	60	60	60	60	90	90	90	90
0	1	2	3	4	5	6	7	8	9	10	11	12

:: 풀이

이 연금의 12시점에서의 종가를 AV_{12}라고 하면

$$\mathrm{AV}_{12} = 30\,\ddot{s}_{\overline{12}|} + 30\,\ddot{s}_{\overline{8}|} + 30\,\ddot{s}_{\overline{4}|}$$

$v = \dfrac{1}{1+i} = 0.9$라고 가정할 때 $d = 1 - v$이므로 AV_{12}는

$$\mathrm{AV}_{12} = 30\left[\frac{(1+i)^{12} - 1}{d} + \frac{(1+i)^8 - 1}{d} + \frac{(1+i)^4 - 1}{d}\right]$$

$$= 30\left[\frac{(0.9)^{-12} - 1}{1 - 0.9} + \frac{(0.9)^{-8} - 1}{1 - 0.9} + \frac{(0.9)^{-4} - 1}{1 - 0.9}\right] = 1316.37$$

22 t시점에서의 이력 δ_t가 다음과 같을 때, $\ddot{a}_{\overline{5}|}$를 구하시오.

$$\delta_t = \begin{cases} 0.02 & 0 < t \le 2 \\ 0.02(t-1) & t > 2 \end{cases}$$

:: 풀이

3시점에서의 1원의 현재가치는 구간별로 δ_t가 다르기 때문에 (i) 3시점 → 2시점 (ii) 2시점 → 0시점의 단계를 거쳐야 한다. 3시점의 1원에 대한 2시점에서의 현재가치는

$$\mathrm{PVF}_{2,3} = \exp\left[-\int_2^3 0.02\,(t-1)\,dt\right] = \exp\left[-0.02\left[\frac{t^2}{2} - t\right]_2^3\right]$$

$$= \exp\left[-0.02\left[\frac{9-4}{2} - (3-2)\right]\right] = \exp\left[-0.03\right] = 0.9704455$$

$$\mathrm{PVF}_{0,2} = \exp\left[-\int_0^2 0.02\,dt\right] = \exp\left[-(0.02)(2)\right] = \exp\left[-0.04\right]$$

$$= 0.960789$$

따라서

$$PVF_{0,3} = PVF_{2,3} \times PVF_{0,2} = \exp(-0.03)\exp(-0.04) = 0.93239336$$

4시점에서의 1원의 현재가치도 (i) 4시점 → 2시점 (ii) 2시점 → 0시점의 과정을 거치면

$$PVF_{2,4} = \exp\left[-\int_2^4 \delta_t \, dt\right] = \exp\left[-\int_2^4 0.02(t-1) \, dt\right]$$

$$= \exp\left[-0.02\left(\frac{12}{2} - 2\right)\right] = e^{-0.08}$$

$$PVF_{0,4} = PVF_{2,4} \times PVF_{0,2} = e^{-0.08}\, e^{-0.04} = e^{-0.12} = 0.8869204$$

따라서

$$\ddot{a}_{\overline{5|}} = 1 + v + v^2 + PVF_{0,3} + PVF_{0,4}$$

$$= 1 + e^{-0.02} + e^{-0.04} + 0.9329336 + 0.8869204 = 4.760842$$

23 $a_{\overline{n|}} = 7.7217$, $a_{\overline{2n|}} = 12.4622$일 때, d를 구하시오.

:: 풀이

$$\frac{a_{\overline{2n|}}}{a_{\overline{n|}}} = \frac{(1+v^n)(1-v^n)}{1-v^n} = 1 + v^n = \frac{12.4622}{7.7217} = 1.613919, \quad v^n = 0.613919$$

$$a_{\overline{n|}} = \frac{1-v^n}{i} = \frac{1-0.613919}{i} = 7.7217 \text{이므로 } i = 0.05$$

$$d = \frac{i}{1+i} = \frac{0.05}{1.05} = 0.047619$$

24 $d = 0.1$일 때, $\displaystyle\sum_{t=1}^{20} s_{\overline{t|}}$를 구하시오.

:: 풀이

$$(1+i) = (1-d)^{-1} = (0.9)^{-1} = \frac{10}{9} \text{이므로 } i = \frac{1}{9}$$

$$\ddot{s}_{\overline{20|}} = \frac{(1+i)^{20} - 1}{d} = \frac{\left(\dfrac{10}{9}\right)^{20} - 1}{0.1} = 72.2526334 \text{이므로}$$

$$\sum_{t=1}^{20} s_{\overline{t|}} = \sum_{t=1}^{20} \frac{(1+i)^t - 1}{i} = \frac{1}{i}\left[(1+i) + (1+i)^2 + \cdots + (1+i)^{20} - 20\right]$$

$$= 9\left(\ddot{s}_{\overline{20|}} - 20\right) = 9 \times 52.2526334 = 470.2737006$$

25 다음을 증명하시오.

$$\frac{a_{\overline{2n-1}|}}{a_{\overline{2n}|}} = \frac{s_{\overline{n}|} + a_{\overline{n-1}|}}{s_{\overline{n}|} + a_{\overline{n}|}}$$

풀이

$$\frac{s_{\overline{n}|} + a_{\overline{n-1}|}}{s_{\overline{n}|} + a_{\overline{n}|}} = \frac{[(1+i)^n - 1 + 1 - v^{n-1}]/i}{[(1+i)^n - 1 + 1 - v^n]/i} = \frac{1 - v^{2n-1}}{1 - v^{2n}} = \frac{a_{\overline{2n-1}|}}{a_{\overline{2n}|}}$$

예를 들어 $n = 5$인 경우 다음과 같이 증명과 적용이 가능하다.

$$\frac{a_{\overline{9}|}}{a_{\overline{10}|}} = \frac{a_{\overline{5}|} + v^5 a_{\overline{4}|}}{a_{\overline{5}|} + v^5 a_{\overline{5}|}} = \frac{(1+i)^5 a_{\overline{5}|} + (1+i)^5 v^5 a_{\overline{4}|}}{(1+i)^5 a_{\overline{5}|} + (1+i)^5 v^5 a_{\overline{5}|}} = \frac{s_{\overline{5}|} + a_{\overline{4}|}}{s_{\overline{5}|} + a_{\overline{5}|}}$$

26 이자율 $i = 0.1$일 때 다음의 값을 구하시오.

$$\ln\left[\sum_{x=0}^{\infty} \frac{1}{x!}\left(\frac{s_{\overline{x}|} - a_{\overline{x}|}}{s_{\overline{x}|}\, a_{\overline{x}|}}\right)^x\right]$$

풀이

먼저 { }안을 정리하면

$$\sum_{x=0}^{\infty} \frac{1}{x!}\left(\frac{s_{\overline{x}|} - a_{\overline{x}|}}{s_{\overline{x}|}\, a_{\overline{x}|}}\right)^x = \sum_{x=0}^{\infty} \frac{1}{x!}\left[\frac{(1+i)^x a_{\overline{x}|} - a_{\overline{x}|}}{s_{\overline{x}|}\, a_{\overline{x}|}}\right]^x$$

$$= \sum_{x=0}^{\infty} \frac{1}{x!}\left[\frac{a_{\overline{x}|}[(1+i)^x - 1]}{s_{\overline{x}|}\, a_{\overline{x}|}}\right]^x$$

$$= \sum_{x=0}^{\infty} \frac{1}{x!}\left(\frac{i\, s_{\overline{x}|}}{s_{\overline{x}|}}\right)^x = \sum_{x=0}^{\infty} \frac{i^x}{x!}$$

$$= 1 + i + \frac{i^2}{2!} + \frac{i^3}{3!} + \cdots = e^i$$

따라서 $\ln\left[\displaystyle\sum_{x=0}^{\infty} \frac{1}{x!}\left(\frac{s_{\overline{x}|} - a_{\overline{x}|}}{s_{\overline{x}|}\, a_{\overline{x}|}}\right)^x\right] = \ln e^i = i = 0.1$

27 어떤 사람이 지금부터 6년 후부터 매년 20,000원씩 10년 동안 확정연금을 지급 받기 위하여 매 분기초에 x원씩 5년간 적립하려고 할 때 x를 구하시오. 단, $i^{(2)} = 10\%$이다.

풀이

[풀이 1]

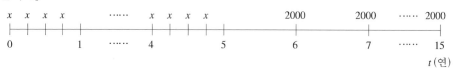

$4x\ddot{s}^{(4)}_{\overline{5}|} = 20000\,a_{\overline{10}|}$ 을 만족하는 x를 구하기 위해 $a_{\overline{10}|}$ 과 $\ddot{s}^{(4)}_{\overline{5}|}$를 구해보자.

$\left(1 - \dfrac{d^{(4)}}{4}\right)^{-4} = \left(1 + \dfrac{i^{(2)}}{2}\right)^2 = 1.05^2$ 이므로

$$d^{(4)} = (4)\left[1 - (1.05)^{-\frac{1}{2}}\right] = 0.0963997$$

$(1+i) = \left(1 + \dfrac{i^{(2)}}{2}\right)^2 = 1.05^2$ 이므로 $i = 0.1025$

$$a_{\overline{10}|} = \frac{1 - v^{10}}{i} = \frac{1 - (1.1025)^{-10}}{0.1025} = 6.079127$$

$$\ddot{s}^{(4)}_{\overline{5}|} = \frac{(1+i)^5 - 1}{d^{(4)}} = \frac{(1.1025)^5 - 1}{0.0963997} = 6.5238235$$

따라서 $x = \dfrac{20000\,a_{\overline{10}|}}{4\,\ddot{s}^{(4)}_{\overline{5}|}} = \dfrac{20000 \times 6.079127}{4 \times 6.5238235} = 4659.174945$

[풀이 2]

t의 단위를 6개월(반기)로 하여 그림을 그리면 다음과 같다.

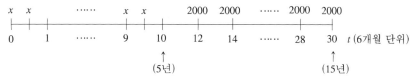

일반이론에서 고찰할 식 (1.2.1.1)을 이용하면

$$2\,x\,\ddot{s}^{(2)}_{\overline{10}|\,0.05} = 20000\,\frac{a_{\overline{20}|\,0.05}}{s_{\overline{2}|\,0.05}}$$

6개월당 이자율을 j라고 하면 $j = 0.05$이다. 이제 6개월을 t의 단위로 하는 경우 j에 상응하는 $d^{*(2)}$는(이 $d^{*(2)}$는 $i^{(2)}$와 i에 상응하는 $d^{(2)}$가 아닌 j에 상응하는 $d^{*(2)}$임)

$\left(1 - \dfrac{d^{*(2)}}{2}\right)^{-2} = (1+j) = 1.05$ 이므로

$$d^{*(2)} = (2)\left[1 - (1.05)^{-\frac{1}{2}}\right] = 0.0481998$$

$$\ddot{s}^{(2)}_{\overline{10}|\,0.05} = \frac{(1.05)^{10} - 1}{d^{*(2)}} = 13.04766$$

$$a_{\overline{20}|\,0.05} = \frac{1 - (1.05)^{-20}}{0.05} = 12.46221$$

$$s_{\overline{2}|\,0.05} = \frac{(1.05)^2 - 1}{0.05} = 2.05$$

따라서 $x = \dfrac{20000\,(12.46221)/(2.05)}{13.04766} = 4659.170172$

28 다음 중에서 제일 큰 것을 찾고 그 이유를 설명하시오.

(a) $\dfrac{1}{a_{\overline{3|}}}(a_{\overline{27|}} - a_{\overline{9|}})$
 (b) $\dfrac{1}{s_{\overline{3|}}}(a_{\overline{24|}} - a_{\overline{6|}})$

(c) $\ddot{a}_{\overline{15|}} - \ddot{a}_{\overline{9|}}$
 (d) $v^5\left[a_{\overline{10|}}^{(12)} - a_{\overline{4|}}^{(12)}\right]$

풀이

(a)와 (b)를 비교해보자.

$$\frac{1}{a_{\overline{3|}}}(a_{\overline{27|}} - a_{\overline{9|}}) = \frac{(1-v^{27})-(1-v^9)}{1-v^3} = \frac{v^9 - v^{27}}{1-v^3}$$

$$= \frac{v^3(v^6 - v^{24})}{1-v^3} = \frac{(1-v^{24})-(1-v^6)}{(1+i)^3 - 1} = \frac{a_{\overline{24|}} - a_{\overline{6|}}}{s_{\overline{3|}}}$$

따라서 (a) = (b)

(b)와 (c)를 비교해보자.

(b) $= (1 + v^3 + v^6 + \cdots + v^{24}) - (1 + v^3 + v^6)$

$= v^9 + v^{12} + \cdots + v^{24} < v^9 + v^{10} + \cdots + v^{14} = \ddot{a}_{\overline{15|}} - \ddot{a}_{\overline{9|}} = $ (c)

따라서 (b) < (c)

(c)와 (d)를 비교해보자. $i > i^{(m)} > d = iv$임을 이용하면 $1 > \dfrac{i}{i^{(m)}}v$이므로

(c) $= \ddot{a}_{\overline{15|}} - \ddot{a}_{\overline{9|}} = v^9 + v^{10} + \cdots + v^{14} > \dfrac{i}{i^{(12)}} \times v(v^9 + v^{10} + \cdots + v^{14})$

$= \dfrac{i}{i^{(12)}} \times v^5(v^5 + v^6 + \cdots + v^{10}) = v^5 \times \dfrac{i}{i^{(12)}} \times (a_{\overline{10|}} - a_{\overline{4|}})$

$= v^5(a_{\overline{10|}}^{(12)} - a_{\overline{4|}}^{(12)}) = $ (d)

다른 방법으로 고찰해보자.

$$v^5\left[a_{\overline{10|}}^{(12)} - a_{\overline{4|}}^{(12)}\right] = \frac{v^5(v^4 - v^{10})}{i^{(12)}} = \frac{v^9 - v^{15}}{i^{(12)}} = a_{\overline{15|}}^{(12)} - a_{\overline{9|}}^{(12)}$$

$\ddot{a}_{\overline{15|}} - \ddot{a}_{\overline{9|}}$는 9시점부터 연초에 1원씩 6년 지급되는 연금의 현가이고 $a_{\overline{15|}}^{(12)} - a_{\overline{9|}}^{(12)}$는

$9\dfrac{1}{12}$시점부터 월 $\dfrac{1}{12}$(연1원)이 6년 동안 월말에 지급되는 연금의 현가이기 때문에 $\ddot{a}_{\overline{15|}} - \ddot{a}_{\overline{9|}}$는 $a_{\overline{15|}}^{(12)} - a_{\overline{9|}}^{(12)}$보다 크다.

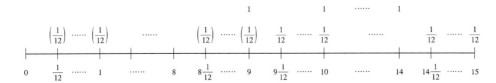

따라서 $(c) > (d)$

위의 결과로부터 $(a) = (b) < (c)$, $(d) < (c)$이므로 (c)가 가장 크다.

29 $i = 0.1$인 경우 $\ddot{s}^{(p)}_{\overline{n}|} = 1.0585\, s_{\overline{n}|}$이고 $\dfrac{1}{i^{(p)}} = 10.460$일 때 p를 구하시오.

풀이

$$\ddot{s}^{(p)}_{\overline{n}|} = \left(1 + \frac{i^{(p)}}{p}\right) s^{(p)}_{\overline{n}|} = \left(1 + \frac{i^{(p)}}{p}\right) \frac{i}{i^{(p)}}\, s_{\overline{n}|} = 1.0585\, s_{\overline{n}|}$$

$$\left(1 + \frac{i^{(p)}}{p}\right) \frac{i}{i^{(p)}} = \left(1 + \frac{(10.46)^{-1}}{p}\right)(0.1)(10.46) = 1.0585 \text{이므로 } p = 8$$

30 $3\, a^{(12)}_{\overline{n}|} = 2\, a^{(12)}_{\overline{2n}|} = 30\, s^{(12)}_{\overline{1}|}$일 때 i를 구하시오.

풀이

$$3\, a^{(12)}_{\overline{n}|} = 2\, a^{(12)}_{\overline{2n}|} = 30\, s^{(12)}_{\overline{1}|}$$

$$3\left(\frac{1 - v^n}{i}\right)\left(\frac{i}{i^{(12)}}\right) = 2\left(\frac{1 - v^{2n}}{i}\right)\left(\frac{i}{i^{(12)}}\right) = 30\left(\frac{i}{i^{(12)}}\right) \text{이므로}$$

$$3\, a_{\overline{n}|}\, s^{(12)}_{\overline{1}|} = 2\, a_{\overline{2n}|}\, s^{(12)}_{\overline{1}|} = 30\, s^{(12)}_{\overline{1}|} \text{이고 } a_{\overline{n}|} = 10, \ a_{\overline{2n}|} = 15$$

$$a_{\overline{2n}|} = a_{\overline{n}|} + v^n a_{\overline{n}|} = 10 + v^n(10) = 15 \text{이므로 } v^n = 0.5$$

따라서 $a_{\overline{n}|} = \dfrac{1 - v^n}{i} = \dfrac{1 - 0.5}{i} = 10$이므로 $i = \dfrac{1}{20} = 0.05$

31 다음의 영구연금의 현가를 구하시오.

(a) 홀수연도의 말에는 1원씩을, 짝수연도의 말에는 2, 4, 6, 8, 10, ⋯원씩을 영구히 지급하는 영구연금의 현가를 구하시오. $i = 0.1$을 이용하시오.

(b) 홀수연도의 말에는 1원씩을, 짝수연도의 말에는 2, 3, 4, 5, 6, ⋯원씩을 영구히 지급하는 영구연금의 현가를 구하시오. $i = 0.1$을 이용하시오.

풀이

(a) 홀수연도말에 1원을 지급하는 연금의 현가를 PV1이라고 하면

$$\text{PV1} = v + v^3 + v^5 + \cdots = \frac{v}{1 - v^2} = \frac{(1.1)^{-1}}{1 - (1.1)^{-2}} = 5.2380$$

2년간의 실이율 j는 $j = (1 + i)^2 - 1 = (1.1)^2 - 1 = 0.21$

짝수년의 연금현가 PV2를 구하기 위하여 식 (1.1.8.5)를 이용하면 $P = 2$, $Q = 2$에 해당한다.

$$PV2 = P\,a_{\overline{\infty}|} + Q\,\frac{a_{\overline{\infty}|}}{i} = \frac{2}{j} + \frac{2}{j^2} = \frac{2}{0.21} + \frac{2}{(0.21)^2} = 54.875283$$

PV2는 식 (1.1.8.28)의 I_n을 이용하여 구할 수도 있다.

$$d = \frac{j}{1+j} = \frac{0.21}{1.21} = 0.1735537, \quad v = 1 - d = 0.8264463$$

$$I_1 = \frac{v^1}{d^2} = 27.437648$$

$$PV2 = 2I_1 = 54.875296$$

따라서 이 영구연금의 현가는 PV1 + PV2 = 5.2380 + 54.875296 = 60.113296

(b) $PV2 = I_0 - 1 = \dfrac{1}{d^2} - 1 = \dfrac{1}{(0.1735537)^2} - 1$

$$= 33.19955376 - 1 = 32.19955376$$

따라서 이 영구연금의 현가는 PV1 + PV2 = 5.2380 + 32.19955376 = 37.43755376

32 4년 기말급 확정연금의 지급이 제1분기말에 2원, 제2분기말에 4원 등 매 분기마다 2 원씩 증가한다고 할 때, 명목이율 $i^{(12)} = 12\%$를 이용하여 이 연금의 현가를 구하시오.

⁞⁞ 풀이

분기간의 실이율을 j라고 하면 $j = \dfrac{i^{(4)}}{4}$

$\left(1 + \dfrac{i^{(12)}}{12}\right)^{12} = (1.01)^{12} = \left(1 + \dfrac{i^{(4)}}{4}\right)^4$ 이므로 $j = (1.01)^3 - 1 = 0.030301$

$$\ddot{a}_{\overline{16}|j} = \frac{1 - v_j^{16}}{d} = \frac{1 - (1.030301)^{-16}}{0.030301\,/\,1.030301} = 12.911986$$

이 확정연금의 현가(PV)는

$$PV = 2\,(Ia)_{\overline{16}|j} = 2\left(\frac{\ddot{a}_{\overline{16}|j} - 16 v_j^{16}}{j}\right)$$

$$= 2 \times \frac{12.911986 - 16 \times (1.030301)^{-16}}{0.030301} = 197.209301$$

33 다음 3개의 연금의 현가가 동일하다고 할 때, n을 구하시오.

(i) 연간실이율이 0.0615일 때, 매년 1원씩 지급하는 기말급 영구연금

(ii) 연간실이율이 j일 때, 30년 동안 매년 1원씩 지급하는 기말급연금

(iii) 연간실이율이 $j - 0.01$일 때, n년 동안 매년 1원씩 지급하는 기말급연금

풀이

(i), (ii), (iii)으로부터 $a_{\overline{\infty}|\,0.0615} = a_{\overline{30}|\,j} = a_{\overline{n}|\,j-1}$

$\dfrac{1}{0.0615} = 16.260163 = a_{\overline{30}|\,j}$ 이므로 $j = 0.04515$

$a_{\overline{n}|\,j-1} = a_{\overline{n}|\,0.03515} = 16.260163$ 를 만족하는 n을 구해보면

$$\dfrac{1 - 1.03515^{-n}}{0.03515} = 16.260163, \quad 1 - 1.03515^{-n} = 0.571545$$

$(1.03515)^{-n} = 0.428455$ 이므로 $n = 25$

34 다음 3개의 연금의 현가가 모두 a로 동일하다고 할 때, a를 구하시오.
(i) 연간실이율이 i일 때, 매년 5원씩 지급되는 기말급 영구연금
(ii) 연간실이율이 $2i$일 때, 10년 동안 매년 x원씩 지급되는 기말급연금
(iii) 연간실이율이 $2i$일 때, 10년 동안 매년 $0.95x$원씩 지급되는 기시급연금

풀이

(ii)와 (iii)으로부터 $x\,a_{\overline{10}|\,2i} = 0.95x\,\ddot{a}_{\overline{10}|\,2i}$, $a_{\overline{10}|\,2i} = 0.95\,\ddot{a}_{\overline{10}|\,2i}$

$1 = 0.95(1 + 2i)$ 이므로 $i = 0.026316$

(i)로부터 $a = 5\,a_{\overline{\infty}|\,i} = \dfrac{5}{i} = 189.99848$

35 $i^{(4)} = 0.08$일 때, $(Ia)_{\overline{48}|}$과 $(Da)_{\overline{48}|}$을 구하시오.

풀이

$(1 + i) = \left(1 + \dfrac{i^{(4)}}{4}\right)^4 = (1.02)^4 = 1.082432$ 이므로 $i = 0.082432$

$(Ia)_{\overline{48}|}$을 구하기 위해 $\ddot{a}_{\overline{48}|}$을 구해보면

$$\ddot{a}_{\overline{48}|} = \dfrac{1 - v^{48}}{d} = \dfrac{1 - (1.082432)^{-48}}{0.082432\,/\,1.082432} = 12.838071$$

따라서 $(Ia)_{\overline{48}|} = \dfrac{\ddot{a}_{\overline{48}|} - 48v^{48}}{i} = \dfrac{12.838071 - 48 \times 1.082432^{-48}}{0.082432} = 142.742184$

$(Da)_{\overline{48}|}$을 구하기 위해 $a_{\overline{48}|}$을 구해보면

$$a_{\overline{48}|} = \dfrac{1 - v^{48}}{i} = \dfrac{1 - (1.082432)^{-48}}{0.082432} = 11.860395$$

따라서 $(Da)_{\overline{48}|} = \dfrac{48 - a_{\overline{48}|}}{i} = \dfrac{48 - 11.860395}{0.082432} = 438.42$

36 다음과 같은 연금의 현가를 L_n과 I_n을 이용하여 나타내고 현가를 계산하시오. 단 $i = 0.05$이다.

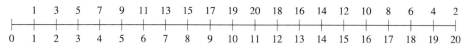

풀이

$d = 0.047619$, $d^2 = 0.002268$이므로

$$\text{현가} = L_1 + 2I_2 - L_{11} - 4I_{12} + 2I_{22} = \frac{v}{d} + 2\frac{v^2}{d^2} - \frac{v^{11}}{d} - 4\frac{v^{12}}{d^2} + 2\frac{v^{22}}{d^2}$$

$$= 126.97$$

37 기말급 영구연금의 처음 지급액은 195원이고 50원이 될 때까지 매해 5원씩 감소한다. 50원이 된 후에는 더 이상 감소하지 않고 계속 50원이 지급된다. $i = 0.04$일 때 이 기말급 영구연금의 현가를 구하시오.

풀이

그림으로부터 n을 구해보자. 식으로 나타내면

$50 = 195 + (n-1)(-5)$이므로 $n = 30$

따라서, 기말급 영구연금의 현가는 $d = iv$이므로

$$\text{현가} = 200L_1 - 5I_1 + 5I_{31} = 200\left(\frac{v}{d}\right) - 5\left(\frac{v}{d^2}\right) + 5\left(\frac{v^{31}}{d^2}\right)$$

$$= 200\left(\frac{1}{i}\right) - 5\left(\frac{1}{i^2 v}\right) + 5\left(\frac{v^{29}}{i^2}\right) = 2752.0357$$

38 영구연금의 지급이 다음과 같다. 처음 5년간은 매년말에 1원씩, 다음 5년간은 매년말에 2원씩, 그 다음 5년간은 매년말에 3원씩 매 5년마다 매년 지급액이 1원씩 증가한다. 이때 이 기말급 영구연금의 현가를 구하시오. 단 $i = 5\%$이다.

풀이

그림으로 표현하면 다음과 같다.

따라서 이 기말급 영구연금의 현가를 PV라고 하면

$$PV = L_1 + L_6 + L_{11} + \cdots = \frac{v}{d} + \frac{v^6}{d} + \frac{v^{11}}{d} + \cdots$$

$$= \frac{v}{d}\left(1 + v^5 + v^{10} + \cdots\right) = \frac{v}{d}\left(\frac{1}{1-v^5}\right) = \frac{1}{i}\left(\frac{1}{1-v^5}\right)$$

$$= \frac{1}{0.05}\left[\frac{1}{1-(1.05)^{-5}}\right] = 92.38992$$

39 매년말에 1원씩 지급되는 영구연금의 현가를 PV1이라고 하고 매 2년말마다 1원씩 지급되는 영구연금의 현가를 PV2라고 할 때 PV1 + PV2를 연간실이율인 i만을 이용하여 나타내시오.

:: 풀이

2년당 이자율을 j라고 하면

$$(1+j) = (1+i)^2, \quad j = (1+i)^2 - 1 = i^2 + 2i$$

PV2에는 2년을 하나의 단위기간으로 보아서 j가 적용된다.

$$\text{PV1} = \frac{1}{i} \qquad\qquad \text{PV2} = \frac{1}{j} = \frac{1}{i^2 + 2i}$$

$$\text{PV1} + \text{PV2} = \frac{1}{i} + \frac{1}{2i + i^2} = \frac{2 + i + 1}{i(2+i)} = \frac{i+3}{i(2+i)}$$

40 연금지급시 처음 10년간은 매해초에 5,000원씩 지급하고, 그 이후에는 매해초에 3,000원씩 지급하는 n년거치 영구연금의 현가가 80,000원이라고 하자. 이때 거치기간 n을 구하시오. $(i = 0.05)$

:: 풀이

이 영구연금의 현가를 PV라고 하면

$$\text{PV} = 3000\,v^n a_{\overline{\infty}|} + 2000\,v^n a_{\overline{10}|} = v^n\left(\frac{3000}{i} + 2000 \times \frac{1-v^{10}}{i}\right)$$

$$= 55443.46986\,v^n = 80000$$

$$v^n = (1.05)^{-n} = 0.693043 \text{이므로 } n = 7.515$$

41 A는 매년 15x원을 15년 동안 지급하는 기말급연금을 구입하였다. B는 첫해 말에 200원을 지급하고 제2연도말부터 제15연도말까지는 매해 지급액이 전년도 지급액보다 x원이 감소된 금액을 지급하는 15년 누감확정연금을 구입하였다. A와 B가 구입한 연금의 현가가 동일하다고 할 때, x를 구하시오. 단, A와 B가 구입한 연금에 적용되는 연간실이율은 모두 5.25%로 동일하다.

:: 풀이

A가 구입한 연금의 현가를 PV_A, B가 구입한 연금의 현가를 PV_B라고 하자.

PV$_A$와 PV$_B$를 구하기 위해 $a_{\overline{15}|}$를 구해보자.

$$a_{\overline{15}|} = \frac{1 - (1.0525)^{-15}}{0.0525} = 10.206462$$

따라서 PV$_A = 15\,x\,a_{\overline{15}|} = 15\,x\,(10.206462) = 153.09693\,x$

(i) B의 경우 식 (1.1.8.5)를 이용하여 PV$_B$를 구하면

$$PV_B = P\,a_{\overline{n}|} + Q\,\frac{a_{\overline{n}|} - nv^n}{i} \text{에서 } P = 200, \ Q = -x, \ n = 15 \text{이므로}$$

$$PV_B = 200\,a_{\overline{15}|} - x\left(\frac{a_{\overline{15}|} - 15\,v^{15}}{i}\right) = 2041.2924 - 61.791437\,x$$

(ii) PV$_B$를 누가확정연금을 이용하여 구할 수 있다.

$$\ddot{a}_{\overline{14}|} = \frac{1 - (1.0525)^{-14}}{0.0525 \,/\, 1.0525} = 10.25377$$

$$(I\,a)_{\overline{14}|} = \frac{\ddot{a}_{\overline{14}|} - 14\,v^{14}}{i} = \frac{10.25377 - 6.8394089}{0.0525} = 65.035449$$

$$PV_B = 200\,a_{\overline{15}|} - (v)(x)(I\,a)_{\overline{14}|}$$

$$= 2041.2924 - \left(\frac{1}{1.0525}\right)(x)(65.035449)$$

$$= 2041.2924 - 61.7914\,x$$

PV$_A$ = PV$_B$이므로 $153.09693\,x = 2041.2924 - 61.791437\,x$

$$214.888367\,x = 2041.2924, \ x = 9.499316$$

Ⅱ. 일반이론

1. 연속확정연금

$$\bar{a}_{\overline{n}|} = \int_0^n v^t\,dt = \frac{1-v^n}{\delta} = \frac{1-e^{-n\delta}}{\delta} \qquad \bar{s}_{\overline{n}|} = \frac{e^{n\delta}-1}{\delta}$$

2. 일반적인 변동연금

$$(Ia)_{\overline{n}|}^{(m)} = \frac{\ddot{a}_{\overline{n}|}-nv^n}{i^{(m)}} \qquad (I\ddot{a})_{\overline{n}|}^{(m)} = \frac{\ddot{a}_{\overline{n}|}-nv^n}{d^{(m)}} \qquad (I^{(m)}a)_{\overline{n}|}^{(m)} = \frac{\ddot{a}_{\overline{n}|}^{(m)}-nv^n}{i^{(m)}}$$

$$(Is)_{\overline{n}|}^{(m)} = \frac{\ddot{s}_{\overline{n}|}-n}{i^{(m)}} \qquad (I\ddot{s})_{\overline{n}|}^{(m)} = \frac{\ddot{s}_{\overline{n}|}-n}{d^{(m)}}$$

3. 연속변동연금

$$(I\bar{a})_{\overline{n}|} = \frac{\ddot{a}_{\overline{n}|}-nv^n}{\delta} \qquad\qquad (\bar{I}\bar{a})_{\overline{n}|} = \frac{\bar{a}_{\overline{n}|}-nv^n}{\delta}$$

$$(D\bar{a})_{\overline{n}|} = \frac{n-a_{\overline{n}|}}{\delta} \qquad\qquad (\bar{D}\bar{a})_{\overline{n}|} = \frac{n-\bar{a}_{\overline{n}|}}{\delta}$$

4. 수익률의 측정

$$i = \frac{I}{A+\sum_t n_t(1-t)-\sum_t w_t(1-t)} \fallingdotseq \frac{2I}{A+B-I}$$

5. 할부상환과 감채기금

(1) 할부상환

할부상환표의 예시($L = a_{\overline{n}|}$ 인 경우)

t	상환	I_t	P_t	OP_t
0				$a_{\overline{n}|}$
1	1	$i\,a_{\overline{n}|} = 1 - v^n$	v^n	$a_{\overline{n}|} - v^n = a_{\overline{n-1}|}$
2	1	$i\,a_{\overline{n-1}|} = 1 - v^{n-1}$	v^{n-1}	$a_{\overline{n-1}|} - v^{n-1} = a_{\overline{n-2}|}$
$\vdots$	$\vdots$	$\vdots$	$\vdots$	$\vdots$
t	1	$i\,a_{\overline{n-t+1}|} = 1 - v^{n-t+1}$	v^{n-t+1}	$a_{\overline{n-t+1}|} - v^{n-t+1} = a_{\overline{n-t}|}$
$\vdots$	$\vdots$	$\vdots$	$\vdots$	$\vdots$
$n-1$	1	$i\,a_{\overline{2}|} = 1 - v^2$	v^2	$a_{\overline{2}|} - v^2 = a_{\overline{1}|}$
n	1	$i\,a_{\overline{1}|} = 1 - v$	v	$a_{\overline{1}|} - v = 0$
합계	n	$n - a_{\overline{n}|}$	$a_{\overline{n}|}$	

(2) 감채기금

(i) $L = D\,s_{\overline{n}|\,i}$ (ii) $IP_t = i'\,L$

6. 채권과 주식

(1) 채권

$$P = F r\,a_{\overline{n}|} + C\,v^n$$

(2) 주식

$$P = \frac{D}{r - g}$$

1.2 기본연습문제

01 1년에 600원씩 매년말에 6년 동안 지급되는 연금의 현가를 구하시오. 단, $i^{(6)} = 0.18$ 이다.

> **풀이**

$i = \dfrac{i^{(6)}}{6} = 0.03$이고 $k = 6$, $n = 36$인 경우이므로

$$\text{PV} = 600\,\frac{a_{\overline{n|}}}{s_{\overline{k|}}} = 600\,\frac{a_{\overline{36|}}}{s_{\overline{6|}}} = 600\left(\frac{1 - (1.03)^{-36}}{(1.03)^6 - 1}\right) = 2025.13$$

02 연금가입 후 5년마다 연도말에 10원씩 지급하는 영구연금의 현가가 15원이라고 하자. 이때 연간실이율 i를 구하시오.

> **풀이**

[풀이 1]

5년간의 이율을 j라고 하면 $10\,a_{\overline{\infty|}\,j} = 15$, $\dfrac{10}{j} = 15$이므로 $j = \dfrac{2}{3}$

$1 + j = \dfrac{5}{3} = (1+i)^5$이므로 $i = 0.107566$

[풀이 2]

$k = 5$, $n = \infty$인 연금이므로 식 (1.2.1.2)에 의하여

$$10\,\frac{a_{\overline{\infty|}}}{s_{\overline{5|}}} = 15$$

$$\frac{1}{(1+i)^5 - 1} = \frac{15}{10}$$

$$i = \left[\left(\frac{10}{15}\right)^{\frac{1}{5}} + 1\right] - 1 = 0.107566$$

03 n지급기간 동안 k전화기간마다 1, 2, 3, …으로 연금이 지급되는 기말급누가연금의 현가 A가 다음과 같음을 보이시오. 전화기간당 이자율은 i이다.

$$A = \frac{\dfrac{a_{\overline{n|}}}{a_{\overline{k|}}} - \dfrac{n}{k}\,v^n}{i\,s_{\overline{k|}}}$$

> **풀이**

A를 일반화된 누가연금이라고 하면 $\dfrac{n}{k}$ 이 지급횟수이다.

$$A = v^k + 2\,v^{2k} + \cdots\cdots + \left[\frac{n}{k} - 1\right] v^{n-k} + \frac{n}{k}\,v^n \quad \cdots\cdots ①$$

$$(1 + i)^k\, A = 1 + 2\,v^k + \cdots\cdots + \left[\frac{n}{k} - 1\right] v^{n-2k} + \frac{n}{k}\,v^{n-k} \quad \cdots\cdots ②$$

②에서 ①을 차감하면

$$A\left[(1 + i)^k - 1\right] = 1 + v^k + v^{2k} + \cdots\cdots + v^{n-k} - \frac{n}{k}\,v^n \quad \cdots\cdots ③$$

③을 정리하면

$$A = \frac{\left[1 + v^k + v^{2k} + \cdots + v^{n-k}\right] - \dfrac{n}{k}\,v^n}{(1 + i)^k - 1} = \frac{\dfrac{a_{\overline{n}|}}{a_{\overline{k}|}} - \dfrac{n}{k}\,v^n}{i\,s_{\overline{k}|}}$$

04 매회 지급기간이 전화기간보다 큰 경우의 연금의 현가(PV)가 다음과 같음을 유도하시오. 여기서 P는 처음 지급액이고 k 전화기간당 Q씩 증가하는 경우이다. (기호는 제1장 II의 1에서 정의된 기호와 제1장 I의 8에서 사용된 기호를 그대로 사용한다)

$$\text{PV} = P\,\frac{a_{\overline{n}|}}{s_{\overline{k}|}} + Q\left(\frac{\dfrac{a_{\overline{n}|}}{s_{\overline{k}|}} - \dfrac{n}{k}\,v^n}{i\,s_{\overline{k}|}}\right)$$

> **풀이**

$$
\begin{array}{ccccccc}
 & P & P+Q & \cdots\cdots & P+\left(\dfrac{n}{k}-2\right)Q & & P+\left(\dfrac{n}{k}-1\right)Q \\
\vdash & \dashv & \dashv & & \dashv & & \dashv \\
0 & k & 2k & \cdots\cdots & \left(\dfrac{n}{k}-1\right)k & & \dfrac{n}{k}\cdot k
\end{array}
$$

이 연금의 현가 PV는

$$\text{PV} = P\,v^k + (P + Q)\,v^{2k} + \cdots + \left[P + \left(\frac{n}{k} - 2\right)Q\right] v^{n-k}$$

$$+ \left[P + \left(\frac{n}{k} - 1\right)Q\right] v^n \quad \cdots\cdots ①$$

①의 양변에 $(1 + i)^k = v^{-k}$ 을 곱해보면

$$(1 + i)^k\,\text{PV} = P + (P + Q)\,v^k + \cdots + \left[P + \left(\frac{n}{k} - 2\right)Q\right] v^{n-2k}$$

$$+ \left[P + \left(\frac{n}{k} - 1\right)Q\right] v^{n-k} \quad \cdots\cdots ②$$

②에서 ①을 차감하면

$$PV\left[(1+i)^k - 1\right] = P + Qv^k + \cdots + Qv^{n-2k} + Qv^{n-k}$$

$$- \left[P + \left(\frac{n}{k} - 1\right)Q\right]v^n$$

따라서 $PV = \dfrac{P(1-v^n) + Q(v^k + v^{2k} + \cdots + v^{n-k} + v^n) - \dfrac{n}{k}Qv^n}{\left[(1+i)^k - 1\right]}$

$$= P\,\frac{a_{\overline{n}|}}{s_{\overline{k}|}} + Q\left(\frac{\dfrac{a_{\overline{n}|}}{s_{\overline{k}|}} - \dfrac{n}{k}v^n}{i\,s_{\overline{k}|}}\right)$$

이 문제에서 고찰한 일반식으로부터 다음을 확인할 수 있다.

(i) $k = 1$인 경우 위 식은 식 (1.1.8.5)의 $P\&Q$ 식이 된다.

(ii) $P = Q = 1$인 경우 연습문제 3의 A가 된다.

05 A는 제2연도말에 100원, 제4연도말에 100원 등으로 2년마다 100원씩 20년 동안 입금하였다. 적용되는 연간실이율은 i이다. 제20연도말의 적립금은 x원으로 제10연도말의 적립금의 3배라고 할 때, x를 구하시오.

풀이

```
              100     100     100    ...    100
   +----+----+----+----+----+----+----+---+----+
   0    1    2    3    4    5    6    ...      20
```

2년간의 이율을 j라고 하자. 제20연도말 종가를 AV20, 제10연도말 종가를 AV10이라고 하면

$$AV20 = 100\,s_{\overline{10}|\,j} = x, \quad AV10 = 100\,s_{\overline{5}|\,j} = \frac{1}{3}x$$

$3\left(\dfrac{1}{3}x\right) = 3(100\,s_{\overline{5}|\,j}) = 100\,s_{\overline{10}|\,j}$이므로 $3\,s_{\overline{5}|\,j} = s_{\overline{10}|\,j}$

$$3\left[\frac{(1+j)^5 - 1}{j}\right] = \left[\frac{(1+j)^{10} - 1}{j}\right]$$

$$3\left[(1+j)^5 - 1\right] = (1+j)^{10} - 1$$

$$(1+j)^{10} - 3(1+j)^5 + 2 = 0$$

$(1+j)^5 = X$라고 하면 $X^2 - 3X + 2 = 0$

$X = 1$ 또는 2. 즉, $(1+j)^5 = 1$ 또는 2

$(1+j)^5 = 1$인 경우 $j = 0$이므로 $(1+j)^5 = 2$가 구하는 답이다.

따라서 $j = 2^{\frac{1}{5}} - 1 = 0.148698$이므로

$$x = 100\,s_{\overline{10}|\,j} = 100\left(\frac{1.148698^{10} - 1}{0.148698}\right) = 2017.50369$$

06 다음 그림과 같은 지급이 있을 때 6시점에서의 연금의 가치는 $c_1\dfrac{s_{\overline{8}|}}{s_{\overline{2}|}} + c_2 a^{(2)}_{\overline{4}|} +$ $c_3 a^{(2)}_{\overline{3}|}$로 주어진다. 이 때 c_1, c_2, c_3을 구하시오.

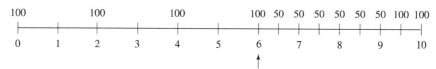

풀이

각 기호의 의미를 잘 생각해보면 $c_1 = 100$, $c_2 = 200$, $c_3 = -100$임을 알 수 있다.

07 다음을 증명하시오.

$$\frac{d}{dn}\,a_{\overline{n}|} = \frac{v^n}{s_{\overline{1}|}}$$

풀이

$$\frac{d}{dn}\,a_{\overline{n}|} = \frac{d}{dn}\frac{1 - v^n}{i} = -\frac{1}{i}\,v^n \ln v = \frac{\delta}{i}\,v^n = \frac{v^n}{s_{\overline{1}|}}$$

08 t시점에서의 연속영구연금의 연속적 연액이 $r(t) = 100\,e^{-t}$일 때 이 연속영구연금의 현가를 구하시오. 단 $\delta = 0.2$이다.

풀이

$$\mathrm{PV} = \int_0^\infty a^{-1}(t)\,r(t)\,dt = \int_0^\infty e^{-0.2t}\,100\,e^{-t}\,dt$$

$$= 100\int_0^\infty e^{-1.2t}\,dt = \frac{100}{1.2} = 83.3333$$

09 어떤 사람이 10년 후, 20년 동안 매 연도말에 연금을 받기 위해, 10년 동안 연속적 연액(연속연금의 지급금의 연액) 1,500원씩을 적립하였다. 적립시 적용되는 이력 $\delta = 0.05$이고, 확정연금을 받을 때 적용되는 연간실이율 i는 δ와 상등하다고 할 때, 10년 후 20년간 매해 받게 되는 연금액을 구하시오. 연금개시시점은 마지막 적립이 완료되고 1년 후이다.

풀이

$\delta = 0.05$를 적용한 10년 후 연금액들의 종가를 AV10이라고 하면

$$AV10 = 1500\,\bar{s}_{\overline{10|}} = 1500\left(\frac{e^{10\delta}-1}{\delta}\right) = 19461.64$$

20년간 매년 받게 되는 연금액을 R이라고 하면

$i = e^{\delta} - 1 = e^{0.05} - 1 = 0.051271$이므로

$$19461.64 = R\,a_{\overline{20|}} = R\left(\frac{1-(1.051271)^{-20}}{0.051271}\right)$$

따라서 $R = 1578.53$

10 다음 자료를 이용하여 $\bar{s}_{\overline{1|}}$을 구하시오.

(i) $\ddot{a}_{\overline{n+2|}} = 9.3064$ (ii) $\ddot{s}_{\overline{n|}} = 13.2068$

풀이

$\ddot{a}_{\overline{n+2|}} = 1 + a_{\overline{n+1|}} = 9.3064$이므로 $a_{\overline{n+1|}} = 8.3064$

$\ddot{s}_{\overline{n|}} = s_{\overline{n+1|}} - 1 = 13.2068$이므로 $s_{\overline{n+1|}} = 14.2068$

$$\frac{s_{\overline{n+1|}}}{a_{\overline{n+1|}}} = (1+i)^{n+1} = \frac{14.2068}{8.3064} = 1.710344$$ 이므로

$$s_{\overline{n+1|}} = \frac{(1+i)^{n+1}-1}{i} = \frac{0.710344}{i} = 14.2068,\; i = 0.05$$

따라서 $\bar{s}_{\overline{1|}} = \dfrac{(1+i)-1}{\delta} = \dfrac{0.05}{\ln 1.05} = 1.024797$

11 다음과 같은 연속연금의 10시점에서의 종가를 구하시오. ($i = 0.05$를 이용하시오)

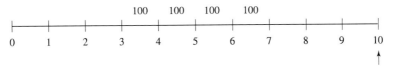

풀이

7시점에서의 연속연금의 종가를 AV7이라고 하면

$$AV7 = 100\,\bar{s}_{\overline{4|}} = 100\left(\frac{(1.05)^4-1}{\ln 1.05}\right) = 441.7002$$

따라서 10시점의 종가 AV10은

$$AV10 = AV7\,(1+i)^3 = 441.7002\,(1.05)^3 = 511.3232$$

12 현재 기금에는 100,000원이 적립되어 있고, 이 기금은 $\delta = 0.05$로 연속적으로 부리된다. 이 기금으로부터 매년 연속적 연액(연속연금의 연지급액) 15,000원을 인출하면 n년 후 기금이 고갈된다고 할 때, n을 구하시오.

> **풀이**

기금의 금액이 $t = n$에 고갈된다는 것은 n시점에서 시작시 기금의 종가와 인출금액의 종가가 같다는 것을 의미한다.

$100000\,e^{0.05n} = 15000\,\bar{s}_{\overline{n}|}$을 만족시키는 n을 구해보자.

$15000\left(\dfrac{e^{n\delta}-1}{\delta}\right) = 300000\,(e^{0.05n}-1) = 100000\,e^{0.05n}$이므로

$200000\,e^{0.05n} = 300000, \quad e^{0.05n} = \dfrac{3}{2}, \quad 0.05n = \ln 1.5$이다.

따라서 $n = 8.1093$

13 다음을 증명하시오.

$$\frac{d}{dn}\,\bar{s}_{\overline{n}|} = 1 + \delta\,\bar{s}_{\overline{n}|}$$

> **풀이**

부록의 미분공식 (I − 34)를 이용하면

$$\frac{d}{dn}\,\bar{s}_{\overline{n}|} = \frac{d}{dn}\int_0^n (1+i)^t\,dt = (1+i)^n = 1 + \delta\,\bar{s}_{\overline{n}|}$$

14 연금지급이 지금 30, 6개월 후 60, 1년 후 90, 1년반 후 120, …… 등 매 6개월마다 30씩 증가하며 연금지급기간이 10년인 경우 이 연금의 현가를 구하시오. $d^{(12)} = 0.12$를 이용하시오.

> **풀이**

[풀이 1]

매 6개월 초마다 $\dfrac{1}{4}, \dfrac{2}{4}, \dfrac{3}{4}, \ldots\ldots$ 으로 10년 지급되는 연금의 현가가

$$\text{PV} = \left(I^{(2)}\ddot{a}\right)^{(2)}_{\overline{10}|} = \frac{\ddot{a}^{(2)}_{\overline{10}|} - 10\,v^{10}}{d^{(2)}}$$이다. 여기서 지급액이 30, 60, 90, …… 등이므로

$m = 2,\ m^2 = 4$이므로 구하는 연금의 현가는

$$\text{PV} = (30)\,(2^2)\,\left(I^{(2)}\ddot{a}\right)^{(2)}_{\overline{10}|} = 120\,\frac{\ddot{a}^{(2)}_{\overline{10}|} - 10\,v^{10}}{d^{(2)}}$$

여기서

$$i = \left(1 - \frac{d^{(2)}}{2}\right)^{-2} - 1 = \left(1 - \frac{0.12}{2}\right)^{-2} - 1 = 0.131734$$

$$a_{\overline{10|}} = \frac{1 - (1.131734)^{-10}}{0.131734} = 5.3888459$$

$$\ddot{a}_{\overline{10|}}^{(2)} = \frac{0.131734}{0.12}(5.3888459) = 5.9157852$$

따라서

$$PV = (30)(2^2)\frac{(5.9157852) - 10(1.131734)^{-10}}{0.12} = (120)(25.1227291)$$

$$= 3014.727492$$

[풀이 2]

6개월당 이자율을 j라고 하면

$$j = \frac{i^{(2)}}{2} = (1.131734)^{(1/2)} - 1 = 0.063830$$

6개월을 하나의 단위로 보면 연금액이 30, 60, 90, 120, …… 등으로 20 전화기간 동안 증가하므로

$$PV = 30(I\ddot{a})_{\overline{20|}\,0.06383}$$

여기서 사용되는 6개월당 할인율 $d\,'$는

$$d\,' = \frac{d^{(2)}}{2} = \frac{0.12}{2} = 0.06$$

$$= \frac{j}{1+j} = \frac{0.063830}{1.063830} = 0.06$$

$$\ddot{a}_{\overline{20|}\,0.06383} = \frac{1 - \left(\dfrac{1}{1.06383}\right)^{20}}{0.06} = 11.83158199$$

$$PV = (30)\frac{\ddot{a}_{\overline{20|}\,0.06383} - 20\left(\dfrac{1}{1+j}\right)^{20}}{0.06}$$

$$= (30)\frac{11.83158199 - 20(1.063830)^{-20}}{0.06} = (30)(100.4913396)$$

$$= 3014.740187$$

15 다음과 같은 영구연금의 현가를 구하시오. $v^3 = 0.8$을 이용하시오.

풀이

이 영구연금은 매 3년마다 1원씩 지급하는 기말급 확정연금과 매 3년마다 4원씩 증가하는 누가확정연금의 합으로 생각할 수 있다. 이 연금의 현가를 PV라고 하고 3년간의 실이율을 j라고 하자. 또한 실이율 j를 적용한 실할인율을 d_j, 현가율을 v_j라고 하자.

따라서 $1 + j = (1 + i)^3$, $v_j = v^3 = 0.8$, $d_j = 1 - v^3 = 0.2$

$$j = (1 + i)^3 - 1 = (0.8)^{-1} - 1 = 0.25$$

이 영구연금의 현가는

$$\text{PV} = a_{\overline{\infty}|\,j} + 4v_j(Ia)_{\overline{\infty}|\,j} = \frac{1}{j} + 4\left(\frac{1}{1+j}\right)\left(\frac{1}{j \times d_j}\right)$$

$$= \frac{1}{(1/4)} + 4\left(\frac{1}{(5/4)} \times \frac{1}{(1/4)(0.2)}\right) = 68$$

16 다음 그림과 같은 지급이 있을 때, 0시점에서 이 연금의 현가를 보험수리기호를 이용하여 나타내시오.

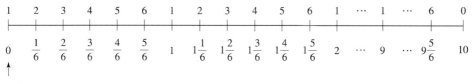

풀이

연금지급액이 지급시마다 증가하므로(즉, 전화기간당 6번) $m = 6$인 경우이다. 따라서 기본지급액은 $\dfrac{1}{m^2} = \dfrac{1}{36}$이며, 각 연도초의 PV는 $36\,(I^{(6)}\ddot{a})_{\overline{1}|}^{(6)}$이다. 따라서 총 연금의 현가는 $\ddot{a}_{\overline{10}|}\,36\,(I^{(6)}\ddot{a})_{\overline{1}|}^{(6)} = 36\,\ddot{a}_{\overline{10}|}\,(I^{(6)}\ddot{a})_{\overline{1}|}^{(6)}$으로 나타낼 수 있다.

17 연금지급액이 매 분기말에 1, (1.02), $(1.02)^2$, $(1.02)^3$ 등으로 증가하는 영구연금의 현가를 구하시오. 단, 연간실이율 $i = 10\%$이다.

풀이

매 분기의 실이율을 j라고 하면 $(1 + j)^4 = 1 + i = 1.1$이므로

$$j = (1.1)^{(1/4)} - 1 = 0.024113$$

따라서 이 영구연금의 현가 PV는

$$PV = \frac{1}{1+j} + \frac{1.02}{(1+j)^2} + \frac{1.02^2}{(1+j)^3} + \cdots = \frac{\dfrac{1}{1+j}}{1 - \dfrac{1.02}{1+j}}$$

$$= \frac{(1/1.024113)}{1 - (1.02)/(1.024113)} = 243.1315$$

18 다음 그림과 같이 연금을 지급할 때, 0시점에서 이 연금의 현가를 구하시오. ($i^{(12)} = 12\%$)

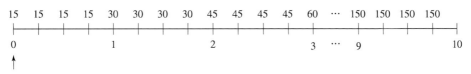

풀이

이 연금의 현가를 PV라고 하고 PV를 구하기 위해 $d^{(4)}$, $\ddot{a}_{\overline{10|}}$를 구해보자.

$$1 + i = \left(1 + \frac{i^{(12)}}{12}\right)^{12} = (1.01)^{12} = 1.126825 \text{이므로} \ i = 0.126825$$

또한, $\left(1 - \dfrac{d^{(4)}}{4}\right)^{-4} = 1.126825$이므로

$$d^{(4)} = 4[1 - (1.126825)^{-1/4}] = 0.117639$$

$$\ddot{a}_{\overline{10|}} = \frac{1 - v^{10}}{d} = \frac{1 - (1.126825)^{-10}}{0.126825 / 1.126825} = 6.192808$$

이 연금은 1차연도 연액이 60원, 2차연도 연액이 120원이므로 연금의 현가를 PV라고 하면

$$PV = 60\,(I\ddot{a})^{(4)}_{\overline{10|}} = 60\left(\frac{\ddot{a}_{\overline{10|}} - 10v^{10}}{d^{(4)}}\right)$$

$$= 60\left(\frac{6.192808 - (10 \times (1.126825)^{-10})}{0.117639}\right) = 1613.168792$$

19 다음 자료를 이용하여 15년 연속변동연금의 현가를 구하시오.

  (i) $r(t) = \begin{cases} 0, & 0 < t < 8 \\ 1.5\,t^2 + 5t, & 8 < t < 15 \end{cases}$

  (ii) $\delta_t = \begin{cases} 0.0001t + 0.004, & 0 \le t < 8 \\ 0.002, & 8 \le t \le 15 \end{cases}$

풀이

8시점에서의 현가를 $PV_{8,15}$로 표시하면

$$\text{PV}_{8,15} = \int_8^{15} r(t)\, a^{-1}(t)\, dt = \int_8^{15} (1.5\,t^2 + 5\,t)\, e^{-\int_8^t 0.002\,ds}\, dt$$

$$= \int_8^{15} (1.5\,t^2 + 5\,t)\, e^{-0.002(t-8)}\, dt$$

$$= e^{0.016} \int_8^{15} (1.5\,t^2 + 5\,t)\, e^{-0.002t}\, dt^{1)}$$

$$= e^{0.016} \left[(1.5\,t^2 + 5\,t)\left(\frac{e^{-0.002t}}{-0.002} \right) \right]_8^{15} + \frac{e^{0.016}}{0.002} \int_8^{15} (3\,t + 5)\, e^{-0.002t}\, dt$$

$$= -135382.6185 + \frac{e^{0.016}}{0.002} \left[(3\,t + 5)\left(\frac{e^{-0.002t}}{-0.002} \right) \right]_8^{15}$$

$$+ \frac{3\,e^{0.016}}{0.002^2} \int_8^{15} e^{-0.002t}\, dt$$

$$= -135382.6185 - 5076219.303 + 5213420.901 = 1818.9799$$

8시점의 1에 대하여 0시점에서의 현가를 $\text{PVF}_{0,8}$로 표시하면

$$\text{PV} = (\text{PV}_{8,15})\,(\text{PVF}_{0,8}) = \text{PV}_{8,15} \exp\left[-\int_0^8 0.0001\,t + 0.004\,dt \right]$$

$$= (1818.9799)\,(e^{-0.0352}) = (1818.9799)\,(0.965412) = 1756.065$$

20 n년 연속변동연금에서 t시점에서의 지급연액이 $r(t) = 2n - t$이다. t시점에서의 이력 $\delta_t = \dfrac{1}{1+t}$일 때 이 연금의 현가는 $[(2n+1)\ln(n+1)] - n$임을 유도하시오.

풀이

$$a^{-1}(t) = \exp\left[-\int_0^t \frac{1}{1+r}\,dr \right] = \exp\left(-\left[\ln(1+r) \right]_0^t \right)$$

$$= \exp\left[\ln 1 - \ln(1+t) \right] = \frac{1}{1+t} \text{이므로}$$

$$\text{PV} = \int_0^n (2n - t)\, a^{-1}(t)\, dt = \int_0^n \frac{2n - t}{1+t}\, dt = \int_0^n \left[\frac{2n+1}{1+t} - 1 \right] dt$$

$$= \left[(2n+1)\ln(1+t) \right]_0^n - n = (2n+1)\ln(n+1) - n$$

21 (a) $(\bar{I}\bar{a})_{\overline{n}|} = \dfrac{\bar{a}_{\overline{n}|} - n\,v^n}{\delta}$ 을 적분을 이용하여 유도하시오.

---

1) $u' = e^{-0.002t}$, $v = 1.5\,t^2 + 5\,t$인 부분적분을 사용함.

(b) $\delta = 0.05$일 때, $(\bar{I}\,\bar{a})_{\overline{\infty}|}$ 의 값을 구하시오.

풀이

(a) $(\bar{I}\,\bar{a})_{\overline{n}|} = \int_0^n t\,v^t\,dt$

$$= \left[\frac{t\,v^t}{\ln v}\right]_0^n - \int_0^n \frac{v^t}{\ln v}\,dt = \left[\frac{t\,v^t}{\ln v}\right]_0^n - \left[\frac{v^t}{(\ln v)^2}\right]_0^n$$

$$= -\frac{n\,v^n}{\delta} - \frac{v^n}{\delta^2} + \frac{1}{\delta^2} = \frac{1 - v^n}{\delta^2} - \frac{n\,v^n}{\delta}$$

$$= \frac{\bar{a}_{\overline{n}|} - n\,v^n}{\delta}$$

(b) $(\bar{I}\,\bar{a})_{\overline{\infty}|} = \int_0^\infty t\,v^t\,dt = \int_0^\infty t\,e^{-0.05t}\,dt$

$$= -\frac{t}{0.05}\,e^{-0.05t}\,\Big|_0^\infty + \frac{1}{0.05}\int_0^\infty e^{-0.05t}\,dt$$

$$= -\left(\frac{1}{0.05}\right)^2 e^{-0.05t}\,\Big|_0^\infty = \left(\frac{1}{0.05}\right)^2 = 400$$

22 (a) $\dfrac{d}{di}\,a_{\overline{n}|} = -v\,(Ia)_{\overline{n}|}$ 을 증명하시오.

(b) $i = 0$에서 $\dfrac{d}{di}\,a_{\overline{n}|}$ 의 값을 구하시오.

(c) $\dfrac{d}{di}\,\bar{a}_{\overline{n}|} = -v\,(\bar{I}\bar{a})_{\overline{n}|}$ 을 증명하시오.

(d) $i = 0$에서 $\dfrac{d}{di}\,\bar{a}_{\overline{n}|}$ 의 값을 구하시오.

풀이

(a) $\dfrac{d}{di}\,a_{\overline{n}|} = \dfrac{d}{di}\sum_{t=1}^n v^t = \sum_{t=1}^n \dfrac{d}{di}(1+i)^{-t} = \sum_{t=1}^n -t\,(1+i)^{-t-1}$

$$= -v\sum_{t=1}^n t\,v^t = -v\,(Ia)_{\overline{n}|}$$

(b) $\dfrac{d}{di}\,a_{\overline{n}|}\,\Big|_{i=0} = -v\sum_{t=1}^n t\,v^t\,\Big|_{i=0} = -\sum_{t=1}^n t = -\frac{1}{2}\,n(n+1)$

(c) $\dfrac{d}{di}\,\bar{a}_{\overline{n}|} = \dfrac{d}{di}\int_0^n v^t\,dt = \int_0^n \dfrac{d}{di}(1+i)^{-t}\,dt = \int_0^n -t\,(1+i)^{-t-1}\,dt$

$$= -v \int_0^n t\, v^t\, dt = -v\, (\bar{I}\bar{a})_{\overline{n}|}$$

(d) $\left. \dfrac{d}{di}\, \bar{a}_{\overline{n}|} \right|_{i=0} = \left. -v \int_0^n t\, v^t\, dt \right|_{i=0} = -\int_0^n t\, dt = -\dfrac{1}{2}n^2$

23 $a_{\overline{n}|}$에 관한 부록의 표는 i의 한정된 값(예: $i=5\%$)에 대한 표이다. i와 가까운 j(예: $j=5.01\%$)에 대하여는 $a_{\overline{n}|}$의 표가 없기 때문에 근사값을 이용할 수 있다. 연습문제 22번의 (a)를 이용하여 이율 j에서의 $a_{\overline{n}|}$의 근사값은 다음과 같음을 증명하시오.

$$a_{\overline{n}|\, j} = a_{\overline{n}|\, i} - \frac{j-i}{1+i}\, (Ia)_{\overline{n}|\, i}$$

풀이

$j = i + \Delta i$이고 $\dfrac{d}{di}\, a_{\overline{n}|} = -v(Ia)_{\overline{n}|}$임을 이용하면

$d\, a_{\overline{n}|} = -v\,(Ia)_{\overline{n}|}\, di$

$\dfrac{d}{di}\, \bar{a}_{\overline{n}|} = -v\,(\bar{I}\bar{a})_{\overline{n}|}$은 i가 1단위 변할 때의 값이므로

$\Delta a_{\overline{n}|} \fallingdotseq -v(Ia)_n\, \Delta i$

$a_{\overline{n}|\, i} - a_{\overline{n}|\, j} \fallingdotseq -v_i\,(Ia)_{\overline{n}|\, i}\,(i-j)$ 또는 $a_{\overline{n}|\, j} - a_{\overline{n}|\, i} \fallingdotseq -v_i\,(Ia)_{\overline{n}|\, i}\,(j-i)$

따라서 $a_{\overline{n}|\, j} = a_{\overline{n}|\, i} - \dfrac{j-i}{1+i}\,(Ia)_{\overline{n}|\, i}$

24 연시자산이 100,000원이고, 연말자산은 140,000원이다. 총 이자수입은 10,000원이고 t시점에 $(0 \le t \le 1)$ 한번의 자금유입이 있었다고 한다. 연간수익률이 8%일 때, t를 구하시오.

풀이

$B = A + n - w + I$이므로 $140000 = 100000 + n - 0 + 10000$, $n = 30000$

$i = 8\%$임을 이용하여 현금유입시점 t를 구해보자.

$$i = \frac{I}{A + n(1-t) - w(1-t)}$$

$$0.08 = \frac{10000}{100000 + 30000\,(1-t)}$$

$30000\,(1-t) = 25000$이므로 $t = \dfrac{1}{6}$

25 연시자산이 1,000원이고 4번째 달의 말에 1,000원이 유입되었다. 5번째 달의 말에 300원이 유출되고 8번째 달의 말에 700원이 유출되었다. 연간수익률이 7%일 때, $_{1-t}i_t = (1-t)i$를 이용하여 연말자산을 구하시오.

> **풀이**

$$i = \frac{I}{A + \sum_t n_t(1-t) - \sum_t w_t(1-t)} \text{이므로}$$

$$0.07 = \frac{I}{1000 + 1000 \times \dfrac{8}{12} - 300 \times \dfrac{7}{12} - 700 \times \dfrac{4}{12}}$$

위 식을 풀어보면 $I = 88.083$

따라서 $B = A + n - w + I = 1000 + 1000 - 1000 + 88.083 = 1088.083$

26 연시자산을 A, 연중(年中)자산을 B, 연말자산을 C라고 하고 $A(t) = \alpha + \beta t + \gamma t^2$임을 가정할 때 수익률 i를 구하는 식을 유도하시오.

> **풀이**

우선 $\delta_t = \delta$라고 가정하면 $A(t) = \alpha + \beta t + \gamma t^2$이므로 $A(0) = A$, $A\left(\dfrac{1}{2}\right) = B$, $A(1) = C$ 임을 알 수 있다. α, β, γ를 A, B, C에 관하여 나타내면 $\alpha = A$, $\beta = -3A + 4B - C$, $\gamma = 2A - 4B + 2C$로 나타낼 수 있다.

$$I = \int_0^1 \delta A(t)\,dt \text{이므로} \quad \delta = \frac{I}{\int_0^1 A(t)\,dt} = \frac{I}{\alpha + \dfrac{\beta}{2} + \dfrac{\gamma}{3}} = \frac{6I}{A + 4B + C}$$

따라서

$$i \fallingdotseq \delta\left(1 - \frac{\delta}{2}\right)^{-1} = \frac{6I}{A + 4B + C}\left(\frac{1}{1 - \dfrac{3I}{A + 4B + C}}\right) = \frac{6I}{A + 4B + C - 3I}$$

27 (a) $_{1-t}i_t = (1-t)i$라고 가정할 때 $_t i_0$를 구하시오.

(b) $_t i_0 = ti$라고 가정할 때 $_{1-t}i_t$를 구하시오.

> **풀이**

$(1 + {}_t i_0)(1 + {}_{1-t}i_t) = 1 + i$를 이용하면

(a) $_t i_0 = \dfrac{1+i}{1+(1-t)i} - 1 = \dfrac{ti}{1+(1-t)i}$

(b) $_{1-t}i_t = \dfrac{1+i}{1+ti} - 1 = \dfrac{(1-t)i}{1+ti}$

28 a_t를 t시점에서의 지출, b_t를 t시점에서의 수입이라고 하면

$$\sum_{t=1}^{n} a_t \, v^t = \sum_{t=1}^{n} b_t \, v^t \quad (\text{즉, 지출의 현가} = \text{수입의 현가})$$

를 성립하게 하는 i를 수익률(yield rate)이라고 한다. 원금 P가 투자되어서 매년말 jP의 수입이 n년간 발생하고 마지막 해인 n년 후에 P의 수입이 있을 때 수익률 $i = j$임을 증명하시오.

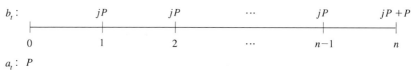

풀이

$P = jP a_{\overline{n}|i} + P v_i^n$이므로 $P(1 - v_i^n) = jP\, a_{\overline{n}|i}$이고 $i\, a_{\overline{n}|i} = j\, a_{\overline{n}|i}$

$a_{\overline{n}|i}\,(i - j) = 0$ 따라서 $i = j$

29 대출금 L원이 매년말에 500원씩 20년 동안 상환된다고 가정하자. 20년 동안의 이자상환액의 총합이 L과 같을 때, 첫 해의 이자상환액 I_1을 구하시오.

풀이

$L = 500\, a_{\overline{20}|i}$이고 20년 동안의 이자상환액 총합을 I라고 하면

$I = 500 \times 20 - 500\, a_{\overline{20}|i}$

$L = I$이므로 $L = 500\, a_{\overline{20}|i} = 500 \times 20 - 500\, a_{\overline{20}|i} = I$

$$1000\, a_{\overline{20}|i} = 500 \times 20, \qquad a_{\overline{20}|i} = 10$$

$\dfrac{1 - v^{20}}{i} = 10$이므로 $i = 0.077549$

따라서 $I_1 = 500\, a_{\overline{20}|i} \times i = 500 \times 10 \times i = 387.75$

30 A기업은 은행으로부터의 대출금 15,000원을 매 분기말에 800원씩 할부상환하려고 한다. 이때 적용되는 명목이율 $i^{(4)} = 12\%$이다. 10번의 할부금을 상환한 후, A기업은 명목이율 $i^{(12)} = 10\%$를 적용하여 매달말에 R원씩 20번의 할부금을 상환하여 대출금을 모두 상환하려고 한다. 이때 R을 구하시오.

풀이

매 분기간의 실이율 $j = \dfrac{i^{(4)}}{4} = 0.03$이므로 10번째 할부금 상환 후 잔존원금인 OP를 구해보면

$$s_{\overline{10}|\,0.03} = \frac{(1.03)^{10} - 1}{0.03} = 11.46387931$$

$$OP = 15000\,(1.03)^{10} - 800\,s_{\overline{10}|} = 10987.64224$$

$OP = R\,a_{\overline{20}|\,j'}$ 이고 $j' = \dfrac{i^{(12)}}{12} = 0.00833$ 이므로

$$10987.64224 = R \times \frac{1 - v_{j'}^{20}}{j'} = R \times \frac{1 - (1.00833)^{-20}}{0.00833} = 18.352638\,R$$

따라서 $R = \dfrac{10987.64224}{18.352638} = 598.6955249$

31 대출금 10,000원이 매달말에 x원씩 상환되며, x원보다 작은 금액 y원이 마지막 x원이 상환된 1년 후에 상환된다. 10번의 할부금의 상환이 이루어진 후 잔존원금이 $4x$원이라고 할 때, $i = 5\%$를 이용하여 x를 구하시오.

풀이

10번의 상환이 이루어진 후 잔존원금을 OP라고 할 때,

$OP = 10000\,(1 + j)^{10} - x\,s_{\overline{10}|\,j} = 4x$ 이고

$j = \dfrac{i^{(12)}}{12} = (1 + i)^{1/12} - 1 = 0.004074,\ OP = 4x$ 이므로

$$OP = 10000\,(1.004074)^{10} - x\,s_{\overline{10}|\,j} = 4x$$
$$= 10414.95059 - 10.185336\,x = 4x$$

따라서 $x = \dfrac{10414.95059}{14.185336} = 734.205421$

32 대출금 L을 18년 동안 할부상환하기로 하였다. 상환은 매년말에 이루어지고, 처음 6년 동안 상환하는 금액은 $3R$, 다음 6년 동안 상환하는 금액은 R, 마지막 6년 동안 상환하는 금액은 $2R$이다. 적용되는 연간실이율을 i라고 하고 $I_7 = 1.2\,I_{13}$일 때, i를 구하시오.

풀이

I_7은 7번째 해의 이자이고 7시점에서 상환되는 이자이다.

$$I_7 = i\,(R\,a_{\overline{6}|} + 2R\,v^6\,a_{\overline{6}|}) = R\,(1 - v^6) + 2R\,v^6\,(1 - v^6) = R + R\,v^6 - 2R\,v^{12}$$

$$I_{13} = i\,(2R\,a_{\overline{6}|}) = 2R\,(1 - v^6)$$

$I_7 = 1.2\,I_{13}$ 이므로 $R + R\,v^6 - 2R\,v^{12} = (1.2)(2)\,R\,(1 - v^6)$ 이고
양변을 R로 나누면

$$1 + v^6 - 2v^{12} = 2.4(1 - v^6)$$
$$2v^{12} - 3.4v^6 + 1.4 = 0$$

위 식을 풀어보면 $v^6 = 1$ 또는 0.7이며 $v^6 = 1$은 $i = 0$이므로 답이 아니고 $v^6 = 0.7$이다. 따라서 $i = 0.06125$

33 대출금 1,000원을 4년 동안 할부상환하기로 하였다. 상환은 매년말에 이루어지고 $i = 0.1$이다. 이때 표 [1.2.7.1]과 같은 표를 작성하시오.

> **풀이**

먼저 그림으로 표현하면 다음과 같다.

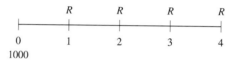

$$R\, a_{\overline{4|}} = 1000\text{이므로 } R = \frac{1000}{a_{\overline{4|}}} = 315.47$$
$$I_1 = (0.1)(1000) = 100, \quad OP_1 = 1000 - 215.47 = 784.53$$
$$I_2 = (0.1)(784.53) = 78.45, \quad P_2 = 315.47 - 78.45 = 237.02$$
$$OP_2 = 784.53 - 237.02 = 547.51$$

이를 반복하면 다음과 같은 표를 만들 수 있다.

t	R_t	I_t	P_t	OP_t
0				1000
1	315.47	100	215.47	784.53
2	315.47	78.45	237.02	547.51
3	315.47	54.75	260.72	286.79
4	315.47	28.68	286.79	0
합계	1261.88	261.88	1000	

34 대출금이 매달 100원씩 36개월 동안 할부상환된다. 처음 상환되는 시기는 대출받은 후 1개월 후이다. 마지막 12개월 동안의 이자의 총액이 109.20원일 때 13번째 상환부터 24번째 상환 사이의 이자의 총액을 구하시오. 단, $a_{\overline{24|}} = 20.0304$이다.

> **풀이**

먼저 그림으로 표현하면 다음과 같다.

$R = 100$이며, t의 단위를 월로 하면

$$\sum_{t=25}^{36} I_t = \sum_{t=25}^{36} R_t - \sum_{t=25}^{36} P_t = 1200 - 100\,(v^{12} + v^{11} + \cdots + v)$$

$$= 1200 - 100\,a_{\overline{12}|} = 109.20\text{이므로 } a_{\overline{12}|} = 10.908,\ (i = 0.015)$$

따라서

$$\sum_{t=13}^{24} I_t = \sum_{t=13}^{24} R_t - \sum_{t=13}^{24} P_t = 1200 - 100\,(v^{24} + v^{23} + \cdots + v^{13})$$

$$= 1200 - 100\,(a_{\overline{24}|} - a_{\overline{12}|}) = 1200 - 100\,(20.0304 - 10.908) = 287.76$$

35 대출금(L)이 매년말 1,000원씩 20년 동안 이율 6%하에서 할부상환 된다고 하자. 11번의 할부금을 상환한 후 이율이 6%에서 5%로 감소하였다. 앞으로 4년 동안 남은 대출금을 상환하려면(즉, 상환기간을 20년에서 15년 동안으로 변경하여 상환하려고 함)매년말에 R원씩 상환한다고 할 때, R을 구하시오.

> **풀이**
>
> $$L = 1000\,a_{\overline{20}|\,0.06} = 11469.92122$$
>
> 11번째 할부금 상환 후 이율이 변경되었으므로(1~11 구간은 6% 적용되어야 함)
>
> $$L = 11469.92122 = 1000\,a_{\overline{11}|\,0.06} + R\,(a_{\overline{15}|\,0.05} - a_{\overline{11}|\,0.05}) \times \frac{(1+0.05)^{11}}{(1+0.06)^{11}}$$
>
> 따라서 $R = \dfrac{11469.92122 - 1000\,a_{\overline{11}|\,0.06}}{a_{\overline{15}|\,0.05} - a_{\overline{11}|\,0.05}} \times \dfrac{(1+0.05)^{11}}{(1+0.06)^{11}} = 1918.16$
>
> 혹은 $1000\,a_{\overline{9}|\,6\%} = R\,a_{\overline{4}|\,5\%},\ R = 1918.16$

36 다음 자료를 이용하여 15번째 할부상환액에서 지급된 이자를 구하시오. n은 총 상환회수이고 B_k는 k번째 상환 후 잔존원금이다.

(i) 매 분기말의 할부상환액은 100원이고, 적용되는 명목이율을 $i^{(d)}$라고 하자.

(ii) $n = 40$ (iii) $B_8 = 2490.08,\quad B_{24} = 1402.06$

> **풀이**
>
> 매 분기간의 실이율을 j라고 하고 j로 계산된 현가율을 v_j라고 하자.
>
> $$B_8 = 100\,a_{\overline{32}|\,j} = 2490.08,\quad B_{24} = 100\,a_{\overline{16}|\,j} = 1402.06$$
>
> $$\frac{a_{\overline{32}|\,j}}{a_{\overline{16}|\,j}} = \frac{1 - v_j^{32}}{1 - v_j^{16}} = \frac{(1 + v_j^{16})(1 - v_j^{16})}{1 - v_j^{16}} = 1 + v_j^{16} = \frac{2490.08}{1402.06}\text{이므로}$$
>
> $$v_j^{16} = 0.776015,\quad j = 0.025683$$

따라서 $I = j \times B_{14} = j \times 100 \times a_{\overline{26}|\,j} = 100\,(1 - v_j^{26}) = 48.280072$

37 대출금이 30년 동안 매년말 할부상환된다. 제11연도말의 11번째 상환액 중 이자지급액은 2,500원, 제21연도말의 21번째 상환액 중 이자지급액은 2,000원일 때 제26연도말의 26번째 상환액 중 이자지급액을 구하시오.

풀이

할부원금을 L이라고 하면 $L = Ra_{\overline{30}|}$

$$I_{11} = OP_{10} \times i = iRa_{\overline{20}|} = R(1 - v^{20}) = 2500$$

$$I_{21} = OP_{20} \times i = iRa_{\overline{10}|} = R(1 - v^{10}) = 2000$$

$$\frac{I_{11}}{I_{21}} = \frac{2500}{2000} = \frac{1 - v^{20}}{1 - v^{10}} = \frac{(1 + v^{10})(1 - v^{10})}{1 - v^{10}} = 1 + v^{10}$$

$1 + v^{10} = 1.25$이므로 $v^{10} = 0.25$

R을 구해보면 $2000 = R(1 - v^{10}) = 0.75R$이므로 $R = 2666.67$

따라서 제26연도말 이자지급액 I_{26}은

$$I_{26} = OP_{25} \times i = iRa_{\overline{5}|} = R(1 - v^5) = 2666.67 \times (1 - (0.25)^{1/2})$$

$$= 2666.67 \times (1 - 0.5) = 1333.335$$

38 $R_t = R$일 때 $P_t = P_s(1 + i)^{t-s}$을 증명하시오.

풀이

$$I_t = iOP_{t-1} = iRa_{\overline{n-t+1}|} = R(1 - v^{n-t+1}) = R - Rv^{n-t+1}$$

$$P_t = R - I_t = Rv^{n-t+1}, \quad P_s = R - I_s = Rv^{n-s+1}\text{이므로}$$

$$P_s(1 + i)^{t-s} = Rv^{n-s+1}\,v^{s-t} = Rv^{n-t+1} = P_t$$

39 대출금 $L = 1000$이 4년 동안 매년말에 상환된다. $i = 0.1$이라고 가정하고, 매년 상환되는 원금상환액 P_t가 항상 일정할 때 표 [1.2.7.1]과 같은 표를 작성하시오. 이때 이자상환액들의 현가(대출금 수령시)가 $25(Da)_{\overline{4}|}$임을 증명하시오.

풀이

$P_t = P$이므로 $4P = 1000$이고 $P = 250$임을 이용하면

t	R_t	I_t	P_t	OP_t
0				1000
1	350	100	250	750
2	325	75	250	500
3	300	50	250	250
4	275	25	250	0
합계	1250	250	1000	

$$I_t = (0.1)\,OP_{t-1} = (0.1)\,(P_t + P_{t+1} + \cdots + P_4) = (0.1)\,(250)\,(4 - t + 1)$$
$$= 25\,(5 - t)$$

이므로 이자상환액의 현가를 PV라고 하면

$$\text{PV} = \sum_{t=1}^{4} v^t I_t = \sum_{t=1}^{4} v^t\, 25\,(5 - t) = 25\,(Da)_{\overline{4}|}$$

40 10,000원의 대출금이 매년말에 1번씩 20년 동안 상환되며 적용되는 이율은 4%이다. 처음 10년간의 할부금(원금상환액 + 잔존원금의 이자)을 P라고 하면 그 다음 5년간의 할부금은 $P + 100$이고 마지막 5년간의 할부금은 $P + 150$이다. 이때 다음을 구하시오.

(a) P_{12}(12번째 할부금에서 원금상환액)

(b) 총이자 지급액이 4,978원일 때(즉 $\sum_{t=1}^{20} I_t = 4978$), 잔존원금의 총합계(즉 $\sum_{t=0}^{19} OP_t$)

풀이

(a) P를 구해보면

$$L = P a_{\overline{10}|} + (P + 100) a_{\overline{5}|} v^{10} + (P + 150) a_{\overline{5}|} v^{15}$$
$$= 8.11P + 3(P + 100) + 2.47(P + 150) = 10000 \text{이므로}$$
$$P = 687$$

$OP_{11} = P\, a_{\overline{9}|} + 100\, a_{\overline{9}|} + 50\, a_{\overline{5}|}\, v^4$이고 $I_{12} = i\, OP_{11}$이므로

$$P_{12} = (P + 100) - I_{12} = (P + 100) - i\, OP_{11}$$
$$= (P + 100) - [P(1 - v^9) + 100(1 - v^9) + 50(1 - v^5)v^4]$$
$$= P v^9 + 150 v^9 - 50 v^4$$
$$= 687 \times (1.04)^{-9} + 150 \times (1.05)^{-9} - 50 \times (1.04)^{-4} = 536.63$$

(b) $$\sum_{t=1}^{20} I_t = \sum_{t=1}^{20} (0.04)\, OP_{t-1} = 0.04 \sum_{t=0}^{19} OP_t = 4978$$

따라서 $\displaystyle\sum_{t=0}^{19} OP_t = 124450$

41 대출금이 매년말에 1, 2, 3, $\cdots$, 10 등으로 10년에 걸쳐서 상환된다. 각 연도의 상환금액은 원금상환액과 잔존원금에 대한 이자를 포함한다. 제5연도말의 5번째 상환액(R_5) 중에서 원금상환액(P_5)의 값이 $11v^6 - a_{\overline{6}|}$임을 보이시오.

풀이

먼저 그림으로 표현하면 다음과 같다.

$OP_4 = 4a_{\overline{6}|} + (Ia)_{\overline{6}|}$ 이고 $I_5 = i\,OP_4 = i(4a_{\overline{6}|} + (Ia)_{\overline{6}|})$ 이므로

$$P_5 = 5 - I_5 = 5 - i(4a_{\overline{6}|} + (Ia)_{\overline{6}|}) = 5 - 4(1 - v^6) - \ddot{a}_{\overline{6}|} + 6v^6$$

$$= 1 + 10v^6 - (1+i)a_{\overline{6}|} = 1 + 10v^6 - a_{\overline{6}|} - (1 - v^6)$$

따라서 $P_5 = 11v^6 - a_{\overline{6}|}$

42 50,000원의 대출금이 15년 동안 매년말에 일정금액이 감채기금방법으로 상환된다. 대출금에 적용되는 이율은 7%이고, 감채기금 적립시 적용되는 이율은 5%이다. 대출받은 후 제10연도초에 감채기금 적립시 적용되는 이율이 4%로 감소하였다고 할 때, 감채기금의 매회 적립금(D)의 증가분을 구하시오.

풀이

이율변경전 감채기금의 매회 적립액 D는

$$50000 = Ds_{\overline{15}|\,0.05}, \quad D = \frac{50000}{s_{\overline{15}|\,0.05}} = 2317.11438$$

X를 제10연도초부터 5년 동안 매회 적립금의 증가분이라 하면

$$2317.11428\left[s_{\overline{10}|\,0.05}(1.04)^5 + s_{\overline{5}|\,0.04}\right] + Xs_{\overline{5}|\,0.04} = 50000$$

$$X = \frac{50000 - 2317.11428\left[s_{\overline{10}|\,0.05}(1.04)^5 + s_{\overline{5}|\,0.04}\right]}{s_{\overline{5}|\,0.04}} = \frac{1991.125275}{5.416323}$$

$$= 367.62$$

43 400,000원의 대출원금이 매년말에 50,000원씩(이자 + 감채기금적립액) 10년 동안 감채기금방법으로 상환된다. 대출금에 적용되는 이율이 5%일 때, 감채기금 적립시 적용되는 이율을 구하시오.

풀이

매년말 이자는 $400000(0.05) = 20000$이고

감채기금적립액 D는 $D = 50000 - 20000 = 30000$

$Ds_{\overline{10}|i} = 400000$임을 이용하면 $s_{\overline{10}|i} = \dfrac{400000}{30000} = \dfrac{40}{3}$

$\dfrac{(1+i)^{10} - 1}{i} = \dfrac{40}{3}$이므로 $i = 0.062449$

44 A와 B는 같은 은행으로부터 10,000원을 대출받았다. A는 대출금을 10년 동안 매년 말에 한번씩 할부상환한다. B는 대출금을 10년 동안 감채기금방법으로 상환한다. 대출금에 적용되는 이율은 모두 5%이고, 감채기금 적립시 적용되는 이율은 3%일 때, A와 B의 연간상환액의 차이를 구하시오.

풀이

A의 연간상환액을 R_A라고 하면 $10000 = R_A\, a_{\overline{10}|}$이므로

$$R_A = \frac{10000}{a_{\overline{10}|}} = \frac{10000}{\dfrac{1 - (1.05)^{-10}}{0.05}} = 1295.05$$

B의 연간상환액을 R_B라고 하자.

연간상환액은 이자와 감채기금적립액의 합 즉, $R_B = I_B + D_B$이다.

$$I_B = 10000(0.05) = 500, \qquad D_B = \frac{10000}{s_{\overline{10}|\,0.03}} = 872.3$$

$$R_B = 500 + 872.3 = 1372.3$$이므로

$$R_B - R_A = 1372.3 - 1295.05 = 77.25$$

45 A는 대출금 30,000원을 20년 동안 감채기금방법에 의하여 상환하려고 한다. 상환은 6개월마다 되며, 대출금에 적용되는 이율은 $i^{(2)} = 12\%$, 감채기금 적립시 적용되는 이율은 $i^{(2)} = 8\%$이다. A는 6개월마다 800원씩 이자를 상환한다. 상환하지 못한 이자의 적립분과 대출금은 감채기금방법을 이용하여 D원씩 적립하여 20년 후 전부 상환하려고 할 때 D를 구하시오.

풀이

6개월간의 대출금에 대한 실이율 j는 $j = \dfrac{i^{(2)}}{2} = 0.06$

A는 매 6개월마다 $30000(0.06) = 1800$원씩 이자를 지급해야 하지만 현재 A는 매 6개월마다 800원씩 이자를 상환하고 있다.

따라서 A가 감채기금으로 적립해야 하는 총금액 X는 $X = 1000\,s\,\overline{_{40|}}_{0.06} + 30000$이고 이때 적용되는 이율은 대출금에 적용되는 이자율과 같아야 하므로 $j = \dfrac{i^{(2)}}{2} = 0.06$이다.

$$s\,\overline{_{40|}}_{0.06} = \frac{(1.06)^{40} - 1}{0.06} = 154.7619656$$

$X = 184761.9656$이므로 감채기금적립액 D는

$$s\,\overline{_{40|}}_{0.04} = \frac{(1.04)^{40} - 1}{0.04} = 95.0255157$$

$$D = \frac{184761.9656}{s\,\overline{_{40|}}_{0.04}} = 1944.340573$$

46 어떤 사람이 금광을 P원에 인수하였다. 이 금광으로부터의 수입은 매년말 100,000원씩 10년 동안 발생하고 10년 후 금광의 가치는 0원이다. 또 투자한 사람은 투자금인 P 원을 이율 5%인 감채기금을 이용하여 적립하려 할 때 수익률 $i = 10\%$를 얻기 위한 P의 값을 구하시오. (Hint: 연습문제 28번을 이용하시오)

> **풀이**

먼저 그림으로 표현하면 다음과 같다.

$D = 100000 - 0.1P$이므로 $(100000 - 0.1P)\,s\,\overline{_{10|}}_{0.05} = P$

따라서 $P = \dfrac{100000\,s\,\overline{_{10|}}_{0.05}}{1 + 0.1\,s\,\overline{_{10|}}_{0.05}} = 557089$

47 (a) 식 $(1.2.8.15)$와 식 $(1.2.8.16)$을 유도하시오.

   (b) 식 $(1.2.8.18)$과 식 $(1.2.8.19)$를 유도하시오.

> **풀이**

(a) 식 $(1.2.8.15)$를 유도해보자.

$$P = Fr\,\frac{a\,\overline{_{n|}}}{s\,\overline{_{k|}}} + C\,v^n = Fr\,\frac{a\,\overline{_{n|}}}{s\,\overline{_{k|}}} + C(1 - i\,a\,\overline{_{n|}}) = C + \left(\frac{Fr}{s\,\overline{_{k|}}} - C\,i \right) a\,\overline{_{n|}}$$

식 $(1.2.8.16)$을 유도해보면

$$P = Fr\,\frac{a\,\overline{_{n|}}}{s\,\overline{_{k|}}} + C\,v^n = C\,v^n + C\,g\,\frac{a\,\overline{_{n|}}}{s\,\overline{_{k|}}} = C\,v^n + \frac{g}{i\,s\,\overline{_{k|}}}\,(C - C\,v^n)$$

$$= K + \frac{g}{i\,s\,\overline{_{k|}}}\,(C - K)$$

(b) 식 (1.2.8.18)을 유도해보자.

$$P = Fr\,a_{\overline{n}|}^{(m)} + C\,v^n = Fr\,a_{\overline{n}|}^{(m)} + C\,(1 - i^{(m)}\,a_{\overline{n}|}^{(m)}) = C + (Fr - Ci^{(m)})\,a_{\overline{n}|}^{(m)}$$

식 (1.2.8.19)를 유도해보자.

$$P = Fr\,a_{\overline{n}|}^{(m)} + C\,v^n = Cg\,a_{\overline{n}|}^{(m)} + C\,v^n = C\,\frac{g}{i^{(m)}}\,(1 - v^n) + C\,v^n$$

$$= \frac{g}{i^{(m)}}\,(C - C\,v^n) + C\,v^n = K + \frac{g}{i^{(m)}}\,(C - K)$$

48 $F = 1000$이고 F에 적용된 채권이자에 대한 이율은 $j^{(2)} = 9\%$이다. $C = 1100$이고 채권 매입시 투자수익률은 $i^{(2)} = 8\%$이고 $K = 190$일 때 채권의 가격 P를 구하시오.

풀이

$$P = 1100\,v_{0.04}^n + 45\,a_{\overline{n}|\,0.04}$$

$$1100\,v_{0.04}^n = K = 190\text{이므로}\quad v_{0.04}^n = \frac{19}{110},\quad a_{\overline{n}|\,0.04} = \frac{1 - v^n}{i} = \frac{455}{22}$$

따라서 $P = F\left(\dfrac{j^{(2)}}{2}\right) a_{\overline{n}|\,0.04} + c\,v_{0.04}^n$

$$= 1000\,(0.045)\left(\frac{455}{22}\right) + 1100\left(\frac{19}{110}\right) = 1120.68$$

 심·화·학·습·문·제 1.2

1 영구연금의 지급이 다음과 같을 때, 이 연금의 현가를 구하시오. ($i = 5\%$)

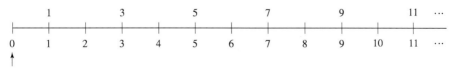

풀이

[풀이 1]

2년당 이자율을 j라고 하면

$$(1 + 0.05)^2 = 1 + j, \quad j = 0.1025, \quad d_j = j/1 + j = 0.09297$$

j를 적용하는 기호를 *로 표시하면

$$L_0^{\ *} = \frac{1}{d_j} = \frac{1}{0.09297} = 10.7561579$$

$$I_1^{\ *} = \frac{v_j}{(d_j)^2} = \frac{(1/1.1025)}{(0.09297)^2} = 104.9387$$

0시점으로 할인할 경우 $L_0^{\ *}$의 기준점은 1시점이고 $I_1^{\ *}$의 기준시점은 1시점이다. 따라서

$$\mathrm{PV} = v_{0.05}\, L_0^{\ *} + (2)\, v_{0.05}\, I_1^{\ *}$$

$$= \left(\frac{1}{1.05}\right)(10.7561579) + (2)\left(\frac{1}{1.05}\right)(104.9387) = 210.127198$$

[풀이 2]

1시점에서 출발한 1, 2, 3, 4, 5, 6, …… 등의 연금의 현가(PV1)에서 2, 4, 6, 8 시점의 2, 4, 6, 8, …… 등의 연금의 현가(PV2)를 차감하면 구하는 연금의 급부가 된다.

$$\mathrm{PV}1 = I_1 = \frac{v}{d^2} = \frac{(1/1.05)}{(0.05/1.05)^2} = 420$$

$$\mathrm{PV}2 = 2\,I_1^{\ *} = (2)\frac{v_j}{(d_j)^2} = (2)\frac{(1/1.1025)}{(0.9297)^2} = (2)(104.9387145)$$

$$\mathrm{PV} = \mathrm{PV}1 - \mathrm{PV}2\ = I_1 - 2\,I_1^{\ *} = 210.122571$$

2 그림과 같은 연금지급의 4시점에서의 현가가 다음과 같을 때, c_1, c_2, c_3를 구하시오.

$$c_1 \ddot{s}_{\overline{4}|}^{(2)} + c_2 \ddot{s}_{\overline{2}|}^{(2)} + c_3\left[\frac{a_{\overline{6}|}}{a_{\overline{2}|}}\right]$$

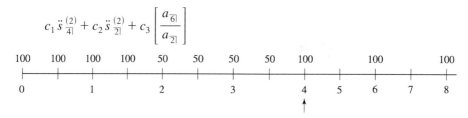

풀이

각 기호의 의미를 잘 생각해보면 $c_1 = 200$, $c_2 = -100$, $c_3 = 100$임을 알 수 있다.

3 6개월마다 50원씩 6년간 지급되는 기시급연금의 현가를 구하시오. 단 $d^{(4)} = 0.04$이다.

풀이

3개월 당 이자율을 j라고 하면

$$(1+j)^4 = \left(1 - \frac{d^{(4)}}{4}\right)^{-4}$$

$d^{(4)} = 0.04$이므로 $1 + j = \left(1 - \dfrac{d^{(4)}}{4}\right)^{-1} = (0.99)^{-1} = 1.0101$

$$v = \frac{1}{1+j} = 0.99$$

따라서

$$\text{현가} = 50\,\frac{a_{\overline{24}|}}{a_{\overline{2}|}} = 50\left(\frac{1 - v^{24}}{1 - v^2}\right) = 50\left(\frac{1 - (0.99)^{24}}{1 - (0.99)^2}\right) = 538.49713$$

4 매2개월초에 x 원씩 4년간 $i^{(2)} = 0.03$으로 적립된 기금으로 6년 후부터 매년 1,500원씩 5년간 연금이 지급된다. 이때 x를 이율 $j = \dfrac{0.03}{2} = 0.015$에 기초한 기말급 연금기호(즉 $a_{\overline{8}|}$, $s_{\overline{1}|}^{(6)}$ 등)만을 이용하여 나타내시오.

: 풀이

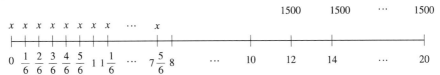

10시점에서 평가한, 지급되는 1원의 연금에 대한 PV1은 $\text{PV1} = \dfrac{a_{\overline{10}|}}{s_{\overline{2}|}}$

PV1에 대한 0시점에서의 현가 PV2는

$$\text{PV2} = \text{PV1}\,(v^{10}) = \frac{v^{10}\,(1 - v^{10})}{s_{\overline{2}|}} = \frac{v^{10} - v^{20}}{s_{\overline{2}|}} = \frac{a_{\overline{20}|} - a_{\overline{10}|}}{s_{\overline{2}|}}$$

이를 이용하면

$$6\,x\,a_{\overline{8}|}^{(6)}\,(1.015)^{\frac{1}{6}} = 1500\left(\frac{a_{\overline{20}|} - a_{\overline{10}|}}{s_{\overline{2}|}}\right)$$

따라서 $x = \dfrac{1500\left(\dfrac{a_{\overline{20}|} - a_{\overline{10}|}}{s_{\overline{2}|}}\right)}{6\,a_{\overline{8}|}\,s_{\overline{1}|}^{(6)}\,(1.015)^{\frac{1}{6}}}$

5 매2년말마다 100원씩 20년간 적립된 금액은 매분기마다 x원씩 10년 동안 지급된다. 처음 x원이 지급되는 시점은 마지막 100원이 적립된 3개월 후이다. 이때 x를 연간실이율 i에 기초한 연금기호(annuity symbol, 예: $a_{\overline{10}|\,i}$)와 i를 이용하여 나타내시오.

: 풀이

20년 시점에서 연금을 평가하면

$$100\,\frac{s_{\overline{20|}}}{s_{\overline{2|}}} = 4\,x\,a^{(4)}_{\overline{10|}}$$

따라서

$$x = \left(\frac{100}{4}\right)\left(\frac{s_{\overline{20|}}}{s_{\overline{2|}}}\right)\left(\frac{1}{a^{(4)}_{\overline{10|}}}\right) = 25\left[\frac{s_{\overline{20|}}}{s_{\overline{2|}}\,a_{\overline{10|}}\,\dfrac{i}{i^{(4)}}}\right] = 25\left[\frac{s_{\overline{20|}}\,4\left[(1+i)^{\frac{1}{4}}-1\right]}{s_{\overline{2|}}\,a_{\overline{10|}}\,i}\right]$$

6 $t \geq 0$에 대하여 $\bar{a}_{\overline{t|}} = \dfrac{t}{1+2t}$ 일 때, δ_t를 구하시오.

:: 풀이

$\bar{a}_{\overline{t|}} = \exp\left[\displaystyle\int_0^t e^{-\delta_s}\,ds\right]$ 이므로 부록의 식 (I–34)를 이용하면

$$\frac{d}{dt}\,\bar{a}_{\overline{t|}} = \exp\left(-\delta_t\right)$$

부록의 식 (I–29)를 이용하면

$$\frac{d}{dt}\,\bar{a}_{\overline{t|}} = \frac{1\,(1+2t)-t\,(2)}{(1+2t)^2} = \frac{1}{(1+2t)^2} = (1+2t)^{-2}$$

따라서 $\exp\left(-\delta_t\right) = \dfrac{1}{(1+2t)^2} = (1+2t)^{-2}$

따라서 $\delta_t = 2\ln\left(1+2t\right)$

7 (a) 단리이율 i하에서 $\bar{a}_{\overline{n|}}$을 구하시오.

(b) $\delta_t = \dfrac{1}{1+t}$ 일 때 $\bar{a}_{\overline{n|}}$을 구하시오.

:: 풀이

(a) $\bar{a}_{\overline{n|}} = \displaystyle\int_0^n a^{-1}(t)\,dt = \int_0^n \frac{1}{1+ti}\,dt = \left[\frac{1}{i}\ln\left(1+ti\right)\right]_0^n = \frac{1}{i}\ln\left(1+n\,i\right)$

(b) $\exp\left(-\displaystyle\int_0^t \delta_r\,dr\right) = \exp\left[-\ln\left(1+r\right)\right]_0^t = (1+t)^{-1}$ 이므로

$$\bar{a}_{\overline{n|}} = \int_0^n \exp\left(-\int_0^t \delta_r\,dr\right)dt$$

$$= \int_0^n (1+t)^{-1}\,dt = \left[\ln\left(1+t\right)\right]_0^n = \ln\left(1+n\right)$$

8 (a) $s_{\overline{n|}} = 20$, $i = 0.05$일 때 $_{n|}\bar{a}_{\overline{n|}}$의 값을 구하시오.

(b) $\bar{a}_{\overline{n|}} = n - 4$, $\delta = 0.1$일 때 $\int_0^n \bar{a}_{\overline{t|}}\, dt$의 값을 구하시오.

::: 풀이

(a) $s_{\overline{n|}} = 20 \implies (1+i)^n - 1 = 20i$이므로 $(1+i)^n = 2$, $v^n = \dfrac{1}{2}$

$$a_{\overline{n|}} = \frac{1 - v^n}{i} = \frac{1 - \dfrac{1}{2}}{0.05} = 10$$이므로

$$_{n|}\bar{a}_{\overline{n|}} = v^n\,\bar{a}_{\overline{n|}} = \frac{1}{2}\,\frac{i}{\delta}\,a_{\overline{n|}} = \left(\frac{1}{2}\right)\left(\frac{i}{\ln(1+i)}\right)a_{\overline{n|}} = \frac{1}{2}(1.024797)(10)$$

$$= 5.124$$

(b) $\displaystyle\int_0^n \bar{a}_{\overline{t|}}\, dt = \frac{1}{\delta}\int_0^n (1 - v^t)\, dt = \frac{1}{\delta}\left[n - \bar{a}_{\overline{n|}}\right] = 10\left[n - (n-4)\right] = 40$

9 다음 자료를 이용하여 δ를 구하시오.

(i) $\bar{a}_{\overline{10|}} = 6.71$　　　　　　　　　　　(ii) $\dfrac{d}{d\delta}\left(\bar{a}_{\overline{10|}}\right) = -23.811$

::: 풀이

(i)로부터 $\bar{a}_{\overline{10|}} = \dfrac{1 - e^{-10\delta}}{\delta} = 6.71$이므로 $e^{-10\delta} = 1 - 6.71\delta$

(ii)로부터 $\dfrac{d}{d\delta}\left(\bar{a}_{\overline{10|}}\right) = -23.811$이므로

$$\frac{d}{d\delta}\left(\bar{a}_{\overline{10|}}\right) = \frac{d}{d\delta}\left(\frac{1 - e^{-10\delta}}{\delta}\right) = \frac{-\delta e^{-10\delta}(-10) - (1 - e^{-10\delta})}{\delta^2}$$

$$= \frac{10\delta(1 - 6.71\delta) - 6.71\delta}{\delta^2} = \frac{10 - 67.1\delta - 6.71}{\delta} = -23.811$$

따라서 위 식을 만족하는 δ는 0.076이다.

10 첫 해에는 매달말에 1원씩 지급하고, 두 번째 해에는 매달말에 2원씩 지급하고, 세 번째 해에는 매달말에 3원씩 지급하는 3년 누가확정연금의 현가를 구하시오. 적용되는 명목이율은 $i^{(12)} = 10\%$이다.

::: 풀이

3년 누가확정연금의 현가를 구하기 위해 i, $\ddot{a}_{\overline{3|}}$을 구해보자.

$$(1+i) = \left(1 + \frac{i^{(12)}}{12}\right)^{12} = \left(1 + \frac{0.1}{12}\right)^{12} = 1.104713$$이므로 $i = 0.104713$

$$\ddot{a}_{\,\overline{3}|} = \frac{1 - (1.104713)^{-3}}{0.104713 \,/\, 1.104713} = 2.724622$$

따라서 이 연금의 현가를 PV라고 하면

$$PV = 12\,(Ia)^{(12)}_{\,\overline{3}|} = 12\left(\frac{\ddot{a}_{\,\overline{3}|} - 3v^3}{i^{(12)}}\right)$$

$$= 12\left(\frac{2.724622 - 3 \times (1.104713)^{-3}}{0.1}\right) = 59.9283$$

11 다음 그림에서 15시점에서의 종가를 구하시오. 단 $i = 0.05$ 이다.

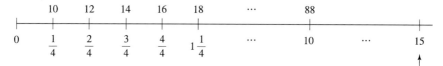

:: 풀이

$$
\begin{array}{ccccccc}
2 & 4 & 6 & 8 & 10 & & 80 & \leftarrow (2)(16)(I^{(4)}a \\
8 & 8 & 8 & 8 & 8 & & 8 & \leftarrow 32a^{(4)}_{\,\overline{10}|} \\
10 & 12 & 14 & 16 & 18 & \cdots & 88 &
\end{array}
$$

15시점에서의 종가를 구하기 위해 $i^{(4)}$, $d^{(4)}$, $\ddot{a}^{(4)}_{\,\overline{10}|}$ 를 구해보자.

$$i^{(4)} = 4\left[(1+i)^{1/4} - 1\right] = 4\left[(1.05)^{1/4} - 1\right] = 0.049089$$

$$d^{(4)} = 4\left[1 - (1+i)^{-1/4}\right] = 4\left[1 - (1.05)^{-1/4}\right] = 0.048494$$

$$\ddot{a}^{(4)}_{\,\overline{10}|} = \frac{1 - v^{10}}{d^{(4)}} = \frac{1 - (1.05)^{-10}}{0.048494} = 7.961536$$

15시점에서의 종가를 AV라고 하면

$$AV = PV\,(1+i)^{15} = \left[32\,a^{(4)}_{\,\overline{10}|} + (2 \times 4^2)\,(I^{(4)}a)^{(4)}_{\,\overline{10}|}\right](1+i)^{15}$$

$$= \left[32\left(\frac{1 - v^{10}}{i^{(4)}}\right) + 32\left(\frac{\ddot{a}^{(4)}_{\,\overline{10}|} - 10v^{10}}{i^{(4)}}\right)\right](1+i)^{15}$$

$$= 32\left[\frac{1 - (1.05)^{-10}}{0.049089} + \left(\frac{7.961536 - 10 \times (1.05)^{-10}}{0.049089}\right)\right](1.05)^{15} = 2992.96$$

12 다음을 증명하시오.

$$(I^{(m)}a)^{(m)}_{\,\overline{\infty}|} = \frac{1}{m\left(i^{(m)} - d^{(m)}\right)}$$

::: 풀이

$\dfrac{i^{(m)}}{m} - \dfrac{d^{(m)}}{m} = \dfrac{i^{(m)}}{m}\dfrac{d^{(m)}}{m}$ 이므로 [식 (1.1.4.14)]

$\dfrac{i^{(m)} - d^{(m)}}{m} = \dfrac{i^{(m)} d^{(m)}}{m^2}, \qquad\qquad \dfrac{m}{i^{(m)} d^{(m)}} = \dfrac{1}{i^{(m)} - d^{(m)}}$

따라서

$$(I^{(m)} a)_{\overline{\infty}|}^{(m)} = \lim_{n \to \infty}\left(\frac{\ddot{a}_{\overline{n}|}^{(m)} - n\,v^n}{i^{(m)}} \right) = \frac{\dfrac{1}{d^{(m)}} - 0}{i^{(m)}} = \left(\frac{1}{i^{(m)}} \right)\left(\frac{1}{d^{(m)}} \right)$$

$$= \frac{1}{m(i^{(m)} - d^{(m)})}$$

13 다음을 증명하시오.

(a) $a_{\overline{n}|} = n - \dfrac{n(n+1)}{2!}\,i + \dfrac{n(n+1)(n+2)}{3!}\,i^2 - \cdots$

(b) $\dfrac{1}{a_{\overline{n}|}} = \dfrac{1}{n}\left[1 + \dfrac{n+1}{2}\,i + \dfrac{n^2-1}{12}\,i^2 + \cdots \right]$

::: 풀이

(a) 이항정리로부터

$\quad (1+i)^{-n} = (1 - ni) + \dfrac{-n(-n-1)}{2!}\,i^2 + \dfrac{-n(-n-1)(-n-2)}{3!}\,i^3 + \cdots$ 이므로

$\quad 1 - v^n = ni - \dfrac{n(n+1)}{2!}\,i^2 + \dfrac{n(n+1)(n+2)}{3!}\,i^3 + \cdots$

따라서 $a_{\overline{n}|} = n - \dfrac{n(n+1)}{2!}\,i + \dfrac{n(n+1)(n+2)}{3!}\,i^2 + \cdots$

(b) $a_{\overline{n}|} = n\left[1 - \dfrac{n+1}{2!}\,i + \dfrac{(n+1)(n+2)}{3!}\,i^2 - \cdots \right]$

$\quad \dfrac{1}{a_{\overline{n}|}} = \left[a_{\overline{n}|} \right]^{-1}$

$\qquad = \left\{ n\left[1 - \dfrac{n+1}{2!}\,i + \dfrac{(n+1)(n+2)}{3!}\,i^2 - \cdots \right] \right\}^{-1}$

$\qquad = \dfrac{1}{n}\left\{ 1 - \left[\dfrac{n+1}{2!}\,i - \dfrac{(n+1)(n+2)}{3!}\,i^2 + \cdots \right] \right\}^{-1}$

$\quad Y = \dfrac{n+1}{2!}\,i - \dfrac{(n+1)(n+2)}{3!}\,i^2 + \cdots \cdots$ 로 하면

$\quad \dfrac{1}{a_{\overline{n}|}} = \dfrac{1}{n}\left[1 - Y \right]^{-1}$

$$[1 - Y]^{-1} = 1 + Y + Y^2 + \cdots\cdots$$

$$= 1 + \frac{n+1}{2!}\, i + k_2\, i^2 + k_3\, i^3 + \cdots\cdots$$

i^2항의 계수 k_2는 Y의 i^2의 계수와 Y^2의 i항의 자승의 계수로부터(합으로부터) 발생한다.

$$k_2 = Y\text{의 } i^2\text{계수} \;+\; Y^2\text{의 }(i\text{의 계수})^2$$

$$= -\frac{(n+1)(n+2)}{3!} + \left(\frac{n+1}{2!}\right)^2 = \frac{(n+1)^2}{4} - \frac{(n+1)(n+2)}{6}$$

$$= \frac{(n+1)}{12}\left[3(n+1) - 2(n+2)\right] = \frac{n+1}{12}(n-1)$$

$$= \frac{n^2 - 1}{12}$$

따라서

$$\frac{1}{a_{\overline{n}|}} = \frac{1}{n}\left[1 + \frac{n+1}{2}\, i + \frac{n^2-1}{12}\, i^2 + \cdots\cdots\right]$$

14 10년 연속변동연금의 t시점에서의 $r(t) = 100 + 10t \quad (0 \le t \le 10)$이다. 연간실이율 $i = 5\%$일 때, 이 연금의 현가를 구하시오.

풀이

$$\text{PV} = \int_0^{10} r(t)\, v^t\, dt = \int_0^{10} (100 + 10t)\, v^t\, dt = 100\, \bar{a}_{\overline{10}|} + 10(\bar{I}\bar{a})_{\overline{10}|}$$

$$\bar{a}_{\overline{10}|} = \frac{1 - v^{10}}{\delta} = \frac{1 - v^{10}}{\ln(1+i)} = 7.913209$$

$$(\bar{I}\bar{a})_{\overline{10}|} = \frac{\bar{a}_{\overline{10}|} - 10\, v^{10}}{\delta} = \frac{7.913209 - 10\,(1.05)^{-10}}{\ln(1.05)} = 36.36135$$

$$\text{PV} = 100\, \bar{a}_{\overline{10}|} + 10(\bar{I}\bar{a})_{\overline{10}|} = (100)(7.913209) + (10)(36.36135)$$

$$= 791.3209 + 363.6135 = 1154.9344$$

15 다음 그림과 같은 연속연금의 연속적 연액의 지급이 있을 때, 5시점에서의 이 연금의 가치를 구하시오. $(i = 0.05)$

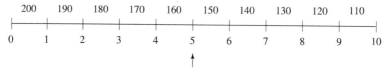

풀이

0시점에서의 현가를 구해보자.

$a_{\overline{10|}} = \dfrac{1 - v^{10}}{i} = 7.721735$임을 이용하면

$$PV = 100\,\bar{a}_{\overline{10|}} + 10\,(D\bar{a})_{\overline{10|}} = 100\left(\dfrac{1 - v^{10}}{\delta}\right) + 10\left(\dfrac{10 - a_{\overline{10|}}}{\delta}\right)$$

$$= 100\left(\dfrac{1 - (1.05)^{-10}}{\ln 1.05}\right) + 10\left(\dfrac{10 - 7.721735}{\ln 1.05}\right) = 1258.27$$

따라서 5시점에서의 이 연금의 가치는

$$PV \times e^{5\delta} = 1258.27\,(1.05^5) = 1605.91$$

16 다음 자료를 이용하여 20년 연속변동연금의 현가를 구하시오.

(i) $r(t) = 1 + 4t,\ 0 \le t \le 20$ (ii) $\delta_t = \dfrac{1}{40 - t},\ 0 \le t \le 20$

풀이

$a^{-1}(t)$를 구해보자.

$$a^{-1}(t) = \exp\left(-\int_0^t \delta_s\,ds\right) = \exp\left(-\int_0^t \dfrac{1}{40 - s}\,ds\right)$$

$$= \exp\left[\,[\ln(40 - s)]_0^t\,\right] = \dfrac{40 - t}{40}$$

따라서

$$PV = \int_0^{20} r(t)\,a^{-1}(t)\,dt = \int_0^{20} (1 + 4t)\left(\dfrac{40 - t}{40}\right)dt$$

$$= \dfrac{1}{40}\int_0^{20} (1 + 4t)(40 - t)\,dt = \dfrac{1}{40}\int_0^{20} 40 + 160t - t - 4t^2\,dt$$

$$= \dfrac{1}{40}\int_0^{20} -4t^2 + 159t + 40\,dt = \dfrac{1}{40}\left[-\dfrac{4}{3}t^3 + \dfrac{159}{2}t^2 + 40t\right]_0^{20}$$

$$= 548.33$$

17 t시점에서의 지급되는 연액 $r(t) = 1 + t^2$인 영구연금의 현가를 구하시오.
단, $\delta = 0.05$이다.

풀이

$$\int_0^{\infty} t^2 e^{-0.05t}\,dt^{1)} = \left[-\dfrac{e^{-0.05t}}{0.05} \times t^2\right]_0^{\infty} + \dfrac{2}{0.05}\int_0^{\infty} t e^{-0.05t}\,dt$$

---

1) $u' = e^{-0.05t}$, $v = t^2$인 부분적분법을 사용함.

$$= \frac{2}{0.05} \left(\left[-\frac{e^{-0.05\,t}}{0.05} \times t \right]_0^\infty + \frac{1}{0.05} \int_0^\infty e^{-0.05\,t} \, dt \right)$$

$$= \frac{2}{0.05} \times \left(\frac{1}{0.05} \right)^2 = 16000$$

영구현금의 현가를 PV라고 하면

$$PV = \int_0^\infty (1+t^2)\,e^{-0.05\,t}\,dt = \int_0^\infty e^{-0.05\,t}\,dt + \int_0^\infty t^2\,e^{-0.05\,t}\,dt$$

$$= \frac{1}{0.05} + 16000 = 16020$$

18 $_{5|}(I\bar{a})_{\overline{10|}}$ 을 $(I\bar{a})_{\overline{15|}}$, $(I\bar{a})_{\overline{5|}}$ 와 $\bar{a}_{\overline{10|}}$ 을 이용하여 나타내시오.

▪▪ 풀이

$$(I\bar{a})_{\overline{15|}} - (I\bar{a})_{\overline{5|}} = \frac{\bar{a}_{\overline{15|}} - 15v^{15}}{\delta} - \frac{\bar{a}_{\overline{5|}} - 5v^5}{\delta} = \frac{_{5|}\bar{a}_{\overline{10|}} - 15v^{15} + 5v^5}{\delta}$$

$$= \frac{v^5(\bar{a}_{\overline{10|}} - 10v^{10} - 5v^{10} + 5)}{\delta} = \frac{v^5(\bar{a}_{\overline{10|}} - 10v^{10})}{\delta} + \frac{5v^5(1 - v^{10})}{\delta}$$

$$= {}_{5|}(I\bar{a})_{\overline{10|}} + 5v^5\bar{a}_{\overline{10|}}$$

따라서 $_{5|}(I\bar{a})_{\overline{10|}} = (I\bar{a})_{\overline{15|}} - (I\bar{a})_{\overline{5|}} - 5\,\bar{a}_{\overline{10|}}\,v^5$

그림을 그려 생각하면 바로 관계식을 구할 수 있다.

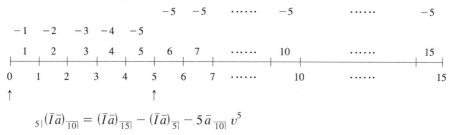

$$_{5|}(I\bar{a})_{\overline{10|}} = (I\bar{a})_{\overline{15|}} - (I\bar{a})_{\overline{5|}} - 5\,\bar{a}_{\overline{10|}}\,v^5$$

19 n년 연속연금의 t시점에서의 $r(t) = 1 - kt \ (0 \le t \le n)$이며 현가는 $f - g - h$이다. 여기서 f는 연액 1원에 대한 연속영구연금의 현가이며, g는 연액 $1 - kn$원에 대한 n년거치 연속영구연금의 현가를 나타낼 때 h를 구하시오.

▪▪ 풀이

$f = \dfrac{1}{\delta}$, $g = \dfrac{1 - kn}{\delta}\,v^n$이므로

$$PV = \int_0^n (1 - kt)\,v^t\,dt = \bar{a}_{\overline{n|}} - k\,(I\bar{a})_{\overline{n|}} = \frac{1 - v^n}{\delta} - k \times \frac{\bar{a}_{\overline{n|}} - nv^n}{\delta}$$

$$= \frac{1 - v^n - k\,\bar{a}_{\overline{n}|} + knv^n}{\delta} = f - g - \frac{k\,\bar{a}_{\overline{n}|}}{\delta}$$

따라서 $h = \dfrac{k\,\bar{a}_{\overline{n}|}}{\delta} = \dfrac{k\,(1 - v^n)}{\delta^2}$

20 n년 연속변동연금의 t시점에서의 연액 $r(t) = t^2$이고 적용되는 이율은 이력 δ일 때 이 연금의 현가(PV)를 구하면 다음과 같음을 보이시오.

$$PV = \frac{2}{\delta^3} - e^{-\delta n}\left(\frac{n^2}{\delta} + \frac{2n}{\delta^2} + \frac{2}{\delta^3}\right)$$

풀이

$$\int_0^n t^2 e^{-\delta t}\,dt = \left[-\frac{t^2}{\delta}e^{-\delta t}\right]_0^n + \frac{2}{\delta}\int_0^n t e^{-\delta t}\,dt \text{ }^{1)}$$

$$= -\frac{n^2}{\delta}e^{-\delta n} - \left[\frac{2t}{\delta^2}e^{-\delta t}\right]_0^n + \frac{2}{\delta^2}\int_0^n e^{-\delta t}\,dt$$

$$= -\frac{n^2}{\delta}e^{-\delta n} - \frac{2n}{\delta^2}e^{-\delta n} - \left[\frac{2}{\delta^3}e^{-\delta t}\right]_0^n$$

$$= -\frac{n^2}{\delta}e^{-\delta n} - \frac{2n}{\delta^2}e^{-\delta n} - \frac{2}{\delta^3}e^{-\delta n} + \frac{2}{\delta^3}$$

$$= \frac{2}{\delta^3} - e^{-\delta n}\left(\frac{n^2}{\delta} + \frac{2n}{\delta^2} + \frac{2}{\delta^3}\right)$$

21 4,000원의 대출금이 매년말에 500원씩 n년 동안 상환되며 500원보다 작은 금액 Y가 마지막 500원이 상환된 1년 후에 상환된다. $i^{(2)} = 0.10$일 때 n과 Y를 구하시오.

풀이

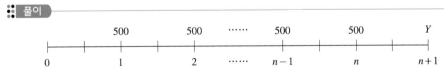

6개월간의 실이율 j를 구해보면 $j = \dfrac{i^{(2)}}{2} = 0.05$, j를 적용한 현가율 v_j라고 하면

$$PV = 500\,(v_j^2 + v_j^4 + \cdots + v_j^{2n}) = 500\left(\frac{a_{\overline{2n}|\,j}}{s_{\overline{2}|\,j}}\right) \leq 4000$$

$$a_{\overline{2n}|\,j} = 8\,s_{\overline{2}|\,j} = 8 \times \frac{(1.05)^2 - 1}{0.05} = 16.4$$

---

1) $u' = e^{-\delta t}$, $v = t^2$인 부분적분법을 사용함.

$a_{\overline{34}|\,0.05} = 16.193$, $a_{\overline{35}|\,0.05} = 16.547$이므로 $2n = 34$, $n = 17$

$n = 18$에서의 종가를 AV18이라고 하면

$$\text{AV18} = 500\left(\frac{s_{\overline{36}|}}{s_{\overline{2}|}}\right) - 500 + Y = 4000 \times 1.05^{36}$$이므로

$$Y = 292.566$$

22 이율 i하에서 $a_{\overline{10}|} + s_{\overline{10}|} = 20.2$이다. 이율 0.04와 0.05 사이에서 소수점 4자리까지 i의 근사값을 구하시오.

:::: **풀이**

$$\frac{1 - \dfrac{1}{(1+i)^{10}}}{i} + \frac{(1+i)^{10} - 1}{i} = 20.2$$이므로

$$f(i) = (1+i)^{10} - \frac{1}{(1+i)^{10}} - 20.2\,i$$라고 하면

$$f(0.04) = -0.00332, \ f(0.05) = 0.00498$$

i의 근사값을 x로 하면

$$(x - 0.04) : (0.05 - x) = |f(0.04)| : f(0.05) = 0.00332 : 0.00498$$

따라서 $x = \dfrac{0.04 \times 0.00498 + 0.05 \times 0.00332}{0.00498 + 0.00332} = 0.044$

23 연시자산이 115원이고, 연말자산은 70원이다. 매달말에 10원씩 유입되고, 2번째 달의 말에 5원이, 5번째 달의 말에 30원이, 9번째 달의 말에 60원이, 10번째 달의 말에 80원이 유출되었다. 이때 연간수익률을 구하시오.

:::: **풀이**

연시자산 $A = 115$, 연말자산 $B = 70$, 총유입액을 n이라고 하면 $n = 10 \times 12 = 120$이고 총유출액을 w라고 하면 $w = 5 + 30 + 60 + 80 = 175$

$B = A + n - w + I$이므로

$$I = B - A - n + w = 70 - 115 - 120 + 175 = 10$$

따라서

$$i = \frac{10}{115 + 10\left(\dfrac{11}{12} + \dfrac{10}{12} + \cdots + \dfrac{1}{12}\right) - 5\left(\dfrac{10}{12}\right) - 30\left(\dfrac{7}{12}\right) - 60\left(\dfrac{3}{12}\right) - 80\left(\dfrac{2}{12}\right)}$$

$$= 0.083333$$

24 연초의 기금(자산)이 500,000원이고 연말의 기금(자산)은 520,000원이다. 총이자수입은 30,000원이고 이 중에서 투자에 관련된 비용은 5,000원이다. 이때 연간수익률을 구하시오.

풀이

$I = 30000 - 5000 = 25000$이므로

$$i = \frac{2I}{A+B-I} = \frac{50000}{500000+520000-25000} = \frac{10}{199} = 0.05025$$

25 유입되는 원금(자산)과 유출되는 원금(자산)이 일년중 연속적으로 일어난다고 가정할 때 $I = iA + \sum_t (n_i)(_{1-t}i_t) - \sum_t (w_t)(_{1-t}i_t)$와 유사한 식을 구하시오.

풀이

n_t를 t시점에서 유입된 새로운 원금, w_t를 t시점에서 유출된 원금이라고 하면, $(0 \le t \le 1)$

$$I = iA + \int_0^1 n_t \,_{1-t}i_t \, dt - \int_0^1 w_t \,_{1-t}i_t \, dt$$

26 A는 은행으로부터 x원을 대출받았다. 10년 후 원금과 이자를 한번에 상환하는 경우는 10년 동안 매해말에 동일한 금액을 상환하는 경우보다 340원 만큼 더 상환한다고 한다. 모든 경우 적용되는 연간실이율을 6%라고 할 때, x를 구하시오.

풀이

매해 동일한 금액을 상환하는 경우 그 금액을 R이라고 하면

$$x = R\,a_{\overline{10|}} \text{이므로 } R = \frac{x}{a_{\overline{10|}}}$$

원금과 이자를 한번에 상환하는 금액을 X라고 하면 $X = x(1+i)^{10}$이므로
$10R + 340 = X$를 만족하는 x를 구해보자.

$$\frac{10x}{a_{\overline{10|}}} + 340 = x(1+i)^{10} \text{이고 } a_{\overline{10|}} = \frac{1-v^{10}}{i} = 7.360087 \text{이므로}$$

$$1.35868x + 340 = 1.790848x$$

따라서 $x = \dfrac{340}{1.790848 - 1.35868} = 786.73$

27 대출금이 매달말에 R원씩 68개월 동안 명목이율 $i^{(12)} = x$하에서 할부상환된다고 한다. 34번째 달의 원금상환액과 이자상환액이 동일하다고 할 때, x를 구하시오.

:: 풀이

n번째 달의 원금상환액과 이자상환액을 각각 P_n, I_n이라고 하고 한달 기준 실이율 j를 적용한 현가율을 v_j라고 하자. $(n = 34, \quad 2n = 68)$

$$P_n = OP_{n-1} - OP_n = R\,a_{\overline{2n-n+1}|\,j} - R\,a_{\overline{2n-n}|\,j}$$

$$= \frac{R}{j}\left(v_j^n - v_j^{n+1}\right) = \frac{R\,v_j^{n+1}}{j}\,(1 + j - 1) = R\,v_j^{n+1}$$

$$I_n = j \times OP_{n-1} = j \times R\,a_{\overline{n+1}|\,j}$$

$P_n = I_n$이므로,

$$R\,v_j^{n+1} = j \times R\,a_{\overline{n+1}|\,j}$$

$$v_j^{n+1} = 1 - v_j^{n+1}$$

$2v_j^{n+1} = 1$이므로 $v_j^{n+1} = \dfrac{1}{2}$

$j = \dfrac{x}{12}$ 이므로 $(n+1) \times \ln\left[1 + (x/12)\right]^{-1} = \ln 0.5$

$n = 34$이므로

$$-\ln\left[1 + (x/12)\right] = \left[\ln 0.5\right] / (34 + 1) = -0.019804$$

$$x = \left[e^{0.019804} - 1\right] \times 12, \qquad x = 0.2400168019$$

28 대출금이 매년말 R원씩 10년 동안 할부상환된다. 다음 자료를 이용하여 $\displaystyle\sum_{t=3}^{5} I_t$를 구하시오.

(i) $\displaystyle\sum_{t=6}^{8} P_t = 7035$ $\qquad\qquad$ (ii) $i = 5\%$

:: 풀이

$$P_6 = R_6 - I_6 = R - iR\,a_{\overline{10-6+1}|} = R(1 - 1 + v^5) = R\,v^5$$

$$P_7 = R_7 - I_7 = R - iR\,a_{\overline{10-7+1}|} = R(1 - 1 + v^4) = R\,v^4$$

$$P_8 = R_8 - I_8 = R - iR\,a_{\overline{10-8+1}|} = R(1 - 1 + v^3) = R\,v^3\text{이므로}$$

$$\sum_{t=6}^{8} P_t = P_6 + P_7 + P_8 = R\,(v^5 + v^4 + v^3) = R\,(a_{\overline{5}|} - a_{\overline{2}|}) = 7035$$

$$R = \frac{7035}{a_{\overline{5}|} - a_{\overline{2}|}}\text{이므로 } R = 2848.102$$

따라서 $\displaystyle\sum_{t=3}^{5} I_t = I_3 + I_4 + I_5 = i\,(OP_2 + OP_3 + OP_4)$

$$= i (R a_{\overline{10-2}|} + R a_{\overline{10-3}|} + R a_{\overline{10-4}|})$$

$$= R [(1 - v^8) + (1 - v^7) + (1 - v^6)]$$

$$= 2848.102 [3 - (a_{\overline{8}|} - a_{\overline{5}|})]$$

$$= 2467.208$$

29 대출금이 매년말에 한번씩 20년 동안 상환된다. 처음 10년 동안의 상환금은 매년 R 이고 다음 10년 동안의 상환금은 매년 $2R$이다. 대출금에 적용되는 이자율은 $i = 0.05$이고 $I_{15} = 10$일 때 대출원금 L을 구하시오.

:: **풀이**

$I_{15} = 10 = i \, OP_{14}$, $OP_{14} = 2 R a_{\overline{6}|} = \dfrac{10}{i} = 200$이므로

$$R = \frac{200}{2 a_{\overline{6}|}} = 19.70175$$

따라서

$$L = 2 R a_{\overline{20}|} - R a_{\overline{10}|} = 2 \times 19.70175 \times 12.4622 - 19.70175 \times 7.72 = 338.96$$

30 A는 B로부터 1,000원을 차입하였다. 매년말에 상환되는 금액은 동액의 원금상환액 $(P_t = 100)$과 잔존원금에 대한 이자이며, 잔존원금에 적용하는 이율은 10%이고 상환기간은 10년이다. B는 매년말 상환받는 금액을 5%로 적립한다면 B의 수익률 (yield rate)을 구하시오.

:: **풀이**

$OP_t = 100 (10 - t)$, $P_t = 100$이므로

$$I_t = i \times OP_{t-1} = 0.1 \times 100(11 - t) = 110 - 10t$$

그림으로 나타내면

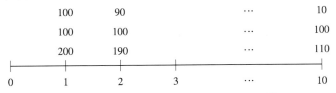

수입은 $10 (Ds)_{\overline{10}| \, 0.05} + 100 \, s_{\overline{10}| \, 0.05}$이고 지출은 $1000 (1 + i)^{10}$이다.

따라서 $10 (Ds)_{\overline{10}| \, 0.05} + 100 s_{\overline{10}| \, 0.05} = 1000 (1 + i)^{10}$을 만족하는 수익률 i를 구하면 된다.

$$s_{\overline{10}|} = \frac{(1.05)^{10} - 1}{0.05} = 12.57789$$

$$Ds_{\overline{10|}} = \frac{n(1+i)^n - s_{\overline{n|}}}{i} = \frac{10(1.05)^{10} - s_{\overline{10|}}}{0.05} = 74.221125$$

$$10(74.221125) + 100(12.57789) = 1000(1+i)^{10}$$

$$2000.00025 = 1000(1+i)^{10}$$

$$i = (2.00000025)^{1/10} - 1 = 0.071773476$$

31 대출원금 1,000원이 10년 기간의 감채기금방법으로 상환된다. 감채기금에 적용되는 이율은 4%이다. 매년말 상환되는 금액(이자 + 감채기금적립액)은 처음 5년간은 100원이고 그 다음 5년간은 200원일 때 대출금에 적용되는 이율인 i'를 구하시오.

풀이

처음 5년간의 감채기금적립액을 $D_{(1 \sim 5)}$, 그 다음 5년간의 감채기금적립액을 $D_{(6 \sim 10)}$이라고 하면

$$D_{(1 \sim 5)} = 100 - 1000i', \quad D_{(6 \sim 10)} = 200 - 1000i'$$

$$(100 - 1000i')s_{\overline{5|}}(1.04)^5 + (200 - 1000i')s_{\overline{5|}} = 1000$$이므로

$$(100 - 1000i')s_{\overline{10|}\,0.04} + 100s_{\overline{5|}} = 1000$$

따라서

$$i' = \frac{100s_{\overline{10|}\,0.04} + 100s_{\overline{5|}\,0.04} - 1000}{1000s_{\overline{10|}\,0.04}} = 0.0618221$$

32 다음 할부상환표를 완성하시오. $i = 0.1$을 이용하시오.

t	R_t	I_t	P_t	OP_t
0	–	–	–	
1			10	
2		100		
3	130			860
$\vdots$	$\vdots$	$\vdots$	$\vdots$	$\vdots$

풀이

$I_2 = 100 = OP_1(0.1)$이므로 $OP_1 = 1000$, $OP_0 = 1000 + 10 = 1010$

$I_1 = (1010)(0.1) = 101$이므로 $R_1 = 101 + 10 = 111$

$$P_2 + P_3 = 1000 - 860 = 140$$

$R_3 = I_3 + P_3 = (1000 - P_2)0.1 + P_3 = 100 - 0.1P_2 + P_3 = 130$이므로

$$P_2 = 100, \ P_3 = 40 \text{이고} \ R_2 = 200, \ I_3 = 90$$

$$OP_3 = OP_2 - P_3 \text{이므로 } 860 = OP_2 - 40, \ OP_2 = 900$$

따라서 다음과 같은 할부상환표를 완성할 수 있다.

t	R_t	I_t	P_t	OP_t
0	–	–	–	1010
1	111	101	10	1000
2	200	100	100	900
3	130	90	40	860
⋮	⋮	⋮	⋮	⋮

33 10,000원의 대출원금이 10년 동안 감채기금방법으로 상환된다. (적립금은 매년 적립) $NAI_5 = 630.02$일 때 대출금에 적용되는 이율인 i'를 구하시오. 단, 감채기금에 적용되는 이자율 $i = 5\%$이다.

풀이

$$NAI_5 = i'(10000) - SFB_4(0.05) = 630.02$$

$$Ds_{\overline{10}|\,0.05} = 10000 \text{이므로 } D = 795.04575$$

$$SFB_4 = Ds_{\overline{4}|\,0.05} = 3426.74656$$

따라서 $i' = \dfrac{630.02 + (3426.74656)(0.05)}{10000} = 0.08014$

34 대출금이 매 6개월마다 한번씩 16번에 걸쳐서 할부상환된다. $P_1 = 30.83$이고 $P_{16} = 100.00$일 때 연간실이율 i를 구하시오.

풀이

$P_1 = 30.83$, $P_{16} = 100.00$일 때 j를 6개월간의 실이율이라고 하면

$$P_1 = v_j^{16}, \quad P_{16} = v_j$$

$$\frac{P_{16}}{P_1} = \frac{v_j}{v_j^{16}} = (1+j)^{15} = \frac{100}{30.83} = 3.2436 \text{이므로 } (1+j) = 1.08160$$

따라서 $i = (1+j)^2 - 1 = 0.16987$

35 A는 은행으로부터의 대출금 1,000원을 매년말에 R원씩 20년에 걸쳐서 할부상환하려고 한다. 이때 적용되는 이율은 4%이다. A는 처음 5번을 상환하고 그 다음 5번을 상환하지 못하였다. 그러나 11번째 해 말부터 R보다 큰 금액인 R'를 할부금으로 10년 동안 상환하여 대출금을 모두 상환하려고 한다. 이때 16번째 해의 말에 상환된 금액 중 원금상환액(P_{16})을 구하시오.

풀이

$R = \dfrac{1000}{a_{\overline{20|}}}$ 이고 $OP_{10} = R\, a_{\overline{15|}}\,(1.04)^5$ 이므로

$$R' = \frac{R\, a_{\overline{15|}}\,(1.04)^5}{a_{\overline{10|}}} = \frac{1000\, a_{\overline{15|}}\,(1.04)^5}{a_{\overline{10|}}\, a_{\overline{20|}}}, \quad OP_{15} = R'\, a_{\overline{5|}}$$

따라서 $P_{16} = R' - i\, OP_{15} = R' - R'(1 - v^5) = R'\, v^5 = \dfrac{1000\, a_{\overline{15|}}}{a_{\overline{10|}}\, a_{\overline{20|}}} = 100.87$

---

36 A와 B는 같은 은행으로부터 동액의 금액을 대출받았다. A는 대출금을 30년에 걸쳐서 매년말에 한번씩 할부상환한다(매년 상환액은 동일). B는 30년에 걸쳐서 상환하는데 매년 동액의 원금상환액과 잔존원금에 대한 이자의 합을 상환한다. A의 매년 상환액이 B의 매년 상환액을 처음으로 초과하는 연도말을 구하시오. 적용되는 이율은 A와 B 모두 4%이다.

풀이

$P_A = \dfrac{1}{a_{\overline{30|}}} = 0.05783, \quad P_B = \dfrac{1}{30} + 0.04\left(\dfrac{30 - t + 1}{30}\right)$ 이므로

$P_A = P_B$ 일 때의 t를 구해보면 $t = 12.6275$

따라서 13번째 해의 말부터 A의 매년 상환액이 B의 매년 상환액을 초과하게 된다.

---

37 $F = C = 1000$, 채권이자에 적용되는 이자율은 $j^{(2)} = 12\%$, 투자수익률은 $i^{(2)} = 10\%$ 이고 채권상환기간은 n년이다. 만일 채권상환기간이 $2n$년이 되면 채권가격은 50이 증가한다고 할 때, 채권가격 P를 구하시오.

풀이

$i = 0.05$일 때 $P = C + (F\,r - C\,i)\, a_{\overline{n|}} = 1000 + (60 - 50)\, a_{\overline{n|}}$ 이고

$P + 50 = 1000 + (60 - 50)\, a_{\overline{2n|}}$ 이므로

$$50 = 10(a_{\overline{2n|}} - a_{\overline{n|}}) = \frac{10}{0.05}(v^n - v^{2n})$$

$v^{2n} - v^n + 0.25 = (v^n - 0.5)^2 = 0$ 이므로 $v^n = 0.5$ 임을 이용하면

$$a_{\overline{n|}} = \frac{1 - v^n}{i} = \frac{1 - 0.5}{0.05} = 10$$

따라서 $P = 1000 + 10\, a_{\overline{n|}} = 1100$

38 기업의 수익이 매분기마다 2%씩 영구히 성장한다고 한다. 매분기별로 그 기업은 수익의 40%를 배당금으로 지급한다. 첫 분기초에 투자자는 $i^{(2)} = 10\%$가 되게 주식을 매입하였다. 주식의 첫 배당금은 첫 분기말에 지급된 2원이다. 이때 주가를 구하시오.

풀이

6개월간의 실수익율은 5%이므로

3개월간의 실수익율 r은 $(1+r)^2 = 1.05$이고 $r = (1.05)^{\frac{1}{2}} - 1 = 0.024695$

주식에 대한 배당금이 $g = 0.02$만큼 영구히 성장하므로

따라서

$$P = \frac{2}{1+j} + \frac{2(1+0.02)}{(1+j)^2} + \frac{2(1+0.02)^2}{(1+j)^3} + \cdots$$

$$= \frac{2}{r-g} = \frac{2}{0.024695 - 0.02} = 425.985$$

39 A기업의 보통주는 매년말에 한 번씩 배당금을 지급한다. 이번 연도의 기업의 수익은 J이다. 기업의 수익은 앞으로 매년 10%씩 증가한다고 가정한다. 앞으로 5년간 배당은 수익의 0%이고 그 이후는 50%이다. A기업 주식의 수익률이 21%가 되려면 A기업의 주가는 얼마가 되어야 하는지 구하시오.

풀이

$$P = 0.5J\left[\left(\frac{1.1}{1.21}\right)^6 + \left(\frac{1.1}{1.21}\right)^7 + \cdots\right] = 0.5J\left[\left(\frac{1}{1.1}\right)^6 + \left(\frac{1}{1.1}\right)^7 + \cdots\right]$$

$$= \frac{0.5J}{(1.1)^6}\left[1 + \left(\frac{1}{1.1}\right) + \left(\frac{1}{1.1}\right)^2 + \cdots\right] = \frac{0.5J}{(1.1)^6}\left[\frac{1}{1 - \frac{1}{1.1}}\right] = \frac{5J}{(1.1)^5}$$

40 $F = C = 100$, 채권이자에 적용되는 이율은 $j^{(2)} = 4\%$, 현재 채권가격은 $P = 102.5$, 채권상환기간은 8년일 때 채권의 수익률을 구하시오.

풀이

$$k = \frac{P-C}{C} = \frac{2.5}{100} = 0.025$$ 이므로

$$i = \frac{g - \dfrac{k}{n}}{1 + \dfrac{1}{2}k} = \frac{0.02 - \dfrac{0.025}{8}}{1 + \dfrac{1}{2}(0.025)} = 0.01667$$

41 다음을 증명하시오.

(a) $\dfrac{d}{dv}\delta = -\dfrac{1}{v}$ (b) $\dfrac{d}{di}d = v^2$

::: 풀이

(a) 부록의 식 $(I-26)$을 이용하면

$$\frac{d}{dv}\delta = \frac{d}{dv}(-\ln v) = -\frac{1}{v}$$

(b) 부록의 식 $(I-30)$을 이용하면

$$\frac{d}{di}d = \frac{d}{di}\left(\frac{i}{1+i}\right) = \frac{(1)(1+i)-(i)(1)}{(1+i)^2} = \frac{1}{(1+i)^2} = v^2$$

42 다음을 증명하시오.

(a) $\dfrac{d}{dn}a_{\overline{n|}} = \dfrac{v^n}{s_{\overline{1|}}}$ (b) $\dfrac{d}{dn}\bar{a}_{\overline{n|}} = 1 - \delta\,\bar{a}_{\overline{n|}}$ (c) $\dfrac{d}{dn}\bar{s}_{\overline{n|}} = 1 + \delta\,\bar{s}_{\overline{n|}}$

::: 풀이

(a) $\quad \dfrac{d}{dn}a_{\overline{n|}} = \dfrac{d}{dn}\left(\dfrac{1-v^n}{i}\right) = \dfrac{1}{i}(-v^n \ln v) = \dfrac{\delta}{i}v^n$

$\bar{s}_{\overline{1|}} = \dfrac{(1+i)^1 - 1}{\delta} = \dfrac{i}{\delta}$ 이므로

$$\frac{d}{dn}a_{\overline{n|}} = \frac{v^n}{\bar{s}_{\overline{1|}}}$$

(b) $\bar{a}_{\overline{n|}}$의 정의와 부록의 식 $(I-34)$를 이용하면

$$\frac{d}{dn}\bar{a}_{\overline{n|}} = \frac{d}{dn}\int_0^n v^t\,dt = v^n = 1 - \delta\,\bar{a}_{\overline{n|}}$$

(c) $\bar{s}_{\overline{n|}}$의 정의와 부록의 식 $(I-34)$를 이용하면

$$\frac{d}{dn}\bar{s}_{\overline{n|}} = \frac{d}{dn}\int_0^n (1+i)^t\,dt = (1+i)^n = 1 + \delta\,\bar{s}_{\overline{n|}}$$

43 다음을 증명하시오.

(a) $\dfrac{d}{di}a_{\overline{n|}} = -v(Ia)_{\overline{n|}}$ (b) $\dfrac{d}{di}\bar{a}_{\overline{n|}} = -v(\bar{I}\bar{a})_{\overline{n|}}$

::: 풀이

(a) $\quad \dfrac{d}{di}a_{\overline{n|}} = \dfrac{d}{di}\sum_{t=1}^{n}v^t = \sum_{t=1}^{n}\dfrac{d}{di}(1+i)^{-t} = \sum_{t=1}^{n}-t(1+i)^{-t-1}$

$$= -v \sum_{t=1}^{n} t\, v^t = -v (Ia)_{\overline{n}|}$$

(b) $\quad \dfrac{d}{di}\, \bar{a}_{\,\overline{n}|} = \dfrac{d}{di} \displaystyle\int_0^n v^t\, dt = \int_0^n \dfrac{d}{di}\, (1+i)^{-t}\, dt = \int_0^n -t\, (1+i)^{-t-1}\, dt$

$$= -v \int_0^n t\, v^t\, dt = -v (\bar{I}\bar{a})_{\overline{n}|}$$

제 **2** 장

생존분포와
생명표

Ⅰ. 기초이론

1. 생명확률

(i) $_np_x = \dfrac{l_{x+n}}{l_x}$

(ii) $_nq_x = \dfrac{l_x - l_{x+n}}{l_x} = 1 - {_np_x}$

(iii) $_{m|n}q_x = \dfrac{l_{x+m} - l_{x+m+n}}{l_x} = {_mp_x} - {_{m+n}p_x}$

$\qquad = \dfrac{l_{x+m}}{l_x} \times \dfrac{l_{x+m} - l_{x+m+n}}{l_{x+m}} = {_mp_x} \times {_nq_{x+m}}$

$\qquad _{m|}q_x = {_mp_x} - {_{m+1}p_x} = {_mp_x} \times q_{x+m}$

(iv) $_{m+n}p_x = {_mp_x} \times {_np_{x+m}} = {_np_x} \times {_mp_{x+n}}$

2. 평균여명

(i) $e_x = \dfrac{l_{x+1} + l_{x+2} + l_{x+3} + \cdots + l_{\omega-1}}{l_x}$

(ii) $\overset{\circ}{e}_x = e_x + \dfrac{1}{2}$ (UDD 가정시)

3. 선택표

선택기간이 n년인 경우

$$l_{[x]+t} - d_{[x]+t} = l_{[x]+t+1} \qquad (t = 0, 1, 2, \cdots, n-1, n)$$

$$p_{[x]+1} = \frac{l_{[x]+t+1}}{l_{[x]+t}}, \ q_{[x]+1} = \frac{d_{[x]+t}}{l_{[x]+t}} \qquad (t = 0, 1, 2, \cdots, n-1, n)$$

2.1 기본연습문제

01 x세의 A와 y세의 B라는 사람이 어떤 기간 동안(예: n년) 생존할 확률은 각각 0.7과 0.8이고 A와 B의 사망은 독립적일 때 다음을 구하시오.
(a) A와 B가 동시에 생존할 확률   (b) 적어도 한 사람이 사망할 확률

풀이

(a) $_np_x = 0.7$, $_np_y = 0.8$이고 A와 B의 사망은 독립적이므로
$$\left(_np_x\right)\left(_np_y\right) = 0.7 \times 0.8 = 0.56$$

(b) $1 - \left(_np_x\right)\left(_np_y\right) = 1 - 0.56 = 0.44$

02 30세의 사람이 10년을 생존할 확률은 0.9이고 40세의 사람이 10년을 생존할 확률은 0.8이다. 다음을 구하시오.
(a) 30세의 사람이 50세까지 생존할 확률
(b) 30세의 사람이 40세와 50세 사이에서 사망할 확률
(c) 30세의 사람이 40세 전에 사망할 확률

풀이

(a) $_{10}p_{30} = 0.9$, $_{10}p_{40} = 0.8$ 이므로
$$_{20}p_{30} = \left(_{10}p_{30}\right)\left(_{10}p_{40}\right) = 0.9 \times 0.8 = 0.72$$

(b) $_{10}p_{30} = 0.9$, $_{10}q_{40} = 1 - {_{10}p_{40}} = 1 - 0.8 = 0.2$이므로
$$_{10|10}q_{30} = {_{10}p_{30}} {_{10}q_{40}} = 0.9 \times 0.2 = 0.18$$

(c) $_{10}p_{30} = 0.9$이므로 $_{10}q_{30} = 1 - 0.9 = 0.1$

03 25세의 사람과 45세의 사람이 20년간 동시에 생존할 확률은 0.7이다. 25세의 사람이 10년간 생존할 확률이 0.9일 때 35세 사람이 65세까지 생존할 확률을 구하시오.

풀이

$_{20}p_{25}\,{_{20}p_{45}} = {_{40}p_{25}} = 0.7$이고 $_{10}p_{25} = 0.9$이다.
$_{10}p_{25}\,{_{30}p_{35}} = {_{40}p_{25}} = 0.7$이므로
$$_{30}p_{35} = \frac{_{40}p_{25}}{_{10}p_{25}} = \frac{0.7}{0.9} = \frac{7}{9}$$

04 30세 사람, 40세 사람, 50세 사람이 각각 10년간 생존할 확률이 0.8, 0.7, 0.6일 때 30세 사람이 50세와 60세 사이에서 사망할 확률을 구하시오.

풀이

$_{10}p_{30} = 0.8$, $_{10}p_{40} = 0.7$, $_{10}p_{50} = 0.6$이다.

$$_{20|10}q_{30} = {}_{20}p_{30}\ {}_{10}q_{50} = {}_{10}p_{30}\ {}_{10}p_{40}(1 - {}_{10}p_{50})$$
$$= 0.8 \times 0.7 \times (1 - 0.6) = 0.224$$

05 다음을 증명하시오.

(a) $_{m+1}p_x + {}_{m|}q_x = {}_mp_x$ (b) $_{m+n}p_x + {}_{m|n}q_x = {}_mp_x$

(c) $_{m+n}p_x = {}_mp_x\ {}_np_{x+m} = {}_np_x\ {}_mp_{x+n}$

풀이

(a) $_{m+1}p_x + {}_{m|}q_x = \dfrac{l_{x+m+1}}{l_x} + \dfrac{l_{x+m} - l_{x+m+1}}{l_x} = \dfrac{l_{x+m}}{l_x} = {}_mp_x$

(b) $_{m+n}p_x + {}_{m|n}q_x = \dfrac{l_{x+m+n}}{l_x} + \dfrac{l_{x+m} - l_{x+m+n}}{l_x} = \dfrac{l_{x+m}}{l_x} = {}_mp_x$

(c) $_{m+n}p_x = \dfrac{l_{x+m+n}}{l_x} = \dfrac{l_{x+m}}{l_x}\ \dfrac{l_{x+m+n}}{l_{x+m}} = {}_mp_x\ {}_np_{x+m}$

$_{m+n}p_x = \dfrac{l_{x+m+n}}{l_x} = \dfrac{l_{x+n}}{l_x}\ \dfrac{l_{x+n+m}}{l_{x+n}} = {}_np_x\ {}_mp_{x+n}$

06 각 연령 사이의 사망자수가 균등하게 분포되어 있을 때(UDD가정) 다음을 증명하시오.

$$\overset{\circ}{e}_x = \frac{1}{2}(q_x + 3 \cdot {}_{1|}q_x + 5 \cdot {}_{2|}q_x + 7 \cdot {}_{3|}q_x + \cdots)$$

풀이

우변 $= \dfrac{1}{2}\left(\dfrac{l_x - l_{x+1}}{l_x} + 3\dfrac{l_{x+1} - l_{x+2}}{l_x} + 5\dfrac{l_{x+2} - l_{x+3}}{l_x} + 7\dfrac{l_{x+3} - l_{x+4}}{l_x} + \cdots \right)$

$= \dfrac{1}{2}\left(\dfrac{l_x + 2l_{x+1} + 2l_{x+2} + 2l_{x+3} + \cdots}{l_x} \right) = \dfrac{1}{2} + e_x = \overset{\circ}{e}_x$ (UDD)

07 다음을 증명하시오.

$$\frac{e_x \cdot e_{x+1} \cdot e_{x+2} \cdot \cdots \cdot e_{x+n-1}}{(1+e_{x+1})(1+e_{x+2})(1+e_{x+3}) \cdots (1+e_{x+n})} = {}_np_x$$

풀이

$$좌변 = \frac{\left(\dfrac{l_{x+1}+l_{x+2}+\cdots}{l_x}\right)\left(\dfrac{l_{x+2}+l_{x+3}+\cdots}{l_{x+1}}\right)\cdots\left(\dfrac{l_{x+n}+l_{x+n+1}+\cdots}{l_{x+n-1}}\right)}{\left(\dfrac{l_{x+1}+l_{x+2}+\cdots}{l_{x+1}}\right)\left(\dfrac{l_{x+2}+l_{x+3}+\cdots}{l_{x+2}}\right)\cdots\left(\dfrac{l_{x+n}+l_{x+n+1}+\cdots}{l_{x+n}}\right)}$$

$$= \frac{l_{x+n}}{l_x} = {}_np_x$$

08 다음을 증명하시오.

$$1+e_x = q_x + p_x(1+q_{x+1}) + {}_2p_x(1+q_{x+2}) + \cdots$$

풀이

$$우변 = \frac{l_x - l_{x+1}}{l_x} + \frac{l_{x+1}}{l_x}\left(\frac{l_{x+1}+(l_{x+1}-l_{x+2})}{l_{x+1}}\right) + \frac{l_{x+2}}{l_x}\left(\frac{l_{x+2}+(l_{x+2}-l_{x+3})}{l_{x+2}}\right) + \cdots$$

$$= \frac{l_x - l_{x+1}}{l_x} + \frac{2l_{x+1}-l_{x+2}}{l_x} + \frac{2l_{x+2}-l_{x+3}}{l_x} + \cdots$$

$$= \frac{l_x + l_{x+1} + l_{x+2} + \cdots}{l_x} = 1 + \frac{l_{x+1}+l_{x+2}+\cdots}{l_x} = 1+e_x$$

09 생명표가 다음과 같이 주어질 때 e_{92}와 $\mathring{e}_{93}$을 구하시오. 단, 모든 연령에서 UDD가정이 성립된다.

x	92	93	94	95	96	97	98
l_x	1000	500	230	92	29	6	0

풀이

$$e_{92} = \frac{l_{93}+l_{94}+l_{95}+l_{96}+l_{97}+l_{98}}{l_{92}} = \frac{500+230+92+29+6+0}{1000} = 0.857$$

$$e_{93} = \frac{357}{500} = 0.714$$

UDD가정에 의해 $\mathring{e}_{93} = e_{93} + \dfrac{1}{2} = 1.214$

10 각 연령 사이의 사망자수가 균등하게 분포되어 있을 때(UDD가정) 다음을 증명하시오.

$$\left(_{1/2}p_x - p_x\right) + \left(_{3/2}p_x - _2p_x\right) + \left(_{5/2}p_x - _3p_x\right) + \cdots = \frac{1}{2}$$

풀이

$$좌변 = \left(\frac{l_{x+(1/2)} - l_x}{l_x}\right) + \left(\frac{l_{x+(3/2)} - l_{x+2}}{l_x}\right) + \cdots = \frac{\frac{1}{2}d_x}{l_x} + \frac{\frac{1}{2}d_{x+1}}{l_x} + \cdots$$

$$= \frac{\frac{1}{2}(d_x + d_{x+1} + \cdots)}{l_x} = \frac{1}{2}\frac{l_x}{l_x} = \frac{1}{2}$$

11 $l_x = 1000\left(1 - \frac{x}{105}\right)$일 때 다음을 구하시오.

(a) l_0　　　　(b) l_{35}　　　　(c) q_{20}　　　　(d) $_{15}p_{35}$　　　　(e) $_{15}q_{25}$

(f) 30세 사람이 55세와 60세 사이에서 사망할 확률

(g) 30세 사람이 70세까지 생존할 확률

(h) 15세 사람이 110세까지 생존할 확률

(i) 20세 사람과 30세 사람 중 오직 한 사람만이 70세까지 생존할 확률

풀이

(a) $l_0 = 1000\left(1 - \frac{0}{105}\right) = 1000$

(b) $l_{35} = 1000\left(1 - \frac{35}{105}\right) = 667$

(c) $q_{20} = \frac{l_{20} - l_{21}}{l_{20}} = 1 - 0.98823 = 0.01177$

(d) $_{15}p_{35} = \frac{l_{50}}{l_{35}} = 0.78571$

(e) $_{15}q_{25} = 1 - _{15}p_{25} = 1 - \frac{l_{40}}{l_{25}} = 0.1875$

(f) $\frac{l_{55} - l_{60}}{l_{30}} = 0.0667$

(g) $_{40}p_{30} = \frac{l_{70}}{l_{30}} = 0.4667$

(h) $l_{105} = 0$이므로 $_{95}p_{15} = 0$

(i) $_{50}p_{20}(1 - _{40}p_{30}) + _{40}p_{30}(1 - _{50}p_{20}) = \left(\frac{l_{70}}{l_{20}}\right)\left(1 - \frac{l_{70}}{l_{30}}\right) + \left(\frac{l_{70}}{l_{30}}\right)\left(1 - \frac{l_{70}}{l_{20}}\right)$

$$= 0.2196 + 0.2745 = 0.4941$$

12 표 [2.1.5.1]을 이용하여 다음을 구하시오.

(a) 41세에 보험에 가입한 사람이 45세까지 생존할 확률

(b) 2년 전에 보험에 가입하여 35세가 된 사람이 36세와 37세 사이에서 사망할 확률

(c) 35세에 보험에 가입한 사람이 40세 전에 사망할 확률

풀이

(a) $_4p_{[41]} = (p_{[41]})(p_{[41]+1})(p_{[41]+2})(p_{[41]+3})$
$= (0.99852)(0.99809)(0.99759)(0.99701) = 0.99124$

(b) $_{1|}q_{[33]+2} = (p_{[33]+2})(q_{[33]+3})$
$= (1 - 0.00141)(0.00133) = 0.001328$

(c) $_5q_{[35]} = 1 - _5p_{[35]} = 1 - (p_{[35]})(p_{[35]+1})(p_{[35]+2})(p_{[35]+3})(p_{[35]+4})$
$= 1 - (0.99908)(0.99890)(0.99867)(0.99839)(0.99805) = 0.006891$

13 표 [2.1.5.1]을 이용하여 다음을 구하시오.

35세의 두 명의 피보험자를 가정한다. 한 명은 바로 보험에 가입한 사람이고 다른 한 명은 10년 전에 보험에 가입한 사람일 때

(a) 두 명 모두 37세까지 생존할 확률

(b) 적어도 한 명이 38세 전에 사망할 확률

(c) 두 명 모두 36세 전에 사망할 확률

풀이

(a) $_2p_{[35]} \, _2p_{35} = (p_{[35]})(p_{[35]+1})(_2p_{35})$
$= (0.99908)(0.99890)(0.99859)(0.99847) = 0.995049$

(b) $1 - _3p_{[35]} \, _3p_{35} = 1 - (p_{[35]})(p_{[35]+1})(p_{[35]+2})(p_{35})(p_{36})(p_{37})$
$= 1 - (0.99908)(0.99890)(0.99859)(0.99847)(0.99867)(0.99832)$
$= 0.00794$

(c) $q_{[35]} \, q_{35} = (0.00092)(0.00141) = 0.0000013$

14 연령이 모두 40세인 두 집단의 피보험자들을 가정한다. 첫 번째 단체는 모두 방금 보험에 가입한 1,000명의 피보험자들이고 두 번째 단체는 모두 35세에 보험에 가입한 1,000명의 피보험자들일 때 앞으로 5년간 두 집단의 사망자수의 차이를 구하시오. (표 [2.1.5.1]을 이용하시오)

풀이

첫 번째 단체의 사망자수는 $1000 \, _5q_{[40]}$으로

$$1000 \, _5q_{[40]} = 1000 \, \frac{d_{[40]} + d_{[40]+1} + d_{[40]+2} + d_{[40]+3} + d_{[40]+4}}{l_{[40]}}$$

$$= 1000 \, \frac{1.36 + 1.74 + 2.2 + 2.72 + 3.32}{1000} = 11.34$$

두 번째 단체의 사망자수는 $1000 \, _5q_{40}$으로

$$1000 \, _5q_{40} = 1000 \, \frac{d_{40} + d_{41} + d_{42} + d_{43} + d_{44}}{l_{40}}$$

$$= 1000 \, \frac{2.36 + 2.64 + 2.95 + 3.28 + 3.63}{1000} = 14.86$$

따라서 두 집단의 사망자수의 차이는 3.52명이다.

15 $l_x = k(100 - x)$일 때 다음을 구하시오.

(a) $_3p_{65}$ (b) $_{10|5}q_{50}$

풀이

(a) $_3p_{65} = \dfrac{l_{68}}{l_{65}} = \dfrac{32}{35}$

(b) $_{10|5}q_{50} = \dfrac{l_{60} - l_{65}}{l_{50}} = \dfrac{40 - 35}{50} = \dfrac{1}{10}$

16 $_{10}p_{30} = 0.8, \, _{20}p_{30} = 0.6$일 때 30세인 세 사람 중에서 적어도 2명이 40세와 50세 사이에서 사망할 확률을 구하시오.

풀이

30세인 1명이 40세와 50세 사이에 사망할 확률은

$$_{10|10}q_{30} = \, _{10}p_{30} - \, _{20}p_{30} = 0.2$$

30세인 세 사람 중 2명은 40세와 50세 사이 사망, 나머지 1명이 40세와 50세 사이에 사망하지 않을 확률은

$$3\left[\left(_{10|10}q_{30} \right)^2 \left(1 - \, _{10|10}q_{30} \right) \right] = (3)(0.2)^2(0.8) = 0.096$$

세 사람 모두 40세와 50세 사이에 사망할 확률은

$$\left(_{10|10}q_{30} \right)^3 = (0.2)^3 = 0.008$$

따라서 적어도 2명이 40세와 50세 사이에 사망할 확률은

$$0.096 + 0.008 = 0.104$$

17 선택기간이 2년인 다음의 생명표와 자료를 이용하여 $l_{[94]}$를 구하시오.

(i)

$[x]$	$l_{[x]}$	$l_{[x]+1}$	$l_{[x]+2}$	$x+2$
92	$\cdots$	$\cdots$	6300	94
93	$\cdots$	$\cdots$	5040	95
94	$\cdots$	$\cdots$	3024	96

(ii) 모든 x에 대하여 다음이 성립한다.

$$2 \cdot q_{[x]+1} = 3 \cdot q_{[x+1]}, \quad 3 \cdot q_{x+2} = 4 \cdot q_{[x+1]+1}$$

> **풀이**

$l_{[94]}$를 구하기 위해 $q_{[94]}$와 $q_{[94]+1}$을 구해보자.

(i), (ii)에 의해

$$4\,q_{[93]+1} = 3\,q_{94} = 3\left(\frac{1260}{6300}\right) = 0.6 \text{이므로} \quad q_{[93]+1} = 0.15$$

$$4\,q_{[94]+1} = 3\,q_{95} = 3\left(\frac{2016}{5040}\right) = 1.2 \text{이므로} \quad q_{[94]+1} = 0.3$$

$$3\,q_{[94]} = 2\,q_{[93]+1} = (2)(0.15) = 0.3 \text{이므로} \quad q_{[94]} = 0.1$$

(i)에 의해 $l_{[94]+2} = l_{[94]}\,p_{[94]}\,p_{[94]+1} = 3024$

따라서

$$l_{[94]} = \frac{l_{[94]+2}}{p_{[94]}\,p_{[94]+1}} = \frac{l_{[94]+2}}{\left(1 - q_{[94]}\right)\left(1 - q_{[94]+1}\right)} = \frac{3024}{(1 - 0.1)(1 - 0.3)}$$

$$= 4800$$

Ⅱ. 일반이론

1. 생존함수

$$F(x) = \Pr(X \le x) = \Pr(X < x) = {}_xq_0, \qquad x \ge 0$$

$$s(x) = S_0(x) = 1 - F(x) = \Pr(X > x) = {}_xp_0, \qquad x \ge 0$$

$$f(x) = \frac{d}{dx} F(x) = -\frac{d}{dx} s(x)$$

2. (x)의 미래생존기간, 미래개산생존기간

(i) $\Pr[T_x \le t] = \Pr(X \le x+t \mid X > x) = {}_tq_x = 1 - {}_tp_x$

$$\frac{d}{dt}({}_tq_x) = \frac{d}{dt}(1 - {}_tp_x) = {}_tp_x\,\mu_{x+t}$$

(ii) $\Pr[K_x = k] = \Pr[k \le T_x < k+1] = {}_kp_x\,q_{x+k}, \ \ k = 0, 1, 2, \cdots$

3. 사 력

(i) $\mu_x = \dfrac{-s'(x)}{s(x)} = \dfrac{f(x)}{s(x)} = \dfrac{-S_0'(x)}{S_0(x)} = \dfrac{f_0(x)}{S_0(x)} = \dfrac{-l'_x}{l_x}$

(ii) ${}_tp_x = \exp\left[-\displaystyle\int_x^{x+t} \mu_y\,dy\right] = \exp\left[-\displaystyle\int_0^t \mu_{x+s}\,ds\right]$

(iii) $\dfrac{d}{dx}\,{}_tp_x = \dfrac{d}{dx}\exp\left[-\displaystyle\int_x^{x+t} \mu_y\,dy\right] = {}_tp_x(\mu_x - \mu_{x+t})$

$\dfrac{d}{dt}\,{}_tp_x = \dfrac{d}{dt}\exp\left[-\displaystyle\int_x^{x+t} \mu_y\,dy\right] = -{}_tp_x\,\mu_{x+t}$

(iv) ${}_tq_x = \displaystyle\int_0^t {}_tp_x\,\mu_{x+t}\,dt \qquad\qquad {}_{m|r}q_x = \displaystyle\int_m^{m+r} {}_tp_x\,\mu_{x+t}\,dt$

4. x 세까지 생존하였다는 조건하의 기호들

(1) $x = T_0$(0세의 미래생존기간)로 할 경우 $\left[S_0(t) \right]$

  (i) $f_0(t) = \dfrac{d}{dt} F_0(t) = -\dfrac{d}{dt} S_0(t)$

  (ii) $S_0(t) = \displaystyle\int_t^\infty f_0(u)\, du = 1 - \int_0^t f_0(t)\, du = 1 - F_0(t)$

  (iii) $\Pr(a < T_0 \leq b) = \displaystyle\int_a^b f_0(u)\, du = F_0(b) - F_0(a) = S_0(a) - S_0(b)$

(2) 연령 x 가 주어진 경우 T_x 와 관련된 기호

  (i) $S_x(t) = \Pr(T_x > t) = \Pr(T_0 > x+t \mid T_0 > x)$

$$= \frac{\Pr(T_0 > x+t \cap T_0 > x)}{\Pr(T_0 > x)} = \frac{\Pr(T_0 > x+t)}{\Pr(T_0 > x)} = \frac{S_0(x+t)}{S_0(x)}$$

  (ii) ${}_tq_x = \Pr(T_x \leq t) = 1 - S_x(t) = F_x(t)$

  (iii) ${}_tp_x = \Pr(T_x > t) = S_x(t)$

  (iv) ${}_{t|u}q_x = \Pr(t < T_x \leq t+u) = F_x(t+u) - F_x(t) = S_x(t) - S_x(t+u)$

  (v) $\mu_{x+t} = \dfrac{-S_x{}'(t)}{S_x(t)} = \dfrac{f_x(t)}{S_x(t)}$

  (vi) $f_x(t) = S_x(t)\, \mu_{x+t} = {}_tp_x\, \mu_{x+t}$

  (vii) $S_x(t) = \exp\!\left(-\displaystyle\int_0^t \mu_{x+u}\, du \right)$

5. 생명표에 관한 함수

(1) 평균여명

  (i) $E(T_x) = \overset{\circ}{e}_x = \displaystyle\int_0^\infty {}_tp_x\, dt, \quad E(T_x^2) = \int_0^\infty t^2\, {}_tp_x\, \mu_{x+t}\, dt = 2\int_0^\infty t\, {}_tp_x\, dt$

$$\mathrm{Var}(T_x) = E(T_x^2) - [E(T_x)]^2 = 2\int_0^\infty t\, {}_tp_x\, dt - (\overset{\circ}{e}_x)^2$$

  (ii) $E(K_x) = e_x = \displaystyle\sum_{k=0}^\infty k\, \Pr(K=k) = \sum_{k=0}^\infty k\, {}_{k|}q_x = \sum_{k=0}^\infty {}_{k+1}p_x = \sum_{k=1}^\infty {}_kp_x$

$$E(K_x^2) = \sum_{k=0}^{\infty} k^2 \, \Pr(K=k) = \sum_{k=0}^{\infty} k^2 \,_{k|}q_x = \sum_{k=0}^{\infty} (2k+1) \,_{k+1}p_x$$

$$= \sum_{k=1}^{\infty} (2k-1) \,_k p_x$$

$$\mathrm{Var}(K_x) = E(K_x^2) - [E(K_x)]^2 = \sum_{k=0}^{\infty} (2k+1) \,_{k+1}p_x - (e_x)^2$$

(iii) $\quad e_{x:\overline{n|}} = \dfrac{1}{l_x}(l_{x+1} + l_{x+2} + \cdots + l_{x+n}) = p_x + {}_2p_x + \cdots + {}_np_x$

$$\overset{\circ}{e}_{x:\overline{n|}} = \int_0^n {}_t p_x \, dt$$

(iv) $\quad _{n|}e_x = {}_{n+1}p_x + {}_{n+2}p_x + \cdots = {}_np_x \, e_{x+n}$

$$_{n|}\overset{\circ}{e}_x = \int_n^{\omega-x} {}_t p_x \, dt = {}_np_x \, \overset{\circ}{e}_{x+n}$$

(v) $\quad e_x = e_{x:\overline{n|}} + {}_{n|}e_x = e_{x:\overline{n|}} + {}_np_x \, e_{x+n}$

$$\overset{\circ}{e}_x = \overset{\circ}{e}_{x:\overline{n|}} + {}_{n|}\overset{\circ}{e}_x = \overset{\circ}{e}_{x:\overline{n|}} + {}_np_x \, \overset{\circ}{e}_{x+n}$$

(2) $L_x, \, m_x, \, T_x, \, a(x), \, m(x)$

(i) $\quad L_x = l_{x+1} + \displaystyle\int_0^1 t \, l_{x+t} \, \mu_{x+t} \, dt = \int_0^1 l_{x+t} \, dt$

$$L_x = \int_0^1 l_{x+t} \, dt = l_x - \frac{1}{2} d_x = l_{x+\frac{1}{2}} = \frac{1}{2}(l_x + l_{x+1}) \quad \text{(UDD인 경우)}$$

(ii) $\quad m_x = \dfrac{\displaystyle\int_0^1 l_{x+t} \, \mu_{x+t} \, dt}{\displaystyle\int_0^1 l_{x+t} \, dt} = \dfrac{\displaystyle\int_0^1 {}_t p_x \, \mu_{x+t} \, dt}{\displaystyle\int_0^1 {}_t p_x \, dt} = \dfrac{l_x - l_{x+1}}{L_x} = \dfrac{d_x}{L_x}$

$$m_x = \frac{d_x}{L_x} = \frac{d_x}{l_x - \dfrac{1}{2}d_x} = \frac{q_x}{1 - \dfrac{1}{2}q_x} \quad \text{(UDD인 경우)}$$

(iii) $\quad T_x = \displaystyle\int_0^{\infty} t \, l_{x+t} \, \mu_{x+t} \, dt = -\int_0^{\infty} t \, dl_{x+t} = \int_0^{\infty} l_{x+t} \, dt$

(iv) $\displaystyle a(x) = \frac{\displaystyle\int_0^1 t\, l_{x+t}\, \mu_{x+t}\, dt}{\displaystyle\int_0^1 l_{x+t}\, \mu_{x+t}\, dt} = \frac{L_x - l_{x+1}}{d_x}$

$\displaystyle a(x) = \int_0^1 t\, dt = \frac{1}{2}$ (UDD인 경우)

(v) $\displaystyle \Pr\left[T(x) > m(x)\right] = \frac{1}{2}, \quad \frac{s[x + m(x)]}{s(x)} = \frac{1}{2}$

6. 단수부분에 대한 가정

함수 \ 가정	UDD	CFM	BA
$_t q_x$	$t\, q_x$	$1 - e^{-\mu t}$	$\dfrac{t\, q_x}{1 - (1-t) q_x}$
$_t p_x$	$1 - t\, q_x$	$e^{-\mu t}$	$\dfrac{p_x}{1 - (1-t) q_x}$
$_y q_{x+t}$	$\dfrac{y\, q_x}{1 - t\, q_x}$	$1 - e^{-\mu y}$	$\dfrac{y\, q_x}{1 - (1-y-t) q_x}$
μ_{x+t}	$\dfrac{q_x}{1 - t\, q_x}$	μ	$\dfrac{q_x}{1 - (1-t) q_x}$
$_t p_x\, \mu_{x+t}$	q_x	$\mu e^{-\mu t}$	$\dfrac{p_x\, q_x}{[1 - (1-t) q_x]^2}$

x : 정수, $0 \le t \le 1$, $0 \le y \le 1$, $y + t \le 1$, $\mu = -\ln p_x$

7. 사망법칙

주 창 자	μ_x	$s(x)$	조 건
De Moivre (1729)	$(\omega - x)^{-1}$	$1 - \dfrac{x}{\omega}$	$0 \le x < \omega$
Gompertz (1825)	$B c^x$	$\exp[-m(c^x - 1)]$	$B > 0,\ c \ge 1,\ x \ge 0$
Makeham (1860)	$A + B c^x$	$\exp[-Ax - m(c^x - 1)]$	$B > 0,\ A \ge -B,\ c \ge 1,\ x \ge 0$
Weibull (1939)	$k x^n$	$\exp[-u x^{n+1}]$	$k > 0,\ n > 0,\ x \ge 0,\ u = \dfrac{k}{n+1}$

8. 특수한 생존분포

(1) CFM가정하의 생존분포

(i) $\mu = -\ln {}_1p_x = -\ln p, \quad p = {}_1p_x = {}_1p_{x+1} = {}_1p_{x+2} = \cdots = {}_1p_{x+t} = \cdots$

$$S_x(t) = {}_tp_x = \exp\left(-\int_x^{x+t} \mu_y\, dy\right) = (p)^t$$

$$F_x(t) = {}_tq_x = 1 - {}_tp_x = 1 - e^{-\mu t}$$

(ii) $E(T_x) = \dfrac{1}{\mu}$ $\qquad\qquad\qquad$ $\mathrm{Var}(T_x) = \dfrac{1}{\mu^2}$

$\quad\quad E(K_x) = \dfrac{e^{-\mu}}{1-e^{-\mu}} = \dfrac{p}{1-p}$ $\qquad$ $\mathrm{Var}(K_x) = \dfrac{p}{q^2}$

(2) De Moivre 법칙하의 생존분포

(i) $l_x = \omega - x \qquad\qquad (0 \le x < \omega)$

$\quad\quad \mu_x = \dfrac{1}{\omega - x}, \qquad \mu_{x+t} = \dfrac{1}{\omega - x - t} \qquad\qquad (0 \le t < \omega - x)$

$\quad\quad {}_tp_x = \dfrac{\omega - x - t}{\omega - x} = 1 - \dfrac{t}{\omega - x}$

$\quad\quad F_x(t) = {}_tq_x = 1 - {}_tp_x = \dfrac{t}{\omega - x}$

$\quad\quad f_x(t) = \dfrac{d}{dt} F_x(t) = \dfrac{1}{\omega - x}$

(ii) $E(T_x) = \dfrac{\omega - x}{2}, \qquad E(T_x^2) = \dfrac{(\omega - x)^2}{3}, \qquad \mathrm{Var}(T_x) = \dfrac{(\omega - x)^2}{12}$

$\quad\quad E(K_x) = e_x = \dfrac{\omega - x - 1}{2}$ $\qquad\qquad$ $\mathrm{Var}(K_x) = \dfrac{(\omega - x)^2 - 1}{12}$

(iii) $\mathring{e}_{x:\overline{n}|} = \displaystyle\int_0^n {}_tp_x\, dt = n - \dfrac{n^2}{2(\omega - x)}$

$\qquad\qquad = {}_np_x(n) + {}_nq_x\left(\dfrac{n}{2}\right) \quad \text{(double expectation)}$

$\qquad\qquad = \dfrac{\omega - x - n}{\omega - x}(n) + \dfrac{n}{\omega - x}\left(\dfrac{n}{2}\right)$

2.2 기본연습문제

01 $l_x = (100-x)^{2/3}$, $0 \le x \le 100$일 때 40세의 사람이 52세와 65세 사이에 사망할 확률을 구하시오.

풀이

$$_{12|13}q_{40} = {}_{12}p_{40} - {}_{25}p_{40} = \frac{l_{52}}{l_{40}} - \frac{l_{65}}{l_{40}} = \frac{(48)^{2/3} - (35)^{2/3}}{(60)^{2/3}} = 0.103631$$

02 다음의 자료를 이용하여 $\mathrm{Var}(X)$를 구하시오.

(i) $l_x = \omega^3 - x^3$ $(0 \le x \le \omega)$ (ii) $E(X) = \frac{3}{4}\omega$

풀이

$s(x) = \dfrac{\omega^3 - x^3}{\omega^3}$이고 $f(x) = -\dfrac{d}{dx}s(x) = \dfrac{3x^2}{\omega^3}$이므로

$E(X^2) = \displaystyle\int_0^\omega x^2 f(x)\,dx = \frac{3}{5}\omega^2$이다. 따라서

$$\mathrm{Var}(X) = E(X^2) - [E(X)]^2 = \frac{3}{5}\omega^2 - \left(\frac{3}{4}\omega\right)^2 = \frac{3}{80}\omega^2$$

03 50세의 특정한 집단을 고려해보자. 이 집단의 20%는 암에 걸린 사람이고 80%는 건강한 사람이다. 50세의 집단에 대하여 다음과 같은 가정이 주어졌다.

(i) 건강한 사람의 미래생존기간은 [0, 50]의 균등분포를 따른다.

(ii) 암에 걸린 사람의 미래생존기간은 [0, 30]의 균등분포를 따른다.

70세까지 생존한 사람들 중에서 임의로 선택된 사람의 $_3p_{70}$을 구하시오.

풀이

먼저 50세의 집단이 70세가 되었을 때의(70세 집단의) 인구구성비율을 구해보자. 집단에서 건강한 사람을 H, 암에 걸린 사람을 C 라고 하자.

(i) 건강한 사람의 경우

전체 인구에서 건강한 사람이 70세까지 생존할 확률은 $_{20}p_{50}^{(H)} = \dfrac{30}{50} = 0.6$

(ii) 암에 걸린 사람인 경우

전체 인구에서 암에 걸린 사람이 70세까지 생존할 확률은 $_{20}p_{50}^{(C)} = \dfrac{10}{30} = \dfrac{1}{3}$

처음 출발한 전체 사람수를 l_0라고 하면 0시점에(즉, 50세) $0.2 l_0$ (암), $0.8 l_0$ (건강)의 사람들이 있다. 70세까지 생존한 건강한 집단의 사람수는 $0.8 l_0 (0.6)$ 이고, 암에 걸린 집단의 사람수는 $0.2 l_0 \left(\dfrac{1}{3} \right)$ 이다. 따라서, 70세 집단에서 건강한 사람의 비율은

$$\frac{0.6 \times 0.8 l_0}{(0.6 \times 0.8 l_0) + \left(\dfrac{1}{3} \times 0.2 l_0 \right)} = 0.878$$

이고 70세 집단에서 암에 걸린 사람의 비율은 0.122이다.

다음으로 70세 집단에서 임의로 한명을 선택했을 때 그 사람이 3년간 생존할 확률을 구해보자. 70세인 각각의 집단에서 미래생존기간은 각각 [0, 30], [0, 10]인 균등분포를 따른다.

(i) 건강한 사람의 경우

$$_3 p_{70}^{(H)} = \frac{27}{30} = 0.9$$

(ii) 암에 걸린 사람의 경우

$$_3 p_{70}^{(C)} = \frac{7}{10} = 0.7$$

따라서 $_3 p_{70} = {}_3 p_{70}^{(H)} (0.878) + {}_3 p_{70}^{(C)} (0.122)$

$$= 0.9 \times 0.878 + 0.7 \times 0.122 = 0.8756$$

04 신생아의 미래생존기간 T_0는 다음과 같은 분포를 따른다.

(i) $f^\alpha (t)$는 생명표를 따른다.

(ii) $f^\beta (t)$는 $\omega = 110$인 De Moivre 법칙을 따른다.

(iii) T_0의 확률밀도함수는 $f_0 (t) = \begin{cases} c f^\alpha (t), & 0 \le t \le 70 \\ 1.1 f^\beta (t), & t > 70 \end{cases}$

$_{15} p_{55}$을 구하시오.

풀이

(ii), (iii)에 의해 $\displaystyle \int_{70}^{110} 1.1 f^\beta (t) \, dt = 1.1 \times \frac{1}{110} (110 - 70) = 0.4$

$\displaystyle \int_0^\infty f_0 (t) \, dt = 1$이므로 $\displaystyle \int_0^{70} c f^\alpha (t) \, dt = 0.6$이다.

($f_0 (t)$ 의 정의는 핵심요약과 연습문제 64 참조)

생명표를 이용하는 기호를 $_t q_0^*$, l_x^*로 나타내기로 하면

$$\int_0^{70} c f^\alpha(t)\, dt = c[F^\alpha(70) - F^\alpha(0)] = c \times {}_{70}q_0^* = c\, \frac{l_0^* - l_{70}^*}{l_0^*}$$

$$= c\, \frac{100000 - 82870.92}{100000} = 0.1712908\, c = 0.6 \text{ 이므로 } c = 3.502815$$

따라서 ${}_{15}p_{55} = \dfrac{{}_{70}p_0}{{}_{55}p_0} = \dfrac{1 - {}_{70}q_0}{1 - {}_{55}q_0} = \dfrac{1 - \displaystyle\int_0^{70} c f^\alpha(t)\, dt}{1 - \displaystyle\int_0^{55} c f^\alpha(t)\, dt} = \dfrac{1 - c \times {}_{70}q_0^*}{1 - c \times {}_{55}q_0^*}$

$$= \frac{1 - 0.6}{1 - 3.502815 \times \left(\dfrac{100000 - 94602.17}{100000}\right)} = 0.493264$$

05 100,000명의 인구집단을 고려해보자. 이 인구집단은 다음과 같이 세 개의 집단(집단 A, 집단 B, 집단 C)으로 나눌 수 있다.

(i) 집단 A에는 50,000명의 사람이 있으며 나이는 모두 25세이다. 이 사람들의 미래 생존기간은 구간 [25, 105]인 균등분포를 따른다.

(ii) 집단 B에는 30,000명의 사람이 있으며 나이는 모두 35세이다. 이 사람들의 미래 생존기간은 구간 [35, 95]인 균등분포를 따른다.

(iii) 집단 C에는 20,000명의 사람이 있으며 나이는 모두 40세이다. 이 사람들의 미래생존기간은 구간 [40, 90]인 균등분포를 따른다.

이때, 전체 인구집단에서 55세에서 65세 사이에 예상되는 사망자수를 구하시오.

풀이

집단 A에 대하여 균등분포의 확률밀도함수는 $\dfrac{1}{80}$이므로, 10년동안 사망할 확률은 $\dfrac{1}{8}$이다.

집단 B에 대하여 균등분포의 확률밀도함수는 $\dfrac{1}{60}$이므로, 10년동안 사망할 확률은 $\dfrac{1}{6}$이다.

집단 C에 대하여 균등분포의 확률밀도함수는 $\dfrac{1}{50}$이므로, 10년동안 사망할 확률은 $\dfrac{1}{5}$이다.

따라서 전체 인구집단에서 55세에서 65세 사이에 예상되는 사망자수는

$$50000 \times \frac{1}{8} + 30000 \times \frac{1}{6} + 20000 \times \frac{1}{5} = 15250$$

06 다음과 같은 비율의 인구 집단을 고려하자. 이 집단의 25%는 흡연자이며, 사력은 0.1로 전 연령에서 동일하다. 이 집단의 나머지 75%는 비흡연자이며 사력은 0.05로 전 연령에서 동일하다. 이 인구 집단에서 임의로 한명을 선택했을 때, 그 사람의 미래생존기간에 대한 분포의 75백분위수를 구하시오.

풀이

S를 흡연자, N을 비흡연자라고 하면 $_tp_x^S = e^{-0.1t}$, $_tp_x^N = e^{-0.05t}$이므로

$_tp_x = 0.25\,_tp_x^S + 0.75\,_tp_x^N = 0.25e^{-0.1t} + 0.75e^{-0.05t}$이다.

75백분위수는 $\Pr(T_x \le t) = _tq_x = 0.75$를 만족하는 t값이므로

$$_tq_x = 1 - _tp_x = 1 - (0.25e^{-0.1t} + 0.75e^{-0.05t}) = 0.75$$

$$0.25e^{-0.1t} + 0.75e^{-0.05t} = 0.25$$

$e^{-0.05t} = X \ (X > 0)$라고 하면

$$0.25X^2 + 0.75X - 0.25 = 0$$

$$X = \frac{-0.75 \pm \sqrt{0.75^2 - 4 \times 0.25 \times (-0.25)}}{2 \times 0.25} = 0.3028 \ \text{또는} \ -3.3027$$

$e^{-0.05t} = 0.3028$ 이므로 $t = 23.89$

07 $l_x = 1000 - 2x$, $0 \le x \le 500$일 때 $K(497)$의 분산을 구하시오.

풀이

$\mathrm{Var}\,[K(497)]$을 구하기 위해 $E\,[K(497)]$, $E\,[K(497)^2]$을 구해보자.

$$E[K(497)] = \sum_{k=0}^{2} {}_{k+1}p_{497} = \frac{1}{l_{497}}[l_{498} + l_{499} + l_{500}] = \frac{4+2+0}{6} = 1$$

$$E[K(497)^2] = \sum_{k=0}^{2} (2k+1)\,_{k+1}p_{497} = \frac{1}{l_{497}}[l_{498} + 3\,l_{499} + 5\,l_{500}]$$

$$= \frac{4+6+0}{6} = \frac{10}{6}$$

따라서

$$\mathrm{Var}[K(497)] = E[K(497)^2] - E\,[K(497)]^2 = \frac{10}{6} - 1 = \frac{4}{6} = \frac{2}{3}$$

08 $_{k|}q_x = \dfrac{1+k}{55}$, $k = 0, 1, \cdots, 9$일 때 $_2p_{x+5}$를 구하시오.

풀이

$_{k|}q_x = \dfrac{d_{x+k}}{l_x}$이므로 $d_{x+k} = \dfrac{l_x(1+k)}{55}$

따라서 $_2p_{x+5} = \dfrac{l_{x+7}}{l_{x+5}} = \dfrac{\displaystyle\sum_{k=7}^{9} d_{x+k}}{\displaystyle\sum_{k=5}^{9} d_{x+k}} = \dfrac{8+9+10}{6+7+8+9+10} = 0.675$

09 다음과 같은 자료를 이용하여 $\text{Var}(W)$를 구하시오.

(i) K는 (x)의 미래개산생존기간이다.　　　　　(ii) $W = \min(K, 2)$

(iii) $q_{x+k} = 0.2(k+1), \quad k = 0, 1, 2, 3, 4$

> **풀이**

(ii)로부터 W는 0, 1, 2 중 하나의 값을 갖는다.

$\text{Var}(W)$를 구하기 위해 W의 확률함수를 구하면 다음과 같다.

$$\Pr(W = 0) = \Pr(K = 0) = q_x = 0.2$$

$$\Pr(W = 1) = \Pr(K = 1) = \,_{1|}q_x = p_x \, q_{x+1} = (1 - q_x) \, q_{x+1} = 0.32$$

$$\Pr(W = 2) = \Pr(K \geq 2) = 1 - \Pr(K = 0) - \Pr(K = 1) = 0.48$$

위 결과를 이용하여 $E(W)$와 $E(W^2)$을 구하면

$$E(W) = 0 \times \Pr(W = 0) + 1 \times \Pr(W = 1) + 2 \times \Pr(W = 2)$$
$$= 0 \times 0.2 + 1 \times 0.32 + 2 \times 0.48 = 1.28$$

$$E(W^2) = 0^2 \times \Pr(W = 0) + 1^2 \times \Pr(W = 1) + 2^2 \times \Pr(W = 2)$$
$$= 0^2 \times 0.2 + 1^2 \times 0.32 + 2^2 \times 0.48 = 2.24$$

따라서

$$\text{Var}(W) = E(W^2) - [E(W)]^2 = 2.24 - (1.28)^2 = 0.6016$$

참고로 $\Pr(K \geq 2)$를 직접 구해보자.

$$\Pr(K = 2) = \,_{2|}q_x = \,_2p_x \, q_{x+2} = p_x \, p_{x+1} \, q_{x+2}$$
$$= (1 - q_x)(1 - q_{x+1}) \, q_{x+2}$$
$$= 0.8 \times 0.6 \times 0.6 = 0.288$$

$$\Pr(K = 3) = \,_{3|}q_x = \,_3p_x \, q_{x+3} = p_x \, p_{x+1} \, p_{x+2} \, q_{x+3}$$
$$= (1 - q_x)(1 - q_{x+1})(1 - q_{x+2}) \, q_{x+3}$$
$$= 0.8 \times 0.6 \times 0.4 \times 0.8 = 0.1536$$

$$\Pr(K = 4) = \,_{4|}q_x = \,_4p_x \, q_{x+4} = p_x \, p_{x+1} \, p_{x+2} \, p_{x+3} \, q_{x+4}$$
$$= (1 - q_x)(1 - q_{x+1})(1 - q_{x+2})(1 - q_{x+3}) \, q_{x+4}$$
$$= 0.8 \times 0.6 \times 0.4 \times 0.2 \times 1 = 0.0384$$

따라서 $\Pr(K \geq 2) = \Pr(K = 2) + \Pr(K = 3) + \Pr(K = 4)$
$$= 0.288 + 0.1536 + 0.0384 = 0.48$$

이며 이는 처음에 구한 $\Pr(K \geq 2)$의 값과 동일함을 알 수 있다.

10 모든 x에 대하여 $\mu_x = 2$일 때 $E(T^5)$을 구하시오.

풀이

$E(T^5)$을 구하기 위해 다음의 적분들을 구해보자.

$$\int_0^\infty t\,e^{-2t}\,dt = \left[-\frac{1}{2}e^{-2t}\,t\right]_0^\infty - \int_0^\infty -\frac{1}{2}e^{-2t}\,dt^{1)}$$

$$= 0 + \frac{1}{2}\int_0^\infty e^{-2t}\,dt = \frac{1}{2}\left[-\frac{1}{2}e^{-2t}\right]_0^\infty = \frac{1}{4}$$

$$\int_0^\infty t^2 e^{-2t}\,dt = \left[-\frac{1}{2}e^{-2t}\,t^2\right]_0^\infty - \int_0^\infty -\frac{1}{2}e^{-2t}(2t)\,dt^{2)}$$

$$= 0 + \int_0^\infty t\,e^{-2t}\,dt = \frac{1}{4}$$

$$\int_0^\infty t^3 e^{-2t}\,dt = \left[-\frac{1}{2}e^{-2t}\,t^3\right]_0^\infty - \int_0^\infty -\frac{1}{2}e^{-2t}(3t^2)\,dt^{3)}$$

$$= 0 + \frac{3}{2}\int_0^\infty t^2 e^{-2t}\,dt = \left(\frac{3}{2}\right)\left(\frac{1}{4}\right) = \frac{3}{8}$$

$$\int_0^\infty t^4 e^{-2t}\,dt = \left[-\frac{1}{2}e^{-2t}\,t^4\right]_0^\infty - \int_0^\infty -\frac{1}{2}e^{-2t}(4t^3)\,dt^{4)}$$

$$= 0 + 2\int_0^\infty t^3 e^{-2t}\,dt = (2)\left(\frac{3}{8}\right) = \frac{3}{4}$$

따라서

$$E(T^5) = \int_0^\infty t^5 \,_t p_x \,\mu_{x+t}\,dt = \int_0^\infty t^5 e^{-2t}(2)\,dt = 2\int_0^\infty t^5 e^{-2t}\,dt^{5)}$$

$$= 2\left[\left[-\frac{1}{2}e^{-2t}\,t^5\right]_0^\infty - \int_0^\infty -\frac{1}{2}e^{-2t}5t^4\,dt\right] = 2\left(0 + \frac{5}{2}\int_0^\infty t^4 e^{-2t}\,dt\right)$$

$$= (2)\left(\frac{5}{2}\right)\left(\frac{3}{4}\right) = \frac{15}{4} = 3.75$$

11 $\mu_{[x]+t} = \dfrac{1}{2(64-t)}$ 일 때 $\dfrac{d}{dt}\,_t p_{[x]}$ 를 구하시오.

풀이

$$_t p_{[x]} = \exp\left(-\int_0^t \mu_{[x]+r}\,dr\right) = \exp\left(-\int_0^t \frac{1}{128-2r}\,dr\right)$$

$$= \exp\left(\frac{1}{2}\int_0^t \frac{-2}{128-2r}\,dr\right) = \exp\left[\left[\frac{1}{2}\ln(128-2r)\right]_0^t\right] = \left(\frac{128-2t}{128}\right)^{\frac{1}{2}}$$

---

1) $u'=e^{-2t}$, $v=t$인 부분적분법을 사용함.
2) $u'=e^{-2t}$, $v=t^2$인 부분적분법을 사용함.
3) $u'=e^{-2t}$, $v=t^3$인 부분적분법을 사용함.
4) $u'=e^{-2t}$, $v=t^4$인 부분적분법을 사용함.
5) $u'=e^{-2t}$, $v=t^5$인 부분적분법을 사용함.

이므로

$$\frac{d}{dt}\,{}_t p_{[x]} = \frac{d}{dt}\left(\frac{128-2t}{128}\right)^{\frac{1}{2}} = \frac{1}{2}\left(\frac{128-2t}{128}\right)^{-\frac{1}{2}}\left(-\frac{2}{128}\right)$$

$$= -\frac{1}{128}\left(\frac{64}{64-t}\right)^{\frac{1}{2}} = -\frac{8}{128}\left(\frac{1}{64-t}\right)^{\frac{1}{2}} = \frac{-1}{16\sqrt{64-t}}$$

12 모든 x에 대하여 $\mu_x = k\,x$이고 ${}_{10}p_{35} = 0.81$일 때 ${}_{20}p_{40}$을 구하시오.

풀이

$${}_{10}p_{35} = \exp\left(-\int_{35}^{45}\mu_y\,dy\right) = \exp\left(-\int_{35}^{45}ky\,dy\right) = \exp\left[\left[-k\frac{y^2}{2}\right]_{35}^{45}\right]$$

$$= e^{-400k} = 0.81$$

따라서

$${}_{20}p_{40} = \exp\left(-\int_{40}^{60}ky\,dy\right) = \exp\left[\left[-k\frac{y^2}{2}\right]_{40}^{60}\right] = e^{-1000k} = \left(e^{-400k}\right)^{\frac{5}{2}}$$

$$= (0.81)^{\frac{5}{2}} = (0.9)^5 = 0.5905$$

13 다음과 같은 함수가 사력을 나타낼 수 있는 함수임을 보이고 각각의 경우 생존함수 $s(x) = S_0(x)$를 구하시오.

(a) $k\,x^n$ $(n>0,\ k>0)$ (Weibull)　　(b) $a(b+x)^{-1}$ $(a>0,\ b>0)$ (Pareto)

풀이

$\mu_x \geq 0,\ \displaystyle\int_0^\infty \mu_x\,dx = \infty$이므로

(a) $s(x) = S_0(x) = \exp\left(-\int_0^x k\,u^n\,du\right) = \exp\left[\left[-\frac{k}{n+1}u^{n+1}\right]_0^x\right] = \exp\left(-\frac{k\,x^{n+1}}{n+1}\right)$

(b) $s(x) = S_0(x) = \exp\left(-\int_0^x a(b+u)^{-1}du\right) = \exp\left[\left[-a\ln(b+u)\right]_0^x\right]$

$$= \exp\left[a\ln b - a\ln(b+x)\right] = \left[\frac{b}{b+x}\right]^a = \left[1+\frac{x}{b}\right]^{-a}$$

14 50세의 피보험자가 50세와 51세 사이에서 예상치 못했던 특별위험으로 인하여 사력이 $\mu'_{50+t} = \mu_{50+t} + 0.03(1-t)$ (μ_{50+t}는 특별위험이 없을 때의 사력)으로 증가되었을 때 50세의 사람이 특별위험하에서 1년간 생존할 확률 p'_{50}을 구하시오. 단, 특별위험이

없을 때의 $q_{50} = 0.006$이다.

풀이

$$p'_{50} = \exp\left[-\int_0^1 \mu_{50+t} + 0.03\,(1-t)\,dt\right] = p_{50} \times \exp\left[-\int_0^1 0.03\,(1-t)\,dt\right]$$

$$= p_{50} \exp\left[\left[0.015\,(1-t)^2\right]_0^1\right] = (0.994)\,e^{-0.015} = 0.97920$$

15 (a) $l_x\,\mu_x$의 값이 x에 대하여 증가함수일 때 $\mu_x < q_x$임을 증명하시오.

(b) μ_x가 x의 증가함수일 때 $q_{x-1} < \mu_x < \dfrac{q_x}{p_x}$임을 증명하시오.

풀이

(a) $l_{x+t}\,\mu_{x+t} > l_x\,\mu_x$이므로

$$q_x = \frac{1}{l_x}\int_0^1 l_{x+t}\,\mu_{x+t}\,dt > \frac{1}{l_x}\int_0^1 l_x\,\mu_x\,dt$$

따라서

$$q_x > \mu_x$$

(b) (i) $q_{x-1} = \displaystyle\int_0^1 {}_tp_{x-1}\,\mu_{x-1+t}\,dt < \int_0^1 \mu_x\,dt = \mu_x$이므로 $q_{x-1} < \mu_x$

(ii) $q_x = \displaystyle\int_0^1 {}_tp_x\,\mu_{x+t}\,dt > \int_0^1 p_x\,\mu_x\,dt = p_x\,\mu_x$이므로 $\dfrac{q_x}{p_x} > \mu_x$

(i)과 (ii)에 의해

$$q_{x-1} < \mu_x < \frac{q_x}{p_x}$$

16 다음을 증명하시오.

(a) $\displaystyle\int_0^1 (\mu_{x+t} + \delta)\,dt = -\ln(v\,p_x)$ (b) $\dfrac{d}{dx}q_x = p_x(\mu_{x+1} - \mu_x)$

풀이

(a) $\displaystyle\int_0^1 (\mu_{x+t} + \delta)\,dt = \int_0^1 \left(-\frac{1}{l_{x+t}}\,\frac{d\,l_{x+t}}{dt}\right)dt + \delta$

$$= -\int_0^1 \frac{d\,(\ln l_{x+t})}{dt}\,dt + \ln(1+i) = -(\ln l_{x+1} - \ln l_x) - \ln\left(\frac{1}{1+i}\right)$$

$$= -\ln\left(\frac{l_{x+1}}{l_x}\right) - \ln v = -\ln(v\,p_x)$$

(b) $\dfrac{d}{dx} q_x = \dfrac{d}{dx} \left(1 - \dfrac{l_{x+1}}{l_x}\right) = \dfrac{-\left[l_x\left(-l_{x+1}\,\mu_{x+1}\right) - l_{x+1}\left(-l_x\,\mu_x\right)\right]}{\left(l_x\right)^2}$

$\qquad = \dfrac{l_{x+1}\,\mu_{x+1} - l_{x+1}\,\mu_x}{l_x} = p_x\left(\mu_{x+1} - \mu_x\right)$

17 $\mu_{x+t} = \dfrac{a}{1+at}$ $(0 \le t \le 1)$일 때 a를 q_x로 표시하시오.

풀이

$\displaystyle\int_0^1 \mu_{x+t}\,dt = \int_0^1 \dfrac{a}{1+at}\,dt = \left[\ln(1+at)\right]_0^1 = \ln(1+a)$이다. 따라서

$q_x = 1 - \exp\left(-\displaystyle\int_0^1 \mu_{x+t}\,dt\right) = 1 - e^{-\ln(1+a)} = 1 - \dfrac{1}{1+a}$

$1 + a = \dfrac{1}{1 - q_x}$이므로 $a = \dfrac{q_x}{1 - q_x}$

18 $\mu_x = \dfrac{1}{110 - x}$, $0 \le x < 110$을 이용하여 다음을 구하시오

(a) $0 \le t < 85$일 때, $S_{25}(t)$ (b) $_{30}p_{25}$ (c) $0 \le t < 85$일 때, $f_{25}(t)$

풀이

$\mu_{25+t} = \dfrac{1}{110 - 25 - t} = \dfrac{1}{85 - t}$이므로 ($S_{25}(t)$, $f_{25}(t)$기호는 연습문제 64 참조)

(a) $S_{25}(t) = \exp\left(-\displaystyle\int_0^t \mu_{25+s}\,ds\right) = \exp\left(-\displaystyle\int_0^t \dfrac{1}{85-s}\,ds\right)$

$\qquad = \exp\left[\left[\ln(85-s)\right]_0^t\right] = \exp\left[\ln\left(\dfrac{85-t}{85}\right)\right] = \dfrac{85-t}{85} = 1 - \dfrac{t}{85}$

(b) $_{30}p_{25} = S_{25}(30) = 1 - \dfrac{30}{85} = 0.64706$

(c) $f_{25}(t) = S_{25}(t)\,\mu_{25+t} = \left(\dfrac{85-t}{85}\right)\left(\dfrac{1}{85-t}\right) = \dfrac{1}{85}$

19 $\mu_x = \begin{cases} 0.02, & 30 \le x < 40 \\ 0.05, & 40 \le x < 50 \end{cases}$ 일 때 $_{8|7}q_{30}$을 구하시오.

풀이

$_8p_{30} = e^{-0.02 \times 8} = 0.852144$

$_{15}p_{30} = {_{10}p_{30}}\,{_5p_{40}} = e^{-0.02 \times 10} \times e^{-0.05 \times 5} = 0.637628$

이므로

$$_{8|7}q_{30} = {_8p_{30}} - {_{15}p_{30}} = 0.852144 - 0.637628 = 0.214516$$

20 다음과 같은 자료를 이용하여 μ를 구하시오.

   (i) 사력 $\mu_x = \mu$, $(x \geq 0)$로 상수이다.   (ii) $\mu \leq 1$ (iii) $_{2|2}q_{40} = 0.005$

   풀이

자료 (i)로부터, T_x의 사망법칙이 CFM을 따르는 것을 알 수 있다.

CFM하에서 $_tp_x$는 x에 의존하지 않고 t에만 의존하므로

$_{2|2}q_{40} = {_2p_{40}} \, _2q_{42} = {_2p_{40}}(1 - {_2p_{42}}) = {_2p_{40}}(1 - {_2p_{40}}) = {_2p}(1 - {_2p}) = 0.005$로 나타낼 수 있다. 여기서 $_2p$는 (x)가 2년간 생존할 확률이며, 또한 $(x+t)$가 2년간 생존할 확률이기도 하다.

$$({_2p})^2 - {_2p} + 0.005 = 0 \text{으로부터}$$

$$_2p = \frac{1 \pm \sqrt{1 - 0.02}}{2} = 0.99497 \text{ 또는 } 0.00503$$

$$\mu = -\ln p = -\frac{\ln {_2p}}{2} = 0.00252 \text{ 또는 } 2.64617$$

자료 (ii)로부터

$$\mu = 0.00252$$

21 태어날 때 남자의 수와 여자의 수가 동일한 인구집단을 고려해보자. 남자의 사력은 $\mu_x^m = 0.12$ $(x \geq 0)$이고 여자의 사력은 $\mu_x^f = 0.08$ $(x \geq 0)$이라고 가정할 때, 이 인구집단의 q_{65}를 구하시오.

   풀이

q_{65}를 구하기 위해 l_{65}와 l_{66}을 구해보자.

태어날 때 남자의 수와 여자의 수가 동일하므로

$$l_{65} = 0.5 \, l_0 [{_{65}p_0^m} + {_{65}p_0^f}] = 0.5 \, l_0 [e^{-0.12 \times 65} + e^{-0.08 \times 65}] = 0.002963 \, l_0$$

$$l_{66} = 0.5 \, l_0 [{_{66}p_0^m} + {_{66}p_0^f}] = 0.5 \, l_0 [e^{-0.12 \times 66} + e^{-0.08 \times 66}] = 0.002728 \, l_0$$

따라서

$$q_{65} = 1 - p_{65} = 1 - \frac{l_{66}}{l_{65}} = 1 - \frac{0.002728}{0.002963} = 0.0790312$$

다른 풀이방법은 $_{65}p_0^m$과 $_{65}p_0^f$를 구한 후 q_{65}^m와 q_{65}^f를 구한 다음

$$q_{65} = \frac{0.5 \, l_0 ({_{65}p_0^m} \, q_{65}^m + {_{65}p_0^f} \, q_{65}^f)}{0.5 \, l_0 ({_{65}p_0^m} + {_{65}p_0^f})}$$

$$= \frac{e^{-0.12 \times 65}(1 - e^{-0.12}) + e^{-0.08 \times 65}(1 - e^{-0.08})}{e^{-0.12 \times 65} + e^{-0.08 \times 65}} = 0.079386$$

로도 구할 수 있다.

22 다음과 같은 자료를 이용하여 $_{10}p_{40}$ 을 구하시오.

    (i) $_{3}p_{40} = 0.98$ (ii) $_{2}p_{43} = 0.97$ (iii) $\int_{45}^{50} \mu_x \, dx = 0.09387$

    풀이

$$_{5}p_{40} = {_{3}p_{40}} \; {_{2}p_{43}} = (0.98)(0.97) = 0.9506$$

자료 (iii)으로부터 $_{5}p_{45} = \exp\left(-\int_{45}^{50} \mu_x \, dx\right) = e^{-0.09387} = 0.9104$ 이므로

$$_{10}p_{40} = {_{5}p_{40}} \; {_{5}p_{45}} = (0.9506)(0.9104) = 0.86543$$

23 $f_0(t) = \dfrac{12t^2(90 - t)}{90^4}$, $0 < t \le 90$ 일 때 μ_{60} 을 구하시오.

    풀이

μ_{60} 을 구하기 위해 $S_0(60)$, $f_0(60)$ 을 구해보자.

$$S_0(60) = \int_{60}^{90} f_0(t) \, dt = \int_{60}^{90} \frac{12t^2(90 - t)}{90^4} \, dt = \frac{12}{90^4}\left[90\frac{t^3}{3} - \frac{t^4}{4}\right]_{60}^{90}$$

$$= 0.4074074$$

$$f_0(60) = \frac{(12)(60)^2(90 - 60)}{90^4} = 0.0197531$$

따라서

$$\mu_{60} = \frac{f_0(60)}{S_0(60)} = \frac{0.0197531}{0.4074074} = 0.048485$$

24 다음을 증명하시오.

    (a) $q_x + p_x \, q_{x+1} + {_{2}p_x} \, q_{x+2} + \cdots = 1$

    (b) $\displaystyle\int_{0}^{\omega - x} {_{t}p_x} \, \mu_{x+t} \, dt = 1$ (c) $\displaystyle\int_{0}^{\omega - x} l_{x+t} \, \mu_{x+t} \, dt = l_x$

    풀이

    (a) $q_x + p_x \, q_{x+1} + {_{2}p_x} \, q_{x+2} + \cdots$

$$= \frac{d_x}{l_x} + \frac{l_{x+1}}{l_x}\frac{d_{x+1}}{l_{x+1}} + \frac{l_{x+2}}{l_x}\frac{d_{x+2}}{l_{x+2}} + \cdots$$

$$= \frac{d_x + d_{x+1} + d_{x+2} + \cdots}{l_x} = \frac{l_x}{l_x} = 1$$

(b) $\displaystyle\int_0^{\omega-x} {}_tp_x\,\mu_{x+t}\,dt = \left[-{}_tp_x\right]_0^{\omega-x} = -(0-1) = 1$

(c) $\displaystyle\int_0^{\omega-x} l_{x+t}\,\mu_{x+t}\,dt = l_x\int_0^{\omega-x} {}_tp_x\,\mu_{x+t}\,dt = l_x$

25 다음과 같은 자료가 주어졌을 때 $e_{48\,:\,\overline{5|}}$를 구하시오.

x	l_x	d_x	q_x	p_x
48	400			
49				0.8
50	288			
51		108	0.5	
52				1/3
53	36			0.0417

풀이

$e_{48\,:\,\overline{5|}}$를 구하기 위해 l_{52}, l_{51}, l_{49}를 구해보자.

$$p_{52} = \frac{l_{53}}{l_{52}} = \frac{1}{3} \text{이므로} \ l_{52} = \frac{l_{53}}{p_{52}} = \frac{36}{1/3} = 108$$

$$p_{51} = 1 - q_{51} = 1 - 0.5 = \frac{l_{52}}{l_{51}} \text{이므로} \ l_{51} = \frac{l_{52}}{p_{51}} = \frac{108}{0.5} = 216$$

$$p_{49} = \frac{l_{50}}{l_{49}} = 0.8 \text{이므로} \ l_{49} = \frac{l_{50}}{p_{49}} = \frac{288}{0.8} = 360$$

따라서

$$e_{48\,:\,\overline{5|}} = \frac{l_{49} + l_{50} + l_{51} + l_{52} + l_{53}}{l_{48}} = \frac{360 + 288 + 216 + 108 + 36}{400} = 2.52$$

26 $s(x) = S_0(x) = 1 - \dfrac{x}{200}\ (0 \le x \le 200)$일 때, $\overset{\circ}{e}_{50\,:\,\overline{10|}}$을 구하시오.

풀이

$$\overset{\circ}{e}_{50:\overline{10|}} = \int_0^{10} {}_t p_{50}\, dt = \int_0^{10} \frac{s(50+t)}{s(50)}\, dt$$

$$= \int_0^{10} \frac{1-(50+t)/200}{(3/4)}\, dt = \frac{4}{3}\int_0^{10}\left(\frac{3}{4}-\frac{t}{200}\right) dt$$

$$= \frac{4}{3}\left[\frac{3}{4}t-\frac{t^2}{400}\right]_0^{10} = \frac{4}{3}\left[\frac{30}{4}-\frac{100}{400}\right] = \frac{29}{3}$$

27 $s(x) = S_0(x) = \left(1-\dfrac{x}{\omega}\right)^\alpha,\ 0\le x\le\omega,\ \alpha>0$일 때 다음을 구하시오.

(a) μ_x (b) $\overset{\circ}{e}_x$

풀이

(a) $\mu_x = \dfrac{-s'(x)}{s(x)} = \dfrac{-S_0{}'(x)}{S_0(x)} = \dfrac{\alpha\left(1-\dfrac{x}{\omega}\right)^{\alpha-1}\left(\dfrac{1}{\omega}\right)}{\left(1-\dfrac{x}{\omega}\right)^\alpha}$

$\qquad = \dfrac{\alpha}{\omega}\left(1-\dfrac{x}{\omega}\right)^{-1} = \dfrac{\alpha}{\omega}\left(\dfrac{\omega}{\omega-x}\right) = \dfrac{\alpha}{\omega-x}$

(b) ${}_t p_x = \dfrac{s(x+t)}{s(x)} = S_x(t) = \dfrac{S_0(x+t)}{S_0(x)} = \left(\dfrac{\omega-x-t}{\omega-x}\right)^\alpha$ 이므로

$\qquad \overset{\circ}{e}_x = \int_0^{\omega-x} {}_t p_x\, dt = \dfrac{1}{(\omega-x)^\alpha}\int_0^{\omega-x}(\omega-x-t)^\alpha\, dt$

$\qquad = \dfrac{1}{(\omega-x)^\alpha}\left[\dfrac{1}{\alpha+1}(\omega-x)^{\alpha+1}\right] = \dfrac{\omega-x}{\alpha+1}$

28 (a) $\mu_x = \dfrac{1}{\omega-x}\ (0\le x<\omega)$일 때 l_x를 구하시오. 또 $q_x = \dfrac{2\,\mu_{x+(1/2)}}{2+\mu_{x+(1/2)}}$임을 증명하시오.

(b) $\mu_x = \dfrac{\alpha}{\omega-x}\ (0\le x<\omega,\ \alpha$는 상수)일 때 l_x, ${}_t p_x$, $\overset{\circ}{e}_x$를 구하시오.

(c) 연습문제 27번과 비교하여 다음이 성립함을 확인하시오.

(i) $\mu_x = \dfrac{\alpha}{\omega-x}$ 일 때

$${}_t p_x = S_x(t) = \left[\frac{\omega-x-t}{\omega-x}\right]^\alpha,\ s(x) = S_0(x) = {}_x p_0 = \left[1-\frac{x}{\omega}\right]^\alpha$$

$$l_x = l_0\left[1-\frac{x}{\omega}\right]^\alpha,\quad \overset{\circ}{e}_x = \frac{\omega-x}{\alpha+1}$$

(ii) $\alpha = 1$일 때 De Moivre의 법칙

$\mu_x = \dfrac{1}{\omega - x}$ 일 때

$$_t p_x = S_x(t) = \frac{\omega - x - t}{\omega - x}, \quad s(x) = S_0(x) = {}_x p_0 = 1 - \frac{x}{\omega}$$

$$l_x = l_0 \left(1 - \frac{x}{\omega} \right), \quad \mathring{e}_x = \frac{\omega - x}{2}$$

> 풀이

(a) (i) $\mu_x = \dfrac{1}{\omega - x}$ 이므로 사망법칙은 De Moivre 법칙을 따른다.

$${}_x p_0 = \frac{\omega - x}{\omega} \text{ 이므로 } l_x = l_0 \cdot {}_x p_0 = l_0 \left(1 - \frac{x}{\omega} \right)$$

(ii)
$$\frac{2\mu_{x+(1/2)}}{2 + \mu_{x+(1/2)}} = \frac{\dfrac{2}{\omega - x - (1/2)}}{2 + \dfrac{1}{\omega - x - (1/2)}} = \frac{2}{2[\omega - x - (1/2)] + 1} = \frac{1}{\omega - x}$$

주어진 조건이 $\mu_x = \dfrac{1}{\omega - x}$ 이므로 $\mu_{x+t} = \dfrac{1}{\omega - x - t}$

$${}_t p_x = \frac{\omega - x - t}{\omega - x} \text{ 이므로 } g(t) = {}_t p_x \, \mu_{x+t} = \frac{1}{\omega - x}$$

$$q_x = \int_0^1 g(t) \, dt = \int_0^1 \frac{1}{\omega - x} \, dt = \frac{1}{\omega - x} \text{ 따라서}$$

$$\frac{2\mu_{x+(1/2)}}{2 + \mu_{x+(1/2)}} = q_x$$

(b) $\mu_x = \dfrac{\alpha}{\omega - x}$ 이므로

$${}_x p_0 = \exp\left[-\int_0^x \frac{\alpha}{\omega - r} \, dr \right] = \frac{(\omega - x)^\alpha}{\omega^\alpha} = \left[1 - \frac{x}{\omega} \right]^\alpha$$

따라서

$$l_x = l_0 \left[\frac{\omega - x}{\omega} \right]^\alpha = l_0 \, s(x)$$

$${}_t p_x = \exp\left(-\int_x^{x+t} \frac{\alpha}{\omega - r} \, dr \right) = \left[\frac{\omega - x - t}{\omega - x} \right]^\alpha$$

$$\mathring{e}_x = \int_0^{\omega - x} {}_t p_x \, dt = \frac{1}{(\omega - x)^\alpha} \left[\left[\left(\frac{(\omega - x - t)^{\alpha + 1}}{\alpha + 1} \right) \right]_0^{\omega - x} \right] = \frac{\omega - x}{\alpha + 1}$$

(c) (b)로부터

$$\mu_x = \frac{\alpha}{\omega - x} \text{ 이면 } {}_t p_x = \left[\frac{\omega - x - t}{\omega - x} \right]^\alpha, \quad l_x = l_0 \left(1 - \frac{x}{\omega} \right)^\alpha, \quad \mathring{e}_x = \frac{\omega - x}{\alpha + 1},$$

$s(x) = {}_xp_0 = \left(1 - \dfrac{x}{\omega}\right)^{\alpha}$ 임을 알 수 있다.

$\alpha = 1$ 이므로 De Moivre 법칙은

$$\mu_x = \frac{1}{\omega - x}, \quad s(x) = 1 - \frac{x}{\omega}, \quad {}_tp_x = \frac{\omega - x - t}{\omega - x},$$

$$l_x = l_0\, s(x) = l_0\left[1 - \frac{x}{\omega}\right], \qquad \overset{\circ}{e}_x = \frac{\omega - x}{2}$$

29 다음 자료를 이용하여 l_{71} 을 구하시오.

(i) $l_{70} = 1055$ (ii) $a(70) = 0.45$ (iii) $m_{70} = 0.1$

풀이

$a(70) = \dfrac{L_{70} - l_{71}}{d_{70}}$ 이므로

$\qquad L_{70} = l_{71} + a(70)\,d_{70} = l_{70} - d_{70} + a(70)\,d_{70} = l_{70} + (a(70) - 1)d_{70}$ ······ ①

$m_{70} = \dfrac{d_{70}}{L_{70}}$ 이므로 $L_{70} = \dfrac{d_{70}}{m_{70}}$ ······ ②

① = ② 로부터

$$\frac{d_{70}}{m_{70}} = l_{70} + (a(70) - 1)\,d_{70}$$

이를 d_{70} 에 대하여 정리하면

$$d_{70} = l_{70}\,m_{70} + a(70)(d_{70}\,m_{70}) - d_{70}\,m_{70}$$

$$d_{70}[1 - a(70)\,m_{70} + m_{70}] = l_{70}\,m_{70}$$

$$d_{70} = \frac{l_{70}\,m_{70}}{1 - m_{70}[a(70) - 1]} = \frac{l_{70}}{(1/m_{70}) - [a(70) - 1]} = \left(\frac{1055}{10 + 0.55}\right) = 100$$

따라서

$$l_{71} = l_{70} - d_{70} = 1055 - 100 = 955$$

30 다음 자료를 이용하여 $\displaystyle\int_0^{28} t\,{}_tp_{36}\,\mu_{36+t}\,dt$ 를 구하시오.

(i) $l_x = (100 - x)^{0.5}$, $0 \le x \le 100$ (ii) $\overset{\circ}{e}_{36:\overline{28}|} = 24.67$

풀이

$\overset{\circ}{e}_{x:\overline{n}|} = \displaystyle\int_0^n t\,{}_tp_x\,\mu_{x+t}\,dt + n\,{}_np_x$ 이고 ${}_{28}p_{36} = \dfrac{l_{64}}{l_{36}} = \dfrac{(100-64)^{0.5}}{(100-36)^{0.5}} = \dfrac{3}{4}$ 이므로

$$\int_0^{28} t\,{}_tp_{36}\,\mu_{36+t}\,dt = \overset{\circ}{e}_{36:\overline{28}|} - (28)\,{}_{28}p_{36} = 24.67 - (28)\left(\frac{3}{4}\right) = 3.67$$

31 T의 누적분포함수인 $_tq_x = G(t)$가 다음과 같을 때, (a), (b), (c)를 구하시오.

$$G(t) = \begin{cases} \dfrac{t}{100-x}, & 0 \le t < 100-x \\ 1, & t \ge 100-x \end{cases}$$

(a) $\mathring{e}_x$ (b) T의 분산   (c) T의 메디안값 $[m(x)]$

> **풀이**

$g(t) = G'(t) = \dfrac{1}{100-x}$ 이므로 사망법칙은 $\omega = 100$인 De Moivre 법칙을 따른다.

(a) $\mathring{e}_x = E(T) = \displaystyle\int_0^{100-x} t\, g(t)\, dt = \int_0^{100-x} t(100-x)^{-1}\, dt$

$\qquad = \left[\dfrac{1}{2}(100-x)^{-1}\, t^2 \right]_0^{100-x} = \dfrac{100-x}{2}$

(b) $E(T^2) = \displaystyle\int_0^{100-x} t^2 (100-x)^{-1}\, dt = \dfrac{1}{100-x} \int_0^{100-x} t^2\, dt$

$\qquad = \dfrac{1}{100-x} \left[\dfrac{1}{3} t^3 \right]_0^{100-x} = \dfrac{(100-x)^2}{3}$ 이므로

$\qquad \mathrm{Var}(T) = E(T^2) - [E(T)]^2 = \dfrac{(100-x)^2}{3} - \left(\dfrac{100-x}{2} \right)^2 = \dfrac{(100-x)^2}{12}$

(c) T의 메디안값은 $\dfrac{s[x+m(x)]}{s(x)} = \dfrac{1}{2}$인 $m(x)$이므로

$\qquad _{m(x)}p_x = 1 - {_{m(x)}q_x} = 1 - \displaystyle\int_0^{m(x)} g(t)\, dt = 1 - \dfrac{1}{100-x}\, m(x) = \dfrac{1}{2}$

따라서 $m(x) = \dfrac{(100-x)}{2}$

32 $\mu_x = \dfrac{Ac^x}{1+Bc^x}$ $(x > 0)$일 때, 다음을 구하시오.

(a) 생존함수 $s(x)$ (b) X(사망시 연령)의 분포의 최빈치(mode)

> **풀이**

(a) $s(x)$를 구하기 위해 $\displaystyle\int_0^x \mu_s\, ds$를 구해보면

$\qquad \displaystyle\int_0^x \mu_s\, ds = \int_0^x \dfrac{Ac^s}{1+Bc^s}\, ds$

$g(s) = c^s$라고 할 때, $g(0) = c^0 = 1$, $g(x) = c^x$이고 $c^x = y$라고 치환하면

$\ln c \cdot c^2\, ds = dy$이므로 치환적분법을 이용하면

$$\int_0^x \frac{Ac^s}{1+Bc^s} \, ds = \int_1^{c^x} \frac{Ay}{1+By} \times \frac{1}{(\ln c)y} \, dy = \frac{A}{\ln c} \int_1^{c^x} \frac{1}{1+By} \, dy$$

$$= \frac{A}{B\ln c} \int_1^{c^x} \frac{B}{1+By} \, dy = \frac{A}{B\ln c} \left[\ln(1+By) \right]_1^{c^x}$$

$$= \frac{A}{B\ln c} \left[\ln(1+Bc^x) - \ln(1+B) \right] = \frac{A}{B\ln c} \left[\ln\left(\frac{1+Bc^x}{1+B} \right) \right]$$

따라서

$$s(x) = \exp\left(-\int_0^x \mu_s \, ds \right) = \exp\left[-\frac{A}{B\ln c}\left(\ln\frac{1+Bc^x}{1+B} \right) \right] = \left[\frac{1+Bc^x}{1+B} \right]^{-\frac{A}{B\ln c}}$$

(b) $\mu_x = \dfrac{-s'(x)}{s(x)} = \dfrac{f(x)}{s(x)}$ 이므로 $f(x) = s(x)\,\mu_x$

$f(x)$가 최대가 되는 x를 구해보면

$$\frac{d}{dx} f(x) = \left(\frac{d}{dx} s(x) \right) \mu_x + s(x)\left(\frac{d}{dx} \mu_x \right) = -s(x)(\mu_x)^2 + s(x)\left(\frac{d}{dx} \mu_x \right)$$

$$= s(x)\left(\frac{d}{dx} \mu_x - (\mu_x)^2 \right)$$

이므로 $\dfrac{d}{dx} \mu_x = (\mu_x)^2$일 때 $\dfrac{d}{dx} f(x) = 0$이 된다.

$$\frac{d}{dx} \mu_x = \frac{d}{dx} \left(\frac{Ac^x}{1+Bc^x} \right) = \frac{(Ac^x \ln c)(1+Bc^x) - (Ac^x)(Bc^x \ln c)}{(1+Bc^x)^2}$$

$$= \frac{Ac^x \ln c}{(1+Bc^x)^2} = (\mu_x)^2$$

따라서 $\ln c = Ac^x$일 때 $f(x)$는 최대값을 갖는다.

$\ln(\ln c) = \ln A + x \ln c$이므로 $X = \dfrac{\ln(\ln c) - \ln A}{\ln c}$

33 (a) $e_x = p_x(1+e_{x+1})$을 증명하시오.

(b) $q_x \le q_{x+1} \le q_{x+2} \le \cdots$일 때 다음을 증명하시오.

  (i) $e_x \ge e_{x+1} \ge e_{x+2} \ge \cdots$ (ii) $e_x \le \dfrac{p_x}{q_x}$

풀이

(a) $e_x = \displaystyle\sum_{k=0}^{\infty} {}_{k+1}p_x = p_x + p_x\, p_{x+1} + p_x\, {}_2p_{x+1} + p_x\, {}_3p_{x+1} + \cdots$

$= p_x + p_x(e_{x+1}) = p_x(1+e_{x+1})$

(b) (i) $p_x \geq p_{x+1} \geq p_{x+2} \geq \cdots$

$e_x = p_x + p_x\, p_{x+1} + \cdots$

$e_{x+1} = p_{x+1} + p_{x+1}\, p_{x+2} + \cdots$ 이므로

$e_x \geq e_{x+1} \geq e_{x+2} \geq \cdots$ 이다.

(ii) (i)에 의하여 $e_x = p_x + p_x\, e_{x+1} \leq p_x + p_x\, e_x$ 이다.

$e_x \leq p_x + p_x\, e_x$ 이고 $e_x(1-p_x) \leq p_x$ 이므로

$$e_x \leq \frac{p_x}{q_x}$$

34 $\displaystyle {}_nm_x = \frac{\displaystyle\int_0^n l_{x+t}\,\mu_{x+t}\,dt}{\displaystyle\int_0^n l_{x+t}\,dt}$ 라고 정의된다.

(a) l_{x+t} 가 $0 \leq t \leq n$ 에서 직선을 가정할 때 ${}_nm_x$ 와 ${}_nq_x$ 를 구하시오.

(b) $l_x = 100 - x \ (0 \leq x \leq 100)$ 일 때 ${}_{10}m_{50}$ 을 구하시오.

풀이

(a) (i) l_{x+t} 가 직선이므로

$$l_{x+t} = \left(1 - \frac{t}{n}\right)l_x + \frac{t}{n}l_{x+n} = l_x - \frac{t}{n}\,{}_nd_x \text{ 이므로 } {}_tp_x = 1 - \frac{t}{n}\,{}_nq_x$$

따라서

$$ {}_nm_x = \frac{\displaystyle\int_0^n l_{x+t}\,\mu_{x+t}\,dt}{\displaystyle\int_0^n l_{x+t}\,dt} = \frac{\displaystyle\int_0^n {}_tp_x\,\mu_{x+t}\,dt}{\displaystyle\int_0^n {}_tp_x\,dt} = \frac{{}_nq_x}{\displaystyle\int_0^1\left(1 - \frac{t}{n}\,{}_nq_x\right)dt}$$

$$= \frac{{}_nq_x}{n - (n^2/2n)\,{}_nq_x} = \frac{{}_nq_x}{n\left[1 - (1/2)\,{}_nq_x\right]}$$

(ii) ${}_nm_x = \dfrac{{}_nq_x}{n\left[1 - (1/2)\,{}_nq_x\right]}$ 이므로 $n\,({}_nm_x)\left[1 - (1/2)\,{}_nq_x\right] = {}_nq_x$ 이다.

이를 ${}_nq_x$ 에 대해 정리하면 ${}_nq_x\left[1 + (n/2)\,{}_nm_x\right] = n({}_nm_x)$

$${}_nq_x = \frac{n\,({}_nm_x)}{1 + (n/2)\,{}_nm_x}$$

(b) (a)의 (i)에 의해

$${}_{10}m_{50} = \frac{{}_{10}q_{50}}{10\left[1 - (1/2)\,{}_{10}q_{50}\right]} = \frac{10/50}{10\left[1 - (1/2)(1/5)\right]} = \frac{1}{45}$$

35 정리 [2.2.7.1]과 정리 [2.2.7.2]를 증명하시오.

　　　　풀이

(a) 정리 [2.2.7.1]의 증명

확률밀도함수($g(s)$)와 생존함수($1-G(s)$)를 미분하면 확률밀도함수($g(s)$)가 되는 관계를 이용하고 $u' = d\,[1-G(s)]$, $v = Z(s)$인 부분적분법을 사용하면

$$\int_0^t Z(s)\,g(s)\,ds = -\int_0^t Z(s)\,d\,[1-G(s)]$$

$$= [-Z(s)\,[1-G(s)]\,]_0^t + \int_0^t [1-G(s)]\,Z'(s)\,ds$$

정리의 증명을 위하여 $\lim\limits_{t \to \infty} Z(t)\,[1-G(t)] = 0$임을 보이면 다음과 같다.

① $Z(t)$가 증가하지 않는(nonincreasing) 함수인 경우

$$\lim\limits_{t \to \infty} Z(t)\,[1-G(t)] = 0$$

② $Z(t)$가 감소하지 않는(nondecreasing) 함수인 경우

$$Z(t)\,[1-G(t)] = Z(t)\int_t^\infty g(s)\,ds \leq \int_t^\infty Z(s)\,g(s)\,ds$$

$E\,[Z(T)]$가 존재하면 $\lim\limits_{t \to \infty}\int_t^\infty Z(s)\,g(s)\,ds = 0$이므로

$$\lim\limits_{t \to \infty} Z(t)\,[1-G(t)] = 0$$

따라서

$$E\,[Z(T)] = \int_0^\infty Z(t)\,g(t)\,dt = \lim\limits_{t \to \infty}\int_0^t Z(s)\,g(s)\,ds$$

$$= \lim\limits_{t \to \infty} -Z(t)\,[1-G(t)] + Z(0) + \lim\limits_{t \to \infty}\int_0^t [1-G(s)]\,Z'(s)\,ds$$

$$= Z(0) + \int_0^\infty Z'(t)\,[1-G(t)]\,dt$$

(b) 정리 [2.2.7.2]의 증명

증명에 앞서 다음을 고찰해보자.

(1) Difference of a product

$$\Delta[f(x)\,g(x)] = f(x+1)\,\Delta g(x) + g(x)\,\Delta f(x) \qquad \cdots\cdots ①$$

(증명)

$$\Delta[f(x)\,g(x)] = f(x+1)\,g(x+1) - f(x)\,g(x)$$
$$= f(x+1)\,g(x+1) - f(x+1)\,g(x) + f(x+1)\,g(x) - f(x)\,g(x)$$
$$= f(x+1)\,[g(x+1) - g(x)] + g(x)\,[f(x+1) - f(x)]$$

$$= f(x+1)\,\Delta g(x) + g(x)\,\Delta f(x)$$

(2) Summation of series

$\Delta F(x) = f(x)$이면

$f(1) = F(2) - F(1)$

$f(2) = F(3) - F(2)$

$\vdots \qquad\qquad \vdots$

$f(n) = F(n+1) - F(n)$

이므로

$$\sum_{x=1}^{n} f(x) = F(n+1) - F(1) = \left[\Delta^{-1} f(x)\right] \qquad \cdots\cdots ②$$

(3) Summation by parts

$$\sum_{x=1}^{n} \left[g(x)\,\Delta f(x)\right] = \left[f(x)\,g(x)\right]_{1}^{n+1} - \left[\Delta^{-1}\left[f(x+1)\,\Delta g(x)\right]\right]_{1}^{n+1} \qquad \cdots\cdots ③$$

(증명)

식 ①의 양변을 $x=1$부터 $x=n$까지 더하면

$$(\text{식 ①의 좌변의 합}) = \sum_{x=1}^{n} \Delta\left[f(x)\,g(x)\right]$$

$$= \sum_{x=1}^{n} \left[(f(x+1)\,g(x+1) - f(x)\,g(x)\right]$$

$$= \left[f(2)\,g(2) - f(1)\,g(1)\right] + \left[f(3)\,g(3) - f(2)\,g(2)\right]$$
$$+ \cdots + \left[f(n+1)\,g(n+1) - f(n)\,g(n)\right]$$

$$= f(n+1)\,g(n+1) - f(1)\,g(1) = \left[f(x)\,g(x)\right]_{1}^{n+1} \qquad \cdots\cdots ④$$

$$(\text{식 ①의 우변의 합}) = \sum_{x=1}^{n} \left[f(x+1)\,\Delta g(x)\right] + \sum_{x=1}^{n} \left[g(x)\,\Delta f(x)\right]$$

식 ②를 이용하면

$$= \left[\Delta^{-1}\left[f(x+1)\,\Delta g(x)\right]\right]_{1}^{n+1} + \sum_{x=1}^{n} \left[g(x)\,\Delta f(x)\right] \cdots\cdots ⑤$$

④ = ⑤이므로

$$\sum_{x=1}^{n} \left[g(x)\,\Delta f(x)\right] = \left[f(x)\,g(x)\right]_{1}^{n+1} - \left[\Delta^{-1}\left[f(x+1)\,\Delta g(x)\right]\right]_{1}^{n+1}$$

다음 증명에서는 식 ③과 ②를 차례로 이용한다.

확률함수($g(j)$)와 생존함수($1-G(j-1)$)를 차분하면 확률함수($g(j)$)가 되는 관계를 이용하고, 식 ③을 이용하면

$$\sum_{j=0}^{k-1} Z(j)\,g(j) = -\sum_{j=0}^{k-1} Z(j)\,\Delta\,[1-G(j-1)]$$

$$= \left[-Z(j)\,[1-G(j-1)]\right]_0^k - \left[\Delta^{-1}\left[-\,[1-G(j-1)]\,\Delta Z(j)\right]\right]_0^k$$

식 ②를 이용하면

$$= \left[-Z(j)\,[1-G(j-1)]\right]_0^k + \sum_{j=0}^{k-1} [1-G(j)]\,\Delta Z(j)$$

정리의 증명을 위하여 $\lim\limits_{k\to\infty} Z(k)\,[1-G(k-1)] = 0$임을 보이면 다음과 같다.

(1) $Z(k)$가 증가하지 않는(nonincreasing) 함수인 경우

$$\lim_{k\to\infty} Z(k)\,[1-G(k-1)] = 0$$

(2) $Z(k)$가 감소하지 않는(nondecreasing) 함수인 경우

$$Z(k)\,[1-G(k-1)] = Z(k)\sum_{j=k}^{\infty} g(j) \le \sum_{j=k}^{\infty} Z(j)\,g(j)$$

$E\,[Z(K)]$가 존재하면 $\lim\limits_{k\to\infty}\sum\limits_{j=k}^{\infty} Z(j)\,g(j) = 0$이므로

$$\lim_{k\to\infty}\sum_{j=k}^{\infty} Z(j)\,[1-G(k-1)] = 0$$

따라서

$$E\,[Z(K)] = \sum_{k=0}^{\infty} Z(k)\,g(k) = \lim_{k\to\infty}\sum_{j=0}^{k-1} Z(j)\,g(j)$$

$$= \lim_{k\to\infty} -Z(k)\,[1-G(k-1)] + Z(0) + \lim_{k\to\infty}\sum_{j=0}^{k-1} [1-G(j)]\,\Delta Z(j)$$

$$= Z(0) + \sum_{k=0}^{\infty} [1-G(k)]\,\Delta Z(k)$$

36 다음과 같은 자료를 이용하여 $\mathring{e}_{60:\overline{1.5|}}$를 구하시오.

(i) $q_{60} = 0.020$ (ii) $q_{61} = 0.022$

(iii) 매 연령마다 단수부분에 대한 가정은 UDD이다.

풀이

$$\mathring{e}_{60:\overline{1.5|}} = \int_0^{1.5} {}_t p_{60}\,dt = \int_0^1 (1 - {}_t q_{60})\,dt + \int_1^{1.5} p_{60}\,(1 - {}_{t-1}q_{61})\,dt$$

$$= \int_0^1 (1 - t\,q_{60})\,dt + p_{60}\int_0^{0.5} (1 - t\,q_{61})\,dt$$

$$= \int_0^1 (1 - 0.02t)\, dt + 0.98 \int_0^{0.5} (1 - 0.022t)\, dt$$

$$= 0.99 + 0.98 \left[\, t - 0.011t^2 \,\right]_0^{0.5} = 1.477$$

37 $s(x) = S_0(x) = \dfrac{\sqrt{100-x}}{10},\ 0 \le x \le 100$일 때 다음을 구하시오.

(a) $_{17}p_{19}$ (b) $_{15}q_{36}$ (c) $_{15|13}q_{36}$ (d) μ_{36} (e) $\overset{\circ}{e}_{36}$

풀이

(a) $_{17}p_{19} = \dfrac{s(36)}{s(19)} = \dfrac{\sqrt{64}}{\sqrt{81}} = \dfrac{8}{9}$

(b) $_{15}q_{36} = 1 - \dfrac{s(51)}{s(36)} = 1 - \dfrac{\sqrt{49}}{\sqrt{64}} = \dfrac{1}{8}$

(c) $_{15|13}q_{36} = \dfrac{s(51) - s(64)}{s(36)} = \dfrac{\sqrt{49} - \sqrt{36}}{\sqrt{64}} = \dfrac{1}{8}$

(d) $\mu_{36} = \dfrac{-s'(x)}{s(x)}\Big|_{x=36} = \dfrac{0.5(100-x)^{-0.5}}{(100-x)^{0.5}}\Big|_{x=36} = 0.5(100-x)^{-1}\Big|_{x=36}$

     $= \dfrac{1}{128}$

(e) $_t p_x = \dfrac{s(x+t)}{s(x)} = \dfrac{(100-x-t)^{1/2}}{(100-x)^{1/2}}$ 이므로 $_t p_{36} = \dfrac{1}{8}(64-t)^{1/2}$

따라서

$$\overset{\circ}{e}_{36} = \int_0^\infty {_t p_{36}}\, dt = \frac{1}{8} \int_0^{64} (64-t)^{1/2}\, dt = \left[-\frac{1}{12}(64-t)^{3/2} \right]_0^{64}$$

$$= \frac{1}{12}(64)^{3/2} = \frac{128}{3}$$

38 $s(x) = S_0(x) = 1 - \dfrac{x}{\omega},\ 0 \le x < \omega,\ \overset{\circ}{e}_{30} = 30$일 때 q_{30}을 구하시오.

풀이

사망법칙이 De Moivre 법칙을 따르고 $\overset{\circ}{e}_{30} = 30$이므로 ω를 구해보면

$\dfrac{\omega - 30}{2} = 30$이므로 $\omega = 90$이다. T_{30}이 $U(0, \omega-30)$을 따르므로 $g(t) = \dfrac{1}{60}$이다.

$$q_{30} = \Pr[T_{30} < 1] = \int_0^1 \frac{1}{60}\, dt = \frac{1}{60} \quad \left(q_x = \frac{1}{\omega - x} \text{이다} \right)$$

39 (a) $\mathring{e}_x = a + bx$일 때 $\mu_x = \dfrac{1+b}{a+bx}$임을 증명하시오.

(b) $l_x = \dfrac{2}{e^x}$일 때 m_x의 값을 구하시오.

(c) $l_x = l_0\left(1 - \dfrac{x^2}{\omega^2}\right)$, $\quad 0 \le x \le \omega$일 때 $\mathring{e}_0$의 값을 구하시오.

> **풀이**

(a) $\mathring{e}_x = \displaystyle\int_0^{\omega-x} {}_tp_x \, dt = \dfrac{1}{l_x} \int_0^{\omega-x} l_{x+t} \, dt = a + bx$

$\quad\quad = \displaystyle\int_0^{\omega-x} l_{x+t} \, dt = l_x(a + bx)$

x에 대하여 미분하면

$$l_\omega - l_x = \frac{d\,l_x}{dx}(a + bx) + l_x \cdot b$$

$$\frac{d\,l_x}{dx}(a + bx) = -l_x(1 + b)$$

$$\frac{-1}{l_x}\frac{d\,l_x}{dx} = \mu_x = \frac{1+b}{a+bx}$$

(b) $m_x = \dfrac{d_x}{L_x} = \dfrac{l_x - l_{x+1}}{\displaystyle\int_0^1 l_{x+t}\,dt} = \dfrac{\dfrac{2}{e^x} - \dfrac{2}{e^{x+1}}}{\displaystyle\int_0^1 \dfrac{2}{e^{x+t}}\,dt}$

$\quad\quad = \dfrac{\dfrac{2}{e^{x+1}}(e-1)}{\dfrac{2}{e^x}\displaystyle\int_0^1 e^{-t}dt} = \dfrac{\left(\dfrac{2}{e^{x+1}}\right)(e-1)}{\dfrac{2}{e^x}[-e^{-t}]_0^1} = \dfrac{\dfrac{2}{e^{x+1}}(e-1)}{\dfrac{2}{e^x}\left(\dfrac{e-1}{e}\right)} = 1$

(c) $\mathring{e}_0 = \dfrac{1}{l_0}\displaystyle\int_0^\omega l_x \, dx = \int_0^\omega \left(1 - \dfrac{x^2}{\omega^2}\right)dx$

$\quad\quad = \left[x - \dfrac{x^3}{3\omega^2}\right]_0^\omega = \omega - \dfrac{\omega^3}{3\omega^2} = \dfrac{2}{3}\omega$

40 $\mu_x = \begin{cases} 0.03, & 0 < x < 50 \\ 0.08, & x > 50 \end{cases}$ 일 때, $\mathring{e}_{40:\,\overline{30|}}$을 구하시오.

> **풀이**

$t < 10$인 경우

$$_tp_{40} = \exp\left[-\int_0^t 0.03 \, dt\right] = e^{-0.03t}$$

$t > 10$인 경우

$$_tp_{40} = \exp\left[-\int_0^{10} 0.03 \; du\right] \exp\left[-\int_{10}^t 0.08 \; du\right]$$

$$= e^{-0.03 \times 10 - 0.08(t-10)} = e^{-0.08t + 0.5}$$

$$\mathring{e}_{40:\overline{30}|} = \int_0^{10} {}_tp_{40} \; dt + \int_{10}^{30} {}_tp_{40} \; dt$$

$$= \int_0^{10} e^{-0.03t} \; dt + \int_{10}^{30} e^{-0.08t + 0.5} \; dt$$

$$= \frac{1}{-0.03}\left[e^{-0.03t}\right]_0^{10} + e^{0.5} \times \frac{1}{-0.08}\left[e^{-0.08t}\right]_{10}^{30}$$

$$= \frac{1 - e^{-0.3}}{0.03} + \frac{e^{0.5}(e^{-0.8} - e^{-2.4})}{0.08} = 16.030013$$

41 다음의 자료들을 이용하여 $\mathrm{Var}(T_{20})$을 구하시오.

(i) $\mathring{e}_{10} = 45$ (ii) $\mu_x = \dfrac{1}{\omega - x}$, $0 \le x < \omega$

(iii) T_x는 (x)의 미래생존기간을 나타낸다.

풀이

자료 (ii)로부터 (x)의 사망법칙은 De Moivre 법칙을 따르는 것을 알 수 있다.

따라서, $\mathring{e}_{10} = \dfrac{\omega - 10}{2} = 45$이므로 $\omega = 100$

De Moivre 법칙하에서 T_{20}은 구간 $[0, 100 - 20) = [0, 80)$에서 균등분포를 따른다.
따라서

$$\mathrm{Var}(T_{20}) = \frac{(100 - 20)^2}{12} = \frac{80^2}{12} = 533.33$$

42 A가 사용하고 있는 노트북에 대한 자료는 다음과 같다.

(i) $s(x) = S_0(x) = 1 - \dfrac{x}{\omega}$, $0 \le x \le \omega$ (ii) $\mathring{e}_0 = 5$

새로운 노트북에 대해서 ω는 같고 새로운 생존함수가 다음과 같을 때, 0시점에서
의 새로운 $\mathring{e}_0$를 구하시오.

$$s^*(x) = \begin{cases} 1, & 0 \le x \le 2 \\ \dfrac{\omega - x}{\omega - 2}, & 2 < x \le \omega \end{cases}$$

> **풀이**

(ii)에 의해 $\frac{\omega}{2} = 5$이므로 $\omega = 10$이다.

따라서 $s^*(x) = \begin{cases} 1, & 0 \le x \le 2 \\ \dfrac{8-x}{8}, & 2 < x \le 10 \end{cases}$ 이다.

새로운 노트북의 여명은 2년 동안 $s^*(x)$가 1이고 그 후에 8년 동안 균등분포를 따르므로 $\overset{\circ}{e}_0 = 2 + \dfrac{8}{2} = 6$이다.

43 (30)의 미래생존기간은 균등분포를 따른다고 가정하자. 다음과 같은 자료를 이용하여 $\overset{\circ}{e}_{30:\overline{3n|}}$ 을 구하시오.

(i) $\overset{\circ}{e}_{30:\overline{2n|}} = 20$　　　　(ii) $\overset{\circ}{e}_{30:\overline{4n|}} = 32$　　　　(iii) $n < (\omega - 30)/4$

> **풀이**

(30)의 미래생존기간이 균등분포를 따르므로 $\overset{\circ}{e}_{30:\overline{n|}} = n - \dfrac{n^2}{2(\omega-30)}$ 이다.

따라서, 자료 (i), (ii)로부터 다음과 같은 두 개의 식을 얻을 수 있다.

$$2n - \frac{4n^2}{2(\omega-30)} = 20 \cdots\cdots ①$$

$$4n - \frac{16n^2}{2(\omega-30)} = 32 \cdots\cdots ②$$

①$\times 4 - $②를 하면 $4n = 48$, 따라서 $n = 12$이며

$2(12) - \dfrac{4(12)^2}{2(\omega-30)} = 20$이므로 $\omega = 102$임을 알 수 있다.

따라서, $\overset{\circ}{e}_{30:\overline{3n|}} = \overset{\circ}{e}_{30:\overline{36|}} = 36 - \dfrac{36^2}{2(102-30)} = 27$

44 다음과 같은 자료를 이용하여 $E(X)$를 구하시오.

(i) T_x는 (x)의 미래생존기간을 나타낸다.

(ii) $\mu_x = \mu, \ x \ge 0$　　　　(iii) $\text{Var}(T_x) = 144$　　　　(iv) $X = \min(T_x, 20)$

> **풀이**

사망법칙이 CFM을 따르므로 (iii)에 의해 $\text{Var}(T_x) = \dfrac{1}{\mu^2} = 144$이므로 $\mu = \dfrac{1}{12}$이다.

$E(X)$는 (iv)에 의해 $\overset{\circ}{e}_{x:\overline{20|}}$ 이므로 $\overset{\circ}{e}_{x:\overline{20|}}$ 을 구해보면

$$E(X) = \overset{\circ}{e}_{x:\overline{20|}} = \int_0^{20} {}_tp_x\,dt = \int_0^{20} \exp\left(-\frac{t}{12}\right)dt$$

$$= \frac{1 - e^{-20/12}}{1/12} = 9.733$$

45 다음과 같은 자료를 이용하여 (a)~(e)를 구하시오.

x	97	98	99	100	101
l_x	800	500	200	100	0

(a) e_{97}　　　(b) $\text{Var}(K_{97})$　　　(c) $e_{97:\overline{2|}}$　　　(d) UDD가정하에서 $\overset{\circ}{e}_{97}$

(e) e_{98}(단, 재귀식을 이용하시오)

　　풀이

(a) $e_{97} = \sum_{k=1}^4 {}_kp_{97} = \dfrac{l_{98} + l_{99} + l_{100} + l_{101}}{l_{97}} = \dfrac{500 + 200 + 100 + 0}{800} = 1$

(b) $\text{Var}(K_{97})$을 구하기 위해 $E(K_{97}^2)$, $E(K_{97})$을 구해보자.

$$E(K_{97}^2) = \sum_{k=1}^3 (2k-1)\,{}_kp_{97} = p_{97} + 3\,{}_2p_{97} + 5\,{}_3p_{97}$$

$$= \frac{500}{800} + (3)\left(\frac{200}{800}\right) + (5)\left(\frac{100}{800}\right) = 2$$

(a)에 의해 $E(K_{97}) = e_{97} = 1$ 그러므로

$$\text{Var}(K_{97}) = E(K_{97}^2) - [E(K_{97})]^2 = 2 - 1 = 1$$

(c) $e_{97:\overline{2|}} = {}_1p_{97} + {}_2p_{97} = \dfrac{l_{98}}{l_{97}} + \dfrac{l_{99}}{l_{97}} = \dfrac{700}{800} = \dfrac{7}{8}$

(d) UDD가정하에서 $\overset{\circ}{e}_{97} = e_{97} + \dfrac{1}{2}$ 이고 (a)에 의해 $e_{97} = 1$이므로 $\overset{\circ}{e}_{97} = 1.5$이다.

(e) $e_{97} = p_{97}(1 + e_{98})$이고 (a)에 의해 $e_{97} = 1$이므로 $1 = \dfrac{5}{8}(1 + e_{98})$이다. 따라서

$e_{98} = 0.6$

46 $\mu_x = \dfrac{2}{100 - x}$, $0 \le x < 100$일 때 e_{40}을 구하시오.

　　풀이

e_{40}을 구하기 위해 ${}_kp_{40}$을 구해보자.

$$_k p_{40} = \exp\left(-\int_0^k \mu_{40+s}\, ds\right) = \exp\left(-\int_0^k \frac{2}{60-s}\, ds\right) = \exp\left(2\left[\ln 60 - s\right]_0^k\right)$$

$$= \left(\frac{60-k}{60}\right)^2$$

따라서

$$e_{40} = \sum_{k=1}^{\infty} {}_k p_{40} = \sum_{k=1}^{59} \left(\frac{60-k}{60}\right)^2 = \frac{1}{60^2}\sum_{k=1}^{59} k^2 = \left(\frac{1}{60^2}\right)\left(\frac{(59)(60)(119)}{6}\right)$$

$$= 19.5$$

여기서 $\displaystyle\sum_{k=1}^{n} k^2 = \frac{1}{6}n(n+1)(2n+1)$ 을 이용하였다. (부록 I-5)

47 $\mu_x = \left(\dfrac{1}{110-x}\right)^{1/2}$, $0 \le x < 110$일 때, 다음을 구하시오.

(a) 0세 사람의 $m(x)$ (b) 60세 사람의 $m(x)$

풀이

t는 $\Pr[T(x)>t] = \dfrac{1}{2}$를 만족하는 값이므로 $_t p_x = \dfrac{1}{2}$이 되는 t를 구해보자.

(a) $_t p_0 = \exp\left(-\int_0^t \mu_s\, ds\right) = \exp\left(-\int_0^t \left(\frac{1}{110-s}\right)^{1/2} ds\right)$

$\qquad = \exp\left(2\left[\sqrt{110-s}\,\right]_0^t\right) = \exp\left[2\left(\sqrt{110-t} - \sqrt{110}\right)\right] = 0.5$

$\qquad 2\left(\sqrt{110-t} - \sqrt{110}\right) = \ln 0.5$이므로 $t = m(x) = m(0) = 7.15$

(b) $_t p_{60} = \exp\left(-\int_0^t \mu_{60+s}\, ds\right) = \exp\left(-\int_0^t \left(\frac{1}{50-s}\right)^{1/2} ds\right)$

$\qquad = \exp\left(2\left[\sqrt{50-s}\,\right]_0^t\right) = \exp\left[2\left(\sqrt{50-t} - \sqrt{50}\right)\right] = 0.5$

$\qquad 2\left(\sqrt{50-t} - \sqrt{50}\right) = \ln 0.5$이므로 $t = m(x) = m(60) = 4.78$

48 특정 질병에 걸려있는 집단을 고려해보자. 이 집단은 질병에 걸려있는 2년 동안 정상 사망률보다 높은 사망률을 가지고 있다. 이 집단의 사망률은 1차연도 동안에는 정상 사망률보다 20%가 높고, 2차연도 동안에는 7%가 높으며, 그 후의 사망률은 정상 사망률과 동일하다. 다음의 자료를 이용하여 정상집단과 특정질병에 걸린 집단의 개산평균여명의 차이를 구하시오.

(i) 정상 사망률

t	0	1	2
q_{x+t}	0.10	0.15	0.20

(ii) $e_{x+3} = 10$

풀이

특정질병에 걸려있는 집단의 개산평균여명을 e'_x라고 하자. e'_x를 구하기 위해 p'_x, $_2p'_x$, $_3p'_x$를 구해보자.

$$p'_x = 1 - q'_x = 1 - 1.2\,q_x = 1 - 0.12 = 0.88$$

$$p'_{x+1} = 1 - q'_{x+1} = 1 - 1.07\,q_{x+1} = 0.8395 \text{이므로}$$

$$_2p'_x = p'_x\,p'_{x+1} = (0.88)(0.8395) = 0.73876$$

$$_3p'_x = p'_x\,p'_{x+1}\,p_{x+2} = (0.73876)(0.8) = 0.591008$$

정상집단의 개산평균여명은 (ii)에 의해

$$e_x = p_x + {}_2p_x + {}_3p_x(1 + e_{x+3})$$

$$= 0.9 + (0.9)(0.85) + (0.9)(0.85)(0.8)(11) = 8.397$$

특정질병에 걸려있는 집단의 개산평균여명은

$$e'_x = p'_x + {}_2p'_x + {}_3p'_x(1 + e_{x+3})$$

$$= 0.88 + 0.73876 + (0.591008)(11) = 8.12$$

따라서 개산평균여명의 차이는

$$e_x - e'_x = 8.397 - 8.12 = 0.277$$

49 선택기간 1년인 생명표가 다음과 같고 매 연령마다 단수부분에 대한 가정이 UDD일 때 $\overset{\circ}{e}_{[86]}$을 구하시오.

x	$l_{[x]}$	$d_{[x]}$	$\overset{\circ}{e}_{[x]}$
85	1000	100	5.556
86	850	100	

풀이

$$\overset{\circ}{e}_{[85]} = \frac{1}{2} + e_{[85]} = \frac{1}{2} + \frac{l_{86} + l_{86} + \cdots}{l_{[85]}}$$

$$\left[\overset{\circ}{e}_{[85]} - \frac{1}{2} \right] l_{[85]} = l_{86} + l_{87} + \cdots \quad \cdots\cdots ①$$

이와 유사하게

$$\left[\overset{\circ}{e}_{[86]} - \frac{1}{2}\right] l_{[86]} = l_{87} + l_{88} + \cdots \quad \cdots\cdots ②$$

주어진 표에서

$l_{[85]} = 1000$, $l_{[86]} = 850$, $\overset{\circ}{e}_{[85]} = 5.556$, $l_{86} = l_{[85]} - d_{[85]} = 1000 - 100 = 900$이고
①에서 ②를 차감하면

$$\left[\overset{\circ}{e}_{[85]} - \frac{1}{2}\right] l_{[85]} - \left[\overset{\circ}{e}_{[86]} - \frac{1}{2}\right] l_{[86]} = l_{86}$$

$$\left(5.556 - \frac{1}{2}\right)(1000) - \left[\overset{\circ}{e}_{[86]} - \frac{1}{2}\right](850) = 900$$

따라서 $\overset{\circ}{e}_{[86]} = 5.3894$

50 표 [2.2.9.1]에서 CFM과 Balducci가정하의 결과들을 유도하시오.

풀이

(1) CFM가정

CFM가정하에서 $s(x) = \exp\left(-\int_0^x \mu \, dy\right) = e^{-\mu x}$

$\qquad s(x+t) = \exp\left(-\int_0^{x+t} \mu \, dy\right) = e^{-\mu(x+t)}$이므로

(i) $_tq_x = 1 - {}_tp_x = 1 - e^{-\mu t}$

(ii) $_tp_x = \dfrac{s(x+t)}{s(x)} = \dfrac{e^{-\mu x} \, e^{-\mu t}}{e^{-\mu x}} = e^{-\mu t}$

(iii) $_yq_{x+t} = 1 - {}_yp_{x+t} = 1 - \dfrac{s(x+t+y)}{s(x+t)} = 1 - \dfrac{e^{-\mu(x+t)} \, e^{-\mu y}}{e^{-\mu(x+t)}}$

$\qquad\qquad = 1 - e^{-\mu y}$

(iv) $\mu_{x+t} = \mu$

(v) $_tp_x \, \mu_{x+t} = e^{-\mu t} \, \mu = \mu \, e^{-\mu t}$

(2) Balducci가정

Balducci가정하에서 $\dfrac{1}{s(x+t)} = \dfrac{1-t}{s(x)} + \dfrac{t}{s(x+1)}$이므로

(i) $_tq_x = 1 - {}_tp_x = 1 - \dfrac{s(x+t)}{s(x)} = 1 - \dfrac{\dfrac{1}{s(x)}}{\dfrac{1-t}{s(x)} + \dfrac{t}{s(x+1)}}$

$$= 1 - \frac{\dfrac{s(x+1)}{s(x)}}{\dfrac{(1-t)s(x+1)}{s(x)} + \dfrac{t\,s(x+1)}{s(x+1)}} = 1 - \frac{p_x}{(1-t)p_x + t}$$

$$= 1 - \frac{p_x}{1-(1-t)q_x} = \frac{1-(1-t)q_x}{1-(1-t)q_x} - \frac{p_x}{1-(1-t)q_x} = \frac{t\,q_x}{1-(1-t)q_x}$$

(ii) $\quad _t p_x = 1 - {}_t q_x = \dfrac{p_x}{1-(1-t)q_x}$

(iii) $\quad _y q_{x+t} = 1 - \dfrac{s(x+t+y)}{s(x+t)} = 1 - \left(\dfrac{1}{s(x+t)}\right)\left(\dfrac{1}{s(x+t+y)}\right)^{-1}$

$$= 1 - \left(\frac{1-t}{s(x)} + \frac{t}{s(x+1)}\right)\left(\frac{1-t-y}{s(x)} + \frac{t+y}{s(x+1)}\right)^{-1}$$

$$= 1 - \left((1-t) + \frac{t\,s(x)}{s(x+1)}\right)\left((1-t-y) + \frac{(t+y)\,s(x)}{s(x+1)}\right)^{-1}$$

$$= 1 - \left((1-t) + \frac{t}{p_x}\right)\left((1-t-y) + \frac{t+y}{p_x}\right)^{-1}$$

$$= 1 - \frac{(1-t) + \dfrac{t}{p_x}}{(1-t-y) + \dfrac{t+y}{p_x}} = 1 - \frac{(1-t)p_x + t}{(1-t-y)p_x + (t+y)}$$

$$= \frac{(1-t-y)p_x + (t+y) - (1-t)p_x - t}{(1-t-y)(1-q_x) + (t+y)} = \frac{-y\,p_x + y}{1-(1-t-y)q_x}$$

$$= \frac{y\,q_x}{1-(1-t-y)q_x}$$

(iv) $\quad \mu_{x+t} = -\dfrac{1}{{}_t p_x}\dfrac{d}{dt}{}_t p_x = -\left(\dfrac{1-(1-t)q_x}{p_x}\right)\dfrac{-p_x\,q_x}{\left[1-(1-t)q_x\right]^2}$

$$= \frac{q_x}{1-(1-t)q_x}$$

(v) $\quad _t p_x\,\mu_{x+t} = \dfrac{p_x}{1-(1-t)q_x}\dfrac{q_x}{1-(1-t)q_x} = \dfrac{p_x\,q_x}{\left[1-(1-t)q_x\right]^2}$

51 $q_{70} = 0.04$, $q_{71} = 0.05$일 때 70세의 사람이 $70\frac{1}{2}$세와 $71\frac{1}{2}$세 사이에서 사망할 확률을 각각 구하시오.

(a) 매 연령마다 단수부분의 가정이 UDD일 때

(b) 매 연령마다 단수부분의 가정이 Balducci가정일 때

풀이

70세 사람이 $70\frac{1}{2}$ 세와 $71\frac{1}{2}$ 세 사이에 사망할 확률은 $_{1/2}p_{70}\,_{1/2}q_{70+(1/2)} + p_{70}\,_{1/2}q_{71}$ 이다.

(a) $_{1/2}p_{70}\,_{1/2}q_{70+(1/2)} + p_{70}\,_{1/2}q_{71} = \left(1 - \,_{1/2}q_{70}\right)\,_{1/2}q_{70+(1/2)} + \left(1 - q_{70}\right)\,_{1/2}q_{71}$

$$= [1 - (0.5)(0.04)]\left[\frac{0.5(0.04)}{1 - (0.5)(0.04)}\right] + (1 - 0.04)(0.5)(0.015) = 0.044$$

(b) $_{1/2}p_{70}\,_{1/2}q_{70+(1/2)} + p_{70}\,_{1/2}q_{71}$

$$= \frac{p_{70}}{1 - (1-t)q_{70}}\frac{u\,q_{70}}{1 - (1-u-t)q_{70}} + p_{70}\frac{t\,q_{71}}{1 - (1-t)q_{71}}$$

$$= \left[\frac{0.96}{1 - (0.5)(0.04)}\right]\left[\frac{(0.5)(0.04)}{1}\right] + (0.96)\left[\frac{(0.5)(0.05)}{1 - (0.5)(0.05)}\right] = 0.0442$$

52 CFM가정하에서 다음이 성립함을 증명하시오.

(a) $a(x) = \dfrac{[(1-e^{-\mu})/\mu] - e^{-\mu}}{1 - e^{-\mu}}$ 　　　(b) $a(x) \fallingdotseq \dfrac{1}{2} - \dfrac{q_x}{12}$

풀이

(a) $a(x) = \dfrac{\displaystyle\int_0^1 t\,_tp_x\,\mu_{x+t}\,dt}{\displaystyle\int_0^1 {_tp_x}\,\mu_{x+t}\,dt} = \dfrac{\left[t\left(-\,_tp_x\right)\right]_0^1 + \displaystyle\int_0^1 {_tp_x}\,dt}{q_x}$

$$= \frac{\displaystyle\int_0^1 {_tp_x}\,dt - p_x}{q_x} = \frac{\displaystyle\int_0^1 e^{-\mu}\,dt - e^{-\mu}}{1 - e^{-\mu}} = \frac{\left[(1 - e^{-\mu}/\mu)\right] - e^{-\mu}}{1 - e^{-\mu}}$$

(b) (a)의 결과로부터

$$a(x) = \frac{q_x\left[-\ln p_x\right]^{-1} - p_x}{q_x} = \left[-\ln(1-q_x)\right]^{-1} - \frac{p_x}{q_x}$$

$$-\ln(1 - q_x) = q_x + \frac{1}{2}(q_x)^2 + \frac{1}{3}(q_x)^3 + \cdots \text{이고}$$

$$\left[-\ln(1 - q_x)\right]^{-1} = \frac{1}{q_x} - \frac{1}{2} - \frac{1}{12}q_x - \frac{1}{24}(q_x)^2 - \cdots \text{이므로}$$

$$a(x) = \left(\frac{1}{q_x} - \frac{1}{2} - \frac{1}{12}q_x - \frac{1}{24}(q_x)^2 - \cdots\right) - \frac{p_x}{q_x}$$

$$\fallingdotseq \frac{1}{q_x} - \frac{p_x}{q_x} - \frac{1}{2} - \frac{1}{12}q_x$$

$$= 1 - \frac{1}{2} - \frac{1}{12} q_x = \frac{1}{2} - \frac{q_x}{12}$$

53 Balducci가정하에서 다음이 성립함을 증명하시오.

    (a) $a(x) = -\dfrac{p_x}{q_x^2}(q_x + \ln p_x)$ (b) $a(x) \fallingdotseq \dfrac{1}{2} - \dfrac{q_x}{6}$

    풀이

    (a) $a(x)$는 연습문제 52번에서 유도한 $\dfrac{1}{q_x} \displaystyle\int_0^1 {}_t p_x \, dt - p_x$이고 ${}_t p_x = \dfrac{p_x}{1 - (1-t)q_x}$

       이므로

$$a(x) = \frac{1}{q_x}\int_0^1 {}_t p_x \, dt - p_x = \frac{1}{q_x}\int_0^1 \frac{p_x}{1-(1-t)q_x} - p_x$$

$$= \frac{1}{q_x}\left(\frac{-p_x}{q_x}\ln p_x - p_x\right) = -\frac{p_x}{q_x^2}(q_x + \ln p_x)$$

    (b) Euler-Maclaurin공식과 $\dfrac{1}{p_x} = \dfrac{1}{1-q_x} \fallingdotseq 1 + q_x$임을 이용하면

$$a(x) = \frac{1}{q_x}\left(\int_0^1 {}_t p_x \, dt - p_x\right) \fallingdotseq \frac{1}{q_x}\left[\frac{1+p_x}{2} + \frac{q_x}{12}\left(p_x - \frac{1}{p_x}\right) - p_x\right]$$

$$= \frac{1-p_x}{2q_x} + \frac{1}{12}\left(p_x - \frac{1}{p_x}\right) \fallingdotseq \frac{1}{2} - \frac{q_x}{6}$$

54 다음과 같은 3년 선택표와 종국표가 주어졌다.

x	$l_{[x]}$	$l_{[x]+1}$	$l_{[x]+2}$	l_{x+3}	$x+3$
70	−	−	−	7600	73
71	−	7984	−	−	74
72	8016	−	7592	−	75

다음과 같은 가정하에서 $1000({}_{2|2}q_{[71]})$을 구하시오.

(i) 종국표는 De Moivre의 법칙을 따른다.

(ii) $d_{[x]} = d_{[x]+1} = d_{[x]+2}$, $x = 70, 71, 72$

    여기서 $d_{[x]+t} = l_{[x]+t} - l_{[x]+t+1}$을 의미한다.

    풀이

${}_{2|2}q_{[71]}$을 구하기 위해 l_{75}, $l_{[71]}$, $l_{[71]+2}$를 구해보자.

(i) l_{75}를 구하기 위해 $d_{[72]+2}$를 구해보자. 가정(ii)에 의해

$$l_{[72]+2} = l_{[72]} - d_{[72]} - d_{[72]+1} = l_{[72]} - 2d_{[72]}$$이므로

$$d_{[72]} = d_{[72]+2} = \frac{l_{[72]} - l_{[72]+2}}{2} = \frac{8016 - 7592}{2} = 212$$

따라서 $l_{75} = l_{[72]+2} - d_{[72]+2} = 7592 - 212 = 7380$

(ii) 가정(i)에 의해 $d_{73} = \dfrac{l_{73} - l_{75}}{2} = \dfrac{7600 - 7380}{2} = 110$

$$l_{74} = l_{73} - d_{73} = 7600 - 110 = 7490$$

$$d_{[71]+2} = \frac{l_{[71]+1} - l_{74}}{2} = \frac{7984 - 7490}{2} = 247$$

이고 $d_{[71]} = d_{[71]+1} = d_{[71]+2} = 247$이다.

가정(ii)에 의해

$$l_{[71]} = l_{[71]+1} + d_{[71]} = 7984 + 247 = 8231$$

(iii) $l_{[71]+2} = l_{[71]+1} - d_{[71]+1} = 7984 - 247 = 7737$

$$_{2|2}q_{[71]} = \frac{l_{[71]+2} - l_{75}}{l_{[71]}} = \frac{7737 - 7380}{8231} = 0.04337$$이므로

$$1000\left(_{2|2}q_{[71]}\right) = 43.37$$

55 다음의 자료를 이용하여 50세의 남자가 50세의 여자보다 나중에 사망할 확률을 구하시오.

(i) 남자의 사망법칙은 $\mu = 0.04$인 CFM이다.

(ii) 여자의 사망법칙은 $\omega = 100$인 De Moivre의 법칙이다.

(iii) $e^{-2} = 0.135335$

풀이

M을 남자, F를 여자라고 하면

$$확률 = \int_0^{50} {}_tp_{50}^M \ {}_tp_{50}^F \ \mu_{50+t}^F \, dt$$

$$= \int_0^{50} e^{-0.04t} \left(\frac{50-t}{50}\right)\left(\frac{1}{50-t}\right) dt = \int_0^{50} \frac{e^{-0.04t}}{50} \, dt = \frac{1}{50}\left[\frac{e^{-0.04t}}{-0.04}\right]_0^{50}$$

$$= \frac{1}{2}\left(1 - e^{-2}\right) = 0.432332$$

56 매 연령마다 단수부분의 가정이 UDD일 때 생명표(부록의 제7회 경험생명표)를 이용하여 다음을 구하시오.

(a) 0세 사람의 $m(x)$ (b) 50세 사람의 $m(x)$

풀이

(a) 생명표상의 $l_0 = 100000$이므로 $\dfrac{l_{m(x)}}{l_0} = 0.5$, $l_{m(x)} = 50000$이 되는 $m(x)$를 구해보자. 제7회 경험생명표에서 $l_{83} = 50170.01$, $l_{84} = 46061.59$이고 단수부분의 가정이 UDD 가정을 따르므로

$$l_{83+t} = l_{83} - t(l_{83} - l_{84}) = 50170.01 - t(50170.01 - 46061.59) = 50000$$

따라서 $t = 0.0414$이고 $m(x) = 83.0414$

(b) 생명표상의 $l_{50} = 96244.38$이므로

$\dfrac{l_{m(x)}}{l_{50}} = 0.5$, $l_{m(x)} = 0.5 l_{50} = (96244.38)(0.5) = 48122.19$이 되는 $m(x)$를 구해보자. 제7회 경험생명표에서 $l_{83} = 50170.01$, $l_{84} = 46061.59$이고 단수부분의 가정이 UDD가정을 따르므로

$$l_{83+t} = l_{83} - t(l_{83} - l_{84}) = 50170.01 - t(50170.01 - 46061.59) = 48122.19$$

$$t = 0.4984$$

따라서 $t = 0.4984$이고 $m(x) = 83.4984$

57 다음과 같은 생명표를 고려해보자.

x	l_x	d_x
35	10000	100
36	9900	140
37	9760	180
38	9580	230
39	9350	300

매 연령마다 단수부분의 가정이 CFM일 때 다음을 구하시오.

(a) ${}_{0.4}p_{36}$ (b) ${}_{3.1}q_{35}$ (c) ${}_{0.2|0.5}q_{38}$ (d) ${}_{0.7}q_{37.5}$

풀이

연습문제 63번의 공식들을 이용하면 된다.

(a) ${}_{0.4}p_{36} = (p_{36})^{0.4} = \left(\dfrac{9760}{9900}\right)^{0.4} = 0.994319$

(b) $_{3.1}q_{35} = 1 - _{3.1}p_{35} = 1 - _3p_{35}\, _{0.1}p_{38} = 1 - _3p_{35}\,(p_{38})^{0.1}$

$$= 1 - 0.958\left(\frac{9350}{9580}\right)^{0.1} = 0.044325$$

(c) $_{0.2|0.5}q_{38} = _{0.2}p_{38}\, _{0.5}q_{38.2} = _{0.2}p_{38}\,(1 - _{0.5}p_{38.2}) = (p_{38})^{0.2}\left[1 - (p_{38})^{0.5}\right]$

$$= \left(\frac{9350}{9580}\right)^{0.2}\left[1 - \left(\frac{9350}{9580}\right)^{0.5}\right] = 0.012019$$

(d) $_{0.7}q_{37.5} = 1 - _{0.7}p_{37.5} = 1 - _{0.5}p_{37.5}\, _{0.2}p_{38} = 1 - (p_{37})^{0.5}\,(p_{38})^{0.2}$

$$= 1 - \left(\frac{9580}{9760}\right)^{0.5}\left(\frac{9350}{9580}\right)^{0.2} = 0.014068$$

58 $l_x = 100\left[1 - \left(\dfrac{x}{80}\right)^2\right]$, $0 \le x < 80$이라고 할 때, μ_x는 이 생존분포에 대한 실제 사력을, μ'_x은 구간 $[45, 46)$에서 UDD가정에 근거한 사력의 근사치를 나타낸다고 하자. 이때 $\mu_{45.4} - \mu'_{45.4}$를 구하시오.

풀이

$\mu_{45.4}$를 구해보자.

$$\mu_x = -\frac{\dfrac{d}{dx}\, l_x}{l_x} = \frac{(2)(x/80)(1/80)}{1 - (x/80)^2} = \frac{x/3200}{1 - (x/80)^2}\ \text{이므로}$$

$$\mu_{45.4} = \frac{45.4/3200}{1 - (45.4/80)^2} = 0.020927$$

$\mu'_{45.4}$를 구하기 위해 q_{45}를 구해보자.

$$q_{45} = \frac{l_{45} - l_{46}}{l_{45}} = \frac{100\left[1 - (45/80)^2\right] - 100\left[1 - (46/80)^2\right]}{100\left[1 - (45/80)^2\right]} = 0.0208$$

μ'_x는 구간 $[45, 46)$에서 UDD가정을 따르므로

$$\mu'_{45.4} = \frac{q_{45}}{1 - _{0.4}q_{45}} = \frac{0.0208}{1 - (0.4)(0.0208)} = 0.020975$$

따라서

$$\mu_{45.4} - \mu'_{45.4} = 0.020927 - 0.020975 = -0.000048$$

59 사망법칙이 De Moivre의 법칙을 따를 때$(0 \le x \le \omega)$ 다음이 성립함을 보이시오.

(a) $\dfrac{m_x}{1 + 0.5\, m_x} = \mu_x$, $\quad x \le \omega - 1$

(b) $_{n|}q_x = \mu_x$, $\quad 0 \le n \le \omega - x - 1$ $\qquad$ (c) $1/\mathring{e}_x = 2\mu_x$

풀이

사망법칙이 De Moivre 법칙을 따르므로 $l_x = \omega - x$ 이고 $\mu_x = \dfrac{1}{\omega - x}$ 이다.

(a) $m_x = \dfrac{d_x}{L_x} = \dfrac{l_x - l_{x+1}}{\displaystyle\int_0^1 l_{x+t}\,dt} = \dfrac{1}{\displaystyle\int_0^1 (\omega - x - t)\,dt} = \dfrac{1}{\omega - x - \dfrac{1}{2}}$

따라서

$$\dfrac{m_x}{1 + \dfrac{1}{2}m_x} = \dfrac{\dfrac{1}{\omega - x - 0.5}}{1 + \dfrac{1}{2}\left(\dfrac{1}{\omega - x - 0.5}\right)} = \dfrac{\dfrac{2}{\omega - x - 0.5}}{2 + \left(\dfrac{1}{\omega - x - 0.5}\right)}$$

$$= \dfrac{\dfrac{2}{\omega - x - 0.5}}{\dfrac{2\omega - 2x - 1 + 1}{\omega - x - 0.5}} = \dfrac{1}{\omega - x} = \mu_x$$

(b) $_{n|}q_x = \dfrac{d_{x+n}}{l_x} = \dfrac{l_{x+n} - l_{x+n+1}}{l_x} = \dfrac{1}{\omega - x} = \mu_x$

(c) $\overset{\circ}{e}_x = \displaystyle\int_0^\infty t\,{}_t p_x\,\mu_{x+t}\,dt = \int_0^{\omega - x} t\,\dfrac{1}{\omega - x}\,dt = \left(\dfrac{1}{\omega - x}\right)\left(\dfrac{(\omega - 2)^2}{2}\right) = \dfrac{\omega - x}{2}$

$\dfrac{1}{\overset{\circ}{e}_x} = \dfrac{2}{\omega - x} = 2\mu_x$

60 상수사력(CFM)하에서 이산확률변수 K_x 에 대하여 $\mathrm{Var}(K_x) = \dfrac{p}{q^2}$ 를 증명하시오. 여기서 p 는 연령에 의존하지 않고 1년간 생존할 확률이며 $q = 1 - p$ 이다.

풀이

$\mathrm{Var}(K_x)$ 를 구하기 위해 $\displaystyle\sum_{k=0}^{\infty}(2k+1)\,{}_{k+1}p_x$ 를 구해보자. CFM하에서는

$p_x = p_{x+1} = \cdots = p_{x+t} = p$ 이므로

$$X = \sum_{k=0}^{\infty}(2k+1)\,{}_{k+1}p_x = p_x + 3\,{}_2p_x + 5\,{}_3p_x + 7\,{}_4p_x + \cdots$$

$$= p + 3p^2 + 5p^3 + 7p^4 + \cdots$$

이다.

$pX = p^2 + 3p^3 + 5p^4 + 7p^5 + \cdots$ 이므로

$(1-p)X = p + 2p^2 + 2p^3 + 2p^4 + \cdots$ 이 된다. 따라서

$$X = \sum_{k=0}^{\infty} (2k+1)_{k+1}p_x = \frac{p}{1-p} + \frac{2p}{1-p}(p+p^2+p^3+\cdots)$$

$$= \frac{p}{1-p} + \frac{2p}{1-p}\left(\frac{p}{1-p}\right) = \frac{p}{1-p} + 2\left(\frac{p}{1-p}\right)^2$$

$$\mathrm{Var}(K_x) = E(K_x^2) - \left[E(K_x)\right]^2$$

$$= \sum_{k=0}^{\infty} (2k+1)_{k+1}p_x - (e_x)^2 = \frac{p}{1-p} + 2\left(\frac{p}{1-p}\right)^2 - \left(\frac{p}{1-p}\right)^2$$

$$= \frac{p}{1-p} + \left(\frac{p}{1-p}\right)^2 = \frac{p(1-p)+p^2}{(1-p)^2} = \frac{p}{(1-p)^2} = \frac{p}{q^2}$$

61 De Moivre 법칙하에서 $\overset{\circ}{e}_{x:\overline{n}|} = \frac{\omega-x-n}{\omega-x}(n) + \frac{n}{\omega-x}\left(\frac{n}{2}\right)$ 의 의미를 설명하시오.

풀이

정기평균여명이란 x세에 도달한 사람을 n년간의 관찰기간으로 볼 때의 생존연수의 평균을 의미하므로 다음과 같이 나타낼 수 있다. T_x를 (x)의 미래생존기간이라고 하면

$$T_x = \begin{cases} t, & t \le n \\ n, & t > n \end{cases}$$

이다. $T_x \le n$의 경우 De Moivre 법칙으로부터 T_x는 구간 $[0, n]$에서 균등분포를 따르므로 평균생존연수는 $E(T_x) = \frac{n}{2}$이다. 또한 $T_x > n$의 경우는 생존연수가 n이 된다. 생존연수가 n일 확률은 $_np_x$이고, $T_x < n$일 확률은 $_nq_x$이므로

$$\overset{\circ}{e}_{x:\overline{n}|} = {_np_x}(n) + {_nq_x}\left(\frac{n}{2}\right)$$

$$= \frac{\omega-x-n}{\omega-x}(n) + \frac{n}{\omega-x}\left(\frac{n}{2}\right)$$

이 식을 두 가지 방법으로 유도해보자.

(i) $E_X(X) = E_Y[E_X(X|Y)]$를 이용하는 방법

X를 고려하는 기간이 n년인 생존연수라고 하고 조건 Y를 $T_x > n$ 또는 $T_x \le n$이라고 하자.

① X의 분포를 이용한 $X|Y$의 기대값

$T_x > n$인 경우 $E_X(X|Y) = n \times 1 = n$

$T_x \le n$인 경우 $E_X(X|Y) = \frac{n}{2}$이다.

$$\left(E(X|Y) = \int_0^n x f(x|y)\, dx = \int_0^n x\left(\frac{1}{n}\right)\, dx = \frac{n}{2}\right)$$

② Y의 분포를 이용한 $E_X(X|Y)$의 기대값

$E_X(X|Y) = n$이 발생할 확률은 $\Pr(T_x > n) = {_np_x}$

$$E_X(X \mid Y) = \frac{n}{2}$$ 이 발생할 확률은 $\Pr(T_x \le n) = {}_nq_x$ 이므로

$$E_Y[E_X(X\mid Y)] = {}_np_x(n) + {}_nq_x\left(\frac{n}{2}\right) = \frac{\omega-x-n}{\omega-x}(n) + \frac{n}{\omega-x}\left(\frac{n}{2}\right)$$

(ii) $\overset{\circ}{e}_{x:\overline{n}|}$ 의 정의를 이용하는 방법

$$\overset{\circ}{e}_{x:\overline{n}|} = \int_0^n {}_tp_x \, dt = \int_0^n 1 - \frac{t}{\omega-x} \, dt = \left[t - \frac{t^2}{2(\omega-x)}\right]_0^n$$

$$= n - \frac{n^2}{2(\omega-x)} = n - \frac{n^2}{\omega-x} + \frac{n^2}{\omega-x} - \frac{n^2}{2(\omega-x)}$$

$$= \frac{(\omega-x)n - n^2}{\omega-x} + \frac{n^2}{2(\omega-x)} = \frac{\omega-x-n}{\omega-x}(n) + \frac{n}{\omega-x}\left(\frac{n}{2}\right)$$

62 De Moivre 법칙하에서 다음을 증명하시오.

(a) $E(K_x) = \dfrac{\omega-x-1}{2}$ (b) $\mathrm{Var}(K_x) = \dfrac{(\omega-x)^2 - 1}{12}$

풀이

(a) $\displaystyle E(K_x) = e_x = \sum_{k=1}^{\omega-x-1} ({}_kp_x) = \sum_{k=1}^{\omega-x-1}\left(1 - \frac{k}{\omega-x}\right)$

$$= (\omega-x-1) - \frac{1}{\omega-x}\sum_{k=1}^{\omega-x-1} k^{1)}$$

$$= (\omega-x-1) - \frac{1}{\omega-x}\frac{(\omega-x-1)(\omega-x)}{2}$$

$$= \frac{\omega-x-1}{2}$$

$$= \frac{\omega-x}{2} - \frac{1}{2} = E(T_x) - \frac{1}{2} = \overset{\circ}{e}_x - \frac{1}{2}$$

(b) $\displaystyle {}_{k|}q_x = {}_kp_x \, q_{x+k} = \left(\frac{\omega-x-k}{\omega-x}\right)\left(\frac{1}{\omega-x-k}\right) = \frac{1}{\omega-x}$ 이므로

$$\mathrm{Var}(K_x) = E(K_x^2) - [E(K_x)]^2 = \sum_{k=0}^{\omega-x-1} k^2 \, {}_{k|}q_x - (e_x)^2$$

$$= \frac{1}{\omega-x}\sum_{k=0}^{\omega-x-1} k^2 - \left(\frac{\omega-x-1}{2}\right)^{2)}$$

---

1) $\displaystyle \sum_{k=1}^{n} k = \frac{1}{2}n(n+1)$

2) $\displaystyle \sum_{k=1}^{n} k^2 = \frac{1}{6}n(n+1)(2n+1)$

$$= \left(\frac{1}{\omega - x}\right)\left(\frac{1}{6}\right)(\omega - x - 1)(\omega - x)(2\omega - 2x - 1) - \frac{(\omega - x - 1)^2}{4}$$

$$= \frac{(\omega - x - 1)(2\omega - 2x - 1)}{6} - \frac{(\omega - x - 1)^2}{4}$$

$$= \frac{2(\omega - x - 1)(2\omega - 2x - 1)}{12} - \frac{3(\omega - x - 1)^2}{12}$$

$$= \frac{(\omega - x - 1)(4\omega - 4x - 2 - 3\omega + 3x + 3)}{12}$$

$$= \frac{(\omega - x - 1)(\omega - x + 1)}{12} = \frac{(\omega - x)^2 - 1}{12}$$

$$= \frac{(\omega - x)^2}{12} - \frac{1}{12} = \text{Var}(T_x) - \frac{1}{2}$$

63 단수부분에 대한 가정이 CFM인 경우 다음을 증명하시오.

(a) $_r p_x = (p_x)^r, \qquad 0 \leq r < 1$

(b) $_r p_{x+u} = (p_x)^r, \qquad 0 \leq r < 1,\ r + u \leq 1$

(c) $\ln(l_{x+r}) = (1 - r)\ln(l_x) + r\ln(l_{x+1})$

> **풀이**

(a) CFM에 내포된 의미는 연령 x마다 $\mu_{x+r}(0 \leq r < 1)$을 상수 μ_x^c를 이용하여 근사치를 구하는 것이다. 이 의미는

$$\int_0^1 \mu_{x+u}\,du = \int_0^1 \mu_{x+u}^c\,du = \mu_x^c$$

를 의미하고 $p_x = e^{-\mu_x^c}$, $\mu_x^c = -\ln(p_x)$를 의미한다.

$$_r p_x = \exp\left[-\int_0^r \mu_{x+u}\,du\right] = \exp\left[-\int_0^r \mu_x^c\,du\right]$$

$$= \exp\left[-\mu_x^c\,r\right] = \left[e^{-\mu_x^c}\right]^r = (p_x)^r$$

(b) $_r p_{x+u} = \exp\left[-\int_0^r \mu_{x+u+t}\,dt\right] = \exp\left[-\int_0^r \mu_x^c\,dr\right]$

$$= e^{-\mu_x^c\,r} = (p_x)^r$$

(c) $_r p_x = (p_x)^r$

$$\frac{l_{x+r}}{l_x} = \left(\frac{l_{x+1}}{l_x}\right)^r$$

$$\ln(l_{x+r}) - \ln(l_x) = r\ln(l_{x+1}) - r\ln(l_x)$$

$$\ln(l_{x+r}) = (1-r)\ln(l_x) + r\ln(l_{x+1})$$

64 x세까지 생존하였다는 조건하에서 새로운 기호들을 정의할 수 있다. 다음에 답하시오.

(a) $x = 0$인 경우 $f_0(t),\ S_0(t),\ F_0(t)$를 정의하시오.

(b) $f_x(t),\ S_x(t),\ F_x(t)$를 정의하고 관련 기호를 설명하시오.

> **풀이**

(a) 0세의 미래생존기간을 확률변수로 할 경우 $x = T_0$(0세의 미래생존기간)가 된다.
이 경우 기호들을 다음과 같이 정의한다.

$$f_0(t) = \frac{d}{dt}F_0(t) = -\frac{d}{dt}S_0(t)$$

$$S_0(t) = \int_t^\infty f_0(u)\,du = 1 - \int_0^t f_0(u)\,du = 1 - F_0(t)$$

$$\Pr(a < T_0 \le b) = \int_a^b f_0(u)\,du = F_0(b) - F_0(a) = S_0(a) - S_0(b)$$

0세부터 출발하는 연령을 x라고 하면 $s(x) = S_0(x)$가 된다.

(b) 연령 x가 주어진 경우 T_x와 관련된 기호들을 나타내면 다음과 같다.

$$S_x(t) = \Pr(T_x > t) = \Pr(T_0 > x+t \mid T_0 > x)$$

$$= \frac{\Pr(T_0 > x+t \ \cap\ T_0 > x)}{\Pr(T_0 > x)} = \frac{\Pr(T_0 > x+t)}{\Pr(T_0 > x)} = \frac{S_0(x+t)}{S_0(x)}$$

$$_t q_x = \Pr(T_x \le t) = F_x(t)$$

$$_t p_x = \Pr(T_x > t) = S_x(t)$$

$$_{t|u} q_x = \Pr(t < T_x \le t+u) = F_x(t+u) - F_x(t) = S_x(t) - S_x(t+u)$$

$$\mu_{x+t} = \frac{-S_x{}'(t)}{S_x(t)} = \frac{f_x(t)}{S_x(t)}$$

$$f_x(t) = S_x(t)\,\mu_{x+t} = {}_t p_x\,\mu_{x+t}$$

$$S_x(t) = \exp\left(-\int_0^t \mu_{x+u}\,du\right)$$

심·화·학·습·문·제 2.2

1 $\displaystyle\prod_{y=0}^{x-1} p_y = \frac{6}{10}$, $\displaystyle\sum_{y=0}^{x-1} d_y = 10$ 일 때, l_0의 값을 구하시오.

::: 풀이

$\displaystyle\prod_{y=0}^{x-1} p_y = p_0 \, p_1 \cdots p_{x-1} = \frac{l_x}{l_0} = \frac{6}{10}$ 이고

$\displaystyle\sum_{y=0}^{x-1} d_y = d_0 + d_1 + \cdots + d_{x-1} = l_0 - l_x = 10$ 이므로

$l_x = l_0 - 10$ 이다. 따라서

$$\frac{l_x}{l_0} = \frac{l_0 - 10}{l_0} = \frac{6}{10}$$

$10\,l_0 - 100 = 6\,l_0$ 이므로

$$l_0 = 25$$

2 $z(\omega) = \exp\left(-\displaystyle\int_x^{x+\omega} \mu_y \, dy\right) - 1$ 이라고 정의될 때, (x)가 n세와 m세$(x < n < m)$사이

에서 사망할 확률을 $z(\omega)$의 형태를 이용하여 나타내시오.

::: 풀이

$z(\omega) = \exp\left(-\displaystyle\int_x^{x+\omega} \mu_y \, dy\right) - 1 = {}_\omega p_x - 1 = -{}_\omega q_x$ 이므로

$$\begin{aligned}
{}_{n-x|m-n}q_x &= {}_{m-x}q_x - {}_{n-x}q_x \\
&= -z(m-x) + z(n-x) = z(n-x) - z(m-x)
\end{aligned}$$

3 ${}_{t|}q_x = 0.1 \,(t = 0, \, 1, \, \cdots, \, 9)$일 때 ${}_2p_{x+5}$를 구하시오.

::: 풀이

$$\begin{aligned}
{}_2p_{x+5} &= \frac{l_{x+7}}{l_{x+5}} = \frac{{}_7p_x}{{}_5p_x} = \frac{1 - {}_7q_x}{1 - {}_5q_x} \\
&= \frac{1 - (q_x + {}_{1|}q_x + {}_{2|}q_x + {}_{3|}q_x + {}_{4|}q_x + {}_{5|}q_x + {}_{6|}q_x)}{1 - (q_x + {}_{1|}q_x + {}_{2|}q_x + {}_{3|}q_x + {}_{4|}q_x)} \\
&= \frac{1 - (0.1)(7)}{1 - (0.1)(5)} = \frac{0.3}{0.5} = \frac{3}{5}
\end{aligned}$$

다른 방법으로 풀어보면

$_{t|}q_x = 0.1$은 $l_{x+t} = 10 - t$의 형태가 된다.

$$_2p_{x+5} = \frac{l_{x+7}}{l_{x+5}} = \frac{10-7}{10-5} = \frac{3}{5}$$

4 선택기간이 2년인 경우 다음과 같은 자료를 이용하여 $l_{[80]+1}$을 구하시오.

(i) $l_{81} = 49752$　　(ii) $l_{82} = 31046$　　(iii) $q_{[x]+1} = 0.9\,q_{x+1}$

∷ 풀이

자료 (i)과 (ii)로부터 $q_{81} = 1 - \dfrac{l_{82}}{l_{81}} = 1 - \dfrac{31046}{49752} = 0.37598$

자료 (iii)으로부터 $q_{[80]+1} = 0.9\,q_{81} = (0.9)(0.37598) = 0.338382$

$l_{[80]+2} = l_{[80]+1}(1 - q_{[80]+1})$이고 $l_{[80]+2} = l_{82}$이므로

$$l_{[80]+1} = \frac{l_{[80]+2}}{1 - q_{[80]+1}} = \frac{l_{82}}{1 - q_{[80]+1}} = \frac{31046}{1 - 0.338382} = 46924.36$$

5 신생아의 미래생존기간 T_0는 다음과 같은 분포를 따른다.

(i) $f^\alpha(t)$는 $\mu_x = 0.01\,(x \ge 0)$인 CFM을 따른다.

(ii) $f^\beta(t)$는 $\omega = 100$인 De Moivre 법칙을 따른다.

(iii) T_0의 확률밀도함수는 $f_0(t) = \begin{cases} c\,f^\alpha(t), & 0 \le t < 50 \\ 1.3\,f^\beta(t), & t > 50 \end{cases}$

이때 $_{10}p_{40}$을 구하시오.

∷ 풀이

연습문제 64의 기호를 이용하고 있다.

(ii), (iii)에 의해 $\displaystyle\int_{50}^{100} 1.3\,f^\beta(t)\,dt = \int_{50}^{100} (1.3)\frac{1}{100}\,dt = \frac{1.3}{100}(50) = 0.65$

$\displaystyle\int_0^\infty f(t)\,dt = 1$을 만족하므로 $\displaystyle\int_0^{50} c\,f^\alpha(t)\,dt = 0.35$이다. 이를 만족하는 c를 구해보자.

$$\int_0^{50} c\,f^\alpha(t)\,dt = c\left[F^\alpha(50) - F^\alpha(0)\right] = c\,_{50}q_0 = 0.35$$

$f^\alpha(t)$는 $\mu = 0.01$인 CFM을 따르므로

$$\int_0^{50} c\,f^\alpha(t)\,dt = c\,_{50}q_0 = c\left(1 - e^{-0.01(50)}\right) = 0.35$$

그러므로 $c = 0.889523$이다. 따라서

$$_{10}p_{40} = 1 - {_{10}}q_{40} = 1 - F_{40}(10) = 1 - \int_0^{10} cf^\alpha(t)\, dt$$

$$= 1 - 0.889523 \int_0^{10} 0.01\, e^{-0.01x}\, dt$$

$$= 1 - (0.889523)(1 - e^{-0.01 \times 10})$$

$$= 1 - (0.889523)(0.095163) = 0.91535$$

6 모든 x에 대하여 $\mu_x = \dfrac{1}{20}x^{1/2}$이고 $l_0 = 10000$일 때 9세와 36세 사이의 사망자수를 구하시오.

풀이

$$s(x) = \exp\left(-\int_0^x \mu_y\, dy\right) = \exp\left(\left[-\frac{1}{30}y^{3/2}\right]_0^x\right) = \exp\left(-\frac{x^{3/2}}{30}\right)$$

따라서

$$_{36}d_0 - {_9}d_0 = l_9 - l_{36} = l_0[s(9) - s(36)]$$

$$= 10000[e^{-0.9} - e^{-7.2}] = 4058.23$$

7 $_tp_x\, \mu_{x+t} = c\,(0 < t < 2)$일 때, $\int_0^1 {_t}p_{x+1}\, {_t}p_x\, \mu_{x+t}\, dt = \dfrac{c}{1-c}\left[1 - \dfrac{3}{2}c\right]$임을 유도하시오

풀이

$$_rq_x = \int_0^r {_t}p_x\, \mu_{x+t}\, dt = rc \quad (\text{모든 } r,\ 0 < r < 2)$$

$_tp_{x+1}\, p_x = {_{t+1}}p_x$이므로

$$_tp_{x+1} = \frac{_{t+1}p_x}{p_x} = \frac{1 - {_{t+1}}q_x}{1 - q_x} = \frac{1 - (t+1)c}{1-c}$$

$t+1 < 2$가 되므로 $t < 1$로부터 적분범위는 0에서 1 사이가 된다.
따라서

$$\int_0^1 {_t}p_{x+1}\, {_t}p_x\, \mu_{x+t}\, dt = \int_0^1 \frac{1-(t+1)c}{1-c}\, c\, dt$$

$$= \frac{c}{1-c}\int_0^1 (1 - c - ct)\, dt = \frac{c}{1-c}\left[1 - c - \frac{1}{2}c\right]$$

$$= \frac{c}{1-c}\left(1 - \frac{3}{2}c\right)$$

8 $\mu_x = \dfrac{x}{a - x^2}$일 때 p_x를 구하시오.

::: 풀이

$p_x = \exp\left[-\int_0^1 \mu_{x+r}\,dr\right]$, $I = \int_0^1 \mu_{x+r}\,dr$ 라고 하면

$$I = \int_0^1 \frac{x+r}{a-(x+r)^2}\,dr = -\frac{1}{2}\int_0^1 \frac{-2(x+r)}{a-(x+r)^2}\,dr = \left[-\frac{1}{2}\ln\left[a-(x+r)^2\right]\right]_0^1$$

$$= -\frac{1}{2}\ln\left[a-(x+1)^2\right] + \frac{1}{2}\ln(a-x^2)$$

$$= -\ln\left[\frac{a-(x+1)^2}{a-x^2}\right]^{\frac{1}{2}} = -\ln\left[\frac{a-x^2-2x-1}{a-x^2}\right]^{\frac{1}{2}} = -\ln\left[1-\frac{2x+1}{a-x^2}\right]^{\frac{1}{2}}$$

그러므로

$$p_x = e^{-I} = \left(1-\frac{2x+1}{a-x^2}\right)^{1/2}$$

9 다음과 같은 자료가 주어질 때 $k = -\ln p_x$ 임을 유도하시오.

(i) $\hat{\mu}_{x+t} = \mu_{x+t} - k$, $0 \le t \le 1$

(ii) $\hat{q}_x = 0$ ($\hat{q}_x$는 사력 $\hat{\mu}_{x+t}$를 이용하여 계산한 것임)

::: 풀이

(i)에 의해 $\hat{p}_x = \exp\left(-\int_0^1 \hat{\mu}_{x+t}\,dt\right) = \exp\left(-\int_0^1 (\mu_{x+t} - k)\,dt\right)$

$$= \exp\left(-\int_0^1 \mu_{x+t}\,dt\right)\exp\left(\int_0^1 k\,dt\right) = p_x\,e^k$$

(ii)에 의해 $\hat{p}_x = 1 - \hat{q}_x = 1 - 0 = 1$, $\hat{p}_x = p_x\,e^k = 1$, $p_x = e^{-k}$ 이므로

$$k = -\ln p_x$$

10 $\mu_x = 0.001\,(20 \le x \le 25)$일 때 $_{2|2}q_{20}$을 구하시오.

::: 풀이

$\mu_x = 0.001$ 이므로 사망법칙은 CFM을 따른다.

$$_{2|2}q_{20} = {}_2p_{20}\,{}_2q_{22} = \exp\left[-\int_{20}^{22}\mu_s\,ds\right]\left[1-\exp\left(-\int_{22}^{24}\mu_s\,ds\right)\right]$$

$$= e^{-0.001(2)}(1-e^{-0.001(2)}) = 0.001994$$

11 q_x와 대응되는 사력은 $\mu_{x+t}\,(0 \le t \le 1$이고) q'_x와 대응되는 사력은 $\mu'_{x+t}\,(0 \le t \le 1)$ 이다. μ_{x+t}가 어떤 이유로 인하여 $\mu'_{x+t} = \mu_{x+t} - c$로 변화하였을 때 $q'_x = \frac{1}{2}q_x = $

$1 - \exp\left[-\int_0^1 \mu_{x+t} - c \ dt\right]$ 가 되게 하는 $c(c$는 상수)를 q_x를 이용하여 나타내시오.

풀이

$q'_x = 1 - p'_x = 1 - \exp\left[-\int_0^1 \mu_{x+t} - c \ dt\right] = 1 - p_x \, e^c = \dfrac{1}{2} q_x$ 이고

$p_x \, e^c = 1 - \dfrac{1}{2} q_x, \ e^c = \dfrac{1 - (1/2) q_x}{p_x}$ 이므로 양변에 $\ln$을 취하면

$c = \ln\left[\dfrac{1 - (1/2) q_x}{1 - q_x}\right] = \ln\left[1 - \dfrac{1}{2} q_x\right] - \ln(1 - q_x)$

12 $\mu_x = \dfrac{3}{110 - x} + \dfrac{2}{150 - x}, \ x \geq 0$ 일 때 $_{70}p_{10}$ 을 구하시오.

풀이

$$_{70}p_{10} = \exp\left(-\int_0^{70} \mu_{10+s} \ ds\right) = \exp\left(-\int_0^{70} \dfrac{3}{100 - s} + \dfrac{2}{140 - s} \ ds\right)$$

$$= \exp\left(3 \left[\ln(100 - s)\right]_0^{70} + 2 \left[\ln(140 - s)\right]_0^{70}\right) = \left(\dfrac{30}{100}\right)^3 \left(\dfrac{70}{140}\right)^2$$

$$= 0.00675$$

13 다음을 증명하시오.

(a) $\dfrac{d}{dx}\mu_x \geq \mu_x^2$ 일 때 $\dfrac{d}{dx}l_x \mu_x \geq 0$

(b) $\mu_x = B c^x$ 일 때 $l_x \mu_x$ 의 값은 $\mu_{x_0} = \ln c$ 를 만족시키는 x_0 에서 최대값이 됨을 증명하시오.

풀이

(a) $\dfrac{d}{dx} l_x \mu_x = l_x \dfrac{d}{dx} \mu_x + \mu_x \dfrac{d}{dx} l_x = l_x \dfrac{d}{dx} \mu_x - l_x \mu_x^2 = l_x \left(\dfrac{d}{dx} \mu_x - \mu_x^2\right)$

따라서 $\dfrac{d}{dx}\mu_x \geq \mu_x^2$ 일 때 $\dfrac{d}{dx}l_x \mu_x \geq 0$

(b) $f(x) = \mu_x l_x$ 라고 하면 $\dfrac{d}{dx} f(x) = 0$ 이 되는 값은 $\dfrac{d}{dx} \mu_x = \mu_x^2$

$\dfrac{d}{dx} \mu_x = \dfrac{d}{dx} B c^x = B c^x \ln c$ 이므로

$B c^x \ln c = (B c^x)^2$ 일 때 $f(x)$ 는 최대값이다.

따라서 $B c^x = \ln c = \mu_{x_0}$ 를 만족시키는 x_0 에서 $f(x)$ 는 최대값을 갖는다.

14 76세에서 80세 사이의 사력이 $\ln\left(\dfrac{10}{9}\right)$으로 일정하다고 가정할 때 $l_{76} = 1000$중에서 80세까지 생존하는 사람의 수를 구하시오. 단 $\left(\dfrac{10}{9}\right)^{-4} = 0.656$을 이용하시오.

::: **풀이** ──────────────────

$$l_{80} = l_{76}\exp\left(-\int_{76}^{80}\mu_y\,dy\right) = 1000\exp\left(-\int_{76}^{80}\ln\frac{10}{9}\,dy\right)$$

$$= 1000\exp\left[-4\left(\ln\frac{10}{9}\right)\right]$$

$$= 1000\left(\frac{10}{9}\right)^{-4} = 656$$

15 μ_x가 다음과 같을 때 q_x를 구하시오.

$$\mu_x = \frac{2x}{10000 - x^2}, \quad 0 \le x \le 100$$

::: **풀이** ──────────────────

$$q_x = 1 - p_x = 1 - \exp\left(-\int_x^{x+1}\mu_y\,dy\right) = 1 - \exp\left(-\int_x^{x+1}\frac{2y}{10000 - y^2}\,dy\right)$$

$$= 1 - \exp\left(\ln\left[10000 - y^2\right]_x^{x+1}\right)$$

$$= 1 - \frac{10000 - (x+1)^2}{10000 - x^2} = \frac{2x + 1}{10000 - x^2}$$

16 $\mu_x = \dfrac{x}{100^2 - x^2}$, $0 \le x < 100$이다. 신생아 $l_0 = 100{,}000$명을 가정하면 연령 40세와 50세 사이의 사망자수를 구하시오.

::: **풀이** ──────────────────

$_{40|10}q_0$을 구하기 위해 $_{40}p_0$, $_{50}p_0$을 구해보자.

$$_xp_0 = \exp\left(-\int_0^x\mu_y\,dy\right) = \exp\left(-\int_0^x\frac{y}{100^2 - y^2}\right)dy$$

$$= \exp\left(\frac{1}{2}\left[\ln(100^2 - y^2)\right]_0^x\right) = \exp\left(\frac{1}{2}\left[\ln(100^2 - x^2) - \ln 100^2\right]\right)$$

$$= \exp\left[\frac{1}{2}\ln\left(\frac{100^2 - x^2}{100^2}\right)\right] = \left(\frac{100^2 - x^2}{100^2}\right)^{1/2} = \sqrt{1 - \left(\frac{x}{100}\right)^2}$$

이므로

$$_{40}p_0 = 0.916515, \quad _{50}p_0 = 0.866025$$

이다. 따라서

$$(100000)\,_{40|10}q_0 = 100000\left(_{40}p_0 - _{50}p_0\right) = 5049$$

17 남자의 사력을 μ_x^M, 여자의 사력을 μ_x^F라고 하고 다음과 같이 가정한다.

(i) $\mu_x^M = \dfrac{1}{100-x}$, $0 \le x < 100$ (ii) $\mu_x^F = \dfrac{1}{120-x}$, $0 \le x < 120$

남자 40세, 여자 20세의 두 사람을 고려할 때 두 번째로 사망하는 사람의 연령의 기대값을 구하시오. 단, 두 사람의 사망은 서로 독립적이다.

풀이

T를 남자의 미래생존기간, S를 여자의 미래생존기간이라고 하자. 사망법칙이 De Moivre 법칙을 따르므로 T는 구간 $[0, 60]$에서 균등분포를 따르며, S는 구간 $[0, 100]$에서 균등분포를 따른다. 두 번째 사망하는 사람의 연령에 대한 확률변수를 Z라고 하면 Z는 다음과 같다.

$$Z = \begin{cases} 40+T, & T > S \\ 20+S, & T < S \end{cases}$$

이를 그림으로 나타내면 다음과 같다.

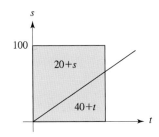

따라서

$$\begin{aligned}
E(Z) &= \int_0^{60} \int_0^{100} z\, f(t, s)\, ds\, dt \\
&= \int_0^{60} \int_0^{t} \frac{40+t}{(60)(100)}\, ds\, dt + \int_0^{60} \int_t^{100} \frac{20+s}{(60)(100)}\, ds\, dt \\
&= \frac{1}{6000} \left[\int_0^{60} (40+t)\, t\, dt + \int_0^{60} \left[20(100-t) + \frac{1}{2}(100^2 - t^2) \right] dt \right] \\
&= \frac{1}{6000} \left[\int_0^{60} \left(7000 + 20t + \frac{1}{2}t^2 \right) dt \right] \\
&= \frac{1}{6000} \left[7000(60) + 10(60)^2 + \frac{1}{6}(60)^3 \right] \\
&= 70 + 6 + 6 = 82
\end{aligned}$$

18 (a), (b), (c) 중에서 맞는 것을 고르시오.

(a) 항상 $\mu_x < q_x$이다.   (b) 항상 $\mu_x > q_x$이다.

(c) 항상 $0 \le \mu_x \le 1$ 이다.

풀이

(a), (b) De Moivre 법칙에서 $\mu_x = \dfrac{1}{\omega - x} = q_x$ 이므로 (a), (b)는 틀린 표현이다.

(c) De Moivre 법칙에서 $\mu_x = \dfrac{1}{\omega - x}$ 이다. 예를 들어 $\omega = 100$, $x = 99.8$ 이라고 하면 $\mu_{99.8} = \dfrac{1}{100 - 99.8} = \dfrac{1}{0.2} = 5$ 로 1보다 크므로 (c)도 틀린 표현이다.

19 μ_x 가 단순증가할 때 q_{x-1}, μ_x, $\dfrac{1}{\overset{\circ}{e}_x}$ 의 크기를 비교하시오.

풀이

(i) q_{x-1}, μ_x 의 크기를 비교해보자.

$$q_{x-1} = \frac{1}{l_{x-1}} \int_0^1 l_{x-1+t} \, \mu_{x-1+t} \, dt \le \frac{1}{l_{x-1}} \int_0^1 l_{x-1} \, \mu_x \, dt = \mu_x$$

따라서 $q_{x-1} < \mu_x$ 이다.

(ii) μ_x 와 $\dfrac{1}{\overset{\circ}{e}_x}$ 의 크기를 비교해보자.

$$\mu_x \, \overset{\circ}{e}_x = \mu_x \int_0^\infty {}_t p_x \, dt = \int_0^\infty {}_t p_x \, \mu_x \, dt \le \int_0^\infty {}_t p_x \, \mu_{x+t} \, dt = 1$$

따라서 $\mu_x \le \dfrac{1}{\overset{\circ}{e}_x}$ 이다. (i)과 (ii)로부터

$$q_{x-1} < \mu_x \le \frac{1}{\overset{\circ}{e}_x}$$

20 흡연자와 비흡연자가 같은 수의 인원으로 구성된 25세의 그룹을 고려한다. 다음과 같은 가정을 이용하여, 75세에 살아있는 사람들 중에서 임의로 1명을 선택하였을 때 선택된 사람의 q_{75} 를 구하시오.

(i) 비흡연자의 사력은 $\mu_x = 0.04$, $x \ge 25$ 이다.

(ii) 흡연자의 사력은 $\mu'_x = 0.1$, $x \ge 25$ 이다.

풀이

S 를 75세 그룹 중 흡연자인 사람, N 을 75세 그룹 중 비흡연자인 사람이라 하자. q_{75} 를 구하기 위해 $q_{75}^{(S)}$, $q_{75}^{(N)}$ 을 구해보자.

조건 (ii)로부터 $q_{75}^{(S)} = 1 - p_{75}^{(S)} = 1 - e^{-0.1} = 0.095163$

조건 (i)로부터 $q_{75}^{(N)} = 1 - p_{75}^{(N)} = 1 - e^{-0.04} = 0.039211$

따라서 75세 그룹 중 흡연자인 사람의 비율은

$$\frac{l_{75}^{(S)}}{l_{75}^{(N)} + l_{75}^{(S)}} = \frac{0.5\, l_{25}\, {}_{50}p_{25}^{(S)}}{0.5\, l_{25}\, {}_{50}p_{25}^{(N)} + 0.5\, l_{25}\, {}_{50}p_{25}^{(S)}} = \frac{e^{-0.1(50)}}{e^{-0.04(50)} + e^{-0.1(50)}} = 0.047426$$

이고 75세 그룹 중 비흡연자인 사람의 비율은 0.952574이다. 따라서

$$q_{75} = q_{75}^{(S)}(0.047426) + q_{75}^{(N)}(0.952574)$$
$$= (0.095163)(0.047426) + (0.039211)(0.952574) = 0.041865$$

---

21 $l_x = 50(a - 0.25x)^{\frac{1}{2}}$ 이고 $\mu_{60} = \dfrac{1}{44}$ 일 때 a 를 구하시오(단, $x < 4a$ 이다).

풀이

$$s(x) = \frac{l_x}{l_0} = \frac{50(a - 0.25x)^{1/2}}{50\, a^{1/2}} = \left(\frac{a - 0.25x}{a}\right)^{1/2}$$

이므로 $\ln s(x) = \dfrac{1}{2}\left[\ln(a - 0.25x) - \ln a\right]$

$$\mu_{60} = -\frac{d}{dx}\ln s(x)\Big|_{x=60} = \left(\frac{1}{2}\right)\left(\frac{0.25}{a - (0.25)(60)}\right) = \frac{1}{44}$$

따라서 $a = 20.5$

---

22 건강한 50세의 사람에 대해서 ${}_3p_{50} = 0.99$ 이다. 50세의 A 는 암수술로부터 회복되어, 50세의 건강한 사람보다 추가적인 높은 사망률을 갖는다. 즉, A 의 사력 μ_{50+t}^A 는 50세에서 53세까지 증가하며 그 이후부터는 건강한 53세 사람의 사력과 동일해진다. 3년 동안 A 의 사력이 $\mu_{50+t}^A = \mu_{50+t} + 0.002(3-t)$ (μ_{50+t} 는 건강한 50세 사람의 사력)로 증가할 때, A 에 대해서 ${}_3p_{50}$ 을 구하시오.

풀이

A 의 ${}_3p_{50}$ 을 ${}_3p_{50}^A$ 라고 하면

$$\begin{aligned}
{}_3p_{50}^A &= \exp\left(-\int_0^3 \mu_{50+t}^A\, dt\right) = \exp\left(-\int_0^3 \mu_{50+t} + 0.002(3-t)\, dt\right) \\
&= \exp\left(-\int_0^3 \mu_{50+t}\, dt\right) \exp\left(-\int_0^3 0.002(3-t)\, dt\right) \\
&= {}_3p_{50}\, \exp\left(\left[-0.002\left(3t - \frac{t^2}{2}\right)\right]_0^3\right) = {}_3p_{50}\, e^{-0.009}
\end{aligned}$$

따라서 ${}_3p_{50} = 0.99$ 이므로 ${}_3p_{50}^A = (0.99)(e^{-0.009}) = (0.99)(0.99104) = 0.98113$

23 $S_x(t) = \dfrac{(15-t)^2}{100}$, $0 \le t < 15$일 때, 다음을 구하시오.

    (a) μ_{x+t} (b) $f_x(t)$

:::: **풀이** ─────────────────────────────────

연습문제 64의 기호를 사용하여 $S_x(t)$를 표현하고 있다.

  (a) $\mu_{x+t} = -\dfrac{S_x{}'(t)}{S_x(t)} = \dfrac{-\dfrac{2(15-t)(-1)}{100}}{\dfrac{(15-t)^2}{100}} = \dfrac{2}{15-t}$

  (b) $f_x(t) = S_x(t)\,\mu_{x+t} = \left(\dfrac{(15-t)^2}{100}\right)\left(\dfrac{2}{15-t}\right) = \dfrac{15-t}{50}$

24 다음의 자료를 이용하여 상수 c를 q_x를 이용하여 나타내시오.

  (i) $A = 1 - \exp\left(-\displaystyle\int_0^1 \mu_{x+t}\,dt\right)$

  (ii) $B = 1 - \exp\left(-\displaystyle\int_0^1 (\mu_{x+t} + c)\,dt\right)$

  (iii) $B = 0.4A$

:::: **풀이** ─────────────────────────────────

(i)에 의해

$$A = 1 - \exp\left(-\int_0^1 \mu_{x+t}\,dt\right) = 1 - p_x = q_x$$

(ii)에 의해

$$B = 1 - \exp\left(-\int_0^1 (\mu_{x+t} + c)\,dt\right) = 1 - e^{-c}\exp\left(-\int_0^1 \mu_{x+t}\,dt\right) = 1 - e^{-c}p_x$$

(iii)에 의해 $B = 0.4A$이므로

$1 - e^{-c}p_x = 0.4q_x$이며 이를 e^c에 대해 정리하고 c를 구하면

$$e^{-c} = \frac{1 - 0.4q_x}{p_x}$$

$$-c = \ln\left(\frac{1 - 0.4q_x}{p_x}\right)$$

따라서

$$c = \ln\left(\frac{1 - 0.4q_x}{p_x}\right)^{-1} = \ln\left(\frac{1 - q_x}{1 - 0.4q_x}\right)$$

25 $S_0(t) = \begin{cases} 1 & 0 \le t \le 2 \\ \dfrac{100 - t^2}{96} & 2 \le t \le 10 \text{일 때, } \mu_7 \text{을 구하시오.} \\ 0 & t \ge 10 \end{cases}$

:: 풀이

$\mu_{0+t} = -\dfrac{\dfrac{d}{dx} S_0(t)}{S_0(t)}$ 이므로 $2 \le t \le 10$ 일 때의 $S_0(t)$를 이용하면

$\mu_{0+t} = -\dfrac{-\dfrac{2t}{96}}{\dfrac{100 - t^2}{96}} = \dfrac{2t}{100 - t^2}$, $2 \le t \le 10$

따라서 $\mu_7 = \dfrac{14}{100 - 49} = 0.27451$

26 다음의 자료를 이용하여 $_{0.2|1.6}q_x$를 구하시오.

(i) 매 연령마다 단수부분의 가정은 CFM이다.

(ii) $\mu_{x+1} = 2\mu_x$ (iii) $_2p_x = 0.25$

:: 풀이

$_{0.2|1.6}q_x$를 구하기 위해 p_x, p_{x+1}을 구해보자.

(ii)에 의해 $p_{x+1} = e^{-\mu_{x+1}} = e^{-2\mu_x} = (p_x)^2$이고

(iii)에 의해 $_2p_x = p_x \, p_{x+1} = (p_x)^3 = 0.25$이므로

$\qquad p_x = 0.62996, \quad p_{x+1} = 0.396851$

$\qquad \begin{aligned} _{0.2|1.6}q_x &= {}_{0.2}p_x \, _{1.6}q_{x+0.2} = {}_{0.2}p_x \left[{}_{0.8}q_{x+0.2} + \left({}_{0.8}p_{x+0.2} \right) \left({}_{0.8}q_{x+1} \right) \right] \\ &= (p_x)^{0.2} \left[1 - (p_x)^{0.8} + (p_x)^{0.8} \left(1 - (p_{x+1})^{0.8} \right) \right] \\ &= (0.62996)^{0.2} \left[1 - (0.62996)^{0.8} + (0.62996)^{0.8} \left(1 - (0.396851)^{0.8} \right) \right] \\ &= 0.610966 \end{aligned}$

다른 방법으로 접근해보자.

$\qquad _{0.2|1.6}q_x = {}_{0.2}p_x \, _{1.6}q_{x+0.2} = {}_{0.2}p_x \left(1 - {}_{1.6}p_{x+0.2} \right)$

$_{1.6}p_{x+0.2}$를 구해보자. μ를 첫해의 사력이라고 하면

$\qquad _2p_x = e^{-\mu} \, e^{-2\mu} = e^{-3\mu} = 0.25$

따라서 $\mu = 0.462098$, $e^{-\mu} = p_x = 0.62996$, $e^{-0.2\mu} = 0.911722$

$x+2$세가 1.6년을 생존할 확률은

$\qquad _{1.6}p_{x+0.2} = e^{-0.8\mu} \, e^{-0.8(2\mu)}$

$$= e^{-0.3\,(3\mu)} = \left(e^{-3\mu}\right)^{0.8} = (0.25)^{0.8} = 0.3298769$$

$$_{1.6}q_{x+0.2} = 1 - {}_{1.6}p_{x+0.2} = 1 - 0.3298769 = 0.670123$$

따라서

$$_{0.2|1.6}q_x = {}_{0.2}p_x\ {}_{1.6}q_{x+0.2} = e^{-0.2\,\mu}(0.670123) = 0.610966$$

27 (a) $_{t+u}q_x$ 와 $_{u}q_{x+t}$ 의 크기를 비교하시오. 단, $t \geq 0,\ u \geq 0$

(b) $_{u}q_{x+t}$ 와 $_{t|u}q_x$ 의 크기를 비교하시오. 단, $t \geq 0,\ u \geq 0$

:: 풀이

(a) $_{t+u}q_x = {}_tq_x + {}_tp_x\ {}_uq_{x+t}$

$$= {}_tq_x + (1 - {}_tq_x)\,{}_uq_{x+t}$$

$$= {}_tq_x(1 - {}_uq_{x+t}) + {}_uq_{x+t} \geq {}_uq_{x+t}$$

(b) $_tp_x$ 가 1보다 작으므로 $_{t|u}q_x = {}_tp_x\ {}_uq_{x+t} \leq {}_uq_{x+t}$

28 $_{k|}q_0 = -\Delta s(k)$ 일 때 $\displaystyle\sum_{k=0}^{\infty} {}_{k|}q_0 = 1$ 을 증명하시오.

:: 풀이

$_{k|}q_0 = \Pr[k < x < k+1] = s(k) - s(k+1) = -\Delta s(k)$ 이므로

$$\sum_{k=0}^{\infty} {}_{k|}q_0 = \sum_{k=0}^{\infty} -\Delta s(k) = [s(0) - s(1)] + [s(1) - s(2)] + \cdots$$

$$= s(0) - s(\infty) = 1$$

29 생명표 A 를 q_x, μ_{x+t} 의 기호가 사용되는 표준적인 생명표라 하고 생명표 B 를 q'_x, $\mu'_{x+t} = 2\mu_{x+t}$ 가 사용되는 생명표라고 가정하자. 이때 생명표 B 의 q'_x 의 값을 q_x 로 나타내고 $q'_x < 2q_x$ 임을 증명하시오.

:: 풀이

$$q'_x = 1 - p'_x = 1 - \exp\left[-\int_0^1 \mu'_{x+t}\,dt\right] = 1 - \exp\left[-\int_0^1 2\mu_{x+t}\,dt\right]$$

$$= 1 - \exp\left[-\int_0^1 \mu_{x+t}\,dt\right]^2 = 1 - (p_x)^2 = 1 - (1 - q_x)^2 = 2q_x - q_x^2$$

따라서 $q'_x < 2q_x$

30 $l_x = k(90-x)$일 때, 다음을 증명하시오.

(a) $d_x = k$ (b) $p_x = \dfrac{89-x}{90-x}$ (c) $q_x = \dfrac{1}{90-x}$

∷ **풀이**

(a) $d_x = l_x - l_{x+1} = k(90-x) - k(90-x-1) = k$

(b) $p_x = \dfrac{l_{x+1}}{l_x} = \dfrac{k(89-x)}{k(90-x)} = \dfrac{89-x}{90-x}$

(c) $q_x = \dfrac{d_x}{l_x} = \dfrac{k}{k(90-x)} = \dfrac{1}{90-x}$

31 $l_0 = 100000$, $l_0 - l_{7/365} = k\, l_0$라고 하자. $l_t = a + bt + ct^2 (c \neq 0)$이고 $\mu_0 = 1$일 때 $l_{7/365} - l_{14/365}$의 값을 k를 이용하여 나타내시오.

∷ **풀이**

$l_x = a + bt + ct^2 (c \neq 0)$이므로

$\mu_t = -\dfrac{1}{l_t}\dfrac{d\, l_t}{dt} = -\dfrac{b+2ct}{a+bt+ct^2}$, $\mu_0 = -\dfrac{b}{a} = 1$임을 알 수 있다.

$\qquad l_0 = a$이므로 $-b = a = l_0$ ······ ①

$\qquad l_{1/m} = a + \dfrac{b}{m} + \dfrac{c}{m^2}$ ······ ②

$\qquad l_{2/m} = a + \dfrac{2b}{m} + \dfrac{4c}{m^2}$ ······ ③

②×4−③ 을 하면

$\qquad 4l_{1/m} - l_{2/m} = 3a + \dfrac{2b}{m}$ 이므로 $b = -\dfrac{m}{2}(3l_0 - 4l_{1/m} + l_{2/m})$

①에 의하여 $b = -l_0$

$\qquad l_0 = \dfrac{m}{2}(3l_0 - 3l_{1/m} - l_{1/m} + l_{2/m})$이므로 $l_{1/m} - l_{2/m} = 3(l_0 - l_{1/m}) - \dfrac{2}{m}l_0$

$m = \dfrac{365}{7}$ 대입해보면

$\qquad l_{7/365} - l_{14/365} = 3(l_0 - l_{7/365}) - \dfrac{14}{365}l_0$

$\qquad\qquad\qquad = 3k\, l_0 - \dfrac{14}{365}l_0 = \left(3k - \dfrac{14}{365}\right)(100000)$

32 De Moivre의 법칙하에서 $\overset{\circ}{e}_{30} = 30$일 때 q_{30}을 구하시오.

풀이

사망법칙이 De Moivre 법칙을 따르므로 $\mathring{e}_{30} = \dfrac{\omega - 30}{2} = 30$이므로 $\omega = 90$이다. 따라서

$$q_{30} = \int_0^1 \frac{1}{\omega - 30}\, dt = \frac{1}{\omega - 30} = \frac{1}{60}$$

33 $0 \leq t \leq n$에서 $_tp_x\, \mu_{x+t}$가 t의 1차함수로 표시될 때(즉, $g(t) = \alpha + \beta t$) q_x, μ_{x+1}, $\mathring{e}_{x:\overline{n}|}$ 을 구하시오.

풀이

(a) $q_x = \displaystyle\int_0^1 g(t)\, dt = \int_0^1 \alpha + \beta t\, dt = \alpha + \frac{1}{2}\beta$

(b) $p_x\, \mu_{x+1} = \alpha + \beta$이고 (a)에 의해 $q_x = \alpha + \dfrac{1}{2}\beta$이므로

$$\mu_{x+1} = \frac{\alpha + \beta}{p_x} = \frac{\alpha + \beta}{1 - q_x} = \frac{\alpha + \beta}{1 - a - \dfrac{1}{2}\beta}$$

(c) $\mathring{e}_{x:\overline{n}|}$ 을 구하기 위해 $_tp_x$를 구해보면

$$_tp_x = 1 - {_tq_x} = 1 - \int_0^t g(s)\, ds = 1 - \int_0^t \alpha + \beta s\, ds = 1 - \alpha t - \frac{\beta}{2} t^2$$

$$\mathring{e}_{x:\overline{n}|} = \int_0^n {_tp_x}\, dt = \int_0^n \left(1 - \alpha t - \frac{\beta}{2} t^2\right) dt = n - \frac{\alpha}{2} n^2 - \frac{\beta}{6} n^3$$

34 $s(x) = \dfrac{1}{1+x}$ 일 때 (y)의 메디안 미래생존기간 $m(y)$를 구하시오.

풀이

$$_{m(y)}p_y = \frac{s[y + m(y)]}{s(y)} = \frac{1}{2} = \frac{1 + y}{1 + y + m(y)}$$이므로
$$m(y) = 1 + y$$

35 $s(x) = S_0(x) = (1+x)^{-3}$, $x \geq 0$, 40세 사람의 완전평균여명을 구하시오.

풀이

$E(T_{40})$을 구하기 위해 $_tp_{40}$을 구해보자.

$$_tp_{40} = \frac{s(40 + t)}{s(40)} = \frac{S_0(40 + t)}{S_0(40)} = \frac{(1 + 40 + t)^{-3}}{(1 + 40)^{-3}} = \left(\frac{41}{41 + t}\right)^3$$

따라서

$$E(T_{40}) = \int_0^\infty \left(\frac{41}{41+t}\right)^3 dt = 41^3 \int_0^\infty (41+t)^{-3}\, dt$$

$$= \left[41^3 \frac{(41+t)^{-2}}{-2}\right]_0^\infty = \frac{41}{2} = 20.5$$

36 $\ _t p_x\, \mu_{x+t} = \alpha + \beta t \ \ (0 \le t \le n,\ \beta \ne 0)$일 때 $\ _n \overset{\circ}{e}_x$을 구하시오.

::: 풀이

$_n \overset{\circ}{e}_x = \overset{\circ}{e}_{x:\overline{n|}}$ 을 구하기 위해 $_t p_x$를 구해보면

$$_t p_x = 1 - {_t q_x} = 1 - \int_0^t {_s p_x}\, \mu_{x+s}\, ds = 1 - \int_0^t \alpha + \beta s\, ds$$

$$= 1 - \left(\alpha t + \frac{\beta t^2}{2}\right)$$

이므로

$$_n \overset{\circ}{e}_x = \int_0^n {_t p_x}\, dt = \int_0^n \left(1 - \alpha t - \frac{\beta t^2}{2}\right) dt = \left[t - \alpha \frac{t^2}{2} - \beta \frac{t^3}{6}\right]_0^n$$

$$= n - \frac{\alpha n^2}{2} - \frac{\beta n^3}{6}$$

37 $\overset{\circ}{e}_x = 60 - \dfrac{4}{5}x$일 때 $l_x,\ \mu_x,\ p_x$를 구하시오(단, $l_0 = 100000$이고 $\overset{\circ}{e}_x \fallingdotseq e_x + \dfrac{1}{2}$ 을 이용하시오).

::: 풀이

(a) μ_x를 구해보자.

$$\frac{d}{dx} \overset{\circ}{e}_x = \frac{d}{dx} \int_0^\infty {_t p_x}\, dt = \int_0^\infty \frac{d}{dx} {_t p_x}\, dt = \int_0^\infty {_t p_x}(\mu_x - \mu_{x+t})\, dt$$

$$= \mu_x \overset{\circ}{e}_x - 1 = -\frac{4}{5}$$

따라서 $\mu_x = \dfrac{1/5}{\overset{\circ}{e}_x} = \dfrac{1/5}{60 - (4/5)x} = \dfrac{1}{300 - 4x}$

(b) l_x를 구해보자.

$$l_x = l_0 \exp\left[-\int_0^x \mu_y\, dy\right] = l_0 \exp\left[-\int_0^x \frac{1}{300 - 4y}\, dy\right]$$

$$= l_0 \exp\left[\frac{1}{4}\ln(300 - 4y)\right]_0^x = 100000\left(\frac{300 - 4x}{300}\right)^{1/4}$$

$$= 100000\left(1 - \frac{1}{75}x\right)^{1/4}$$

$$p_x = \frac{e_x}{1+e_{x+1}} \fallingdotseq \frac{\mathring{e}_x - 1/2}{1+\mathring{e}_{x+1}-1/2} = \frac{\mathring{e}_x - 1/2}{\mathring{e}_{x+1}+1/2}$$

$$= \frac{60 - \dfrac{4}{5}x - \dfrac{1}{2}}{60 - \dfrac{4}{5}(x+1) + \dfrac{1}{2}} = \frac{59.5 - 0.8x}{59.7 - 0.8x}$$

38 $S_0(t) = \begin{cases} 1 - \dfrac{t}{80}, & 0 \le t < 40 \\ 0.5\,e^{-0.05(t-40)}, & t \ge 40 \end{cases}$ 일 때, $E(T_0)$를 구하시오.

:: **풀이**

$$E(T_0) = \int_0^\infty S_0(t)\,dt = \int_0^{40} S_0(t)\,dt + \int_{40}^\infty S_0(t)\,dt$$

$$= \int_0^{40} \left(1 - \frac{t}{80}\right) dt + 0.5 \int_{40}^\infty e^{-0.05(t-40)}\,dt$$

$$= \left[t - \frac{t^2}{160}\right]_0^{40} + (0.5)(e^2)\left(\frac{e^{-0.05(40)}}{0.05}\right) = 40$$

39 다음의 가정을 이용하여 $\mathrm{Var}(T_{50})$을 구하시오.

(i) $S_0(t) = 1 - \dfrac{t}{\omega}, \quad 0 \le t \le \omega$ \qquad\qquad (ii) $\mathring{e}_{30:\overline{40|}} = 30$

:: **풀이**

가정 (i)로부터 사망법칙이 De Moivre의 법칙을 따른다는 것을 알 수 있다. 따라서 $_tp_x = \dfrac{S_0(x+t)}{S_0(x)} = 1 - \dfrac{t}{\omega-x}$ 이다.

$_tp_{30} = 1 - \dfrac{t}{\omega-30}$ 이므로

$$\mathring{e}_{30:\overline{40|}} = \int_0^{40} {}_tp_{30}\,dt = \int_0^{40} \left(1 - \frac{t}{\omega-30}\right) dt = \left[t - \frac{t^2}{2(\omega-30)}\right]_0^{40}$$

$$= 40 - \frac{1600}{2(\omega-30)} = 30$$

따라서 $\omega = 110$이다. 사망법칙이 De Moivre 법칙을 따르므로 T_{50}은 $[0, 60]$에서 균등분포를 따른다. 따라서 $\mathrm{Var}(T_{50}) = \dfrac{(\omega-x)^2}{12} = \dfrac{60^2}{12} = 300$이다.

40 다음과 같은 관계식을 갖는 두 개의 사력 μ^A와 μ^B를 고려해보자.

$$\mu^A_{30+t} = \begin{cases} \mu^B_{30+t} + 0.2\,(1-t), & 0 \le t \le 1 \\ \mu^B_{30+t}, & t > 1 \end{cases}$$

사력 μ^A에 대응되는 개산평균여명은 e^A이고, 사력 μ^B에 대응되는 개산평균여명을 e^B라고 할 때, $e^B_{30} = 17.5$라고 가정하자. 이때 e^A_{30}를 구하시오.

:: 풀이

e^A_{30}를 구하기 위해 p^A_{30}를 구해보자.

$$\begin{aligned} p^A_{30} &= \exp\left[-\int_0^1 \mu^B_{30+t} + 0.2\,(1-t)\,dt\right] \\ &= \exp\left[-\int_0^1 \mu^B_{30+t}\,dt\right]\exp\left[-\int_0^1 0.2\,(1-t)\,dt\right] \\ &= (p^B_{30})\exp\left(-\left[0.2\left(t - \frac{t^2}{2}\right)\right]_0^1\right) = 0.904837\,p^B_{30} \end{aligned}$$

이 문제에서는 $e^B_{30} = p^B_{30}(1 + e^B_{31})$를 이용하여야 한다.

$t > 1$인 경우 $\mu^A_{30+t} = \mu^B_{30+t}$이므로 $e^A_{31} = e^B_{31}$이다. 따라서

$$\begin{aligned} e^A_{30} &= p^A_{30}(1 + e^A_{31}) = 0.904837\,p^B_{30}(1 + e^B_{31}) = 0.904837\,e^B_{30} \\ &= (0.904837)(17.5) = 15.8346 \end{aligned}$$

41 사력이 $\mu_x = \begin{cases} 0.02, & 0 \le x < 40 \\ 0.02 + \dfrac{1}{90-x}, & 40 \le x < 90 \end{cases}$ 으로 주어질 때, $\mathring{e}_{30}$을 구하시오.

:: 풀이

$\mathring{e}_{30}$을 구하기 위해 $_tp_{30}$을 구해보자.

$t > 10$인 경우 $_tp_{30} = {}_{10}p_{30} \cdot {}_{t-10}p_{40}$이므로

$$\begin{cases} _tp_{30} = e^{-0.02t}, & t \le 10 \\ _tp_{30} = e^{-0.02 \times 10}\,e^{-0.02(t-10)}\left(\dfrac{50-(t-10)}{50}\right) = e^{-0.02t}\left(\dfrac{60-t}{50}\right), & t \ge 10 \end{cases}$$

따라서

$$\begin{aligned} \mathring{e}_{30} &= \int_0^{10} {}_tp_{30}\,dt + \int_{10}^{60} {}_tp_{30}\,dt \\ &= \int_0^{10} e^{-0.02t}\,dt + \int_{10}^{60} e^{-0.02t}\left(\frac{60-t}{50}\right)dt \\ &= \frac{1 - e^{-0.2}}{0.02} + \frac{1}{50}\left[\frac{(60-t)\,e^{-0.02t}}{-0.02}\right]_{10}^{60} - \frac{1}{50}\int_{10}^{60} \frac{e^{-0.02t}}{-0.02}\,(-1)\,dt \end{aligned}$$

$$= \frac{1-e^{-0.2}}{0.02} + \frac{1}{50}\left(\frac{50 \times e^{-0.2}}{0.02}\right) - \frac{1}{50 \times 0.02}\int_{10}^{60} e^{-0.02t}\, dt$$

$$= \frac{1-e^{-0.2}}{0.02} + \frac{e^{-0.2}}{0.02} - \left(\frac{e^{-1.2}-e^{-0.2}}{-0.02}\right) = 24.12317$$

42 피보험자 (x)에 대해 다음과 같은 가정이 주어졌다.

(i) (x)의 사력은 $\mu_x = \mu \ (x \geq 0)$이다.   (ii) $e_{30} = 52$

만약 사력이 $\mu + 0.02$로 증가하였다면 수정된 e_{30}을 구하시오.

::: 풀이

가정 (i)로부터 K_x가 모두 사력이 μ인 지수분포를 따르므로 개산평균여명

$$e_{30} = \frac{e^{-\mu}}{1-e^{-\mu}} = 52$$이다.

따라서 $\mu = 0.01905$이고 수정된 사력 $\mu = 0.03905$이며

수정된 $e_{30} = \dfrac{e^{-0.03905}}{1-e^{-0.03905}} = 25.11$이다.

43 피보험자 (30)의 사망법칙은 $l_x = 110 - x \ (0 \leq x \leq 110)$인 De Moivre 법칙을 따른다. 이 피보험자 (30)이 30세와 31세 사이에서 예상치 못한 특별위험으로 인하여 사력이 1년 동안만 0.03으로 변경되었다고 가정하자. 이때 특별위험이 반영된 $\overset{\circ}{e}^{*}_{30:\overline{1|}}$을 구하시오.

::: 풀이

특별위험이 반영된 기호는 *를 붙여 표시하자.

$\overset{\circ}{e}^{*}_{30:\overline{1|}}$을 구하기 위해 p^{*}_{30}, $\overset{\circ}{e}_{31:\overline{10|}}$을 구해보자.

$$p^{*}_{30} = e^{-0.03} = 0.970446$$

$$\overset{\circ}{e}^{*}_{30:\overline{1|}} = \int_0^1 e^{-0.03t}\, dt = \frac{1}{0.03}\left[1-e^{-0.03}\right] = 0.98515$$

$$\overset{\circ}{e}_{31:\overline{10|}} = \int_0^{10} {}_tp_{31}\, dt = \int_0^{10}\left(1-\frac{t}{79}\right) dt = \left[t - \frac{t^2}{(79)(2)}\right]_0^{10} = 9.367$$

$\overset{\circ}{e}_{31:\overline{10|}}$은 다음과 같이 간편하게 구할 수도 있다.(연습문제 61 참조)

$$\overset{\circ}{e}_{31:\overline{10|}} = {}_{10}p_{31}(10) + {}_{10}q_{31}(5) = \frac{69}{79}(10) + \frac{10}{79}(5) = 9.367$$

따라서

$$\overset{\circ}{e}^{*}_{30:\overline{1|}} = \overset{\circ}{e}^{*}_{30:\overline{1|}} + p^{*}_{30}\,\overset{\circ}{e}_{31:\overline{10|}} = 0.98515 + (0.970446)(9.367) = 10.075318$$

특별위험이 반영이 안 된 $\overset{\circ}{e}_{30:\overline{1|}}$은(연습문제 61 참조)

$$\mathring{e}_{30:\overline{11}|} = {}_{11}p_{30}(11) + {}_{11}q_{30}(5.5) = \frac{69}{80}(11) + \frac{11}{80}(5.5) = 10.24375 이다.$$

44 $f_0(t) = \dfrac{30-t}{300}$, $0 \le t < 30$일 때 $\mathring{e}_{10}$을 구하시오.

풀이

$$S_0(t) = \int_t^{30} f_0(u)\,du = \frac{\displaystyle\int_t^{30}(30-u)\,du}{300}$$

$$= -\frac{\left[(30-u)^2\right]_t^{30}}{600} = \frac{(30-t)^2}{600}$$

$${}_tp_{10} = \frac{S_0(t+10)}{S_0(10)} = \frac{(20-t)^2}{20^2} = \left(1 - \frac{t}{20}\right)^2, \quad 0 \le t < 20$$

따라서

$$\mathring{e}_{10} = \int_0^{20} {}_tp_{10}\,dt = \int_0^{20}\left(1 - \frac{t}{20}\right)^2 dt$$

$$= -\frac{20}{3}\left[\left(1 - \frac{t}{20}\right)^3\right]_0^{20} = \frac{20}{3}$$

45 $\mu_x = \dfrac{2x}{900-x^2}$, $0 \le x < 30$일 때 $\mathrm{Var}(T_0)$를 구하시오.

풀이

$\mathrm{Var}(T_0)$를 구하기 위해 $E(T_0)$, $E(T_0^2)$을 구해보자.

$${}_tp_0 = \exp\left(-\int_0^t \mu_u\,du\right) = \exp\left(-\int_0^t \frac{2u}{900-u^2}\,du\right) = \exp\left(\left[\ln(900-u^2)\right]_0^t\right)$$

$$= \exp\left[\ln\left(\frac{900-t^2}{900}\right)\right] = 1 - \frac{t^2}{900}$$

$$E(T_0) = \int_0^{30} {}_tp_0\,dt = \int_0^{30} 1 - \frac{t^2}{900}\,dt = \left[t - \frac{t^3}{2700}\right]_0^{30} = 20$$

$$E(T_0^2) = 2\int_0^{30} t\,{}_tp_0\,dt = 2\int_0^{30}\left(t - \frac{t^3}{900}\right)dt = 2\left[\frac{t^2}{2} - \frac{t^4}{3600}\right]_0^{30} = 450$$

따라서 $\mathrm{Var}(T_0) = E(T_0^2) - \left[E(T_0)\right]^2 = 450 - 20^2 = 50$

46 $\mu_x = \begin{cases} 0.02, & 0 \le x < 35 \\ 0.04, & x \ge 35 \end{cases}$ 일 때 $\mathring{e}_{25:\overline{30}|}$을 구하시오.

::: 풀이

$\mathring{e}_{25\,:\,\overline{30|}}$ 을 구하기 위해 $_tp_{25}$ 를 구해보자.

$$\begin{cases} _tp_{25} = e^{-0.02\,t} & t \le 10 \\ _tp_{25} = \exp\left[-\left(\int_0^{10} 0.02 \ du + \int_{10}^{t} 0.04 \ du\right)\right] & t \ge 10 \\ \qquad = e^{-0.02 \times 10 - 0.04\,(t-10)} = e^{-0.04\,t+0.2} \end{cases}$$

따라서

$$\mathring{e}_{25\,:\,\overline{30|}} = \int_0^{10} {}_tp_{25} \ dt + \int_{10}^{30} {}_tp_{25} \ dt = \int_0^{10} e^{-0.02\,t} \ dt + \int_{10}^{30} e^{-0.04\,t+0.2} \ dt$$

$$= \left[\frac{e^{-0.02t}}{-0.02}\right]_0^{10} + e^{0.2}\left[\frac{e^{-0.04t}}{-0.04}\right]_{10}^{30} = \frac{1-e^{-0.2}}{0.02} + e^{0.2}\left(\frac{e^{-0.4}-e^{-1.2}}{0.04}\right)$$

$$= 20.33475$$

47 다음의 가정을 이용하여 $\text{Var}\left[\min(T_{50}, 2)\right]$ 를 구하시오.

(i) $q_{50} = 0.02$ (ii) $q_{51} = 0.025$

(iii) 매 연령마다 단수부분의 가정은 UDD이다.

::: 풀이

$\text{Var}\left[\min(T_{50}, 2)\right]$ 를 구하기 위해 $\mathring{e}_{50\,:\,\overline{2|}}$, $E\left[\min(T_{50}, 2)^2\right]$ 을 구해보자.

$$\mathring{e}_{50\,:\,\overline{1|}} = \int_0^1 {}_tp_{50} \ dt = \int_0^1 (1 - {}_tq_{50}) \, dt = \int_0^1 (1 - 0.02\,t)\, dt = 0.99$$

$$\mathring{e}_{51\,:\,\overline{1|}} = \int_0^1 {}_tp_{51} \ dt = \int_0^1 (1 - {}_tq_{51}) \, dt = \int_0^1 (1 - 0.025\,t)\, dt = 0.9875$$

$p_{50} = 1 - q_{50} = 1 - 0.02 = 0.98$ 이므로

$$\mathring{e}_{50\,:\,\overline{2|}} = \mathring{e}_{50\,:\,\overline{1|}} + p_{50}\,\mathring{e}_{51\,:\,\overline{1|}} = 0.99 + (0.98)(0.9875) = 1.95775$$

$$E\left[\min(T_{50}, 2)^2\right] = 2\int_0^2 t \, {}_tp_{50} \ dt = 2\left[\int_0^1 t\,(1 - {}_tq_{50})\, dt + \int_1^2 t\,(1 - {}_tq_{50})\, dt\right]$$

$$= 2\left[\int_0^1 t\,(1 - t\,q_{50})\, dt + \int_1^2 t\,p_{50}\,(1 - (t-1)\,q_{51})\, dt\right]$$

$$= 2\left[\int_0^1 t\,(1 - 0.02\,t)\, dt + \int_1^2 0.98t\,(1 - 0.025\,(t-1))\, dt\right]$$

$$= 2\left[\frac{t^2}{2} - (0.02)\frac{t^3}{3}\right]_0^1 + 2\left[(1.025)(0.98)\frac{t^2}{2} - (0.98)(0.025)\frac{t^3}{3}\right]_1^2$$

$$= 3.885833$$

따라서 $\mathrm{Var}\left[\min\left(T_{50}, 2\right)\right] = E\left[\min\left(T_{50}, 2\right)^2\right] - \left(\overset{\circ}{e}_{50:\overline{2|}}\right)^2 = 3.885833 - 1.95775^2$

$$= 0.053048$$

48 다음과 같은 자료가 주어질 때 $_{30|10}q_{30}$ 을 구하시오.

(i) $d_x = k$ $(x = 0, 1, 2, \cdots, \omega - 1)$ 　　　　(ii) $\overset{\circ}{e}_{20:\overline{20|}} = 18$

(iii) 매 연령마다 단수부분에 대한 가정이 UDD이다.

:: 풀이

(i), (iii)의 자료로부터 De Moivre 법칙을 따른다는 것을 알 수 있다.

$$\overset{\circ}{e}_{20:\overline{20|}} = \int_0^{20} {}_tp_{20}\, dt = \int_0^{20} \frac{\omega - 20 - t}{\omega - 20}\, dt = \left[\frac{-(\omega - 20 - t)^2}{2(\omega - 20)}\right]_0^{20}$$

$$= \frac{1}{2}\left[(\omega - 20) - \frac{(\omega - 40)^2}{\omega - 20}\right] = 18$$

이다. 따라서 $\omega = 120$ 이므로

$$_{30|10}q_{30} = \frac{10}{\omega - x} = \frac{10}{90} = 0.111$$

49 다음 자료를 이용하여 q_x 를 구하시오.

(i) $_{0.5}p_x\, \mu_{x+0.5} = \dfrac{12}{49}$ 　　　　　　(ii) $q_x < p_x$

(iii) 단수부분에 대한 가정은 Balducci가정이다.

:: 풀이

(iii)에 의해 단수부분에서의 사망법칙은 Balducci가정을 따르므로

$$_tp_x\, \mu_{x+t} = \frac{p_x\, q_x}{[1 - (1 - t)\, q_x]^2}$$

이다. $t = \dfrac{1}{2}$ 을 대입해보면 (i)에 의해

$$_{0.5}p_x\, \mu_{x+0.5} = \frac{12}{49} = \frac{p_x\, q_x}{[1 - (1/2)q_x]^2} = \frac{(1 - q_x)\, q_x}{[1 - q_x + (1/4)\, q_x^2]}$$ 이며,

이를 q_x 에 대해서 정리하면

$$12\left[1 - q_x + \left(\frac{1}{4}\right)q_x^2\right] = 49\, q_x - 49\, q_x^2$$

$$52\, q_x^2 - 61\, q_x + 12 = 0$$

$$q_x = \frac{61 \pm \sqrt{61^2 - (4)(52)(12)}}{(2)(52)} = \frac{61 \pm 35}{104} = \frac{12}{13} \ \text{또는} \ \frac{1}{4}$$

(ii)에 의해 $q_x < p_x$ 이므로 $q_x = \dfrac{1}{4}$

50 UDD가정하에서 다음이 성립하였다.

$$m_x = \frac{q_x}{1-(1/2)q_x}, \qquad q_x = \frac{m_x}{1+(1/2)m_x}$$

(a) CFM가정하에서 m_x를 q_x를 이용하여 나타내시오.

(b) Balducci가정하에서 m_x를 q_x를 이용하여 나타내시오.

:: 풀이

(a) CFM하에 $\mu_{x+t} = \mu$ 상수이므로

$$m_x = \frac{\displaystyle\int_0^1 l_{x+t}\,\mu_{x+t}\,dt}{\displaystyle\int_0^1 l_{x+t}\,dt} = \frac{\mu \displaystyle\int_0^1 l_{x+t}\,dt}{\displaystyle\int_0^1 l_{x+t}\,dt} = \mu = -\ln(1-q_x)$$

(b) $m_x = \dfrac{\displaystyle\int_0^1 {}_t p_x\,\mu_{x+t}\,dt}{\displaystyle\int_0^1 {}_t p_x\,dx} = \dfrac{p_x \displaystyle\int_0^1 q_x [1-(1-t)\,q_x]^{-2}\,dt}{\dfrac{p_x}{q_x}\displaystyle\int_0^1 q_x[1-(1-t)\,q_x]^{-1}\,dt}$

$$= \frac{q_x}{\dfrac{p_x}{q_x}\displaystyle\int_0^1 \mu_{x+t}\,dt} = \frac{q_x}{-\dfrac{p_x}{q_x}\ln p_x} = \frac{(q_x)^2}{-p_x \ln p_x} = \frac{-q_x^2}{(1-q_x)\ln(1-q_x)}$$

51 x세와 $x+1$세 사이의 사망자수의 분포가 UDD라고 가정할 때

$$\mu_{x+(1/k)} = \frac{k[s(x)-s(x+1)]}{(k-1)s(x)+s(x+1)} \qquad (k>1)$$

임이 성립함을 보이시오. 단, $s(x)$는 생존함수이다.

:: 풀이

UDD가정하에서

$$s(x+t) = s(x) - t[s(x)-s(x+1)], \ 0 \le t \le 1$$

$$\mu_{x+(1/k)} = \left. \frac{-\dfrac{d}{dt}s(x+t)}{s(x+t)} \right|_{t=\frac{1}{k}}$$

$$= \frac{s(x) - s(x+1)}{s(x) - \frac{1}{k}[s(x) - s(x+1)]} = \frac{k[s(x) - s(x+1)]}{(k-1)\,s(x) + s(x+1)}$$

52 다음의 자료가 주어졌을 때 $K+L$을 구하시오.

(i) $K = (x)$가 $\frac{1}{3}$년 안에 사망할 확률(Balducci가정)

(ii) $L = (x)$가 $\left[x + \frac{1}{3},\, x+1\right]$ 사이에서 사망할 확률(UDD가정)

(iii) $l_x = 9$ (iv) $l_{x+1} = 6$

::: 풀이

$q_x = 1 - \dfrac{l_{x+1}}{l_x} = \dfrac{1}{3}$ 이므로

Balducci가정에 의해, $_{\frac{1}{3}}q_x^B = \dfrac{\frac{1}{3}q_x}{1 - \frac{2}{3}q_x} = \dfrac{\frac{1}{9}}{1 - \frac{2}{9}} = \dfrac{1}{7} = K$

UDD가정에 의해, $_{\frac{1}{3}|\frac{2}{3}}q_x^U = \dfrac{2}{3}q_x = \dfrac{2}{9} = L$

$\qquad K + L = \dfrac{1}{7} + \dfrac{2}{9} = \dfrac{23}{63}$

53 다음과 같은 가정을 이용하여 $_2q_{70.7}$을 구하시오.

(i) $\mu_{70.7} = 0.01007$ (ii) $\mu_{71.7} = 0.02028$ (iii) $\mu_{72.7} = 0.03064$

(iv) 매 연령마다 단수부분의 가정은 UDD이다.

::: 풀이

$_2q_{70.7}$을 구하기 위해 $q_{70},\ q_{71},\ q_{72}$를 구해보자.

가정 (iv)로부터 $\mu_{x+t} = \dfrac{q_x}{1 - t\,q_x},\ 0 \le t < 1$이다.

따라서 $\mu_{70.7} = \dfrac{q_{70}}{1 - 0.7\,q_{70}} = 0.01007$이므로 $q_{70} = 0.01$을 알 수 있다. 동일하게 $\mu_{71.7}$로 부터 $q_{71} = 0.02$이고 $q_{72.7}$로부터 $q_{72} = 0.03$이다. $_{0.7}p_{70}\ _2p_{70.7} = \,_{2.7}p_{70}$이므로

$$_2p_{70.7} = \frac{_2p_{70}\ _{0.7}p_{72}}{_{0.7}p_{70}} = \frac{p_{70}\,p_{71}(1 - 0.7\,q_{72})}{1 - 0.7\,q_{70}} = \frac{(1 - q_{70})(1 - q_{71})(1 - 0.7\,q_{72})}{1 - 0.7\,q_{70}}$$

$$= 0.95652$$

따라서 $_2q_{70.7} = 1 - \,_2p_{70.7} = 0.04348$

54 다음과 같은 3년 선택표와 종국표가 주어졌다.

x	$l_{[x]}$	$l_{[x]+1}$	$l_{[x]+2}$	l_{x+3}	$x+3$
55	9400	9200	9000	8700	58
56	9100	8900	8600	8200	59
57	8800	8500	8100	7900	60
58	8400	8000	7800	7600	61

매 연령마다 단수부분의 가정이 CFM일 때, $1000({}_{2|3}q_{[55]+0.3})$을 구하시오.

풀이

$$
\begin{aligned}
{}_{2|3}q_{[55]+0.3} &= {}_{2}p_{[55]+0.3} - {}_{5}p_{[55]+0.3} \\
&= \left({}_{0.7}p_{[55]+0.3}\right)\left(p_{[55]+1}\right)\left({}_{0.3}p_{[55]+2}\right) \\
&\quad - \left({}_{0.7}p_{[55]+0.3}\right)\left({}_{4}p_{[55]+1}\right)\left({}_{0.3}p_{[55]+5}\right) \\
&= \left(\frac{9200}{9400}\right)^{0.7}\left(\frac{9000}{9200}\right)\left(\frac{8700}{9000}\right)^{0.3} - \left(\frac{9200}{9400}\right)^{0.7}\left(\frac{7900}{9200}\right)\left(\frac{7600}{7900}\right)^{0.3} \\
&= 0.117795
\end{aligned}
$$

따라서

$$1000\left({}_{2|3}q_{[55]+0.3}\right) = 117.795$$

55 De Moivre의 법칙에서 $\omega = 110$, $x = 44$일 때 $\dfrac{\Pr(X > x+t)}{\Pr(T \geq t)}$의 값을 구하시오.

풀이

$$\frac{\Pr(X > x+t)}{\Pr(T \geq t)} = \frac{s(x+t)}{{}_{t}p_x} = \frac{s(x+t)}{\dfrac{s(x+t)}{s(x)}} = s(x) = s(44) = \frac{110-44}{110} = 0.6$$

56 다음 자료를 이용하여 ω를 계산하시오.

(i) 사망법칙은 De Moivre의 법칙을 따른다.　　(ii) $\mathrm{Var}[T(50)] = 192$

풀이

(i)에 의해 $\mathrm{Var}(T) = \dfrac{(\omega - x)^2}{12} = \dfrac{(\omega - 50)^2}{12} = 192$이므로 ω에 대하여 정리하면

$$(\omega - 50)^2 = 2304$$

$$\omega^2 - 100\omega + 196 = 0$$

$$\omega = \frac{100 \pm \sqrt{100^2 - (4)(196)}}{2} = 98 \ \text{또는} \ 2$$

피보험자는 50세이므로 $\omega = 98$이다.

[57] 다음을 증명하시오.

(a) $\dfrac{d}{dx} l_x = -l_x \, \mu_x$ (b) $\dfrac{d}{dx} \ln l_x = -\mu_x$ (c) $\dfrac{d}{dx} q_x = p_x (\mu_{x+1} - \mu_x)$

(d) $\dfrac{\partial}{\partial x} {}_t p_x = {}_t p_x (\mu_x - \mu_{x+t})$ (e) $\dfrac{\partial}{\partial t} {}_t p_x = -{}_t p_x \, \mu_{x+t}$

(f) $\dfrac{d}{dx} \overset{\circ}{e}_x = \mu_x \, \overset{\circ}{e}_x - 1$ (g) $\dfrac{d}{dt} ({}_t p_x \, \overset{\circ}{e}_{x+t}) = -{}_t p_x$

::: **풀이**

(a) 사력의 정의로부터 $\mu_x = -\dfrac{1}{s(x)} \dfrac{d}{dx} s(x) = -\dfrac{l_0}{l_x} \dfrac{d}{dx} \left(\dfrac{l_x}{l_0} \right) = -\dfrac{l_0}{l_x} \dfrac{1}{l_0} \dfrac{d}{dx} l_x$

$$= -\dfrac{1}{l_x} \dfrac{d}{dx} l_x$$

따라서 $\dfrac{d}{dx} l_x = -l_x \, \mu_x$

(b) (a)의 결과와 부록의 식 (I－26)을 이용하면

$$\mu_x = -\dfrac{1}{l_x} \dfrac{d}{dx} l_x = -\dfrac{d}{dx} \ln l_x$$

따라서 $\dfrac{d}{dx} \ln l_x = -\mu_x$

(c) (a)의 결과와 부록의 식 (I－30)을 이용하면

$$\dfrac{d}{dx} q_x = \dfrac{d}{dx} \left(1 - \dfrac{l_{x+1}}{l_x} \right) = \dfrac{d}{dx} \left(-\dfrac{l_{x+1}}{l_x} \right) = -\dfrac{\left(\dfrac{d}{dx} l_{x+1} \right) l_x - l_{x+1} \left(\dfrac{d}{dx} l_x \right)}{(l_x)^2}$$

$$= -\dfrac{(-l_{x+1} \, \mu_{x+1}) l_x - l_{x+1} (-l_x \, \mu_x)}{(l_x)^2}$$

$$= \dfrac{l_{x+1}}{l_x} (\mu_{x+1} - \mu_x) = p_x (\mu_{x+1} - \mu_x)$$

(d) (증명 1)

$$\dfrac{\partial}{\partial x} {}_t p_x = \dfrac{d}{dx} \exp\left(-\int_x^{x+t} \mu_y \, dy \right)$$

부록의 식 (I－27)을 이용하면

$$= \exp\left(-\int_x^{x+t} \mu_y \, dy \right) \cdot \dfrac{d}{dx} \left(-\int_x^{x+t} \mu_y \, dy \right)$$

부록의 식 (I－36)을 이용하면

$$= \exp\left(-\int_x^{x+t} \mu_y \, dy\right)(-\mu_{x+t} + \mu_x)$$

$$= {}_t p_x (\mu_x - \mu_{x+t})$$

(증명 2)

부록의 식 (I-30)을 이용하고, l_{x+t}는 $x+t$의 함수이므로 x로 미분하거나 t로 미분하거나 결과는 변하지 않는(즉, $\dfrac{\partial}{\partial x} l_{x+t} = \dfrac{\partial}{\partial t} l_{x+t}$) 점을 이용하면

$$\frac{\partial}{\partial x} {}_t p_x = \frac{\partial}{\partial x}\left(\frac{l_{x+t}}{l_x}\right) = \frac{\left(\frac{\partial}{\partial x} l_{x+t}\right) l_x - l_{x+t}\left(\frac{d}{dx} l_x\right)}{(l_x)^2}$$

$$= \frac{l_{x+t}}{l_x}\left(\frac{\frac{\partial}{\partial t} l_{x+t}}{l_{x+t}} - \frac{\frac{d}{dx} l_x}{l_x}\right)$$

(a)의 결과를 이용하면

$$= {}_t p_x (\mu_x - \mu_{x+t})$$

(증명 3)

부록의 식 (I-30)을 이용하면

$$\frac{\partial}{\partial x} {}_t p_x = \frac{\partial}{\partial x} \frac{l_{x+t}}{l_x} = \frac{\left(\frac{d}{dx} l_{x+t}\right) l_x - l_{x+t}\left(\frac{d}{dx} l_x\right)}{(l_x)^2}$$

(a)의 결과를 이용하면

$$= \frac{(-l_{x+t}\, \mu_{x+t})\, l_x - l_{x+t}(-l_x\, \mu_x)}{(l_x)^2} = \frac{l_{x+t}\, \mu_x - l_{x+t}\, \mu_{x+t}}{l_x}$$

$$= \frac{l_{x+t}}{l_x}(\mu_x - \mu_{x+t}) = {}_t p_x (\mu_x - \mu_{x+t})$$

(e) $\dfrac{\partial}{\partial t} {}_t p_x = \dfrac{d}{dt} \exp\left(-\displaystyle\int_x^{x+t} \mu_y \, dy\right)$

부록의 식 (I-27)을 이용하면

$$= \exp\left(-\int_x^{x+t} \mu_y \, dy\right) \frac{d}{dt}\left(-\int_x^{x+t} \mu_y \, dy\right)$$

부록의 식 (I-34)를 이용하면

$$= \exp\left(-\int_x^{x+t} \mu_y \, dy\right)(-\mu_{x+t}) = -{}_t p_x \, \mu_{x+t}$$

(f) $\dfrac{d}{dx} \overset{\circ}{e}_x = \dfrac{d}{dx} \displaystyle\int_0^\infty {}_t p_x \, dt = \int_0^\infty \dfrac{d}{dx} {}_t p_x \, dt$

(d)의 결과를 이용하면

$$= \int_0^\infty {}_tp_x (\mu_x - \mu_{x+t}) \, dt = \mu_x \int_0^\infty {}_tp_x \, dt - \int_0^\infty {}_tp_x \, \mu_{x+t} \, dt$$

$$= \mu_x \, \mathring{e}_x - 1$$

(g) (증명 1)

부록의 식 (I−29)와 $\dfrac{d}{dt} {}_tp_x = - {}_tp_x \, \mu_{x+t}$, $\dfrac{d}{dx} \mathring{e}_x = \mu_x \, \mathring{e}_x - 1$을 이용하면

$$\frac{d}{dt} \left({}_tp_x \, \mathring{e}_{x+t} \right) = \left(\frac{d}{dt} {}_tp_x \right) \mathring{e}_{x+t} + {}_tp_x \left(\frac{d}{dt} \mathring{e}_{x+t} \right)$$

$$= \left(- {}_tp_x \, \mu_{x+t} \right) \mathring{e}_{x+t} + {}_tp_x \left(\mu_{x+t} \, \mathring{e}_{x+t} - 1 \right)$$

$$= - {}_tp_x$$

(증명 2)

${}_tp_x$와 $\mathring{e}_{x+t}$의 정의를 이용하면

$$\frac{d}{dt} \left({}_tp_x \, \mathring{e}_{x+t} \right) = \frac{d}{dt} \left[\frac{l_{x+t}}{l_x} \frac{1}{l_{x+t}} \int_{x+t}^\infty l_s \, ds \right]$$

$$= \frac{1}{l_x} \frac{d}{dt} \int_{x+t}^\infty l_s \, ds$$

부록의 식 (I−34)를 이용하면

$$= \frac{- l_{x+t}}{l_x} = - {}_tp_x$$

58 다음을 증명하시오.

(a) $\dfrac{d}{dx} L_x = - d_x$　　　　(b) $\dfrac{d}{dx} \ln L_x = - m_x$　　　　(c) $\dfrac{d}{dx} T_x = - l_x$

(d) $\dfrac{d}{dx} \dfrac{T_x}{l_x} = \mu_x \dfrac{T_x}{l_x} - 1$　　(e) $\dfrac{d}{dx} Y_x = - T_x$

풀이

(a) (증명 1)

$$\frac{d}{dx} L_x = \frac{d}{dx} \int_0^1 l_{x+t} \, dt$$

$g(t) = x+t$일 때 $g(0) = x$, $g(1) = x+1$이고 $g(t) = y$라고 치환하면
$(g'(t) \, dt = dy)$, 부록의 식 (I−32)에 의하여

$$= \frac{d}{dx} \int_x^{x+1} l_y \, dy$$

부록의 식 (I−36)을 이용하면

$$= l_{x+1} - l_x = - d_x$$

(증명 2)

$\dfrac{d}{dx} l_{x+t} = \dfrac{d}{dt} l_{x+t}$ 와 부록의 식 $(I-38)$을 이용하면

$$\frac{d}{dx} L_x = \frac{d}{dx} \int_0^1 l_{x+t} \, dt = \int_0^1 \frac{d}{dx} l_{x+t} \, dt = \int_0^1 \frac{d}{dt} l_{x+t} \, dt$$

$$= l_{x+1} - l_x = - d_x$$

(증명 3)

$$\frac{d}{dx} L_x = \frac{d}{dx} \int_0^1 l_{x+t} \, dt = \int_0^1 \frac{l_{x+t}}{l_{x+t}} \frac{d}{dx} l_{x+t} \, dt$$

$$= - \int_0^1 l_{x+t} \frac{-1}{l_{x+t}} \frac{d}{dx} l_{x+t} \, dt$$

$\dfrac{d}{dx} l_{x+t} = - l_{x+t} \, \mu_{x+t}$ 를 이용하면

$$= - \int_0^1 l_{x+t} \, \mu_{x+t} \, dt = - d_x$$

(b)

$$m_x = \frac{\displaystyle\int_0^1 l_{x+t} \, \mu_{x+t} \, dt}{\displaystyle\int_0^1 l_{x+t} \, dt} = \frac{\displaystyle\int_0^1 {}_t p_x \, \mu_{x+t} \, dt}{\displaystyle\int_0^1 {}_t p_x \, dt} = \frac{q_x}{\displaystyle\int_0^1 {}_t p_x \, dt} = \frac{l_x - l_{x+1}}{L_x}$$

(a)의 결과와 부록의 식 $(I-26)$을 이용하면

$$= \frac{d_x}{L_x} = \frac{- \dfrac{d}{dx} L_x}{L_x} = - \frac{d}{dx} \ln L_x$$

따라서

$$\frac{d}{dx} \ln L_x = - m_x$$

(c)

$$\frac{d}{dx} T_x = \frac{d}{dx} \int_0^\infty l_{x+t} \, dt$$

$g(t) = x+t$ 일 때 $g(0) = x$, $g(\infty) = \infty$ 이고 $g(t) = y$ 라고 치환하면 $(g'(t) \, dt = dy)$, 부록의 식 $(I-32)$에 의하여

$$= \frac{d}{dx} \int_x^\infty l_y \, dy$$

부록의 식 $(I-36)$을 이용하면

$$= 0 - l_x = - l_x$$

(d) (증명 1)

부록의 식 (I−30)과 (c)의 결과, $\dfrac{d}{dx} l_x = - l_x \, \mu_x$를 이용하면

$$\frac{d}{dx} \frac{T_x}{l_x} = \frac{\left(\dfrac{d}{dx} T_x\right) l_x - T_x \left(\dfrac{d}{dx} l_x\right)}{(l_x)^2} = \frac{(-l_x)\, l_x - T_x\,(-l_x\, \mu_x)}{(l_x)^2}$$

$$= -1 + \frac{T_x}{l_x} \mu_x = \mu_x \frac{T_x}{l_x} - 1$$

(증명 2)

T_x의 정의와 $\dfrac{d}{dx}\, {}_t p_x = {}_t p_x\,(\mu_x - \mu_{x+t})$를 이용하면

$$\frac{d}{dx} \frac{T_x}{l_x} = \frac{d}{dx} \frac{\displaystyle\int_0^\infty l_{x+t}\, dt}{l_x} = \frac{d}{dx} \int_0^\infty {}_t p_x \, dt = \int_0^\infty \frac{d}{dx}\, {}_t p_x \, dt$$

$$= \int_0^\infty {}_t p_x\,(\mu_x - \mu_{x+t})\, dt = \mu_x \int_0^\infty {}_t p_x \, dt - \int_0^\infty {}_t p_x\, \mu_{x+t}\, dt$$

$$= \mu_x \frac{T_x}{l_x} - 1$$

(e)

$$\frac{d}{dx} Y_x = \frac{d}{dx} \int_0^\infty T_{x+t} \, dt$$

$g(t) = x+t$일 때 $g(0) = x$, $g(\infty) = \infty$이고 $g(t) = y$라고 치환하면
($g'(t)\, dt = dy$), 부록의 식 (I−32)에 의하여

$$= \frac{d}{dx} \int_x^\infty T_y \, dy$$

부록의 식 (I−36)을 이용하면

$$= 0 - T_x = - T_x$$

제 3 장

생명보험

Ⅰ. 기초이론

1. 계산기수

(1) 생존보험

$$A_{x:\overline{n}|}^{\ 1} = \frac{D_{x+n}}{D_x}$$

(2) 사망보험(보험금 연말급)

(i) $\quad A_{x:\overline{n}|}^{1} = \dfrac{M_x - M_{x+n}}{D_x}, \qquad A_x = \dfrac{M_x}{D_x}$

(ii) $\quad {}_{m|}A_{x:\overline{n}|}^{1} = A_{x:\overline{m+n}|}^{1} - A_{x:\overline{m}|}^{1} = \dfrac{M_{x+m} - M_{x+m+n}}{D_x}$

$$= \frac{D_{x+m}}{D_x} \frac{M_{x+m} - M_{x+m+n}}{D_{x+m}} = A_{x:\overline{m}|}^{\ 1} \ A_{x+m:\overline{n}|}^{\ 1}$$

(iii) $\quad A_{x:\overline{m+n}|}^{1} = A_{x:\overline{m}|}^{1} + {}_{m|}A_{x:\overline{n}|}^{1} = A_{x:\overline{m}|}^{1} + A_{x:\overline{m}|}^{\ 1} \ A_{x+m:\overline{n}|}^{\ 1}$

(iv) $\quad (IA)_{x:\overline{n}|}^{1} = \dfrac{R_x - R_{x+n} - n M_{x+n}}{D_x}, \qquad (IA)_x = \dfrac{R_x}{D_x}$

$$(DA)_{x:\overline{n}|}^{1} = \frac{n M_x - (R_{x+1} - R_{x+n+1})}{D_x}$$

(3) 생사혼합보험

$$A_{x:\overline{n}|} = A_{x:\overline{n}|}^{1} + A_{x:\overline{n}|}^{\ 1} = \frac{M_x - M_{x+n} + D_{x+n}}{D_x}$$

(4) 적립보험비용

$$_n k_x = \frac{M_x - M_{x+n}}{D_{x+n}} = \left(\frac{1}{_n E_x}\right) A_{x:\overline{n}|}^{1}$$

3.1 기본연습문제

※ 특별한 언급이 없으면 부록의 제7회 경험생명표와 계산기수를 이용하여 답하시오.

01 다음을 증명하시오.

(a) $A^{1}_{x:\overline{1}|} = v q_x$ (b) $A_x = v(q_x + p_x A_{x+1})$

(c) $A^{1}_{x:\overline{n}|} = v q_x + v^2 {}_{1|}q_x + v^3 {}_{2|}q_x + \cdots + v^n {}_{n-1|}q_x$

> **풀이**

(a) $A^{1}_{x:\overline{1}|} = \dfrac{v\, d_x}{l_x} = v\, q_x$

(b) $A_x = \dfrac{v\, d_x}{l_x} + \dfrac{v^2\, d_{x+1}}{l_x} + \dfrac{v^3\, d_{x+2}}{l_x} + \cdots$

$\qquad = \dfrac{v\, d_x}{l_x} + \dfrac{v\, l_{x+1}}{l_x}\left(\dfrac{v\, d_{x+1}}{l_{x+1}} + \dfrac{v^2\, d_{x+2}}{l_{x+1}} + \cdots\right)$

$\qquad = v\, q_x + v\, p_x\, A_{x+1} = v(q_x + p_x\, A_{x+1})$

(c) $A^{1}_{x:\overline{n}|} = \dfrac{v\, d_x + v^2\, d_{x+1} + v^3\, d_{x+2} + \cdots + v^n\, d_{x+n+1}}{l_x}$

$\qquad = \dfrac{v\, d_x}{l_x} + \dfrac{v^2\, l_{x+1}}{l_x}\dfrac{d_{x+1}}{l_{x+1}} + \dfrac{v^3\, l_{x+2}}{l_x}\dfrac{d_{x+2}}{l_{x+2}} + \cdots + \dfrac{v^n\, l_{x+n-1}}{l_x}\dfrac{d_{x+n-1}}{l_{x+n-1}}$

$\qquad = v\, q_x + v^2\, p_x\, q_{x+1} + v^3\, {}_{2}p_x\, q_{x+2} + \cdots + v^n\, {}_{n-1}p_x\, q_{x+n-1}$

$\qquad = v\, q_x + v^2\, {}_{1|}q_x + v^3\, {}_{2|}q_x + \cdots + v^n\, {}_{n-1|}q_x$

02 다음을 증명하시오.

(a) $A_x = A^{1}_{x:\overline{1}|} + {}_{1}E_x\, A^{1}_{\overline{x+1}:\overline{1}|} + {}_{2}E_x\, A^{1}_{\overline{x+2}:\overline{1}|} + \cdots$

(b) $A_x = A^{1}_{x:\overline{n}|} + {}_{n}E_x\, A^{1}_{\overline{x+n}:\overline{n}|} + {}_{2n}E_x\, A^{1}_{\overline{x+2n}:\overline{n}|} + \cdots$

> **풀이**

(a) 우변을 계산기수를 이용해서 나타내면

$(\text{우변}) = \dfrac{M_x - M_{x+1}}{D_x} + \dfrac{D_{x+1}}{D_x}\dfrac{M_{x+1} - M_{x+2}}{D_{x+1}} + \dfrac{D_{x+2}}{D_x}\dfrac{M_{x+2} - M_{x+3}}{D_{x+2}} + \cdots$

$$= \frac{M_x - M_{x+1}}{D_x} + \frac{M_{x+1} - M_{x+2}}{D_x} + \frac{M_{x+2} - M_{x+3}}{D_x} + \cdots$$

$$= \frac{M_x}{D_x} = A_x$$

(b) 우변을 계산기수를 이용해서 나타내면

$$(우변) = \frac{M_x - M_{x+n}}{D_x} + \frac{D_{x+n}}{D_x} \frac{M_{x+n} - M_{x+2n}}{D_{x+n}} + \frac{D_{x+2n}}{D_x} \frac{M_{x+2n} - M_{x+3n}}{D_{x+2n}} + \cdots$$

$$= \frac{M_x - M_{x+n}}{D_x} + \frac{M_{x+n} - M_{x+2n}}{D_x} + \frac{M_{x+2n} - M_{x+3n}}{D_x} + \cdots$$

$$= \frac{M_x}{D_x} = A_x$$

03 피보험자 (x), 제1보험연도에는 보험금 a원, 그 후 매년 b원씩 보험금이 증가하는 보험금 연말급인 보험금 변동보험의 일시납순보험료(NSP)를 a, b, D_x, M_x, R_x를 사용하여 나타내시오.

> **풀이**

보험금 지급흐름을 그림으로 나타내면 다음과 같다.

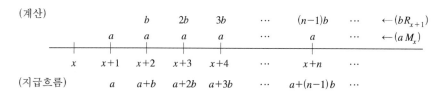

따라서 이 보험금변동보험의 일시납순보험료는

$$\text{NSP} = \frac{a M_x + b R_{x+1}}{D_x}$$

04 피보험자 (45), 보험금 연말급인 보험의 지급이 다음과 같을 때 일시납순보험료 (NSP)를 구하시오.

보험연도	1	2	3	4	5	6	7	8	9	그 이후
보험금	1000	1200	1400	1600	1800	2000	1500	1000	500	0

> **풀이**

보험금 지급흐름을 그림으로 나타내면 다음과 같다.

(계산)

											$500 \cdots$ ⑤
						-500	$-1,000$	$-1,500$	$-2,000$	$-2,500 \cdots$ ④	
						-200	-400	-600	-800	$-1,000 \cdots$ ③	
	200	400	600	800	1,000	1,200	1,400	1,600	1,800	$2,000 \cdots$ ②	
1,000	1,000	1,000	1,000	1,000	1,000	1,000	1,000	1,000	1,000	$1,000 \cdots$ ①	

45	46	47	48	49	50	51	52	53	54	55	56 $\cdots$

(지급흐름) 1,000 1,200 1,400 1,600 1,800 2,000 1,500 1,000 500 0 0 $\cdots$

①: $1000M_{45}$, ②: $200R_{46}$, ③: $-200R_{51}$, ④: $-500R_{51}$, ⑤: $500R_{55}$

따라서

$$\text{NSP} = \frac{1000M_{45} + 200R_{46} - 200R_{51} - 500R_{51} + 500R_{55}}{D_{45}}$$

$$= \frac{1000M_{45} + 200R_{46} - 700R_{51} + 500R_{55}}{D_{45}} = 23.95939$$

05 일시납순보험료가 다음과 같이 표시될 때 각각의 보험의 형태를 설명하시오.

(a) $\dfrac{1000}{D_x}(M_x + 3R_{x+1})$ (b) $\dfrac{1000}{D_{25}}[M_{25} + 2(R_{30} - R_{35})]$

(c) $\dfrac{1000}{D_x}(M_x + 3R_{x+1} + 3R_{x+2})$

풀이

각각의 보험금 지급흐름을 그림으로 나타내면 다음과 같다.

(a)

(계산)

		3,000	6,000	9,000	$\cdots$
	1,000	1,000	1,000	1,000	$\cdots$

x	$x+1$	$x+2$	$x+3$	$x+4$	$\cdots$

(지급흐름) 1,000 4,000 7,000 10,000 $\cdots$

이 보험은 피보험자 (x)가 보험가입후 첫해에 사망하면 사망연도말에 1,000원이 지급되며, 그 다음해부터는 첫해의 사망보험금 1,000원에서 매해 3,000원씩 증가된 사망보험금을 사망시 사망연도말에 지급하는 보험이다.

(b)

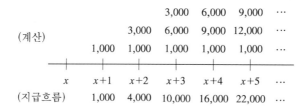

이 보험은 피보험자 (25)가 25세와 30세 사이에 사망하면 보험금 1,000원을 사망연도 말에 지급하고 30세부터 35세까지는 매해 2,000원씩 사망보험금이 증가하며, 35세부터는 사망 보험금이 11,000원인 보험이다.

(c)

(계산)			3,000	6,000	9,000	⋯
		3,000	6,000	9,000	12,000	⋯
	1,000	1,000	1,000	1,000	1,000	⋯
	x	$x+1$	$x+2$	$x+3$	$x+4$	$x+5$	⋯
(지급흐름)	1,000	4,000	10,000	16,000	22,000	⋯

이 보험은 피보험자 (x)가 보험가입후 첫해에 사망하면 사망연도말에 1,000원을 지급하고 두 번째 해에 사망하면 사망보험금 4,000원을 지급하며, 세 번째 해부터는 두 번째 해의 사망보험금 4,000원에서 매해 6,000원씩 증가된 사망보험금을 사망시 사망연도말에 지급하는 보험이다.

06 피보험자 (x), 보험금 연말급인 종신보험의 보험금이 피보험자가 사망하는 보험연도 말에 5,000원과 그 후 9년 동안 매년말에 5,000원씩 확정적으로 지급될 때 일시납순보험료(NSP)를 계산기수를 이용하여 나타내시오.

> 풀이

그림으로 나타내면 다음과 같다.

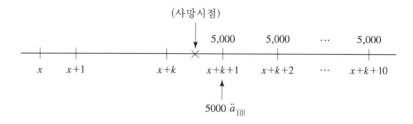

그림으로부터 피보험자 (x)는 사망하면 사망연도말에 $5000\,\ddot{a}_{\overline{10|}}$을 보험금으로 받는 종신보험에 가입했다고 생각해도 된다. 따라서

$$\text{NSP} = \frac{5000\, \ddot{a}_{\overline{10|}}\, M_x}{D_x}$$

07 $(DA)^1_{x\,:\,\overline{n|}} + (IA)^1_{x\,:\,\overline{n|}} = (n+1)A^1_{x\,:\,\overline{n|}}$ 을 증명하시오.

풀이

$(DA)^1_{x\,:\,\overline{n|}} = \dfrac{n\,M_x - R_{x+1} + R_{x+n+1}}{D_x}$, $(IA)^1_{x\,:\,\overline{n|}} = \dfrac{R_x - R_{x+n} - n\,M_{x+n}}{D_x}$ 이므로

$$(DA)^1_{x\,:\,\overline{n|}} + (IA)^1_{x\,:\,\overline{n|}} = \frac{n\,M_x - R_{x+1} + R_{x+n+1} + R_x - R_{x+n} - n\,M_{x+n}}{D_x}$$

$$= \frac{n\,M_x + (R_x - R_{x+1}) - [\,n\,M_{x+n} + (R_{x+n} - R_{x+n+1})\,]}{D_x}$$

$$= \frac{(n+1)M_x - (n+1)M_{x+n}}{D_x} = (n+1)\,\frac{M_x - M_{x+n}}{D_x}$$

$$= (n+1)A^1_{x\,:\,\overline{n|}}$$

08 $_{n|}A_x < A_x\ (n \geq 1)$임을 증명하시오.

풀이

$$_{n|}A_x = \frac{d_{x+n}\,v^{n+1} + d_{x+n+1}\,v^{n+2} + \cdots}{l_x}$$

$$A_x = \frac{d_x\,v^1 + d_{x+1}\,v^2 + \cdots + d_{x+n}\,v^{n+1} + \cdots}{l_x}$$

$n \geq 1$에서

$$d_{x+n}\,v^{n+1} + d_{x+n+1}\,v^{n+2} + \cdots < d_x\,v + d_{x+1}\,v^2 + \cdots + d_{x+n}\,v^{n+1} + \cdots$$

이므로 $_{n|}A_x < A_x$

09 모든 x와 n에 대하여 $A^1_{x\,:\,\overline{n|}} < A_x < A_{x\,:\,\overline{n|}}$임을 증명하시오.

풀이

$$A^1_{x\,:\,\overline{n|}} = \frac{d_x\,v^1 + d_{x+1}\,v^2 + \cdots + d_{x+n-1}\,v^n}{l_x}$$

$$A_x = \frac{d_x\,v^1 + d_{x+1}\,v^2 + \cdots + d_{x+n-1}\,v^n + d_{x+n}\,v^{n+1} + \cdots}{l_x}$$

$$= \frac{1}{l_x}\left(A^{1}_{x:\overline{n}|} \text{의 분자} + d_{x+n}\, v^{n+1} + \cdots \right)$$

$$A_{x:\overline{n}|} = \frac{d_x\, v^1 + d_{x+1}\, v^2 + \cdots + d_{x+n-1}\, v^n + l_{x+n}\, v^n}{l_x}$$

$$= \frac{1}{l_x}\left(A^{1}_{x:\overline{n}|} \text{의 분자} + l_{x+n}\, v^n \right)$$

이므로 $A^{1}_{x:\overline{n}|} < A_x,\ A^{1}_{x:\overline{n}|} < A_{x:\overline{n}|}$ 이다.

$l_{x+n} = d_{x+n} + d_{x+n+1} + \cdots$ 이므로

$$l_{x+n}\, v^n > d_{x+n}\, v^n + d_{x+n+1}\, v^{n+1} + \cdots > d_{x+n}\, v^{n+1} + d_{x+n+1}\, v^{n+2} + \cdots$$

$A_x < A_{x:\overline{n}|}$ 이므로 $A^{1}_{x:\overline{n}|} < A_x < A_{x:\overline{n}|}$

10 피보험자 (30), 보험금 연말급인 보험의 보험금이 다음과 같을 때 일시납순보험료 (NSP)를 구하시오(하나의 보험임).

(i) 30세부터 49세(시간선상으로는 50세)까지는 사망시 50,000원

(ii) 50세부터 69세(시간선상으로는 70세)까지는 사망시 100,000원

(iii) 70세부터는 보험금 50,000원의 10년만기 생사혼합보험

풀이

일시납순보험료를 계산기수로 나타내면

$$\text{NSP} = \frac{50000\,(M_{30} - M_{50}) + 100000\,(M_{50} - M_{70}) + 50000\,(M_{70} - M_{80} + D_{80})}{D_{30}}$$

$$= \frac{50000\,(M_{30} + M_{50} - M_{70} - M_{80} + D_{80})}{D_{30}} = 7307.408773$$

11 신생아(연령 0세)가 보험금 연말급의 종신보험에 가입하였다. 보험금은 제1보험연도 에는 1,000원, 제2보험연도에는 2,000원 등 매년 1,000원씩 증가하여 제10보험연도 에는 10,000원이다. 그 후 51세까지는 보험금은 10,000원으로 동일하고 그 이후는 50,000원의 보험금이 지급된다. 이 종신보험의 일시납순보험료(NSP)를 계산기수를 이용하여 나타내시오.

풀이

그림으로 나타내면 다음과 같다.

(단위: 천원)

(계산)

								40	$\cdots$	$\leftarrow (40M_{52})$
				-1	$\cdots$	-41	-42	-43	$\cdots$	$\leftarrow (-R_{10})$
1	2	$\cdots$	10	11	$\cdots$	51	52	53	$\cdots$	$\leftarrow (R_0)$

0	1	2	$\cdots$	10	11	$\cdots$	51	52	53	$\cdots$
(지급흐름)	1	2	$\cdots$	10	10	$\cdots$	10	10	50	$\cdots$

따라서

$$\text{NSP} = \frac{1000\,(R_0 - R_{10}) + 40000\,M_{52}}{D_0}$$

12 피보험자 (45), 보험금 연말급인 종신보험에서

$$\text{보험금} = \text{피보험자의 사망시 연령} \times 2000$$

일 때, 일시납순보험료(NSP)를 구하시오($R_{45} = 1300$, $M_{45} = 75$, $D_{45} = 350$을 이용하시오).

풀이

그림으로 나타내면 다음과 같다.

(계산)

	2,000	4,000	6,000	$\cdots$	$\leftarrow (2000R_{45})$
	88,000	88,000	88,000	$\cdots$	$\leftarrow (88000M_{45})$

45	46	47	48	$\cdots$
(지급흐름)	90,000	92,000	94,000	$\cdots$

따라서

$$\text{NSP} = \frac{88000\,M_{45} + 2000\,R_{45}}{D_{45}} = \frac{88000\,(75) + 2000\,(1300)}{350} = 26285.71$$

13 연습문제 12번에서 보험금＝피보험자의 사망시 연령×2000이 적용되는 것은 65세 까지이고 그 이후는 보험금이 0원이 될 때까지 보험금이 매년 13,000원씩 감소할 때 일시납순보험료(NSP)를 구하시오($M_{65} = 28$, $R_{65} = 235$, $R_{66} = 220$, $R_{76} = 38$, $R_{45} = 1300$, $M_{45} = 75$, $D_{45} = 350$을 이용하시오).

풀이

그림으로 나타내면 다음과 같다.

(단위: 천원)

(계산)

| | | | | | | | | | | | | | 13 | $\cdots$ | $\leftarrow (13R_{76})$ |

$$
\begin{array}{cccccccccccccc}
 & & & & & & & & & & & & & 13 & \cdots & \leftarrow (13R_{76}) \\
 & & & & & -13 & -26 & \cdots & -117 & -130 & -143 & & & & \cdots & \leftarrow (-13R_{66}) \\
 & & & & & 130 & 130 & 130 & \cdots & 130 & 130 & 130 & & & \cdots & \leftarrow (130M_{65}) \\
 & & & & & -2 & -4 & -6 & \cdots & -20 & -22 & -24 & & & \cdots & \leftarrow (-2R_{65}) \\
 & & & & & -40 & -40 & -40 & \cdots & -40 & -40 & -40 & & & \cdots & \leftarrow (-40M_{65}) \\
 & & & & & -88 & -88 & -88 & \cdots & -88 & -88 & -88 & & & \cdots & \leftarrow (-88M_{65}) \\
2 & 4 & \cdots & 38 & 40 & 42 & 44 & 46 & \cdots & & 60 & 62 & 64 & & \cdots & \leftarrow (2R_{45}) \\
88 & 88 & \cdots & 88 & 88 & 88 & 88 & 88 & \cdots & & 88 & 88 & 88 & & \cdots & \leftarrow (88M_{45})
\end{array}
$$

45	46	47	$\cdots$	64	65	66	67	68	$\cdots$	75	76	77	$\cdots$
(지급흐름) 90	92	$\cdots$	126	128	130	117	104		$\cdots$	13	0	0	$\cdots$

따라서

$$\text{NSP} = \frac{88000M_{45} + 2000R_{45} - 88000M_{65} - 40000M_{65} - 2000R_{65}}{D_{45}}$$

$$+ \frac{130000M_{65} - 13000R_{66} + 13000R_{76}}{D_{45}}$$

$$= \frac{88000M_{45} + 2000M_{65} + 2000(R_{45} - R_{65}) - 13000(R_{66} - R_{76})}{D_{45}}$$

$$= \frac{88000(75) + 2000(28) + 2000(1065) - 13000(182)}{350} = 18342.867$$

보험수리기호를 사용해서 나타내면 다음과 같다.

$$\text{NSP} = 88000A_{45:\overline{20|}}^{1} + 2000(IA)_{45:\overline{20|}}^{1} + 13000\,_{20|}(DA)_{45:\overline{10|}}^{1}$$

$$= 88000\left(\frac{M_{45} - M_{65}}{D_{45}}\right) + 2000\left(\frac{R_{45} - R_{65} - 20M_{65}}{D_{45}}\right)$$

$$+ 13000\left(\frac{10M_{65} - R_{66} + R_{76}}{D_{65}}\right)\left(\frac{D_{65}}{D_{45}}\right)$$

$$= 88000\left(\frac{47}{350}\right) + 2000\left(\frac{505}{350}\right) + 13000\left(\frac{98}{350}\right) = 18342.86$$

14 피보험자 (60), 보험금 연말급인 종신보험의 보험금이 다음과 같을 때 일시납순보험료(NSP)를 구하시오.

(i) 65세 전까지는 보험금 50,000원

(ii) 65세의 보험금은 25,000원 그 후 5,000원이 될 때까지 매년 2,500원씩 감소

(iii) 그 이후는 5,000원으로 일정

($M_{60} = 50$, $M_{65} = 28$, $D_{60} = 95$, $R_{65} = 230$, $R_{74} = 60$을 이용하시오)

풀이

그림으로 나타내면 다음과 같다.

(단위: 천원)

(계산)

									2.5	$\cdots$	$\leftarrow (2.5\,R_{74})$
		-2.5	-5.0	-7.5	$\cdots$	-22.5	-25.0	$\cdots$			$\leftarrow (-2.5\,R_{65})$
		27.5	27.5	27.5	$\cdots$	27.5	27.5	$\cdots$			$\leftarrow (27.5\,M_{65})$
		-50	-50	-50	$\cdots$	-50	-50	$\cdots$			$\leftarrow (-50\,M_{65})$
50	$\cdots$	50	50	50	50	$\cdots$	50	50	$\cdots$		$\leftarrow (50\,M_{60})$

| | 60 | 61 | $\cdots$ | 65 | 66 | 67 | 68 | $\cdots$ | 74 | 75 | $\cdots$ |

(지급흐름) 50 $\cdots$ 50 25 22.5 20 $\cdots$ 5 5 $\cdots$

따라서

$$\text{NSP} = \frac{50000\,(M_{60}-M_{65}) + 27500\,M_{65} - 2500\,(R_{65}-R_{74})}{D_{60}}$$

$$= \frac{50000\,(22) + 27500\,(28) - 2500\,(170)}{95} = 15210.53$$

15 피보험자 (0), 보험금 연말급인 종신보험의 보험금이 다음 표와 같을 때 일시납순보험료(NSP)를 계산기수로 이용하여 나타내시오.

나이	0	1	2	3	4	5~20	21이상
보험금(원)	1000	2000	4000	6000	8000	10000	50000

풀이

그림으로 나타내면 다음과 같다.

(단위: 천원)

(계산)

										40	$\cdots$	$\leftarrow (40\,M_{21})$
					-2	-4	$\cdots$	-28	-30	-32	$\cdots$	$\leftarrow (-2\,R_6)$
		1	2	3	4	5	6	$\cdots$	18	19	20	$\cdots$	$\leftarrow (R_2)$
	1	2	3	4	5	6	7	8	$\cdots$	20	21	22	$\cdots$	$\leftarrow (R_0)$

| | 0 | 1 | 2 | 3 | 4 | 5 | 6 | 7 | 8 | $\cdots$ | 20 | 21 | 22 | $\cdots$ |

(지급흐름) 1 2 4 6 8 10 10 10 $\cdots$ 10 10 10 $\cdots$

따라서

$$\text{NSP} = \frac{1000\,R_0 + 1000\,R_2 - 2000\,R_6 + 40000\,M_{21}}{D_0}$$

$$= 1000 \left(\frac{R_0 + R_2 - 2\,R_6 + 40\,M_{21}}{D_0} \right)$$

16 이자율 $i = 5\%$, 제7회 경험생명표(남)에 의하면 $D_{40} = 13912.538$, $N_{40} = 246310.858$, $S_{40} = 3628177.407$, $v = 0.95$ 이다. 이 자료를 이용하여 $(IA)_{40}$을 구하시오.

(Hint : $M_{40} = vN_{40} - N_{41}$, $R_{40} = vS_{40} - S_{41}$, $S_{41} = S_{40} - N_{40}$을 이용하시오)

풀이

$$(IA)_{40} = \frac{R_{40}}{D_{40}} = \frac{vS_{40} - S_{41}}{D_{40}} = \frac{vS_{40} - (S_{40} - N_{40})}{D_{40}}$$

$$= \frac{0.95(3628177.407) - (3628177.407 - 246310.858)}{13912.538} = 4.6650$$

Ⅱ. 일반이론

1. 보험금 연말급

(i) $\displaystyle A^1_{x:\overline{n}|} = E(Z) = \sum_{k=0}^{n-1} v^{k+1} \Pr(K=k) = \sum_{k=0}^{n-1} v^{k+1} {}_{k|}q_x$

$\displaystyle {}^2A^1_{x:\overline{n}|} = \sum_{k=0}^{n-1} e^{-2\delta(k+1)} {}_{k|}q_x$

$\mathrm{Var}(Z) = E(Z^2) - [E(Z)]^2 = {}^2A^1_{x:\overline{n}|} - (A^1_{x:\overline{n}|})^2$

(ii) $\displaystyle A_x = E(Z) = \sum_{k=0}^{\infty} v^{k+1} \Pr(K=k) = \sum_{k=0}^{\infty} v^{k+1} {}_kp_x\, q_{x+k} = \sum_{k=0}^{\infty} v^{k+1} {}_{k|}q_x$

(iii) $\displaystyle A_{x:\frac{1}{n}|} = E(Z) = {}_nE_x = v^n\, {}_np_x$

(iv) $\displaystyle A_{x:\overline{n}|} = E(Z) = \sum_{k=0}^{n-1} v^{k+1} \Pr(K=k) + v^n \Pr(K \geq n)$

$\displaystyle \qquad = \sum_{k=0}^{n-1} v^{k+1} {}_kp_x\, q_{x+k} + v^n\, {}_np_x$

(v) $\displaystyle {}_{m|}A^1_{x:\overline{n}|} = E(Z) = \sum_{k=m}^{m+n-1} v^{k+1} {}_kp_x\, q_{x+k}$

(vi) $\displaystyle (IA)_x = \sum_{k=0}^{\infty} (k+1) v^{k+1} {}_kp_x\, q_{x+k}$

$\displaystyle (DA)^1_{x:\overline{n}|} = \sum_{k=0}^{n-1} (n-k) v^{k+1} {}_kp_x\, q_{x+k} = \sum_{j=0}^{n-1} A^1_{x:\overline{n-j}|}$

2. 보험금 $\frac{1}{m}$연말급(UDD인 경우)

$$A^{1(m)}_{x:\overline{n}|} = \frac{i}{i^{(m)}} A^1_{x:\overline{n}|}, \qquad A^{(m)}_x = \frac{i}{i^{(m)}} A_x$$

$$A^{(m)}_{x:\overline{n}|} = \frac{i}{i^{(m)}} A^1_{x:\overline{n}|} + A_{x:\frac{1}{n}|} \neq \frac{i}{i^{(m)}} A_{x:\overline{n}|}$$

3. 보험금 사망즉시급

(i) $\displaystyle \bar{A}^1_{x:\overline{n}|} = E(Z) = \int_0^n v^t\, {}_tp_x\, \mu_{x+t}\, dt$

$$E(Z^2) = \int_0^n (v^t)^2 \, {}_tp_x \, \mu_{x+t} \, dt = \int_0^n e^{-2\delta} \, {}_tp_x \, \mu_{x+t} \, dt = {}^2\bar{A}^{\,1}_{x\,:\,\overline{n}|}$$

$$\text{Var}(Z) = {}^2\bar{A}^{\,1}_{x\,:\,\overline{n}|} - (\bar{A}^{\,1}_{x\,:\,\overline{n}|})^2$$

(ii) $\bar{A}_x = E(Z) = \displaystyle\int_0^\infty v^t \, {}_tp_x \, \mu_{x+t} \, dt$

(iii) $\bar{A}_{x\,:\,\overline{n}|} = E(Z) = \displaystyle\int_0^n v^t \, {}_tp_x \, \mu_{x+t} \, dt + v^n \Pr(T > n) = \bar{A}^{\,1}_{x\,:\,\overline{n}|} + A_{x\,:\,\overline{n}|}^{\;\;\;1}$

(iv) $_{m|}\bar{A}_x = E(Z) = \displaystyle\int_m^\infty v^t \, {}_tp_x \, \mu_{x+t} \, dt$

$$= \int_0^\infty v^t \, {}_tp_x \, \mu_{x+t} \, dt - \int_0^m v^t \, {}_tp_x \, \mu_{x+t} \, dt = \bar{A}_x - \bar{A}^{\,1}_{x\,:\,\overline{m}|}$$

(v) $(I\bar{A})^1_{x\,:\,\overline{n}|} = \displaystyle\int_0^n \lfloor t+1 \rfloor \, v^t \, {}_tp_x \, \mu_{x+t} \, dt$

$$(\bar{I}\bar{A})^1_{x\,:\,\overline{n}|} = \int_0^n t \, v^t \, {}_tp_x \, \mu_{x+t} \, dt$$

$$(D\bar{A})^1_{x\,:\,\overline{n}|} = \int_0^n (n - \lfloor t \rfloor) v^t \, {}_tp_x \, \mu_{x+t} \, dt$$

4. 보험금 사망즉시급과 보험금 연말급의 관계

(i) $\bar{A}_x = \dfrac{i}{\delta} A_x, \quad \bar{A}^{\,1}_{x\,:\,\overline{n}|} = \dfrac{i}{\delta} A^1_{x\,:\,\overline{n}|}$ 　　　　(ii) $\bar{A}_{x\,:\,\overline{n}|} = \dfrac{i}{\delta} A^1_{x\,:\,\overline{n}|} + A_{x\,:\,\overline{n}|}^{\;\;\;1}$

5. 재귀식

(i) $A_x = vq_x + vp_x A_{x+1}$

(ii) $A^1_{x\,:\,\overline{n}|} = vq_x + vp_x A^{\;\;\;1}_{x+1\,:\,\overline{n-1}|}$

(iii) $A_{x\,:\,\overline{n}|} = vq_x + vp_x A_{x+1\,:\,\overline{n-1}|}$

(iv) $(IA)_x = vq_x + vp_x \left[(IA)_{x+1} + A_{x+1} \right]$

(v) $(IA)^1_{x\,:\,\overline{n}|} = vq_x + vp_x \left[(IA)^{\;\;\;1}_{x+1\,:\,\overline{n-1}|} + A^{\;\;\;1}_{x+1\,:\,\overline{n-1}|} \right]$

(vi) $(DA)^1_{x\,:\,\overline{n}|} = n A^{\,1}_{x\,:\,\overline{1}|} + vp_x (DA)^{\;\;\;1}_{x+1\,:\,\overline{n-1}|}$

6. 특수한 생존분포와 생명보험

(1) CFM가정하의 생명보험(보험금 1원, 사망즉시급)의 APV

(i) $\bar{A}_x = \dfrac{\mu}{\mu + \delta}$ $\qquad\qquad\qquad$ $^2\bar{A}_x = \dfrac{\mu}{\mu + 2\delta}$

(ii) $A_{x:\overline{n}|}^{\ 1} = e^{-(\mu + \delta)n}$ $\qquad\qquad$ $^2A_{x:\overline{n}|}^{\ 1} = e^{-(\mu + 2\delta)n}$

(iii) $\bar{A}_{x:\overline{n}|}^{\ 1} = \dfrac{\mu\,(1 - e^{-(\mu + \delta)n})}{\mu + \delta}$ $\qquad$ $^2\bar{A}_{x:\overline{n}|}^{\ 1} = \dfrac{\mu\,(1 - e^{-(\mu + 2\delta)n})}{\mu + 2\delta}$

(iv) ${}_{n|}\bar{A}_x = \bar{A}_{x+n}\,A_{x:\overline{n}|}^{\ 1} = \bar{A}_x\,A_{x:\overline{n}|}^{\ 1}$ $\qquad$ ${}_{n|}{}^2\bar{A}_x = \dfrac{\mu\,(e^{-(\mu + 2\delta)n})}{\mu + 2\delta}$

$\qquad\qquad = \left(\dfrac{\mu}{\mu + \delta}\right) e^{-(\mu + \delta)n} = \dfrac{\mu\,(e^{-(\mu + \delta)n})}{\mu + \delta}$

(2) CFM가정하의 생명보험(보험금 1원, 연말급)의 APV

$$A_x = \frac{q}{q + i}, \qquad A_{x:\overline{n}|}^{\ 1} = (vp)^n, \qquad {}_{n|}A_x = (vp)^n\,\frac{q}{q + i}$$

$$A_{x:\overline{n}|}^{\ 1} = \frac{q}{q + i}\left[1 - (vp)^n\right], \qquad A_{x:\overline{n}|} = \frac{q + (vp)^n\,i}{q + i}$$

(3) De Moivre 법칙하의 생명보험(보험금 1원, 사망즉시급)의 APV

$$\bar{A}_x = \frac{\bar{a}_{\overline{\omega - x}|}}{\omega - x}, \qquad A_{x:\overline{n}|}^{\ 1} = \frac{e^{-\delta n}\,(\omega - x - n)}{\omega - x}, \qquad {}_{n|}\bar{A}_x = \frac{e^{-\delta n}\,(\bar{a}_{\overline{\omega - x - n}|})}{\omega - x}$$

$$\bar{A}_{x:\overline{n}|}^{\ 1} = \frac{\bar{a}_{\overline{n}|}}{\omega - x}, \qquad \bar{A}_{x:\overline{n}|} = \frac{\bar{a}_{\overline{n}|} + e^{-\delta n}\,(\omega - x - n)}{\omega - x}$$

(4) De Moivre 법칙하의 생명보험(보험금 1원, 연말급)의 APV

$$A_x = \frac{a_{\overline{\omega - x}|}}{\omega - x}, \qquad A_{x:\overline{n}|}^{\ 1} = \frac{v^n\,(\omega - x - n)}{\omega - x}, \qquad {}_{n|}A_x = \frac{v^n\,a_{\overline{\omega - x - n}|}}{\omega - x}$$

$$A_{x:\overline{n}|}^{\ 1} = \frac{a_{\overline{n}|}}{\omega - x}, \qquad A_{x:\overline{n}|} = \frac{a_{\overline{n}|} + v^n\,(\omega - x - n)}{\omega - x}$$

3.2 기본연습문제

※ 특별한 언급이 없으면 부록의 제7회 경험생명표와 계산기수를 이용하여 답하시오.

01 피보험자 (38)이 보험금 연말급인 종신보험에 가입하였다. 보험금은 5만원, $i = 0.12$, 모든 x에 대하여 $p_x = 0.94$일 때 일시납순보험료를 구하시오($\omega = \infty$라고 가정).

풀이

$$50000 A_{38} = 50000 \sum_{k=0}^{\infty} v^{k+1} {}_k p_{38} \; q_{38+k}$$

$$= 50000 \sum_{k=0}^{\infty} (1.12)^{-(k+1)} (0.94)^k (0.06)$$

$$= 50000 \left(\frac{0.06}{1.12} \right) \sum_{k=0}^{\infty} \left(\frac{0.94}{1.12} \right)^k$$

$$= 50000 \left(\frac{0.06}{1.12} \right) \left(\frac{1}{1 - \frac{0.94}{1.12}} \right) = 16666.67$$

02 연습문제 1번에서 종신보험 대신에 30년만기 정기보험이라고 가정할 때 일시납순보험료를 구하시오.

풀이

$$50000 A^{1}_{38:\overline{30|}} = 50000 \sum_{k=0}^{29} v^{k+1} {}_k p_{38} \; q_{38+k}$$

$$= 50000 \sum_{k=0}^{29} (1.12)^{-k+1} (0.94)^k (0.06)$$

$$= 50000 \left(\frac{0.06}{1.12} \right) \sum_{k=0}^{29} \left(\frac{0.94}{1.12} \right)^k = 50000 \left(\frac{0.06}{1.12} \right) \left(\frac{1 - \left(\frac{0.94}{1.12} \right)^{30}}{1 - \left(\frac{0.94}{1.12} \right)} \right)$$

$$= 16579.74$$

03 A_x를 할인율 d로 미분하면 $-(1+i)(IA)_x$이 됨을 증명하시오.

풀이

$A_x = v q_x + v^2 \,_{1|}q_x + v^3 \,_{2|}q_x + \cdots = (1-d)\,q_x + (1-d)^2 \,_{1|}q_x + (1-d)^3 \,_{2|}q_x + \cdots$ 이므로

A_x 를 d 로 미분하면

$$\frac{d}{d\,d}(A_x) = -q_x - 2(1-d)\,_{1|}q_x - 3(1-d)^2 \,_{2|}q_x + \cdots$$

$$= -q_x - 2\,v\,_{1|}q_x - 3\,v^2 \,_{2|}q_x + \cdots$$

$$= -(1+i)[v q_x + 2 v^2 \,_{1|}q_x + 3 v^3 \,_{2|}q_x + \cdots] = -(1+i)(IA)_x$$

04 보험금 연말급, 보험금 1원, $l_x = 50$, $l_{x+10} = 40$일 때 피보험자 $(x+10)$의 20년만기 정기보험의 NSP는 0.25원이고, 피보험자 (x)의 10년거치 20년만기 정기보험의 NSP는 0.16이다. 이때 적용된 이자율 i를 구하시오($(1.25)^{\frac{1}{10}} = 1.022565$를 이용).

풀이

문제로부터 $A^1_{x+10\,:\,\overline{20|}} = 0.25$, $_{10}p_x = \dfrac{l_{x+10}}{l_x} = 0.8$이므로

$_{10|}A^1_{x\,:\,\overline{20|}} = v^{10} \,_{10}p_x \, A^1_{x+10\,:\,\overline{20|}}$, $0.16 = \left(\dfrac{1}{1+i}\right)^{10} \times 0.8 \times 0.25$

$\left(\dfrac{1}{1+i}\right)^{10} = 0.8$이므로 $(1+i)^{10} = 1.25$이다.

따라서 $i = 1.25^{\frac{1}{10}} - 1 = 0.022565 = 2.2565\%$

05 다음을 증명하시오.

$$(IA)^1_{x\,:\,\overline{n|}} = \sum_{k=0}^{n-1} (k+1)\,_{k|}A^1_{x\,:\,\overline{1|}}$$

$$= \sum_{k=1}^{n} \,_{k-1|}A^1_{x\,:\,\overline{n-(k-1)|}}$$

(Hint: $\displaystyle\sum_{k=j}^{n-1} v^{k+1}\,_{k|}q_x = \sum_{k=j}^{n-1} \,_{k|}A^1_{x\,:\,\overline{1|}} = \,_{j|}A^1_{x\,:\,\overline{n-j|}}$)

풀이

Hint를 이용하면

$$(IA)^1_{x\,:\,\overline{n|}} = \sum_{k=0}^{n-1} (k+1)\,v^{k+1}\,_{k|}q_x = \sum_{k=0}^{n-1} (k+1)\,_{k|}A^1_{x\,:\,\overline{1|}}$$

$$(IA)^1_{x\,:\,\overline{n|}} = \sum_{k=0}^{n-1} \left(\sum_{j=0}^{k} 1\right) v^{k+1}\,_{k|}q_x = \sum_{j=0}^{n-1} \left(\sum_{k=j}^{n-1} 1\right) v^{k+1}\,_{k|}q_x$$

$$= \sum_{j=0}^{n-1} \sum_{k=j}^{n-1} v^{k+1}{}_{k|}q_x = \sum_{j=0}^{n-1} {}_{j|}A^1_{x:\overline{n-j|}} = \sum_{k=1}^{n} {}_{k-1|}A^1_{x:\overline{n-(k-1)|}}$$

06 $x+t$세에 대한 사망률만을 높게 하여 $q'_{x+t} = q_{x+t} + c$라고 하면 이와 같은 생명표를 이용하여 계산한 A'_x는 다음과 같음을 보이시오.

$$A'_x = A_x + cv^{t+1}{}_tp_x(1 - A_{x+t+1})$$

풀이

$$A'_x = vp_x + v^2 p_x q_{x+1} + \cdots$$
$$+ v^{t+1}{}_tp_x q'_{x+t} + v^{t+2}{}_{t+1}p'_x q_{x+t+1} + v^{t+3}{}_{t+2}p'_x q_{x+t+2} + \cdots$$

$$A_x = vp_x + v^2 p_x q_{x+1} + \cdots$$
$$+ v^{t+1}{}_tp_x q_{x+t} + v^{t+2}{}_{t+1}p_x q_{x+t+1} + v^{t+3}{}_{t+2}p_x q_{x+t+2} + \cdots \text{이므로}$$

$$A'_x - A_x = v^{t+1}{}_tp_x(q'_{x+t} - q_{x+t}) + v^{t+2}q_{x+t+1}({}_{t+1}p'_x - {}_{t+1}p_x)$$
$$+ v^{t+3}q_{x+t+2}({}_{t+2}p'_x - {}_{t+2}p_x) + \cdots$$

$q'_{x+t} = q_{x+t} + c$임을 이용하면 $p'_{x+t} = p_{x+t} - c$이므로

${}_{t+k}p'_x - {}_{t+k}p_x = {}_tp_x(p'_{x+t} - p_{x+t})_{k-1}p_{x+t+1} = -c\,{}_tp_x\,{}_{k-1}p_{x+t+1}$임을 알 수 있다.

따라서

$$A'_x - A_x = cv^{t+1}{}_tp_x + \sum_{k=1}^{\infty} v^{t+k+1}q_{x+t+k}({}_{t+k}p'_x - {}_{t+k}p_x)$$

$$= cv^{t+1}{}_tp_x - cv^{t+1}{}_tp_x \sum_{k=1}^{\infty} v^k {}_{k-1}p_{x+t+1}\,q_{x+t+k}$$

$$= cv^{t+1}{}_tp_x - cv^{t+1}{}_tp_x A_{x+t+1}$$

$$= cv^{t+1}{}_tp_x(1 - A_{x+t+1})\text{이므로}$$

$$A'_x = A_x + cv^{t+1}{}_tp_x(1 - A_{x+t+1})$$

07 피보험자 (40)에게 보험금 연말급인 두 개의 보험이 판매되었다. 두 개의 보험의 NSP는 모두 100원이다. 하나의 보험은 보험금이 매년 증가하는 20년만기 누가정기보험이고 다른 하나는 보험금이 매년 감소하는 20년만기 누감정기보험이다. NSP는 다음 표를 이용하여 계산한다.

x	D_x	R_x
40	9054	37788
41	–	36327
60	2482	13459
61	–	12943

위에서 설명된 누가정기보험의 사망보험금이 누감정기보험의 사망보험금보다 작은 기간 (연수로 나타내시오)을 구하시오.

> **풀이**

제1보험연도 사망보험금이 1원인 20년만기 누가정기보험의 NSP를 구해보면

$$(IA)^1_{40:\overline{20|}} = \frac{(R_{40} - R_{60} - 20M_{60})}{D_{40}} = \frac{37788 - 13459 - 20(13459 - 12943)}{9054}$$
$$= 1.5473$$

20년만기 누가정기보험의 NSP = 100이므로 제1보험연도 사망보험금을 S라고 하면

$$100 = S(IA)^1_{40:\overline{20|}} \text{이므로} \ S = \frac{100}{1.5473} = 64.63$$

제1보험연도 사망보험금이 20원인 20년만기 누감정기보험의 NSP를 구해보면

$$(DA)^1_{40:\overline{20|}} = \frac{20M_{40} - R_{41} + R_{61}}{D_{40}}$$

$$= \frac{20(37788 - 36327) - 36327 + 12943}{9054} = 0.6446$$

20년만기 누감정기보험의 NSP = 100이므로 제1보험연도 사망보험금을 $20S'$이라고 하면

$$100 = S'(DA)^1_{40:\overline{20|}} \text{이므로} \ S' = \frac{100}{0.6446} = 155.13$$

따라서 누가정기보험 사망보험금이 누감정기보험 사망보험금보다 작은 기간 n은

$$64.63n < (21-n)(155.13) \text{이므로} \ n < \frac{(21)(155.13)}{155.13 + 64.63} = 14.82$$

따라서 $n = 14$

08 1년 선택표와 종국표에서 $q_{[x]} = (0.5)q_x$일 때 $A_x - A_{[x]} = A^1_{[x]:\overline{1|}}(1 - A_{x+1})$이 성립함을 증명하시오.

풀이

재귀식에 의해

$$A_x = v\,q_x + v\,p_x\,A_{x+1} = v\,q_x(1-A_{x+1}) + v\,A_{x+1} \ \cdots\cdots ①$$

선택기간이 1년이므로

$$A_{[x]} = v\,q_{[x]} + v\,p_{[x]}\,A_{x+1} = v\,q_{[x]}(1-A_{x+1}) + v\,A_{x+1} \ \cdots\cdots ②$$

①에서 ②를 차감하면

$$A_x - A_{[x]} = v(q_x - q_{[x]})(1-A_{x+1}) = v\,q_{[x]}(1-A_{x+1}) = A^{\,1}_{[x]:\overline{1}|}(1-A_{x+1})$$

09 피보험자 (x), 보험금 연말급, 보험금 1원의 n년만기 생사혼합보험의 NSP를 다음 자료를 이용하여 a와 b로 나타내시오.

(i) $\mathrm{Var}(Z) = a$, Z는 보험금 현가함수

(ii) $\mathrm{Var}(_0L) = b$, $_0L$은 보험회사의 미래손실 확률변수(보험가입시)

풀이

(i)과 (ii)에 의해

$$\mathrm{Var}(Z) = \left[{}^2A_{x:\overline{n}|} - \left(A_{x:\overline{n}|}\right)^2 \right] = a$$

$$\mathrm{Var}(_0L) = \left(1 + \frac{P_{x:\overline{n}|}}{d}\right)^2 \left[{}^2A_{x:\overline{n}|} - \left(A_{x:\overline{n}|}\right)^2 \right] = \frac{\left[{}^2A_{x:\overline{n}|} - \left(A_{x:\overline{n}|}\right)^2 \right]}{(d\,\ddot{a}_{x:\overline{n}|})^2} = b$$

$$\frac{a}{b} = (d\,\ddot{a}_{x:\overline{n}|})^2 = (1 - A_{x:\overline{n}|})^2 \text{이므로 } 1 - A_{x:\overline{n}|} = \sqrt{\frac{a}{b}}$$

따라서 $A_{x:\overline{n}|} = 1 - \sqrt{\dfrac{a}{b}}$

10 피보험자 (92)의 사망이 k번째 보험연도에서 발생하면 보험연도말에 $\ddot{s}_{\overline{k}|0.05}\,(j=5\%)$를 보험금으로 지급한다. $\omega = 95$인 De Moivre의 법칙을 가정할 때 NSP를 구하시오. 단, 보험료 계산시 사용되는 $i=6\%$이다.

풀이

사망법칙은 $\omega = 95$인 De Moivre 법칙을 따르므로

$$\mathrm{NSP} = \sum_{k=0}^{\omega-x-1} b_k\,v^{k+1}\,_{k|}q_x = \sum_{k=0}^{2} \ddot{s}_{\overline{k+1}|0.05}\,v^{k+1}\left(\frac{1}{95-92}\right)$$

$$= \frac{1}{3}(1.05)\sum_{k=0}^{2}\frac{s_{\overline{k+1}|0.05}}{(1.06)^{k+1}}$$

$$= \frac{1.05}{3}\left[\frac{1}{1.06} + \frac{(1+1.05)}{1.06^2} + \frac{(1+1.05+1.05^2)}{1.06^3}\right] = 1.9$$

11 1,000명의 사람이 모두 40세인 단체가 있다. 각각은 동일한 금액을 한번만 갹출하여 기금을 만들었다. 이 기금으로부터 이 단체의 사람들이 사망하면 100원의 사망보험금을 사망연도말에 지급한다. 다음의 가정을 이용하여 95%의 확률로 모든 사망보험금을 지급하기에 충분한 기금의 최소값을 구하시오.

(i) $l_x = 100 - x$, $0 \leq x \leq 100$ (ii) 이자율 $i = 0.05$이다.

(iii) 1,000명의 사람들의 사망은 동질적이고 독립적이다.

(iv) Z를 표준정규분포의 확률변수라고 하면 $\Pr(Z < 1.645) = 0.95$이다.

> **풀이**

Y를 100원의 보험금에 대한 보험금현가라고 하면,

$$Y = 100\,v^{K+1}$$

$E(Y)$와 $\mathrm{Var}(Y)$를 구하기 위해 A_{40}, $^2A_{40}$을 구해보자.

(i)에 의해 사망법칙은 De Moivre 법칙을 따르므로

$$A_{40} = \frac{a_{\overline{60|}}}{60} = \frac{1}{60}\frac{1-v^{60}}{i} = \frac{1}{60}\left[\frac{1-(1.05)^{-60}}{0.05}\right] = 0.315488$$

$$^2A_{40} = \frac{a_{\overline{60|}\,2i+i^2}}{60} = \frac{1}{60}\frac{1-v^{2\times60}}{2i+i^2} = \frac{1}{60}\left[\frac{1-(1.05)^{-120}}{0.1025}\right] = 0.162136$$

$$E(Y) = 100\,E(v^{K+1}) = 100\,A_{40} = (100)(0.315488)$$

$$\mathrm{Var}(Y) = 100^2\,\mathrm{Var}(v^{K+1}) = 100^2\left[{}^2A_{40} - (A_{40})^2\right]$$

$$= (100^2)[0.162136 - (0.315488)^2] = (100^2)(0.06260332)$$

$S = Y_1 + Y_2 + \cdots + Y_{1000}$으로 정의하면

$$E(S) = \sum_{i=1}^{1000} E(Y_i) = 1000\,E(Y) = (1000)(100)(0.315488)$$

$$\mathrm{Var}(S) = \sum_{i=1}^{1000} \mathrm{Var}(Y_i) = 1000\,\mathrm{Var}(Y) = (1000)(100^2)(0.06260332)$$

F를 기금이라 하면

$$\Pr(S < F) = \Pr\left[\frac{S-E(S)}{\sqrt{\mathrm{Var}(S)}} < \frac{F-E(S)}{\sqrt{\mathrm{Var}(S)}}\right]$$

$$= \Pr\left[Z < \frac{F-E(S)}{\sqrt{\mathrm{Var}(S)}}\right] = 0.95$$

$\dfrac{F-E(S)}{\sqrt{\mathrm{Var}(S)}} = 1.645$를 만족하는 기금 F를 구해보면

$$F = E(S) + 1.645\sqrt{\mathrm{Var}(S)}$$

$$= (1000)(100)(0.315488) + 1.645\sqrt{(1000)(100^2)(0.06260332)}$$

$$= (n)(B)(0.315488) + 1.645 \sqrt{(n)(B^2)(0.06260332)}$$
$$= (1000)(100)(0.315488) + 1.645(100) \sqrt{(1000)(0.06260332)}$$
$$= 32850.36117$$

12 다음과 같은 자료를 이용하여 (a)~(e)를 구하시오($i = 0.05$).

x	97	98	99	100	101
l_x	800	500	200	100	0
d_x	300	300	100	100	

(a) A_{97}　　　(b) $A^1_{97:\overline{2}|}$　　　(c) $A_{97:\overline{2}|}$　　　(d) $_{1|}A_{98}$　　　(e) $(IA)_{98}$

풀이

(a) $l_{100} > 0$이고 $l_{101} = 0$이므로 $\omega = 101$임을 알 수 있다.

$$A_{97} = \sum_{k=0}^{101-97-1} v^{k+1} {}_k p_{97}\, q_{97+k} = \sum_{k=0}^{3} v^{k+1} \frac{d_{97+k}}{l_{97}}$$
$$= \left(\frac{1}{1.05}\right)\frac{300}{800} + \left(\frac{1}{1.05^2}\right)\frac{300}{800} + \left(\frac{1}{1.05^3}\right)\frac{100}{800} + \left(\frac{1}{1.05^4}\right)\frac{100}{800} = 0.908096$$

(b) $A^1_{97:\overline{2}|} = \left(\frac{1}{1.05}\right)\frac{300}{800} + \left(\frac{1}{1.05^2}\right)\frac{300}{800} = 0.697279$

(c) $A_{97:\overline{2}|}^{} = v^2\, {}_2 p_{97} = v^2 \frac{l_{99}}{l_{97}} = \left(\frac{1}{1.05^2}\right)\frac{200}{800} = 0.226757$이므로

$$A_{97:\overline{2}|} = A^1_{97:\overline{2}|} + A_{97:\overline{2}|}^{} = 0.697279 + 0.226757 = 0.924036$$

(d) $_{1|}A_{98} = \sum_{k=1}^{101-98-1} v^{k+1} {}_k p_{98}\, q_{98+k} = \sum_{k=1}^{2} v^{k+1} \frac{d_{98+k}}{l_{98}}$

$$= \left(\frac{1}{1.05^2}\right)\frac{100}{500} + \left(\frac{1}{1.05^3}\right)\frac{100}{500} = 0.354173$$

(e) $(IA)_{98} = \sum_{k=0}^{2}(k+1)v^{k+1}\frac{d_{98+k}}{l_{98}} = \left(\frac{1}{1.05}\right)\frac{300}{500} + 2\left(\frac{1}{1.05^2}\right)\frac{100}{500} + 3\left(\frac{1}{1.05^3}\right)\frac{100}{500}$

$$= 1.452543$$

13 구성원이 모두 40세인 집단을 고려해보자. 다음과 같은 자료를 이용하여 이 집단에서 임의로 한 명을 선택했을 경우, 그 사람에 대한 $1000A^1_{x:\overline{3}|}$을 구하시오($i = 0.05$).

(i) 집단의 70%는 건강한 사람이고, 30%는 암에 걸린 사람이다.

(ii) q를 건강한 사람의 사망률, q'는 암에 걸린 사람의 사망률이다.

k	q_{40+k}	q'_{40+k}
0	0.05	0.1
1	0.07	0.15
2	0.1	0.22
3	0.15	0.3

풀이

C를 암에 걸린 사람, NC를 건강한 사람이라고 하자. 3년만기 정기보험의 보험금현가를 Z라고 하면 건강한 사람의 3년만기 정기보험의 일시납순보험료(NSP)는

$$E(Z \mid NC) = v\, q_{40} + v^2\, p_{40}\; q_{41} + v^3\; {}_2p_{40}\; q_{42}$$

$$= \left(\frac{1}{1.05}\right)(0.05) + \left(\frac{1}{1.05}\right)^2 (0.95)(0.07) + \left(\frac{1}{1.05}\right)^3 (0.95)(0.93)(0.1)$$

$$= 0.184257$$

암에 걸린 사람의 3년만기 정기보험의 NSP는

$$E(Z \mid C) = v\, q'_{40} + v^2\, p'_{40}\; q'_{41} + v^3\; {}_2p'_{40}\; q'_{42}$$

$$= \left(\frac{1}{1.05}\right)(0.1) + \left(\frac{1}{1.05}\right)^2 (0.9)(0.15) + \left(\frac{1}{1.05}\right)^3 (0.9)(0.85)(0.22)$$

$$= 0.363071$$

자료 (i)로부터 $A^{\,1}_{40:\overline{3}|} = E(Z) = E(Z \mid NC) \times 0.7 + E(Z \mid C) \times 0.3$

$$= 0.184257 \times 0.7 + 0.363071 \times 0.3 = 0.237901 \text{이므로}$$

$1000 A^{\,1}_{40:\overline{3}|} = 237.901$

14 피보험자 (45)가 가입한 보험금 연말급, 종신보험의 보험금현가를 Z라고 하자. 부록의 생명표와 다음의 가정을 이용하여 이 종신보험의 일시납순보험료(NSP)를 구하시오($i = 0.05$).

$$Z = \begin{cases} 1500 v^{K+1}, & K = 0, 1, 2, \cdots, 29 \\ 1000 v^{K+1}, & K = 30, 31, 32, \cdots \end{cases}$$

풀이

생명표에 의해 $A_{45} = 0.194316$, $A_{45:\frac{1}{30|}} = 0.177391$, $A_{75} = 0.589542$

이므로 $_{30|}A_{45} = A_{45:\frac{1}{30|}}\, A_{75} = 0.177391 \times 0.589542 = 0.104579$

따라서 $\text{NSP} = E(Z) = 1500 A_{45} - 500 \times {}_{30|}A_{45}$

$$= 1500 \times 0.194316 - 500 \times 0.104579 = 239.1845$$

15 다음과 같은 3년 선택표와 종국표가 주어졌다.

x	$l_{[x]}$	$l_{[x]+1}$	$l_{[x]+2}$	l_{x+3}	$x+3$
55	10000	9200	9000	8700	58
56	9100	8900	8600	8200	59
57	8800	8500	8100	7900	60
58	8400	8000	7800	7600	61

55세에 가입한 보험금 10,000원의 5년만기 생존보험의 일시납순보험료가 6,113원일 때, 56세에 가입한 보험금 10,000원의 4년만기 생존보험의 일시납순보험료를 구하시오.

풀이

주어진 조건으로부터 현가율 v를 구해보자.

$$10000A_{[55]:\frac{1}{5|}} = 6113, \quad A_{[55]:\frac{1}{5|}} = v^5{}_5p_{[55]} = v^5\frac{l_{60}}{l_{[55]}} = v^5\frac{7900}{10000} = 0.6113$$ 이므로

$$v = \left(\frac{0.6113}{0.79}\right)^{0.2} = 0.95$$

따라서 56세에 가입한 보험금 10,000원의 4년만기 생존보험의 일시납순보험료(NSP)는

$$NSP = 10000A_{[56]:\frac{1}{4|}} = 10000v^4{}_4p_{[56]} = 10000v^4\frac{l_{60}}{l_{[56]}}$$

$$= 10000(0.95)^4\frac{7900}{9100} = 7070.99$$

16 보험금 연말급인 종신보험 두 개를 고려해보자. 각 보험의 내용은 다음과 같다.

(i) A 종신보험은 30세가 가입하여 첫 번째 보험연도에 사망하면 보험금 1원을 지급하며, 그 다음해부터는 40세(시간선상으로 40세이고 실제 나이는 39세)까지 매년 보험금이 1원씩 증가한다. 그 후 50세까지는 매년 보험금이 1원씩 감소하여 50세부터는 보험금 1원으로 유지된다.

(ii) B 종신보험은 30세가 가입하여 첫 번째 보험연도에 사망하면 보험금 15원을 지급하며, 그 다음해부터는 45세까지 매년 보험금이 1원씩 감소한다. 그 후 45세부터 보험금은 1원으로 유지된다.

이 두 종신보험의 일시납순보험료(NSP)의 차이를 구하시오.

풀이

A 종신보험의 일시납순보험료를 $NSP_{(A)}$, B 종신보험의 일시납순보험료를 $NSP_{(B)}$라고 하자.

$$NSP_{(A)} = (IA)_{30:\overline{10|}}^1 + {}_{10}E_{30}(DA)_{40:\overline{10|}}^1 + {}_{20}E_{30}\ A_{50}$$

$$= \frac{R_{30} - R_{40} - 10\,M_{40}}{D_{30}} + \frac{D_{40}}{D_{30}} \frac{10\,M_{40} - (R_{41} - R_{51})}{D_{40}} + \frac{D_{50}}{D_{30}} \frac{M_{50}}{D_{50}}$$

$$= \frac{96023.89 - 73540.51 - 10 \times 2183.45}{22816.97} + \frac{13912.54}{22816.97}$$

$$\times \frac{10 \times 2183.45 - (71357.06 - 50440.47)}{13912.54} + \frac{2003.99}{22816.97}$$

$$= 0.156497$$

$$\mathrm{NSP}_{(\mathrm{B})} = (DA)_{30\,:\,\overline{15|}}^{1} + {}_{15}E_{30}\,A_{45} = \frac{15\,M_{30} - (R_{31} - R_{46})}{D_{30}} + \frac{M_{45}}{D_{30}}$$

$$= \frac{15 \times 2300.42 - (93723.47 - 60668.98)}{22816.97} + \frac{2104.12}{22816.97} = 0.155846$$

따라서 $\mathrm{NSP}_{(\mathrm{A})} - \mathrm{NSP}_{(\mathrm{B})} = 0.156497 - 0.155846 = 0.000651$

17 $A_{40} = 0.16$, $A_{20\,:\,\overline{20|}}^{1} = 0.3$, $A_{20\,:\,\overline{20|}} = 0.32$, $i = 0.06$ 이고 UDD를 가정할 때 $A_{20}^{(4)}$ 를 구하시오.

> 풀이

$A_{20\,:\,\overline{20|}}$ 과 $A_{20\,:\,\overline{20|}}^{1}$ 의 값으로부터

$$A_{20\,:\,\overline{20|}}^{1} = A_{20\,:\,\overline{20|}} - A_{20\,:\,\overline{20|}}^{1} = 0.32 - 0.3 = 0.02$$

A_{20} 과 A_{40} 사이의 재귀식을 이용하면

$$A_{20} = A_{20\,:\,\overline{20|}}^{1} + A_{20\,:\,\overline{20|}}^{1}\,A_{40} = 0.02 + 0.3 \times 0.16 = 0.068$$

UDD가정을 따르고 $(1+i) = \left(1 + \dfrac{i^{(4)}}{4}\right)^4$ 이므로 $i^{(4)} = 4[(1+i)^{1/4} - 1] = 0.058695$
따라서

$$A_{20}^{(4)} = \frac{i}{i^{(4)}}\,A_{20} = \frac{0.06}{0.058695}(0.068) = 0.0695$$

18 피보험자 (20)이 다음과 같은 보험금 사망즉시급의 보험에 가입하였을 때의 일시납 순보험료(NSP)를 계산기수를 사용하여 나타내시오.

(i) 처음 10년간 사망시 1,000원의 보험금

(ii) 다음 20년간 보험금이 매년 100원씩 증가

(iii) 그 후 60세까지 증액되지 않고 일정

(iv) 그 후 보험금이 0원이 될 때까지 매년 200원씩 보험금이 감소

> 풀이

보험금현가를 Z 라고 하면 Z 는

$$Z = \begin{cases} 1000\,v^T, & T \le 10 \\ (\,1000 + 100 \lfloor T - 10 \rfloor\,)\,v^T, & 10 < T < 30 \\ 3000\,v^T, & 30 \le T \le 40 \\ (\,3000 - 200 \lfloor T - 40 \rfloor\,)\,v^T, & 40 < T \le 55 \end{cases} \text{이므로}$$

$$\text{NSP} = \frac{1000}{D_{20}}\big(\bar{M}_{20} - \bar{M}_{30}\big) + \frac{1000}{D_{20}}\big(\bar{M}_{30} - \bar{M}_{50}\big) + \frac{100}{D_{20}}\big(\bar{R}_{30} - \bar{R}_{50} - 20\bar{M}_{50}\big)$$

$$+ \frac{3000}{D_{20}}\big(\bar{M}_{50} - \bar{M}_{60}\big) + \frac{3000}{D_{20}}\big(\bar{M}_{60} - \bar{M}_{75}\big) - \frac{200}{D_{20}}\big(\bar{R}_{60} - \bar{R}_{75} - 15\bar{M}_{75}\big)$$

$$= \frac{1000\bar{M}_{20} + 100\bar{R}_{30} - 100\bar{R}_{50} - 200\bar{R}_{60} + 200\bar{R}_{75}}{D_{20}}$$

다음 그림을 이용하면 NSP을 바로 구할 수 있다.

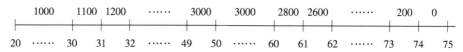

19 $s(x) = S_0(x) = 1 - \dfrac{x}{96}$ (즉, $\omega = 96$인 De Moivre의 법칙)이고 $E(Z) = {}_{n|}\bar{A}_{26}$이다. Z의 메디안(median) 값이 0.453이고 $i = 0.02$일 때 n의 값을 구하시오.

(Hint: Z의 메디안을 z_m이라고 하면 메디안의 정의상 $\Pr(Z \le z_m) = \dfrac{1}{2}$이다. 보험금현가($Z$)를 y축, T를 x축으로 하는 그래프를 그리고 생각할 것)

풀이

보험금현가 Z는 다음과 같다.

$$Z = \begin{cases} 0, & T \le n \\ v^t, & T > n \end{cases}$$

이를 그림으로 나타내면

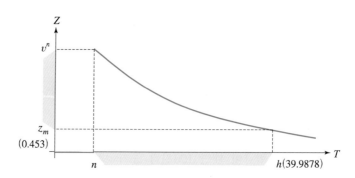

$\Pr(Z \le z_m) = \Pr(Z > z_m) = \dfrac{1}{2}$인 z_m을 만족하는 h값을 찾아보자.

$$z_m = 0.453 = v^h$$

$$h = \frac{\ln 0.453}{-\ln 1.02} = 39.9878$$

메디안의 정의를 $\Pr(Z \le z_m) = \frac{1}{2}$인 정의를 이용할 수도 있고 $\Pr(Z > z_m) = \frac{1}{2}$인 정의를 이용할 수도 있다.

(i) $\Pr(Z > z_m) = \frac{1}{2}$인 정의를 이용해보자.

$\Pr(Z > 0.453) = 0.5$를 만족하는 n은 $\Pr(n < T < h)$을 만족한다. 따라서

$$\Pr(v^T > 0.453) = \Pr(n < T < h) = \Pr(n < T < 39.9878)$$
$$= {}_{39.9878}q_{26} - {}_{n}q_{26} = 0.5$$

이므로 $\dfrac{39.9878 - n}{70} = 0.5$, 따라서 $n = 4.9878$

(ii) $\Pr(Z \le z_m) = \frac{1}{2}$인 정의를 이용해보자.

$$\Pr(Z \le z_m) = \Pr(Z = 0) + \Pr(0 < Z \le z_m)$$
$$= \frac{n}{70} + \Pr(T > h) = \frac{1}{2}$$

$\Pr(T > h) = \dfrac{70 - h}{70}$ 이므로

$$\Pr(Z \le z_m) = \frac{n}{70} + \frac{70 - h}{70} = \frac{1}{2}$$

$$\frac{n}{70} = \frac{1}{2} - 1 + \frac{h}{70} = \frac{h - 35}{70} = \frac{39.9878 - 35}{70}$$

따라서 $n = 4.9878$

20 $\displaystyle\int_0^\infty l_{x+t}\, dt = 100$, $l_x = 200$ 이고 $\delta = 0$일 때 $\displaystyle\int_0^\infty {}_{m|}\bar{A}_x\, dm$의 값을 구하시오.

풀이

$\delta = 0$이므로 $v^t = e^{-\delta t} = 1$이다. 따라서

$$\int_0^\infty {}_{m|}\bar{A}_x\, dm = \int_0^\infty \int_m^\infty v^t\, {}_t p_x\, \mu_{x+t}\, dt\, dm = \frac{1}{l_x}\int_0^\infty \int_m^\infty l_{x+t}\, \mu_{x+t}\, dt\, dm$$

$$= \frac{1}{l_x}\int_0^\infty \int_m^\infty \left(-\frac{d}{dt} l_{x+t}\right) dt\, dm = \frac{1}{l_x}\int_0^\infty l_{x+m}\, dm = \frac{1}{l_x}\int_0^\infty l_{x+t}\, dt$$

$$= \frac{100}{200} = \frac{1}{2}$$

21 $i = 0.05$, $\bar{A}\,_{20\,:\,\overline{2}|}^{1} = 0.576$, $l_{20} = L$, $l_{21} = L-4$, $l_{22} = L-6$일 때 UDD가정하에서 L 을 구하시오.

$\bar{A}\,_{20\,:\,\overline{2}|}^{1}$ 을 구하기 위해 q_{20}, $_{1|}q_{20}$ 을 구해보자.

$$q_{20} = \frac{l_{20} - l_{21}}{l_{20}} = \frac{L - L + 4}{L} = \frac{4}{L}$$

$$_{1|}q_{20} = \frac{l_{21} - l_{22}}{l_{20}} = \frac{(L-4) - (L-6)}{L} = \frac{2}{L}$$

UDD가정하에서 $\bar{A}\,_{x\,:\,\overline{n}|}^{1} = \frac{i}{\delta} A\,_{x\,:\,\overline{n}|}^{1}$ 이므로

$$\bar{A}\,_{20\,:\,\overline{2}|}^{1} = \frac{i}{\delta} A\,_{20\,:\,\overline{2}|}^{1} = \frac{i}{\delta}(v\,q_{20} + v^2\,_{1|}q_{20}) = \frac{0.05}{\ln(1.05)}\left[\frac{1}{1.05}\frac{4}{L} + \frac{1}{(1.05)^2}\frac{2}{L}\right]$$

$$= \frac{1}{L} \times 5.763029 = 0.576$$

따라서 $L = 10.00525868$

22 $s(x) = S_0(x) = 1 - \dfrac{x}{100}$, $0 \le x \le 100$라고 하자. 피보험자 (20), 보험금 사망즉시급, 보험금 1원인 종신보험을 고려할 때, 다음을 구하시오.

(a) 일시납순보험료(NSP)　　　　　　(b) 보험금현가 Z의 분산

(c) $\Pr(Z \le z_{0.9}) = 0.9$인 $z_{0.9}$

사망법칙이 $\omega = 100$인 De Moivre 법칙을 따르므로

(a) $\text{NSP} = E(Z) = \bar{A}_{20} = \dfrac{\bar{a}_{\,\overline{80}|}}{80} = \dfrac{1 - e^{-80\delta}}{80\delta}$

(b) $\text{Var}(Z)$를 구하기 위해 $E(Z^2)$을 구해보자.

　　$E(Z^2)$는 이력이 2δ인 보험금 사망즉시급 종신보험의 NSP이므로

$$E(Z^2) = \frac{\bar{a}_{\,\overline{80}|2\delta}}{80} = \frac{1 - e^{-80 \times 2\delta}}{80 \times 2\delta} = \frac{1 - e^{-160\delta}}{160\delta}$$

　　따라서 $\text{Var}(Z) = \dfrac{1 - e^{-160\delta}}{160\delta} - \left(\dfrac{1 - e^{-80\delta}}{80\delta}\right)^2$

(c) $\Pr(Z \le z_{0.9}) = \Pr(v^T \le z_{0.9}) = \Pr(T \ln v \le \ln z_{0.9}) = \Pr\left(T > -\dfrac{1}{\delta}\ln z_{0.9}\right)$

$$= \Pr(T > \alpha) = {}_{\alpha}p_{20}$$

$_\alpha p_{20} = 0.9$를 만족시키는 $z_{0.9}$를 찾아보면 $_\alpha p_{20} = 1 - \dfrac{\alpha}{80} = 0.9$로부터 $\alpha = 8$이므로

$$-\frac{1}{\delta} \ln z_{0.9} = 8, \ z_{0.9} = e^{-8\delta} = v^8$$

23 확률변수 Z_1은 $\bar{A}_{x:\overline{n}|}$을 구하기 위한 보험금 현가함수이고, Z_2는 $\bar{A}^{\,1}_{x:\overline{n}|}$을 구하기 위한 보험금 현가함수이다. 다음의 자료를 이용하여 $\mathrm{Var}(Z_1)$을 구하시오.

(i) $\mathrm{Var}(Z_2) = 0.01$ (ii) $v^n = 0.30$

(iii) $_n p_x = 0.80$ (iv) $E(Z_2) = 0.04$

> **풀이**

$$\begin{aligned}
\mathrm{Var}(Z_1) &= {}^2\bar{A}_{x:\overline{n}|} - (\bar{A}_{x:\overline{n}|})^2 \\
&= ({}^2\bar{A}^{\,1}_{x:\overline{n}|} + {}^2A_{x:\frac{1}{n}|}) - (\bar{A}^{\,1}_{x:\overline{n}|} + A_{x:\frac{1}{n}|})^2 \\
&= {}^2\bar{A}^{\,1}_{x:\overline{n}|} - (\bar{A}^{\,1}_{x:\overline{n}|})^2 + \left[{}^2A_{x:\frac{1}{n}|} - 2\,\bar{A}^{\,1}_{x:\overline{n}|}\, A_{x:\frac{1}{n}|} - (A_{x:\frac{1}{n}|})^2 \right] \\
&= \mathrm{Var}(Z_2) + \left[v^{2n}{}_n p_x - 2E(Z_2)\,v^n{}_n p_x - v^{2n}({}_n p_x)^2 \right] \\
&= 0.01 + \left[(0.09)(0.80) - 2(0.04)(0.3)(0.8) - (0.09)(0.64) \right] \\
&= 0.0052
\end{aligned}$$

24 피보험자 (x), 보험금 사망즉시급, 보험금 50원의 종신보험을 고려한다. 미래생존기간 T_x의 확률밀도함수가 다음과 같을 때 NSP를 구하시오. 단, $\delta = 0.10$이다.

$$f(t) = \begin{cases} \dfrac{t}{5000}, & 0 \le t \le 100 \\[2mm] 0, & \text{다른 범위의 } t \end{cases}$$

> **풀이**

보험금 사망즉시급, 보험금 50원인 종신보험의 NSP는

$$\begin{aligned}
\mathrm{NSP} &= 50 \int_0^\infty v^t \,{}_t p_x \,\mu_{x+t}\, dt = 50 \int_0^\infty v^t f(t)\, dt \\
&= 50 \int_0^{100} e^{-0.1t} \frac{t}{5000}\, dt + 50 \int_{100}^\infty e^{-0.1t} \times 0 \ dt \\
&= 0.01 \int_0^{100} t\, e^{-0.1t}\, dt^{1)} \\
&= 0.01 \left(\left[\frac{-1}{0.1} e^{-0.1t}\, t \right]_0^{100} - \int_0^{100} \frac{-1}{0.1} e^{-0.1t}\, dt \right)
\end{aligned}$$

---

1) $u' = e^{-0.1t}$, $v = t$로 부분적분법을 사용함.

$$= 0.01 \left[(-1000\, e^{-10}) + \frac{1}{0.1} \int_0^{100} e^{-0.1t}\, dt \right]$$

$$= 0.01 \left[(-1000\, e^{-10}) + \frac{1}{0.1^2} (1 - e^{-0.1 \times 100}) \right]$$

$$= -10\, e^{-10} + 1 - e^{-10} = 1 - 11 e^{-10} = 0.9995$$

25 피보험자 (x), 보험금 사망즉시급, 10년거치, 20년만기 생사혼합보험의 사망보험금은 1,000원이고 생존보험금은 2,000원이다. 이 보험의 보험금현가를 Z라고 할 때 Z의 기대값과 분산을 구하시오. 단, $\delta = 0.10$, 모든 y $(y \geq 0)$에 대하여 $\mu_y = 0.01$을 이용하시오.

풀이

$E(Z)$를 μ_y와 δ을 이용하여 나타내면

$$E(Z) = 1000\,_{10|}A^{\,1}_{x:\overline{20|}} + 2000\,_{10|}A_{x:\frac{1}{20|}} = 1000\,_{10|}A^{\,1}_{x:\overline{20|}} + 2000\, v^{30}\,_{30}p_x$$

$$= \int_{10}^{30} 1000\, e^{-\delta t}\, \mu_y\, e^{-\mu t}\, dt + 2000\, e^{-30\delta} \int_{30}^{\infty} \mu_y\, e^{-\mu t}\, dt$$

$$= \frac{1000\mu_y}{\mu_y + \delta} \int_{10}^{30} (\mu_y + \delta)\, e^{-(\mu_y + \delta)t}\, dt + 2000\, e^{-30\delta}\, e^{-30\mu_y}$$

$$= \frac{1000\mu_y}{\mu_y + \delta} \left[e^{-10(\mu_y + \delta)} - e^{-30(\mu_y + \delta)} \right] + 2000\, e^{-30(\mu_y + \delta)}$$

따라서

$$E(Z) = 100.67$$

$\text{Var}(Z)$를 구하기 위해 $E(Z^2)$을 구해보자.

$$Z^2 = \begin{cases} 0, & 0 < T \leq 10 \\ (1000)^2\, e^{-2\delta T}, & 10 < T < 30 \\ (2000)^2\, e^{-2\delta \times 30}, & T \geq 30 \end{cases} \text{이므로}$$

$$E(Z^2) = \frac{1000^2\, \mu_y}{\mu_y + 2\delta} \left[e^{-10(\mu_y + 2\delta)} - e^{-30(\mu_y + 2\delta)} \right] + (2000)^2\, e^{-30(\mu_y + 2\delta)}$$

$$= 13089.03$$

따라서

$$\text{Var}(Z) = E(Z^2) - [E(Z)]^2 = 13089.03 - 100.67^2 = 2954.6$$

26 피보험자 (50), 보험금 사망즉시급, 보험금 b_t(t에 따라 변동)인 종신보험의 보험금현가를 Z라고 하자. 다음과 같은 자료를 이용하여 $E(Z)$를 구하시오.

(i) 사망법칙은 $\omega = 100$인 De Moivre의 법칙을 따른다.

(ii) 이자율은 단리 $i = 0.01$ \qquad (iii) $b_t = 1000 - 0.1t^2$

풀이

$a^{-1}(t) = \dfrac{1}{1+it}$ 이므로

$$
\begin{aligned}
E(Z) &= \int_0^{50} b_t\, a^{-1}(t)\, {}_tp_{50}\, \mu_{50+t}\, dt \\
&= \int_0^{50} (1000 - 0.1t^2)\left(\frac{1}{1+0.01t}\right)\left(\frac{1}{50}\right) dt \\
&= \int_0^{50} \frac{(1000)(1-0.01t)(1+0.01t)}{(1+0.01t)\,50}\, dt \\
&= 20\int_0^{50} (1-0.01t)\, dt = 20(50 - 12.5) = 750
\end{aligned}
$$

27 피보험자 (x), 보험금 사망즉시급, 보험금 1원의 보험금현가(함수)를 $Z = v^T,\ T \geq 0$이라고 하자. 다음 자료를 이용하여 $\mathrm{Var}(Z)$를 구하시오.

(i) $E(Z) = 0.25$ \qquad (ii) 이력과 사력은 각각 일정한 상수이다.

풀이

(ii)로부터 사력이 상수이므로 사망법칙은 CFM을 따른다. $E(Z) = \dfrac{\mu}{\mu + \delta} = 0.25$ 이므로 $\delta = 3\mu$이다.

$$
\begin{aligned}
\mathrm{Var}(Z) &= E(Z^2) - [E(Z)]^2 = \frac{\mu}{\mu + 2\delta} - \left(\frac{\mu}{\mu + \delta}\right)^2 = \frac{\mu}{\mu + 6\mu} - \left(\frac{\mu}{4\mu}\right)^2 \\
&= \frac{1}{7} - \left(\frac{1}{4}\right)^2 = 0.0804
\end{aligned}
$$

28 다음 식을 증명하시오.

$$
A_{x:\frac{1}{n|}} = \exp\left[-\int_0^n (\mu_{x+t} + \delta)\, dt\right]
$$

풀이

$$
A_{x:\frac{1}{n|}} = v^n\, {}_np_x = e^{-\delta n} \exp\left(-\int_0^n \mu_{x+t}\, dt\right) = \exp\left(-\int_0^n (\mu_{x+t} + \delta)\, dt\right)
$$

29 모든 $x \geq 0$에 대하여 $\mu_x = 0.02$일 때 다음을 구하시오. 단, $\delta = 0.05$이다.

(a) $\bar{A}_{40:\overline{15|}}^{\,1}$ \qquad (b) $\bar{A}_{40:\overline{15|}}$ \qquad (c) ${}_{15|}\bar{A}_{40}$

> **풀이**

(a) 사망법칙은 CFM을 따르므로 $\bar{A}^1_{x:\overline{n}|} = \dfrac{\mu(1-e^{-(\mu+\delta)n})}{\mu+\delta}$ 이다.

따라서 $\bar{A}^1_{40:\overline{15}|} = \dfrac{0.02(1-e^{-(0.02+0.05)\times 15})}{0.02+0.05} = 0.185732$

(b) $\bar{A}_{40:\overline{15}|}$ 을 구하기 위해 $A_{40:\overline{15}|}$ 를 구해보자.

사망법칙이 CFM을 따르므로 $A_{x:\overline{n}|} = e^{-(\mu+\delta)n}$ 이다.

따라서, $A_{40:\overline{15}|} = e^{-(0.02+0.05)\times 15} = 0.349938$

(a)에서 $\bar{A}^1_{40:\overline{15}|} = 0.185732$ 이므로

$$\bar{A}_{40:\overline{15}|} = \bar{A}^1_{40:\overline{15}|} + A_{40:\overline{15}|} = 0.185732 + 0.349938 = 0.53567$$

(c) $_{15|}\bar{A}_{40}$ 을 구하기 위해 $\bar{A}_{55}$ 를 구해보자.

사망법칙이 CFM을 따르므로 $\bar{A}_x = \dfrac{\mu}{\mu+\delta}$ 이다.

따라서 $\bar{A}_{55} = \dfrac{0.02}{0.02+0.05} = 0.285714$

(b)에서 $A_{40:\overline{15}|} = 0.349938$ 이므로

$$_{15|}\bar{A}_{40} = A_{40:\overline{15}|}\,\bar{A}_{55} = 0.349938 \times 0.285714 = 0.099982$$

30 다음과 같은 자료를 이용하여 $(\bar{I}\bar{A})_x$ 를 구하시오.

(i) 모든 x에 대하여 $\mu_x = \mu$로 상수이다.

(ii) $\delta = 0.05$ (iii) $^2\bar{A}_x = 0.2$

> **풀이**

$(\bar{I}\bar{A})_x$ 를 구하기 위해 먼저 μ를 구해보자.

사망법칙은 CFM을 따르므로 $^2\bar{A}_x = \dfrac{\mu}{\mu+2\delta} = 0.2$ 이므로 $\mu = 0.025$ 이다.

$(\bar{I}\bar{A})_x$ 를 구하기 위해 $\displaystyle\int_0^\infty t\,e^{-0.075t}\,dt$ 를 구해보자.

$u' = e^{-0.075t}$, $v = t$ 라고 하고 부분적분법을 적용하면

$$\int_0^\infty t\,e^{-0.075t}\,dt = \left[\frac{-1}{0.075}e^{-0.075t}\,t\right]_0^\infty - \int_0^\infty \frac{-1}{0.075}e^{-0.075t}(1)\,dt$$

$$= \frac{1}{0.075}\left[\frac{-1}{0.075}e^{-0.075t}\right]_0^\infty = 177.77778$$

따라서 $(\bar{I}\bar{A})_x = \int_0^\infty t \, v^t \,_t p_x \, \mu_{x+t} \, dt = \int_0^\infty t \, e^{-0.05t} \, e^{-0.025t} \, 0.025 \, dt$

$$= 0.025 \int_0^\infty t \, e^{-0.075t} \, dt = 0.025 \, (177.777789) = 4.44445$$

31 $l_x = 100 - x$, $0 \le x < 100$으로 주어졌을 때 다음을 구하시오. 단, $\delta = 0.05$이다.

(a) $\bar{A}_{25}$ (b) $\bar{A}_{25:\overline{5}|}^{\,1}$ (c) $_{5|}\bar{A}_{25}$

풀이

(a) 사망법칙이 De Moivre 법칙을 따르므로 $\bar{A}_x = \dfrac{\bar{a}_{\overline{\omega - x}|}}{\omega - x}$

따라서 $\bar{A}_{25} = \dfrac{\bar{a}_{\overline{75}|}}{100 - 25} = \dfrac{1 - e^{-75\delta}}{75\,\delta} = \dfrac{1 - e^{-0.05 \times 75}}{75 \times 0.05} = 0.260395$

(b) $A_{x:\overline{n}|}^{\,1} = v^n \,_n p_x = v^n \left(\dfrac{\omega - x - n}{\omega - x} \right)$이므로

$$A_{25:\overline{5}|}^{\,1} = e^{-0.05 \times 5} \left(\dfrac{100 - 25 - 5}{100 - 25} \right) = 0.726881$$

(c) $_{5|}\bar{A}_{25}$를 구하기 위해 $\bar{A}_{30}$을 구해보자.

$$\bar{A}_{30} = \dfrac{\bar{a}_{\overline{70}|}}{100 - 30} = \dfrac{1 - e^{-70\delta}}{70\,\delta} = \dfrac{1 - e^{-70 \times 0.05}}{70 \times 0.05} = 0.277086$$

(b)에서 $A_{25:\overline{5}|}^{\,1} = 0.726881$이므로

$$_{5|}\bar{A}_{25} = A_{25:\overline{5}|}^{\,1} \, \bar{A}_{30} = 0.726881 \times 0.277086 = 0.201409$$

32 피보험자 (30)은 사망즉시급 종신보험에 가입하였다. 보험내용이 다음과 같을 때, Var(Z)를 구하시오.

(i) 사망이 보험가입시로부터 t시점 후에 발생하면 사망보험금 $1000 \, e^{0.01t}$를 지급한다.

(ii) 모든 $x \ge 0$에 대해 $\mu_x = 0.03$이고, $\delta = 0.05$이다.

(iii) 이 보험의 보험금현가를 Z라고 한다.

풀이

보험금이 S일 때 보험금 현가확률변수 Z는 $Z = S v^T$, $T > 0$이고

(i)에 의해 $S = 1000 \, e^{0.01t}$이므로 $Z = 1000 \, e^{0.01t} \, e^{-0.05t} = 1000 \, e^{-0.04t}$

Z는 보험금이 1,000이고 이력이 0.04인 종신보험의 보험금현가와 동일한 확률변수이다. 따라서

$$\mathrm{Var}(Z) = \mathrm{Var}(1000 \, e^{-0.04t}) = 1000^2 \left[{}^2\bar{A}_{30} - (\bar{A}_{30})^2 \right]$$

$$= 1000^2 \left[\frac{\mu}{\mu + 2\delta} - \left(\frac{\mu}{\mu + \delta} \right)^2 \right]$$

$$= 1000^2 \left[\frac{0.03}{0.03 + 2(0.05)} - \left(\frac{0.03}{0.03 + 0.05} \right)^2 \right] = 90144.23$$

33 다음과 같은 가정하에서 $1000\,\bar{A}_{x\,:\,\overline{30|}}$ 을 구하시오.

(i) $\mu_{x+t} = \begin{cases} 0.02, & 0 \leq t \leq 10 \\ 0.03, & t > 10 \end{cases}$ (ii) $\delta_t = \begin{cases} 0.05, & 0 \leq t \leq 10 \\ 0.07, & t > 10 \end{cases}$

풀이

[풀이 1]

$\bar{A}_{x\,:\,\overline{30|}}$ 을 구하기 위해 $\bar{A}^{\,1}_{x\,:\,\overline{30|}}$, $A_{x\,:\,\overline{30|}}^{\;\;\;1}$ 을 구해보자.

$0 \leq t \leq 10$인 경우 $\mu = 0.02,\ \delta = 0.05$이므로

$$v^t \, {}_t p_x = e^{-0.05t}\, e^{-0.02t} = e^{-0.07t}$$

$t > 10$인 경우 $\mu = 0.03,\ \delta = 0.07$이므로

$$v^t \, {}_t p_x = e^{-0.05(10)}\, e^{-0.07(t-10)}\, e^{-0.02(10)}\, e^{-0.03(t-10)}$$

$$= e^{-0.07(10)}\, e^{-0.1(t-10)}$$

따라서

$$\bar{A}_{x\,:\,\overline{30|}} = \bar{A}^{\,1}_{x\,:\,\overline{30|}} + A_{x\,:\,\overline{30|}}^{\;\;\;1}$$

$$= \int_0^{30} v^t \, {}_t p_x \, \mu_{x+t} \, dt + v^{30} \, {}_{30} p_x$$

$$= \int_0^{10} v^t \, {}_t p_x \, \mu_{x+t} \, dt + \int_{10}^{30} v^t \, {}_t p_x \, \mu_{x+t} \, dt + v^{30} \, {}_{30} p_x$$

$$\int_0^{10} v^t \, {}_t p_x \, \mu_{x+t} \, dt = \int_0^{10} e^{-0.07t}\,(0.02) \, dt$$

$$= 0.02 \left[\frac{1 - e^{-0.07 \times 10}}{0.07} \right] = 0.14383277 \qquad \cdots\cdots ①$$

$$\int_{10}^{30} v^t \, {}_t p_x \, \mu_{x+t} \, dt = \int_{10}^{30} e^{-0.07(10)}\, e^{-0.1(t-10)}\,(0.03) \, dt$$

$$= (0.03)e^{-0.07(10)} \int_0^{20} e^{-0.1s} \, ds^{\,1)}$$

$$= (0.03)e^{-0.07(10)} \left(\frac{1 - e^{-0.1(20)}}{0.1} \right) = 0.128813937$$

$$v^{30} \, {}_{30} p_x = e^{-0.07(10)}\, e^{-0.1(30-10)} = 0.067205513$$

---

1) $t - 10 = s$로 치환적분법을 사용함. (부록의 (I-32) 참조)

이므로

$$\bar{A}_{x:\overline{30}|} = 0.14383277 + 0.128813937 + 0.067205513 = 0.33985222$$

따라서

$$1000\,\bar{A}_{x:\overline{30}|} = 339.85222$$

[풀이 2]

$\bar{A}_{x:\overline{30}|} = \bar{A}^{\,1}_{x:\overline{10}|} + {}_{10}E_x\,\bar{A}_{x+10:\overline{20}|}$ 을 이용해서 $\bar{A}_{x:\overline{30}|}$ 을 구해보자.

$0 \le t \le 10$인 경우 [풀이 1]에서 구한 $v^t\,{}_tp_x$를 이용하면

$\bar{A}^{\,1}_{x:\overline{10}|}$은 식 ①과 동일하므로 $\bar{A}^{\,1}_{x:\overline{10}|} = 0.14383277$

$${}_{10}E_x = v^{10}\,{}_{10}p_x = e^{-0.07(10)} = 0.496585304$$

$t > 10$인 경우 $\mu = 0.03$, $\delta = 0.07$이므로

$$\bar{A}_{x+10:\overline{20}|} = \bar{A}^{\,1}_{x+10:\overline{20}|} + A_{x+10:\overset{1}{\overline{20}|}}$$

$$= \int_0^{20} v^t\,{}_tp_{x+10}\,\mu_{x+10+t}\,dt + v^{20}\,{}_{20}p_{x+10}$$

$$\int_0^{20} v^t\,{}_tp_{x+10}\,\mu_{x+10+t}\,dt = \int_0^{20} e^{-0.07t}\,e^{-0.03t}\,(0.03)\,dt$$

$$= 0.03\int_0^{20} e^{-0.1t}\,dt = 0.03\left(\frac{1 - e^{-0.1(20)}}{0.1}\right)$$

$$= 0.259399415$$

$$v^{20}\,{}_{20}p_{x+10} = e^{-0.07(20)}\,e^{-0.03(20)} = 0.135335283$$

이므로

$$\bar{A}_{x+10:\overline{20}|} = 0.259399415 + 0.135335283 = 0.394734698$$

따라서

$$\bar{A}_{x:\overline{30}|} = 0.14383277 + (0.496585304)(0.394734698)$$

$$= 0.33985222$$

그러므로

$$1000\,\bar{A}_{x:\overline{30}|} = 339.85222$$

34 다음과 같은 자료를 이용하여 $\bar{A}_{x:\overline{15}|}$ 를 구하시오.

(i) 모든 $x \ge 0$에 대하여 $\mu_x = \mu$로 상수이다.   (ii) $\overset{\circ}{e}_x = 40$ (iii) $\bar{A}_x = 0.25$

풀이

(i)로부터 사망법칙은 CFM을 따른다.

(ii)에 의해 $\mathring{e}_x = \dfrac{1}{\mu} = 40$이므로 $\mu = \dfrac{1}{40}$이다.

(iii)에 의해 $\bar{A}_x = \dfrac{\mu}{\mu + \delta} = \dfrac{1/40}{(1/40) + \delta} = 0.25$이므로 $\delta = 0.075$이다.

따라서 $\bar{A}_{x:\overline{15|}} = \bar{A}^{\,1}_{x:\overline{15|}} + A_{x:\frac{1}{15|}} = \dfrac{\mu(1 - e^{-(\mu+\delta)\times 15})}{\mu + \delta} + e^{-(\mu+\delta)\times 15}$

$$= \dfrac{0.025(1 - e^{-0.1\times 15})}{0.025 + 0.075} + e^{-0.1\times 15} = 0.417348$$

35 피보험자 (x)는 다음과 같은 가정하에서 보험금 사망즉시급, 보험금 1원의 종신보험에 가입하였다.

(i) 모든 $x \geq 0$에 대하여 사력 $\mu_x = \mu$로 상수이다.　(ii) $\delta = 0.05$　(iii) $\bar{A}_x = 0.5$

이 보험에 대해 사력 μ가 0.02만큼 증가하고 δ가 0.02만큼 감소한다고 가정할 때, 변화된 보험의 APV를 구하시오.

풀이

(i)로부터 사망법칙은 CFM을 따른다.

(iii)에서 $\bar{A}_x = \dfrac{\mu}{\mu + \delta} = \dfrac{0.05}{\mu + 0.05} = 0.5$이므로 $\mu = 0.05$

μ가 0.02만큼 증가하고 δ가 0.02만큼 감소한다고 가정했을 때 수정된 사력과 이력을 각각 μ', δ'라 하면

$$\mu' = \mu + 0.02 = 0.05 + 0.02 = 0.07$$
$$\delta' = \delta - 0.02 = 0.05 - 0.02 = 0.03$$

따라서 변화된 보험의 APV를 $(\bar{A}_x)'$라고 하면

$$(\bar{A}_x)' = \dfrac{\mu'}{\mu' + \delta'} = \dfrac{0.07}{0.07 + 0.03} = 0.7$$

36 피보험자 (x), 보험금 사망즉시급, 보험금 b원인 종신보험의 보험금현가를 Z라고 하자. 다음과 같은 가정을 이용하여 b를 구하시오.

(i) $\delta = 0.05$　　　　　　　　　　　(ii) $\mu_{x+t} = 0.03$, $t \geq 0$

(iii) 이 종신보험의 일시납순보험료는 $\text{Var}(Z)$와 동일하다.

풀이

종신보험의 보험금현가 Z는 다음과 같다.

$$Z = bv^T , T \geq 0$$

$\text{Var}(Z)$를 구하기 위해 $E(Z^2)$, $E(Z)$를 구해보자.

$$E(Z^2) = E[(bv^T)^2] = b^2 E(v^{2T}) = b^2 \left({}^2\bar{A}_x \right)$$

$$= b^2 \left(\frac{\mu}{\mu + 2\delta} \right) = \left(\frac{0.03}{0.03 + 0.1} \right) b^2 = \frac{3}{13} b^2$$

$$E(Z) = E(bv^T) = b E(v^T) = b \bar{A}_x$$

$$= b \frac{\mu}{\mu + \delta} = \left(\frac{0.03}{0.03 + 0.05} \right) b = \frac{3}{8} b$$

$$\text{Var}(Z) = E(Z^2) - [E(Z)]^2 = \frac{3}{13} b^2 - \left(\frac{3}{8} b \right)^2 = b^2 \left(\frac{3}{13} - \frac{9}{64} \right)$$

(iii)에 의해 $\text{Var}(Z) = \text{NSP} = E(Z)$ 이므로 $b^2 \left(\frac{3}{13} - \frac{9}{64} \right) = \frac{3}{8} b$

따라서 $b = 4.16$

37 모든 $x \geq 0$ 에 대해 사력 $\mu_x = \mu$ 로 상수이고, 이력 δ 도 상수라고 가정하자. 이때 보험금 사망즉시급, 보험금 1원인 n 년만기 정기보험의 일시납순보험료와 보험금 1원의 n 년만기 생존보험의 일시납순보험료가 동일하다고 할 때, n 을 사력 μ 와 이력 δ 를 이용하여 나타내시오.

풀이

CFM하에서 보험금 사망즉시급인 보험금 1원의 n 년만기 정기보험의 NSP는

$\dfrac{\mu(1 - e^{-(\mu+\delta)n})}{\mu + \delta}$ 이며, 보험금 1원의 n 년만기 생존보험의 NSP는 $e^{-(\mu+\delta)n}$

두 보험의 NSP가 같으므로 $\dfrac{\mu(1 - e^{-(\mu+\delta)n})}{\mu + \delta} = e^{-(\mu+\delta)n}$

$$e^{-(\mu+\delta)n} \left(1 + \frac{\mu}{\mu + \delta} \right) = \frac{\mu}{\mu + \delta}$$

$$e^{-(\mu+\delta)n} = \frac{\dfrac{\mu}{\mu+\delta}}{1 + \dfrac{\mu}{\mu+\delta}} = \frac{\dfrac{\mu}{\mu+\delta}}{\dfrac{2\mu+\delta}{\mu+\delta}} = \frac{\mu}{2\mu + \delta}$$

양쪽에 $\ln$ 을 취하면 $-n(\mu + \delta) = \ln \mu - \ln(2\mu + \delta)$

따라서 $n = \dfrac{\ln(2\mu + \delta) - \ln \mu}{\mu + \delta}$

38 보험금 사망즉시급, 보험금 1원인 종신보험의 일시납순보험료(NSP)가 보험금 사망즉시급, 보험금 4원인 n 년거치 종신보험의 일시납순보험료(NSP)와 같다고 가정하자. $\mu = 0.03$, $\delta = 0.05$ 일 때 n 을 구하시오.

풀이

보험금 사망즉시급, 보험금 1원인 종신보험의 NSP 는

$$\bar{A}_x = \frac{\mu}{\mu+\delta} = \frac{0.03}{0.03+0.05} = \frac{3}{8}$$

보험금 사망즉시급, 보험금 4원인 n년거치 종신보험의 NSP 는

$$4 \times {}_{n|}\bar{A}_x = 4 \times \frac{\mu\left[e^{-(\mu+\delta)n}\right]}{\mu+\delta} = 4e^{-0.08n}\,\bar{A}_x$$

두 보험의 NSP가 같으므로

$$4e^{-0.08n}\,\bar{A}_x = \bar{A}_x$$

$$4e^{-0.08n} = 1$$

$$0.25 = e^{-0.08n}, \ \ln 0.25 = -0.08n$$

따라서 $n = 17.33$

39 피보험자 (70)은 다음과 같은 보험금 사망즉시급 3년만기 정기보험에 가입하였다. 이 보험의 보험금현가를 Z라고 할 때 $\mathrm{Var}(Z)$를 구하시오.

(i) 사망급부는 제1보험연도 동안에 사망하면 10원을 지급하고, 그 이후에는 30원을 지급한다.

(ii) 사망법칙은 $\omega = 80$인 De Moivre 법칙을 따른다.   (iii) $i = 0$

풀이

보험금 사망즉시급 3년만기 정기보험의 확률변수 Z는 다음과 같다.

$$Z = \begin{cases} 10v^T, & 0 < T < 1 \\ 30v^T, & 1 < T < 3 \end{cases}$$

(iii)에 의해 $i = 0$이므로

$$Z = \begin{cases} 10, & 0 < T < 1 \\ 30, & 1 < T < 3 \end{cases}$$

$\mathrm{Var}(Z)$를 구하기 위해 $E(Z)$와 $E(Z^2)$를 구해보자. (ii)에 의해

$$E(Z) = \int_0^1 10 \, {}_tp_{70} \, \mu_{70+t} \, dt + \int_1^3 30 \, {}_tp_{70} \, \mu_{70+t} \, dt$$

$$= 10\int_0^1 \frac{1}{\omega-x} \, dt + 30\int_1^3 \frac{1}{\omega-x} \, dt$$

$$= 10\int_0^1 \frac{1}{10} \, dt + 30\int_1^3 \frac{1}{10} \, dt$$

$$= 10\left(\frac{1}{10}\right) + 30\left(\frac{2}{10}\right) = 7$$

$$E(Z^2) = \int_0^1 10^2 \,_t p_{70} \,\mu_{70+t} \, dt + \int_1^3 30^2 \,_t p_{70} \,\mu_{70+t} \, dt$$

$$= 10^2 \int_0^1 \frac{1}{\omega - x} \, dt + 30^2 \int_1^3 \frac{1}{\omega - x} \, dt$$

$$= 10^2 \int_0^1 \frac{1}{10} \, dt + 30^2 \int_1^3 \frac{1}{10} \, dt$$

$$= 10^2 \left(\frac{1}{10} \right) + 30^2 \left(\frac{2}{10} \right) = 190$$

따라서

$$\text{Var}(Z) = E(Z^2) - [E(Z)]^2 = 190 - 7^2 = 141$$

40 피보험자 (40)은 보험금 사망즉시급, 보험금 b_t원인 종신보험에 가입하였다. 다음의 가정들을 이용하여 이 종신보험의 일시납순보험료(NSP)를 구하시오.

(i) $b_t = \dfrac{60}{60-t}$, $0 \le t < 60$ (ii) $\mu_x = \dfrac{2}{100-x}$, $0 \le x < 100$ (iii) $\delta = 0.05$

풀이

NSP를 구하기 위해 $_t p_{40}$을 구해보자.

$$_t p_{40} = \exp\left(-\int_0^t \mu_{40+s} \, ds \right) = \exp\left(-\int_0^t \frac{2}{100-40-s} \, ds \right)$$

$$= \exp\left[2 \left[\ln(60-s) \right]_0^t \right] = \exp\left[2 \left[\ln(60-t) - \ln 60 \right] \right] = \left(\frac{60-t}{60} \right)^2$$

따라서

$$\text{NSP} = \int_0^\infty b_t \, v^t \,_t p_{40} \,\mu_{40+t} \, dt = \int_0^{60} \left(\frac{60}{60-t} \right) e^{-0.05t} \left(\frac{60-t}{60} \right)^2 \left(\frac{2}{60-t} \right) dt$$

$$= \frac{2}{60} \int_0^{60} e^{-0.05t} \, dt = \frac{2}{60} \times \frac{(1 - e^{-0.05 \times 60})}{0.05} = 0.633475$$

41 n명의 사람으로 구성된 단체를 고려해보자. 만약 이 단체의 사람이 10년 내에 사망하면 10,000원의 사망보험금을 사망즉시 지급하고 10년 생존시 10,000원의 생존보험금을 지급한다. 한번만 제공되는 기금에의 1인당 기여액이 6,720원이라고 하면, 다음의 가정을 이용하여 95% 신뢰도로 기금이 사망보험금을 지급하기에 충분한 피보험자 수 n을 구하시오.

(i) $\delta = 0.05$ (ii) $\mu = 0.04$ (iii) n명의 사망은 동질적이고 독립적이다.

(iv) Z를 표준정규분포의 확률변수라고 하면 $\Pr(Z < 1.645) = 0.95$

> **풀이**

Y를 보험금 10,000원인 생사혼합보험의 보험금현가라고 하자. Y를 정의해보면

$$Y = 10000\, v^{\min(T,10)}, \ T > 0$$

$E(Y)$와 $\mathrm{Var}(Y)$를 구하기 위해 $\bar{A}_{x:\overline{10|}}$, $^2\bar{A}_{x:\overline{10|}}$ 을 구해보자.

가정 (ii)로부터 사망법칙은 CFM이다. 따라서

$$\bar{A}_{x:\overline{10|}} = \frac{\mu(1-e^{-(\mu+\delta)n})}{\mu+\delta} + e^{-(\mu+\delta)n} = \frac{0.04(1-e^{-0.09\times10})}{0.09} + e^{-0.09\times10}$$

$$= 0.670316$$

$$^2\bar{A}_{x:\overline{10|}} = {}^2\bar{A}^{\,1}_{x:\overline{10|}} + {}^2A_{x:\overline{10|}}^{\ \ 1} = \frac{\mu(1-e^{-(\mu+2\delta)n})}{\mu+2\delta} + e^{-(\mu+2\delta)n}$$

$$= \frac{0.04(1-e^{-0.14\times10})}{0.14} + e^{-0.14\times10} = 0.461855$$

$\bar{A}_{x:\overline{10|}}$, $^2\bar{A}_{x:\overline{10|}}$ 의 결과를 이용하면

$$E(Y) = E[10000\, v^{\min(T,10)}] = 10000\, \bar{A}_{x:\overline{10|}} = 6703.16$$

$$\mathrm{Var}(Y) = \mathrm{Var}[10000\, v^{\min(T,10)}] = 10000^2\, \mathrm{Var}[v^{\min(T,10)}]$$

$$= 10000^2 \left[{}^2\bar{A}_{x:\overline{10|}} - \left(\bar{A}_{x:\overline{10|}}\right)^2\right] = 10000^2 (0.461855 - 0.670316^2)$$

$$= 1253146$$

$S = Y_1 + Y_2 + \cdots + Y_n$으로 정의하면

$$E(S) = \sum_{i=1}^{n} E(Y_i) = n\,E(Y) = 6703.16\,n$$

$$\mathrm{Var}(S) = \sum_{i=1}^{n} \mathrm{Var}(Y_i) = n\mathrm{Var}(Y) = 1253146\,n$$

95% 신뢰도를 맞추는데 필요한 기금 F는

$$F = E(S) + 1.645\sqrt{\mathrm{Var}(S)} = n\,E(Y) + 1.645\sqrt{n\,\mathrm{Var}(Y)}$$

F와 $6720n$이 같아지는 n을 찾으면 되므로

$$n\,E(Y) + 1.645\sqrt{n\,\mathrm{Var}(Y)} = 6720\,n$$

$$E(Y) + 1.645\frac{\sqrt{\mathrm{Var}(Y)}}{\sqrt{n}} = 6720 \qquad \cdots\cdots ①$$

①은 n명의 집단인 경우 95% 신뢰도를 맞추는데 필요한 1인당 기여액을 나타내는 식이다.

$$n = \left(\frac{1.645\sqrt{\mathrm{Var}(Y)}}{6720 - E(Y)}\right)^2 = \left(\frac{1.645\sqrt{1253146}}{6720 - 6703.16}\right)^2 = 109.3514^2 = 11957.74$$

따라서 필요한 n은 11958명이다.

이 문제에서 $n=1$인 경우 95% 신뢰도를 맞추는데 필요한 1인의 기여액(C_1)은 ①로부터

$$C_1 = E(Y) + \frac{1.645\sqrt{\mathrm{Var}(Y)}}{\sqrt{1}} \qquad \cdots\cdots ②$$

$$= 6703.16 + 1.645\sqrt{1253146} = 8544.6388$$

인데 $n = 11958$명으로 증가하면 95% 신뢰도를 맞추는데 필요한 1인당 기여액(C_2)은

$$C_2 = E(Y) + \frac{1.645\sqrt{\mathrm{Var}(Y)}}{\sqrt{11958}} = 6720 \qquad \cdots\cdots ③$$

으로 줄어든다. n을 더 크게 하면 1인당 기여액은 6720보다 더 작아지게 된다. 95% 신뢰도를 맞추는데 필요한 기여액이 $n = 1$인 경우 C_1(②식)에서, $n = 11958$인 경우 C_2(③식)로 감소하게 된다.

42 피보험자 (40)이 가입한 보험금 사망즉시급 종신보험은 피보험자가 사망시 보험금 1원과 일시납순보험료를 이자없이 지급한다. 이 종신보험의 보험금현가를 Z라고 할 때, 주어진 자료를 이용하여 $\Pr(Z > 0.7)$을 구하시오.

(i) $\mu_x = \dfrac{1}{90 - x}$, $0 \le x < 90$ (ii) $\delta = 0.05$

풀이

NSP를 구하기 위해 $\bar{A}_{40}$을 구해보자.

(i)에 의해 사망법칙은 $\omega = 90$인 De Moivre 법칙을 따르므로

$$\bar{A}_{40} = \frac{\bar{a}_{\overline{50|}}}{50} = \frac{1}{50}\frac{1 - e^{-50\delta}}{\delta} = \frac{1 - e^{-50 \times 0.05}}{50 \times 0.05} = 0.367166$$

피보험자 사망시 보험금 1원과 NSP를 이자없이 지급하므로

$$\mathrm{NSP} = (1 + \mathrm{NSP})\,\bar{A}_{40}$$

$$\mathrm{NSP} = \frac{\bar{A}_{40}}{1 - \bar{A}_{40}} = \frac{0.367166}{1 - 0.367166} = 0.580193 \text{이므로}$$

보험금은 $1 + \mathrm{NSP} = 1.580193$

보험금현가 Z는 다음과 같다.

$$Z = 1.580193\, v^T, \; T > 0$$

따라서 $\Pr(Z > 0.7) = \Pr(1.580193\, v^T > 0.7)$

$$= \Pr(v^T > 0.442984) = \Pr(T \ln v > \ln 0.442984)$$

$$= \Pr(T < 16.28) = {}_{16.28}q_{40} = \frac{16.28}{50} = 0.3256$$

43 피보험자 (x), 보험금 사망즉시급인 누가종신보험의 보험금현가를 Z 라고 하자. 다음과 같은 자료를 이용하여 Z 의 최대값을 구하시오.

(i) $\mu_{x+t} = 0.03$, $t \geq 0$ (ii) $\delta = 0.04$

> **풀이**

Z 의 최대값은 보험금현가 Z 를 미분했을 때 0이 되는 값이다.

따라서 Z 의 함수를 정의하고 미분해보자.

$$Z = T v^T , \quad T > 0$$
$$= T e^{-0.04 T}$$

$\ln$ 함수는 원래 함수의 최대값에는 영향을 미치지 않고 미분하기는 쉬우므로 양변에 $\ln$ 을 취해주면

$$\ln z = \ln t - 0.04 t$$

양변을 t 에 대하여 미분하면

$$\frac{d \ln z}{dt} = \frac{1}{t} - 0.04 = 0$$

위 식에서 $t = 25$ 일 때 0이 되므로 Z 는 최대값이 된다. 따라서 Z 의 최대값은

$$25 v^{25} = 25 e^{-0.04 \times 25} = 9.197$$

44 피보험자 (40), 보험금 사망즉시급인 종신보험의 보험금현가를 Z 라고 하자. 다음과 같은 자료를 이용하여 $\Pr(Z > 500)$ 을 구하시오.

(i) 사망법칙은 $\omega = 90$ 인 De Moivre 법칙을 따른다.   (ii) $\delta = 0.05$

(iii) 보험가입후 15년 안에 사망하면 사망보험금 1,000원을 지급하고 그 이후에 사망하면 1,500원을 지급한다.

> **풀이**

Z 를 정의하면 $Z = \begin{cases} 1000 v^T, & 0 < T < 15 \\ 1500 v^T, & T \geq 15 \end{cases}$

$0 < T < 15$ 에서는 사망이 일찍 발생하면 $Z > 500$ 일 수 있으며 $T \geq 15$ 에서는 $t = 15$ 에서 보험금이 1500으로 상승하면서 $Z > 500$ 이 다시 나타날 수 있다.

(i) $T < 15$ 인 경우

$$\Pr(Z > 500) = \Pr(1000 v^T > 500) = \Pr\left(T < \frac{\ln 0.5}{-\delta}\right) = \Pr(T < 13.8629)$$

$$= {}_{13.8629} q_{40}$$

자료 (i)에 의해 사망법칙은 De Moivre 법칙을 따르므로

$${}_{13.8629} q_{40} = \frac{13.8629}{50} = 0.277258$$

(ii) $T \geq 15$인 경우

$$\Pr(Z > 500) = \Pr(1500\,v^T > 500) = \Pr\left(T < \frac{\ln 0.333333}{-\delta}\right) = \Pr(T < 21.9722)$$

이때 $T \geq 15$인 경우이므로 $\Pr(15 \leq T < 21.9722)$를 구해보면

$$_{21.9722}q_{40} - {}_{15}q_{40} = \frac{21.9722 - 15}{50} = 0.139444$$

따라서 $\Pr(Z > 500) = 0.277258 + 0.139444 = 0.416702$

45 피보험자 (x)는 보험금 사망즉시급 종신보험에 가입하였다. 다음의 가정을 이용하여 이 종신보험의 일시납순보험료(NSP)를 구하시오.

(i) 사망이 보험가입후 7년 안에 발생하면 $\delta' = 0.02$로 부리된 일시납순보험료(NSP)를 사망급부로 지급한다.

(ii) 사망이 보험가입후 7년이 지나서 발생하면 2,000원을 사망급부로 지급한다.

(iii) $\mu_{x+t} = \begin{cases} 0.01, & 0 \leq t \leq 7 \\ 0.03, & t > 7 \end{cases}$ (iv) $\delta = 0.05$

> **풀이**

보험금현가 Z를 정의해보면 다음과 같다.

$$Z = \begin{cases} \text{NSP}\,e^{0.02T}\,v^T = \text{NSP}\,e^{0.02T}\,e^{-0.05T} = \text{NSP}\,e^{-0.03T} & T \leq 7 \\ 2000\,v^T = 2000\,e^{-0.05T} & T > 7 \end{cases}$$

$0 \leq t \leq 7$인 경우 $\mu = 0.01$이므로

$$_t p_x = e^{-0.01t}$$

$t > 7$인 경우 $\mu = 0.03$이므로

$$_t p_x = e^{-0.01(7)}\,e^{-0.03(t-7)} = e^{0.02(7)}\,e^{-0.03t}$$

따라서

$$\text{NSP} = E(Z) = \int_0^\infty b_t\,v^t\,{}_t p_x\,\mu_{x+t}\,dt$$

$$= \int_0^7 b_t\,v^t\,{}_t p_x\,\mu_{x+t}\,dt + \int_7^\infty b_t\,v^t\,{}_t p_x\,\mu_{x+t}\,dt$$

$$= \int_0^7 \text{NSP}\,e^{-0.03t}\,e^{-0.01t}\,(0.01)\,dt$$

$$+ \int_0^7 2000\,e^{-0.05t}\,e^{-0.02(7)}\,e^{-0.03t}\,(0.03)\,dt$$

$$\int_0^7 \text{NSP}\,e^{-0.03t}\,e^{-0.01t}\,(0.01)\,dt = (0.01)\,\text{NSP}\int_0^7 e^{-0.04t}\,dt$$

$$= (0.01)\,\text{NSP} \times \left[\frac{1 - e^{-0.04 \times 7}}{0.04}\right]$$

$$= 0.061054065 \times \text{NSP}$$

$$\int_7^\infty 2000\, e^{-0.05t}\, e^{0.02(7)}\, e^{-0.03t}\,(0.03)\, dt = 2000\,(0.03)\, e^{0.02(7)} \int_7^\infty e^{-0.08t}\, dt$$

$$= 2000\,(0.03)\, e^{0.02(7)} \left[\frac{e^{-0.08 \times 7}}{0.08}\right]$$

$$= 492.7851149$$

이므로

$$\text{NSP} = 0.061054065\,\text{NSP} + 492.7851149$$

이를 NSP에 대하여 정리하면

$$\text{NSP} = \frac{492.7851149}{1 - 0.061054065} = 524.8279976$$

46 다음과 같이 두 개의 보험금현가 Z_1과 Z_2를 정의할 때, (a)~(c)를 구하시오.

$$Z_1 = \begin{cases} 10000\,v^{T_x}, & T_x \le 10 \\ 15000\,v^{10}, & T_x > 10 \end{cases} \qquad Z_2 = \begin{cases} 0, & T_x \le 15 \\ 10000\,v^{T_x}, & T_x > 15 \end{cases}$$

(a) Z_1과 Z_2에 관한 보험을 설명하시오.

(b) $E(Z_1)$과 $E(Z_2)$를 보험수리기호를 이용하여 나타내시오.

(c) 이자율 $i = 0.05$이고 $\bar{A}_x = 0.10587$, $\bar{A}_{x+10} = 0.16480$, $\bar{A}_{x+15} = 0.19912$라고 하자. $l_x = 93411$, $l_{x+10} = 84035$, $l_{x+15} = 75640$일 때, $E(Z_1)$과 $E(Z_2)$를 구하시오.

풀이

(a) Z_1 : 이 보험은 10년 내에 사망하면 보험금 10,000원을 지급하고 10년 동안 생존하면 생존보험금 15,000원을 지급하는 사망즉시급 생사혼합보험이다.

Z_2 : 이 보험은 15년 내에 사망하면 사망보험금을 지급하지 않고 15년 동안 생존하고 그 이후에 사망하면 사망즉시 10,000원을 지급하는 15년거치 종신보험이다.

(b) $E(Z_1) = 10000\,\bar{A}^{\,1}_{x:\,\overline{10}|} + 15000\,A_{x:\,\frac{1}{\overline{10}|}}$

$\qquad\quad = 10000\,\bar{A}_{x:\,\overline{10}|} + 5000\,A_{x:\,\frac{1}{\overline{10}|}}$

$E(Z_2) = 10000\,_{15|}\bar{A}_x$

(c) (i) $E(Z_1)$을 구하기 위해 $\bar{A}^{\,1}_{x:\,\overline{10}|}$, $A_{x:\,\frac{1}{\overline{10}|}}$을 구해보자.

$$A_{x:\,\frac{1}{\overline{10}|}} = v^{10}\,_{10}p_x = \left(\frac{1}{1.05}\right)^{10} \times \frac{l_{x+10}}{l_x} = \left(\frac{1}{1.05}\right)^{10} \times \frac{84035}{93411} = 0.552293$$

$$\bar{A}_x = \bar{A}_{x:\overline{10|}}^{1} + A_{x:\overline{10|}}^{1} \, \bar{A}_{x+10}$$

$0.10587 = \bar{A}_{x:\overline{10|}}^{1} + 0.552293 \times 0.16480$ 이므로 $\bar{A}_{x:\overline{10|}}^{1} = 0.014852$

따라서

$$E(Z_1) = 10000\bar{A}_{x:\overline{10|}}^{1} + 15000 A_{x:\overline{10|}}^{1}$$

$$= 10000 \times 0.014852 + 15000 \times 0.552293 = 8432.915$$

(ii) $E(Z_2)$를 구하기 위해 $_{15|}\bar{A}_x$를 구해보자.

$_{15|}\bar{A}_x = A_{x:\overline{15|}}^{1} \, \bar{A}_{x+15}$ 이므로

$$_{15|}\bar{A}_x = \left(\frac{1}{1.05}\right)^{15}\left(\frac{l_{x+15}}{l_x}\right)\left(\bar{A}_{x+15}\right) = \left(\frac{1}{1.05}\right)^{15}\left(\frac{175640}{93411}\right)(0.19912)$$

$$= 0.180095$$

따라서

$$E(Z_2) = 10000 \times {}_{15|}\bar{A}_x = 10000 \times 0.180095 = 1800.95$$

47 다음과 같은 자료를 이용하여 $\bar{A}_{40:\overline{10|}}^{1}$과 $A_{40:\overline{10|}}^{1}$을 구하시오.

(i) $\bar{A}_{40} = 0.16480$ (ii) $\bar{A}_{50} = 0.25074$ (iii) $\bar{A}_{40:\overline{10|}} = 0.61681$

풀이

$\bar{A}_{40} = \bar{A}_{40:\overline{10|}}^{1} + A_{40:\overline{10|}}^{1} \, \bar{A}_{50}$ 이므로

(i), (ii)에 의해 $0.16480 = \bar{A}_{40:\overline{10|}}^{1} + A_{40:\overline{10|}}^{1} \times 0.25074$ ······ ①

또한 (iii)에 의해 $\bar{A}_{40:\overline{10|}} = \bar{A}_{40:\overline{10|}}^{1} + A_{40:\overline{10|}}^{1} = 0.61681$ ······ ②

②에서 $\bar{A}_{40:\overline{10|}}^{1} = 0.61681 - A_{40:\overline{10|}}^{1}$ 이므로

①에 대입해보면 $0.16480 = 0.61681 - A_{40:\overline{10|}}^{1} + A_{40:\overline{10|}}^{1} \times 0.25074$

따라서 $A_{40:\overline{10|}}^{1} = 0.603275$, $\bar{A}_{40:\overline{10|}}^{1} = 0.013535$

48 UDD가정하에서 다음과 같은 자료가 주어졌을 때 $A_{x:\overline{n|}}^{1}$을 구하시오.

(i) $A_x = 0.3$ (ii) $A_{x:\overline{n|}} = 0.55$

(iii) $\bar{A}_x = 0.31476$ (iv) $\bar{A}_{x:\overline{n|}} = 0.55738$

풀이

$A_{x:\overline{n|}}^{1}$을 구하기 위해 $A_{x:\overline{n|}}^{1}$을 구해보자.

(i), (iii)에 의해 $\bar{A}_x = \dfrac{i}{\delta} A_x$는 $0.31476 = \dfrac{i}{\delta}(0.3)$이므로 $\dfrac{i}{\delta} = 1.0492$

(ii)에 의해 $A_{x\,:\,\overline{n|}} = A^{\,1}_{x\,:\,\overline{n|}} + A_{x\,:\,\overline{n|}}^{\;\;1} = 0.55$ ······ ①

$$\bar{A}_{x\,:\,\overline{n|}} = \dfrac{i}{\delta} A^{\,1}_{x\,:\,\overline{n|}} + A_{x\,:\,\overline{n|}}^{\;\;1} = 0.55738 \quad\text{······ ②}$$

②에서 ①을 차감하면 $\left(\dfrac{i}{\delta} - 1\right) A^{\,1}_{x\,:\,\overline{n|}} = 0.00738$이므로

$$A^{\,1}_{x\,:\,\overline{n|}} = 0.00738\left(\dfrac{1}{(i/\delta) - 1}\right) = 0.15$$

(ii)에 의해 $A_{x\,:\,\overline{n|}} = A^{\,1}_{x\,:\,\overline{n|}} + A_{x\,:\,\overline{n|}}^{\;\;1} = 0.15 + A_{x\,:\,\overline{n|}}^{\;\;1} = 0.55$이므로

$$A_{x\,:\,\overline{n|}}^{\;\;1} = 0.4$$

49 UDD가정하에서 다음을 증명하시오.

(a) $(\bar{I}\bar{A})^{\,1}_{x\,:\,\overline{n|}} = \dfrac{i}{\delta}(IA)^{\,1}_{x\,:\,\overline{n|}} - (\bar{D}\bar{s})_{\overline{1|}}\, A^{\,1}_{x\,:\,\overline{n|}}$

$\qquad\qquad = \dfrac{i}{\delta}(IA)^{\,1}_{x\,:\,\overline{n|}} - \left(\dfrac{1+i}{\delta} - \dfrac{i}{\delta^2}\right) A^{\,1}_{x\,:\,\overline{n|}}$

$\qquad\qquad = (I\bar{A})^{\,1}_{x\,:\,\overline{n|}} - \left(\dfrac{1}{d} - \dfrac{1}{\delta}\right) \bar{A}^{\,1}_{x\,:\,\overline{n|}}$

$\qquad\qquad \fallingdotseq (I\bar{A})^{\,1}_{x\,:\,\overline{n|}} - \dfrac{1}{2}\,\bar{A}^{\,1}_{x\,:\,\overline{n|}}$

(b) $(I^{(m)}A)_x = (IA)_x - \dfrac{m-1}{2m} A_x$ 　　　　(c) $(\bar{I}\bar{A})_x = \dfrac{i}{\delta}\left[(IA)_x - \left(\dfrac{1}{d} - \dfrac{1}{\delta}\right)A_x\right]$

풀이

(a) (i) $(\bar{I}\bar{A})^{\,1}_{x\,:\,\overline{n|}} = E(Z)$라고 하면 Z는

$$Z = \begin{cases} Tv^T, & T < n \\ 0, & T > n \end{cases}$$

$T = K + S$로 나타내면

$$Z = \begin{cases} (K+S)v^{K+S}, & K+S < n \\ 0, & K+S > n \end{cases} \text{로 나타낼 수 있다.}$$

따라서

$$Z = (K+S)v^{K+S} = [(K+1) - (1-S)]\,v^{(K+1)-(1-S)}$$
$$= [(K+1) - (1-S)]\,(1+i)^{1-S}\,v^{K+1} = G(K, S)$$

K와 S는 독립적이므로

$$E(Z) = E\left[G(K, S)\right] = \sum_{k=0}^{n-1} \int_0^1 G(k, s) \Pr(K = k) f_s(s) \, ds$$

$S \sim U(0, 1)$의 분포를 따르므로 $f_s(s) = 1$

$$= \sum_{k=0}^{n-1} \int_0^1 \left[(k + 1) - (1 - s)\right](1 + i)^{1-s} v^{k+1} \Pr(K = k)(1) \, ds$$

$$= \int_0^1 (1 + i)^{1-s} \, ds \sum_{k=0}^{n-1} (k + 1) v^{k+1} \Pr(K = k)$$

$$- \int_0^1 (1 - s)(1 + i)^{1-s} \, ds \sum_{k=0}^{n-1} v^{k+1} \Pr(K = k)$$

$$= \bar{s}_{\overline{1}|} \, (IA)^1_{x:\overline{n}|} - (\bar{D}\bar{s})_{\overline{1}|} \, A^1_{x:\overline{n}|}$$

따라서

$$= \frac{i}{\delta} \, (IA)^1_{x:\overline{n}|} - (\bar{D}\bar{s})_{\overline{1}|} \, A^1_{x:\overline{n}|}$$

(ii) $v = (1 - s)$, $u' = (1 + i)^{1-s}$라고 하면

$$u = -\frac{1}{\ln(1+i)}(1 + i)^{1-s} = \frac{(1+i)^{1-s}}{-\delta} \text{이므로}$$

$$\int_0^1 (1 - s)(1 + i)^{1-s} \, ds = \left[(1 - s)\frac{(1+i)^{1-s}}{-\delta}\right]_0^1 - \int_0^1 \left[\frac{(1+i)^{1-s}}{\delta}\right](-1) \, ds$$

$$= 0 - \left(\frac{1+i}{-\delta}\right) + \left[\frac{(1+i)^{1-s}}{\delta^2}\right]_0^1$$

$$= \frac{1+i}{\delta} + \left(\frac{1}{\delta^2} - \frac{1+i}{\delta^2}\right) = \frac{1+i}{\delta} - \frac{i}{\delta^2}$$

따라서

$$E(Z) = \frac{i}{\delta} \, (IA)^1_{x:\overline{n}|} - \left(\frac{1+i}{\delta} - \frac{i}{\delta^2}\right) A^1_{x:\overline{n}|}$$

(iii) $\dfrac{i}{\delta} \, (IA)^1_{x:\overline{n}|} = (I\bar{A})^1_{x:\overline{n}|}$, $A^1_{x:\overline{n}|} = \dfrac{\delta}{i} \, \bar{A}^1_{x:\overline{n}|}$ 이므로

$$\left(\frac{1+i}{\delta} - \frac{i}{\delta^2}\right) A^1_{x:\overline{n}|} = \left(\frac{1+i}{\delta} - \frac{i}{\delta^2}\right)\frac{\delta}{i} \, \bar{A}^1_{x:\overline{n}|}$$

여기서 $\left(\dfrac{1+i}{\delta} - \dfrac{i}{\delta^2}\right)\dfrac{\delta}{i} = \dfrac{1+i}{i} - \dfrac{1}{\delta} = \dfrac{1}{\dfrac{i}{1+i}} - \dfrac{1}{\delta} = \dfrac{1}{d} - \dfrac{1}{\delta}$

따라서

$$E(Z) = (I\bar{A})^1_{x:\overline{n}|} - \left(\frac{1}{d} - \frac{1}{\delta}\right)\bar{A}^1_{x:\overline{n}|}$$

(iv) $d = \dfrac{i}{1+i} = \dfrac{e^{\delta}-1}{e^{\delta}}$

$$\dfrac{1}{d} = \dfrac{e^{\delta}}{e^{\delta}-1} = \dfrac{1}{1-e^{-\delta}} = \dfrac{1}{1-\left(1-\delta+\dfrac{\delta^2}{2}-\dfrac{\delta^3}{6}+\cdots\right)}$$

$$= \dfrac{1}{\delta-\dfrac{\delta^2}{2}+\dfrac{\delta^3}{6}+\cdots} \text{ 이다.}$$

$$\dfrac{1}{d}-\dfrac{1}{\delta} = \dfrac{1}{\delta-\dfrac{\delta^2}{2}+\dfrac{\delta^3}{6}+\cdots}-\dfrac{1}{\delta} = \dfrac{\delta-\left[\delta-\dfrac{\delta^2}{2}+\dfrac{\delta^3}{6}+\cdots\right]}{\delta\left[\delta-\dfrac{\delta^2}{2}+\dfrac{\delta^3}{6}+\cdots\right]}$$

$$\fallingdotseq \dfrac{\dfrac{\delta^2}{2}}{\delta^2} = \dfrac{1}{2}$$

따라서

$$E(Z) = (I\bar{A})^{1}_{x:\overline{n}|} - \left(\dfrac{1}{d}-\dfrac{1}{\delta}\right)\bar{A}^{1}_{x:\overline{n}|} \fallingdotseq (I\bar{A})^{1}_{x:\overline{n}|} - \dfrac{1}{2}\bar{A}^{1}_{x:\overline{n}|}$$

그림에서 보험금 t는 $(\bar{I}\bar{A})^{1}_{x:\overline{n}|}$을 나타내고, 보험금이 ①로 표시된 것은 $(I\bar{A})^{1}_{x:\overline{n}|}$을 보험금이 ②로 표시된 것은 $\dfrac{1}{2}\bar{A}_{x:\overline{n}|}$을 나타낸다. 따라서 보험금 t의 APV의 근사치는 보험금(① $-$ ②)의 APV로 표시된다.

(b) $(I^{(m)}A)_x = E(Z)$라고 하면 Z는

$$Z = \left(K+\dfrac{J+1}{m}\right)v^{K+1}, \quad K=0, 1, 2, \cdots, \quad J=0, 1, 2, \cdots, m-1$$

$$= \left[(K+1)-\left(1-\dfrac{J+1}{m}\right)\right]v^{K+1}$$

$$\Pr(J=0) = \Pr(J=1) = \cdots = \Pr(J=m-1) = \frac{1}{m} \text{이므로}$$

$$E\left(1 - \frac{J+1}{m}\right) = \frac{1}{m}\left[\left(1 - \frac{1}{m}\right) + \left(1 - \frac{2}{m}\right) + \cdots + \left(1 - \frac{m}{m}\right)\right]$$

$$= \frac{1}{m}\left[m - \frac{m(m+1)}{2m}\right] = \frac{m-1}{2m} \text{이므로}$$

$$E(Z) = E\left[(K+1)v^{K+1}\right] - E\left[\left(1 - \frac{J+1}{m}\right)v^{K+1}\right]$$

$$= (IA)_x - E\left(1 - \frac{J+1}{m}\right)E(v^{K+1}) = (IA)_x - \frac{m-1}{2m}A_x$$

(c) (a)의 (iii)에서 $n \to \infty$ 로 하면

$$(\bar{I}\bar{A})_x = (I\bar{A})_x - \left(\frac{1}{d} - \frac{1}{\delta}\right)\bar{A}_x$$

$$= \frac{i}{\delta}(IA)_x - \left(\frac{1}{d} - \frac{1}{\delta}\right)\frac{i}{\delta}A_x = \frac{i}{\delta}\left[(IA)_x - \left(\frac{1}{d} - \frac{1}{\delta}\right)A_x\right]$$

50 각 연령(정수)사이의 사망률 가정이 CFM(사력이 일정)일 때

$$\bar{A}_x = \sum_{k=0}^{\infty} v^{k+1} \,_k p_x \int_0^1 v^{s-1} \,_s p_{x+k} \,\mu_{x+k+s} \, ds$$

가 다음과 같이 표시됨을 유도하시오.

$$\bar{A}_x = \sum_{k=0}^{\infty} v^{k+1} \,_k p_x \,\mu_{x+k} \, \frac{i + q_{x+k}}{\delta + \mu_{x+k}}$$

여기서 $\mu_{x+k} = -\ln p_{x+k}$ 이다.

풀이

사망률 가정이 CFM이므로

$$-\ln p_{x+k} = -\ln(1 - q_{x+k}) = \mu_{x+k}, \qquad \,_s p_{x+k} = e^{-s\mu}$$

$$\bar{A}_x = \sum_{k=0}^{\infty} v^{k+1} \,_k p_x \int_0^1 v^{s-1} \,_s p_{x+k} \,\mu_{x+k+s} \, ds$$

$$= \sum_{k=0}^{\infty} v^{k+1} \,_k p_x \,\mu \int_0^1 v^{s-1} e^{-s\mu} \, ds \, (\text{여기서 } \mu = \mu_{x+k})$$

$$\int_0^1 v^{s-1} e^{-s\mu} \, ds = \int_0^1 e^{-\delta(s-1)} e^{-s\mu} \, ds = \int_0^1 e^{\delta} e^{-(\mu+\delta)s} \, ds$$

$$= \left[e^{\delta} \frac{-1}{\mu+\delta} e^{-(\mu+\delta)s}\right]_0^1 = \frac{-e^{\delta}(e^{-(\mu+\delta)} - 1)}{\mu+\delta} = \frac{e^{\delta} - e^{-\mu}}{\mu+\delta}$$

이다. $e^{\delta} = 1 + i$, $e^{-\mu} = 1 - q_{x+k}$ (여기서 $\mu = \mu_{x+k}$)이므로

$$\bar{A}_x = \sum_{k=0}^{\infty} v^{k+1} {}_k p_x \, \mu \int_0^1 v^{s-1} \, e^{-s\mu} \, ds$$

$$= \sum_{k=0}^{\infty} v^{k+1} {}_k p_x \, \mu_{x+k} \left[\frac{e^{\delta} - e^{-\mu}}{\mu + \delta} \right] = \sum_{k=0}^{\infty} v^{k+1} {}_k p_x \, \mu_{x+k} \left[\frac{i + q_{x+k}}{\delta + \mu_{x+k}} \right]$$

51 x는 정수이고($x = 0, 1, 2, \cdots$) t는 $0 \le t \le 1$의 값이다. 단수부분에 대하여는 다음의 가정이 성립한다.

$$s(x+t) = (1 - t^2) s(x) + t^2 s(x+1)$$

(a) μ_{x+t}를 t와 q_x를 이용하여 나타내시오.

(b) $_y q_{x+t}$를 y, t, q_x를 이용하여 나타내시오.

　　단, $0 \le y + t \le 1, \quad 0 \le y \le 1$

(c) K와 S는 독립적인 확률변수임을 증명하고 $E(S)$를 구하시오.

　　($T = K + S$임)

(d) $\bar{A}_x$를 A_x를 이용하여 나타내면

$$\bar{A}_x = \frac{2(e^{\delta} - 1 - \delta)}{\delta^2} A_x$$

　　가 되는 것을 증명하시오.

> 풀이

(a) $\mu_{x+t} = \dfrac{-d \, s(x+t)}{dt} \dfrac{1}{s(x+t)} = \dfrac{-[-2t \, s(x) + 2t \, s(x+1)]}{(1 - t^2) s(x) + t^2 s(x+1)}$

$$= \frac{2t[s(x) - s(x+1)]}{(1 - t^2) s(x) + t^2 s(x+1)} = \frac{2t \, q_x}{(1 - t^2) + t^2 (1 - q_x)} = \frac{2t \, q_x}{1 - t^2 q_x}$$

(b) $_y q_{x+t} = \dfrac{s(x+t) - s(x+t+y)}{s(x+t)}$

$$= \frac{(1 - t^2) s(x) + t^2 s(x+1) - [1 - (t+y)^2] s(x) - (t+y)^2 s(x+1)}{(1 - t^2) s(x) + t^2 s(x+1)}$$

$$= \frac{(2yt + y^2)[s(x) - s(x+1)]}{(1 - t^2) s(x) + t^2 s(x+1)} = \frac{(2yt + y^2) q_x}{1 - t^2 + t^2 (1 - q_x)} = \frac{(2yt + y^2) q_x}{1 - t^2 q_x}$$

여기서 $t = 0$인 경우 $_y q_x = y^2 q_x$이다.

(c) $\Pr(S \le s \mid K = k) = \dfrac{_s q_{x+k}}{q_{x+k}} = \dfrac{s^2 q_{x+k}}{q_{x+k}} = s^2, \quad 0 \le s \le 1$

이므로 S와 K는 독립이다. 따라서

$$E(S) = \int_0^1 s \, f(s) \, ds = \int_0^1 s \times 2s \, ds = \frac{2}{3}$$

(d) $\bar{A}_x = E(v^T) = E[(1+i)^{1-S}\, v^{K+1}] = E[(1+i)^{1-S}]\, E(v^{K+1})$

$= E[(1+i)^{1-S}]A_x$ 이므로 $E[(1+i)^{1-S}]$ 를 구해보자.

$$E[(1+i)^{1-S}] = \int_0^1 (1+i)^{1-s} f(s)\, ds = \int_0^1 (1+i)^{1-s}\, 2s\, ds$$

$$= 2\int_0^1 s\, e^{\delta(1-s)}\, ds = 2e^{\delta}\int_0^1 s\, e^{-s\delta}\, ds$$ 이고

$$\int_0^1 s\, e^{-s\delta}\, ds = \left\{\left[\frac{-1}{\delta}\, e^{-\delta s}\times s\right]_0^1 + \frac{1}{\delta}\int_0^1 e^{-\delta s}\, ds\right\}$$

$$= \frac{1}{\delta}\left[-e^{-\delta} + \frac{1}{\delta}(1-e^{-\delta})\right]$$ 이므로

$$E[(1+i)^{1-S}] = \frac{2}{\delta}\left[-1 + \frac{1}{\delta}(e^{\delta}-1)\right] = \frac{2}{\delta^2}(e^{\delta}-1-\delta)$$

따라서 $\bar{A}_x = \dfrac{2(e^{\delta}-1-\delta)}{\delta^2}\, A_x$

52 다음과 같은 가정을 이용하여 $\bar{A}_{x:\,\overline{2|}}$ 를 구하시오.

(i) $i = 0.05$ \qquad (ii) $q_x = 0.1$ \qquad (iii) $q_{x+1} = 0.15$

(iv) 매 연령마다 단수부분은 UDD가정을 따른다.

> **풀이**

$\bar{A}_{x:\,\overline{2|}}$ 를 구하기 위해 $A^{1}_{x:\,\overline{2|}}$ 와 $A_{x:\,\overline{2|}}^{\;\;1}$ 를 구해보자.

$$A^{1}_{x:\,\overline{2|}} = v\, q_x + v^2\, p_x\, q_{x+1} = \left(\frac{1}{1.05}\right)\times 0.1 + \left(\frac{1}{1.05}\right)^2 \times 0.9 \times 0.15 = 0.217687$$

$$A_{x:\,\overline{2|}}^{\;\;1} = v^2\,{}_2p_x = \left(\frac{1}{1.05}\right)^2 \times 0.9 \times 0.85 = 0.693878$$

UDD가정하에서 $\bar{A}^{1}_{x:\,\overline{n|}} = \dfrac{i}{\delta}\, A^{1}_{x:\,\overline{n|}}$ 이므로

$$\bar{A}_{x:\,\overline{2|}} = \bar{A}^{1}_{x:\,\overline{2|}} + A_{x:\,\overline{2|}}^{\;\;1} = \frac{i}{\delta}A^{1}_{x:\,\overline{2|}} + A_{x:\,\overline{2|}}^{\;\;1}$$

$$= \frac{0.05}{\ln(1.05)}\times 0.217687 + 0.693878 = 0.916963$$

53 다음과 같은 가정을 이용하여 (a), (b), (c)를 구하시오.

(i) $i = 0.05$ \qquad (ii) $q_x = 0.05$, \qquad $q_{x+1} = 0.1$

(iii) 매 연령마다 단수부분은 UDD가정을 따른다.

(a) $\bar{A}_{x\,:\,\overline{2}|}$ (b) $A_{x\,:\,\overline{2}|}^{(4)}$

(c) $\mathrm{Var}(Z)$ 단, $Z = \begin{cases} v^{K_x^{(4)}+1/4}, & T_x \le 2 \\ v^2, & T_x > 2 \end{cases}$

풀이

(a) $\bar{A}_{x\,:\,\overline{2}|}$ 를 구하기 위해 $A_{x\,:\,\overline{2}|}^{1}$ 와 $A_{x\,:\,\overline{2}|}^{\;\;1}$ 를 구해보자.

$$A_{x\,:\,\overline{2}|}^{1} = v\,q_x + v^2\,p_x\,q_{x+1} = \left(\frac{1}{1.05}\right)(0.05) + \left(\frac{1}{1.05}\right)^2 (0.95)(0.1) = 0.133787$$

$$A_{x\,:\,\overline{2}|}^{\;\;1} = v^2\,{}_2p_x = v^2\,p_x\,p_{x+1} = \left(\frac{1}{1.05}\right)^2 (0.95)(0.9) = 0.77551$$

따라서

$$\bar{A}_{x\,:\,\overline{2}|} = \frac{i}{\delta}\,A_{x\,:\,\overline{2}|}^{1} + A_{x\,:\,\overline{2}|}^{\;\;1} = \left(\frac{0.05}{\ln 1.05}\right)(0.133787) + 0.77551 = 0.912614$$

(b) $A_{x\,:\,\overline{2}|}^{(4)}$ 를 구하기 위해 $i^{(4)}$ 를 구해보자.

$(1+i) = \left(1 + \dfrac{i^{(4)}}{4}\right)^4$ 이므로 $i^{(4)} = 4[(1+i)^{1/4} - 1] = 0.049089$ 이고 (a)에서

$A_{x\,:\,\overline{2}|}^{1} = 0.133787$, $A_{x\,:\,\overline{2}|}^{\;\;1} = 0.77551$ 이므로

$$A_{x\,:\,\overline{2}|}^{(4)} = \frac{i}{i^{(4)}}\,A_{x\,:\,\overline{2}|}^{1} + A_{x\,:\,\overline{2}|}^{\;\;1} = \left(\frac{0.05}{0.049089}\right)(0.133787) + 0.77551 = 0.91178$$

(c) $\mathrm{Var}(Z)$ 를 구하기 위해 ${}^2A_{x\,:\,\overline{2}|}^{1\,(4)}$, ${}^2A_{x\,:\,\overline{2}|}^{\;\;1}$ 를 구해보자.

$v^{K_x^{(4)}+\frac{1}{4}} = v^{K+\frac{J+1}{4}}$ 을 의미한다. $K_x^{(4)} = K + \dfrac{J}{4}$ 를 나타내는 기호이다. $K_x^{(4)}$ 의 정의는 기본연습문제 58번에 나타나 있다.

${}^2A_{x\,:\,\overline{2}|}^{1\,(4)}$ 를 구하기 위해 ${}^2i^{(4)}$ 를 구해보면

$$\left(1 + \frac{{}^2i^{(4)}}{4}\right)^4 = (1 + {}^2i) = (1 + i^2 + 2i) = 1.1025, \text{ 따라서 } {}^2i = 0.1025$$

${}^2i^{(4)} = 4 \times [(1 + {}^2i)^{\frac{1}{4}} - 1] = 0.09878$ 이므로

$i' = {}^2i$ 와 $i'^{(4)} = {}^2i'^{(4)}$ 를 새로운 이자율로 하여 구하면

$$\begin{aligned} {}^2A_{x\,:\,\overline{2}|}^{1} &= v'\,q_x + (v')^2\,p_x\,q_{x+1} \\ &= \left(\frac{1}{1+{}^2i}\right)q_x + \left(\frac{1}{1+{}^2i}\right)^2 p_x\,q_{x+1} \\ &= \left(\frac{1}{1.1025}\right)(0.05) + \left(\frac{1}{1.1025}\right)^2 (0.95)(0.1) = 0.123508 \end{aligned}$$

$$^{2}A_{x\,:\,\overline{2}|}^{1\,(4)} = \frac{^{2}i}{^{2}i^{(4)}}\,^{2}A_{x\,:\,\overline{2}|}^{1} = \left(\frac{0.1025}{0.09878}\right)(0.123508) = 0.128159$$

$$^{2}A_{x\,:\,\overline{2}|}^{\ 1} = (v')^{2}\,_{2}p_{x} = \left(\frac{1}{1.1025}\right)^{2}(0.95)(0.9) = 0.703411 \text{이므로}$$

$$^{2}A_{x\,:\,\overline{2}|}^{(4)} = {}^{2}A_{x\,:\,\overline{2}|}^{1\,(4)} + {}^{2}A_{x\,:\,\overline{2}|}^{\ 1} = 0.128159 + 0.703411 = 0.83157$$

따라서

$$\text{Var}(Z) = {}^{2}A_{x\,:\,\overline{2}|}^{(4)} - \left[A_{x\,:\,\overline{2}|}^{(4)}\right]^{2} = 0.83157 - 0.91178^{2} = 0.000227$$

54 다음과 같은 자료를 이용하여 A_{84}를 구하시오.

(i) $A_{83} = 0.747$ (ii) $D_{83} = 874$ (iii) $D_{84} = 764$ (iv) $i = 0.05$

풀이

$$A_{83} = v\,q_{83} + v\,p_{83}\,A_{84}$$

$$v\,p_{83} = {}_{1}E_{83} = \frac{D_{84}}{D_{83}} = \frac{764}{874}$$

$$p_{83} = \frac{{}_{1}E_{83}}{v} = 0.917849, \quad q_{83} = 0.082151$$

$$0.747 = \frac{0.082151}{1.05} + \frac{764}{874}A_{84}$$

$$A_{84} = 0.765049$$

55 피보험자 (60)은 60세와 61세 사이에서 예상치 못했던 특별위험으로 인하여 사망률이 특별위험이 없을 때(표준사망률)보다 2배로 증가하였다고 한다. 이외의 연령에서의 사망률은 표준사망률과 동일하다고 할 때, 다음과 같은 자료를 이용하여 이 피보험자에 대한 $A_{60\,:\,\overline{15}|}^{1}$를 구하시오. $(i = 0.05)$

(i) 표준사망률 $q_{60} = 0.06$ (ii) 표준사망률 적용하에서 $A_{60\,:\,\overline{15}|}^{1} = 0.65$

풀이

재귀식에 의해 $A_{60\,:\,\overline{15}|}^{1} = v\,q_{60} + v\,p_{60}\,A_{61\,:\,\overline{14}|}^{1} = 0.65$

$$\left(\frac{1}{1.05}\right) \times 0.06 + \left(\frac{1}{1.05}\right) \times 0.94\,A_{61\,:\,\overline{14}|}^{1} = 0.65 \text{이므로}$$

$$A_{61\,:\,\overline{14}|}^{1} = 0.662234$$

특별위험을 가진 피보험자 (60)의 15년만기 정기보험의 일시납순보험료를 $\left(A_{60\,:\,\overline{15}|}^{1}\right)'$라

하자. $q'_{60} = 2q_{60}$이므로

$$\left(A_{60:\overline{15}|}^{\,1}\right)' = v\,q'_{60} + v\,p'_{60}\,A_{61:\overline{14}|}^{\,1} = v \times 2\,q_{60} + v(1 - 2\,q_{60})A_{61:\overline{14}|}^{\,1}$$

$$= \left(\frac{1}{1.05}\right) \times 2 \times 0.06 + \left(\frac{1}{1.05}\right) \times (1 - 2 \times 0.06) \times 0.662234 = 0.6693$$

56 매 연령마다의 사력이 μ로 동일한 경우(CFM가정하에서) 다음 보험들의 일시납순보험료를 구하시오.

(a) 보험금 연말급, 보험금 1원인 종신보험

(b) 보험금 연말급, 보험금 1원인 n년만기 생존보험

(c) 보험금 연말급, 보험금 1원인 n년거치 종신보험

(d) 보험금 연말급, 보험금 1원인 n년만기 정기보험

(e) 보험금 연말급, 보험금 1원인 n년만기 생사혼합보험

풀이

p를 연령에 의존하지 않고 1년간 생존하는 확률, $q = 1 - p$라고 하면

(a) $A_x = \displaystyle\sum_{k=0}^{\infty} v^{k+1}\,_{k|}q_x = \sum_{k=0}^{\infty} v^{k+1}\,_k p_x\,q_{x+k} = v\,q \sum_{k=0}^{\infty}(vp)^k = v\,q\left(\frac{1}{1 - vp}\right)$

$\qquad = \dfrac{vq}{1 - vp} = \dfrac{q}{(1/v) - p} = \dfrac{q}{(1+i) - (1-q)} = \dfrac{q}{q+i}$

(b) $A_{x:\overline{n}|}^{\;\;1} = {}_nE_x = v^n\,_n p_x = (vp)^n$

(c) $_{n|}A_x = A_{x:\overline{n}|}^{\;\;1}\,A_{x+n} = A_{x:\overline{n}|}^{\;\;1}\,A_x = \dfrac{q}{q+i}(vp)^n$

(d) $A_{x:\overline{n}|}^{\,1} = A_x - {}_{n|}A_x = \dfrac{q}{q+i} - \dfrac{q}{q+i}(vp)^n = \dfrac{q}{q+i}\{1 - (vp)^n\}$

(e) $A_{x:\overline{n}|} = A_{x:\overline{n}|}^{\,1} + A_{x:\overline{n}|}^{\;\;1} = \dfrac{q}{q+i}\{1 - (vp)^n\} + (vp)^n$

$\qquad = (vp)^n\left(1 - \dfrac{q}{q+i}\right) + \dfrac{q}{q+i} = \dfrac{q + (vp)^n i}{q+i}$

57 De Moivre 법칙하에서 다음 보험들의 일시납순보험료를 구하시오.

(a) 보험금 연말급, 보험금 1원인 종신보험

(b) 보험금 연말급, 보험금 1원인 n년만기 생존보험

(c) 보험금 연말급, 보험금 1원인 n년거치 종신보험

(d) 보험금 연말급, 보험금 1원인 n년만기 정기보험

(e) 보험금 연말급, 보험금 1원인 n년만기 생사혼합보험

풀이

(a) $A_x = \displaystyle\sum_{k=0}^{\infty} v^{k+1}\,_{k|}q_x = \sum_{k=0}^{\omega-x-1} v^{k+1}\,_k p_x\,q_{x+k}$

$$= \sum_{k=0}^{\omega-x-1} v^{k+1} \left(\frac{\omega-x-k}{\omega-x} \right) \left(\frac{1}{\omega-x-k} \right) = \frac{1}{\omega-x} \sum_{k=0}^{\omega-x-1} v^{k+1} = \frac{a_{\overline{\omega-x}|}}{\omega-x}$$

(b) $A_{x:\overline{n}|}^{\;\;1} = {}_n E_x = v^n {}_n p_x = \dfrac{v^n(\omega-x-n)}{\omega-x}$

(c) ${}_{n|}A_x = A_{x:\overline{n}|}^{\;\;1} A_{x+n} = \dfrac{v^n(\omega-x-n)}{\omega-x} \dfrac{a_{\overline{\omega-x-n}|}}{\omega-x-n} = \dfrac{v^n a_{\overline{\omega-x-n}|}}{\omega-x}$

(d) $A_{x:\overline{n}|}^{1} = \sum_{k=0}^{n-1} v^{k+1} {}_{k|}q_x = \sum_{k=0}^{n-1} v^{k+1} \dfrac{1}{\omega-x} = \dfrac{a_{\overline{n}|}}{\omega-x}$

(e) $A_{x:\overline{n}|} = A_{x:\overline{n}|}^{1} + A_{x:\overline{n}|}^{\;\;1} = \dfrac{a_{\overline{n}|}}{\omega-x} + \dfrac{v^n(\omega-x-n)}{\omega-x} = \dfrac{a_{\overline{n}|} + v^n(\omega-x-n)}{\omega-x}$

58 보험금 $\dfrac{1}{m}$ 연말급이나 연 m회 지급의 생명연금에서 Z나 Y를 나타낼 때 K와 J를 이용하지 않고 $K_x^{(m)}$을 이용하여 나타낼 수 있다. $K_x^{(m)}$이라는 확률변수를 $K_x^{(m)} = \dfrac{1}{m} \lfloor mT_x \rfloor$로 정의한다. 다음을 나타내시오.

(a) $\Pr\left[K_x^{(m)} = k \right]$, $k = 0, \dfrac{1}{m}, \dfrac{2}{m}, \cdots$

(b) $m = 12$인 경우 $A_x^{(m)}$을 구하기 위한 보험금현가 Z와 $\mathrm{Var}(Z)$

(c) $A_{x:\overline{n}|}^{1\,(m)}$와 $A_{x:\overline{n}|}^{(m)}$을 구하기 위한 확률변수 Z와 $E(Z)$

(d) $\ddot{a}_x^{(m)}$과 $\ddot{a}_{x:\overline{n}|}^{(m)}$을 구하기 위한 확률변수 Y와 $E(Y)$ (4장)

풀이

(a) 이 확률변수는 1년을 m개로 나누어서 미래생존기간이라는 확률변수(T_x)를 낮은 쪽으로 가장 가까운 1년 중 k시점으로 맞춘 값이다$\left(k = 0, \dfrac{1}{m}, \dfrac{2}{m}, \cdots, \dfrac{m-1}{m} \right)$. 예를 들어 $T_x = 1.8$이면 $K_x = 1$, $K_x^{(2)} = 1\dfrac{1}{2}$, $K_x^{(4)} = 1\dfrac{3}{4}$이 된다. $K_x^{(m)} = k$는 피보험자 (x)가 $\left[k, k+\dfrac{1}{m} \right)$에 사망하는 것을 나타낸다.$\left(k = 0, \dfrac{1}{m}, \dfrac{2}{m}, \cdots \right)$

$$\Pr\left[K_x^{(m)} = k \right] = \Pr\left(k \le T_x < k + \dfrac{1}{m} \right)$$

$$= {}_{k|\frac{1}{m}}q_x = {}_k p_x - {}_{k+\frac{1}{m}}p_x, \quad k = 0, \dfrac{1}{m}, \dfrac{2}{m}, \cdots$$

(b) $m = 12$인 경우 $A_x^{(12)}$를 구하기 위한 보험금현가 Z는

$$Z = v^{K_x^{(12)} + \frac{1}{12}}$$

로 나타낼 수 있다. $A_x^{(12)} = E(Z)$를 구해보자.

$$E(Z) = v^{1/12} \underset{\frac{1}{12}}{\,} q_x + v^{2/12} \underset{\frac{1}{12}|\frac{1}{12}}{\,} q_x + v^{3/12} \underset{\frac{2}{12}|\frac{1}{12}}{\,} q_x + v^{4/12} \underset{\frac{3}{12}|\frac{1}{12}}{\,} q_x + \cdots$$

$$= A_x^{(12)}$$

일반적으로 $A_x^{(m)}$은 다음과 같이 구할 수 있다.

$$A_x^{(m)} = v^{1/m} \underset{\frac{1}{m}}{\,} q_x + v^{2/m} \underset{\frac{1}{m}|\frac{1}{m}}{\,} q_x + v^{3/m} \underset{\frac{2}{m}|\frac{1}{m}}{\,} q_x + v^{4/m} \underset{\frac{3}{m}|\frac{1}{m}}{\,} q_x + \cdots$$

$$= \sum_{k=0}^{\infty} v^{\frac{k+1}{m}} \underset{\frac{k}{m}|\frac{1}{m}}{\,} q_x$$

Z의 분산을 구해보자.

$$E(Z^2) = E[v^{2[K_x^{(12)} + (1/12)]}] = E[(v^2)^{K_x^{(12)} + (1/12)}] = {}^2A_x^{(12)}$$

따라서 $\mathrm{Var}(Z)$는

$$\mathrm{Var}(Z) = {}^2A_x^{(12)} - \left[A_x^{(12)}\right]^2$$

시간 $(K_x^{(m)} = k)$	0	$\frac{1}{m}$	$\frac{2}{m}$	$\frac{3}{m}$	
보험금		1	1	1	
할인 $(v^{K_x^{(m)}+\frac{1}{m}})$		$v^{\frac{1}{m}}$	$v^{\frac{2}{m}}$	$v^{\frac{3}{m}}$	
지급확률		$\frac{1}{m} q_x$	$\frac{1}{m}|\frac{1}{m} q_x$	$\frac{2}{m}|\frac{1}{m} q_x$	

(c) $A_{x:\overline{n}|}^{1\,(m)}$를 구하기 위한 보험금현가 Z는

$$Z = \begin{cases} v^{K_x^{(m)}+\frac{1}{m}}, & K_x^{(m)} \leq n - \dfrac{1}{m} \\ 0, & K_x^{(m)} \geq n \end{cases}$$

로 나타낼 수 있다. $E(Z)$는

$$E(Z) = A_{x:\overline{n}|}^{1\,(m)} = \sum_{k=0}^{mn-1} v^{\frac{k+1}{m}} \underset{\frac{k}{m}|\frac{1}{m}}{\,} q_x$$

$v^{K_x^{(m)}+\frac{1}{m}} = v^{K+\frac{J+1}{m}}$ 과 동일하므로 $K_x^{(m)} = K + \dfrac{J}{m}$ 을 나타낸다.

여기서 $\left(K_x^{(m)} = 0, \dfrac{1}{m}, \dfrac{2}{m}, \cdots, \dfrac{mn-1}{m}\right)$,

$(K = 0, 1, 2, \cdots, n-1, J = 0, 1, 2, \cdots, m-1)$이다.

$A_{x:\overline{n}|}^{(m)}$ 을 구하기 위한 보험금현가 Z는

$$Z = \begin{cases} v^{K_x^{(m)} + \frac{1}{m}}, & K_x^{(m)} \leq n - \dfrac{1}{m} \\ v^n, & K_x^{(m)} \geq n \end{cases}$$

$$= v^{\min\left(K_x^{(m)} + \frac{1}{m}, n\right)}$$

로 나타낼 수 있다. $E(Z)$는

$$E(Z) = A_{x:\overline{n}|}^{(m)} = \sum_{k=0}^{mn-1} v^{\frac{k+1}{m}} {}_{\frac{k}{m}|\frac{1}{m}} q_x + v^n \Pr\left(K_x^{(m)} \geq n\right) = A_{x:\overline{n}|}^{1\,(m)} + v^n {}_n p_x$$

$$A_{x:\overline{n}|}^{(m)} = A_{x:\overline{n}|}^{1\,(m)} + A_{x:\overline{n}|}^{\;\;1}$$

(d)

시간 $(K_x^{(m)} = k)$	0	$\dfrac{1}{m}$	$\dfrac{2}{m}$	$\dfrac{3}{m}$	$\dfrac{4}{m}$	$\cdots$
연금액	$\dfrac{1}{m}$	$\dfrac{1}{m}$	$\dfrac{1}{m}$	$\dfrac{1}{m}$	$\dfrac{1}{m}$	$\cdots$
할인 $(v^{K_x^{(m)}})$	1	$v^{\frac{1}{m}}$	$v^{\frac{2}{m}}$	$v^{\frac{3}{m}}$	$v^{\frac{4}{m}}$	
지급확률	1	${}_{\frac{1}{m}} p_x$	${}_{\frac{2}{m}} p_x$	${}_{\frac{3}{m}} p_x$	${}_{\frac{4}{m}} p_x$	

$\ddot{a}_x^{(m)}$을 구하기 위한 확률변수 Y는

$$Y = \ddot{a}_{\overline{K_x^{(m)} + \frac{1}{m}}|}^{(m)} = \frac{1 - v^{K_x^{(m)} + \frac{1}{m}}}{d^{(m)}}$$

$$E(Y) = \ddot{a}_x^{(m)} = \frac{1 - E\left(v^{K_x^{(m)} + \frac{1}{m}}\right)}{d^{(m)}}$$

(b)에 의하여

$$= \frac{1 - A_x^{(m)}}{d^{(m)}}$$

그림으로부터 다음과 같이 표현할 수 있다.

$$E(Y) = \ddot{a}_x^{(m)} = \sum_{r=0}^{\infty} \frac{1}{m} v^{\frac{r}{m}} {}_{\frac{r}{m}} p_x$$

시간 $(K_x^{(m)} = k)$	0	$\frac{1}{m}$	$\frac{2}{m}$	$\frac{3}{m}$	$\frac{4}{m}$	$\cdots$	$\frac{n-1}{m}$	n
연금액	$\frac{1}{m}$	$\frac{1}{m}$	$\frac{1}{m}$	$\frac{1}{m}$	$\frac{1}{m}$	$\cdots$	$\frac{1}{m}$	0
할인 $(v^{K_x^{(m)}})$	1	$v^{\frac{1}{m}}$	$v^{\frac{2}{m}}$	$v^{\frac{3}{m}}$	$v^{\frac{4}{m}}$		$v^{\frac{n-1}{m}}$	
지급확률	1	$_{\frac{1}{m}}p_x$	$_{\frac{2}{m}}p_x$	$_{\frac{3}{m}}p_x$	$_{\frac{4}{m}}p_x$		$_{n-\frac{1}{m}}p_x$	

$\ddot{a}_{x:\overline{n}|}^{(m)}$ 을 구하기 위한 확률변수 Y 는

$$Y = \ddot{a}_{\overline{\min\left(K_x^{(m)}+\frac{1}{m},\, n\right)}|}^{(m)} = \frac{1 - v^{\min\left(K_x^{(m)}+\frac{1}{m},\, n\right)}}{d^{(m)}}$$

$$E(Y) = \ddot{a}_{x:\overline{n}|}^{(m)} = \frac{1 - E\left[v^{\min\left(K_x^{(m)}+\frac{1}{m},\, n\right)}\right]}{d^{(m)}}$$

(c)에 의하여

$$= \frac{1 - A_{x:\overline{n}|}^{(m)}}{d^{(m)}}$$

그림으로부터 다음과 같이 표현할 수 있다.

$$E(Y) = \ddot{a}_{x:\overline{n}|}^{(m)} = \sum_{r=0}^{mn-1} \frac{1}{m}\, v^{\frac{r}{m}}\, {}_{\frac{r}{m}}p_x$$

 심·화·학·습·문·제 3.2

※ 특별한 언급이 없으면 부록의 제7회 경험생명표와 계산기수를 이용하여 답하시오.

1 피보험자 (40)이 보험금 연말급의 종신보험에 가입하였다. 보험금은 100,000원일 때 다음 각각의 경우 일시납순보험료를 구하시오.

(a) 모든 x에 대하여 $p_x = 0.96$, $i = 0.09$

(b) $l_x = 1000\left(1 - \dfrac{x}{115}\right)$, $i = 0.13$

::: 풀이

(a) $100000 A_{40} = 100000 \sum_{k=0}^{\infty} v^{k+1} {}_k p_{40} \; q_{40+k}$

$= 100000 \sum_{k=0}^{\infty} (1.09)^{-(k+1)} (0.96)^k (0.04)$

$= 100000 \left(\frac{0.04}{1.09} \right) \sum_{k=0}^{\infty} \left(\frac{0.96}{1.09} \right)^k$

$= 100000 \left(\frac{0.04}{1.09} \right) \left[\frac{1}{1-(0.96/1.09)} \right] = 30769.23$

(b) $100000 A_{40} = 100000 \sum_{k=0}^{\infty} v^{k+1} {}_k p_{40} \; q_{40+k} = 100000 \sum_{k=0}^{\infty} v^{k+1} {}_{k|} q_{40}$

$= 100000 \sum_{k=0}^{\infty} (1.13)^{-(k+1)} \left(\frac{1}{115-40} \right)$

$= 100000 \left(\frac{1}{75} \right) \left(\frac{1}{1.13} \right) \left[\frac{1}{1-(1/1.13)} \right] = 10256.41$

2 심화학습문제 1번에서 종신보험 대신에 30년만기 정기보험에 가입하였을 때 (a)와 (b)를 구하시오.

::: 풀이

(a) $100000 A_{40:\overline{30|}}^{1} = 100000 \sum_{k=0}^{29} v^{k+1} {}_k p_{40} \; q_{40+k}$

$= 100000 \sum_{k=0}^{29} (1.09)^{-(k+1)} (0.96)^k (0.04)$

$= 100000 \left(\frac{0.04}{1.09} \right) \sum_{k=0}^{29} \left(\frac{0.96}{1.09} \right)^k$

$= 100000 \left(\frac{0.04}{1.09} \right) \left(\frac{1-\left(\frac{0.96}{1.09} \right)^{30}}{1-\frac{0.96}{1.09}} \right) = 30087.74$

(b) $100000 A_{40:\overline{30|}}^{1} = 100000 \sum_{k=0}^{29} v^{k+1} {}_k p_{40} \; q_{40+k} = 100000 \sum_{k=0}^{\infty} v^{k+1} {}_{k|} q_{40}$

$= 100000 \sum_{k=0}^{\infty} (1.13)^{-(k+1)} \left(\frac{1}{115-40} \right)$

$$= 100000 \left(\frac{1}{75} \right) \left(\frac{1}{1.13} \right) \left(\frac{1 - \left(\frac{1}{1.13} \right)^{30}}{1 - \frac{1}{1.13}} \right) = 9994.20$$

3 심화학습문제 1번에서 종신보험 대신에 30년만기 생사혼합보험에 가입하였을 때 (a)와 (b)를 구하시오.

풀이

앞에서 구한 결과를 이용하면 다음과 같다.

(a) $100000 A_{40:\overline{30}|} = 100000 A^{1}_{40:\overline{30}|} + 100000 A_{40:\overline{30}|}^{1}$

$\qquad\qquad = 30087.74 + 100000 v^{30}\,_{30}p_{40}$

$\qquad\qquad = 30087.74 + 100000 \left(\frac{1}{1.09} \right)^{30} (0.96)^{30} = 32302.58$

(b) $100000 A_{40:\overline{30}|} = 100000 A^{1}_{40:\overline{30}|} + 100000 A_{40:\overline{30}|}^{1}$

$\qquad\qquad = 9994.20 + 100000 v^{30}\,_{30}p_{40}$

$\qquad\qquad = 9994.20 + 100000 \left(\frac{1}{1.13} \right)^{30} \left(\frac{45}{75} \right) = 11528.10$

4 심화학습문제 1번에서 처음 30년 동안은 보험금 100,000원을 지급하고 70세까지 생존하였을 경우에는 70,000원을 지급하고 그 이후에는 보험금 30,000원의 거치종신보험에 가입하였다면, 이때의 (a)와 (b)를 구하시오.

풀이

앞에서 구한 결과를 이용하면 다음과 같다.

(a) $100000 A^{1}_{40:\overline{30}|} + 70000 A_{40:\overline{30}|}^{1} + 30000\,_{30|}A_{40} = 70000 A_{40:\overline{30}|} + 30000 A_{40}$

$\qquad = 0.7 \times 32302.58 + 0.3 \times 30769.23 = 31842.58$

(b) $100000 A^{1}_{40:\overline{30}|} + 70000 A_{40:\overline{30}|}^{1} + 30000\,_{30|}A_{40} = 70000 A_{40:\overline{30}|} + 30000 A_{40}$

$\qquad = 0.7 \times 11528.10 + 0.3 \times 10256.41 = 11146.59$

5 $A_{60} = 0.58896$, $A_{60:\overline{1}|}^{1} = 0.9506$, $A_{61} = 0.60122$일 때 q_{60}을 구하시오.

풀이

재귀식을 이용하면

$$A_{60} = v q_{60} + v p_{60} A_{61} = v - v p_{60} + v p_{60} A_{61} = v - A_{60:\overline{1}|}^{1} + A_{60:\overline{1}|}^{1} A_{61} \text{이므로}$$

$$v = A_{60} + A_{60:\overline{1}|}^{1} - A_{60:\overline{1}|}^{1} A_{61} = 0.58896 + 0.9506 - 0.9506 \times 0.60122$$

$$= 0.9680403$$

$$A_{60:\overline{1}|} = v\,p_{60} \text{이므로 } p_{60} = \frac{0.9506}{0.9680403} = 0.9819839$$

따라서 $q_{60} = 1 - p_{60} = 0.0180161$

6 $\omega = 99$인 De Moivre의 법칙을 가정한다(즉, $s(x) = 1 - \frac{x}{99}$).

$a_{\overline{10}|} + 80\,_{10|}A_x = 80A_x$일 때 x를 구하시오.

::: 풀이

$a_{\overline{10}|} + 80\,_{10|}A_x = 80A_x = 80\left[A_{x:\overline{10}|}^1 + {}_{10|}A_x\right]$이므로 $a_{\overline{10}|} = 80A_{x:\overline{10}|}^1$ ······ ①

사망법칙이 $\omega = 99$인 De Moivre 법칙을 따르므로 $a_{\overline{10}|} = 80\left(\dfrac{a_{\overline{10}|}}{99-x}\right)$

양변을 $a_{\overline{10}|}$으로 나누면 $\dfrac{80}{99-x} = 1$이므로 $x = 19$

또는 ①로부터 $\displaystyle\sum_{K=0}^{9} v^{K+1} = 80\sum_{k=0}^{9} v^{k+1}\left(\dfrac{1}{99-x}\right)$을 이용해도 동일한 결과를 얻는다.

7 다음 식을 간단히 하면 $A_{x:\overline{1}|}^1$이 됨을 유도하시오.

$$\frac{(IA)_x - A_{x:\overline{1}|}^1}{(IA)_{x+1} + A_{x+1}}$$

::: 풀이

다음 식을 계산기수로 표현하면

$$\frac{(IA)_x - A_{x:\overline{1}|}^1}{(IA)_{x+1} + A_{x+1}} = \frac{\dfrac{(R_x - C_x)}{D_x}}{\dfrac{(R_{x+1} + M_{x+1})}{D_{x+1}}}$$

$$= \frac{M_x + M_{x+1} + M_{x+2} + \cdots - C_x}{M_{x+1} + M_{x+2} + M_{x+3} + \cdots + M_{x+1}} \times \frac{D_{x+1}}{D_x}$$

$$= \frac{C_x + 2C_{x+1} + 3C_{x+2} + \cdots - C_x}{(C_{x+1} + 2C_{x+2} + \cdots) + (C_{x+1} + C_{x+2} + \cdots)} \times \frac{D_{x+1}}{D_x}$$

$$= \frac{D_{x+1}}{D_x} = A_{x:\overline{1}|}^1$$

8 다음의 자료를 이용하여 A_{77}을 구하시오.

(i) $A_{76} = 0.800$ (ii) $D_{76} = 400$

(iii) $D_{77} = 360$ (iv) $i = 0.03$

⋮⋮ 풀이

A_{77}을 구하기 위해 p_{76}, q_{76}을 구해보자.

(ii), (iii), (iv)로부터

$$\frac{D_{77}}{D_{76}} = v\,p_{76} = \left(\frac{1}{1.03}\right)p_{76} = \frac{360}{400}\ \text{이므로}$$

$$p_{76} = 0.927,\quad q_{76} = 1 - p_{76} = 0.073$$

재귀식으로부터 $A_{76} = v\,q_{76} + v\,p_{76}\,A_{77}$

$$0.8 = \left(\frac{1}{1.03}\right) \times 0.073 + \left(\frac{360}{400}\right)A_{77}\ \text{이므로}$$

$$A_{77} = 0.81014$$

9 다음 중에서 $(DA)^{1}_{x:\overline{n}|}$과 같은 것을 고르시오.

(a) $\displaystyle\sum_{k=0}^{n-1} A^{1}_{x:\overline{n+1-k}|}$ (b) $\displaystyle\sum_{k=0}^{n} (n-k)\,_{k|}A^{1}_{x:\overline{1}|}$

(c) $n\,v\,q_x + v\,p_x\,(DA)^{1}_{x+1:\overline{n-1}|}$

⋮⋮ 풀이

(a) $(DA)^{1}_{x:\overline{n}|} = A^{1}_{x:\overline{n}|} + A^{1}_{x:\overline{n-1}|} + A^{1}_{x:\overline{n-2}|} + \cdots + A^{1}_{x:\overline{1}|}$ 로 표현할 수 있다.

$\displaystyle\sum_{k=0}^{n-1} A^{1}_{x:\overline{n+1-k}|} = A^{1}_{x:\overline{n+1}|} + A^{1}_{x:\overline{n}|} + \cdots + A^{1}_{x:\overline{2}|}$ 이므로 $(DA)^{1}_{x:\overline{n}|}$ 과 다르다.

(b) $\displaystyle\sum_{k=0}^{n} (n-k)\,_{k|}A^{1}_{x:\overline{1}|}$

$\qquad = n\,A^{1}_{x:\overline{1}|} + (n-1)\,_{1|}A^{1}_{x:\overline{1}|} + (n-2)\,_{2|}A^{1}_{x:\overline{1}|} + \cdots + \,_{n-1|}A^{1}_{x:\overline{1}|}$

$\qquad = (DA)^{1}_{x:\overline{n}|}$

(c) $(DA)^{1}_{x:\overline{n}|} = \displaystyle\sum_{k=0}^{n-1} (n-k)\,v^{k+1}\,_{k|}q_x = n\,v\,q_x + v\,p_x\displaystyle\sum_{k=1}^{n-1}(n-k)\,v^{k}\,_{k-1|}q_{x+1}$

$j = k-1$ 이라고 하면

$$= n\,v\,q_x + v\,p_x\displaystyle\sum_{j=0}^{n-2}(n-1-j)\,v^{j+1}\,_{j|}q_{x+1}$$

$$= n\,v\,q_x + v\,p_x\,(DA)^{1}_{x+1:\overline{n-1}|}$$

따라서 (b)와 (c)가 $(DA)^1_{x\,:\,\overline{n|}}$ 과 같다.

10 사망법칙이 De Moivre의 법칙을 따르고 이자율이 i일 때 $M_x = d_x\,v^{x+1}\,\ddot{a}\,_{\overline{\omega-x|}}$ 가 됨을 유도하시오.

풀이

사망법칙이 De Moivre 법칙을 따르므로 모든 k 에 대하여 $d_{x+k} = d_x$ 이다.

따라서 $M_x = C_x + C_{x+1} + \cdots + C_{\omega-1} = d_x\,v^{x+1} + d_{x+1}\,v^{x+2} + \cdots + d_{\omega-1}\,v^\omega$

$$= d_x\,v^{x+1}(1 + v + \cdots + v^{\omega-x-1}) = d_x\,v^{x+1}\,\ddot{a}\,_{\overline{\omega-x|}}$$

11 피보험자 (x), 보험금 연말급, 보험금 1,000원의 1년만기 정기보험을 고려한다. Z를 이 보험의 보험금현가라고 정의한다. $E(Z) = 19$, $\mathrm{Var}(Z) = 17689$일 때 이자율 i를 구하시오.

풀이

$$E(Z) = 1000\,A^1_{x\,:\,\overline{1|}} = 1000\,v\,q_x = 19 \text{이므로} \ v\,q_x = 0.019$$

$$\mathrm{Var}(Z) = (1000)^2\,(^2A^1_{x\,:\,\overline{1|}}) - [E(Z)]^2 = 1000^2\,v^2\,q_x - (19)^2$$

$$= (1000)^2\,v \times 0.019 - (19)^2 = 17689$$

$v = 0.95$이므로 $i = (0.95)^{-1} - 1 = 0.05263$

12 피보험자 (x)는 10년 안에 사망하면 제10보험연도말에 1원을 지급하고 그 이후에 사망하면 사망하는 보험연도말에 1원을 지급하는 종신보험에 가입하였다. 이 보험의 일시납순보험료(NSP)를 보험수리기호를 이용하여 나타내시오.

풀이

이 보험은 10년 동안 생존하면 A_{x+10} 을 지급하고 10년 내에 사망하면 제10보험연도말에 1원을 지급하므로 이 보험의 NSP는

$$\mathrm{NSP} = \sum_{k=0}^{9} v^{10}\,_{k|}q_x + {}_{10}E_x\,A_{x+10} = v^{10}\,_{10}q_x + {}_{10}E_x\,A_{x+10}$$

$$= v^{10}(1 - {}_{10}p_x) + v^{10}\,_{10}p_x\,A_{x+10}$$

13 피보험자 (x)는 보험금 연말급, 3년만기 정기보험에 가입하였다. 다음과 같은 자료를 이용하여 이 보험의 일시납순보험료(NSP)를 구하시오.

(i) $q_{x+k} = 0.03 + 0.01k$, $k = 0,\ 1,\ 2$ (ii) $i = 0.05$

(iii) 사망연도말에 지급되는 보험금은 다음과 같다.

k	0	1	2
보험금(b_{k+1})	100	200	400

풀이

$$\text{NSP} = A^{1}_{x\,:\,\overline{3|}} = 100\,v\,q_x + 200\,v^2\,p_x\,q_{x+1} + 400\,v^3\,{}_2p_x\,q_{x+2}$$

$$= 100\left(\frac{1}{1.05}\right)\times 0.03 + 200\left(\frac{1}{1.05}\right)^2\times 0.97\times 0.04$$

$$+ 400\left(\frac{1}{1.05}\right)^3\times 0.97\times 0.96\times 0.05 = 25.98$$

14 위 문제의 3년만기 정기보험의 보험금현가를 Z라고 하자. 위 문제의 자료를 이용하여 $\text{Var}(Z)$를 구하시오.

풀이

$\text{Var}(Z)$를 구하기 위해 $E(Z^2)$을 구해보자.

$$Z = \begin{cases} 100\,v, & k=0 \\ 200\,v^2, & k=1 \\ 400\,v^3, & k=2 \\ 0, & k=3,\,4,\,5,\,\cdots \end{cases} \quad \text{이므로}$$

$$E(Z^2) = (100v)^2\,q_x + (200v^2)^2\,p_x\,q_{x+1} + (400v^3)^2\,{}_2p_x\,q_{x+2}$$

$$= \left(\frac{100}{1.05}\right)^2\times 0.03 + \left(\frac{200}{1.05^2}\right)^2\times 0.97\times 0.04 + \left(\frac{400}{1.05^3}\right)^2\times 0.97\times 0.96\times 0.05$$

$$= 7107.949$$

심화학습문제 13번에서 $E(Z) = \text{NSP} = 25.98$이므로

$$\text{Var}(Z) = E(Z^2) - [E(Z)]^2 = 7107.949 - (25.98)^2 = 6432.989$$

15 피보험자 (41)은 보험금 연말급, 보험금 b_{41+t}원인 3년만기 생사혼합보험에 가입하였다. 다음과 같은 자료를 이용하여 이 보험의 일시납순보험료(NSP)를 구하시오. ($i = 0.05$)

(i) 사망보험금은 $b_{41+t} = 1000(1.1)^t$, $t = 1,\,2,\,3$이고, 생존보험금은 $1000(1.1)^3$이다.

(ii)

x	40	41	42	43	44
l_x	10000	9000	7800	6300	4500

풀이

$$\text{NSP} = E(Z) = b_{42}\,v\,q_{41} + b_{43}\,v^2\,{}_{1|}q_{41} + b_{44}\,v^3\,({}_{2|}q_{41} + {}_3p_{41})$$

$$= 1000\times 1.1\times\left(\frac{1}{1.05}\right)\times\frac{1200}{9000} + 1000\times(1.1)^2\times\left(\frac{1}{1.05}\right)^2\times\frac{1500}{9000}$$

$$+ 1000 \times 1.1^3 \times \left(\frac{1}{1.05}\right)^3 \times \frac{6300}{9000} = 1127.4376$$

16 피보험자 (x), 보험금 1원의 10년만기 생존보험의 보험금현가를 Z라고 하자. 다음과 같은 자료를 이용하여 이자율 i를 구하시오.

(i) $\text{Var}(Z) = 0.04\, E(Z)$ (ii) $_{10}p_x = 0.8$

풀이

(i)에 의해 $\text{Var}(Z) = {}^2A_{x:\overline{10}|}^{1} - (A_{x:\overline{10}|}^{1})^2 = v^{20}\,_{10}p_x - (v^{10}\,_{10}p_x)^2$

$$= v^{10}\,_{10}p_x\,(v^{10} - v^{10}\,_{10}p_x)$$

$$= 0.04\,v^{10}\,_{10}p_x = 0.04\,E(Z)$$

이므로 $v^{10}(1 - \,_{10}p_x) = 0.04$임을 알 수 있다.

(ii)에 의해 $v^{10} \times 0.2 = 0.04$, 즉, $v^{10} = 0.2$이므로

$$i = (0.2)^{-\frac{1}{10}} - 1 = 0.17462$$

17 피보험자 (40)의 2년만기 정기보험을 고려한다. 다음과 같은 자료를 이용하여 $\text{Var}(Z)$를 최소가 되게 하는 s를 구하시오.

(i) 사망보험금은 피보험자가 제1보험연도 사망시 사망연도말에 s원$(0 \leq s \leq 10)$을 지급하고, 제2보험연도 사망시 사망연도말에 $(10-s)$원을 지급한다.

(ii) $i = 0$ (iii) $q_{40} = 0.3, \quad q_{41} = 0.35$

풀이

$\text{Var}(Z)$를 구하기 위해 $E(Z)$, $E(Z^2)$을 구해보자.

$$E(Z) = s\,v\,q_{40} + (10-s)\,v^2\,p_{40}\,q_{41} = 0.3\,s + (10-s) \times 0.7 \times 0.35$$

$$E(Z^2) = s^2\,v^2\,q_{40} + (10-s)^2\,v^2\,p_{40}\,q_{41} = 0.3\,s^2 + (10-s)^2 \times 0.7 \times 0.35$$

$$\text{Var}(Z) = E(Z^2) - [E(Z)]^2$$

$$= 0.3\,s^2 + (10-s)^2 \times 0.7 \times 0.35 - [0.3\,s + (10-s) \times 0.245]^2$$

$$= 0.541975\,s^2 - 5.1695\,s + 18.4975$$

$\dfrac{d}{ds}\text{Var}(Z) = 0$을 만족시키는 s가 $\text{Var}(Z)$를 최소값으로 만드는 값이므로

$$\frac{d}{ds}\text{Var}(Z) = 1.08395\,s - 5.1695 = 0$$

따라서 $s = 4.77$

18 피보험자 (x)가 가입한 2년만기 정기보험의 보험금현가를 Z라고 하자. 다음과 같은 자료를 이용하여 $\Pr[53000 < Z < 63000]$를 구하시오.

(i) 사망보험금은 보험가입 후 처음 6개월 안에 사망하면 50,000원을 사망한 반기 말에 지급하고, 그 후 사망보험금은 매 반기마다 10,000원씩 증가한다.

(ii) $q_x = 0.15$, $\quad q_{x+1} = 0.25$ $\qquad$ (iii) $i^{(2)} = 0.1$

(iv) 매 연령마다 단수부분은 CFM가정을 따른다.

: 풀이 .

Z는 $K_x^{(2)}$에 의해 결정되므로(기본연습문제 58번 참조) $K_x^{(2)} = 0, 0.5, 1, 1.5, 2$에 대하여 각각 확률을 구해보면

$$\Pr(K_x^{(2)} = 0) = {}_{0.5}q_x = 1 - {}_{0.5}p_x = 1 - (0.85)^{0.5} = 0.07805$$

$$\Pr(K_x^{(2)} = 0.5) = {}_{0.5|0.5}q_x = q_x - {}_{0.5}q_x = 0.15 - 0.07805 = 0.07195$$

$$\Pr(K_x^{(2)} = 1) = {}_{1|0.5}q_x = p_x \, {}_{0.5}q_{x+1} = p_x\,(1 - {}_{0.5}p_{x+1})$$
$$= 0.85\left[1 - (0.75)^{0.5}\right] = 0.11388$$

$$\Pr(K_x^{(2)} = 1.5) = {}_{1.5|0.5}q_x = {}_{1.5}p_x - {}_{2}p_x = p_x\,(p_{x+1})^{0.5} - p_x\,p_{x+1}$$
$$= 0.85 \times (0.75)^{0.5} - 0.85 \times 0.75 = 0.09862$$

$$\Pr(K_x^{(2)} \geq 2) = {}_{2}p_x = 0.85 \times 0.75 = 0.6375$$

따라서 1년 이자율을 i, 6개월당 이자율을 j라고 하면 i와 $j = i^{(2)}/2 = 0.05$를 이용하여 각각 보험금현가 Z를 표로 나타내면 다음과 같다.

$K_x^{(2)}$	$Z = v_i^{K_x^{(2)}+\frac{1}{2}}$	확률
0	$50000\left(\dfrac{1}{1+i}\right)^{0+\frac{1}{2}} = 50000\left(\dfrac{1}{1.05}\right)^{1} = 47619.05$	0.07805
0.5	$60000\left(\dfrac{1}{1+i}\right)^{0.5+\frac{1}{2}} = 60000\left(\dfrac{1}{1.05}\right)^{2} = 54421.77$	0.07195
1	$70000\left(\dfrac{1}{1+i}\right)^{1+\frac{1}{2}} = 70000\left(\dfrac{1}{1.05}\right)^{3} = 60468.63$	0.11388
1.5	$80000\left(\dfrac{1}{1+i}\right)^{1.5+\frac{1}{2}} = 80000\left(\dfrac{1}{1.05}\right)^{4} = 65816.20$	0.09862
≥ 2	0	0.6375

표로부터 $\Pr[53000 < Z < 63000] = 0.07195 + 0.11388 = 0.18583$

19 $l_x = 100 - x,\ 0 \le x \le 100$이고 이력 $\delta = 0.05$일 때 다음을 구하시오.

(a) $\bar{A}^{\,1}_{40:\overline{25|}}$

(b) t시점의 보험금이 $e^{0.05t}$, 피보험자 (40), 25년만기 정기보험의 NSP

풀이

(a) 사망법칙이 $\omega = 100$인 De Moivre 법칙을 따르므로

$$\bar{A}^{\,1}_{40:\overline{25|}} = \frac{\bar{a}_{\,\overline{n|}}}{\omega - x} = \frac{\bar{a}_{\,\overline{25|}}}{60} = \frac{1}{60}\,\frac{1 - e^{-25\delta}}{\delta} = 0.237832$$

(b) $\text{NSP} = \displaystyle\int_0^{25} e^{0.05t}\ v^t\ {}_tp_{40}\ \mu_{40+t}\ dt = \int_0^{25} e^{0.05t}\ e^{-0.05t}\ \frac{1}{60}\ dt$

$\qquad = \dfrac{25}{60} = 0.416667$

20 UDD가정하에서 다음의 일시납순보험료를 $C_x,\ M_x,\ R_x$ 및 D_x를 이용하여 나타내시오.

(a) $(I\bar{A})_{30:\overline{35|}}$ \qquad (b) $(\bar{I}\bar{A})_{30:\overline{35|}}$ \qquad (c) $(\bar{I}_{\,\overline{10|}}\,\bar{A})_{30:\overline{35|}}$

풀이

(a) $(I\bar{A})_{30:\overline{35|}} = \dfrac{i}{\delta}(IA)^{\,1}_{30:\overline{35|}} + 35A_{30:\overline{35|}}^{\;\;\;1}$

$\qquad = \dfrac{1}{D_{30}}\left[\dfrac{i}{\delta}(R_{30} - R_{65} - 35M_{65}) + 35D_{65}\right]$

(b) $(\bar{I}\bar{A})_{30:\overline{35|}} = (\bar{I}\bar{A})^{\,1}_{30:\overline{35|}} + 35A_{30:\overline{35|}}^{\;\;\;1}$

$\qquad = \dfrac{i}{\delta}\left[(IA)^{\,1}_{30:\overline{35|}} - \left(\dfrac{1}{d} - \dfrac{1}{\delta}\right)A^{\,1}_{30:\overline{35|}}\right] + 35A_{30:\overline{35|}}^{\;\;\;1}$

$\qquad = \dfrac{1}{D_{30}}\left[\dfrac{i}{\delta}(R_{30} - R_{65} - 35M_{65}) - \dfrac{i}{\delta}\left(\dfrac{1}{d} - \dfrac{1}{\delta}\right)(M_{30} - M_{65}) + 35D_{65}\right]$

(c) $(\bar{I}_{\,\overline{10|}}\,\bar{A})_{30:\overline{35|}} = (\bar{I}_{\,\overline{10|}}\,\bar{A})^{\,1}_{30:\overline{35|}} + 10A_{30:\overline{35|}}^{\;\;\;1}$

$\qquad = (\bar{I}\bar{A})^{\,1}_{30:\overline{10|}} + 10({}_{10}E_{30})(\bar{A}^{\,1}_{40:\overline{25|}}) + 10A_{30:\overline{35|}}^{\;\;\;1}$

$\qquad = \dfrac{i}{\delta}\left[(IA)^{\,1}_{30:\overline{10|}} - \left(\dfrac{1}{d} - \dfrac{1}{\delta}\right)A^{\,1}_{30:\overline{10|}}\right] + \dfrac{i}{\delta}({}_{10}E_{30})(10)(A^{\,1}_{40:\overline{25|}})$

$\qquad\quad + 10A_{30:\overline{35|}}^{\;\;\;1}$

$\qquad = \dfrac{i}{\delta}\left[\dfrac{(R_{30} - R_{40} - 10M_{40})}{D_{30}} - \left(\dfrac{1}{d} - \dfrac{1}{\delta}\right)\left(\dfrac{M_{30} - M_{40}}{D_{30}}\right)\right]$

$\qquad\quad + \dfrac{i}{\delta} \times 10 \times \dfrac{M_{40} - M_{65}}{D_{30}} + 10 \times \dfrac{D_{65}}{D_{30}}$

$$= \frac{1}{D_{30}} \left[\frac{i}{\delta} (R_{30} - R_{40} - 10M_{65}) - \frac{i}{\delta} \left(\frac{1}{d} - \frac{1}{\delta} \right) (M_{30} - M_{40}) \right.$$
$$\left. + 10D_{65} \right]$$

21 $l_x = 100 - x$, $^2\bar{A}^{\,1}_{20:\,\overline{30}|} = K$일 때 $\bar{A}_{40}$을 K를 이용하여 나타내시오.

:::: **풀이**

사망법칙이 $\omega = 100$인 De Moivre 법칙을 따르므로

$$^2\bar{A}^{\,1}_{20:\,\overline{30}|} = \int_0^{30} v^{2t} \,_tp_{20} \, \mu_{20+t} \, dt = \int_0^{30} e^{-2\delta t} \frac{1}{80} \, dt = \frac{1}{80 \times 2\delta} (1 - e^{-2\delta \times 30}) = K$$이므

로 $1 - e^{-60\delta} = 160 \, \delta \, K$ 이다. 따라서

$$\bar{A}_{40} = \int_0^{60} v^t \,_tp_{40} \, \mu_{40+t} \, dt = \int_0^{60} e^{-\delta t} \frac{1}{60} \, dt = \frac{1}{60\delta} (1 - e^{-60\delta})$$

$$= \frac{160 \, \delta \, K}{60 \, \delta} = \frac{8}{3} K$$

22 (a) 이력과 사력이 상수로 일정하다고 가정한다. $\mu + \delta = 0.06$이고 $_{10|}\bar{A}_x = 0.1829$
일 때 μ와 δ의 값을 구하시오.

(b) $_{10|}\bar{A}_x$를 구하기 위한 보험금현가 Z의 분산을 구하시오.

:::: **풀이**

(a) $\quad E(Z) = \,_{10|}\bar{A}_x = \int_{10}^{\infty} v^t \,_tp_x \, \mu_{x+t} \, dt = \int_{10}^{\infty} e^{-\delta t} \, e^{-\mu t} \, \mu \, dt$

$$= \frac{\mu(e^{-(\mu+\delta)n})}{\mu + \delta} = \frac{\mu(e^{-0.06(10)})}{0.06} = 0.1829$$

따라서 $\mu = 0.02$, $\delta = 0.04$

(b) $E(Z^2)$을 직접 구해보자.

$$E(Z^2) = \int_{10}^{\infty} e^{-0.04(2)t} \, e^{-0.02t} (0.02) \, dt = \int_{10}^{\infty} e^{-0.1t} (0.02) \, dt$$

$$= \frac{0.02}{0.1} (e^{-1}) = 0.073576$$

$E(Z^2)$을 직접 구하는 것보다 $E(Z^2)$은 δ대신 2δ을 대입한 값이므로 (a)의 결과에서
δ대신 2δ를 대입하여 구하는 것이 간편하다.

$$E(Z^2) = \,_{10|}^2\bar{A}_x = \frac{\mu[e^{-(\mu+2\delta)(10)}]}{\mu + 2\delta} = \frac{0.02[e^{-(0.02+0.08)(10)}]}{0.02 + 2(0.04)}$$

$$= \frac{0.02(e^{-1})}{0.1} = 0.073576$$

따라서 $\mathrm{Var}(Z) = E(Z^2) - [E(Z)]^2 = 0.073576 - (0.1829)^2 = 0.04012359$

23 다음과 같은 자료를 이용하여 $\bar{A}_{x:\overline{n}|}$ 을 구하시오.

(i) $\bar{A}^{1}_{x:\overline{n}|} = 0.4275$ (ii) $\delta = 0.055$

(iii) 모든 t에 대하여 $\mu_{x+t} = 0.045$

::: 풀이

$\bar{A}_{x:\overline{n}|}$ 을 구하기 위해 $A_{x:\frac{1}{n|}}$ 을 구해보자.

(iii)으로부터 사력이 상수이므로 사망법칙은 CFM을 따른다.

$$\bar{A}^{1}_{x:\overline{n}|} = \frac{\mu(1 - e^{-(\mu+\delta)n})}{\mu + \delta} = \frac{0.045(1 - e^{-0.1n})}{0.1} = 0.4275$$

$e^{-0.1n} = 0.05$ 이다. 따라서

$$A_{x:\frac{1}{n|}} = e^{-0.1n} = 0.05$$

$$\bar{A}_{x:\overline{n}|} = \bar{A}^{1}_{x:\overline{n}|} + A_{x:\frac{1}{n|}} = 0.4275 + 0.05 = 0.4775$$

24 피보험자 (x), 보험금 사망즉시급인 종신보험의 보험금현가를 Z라고 하고 t시점의 보험금을 b_t, t시점의 이력과 사력을 δ_t, μ_{x+t}라고 하자. 다음을 이용하여 $\mathrm{Var}(Z)$를 계산하시오.

(i) 모든 t에 대하여 $\mu_{x+t} = 0.01$ (ii) $\delta_t = 0.06$ (iii) $b_t = e^{0.05t}$

::: 풀이

$\mathrm{Var}(Z)$를 구하기 위해 $E(Z), E(Z^2)$을 구해보자.

$$E(Z) = \int_0^\infty b_t \, v^t \, {}_tp_x \, \mu_{x+t} \, dt$$

$$= \int_0^\infty e^{0.05t} \, e^{-0.06t} \, e^{-0.01t} \, 0.01 \, dt = \int_0^\infty e^{-0.02t} \, 0.01 \, dt = \frac{1}{2}$$

$$E(Z^2) = \int_0^\infty (b_t \, v^t)^2 \, {}_tp_x \, \mu_{x+t} \, dt$$

$$= \int_0^\infty (e^{0.05t} \, e^{-0.06t})^2 e^{-0.01t} \, 0.01 \, dt$$

$$= \int_0^\infty e^{-0.03t} \, 0.01 \, dt = \frac{1}{3}$$

따라서

$$\mathrm{Var}(Z) = E(Z^2) - [E(Z)]^2 = \frac{1}{3} - \frac{1}{4} = \frac{1}{12}$$

25 보험금 사망즉시급, 연속납보험료인 종신보험 두 개를 고려한다(아래 표 참조). $\delta = 0.08$일 때 보험 #2에 대한 확률변수 $_0L_2$의 분산을 구하시오.

	보험금	보험료($\bar{P}$)	$_0L_i$의 분산
보험 #1	4	0.18	$\mathrm{Var}(_0L_1) = 3.25$
보험 #2	6	0.22	$\mathrm{Var}(_0L_2) = ?$

풀이

보험금 B원인 완전연속 종신보험에 대한 확률변수는 $_0L = Bv^T - P\bar{a}_{\overline{T}|}$ 이므로

$$\mathrm{Var}(Bv^T - P\bar{a}_{\overline{T}|}) = \mathrm{Var}\left[\left(B + \frac{P}{\delta}\right)v^T - \frac{P}{\delta}\right] = \left(B + \frac{P}{\delta}\right)^2 \left[{}^2\bar{A}_x - (\bar{A}_x)^2\right]$$

따라서
$$\frac{\mathrm{Var}(_0L_2)}{\mathrm{Var}(_0L_1)} = \frac{\left(B_2 + \dfrac{\bar{P}_2}{\delta}\right)^2}{\left(B_1 + \dfrac{\bar{P}_1}{\delta}\right)^2} = \frac{\left(6 + \dfrac{0.22}{0.08}\right)^2}{\left(4 + \dfrac{0.18}{0.08}\right)^2} = 1.96$$

$$\mathrm{Var}(_0L_2) = 1.96 \times \mathrm{Var}(_0L_1) = 6.37$$

26 μ_x와 δ에 기초한 t년만기 생존보험의 NSP를 $_tE_x$라고 하고 모든 x에 대하여 $\mu'_x = 2\mu_x$, 모든 t에 대하여 $\delta' = 2\delta$에 기초한 t년만기 생존보험의 NSP를 $_tE'_x$라고 할 때, $_tE_x$를 이용하여 $_tE'_x$를 나타내시오.

풀이

$$_tE'_x = \exp\left(-\int_0^t (\delta' + \mu'_{x+s})\,ds\right) = \exp\left(-2\int_0^t (\delta + \mu_{x+s})\,ds\right) = (_tE_x)^2$$

27 사망법칙이 $\omega = 100$인 De Moivre의 법칙을 따를 때 다음 자료를 이용하여 ${}^2\bar{A}_{60:\overline{5}|}$를 구하시오.

(i) $v^{10} = 0.6$ (ii) $\bar{a}_{\overline{10}|} = 7$

풀이

사망법칙이 $\omega = 100$인 De Moivre 법칙을 따르므로

$$\begin{aligned}
{}^2\bar{A}_{60:\overline{5}|} &= {}^2\bar{A}^{\,1}_{60:\overline{5}|} + {}^2\bar{A}_{60:\overline{5}|}^{1} = \int_0^5 v^{2t} \,{}_tp_{60}\,\mu_{60+t}\,dt + \frac{35}{40}(v^5)^2 \\
&= \frac{1}{40}\int_0^5 v^{2t}\,dt + \frac{35}{40}v^{10} = \frac{1}{40}\frac{1 - e^{-5\times 2\delta}}{2\delta} + \frac{35}{40}v^{10} \\
&= \frac{1}{80}\bar{a}_{\overline{10}|} + \frac{35}{40}v^{10} = \frac{1}{80}\times 7 + \frac{35}{40}\times 0.6 = 0.6125
\end{aligned}$$

28 다음 식을 증명하시오.

(a) $(IA)_x = v\,q_x + v[A_{x+1} + (IA)_{x+1}]\,p_x$

(b) $\dfrac{1}{D_x}\left[\displaystyle\sum_{k=0}^{n-1} C_{x+k}\; v^{n-k-1} + D_{x+n}\right] = v^n$ (의미도 설명하시오)

⋮⋮ 풀이

(a) $(IA)_x = \displaystyle\sum_{k=0}^{\infty}(k+1)\,v^{k+1}\,_{k\mid}q_x = v\,q_x + \sum_{k=1}^{\infty}(k+1)\,v^{k+1}\,_{k\mid}q_x$

$\qquad = v\,q_x + v\,p_x \displaystyle\sum_{k=1}^{\infty}(k+1)\,v^{k}\,_{k-1\mid}q_{x+1}$

$\qquad = v\,q_x + v\,p_x\left[\displaystyle\sum_{k=1}^{\infty}\left(v^{k}\,_{k-1\mid}q_{x+1} + k\,v^{k}\,_{k-1\mid}q_{x+1}\right)\right]$

$\qquad = v\,q_x + v\,p_x[A_{x+1} + (IA)_{x+1}]$

(b) $\dfrac{1}{D_x}\left[\displaystyle\sum_{k=0}^{n-1} C_{x+k}\; v^{n-k-1} + D_{x+n}\right] = \dfrac{1}{D_x}\left[v^{x+n}\,_{n}d_x + D_{x+n}\right]$

$\qquad = \dfrac{1}{D_x}\left[v^{x+n}(l_x - l_{x+n}) + D_{x+n}\right] = \dfrac{1}{D_x}[v^n D_x - D_{x+n} + D_{x+n}] = v^n$

n년 내에 사망하면 $x+n$시점에 1원을 지급하고 n년 생존시 $x+n$시점에 1원을 지급하므로 확정적으로 $x+n$시점에 1원을 지급하는 보험이다.

29 다음에 답하시오.

(a) 다음 식을 증명하시오.

$$\mu_x \fallingdotseq \frac{\left(\dfrac{i}{\delta}\right)(M_{x-1} - M_{x+1})}{2\,D_x}\quad \text{(UDD가정)}$$

(b) (a)의 결과를 이용하여 μ_{30}의 값을 구하시오. $(i = 5\%)$

(c) $i = 0$일 때 μ_{30}의 값을 구하시오.

⋮⋮ 풀이

(a) $\dfrac{d}{dx}f(x) \fallingdotseq \dfrac{f(x+1) - f(x-1)}{2}$ 이고 $\dfrac{d}{dx}\overline{M}_x = -D_x\,\mu_x$ 이므로

$$\mu_x = \frac{-\dfrac{d}{dx}\overline{M}_x}{D_x} \fallingdotseq \frac{-(\overline{M}_{x+1} - \overline{M}_{x-1})/2}{D_x}$$

$$= \frac{\overline{M}_{x-1} - \overline{M}_{x+1}}{2\,D_x} = \frac{\dfrac{i}{\delta}(M_{x-1} - M_{x+1})}{2\,D_x}$$

(b) $\mu_{30} \fallingdotseq \dfrac{\dfrac{0.05}{\ln 1.05}(M_{29} - M_{31})}{2D_{30}} = \dfrac{\dfrac{0.05}{\ln 1.05}(2371.03 - 2344.31)}{2 \times 22816.97} = 0.000600$

(c) $\mu_x = \dfrac{-\dfrac{d}{dx} l_x}{l_x} \fallingdotseq \dfrac{l_{x-1} - l_{x+1}}{2 l_x}$ 이므로

$$\mu_{30} = \dfrac{l_{29} - l_{31}}{2 l_{30}} = \dfrac{98671.84 - 98556.43}{2 \times 98613.62} = 0.000585$$

30 다음을 증명하시오.

$$^2\bar{A}_x = \dfrac{1}{2} \bar{s}_{\,\overline{2|}} \,^2A_x$$

｜ 풀이 ｜

$^2\bar{A}_x$에 적용되는 실이율을 i', 이력을 δ'이라고 하자.

$1 + i' = e^{\delta'} = e^{2\delta} = (1+i)^2 = 1 + i^2 + 2i$ 이므로 $i' = i^2 + 2i$이다. 따라서

$$^2\bar{A}_x = \dfrac{i'}{\delta'}\,^2A_x = \dfrac{(1+i)^2 - 1}{2\delta}\,^2A_x = \dfrac{1}{2} \bar{s}_{\,\overline{2|}}\,^2A_x$$

31 $l_x = 100 - x \ \ (0 \le x < 100)$, 이력이 δ일 때

(a) $\bar{A}_x$를 구하시오.

(b) 보험금 사망즉시급, t시점에서의 사망보험금이 $e^{\alpha t}$인 종신보험의 NSP를 구하시오.

｜ 풀이 ｜

(a) 사망법칙이 De Moivre 법칙을 따르므로

$$\bar{A}_x = \dfrac{\bar{a}_{\,\overline{\omega - x|}}}{\omega - x} = \dfrac{1 - e^{-\delta(100 - x)}}{\delta(100 - x)}$$

(b) $B = \displaystyle\int_0^{100-x} e^{-\delta t}\, e^{\alpha t}\, {}_t p_x\, \mu_{x+t}\, dt = \int_0^{100-x} e^{(\alpha - \delta)t}\, \dfrac{1}{100 - x}\, dt$

(i) $\alpha \ne \delta$일 때

$$B = \dfrac{1}{100 - x} \left[\dfrac{e^{(\alpha - \delta)t}}{\alpha - \delta} \right]_0^{100-x} = \dfrac{1}{100 - x}\, \dfrac{1}{\alpha - \delta}\, [e^{(\alpha - \delta)(100 - x)} - 1]$$

(ii) $\alpha = \delta$일 때

$$B = \int_0^{100-x} \dfrac{1}{100 - x}\, dt = \dfrac{1}{100 - x} \left[\, t\, \right]_0^{100-x} = 1$$

32 다음과 같은 가정하에서 $1000\bar{A}_{x:\overline{40}|}$ 을 구하시오.

(i) $\mu_{x+t} = \begin{cases} 0.01, & 0 \le t \le 15 \\ 0.04, & t > 15 \end{cases}$ (ii) $\delta_t = \begin{cases} 0.03, & 0 \le t \le 10 \\ 0.05, & t > 10 \end{cases}$

::: 풀이

$\bar{A}_{x:\overline{40}|}$ 을 구하기 위해 $\bar{A}^{\,1}_{x:\overline{40}|}$ 과 $A_{x:\overline{40}|}^{\ \ \ 1}$ 을 구해보자.

$0 \le t \le 10$인 경우 $\mu = 0.01$, $\delta = 0.03$이므로

$$v^t {}_t p_x = e^{-0.03t}\, e^{-0.01t} = e^{-0.04t}$$

$10 < t \le 15$인 경우 $\mu = 0.01$, $\delta = 0.05$이므로

$$v^t {}_t p_x = e^{-0.03(10)}\, e^{-0.05(t-10)}\, e^{-0.01(10)}\, e^{-0.01(t-10)}$$
$$= e^{-0.04(10)}\, e^{-0.06(t-10)}$$

$t > 15$인 경우 $\mu = 0.04$, $\delta = 0.05$이므로

$$v^t {}_t p_x = e^{-0.03(10)}\, e^{-0.05(5)}\, e^{-0.05(t-15)}\, e^{-0.01(10)}\, e^{-0.01(5)}\, e^{-0.04(t-15)}$$
$$= e^{-0.04(10)}\, e^{-0.06(5)}\, e^{-0.09(t-15)}$$

따라서

$$\bar{A}_{x:\overline{40}|} = \bar{A}^{\,1}_{x:\overline{40}|} + A_{x:\overline{40}|}^{\ \ \ 1}$$

$$= \int_0^{40} v^t\, {}_t p_x\, \mu_{x+t}\, dt + v^{40}\, {}_{40} p_x$$

$$= \int_0^{10} v^t\, {}_t p_x\, \mu_{x+t}\, dt + \int_{10}^{15} v^t\, {}_t p_x\, \mu_{x+t}\, dt$$

$$\quad + \int_{15}^{40} v^t\, {}_t p_x\, \mu_{x+t}\, dt + v^{40}\, {}_{40} p_x$$

$$\int_0^{10} v^t\, {}_t p_x\, \mu_{x+t}\, dt = \int_0^{10} e^{-0.04(t)}(0.01)\, dt = 0.01\left[\frac{1 - e^{-0.04 \times 10}}{0.04}\right]$$

$$= 0.082419988$$

$$\int_{10}^{15} v^t\, {}_t p_x\, \mu_{x+t}\, dt = \int_{10}^{15} e^{-0.04(10)}\, e^{-0.06(t-10)}(0.01)\, dt$$

$$= (0.01)\, e^{-0.04(10)} \int_0^5 e^{-0.06s}\, ds^{1)}$$

$$= (0.01)\, e^{-0.04(10)}\left(\frac{1 - e^{-0.06 \times 5}}{0.06}\right) = 0.02895579$$

$$\int_{15}^{40} v^t\, {}_t p_x\, \mu_{x+t}\, dt = \int_{15}^{40} e^{-0.04(10)}\, e^{-0.06(5)}\, e^{-0.09(t-15)}(0.04)\, dt$$

---

1) $t - 10 = s$로 치환적분법을 사용함. (부록의 (I-32) 참조)

$$= (0.04) e^{-0.04(10)} e^{-0.06(5)} \int_0^{25} e^{-0.09s} \, ds^{1)}$$

$$= (0.04) e^{-0.04(10)} e^{-0.06(5)} \left(\frac{1 - e^{-0.09 \times 25}}{0.09} \right) = 0.197442488$$

$$v^{40} \,_{40}p_x = e^{-0.04(10)} e^{-0.06(5)} e^{-0.09(40-15)} = 0.052339706$$

이므로

$$\bar{A}_{x:\overline{40|}} = 0.082419988 + 0.02895579 + 0.197442488 + 0.052339706$$

$$= 0.361157972$$

따라서

$$1000 \bar{A}_{x:\overline{40|}} = 361.157972$$

33 다음과 같은 자료를 이용하여 $_{15|}\bar{A}_x$를 구하시오.

(i) 모든 $x \geq 0$에 대해 사력 $\mu_x = \mu$로 상수이다.

(ii) $\delta = 0.04$ (iii) $\overset{\circ}{e}_x = 20$

:: 풀이

(i), (ii)에 의해 사망법칙은 CFM을 따르므로

$$\overset{\circ}{e}_x = \frac{1}{\mu} = 20 \quad \text{따라서} \quad \mu = \frac{1}{20} = 0.05$$

$_{15|}\bar{A}_x$를 구하기 위해 $_{15}E_x$, $\bar{A}_{x+15}$를 구해보자.

$$_{15}E_x = e^{-(\mu+\delta)\times 15} = e^{-0.09 \times 15} = 0.25924$$

$$\bar{A}_{x+15} = \frac{\mu}{\mu+\delta} = \frac{0.05}{0.09} = 0.55556$$

따라서

$$_{15|}\bar{A}_x = {}_{15}E_x \, \bar{A}_{x+15} = 0.25924 \times 0.55556 = 0.144023$$

34 피보험자 (x), 보험금 사망즉시급, 보험금 b_t원인 20년만기 생사혼합보험의 보험금 현가를 Z라고 하자. 다음의 가정을 이용하여 $\text{Var}(Z)$를 구하시오.

(i) 모든 x에 대해 사력 $\mu_x = 0.03$, $x \geq 0$이다.

(ii) $\delta = 0.05$ (iii) 보험금 $b_t = e^{0.02t}$, $0 \leq t \leq 20$이다.

:: 풀이

20년 생사혼합보험의 보험금현가 Z는 다음과 같다.

---

1) $t - 15 = s$로 치환적분법을 사용함. (부록의 (I-32) 참조)

$$Z = \begin{cases} e^{0.02\,t}\,e^{-0.05\,t} = e^{-0.03\,t} & T \le 20 \\ e^{0.02 \times 20}\,e^{-0.05 \times 20} = e^{-0.03 \times 20} & T > 20 \end{cases}$$

$\mathrm{Var}(Z)$를 구하기 위해 $E(Z^2)$, $E(Z)$를 구해보자. Z는 $\delta = 0.03$인 20년만기 생사혼합보험의 보험금현가이고 사망법칙은 $\mu = 0.03$인 CFM을 따르므로

$$E(Z) = \bar{A}_{x:\overline{20|}} = \bar{A}^{\,1}_{x:\overline{20|}} + A_{x:\overline{20|}}^{\,\,\,1} = \frac{\mu(1 - e^{-(\mu+\delta)(20)})}{\mu+\delta} + e^{-(\mu+\delta)(20)}$$

$$= \frac{0.03(1 - e^{-0.06(20)})}{0.06} + e^{-0.06(20)} = 0.650597$$

$$E(Z^2) = {}^2\bar{A}^{\,1}_{x:\overline{20|}} + {}^2A_{x:\overline{20|}}^{\,\,\,1} = \frac{\mu(1 - e^{-(\mu+2\delta)(20)})}{\mu+2\delta} + e^{-(\mu+2\delta)(20)}$$

$$= \frac{0.03(1 - e^{-0.09(20)})}{0.09} + e^{-0.09(20)} = 0.443533$$

따라서

$$\mathrm{Var}(Z) = E(Z^2) - [E(Z)]^2 = 0.443533 - 0.650597^2 = 0.020257$$

35 피보험자 (x)는 보험금 사망즉시급 보험금 b_t원인 종신보험에 가입하였다. 다음의 조건을 이용하여 이 종신보험의 일시납순보험료(NSP)를 구하시오.

(i) $\mu = 0.03$ (ii) $\delta = 0.05$ (iii) $b_t = 1 + \mathrm{NSP}\,e^{0.02t}$

∷ 풀이

$$\mathrm{NSP} = b_t\,\bar{A}_x = \int_0^\infty (1 + \mathrm{NSP}\,e^{0.02t})\,v^t\,{}_tp_x\,\mu_{x+t}\,dt$$

$$= \int_0^\infty v^t\,{}_tp_x\,\mu_{x+t}\,dt + \mathrm{NSP}\int_0^\infty e^{0.02t}\,v^t\,{}_tp_x\,\mu_{x+t}\,dt$$

$$= \int_0^\infty e^{-0.05t}\,e^{-0.03t}\,(0.03)\,dt + \mathrm{NSP}\int_0^\infty e^{0.02t}\,e^{-0.05t}\,e^{-0.03t}\,(0.03)\,dt$$

이를 NSP에 대하여 정리하면

$$\mathrm{NSP}\left(1 - \int_0^\infty e^{-0.06t}\,(0.03)\,dt\right) = \int_0^\infty e^{-0.08t}\,(0.03)\,dt$$

$$\mathrm{NSP} = \frac{\displaystyle\int_0^\infty e^{-0.08t}\,(0.03)\,dt}{1 - \displaystyle\int_0^\infty e^{-0.06t}\,(0.03)\,dt} = \frac{\dfrac{0.03}{0.08}}{1 - \dfrac{0.03}{0.06}} = 0.75$$

36 100명의 사람들로 구성된 단체를 고려해보자. 그들은 각각 보험금 1,000원, 보험금 사망즉시급, 5년거치, 일시납 종신보험을 구매하였다. 다음의 가정을 이용하여 99%

신뢰도로 사망보험금을 지급하기에 충분한 기금의 최소값을 구하시오.

(i) $\mu = 0.02$ (ii) $\delta = 0.05$

(iii) 100명의 사람들의 사망은 동질적이고 독립적이다.

(iv) Z를 표준정규분포의 확률변수라고 하면 $\Pr(Z < 2.33) = 0.99$

:: 풀이

Y를 보험금 1000원, 5년거치, 일시납 종신보험의 보험금현가라고 하면, 다음과 같다.

$$Y = \begin{cases} 0, & 0 < T < 5 \\ 1000\,v^T, & T \geq 5 \end{cases}$$

$E(Y)$와 $\text{Var}(Y)$를 구하기 위해 $_{5|}\bar{A}_x$, $_{5|}^2\bar{A}_x$를 구해보자.

(i)에서 사력이 상수이므로 사망법칙은 CFM을 따른다. 사망법칙이 CFM을 따를 때

$$_{n|}\bar{A}_x = A_{x:\frac{1}{n|}}\ \bar{A}_{x+n} = e^{-(\mu+\delta)(n)} \times \left(\frac{\mu}{\mu+\delta}\right) \text{이므로}$$

$$_{5|}\bar{A}_x = e^{-(0.02+0.05)(5)} \times \left(\frac{0.02}{0.02+0.05}\right) = 0.201339454$$

$_{n|}^2\bar{A}_x$는 이력이 2δ인 n년거치 사망즉시급 종신보험의 일시납보험료를 의미하고 사망법칙이 CFM을 따를 때

$$_{n|}^2\bar{A}_x = {}^2A_{x:\frac{1}{n|}}\ {}^2\bar{A}_{x+n} = e^{-(\mu+2\delta)(n)} \times \left(\frac{\mu}{\mu+2\delta}\right) \text{이므로}$$

$$_{5|}^2\bar{A}_x = e^{-(0.02+2\times0.05)(5)} \times \left(\frac{0.02}{0.02+2\times0.05}\right) = 0.091468606$$

따라서 $E(Y) = 1000\ _{5|}\bar{A}_x = (1000)(0.201339454)$

$$E(Y^2) = 1000^2\ _{5|}^2\bar{A}_x = (1000^2)(0.091468606)$$

$$\text{Var}(Y) = E(Y^2) - [E(Y)]^2$$

$$= (1000^2)(0.091468606) - [(1000)(0.201339454)]^2$$

$$= (1000^2)\left[0.091468606 - (0.201339454)^2\right] = (1000^2)(0.05093103)$$

$S = Y_1 + Y_2 + \cdots + Y_{100}$이라고 정의하면

$$E(S) = \sum_{i=1}^{100} E(Y_i) = 100\,E(Y) = (100)(1000)(0.201339454)$$

$$\text{Var}(S) = \sum_{i=1}^{100} \text{Var}(Y_i) = 100\,\text{Var}(Y) = (100)(1000^2)(0.05093103)$$

F를 기금이라고 하면

$$\Pr[S < F] = \Pr\left[\frac{S - E(S)}{\sqrt{\text{Var}(S)}} < \frac{F - E(S)}{\sqrt{\text{Var}(S)}}\right] = \Pr\left[Z < \frac{F - E(S)}{\sqrt{\text{Var}(S)}}\right] = 0.99$$

를 만족하는 F를 구해보면 $\dfrac{F - E(S)}{\sqrt{\text{Var}(S)}} = 2.33$ 이므로

$$
\begin{aligned}
F &= E(S) + 2.33\,\sqrt{\text{Var}(S)} \\
&= (100)(1000)(0.201339454) + 2.33\,\sqrt{(100)(1000^2)(0.05093103)} \\
&= (n)(B)(0.201339454) + 2.33\,\sqrt{(n)(B^2)(0.05093103)} \\
&= (100)(1000)(0.201339454) + 2.33(1000)\,\sqrt{(100)(0.05093103)} \\
&= 25392.26708
\end{aligned}
$$

37 피보험자 (x), 보험금 사망즉시급, 보험금 1원인 5년거치 종신보험의 보험금현가를 Z라고 하자. 사력 $\mu_{x+t} = 0.02\,(t \geq 0)$ 이고, 이력 $\delta = 0.05$ 일 때 Z의 75백분위수를 구하시오.

::: 풀이

Z의 75백분위수를 구하기 위해 Z를 정의하면

$$
Z = \begin{cases} 0, & 0 < T < 5 \\ v^T, & T \geq 5 \end{cases}
$$

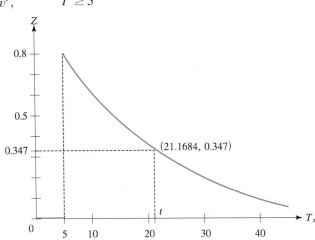

Z값의 가장 높은 값으로부터 순서를 매겨 상위 25%가 되는 값(Z의 75백분위수)을 얻기 위해서는, $t > 5$ 에서 t값이 증가하면 Z값이 감소하므로 $_5p_x - {}_tp_x = 0.25$ 를 만족하는 t를 구해야 한다(그림 참조).

$$
_5p_x = e^{-0.02 \times 5} = e^{-0.1} = 0.904837
$$

$$
_tp_x = 0.904837 - 0.25 = 0.654837
$$

따라서 $e^{-0.02\,t} = 0.654837$(이 식을 만족하는 $t = t^* = 21.1684$)

이제 $e^{-0.02\,t} = 0.654837$ 이 적용되는(즉, $t = t^* = 21.1684$) Z값을 구하면 Z의 75백분위수가 된다.

$$Z = v^t = e^{-0.05\,t} = (e^{-0.02\,t})^{2.5} = (0.654837)^{2.5} = 0.347002837\,(\text{정확한 값})$$

또는 $t = t^* = 21.1684$의 값을 이용하면

$$Z = v^t = e^{-0.05\,t} = e^{-0.05(21.1684)} = 0.347003643\,(\text{근사치})$$

38 피보험자 (x)는 다음과 같은 보험금 사망즉시급 종신보험에 가입하였다. 이 보험의 APV를 구하시오.

(i) 모든 $x \geq 0$에 대해 사력 $\mu_x = \mu$로 상수이다.

(ii) 이력은 δ로 상수이다.

(iii) 보험가입후 $x+t$시점에 사망시 지급되는 보험금을 b_t라고 하면 $b_t = t^3$, $t \geq 0$이다.

풀이

이 보험의 APV를 구하기 위해 다음의 적분을 구해보자.

$$\int_0^\infty t\, e^{-(\delta+\mu)t}\, dt = \left[\frac{-1}{\delta+\mu} e^{-(\delta+\mu)t}\, t \right]_0^\infty - \int_0^\infty \frac{-1}{\delta+\mu} e^{-(\delta+\mu)t}\,(1)\,dt^{1)}$$

$$= 0 + \frac{1}{\delta+\mu} \int_0^\infty e^{-(\delta+\mu)t}\, dt$$

$$= \frac{1}{\delta+\mu} \left[\frac{-1}{\delta+\mu} e^{-(\delta+\mu)t} \right]_0^\infty = \frac{1}{(\delta+\mu)^2}$$

$$\int_0^\infty t^2\, e^{-(\delta+\mu)t}\, dt = \left[\frac{-1}{\delta+\mu} e^{-(\delta+\mu)t}\, t^2 \right]_0^\infty - \int_0^\infty \frac{-1}{\delta+\mu} e^{-(\delta+\mu)t}\,(2t)\,dt^{2)}$$

$$= 0 + \frac{2}{\delta+\mu} \int_0^\infty t\, e^{-(\delta+\mu)t}\, dt = \frac{2}{(\delta+\mu)^3}$$

따라서

$$\text{APV} = \int_0^\infty b_t\, v^t\, {}_tp_x\, \mu_{x+t}\, dt = \int_0^\infty t^3\, e^{-\delta t}\, e^{-\mu t}\, \mu\, dt = \mu \int_0^\infty t^3\, e^{-(\delta+\mu)t}\, dt^{3)}$$

$$= \mu \left(\left[\frac{-1}{\delta+\mu} e^{-(\delta+\mu)t}\, t^3 \right]_0^\infty - \int_0^\infty \frac{-1}{\delta+\mu} e^{-(\delta+\mu)t}\,(3t^2)\,dt \right)$$

$$= \mu \left(0 + \frac{3}{\delta+\mu} \int_0^\infty t^2\, e^{-(\delta+\mu)t}\, dt \right) = \frac{6\mu}{(\delta+\mu)^4}$$

39 다음과 같은 자료를 이용하여 $\text{Cov}(Z_1, Z_2)$를 구하시오.

(i) 피보험자 (35)의 보험금 사망즉시급, 보험금 1원인 15년만기 정기보험의 보험금 현가를 Z_1이라고 하자.

---

1) $u' = e^{-(\delta+\mu)t}$, $v = t$인 부분적분법을 사용함.

2) $u' = e^{-(\delta+\mu)t}$, $v = t^2$인 부분적분법을 사용함.

3) $u' = e^{-(\delta+\mu)t}$, $v = t^3$인 부분적분법을 사용함.

(ii) 피보험자 (35)의 보험금 사망즉시급, 보험금 1원인 15년만기 생사혼합보험의 보험금현가를 Z_2라고 하자.

(iii) 모든 $x \geq 0$에 대해 사력 $\mu_x = \mu = 0.01$이고 이력 $\delta = 0.05$이다.

풀이

보험금현가 Z_1, Z_2는 다음과 같다.

$$Z_1 = \begin{cases} v^T, & 0 < T < 15 \\ 0, & T > 15 \end{cases} , \quad Z_2 = \begin{cases} v^T, & 0 < T < 15 \\ v^{15}, & T > 15 \end{cases}$$

$\text{Cov}(Z_1, Z_2)$를 구하기 위해 $E(Z_1 Z_2)$, $E(Z_1)$, $E(Z_2)$를 구해보자.

$$Z_1 Z_2 = \begin{cases} v^{2T}, & 0 < T < 15 \\ 0, & T > 15 \end{cases} \text{이므로}$$

$$E(Z_1 Z_2) = {}^2\bar{A}_{35:\overline{15|}} = \int_0^{15} e^{-2\delta} \,_t p_{35}\, \mu_{35+t}\, dt = \int_0^{15} e^{-0.1t} e^{-0.01t} (0.01)\, dt$$

$$= \int_0^{15} e^{-0.11t} (0.01)\, dt = 0.01 \times \left(\frac{1 - e^{-0.11(15)}}{0.11} \right) = 0.07345$$

$$E(Z_1) = \bar{A}^{\;1}_{35:\overline{15|}} = \int_0^{15} v^t \,_t p_{35}\, \mu_{35+t}\, dt = \int_0^{15} e^{-0.05t} e^{-0.01t} (0.01)\, dt$$

$$= \int_0^{15} e^{-0.06t} (0.01)\, dt = 0.01 \times \left(\frac{1 - e^{-0.06 \times 15}}{0.06} \right) = 0.098905$$

$E(Z_2) = \bar{A}^{\;1}_{35:\overline{15|}} + A_{35:\overline{15|}}^{\;\;\;1}$ 이므로 $A_{35:\overline{15|}}^{\;\;\;1}$를 구해보면

$$A_{35:\overline{15|}}^{\;\;\;1} = e^{-0.06 \times 15} = 0.40657$$

따라서 $E(Z_2) = 0.098905 + 0.40657 = 0.505475$

$$\text{Cov}(Z_1, Z_2) = E(Z_1 Z_2) - E(Z_1)\, E(Z_2) = 0.07345 - 0.098905 \times 0.505475$$
$$= 0.023456$$

40 다음과 같은 자료를 이용하여 $\bar{A}^{\;1}_{20:\overline{30|}}$과 $A_{20:\overline{30|}}^{\;\;\;1}$을 구하시오.

(i) $\bar{A}_{20} = 0.069$ (ii) $\bar{A}_{50} = 0.25074$ (iii) $\bar{A}_{20:\overline{30|}} = 0.23726$

풀이

$\bar{A}_{20} = \bar{A}^{\;1}_{20:\overline{30|}} + A_{20:\overline{30|}}^{\;\;\;1} A_{50}$ 이므로

(i), (ii)에 의해 $0.069 = \bar{A}^{\;1}_{20:\overline{30|}} + A_{20:\overline{30|}}^{\;\;\;1} \times 0.25074$ $\cdots\cdots$ ①

(iii)에 의해 $\bar{A}_{20:\overline{30|}} = \bar{A}^{\;1}_{20:\overline{30|}} + A_{20:\overline{30|}}^{\;\;\;1} = 0.23726$ $\cdots\cdots$ ②

②에서 $\bar{A}^{\;1}_{20:\overline{30|}} = 0.23726 - A_{20:\overline{30|}}^{\;\;\;1}$ 이므로

①에 대입해보면 $0.069 = 0.23726 - A_{20\,:\,\overline{30|}}^{1} + 0.25074 A_{20\,:\,\overline{30|}}^{1}$

따라서 $A_{20\,:\,\overline{30|}}^{1} = 0.224568$, $A_{20\,:\,\overline{30|}}^{1} = 0.012692$

41 다음과 같은 자료를 이용하여 $\mathrm{Cov}(X,Y)$를 구하시오.

(i) 피보험자 (30), 보험금 사망즉시급, 보험금 10원인 종신보험의 보험금현가를 X라고 한다.

(ii) 피보험자 (30), 보험금 사망즉시급, 보험금 5원인 20년거치 5년만기 정기보험의 보험금현가를 Y라고 한다.

(iii) $E(X) = 1.8$, $E(Y) = 0.35$, $\mathrm{Var}(Y) = 0.2$

:: 풀이

확률변수 X, Y는 다음과 같다.

$$X = 10v^T \ (T > 0), \qquad Y = \begin{cases} 0, & 0 < T < 20 \\ 5v^T, & 20 < T < 25 \\ 0, & T > 25 \end{cases}$$

$$XY = \begin{cases} 0, & 0 < T < 20 \\ 50v^{2T}, & 20 < T < 25, \\ 0, & T > 25 \end{cases} \qquad 2Y^2 = \begin{cases} 0, & 0 < T < 20 \\ 2(5v^T)^2, & 20 < T < 25 \\ 0, & T > 25 \end{cases}$$

XY는 $2Y^2$과 동일함을 알 수 있다.

따라서 (iii)을 이용하면

$$E(XY) = E(2Y^2) = 2E(Y^2) = 2\left[\mathrm{Var}(Y) + E(Y)^2\right]$$
$$= 2(0.2 + 0.35^2) = 0.645$$
$$\mathrm{Cov}(X,Y) = E(XY) - E(X)E(Y) = 0.645 - 1.8 \times 0.35 = 0.015$$

42 $\mu_{x+t} = \mu \, (0 \le t \le 1)$, $i = 0.05$, $l_{20} = 20$, $l_{21} = 16$일 때 $1000\left[\bar{A}_{20\,:\,\overline{1|}}^{1} - A_{20\,:\,\overline{1|}}^{1}\right]$의 값을 구하시오(Hint: 사력이 일정한 경우 $\mu = -\ln p_{20}$임을 이용).

:: 풀이

사력이 상수이므로 사망법칙은 CFM을 따르고 $q_{20} = \dfrac{l_{20} - l_{21}}{l_{20}} = 0.2$ 이므로

$$\mu = -\ln p_{20} = -\ln 0.8 = 0.2231435$$
$$\delta = \ln 1.05 = 0.0487016$$
$$\mu + \delta = 0.2718451$$
$$1000(\bar{A}_{20\,:\,\overline{1|}}^{1} - A_{20\,:\,\overline{1|}}^{1}) = 1000\left(\int_0^1 e^{-\delta t}\, \mu\, e^{-\mu t}\, dt - v q_{20}\right)$$

$$= 1000 \left[\frac{\mu}{\mu + \delta} (1 - e^{-(\mu + \delta)}) - \frac{0.2}{1.05} \right]$$

$$= 1000 \left[\frac{0.2231435}{0.2718451} (1 - e^{-0.2718451}) - \frac{0.2}{1.05} \right]$$

$$= 1000 \left[0.19538457 - 0.19047619 \right] = 4.90838$$

43 다음을 증명하시오.

(a) $D_x > \bar{M}_x > M_x$ $(i \neq 0)$ (b) $\dfrac{d}{dx} D_x < \dfrac{d}{dx} \bar{M}_x$ $(i \neq 0)$

:: 풀이

(a) (i) $D_x > \bar{M}_x$의 증명

$$D_x = v^x l_x = v^x (d_x + d_{x+1} + \cdots) > v^{x+1/2} d_x + v^{x+1+1/2} d_{x+1} + \cdots$$
$$= \bar{C}_x + \bar{C}_{x+1} + \cdots = \bar{M}_x$$

따라서 $D_x > \bar{M}_x$

(ii) $\bar{M}_x > M_x$의 증명

$\bar{C}_x = v^{x+\frac{1}{2}} d_x > v^{x+1} d_x = C_x$이고 $\bar{M}_x = \sum \bar{C}_x > \sum C_x = M_x$이므로

$\bar{M}_x > M_x$

(i), (ii)로부터 $D_x > \bar{M}_x > M_x$

(b) $\dfrac{d}{dx} D_x = -D_x (\mu_x + \delta)$이고 $\dfrac{d}{dx} \bar{M}_x = -D_x \mu_x$이므로

$$\frac{d}{dx} D_x < \frac{d}{dx} \bar{M}_x$$

44 계산기수 $D_x = k^x$ $(0 < k < 1$인 상수)일 때 다음 식을 증명하시오.

$$\bar{A}_{x : \overline{n|}} = 1 + \frac{\delta (1 - k^n)}{\ln k}$$

:: 풀이

$$\bar{A}_{x : \overline{n|}} = 1 - \delta \bar{a}_{x : \overline{n|}} = 1 - \frac{\delta}{D_x} \int_0^n D_{x+t}\, dt = 1 - \frac{\delta}{k^x} \int_0^n k^{x+t}\, dt$$

$$= 1 - \delta \left[\frac{k^t}{\ln k} \right]_0^n = 1 - \frac{\delta (k^n - 1)}{\ln k} \text{이므로}$$

$$\bar{A}_{x : \overline{n|}} = 1 + \frac{\delta (1 - k^n)}{\ln k}$$

45 $i = 0$일 때 $(I\bar{A})_x = 1 + e_x$ 임을 증명하시오.

::: **풀이**

$i = 0$이므로 $v^T = 1$이다.

$$(I\bar{A})_x = \frac{1}{D_x} \sum_{t=0}^{\infty} (t+1)\bar{C}_{x+t}$$

$$= \frac{1}{D_x} \sum_{t=0}^{\infty} (t+1) \int_0^1 v^{x+t+r} l_{x+t+r} \mu_{x+t+r} \, dr$$

$$= \frac{1}{l_x} \sum_{t=0}^{\infty} (t+1) \int_0^1 l_{x+t+r} \mu_{x+t+r} \, dr$$

$$= \frac{1}{l_x} \sum_{t=0}^{\infty} (t+1) d_{x+t} = \frac{d_x + 2d_{x+1} + 3d_{x+2} + \cdots}{l_x}$$

$$= \frac{l_x + l_{x+1} + l_{x+2} + \cdots}{l_x} = 1 + e_x$$

46 보험자 (55)가 가입한 보험금 연말급, 보험금 1원의 종신보험의 보험금현가를 Z라고 하자. 다음의 자료를 이용하여 $\mathrm{Var}(Z)$를 구하시오.

(i) $i = 0.05$ (ii) $p_{54} = 0.9959$

(iii) $A_{55} - A_{54} = 0.011076$ (iv) $^2A_{55} - {}^2A_{54} = 0.006951$

::: **풀이**

$\mathrm{Var}(Z)$를 구하기 위해 $A_{55}, {}^2A_{55}$를 구해보자.

(i) $A_{54} = v \, q_{54} + v \, p_{54} \, A_{55}$를 이용하면 자료 (iii)에 의해

$$A_{55} - 0.011076 = \left(\frac{1}{1.05}\right) \times 0.0041 + \left(\frac{1}{1.05}\right) \times 0.9959 \times A_{55} \text{이므로}$$

$$A_{55} = 0.290754$$

(ii) $^2A_{54} = v^2 q_{54} + v^2 p_{54} \, {}^2A_{55}$를 이용하면 자료 (iv)에 의해

$$^2A_{55} - 0.006951 = \left(\frac{1}{1.05}\right)^2 \times 0.041 + \left(\frac{1}{1.05}\right)^2 \times 0.9959 \times {}^2A_{55} \text{이므로}$$

$$^2A_{55} = 0.110352$$

따라서 $\mathrm{Var}(Z) = {}^2A_{55} - (A_{55})^2 = 0.110352 - (0.290754)^2 = 0.025814$

47 다음과 같은 자료를 이용하여 $(DA)^1_{81:\,\overline{7|}}$ 을 구하시오.

(i) $(DA)^1_{80:\,\overline{8|}} = 1.97$ (ii) $p_{80} = 0.94$ (iii) $i = 0.05$

:: 풀이

재귀식을 이용해보면

$(DA)^1_{80:\overline{8|}} = 8v\,q_{80} + v\,p_{80}\,(DA)^1_{81:\overline{7|}}$ 이므로

$$1.97 = 8 \times \left(\frac{1}{1.05}\right) \times 0.06 + \left(\frac{1}{1.05}\right) \times 0.94 \times (DA)^1_{81:\overline{7|}}$$

따라서 $(DA)^1_{81:\overline{7|}} = 1.689894$

48 다음과 같은 자료를 이용하여 $(IA)^1_{45:\overline{10|}}$ 을 구하시오.

(i) 보험금은 사망연도말에 지급되며 보험금을 b_{k+1} 이라고 하면

$$b_{k+1} = 10000(k+1),\quad k = 0, 1, \cdots, 9$$

(ii) $i = 0.05$ (iii) $q_{45} = 0.00178,\ q_{55} = 0.00451,\ _9p_{46} = 0.97408$

(iv) $10000A^1_{46:\overline{9|}} = 198.82,\ 10000\,(IA)^1_{46:\overline{10|}} = 1318.26$

:: 풀이

$(IA)^1_{45:\overline{10|}}$ 을 구하기 위해 $(IA)^1_{46:\overline{9|}}$ 를 구해보자.

$$(IA)^1_{46:\overline{10|}} = v\,q_{46} + 2v^2\,p_{46}\,q_{47} + \cdots + 9v^9\,_8p_{46}\,q_{54} + 10v^{10}\,_9p_{46}\,q_{55}$$

$$(IA)^1_{46:\overline{9|}} = v\,q_{46} + 2v^2\,p_{46}\,q_{47} + \cdots + 9v^9\,_8p_{46}\,q_{54}$$

이므로 $(IA)^1_{46:\overline{10|}}$ 과 $(IA)^1_{46:\overline{9|}}$ 의 차이는 마지막 항임을 알 수 있다.

따라서 자료 (iii), (iv)를 이용하면

$$(IA)_{46:\overline{10|}} - (IA)^1_{46:\overline{9|}} = 10v^{10}\,_9p_{46}\,q_{55}$$

$$= 10 \times \left(\frac{1}{1.05}\right)^{10} (0.97408)(0.00451) = 0.02697$$

$$(IA)^1_{46:\overline{9|}} = (IA)^1_{46:\overline{10|}} - 0.02697 = 0.131826 - 0.02697 = 0.104856$$

자료 (iii), (iv)와 $(IA)^1_{45:\overline{10|}}$ 에 대한 재귀식을 이용하면

$$(IA)^1_{45:\overline{10|}} = v\,q_{45} + v\,p_{45}\left[A^1_{46:\overline{9|}} + (IA)^1_{46:\overline{9|}}\right]$$

$$= \left(\frac{1}{1.05}\right)(0.00178) + \left(\frac{1}{1.05}\right)(1-0.00178)(0.019882 + 0.104856)$$

$$= 0.120282$$

49 다음과 같은 자료를 이용하여 $\frac{1}{2}A_{65} + {}_1E_{65}(2A_{66})$ 을 구하시오.

(i) $A_{66} - A_{65} = 0.015$ (ii) $q_{65} = 0.01$ (iii) $i = 0.05$

풀이

재귀식에 의해

$$A_{65} = v\, q_{65} + v\, p_{65}\, A_{66}$$

(i)에 의해 $A_{65} = A_{66} - 0.015$이므로 이를 재귀식에 대입하면

$$A_{66} - 0.015 = \left(\frac{1}{1.05}\right) \times 0.01 + \left(\frac{1}{1.05}\right) \times 0.99 \times A_{66} \text{이므로}$$

$A_{66} = 0.42917$이고 $A_{65} = A_{66} - 0.015 = 0.41417$이다.

$$_1E_{65} = v p_{65} = \left(\frac{1}{1.05}\right) \times 0.99 = 0.94286 \text{이므로}$$

$$\frac{1}{2} A_{65} + {_1E_{65}}(2 A_{66}) = \frac{1}{2}(0.41417) + (0.94286)(2 \times 0.42917)$$

$$= 1.016379$$

50 (a) $l_{50} = n$, $l_{51} = n-1$, $l_{52} = n-2$, $l_{53} = n-3$, $i = 50\%$, $_3k_{50} = \frac{1}{4}$일 때 n을 구하시오.

(b) 피보험자 (50), 보험금 사망즉시급, 연속납보험료, 보험금 1원의 종신보험에서 $50\frac{1}{2}$세에서 적립보험비용(accumulated cost of insurance)인 $_{1/2}\bar{k}_{50}$를 구하시오. 단, $q_{50} = 0.8$, $i = 0$, 단수부분에 대한 가정은 발두치 가정(Balducci Assumption: BA)이다.

풀이

(a) $v = \frac{2}{3}$이므로

$$_3k_{50} = \frac{A^{\,1}_{50:\,\overline{3}|}}{v^3\,_3p_{50}} = \frac{\dfrac{v(l_{50} - l_{51}) + v^2(l_{51} - l_{52}) + v^3(l_{52} - l_{53})}{l_{50}}}{v^3\,\dfrac{l_{53}}{l_{50}}}$$

$$= \frac{\dfrac{1}{n}(v + v^2 + v^3)}{v^3\left(\dfrac{n-3}{n}\right)} = \frac{(2/3) + (2/3)^2 + (2/3)^3}{(2/3)^3(n-3)} = \frac{1}{4} \text{이므로 } n = 22\text{이다.}$$

(b) 단수부분에 대한 가정은 발두치가정이므로

$$_{1/2}\bar{k}_{50} = \frac{\bar{A}_{50:\overline{1/2|}}}{_{1/2}E_{50}} = \frac{\int_0^{1/2} v^t {}_t p_{50}\, \mu_{50+t}\, dt}{v^{1/2} {}_{1/2}p_{50}} = \frac{_{1/2}q_{50}}{_{1/2}p_{50}} = \frac{\dfrac{(1/2)\,q_{50}}{1-(1-1/2)\,q_{50}}}{\dfrac{p_{50}}{1-(1-1/2)\,q_{50}}}$$

$$= \frac{\left(\dfrac{1}{2}\right)(0.8)}{0.2} = 2$$

51 다음을 증명하시오.

(a) $\dfrac{d}{dx} D_x = -D_x(\mu_x + \delta)$ 　　　　　(b) $\dfrac{d}{dx} \bar{M}_x = -\mu_x D_x$

(c) $\dfrac{d}{dx} \bar{A}_x = \bar{A}_x(\mu_x + \delta) - \mu_x$

풀이

(a) (증명 1)

$\dfrac{d}{dx} l_x = -l_x\, \mu_x$를 이용하면

$$\frac{d}{dx} D_x = \frac{d}{dx}(l_x\, v^x) = \left(\frac{d}{dx} l_x\right) v^x + l_x\left(\frac{d}{dx} v^x\right)$$

$$= -(l_x\, \mu_x)v^x + l_x(v^x(-\delta))$$

$$= -l_x\, v^x(\mu_x + \delta)$$

$$= -D_x(\mu_x + \delta)$$

(증명 2)

부록의 식 (I-26)을 이용하면

$$\frac{1}{D_x}\frac{d}{dx} D_x = \frac{d}{dx} \ln D_x = \frac{d}{dx} \ln(l_x\, v^x)$$

$$= \frac{d}{dx} \ln l_x + \frac{d}{dx} \ln v^x$$

$\dfrac{d}{dx} \ln l_x = -\mu_x$를 이용하면

$$= -\mu_x + \frac{d}{dx}(x \ln v)$$

$$= -\mu_x - \delta = -(\mu_x + \delta) \text{이므로}$$

$$\frac{d}{dx} D_x = -D_x(\mu_x + \delta)$$

(b) (증명 1)

$$\frac{d}{dx}\,\bar{M}_x = \frac{d}{dx}\int_0^\infty D_{x+t}\,\mu_{x+t}\,dt$$

$g(t) = x+t$일 때, $g(0) = x$, $g(\infty) = \infty$이고 $g(t) = y$라고 치환하면

$(g'(t)\,dt = dy)$, 부록의 식 (I-32)에 의하여

$$= \frac{d}{dx}\int_x^\infty D_y\,\mu_y\,dy$$

부록의 식 (I-36)을 이용하면

$$= 0 - D_x\,\mu_x = -\mu_x\,D_x$$

(증명 2)

$D_{x+t}\,\mu_{x+t}$는 $x+t$의 함수이므로 x로 미분하거나 t로 미분하거나 결과는 동일하다.

즉, $\dfrac{d}{dx}(D_{x+t}\,\mu_{x+t}) = \dfrac{d}{dt}(D_{x+t}\,\mu_{x+t})$ 이를 이용하면

$$\frac{d}{dx}\,\bar{M}_x = \frac{d}{dx}\int_0^\infty D_{x+t}\,\mu_{x+t}\,dt$$

$$= \int_0^\infty \frac{d}{dx}(D_{x+t}\,\mu_{x+t})\,dt = \int_0^\infty \frac{d}{dt}(D_{x+t}\,\mu_{x+t})\,dt$$

부록의 식 (I-38)을 이용하면

$$= -\mu_x\,D_x$$

(c) (증명 1)

(a), (b)의 결과와 부록의 식 (I-30)을 이용하면

$$\frac{d}{dx}\,\bar{A}_x = \frac{d}{dx}\left(\frac{\bar{M}_x}{D_x}\right) = \frac{\left(\dfrac{d}{dx}\bar{M}_x\right)D_x - \bar{M}_x\left(\dfrac{d}{dx}D_x\right)}{(D_x)^2}$$

$$= \frac{(-\mu_x\,D_x)\,D_x - \bar{M}_x\left[-(\mu_x + \delta)\,D_x\right]}{(D_x)^2}$$

$$= -\mu_x + \frac{\bar{M}_x}{D_x}(\mu_x + \delta) = \bar{A}_x(\mu_x + \delta) - \mu_x$$

(증명 2)

$\bar{A}_x = \dfrac{1}{v^x\,{}_xp_0}\displaystyle\int_x^\infty v^y\,{}_yp_0\,\mu_y\,dy$로 나타낼 수 있으므로

부록의 식 (I-29)를 이용하면

$$\frac{d}{dx}\,\bar{A}_x = \frac{d}{dx}\left(\frac{1}{v^x\,{}_xp_0}\right)\int_x^\infty v^y\,{}_yp_0\,\mu_y\,dy + \frac{1}{v^x\,{}_xp_0}\frac{d}{dx}\int_x^\infty v^y\,{}_yp_0\,\mu_y\,dy$$

부록의 식 (I-30)과 $\dfrac{d}{dt}\,{}_tp_x = -{}_tp_x\,\mu_{x+t}$를 이용하면

$$\frac{d}{dx}\left(\frac{1}{v^x{}_xp_0}\right) = \frac{0 - 1 \cdot \frac{d}{dx}(v^x{}_xp_0)}{(v^x{}_xp_0)^2}$$

$$= \frac{\left(-\frac{d}{dx}v^x\right){}_xp_0 - v^x\left(\frac{d}{dx}{}_xp_0\right)}{(v^x{}_xp_0)^2} = \frac{\delta v^x{}_xp_0 + v^x{}_xp_0\,\mu_x}{(v^x{}_xp_0)^2}\text{이고,}$$

부록의 식 (I−36)을 이용하면

$$\frac{d}{dx}\left(\int_x^\infty v^y{}_yp_0\,\mu_y\,dy\right) = 0 - v^x{}_xp_0\,\mu_x$$

따라서

$$\frac{d}{dx}\bar{A}_x = \frac{(\mu_x+\delta)}{v^x{}_xp_0}\int_x^\infty v^y{}_yp_0\,\mu_y\,dy + \frac{1}{v^x{}_xp_0}(-v^x{}_xp_0\,\mu_x)$$

$$= (\mu_x+\delta)\bar{A}_x - \mu_x$$

$$= \bar{A}_x(\mu_x+\delta) - \mu_x$$

52 다음을 증명하시오.

(a) $\dfrac{d}{dx}{}_nE_x = {}_nE_x(\mu_x - \mu_{x+n})$ 　　　　　　 (b) $\dfrac{d}{dn}{}_nE_x = -{}_nE_x(\mu_{x+n}+\delta)$

(c) $\dfrac{d}{dx}\bar{A}^{\,1}_{x:\overline{n}|} = \bar{A}^{\,1}_{x:\overline{n}|}(\mu_x+\delta) + A_{x:\overline{n}|}^{\frac{1}{}}\,\mu_{x+n} - \mu_x$

::: **풀이** •

(a) $\dfrac{d}{dx}{}_np_x = {}_np_x(\mu_x - \mu_{x+n})$ 을 이용하면

$$\frac{d}{dx}{}_nE_x = \frac{d}{dx}(v^n{}_np_x) = v^n\left(\frac{d}{dx}{}_np_x\right)$$

$$= v^n\left[{}_np_x(\mu_x - \mu_{x+n})\right] = {}_nE_x(\mu_x - \mu_{x+n})$$

(b) (증명 1)

$\dfrac{d}{dn}{}_np_x = -{}_np_x\,\mu_{x+n}$ 과 부록의 식 (I−29)를 이용하면

$$\frac{d}{dn}{}_nE_x = \frac{d}{dn}(v^n{}_np_x) = \left(\frac{d}{dn}v^n\right){}_np_x + v^n\left(\frac{d}{dn}{}_np_x\right)$$

$$= (-\delta v^n){}_np_x + v^n(-{}_np_x\,\mu_{x+n}) = -{}_nE_x(\mu_{x+n}+\delta)$$

(증명 2)

$$\frac{d}{dn}{}_nE_x = \frac{d}{dn}\exp\left[-\int_x^{x+n}(\mu_y+\delta)\,dy\right]$$

부록의 식 (I-27)을 이용하면

$$= \exp\left[-\int_x^{x+n} (\mu_y + \delta)\, dy\right] \cdot \frac{d}{dn}\left[-\int_x^{x+n} (\mu_y + \delta)\, dy\right]$$

부록의 식 (I-34)를 이용하면

$$= {}_nE_x\left[-(\mu_{x+n} + \delta)\right] = -{}_nE_x(\mu_{x+n} + \delta)$$

(c) (증명 1)

$\dfrac{d}{dx}D_x = -D_x(\mu_x + \delta)$, $\dfrac{d}{dx}\bar{M}_x = -\mu_x D_x$와 부록의 식 (I-30)을 이용하면

$$\frac{d}{dx}\bar{A}^1_{x:\,\overline{n}|} = \frac{d}{dx}\left(\frac{\bar{M}_x - \bar{M}_{x+n}}{D_x}\right)$$

$$= \frac{\dfrac{d}{dx}\left(\bar{M}_x - \bar{M}_{x+n}\right)D_x - \left(\bar{M}_x - \bar{M}_{x+n}\right)\dfrac{d}{dx}D_x}{(D_x)^2}$$

$$= \frac{\left(-\mu_x D_x + \mu_{x+n}D_{x+n}\right)D_x - \left(\bar{M}_x - \bar{M}_{x+n}\right)\left[-D_x(\mu_x + \delta)\right]}{(D_x)^2}$$

$$= -\mu_x + \mu_{x+n}\left(\frac{D_{x+n}}{D_x}\right) + \frac{\bar{M}_x - \bar{M}_{x+n}}{D_x}(\mu_x + \delta)$$

$$= \bar{A}^1_{x:\,\overline{n}|}(\mu_x + \delta) + A_{x:\,\overline{n}|}^{1}\,\mu_{x+n} - \mu_x$$

(증명 2)

$\bar{A}^1_{x:\,\overline{n}|} = \dfrac{1}{v^x\,{}_xp_0}\displaystyle\int_x^{x+n} v^y\,{}_yp_0\,\mu_y\,dy$로 나타낼 수 있으므로

부록의 식 (I-29)를 이용하면

$$\frac{d}{dx}\bar{A}^1_{x:\,\overline{n}|} = \frac{d}{dx}\left(\frac{1}{v^x\,{}_xp_0}\right)\left(\int_x^{x+n} v^y\,{}_yp_0\,\mu_y\,dy\right)$$

$$+ \frac{1}{v^x\,{}_xp_0}\frac{d}{dx}\left(\int_x^{x+n} v^y\,{}_yp_0\,\mu_y\,dy\right)$$

부록의 식 (I-30)과 (b)의 결과를 이용하면

$$\frac{d}{dx}\left(\frac{1}{v^x\,{}_xp_0}\right) = \frac{0 - 1\cdot\left[-v^x\,{}_xp_0(\mu_x + \delta)\right]}{\left(v^x\,{}_xp_0\right)^2} = \frac{(\mu_x + \delta)}{v^x\,{}_xp_0}\ \text{이고},$$

부록의 식 (I-36)을 이용하면

$$\frac{d}{dx}\left(\int_x^{x+n} v^y\,{}_yp_0\,\mu_y\,dy\right) = v^{x+n}\,{}_{x+n}p_0\,\mu_{x+n} - v^x\,{}_xp_0\,\mu_x$$

따라서

$$\frac{d}{dx}\,\bar{A}^{\,1}_{x\,:\,\overline{n|}} = \frac{(\mu_x + \delta)}{v^x\,{}_x p_0} \int_x^{x+n} v^y\,{}_y p_0\,\mu_y\,dy$$

$$+ \frac{1}{v^x\,{}_x p_0} \left(v^{x+n}\,{}_{x+n} p_0\,\mu_{x+n} - v^x\,{}_x p_0\,\mu_x \right)$$

$$= (\mu_x + \delta)\,\bar{A}^{\,1}_{x\,:\,\overline{n|}} + \frac{v^{x+n}\,{}_{x+n} p_0}{v^x\,{}_x p_0}\,\mu_{x+n} - \mu_x$$

$$= \bar{A}^{\,1}_{x\,:\,\overline{n|}}\,(\mu_x + \delta) + A_{x\,:\,\frac{1}{n|}}\,\mu_{x+n} - \mu_x$$

53 다음을 증명하시오.

(a) $\dfrac{d}{di}\,A_x = -v\,(IA)_x$ (b) $\dfrac{d}{di}\,\bar{A}_x = -v\,(\bar{I}\,\bar{A})_x$

::: 풀이

(a) $\displaystyle \frac{d}{di}\,A_x = \frac{d}{di} \sum_{k=0}^{\infty} v^{k+1}\,{}_k p_x\,q_{x+k}$

$\displaystyle = \frac{d}{di} \sum_{k=0}^{\infty} (1+i)^{-(k+1)}\,{}_k p_x\,q_{x+k}$

$\displaystyle = \sum_{k=0}^{\infty} \frac{d}{di}\,(1+i)^{-(k+1)}\,{}_k p_x\,q_{x+k}$

$\displaystyle = \sum_{k=0}^{\infty} -(k+1)(1+i)^{-(k+2)}\,{}_k p_x\,q_{x+k}$

$\displaystyle = -v \sum_{k=0}^{\infty} (k+1)\,v^{k+1}\,{}_k p_x\,q_{x+k} = -v\,(IA)_x$

(b) $\displaystyle \frac{d}{di}\,\bar{A}_x = \frac{d}{di} \int_0^{\infty} v^t\,{}_t p_x\,\mu_{x+t}\,dt$

$\displaystyle = \frac{d}{di} \int_0^{\infty} (1+i)^{-t}\,{}_t p_x\,\mu_{x+t}\,dt$

$\displaystyle = \int_0^{\infty} \frac{d}{di}\,(1+i)^{-t}\,{}_t p_x\,\mu_{x+t}\,dt$

$\displaystyle = \int_0^{\infty} -t\,(1+i)^{-t-1}\,{}_t p_x\,\mu_{x+t}\,dt$

$\displaystyle = -v \int_0^{\infty} t\,v^t\,{}_t p_x\,\mu_{x+t}\,dt = -v\,(\bar{I}\,\bar{A})_x$

제 **4** 장

생명연금

Ⅰ. 기초이론

핵심요약

1. 계산기수

(i) $\quad \ddot{a}_{x:\overline{n}|} = \dfrac{N_x - N_{x+n}}{D_x}, \qquad \ddot{a}_{x:\overline{\infty}|} = \ddot{a}_x = \dfrac{N_x}{D_x}$

$\quad a_{x:\overline{n}|} = \dfrac{N_{x+1} - N_{x+n+1}}{D_x}, \quad a_{x:\overline{\infty}|} = a_x = \dfrac{N_{x+1}}{D_x}$

(ii) $\quad _{n|}\ddot{a}_x = \dfrac{N_{x+n}}{D_x} = \dfrac{N_x - (N_x - N_{x+n})}{D_x} = \ddot{a}_x - \ddot{a}_{x:\overline{n}|}$

$\quad _{n|}\ddot{a}_{x:\overline{m}|} = \dfrac{N_{x+n} - N_{x+n+m}}{D_x}$

$\qquad\qquad = \dfrac{(N_x - N_{x+n+m}) - (N_x - N_{x+n})}{D_x} = \ddot{a}_{x:\overline{n+m}|} - \ddot{a}_{x:\overline{n}|}$

(iii) $\quad \ddot{s}_{x:\overline{n}|} = \left(\dfrac{1}{_nE_x}\right)\ddot{a}_{x:\overline{n}|} = \dfrac{N_x - N_{x+n}}{D_{x+n}}$

(iv) $\quad (I\ddot{a})_{x:\overline{n}|} = \dfrac{S_x - S_{x+n} - nN_{x+n}}{D_x}, \qquad (I\ddot{a})_{x:\overline{\infty}|} = (I\ddot{a})_x = \dfrac{S_x}{D_x}$

$\quad (Ia)_{x:\overline{n}|} = \dfrac{S_{x+1} - S_{x+n+1} - nN_{x+n+1}}{D_x}, \quad (Ia)_{x:\overline{\infty}|} = (Ia)_x = \dfrac{S_{x+1}}{D_x}$

$\quad (D\ddot{a})_{x:\overline{n}|} = \dfrac{1}{D_x}\left[nN_x - (S_{x+1} - S_{x+n+1})\right]$

2. 연 m회 지급하는 경우의 생명연금(전통적 근사치)

$$\ddot{a}_{x:\overline{n}|}^{(m)} \fallingdotseq \ddot{a}_{x:\overline{n}|} - \dfrac{m-1}{2m}(1 - {_nE_x}) \qquad a_{x:\overline{n}|}^{(m)} \fallingdotseq a_{x:\overline{n}|} + \dfrac{m-1}{2m}(1 - {_nE_x})$$

$$_{n|}\ddot{a}_x^{(m)} \fallingdotseq {_{n|}}\ddot{a}_x - \left(\dfrac{m-1}{2m}\right){_nE_x} \qquad\qquad _{n|}a_x^{(m)} \fallingdotseq {_{n|}}a_x + \left(\dfrac{m-1}{2m}\right){_nE_x}$$

$$\ddot{s}_{x:\overline{n}|}^{(m)} \fallingdotseq \ddot{s}_{x:\overline{n}|} - \dfrac{m-1}{2m}\left(\dfrac{1}{_nE_x} - 1\right) \qquad (I\ddot{a})_x^{(m)} \fallingdotseq (I\ddot{a})_x - \dfrac{m-1}{2m}\ddot{a}_x$$

3. 생명보험과 생명연금의 일시납순보험료의 관계

$$A_x = v\ddot{a}_x - a_x = 1 - d\ddot{a}_x$$

$$1 = i a_x + (1+i) A_x$$

$$A^1_{x:\overline{n}|} = v\ddot{a}_{x:\overline{n}|} - a_{x:\overline{n}|}$$

$$A_{x:\overline{n}|} = 1 - d\ddot{a}_{x:\overline{n}|} = v\ddot{a}_{x:\overline{n}|} - a_{x:\overline{n-1}|}$$

4.1 기본연습문제

※ 특별한 언급이 없으면 부록의 제7회 경험생명표와 계산기수를 이용하여 답하시오.

01 피보험자 (x)에 대한 기말급 종신연금의 지급액이 1.03, $(1.03)^2$, $(1.03)^3$, …으로 지급된다. 보험료를 계산할 때 적용되는 이자율이 3%라면 이와 같은 연금의 보험수리적 현가(일시납순보험료)는 e_x임을 증명하시오.

풀이

이 연금의 보험수리적 현가를 APV라고 하면

$$APV = \frac{v(1+i)\, l_{x+1} + v^2(1+i)^2\, l_{x+2} + v^3(1+i)^3\, l_{x+3} + \cdots}{l_x}$$

$$= \frac{l_{x+1} + l_{x+2} + \cdots}{l_x} = e_x$$

02 $\ddot{a}_x = 1 + vp_x\, \ddot{a}_{x+1}$임을 증명하시오.

풀이

$\ddot{a}_x = 1 + a_x$이므로

$$\ddot{a}_x = 1 + \frac{v\, l_{x+1} + v^2\, l_{x+2} + \cdots}{l_x}$$

$$= 1 + v \left(\frac{l_{x+1} + v \, l_{x+2} + \cdots}{l_x} \right) = 1 + v \frac{l_{x+1}}{l_x} \left(\frac{l_{x+1} + v \, l_{x+2} + \cdots}{l_{x+1}} \right)$$

$$= 1 + v \frac{l_{x+1}}{l_x} \left(1 + \frac{v \, l_{x+2} + v^2 \, l_{x+3} + \cdots}{l_{x+1}} \right) = 1 + v p_x \, \ddot{a}_{x+1}$$

03 $i = 0\%$일 때 $a_x = e_x$임을 증명하시오.

> **풀이**

$i = 0\%$이므로 $v = 1$이다.

따라서

$$a_x = \frac{v \, l_{x+1} + v^2 \, l_{x+2} + \cdots}{l_x} = \frac{l_{x+1} + l_{x+2} + \cdots}{l_x} = e_x$$

04 35세의 피보험자가 보험회사에 10,000원을 지불하고 그 대가로 55세부터 매 연도초에 R원씩을 사망시까지 지급받는다. 55세 전에 사망할 경우에는 보험회사는 사망보험금을 지급하지 않는다. $i = 5\%$일 때 R을 구하시오.

> **풀이**

문제의 내용을 보험수리기호로 나타내면 다음과 같다.

$$10000 = R \,_{20|}\ddot{a}_{35}$$

$_{n|}\ddot{a}_x = \dfrac{N_{x+n}}{D_x}$이므로

$$R = \frac{10000}{\,_{20|}\ddot{a}_{35}} = \frac{10000}{\dfrac{N_{55}}{D_{35}}} = \frac{10000}{\dfrac{96237.37}{17825.55}} = 1852.25$$

05 (a) 20세의 사람이 매년초에 100원씩 사망시까지 지급받기 위하여 납부하여야 하는 일시납순보험료(NSP)를 구하시오.

(b) 마지막 지급이 84세까지일 경우 일시납순보험료(NSP)를 구하시오.

> **풀이**

(a) $\ddot{a}_x = \dfrac{N_x}{D_x}$이므로

$$\text{NSP} = 100 \ddot{a}_{20} = 100 \left(\frac{N_{20}}{D_{20}} \right) = 100 \times \frac{733207.73}{37369.23} = 1962.06$$

(b) $\ddot{a}_{x\,:\,\overline{n}|} = \dfrac{N_x - N_{x+n}}{D_x}$ 이므로

$$\text{NSP} = 100\,\ddot{a}_{20\,:\,\overline{65}|} = 100\left(\dfrac{N_{20} - N_{85}}{D_{20}}\right)$$

$$= 100 \times \dfrac{733207.73 - 3342.38}{37369.23} = 1953.12$$

06 65세부터 매년초에 1,000원씩을 사망시까지 지급받기 위하여 33세의 피보험자가 매년초에 R원씩을 20년 동안 적립하려고 한다. 만약 65세 이전에 사망할 경우에는 아무런 보상도 이루어지지 않는다면, 이때의 R을 구하시오.

풀이

$$R\,\ddot{a}_{33\,:\,\overline{20}|} = 1000\,_{32|}\ddot{a}_{33}$$

따라서 $R = \dfrac{1000\,_{32|}\ddot{a}_{33}}{\ddot{a}_{33\,:\,\overline{20}|}} = \dfrac{1000\left(\dfrac{N_{65}}{D_{33}}\right)}{\dfrac{N_{33} - N_{53}}{D_{33}}} = \dfrac{1000 \times 45010.72}{365640.91 - 110235.26} = 1762.32$

07 연습문제 6번에서 65세 이전에 사망할 경우에는 피보험자가 적립한 금액의 원리합계가 반환된다면, 이때의 R을 구하시오.

풀이

$$R\,(s_{\overline{33}|} - s_{\overline{13}|}) = 1000\,\ddot{a}_{65}$$

따라서 $i = 5\%$라고 할 때 $R = \dfrac{1000\,\ddot{a}_{65}}{s_{\overline{33}|} - s_{\overline{13}|}} = \dfrac{1000 \times 12.11908}{62.35079} = 194.3693$

08 45세의 피보험자가 처음 연금지급이 65세부터인 거치종신연금계약을 체결하였다. 매년 지급되는 연금액은 1,000원이다. 피보험자가 이와 같은 연금계약을 20년 기시급 유기생명연금으로(즉, 처음 지급이 바로 이루어짐) 바꾸고자 할 때, 매년 지급되는 연금액 x를 구하시오.

풀이

$$x\,\ddot{a}_{45\,:\,\overline{20}|} = 1000\,_{20|}\ddot{a}_{45}$$

$$\ddot{a}_{x\,:\,\overline{n}|} = \dfrac{N_x - N_{x+n}}{D_x} \text{이고} \quad _{n|}\ddot{a}_x = \dfrac{N_{x+n}}{D_x} \text{이므로}$$

$$x = \frac{1000 \, _{20|}\ddot{a}_{\,45}}{\ddot{a}_{\,45:\overline{20|}}} = \frac{1000 \left(\dfrac{N_{65}}{D_{45}} \right)}{\dfrac{N_{45} - N_{65}}{D_{45}}} = \frac{1000 \times 45010.72}{183208.24 - 45010.72} = 325.6985$$

09 $\dfrac{N_{35} - N_{55}}{D_{20}}$ 은 어떤 연금계약을 의미하는지 설명하시오.

풀이

$$_{n|}\ddot{a}_{\,x:\overline{m|}} = \frac{N_{x+n} - N_{x+n+m}}{D_x} \ \text{이므로}$$

이 연금은 20세 피보험자의 연금지급액 1원인 15년거치 20년 유기생명연금 계약이다.

10 $N_x = 5000,\ N_{x+1} = 4900,\ N_{x+2} = 4810,\ q_x = 0.005$일 때 i를 구하시오.

풀이

$D_x = N_x - N_{x+1} = 100$

$D_{x+1} = N_{x+1} - N_{x+2} = 90$이므로

$$\frac{90}{100} = \frac{D_{x+1}}{D_x} = \frac{v^{x+1} \, l_{x+1}}{v^x \, l_x} = v p_x$$

$p_x = 1 - 0.005 = 0.995$이고 $v = \dfrac{v p_x}{p_x} = \dfrac{0.9}{0.995} = 0.90452$이므로

$$i = (1+i) - 1 = 0.90452^{-1} - 1 = 0.1056$$

11 $N_x = 2000,\ N_{x+1} = 1900,\ N_{x+2} = 1820,\ i = 0.11$일 때 q_x를 구하시오.

풀이

$D_x = N_x - N_{x+1} = 100$

$D_{x+1} = N_{x+1} - N_{x+2} = 80$이므로

$$\frac{80}{100} = \frac{D_{x+1}}{D_x} = \frac{v^{x+1} \, l_{x+1}}{v^x \, l_x} = v p_x$$

$v p_x = v(1 - q_x) = 0.8$이고 $i = 0.11$이므로 $v = 0.9009$

따라서 $q_x = 1 - \dfrac{0.8}{0.9009} = 0.112$

12 다음 네 가지 중에서 서로 같지 않은 것을 찾고 이유를 설명하시오.

(i) $a_{x:\overline{n}|} - \ddot{a}_{x:\overline{n}|} + 1$

(ii) $\dfrac{N_{x+n} - N_{x+n+1}}{D_x}$

(iii) $v^n p_{x+n}$

(iv) $_nE_x$

> **풀이**

(i) $a_{x:\overline{n}|} - \ddot{a}_{x:\overline{n}|} + 1 = \ddot{a}_{x:\overline{n+1}|} - \ddot{a}_{x:\overline{n}|} = \dfrac{N_x - N_{x+n+1}}{D_x} - \dfrac{N_x - N_{x+n}}{D_x}$

$$= \dfrac{N_{x+n} - N_{x+n+1}}{D_x} = \dfrac{D_{x+n}}{D_x} = {_nE_x}$$

(ii) $\dfrac{N_{x+n} - N_{x+n+1}}{D_x} = \dfrac{D_{x+n}}{D_x} = {_nE_x}$

(iii) (iii)은 (i), (ii), (iv)와 같지 않다. (i), (ii), (iv)의 값은 모두 $_nE_x$이지만 (iii)은 $_nE_x$가 아니다. $_nE_x = v^n {_np_x}$이어야 한다.

13 다음을 증명하시오.

(a) $_{n|}\ddot{a}_x = {_nE_x}\, \ddot{a}_{x+n}$

(b) $_{n|}\ddot{a}_{x:\overline{m}|} = {_nE_x}\, \ddot{a}_{x+n:\overline{m}|}$

(c) $\ddot{a}_{x:\overline{m+n}|} = \ddot{a}_{x:\overline{m}|} + {_mE_x}\, \ddot{a}_{x+m:\overline{n}|}$

> **풀이**

(a) $_{n|}\ddot{a}_x = \dfrac{N_{x+n}}{D_x}$, $_nE_x = \dfrac{D_{x+n}}{D_x}$이고 $\ddot{a}_{x+n} = \dfrac{N_{x+n}}{D_{x+n}}$

$\dfrac{N_{x+n}}{D_x} = \dfrac{D_{x+n}}{D_x}\dfrac{N_{x+n}}{D_{x+n}}$이므로 $_{n|}\ddot{a}_x = {_nE_x}\, \ddot{a}_{x+n}$

(b) $_{n|}\ddot{a}_{x:\overline{m}|} = \dfrac{N_{x+n} - N_{x+n+m}}{D_x}$이고

$_nE_x\, \ddot{a}_{x+n:\overline{m}|} = \dfrac{D_{x+n}}{D_x}\dfrac{N_{x+n} - N_{x+n+m}}{D_{x+n}} = \dfrac{N_{x+n} - N_{x+n+m}}{D_x}$이므로

$_{n|}\ddot{a}_{x:\overline{m}|} = {_nE_x}\, \ddot{a}_{x+n:\overline{m}|}$

(c) $\ddot{a}_{x:\overline{m+n}|} = \dfrac{N_x - N_{x+m+n}}{D_x}$이고

$\ddot{a}_{x:\overline{m}|} + {_mE_x}\, \ddot{a}_{x+m:\overline{n}|} = \dfrac{N_x - N_{x+m}}{D_x} + \dfrac{D_{x+m}}{D_x}\dfrac{N_{x+m} - N_{x+m+n}}{D_{x+m}}$

$$= \frac{N_x - N_{x+m+n}}{D_x} \text{이므로}$$

$$\ddot{a}_{x:\overline{m+n}|} = \ddot{a}_{x:\overline{m}|} + {_m}E_x \, \ddot{a}_{x+m:\overline{n}|}$$

14 다음을 증명하시오.

(a) $\ddot{a}_{x:\overline{n}|} = 1 + a_{x:\overline{n-1}|}$　　(b) ${_n}|\ddot{a}_x = \ddot{a}_x - \ddot{a}_{x:\overline{n}|}$　　(c) $\ddot{a}_{x:\overline{n}|} = \ddot{a}_x - {_n}E_x \, \ddot{a}_{x+n}$

풀이

(a) $\ddot{a}_{x:\overline{n}|} = \dfrac{N_x - N_{x+n}}{D_x}$ 이고

$$1 + a_{x:\overline{n-1}|} = 1 + \frac{N_{x+1} - N_{x+n}}{D_x} = \frac{D_x + N_{x+1} - N_{x+n}}{D_x} = \frac{N_x - N_{x+n}}{D_x} \text{이므로}$$

$$\ddot{a}_{x:\overline{n}|} = 1 + a_{x:\overline{n-1}|}$$

(b) ${_n}|\ddot{a}_x = \dfrac{N_{x+n}}{D_x}$ 이고 $\ddot{a}_x - \ddot{a}_{x:\overline{n}|} = \dfrac{N_x}{D_x} - \dfrac{N_x - N_{x+n}}{D_x} = \dfrac{N_{x+n}}{D_x}$ 이므로

$${_n}|\ddot{a}_x = \ddot{a}_x - \ddot{a}_{x:\overline{n}|} \text{이다.}$$

(c) $\ddot{a}_{x:\overline{n}|} = \dfrac{N_x - N_{x+n}}{D_x}$ 이고

$$\ddot{a}_x - {_n}E_x \, \ddot{a}_{x+n} = \frac{N_x}{D_x} - \frac{D_{x+n}}{D_x} \frac{N_{x+n}}{D_{x+n}} = \frac{N_x - N_{x+n}}{D_x} \text{이므로}$$

$$\ddot{a}_{x:\overline{n}|} = \ddot{a}_x - {_n}E_x \, \ddot{a}_{x+n}$$

15 현재 20세인 피보험자가 25, 26, 27, 28, 29세에 생존하면 각각 5,000원씩을 지급받을 수 있는 생명연금계약을 보유하고 있다. 만일 이와 같은 연금을 현재부터 매년 지급되는 종신생명연금으로 바꾸고자 한다면 매년 지급되는 금액 S를 구하시오. ($i = 5\%$)

풀이

생존시 지급하는 생명연금계약의 APV는

$$5000 \, ({_5}E_{20} + {_6}E_{20} + {_7}E_{20} + {_8}E_{20} + {_9}E_{20})$$

$$= 5000 \left(\frac{D_{25} + D_{26} + D_{27} + D_{28} + D_{29}}{D_{20}} \right)$$

$$= 5000 \left(\frac{N_{25} - N_{30}}{D_{20}} \right) = 5000 \times \frac{563475.82 - 430847.59}{37369.23}$$

$$= 17745.65$$

매년 S원씩 지급되는 종신연금의 APV는

$$S \ddot{a}_{20} = S \left(\frac{N_{20}}{D_{20}} \right) = S \left(\frac{733207.73}{37369.23} \right) = 19.62063 S$$

따라서 $17745.65 = 19.62063 S$이므로

$$S = 904.4383$$

16 40세의 사람이 매년 1,000원씩 지급되는 거치종신연금을 구입하려고 한다. 이때 첫 번째 지급은 20년 후에 이루어진다. 이와 같은 연금을 위하여 이 사람은 앞으로 10년간 매년초에 R원씩을 적립하려고 한다. 60세 전에 사망시에는 반환금이 전혀 없다는 가정하에서 R을 구하시오. ($i = 5\%$)

풀이

$$R \ddot{a}_{40 : \overline{10|}} = 1000 \, _{20|}\ddot{a}_{40}$$

따라서 $R = \dfrac{1000 \, _{20|}\ddot{a}_{40}}{\ddot{a}_{40 : \overline{10|}}} = \dfrac{1000 \, (N_{60}/D_{40})}{(N_{40} - N_{50})/D_{40}} = \dfrac{1000 \, N_{60}}{N_{40} - N_{50}}$

$$= \frac{1000 \times 67125.61}{246310.86 - 134166.45} = 598.564$$

17 17세가 된 소년이 25세가 되는 생일날에 생존하면 10,000원을 받을 수 있는 유산을 받았다. 이 소년이 이 유산을 매년말에 지급되는 4년 유기생명연금으로(즉 18세에 처음 지급이 됨) 교환하고자 할 때 매년 지급되는 금액을 계산기수를 이용하여 나타내시오.

풀이

매년 지급되는 금액을 R이라고 하면 $10000 \, _8E_{17} = R \, a_{17 : \overline{4|}}$

따라서 $R = \dfrac{10000 \, _8E_{17}}{(N_{18} - N_{22})/D_{17}} = \dfrac{10000 \, (D_{25}/D_{17})}{(N_{18} - N_{22})/D_{17}} = 10000 \, \dfrac{D_{25}}{N_{18} - N_{22}}$

18 35세의 사람이 생존하거나 사망하거나 앞으로 10년간 매년말에 10,000원씩의 수입이 보장되었다고 한다. 이 사람이 이것을 처음 지급이 65세에 이루어지는 거치생명 연금과 교환하고자 할 때 매년 지급받을 수 있는 금액을 구하시오. ($i = 5\%$)

풀이

매년 지급받는 금액을 R이라고 하면 $10000\,a_{\overline{10|}} = R\,_{30|}\ddot{a}_{35}$ 이므로

$$10000\left(\frac{1-v^{10}}{i}\right) = R\,\frac{N_{65}}{D_{35}}$$

따라서 $R = \dfrac{10000\left(\dfrac{1-v^{10}}{i}\right)}{N_{65}/D_{35}} = \dfrac{77217.34929}{45010.72/17825.55} = 30580.31$

19 30세의 피보험자에 대한 기시급 종신생명연금은 처음 10년간은 매해 500원씩을 지급하고 그 다음부터는 매해 1,000원씩을 지급한다. 이때 NSP를 계산기수를 이용하여 나타내시오.

풀이

처음 10년간만 500원씩 지급하므로

$$\text{NSP} = 1000\,\ddot{a}_{30} - 500\,\ddot{a}_{30:\overline{10|}} = \frac{1000\,N_{30} - 500\,(N_{30} - N_{40})}{D_{30}}$$

$$= 500\left(\frac{N_{30} + N_{40}}{D_{30}}\right)$$

20 26세 사람들의 단체에서는 매년초에 생존자들이 각각 100원씩을 15년간 납입하였다. 또 15년간 적립된 기금이 연 5%의 이자로 60세에 도달할 때까지 적립이 되어서 60세까지 생존한 사람들에게만 공평하게 나누어진다면 60세의 생존자 1인당 몫을 계산기수를 이용하여 나타내시오.

풀이

41세 시점에서 생존자 1인당 몫을 B라고 하면 $B = 100\,\ddot{s}_{26:\overline{15|}}$ 이다.

60세에서의 생존자 1인당 몫을 G라고 하면

$$G = 100\,\ddot{s}_{26:\overline{15|}}\,\frac{1}{_{19}E_{41}} = \frac{100\,(N_{26} - N_{41})}{D_{60}}$$

또는 현금흐름 $100\,(N_{26} - N_{41})$ 을 60세에서의 몫을 구하기 위해 D_{60}으로 바로 나누면 G를 구할 수 있다.

21 $\ddot{s}_{x:\overline{n|}} > \ddot{s}_{\overline{n|}}$ 을 증명하고 그 의미를 말로 설명하시오.

풀이

$0 < {}_np_x < 1$이므로 $\dfrac{1}{{}_np_x} > 1$이다.

$$\ddot{s}_{x:\overline{n}|} = \left(\frac{1}{{}_nE_x}\right)\ddot{a}_{x:\overline{n}|} = \left(\frac{1}{v^n\,{}_np_x}\right)(1 + vp_x + v^2\,{}_2p_x + \cdots + v^{n-1}\,{}_{n-1}p_x)$$

$$= \frac{1}{{}_np_x}(1+i)^n + \frac{1}{{}_{n-1}p_x}(1+i)^{n-1} + \frac{1}{{}_{n-2}p_x}(1+i)^{n-2} + \cdots + \frac{1}{p_x}(1+i)$$

$$> (1+i)^n + (1+i)^{n-1} + \cdots + (1+i) = \ddot{s}_{\overline{n}|}$$

$\ddot{s}_{x:\overline{n}|}$는 x세의 사람들이 매년초 1원씩 납입하고 각자 납입한 금액은 이자율 i로 적립되어 n년 후 생존한 사람들이 지급받는 1인당 금액이고 이를 forborne annuity라 한다. $\ddot{s}_{x:\overline{n}|}$은 기금적립기간 중에 사망한 사람에게는 금액이 반환되지 않고 생존한 사람들의 1인당 몫을 증가하는데 기여한다.

$\ddot{s}_{\overline{n}|}$은 $x+n$세에 생존여부와 상관없이 적립금액을 지급하므로 1인당 지급액은 $\ddot{s}_{x:\overline{n}|}$이 더 크다.

22 30세 사람들로 구성된 단체에서는 매년말에 생존자들이 각각 250원씩을 납입하여 기금을 만들기로 하였으며 마지막 납입시기는 65세에 달할 때이다. 그 이후에 생존자들은 66세부터 매년 R원씩 지급되는 연금을 사망시까지 받게 된다. 이때 R을 구하시오. ($i = 5\%$)

풀이

매년 받게되는 지급액을 R이라 하면

$$R\,\ddot{a}_{66} = 250\,\ddot{s}_{31:\overline{35}|}$$

따라서

$$R = \frac{250\,\ddot{s}_{31:\overline{35}|}}{\ddot{a}_{66}} = \frac{250(N_{31} - N_{66})/D_{66}}{N_{66}/D_{66}} = \frac{250(N_{31} - N_{66})}{N_{66}}$$

$$= \frac{250(408030.63 - 41296.68)}{41296.68} = 2220.117634$$

23 다음 연금의 NSP를 계산기수를 이용하여 나타내시오.

(a) 24세의 피보험자가 가입한 생명연금으로 연금급부가 24세에 10원이고 25원이 될 때까지 매년 1원씩 증가하고 그 다음은 계속 25원으로 남을 경우

(b) 30세의 피보험자가 가입한 생명연금으로 연금급부가 30세에 100원이고 0원이

될 때까지 매년 5원씩 감소하는 경우

풀이

(a)

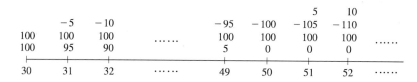

그림과 같이 생각하면 $NSP = \dfrac{10\,N_{24} + (S_{25} - S_{40})}{D_{24}}$

(b)

		−5	−10		−95	−100	5 −105	10 −110	
100	100	100	100	……	100	100	100	100	……
100	100	95	90		5	0	0	0	
30	31	32		……	49	50	51	52	……

그림과 같이 생각하면 $NSP = \dfrac{100\,N_{30} - 5\,S_{31} + 5\,S_{51}}{D_{30}}$

24 어떤 연금의 NSP가 다음과 같이 표현될 때 연금의 형태를 설명하시오.

(a) $\dfrac{S_{x+1} - S_{x+n+1}}{D_x}$　　　　　　(b) $\dfrac{N_{50} - N_{70}}{D_{30}} + 10\,_{40}E_{30}$

풀이

(a) $\dfrac{S_{x+1} - S_{x+n+1}}{D_x} = \dfrac{N_{x+1}}{D_x} = a_x$

매년말 연금액 1원씩 지급하는 기말급 종신연금이다.

(b) $\dfrac{N_{50} - N_{70}}{D_{30}} + 10\,_{40}E_{30} = {}_{20|}\ddot{a}_{30:\overline{20|}} + 10\,_{40}E_{30}$

30세 피보험자가 가입한 연금액 1원인 20년거치 20년 기시급 유기생명연금의 APV이고 만약 피보험자가 40년 동안 생존한다면 생존보험금 10원을 추가로 지급한다.

25 50세의 피보험자가 가입한 생명연금의 급부는 50세에 100원이고 1,000원이 될 때까지 매년 100원씩 증가하고 그 다음에는 500원이 생존하는 한 계속 지급된다. 이 연금의 가입시 NSP를 계산기수를 이용하여 나타내시오.

풀이

							500	500	500	
							-1000	-1000	-1000	
							-100	-200	-300	
100	200	300	400	……	1000	1100	1200	1300		……
100	200	300	400	……	1000	500	500	500		
50	51	52	53	……	59	60	61	62	……

그림과 같이 생각하면

$$\text{NSP} = 100\,(I\ddot{a})_{50:\overline{10|}} + 500\,({}_{10}E_{50}\,\ddot{a}_{60})$$

$$= 100\,\frac{S_{50} - S_{60} - 10N_{60}}{D_{50}} + 500\,\frac{D_{60}}{D_{50}}\frac{N_{60}}{D_{60}}$$

$$= \frac{100\,(S_{50} - S_{60} - 5N_{60})}{D_{50}}$$

26 x세의 피보험자가 가입한 생명연금의 급부는 $x+1$세에 100원이고, $x+2$세에 400원, $x+3$세에 700원 등 1,600원이 될 때까지 매년 300원씩 증가하고 그 이후는 400원이 될 때까지 매년 400원씩 감소하고 그 이후는 사망시까지 400원이 지급된다. 이 연금의 NSP를 계산기수를 이용하여 나타내시오.

풀이

								400	800	
				-700	-1400	-2100	-2800	-3500		
	200	400		1000	1200	1400	1600	1800	2000	
100	200	300	……	600	700	800	900	1000	1100	……
100	400	700		1600	1200	800	400	400	400	
x	$x+1$	$x+2$	$x+3$	……	$x+6$	$x+7$	$x+8$	$x+9$	$x+10$	$x+11$	……

그림과 같이 생각하면 $\text{NSP} = \dfrac{100\,(S_{x+1} + 2S_{x+2} - 7S_{x+7} + 4S_{x+10})}{D_x}$

27 다음을 증명하시오.

(a) ${}_{n|}a_x^{(m)} \doteqdot {}_{n|}a_x + \left(\dfrac{m-1}{2m}\right){}_nE_x$

(b) ${}_{n|}\ddot{a}_x^{(m)} \doteqdot {}_{n|}\ddot{a}_x - \left(\dfrac{m-1}{2m}\right){}_nE_x$

(c) $\ddot{s}_{x:\overline{n|}}^{(m)} \doteqdot \ddot{s}_{x:\overline{n|}} - \dfrac{m-1}{2m}\left(\dfrac{1}{{}_nE_x} - 1\right)$

(d) $(I\ddot{a})_x^{(m)} \doteqdot (I\ddot{a})_x - \dfrac{m-1}{2m}\ddot{a}_x$

풀이

(a) ${}_{n|}a_x^{(m)} = {}_nE_x\,a_{x+n}^{(m)} \doteqdot {}_nE_x\left(a_{x+n} + \dfrac{m-1}{2m}\right) = {}_{n|}a_x + \dfrac{m-1}{2m}\,{}_nE_x$

(b) ${}_{n|}\ddot{a}_x^{(m)} = {}_nE_x\,\ddot{a}_{x+n}^{(m)} \doteqdot {}_nE_x\left(\ddot{a}_{x+n} - \dfrac{m-1}{2m}\right) = {}_{n|}\ddot{a}_x - \dfrac{m-1}{2m}\,{}_nE_x$

(c) $\ddot{s}_{x:\,\overline{n}|}^{(m)} = \dfrac{1}{{}_nE_x}\,\ddot{a}_{x:\,\overline{n}|}^{(m)} \fallingdotseq \dfrac{1}{{}_nE_x}\left[\,\ddot{a}_{x:\,\overline{n}|} - \dfrac{m-1}{2m}\,(1 - {}_nE_x)\right]$

$\qquad = \ddot{s}_{x:\,\overline{n}|} - \dfrac{m-1}{2m}\left(\dfrac{1}{{}_nE_x} - 1\right)$

(d) $(I\ddot{a})_x^{(m)} = \dfrac{S_x^{(m)}}{D_x} \fallingdotseq \dfrac{S_x - \dfrac{m-1}{2m}\,N_x}{D_x} = (I\ddot{a})_x - \dfrac{m-1}{2m}\,\ddot{a}_x$

28 $a_x^{(m)} \fallingdotseq a_x + \dfrac{m-1}{2m}$ 임을 계산기수를 이용하여 증명하시오.

풀이

$a_x^{(m)} \fallingdotseq \dfrac{1}{mD_x}\left[\sum_{i=0}^{\infty}\sum_{k=1}^{m}\left(D_{x+i} + \dfrac{k}{m}\,(D_{x+i+1} - D_{x+i})\right)\right]$

$\qquad = \dfrac{1}{mD_x}\left[mD_x - \sum_{k=1}^{m}\dfrac{k}{m}\,D_x\right] + \dfrac{1}{mD_x}\left[\sum_{i=1}^{\infty}mD_{x+i}\right]$

$\qquad = 1 + a_x - \dfrac{1}{m^2}\sum_{k=1}^{m}k = a_x + 1 - \dfrac{m(m+1)}{2m^2}$

$\qquad = a_x + \dfrac{m-1}{2m}$

29 ${}_{n|}a_x^{(m)} \fallingdotseq \dfrac{1}{D_x}\left[N_{x+n+1} + \dfrac{m-1}{2m}\,D_{x+n}\right]$

$\qquad \fallingdotseq \dfrac{1}{D_x}\left[N_{x+n}^{(m)} - \dfrac{1}{m}\,D_{x+n}\right]$ 임을 증명하시오.

풀이

${}_{n|}a_x^{(m)} \fallingdotseq {}_{n|}a_x + \left(\dfrac{m-1}{2m}\right){}_nE_x = \dfrac{N_{x+n+1}}{D_x} + \left(\dfrac{m-1}{2m}\right)\dfrac{D_{x+n}}{D_x}$

$\qquad = \dfrac{N_{x+n} - D_{x+n} + \left(\dfrac{m-1}{2m}\right)D_{x+n}}{D_x} = \dfrac{N_{x+n} - \left(\dfrac{m+1}{2m}\right)D_{x+n}}{D_x}$

$\qquad = \dfrac{N_{x+n} - \left(\dfrac{m-1}{2m}\right)D_{x+n} - \dfrac{1}{m}\,D_{x+n}}{D_x} = \dfrac{N_{x+n}^{(m)} - \dfrac{1}{m}\,D_{x+n}}{D_x}$

30 다음을 증명하시오.

(a) ${}_{r|}\ddot{a}_{x:\,\overline{n}|}^{(m)} \fallingdotseq {}_{r|}\ddot{a}_{x:\,\overline{n}|} - \dfrac{m-1}{2m}\left({}_rE_x - {}_{n+r}E_x\right)$

(b) $(I\ddot{a})_{x:\overline{n}|}^{(m)} \coloneqq (I\ddot{a})_{x:\overline{n}|} - \dfrac{m-1}{2m}(\ddot{a}_{x:\overline{n}|} - n\,_nE_x)$

풀이

(a) $_r|\ddot{a}_{x:\overline{n}|}^{(m)} = {}_rE_x\,\ddot{a}_{x+r:\overline{n}|}^{(m)} \coloneqq {}_rE_x\left[\ddot{a}_{x+r:\overline{n}|} - \dfrac{m-1}{2m}(1 - {}_nE_{x+r})\right]$

$\qquad = {}_r|\ddot{a}_{x:\overline{n}|} - \dfrac{m-1}{2m}({}_rE_x - {}_{n+r}E_x)$

(b) $(I\ddot{a})_{x:\overline{n}|}^{(m)} = \dfrac{S_x^{(m)} - S_{x+n}^{(m)} - n N_{x+n}^{(m)}}{D_x}$

$\qquad \coloneqq \dfrac{\left(S_x - \dfrac{m-1}{2m}N_x\right) - \left(S_{x+n} - \dfrac{m-1}{2m}N_{x+n}\right) - n\left(N_{x+n} - \dfrac{m-1}{2m}D_{x+n}\right)}{D_x}$

$\qquad = \dfrac{S_x - S_{x+n} - n N_{x+n} - \dfrac{m-1}{2m}(N_x - N_{x+n} - n D_{x+n})}{D_x}$

$\qquad = (I\ddot{a})_{x:\overline{n}|} - \dfrac{m-1}{2m}(\ddot{a}_{x:\overline{n}|} - n\,_nE_x)$

31 $M_x = D_x - d N_x$ 임을 증명하시오.

풀이

$M_x = vN_x - N_{x+1},\ v = 1 - d$ 이므로

$\qquad M_x = (1-d)N_x - N_{x+1} = D_x - d N_x$

32 $A_x = 0.21$ 이고 $i = 4\%$ 일 때 a_x 의 값을 구하시오.

풀이

$$a_x = \ddot{a}_x - 1 = \dfrac{1 - A_x}{d} - 1 = \dfrac{1 - 0.21}{0.04/1.04} - 1 = 19.54$$

33 40세의 피보험자가 가입한 거치종신연금은 65세에 처음 연금이 지급되고 매달 100 원씩 종신토록 지급된다. 이때의 NSP를 구하시오. ($i = 5\%$)

풀이

매달 100원씩 지급되므로 1년 동안 총 지급되는 연금액의 연액은 1,200원이다. 또한

$\ddot{a}_{65}^{(12)} \coloneqq \ddot{a}_{65} - \dfrac{m-1}{2m} = \ddot{a}_{65} - \dfrac{11}{24}$ 이므로

$\qquad \mathrm{NSP} = 12 \times 100\left({}_{25|}\ddot{a}_{40}^{(12)}\right) = 1200\,{}_{25}E_{40}\,\ddot{a}_{65}^{(12)}$

$$= 1200 \frac{D_{65}}{D_{40}} \left(\ddot{a}_{65} - \frac{11}{24} \right) = 1200 \frac{D_{65}}{D_{40}} \left(\frac{N_{65}}{D_{65}} - \frac{11}{24} \right)$$

$$= 1200 \times \frac{3714.04}{13912.54} \left(\frac{45010.72}{3714.04} - \frac{11}{24} \right) = 3735.48913$$

34 다음을 유도하시오.

(a) $(IA)_x = v(I\ddot{a})_x - (Ia)_x$ (b) $(IA)_x = \ddot{a}_x - d(I\ddot{a})_x$

풀이

(a) $R_x = vS_x - S_{x+1}$ 이므로 양변을 D_x로 나눠주면

$\frac{R_x}{D_x} = v \frac{S_x}{D_x} - \frac{S_{x+1}}{D_x}$ 이므로 $(IA)_x = v(I\ddot{a})_x - (Ia)_x$

(b) $\ddot{a}_x - d(I\ddot{a})_x$를 계산기수로 나타내면

$$\ddot{a}_x - d(I\ddot{a})_x = \frac{N_x}{D_x} - \frac{dS_x}{D_x} = \frac{N_x - (1-v)S_x}{D_x} = \frac{N_x + vS_x - S_x}{D_x}$$

$$= \frac{vS_x - (S_x - N_x)}{D_x} = \frac{vS_x - S_{x+1}}{D_x} = \frac{R_x}{D_x} = (IA)_x$$

따라서 $\ddot{a}_x - d(I\ddot{a})_x = (IA)_x$

35 (a) $a_x = 9.8$, $A_x = 0.2$일 때 i를 구하시오.

(b) $N_x = 10000$, $N_{x+1} = 8000$, $i = 0.05$일 때 A_x의 값을 구하시오.

(c) $A_x = 0.4$, $\ddot{a}_x = 10.66$일 때 i를 구하시오.

풀이

(a) $A_x = 1 - d\ddot{a}_x = 1 - d(a_x + 1)$이므로

$$d = \frac{1 - A_x}{a_x + 1} = \frac{1 - 0.2}{9.8 + 1} = 0.074074$$

따라서 $d = \frac{i}{1+i}$이고 $d(1+i) = i$, $i(1-d) = d$이므로

$$i = \frac{0.074074}{1 - 0.074074} = 0.08$$

(b) $\ddot{a}_x = \frac{N_x}{D_x} = \frac{N_x}{N_x - N_{x+1}} = \frac{10000}{10000 - 8000} = 5$이므로

$$A_x = 1 - d\ddot{a}_x = 1 - \left(\frac{0.05}{1.05} \right) \times 5 = 0.762$$

(c) $A_x = 1 - d\ddot{a}_x$이고 $0.4 = 1 - \left(\dfrac{i}{1+i}\right) \times 10.66$이므로

$$\left(\frac{i}{1+i}\right) = \frac{0.6}{10.66} = 0.056285$$ 이므로 $i = 0.059642$

36 다음 식을 증명하시오.

$$i \sum_{t=0}^{\infty} a_{x+t}\, {}_t p_x + a_x = e_x$$

풀이

$$a_{x+t}\, {}_t p_x = \frac{N_{x+t+1}}{D_{x+t}} \frac{l_{x+t}}{l_x} = \frac{1}{l_x} \left(l_{x+t+1}\, v + l_{x+t+2}\, v^2 + l_{x+t+3}\, v^3 + \cdots \right)$$

이므로 $\displaystyle \sum_{t=0}^{\infty} a_{x+t}\, {}_t p_x = \frac{1}{l_x} \left[l_{x+1}\, v + l_{x+2}\, (v+v^2) + l_{x+3}\, (v+v^2+v^3) + \cdots \right]$

$$= \frac{v}{l_x} \left(l_{x+1} + l_{x+2}\, \frac{1-v^2}{1-v} + l_{x+3}\, \frac{1-v^3}{1-v} + \cdots \right)$$

$$= \frac{v}{1-v} \frac{1}{l_x} \left[(l_{x+1} + l_{x+2} + l_{x+3}) + \cdots \right.$$

$$\left. - (l_{x+1}\, v + l_{x+2}\, v^2 + l_{x+3}\, v^3 + \cdots) \right]$$

$$= \frac{1}{i} \left[\frac{1}{l_x} \left(\sum_{t=1}^{\infty} l_{x+t} - \sum_{t=1}^{\infty} l_{x+t}\, v^t \right) \right] = \frac{1}{i} (e_x - a_x)$$

따라서

$$i \sum_{t=0}^{\infty} a_{x+t}\, {}_t p_x + a_x = e_x$$

37 (a) $a_x = 12.36,\quad A_x = 0.738$일 때 i의 값을 구하시오.

(b) $i = 0.04,\quad \ddot{a}_{x:\overline{1}|}^{(12)} = 0.95417$일 때 q_x의 값을 구하시오.

풀이

(a) $A_x = 1 - d\,\ddot{a}_x = 1 - d\,(a_x + 1)$이므로

$$1 - v = d = \frac{1-A_x}{a_x+1}, \quad v = 1 - \frac{1-A_x}{a_x+1} = \frac{a_x + 1 - 1 + A_x}{a_x+1} = \frac{a_x + A_x}{a_x+1}$$

따라서

$$i = \left(\frac{1}{1+i}\right)^{-1} - 1 = \left(\frac{a_x+A_x}{a_x+1}\right)^{-1} - 1 = \frac{a_x+1}{a_x+A_x} - 1 = \frac{a_x+1-a_x-A_x}{a_x+A_x}$$

$$= \frac{1 - A_x}{a_x + A_x} = \frac{1 - 0.738}{12.36 + 0.738} = 0.02$$

(b) $\ddot{a}_{x:\overline{1}|}^{(12)} = 1 - \frac{11}{24}(1 - {}_1E_x) = 1 - \frac{11}{24}(1 - vp_x)$ 이므로

$$p_x = 1 - q_x = \frac{1}{v}\frac{24}{11}\left[\ddot{a}_{x:\overline{1}|}^{(12)} - \frac{13}{24}\right] 이다.$$

따라서 $q_x = 1 - \frac{1}{v}\frac{24}{11}\left[\ddot{a}_{x:\overline{1}|}^{(12)} - \frac{13}{24}\right] = 1 - (1+i)\frac{24}{11}\left[\ddot{a}_{x:\overline{1}|}^{(12)} - \frac{13}{24}\right]$

$$= 1 - 1.04\frac{24}{11}\left[0.95417 - \frac{13}{24}\right] = 0.063992$$

38 $i = 0.05$ 이고 $\ddot{a}_x$ 의 값이 $\ddot{a}'_x$ 로 변화할 때 A_x 도 A'_x 로 변화한다고 한다. $\ddot{a}'_x - \ddot{a}_x = 0.1$ 일 때 $A'_x - A_x$ 의 값을 구하시오.

풀이

$A_x = 1 - d\ddot{a}_x$ 이므로

$$A'_x - A_x = (1 - d\ddot{a}'_x) - (1 - d\ddot{a}_x) = -d(\ddot{a}'_x - \ddot{a}_x) = d(\ddot{a}_x - \ddot{a}'_x)$$

$$= \frac{i}{1+i}(\ddot{a}_x - \ddot{a}'_x) = \frac{0.05}{1.05} \times (-0.1) = -0.00476$$

39 다음 식을 증명하시오.

$$A_{x:\overline{n}|} = v\,\ddot{a}_{x:\overline{n}|} - a_{x:\overline{n-1}|}$$

풀이

$$A_{x:\overline{n}|} = \frac{M_x - M_{x+n} + D_{x+n}}{D_x} = \frac{(vN_x - N_{x+1}) - (vN_{x+n} - N_{x+n+1}) + D_{x+n}}{D_x}$$

$$= \frac{v(N_x - N_{x+n}) - (N_{x+1} - N_{x+n+1}) + D_{x+n}}{D_x}$$

$$= \frac{v(N_x - N_{x+n}) - (N_{x+1} - N_{x+n+1} - D_{x+n})}{D_x}$$

$$= \frac{v(N_x - N_{x+n}) - (N_{x+1} - N_{x+n})}{D_x}$$

$$= v\,\ddot{a}_{x:\overline{n}|} - a_{x:\overline{n-1}|}$$

Ⅱ. 일반이론

사망시까지 지급된 총지급액의 현가라는 확률변수를 Y라고 하면 Y의 정의에 따라 $E(Y)$가 각 연금의 APV가 된다.

1. 연 1회 지급의 생명연금

(1) 종신생명연금

(i) $\ddot{a}_x = \sum_{k=0}^{\infty} \ddot{a}_{\overline{k+1|}} \Pr(K=k) = \sum_{k=0}^{\infty} \ddot{a}_{\overline{k+1|}} \; {}_{k|}q_x, \quad \ddot{a}_x = \sum_{k=0}^{\infty} v^k \, {}_k p_x$

$a_x = \sum_{k=1}^{\infty} a_{\overline{k|}} \; {}_{k|}q_x, \quad a_x = \ddot{a}_x - 1 = \sum_{k=1}^{\infty} v^k \, {}_k p_x$

(ii) $\operatorname{Var}(Y) = \dfrac{1}{d^2}\left[{}^2A_x - (A_x)^2\right]$

(2) 유기생명연금

(i) $\ddot{a}_{x:\overline{n|}} = \dfrac{1 - A_{x:\overline{n|}}}{d}, \qquad a_{x:\overline{n|}} = \dfrac{1 - (1+i)\, A_{x:\overline{n+1|}}}{i}$

(ii) $\operatorname{Var}(Y) = \dfrac{1}{d^2}\left[{}^2A_{x:\overline{n|}} - (A_{x:\overline{n|}})^2\right]$

(3) 거치생명연금

$_{n|}\ddot{a}_x = \sum_{k=n}^{\infty} v^k \, {}_k p_x = \sum_{k=0}^{\infty} v^k \, {}_k p_x - \sum_{k=0}^{n-1} v^k \, {}_k p_x = \ddot{a}_x - \ddot{a}_{x:\overline{n|}}$

$_{n|}a_x = \sum_{k=n+1}^{\infty} v^k \, {}_k p_x = a_x - a_{x:\overline{n|}}$

(4) 누가생명연금

$(I\ddot{a})_x = \sum_{k=0}^{\infty} (k+1)\, v^k \, {}_k p_x = \dfrac{\ddot{a}_x - (IA)_x}{d}$

$$(I\ddot{a})_{x:\overline{n}|} = \sum_{k=0}^{n-1} (k+1)\,v^k\,{}_kp_x = \frac{\ddot{a}_{x:\overline{n}|} - (IA)_{x:\overline{n}|}}{d}$$

(5) 생명보험과 생명연금의 관계식

$$\ddot{a}_x = \frac{1-A_x}{d}, \qquad A_x = 1 - d\,\ddot{a}_x$$

$$\ddot{a}_{x:\overline{n}|} = \frac{1-A_{x:\overline{n}|}}{d}, \qquad A_{x:\overline{n}|} = 1 - d\,\ddot{a}_{x:\overline{n}|}$$

2. 연 m 회 지급의 생명연금

(1) UDD가정시

(i) $\ddot{a}_x^{(m)} = \alpha(m)\ddot{a}_x - \beta(m) = \ddot{a}_{\overline{1}|}^{(m)}\ddot{a}_x - \beta(m)A_x$

(ii) $\ddot{a}_{x:\overline{n}|}^{(m)} = \alpha(m)\ddot{a}_{x:\overline{n}|} - \beta(m)(1-{}_nE_x) = \ddot{a}_{\overline{1}|}^{(m)}\ddot{a}_{x:\overline{n}|} - \beta(m)A_{x:\overline{n}|}^{1}$

(iii) ${}_{n|}\ddot{a}_x^{(m)} = \alpha(m){}_{n|}\ddot{a}_x - \beta(m){}_nE_x = \alpha(m){}_{n|}\ddot{a}_{x:\overline{n}|} - \beta(m){}_{n|}A_x$

(2) 전통적 근사치

(i) $\ddot{a}_x^{(m)} \fallingdotseq \ddot{a}_x - \frac{m-1}{2m} - \frac{m^2-1}{12m^2}(\mu_x+\delta) \fallingdotseq \ddot{a}_x - \frac{m-1}{2m}$

(ii) $a_x^{(m)} \fallingdotseq a_x + \frac{m-1}{2m} - \frac{m^2-1}{12m^2}(\mu_x+\delta) \fallingdotseq a_x + \frac{m-1}{2m}$

(iii) ${}_{n|}\ddot{a}_x^{(m)} \fallingdotseq {}_{n|}\ddot{a}_x - \frac{m-1}{2m}{}_nE_x$

(iv) ${}_{n|}a_x^{(m)} \fallingdotseq {}_{n|}a_x + \frac{m-1}{2m}{}_nE_x$

(v) $\ddot{a}_{x:\overline{n}|}^{(m)} \fallingdotseq \ddot{a}_{x:\overline{n}|} - \frac{m-1}{2m}(1-{}_nE_x)$

(vi) $a_{x:\overline{n}|}^{(m)} \fallingdotseq a_{x:\overline{n}|} + \frac{m-1}{2m}(1-{}_nE_x)$

(vii) $(I\ddot{a})_x^{(m)} \fallingdotseq (I\ddot{a})_x - \frac{m-1}{2m}\ddot{a}_x$

(viii) $(I\ddot{a})_{x:\overline{n}|}^{(m)} \fallingdotseq (I\ddot{a})_{x:\overline{n}|} - \frac{m-1}{2m}(\ddot{a}_{x:\overline{n}|} - n\,{}_nE_x)$

3. 연속생명연금

(1) 연속종신생명연금

(i) $\bar{a}_x = \displaystyle\int_0^\infty v^t {}_t p_x \, dt = \int_0^\infty \bar{a}_{\overline{t}|} \, {}_t p_x \, \mu_{x+t} \, dt$

(ii) $\mathrm{Var}(Y) = \dfrac{1}{\delta^2} \left[{}^2\bar{A}_x - (\bar{A}_x)^2 \right]$

(2) 연속유기생명연금

(i) $\bar{a}_{x:\overline{n}|} = \displaystyle\int_0^n v^t {}_t p_x \, dt = \int_0^n \bar{a}_{\overline{t}|} \, {}_t p_x \, \mu_{x+t} \, dt + \bar{a}_{\overline{n}|} \, {}_n p_x$

(ii) $\mathrm{Var}(Y) = \dfrac{1}{\delta^2} \left[{}^2\bar{A}_{x:\overline{n}|} - \left(\bar{A}_{x:\overline{n}|} \right)^2 \right] = \dfrac{2}{\delta} \left(\bar{a}_{x:\overline{n}|} - {}^2\bar{a}_{x:\overline{n}|} \right) - \left(\bar{a}_{x:\overline{n}|} \right)^2$

(3) 연속거치생명연금

(i) ${}_{n|}\bar{a}_x = \displaystyle\int_n^\infty v^t {}_t p_x \, dt = \int_n^\infty v^n \bar{a}_{\overline{T-n}|} \, {}_t p_x \, \mu_{x+t} \, dt = {}_n E_x \, \bar{a}_{x+n} = \bar{a}_x - \bar{a}_{x:\overline{n}|}$

(ii) $\mathrm{Var}(Y) = \dfrac{2}{\delta} v^{2n} \, {}_n p_x \left(\bar{a}_{x+n} - {}^2\bar{a}_{x+n} \right) - \left({}_{n|}\bar{a}_x \right)^2$

(4) 연속변동생명연금

(i) $(\bar{I}\bar{a})_x = \displaystyle\int_0^\infty t \, v^t {}_t p_x \, dt = \dfrac{\bar{a}_x - (\bar{I}\bar{A})_x}{\delta}$

(ii) $(\bar{I}\bar{a})_{x:\overline{n}|} = \displaystyle\int_0^n t \, v^t {}_t p_x \, dt = \dfrac{\bar{a}_{x:\overline{n}|} - (\bar{I}\bar{A})_{x:\overline{n}|}}{\delta}$

(5) 생명보험과 생명연금의 관계식

(i) $\bar{a}_x = \dfrac{1 - \bar{A}_x}{\delta}, \qquad\qquad \bar{A}_x = 1 - \delta \, \bar{a}_x$

(ii) $\bar{a}_{x:\overline{n}|} = \dfrac{1 - \bar{A}_{x:\overline{n}|}}{\delta}, \qquad\qquad \bar{A}_{x:\overline{n}|} = 1 - \delta \, \bar{a}_{x:\overline{n}|}$

4. 특수한 생존분포와 생명연금

(1) CFM가정하에서 생명연금의 APV

(i) $\bar{a}_x = \dfrac{1}{\mu + \delta}$

(ii) $\bar{a}_{x:\overline{n}|} = \dfrac{1 - e^{-(\mu + \delta)n}}{\mu + \delta}$

(iii) $_{n|}\bar{a}_x = \dfrac{e^{-(\mu + \delta)n}}{\mu + \delta}$

(iv) $\ddot{a}_x = \dfrac{1+i}{q+i}$, $\qquad \ddot{a}_{x:\overline{n}|} = \dfrac{(1+i)\left[1 - (vp)^n\right]}{(q+i)}$, $\qquad _{n|}\ddot{a}_x = (vp)^n \dfrac{1+i}{q+i}$

(2) De Moivre 법칙하에서 생명연금의 APV

(i) $\bar{a}_x = \dfrac{(\bar{D}\bar{a})_{\overline{\omega - x}|}}{\omega - x}$, $\qquad\qquad\qquad \ddot{a}_x = \dfrac{(D\ddot{a})_{\overline{\omega - x}|}}{\omega - x}$

(ii) $\bar{a}_{x:\overline{n}|} = \dfrac{(\bar{D}\bar{a})_{\overline{n}|} + (\omega - x - n)\,\bar{a}_{\overline{n}|}}{\omega - x}$, $\qquad \ddot{a}_{x:\overline{n}|} = \dfrac{(D\ddot{a})_{\overline{n}|} + (\omega - x - n)\,\ddot{a}_{\overline{n}|}}{\omega - x}$

(iii) $_{n|}\bar{a}_x = \bar{a}_x - \bar{a}_{x:\overline{n}|}$ $\qquad\qquad\qquad _{n|}\ddot{a}_x = \dfrac{v^n\,(D\ddot{a})_{\overline{\omega - x - n}|}}{\omega - x}$

4.2 기본연습문제

※ 특별한 언급이 없으면 부록의 제7회 경험생명표와 계산기수를 이용하여 답하시오.

01 다음과 같은 자료가 주어졌다.

x	97	98	99	100	101
l_x	800	500	200	100	0

위의 자료를 이용하여 다음을 구하시오. $(i = 0.05)$

(a) $\ddot{a}_{97}$ (b) $\ddot{a}_{97:\overline{3}|}$ (c) $_{2|}\ddot{a}_{97}$

풀이

(a) $\ddot{a}_{97} = \sum_{k=0}^{101-97-1} v^k {}_k p_{97} = 1 + \dfrac{1}{1.05} \times \dfrac{500}{800} + \dfrac{1}{1.05^2} \times \dfrac{200}{800} + \dfrac{1}{1.05^3} \times \dfrac{100}{800} = 1.93$

(b) $\ddot{a}_{97:\overline{3}|} = 1 + v p_{97} + v^2 {}_2 p_{97} = 1 + \left(\dfrac{1}{1.05}\right) \times \dfrac{500}{800} + \left(\dfrac{1}{1.05}\right)^2 \times \dfrac{200}{800} = 1.82$

(c) $_{2|}\ddot{a}_{97} = v^2 {}_2 p_{97} \ddot{a}_{99} = v^2 {}_2 p_{97} (1 + v p_{99}) = \left(\dfrac{1}{1.05}\right)^2 \times \dfrac{200}{800} \times \left(1 + \dfrac{1}{1.05} \times \dfrac{100}{200}\right)$

            $= 0.3347$

02 피보험자 (40)이 가입한 3년 기시급 유기생명연금에서 사망전까지 지급되는 총지급액의 현가를 Y라고 하자. 다음과 같은 자료를 이용하여 $\text{Var}(Y)$를 구하시오.

(i) 매년 지급하는 연금지급액은 다음과 같다.

나이	40	41	42
연금 지급액	5	10	15

(ii) $p_{40} = 0.95$, $p_{41} = 0.9$ (iii) $i = 0.05$

풀이

$\text{Var}(Y)$를 구하기 위해 확률변수 Y를 정의하고 $E(Y)$, $E(Y^2)$을 구해보자.

$$Y = \begin{cases} 5, & K = 0 \\ 5 + 10v, & K = 1 \\ 5 + 10v + 15v^2, & K \geq 2 \end{cases}$$

$$Y = \begin{cases} 5, & K = 0 \\ 14.52, & K = 1 \\ 28.13, & K \geq 2 \end{cases}$$

$E(Y) = (5) \Pr(K=0) + (14.52) \Pr(K=1) + (28.13) \Pr(K \geq 2)$

       $= (5 \times 0.05) + (14.52 \times 0.095) + (28.13 \times 0.855) = 25.6806$

$E(Y^2) = (5^2) \Pr(K=0) + (14.52^2) \Pr(K=1) + (28.13^2) \Pr(K \geq 2)$

        $= (5^2 \times 0.05) + (14.52^2 \times 0.095) + (28.13^2 \times 0.855) = 697.84$

따라서 $\text{Var}(Y) = E(Y^2) - [E(Y)]^2 = 697.84 - 25.6806^2 = 38.3468$

03 피보험자 (x)에 대하여 다음과 같은 자료를 이용하여 p_x를 구하시오.

(i) $a_x = 7.5$ (ii) $i = 0.05$

(iii) 사력은 매 연령마다 상수 μ로 동일하다.

풀이

(iii)으로부터 사력이 매 연령마다 동일하므로 $p_x = p_{x+1} = p_{x+2} = \cdots = e^{-\mu}$이다.

$$a_x = \sum_{k=1}^{\infty} v^k {}_k p_x = \sum_{k=1}^{\infty} v^k (p_x)^k = \frac{v p_x}{1 - v p_x} = 7.5$$

$$\frac{\dfrac{p_x}{1.05}}{1 - \dfrac{p_x}{1.05}} = 7.5 \text{이므로 } p_x = 7.875 - 7.5 p_x$$

따라서 $p_x = \dfrac{7.875}{8.5} = 0.926471$

표 [4.2.8.1]를 이용하여 풀어보자.

$$\ddot{a}_x = a_x + 1 = 8.5 = \frac{1+i}{q+i}$$

$$q = \frac{(1+i) - 8.5 i}{8.5} = \frac{1.05 - 8.5(0.05)}{8.5} = 0.0735294$$

따라서 $p = p_x = 1 - q = 0.926471$ (동일한 결과)

04 매년 1원씩 지급되는 30년 기시급 유기생명연금에서 사망전까지 지급되는 총지급액의 현가를 Y라고 하자. $E(Y^2)$을 다음 자료를 이용하여 구하시오.

(i) $i = 0.05$ (ii) ${}_{30}p_x = 0.7$

(iii) $A^1_{x:\overline{30|}} = 0.1443$ (iv) ${}^2 A^1_{x:\overline{30|}} = 0.0694$

풀이

$$\ddot{a}_{\overline{30|}} = 1 + a_{\overline{29|}} = 1 + \frac{1 - v^{29}}{0.05} = 1 + 15.141 = 16.141$$

$$E(Y^2) = \sum_{k=0}^{29} (\ddot{a}_{\overline{k+1|}})^2 \, {}_k p_x \, q_{x+k} + {}_{30}p_x (\ddot{a}_{\overline{30|}})^2$$

$$= \sum_{k=0}^{29} \frac{1 + v^{2(k+1)} - 2 v^{k+1}}{d^2} \, {}_k p_x \, q_{x+k} + {}_{30}p_x (\ddot{a}_{\overline{30|}})^2$$

$$= \frac{{}_{30}q_x + {}^2 A^1_{x:\overline{30|}} - 2 A^1_{x:\overline{30|}}}{d^2} + {}_{30}p_x (\ddot{a}_{\overline{30|}})^2$$

$$= \frac{[0.3 + 0.0694 - (2)(0.1443)]}{(0.05/1.05)^2} + (0.7)(16.141)^2 = 218.0$$

05 가격이 100,000원인 건물을 매입할 때 건물값은 25년에 걸쳐서 매년말에 일정한 금액씩을 지불하기로 하였다. 보증보험이나 보증인이 없는 경우 건물 매도인은 매수인에게 어떤 특정한 25년만기 정기보험을 요구한다고 가정한다. 이 특정한 보험은 보험금 연말급인 보험으로 보험금은 건물값으로 지불하기로 되어 있는 금액 중에서 미지불된 금액들의 현가이다(즉 매수인이 사망할 경우 매도인은 정기보험의 보험금을 사망연도말에 받으면 건물의 잔금을 모두 받게 된다). 다음 자료들이 주어졌다.

(i) $i = 0.05$ (ii) $\ddot{a}_{40:\overline{25|}} = 14$ (iii) $_{25}q_{40} = 0.2$

이때 다음을 구하시오.

(a) 25년만기 정기보험의 NSP

(b) 보험료 납입기간이 25년인 경우 연납평준순보험료(NAP)

> **풀이**

(a) 지급금액을 A라고 하면 $A = \dfrac{100000}{a_{\overline{25|}}}$이다. 25년만기 정기보험의 보험금현가를 Z라고 하면 Z는 다음과 같다.

$$Z = \begin{cases} A\,\ddot{a}_{\overline{25-K|}}\, v^{K+1}, & K = 0, 1, 2, \cdots, 24 \\ 0, & K = 25, 26, \cdots \end{cases}$$

$$E(v^{K+1}) = A^{1}_{40:\overline{25|}} = A_{40:\overline{25|}} - _{25}E_{40}$$

$$= 1 - d\,\ddot{a}_{40:\overline{25|}} - v^{25}\,_{25}p_{40} = 1 - \frac{0.05}{1.05} \times 14 - 0.2953 \times 0.8$$

$$= 0.097093$$

$K = 0, 1, 2, \cdots, 24$에서는 일정한 금액이 $A\,\ddot{a}_{\overline{25-k|}}$이지만 $K = 25, 26, \cdots$에서는 일정한 금액 = 0이다. 따라서 $E(Z)$를 구할 때 이를 고려해야 한다. 즉,

$$\text{NSP} = E(Z) = \sum_{k=0}^{24} A\,\ddot{a}_{\overline{25-k|}}\, v^{k+1}\, \Pr(K = k) + 0 \times \Pr(K \geq 25)$$

$$= \sum_{k=0}^{24} \left(\frac{100000}{a_{\overline{25|}}} \right) \left(\frac{1 - v^{25k}}{d} \right) v^{k+1}\, \Pr(K = k) + 0 \times (_{25}p_{40})$$

$$= \frac{100000}{d\,a_{\overline{25|}}} \sum_{k=0}^{24} \left[v^{k+1} - v^{26} \right] \Pr(K = k) + 0 \times (_{25}p_{40})$$

$$= \frac{100000}{d\,a_{\overline{25|}}} \left[E(v^{K+1}) - _{25}q_{40}\, v^{26} \right]$$

$$= \frac{100000}{(0.04762)(14.094)} \left[0.097093 - (0.2)(0.28124) \right] = 6085.77$$

(b) 연납평준순보험료 NAP는

$$\text{NAP} = \frac{\text{NSP}}{\ddot{a}_{40:\overline{25|}}} = \frac{6085.77}{14} = 434.70$$

06 다음 자료를 이용하여, 피보험자 (30), 연금지급액 1원의 20년거치 기시급 생명연금의 일시납순보험료(NSP)를 구하시오.

(i) $A_{50} = 0.24$　　　(ii) $A_{30:\overline{20|}} = 0.38$　　(iii) $A^1_{30:\overline{20|}} = 0.02$　　(iv) $d = 0.05$

(v) 사망이 거치기간 동안 발생하면, 사망연도말에 일시납순보험료는 이자없이 반환된다.

풀이

(v)로부터

$$\text{NSP} = {}_{20|}\ddot{a}_{30} + \text{NSP}\left(A^{\;1}_{30:\overline{20|}}\right) = \left(A_{30:\overline{20|}}^{\;\;\;1}\;\ddot{a}_{50}\right) + 0.02\,\text{NSP}$$

$$= \left(A_{30:\overline{20|}} - A^{\;1}_{30:\overline{20|}}\right)\frac{1 - A_{50}}{d} + 0.02\,\text{NSP}$$

$$= (0.38 - 0.02) \times \frac{1 - 0.24}{0.05} + 0.02\,\text{NSP} = 5.472 + 0.02\,\text{NSP}$$

$0.98\,\text{NSP} = 5.472$이므로 $\text{NSP} = \dfrac{5.472}{0.98} = 5.5837$

07 피보험자 (40), 매년 1원씩 지급되는 10년거치 기시급 종신연금을 고려한다. 다음의 가정을 이용하여 $\Pr\left(S > {}_{10|}\ddot{a}_{40}\right)$을 구하시오. 여기서 S는 실제로 지급된 연금지급액의 합을 의미한다.

(i) 사망법칙은 $\omega = 90$인 De Moivre 법칙을 따른다.　　　(ii) $i = 0$

풀이

(ii)로부터 이자율 $i = 0$이므로

$$_{10|}\ddot{a}_{40} = \sum_{k=10}^{90-40-1} v^k \,{}_k p_{40} = \sum_{k=10}^{49} \frac{50-k}{50} = 16.4$$

연금지급액이 16.4를 초과하려면 최소한 17번의 지급이 있어야 한다. 이 연금은 기시급 연금이므로 17번의 지급이 일어난다는 것은 피보험자 (40)이 최소한 $10 + 16 = 26$년을 생존해야 한다는 것을 의미한다.

따라서 $\Pr\left(S > {}_{10|}\ddot{a}_{40}\right) = {}_{26}p_{40} = \dfrac{50-26}{50} = \dfrac{24}{50} = 0.48$

08 다음이 성립함을 보이시오.

$$(I\ddot{a})_{x:\overline{n}|} - (Ia)_{x:\overline{n}|} + n\,{}_nE_x = \ddot{a}_{x:\overline{n}|}$$

> **풀이**

좌변을 계산기수로 표현하면 다음과 같다.

$$(\text{좌변}) = \frac{S_x - S_{x+n} - nN_{x+n}}{D_x} - \frac{S_{x+1} - S_{x+n+1} - nN_{x+n+1}}{D_x} + n\frac{D_{x+n}}{D_x}$$

$$= \frac{1}{D_x}\left[(S_x - S_{x+n} - nN_{x+n}) - (S_{x+1} - S_{x+n+1} - nN_{x+n+1}) + nD_{x+n}\right]$$

$$= \frac{1}{D_x}\left[N_x - N_{x+n} - nD_{x+n} + nD_{x+n}\right] = \frac{1}{D_x}(N_x - N_{x+n})$$

$$= \ddot{a}_{x:\overline{n}|} = (\text{우변})$$

09 피보험자 (40), 매년 1원씩 지급되는 4년 기시급 유기생명연금에서 사망전까지 지급되는 총지급액의 현가를 Y라고 하자. 다음의 자료를 이용하여 $\text{Var}(Y)$를 구하시오.

(i) $Y = \begin{cases} \ddot{a}_{\overline{K_{40}+1|}} & K_{40} = 0, 1, 2, 3 \\ \ddot{a}_{\overline{4|}} & K_{40} = 4, 5, 6, \cdots \end{cases}$ (ii) $l_x = 90 - x, \quad 0 \le x \le 90$

(iii) $i = 0.05$

> **풀이**

$\text{Var}(Y)$를 구하기 위해 $A_{40:\overline{4|}}$, ${}^2A_{40:\overline{4|}}$를 구해보자. (ii)로부터 사망법칙은 $\omega = 90$인 De Moivre 법칙을 따르므로

$$A_{40:\overline{4|}} = A^{1}_{40:\overline{4|}} + A_{40:\overline{4|}}^{\ \ 1} = \frac{a_{\overline{4|}}}{\omega - x} + v^4\,{}_4p_{40} = \frac{a_{\overline{4|}}}{50} + \left(\frac{1}{1.05}\right)^4 \times \frac{46}{50}$$

$$= 0.070919 + 0.756886 = 0.827805$$

${}^2A^{1}_{40:\overline{4|}}$는 이율이 $i' = i^2 + 2i$인 4년만기 정기보험의 NSP이므로

$${}^2A_{40:\overline{4|}} = {}^2A^{1}_{40:\overline{4|}} + {}^2A_{40:\overline{4|}}^{\ \ 1}$$

$$= \frac{a_{\overline{4|}\,i'}}{50} + v^8 \times {}_4p_{40} = \frac{1}{50}\left(\frac{1 - (i^2+2i)^{-4}}{i^2+2i}\right) + (1.05)^{-8} \times \frac{46}{50}$$

$$= \frac{1 - 1.1025^{-4}}{50 \times (0.1025)} + (1.05)^{-8} \times \frac{46}{50}$$

$$= 0.063056 + 0.622692 = 0.685748$$

따라서 $\text{Var}(Y) = \dfrac{{}^2A_{40:\overline{4|}} - (A_{40:\overline{4|}})^2}{d^2} = \dfrac{0.685748 - 0.827805^2}{(0.05/1.05)^2} = 0.214715$

10 피보험자 (60)이 가입한 기시급 종신생명연금에서 사망전까지 지급되는 총지급액의 현가를 Y라고 하자. 다음의 자료를 이용하여 $\mathrm{Var}(Y)$를 구하시오.

(i) $l_x = 100 - x, \quad 0 \le x \le 100$ (ii) $i = 0.05$

(iii) 연금은 가입시점(60세)부터 지급되며, 15년에 한번씩 지급된다.

(iv) 가입시 연금지급액은 10원이며, 15년마다 연금지급액은 20원씩 증가한다.

풀이

$E(Y)$와 $\mathrm{Var}(Y)$를 구하기 위해 확률변수 Y를 정의해보자.

$$Y = \begin{cases} 10, & K = 0, 1, 2, \cdots, 14 \\ 10 + 30\,v^{15}, & K = 15, 16, \cdots, 29 \\ 10 + 30\,v^{15} + 50\,v^{30}, & K = 30, \cdots, 39 \end{cases}$$

$$Y = \begin{cases} 10, & K = 0, 1, 2, \cdots, 14 \\ 24.4305, & K = 15, 16, \cdots, 29 \\ 35.9994, & K = 30, \cdots, 39 \end{cases}$$

사망법칙은 $\omega = 100$인 De Moivre 법칙을 따르므로

$$\Pr(Y = 10) = {}_{15}q_{60} = \frac{15}{100 - 60} = \frac{15}{40}$$

$$\Pr(Y = 24.4305) = {}_{15}p_{60} - {}_{30}p_{60} = {}_{30}q_{60} - {}_{15}q_{60} = \frac{15}{40}$$

$$\Pr(Y = 35.9994) = {}_{30}p_{60} - {}_{40}p_{60} = {}_{40}q_{60} - {}_{30}q_{60} = \frac{10}{40} \text{ 이다.}$$

$$\begin{aligned} E(Y) &= (10)\,\Pr(Y = 10) + (24.4305)\,\Pr(Y = 24.4305) \\ &\quad + (35.9994)\,\Pr(Y = 35.9994) \\ &= 10 \times \frac{15}{40} + 24.4305 \times \frac{15}{40} + 35.9994 \times \frac{10}{40} = 21.9113 \end{aligned}$$

$$\begin{aligned} E(Y^2) &= (10)^2\,\Pr(Y = 10) + (24.4305)^2\,\Pr(Y = 24.4305) \\ &\quad + (35.9994)^2\,\Pr(Y = 35.9994) \\ &= (10)^2 \times \frac{15}{40} + (24.4305)^2 \times \frac{15}{40} + (35.9994)^2 \times \frac{10}{40} \\ &= 585.3077 \end{aligned}$$

따라서 $\mathrm{Var}(Y) = E(Y^2) - [E(Y)]^2 = 585.3077 - (21.9113)^2 = 105.2026$

11 피보험자 (x)는 매년 1원씩 지급되는 기시급 종신연금에 가입하였다.

(a) 다음과 같은 자료를 이용하여 $\ddot{a}_x$를 구하시오.

(i) $q_x = 0.03, \ q_{x+1} = 0.04$ (ii) $\ddot{a}_{x+1} = 8.227$ (iii) $i = 0.05$

(b) 위의 자료에서 p_{x+1}이 0.02 증가하였을 때의 $\ddot{a}_x$를 구하시오.

풀이

(a) 재귀식을 이용하여 $\ddot{a}_x$를 구해보자.

$$\ddot{a}_x = 1 + v p_x \ddot{a}_{x+1} = 1 + \left(\frac{1}{1.05}\right) \times 0.97 \times 8.227 = 8.600181$$

(b) 증가된 위험률을 반영한 종신연금의 NSP를 $\ddot{a}'_x$, 증가된 위험률을 반영한 확률을 $p'_{x+1} = p_{x+1} + 0.02 = 0.96 + 0.02 = 0.98$라고 하자.

$\ddot{a}'_x$를 구하기 위해 $\ddot{a}_{x+2}$를 구해보면

$$\ddot{a}_{x+1} = 1 + v\, p_{x+1}\, \ddot{a}_{x+2} = 1 + \left(\frac{1}{1.05}\right) \times 0.96\, \ddot{a}_{x+2} = 8.227 \text{이므로}$$

$$\ddot{a}_{x+2} = 7.90453125$$

$p'_{x+1} = 0.96 + 0.02 = 0.98$을 적용한 새로운 $\ddot{a}'_{x+1}$를 구하면

$$\ddot{a}'_{x+1} = 1 + p'_{x+1}\, v\, \ddot{a}_{x+2} = 1 + 0.98 \left(\frac{1}{1.05}\right)(7.90453125) = 8.3775625$$

$\ddot{a}'_{x+1}$를 적용하여 $\ddot{a}_x$를 구하면

$$\ddot{a}_x = 1 + v p_x \ddot{a}'_{x+1} = 1 + 0.97 \left(\frac{1}{1.05}\right)(8.3775625) = 8.739272$$

이 문제에서 p_{x+1}이 p'_{x+1}로 변하더라도 $\ddot{a}_{x+2}$는 변하지 않는다.

12 매년 1,000원씩 지급되는 기시급 종신연금을 고려한다. 여기에 사망시 사망연도말에 사망보험금 B원을 지급하는 사망급부를 추가하기로 할 때, 이 새로운 보험상품에서 지급되는 급부의 현가를 Y라고 하자. $i = 0.05$일 때, Y의 분산을 최소화시키는 사망 보험금 B를 구하시오.

풀이

새로운 보험상품에서 지급되는 급부의 현가는 다음과 같다.

$$Y = 1000\, \ddot{a}_{\overline{K+1}|} + B\, v^{K+1} = 1000 \left(\frac{1 - v^{K+1}}{d}\right) + B\, v^{K+1}$$

$$= \left(B - \frac{1000}{d}\right) v^{K+1} + \frac{1000}{d}$$

$$\mathrm{Var}(Y) = \left(B - \frac{1000}{d}\right)^2 \mathrm{Var}(v^{K+1}) \text{이므로}$$

$\mathrm{Var}(Y)$를 최소화시키는 사망보험금 B는 $B - \dfrac{1000}{d} = 0$을 만족하는 값이다. 따라서

$$B = \frac{1000}{d} = \frac{1000}{0.05 \,/\, 1.05} = 21000$$

13 60세가 된 종업원의 퇴직연금(기업연금)으로 다음의 두 가지 대안이 제시되었다.

(i) 65세부터 매년 12,000원씩 사망시까지 지급

(ii) 60세부터 10년간 확정적으로 x원씩 지급하고 그 이후에는 $1.5x$원씩 사망시까지 지급

두 개의 대안이 보험수리적으로 동일할 때 x를 구하시오.

(이자율 5%, 제 7회 경험생명표를 이용하시오)

> 풀이

두 개의 대안을 보험수리기호를 이용하여 나타내면 다음과 같다.

(i) $12000 \, _{5|}\ddot{a}_{60}$

(ii) $x \, \ddot{a}_{\overline{10|}} + 1.5x \, _{10}p_{60} \, \ddot{a}_{70}$

두 개의 대안이 보험수리적으로 동일하므로

$12000 \, _{5|}\ddot{a}_{60} = x \, \ddot{a}_{\overline{10|}} + 1.5x \, _{10|}\ddot{a}_{60}$ 임을 이용하여 x를 구하면

$$12000 \, v^5 \, _5p_{60} \, \ddot{a}_{65} = x \, (\ddot{a}_{\overline{10|}} + 1.5 v^{10} \, _{10}p_{60} \, \ddot{a}_{70})$$

$$x = \frac{12000 \, v^5 \, _5p_{60} \, \ddot{a}_{65}}{\ddot{a}_{\overline{10|}} + 1.5 v^{10} \, _{10}p_{60} \, \ddot{a}_{70}}$$

$$= \frac{12000 \, \dfrac{D_{65}}{D_{60}} \, \dfrac{N_{65}}{D_{65}}}{(1 - v^{10})/d + 1.5 \, \dfrac{D_{70}}{D_{60}} \, \dfrac{N_{70}}{D_{70}}}$$

$$= \frac{12000 \, N_{65}/D_{60}}{(1 - v^{10})/d + 1.5 \, N_{70}/D_{60}}$$

$$= \frac{12000 \times (45010.72 / 4931.48)}{[1 - (1.05)^{-10}]/0.04762 + 1.5 \, (28499.33 / 4931.48)}$$

$$= \frac{109526.6816}{16.77625} = 6528.67$$

14 다음 식을 증명하시오.

$$\ddot{a}_{\overline{n|}} - \ddot{a}_{x:\overline{n|}} = \frac{1}{D_x} \sum_{t=1}^{n-1} C_{x+t-1} \, \ddot{a}_{\overline{n-t|}}$$

> 풀이

$$\ddot{a}_{\overline{n|}} - \ddot{a}_{x:\overline{n|}} = \sum_{t=0}^{n-1} v^t - \left(1 + \sum_{t=1}^{n-1} v^t \, _tp_x\right) = \sum_{t=1}^{n-1} v^t (1 - \, _tp_x)$$

$$= \sum_{t=1}^{n-1} v^t (q_x + {}_{1|}q_x + \cdots + {}_{t-1|}q_x)$$

$$= q_x (v + v^2 + \cdots + v^{n-1}) + {}_{1|}q_x (v^2 + \cdots + v^{n-1}) + \cdots + {}_{n-2|}q_x \, v^{n-1}$$

$$= \frac{v d_x}{l_x} \ddot{a}_{\overline{n-1}|} + \frac{v^2 d_{x+1}}{l_x} \ddot{a}_{\overline{n-2}|} + \cdots + \frac{v^{n-1} d_{x+n-2}}{l_x} \ddot{a}_{\overline{1}|}$$

$$= \frac{1}{D_x} \sum_{t=1}^{n-1} C_{x+t-1} \, \ddot{a}_{\overline{n-t}|}$$

15 다음과 같은 자료를 이용하여 이자율 i를 구하시오.

(i) $\,_{10}p_{50} = 0.92$, $\,_{10}p_{60} = 0.88$

(ii) 피보험자 (50)이 가입한 매년 2,500원씩 지급하는 기시급 종신생명연금의 일시납순보험료와 피보험자 (70)이 가입한 매년 3,900원씩 지급하는 기시급 종신생명연금의 일시납순보험료, 피보험자 (50)이 가입한 매년 3,200원씩 지급하는 20년 기시급 유기생명연금의 일시납순보험료는 모두 40,000원이다.

풀이

(ii)로부터

$2500 \ddot{a}_{50} = 3900 \ddot{a}_{70} = 3200 \ddot{a}_{50:\overline{20}|} = 40000$이므로

$$\ddot{a}_{50} = \frac{40000}{2500} = 16, \quad \ddot{a}_{70} = \frac{40000}{3900} = 10.25641, \quad \ddot{a}_{50:\overline{20}|} = \frac{40000}{3200} = 12.5$$

$\ddot{a}_{50} = \ddot{a}_{50:\overline{20}|} + v^{20} \,_{20}p_{50} \, \ddot{a}_{70}$임을 이용하면

$16 = 12.5 + v^{20} \times 0.92 \times 0.88 \times 10.25641$이므로

$$v^{20} = 0.421504, \quad i = 0.044143 = 4.41\%$$

16 A 보험회사는 40세의 B라는 사람에게 일시납순보험료가 40,000원인 기시급 종신생명연금을 판매하고자 한다. 보험회사의 경험통계상 일반적인 40세의 연금수급자의 완전평균여명은 30년이다. 하지만 건강진단결과 B의 완전평균여명은 20년이었다. 계약체결시 B의 완전평균여명을 고려한다고 할 때, 다음의 가정을 이용하여 B가 매년 받을 수 있는 연금지급액을 구하시오.

(i) 모든 일반적인 연금수급자의 사망법칙은 De Moivre 법칙을 따른다.

(ii) $i = 0.05$

풀이

일반적인 연금수급자의 평균여명은 30년이고 (i)로부터 연금수급자의 사망법칙은 De

Moivre 법칙을 따르므로 $\mathring{e}_{40} = \dfrac{\omega - 40}{2} = 30$, $\omega = 100$이다.

B의 경우를 고려해 보자. $\mathring{e}_x = \dfrac{2}{\omega - x} = 20$에서 $\dfrac{2}{100 - x} = 20$을 만족시키는 x는 60이다. 완전평균여명이 20인 B의 경우는 적용연령을 60세로 하면 된다(7장 2절 (2)의 (a) 참조). 따라서 B의 경우는 40세이지만 적용연령은 60세로 하여 De Moivre 법칙을 이용하여야 한다.

표 [3.2.6.2]에 의하여

$$A_{60} = \frac{1}{40} \sum_{t=1}^{40} \frac{1}{1.05^t} = \frac{1}{40} \, a_{\overline{40|}} = \left(\frac{1}{40}\right)\left(\frac{1 - (1/1.05)^{40}}{0.05}\right)$$

$$= \left(\frac{1}{40}\right)(17.15908636) = 0.428977$$

$$\ddot{a}_{60} = \frac{1 - A_{60}}{d} = \frac{1 - 0.428977}{0.05/1.05} = 11.991483$$

$\ddot{a}_{60}$를 표 [4.2.8.2]를 이용하여 바로 구하면

$$\ddot{a}_{60} = \frac{(D\ddot{a})_{\overline{\omega - x|}}}{\omega - x} = \frac{(D\ddot{a})_{\overline{40|}}}{40} = \left(\frac{1}{40}\right)\left(\frac{40 - a_{\overline{40|}}}{d}\right)$$

$$= \left(\frac{1}{40}\right)\left(\frac{40 - 17.15908636}{0.05/1.05}\right) = 11.99147966$$

따라서 연금지급액 $= \dfrac{40000}{11.991483} = 3335.7008$

17 다음에 답하시오.

(a) $p_x = \dfrac{(1+i)\,a_x}{1 + a_{x+1}}$ 임을 증명하시오.

(b) $a_{30} = 17.882771$, $a_{31} = 17.787807$, $a_{32} = 17.687849$, $a_{33} = 17.582834$, $a_{34} = 17.472874$, $l_{34} = 98386.02$일 때 이율 $i = 5\%$하에서 l_{33}, l_{32}, l_{31}, l_{30}을 구하시오. (Hint : (a)의 결과를 이용하여 p_x를 구한 후 l_x를 구할 것)

풀이

(a) $a_x = (a_{x+1} + 1)\,v\,p_x$이므로 $p_x = \dfrac{(1+i)\,a_x}{1 + a_{x+1}}$

(b) (a)의 결과로부터 $p_x = \dfrac{(1+i)\,a_x}{1 + a_{x+1}} = \dfrac{l_{x+1}}{l_x}$이므로 $l_x = l_{x+1} \dfrac{1 + a_{x+1}}{(1+i)\,a_x}$이다.

따라서

$$l_{33} = l_{34}\frac{1 + a_{34}}{(1 + i)\,a_{33}} = (98386.02)\frac{1 + 17.472874}{(1.05)\,(17.582834)} = 98444.10$$

$$l_{32} = l_{33}\frac{1 + a_{33}}{(1 + i)\,a_{32}} = (98444.10)\frac{1 + 17.582834}{(1.05)\,(17.687849)} = 98500.25$$

$$l_{31} = (98500.25)\frac{1 + 17.687849}{(1.05)\,(17.787807)} = 98556.42$$

$$l_{30} = (98556.42)\frac{1 + 17.787807}{(1.05)\,(17.882771)} = 98613.62$$

18 피보험자 (x), 매년 1원씩 지급하는 5년거치 기시급 종신생명연금에서 사망전까지 지급되는 총지급액의 현가를 Y라고 하자. 피보험자 (x), 보험금 연말급, 보험금 1원인 종신보험의 보험금현가를 Z_1, 피보험자 (x), 보험금 연말급, 보험금 1원인 5년만기 생사혼합보험의 보험금현가를 Z_2라고 하자. 다음 자료들이 주어졌다.

(i) $A_x = 0.16$, $A_{x:\overline{5|}} = 0.77$, $\,_{5|}A_x = 0.15$

(ii) $^2A_x = 0.04$, $\quad\quad ^2A_{x+5} = 0.06$ $\quad\quad$ (iii) $i = 0.05$

다음을 구하시오.

(a) Y를 Z_1과 Z_2를 이용하여 나타내시오.

(b) $E(Z_1 Z_2)$를 구하시오.

(c) $\mathrm{Var}(Y)$를 구하시오.

> **풀이**

(a) Z_1, Z_2는 다음과 같이 나타낼 수 있다.

$$Z_1 = v^{K+1}, \quad Z_2 = \begin{cases} v^{K+1}, & K \le 4 \\ v^5, & K > 4 \end{cases}$$

따라서

$$Y = \begin{cases} 0, & K \le 4 \\ \ddot{a}_{\overline{K+1|}} - \ddot{a}_{\overline{5|}}, & K > 4 \end{cases}$$

$$= \begin{cases} \ddot{a}_{\overline{K+1|}} - \ddot{a}_{\overline{K+1|}}, & K \le 4 \\ \dfrac{1 - v^{K+1}}{d} - \dfrac{1 - v^5}{d}, & K > 4 \end{cases}$$

$$= \begin{cases} \dfrac{v^{K+1} - v^{K+1}}{d}, & K \le 4 \\ \dfrac{v^5 - v^{K+1}}{d}, & K > 4 \end{cases}$$

$$= \frac{Z_2 - Z_1}{d} = 21(Z_2 - Z_1)$$

(b) $Z_1 Z_2 = \begin{cases} v^{2(K+1)}, & K \le 4 \\ v^{K+1} v^5, & K > 4 \end{cases}$

$$= \begin{cases} v^{2(K+1)} + v^5 \times 0, & K \le 4 \\ 0 + v^5 v^{K+1}, & K > 4 \end{cases}$$

$$= Z_3{}^2 + v^5 Z_4 \text{로 나타낼 수 있으며,}$$

여기서

$$Z_3 = \begin{cases} v^{K+1}, & K \le 4 \\ 0, & K > 4 \end{cases}, \qquad\qquad Z_4 = \begin{cases} 0, & K \le 4 \\ v^{K+1}, & K > 4 \end{cases}$$

$E(Z_1 Z_2)$을 구하기 위해 $E(Z_3{}^2)$, $E(Z_4)$를 구해보면

$$E(Z_3{}^2) = {}^2 A_{x:\overline{5|}}^{\,1} = {}^2 A_x - {}^2 A_{x:\overline{5|}}^{\,1} \; {}^2 A_{x+5} = 0.04 - v^{10}\,{}_5 p_x \times 0.06$$

$$= 0.04 - v^5\,{}_5 p_x\, v^5 \times 0.06 = 0.04 - 0.77 \times \left(\frac{1}{1.05}\right)^5 \times 0.06 = 0.003801$$

$E(Z_4) = {}_{5|} A_x = 0.15$이므로

$$E(Z_1 Z_2) = E(Z_3{}^2 + v^5 Z_4) = E(Z_3{}^2) + v^5 E(Z_4)$$

$$= 0.003801 + \left(\frac{1}{1.05}\right)^5 \times 0.15 = 0.12133$$

(c) $Y = \dfrac{Z_2 - Z_1}{d} = 21(Z_2 - Z_1)$이므로 Var$(Y)$를 구하기 위해 $E(Y)$, $E(Y^2)$을 구해보자.

$$E(Y) = E[21(Z_2 - Z_1)] = 21[E(Z_2) - E(Z_1)] = 21(A_{x:\overline{5|}} - A_x)$$

$$= 21(A_x - {}_{5|} A_x + A_{x:\overline{5|}}^{\,1} - A_x) = 21(-0.15 + 0.77) = 13.02$$

$$E(Y^2) = E[21(Z_2 - Z_1)^2]$$

$$= 21^2 \left[E(Z_1{}^2) - 2 E(Z_1 Z_2) + E(Z_2{}^2) \right]$$

$$= 441 \left[{}^2 A_x - 2 \times 0.12133 + {}^2 A_{x:\overline{5|}} \right]$$

$$= 441 \left[{}^2 A_x - 2 \times 0.12133 + \left({}^2 A_{x:\overline{5|}}^{\,1} + {}^2 A_{x:\overline{5|}}^{\;\;1} \right) \right]$$

$$= 441 \left[0.04 - 2 \times 0.12133 + \left\{ 0.003801 + 0.77 \times \left(\frac{1}{1.05}\right)^5 \right\} \right]$$

$$= 178.3652$$

따라서 Var$(Y) = E(Y^2) - [E(Y)]^2 = 178.3652 - 13.02^2 = 8.8448$

19 회사는 종업원 복지프로그램으로 장해를 입은 종업원에 대하여 매 연도말에 장해급부로 3,000원씩 종업원의 사망시까지 지급하기로 하였다. 10,000원까지는 회사가 지

급한 후, 초과금액에 대해서는 보험사가 지급한다고 한다. 다음 가정을 이용하여 어떤 종업원 (x)가 장해를 입었을 때, 보험사가 지급하는 보험급부의 보험수리적 현가(APV)를 구하시오.

(i) $_tp_x = \begin{cases} 1, & t=0 \\ 1-0.1(t+1), & 0 < t \leq 6.2 \\ 0, & t > 6.2 \end{cases}$ (ii) $i = 0.05$

풀이

회사는 10,000원까지만 지급하므로 보험사는 제4보험연도말부터 보험금을 지급한다. 하지만 $t > 6.2$인 경우 $q_{x+t} = 1$이므로 제7보험연도말 전에 피보험자는 사망한다. 따라서 보험사가 지급하는 보험급부의 APV는

$$
\begin{aligned}
\text{APV} &= 2000 A_{x:\overline{4}|}^{\ 1} + 3000 A_{x:\overline{5}|}^{\ 1} + 3000 A_{x:\overline{6}|}^{\ 1} \\
&= 2000 v^4 {}_4p_x + 3000 v^5 {}_5p_x + 3000 v^6 {}_6p_x \\
&= 2000 \times \left(\frac{1}{1.05}\right)^4 (0.5) + 3000 \times \left(\frac{1}{1.05}\right)^5 (0.4) \\
&\quad + 3000 \times \left(\frac{1}{1.05}\right)^6 (0.3) = 2434.5277
\end{aligned}
$$

20 100명의 사람이 모두 x세인 단체가 있다. 각각은 사망시까지 매년 10원씩 지급하는 기시급 종신연금을 구매하였다. 다음의 가정을 이용하여 95% 신뢰도로 모든 연금지급액들을 지급하기에 충분한 시작시 기금의 크기를 구하시오.

(i) 모든 x에 대하여 사력 $\mu_x = 0.02$이다. (ii) $d = 0.05$

(iii) 100명의 사람들의 사망은 동질적이며 독립적이다.

(iv) Z를 표준정규분포의 확률변수라고 하면 $\Pr(Z < 1.645) = 0.95$이다.

풀이

Y를 매년 10원씩 지급하는 기시급 종신연금에서 사망전까지 지급되는 총지급액의 현가라고 하면

$$
Y = 10 \ddot{a}_{\overline{K+1}|}
$$

$$
\begin{aligned}
E(Y) &= E(10 \ddot{a}_{\overline{K+1}|}) = 10 E(\ddot{a}_{\overline{K+1}|}) = 10 \ddot{a}_x \\
&= 10 \sum_{k=0}^{\infty} v^k {}_kp_x = 10 \sum_{k=0}^{\infty} 0.95^k e^{-0.02k} = 10 \times \frac{1}{1 - 0.95 e^{-0.02}} = 145.3251 \\
&= 10(14.5325)
\end{aligned}
$$

$\ddot{a}_x$는 아래에서 구한 A_x를 이용하여 구해도 된다.

$$\ddot{a}_x = \frac{1 - A_x}{d} = \frac{1 - 0.273375}{0.05} = 14.5325$$

$E(Y) = 10\,\ddot{a}_x = 14.5325$로 동일함을 확인할 수 있다.

$\mathrm{Var}(Y)$를 구하기 위해 A_x와 ^2A_x을 구해보자.

$$
\begin{aligned}
A_x &= \sum_{k=0}^{\infty} v^{k+1}\,_{k|}q_x = \sum_{k=0}^{\infty} 0.95^{k+1}\left(_kp_x - _{k+1}p_x\right) \\
&= \sum_{k=0}^{\infty} 0.95^{k+1}\left(e^{-0.02k} - e^{-0.02(k+1)}\right) \\
&= \sum_{k=0}^{\infty} 0.95^{k+1}\,e^{-0.02k}\left(1 - e^{-0.02}\right) \\
&= 0.95\left(1 - e^{-0.02}\right)\sum_{k=0}^{\infty} 0.95^k\,e^{-0.02k} \\
&= \frac{0.95\left(1 - e^{-0.02}\right)}{1 - 0.95\,e^{-0.02}} = 0.273375
\end{aligned}
$$

^2A_x는 A_x의 계산식에서 0.95 대신 0.95^2을 사용하면 되므로

$$^2A_x = \frac{(0.95)^2\left(1 - e^{-0.02}\right)}{1 - (0.95)^2\,e^{-0.02}} = 0.154898$$

따라서

$$
\begin{aligned}
\mathrm{Var}(Y) &= (10^2)\left[\frac{^2A_x - (A_x)^2}{d^2}\right] = (10^2)\left(\frac{0.154898 - 0.273375^2}{0.05^2}\right) \\
&= (10^2)(32.0656)
\end{aligned}
$$

$$S = Y_1 + Y_2 + \cdots + Y_{100}$$

$$E(S) = n\,E(Y) = (100)(10)(14.5325)$$

$$\mathrm{Var}(S) = n\,\mathrm{Var}(Y) = (100)(10^2)(32.0656)$$

F를 시작시 기금이라고 하면

$$\mathrm{Pr}\,(S < F) = \mathrm{Pr}\left(\frac{S - E(S)}{\sqrt{\mathrm{Var}(S)}} < \frac{F - E(S)}{\sqrt{\mathrm{Var}(S)}}\right) = \mathrm{Pr}\left(Z < \frac{F - E(S)}{\sqrt{\mathrm{Var}(S)}}\right)$$

$$\frac{F - E(S)}{\sqrt{\mathrm{Var}(S)}} = 1.645$$

$$
\begin{aligned}
F &= E(S) + 1.645\sqrt{\mathrm{Var}(S)} \\
&= (100)(10)(14.5325) + 1.645\sqrt{(100)(10^2)(32.0656)} \\
&= (100)(10)(14.5325) + (10)(1.645)\sqrt{(100)(32.0656)} \\
&= 15464.00585
\end{aligned}
$$

21 100명의 연금수익자에게 사망전까지 지급되는 총지급액의 현가를 S라고 하자. 다음 자료를 이용하여 S의 90백분위수를 구하시오. ($i = 0.05$)

(i) 100명의 미래생존기간은 각각 동질적이고 독립이며, 각 연금수익자는 기시급 종신생명연금의 형태로 연금을 지급받는다.

(ii)

x	연금수익자수	연금지급액	$\ddot{a}_x$	A_x	^2A_x
60	70	3	13.6117	0.3518	0.1522
70	30	2	10.4639	0.5017	0.2816

풀이

60세의 연금수익자 한명에게 적용되는 사망전까지 지급되는 총지급액의 현가를 Y_i, 70세의 연금수익자 한명에게 적용되는 사망전까지 지급되는 총지급액의 현가를 Y_j라고 하자. S의 90백분위수를 구하기 위해 $E(Y_i)$, $E(Y_j)$, $\text{Var}(Y_i)$, $\text{Var}(Y_j)$를 구해보자.

$$E(Y_i) = \ddot{a}_{60} = 13.6117, \qquad E(Y_j) = \ddot{a}_{70} = 10.4639$$

$\text{Var}(Y_i)$, $\text{Var}(Y_j)$을 구하기 위해 d를 구해보자.

$$\ddot{a}_{60} = \frac{1 - A_{60}}{d}, \quad 13.6117 = \frac{1 - 0.3518}{d} \text{ 이므로 } d = 0.047620797$$

따라서 $\text{Var}(Y_i) = \dfrac{^2A_{60} - (A_{60})^2}{d^2} = \dfrac{0.1522 - (0.3518)^2}{(0.047620797)^2} = 12.53969$

$$\text{Var}(Y_j) = \frac{^2A_{70} - (A_{70})^2}{d^2} = \frac{0.2816 - (0.5017)^2}{(0.047620797)^2} = 13.18366$$

$S = \displaystyle\sum_{i=1}^{70} 3Y_i + \sum_{j=1}^{30} 2Y_j$ 라고 하면

$$E(S) = E\left[\sum_{i=1}^{70} 3Y_i + \sum_{j=1}^{30} 2Y_j\right] = 70 \times 3E(Y_i) + 30 \times 2E(Y_j)$$

$$= 70 \times 3 \times 13.6117 + 30 \times 2 \times 10.4639 = 3486.291$$

$$\text{Var}(S) = \text{Var}\left[\sum_{i=1}^{70} 3Y_i + \sum_{j=1}^{30} 2Y_j\right]$$

$$= 70 \times 3^2 \text{Var}(Y_i) + 30 \times 2^2 \text{Var}(Y_j)$$

$$= 70 \times 3^2 \times 12.53969 + 30 \times 2^2 \times 13.18366 = 9482.0439$$

$\Pr(S < s) = 0.9$를 만족하는 s가 S의 90백분위수이므로

$$\Pr\left[\frac{S - E(S)}{\sqrt{\text{Var}(S)}} < \frac{s - E(S)}{\sqrt{\text{Var}(S)}}\right] = \Pr\left[Z < \frac{s - 3486.291}{\sqrt{9482.0439}}\right] = 0.9 \text{ 이므로}$$

$$\frac{s - 3486.291}{\sqrt{9482.0439}} = 1.28$$

따라서 $s = 3486.291 + 1.28\sqrt{9482.0439} = 3610.932$

22 피보험자 (60), 매달말 100원씩 지급되는 30년 유기생명연금을 고려한다. 다음과 같은 자료를 이용하여 이 연금의 일시납순보험료를 구하시오.

(i) 사망법칙은 $\omega = 110$인 De Moivre 법칙을 따른다.   (ii) $i = 0.05$

풀이

$\ddot{a}_{60:\overline{30|}}^{(12)}$를 구하기 위해 $A_{60:\overline{30|}}^{(12)}$를 구해보자. (i)로부터 사망법칙은 De Moivre 법칙을 따르기 때문에 매 연령마다 단수부분은 UDD가정을 따른다는 것을 알 수 있다.

$$(1+i) = \left(1 + \frac{i^{(12)}}{12}\right)^{12} \text{ 이므로 } i^{(12)} = \left[(1.05)^{1/12} - 1\right] \times 12 = 0.048889$$

따라서 $A_{60:\overline{30|}}^{(12)} = A_{60:\overline{30|}}^{1\ (12)} + A_{60:\overline{30|}}^{\ \ 1} = \dfrac{i}{i^{(12)}} A_{60:\overline{30|}}^{1} + A_{60:\overline{30|}}^{\ \ 1}$

$$= \frac{0.05}{0.048889} \times \frac{a_{\overline{30|}}}{\omega - x} + v^{30}{}_{30}p_{60}$$

$$= \frac{0.05}{0.048889} \times \frac{a_{\overline{30|}}}{50} + (1.05)^{-30} \times \frac{20}{50} = 0.406987$$

$$(1-d) = \left(1 - \frac{d^{(12)}}{12}\right)^{12} \text{ 이므로 } d^{(12)} = 12\left[1 - (1-d)^{1/12}\right] = 0.048691$$

$A_{60:\overline{30|}}^{(12)}$와 $d^{(12)}$의 결과를 이용하면

$$\ddot{a}_{60:\overline{30|}}^{(12)} = \frac{1 - A_{60:\overline{30|}}^{(12)}}{d^{(12)}} = \frac{1 - 0.406987}{0.048691} = 12.179109$$

매달말 100원씩(연액 = 1200원) 지급되는 기말급연금은 기시급연금에서 100을 차감하고 급부가 100원인 30년 생존보험의 APV를 더하면 된다.

$$a_{60:\overline{30|}}^{(12)} = \ddot{a}_{60:\overline{30|}}^{(12)} - \frac{1}{12} + \frac{1}{12}(1.05)^{-30}\left(\frac{20}{50}\right) = 12.103488$$

따라서

$$\text{NSP} = 1200\, a_{60:\overline{30|}}^{(12)} = 1200(12.103488) = 14524.1856$$

23 매 연령마다 UDD를 가정할 때 다음 자료를 이용하여 $\ddot{a}_{x:\overline{n|}}^{(4)}$를 구하시오.

(i) $A_{x:\overline{n|}}^{1} = 0.01419$ (ii) ${}_{n}E_{x} = 0.54733$ (iii) $i = 0.05$

(iv) $\alpha(4) = 1.00019$ (v) $\beta(4) = 0.38272$

풀이

UDD가정하에서 $\ddot{a}_{x:\overline{n|}}^{(m)} = \alpha(m)\,\ddot{a}_{x:\overline{n|}} - \beta(m)(1 - {}_{n}E_{x})$이므로 $\ddot{a}_{x:\overline{n|}}^{(4)}$를 구하기 위해 $\ddot{a}_{x:\overline{n|}}$

을 구해보자.

$$\ddot{a}_{x:\overline{n}|} = \frac{1 - A^1_{x:\overline{n}|} - {}_nE_x}{d} = \frac{1 - 0.01419 - 0.54733}{0.05 / 1.05} = 9.20808$$

따라서 $\ddot{a}^{(4)}_{x:\overline{n}|} = \alpha(4)\ddot{a}_{x:\overline{n}|} - \beta(4)(1 - {}_nE_x)$

$$= (1.00019)(9.20808) - (0.38272)(1 - 0.54733) = 9.03658$$

24 다음과 같은 자료를 이용하여 $\ddot{a}^{(12)}_x$를 구하시오.

(i) 매 연령마다 단수부분은 UDD가정을 따른다.

(ii) $\ddot{a}^{(12)}_{\overline{\infty}|} = 20.927$ (iii) $A_x = 0.1608$

풀이

$\ddot{a}^{(12)}_x$를 구하기 위해 $d^{(12)}$, $A^{(12)}_x$를 구해보자.

$\ddot{a}^{(12)}_{\overline{\infty}|} = \dfrac{1}{d^{(12)}}$ 이므로 $d^{(12)} = \dfrac{1}{\ddot{a}^{(12)}_{\overline{\infty}|}} = \dfrac{1}{20.927} = 0.047785$

$(1 + i) = \left(1 + \dfrac{i^{(12)}}{12}\right)^{12} = \left(1 - \dfrac{d^{(12)}}{12}\right)^{-12}$ 를 만족시키는 i와 $i^{(12)}$를 구하면

$\left(1 - \dfrac{d^{(12)}}{12}\right)^{-12} = 1.049045$ 이므로 $i = 0.49045$, $i^{(12)} = 0.047976$ 이다.

따라서 $A^{(12)}_x = \dfrac{i}{i^{(12)}} A_x = \dfrac{0.049045}{0.047976} \times 0.1608 = 0.164383$ 이므로

$$\ddot{a}^{(12)}_x = \frac{1 - A^{(12)}_x}{d^{(12)}} = \frac{1 - 0.167584}{0.047785} = 17.42$$

25 (a) 연 m회 지급하는 h년 기시급 유기생명연금의 일시납순보험료를 구하기 위한 확률변수 Y를 정의하고 그 기대값을 구하시오.

(b) (a)를 이용하여 $1 = d^{(m)}\ddot{a}^{(m)}_{x:\overline{h}|} + A^{(m)}_{x:\overline{h}|}$ 을 증명하시오.

풀이

(a) $Y = \begin{cases} \ddot{a}_{\overline{K + \frac{(J+1)}{m}}|}, & \begin{matrix} J = 0, 1, \cdots, m-1 \\ K = 0, 1, \cdots, h-1 \end{matrix}, & T < h \\ \ddot{a}^{(m)}_{\overline{h}|} & K \geq h, & T \geq h \end{cases}$

$Z = \begin{cases} v^{K + \frac{J+1}{m}}, & \begin{matrix} J = 0, 1, \cdots, m-1 \\ K = 0, 1, \cdots, h-1 \end{matrix} \\ v^h, & K \geq h \end{cases}$

라고 하면 $Y = \dfrac{1-Z}{d^{(m)}}$로 나타낼 수 있다.

따라서 $E(Y) = E\left(\dfrac{1-Z}{d^{(m)}}\right) = \dfrac{1-A_{x:\overline{h}|}^{(m)}}{d^{(m)}} = \ddot{a}_{x:\overline{h}|}^{(m)}$

(b) (a)의 결과로부터 $\dfrac{1-A_{x:\overline{h}|}^{(m)}}{d^{(m)}} = \ddot{a}_{x:\overline{h}|}^{(m)}$ 이므로

좌변에 1을 남겨두고 정리하면 $1 = d^{(m)}\,\ddot{a}_{x:\overline{h}|}^{(m)} + A_{x:\overline{h}|}^{(m)}$

26 피보험자의 연령이 30이고 45세부터 매 분기말에 50원씩 최고 20년 동안 지급되는 생명연금의 현가가 다음과 같을 때 K를 계산기수로 표시하시오.

$$PV = \frac{K}{D_{30}}$$

풀이

연금지급액이 매 분기마다 지급되므로 계산기수 $\widetilde{N}_x^{(m)}$을 이용하여 나타내면

$$PV = \frac{50 \times 4\,(\widetilde{N}_{45}^{(4)} - \widetilde{N}_{65}^{(4)})}{D_{30}} \quad \text{따라서} \quad K = 200\,(\widetilde{N}_{45}^{(4)} - \widetilde{N}_{65}^{(4)})$$

27 (a) $\ddot{a}_x^{(m)} = \ddot{a}_{\overline{1}|}^{(m)}\,\ddot{a}_x - \ddot{a}_{\overline{\infty}|}^{(m)}\left[A_x^{(m)} - A_x\right]$ 와 유사한 다음 식을 증명하시오.

$$a_x^{(m)} = s_{\overline{1}|}^{(m)}\,a_x + \frac{1}{i^{(m)}}\left[(1+i)A_x - \left(1 + \frac{i^{(m)}}{m}\right)A_x^{(m)}\right]$$

(b) UDD가정하에서 (a)는 다음과 같음을 증명하시오.

$$a_x^{(m)} = s_{\overline{1}|}^{(m)}\,a_x + (1+i)\frac{1 - \ddot{a}_{\overline{1}|}^{(m)}}{i^{(m)}}A_x$$

(Hint : $\left[1 + \dfrac{i^{(m)}}{m}\right]\Big/ i^{(m)} = v^{-\frac{1}{m}}/i^{(m)} = \dfrac{1}{d^m}$ 임을 이용하시오)

풀이

(a) $1 = i^{(m)}\,a_x^{(m)} + \left(1 + \dfrac{i^{(m)}}{m}\right)A_x^{(m)}$, $1 = i\,a_x + (1+i)A_x$ 이므로

$$a_x^{(m)} = \frac{i}{i^{(m)}}\,a_x + \frac{1}{i^{(m)}}\left[(1+i)\,A_x - \left(1 + \frac{i^{(m)}}{m}\right)A_x^{(m)}\right]$$

$$= s_{\overline{1}|}^{(m)}\,a_x + \frac{1}{i^{(m)}}\left[(1+i)\,A_x - \left(1 + \frac{i^{(m)}}{m}\right)A_x^{(m)}\right]$$

(b) $\left(1 + \dfrac{i^{(m)}}{m}\right)^m = 1 + i, \quad 1 + \dfrac{i^{(m)}}{m} = (1+i)^{\frac{1}{m}},$

$i^{(m)} \, v^{\frac{1}{m}} = m\left[(1+i)^{\frac{1}{m}} - 1\right] v^{\frac{1}{m}}$

$\qquad = m - m v^{\frac{1}{m}} = m(1 - v^{\frac{1}{m}}) = d^{(m)}$

따라서

$d^{(m)} = i^{(m)} \, v^{\frac{1}{m}}$

$\dfrac{1}{d^{(m)}} = \dfrac{1}{i^{(m)}} v^{-\frac{1}{m}} = \dfrac{1}{i^{(m)}}(1+i)^{\frac{1}{m}} = \dfrac{1}{i^{(m)}}\left(1 + \dfrac{i^{(m)}}{m}\right)$

UDD가정하에서 $A_x^{(m)} = \dfrac{i}{i^{(m)}} A_x$ 이므로, (a)의 결과와 $\dfrac{1}{d^{(m)}} = \dfrac{1}{i^{(m)}}\left(1 + \dfrac{i^{(m)}}{m}\right),$

$\dfrac{i\,v}{d^{(m)}} = \dfrac{d}{d^{(m)}} = \ddot{a}\frac{(m)}{\overline{1}|}$ 을 이용하면

$a_x^{(m)} = s\frac{(m)}{\overline{1}|} a_x + \dfrac{1}{i^{(m)}}\left[(1+i) A_x - \left(1 + \dfrac{i^{(m)}}{m}\right) A_x^{(m)}\right]$

$\qquad = s\frac{(m)}{\overline{1}|} a_x + \dfrac{1}{i^{(m)}}(1+i) A_x - \dfrac{(1+i)}{i^{(m)}} \dfrac{1}{1+i}\left(1 + \dfrac{i^{(m)}}{m}\right)\dfrac{i}{i^{(m)}}\dfrac{i^{(m)}}{i} A_x^{(m)}$

$\qquad = s\frac{(m)}{\overline{1}|} a_x + \dfrac{1}{i^{(m)}}(1+i) A_x - \dfrac{(1+i)}{i^{(m)}}\left[v\left(\dfrac{i}{i^{(m)}}\right)\left(1 + \dfrac{i^{(m)}}{m}\right)\right] A_x$

$\qquad = s\frac{(m)}{\overline{1}|} a_x + \dfrac{1}{i^{(m)}}(1+i) A_x - \dfrac{(1+i)}{i^{(m)}}\left[\dfrac{i\,v}{d^{(m)}}\right] A_x$

$\qquad = s\frac{(m)}{\overline{1}|} a_x + (1+i)\dfrac{1 - \ddot{a}\frac{(m)}{\overline{1}|}}{i^{(m)}} A_x$

28 (a) 식 (4.2.2.16), 식 (4.2.2.51), 식 (4.2.2.42)와 식 (4.1.1.12)를 이용하여 다음 식이 성립함을 보이시오.

$\gamma(m) = \alpha(m) - \beta(m) - \dfrac{1}{m}$

(b) 식 (4.2.2.14), 식 (4.2.2.15)와 식 (4.2.2.50)을 이용하여 (a)의 식이 성립함을 확인하시오.

풀이

(a) 문제에서 나온 식들은 다음과 같다.

식 (4.2.2.16): $\ddot{a}_x^{(m)} = \alpha(m)\ddot{a}_x - \beta(m)$, 식 (4.2.2.51): $a_x^{(m)} = \alpha(m) a_x + \gamma(m)$

식 (4.2.2.42): $a_x^{(m)} = \ddot{a}_x^{(m)} - \dfrac{1}{m}$, 　　　　식 (4.1.1.12): $\ddot{a}_x = 1 + a_x$

식 (4.2.2.16)에서 식 (4.2.2.51)을 차감하면

$$\ddot{a}_x^{(m)} - a_x^{(m)} = \alpha(m)\left(\ddot{a}_x - a_x\right) - \beta(m) - \gamma(m)$$

식 (4.2.2.42)와 식 (4.1.1.12)를 이용하여 위 식을 정리하면

$$\frac{1}{m} = \alpha(m) - \beta(m) - \gamma(m)$$

따라서

$$\gamma(m) = \alpha(m) - \beta(m) - \frac{1}{m}$$

(b) 식 (4.2.2.14)는 $\alpha(m) = \dfrac{i\,d}{i^{(m)}\,d^{(m)}}$, 식 (4.2.2.15)는 $\beta(m) = \dfrac{i - i^{(m)}}{i^{(m)}\,d^{(m)}}$

식 (4.2.2.50)은 $\gamma(m) = \dfrac{1 - \ddot{a}\,_{\overline{1}|}^{(m)}}{i^{(m)}}$ 을 나타낸다.

$i\,d = i - d$, $i^{(m)}\,d^{(m)} = m\,i^{(m)} - m\,d^{(m)}$ 을 이용하면

$$\text{(a)식의 (우변)} = \frac{i\,d}{i^{(m)}\,d^{(m)}} - \frac{i - i^{(m)}}{i^{(m)}\,d^{(m)}} - \frac{1}{m} = \frac{i\,d - i + i^{(m)}}{i^{(m)}\,d^{(m)}} - \frac{i^{(m)}\,d^{(m)}}{m\,i^{(m)}\,d^{(m)}}$$

$$= \frac{(i - d) - i + i^{(m)} - i^{(m)} + d^{(m)}}{i^{(m)}\,d^{(m)}} = \frac{d^{(m)} - d}{i^{(m)}\,d^{(m)}} = \frac{1 - d/d^{(m)}}{i^{(m)}}$$

$$= \frac{1 - \ddot{a}\,_{\overline{1}|}^{(m)}}{i^{(m)}} = \text{(a)식의 (좌변)}$$

29 $\mu = 0.03$, $\delta = 0.09$일 때 다음을 구하시오.

(a) $E(\bar{a}_{\overline{T}|})$ 　　　　　　(b) $\mathrm{Var}(\bar{a}_{\overline{T}|})$ 　　　　　　(c) $\Pr(2\,\bar{a}_{\overline{T}|} - \bar{a}_x < 0)$

풀이

(a) $E(\bar{a}_{\overline{T}|}) = \bar{a}_x = \dfrac{1}{\mu + \delta} = \dfrac{1}{0.12} = \dfrac{25}{3}$

(b) $\bar{A}_x = \dfrac{\mu}{\mu + \delta}$, $^2\bar{A}_x = \dfrac{\mu}{\mu + 2\delta}$ 이므로

$$\mathrm{Var}(\bar{a}_{\overline{T}|}) = \frac{1}{\delta^2}\left[\,^2\bar{A}_x - (\bar{A}_x)^2\right]$$

$$= \frac{1}{(0.09)^2}\left[\frac{0.03}{0.03 + 2(0.09)} - \left(\frac{0.03}{0.03 + 0.09}\right)^2\right] = 9.92$$

(c) $\Pr(2\,\bar{a}_{\overline{T}|} - \bar{a}_x < 0) = \Pr\left(\bar{a}_{\overline{T}|} < \dfrac{\bar{a}_x}{2}\right) = \Pr\left(\bar{a}_{\overline{T}|} < \dfrac{25}{6}\right)$

$$= \Pr\left(\frac{1 - e^{-0.09T}}{0.09} < \frac{25}{6}\right) = \Pr\left(T < \frac{\ln 0.625}{-0.09}\right)$$

$$= \Pr(T < 5.22226) = {}_{5.22226}q_x$$

$$= 1 - e^{-(0.03)(5.22226)} = 1 - 0.854988 = 0.145012$$

30 다음과 같은 자료가 주어졌다.

(i) $\bar{A}_{60} = 0.37$　　(ii) $\bar{A}_{60:\overline{5}|}^{1} = 0.03$　　(iii) $A_{60:\overline{5}|}^{1} = 0.75$　　(iv) $\delta = 0.05$

위의 자료를 이용하여 다음을 구하시오.

(a) $\bar{a}_{60}$　　　　　(b) $\bar{a}_{60:\overline{5}|}$　　　　　(c) ${}_{5|}\bar{a}_{60}$　　　　　(d) $\bar{a}_{65}$

> **풀이**

(a) $\bar{a}_x = \dfrac{1 - \bar{A}_x}{\delta}$ 이므로 $\bar{a}_{60} = \dfrac{1 - \bar{A}_{60}}{\delta} = \dfrac{1 - 0.37}{0.05} = 12.6$

(b) $\bar{a}_{x:\overline{n}|} = \dfrac{1 - \bar{A}_{x:\overline{n}|}}{\delta}$ 이므로 $\bar{a}_{60:\overline{5}|} = \dfrac{1 - \bar{A}_{60:\overline{5}|}}{\delta} = \dfrac{1 - (0.03 + 0.75)}{0.05} = 4.4$

(c) ${}_{n|}\bar{a}_x = \bar{a}_x - \bar{a}_{x:\overline{n}|}$ 이므로 (a), (b)의 결과로부터

$${}_{5|}\bar{a}_{60} = \bar{a}_{60} - \bar{a}_{60:\overline{5}|} = 12.6 - 4.4 = 8.2$$

(d) ${}_{n|}\bar{a}_x = A_{x:\overline{n}|}^{1}\,\bar{a}_{x+n}$ 이므로 자료 (iii)과 (c)의 결과로부터

$${}_{5|}\bar{a}_{60} = A_{60:\overline{5}|}^{1}\,\bar{a}_{65} = 0.75\,\bar{a}_{65} = 8.2$$

따라서 $\bar{a}_{65} = 10.93$

31 다음과 같은 자료를 이용하여 $\bar{a}_x$를 구하시오.

(i) 매 연령마다 단수부분은 UDD가정을 따른다.

(ii) $\ddot{a}_x = 13.6,$　　　　　　　　　　　(iii) $i = 0.05$

> **풀이**

$\bar{A}_x = \dfrac{i}{\delta} A_x$ 이므로 $\bar{A}_x$를 구해보자.

$$\bar{A}_x = \frac{i}{\delta}(1 - d\,\ddot{a}_x) = \frac{0.05}{\ln(1.05)}\left(1 - \left(\frac{0.05}{1.05}\right) \times 13.6\right) = 0.361119$$

따라서 $\bar{a}_x = \dfrac{1 - \bar{A}_x}{\delta} = \dfrac{1 - 0.361119}{\ln(1.05)} = 13.0945$

　　부록 표 3에는 $i = 0.05$인 경우 $\alpha(\infty) = 1.00019839$, $\beta(\infty) = 0.50818186$이 나타

나 있다. $\alpha(\infty)$와 $\beta(\infty)$를 이용할 경우 $\bar{a}_x$는

$$\bar{a}_x = \alpha(\infty)\ddot{a}_x - \beta(\infty) = (1.00019839)(13.6) - 0.50818186$$
$$= 13.09451624$$

32 다음과 같은 가정하에서 $\bar{a}_x$를 구하시오.

(i) $\mu_{x+t} = \begin{cases} 0.02, & 0 \le t \le 10 \\ 0.04, & t > 10 \end{cases}$ (ii) $\delta_t = \begin{cases} 0.05, & 0 \le t \le 10 \\ 0.04, & t > 10 \end{cases}$

풀이

구간마다 사력과 이력이 상이하므로 $0 \le t \le 10$과 $t > 10$인 경우를 나눠서 구해야 한다.
따라서
$0 \le t \le 10$인 경우

$$v^t {}_t p_x = e^{-0.05t} \, e^{-0.02t} = e^{-0.07t}$$

$t > 10$인 경우

$$v^t {}_t p_x = e^{-0.05 \times 10} \, e^{-0.04(t-10)} \, e^{-0.02 \times 10} \, e^{-0.04(t-10)} = e^{-0.7} \, e^{-0.08(t-10)}$$

$$\bar{a}_x = \int_0^\infty v^t {}_t p_x \, dt = \int_0^{10} v^t {}_t p_x \, dt + \int_{10}^\infty v^t {}_t p_x \, dt$$

$$= \int_0^{10} e^{-0.07t} \, dt + e^{-0.7} \int_{10}^\infty e^{-0.08(t-10)} \, dt \quad \cdots\cdots ①$$

$$= \int_0^{10} e^{-0.07t} \, dt + e^{-0.7} \int_0^\infty e^{-0.08r} \, dr$$

$$= \left. \frac{e^{-0.07t}}{-0.07} \right|_0^{10} + (e^{-0.7}) \left. \frac{e^{-0.08r}}{-0.08} \right|_0^\infty$$

$$= \frac{1}{0.07}(1 - e^{-0.7}) + (e^{-0.7})\left(\frac{1}{0.08}\right)(1 - 0)$$

$$= 7.191638 + 6.207316 = 13.398954$$

①식에서 두 번째 항은 다음과 같이 계산하여도 결과는 동일하다.

$$e^{-0.7} \int_{10}^\infty e^{-0.08(t-10)} \, dt = e^{0.1} \int_{10}^\infty e^{-0.08t} \, dt$$

$$= (e^{0.1}) \left. \frac{e^{-0.08t}}{-0.08} \right|_{10}^\infty = \frac{e^{-0.7}}{0.08} = 6.207316$$

33 다음의 자료를 이용하여 $\bar{a}_{60}$을 구하시오.

(i) 사망법칙이 60세와 80세 사이에서 균등분포를 따른다.

(ii) $x \geq 80$에 대하여 사력 $\mu_x = 0.04$이다.　　　(iii) $\delta = 0.05$　　　(iv) $_{20}p_{60} = 0.8$

풀이

$\bar{A}_{60}$을 구하고 이를 이용하여 $\bar{a}_{60}$을 구하는 것이 간편한 방법이다. 처음 20년간의 사망확률은 $_{20}q_{60} = 0.2$이므로 처음 20년간의 p.d.f는 $g(t) = \dfrac{1}{100}$ 이 된다.

$$\bar{A}_{60:\overline{20|}} = \int_0^{20} v^t \,_t p_x \, \mu_{x+t} \, dt = \int_0^\infty e^{-0.05t} \frac{1}{100} \, dt = \frac{1 - e^{-0.05(20)}}{100(0.05)}$$

$$= 0.126424$$

80세부터는 상수사력이므로

$$\bar{A}_{80} = \frac{\mu}{\mu + \delta} = \frac{0.04}{0.04 + 0.05} = \frac{4}{9}$$

따라서

$$\bar{A}_{60} = \bar{A}_{60:\overline{20|}}^{\,1} + {}_{20}E_{60}\,\bar{A}_{80} = 0.126424 + 0.8\,e^{-0.05(20)}\left(\frac{4}{9}\right) = 0.2572256$$

따라서

$$\bar{a}_{60} = \frac{1 - \bar{A}_{60}}{\delta} = \frac{1 - 0.2572256}{0.05} = 14.855488$$

34 피보험자 (60)은 연속적 연액 1원을 지급하는 10년 보증기간부 연속종신생명연금에 가입하였다. 다음과 같은 가정이 주어졌다.

(i) $_t p_{60} = \left(\dfrac{40 - t}{40}\right)^2$, $0 \leq t \leq 40$,　　　(ii) $\delta = 0$

위의 가정을 이용하여 다음을 구하시오.

(a) 이 연금의 일시납순보험료(NSP)

(b) 이 연금에서 사망전까지 지급되는 총지급액의 현가를 Y라고 할 때, $\Pr(Y < 25)$

풀이

(a) 일시납순보험료를 구하기 위해 $\bar{a}_{\overline{10|}}$, $_{10|}\bar{a}_{60}$을 구해보자.

(ii)로부터 $\delta = 0$이므로 $\bar{a}_{\overline{10|}} = 10$이다.

$$_{10|}\bar{a}_{60} = \int_{10}^\infty v^t \,_t p_x \, dt = \int_{10}^{40} v^t \left(\frac{40-t}{40}\right)^2 dt = \int_{10}^{40} \left(\frac{40-t}{40}\right)^2 dt$$

$$= -\frac{1}{40^2}\left[\frac{(40-t)^3}{3}\right]_{10}^{40} = \frac{1}{40^2}\left(\frac{30^3}{3} - 0\right) = 5.625$$

따라서 $\text{NSP} = \bar{a}_{\overline{10|}} + {}_{10|}\bar{a}_{60} = 10 + 5.625 = 15.625$

(b) 확률변수 Y를 정의해보면

$$Y = \begin{cases} \bar{a}_{\overline{10|}}, & T < 10 \\ \bar{a}_{\overline{T|}}, & T \geq 10 \end{cases}$$

(ii)로부터 $\delta = 0$이므로

$$\Pr(Y < 25) = \Pr(\bar{a}_{\overline{T|}} < 25) = \Pr(T < 25) = {}_{25}q_{60}$$

$$= 1 - \left(\frac{40-25}{40}\right)^2 = 0.859375$$

35 De Moivre 법칙하에서 $\bar{a}_{30:\overline{2|}} = 1.5$, $\bar{s}_{30:\overline{2|}} = 3.0$, $l_{30} = k$, $l_{31} = k-2$, $l_{32} = k-4$일 때 k를 구하시오. 단, $i = 0$이다.

풀이

$$\bar{s}_{30:\overline{2|}} = \frac{\bar{a}_{30:\overline{2|}}}{{}_2E_{30}} \text{이므로}$$

$$_2E_{30} = \frac{\bar{a}_{30:\overline{2|}}}{\bar{s}_{30:\overline{2|}}} = {}_2p_{30} = \frac{l_{32}}{l_{30}} = \frac{k-4}{k} = \frac{1}{2}$$

따라서 $k = 8$

36 피보험자 (40), $s(x) = 1 - \dfrac{x}{80}$, $\delta = 0.1$일 때 $\Pr\left[\bar{a}_{\overline{T|}} < E(\bar{a}_{\overline{T|}})\right]$을 구하시오.

풀이

$Z = \bar{a}_{\overline{T|}}$ $(T \geq 0)$라고 하면 $Z = \dfrac{1 - e^{-\delta T}}{\delta} = \dfrac{1 - e^{-0.1T}}{0.1}$

$$E(Z) = E(\bar{a}_{\overline{T|}}) = \bar{a}_{40}$$

$$= \int_0^{40} v^t \, {}_tp_{40} \, dt = \int_0^{40} e^{-\delta t} \frac{40-t}{40} \, dt = \frac{1}{40}(\bar{D}\bar{a})_{\overline{40|}}$$

$$= \frac{1}{40} \frac{40 - \bar{a}_{\overline{40|}}}{\delta} = \frac{1}{40}\left(\frac{40 - [(1 - e^{-0.1 \times 40})/0.1]}{0.1}\right) = 7.54579$$

이고 $\ln v = -\delta$이므로 $\ln v$로 나눌 때 부등호의 방향이 바뀐다.

$$\Pr\left[\bar{a}_{\overline{T|}} < E(\bar{a}_{\overline{T|}})\right] = \Pr\left(\frac{1 - v^T}{\delta} < \bar{a}_{40}\right) = \Pr\left(v^T > 1 - \delta \bar{a}_{40}\right)$$

$$= \Pr\left[T < \frac{\ln(1 - \delta \bar{a}_{40})}{\ln v}\right] = \Pr(T < 14.0478)$$

$$= {}_{14.0478}q_{40} = \frac{14.0478}{40} = 0.351$$

37 피보험자 (x)에 대해서 4년 보증기간부 연속종신생명연금에서 사망전까지 지급되는 총지급액의 현가를 Y라고 하자. 다음과 같은 가정을 이용하여 $F(25) - F(4)$를 구하시오.

(i) $F(y)$는 Y의 누적분포함수이다.

(ii) $t \geq 0$에 대하여 사력 $\mu_{x+t} = 0.03$이다.

(iii) 이력 $\delta = 0.05$이다.

풀이

영구연금의 현가는 $\dfrac{1}{\delta} = \dfrac{1}{0.05} = 20$이므로 연금의 현가는 항상 25보다 작다.

따라서 $F_Y(25) = 1$이다.

$$F(25) - F(4) = 1 - \Pr(Y \leq 4) = \Pr(Y > 4)$$

$\Pr(Y > 4)$를 구하기 위하여 $\bar{a}_{\overline{t|}} = 4$가 되는 t값을 찾아보자.

$$\bar{a}_{\overline{t|}} = \frac{1 - v^t}{\delta} = 4$$

$$1 - e^{-0.05t} = 4\delta = 4(0.05) = 0.2$$

$$e^{-0.05t} = 0.8$$

위 식을 만족시키는 t를 이용할 경우 $\Pr(Y > 4)$는 $_t p_x$이다.

$$_t p_x = e^{-0.03t} = (e^{-0.05t})^{\frac{3}{5}} = 0.8^{\frac{3}{5}} = 0.87469$$

38 피보험자 (x)에 대하여 다음과 같은 가정이 주어졌다.

(i) 모든 x에 대하여 $\mu_x = 0.03$ (ii) $\delta = 0.05$

(iii) T_x는 (x)의 미래생존기간을 나타낸다.

위의 가정을 이용하여 다음을 구하시오.

(a) $\dfrac{\partial}{\partial n}(_n E_x)$ (b) $\bar{a}_{\overline{T_x|}}$의 표준편차   (c) $\bar{a}_{x:\overline{n|}}$ (d) $\dfrac{\partial}{\partial n}(\bar{a}_{x:\overline{n|}})$

풀이

(a) (i)로부터 사망법칙은 CFM을 따르므로 $_n E_x = e^{-(\mu+\delta)n} = e^{-0.08n}$

따라서 $\dfrac{\partial}{\partial n}(_n E_x) = -0.08\,e^{-0.08n}$

(b) $\bar{a}_{\overline{T_x|}}$의 표준편차를 $SD\left(\bar{a}_{\overline{T_x|}}\right)$라고 하면

$$SD\left(\bar{a}_{\overline{T_x|}}\right) = \sqrt{\mathrm{Var}\left(\bar{a}_{\overline{T_x|}}\right)} = \frac{1}{\delta}\sqrt{{}^2\bar{A}_x - (\bar{A}_x)^2} = \frac{1}{\delta}\sqrt{\left(\frac{\mu}{\mu+2\delta}\right) - \left(\frac{\mu}{\mu+\delta}\right)^2}$$

$$= \frac{1}{0.05} \sqrt{\left(\frac{0.03}{0.03+0.1}\right) - \left(\frac{0.03}{0.08}\right)^2} = 6.0048$$

(c) $\bar{a}_{x:\overline{n}|} = \int_0^n v^t \, _t p_x \, dt = \int_0^n e^{-0.03t} e^{-0.05t} \, dt = \frac{1 - e^{-0.08n}}{0.08}$

(d) $\dfrac{\partial}{\partial n}\left(\bar{a}_{x:\overline{n}|}\right) = \dfrac{\partial}{\partial n}\left(\dfrac{1 - e^{-0.08n}}{0.08}\right) = \dfrac{0.08\, e^{-0.08n}}{0.08} = e^{-0.08n}$

39 다음 식이 성립함을 증명하시오.

(a) $\displaystyle\lim_{m \to \infty} \ddot{a}_x^{(m)} = \delta\,(\bar{I}\bar{a})_x + (\bar{I}\bar{A})_x$ (b) $\dfrac{d}{di}\, a_x = -v\,(Ia)_x$

풀이

(a) 확률변수 Y 를 다음과 같이 정의하자.

$$Y = (\bar{I}\bar{a})_{\overline{T}|} = \frac{\bar{a}_{\overline{T}|} - T\,v^T}{\delta}$$

Y 의 기대값 $E(Y) = \dfrac{\bar{a}_x - (\bar{I}\bar{A})_x}{\delta} = (\bar{I}\bar{a})_x$ 따라서

$$\bar{a}_x = \lim_{m \to \infty} \ddot{a}_x^{(m)} = \delta\,(\bar{I}\bar{a})_x + (\bar{I}\bar{A})_x$$

(b) $\dfrac{d}{di}\, a_x = \dfrac{d}{di} \displaystyle\sum_{k=1}^{\infty} v^k \, _k p_x = \dfrac{d}{di} \sum_{k=1}^{\infty} (1+i)^{-k} \, _k p_x$

$\qquad = \displaystyle\sum_{k=1}^{\infty} -k\,(1+i)^{-(k+1)} \, _k p_x = -v \sum_{k=1}^{\infty} k\, v^k \, _k p_x$

$\qquad = -v\,(Ia)_x$

40 다음 식들을 증명하시오.

(a) $\dfrac{d}{dx}\left(l_x\,\bar{a}_x\right) = -\,l_x\,\bar{A}_x$ (b) $\displaystyle\sum_{t=1}^{\infty} l_{x+t}\, A_{x+t} = l_x\, a_x$

풀이

(a) $\dfrac{d}{dx}\left(l_x\,\bar{a}_x\right) = \dfrac{d\,l_x}{dx}\,\bar{a}_x + l_x\,\dfrac{d\bar{a}_x}{dx} = (-l_x\,\mu_x)\,\bar{a}_x + l_x\,(\bar{a}_x\,\mu_x + \delta\,\bar{a}_x - 1)$

$\qquad = l_x\,(\delta\,\bar{a}_x - 1) = -\,l_x\,\bar{A}_x$

(b) $\displaystyle\sum_{t=1}^{\infty} l_{x+t}\, A_{x+t} = \sum_{t=1}^{\infty} l_{x+t}\,\frac{M_{x+t}}{D_{x+t}} = \sum_{t=1}^{\infty} (1+i)^{x+t}\,(vN_{x+t} - N_{x+t+1})$

$\qquad = \displaystyle\sum_{t=1}^{\infty} \left[(1+i)^{x+t-1}\,N_{x+t} - (1+i)^{x+t}\,N_{x+t+1}\right]$

$$= (1+i)^x \, N_{x+1} = l_x \, \frac{N_{x+1}}{v^x \, l_x} = l_x \, \frac{N_{x+1}}{D_x} = l_x \, a_x$$

41 다음을 증명하시오.

(a) $\dfrac{d \, \bar{a}_{x:\overline{n}|}}{di} = -v (\bar{I}\bar{a})_{x:\overline{n}|}$ (b) $\dfrac{d \, \bar{a}_{x:\overline{n}|}}{d\delta} = -(\bar{I}\bar{a})_{x:\overline{n}|}$

(c) $\dfrac{d}{dx} (\bar{I}\bar{a})_{x:\overline{n}|} = \mu_x (\bar{I}\bar{a})_{x:\overline{n}|} - (\bar{I}\bar{A})^{1}_{x:\overline{n}|}$

(d) $\dfrac{d}{dx} (\bar{I}\bar{A})_x = -\bar{A}_x + (\delta + \mu_x)(\bar{I}\bar{A})_x$

> **풀이**

(a) $\dfrac{d}{di} \, \bar{a}_{x:\overline{n}|} = \dfrac{d}{di} \int_0^n v^t \, {}_t p_x \, dt = \int_0^n \dfrac{d(1+i)^{-t}}{di} \, {}_t p_x \, dt$

$$= \int_0^n (-t)(1+i)^{-t-1} \, {}_t p_x \, dt = -v \int_0^n t \, v^t \, {}_t p_x \, dt = -v (\bar{I}\bar{a})_{x:\overline{n}|}$$

(b) $\dfrac{d}{d\delta} \, \bar{a}_{x:\overline{n}|} = \int_0^n \dfrac{d \, e^{-\delta t}}{d\delta} \, {}_t p_x \, dt = \int_0^n (-t) \, e^{-\delta t} \, {}_t p_x \, dt = - \int_0^n t \, v^t \, {}_t p_x \, dt$

$$= -(\bar{I}\bar{a})_{x:\overline{n}|}$$

(c) $\dfrac{d}{dx} (\bar{I}\bar{a})_{x:\overline{n}|} = \dfrac{d}{dx} \int_0^n t \, v^t \, {}_t p_x \, dt = \int_0^n t \, v^t \, \dfrac{d}{dx} \, {}_t p_x \, dt = \int_0^n t \, v^t \, {}_t p_x \, (\mu_x - \mu_{x+t}) \, dt$

$$= \mu_x \int_0^n t \, v^t \, {}_t p_x \, dt - \int_0^n t \, v^t \, {}_t p_x \, \mu_{x+t} \, dt$$

$$= \mu_x (\bar{I}\bar{a})_{x:\overline{n}|} - (\bar{I}\bar{A})^{1}_{x:\overline{n}|}$$

(d) $\dfrac{d}{dx} (\bar{I}\bar{A})_x = \dfrac{d}{dx} \, \bar{a}_x - \delta \dfrac{d}{dx} (\bar{I}\bar{a})_x$

$$= \bar{a}_x (\delta + \mu_x) - 1 - \delta \mu_x (\bar{I}\bar{a})_x + \delta (\bar{I}\bar{A})_x$$

$$= -(1 - \delta \, \bar{a}_x) + \mu_x \left[\bar{a}_x - \delta (\bar{I}\bar{a})_x \right] + \delta (\bar{I}\bar{A})_x$$

$$= -\bar{A}_x + \mu_x (\bar{I}\bar{A})_x + \delta (\bar{I}\bar{A})_x$$

42 $[x, \, x+n]$에서 $l_{x+t} = l_x (1 - kt)$일 때 다음 식을 증명하시오.

$$\bar{a}_{\overline{n}|} - \bar{a}_{x:\overline{n}|} = \dfrac{k}{\delta} (\bar{a}_{\overline{n}|} - n v^n)$$

풀이

$$_tp_x = \frac{l_{x+t}}{l_x} = 1 - kt \text{이므로}$$

$$\bar{a}_{x:\overline{n}|} = \int_0^n v^t (1-kt)\,dt = \int_0^n v^t\,dt - k\int_0^n tv^t\,dt^{1)}$$

$$= \int_0^n v^t\,dt - k\left[\left[\left(\frac{v^t}{\ln v}\right)t\right]_0^n - \int_0^n \frac{v^t}{\ln v}\,dt\right]$$

$$= \bar{a}_{\overline{n}|} + \frac{k}{\delta}\left(nv^n - \bar{a}_{\overline{n}|}\right)$$

따라서 $\bar{a}_{\overline{n}|} - \bar{a}_{x:\overline{n}|} = \dfrac{k}{\delta}\left(\bar{a}_{\overline{n}|} - nv^n\right)$

43 t시점 경과시 연액 $\mathring{e}_{x+t}$를 지급하는 연속종신연금의 보험수리적 현가(APV)는 $\dfrac{1}{\delta}(\mathring{e}_x - \bar{a}_x)$임을 보이시오.

풀이

$$\frac{d}{dx}\mathring{e}_{x+t}\,_tp_x = \frac{d}{dt}\left[\frac{1}{l_{x+t}}\int_{x+t}^\infty l_s\,ds\left(\frac{l_{x+t}}{l_x}\right)\right] = -\frac{l_{x+t}}{l_x} = -\,_tp_x$$

$$\text{APV} = \int_0^\infty \mathring{e}_{x+t}\,v^t\,_tp_x\,dt = \left[\frac{v^t}{\ln v}\mathring{e}_{x+t}\,_tp_x\right]_0^\infty - \int_0^\infty \frac{v^t}{\ln v}(-\,_tp_x)\,dt^{2)}$$

$$= -\frac{\mathring{e}_x}{\ln v} + \frac{1}{\ln v}\int_0^\infty v^t\,_tp_x\,dt$$

$$= \frac{\mathring{e}_x}{\delta} - \frac{1}{\delta}\bar{a}_x = \frac{1}{\delta}(\mathring{e}_x - \bar{a}_x)$$

44 생명연금의 NSP가 $B = 0.0001$, $c = 1.1$인 Gompertz 사망법칙에 기초한 생명표로부터 계산된다. 사망률의 변화에 따라서 Gompertz의 모수가 $B' = 2Bc^2$, $c' = c^2$으로 변경되고 이에 기초하여 변경된 생명연금의 NSP가 계산된다고 가정하자. 이력도 원래 0.1에서 0.2로 변경된다고 가정하자. 변경된 Gompertz의 모수에 기초한 생명연금의 현가를 $\bar{a}'_{50:\overline{10}|}$으로 표시할 때 $\bar{a}'_{50:\overline{10}|}$을 원래의 Gompertz 모수에 기초한 생명연금의 현가(NSP)로 표시하면 $\dfrac{1}{2}\bar{a}_{102:\overline{20}|}$가 됨을 보이시오.

---

1) $u' = v^t$, $v = t$인 부분적분법을 사용함.
2) $u' = v^t$, $v = \mathring{e}_{x+t}\,_tp_x$인 부분적분법을 사용함.

풀이

변경된 B', c'을 이용하여 $_tp'_{50}$을 나타내면

$$_tp'_{50} = \exp\left[-\int_0^t B'(c')^{50+r} dr\right] = \exp\left[-\int_0^t (2Bc^2)(c^2)^{50+r} dr\right]$$

$s = 2r$이라고 하면

$$= \exp\left[-\int_0^t 2Bc^{102+2r} dr\right] = \exp\left[-\int_0^{2t} 2Bc^{102+s} \frac{1}{2} ds\right]$$

$$= \exp\left[-\int_0^{2t} Bc^{102+s} ds\right] = {}_{2t}p_{102}$$

임을 알 수 있다. 따라서

$$\bar{a}'_{50:\overline{10|}} = \int_0^{10} (v')^t {}_tp'_{50} dt = \int_0^{10} e^{-2t\delta} {}_{2t}p_{102} dt$$

$$= \int_0^{20} e^{-s\delta} {}_sp_{102} \left(\frac{1}{2}\right) ds = \frac{1}{2} \bar{a}_{102:\overline{20|}} \quad (s = 2t \text{로 함})$$

45 $\int_0^n \bar{a}_{\overline{t|}} {}_tp_x \mu_{x+t} dt = \dfrac{1}{\delta}\left[{}_nq_x - \bar{A}^1_{x:\overline{n|}}\right] = \bar{a}_{x:\overline{n|}} - {}_np_x \bar{a}_{\overline{n|}}$ 이 성립함을 유도하시오.

풀이

$\bar{a}_{\overline{t|}} = \dfrac{1-v^t}{\delta}$ 이므로

$$\int_0^n \bar{a}_{\overline{t|}} {}_tp_x \mu_{x+t} dt = \frac{1}{\delta} \int_0^n (1-v^t) {}_tp_x \mu_{x+t} dt = \frac{1}{\delta}\left[{}_nq_x - \bar{A}^1_{x:\overline{n|}}\right]$$

$$= \frac{1}{\delta}\left[1 - {}_np_x - 1 + \delta\bar{a}_{x:\overline{n|}} + {}_nE_x\right]$$

$$= \frac{1}{\delta}\left[\delta\bar{a}_{x:\overline{n|}} - {}_np_x(1-v^n)\right] = \bar{a}_{x:\overline{n|}} - {}_np_x \bar{a}_{\overline{n|}}$$

$$= \frac{1 - \bar{A}_{x:\overline{n|}}}{\delta} - {}_np_x \bar{a}_{\overline{n|}}$$

46 다음을 증명하시오.

(a) $a_x < \dfrac{1}{i}$, $a_x^{(m)} < \dfrac{1}{i^{(m)}}$, $\bar{a}_x < \dfrac{1}{\delta}$ \qquad (b) $\dfrac{d}{dt}\left({}_tp_x \, \mathring{e}_{x+t}\right) = -{}_tp_x$

풀이

(a) $a_x = vp_x + v^2 {}_2p_x + \cdots + v^{\omega-x} {}_{\omega-x}p_x < v + v^2 + \cdots + v^{\omega-x} + \cdots = a_{\overline{\infty|}} = \dfrac{1}{i}$

$$a_x^{(m)} = \frac{1}{m} \left(v^{\frac{1}{m}} \, _{(1/m)}p_x + v^{\frac{1}{m}} \, _{(2/m)}p_x + \cdots \right) < \frac{1}{m} \left(v^{\frac{1}{m}} + v^{\frac{2}{m}} + \cdots \right) = a_{\overline{\infty}|}^{(m)} = \frac{1}{i^{(m)}}$$

$$\bar{a}_x = \int_0^{\omega - x} v^t \, _tp_x \, dt < \int_0^\infty v^t \, dt = \bar{a}_{\overline{\infty}|} = \frac{1}{\delta}$$

(b) $\dfrac{d}{dt} \left(_tp_x \, \mathring{e}_{x+t} \right) = \left(\dfrac{d}{dt} \, _tp_x \right) \mathring{e}_{x+t} + _tp_x \left(\dfrac{d}{dt} \, \mathring{e}_{x+t} \right)$

$$= - _tp_x \, \mu_{x+t} \, \mathring{e}_{x+t} + _tp_x \left(\mu_{x+t} \, \mathring{e}_{x+t} - 1 \right) = - _tp_x$$

47 노블카운티의 A동에 거주하는 모든 거주자들은 연속적 연액 1,000원을 지급하는 연속종신생명연금에 가입하였다. 다음과 같은 가정을 이용하여 이 연금의 일시납순보험료(NSP)를 구하시오.

(i) 각 거주자는 상수 μ인 다른 사력을 가지고 있으며, 각 거주자의 μ는 구간 [0.75, 1]인 균등분포로부터 추출된다.

(ii) 각 거주자의 종신생명연금의 일시납순보험료는 동일하다.

(iii) $\delta = 0.04$

> **풀이**

각 거주자는 다른 사력 μ를 가지고 있으므로, 한 거주자의 μ가 주어졌을 때, 그 거주자의 미래생존기간의 p.d.f는 $f(t|\mu) = \mu e^{-\mu t}$이다. 이 거주자(특별한 μ를 가진)에 대하여 연금의 APV는

$$E_T \left(\bar{a}_{\overline{T}|} \mid \mu \right) = \frac{1}{\mu + \delta} = \frac{1}{\mu + 0.04}$$

이 문제에서 μ는 확률변수이고 $U(0.75, 1)$을 따른다. $E_T \left(\bar{a}_{\overline{T}|} \right)$는 이중기대값(double expectation) 공식을 이용하여 다음과 같이 구할 수 있다. CFM가정하에서 모든 연령 x에 대하여 종신연금의 현가는 동일하다.

$$\bar{a}_x = E_T \left(\bar{a}_{\overline{T}|} \right) = E_\mu \left[E_T \left[\left(\bar{a}_{\overline{T}|} \mid \mu \right) \right] \right]$$

$$= E_\mu \left[\frac{1}{\mu + 0.04} \right] = \int_{0.75}^1 \left(\frac{1}{\mu + 0.04} \right) f(\mu) \, d\mu$$

$$= \int_{0.75}^1 \left(\frac{1}{\mu + 0.04} \right) \left(\frac{1}{1 - 0.75} \right) d\mu = \frac{1}{0.25} \left[\ln(\mu + 0.04) \right]_{0.75}^1$$

$$= \frac{1}{0.25} (\ln 1.04 - \ln 0.79) = 1.099772$$

따라서 이 연금의 일시납순보험료(NSP)는

$$NSP = 1000 \, \bar{a}_x = 1099.772$$

48 n년 연속유기생명연금에서 사망시까지 지급되는 총지급액의 현가를 Y라고 할 때

$\mathrm{Var}(Y) = \dfrac{2}{\delta}\left(\bar{a}_{x:\overline{n}|} - {}^2\bar{a}_{x:\overline{n}|}\right) - \left(\bar{a}_{x:\overline{n}|}\right)^2$임을 보이시오.

풀이

$Y = \begin{cases} v^{T_x}, & T_x \le n \\ v^n, & T_x > n \end{cases}$

$\mathrm{Var}(Y) = \dfrac{{}^2\bar{A}_{x:\overline{n}|} - \left(\bar{A}_{x:\overline{n}|}\right)^2}{\delta^2}$ 을 이용하여 구한다.

$$
\begin{aligned}
{}^2\bar{A}_{x:\overline{n}|} - \left(\bar{A}_{x:\overline{n}|}\right)^2 &= \left[1 - (2\delta)\,{}^2\bar{a}_{x:\overline{n}|}\right] - \left(1 - \delta\,\bar{a}_{x:\overline{n}|}\right)^2 \\
&= \left[1 - (2\delta)\,{}^2\bar{a}_{x:\overline{n}|}\right] - \left[1 - 2\delta\,\bar{a}_{x:\overline{n}|} + \delta^2\left(\bar{a}_{x:\overline{n}|}\right)^2\right] \\
&= (2\delta)\,\bar{a}_{x:\overline{n}|} - (2\delta)\,{}^2\bar{a}_{x:\overline{n}|} - \delta^2\left(\bar{a}_{x:\overline{n}|}\right)^2
\end{aligned}
$$

따라서

$$
\begin{aligned}
\mathrm{Var}(Y) &= \frac{1}{\delta^2}\left[{}^2\bar{A}_{x:\overline{n}|} - \left(\bar{A}_{x:\overline{n}|}\right)^2\right] \\
&= \frac{2}{\delta}\left(\bar{a}_{x:\overline{n}|} - {}^2\bar{a}_{x:\overline{n}|}\right) - \left(\bar{a}_{x:\overline{n}|}\right)^2
\end{aligned}
$$

49 n년 보증기간부 연속종신생명연금에서 지급액의 현가를 Y_1이라고 하고 n년거치 연속종신생명연금에서 지급액의 현가를 Y라고 할 때

(a) 확률변수 Y와 Y_1를 정의하고 $E(Y_1)$를 구하시오.

(b) $\mathrm{Var}(Y_1) = \mathrm{Var}(Y)$가 성립함을 보이시오.

(c) $\mathrm{Var}(Y) = \dfrac{2}{\delta}\left({}_{n|}\bar{a}_x - {}_{n|}{}^2\bar{a}_x\right) - \left({}_{n|}\bar{a}_x\right)^2$을 보이시오.

풀이

(a) n년 동안은 생사에 관계없이 지급되므로 Y와 Y_1는 다음과 같이 나타낼 수 있다.

$$
Y = \begin{cases} 0, & T_x < n \\ \bar{a}_{\overline{T_x}|} - \bar{a}_{\overline{n}|}, & T_x > n \end{cases}
$$

$$
\begin{aligned}
Y_1 &= \begin{cases} \bar{a}_{\overline{n}|}, & T_x \le n \\ \bar{a}_{\overline{T_x}|}, & T_x > n \end{cases} \\
&= \begin{cases} \bar{a}_{\overline{n}|} + 0, & T_x \le n \\ \bar{a}_{\overline{T_x}|} + \left(\bar{a}_{\overline{T_x}|} - \bar{a}_{\overline{n}|}\right), & T_x > n \end{cases} \\
&= \bar{a}_{\overline{n}|} + Y
\end{aligned}
$$

따라서 n년 보증기간부 연속종신생명연금은 n년 확정연금과 n년거치 연속종신생명연금의 합으로 볼 수 있다.

$$E(Y_1) = \bar{a}_{\overline{x:\overline{n}|}} = E(\bar{a}_{\overline{n}|} + Y) = \bar{a}_{\overline{n}|} + {}_{n|}\bar{a}_x$$

(b) $\text{Var}(Y_1) = \text{Var}(\bar{a}_{\overline{n}|} + Y) = \text{Var}(Y)$

$$= \frac{2}{\delta}\left(v^n\,{}_{n|}\bar{a}_x - {}_{n|}{}^2\bar{a}_x\right) - \left({}_{n|}\bar{a}_x\right)^2$$

(c) 문제의 증명을 위하여 $\text{Var}(A) = E\left[\text{Var}(A|B)\right] + \text{Var}\left[E(A|B)\right]$의 분산분해공식 (Variance decomposition formula)을 이용한다.

Y와 I_s를 다음과 같이 정의한다.

$$Y = \begin{cases} 0, & T_x \le n \\ \bar{a}_{\overline{T_x}|} - \bar{a}_{\overline{n}|} = v^n\,\bar{a}_{\overline{T_x-n}|}, & T_x > n \end{cases}$$

$$I_s = \begin{cases} 0, & T_x \le n \\ 1, & T_x > n \end{cases}$$

(i) $E(Y|I_s = 0)$과 $\text{Var}(Y|I_s = 0)$을 구해보자.

$I_s = 0$이면 $T_x \le n$이고 $Y = 0$이다.

따라서 $E(Y|I_s = 0) = 0$, $\text{Var}(Y|I_s = 0) = 0$

(ii) $E(Y|I_s = 1)$과 $\text{Var}(Y|I_s = 1)$을 구해보자.

$I_s = 1$이면 $T_x > n$이고 $T_x - n$의 분포는 T_{x+n}의 분포와 동일하다. 즉,

$$Y|(I_s = 1) = v^n\,\bar{a}_{\overline{T_x-n}|} = v^n\,\bar{a}_{\overline{T_{x+n}}|}$$

따라서

$$E(Y|I_s = 1) = v^n\,E(\bar{a}_{\overline{T_{x+n}}|}) = v^n\,\bar{a}_{x+n}$$

$$\text{Var}(Y|I_s = 1) = v^{2n}\,\text{Var}(\bar{a}_{\overline{T_{x+n}}|}) = v^{2n}\left[\frac{2}{\delta}\left(\bar{a}_{x+n} - {}^2\bar{a}_{x+n}\right) - (\bar{a}_{x+n})^2\right]$$

여기서 $\text{Var}(\bar{a}_{\overline{T_{x+n}}|})$은 다음과 같이 구할 수 있다.

$$\text{Var}(\bar{a}_{\overline{T_{x+n}}|}) = \frac{{}^2\bar{A}_{x+n} - (\bar{A}_{x+n})^2}{\delta^2}$$

$$= \frac{1}{\delta^2}\left[\left[1 - (2\delta)\,{}^2\bar{a}_{x+n}\right] - (1 - \delta\,\bar{a}_{x+n})^2\right]$$

$$= \frac{1}{\delta^2}\left[\left[1 - (2\delta)\,{}^2\bar{a}_{x+n}\right] - \left[1 - 2\delta\,\bar{a}_{x+n} + (\bar{a}_{x+n})^2\right]\right]$$

$$= \frac{1}{\delta^2}\left(\bar{a}_{x+n} - {}^2\bar{a}_{x+n}\right) - (\bar{a}_{x+n})^2$$

(iii) 공식을 적용하기 위하여 (i)과 (ii)를 이용하여 $E(Y|I_s)$와 $\text{Var}(Y|I_s)$를 정의하면

$$E(Y \mid I_s) = v^n \, \bar{a}_{x+n} \, I_s$$

$$\mathrm{Var}(Y \mid I_s) = v^{2n} \left[\frac{2}{\delta} \, (\bar{a}_{x+n} - {}^2\bar{a}_{x+n}) - (\bar{a}_{x+n})^2 \right] I_s$$

분산분해공식을 이용하면

$$\mathrm{Var}(Y) = E\left[\mathrm{Var}(Y \mid I_s)\right] + \mathrm{Var}\left[E(Y \mid I_s)\right]$$

$$= v^{2n} \left[\frac{2}{\delta} \, (\bar{a}_{x+n} - {}^2\bar{a}_{x+n}) - (\bar{a}_{x+n})^2 \right] E(I_s) + (v^n \, \bar{a}_{x+n})^2 \, \mathrm{Var}(I_s)$$

여기서 I_s는 Bernoulli분포를 따르므로 $\mathrm{Var}(I_s) = p\,q = {}_np_x \, {}_nq_x$(2장 I.(2).참조)을 이용하면

$$= v^{2n} \left[\frac{2}{\delta} \, (\bar{a}_{x+n} - {}^2\bar{a}_{x+n}) - (\bar{a}_{x+n})^2 \right] {}_np_x + (v^n \, \bar{a}_{x+n})^2 \, {}_np_x \, {}_nq_x$$

$$= \frac{2}{\delta} \, (v^n \times v^n \, {}_np_x \, \bar{a}_{x+n} - v^{2n} \, {}_np_x \, {}^2\bar{a}_{x+n}) + (v^n \, \bar{a}_{x+n})^2 \, {}_np_x (1 - {}_np_x)$$

$$= \frac{2}{\delta} \, (v^n \, {}_{n|}\bar{a}_x - {}_{n|}{}^2\bar{a}_x) - (v^n \, {}_np_x \, \bar{a}_{x+n})^2$$

$$= \frac{2}{\delta} \, (v^n \, {}_{n|}\bar{a}_x - {}_{n|}{}^2\bar{a}_x) - ({}_{n|}\bar{a}_x)^2$$

50 매 연령마다의 사력이 μ로 동일한 경우 다음 연금들의 일시납순보험료를 구하시오.

(a) 연금지급액이 매년 1원인 기시급 종신생명연금

(b) 연금지급액이 매년 1원인 n년 기시급 유기생명연금

(c) 연금지급액이 매년 1원인 n년거치 기시급 생명연금

> **풀이**

p를 연령에 의존하지 않고 1년간 생존하는 확률이라고 하고, $q = 1 - p$라고 하면

(a) $\ddot{a}_x = \displaystyle\sum_{k=0}^{\infty} v^k \, {}_kp_x = \sum_{k=0}^{\infty} v^k \, p^k = \frac{1}{1 - vp} = \dfrac{\dfrac{1}{v}}{\dfrac{1}{v} - p} = \dfrac{1+i}{(1+i) - (1-q)}$

$\qquad = \dfrac{1+i}{q+i}$

(b) $\ddot{a}_{x:\overline{n|}} = \displaystyle\sum_{k=0}^{n-1} v^k \, {}_kp_x = \sum_{k=0}^{n-1} (vp)^k = \frac{1 - (vp)^n}{1 - vp} = \dfrac{\dfrac{1}{v}\left(1 - (vp)^n\right)}{\dfrac{1}{v} - p}$

$\qquad = \dfrac{(1+i)\left[1 - (vp)^n\right]}{q+i}$

(c) $\ {}_{n|}\ddot{a}_x = v^n \, {}_np_x \, \ddot{a}_{x+n} = v^n \, {}_np_x \, \ddot{a}_x = (vp)^n \dfrac{1+i}{q+i}$

51 De Moivre 법칙하에서 다음 연금들의 일시납순보험료를 구하시오.

(a) 연금지급액이 매년 1원인 기시급 종신생명연금

(b) 연금지급액이 매년 1원인 n년 기시급 유기생명연금

(c) 연금지급액이 매년 1원인 n년거치 기시급 생명연금

풀이

(a) $(D\ddot{a})_{\overline{n}|} = \ddot{a}_{\overline{n}|} + \ddot{a}_{\overline{n-1}|} + \cdots + \ddot{a}_{\overline{1}|}$ 을 이용하면 된다.

$$\ddot{a}_x = \sum_{k=0}^{\infty} \ddot{a}_{\overline{k+1}|}\,\,_{k|}q_x = \sum_{k=0}^{\omega-x-1} \ddot{a}_{\overline{k+1}|}\,\,_{k|}q_x = \frac{(D\ddot{a})_{\overline{\omega-x}|}}{\omega-x}$$

(b) $$\ddot{a}_{x:\overline{n}|} = \sum_{k=0}^{n-1} \ddot{a}_{\overline{k+1}|}\,\,_{k|}q_x + \ddot{a}_{\overline{n}|}\,\,_{n}p_x$$

$$= \frac{(D\ddot{a})_{\overline{n}|} + (\omega-x-n)\,\ddot{a}_{\overline{n}|}}{\omega-x}$$

(c) $$_{n|}\ddot{a}_x = v^n\,_{n}p_x\,\ddot{a}_{x+n} = v^n\,\frac{\omega-x-n}{\omega-x}\,\frac{(D\ddot{a})_{\overline{\omega-x-n}|}}{\omega-x-n} = \frac{v^n\,(D\ddot{a})_{\overline{\omega-x-n}|}}{\omega-x}$$

52 다음의 자료를 이용하여 $\mathring{a}_{x:\overline{n}|}^{(2)}$ 를 계산하시오.

(i) $\bar{a}_{x:\overline{n}|} = 10$ (ii) $\ddot{a}_{x:\overline{n}|}^{\{2\}} = 10.25$ (iii) $\delta = 0.10$

풀이

$\ddot{a}_{x:\overline{n}|}^{\{2\}} = \dfrac{\delta}{d^{(2)}}\,\bar{a}_{x:\overline{n}|}$ 임을 이용하면 $\dfrac{\delta}{d^{(2)}} = \dfrac{\ddot{a}_{x:\overline{n}|}^{\{2\}}}{\bar{a}_{x:\overline{n}|}} = \dfrac{10.25}{10} = 1.025$ 이므로 $d^{(2)} = \dfrac{4}{41}$

$\left(1 + \dfrac{i^{(2)}}{2}\right)^2 = \left(1 - \dfrac{d^{(2)}}{2}\right)^{-2}$ 에서 $\dfrac{i^{(2)}}{2}$ 를 구하면

$$\frac{i^{(2)}}{2} = \frac{d^{(2)}/2}{1-(d^{(2)}/2)} = \frac{2/41}{39/41} = \frac{2}{39}$$ 이므로

$$\mathring{a}_{x:\overline{n}|}^{(2)} = \frac{\delta}{i^{(2)}}\,\bar{a}_{x:\overline{n}|} = \frac{39}{4} \times (0.1) \times 10 = 9.75$$

53 사망시에는 t원을 지급하고 사망할 때까지는 매년말에 1원씩 지급하는 보험상품에서 급부의 현가를 Y라고 하자. 여기서 t는 연금의 마지막 지급시점과 사망시점 사이의 기간을 말한다. 매 연령마다 UDD를 가정할 때 $E(Y)$, 즉 이 상품의 NSP를 $a_x + A_x\left(\dfrac{i-\delta}{\delta^2}\right)$ 으로 나타낼 수 있음을 보이시오.

풀이

$$
\begin{aligned}
E(Y) &= a_x + \sum_{k=0}^{\infty} \int_0^1 s\, v^{k+s}\; {}_{k+s}p_x\; \mu_{x+k+s}\; ds \\
&= a_x + \sum_{k=0}^{\infty} v^k\; {}_kp_x \int_0^1 s\, v^s\; {}_sp_{x+k}\; \mu_{x+k+s}\; ds \\
&= a_x + \sum_{k=0}^{\infty} v^k\; {}_kp_x\; q_{x+k} \int_0^1 s\, v^s\; ds \quad \text{(UDD하에서 } {}_sp_{x+k}\, \mu_{x+k+s} = q_{x+k}) \\
&= a_x + \frac{A_x}{v}\, (\bar{I}\bar{a})_{\overline{1|}} = a_x + \frac{A_x}{v}\, \frac{\bar{a}_{\overline{1|}} - v}{\delta} \\
&= a_x + A_x \left(\frac{1 - v - \delta v}{v\delta^2} \right) = a_x + A_x \left(\frac{1 + i - 1 - \delta}{\delta^2} \right) \\
&= a_x + A_x \left(\frac{i - \delta}{\delta^2} \right)
\end{aligned}
$$

54 다음 식을 간략히 하면 $11\ddot{a}^{(2)}_{20:\overline{10|}}$ 가 됨을 유도하시오.

$$
\frac{1}{D_{20}} \left[\sum_{k=0}^{9} (k+1) D^{(2)}_{20+k} + \sum_{k=1}^{10} \left\{ N^{(2)}_{20} - N^{(2)}_{20+k} \right\} \right] \quad \text{(UDD가정)}
$$

풀이

$$
\begin{aligned}
&\frac{1}{D_{20}} \left[\sum_{k=0}^{9} (k+1) \left\{ \alpha(2) D_{20+k} - \beta(2) (D_{20+k} - D_{20+k+1}) \right\} \right. \\
&\qquad \left. + \sum_{k=1}^{10} \left\{ \alpha(2) (N_{20} - N_{20+k}) - \beta(2) (D_{20} - D_{20+k}) \right\} \right] \\
&= \frac{1}{D_{20}} \left[\sum_{k=1}^{10} k \left\{ \alpha(2) D_{19+k} - \beta(2) (D_{19+k} - D_{20+k}) \right\} \right. \\
&\qquad \left. + \sum_{k=1}^{10} \left\{ \alpha(2) (N_{20} - N_{20+k}) - \beta(2) (D_{20} - D_{20+k}) \right\} \right] \\
&= \frac{1}{D_{20}} \sum_{k=1}^{10} \left[\alpha(2) (N_{20} - N_{20+k} - k D_{19+k}) \right. \\
&\qquad \left. - \beta(2) (D_{20} + k D_{19+k} - (k+1) D_{20+k}) \right] \\
&= \frac{1}{D_{20}} \left[\alpha(2) \left\{ 10 N_{20} - (S_{21} - S_{31}) + (S_{20} - S_{30} - 10 N_{30}) \right\} \right. \\
&\qquad \left. - \beta(2) \left\{ 10 D_{20} + (S_{20} - S_{30} - 10 N_{30}) - (S_{20} - S_{31} - 11 N_{31} - D_{20}) \right\} \right] \\
&= \frac{1}{D_{20}} \left[\alpha(2) (11 N_{20} - 11 N_{30}) - \beta(2) (11 D_{20} - 11 D_{30}) \right]
\end{aligned}
$$

$$= \frac{11\,[N_{20}^{(2)} - N_{30}^{(2)}]}{D_{20}} = 11\,\ddot{a}_{20\,:\,\overline{10|}}^{(2)}$$

55 (a) $\delta > 0$일 때 다음을 증명하시오.

  (i) $\bar{a}_x < \bar{a}_{\overline{\mathring{e}_x|}}$　　　(ii) $a_x < a_{\overline{e_x|}}\ (x < \omega - 1)$　　　(iii) $A_{\overline{1+e_x|}} < A_x$

  (iv) $\bar{A}_x > A_{\overline{\mathring{e}_x|}}\ (A_{\overline{n|}} = v^n \text{임})$

  (b) $\delta \to 0$으로 갈 때 $\mathring{a}_x = \bar{a}_x = \mathring{e}_x = \bar{a}_{\overline{\mathring{e}_x|}}$ 임을 증명하시오.

   풀이

(a) (i) 증명을 위해 Jensen's Inequality $E[(u(X)] \le u[E(X)]$를 사용하기로 한다.

$$\frac{d^2}{dt^2}\,\bar{a}_{\overline{t|}} = \frac{d}{dt}\left(\frac{d}{dt}\int_0^t v^s\,ds\right) = \frac{d}{dt}(v^t - 0) = v^t \ln v = -\delta\,e^{-\delta t} < 0$$

이므로 $\bar{a}_{\overline{t|}}$는 concave곡선임을 알 수 있으며, 그림으로 표현하면 다음과 같다.

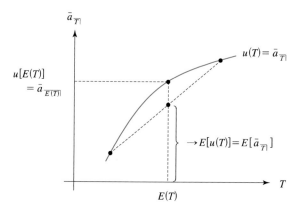

따라서 Jensen's Inequality 및 그림으로부터

$$E[\,u(T)] = E(\bar{a}_{\overline{T|}}) \le u(E(T))\text{이므로}$$

$$E(\bar{a}_{\overline{T|}}) = \bar{a}_x \le \bar{a}_{\overline{\mathring{e}_x|}} = u(E(T))$$

(ii) $\dfrac{d^2}{dt^2}a_{\overline{t|}} = \dfrac{d}{dt}\left(\dfrac{d}{dt}\dfrac{1 - v^t}{i}\right) = \dfrac{d}{dt}\left(\dfrac{-(\ln v)\,v^t}{i}\right) = \dfrac{-(\ln v)^2\,v^t}{i} = \dfrac{-\delta^2 v^t}{i} < 0$

이므로 $a_{\overline{t|}}$는 concave곡선이며 (i)에서처럼 Jensen's Inequality를 사용하면

$$a_x = E\left(a_{\overline{K|}}\right) \le a_{\overline{E(K)|}} = a_{\overline{e_x|}}$$

(iii) $A_x = 1 - d\,\ddot{a}_x$이고 $A_{\overline{1+e_x|}} = v^{1+e_x}$이므로 (ii)의 결과를 이용하면

$$A_x - A_{\overline{1+e_x}} = 1 - d\,\ddot{a}_x - v^{1+e_x} = 1 - d\,\ddot{a}_x - v\,v^{e_x} = v - d\,a_x - v\left(1 - i\,a_{\overline{e_x}}\right)$$

$$= d\left(a_{\overline{e_x}} - a_x\right) > 0$$

따라서 $A_x > A_{\overline{1+e_x}}$

(iv) $\bar{A}_x = 1 - \delta\,\bar{a}_x$ 이고 $A_{\overline{\mathring{e}_x}} = v^{\mathring{e}_x}$ 이므로 (i)의 결과를 이용하면

$$\bar{A}_x - A_{\overline{\mathring{e}_x}} = 1 - \delta\,\bar{a}_x - v^{\mathring{e}_x} = 1 - \delta\,\bar{a}_x - \left(1 - \delta\,\bar{a}_{\overline{\mathring{e}_x}}\right) = \delta\left(\bar{a}_{\overline{\mathring{e}_x}} - \bar{a}_x\right) > 0$$

따라서 $\bar{A}_x > A_{\overline{\mathring{e}_x}}$

(b) (i) 로피탈의 정리를 이용하면

$$\lim_{\delta \to 0}\frac{\delta}{i} = \lim_{i=0}\frac{\ln(1+i)}{i} = \lim_{i=0}\frac{\dfrac{1}{1+i}}{1} = 1 \text{이므로}$$

$$\lim_{\delta \to 0}\mathring{a}_x = \lim_{\delta \to 0}\frac{\delta}{i}\,\bar{a}_x = \bar{a}_x$$

(ii) $\displaystyle\lim_{\delta \to 0}\bar{a}_x = \lim_{\delta \to 0}\int_0^\infty v^t{}_t p_x\,dt = \lim_{\delta \to 0}\int_0^\infty e^{-\delta t}{}_t p_x\,dt = \int_0^\infty {}_t p_x\,dt = \mathring{e}_x$

(iii) $\displaystyle\lim_{\delta \to 0}\bar{a}_{\overline{\mathring{e}_x}} = \lim_{\delta \to 0}\int_0^{\mathring{e}_x} v^t\,dt = \lim_{\delta \to 0}\int_0^{\mathring{e}_x} e^{-\delta t}\,dt = \int_0^{\mathring{e}_x} 1\,dt = \mathring{e}_x$

(i), (ii), (iii)으로부터 $\delta \to 0$인 경우 $\mathring{a}_x = \bar{a}_x = \mathring{e}_x = \bar{a}_{\overline{\mathring{e}_x}}$ 이다.

56 단수기간지급연금(완전연금)의 정의를 본문에서 두 가지로 나누어서 설명하였다. 본문의 (나)부분의 정의에 따를 때 $\mathring{a}_x = \dfrac{\delta}{i}\,\bar{a}_x$ 는 근사치 공식에 해당한다. 완전연금을 본문의 (나)의 정의에 따를 때 다음의 근사치를 증명하시오.

(a) $\mathring{a}_x \fallingdotseq \dfrac{\delta}{i}\,\bar{a}_x$ $\left(\bar{A}_x \fallingdotseq 1 - i\,\mathring{a}_x\right)$

(b) $\mathring{a}_{x:\overline{n}|} \fallingdotseq \dfrac{\delta}{i}\,\bar{a}_{x:\overline{n}|}$ $\left(\bar{A}_{x:\overline{n}|} \fallingdotseq 1 - i\,\mathring{a}_{x:\overline{n}|}\right)$

(c) $\mathring{a}^{(m)}_{x:\overline{n}|} \fallingdotseq \dfrac{\delta}{i^{(m)}}\,\bar{a}_{x:\overline{n}|}$

(d) $\mathring{a}^{(m)}_{x:\overline{n}|} \fallingdotseq \left(1 - \dfrac{i^{(m)}}{2m}\right)\bar{a}_{x:\overline{n}|} \fallingdotseq v^{\frac{1}{2m}}\,\bar{a}_{x:\overline{n}|}$

풀이

(a) $\mathring{a}_x$ 나 $\bar{a}_x$ 에서는 $a_{\overline{n}|}\,{}_n p_x$ 항이 나타나지 않는다. (b)에서 $n \to \infty$인 경우 $\mathring{a}_x \fallingdotseq \dfrac{\delta}{i}\,\bar{a}_x$ 가 성립한다.

(b) $\displaystyle \mathring{a}_{x:\overline{n}|} = \sum_{k=0}^{n-1} a_{\overline{k}|}\,{}_{k|}q_x + a_{\overline{n}|}\,{}_n p_x + \sum_{k=0}^{n-1}\int_0^1 s\,v^{k+s}\,{}_{k+s}p_x\,\mu_{x+k+s}\,ds$

$$= \sum_{k=0}^{n-1} \int_0^1 (a_{\overline{k}|} + s\,v^{k+s})\,_{k+s}p_x\,\mu_{x+k+s}\,ds + a_{\overline{n}|}\,_np_x \cdots\cdots ①$$

$\bar{a}_{x:\overline{n}|} = \displaystyle\int_0^n \bar{a}_{\overline{t}|}\,_tp_x\,\mu_{x+t}\,dt + \bar{a}_{\overline{n}|}\,_np_x$를 이용하면

$$\bar{a}_{x:\overline{n}|} = \sum_{k=0}^{n-1} \int_0^1 \bar{a}_{\overline{k+s}|}\,_{k+s}p_x\,\mu_{x+k+s}\,ds + \bar{a}_{\overline{n}|}\,_np_x \cdots\cdots ②$$

$\bar{a}_{\overline{n}|} = \dfrac{1-v^n}{\delta},\; i\,a_{\overline{n}|} = \delta\,\bar{a}_{\overline{n}|}$ 이므로

$$\bar{a}_{\overline{k+s}|} = \bar{a}_{\overline{k}|} + \frac{v^k(1-v^s)}{\delta} = \frac{i}{\delta}\,a_{\overline{k}|} + \frac{v^{k+s}}{\delta}\left[(1+i)^s - 1\right]$$

$$\fallingdotseq \frac{i}{\delta}\,a_{\overline{k}|} + \frac{v^{k+s}}{\delta}\,s\,i$$

$$= \frac{i}{\delta}\,(a_{\overline{k}|} + s\,v^{k+s}) \cdots\cdots ③$$

$$\bar{a}_{\overline{n}|} = \frac{i}{\delta}\,a_{\overline{n}|} \cdots\cdots ④$$

③과 ④를 ②에 대입하면

$$\bar{a}_{x:\overline{n}|} = \frac{i}{\delta}\,\mathring{a}_{x:\overline{n}|},\quad \mathring{a}_{x:\overline{n}|} = \frac{\delta}{i}\,\bar{a}_{x:\overline{n}|}$$

$i\,a_{\overline{n}|} = \delta\,\bar{a}_{\overline{n}|}$ 과 유사하게 $i\,\mathring{a}_{x:\overline{n}|} = \delta\,\bar{a}_{x:\overline{n}|}$ 이 성립한다.

$$\bar{A}_{x:\overline{n}|} = 1 - \delta\,\bar{a}_{x:\overline{n}|} \fallingdotseq 1 - \delta\left(\frac{i}{\delta}\,\mathring{a}_{x:\overline{n}|}\right) = 1 - i\,\mathring{a}_{x:\overline{n}|}$$

(c) $\displaystyle \mathring{a}_{x:\overline{n}|} = \sum_{k=0}^{nm-1} a^{(m)}_{\overline{\frac{k}{m}}|}\left(_{\frac{k}{m}}p_x - _{\frac{k+1}{m}}p_x\right) + a^{(m)}_{\overline{n}|}\,_np_x$

$$+ \sum_{k=0}^{nm-1} \int_0^{\frac{1}{m}} s\,v^{\frac{k}{m}+s}\,_{\frac{k}{m}+s}p_x\,\mu_{x+\frac{k}{m}+s}\,ds$$

여기서 $a^{(m)}_{\overline{0}|} = 0$ 으로 한다.

$_{\frac{k}{m}}p_x - _{\frac{k+1}{m}}p_x = \displaystyle\int_0^{\frac{1}{m}} {}_{\frac{k}{m}+s}p_x\,\mu_{x+\frac{k}{m}+s}\,ds$ 이므로

$$\mathring{a}^{(m)}_{x:\overline{n}|} = \sum_{k=0}^{nm-1} \int_0^{\frac{1}{m}} (a^{(m)}_{\overline{\frac{k}{m}}|} + s\,v^{\frac{k}{m}+s})\,_{\frac{k}{m}+s}p_x\,\mu_{x+\frac{k}{m}+s}\,ds + a^{(m)}_{\overline{n}|}\,_np_x \cdots\cdots ①$$

$\bar{a}_{x:\overline{n}|} = \displaystyle\int_0^n \bar{a}_{\overline{t}|}\,_tp_x\,\mu_{x+t}\,dt + \bar{a}_{\overline{n}|}\,_np_x$ 를 이용하면

$$\bar{a}_{x:\overline{n}|} = \sum_{k=0}^{nm-1} \int_0^{\frac{1}{m}} \bar{a}_{\overline{\frac{k}{m}+s}|} \; {}_{\frac{k}{m}+s} p_x \; \mu_{x+\frac{k}{m}+s} \; dt + \bar{a}_{\overline{n}|} \; {}_n p_x \quad \cdots\cdots ②$$

$$\bar{a}_{\overline{\frac{k}{m}+s}|} = \bar{a}_{\overline{\frac{k}{m}}|} + \frac{v^{\frac{k}{m}}(1-v^s)}{\delta} = \frac{i^{(m)}}{\delta} a^{(m)}_{\overline{\frac{k}{m}}|} + \frac{v^{\frac{k}{m}+s}}{\delta} [(1+i)^s - 1]$$

여기서 $i^{(m)} \fallingdotseq i - \dfrac{m-1}{2m} i^2 + \dfrac{(m-1)(2m-1)}{6m^2} i^3$ 에서 i^2 이상 항을 생략하면

$$(1+i)^s - 1 \fallingdotseq s\, i \fallingdotseq s\, i^{(m)}$$

따라서 $\bar{a}_{\overline{\frac{k}{m}+s}|} \fallingdotseq \dfrac{i^{(m)}}{\delta} a^{(m)}_{\overline{\frac{k}{m}}|} + \dfrac{i^{(m)}}{\delta} s\, v^{\frac{k}{m}+s} \quad \cdots\cdots ③$

또 $\bar{a}_{\overline{n}|} = \dfrac{i^{(m)}}{\delta} a^{(m)}_{\overline{n}|} \quad \cdots\cdots ④$

③과 ④를 ②에 대입하면 $\bar{a}_{x:\overline{n}|} \fallingdotseq \dfrac{i^{(m)}}{\delta} \mathring{a}^{(m)}_{x:\overline{n}|}$

(d) $e^{\delta} = 1 + i = \left(1 + \dfrac{i^{(m)}}{m}\right)^m$, $\ln(1+x) = x - \dfrac{x^2}{2} + \dfrac{x^3}{3} - \cdots$ 를 이용하면

$$\delta = m \ln\left(\frac{1+i^{(m)}}{m}\right) \fallingdotseq m\left(\frac{i^{(m)}}{m} - \frac{[i^{(m)}]^2}{2m^2}\right)$$

따라서 $\dfrac{\delta}{i^{(m)}} \fallingdotseq 1 - \dfrac{i^{(m)}}{2m}$ (첫 번째 등식 성립)

$$v^{\frac{1}{2m}} = \left(1 + \frac{i^{(m)}}{m}\right)^{(-m)\left(\frac{1}{2m}\right)} = \left(1 + \frac{i^{(m)}}{m}\right)^{-\frac{1}{2}} \fallingdotseq 1 - \frac{i^{(m)}}{2m} \quad (\text{두 번째 등식 성립})$$

심·화·학·습·문·제 4.2

※ 특별한 언급이 없으면 부록의 제7회 경험생명표와 계산기수를 이용하여 답하시오.

1 피보험자 (x), 매년 1원씩 지급하는 기시급 종신연금에서 사망전까지 지급되는 총지급액의 현가를 Y라고 하자. 다음과 같은 자료를 이용하여 $\mathrm{Var}(Y)$를 구하시오.

　(i) $\ddot{a}_x = 13.6$　　　　　(ii) ${}^2\ddot{a}_x = 8.2$　　　　　(iii) $i = 0.05$

::: 풀이

$$d = \frac{i}{1+i} = \frac{0.05}{1.05} = 0.04761904$$

$$\delta = \ln(1+i) = 0.04879016$$

$$^2\delta = 2 \times \delta = 2\delta$$

$^2\delta = 2\delta$에 상응하는 ^2d를 두 가지 방법으로 구해보자.

(a) $^2d = 1 - {}^2v = 1 - e^{-2\delta} = 1 - e^{-2(0.04879016)}$

$= 1 - 0.907029486 = 0.092971$

(b) $e^{-2\delta} = (1-d)^2 = 1 - 2d + d^2 = 1 - (2d - d^2)$이므로

$^2\delta = 2\delta$에 상응하는 ^2d는 $2d - d^2$이 된다. 따라서

$^2d = 2d - d^2 = 2(0.04761904) - (0.04761904)^2 = 0.092971$

(a)와 (b)의 방법에서 δ의 값을 소수점 8자리까지 구하지 않으면 각각의 방법에서 구한 ^2d의 값이 차이가 나기 때문에 유의하여야 한다.

보험금 1원, 보험금 연말급 종신보험의 보험금현가를 Z라고 하면 $Y = \dfrac{1-Z}{d}$이다. $\text{Var}(Z)$를 구하기 위해 A_x, ^2A_x를 구해보자.

(i)에 의해 $A_x = 1 - d\,\ddot{a}_x = 1 - \left(\dfrac{0.05}{1.05}\right) \times 13.6 = 0.352381$

(ii)에 의해 $^2A_x = 1 - ({}^2d)({}^2\ddot{a}_x) = 1 - 0.092971 \times 8.2 = 0.237638$

따라서 $\text{Var}(Z) = {}^2A_x - (A_x)^2 = 0.237638 - (0.352381)^2 = 0.113466$

$$\text{Var}(Y) = \text{Var}\left(\frac{1-Z}{d}\right) = \frac{\text{Var}(Z)}{d^2} = \frac{0.113466}{(0.05/1.05)^2} = 50.0385$$

2 다음과 같은 자료를 이용하여 A_{45}를 구하시오.

(i) $A_{65} = 1.5 A_{45}$ (ii) $\ddot{a}_{45} = 2.5\,\ddot{a}_{65}$

::: 풀이

$\ddot{a}_{45} = 2.5\,\ddot{a}_{65}$이므로 생명보험과 생명연금의 일시납순보험료의 관계식으로부터

$$\left(\frac{1-A_{45}}{d}\right) = 2.5\left(\frac{1-A_{65}}{d}\right) \text{이고 } 1 - A_{45} = 2.5(1 - 1.5A_{45})$$

따라서 $A_{45} = 0.545455$

3 다음과 같은 자료를 이용하여 $a_{x:\overline{30|}}$을 구하시오.

(i) $A_x = 0.16$, $A_{x+30} = 0.51$, $A_{x:\frac{1}{30|}} = 0.2$ (ii) $i = 0.05$

:: 풀이

$a_{x:\overline{30|}}$을 구하기 위해 $\ddot{a}_{x:\overline{30|}}$을 구해보자.

$A_x = A^1_{x:\overline{30|}} + A_{x:\overline{30|}}{}^1 A_{x+30}$ 이므로 $0.16 = A^1_{x:\overline{30|}} + 0.2 \times 0.51$

따라서 $A^1_{x:\overline{30|}} = 0.058$, $A_{x:\overline{30|}} = A^1_{x:\overline{30|}} + A_{x:\overline{30|}}{}^1 = 0.058 + 0.2 = 0.258$

위의 결과로부터 $\ddot{a}_{x:\overline{30|}} = \dfrac{1 - A_{x:\overline{30|}}}{d} = \dfrac{1 - 0.258}{0.05/1.05} = 15.582$ 이고

$$a_{x:\overline{30|}} = \ddot{a}_{x:\overline{30|}} - 1 + A_{x:\overline{30|}}{}^1 = 15.582 - 1 + 0.2 = 14.782$$

4 다음과 같은 자료를 이용하여, 피보험자 (30), 연금지급액 1원의 20년거치 기시급 생명연금의 일시납순보험료를 구하시오.

(i) $A_{50} = 0.24$
(ii) $A_{30:\overline{20|}} = 0.38$

(iii) $A^1_{30:\overline{20|}} = 0.02$
(iv) $d = 0.05$

(v) 사망이 거치기간 동안 발생하면, 사망연도말에 일시납순보험료는 이자없이 반환된다.

:: 풀이

수지상등의 원칙에 의해

$$\text{NSP} = \text{NSP}\, A^1_{30:\overline{20|}} + {}_{20|}\ddot{a}_{30} \text{ 이므로 } \text{NSP}(1 - A^1_{30:\overline{20|}}) = {}_{20|}\ddot{a}_{30}$$

따라서

$$\text{NSP} = \frac{{}_{20|}\ddot{a}_{30}}{1 - A^1_{30:\overline{20|}}} = \frac{A_{30:\overline{20|}}{}^1 \ddot{a}_{50}}{1 - A^1_{30:\overline{20|}}} = \frac{\left(A_{30:\overline{20|}} - A^1_{30:\overline{20|}}\right)\left(\dfrac{1 - A_{50}}{d}\right)}{1 - A^1_{30:\overline{20|}}}$$

$$= \frac{(0.38 - 0.02) \times \dfrac{1 - 0.24}{0.05}}{1 - 0.02} = 5.583673$$

5 1,000명의 사람이 모두 x세인 단체가 있다. 이 단체는 매년초에 생존해 있는 사람에게 각각 100원씩 연금을 지급한다. 다음의 자료를 이용하여 95%의 신뢰도로 모든 연금지급액을 지급할 수 있는 기금의 최소값을 구하시오.

(i) $A_x = 0.28686$ (ii) $^2A_x = 0.10874$ (iii) $i = 0.05$

(iv) 1,000명의 사람의 사망은 동질적이고 독립적이다.

(v) Z를 표준정규분포의 확률변수라고 하면 $\Pr(Z < 1.645) = 0.95$

::: 풀이

Y를 한 계약에 지급되는 총지급액의 현가(현가함수)라고 하면

$$Y = 100\ddot{a}_{\overline{K+1|}}, \quad K = 0, 1, 2, \cdots$$

$$E(Y) = E(100\ddot{a}_{\overline{K+1|}}) = 100\ddot{a}_x = 100\left(\frac{1-A_x}{d}\right) = (100)(14.97594)$$

$$\mathrm{Var}(Y) = \mathrm{Var}(10\ddot{a}_{\overline{K+1|}}) = 100^2\,\mathrm{Var}\left(\frac{1-v^{K+1}}{d}\right)$$

$$= 100^2\left[\frac{{}^2A_x - (A_x)^2}{d^2}\right] = 100^2\left[\frac{0.10874 - 0.28686^2}{(0.05/1.05)^2}\right]$$

$$= (100^2)(11.66504112)$$

S를 단체에게 지급되는 전체연금의 합이라 하면 $S = Y_1 + Y_2 + \cdots + Y_{1000}$ 이고 (iv)에 의해 사망은 동질적이고 독립적이기 때문에

$$E(S) = E\left(\sum_{i=1}^{1000} Y_i\right) = 1000\,E(Y_i) = (1000)(100)(14.97594)$$

$$\mathrm{Var}(S) = \mathrm{Var}\left(\sum_{i=1}^{1000} Y_i\right) = 1000\,\mathrm{Var}(Y_i) = (1000)(100^2)(11.66504112)$$

F를 기금이라 하면 $S < F$를 만족하는 최소의 F를 구해보자.

$$\Pr\left[\frac{Y-E(S)}{\sqrt{\mathrm{Var}(S)}} < \frac{F-E(S)}{\sqrt{\mathrm{Var}(S)}}\right] = \Pr\left[Z < \frac{F-E(S)}{\sqrt{\mathrm{Var}(S)}}\right] = 0.95$$

$$\frac{F-E(S)}{\sqrt{\mathrm{Var}(S)}} = 1.645$$

따라서 $F = E(S) + 1.645\sqrt{\mathrm{Var}(S)}$

$$= (1000)(100)(14.97594) + 1.645\sqrt{(1000)(100^2)(11.66504112)}$$

$$= (n)(B)(14.97594) + 1.645\sqrt{(n)(B^2)(11.66504112)}$$

$$= (1000)(100)(14.97594) + 1.645\,(100)\sqrt{(1000)(11.66504112)}$$

$$= 1515360.793$$

여기서 14.97594는 한 명에 대응되는 $E(Y)$이고 11.66504112는 한 명에 대응되는 $\mathrm{Var}(Y)$를 의미하고, 100은 보험금, 1000은 단체의 인원수를 나타낸다.

6 일시납순보험료(NSP)의 기호 왼쪽 위에 있는 2는 δ 대신 2δ를 사용하여 계산된 일시납순보험료(NSP)를 말한다. 다음 식이 성립하는 것을 보이시오.

(a) ${}^2A_x = 1 - (2d - d^2)\,{}^2\ddot{a}_x$

(b) $\mathrm{Var}(v^{K+1}) = 2d\,(\ddot{a}_x - {}^2\ddot{a}_x) - d^2\left[(\ddot{a}_x)^2 - {}^2\ddot{a}_x\right]$

(c) $\text{Var}\left(\ddot{a}\,_{\overline{K+1|}}\right) = \dfrac{2}{d}\left(\ddot{a}_x - {}^2\ddot{a}_x\right) - \left[(\ddot{a}_x)^2 - {}^2\ddot{a}_x\right]$

풀이

(a) $\displaystyle {}^2A_x = \sum_{k=0}^{\infty} v^{2(k+1)}\,{}_kp_x\,q_{x+k} = v^2 \sum_{k=0}^{\infty} v^{2k}\,{}_kp_x\,(1-p_{x+k})$

$\displaystyle \qquad = v^2 \sum_{k=0}^{\infty} v^{2k}\,{}_kp_x - v^2 \sum_{k=0}^{\infty} v^{2k}\,{}_{k+1}p_x$

$\displaystyle \qquad = v^2 \sum_{k=0}^{\infty} v^{2k}\,{}_kp_x - \sum_{k=0}^{\infty} v^{2(k+1)}\,{}_{k+1}p_x$

$\displaystyle \qquad = v^2\,{}^2\ddot{a}_x - \left(\sum_{k=0}^{\infty} v^{2k}\,{}_kp_x - 1\right)$

$\displaystyle \qquad = (1-d)^2\,{}^2\ddot{a}_x - {}^2\ddot{a}_x + 1 = 1 - (2d - d^2)\,{}^2\ddot{a}_x$

${}^2d = d' = 2d - d^2$을 유도해보자.

${}^2A_x = 1 - d'\,{}^2\ddot{a}_x$라고 하자.

d'는 $\delta' = 2\delta$에 상응하는 기호이다. $(d' = {}^2d,\ \delta' = {}^2\delta)$

$\qquad \delta = -\ln(1-d)$

$\qquad 2\delta = \delta' = -2\ln(1-d)$

$\qquad d' = 1 - e^{-\delta'} = 1 - e^{2\ln(1-d)} = 1 - (1-d)^2 = 2d - d^2$

따라서 ${}^2A_x = 1 - (2d - d^2)\,{}^2\ddot{a}_x$

(b) $\text{Var}(v^{K+1}) = {}^2A_x - (A_x)^2 = 1 - (2d - d^2)\,{}^2\ddot{a}_x - (1 - d\,\ddot{a}_x)^2$

$\qquad\qquad = 2d\,(\ddot{a}_x - {}^2\ddot{a}_x) - d^2\left[(\ddot{a}_x)^2 - {}^2\ddot{a}_x\right]$

(c) (b)의 결과로부터

$$\text{Var}\left(\ddot{a}\,_{\overline{K+1|}}\right) = \frac{1}{d^2}\,\text{Var}(v^{K+1}) = \frac{2}{d}\left(\ddot{a}_x - {}^2\ddot{a}_x\right) - \left[(\ddot{a}_x)^2 - {}^2\ddot{a}_x\right]$$

7 50세의 B는 복권에 당첨되었다. 당첨금은 1,000만원이다. B는 이 금액을 일시금으로 받기 보다는 매년 R원씩 10년 보증기간부 기시급 유기생명연금으로 받고 싶어한다. 일시금으로 받는 것과 연금형태로 받는 것의 보험수리적 현가가 같다고 할 때, 다음의 자료를 이용하여 R을 구하시오.

(i) $A_{50} = 0.24$, $A^{\,1}_{50:\overline{10|}} = 0.03$, $A_{60} = 0.36$ \qquad (ii) $i = 0.05$

풀이

$\ddot{a}_{\overline{50:\overline{10|}}}$ 는 (50)의 사망과 10년 중 나중에 발생하는 것의 APV를 나타낸다. 즉 (50)이 10년

안에 사망하면 10년이 적용되고 (50)이 10년 이상 생존하면 (50)의 생존이 적용된다. 즉,

$$\ddot{a}_{\overline{50:\,\overline{10|}}} = \ddot{a}_{\overline{10|}} + {}_{10|}\ddot{a}_{50}$$

따라서 이 문제에서 구하는 R은

$$R\,\ddot{a}_{\overline{50:\,\overline{10|}}} = 10000000$$

을 만족하는 값이다.

R을 구하기 위해 $\ddot{a}_{\overline{10|}}$, ${}_{10|}\ddot{a}_{50}$을 구해보자.

$$\ddot{a}_{\overline{10|}} = \frac{1 - v^{10}}{d} = \frac{1 - 1.05^{-10}}{0.05\,/\,1.05} = 8.1078216$$

$A_{50} = A^{\,1}_{50:\,\overline{10|}} + A_{50:\,\overline{10|}}^{\;\;\;1}\,A_{60}$이므로

$$0.24 = 0.03 + A_{50:\,\overline{10|}}^{\;\;\;1} \times 0.36 \;\Rightarrow\; A_{50:\,\overline{10|}}^{\;\;\;1} = 0.583$$

따라서 ${}_{10|}\ddot{a}_{50} = A_{50:\,\overline{10|}}^{\;\;\;1}\,\ddot{a}_{60} = A_{50:\,\overline{10|}}^{\;\;\;1} \times \dfrac{1 - A_{60}}{d} = 0.583 \times \dfrac{1 - 0.36}{0.05\,/\,1.05} = 7.83552$

따라서 $\ddot{a}_{\overline{50:\,\overline{10|}}} = \ddot{a}_{\overline{10|}} + {}_{10|}\ddot{a}_{50} = 8.1078216 + 7.83552 = 15.9433416$

구하는 R은

$$R = \frac{10000000}{\ddot{a}_{\overline{50:\,\overline{10|}}}} = \frac{10000000}{15.9433416} = 627221.0839$$

---

8 연령 40세인 1,000명이 생존하는 한 매년초에 1원씩을 기금에 적립한다. 이자율 i =5%, 제7회 경험생명표를 이용하여 다음을 구하시오.

(a) 20년 후에 예상되는 기금의 적립액

(b) 20년 후에 생존하는 사람들이 기금의 적립액을 공평하게 나누어 가질 때 1인당 몫

풀이

(a) 20년 후에 예상되는 기금의 적립액을 F라고 하면

$$F = 1000\,\ddot{a}_{40:\,\overline{20|}}\,(1+i)^{20} = 1000\left(\frac{N_{40} - N_{60}}{D_{40}}\right)(1+i)^{20}$$

$$= 1000\left(\frac{246310.86 - 67125.61}{13912.54}\right)(1.05)^{20}$$

$$= 34172.90$$

(b) $l_{40} = 1000$이므로 20년 후에 생존하는 사람들에게 나눠지는 1인당 몫은

$$\frac{F}{1000\,{}_{20}p_{40}} = \frac{F\,l_{40}}{1000\,l_{60}} = \frac{(34172.90)(97944.11)}{1000(92116.01)} = 36.335$$

생존자 1인당 몫은 $\ddot{s}_{40:\,\overline{20|}}$으로 구할 수 있으며 개념은 동일하다.

$$\ddot{s}_{40:\overline{20}|} = \frac{N_{40} - N_{60}}{D_{60}} = \frac{246310.86 - 67125.61}{4931.479} = 36.334992$$

9 다음과 같은 자료를 이용하여 이자율 i를 구하시오.

(i) $e_x = 9.57$ (ii) $e_{x+1} = 9.15$

(iii) $\ddot{a}_x = 6.53$ (iv) $\ddot{a}_{x:\overline{2}|} = 6.583$

::: 풀이

(iii)으로부터 $\ddot{a}_x = 1 + vp_x + v^2\,_2p_x\,\ddot{a}_{x+2} = 6.53$ ······ ①

$$\ddot{a}_{x:\overline{2}|} = \ddot{a}_{\overline{2}|} + \,_{2|}\ddot{a}_x = 1 + v + v^2\,_2p_x\,\ddot{a}_{x+2} = 6.583 \text{ ······ ②}$$

②에서 ①을 차감하면

$$v - vp_x = v(1 - p_x) = 6.583 - 6.53 = 0.053$$

(i)과 (ii)로부터

$$e_x = p_x(1 + e_{x+1}) \text{ 이므로 } 9.57 = p_x \times 10.15, \; p_x = 0.9428571$$

따라서 $v(1 - p_x) = v \times 0.9428571 = 0.053$

$v = 0.927499$이므로

$$i = (v)^{-1} - 1 = (0.927499)^{-1} - 1 = 0.0781682$$

10 $\dfrac{\,_{n|}\ddot{a}_{x-n}}{\,_nE_{x-n}} - \ddot{a}_{x:\overline{n}|} - a_{x+n}\,_nE_x = \,_nE_x$ 임을 증명하시오.

::: 풀이

$$\frac{\,_{n|}\ddot{a}_{x-n}}{\,_nE_{x-n}} - \ddot{a}_{x:\overline{n}|} - a_{x+n}\,_nE_x$$

$$= \frac{\,_nE_{x-n}\,\ddot{a}_x}{\,_nE_{x-n}} - \ddot{a}_{x:\overline{n}|} - a_{x+n}\,_nE_x = \ddot{a}_x - \ddot{a}_{x:\overline{n}|} - a_{x+n}\,_nE_x$$

$$= \,_{n|}\ddot{a}_x - a_{x+n}\,_nE_x = \,_nE_x\,\ddot{a}_{x+n} - a_{x+n}\,_nE_x$$

$$= \,_nE_x(1 + a_{x+n} - a_{x+n}) = \,_nE_x$$

11 다음은 $\ddot{a}_x^{(m)}$을 나타내는 식이다. 틀린 곳이 있으면 고치시오.

(a) $\dfrac{d}{d^{(m)}}\ddot{a}_x - \dfrac{1}{d^{(m)}}[A_x^{(m)} - A_x]$

(b) $\ddot{a}_{\overline{1}|}^{(m)}\,\ddot{a}_x - \dfrac{s_{\overline{1}|}^{(m)} - 1}{d^{(m)}}A_x$ (UDD가정)

(c) $\ddot{a}_{\overline{1}|}^{(m)} - \beta(m) \, v \, q_x + v \, p_x \, \ddot{a}_{x+1}^{(m)}$ (UDD가정)

::: 풀이

(a) $\ddot{a}_x = \dfrac{1 - A_x}{d}$ 이므로 $1 = d\,\ddot{a}_x + A_x$ 로 나타낼 수 있다. 따라서

$$\ddot{a}_x^{(m)} = \frac{1 - A_x^{(m)}}{d^{(m)}} = \frac{d\,\ddot{a}_x + A_x - A_x^{(m)}}{d^{(m)}} = \frac{d}{d^{(m)}}\,\ddot{a}_x - \frac{1}{d^{(m)}}\left[A_x^{(m)} - A_x\right]$$

(b) UDD가정하에서 $A_x^{(m)} = s_{\overline{1}|}^{(m)} A_x$ 이므로

$$\ddot{a}_x^{(m)} = \frac{d}{d^{(m)}}\,\ddot{a}_x - \frac{1}{d^{(m)}}\left[s_{\overline{1}|}^{(m)} A_x - A_x\right] = \ddot{a}_{\overline{1}|}^{(m)}\,\ddot{a}_x - \frac{s_{\overline{1}|}^{(m)} - 1}{d^{(m)}}\,A_x$$

(c) UDD가정하에서 $\ddot{a}_{x:\overline{n}|}^{(m)} = \ddot{a}_{\overline{1}|}^{(m)}\,\ddot{a}_{x:\overline{n}|} - \beta(m)\,A_{x:\overline{n}|}^{1}$ 이므로

$$\ddot{a}_{x:\overline{1}|}^{(m)} = \ddot{a}_{\overline{1}|}^{(m)}\,\ddot{a}_{x:\overline{1}|} - \beta(m)\,A_{x:\overline{1}|}^{1} = \ddot{a}_{\overline{1}|}^{(m)} - \beta(m)\,v\,q_x$$

따라서

$$\ddot{a}_x^{(m)} = \ddot{a}_{x:\overline{1}|}^{(m)} + v\,p_x\,\ddot{a}_{x+1}^{(m)} = \ddot{a}_{\overline{1}|}^{(m)} - \beta(m)\,v\,q_x + v\,p_x\,\ddot{a}_{x+1}^{(m)}$$

따라서 (a), (b), (c) 모두 성립하는 식이다.

12 다음 식은 틀린 식이다.

$$1 = i\,a_{x:\overline{n}|} + (1+i)\,A_{x:\overline{n}|}$$

(a) 등식이 성립하기 위하여 $i\,a_{x:\overline{n}|}$ 부분을 고치고 그 이유를 설명하시오.

(b) 등식이 성립하기 위하여 $(1+i)\,A_{x:\overline{n}|}$ 부분을 고치고 그 이유를 설명하시오.

::: 풀이

1원의 자금을 조달하고 연이자율이 i라고 하자. 1원은 (x)가 (i) 각 연도말까지 생존하면 각 연도말에 i지급, (ii) 사망하면 사망연도말에 i와 원금 1원을 합한금액$(1+i)$을 반환하는 것으로 생각할 수 있다. 이자의 지급은 최고 n년까지 계속될 수 있다고 설정하면 원금 1원은 사망연도말이나 n년 후 중 빠른 시점에 반환될 수 있다. 만일 (x)가 n년말까지 생존한다면 마지막 해의 이자는 $i\,a_{x:\overline{n}|}$ 과 $(1+i)\,A_{x:\overline{n}|}$ 에 모두 포함되므로 이 중복지급을 없애려면

(a) $i\,a_{x:\overline{n}|}$ 을 $i\,a_{x:\overline{n-1}|}$ 로 변경하거나

(b) $(1+i)\,A_{x:\overline{n}|}$ 을 $i\,A_{x:\overline{n}|}^{1} + A_{x:\overline{n}|}$ 으로 변경하면 된다. (b)와 같이 변경하면

사망시 : $i\,A_{x:\overline{n}|}^{1} + A_{x:\overline{n}|}$ (사망)에서 1원 $= 1+i$ 반환

생존시 : $i\,a_{x:\overline{n}|}$ 으로부터 $i + A_{x:\overline{n}|}$ (생존)에서 1원 $= 1+i$ 반환

이 된다. 따라서 다음 식이 성립한다.

$$1 = i\,a_{x:\overline{n-1}|} + (1+i)A_{x:\overline{n}|} = i\,a_{x:\overline{n}|} + iA^{1}_{x:\overline{n}|} + A_{x:\overline{n}|}$$

13 피보험자 (60), 기시급 누가종신생명연금을 고려한다. 다음의 가정을 이용하여 $\Pr[S > (I\ddot{a})_{60}]$을 구하시오. 여기서 S는 실제로 지급된 연금지급액의 합을 의미한다.

(i) 사망법칙은 $\omega = 110$인 De Moivre 법칙을 따른다.   (ii) $i = 0$

:: 풀이

$i = 0$이므로 $v = \dfrac{1}{1+i} = 1$

$$(I\ddot{a})_{60} = \sum_{k=0}^{\infty}(k+1)\,v^{k}{}_{k}p_{60} = \sum_{k=0}^{\infty}(k+1)\,{}_{k}p_{60} = \sum_{k=1}^{\infty}k\,{}_{k-1}p_{60}$$

$$= \sum_{k=1}^{50}\frac{k(51-k)}{50} = \frac{51\displaystyle\sum_{k=1}^{50}k - \sum_{k=1}^{50}k^{2}}{50}\ {}^{1)}$$

$$= \frac{51\dfrac{(50)(51)}{2} - \dfrac{(50)(51)(101)}{6}}{50} = 442$$

$\sum$의 k가 출발점이 $k = 1$부터 시작하는 것으로 바뀌면 k는 지급회수가 된다.

$S = \dfrac{k(k+1)}{2}$이므로 $\dfrac{k(k+1)}{2} > 442$를 만족하는 k를 구해보면

$k^{2} + k - 884 > 0$으로부터 $k > 29.23634$임을 알 수 있다.

따라서 29번 지급이면 442보다 작고 30번 지급이면 442보다 크다. 따라서 구하는 확률은 ${}_{29}p_{60}$이다. (그림을 그려 보면 30번 지급하는 시점이 $x + 29$세이다)

$$\Pr(S > (I\ddot{a})_{60}) = {}_{29}p_{40} = \frac{50 - 29}{50} = 0.42$$

14 피보험자 (60), 매년 1,000원씩 지급되는 30년 기시급 생명연금에서 사망전까지 지급되는 총지급액의 현가를 Y라고 하자. 다음의 가정을 이용하여 $\Pr(Y < 12000)$을 구하시오.

(i) $\mu_{60+t} = 0.0005\,x, \quad x \geq 60$ (ii) $i = 0.05$

:: 풀이

30년 기시급 생명연금에서 총지급연금액의 현가 Y는 다음과 같다.

---

1) $\displaystyle\sum_{k=1}^{n}k = \frac{n(n+1)}{2}, \ \sum_{k=1}^{n}k^{2} = \frac{n(n+1)(2n+1)}{6}$이다.

$$Y = \begin{cases} 1000\,\ddot{a}\,_{\overline{K+1}|}, & K = 0,\,1,\,\cdots,\,29 \\ 1000\,\ddot{a}\,_{\overline{30}|}, & K = 30,\,31,\,\cdots \end{cases}$$

Y 가 12000보다 작다는 것은

$$1000\,\ddot{a}\,_{\overline{K+1}|} = 1000\,\frac{1 - 1.05^{-(K+1)}}{0.05/1.05} < 12000$$

$$1.05^{-(K+1)} > 0.428571429$$

$$-(K+1)\ln 1.05 > \ln 0.428571429$$

$$K < 16.36616127$$

이것은 $K_{60} = 0,\,1,\,2,\,\cdots,\,16$ 또는 $T_{60} < 17$ 을 의미한다.

따라서 구하는 확률은

$$\Pr(T_0 < 17) = 1 - \exp\int_0^{17}\mu_{60+t}\,dt$$

$$= 1 - \exp\left[-0.0005\int_0^{17}(60+t)\,dt\right]$$

$s = 60 + t$ 로 하면

$$= 1 - \exp\left[-0.0005\int_{60}^{77}s\,ds\right]$$

$$= 1 - \exp\left[\frac{0.0005}{2}\left(60^2 - 77^2\right)\right]$$

$$= 0.4413599$$

15 20세의 A는 기금 C에 10,000원을, 20세의 B는 기금 D에 10,000원을 투자하였다. 기금 C와 기금 D는 제7회 경험생명표에 따른 생존과 5%의 이자의 덕분에(with the benefit of interest and survivorship) 기금이 증가한다(즉 이 기금들의 운용은 많은 사람들이 현재 투자해서 미래 어느 시점에서 사망한 사람은 자기가 투자한 금액을 받지 못하며 생존한 사람은 사망한 사람의 몫까지 받는다. 이것을 생존으로 인한 덕분이라고 하면 생존한 사람들에게는 이자와 생존 두 가지 요소가 투자금액을 증가시킨다). 그런데 21번째 해에서(즉, B의 나이 40~41세) 기금 D가 기초로 하는 생명표의 40세의 사망률이 10% 감소하였다면(즉 기금 D의 $p_{40}^D = p_{40}^C + \left(\dfrac{1}{10}\right)q_{40}^C$이다) 40년 후 기금 C와 기금 D의 차이를 구하시오.

::: 풀이 ─────

40년 후 기금 C와 기금 D의 규모를 각각 C_1, D_1이라고 하고, C_1과 D_1을 구해보자.

(i) $C_1 = 10000\,(1.05)^{40}\,\dfrac{l_{20}}{l_{60}} = 10000\,(1.05)^{40}\,\dfrac{99151.69}{92116.01} = 75776.92$

(ii) $\begin{aligned} D_1 &= 10000 \frac{(1.05)^{40}}{{}_{40}p'_{20}} = 10000 \frac{(1.05)^{40}}{{}_{20}p_{20}\, p'_{40}\, {}_{19}p_{41}} \end{aligned}$

$$= 10000\,(1.05)^{40} \frac{1}{{}_{20}p_{20}\,(p_{40}+0.1\,q_{40})\,{}_{19}p_{41}}$$

$$= 10000\,(1.05)^{40} \frac{1}{{}_{40}p_{20}+0.1\,{}_{20}p_{20}\,q_{40}\,{}_{19}p_{41}}$$

$$= 10000\,(1.05)^{40} \frac{1}{\dfrac{l_{60}}{l_{20}} + (0.1)\left(\dfrac{l_{40}}{l_{20}}\right)\left(\dfrac{d_{40}}{l_{40}}\right)\left(\dfrac{l_{60}}{l_{41}}\right)}$$

$$= 10000\,(1.05)^{40} \frac{1}{\dfrac{92116.01}{99151.69} + (0.1)\left(\dfrac{103.82}{99151.69}\right)\left(\dfrac{92116.01}{97840.29}\right)}$$

$$= 75768.88$$

(i)과 (ii)의 결과로부터 40년 후 기금 C 와 기금 D 의 차이는

$$C_1 - D_1 = 75776.92 - 75768.88 = 8.04$$

16 다음과 같은 자료를 이용하여 ${}_{10|}\ddot{a}^{(4)}_{50}$ 를 구하시오.

(i) 매 연령마다 단수부분은 UDD가정을 따른다.　　　　(ii) $i = 0.05$

❘❘ 풀이

${}_{10|}\ddot{a}^{(4)}_{50}$ 를 구하기 위해 ${}_{10|}\ddot{a}_{50}$, $\alpha(4)$, $\beta(4)$ 를 구해보자.

생명표에서 $\ddot{a}_{60} = 13.611659$, $A_{50:\frac{1}{10|}} = 0.58758$, $\ddot{a}_{50} = 15.985768$이므로

$${}_{10|}\ddot{a}_{50} = A_{50:\frac{1}{10|}}\,\ddot{a}_{60} = 7.9979$$

$\alpha(4)$ 와 $\beta(4)$ 를 구하기 위해 $i^{(4)}$, $d^{(4)}$ 를 구해보면

$\left(1 + \dfrac{i^{(4)}}{4}\right)^4 = (1+i) = 1.05$ 이므로 $i^{(4)} = 4\,(1.05^{1/4} - 1) = 0.049089$

$\left(1 - \dfrac{d^{(4)}}{4}\right)^4 = 1-d = (1.05)^{-1}$ 이므로 $d^{(4)} = 4\,(1 - (1.05)^{-1/4}) = 0.048494$

따라서 $\alpha(4) = \dfrac{i\,d}{i^{(4)}d^{(4)}} = \dfrac{0.05 \times \dfrac{0.05}{1.05}}{0.049089 \times 0.048494} = 1.000181$

$\beta(4) = \dfrac{i - i^{(4)}}{i^{(4)}d^{(4)}} = \dfrac{0.05 - 0.049089}{0.049089 \times 0.048494} = 0.382689$

위의 결과를 이용하면 ($\alpha(4)$ 와 $\beta(4)$ 의 구한 값은 라운딩에러 때문에 부록 표3과는 작은 차이가 있다)

$$_{10|}\ddot{a}_{50}^{(4)} = \alpha(4)\,_{10|}\ddot{a}_{50} - \beta(4)A_{50:\overline{10|}}$$

$$= 1.000181 \times 7.9979 - 0.382689 \times 0.58758 = 7.7745$$

다른 방법으로 구해보자.

$$_{10|}\ddot{a}_{50}^{(4)} = _{10}E_{50}\,\ddot{a}_{60}^{(4)} = \left(\frac{1}{1+i}\right)^{10}\left(\frac{l_{60}}{l_{50}}\right)\left[\alpha(4)\ddot{a}_{60} - \beta(4)\right]$$

$$= \left(\frac{1}{1.05}\right)^{10}\left(\frac{92116.01}{962443.38}\right)(1.000181 \times 13.611659 - 0.382689)$$

$$= (0.58757965)(13.23143371) = 7.774521188$$

17 매 연령마다 UDD를 가정한다. 다음 식이 성립할 때 K를 계산기수를 이용하여 나타내시오.

$$_{10|}\ddot{a}_{25:\overline{10|}}^{(12)} = \alpha(12)\frac{N_{35} - N_{45}}{D_{25}} - \beta(12)K$$

풀이

UDD가정하에서 $\ddot{a}_{x:\overline{n|}}^{(m)} = \alpha(m)\ddot{a}_{x:\overline{n|}} - \beta(m)(1 - _{n}E_{x})$이므로

$$_{10|}\ddot{a}_{25:\overline{10|}}^{(12)} = _{10}E_{25}\,\ddot{a}_{35:\overline{10|}}^{(12)} = _{10}E_{25}\left[\alpha(12)\ddot{a}_{35:\overline{10|}} - \beta(12)(1 - _{10}E_{35})\right]$$

$$= \alpha(12)\,_{10|}\ddot{a}_{25:\overline{10|}} - \beta(12)(_{10}E_{25} - _{20}E_{25})$$

$$= \alpha(12)\frac{N_{35} - N_{45}}{D_{25}} - \beta(12)\frac{D_{35} - D_{45}}{D_{25}}$$

따라서

$$K = \frac{D_{35} - D_{45}}{D_{25}}$$

18 $(I\ddot{a})_{x:\overline{25|}}^{(12)} - (Ia)_{x:\overline{25|}}^{(12)}$의 값을 $\ddot{a}_{x:\overline{25|}}$와 $_{25}E_{x}$를 이용하여 나타내시오.

풀이

$$(I\ddot{a})_{x:\overline{25|}} - (Ia)_{x:\overline{25|}}^{(12)} = \sum_{k=0}^{24}\sum_{j=0}^{11}\left(\frac{k+1}{12}\right)v^{k+(j/12)}\,_{k+(j/12)}p_{x}$$

$$- \sum_{k=0}^{24}\sum_{j=1}^{12}\left(\frac{k+1}{12}\right)v^{k+(j/12)}\,_{k+(j/12)}p_{x}$$

$$= \sum_{k=0}^{24}\left[\left(\frac{k+1}{12}\right)v^{k}\,_{k}p_{x} - \left(\frac{k+1}{12}\right)v^{k+1}\,_{k+1}p_{x}\right]$$

$$= \sum_{k=0}^{24}\left(\frac{k+1}{12}\right)v^{k}\,_{k}p_{x} - \frac{25}{12}v^{25}\,_{25}p_{x}$$

$$= \frac{1}{12} \ddot{a}_{x:\overline{25|}} - \frac{25}{12} \,_{25}E_x$$

19 $1 - \frac{d^{(m)}}{m} - i^{(m)} a_x^{(m)} + \frac{d^{(m)}}{m} i^{(m)} a_x^{(m)} = A_x^{(m)}$을 증명하시오.

풀이

$$\text{좌변} = \left(1 - \frac{d^{(m)}}{m}\right) - i^{(m)} a_x^{(m)} \left(1 - \frac{d^{(m)}}{m}\right) = \left(1 - \frac{d^{(m)}}{m}\right) \left(1 - i^{(m)} a_x^{(m)}\right)$$

$$= \left(1 - \frac{d^{(m)}}{m}\right) \left(1 - i^{(m)} \frac{1 - \left(1 + \frac{i^{(m)}}{m}\right) A_x^{(m)}}{i^{(m)}}\right)$$

$$= \left(1 - \frac{d^{(m)}}{m}\right) \left(1 + \frac{i^{(m)}}{m}\right) A_x^{(m)} = v^{\frac{1}{m}} (1 + i)^{\frac{1}{m}} A_x^{(m)} = A_x^{(m)}$$

20 $A_x^{(m)} = m v^{\frac{1}{m}} \left[\frac{1}{m} + a_x^{(m)}\right] - m a_x^{(m)}$이 성립함을 보이고 그 의미를 설명하시오.

풀이

$1 = d^{(m)} \ddot{a}_x^{(m)} + A_x^{(m)}$ 또는 $1 = i^{(m)} a_x^{(m)} + \left(1 + \frac{i^{(m)}}{m}\right) A_x^{(m)}$을 이용하면

$$A_x^{(m)} = 1 - m(1 - v^{\frac{1}{m}}) \ddot{a}_x^{(m)} = 1 - m(1 - v^{\frac{1}{m}}) \left(\frac{1}{m} + a_x^{(m)}\right)$$

$$= m v^{\frac{1}{m}} \left(\frac{1}{m} + a_x^{(m)}\right) - m a_x^{(m)}$$

이 식의 의미는 다음과 같다.

(i) $m v^{\frac{1}{m}} \left(\frac{1}{m} + a_x^{(m)}\right) = v^{\frac{1}{m}} m \ddot{a}_x^{(m)} = v^{\frac{1}{m}} m \left(1 + v^{\frac{1}{m}} \,_{\frac{1}{m}} p_x + v^{\frac{2}{m}} \,_{\frac{2}{m}} p_x + \cdots\right)$이므로

각 $\frac{1}{m}$ 연도에 (x)가 생존하면 그 $\frac{1}{m}$ 연도말에 $\frac{1}{m} \times m = 1$을 지급하는 연금이며,

(ii) $m a_x^{(m)}$은 각 $\frac{1}{m}$ 연도말에 (x)가 생존하면 1원을 지급하는 연금이다.

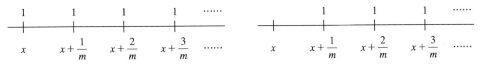

$m \ddot{a}_x^{(m)}$: 각 $\frac{1}{m}$ 연도초에 생존하면 $\frac{1}{m}$ 연도초에 지급 $\Rightarrow$ $v^{\frac{1}{m}} m \ddot{a}_x^{(m)}$: 지급만 $\frac{1}{m}$ 연도말에 지급

따라서 (i)과 (ii)의 차액은 (x)가 $\dfrac{1}{m}$ 연도에 사망하면 사망하는 $\dfrac{1}{m}$ 연도말에 1원을 지급하는 종신보험의 일시납순보험료인 $A_x^{(m)}$ 이다.

21 $_{(1/2m)|}\ddot{a}_x^{(m)}$ 은 $\dfrac{1}{2m}$ 년 거치 연 m 회급 기시급연금의 현가이므로 연 m 회급 기시급 생명연금과 기말급 생명연금의 평균으로 생각할 수 있다. 즉,

$$_{(1/2m)|}\ddot{a}_x^{(m)} \fallingdotseq \frac{1}{2}\left[\ddot{a}_x^{(m)} + a_x^{(m)}\right]$$

이와 같은 근사치를 가정으로 교재의 전통적 근사치를 이용하면 다음 식이 성립함을 보이시오.

$$_{(1/2m)|}\ddot{a}_x^{(m)} \fallingdotseq a_x + \frac{1}{2} \quad (\text{Hint} : a_x^{(m)} \fallingdotseq a_x + \frac{m-1}{2m} \text{을 이용하시오})$$

▸ 풀이

$\ddot{a}_x^{(m)} \fallingdotseq a_x + \dfrac{m+1}{2m}$, $a_x^{(m)} \fallingdotseq a_x + \dfrac{m-1}{2m}$ 이므로

$$_{(1/2m)|}\ddot{a}_x^{(m)} \fallingdotseq \frac{1}{2}\left[\ddot{a}_x^{(m)} + a_x^{(m)}\right] \fallingdotseq \frac{1}{2}\left[2a_x + \frac{(m+1)+(m-1)}{2m}\right] = a_x + \frac{1}{2}$$

22 $\bar{A}\,_{30:\,\overline{10|}}^{\,1} = 0.4$, $\delta = 0.1$, $_{10}E_{30} = 0.08$ 일 때 $\bar{s}\,_{30:\,\overline{10|}}$ 을 구하시오.

▸ 풀이

$\bar{s}\,_{30:\,\overline{10|}}$ 을 구하기 위해 $\bar{a}\,_{30:\,\overline{10|}}$ 을 구해보자.

$$\bar{a}\,_{30:\,\overline{10|}} = \frac{1 - \bar{A}\,_{30:\,\overline{10|}}}{\delta} = \frac{1 - (0.4 + 0.08)}{0.1} = 5.2$$

따라서

$$\bar{s}\,_{30:\,\overline{10|}} = \frac{\bar{a}\,_{30:\,\overline{10|}}}{_{10}E_{30}} = \frac{5.2}{0.08} = 65$$

23 다음의 자료를 이용하여 n 을 구하시오.

   (i) $\bar{A}_x = 0.42$ (ii) $\bar{A}_{x:\,\overline{n|}} = 0.581$ (iii) $_{n|}\bar{A}_x = 0.279$

   (iv) $_nq_x = 0.02$ (v) $_{n|}\bar{a}_x = 3.2208$

▸ 풀이

n 을 구하기 위해 $A_{x:\,\frac{1}{n|}} = e^{-\delta n}\,_np_x$ 를 구해보자. (i)과 (ii)로부터

$$\bar{a}_x = \frac{1 - \bar{A}_x}{\delta} = \frac{1 - 0.42}{\delta} = \frac{0.58}{\delta}$$

$$\bar{a}_{x:\overline{n}|} = \frac{1 - \bar{A}_{x:\overline{n}|}}{\delta} = \frac{1 - 0.581}{\delta} = \frac{0.419}{\delta}$$

따라서 $_{n|}\bar{a}_x = \bar{a}_x - \bar{a}_{x:\overline{n}|} = \dfrac{0.58 - 0.419}{\delta} = 3.2208$ 이므로 $\delta = 0.05$

$\bar{A}^1_{x:\overline{n}|} = \bar{A}_x - {}_{n|}\bar{A}_x = 0.42 - 0.279 = 0.141$ 이므로

$$A_{x:\overline{n}|}^{1} = \bar{A}_{x:\overline{n}|} - \bar{A}^1_{x:\overline{n}|} = 0.581 - 0.141 = 0.44$$

(iv)를 이용하면

$A_{x:\overline{n}|}^{1} = e^{-(0.05)n}(0.98) = 0.44$ 이므로

$$n = -\ln\left(\frac{0.44}{0.98}\right) \times \frac{1}{0.05} = 16.02$$

24 피보험자 (x), 보험금 1원, 보험금 사망즉시급인 종신보험의 보험금현가를 Z라고 하고, 피보험자 (x), 연속적 연액 1원인 연속종신생명연금에서 사망전까지 지급되는 총지급액의 현가를 Y라고 하자. 다음과 같은 자료를 이용하여 $\mathrm{Cov}(Z, Y)$를 구하시오.

(i) $\bar{A}_x = 0.25$ (ii) $^2\bar{A}_x = 0.08$ (iii) $\delta = 0.05$

풀이

Z와 Y는 다음과 같다.

$$Z = v^T, \qquad\qquad\qquad Y = \bar{a}_{\overline{T}|},\ T > 0$$

따라서

$$\mathrm{Cov}(Z, Y) = \mathrm{Cov}(v^T, \bar{a}_{\overline{T}|}) = \mathrm{Cov}\left(v^T, \frac{1 - v^T}{\delta}\right)$$

$$= -\frac{1}{\delta}\mathrm{Var}(v^T) = -\frac{1}{\delta}({}^2\bar{A}_x - \bar{A}_x^2)$$

$$= \frac{-1}{0.05}(0.08 - 0.25^2) = -0.35$$

25 다음과 같은 가정하에서 $\bar{a}_x$를 구하시오.

(i) $\mu_{x+t} = \begin{cases} 0.01, & 0 \le t \le 15 \\ 0.04, & t > 15 \end{cases}$ (ii) $\delta_t = \begin{cases} 0.03, & 0 \le t \le 10 \\ 0.05, & t > 10 \end{cases}$

풀이

구간마다 사력과 이력이 상이하므로 $0 \le t \le 10$, $10 < t \le 15$, $t > 15$인 구간으로 나눠서 $v^t\,{}_tp_x$를 구해보자.

$0 \leq t \leq 10$인 경우

$$v^t {}_t p_x = e^{-0.03t} \, e^{-0.01t} = e^{-0.04t}$$

$10 < t \leq 15$인 경우

$$v^t {}_t p_x = e^{-0.03(10)} \, e^{-0.05(t-10)} \, e^{-0.01t} = e^{0.2} \, e^{-0.06t}$$

$t > 15$인 경우

$$v^t {}_t p_x = e^{-0.03(10)} \, e^{-0.05(t-10)} \, e^{-0.01(15)} \, e^{-0.04(t-15)} = e^{-0.65} \, e^{-0.09t}$$

따라서

$$\bar{a}_x = \int_0^\infty v^t {}_t p_x \, dt$$

$$= \int_0^{10} e^{-0.04t} \, dt + \int_0^{15} e^{0.2} \, e^{-0.06t} \, dt + \int_{15}^\infty e^{0.65} \, e^{-0.09t} \, dt$$

$$\int_0^{10} e^{-0.04t} \, dt = \left[\frac{e^{-0.04t}}{-0.04} \right]_0^{10} = \frac{1 - e^{-0.04(10)}}{0.04} = 8.24199885$$

$$e^{0.2} \int_{10}^{15} e^{-0.06t} \, dt = e^{0.2} \left[\frac{e^{-0.06t}}{-0.06} \right]_{10}^{15}$$

$$= e^{0.2} \left(\frac{e^{-0.06(10)} - e^{-0.06(15)}}{0.06} \right) = 2.89557904$$

$$e^{0.65} \int_{15}^\infty e^{-0.09t} \, dt = e^{0.65} \left[\frac{e^{-0.09t}}{-0.09} \right]_{15}^\infty e^{0.65} \left(\frac{e^{-0.09(15)} - 0}{0.09} \right) = 5.51761449$$

따라서

$$\bar{a}_x = 8.24199885 + 2.89557904 + 5.51761449 = 16.65519238$$

26 모든 x에 대하여 $\mu_x = 0.02$, $\delta = 0.10$일 때 $\Pr(\bar{a}_{\overline{T}|} > \bar{a}_x)$를 구하시오.

풀이

모든 x에 대하여 사력이 상수로 일정하므로 사망법칙은 CFM을 따른다.

따라서 $\bar{a}_x = \dfrac{1}{\mu_x + \delta} = \dfrac{1}{0.12} = \dfrac{25}{3}$ 이며,

$$\Pr\left(\bar{a}_{\overline{T}|} > \bar{a}_x \right) = \Pr\left(\frac{1 - e^{-\delta T}}{\delta} > \frac{25}{3} \right)$$

$$= \Pr(T > 17.9176) = {}_{17.9176} p_x = e^{-(0.02)(17.9176)} = 0.69883$$

27 다음과 같은 가정을 이용하여 $\Pr(\bar{a}_{\overline{T_x}} > \bar{a}_x - c)$를 구하시오. 여기서 c는 $\bar{a}_{\overline{T_x}}$의 표준편차를 나타내며, T_x는 (x)의 미래생존기간을 나타낸다.

(i) $\mu_{x+t} = 0.01$, $t \geq 0$ (ii) $\delta = 0.04$

:: 풀이

c는 $\bar{a}_{\overline{T_x}}$의 표준편차이고 $\bar{a}_x$는 $\bar{a}_{\overline{T_x}}$의 기대값이므로 $\bar{a}_{\overline{T_x}}$의 기대값과 표준편차를 구해보자. 주어진 가정에서 사력이 상수이므로 사망법칙은 CFM을 따른다.

$$E(\bar{a}_{\overline{T_x}}) = \bar{a}_x = \frac{1}{\mu + \delta} = \frac{1}{0.05} = 20$$

$$\mathrm{Var}(\bar{a}_{\overline{T_x}}) = \frac{{}^2\bar{A}_x - (\bar{A}_x)^2}{\delta^2} = \frac{\dfrac{\mu}{\mu + 2\delta} - \left(\dfrac{\mu}{\mu + \delta}\right)^2}{\delta^2} = \frac{\dfrac{0.01}{0.09} - \left(\dfrac{0.01}{0.05}\right)^2}{0.04^2}$$

$$= 44.44$$

$$c = \sqrt{\mathrm{Var}\left(\bar{a}_{\overline{T_x}}\right)} = \sqrt{44.44} = 6.6663$$

따라서 $\Pr(\bar{a}_{\overline{T_x}} > \bar{a}_x - c) = \Pr(\bar{a}_{\overline{T_x}} > 13.3337) = \Pr\left(\frac{1 - v^{T_x}}{\delta} > 13.3337\right)$

$$= \Pr(v^{T_x} < 0.466652) = \Pr(e^{-0.04t} < 0.466652)$$

$$= \Pr(T_x > 19.0543) = {}_{19.0543}p_x = e^{-0.01 \times 19.0543}$$

$$= 0.82651$$

28 확률변수 Y를 다음과 같이 정의한다.

$$Y = \begin{cases} (\bar{I}\bar{a})_{\overline{T}}, & 0 \leq T < n \\ (\bar{I}\bar{a})_{\overline{n}} + n({}_{n|}\bar{a}_{\overline{T-n}}), & T \geq n \end{cases}$$

이때 $E(Y) = (\bar{I}_{\overline{n}}\bar{a})_x$라고 정의하자. 다음의 자료를 이용하여

$$\frac{d}{dn}(\bar{I}_{\overline{n}}\bar{a})_x$$

의 값을 구하시오.

(i) 모든 x에 대하여 $\mu_x = 0.04$ (ii) $\delta = 0.06$

:: 풀이

시점지급방법으로 $(\bar{I}_{\overline{n}}\bar{a})_x$을 나타내면

$$(\bar{I}_{\overline{n}}\bar{a})_x = \int_0^n t\, v^t\, {}_tp_x\, dt + \int_n^\infty n\, v^t\, {}_tp_x\, dt$$

$$= \int_0^n t\, e^{-0.06t}\, e^{-0.04t}\, dt + n\int_n^\infty e^{-0.06t}\, e^{-0.04t}\, dt$$

$$= \int_0^n t\, e^{-\frac{t}{10}}\, dt + 10n\, e^{-\frac{n}{10}}$$

따라서 $\dfrac{d}{dn}(\bar{I}_{\,\overline{n}|}\bar{a})_x = n\, e^{-\frac{n}{10}} + 10\left[e^{-\frac{n}{10}} + n\, e^{-\frac{n}{10}}\left(-\dfrac{1}{10}\right)\right] = 10\, e^{-\frac{n}{10}}$

29 μ_x가 모든 연령에 있어서 μ로 일정할 때 다음을 증명하시오.

(a) $\bar{a}_x = \dfrac{1}{\mu + \delta} = \dfrac{\bar{A}_x}{\mu}$ (b) $\bar{a}_{x:\overline{n}|} = \dfrac{s^n - 1}{\ln s}$ 단, $s = v\, e^{-\mu}$

:: 풀이

(a) $\bar{a}_x = \displaystyle\int_0^\infty v^t\, {}_t p_x\, dt = \int_0^\infty (v\, e^{-\mu})^t\, dt = \left[\dfrac{(v\, e^{-\mu})^t}{\ln(v\, e^{-\mu})}\right]_0^\infty = \dfrac{-1}{\ln v + \ln e^{-\mu}}$

$\qquad = \dfrac{-1}{-\delta - \mu} = \dfrac{1}{\mu + \delta}$

$\qquad \bar{A}_x = \displaystyle\int_0^\infty v^t\, {}_t p_x\, \mu_{x+t}\, dt = \mu \int_0^\infty v^t\, {}_t p_x\, dt = \dfrac{\mu}{\mu + \delta}$

따라서 $\bar{a}_x = \dfrac{1}{\mu + \delta} = \dfrac{\bar{A}_x}{\mu}$

(b) $\bar{a}_{x:\overline{n}|} = \displaystyle\int_0^n v^t\, {}_t p_x\, dt = \left[\dfrac{(v\, e^{-\mu})^t}{\ln(v\, e^{-\mu})}\right]_0^n = \dfrac{(v\, e^{-\mu})^n - 1}{\ln(v\, e^{-\mu})} = \dfrac{s^n - 1}{\ln s}$

30 $\mu_{x+t} = \mu$로 일정할 때 다음 식을 증명하시오.

(a) $\dfrac{1}{a_x} = \dfrac{1}{e_x} + \dfrac{1}{a_{\overline{\infty}|}} + \dfrac{1}{e_x\, a_{\overline{\infty}|}}$ (b) $\dfrac{1}{\bar{a}_x} = \dfrac{1}{\mathring{e}_x} + \dfrac{1}{\bar{a}_{\overline{\infty}|}}$

:: 풀이

(a) $\mu_{x+t} = \mu$ 이므로 ${}_t p_x = e^{-\mu t}$이다. 증명을 위해 a_x, e_x, $a_{\overline{\infty}|}$를 구해보면

$\qquad a_x = v\, {}_1 p_x + v^2\, {}_2 p_x + v^3\, {}_3 p_x + \cdots = v\, e^{-\mu} + (v\, e^{-\mu})^2 + (v\, e^{-\mu})^3 + \cdots$

$v\, e^{-\mu} < 1$ 이므로 $a_x = \dfrac{v\, e^{-\mu}}{1 - v\, e^{-\mu}}$

$\qquad e_x = {}_1 p_x + {}_2 p_x + \cdots = e^{-\mu} + e^{-2\mu} + \cdots$

$e^{-\mu} < 1$ 이므로 $e_x = \dfrac{e^{-\mu}}{1 - e^{-\mu}}$

$\qquad a_{\overline{\infty}|} = v + v^2 + v^3 + \cdots$, $v < 1$ 이므로 $a_{\overline{\infty}|} = \dfrac{v}{1 - v}$

따라서

$$(\text{우변}) = \frac{1-e^{-\mu}}{e^{-\mu}} + \frac{1-v}{v} + \frac{(1-e^{-\mu})(1-v)}{e^{-\mu}\,v}$$

$$= \frac{v(1-e^{-\mu}) + (1-v)\,e^{-\mu} + (1-e^{-\mu})(1-v)}{e^{-\mu}\,v}$$

$$= \frac{1-v\,e^{-\mu}}{v\,e^{-\mu}} = \frac{1}{a_x} = (\text{좌변})$$

(b) 증명을 위해 $\bar{a}_x$, $\overset{\circ}{e}_x$, $\bar{a}_{\overline{\infty}|}$ 를 구해보면

$$\bar{a}_x = \int_0^\infty v^t\,{}_t p_x\,dt = \int_0^\infty e^{-\delta t}\,e^{-\mu t}\,dt = \int_0^\infty e^{-(\mu+\delta)t}\,dt = \frac{1}{\delta+\mu}$$

$$\overset{\circ}{e}_x = \int_0^\infty {}_t p_x\,dt = \int_0^\infty e^{-\mu t}\,dt = \frac{1}{\mu}$$

$$\bar{a}_{\overline{\infty}|} = \int_0^\infty v^t\,dt = \int_0^\infty e^{-\delta t}\,dt = \frac{1}{\delta}$$

따라서 $(\text{우변}) = \mu + \delta = \dfrac{1}{\bar{a}_x} = (\text{좌변})$

31 UDD가정하에서 다음 식을 증명하시오.

$$\bar{a}_{x:\overline{1}|} = \frac{1}{\delta} - \frac{v}{\delta} + q_x\left(\frac{v}{\delta} - \frac{d}{\delta^2}\right)$$

:: 풀이

UDD가정하에서 ${}_t q_x = t\,q_x$ 이므로

$$\bar{a}_{x:\overline{1}|} = \int_0^1 v^t\,{}_t p_x\,dt = \int_0^1 v^t(1 - {}_t q_x)\,dt = \int_0^1 v^t(1 - t\,q_x)\,dt$$

$$= \int_0^1 v^t\,dt - q_x \int_0^1 t\,v^t\,dt^{1)}$$

$$= \left[\frac{v^t}{\ln v}\right]_0^1 - q_x\left(\left[\frac{v^t}{\ln v}\,t\right]_0^1 - \int_0^1 \frac{v^t}{\ln v}\,dt\right)$$

$$= \left(\frac{1}{\delta} - \frac{v}{\delta}\right) - q_x\left(-\frac{v}{\delta} - \left[\frac{v^t}{(\ln v)^2}\right]_0^1\right)$$

$$= \left(\frac{1}{\delta} - \frac{v}{\delta}\right) + q_x\left(\frac{v}{\delta} + \frac{v-1}{\delta^2}\right) = \frac{1}{\delta} - \frac{v}{\delta} + q_x\left(\frac{v}{\delta} - \frac{d}{\delta^2}\right)$$

---

1) $u' = v^t$, $v = t$인 부분적분법을 사용함.

32 $\mu_{x+t} > \mu_x$ $(t>0)$일 때 다음 식을 증명하시오.

(a) $\bar{a}_x < \dfrac{1}{\mu_x + \delta}$

(b) $(\bar{I}\bar{a})_x < \dfrac{\bar{a}_x}{\mu_x + \delta} < \left(\dfrac{1}{\mu_x + \delta}\right)^2$

:: 풀이

(a) $1 - \delta \bar{a}_x = \bar{A}_x = \displaystyle\int_0^\infty v^t \, {}_t p_x \, \mu_{x+t} \, dt > \mu_x \int_0^\infty v^t \, {}_t p_x \, dt = \mu_x \, \bar{a}_x$

따라서 $\dfrac{1}{\mu_x + \delta} > \bar{a}_x$

(b) $\bar{a}_x - \delta (\bar{I}\bar{a})_x = (\bar{I}\bar{A})_x = \displaystyle\int_0^\infty t \, v^t \, {}_t p_x \, \mu_{x+t} \, dt > \mu_x \int_0^\infty t \, v^t \, {}_t p_x \, dt = \mu_x (\bar{I}\bar{a})_x$

따라서 $(\bar{I}\bar{a})_x < \dfrac{\bar{a}_x}{\mu_x + \delta}$

또한 (a)의 결과로부터 $\dfrac{\bar{a}_x}{\mu_x + \delta} < \left(\dfrac{1}{\mu_x + \delta}\right)^2$ 이므로

$(\bar{I}\bar{a})_x < \dfrac{\bar{a}_x}{\mu_x + \delta} < \left(\dfrac{1}{\mu_x + \delta}\right)^2$

33 피보험자 (20)이 가입한 20년 보증기간부 연속종신생명연금에서 총지급액의 현가를 Y라고 하자. 다음과 같은 가정을 이용하여 $E(Y)$와 $\mathrm{Var}(Y)$를 구하시오.

(i) 모든 x에 대하여 $\mu_x = 0.03$, $x \geq 20$ (ii) $\delta = 0.05$

:: 풀이

[풀이 1]

20년 보증기간부 연속종신생명연금에서 총지급액의 현가 Y는 다음과 같다.

$$Y = \begin{cases} \bar{a}_{\overline{20|}}, & T \leq 20 \\ \bar{a}_{\overline{T|}}, & T > 20 \end{cases}$$

따라서

$$E(Y) = \int_0^{20} \bar{a}_{\overline{20|}} \, {}_t p_{20} \, \mu_{20+t} \, dt + \int_{20}^\infty \bar{a}_{\overline{T|}} \, {}_t p_{20} \, \mu_{20+t} \, dt$$

$E(Y)$를 구하기 위하여 위의 식의 우변을 파트별로 구해보자.

(i) $\bar{a}_{\overline{20|}} = \dfrac{1 - v^{20}}{\delta} = \dfrac{1 - e^{-\delta \times 20}}{\delta} = \dfrac{1 - e^{-0.05 \times 20}}{0.05} = 12.642411$

(ii) $\displaystyle\int_0^{20} {}_t p_{20} \, \mu_{20+t} \, dt = \int_0^{20} e^{-0.03t} (0.03) \, dt = 0.03 \left[\dfrac{e^{-0.03t}}{-0.03}\right]_0^{20}$

$$= 0.03 \left(\frac{1 - e^{-0.03 \times 20}}{0.03} \right) = 0.451188$$

(iii) $\displaystyle\int_{20}^{\infty} {}_tp_{20}\ \mu_{20+t}\ dt = 1 - \int_0^{20} {}_tp_{20}\ \mu_{20+t}\ dt = 1 - 0.451188 = 0.548812$

(iv) $\displaystyle\int_{20}^{\infty} v^t\ {}_tp_{20}\ \mu_{20+t}\ dt = \int_{20}^{\infty} e^{-0.05t}\ e^{-0.03t}\ (0.03)\ dt = 0.03 \left[\frac{e^{-0.08t}}{-0.08} \right]_{20}^{\infty}$

$$= 0.03 \left(\frac{e^{-0.08 \times 20}}{0.08} \right) = 0.075711$$

이므로 $E(Y)$는

$$E(Y) = \bar{a}_{\overline{20|}} \int_0^{20} {}_tp_{20}\ \mu_{20+t}\ dt + \int_{20}^{\infty} \frac{1 - v^t}{\delta}\ {}_tp_{20}\ \mu_{20+t}\ dt$$

$$= \bar{a}_{\overline{20|}} \int_0^{20} {}_tp_{20}\ \mu_{20+t}\ dt + \frac{1}{\delta} \int_{20}^{\infty} {}_tp_{20}\ \mu_{20+t}\ dt$$

$$- \frac{1}{\delta} \int_{20}^{\infty} v^t\ {}_tp_{20}\ \mu_{20+t}\ dt$$

$$= (12.642411)(0.451188) + \frac{1}{0.05}(0.548812) - \frac{1}{0.05}(0.075711)$$

$$= 15.166124$$

$\text{Var}(Y)$를 구하기 위해 $E(Y^2)$을 구해보자.

$$E(Y^2) = \int_0^{20} (\bar{a}_{\overline{20|}})^2\ {}_tp_{20}\ \mu_{20+t}\ dt + \int_{20}^{\infty} (\bar{a}_{\overline{t|}})^2\ {}_tp_{20}\ \mu_{20+t}\ dt$$

(v) $\displaystyle\int_{20}^{\infty} (v^t)^2\ {}_tp_{20}\ \mu_{20+t}\ dt = \int_{20}^{\infty} (e^{-0.05t})^2 (e^{-0.03t})(0.03)\ dt$

$$= 0.03 \left[\frac{e^{-0.13t}}{-0.13} \right]_{20}^{\infty} = 0.03 \times \frac{e^{-0.13 \times 20}}{0.13} = 0.017140$$

이므로 $E(Y^2)$은

$$E(Y^2) = (\bar{a}_{\overline{20|}})^2 \int_0^{20} {}_tp_{20}\ \mu_{20+t}\ dt + \int_{20}^{\infty} \left(\frac{1 - v^t}{\delta} \right)^2 {}_tp_{20}\ \mu_{20+t}\ dt$$

$$= (\bar{a}_{\overline{20|}})^2 \int_0^{20} {}_tp_{20}\ \mu_{20+t}\ dt + \frac{1}{\delta^2} \left[\int_{20}^{\infty} {}_tp_{20}\ \mu_{20+t}\ dt \right.$$

$$\left. - 2 \int_{20}^{\infty} v^t\ {}_tp_{20}\ \mu_{20+t}\ dt + \int_{20}^{\infty} (v^t)^2\ {}_tp_{20}\ \mu_{20+t}\ dt \right]$$

$$= (12.642411)^2 (0.451188)$$

$$+ \frac{1}{(0.05)^2} [0.548812 - 2(0.075711) + 0.017140]$$

$$= 237.925629$$

따라서

$$\mathrm{Var}(Y) = E(Y^2) - [E(Y)]^2 = 237.925629 - (15.166124)^2 = 7.914312$$

[풀이 2]

연습문제 49번의 공식을 이용해서 풀어보자.

$$E(Y) = \bar{a}_{\overline{n|}} + {}_{n|}\bar{a}_x$$

$$\mathrm{Var}(Y) = \frac{2}{\delta}\left(v^n{}_{n|}\bar{a}_x - {}_{n|}{}^2\bar{a}_x\right) - \left({}_{n|}\bar{a}_x\right)^2$$

(a) $\quad {}_{n|}\bar{a}_{20} = \displaystyle\int_n^\infty e^{-\delta t}{}_t p_{20}\, dt = \int_n^\infty e^{-(\delta+\mu)t}\, dt = \frac{e^{-(\delta+\mu)n}}{\mu+\delta}$

$$ {}_{20|}\bar{a}_{20} = \frac{e^{-(0.03+0.05)(20)}}{0.03+0.05} = \frac{e^{-(0.08)(20)}}{0.08} = 2.523706 $$

$$\bar{a}_{\overline{20|}} = \frac{1 - e^{-0.05(20)}}{0.05} = 12.64241118$$

따라서

$$E(Y) = \bar{a}_{\overline{20\,:\,\overline{20|}}} = \bar{a}_{\overline{20|}} + {}_{20|}\bar{a}_{20} = 12.64241118 + 2.523706 = 15.166117$$

(b) $\quad {}_{20|}{}^2\bar{a}_{20} = \dfrac{e^{-(0.03+2\times0.05)20}}{0.03+2(0.05)} = \dfrac{e^{-0.13(20)}}{0.13} = 0.571335$

$$\mathrm{Var}(Y) = \frac{2}{0.05}\left[e^{-0.05(20)}(2.523706) - 0.571335\right] - (2.523706)^2$$

$$= 7.914290144$$

34 다음과 같은 두 가지 급부가 동시에 제공되는 상품이 있다.

(i) 연액 1원씩 사망시까지 지급되는 연속연금

(ii) 사망시 $(K - \text{총 지급된 연금액})$이 보험금으로 지급(보험금 > 0)

(즉, 계약 후 K시점 이후에는 사망보험금의 지급이 없다. 왜냐하면 계약 후 t시점에서 총지급된 연금액은 t원이기 때문이다)

이와 같은 상품의 NSP를 $\bar{a}_x$, $\bar{A}^1_{x:\overline{K|}}$와 $(\bar{I}\bar{A})^1_{x:\overline{K|}}$를 사용하여 나타내시오.

∷ 풀이

$$\mathrm{NSP} = \bar{a}_x + \int_0^K (K-t)\,v^t\,{}_t p_x\,\mu_{x+t}\, dt$$

$$= \bar{a}_x + \int_0^K K\,v^t\,{}_t p_x\,\mu_{x+t}\, dt - \int_0^K t\,v^t\,{}_t p_x\,\mu_{x+t}\, dt$$

$$= \bar{a}_x + K\bar{A}^1_{x:\overline{K|}} - (\bar{I}\bar{A})^1_{x:\overline{K|}}$$

35 피보험자 (40)은 다음과 같이 두 가지 급부가 동시에 제공되는 상품에 가입하였다.

(i) 연속적 연액 5원씩을 사망시까지 지급하는 연속종신생명연금

(ii) 피보험자 (40)의 사망시 사망보험금 20원을 사망즉시 지급하는 종신보험

이 상품의 급부에 대한 현가를 Z라고 할 때 사력이 $\mu_{40+t} = 0.04$, $(t \geq 0)$이고, 이력이 $\delta = 0.05$인 가정하에서 $\mathrm{Var}(Z)$를 구하시오.

풀이

$T_{30} = T$로 하면

$$Z = 5\bar{a}_{\overline{T}|} + 20v^T = 5\left(\frac{1-v^T}{\delta}\right) + 20v^T$$

$$\mathrm{Var}(Z) = \left(-\frac{5}{\delta} + 20\right)^2 \mathrm{Var}(v^T)$$

v^T는 종신보험급부의 현가의 확률변수이다.

$$E(v^T) = \frac{\mu}{\mu + \delta} = \frac{0.04}{0.04 + 0.05} = \frac{4}{9}$$

$$E(v^{2T}) = \frac{\mu}{\mu + 2\delta} = \frac{0.04}{0.04 + 2(0.05)} = \frac{0.04}{0.14} = \frac{2}{7}$$

$$\mathrm{Var}(Z) = \left(20 - \frac{5}{0.05}\right)^2 \left(\frac{2}{7} - \left(\frac{4}{9}\right)^2\right) = 564.3739$$

36 퇴직자 (x)에게 퇴직연금(기업연금)으로 다음의 두 가지 대안이 제시되었다.

(i) 연속적 연액 20,000원을 사망시까지 지급하는 연금

(ii) 7년 보증기간부 종신생명연금

두 가지 대안의 보험수리적 현가는 동일하다. 사력 $\mu_x = 0.03$ $(x \geq 0)$이고, 이력 $\delta = 0.05$일 때, 두 번째 연금의 연속적 연액을 구하시오.

풀이

대안 (i)에 대한 APV1은

$$\mathrm{APV1} = \left(\frac{1}{\mu + \delta}\right) \times 20000 = \left(\frac{1}{0.03 + 0.05}\right)(20000) = 250000$$

대안 (ii)의 APV2는 연속적 연액을 R이라고 하면

$$\mathrm{APV2} = R\,\bar{a}_{\overline{x:\overline{7}|}} = R(\bar{a}_{\overline{7}|} + {}_{7|}\bar{a}_x)$$

$$\bar{a}_{\overline{7}|} = \frac{1 - e^{-0.05(7)}}{0.05} = 5.906238$$

$${}_{7|}\bar{a}_x = \int_7^\infty e^{-0.05t}\, e^{-0.03t}\, dt = \frac{e^{-7(0.03+0.05)}}{0.03 + 0.05} = 7.140113$$

$$\bar{a}_{\overline{x:7|}} = \bar{a}_{\overline{7|}} + {}_{7|}\bar{a}_x = 13.04635$$

따라서 $APV2 = R\,\bar{a}_{\overline{x:7|}} = 13.04635R$

APV1과 APV2가 같아야 하므로

$$APV1 = 250000 = 13.04635\,R = APV2$$

$$R = \frac{250000}{13.04635} = 19162.4477$$

37 다음 자료를 이용하여 μ'_x를 μ_x를 이용하여 나타내시오.

(i) μ_x, δ는 생명표 A에 기초한 자료이다.

(ii) μ'_x, δ'는 생명표 B에 기초한 자료이다.

(iii) $\delta = \dfrac{\delta'}{3}$ (iv) $\bar{a}_x = \bar{a}'_x$, $x \le \omega$

풀이

$$\bar{a}_x = \int_x^\omega e^{-\delta(y-x)} \exp\left[-\int_0^{y-x} \mu_{x+s}\,ds\right] dy$$

자료 (iii)으로부터 $\delta' = 3\delta$이므로

$$\bar{a}'_x = \int_x^\omega e^{-\delta'(y-x)} \exp\left[-\int_0^{y-x} \mu'_{x+s}\,ds\right] dy$$

$$= \int_x^\omega e^{-(3\delta)(y-x)} \exp\left[-\int_0^{y-x} \mu'_{x+s}\,ds\right] dy$$

또한 자료 (iv)에 의해 모든 x에 대하여 $\bar{a}_x = \bar{a}'_x$이므로

$$\delta(y-x) + \int_0^{y-x} \mu_{x+s}\,ds = 3\delta(y-x) + \int_0^{y-x} \mu'_{x+s}\,ds$$

이다. 위 식을 y에 대하여 미분을 하면

$$\delta + \mu_y = 3\delta + \mu'_y$$

따라서

$$\mu'_y = \mu_y - 2\delta$$

38 다음 식이 성립함을 증명하시오.

$$\frac{d}{dx}\,\bar{s}_{x:\overline{n|}} = \bar{s}_{x:\overline{n|}}\,\mu_{x+n} - \frac{1}{{}_nE_x}\,\bar{A}^{\,1}_{x:\overline{n|}}$$

$$\left[\text{Hint} : \frac{d}{dx}\left({}_tp_x\right) = {}_tp_x(\mu_x - \mu_{x+t}),\ \frac{d}{dx}\left({}_tE_x\right) = {}_tE_x(\mu_x - \mu_{x+t})\right]$$

::: 풀이 :::

$$\bar{s}_{x:\overline{n}|} = \frac{1}{{}_nE_x}\,\bar{a}_{x:\overline{n}|} = \frac{1}{{}_nE_x}\int_0^n v^t\,{}_tp_x\,dt$$

$$\frac{d}{dx}\,\bar{s}_{x:\overline{n}|} = \frac{d}{dx}\left(\frac{\bar{a}_{x:\overline{n}|}}{{}_nE_x}\right) = \frac{{}_nE_x\,\dfrac{d}{dx}\left(\bar{a}_{x:\overline{n}|}\right) - \bar{a}_{x:\overline{n}|}\,\dfrac{d}{dx}\left({}_nE_x\right)}{\left({}_nE_x\right)^2}$$

$$= \frac{{}_nE_x\displaystyle\int_0^n v^t\,\dfrac{d}{dx}\left({}_tp_x\right)\,dt - \bar{a}_{x:\overline{n}|}\,{}_nE_x\left(\mu_x - \mu_{x+n}\right)}{\left({}_nE_x\right)^2}$$

$$= \frac{1}{{}_nE_x}\int_0^n v^t\,{}_tp_x\left(\mu_x - \mu_{x+t}\right)dt - \frac{1}{{}_nE_x}\,\bar{a}_{x:\overline{n}|}\left(\mu_x - \mu_{x+n}\right)$$

$$= \frac{1}{{}_nE_x}\,\bar{a}_{x:\overline{n}|}\,\mu_x - \frac{1}{{}_nE_x}\,\bar{A}^1_{x:\overline{n}|} - \frac{1}{{}_nE_x}\,\bar{a}_{x:\overline{n}|}\left(\mu_x - \mu_{x+n}\right)$$

$$= \bar{s}_{x:\overline{n}|}\,\mu_{x+n} - \frac{1}{{}_nE_x}\,\bar{A}^1_{x:\overline{n}|}$$

39 식 (4.2.1.78)와 식 (4.2.3.71)을 본문에서 사용된 총지급방법을 사용하지 말고 증명하시오. 즉,

(a) $(IA)_{x:\overline{n}|} = \ddot{a}_{x:\overline{n}|} - d\,(I\ddot{a})_{x:\overline{n}|}$ $\hspace{2cm}$ (4.2.1.78)

$\quad$ (Hint : $(IA)_{x:\overline{n}|} = (IA)^1_{x:\overline{n}|} + n\,A_{x:\overline{n}|}^{\ 1}$ 을 이용할 것)

(b) $(\bar{I}\bar{A})_{x:\overline{n}|} = \bar{a}_{x:\overline{n}|} - \delta\,(\bar{I}\bar{a})_{x:\overline{n}|}$ $\hspace{2cm}$ (4.2.3.71)

$\quad$ (Hint : $(\bar{I}\bar{A})^1_{x:\overline{n}|} + n\,A_{x:\overline{n}|}^{\ 1} = (\bar{I}\bar{A})_{x:\overline{n}|}$ 을 이용할 것)

::: 풀이 :::

(a) $M_x = vN_x - N_{x+1}, \ R_x = vS_x - S_{x+1} = (1-d)S_x - S_{x+1} = N_x - dS_x$를 이용하면

$$(IA)^1_{x:\overline{n}|} = \frac{1}{D_x}\left(R_x - R_{x+n} - n\,M_{x+n}\right)$$

$$= \frac{1}{D_x}\left(N_x - dS_x - N_{x+n} + dS_{x+n} - n(1-d)N_{x+n} - n\,N_{x+n+1}\right)$$

$$= \frac{N_x - N_{x+n}}{D_x} - \frac{d\,(S_x - S_{x+n} - n\,N_{x+n})}{D_x} - \frac{n\,(N_{x+n} - N_{x+n+1})}{D_x}$$

$$= \ddot{a}_{x:\overline{n}|} - d\,(I\ddot{a})_{x:\overline{n}|} - n\,\frac{D_{x+n}}{D_x} = \ddot{a}_{x:\overline{n}|} - d\,(I\ddot{a})_{x:\overline{n}|} - n\,A_{x:\overline{n}|}^{\ 1}$$

따라서 $(IA)^1_{x:\overline{n}|} + n\,A_{x:\overline{n}|}^{\ 1} = (IA)_{x:\overline{n}|} = \ddot{a}_{x:\overline{n}|} - d\,(I\ddot{a})_{x:\overline{n}|}$

(b) $(\bar{I}\bar{A})^1_{x:\overline{n}|} = \displaystyle\int_0^n t\, v^t\, {}_tp_x\, \mu_{x+t}\, dt$

$\qquad\qquad = \left[t\, v^t\,(-{}_tp_x)\right]_0^n - \displaystyle\int_0^n \left[v^t + t\,(\ln v)\,v^t\right](-{}_tp_x)\, dt$

$\qquad\qquad = -n\, v^n\, {}_np_x + \displaystyle\int_0^n v^t\, {}_tp_x\, dt - \delta \int_0^n t\, v^t\, {}_tp_x\, dt$

$\qquad\qquad = -n\, A^{\;1}_{x:\overline{n}|} + \bar{a}_{x:\overline{n}|} - \delta\,(\bar{I}\bar{a})_{x:\overline{n}|}$

따라서 $(\bar{I}\bar{A})^1_{x:\overline{n}|} + n\, A^{\;1}_{x:\overline{n}|} = (\bar{I}\bar{A})_{x:\overline{n}|} = \bar{a}_{x:\overline{n}|} - \delta\,(\bar{I}\bar{a})_{x:\overline{n}|}$

40 피보험자 (x), 연속적 연액 1원인 연속종신생명연금에서 사망전까지 지급되는 총지급액의 현가를 Y라고 하고, 피보험자 (x)가 가입한 보험금 1원, 보험금 사망즉시급인 10년만기 정기보험의 보험금현가를 Z라고 하자. 다음과 같은 자료를 이용하여 $E(Z)$를 구하시오.

(i) 모든 x에 대하여 $\mu_x = \mu$ \qquad\qquad (ii) $\delta = 0.05$

(iii) $E(Y^2) = 130$

:: 풀이

(i)에 의하여 사망법칙이 CFM임을 알 수 있다.

$$^2\bar{A}_x - (\bar{A}_x)^2 = \frac{\mu}{\mu+2\delta} - \left(\frac{\mu}{\mu+\delta}\right)^2 = \frac{\mu(\mu+\delta)^2 - \mu^2(\mu+2\delta)}{(\mu+2\delta)(\mu+\delta)^2}$$

$$= \frac{\mu\,\delta^2}{(\mu+2\delta)(\mu+\delta)^2}$$

$$\mathrm{Var}(Y) = \frac{^2\bar{A}_x - (\bar{A}_x)^2}{\delta^2} = \frac{\mu}{(\mu+2\delta)(\mu+\delta)^2}$$

$$E(Y^2) = \mathrm{Var}(Y) + [E(Y)]^2$$

$$= \frac{\mu}{(\mu+2\delta)(\mu+\delta)^2} + \left(\frac{1}{\mu+\delta}\right)^2 = \frac{\mu+\mu+2\delta}{(\mu+2\delta)(\mu+\delta)^2} = 130\text{이고}$$

$\delta = 0.05$이므로 $2\mu + 0.1 = 130\,(\mu+0.1)(\mu+0.05)^2$

$130\mu^2 + 19.5\mu - 1.35 = 0$에서 μ를 구하면

$$\mu = \frac{-19.5 \pm \sqrt{19.5^2 - 4\times 130\times(-1.35)}}{2\times 130} = 0.051529$$

위에서 구한 μ를 이용하여 $E(Z)$를 구하면

$$E(Z) = \frac{\mu\,(1 - e^{-(\mu+\delta)n})}{\mu+\delta} = \frac{0.051529\,(1 - e^{-(0.101529)(10)})}{0.051529 + 0.05} = 0.323653$$

41 나이가 모두 x세인 단체를 고려한다. 다음과 같은 가정을 이용하여, 이 단체에서 임의로 선택된 사람에 대한 $\bar{a}_x$를 구하시오.

(i) 단체의 각 개인은 상수 μ인 다른 사력을 가지고 있다.

(ii) 각 개인의 μ는 구간 $[0.03, 0.05]$인 균등분포로부터 추출된다.

(iii) 이 단체에 적용되는 종신연금의 일시납순보험료는 단일요율이다.

(iv) $\delta = 0.05$

∷ **풀이**

각 개인은 다른 사력 μ를 가지고 있으며, 이 단체는 이런 개인들의 집단이다. 한 개인의 μ가 주어졌을 때 그 개인의 미래생존기간의 p.d.f는 $f_x(t|\mu) = \mu e^{-\mu t}$이다.

이 개인(특별한 μ를 가진)에 대하여 연금의 APV는

$$E_T\left(\bar{a}_{\overline{T}|}\,|\mu\right) = \frac{1}{\mu+\delta} = \frac{1}{\mu+0.05}$$

이 문제에서 μ는 확률변수이고 $U(0.03, 0.05)$를 따른다. $E_T\left(\bar{a}_{\overline{T}|}\right)$는 이중기대값(double expectation)공식을 이용하여 구할 수 있다.

$$\bar{a}_x = E_T\left(\bar{a}_{\overline{T}|}\right) = E_\mu\left[E_T\left[\bar{a}_{\overline{T}|}\,|\mu\right]\right] = E_\mu\left[\frac{1}{\mu+0.05}\right]$$

$$= \int_{0.03}^{0.05}\left(\frac{1}{\mu+0.05}\right)f(\mu)\,d\mu = \int_{0.03}^{0.05}\left(\frac{1}{\mu+0.05}\right)\left(\frac{1}{0.05-0.03}\right)d\mu$$

$$= 50\left[\ln(\mu+0.05)\right]_{0.03}^{0.05} = 50(\ln 0.1 - \ln 0.08) = 11.1572$$

42 나이가 x세로 모두 동일한 인구집단을 고려한다. 이 인구집단의 25%는 흡연자이며 사력은 0.1로 전 연령에서 동일하다. 이 인구집단의 나머지 75%는 비흡연자이며, 사력은 0.05로 전 연령에서 동일하다. 이 인구집단에서 임의로 한 명을 선택했을 때, 선택된 사람의 $\mathrm{Var}(\bar{a}_{\overline{T_x}|})$를 구하시오. 여기서 T_x는 (x)의 미래생존기간을 나타내고 이력은 $\delta = 0.05$이다.

∷ **풀이**

이 문제는 분포의 혼합(mixture of distributions)에 관한 문제이다.

흡연자에 대하여

$$\bar{A}_x^S = \frac{0.1}{0.1+0.05} = \frac{10}{15}, \quad {}^2\bar{A}_x^S = \frac{0.1}{0.1+2(0.05)} = \frac{1}{2}$$

비흡연자에 대하여

$$\bar{A}_x^N = \frac{0.05}{0.05+0.05} = \frac{1}{2}, \quad {}^2\bar{A}_x^N = \frac{0.05}{0.05+2(0.05)} = \frac{1}{3}$$

임의로 선택된 한명에 대하여 적률(moment)은

$$\bar{A}_x = 0.25\,\bar{A}_x^S + 0.75\,\bar{A}_x^N = 0.25\left(\frac{10}{15}\right) + 0.75\left(\frac{1}{2}\right) = 0.541667$$

$$^2\bar{A}_x = 0.25\left(^2\bar{A}_x^S\right) + 0.75\left(^2\bar{A}_x^N\right) = 0.25\left(\frac{1}{2}\right) + 0.75\left(\frac{1}{3}\right) = 0.375$$

따라서

$$\mathrm{Var}\left(\bar{a}_{\overline{T|}}\right) = \frac{1}{\delta^2}\left[\,^2\bar{A}_x - \left(\bar{A}_x\right)^2\right] = \frac{0.375 - (0.541667)^2}{(0.05)^2} = 32.638744$$

임의로 선택된 한 명에 대하여 혼합분포의 적률(moment of the mixed distribution)은 각 분포의 적률의 가중평균이다. 그러나 혼합분포의 분산은 각 분포의 분산의 가중평균이 아님에 유의하여야 하며, 각 그룹을 고려하려면 분산분해공식을 이용하여야 한다.

43 다음과 같은 자료를 이용하여 δ를 구하시오.

(i) $\bar{a}_{45} = 6.000$ (ii) $\mathring{a}_{45}^{(12)} = 5.983$ (iii) $\ddot{a}_{45}^{(12)} = 6.018$

:: 풀이

$\mathring{a}_{45}^{(12)} = \dfrac{\delta}{i^{(12)}}\,\bar{a}_{45}$ 임을 이용하면 $\dfrac{\delta}{i^{(12)}} = \dfrac{5.983}{6}$

$\ddot{a}_{45}^{(12)} = \dfrac{\delta}{d^{(12)}}\,\bar{a}_{45}$ 임을 이용하면 $\dfrac{\delta}{d^{(12)}} = \dfrac{6.018}{6}$ 이므로 $\dfrac{d^{(12)}}{i^{(12)}} = \dfrac{5.983}{6.018} = 0.994184$

$d^{(12)} = \dfrac{i^{(12)}}{1 + (i^{(12)}/12)}$ 이므로 $i^{(12)} = 0.0702$

따라서 $\delta = \dfrac{5.983}{6} \times i^{(12)} = \dfrac{5.983}{6} \times 0.0702 = 0.07$

44 $\ddot{a}_{x:\overline{n|}}^{\{m\}} = A\,\mathring{a}_{x:\overline{n|}}^{\{m\}} = B\,\bar{a}_{x:\overline{n|}}$ 일 때 $\dfrac{A}{B} = m\,\bar{s}_{\overline{1/m|}}$ 임을 증명하시오.

:: 풀이

$\ddot{a}_{x:\overline{n|}} = \dfrac{\delta}{d^{(m)}}\,\bar{a}_{x:\overline{n|}}$ 이므로 $B = \dfrac{\delta}{d^{(m)}}$

또한 $\ddot{a}_{x:\overline{n|}}^{\{m\}} = \dfrac{\delta}{d^{(m)}}\,\bar{a}_{x:\overline{n|}} = \dfrac{\delta}{i^{(m)}}\,\dfrac{i^{(m)}}{d^{(m)}}\,\bar{a}_{x:\overline{n|}} = \dfrac{i^{(m)}}{d^{(m)}}\,\mathring{a}_{x:\overline{n|}}^{(m)}$ 이므로 $A = \dfrac{i^{(m)}}{d^{(m)}}$

따라서

$$\frac{A}{B} = \frac{\dfrac{i^{(m)}}{d^{(m)}}}{\dfrac{\delta}{d^{(m)}}} = \frac{i^{(m)}}{\delta} = \frac{m\left[(1+i)^{\frac{1}{m}} - 1\right]}{\delta} = m\,\bar{s}_{\overline{1/m|}}$$

45 $\displaystyle\int_x^\infty (1+i)^y\,\bar{M}_y\,dy = l_x\,\bar{a}_x$ 가 성립함을 증명하시오.

::: 풀이

$\bar{M}_y = \displaystyle\int_y^\infty D_z\,\mu_z\,dz$ 이므로 $\dfrac{d}{dy}\bar{M}_y = -D_y\,\mu_y$, $\displaystyle\int (1+i)^y\,dy = \dfrac{1}{\delta}(1+i)^y$ 이므로

$$\int_x^\infty (1+i)^y\,\bar{M}_y\,dy = \left[\frac{1}{\delta}(1+i)^y\,\bar{M}_y\right]_x^\infty - \int_x^\infty \frac{1}{\delta}(1+i)^y(-D_y\,\mu_y)\,dy^{1)2)}$$

$$= -\frac{1}{\delta}\bar{M}_x(1+i)^x + \frac{1}{\delta}\int_x^\infty l_y\,\mu_y\,dy$$

$$= -\frac{1}{\delta}\bar{M}_x(1+i)^x + \frac{1}{\delta}l_x$$

$$= \frac{l_x}{\delta}\left(1 - \frac{\bar{M}_x(1+i)^x}{l_x}\right) = \frac{l_x}{\delta}\left(1 - \frac{\bar{M}_x}{v^x\,l_x}\right)$$

$$= \frac{l_x}{\delta}\left(1 - \frac{\bar{M}_x}{D_x}\right) = l_x\left(\frac{1-\bar{A}_x}{\delta}\right) = l_x\,\bar{a}_x$$

46 다음이 성립함을 증명하시오.

(a) $A_{x:\overline{1}|} = \dfrac{1 - i\,a_{x:\overline{10}|}}{1+i}$ 　　　　　　　　(b) $(IA)_x = v\ddot{a}_x - d\,(Ia)_x$

(c) $\ddot{a}_x^{\{m\}} - \mathring{a}_x^{(m)} = \dfrac{\delta\left(i^{(m)} - d^{(m)}\right)\bar{a}_x}{i^{(m)}\,d^{(m)}}$

::: 풀이

(a) $A_{x:\overline{1}|} = 1 - d\,\ddot{a}_{x:\overline{1}|} = 1 - \dfrac{i}{1+i}\,\ddot{a}_{x:\overline{1}|} = \dfrac{1 + i - i\,\ddot{a}_{x:\overline{1}|}}{1+i}$

$\qquad = \dfrac{1 + i - i\left[1 + a_{x:\overline{10}|}\right]}{1+i} = \dfrac{1 - i\,a_{x:\overline{10}|}}{1+i}$

(b) $(IA)_x = \displaystyle\sum_{k=0}^\infty (k+1)v^{k+1}\left({}_k p_x - {}_{k+1}p_x\right)$

$\qquad = \displaystyle\sum_{k=0}^\infty (k+1)v^{k+1}\,{}_k p_x - \sum_{k=0}^\infty (k+1)v^{k+1}\,{}_{k+1}p_x$

$\qquad = \displaystyle\sum_{k=0}^\infty k\,v^{k+1}\,{}_k p_x + \sum_{k=0}^\infty v^{k+1}\,{}_k p_x - \sum_{k=0}^\infty (k+1)v^{k+1}\,{}_{k+1}p_x$

---

1) $u' = (1+i)^y$, $v = \bar{M}_y$ 인 부분적분법을 사용함.

2) $(1+i)^y = v^{-y}$, $D_y = v^y\,l_y$

358 제 4 장 생명연금

$$= v(Ia)_x + v\ddot{a}_x - (Ia)_x$$

$$= v\ddot{a}_x - (1-v)(Ia)_x = v\ddot{a}_x - d(Ia)_x$$

(c) $\ddot{a}_x^{(m)} - \mathring{a}_x^{(m)} = \left(\dfrac{\delta}{d^{(m)}} - \dfrac{\delta}{i^{(m)}}\right)\bar{a}_x = \dfrac{\delta(i^{(m)} - d^{(m)})\bar{a}_x}{i^{(m)}d^{(m)}}$

47 피보험자 (65)가 가입한 연간 총연금액 1원의 기시급 종신연금의 일시납순보험료 $\left(\ddot{a}_{65}^{(m)}\right)$를 Woolhouse의 공식을 이용하여 근사치로 구하였다. Woolhouse의 공식은 다음과 같다.

$$\ddot{a}_x^{(m)} \fallingdotseq \ddot{a}_x - \frac{m-1}{2m} - \frac{m^2-1}{12m^2}(\mu_x + \delta)$$

$\ddot{a}_{65}^{(4)} = 11.73949$, $\ddot{a}_{65}^{(12)} = 11.65589$일 때, $\ddot{a}_{65}^{(2)}$를 구하시오. 단, 계산시 사용된 사력과 이력은 모두 동일하다.

::: 풀이

계산시 사용된 사력과 이력은 모두 동일하므로

$m = 4$일 때, Woolhouse공식을 이용하면

$$\ddot{a}_{65}^{(4)} \fallingdotseq \ddot{a}_{65} - \frac{4-1}{2(4)} - \frac{(4)^2-1}{12(4)^2}(\mu_{65} + \delta) = \ddot{a}_{65} - \frac{3}{8} - \frac{15}{192}(\mu_{65} + \delta)$$

$$= 11.73949$$

$m = 12$일 때, Woolhouse공식을 이용하면

$$\ddot{a}_{65}^{(12)} \fallingdotseq \ddot{a}_{65} - \frac{12-1}{2(12)} - \frac{(12)^2-1}{12 \times (12)^2}(\mu_{65} + \delta) = \ddot{a}_{65} - \frac{11}{24} - \frac{143}{1728}(\mu_{65} + \delta)$$

$$= 11.65589$$

$$\ddot{a}_{65}^{(4)} - \ddot{a}_{65}^{(12)} = -\frac{3}{8} - \frac{15}{192}(\mu_{65} + \delta) + \frac{11}{24} + \frac{143}{1728}(\mu_{65} + \delta) = 0.0836$$

으로부터 $\mu_{65} + \delta = 0.0576$임을 알 수 있다.

$\ddot{a}_{65}^{(4)} \fallingdotseq \ddot{a}_{65} - \dfrac{3}{8} - \dfrac{15}{192}(0.0576) = 11.73949$이므로 $\ddot{a}_{65} = 12.11899$

따라서 $\ddot{a}_{65}^{(2)} = \ddot{a}_{65} - \dfrac{2-1}{2(2)} - \dfrac{(2)^2-1}{12(2)^2}(0.0576)$

$$= 12.11899 - \frac{1}{4} - \frac{3}{48}(0.0576) = 11.86539$$

48 다음을 증명하시오.

(a) $\dfrac{d}{dx}\,\bar{N}_x = -D_x$

(b) $\dfrac{d}{dx}\,\bar{a}_x = \bar{a}_x(\mu_x+\delta) - 1 = \mu_x\,\bar{a}_x - \bar{A}_x$

(c) $\dfrac{d}{dx}\,(l_x\,\bar{a}_x) = -\,l_x\,\bar{A}_x$

(d) $\dfrac{d}{dx}\,\bar{a}_{x:\overline{n}|} = \mu_x\,\bar{a}_{x:\overline{n}|} - \bar{A}^{\,1}_{x:\overline{n}|}$

(e) $\dfrac{d}{dx}\,\bar{A}_{x:\overline{n}|} = \delta\left(\bar{A}^{\,1}_{x:\overline{n}|} - \mu_x\,\bar{a}_{x:\overline{n}|}\right)$

(f) $\dfrac{d}{dn}\,\bar{a}_{x:\overline{n}|} = A_{x:\frac{1}{n}|}$

(g) $\dfrac{d}{dn}\,{}_{n|}\bar{a}_x = -\,{}_nE_x$

풀이

(a) D_{x+t}는 $x+t$의 함수이므로 x로 미분하거나 t로 미분하거나 결과는 동일하다. 즉,

$\dfrac{d}{dx}D_{x+t} = \dfrac{d}{dt}D_{x+t}$ 이를 이용하고 부록의 식 (I−38)을 이용하면

$$\frac{d}{dx}\,\bar{N}_x = \frac{d}{dx}\int_0^\infty D_{x+t}\,dt = \int_0^\infty \frac{d}{dx}D_{x+t}\,dt = \int_0^\infty \frac{d}{dt}D_{x+t}\,dt = -D_x$$

(b) 부록의 식 (I−30)과 (a)의 결과, $\dfrac{d}{dx}D_x = -D_x(\mu_x+\delta)$를 이용하면

$$\frac{d}{dx}\,\bar{a}_x = \frac{d}{dx}\frac{\bar{N}_x}{D_x} = \frac{\left(\dfrac{d}{dx}\bar{N}_x\right)D_x - \bar{N}_x\left(\dfrac{d}{dx}D_x\right)}{(D_x)^2}$$

$$= \frac{-(D_x)^2 + \bar{N}_x\,D_x(\mu_x+\delta)}{(D_x)^2}$$

$$= \bar{a}_x(\mu_x+\delta) - 1 = \mu_x\,\bar{a}_x - \bar{A}_x$$

(c) 부록의 식 (I−29)와 $\dfrac{d}{dx}l_x = -\,l_x\,\mu_x$, (b)의 결과를 이용하면

$$\frac{d}{dx}\,(l_x\,\bar{a}_x) = \left(\frac{d}{dx}l_x\right)\bar{a}_x + l_x\left(\frac{d}{dx}\bar{a}_x\right)$$

$$= (-\,l_x\,\mu_x)\bar{a}_x + l_x\left(\bar{a}_x\,\mu_x + \bar{a}_x\,\delta - 1\right)$$

$$= l_x(\delta\,\bar{a}_x - 1) = -\,l_x\,\bar{A}_x$$

(d) $\dfrac{d}{dx}\,{}_tp_x = {}_tp_x(\mu_x - \mu_{x+t})$를 이용하면

$$\frac{d}{dx}\,\bar{a}_{x:\overline{n}|} = \frac{d}{dx}\int_0^n v^t\,{}_tp_x\,dt = \int_0^n v^t\left(\frac{d}{dx}{}_tp_x\right)dt$$

$$= \int_0^n v^t\,{}_tp_x(\mu_x - \mu_{x+t})\,dt = \mu_x\int_0^n v^t\,{}_tp_x\,dt - \int_0^n v^t\,{}_tp_x\,\mu_{x+t}\,dt$$

$$= \mu_x\,\bar{a}_{x:\overline{n}|} - \bar{A}^{\,1}_{x:\overline{n}|}$$

(e) (d)의 결과를 이용하면

$$\frac{d}{dx}\,\bar{A}_{x:\overline{n}|} = \frac{d}{dx}\left(1 - \delta\,\bar{a}_{x:\overline{n}|}\right) = -\,\delta\left(\mu_x\,\bar{a}_{x:\overline{n}|} - \bar{A}_{x:\overline{n}|}\right)$$

$$= \delta\left(\bar{A}^{\,1}_{x:\overline{n}|} - \mu_x\,\bar{a}_{x:\overline{n}|}\right)$$

(f) 부록의 식 (I-34)를 이용하면

$$\frac{d}{dn}\,\bar{a}_{x:\overline{n}|} = \frac{d}{dn}\int_0^n v^s\,{}_sp_x\,ds = v^n\,{}_np_x = A_{x:\overline{n}|}^{\;\;1}$$

(g) 부록의 식 (I-34)를 이용하면

$$\frac{d}{dn}\,{}_{n|}\bar{a}_x = \frac{d}{dn}\int_n^\infty v^t\,{}_tp_x\,dt = -\,v^n\,{}_np_x = -\,{}_nE_x$$

또는 (f)의 결과를 이용하면

$$\frac{d}{dn}\,{}_{n|}\bar{a}_x = \frac{d}{dn}\left(\bar{a}_x - \bar{a}_{x:\overline{n}|}\right) = \frac{d}{dn}\,\bar{a}_x - \frac{d}{dn}\,\bar{a}_{x:\overline{n}|}$$

$$= 0 - {}_nE_x = -\,{}_nE_x$$

49 다음을 증명하시오.

(a) $\dfrac{d}{dx}\,(\bar{I}\bar{a})_{x:\overline{n}|} = \mu_x\,(\bar{I}\bar{a})_{x:\overline{n}|} - (\bar{I}\bar{A})^1_{x:\overline{n}|}$

(b) $\dfrac{d}{dx}\,(\bar{I}\bar{A})_x = -\,\bar{A}_x + (\delta + \mu_x)\,(\bar{I}\bar{A})_x$

(c) $\dfrac{d}{dn}\,(\bar{D}\bar{a})_{x:\overline{n}|} = \bar{a}_{x:\overline{n}|}$

(d) $\dfrac{d}{dx}\,\bar{s}_{x:\overline{n}|} = \bar{s}_{x:\overline{n}|}\,\mu_{x+n} - \dfrac{1}{{}_nE_x}\,\bar{A}^{\,1}_{x:\overline{n}|}$

::: 풀이

(a) $\dfrac{d}{dx}\,{}_tp_x = {}_tp_x\,(\mu_x - \mu_{x+t})$ 를 이용하면

$$\frac{d}{dx}\,(\bar{I}\bar{a})_{x:\overline{n}|} = \frac{d}{dx}\int_0^n t\,v^t\,{}_tp_x\,dt = \int_0^n t\,v^t\left(\frac{d}{dx}\,{}_tp_x\right)dt$$

$$= \int_0^n t\,v^t\,{}_tp_x\,(\mu_x - \mu_{x+t})\,dt$$

$$= \mu_x\int_0^n t\,v^t\,{}_tp_x\,dt - \int_0^n t\,v^t\,{}_tp_x\,\mu_{x+t}\,dt$$

$$= \mu_x\,(\bar{I}\bar{a})_{x:\overline{n}|} - (\bar{I}\bar{A})^1_{x:\overline{n}|}$$

(b) (증명1)

$\dfrac{d}{dx}\,\bar{a}_x = \bar{a}_x\,(\mu_x + \delta) - 1$ 과 (a)의 결과를 이용하면

$$
\begin{aligned}
\frac{d}{dx}\,(\bar{I}\bar{A})_x &= \frac{d}{dx}\left[\bar{a}_x - \delta\,(\bar{I}\bar{a})_x\right] = \frac{d}{dx}\,\bar{a}_x - \delta\,\frac{d}{dx}\,(\bar{I}\bar{a})_x \\
&= \bar{a}_x\,(\mu_x + \delta) - 1 - \delta\left[\mu_x\,(\bar{I}\bar{a})_x - (\bar{I}\bar{A})_x\right] \\
&= -\,(1 - \delta\,\bar{a}_x) + \mu_x\left[\bar{a}_x - \delta\,(\bar{I}\bar{a})_x\right] + \delta\,(\bar{I}\bar{A})_x \\
&= -\,\bar{A}_x + \mu_x\,(\bar{I}\bar{A})_x + \delta\,(\bar{I}\bar{A})_x = -\,\bar{A}_x + (\delta + \mu_x)(\bar{I}\bar{A})_x
\end{aligned}
$$

(증명2)

$(\bar{I}\bar{A})_x = \dfrac{1}{D_x}\displaystyle\int_0^\infty \bar{M}_{x+t}\,dt$ 이므로, 부록의 식 $(I-29)$와 식 $(I-30)$을 이용하면

$$
\begin{aligned}
\frac{d}{dx}\,(\bar{I}\bar{A})_x &= \left(\frac{d}{dx}\frac{1}{D_x}\right)\int_0^\infty \bar{M}_{x+t}\,dt + \frac{1}{D_x}\left(\frac{d}{dx}\int_0^\infty \bar{M}_{x+t}\,dt\right) \\
&= \frac{\left(-\dfrac{d}{dx}D_x\right)}{(D_x)^2}\int_0^\infty \bar{M}_{x+t}\,dt + \frac{1}{D_x}\int_0^\infty \frac{d}{dx}\bar{M}_{x+t}\,dt
\end{aligned}
$$

$\dfrac{d}{dx}D_x = -D_x\,(\mu_x + \delta)$ 와 $\bar{M}_{x+t}$ 는 $x+t$ 의 함수이므로 x 로 미분하거나, t 로 미분하거나 결과가 동일하다는(즉, $\dfrac{d}{dx}\bar{M}_{x+t} = \dfrac{d}{dt}\bar{M}_{x+t}$) 점을 이용하면

$$
\begin{aligned}
&= \frac{(\mu_x + \delta)}{D_x}\int_0^\infty \bar{M}_{x+t}\,dt + \frac{1}{D_x}\int_0^\infty \frac{d}{dt}\bar{M}_{x+t}\,dt \\
&= (\mu_x + \delta)\,(\bar{I}\bar{A})_x - \frac{\bar{M}_x}{D_x} = -\,\bar{A}_x + (\delta + \mu_x)\,(\bar{I}\bar{A})_x
\end{aligned}
$$

(c) $(\bar{D}\bar{a})_{x:\overline{n}|} = \displaystyle\int_0^n (n-t)\,v^t\,{}_t p_x\,dt$ 이므로 $f(t, n) = (n-t)\,v^t\,{}_t p_x$ 라고 하면

$\beta(n) = n$, $\alpha(n) = 0$ 으로 부록의 식 $(I-41)$인 Leibniz의 정리를 이용하면

$$
\begin{aligned}
\frac{d}{dn}\,(\bar{D}\bar{a})_{x:\overline{n}|} &= \int_0^n \frac{d}{dn}(n-t)\,v^t\,{}_t p_x\,dt + (n-n)\,v^n\,{}_n p_x\left(\frac{d}{dn}n\right) \\
&\quad - (n-0)\,v^0\,{}_0 p_x\left(\frac{d}{dn}0\right) \\
&= \int_0^n v^t\,{}_t p_x\,dt + 0 - 0 = \bar{a}_{x:\overline{n}|}
\end{aligned}
$$

(d) 부록의 식 $(I-30)$과 $\dfrac{d}{dx}\,{}_t p_x = {}_t p_x\,(\mu_x - \mu_{x+t})$, $\dfrac{d}{dx}\,{}_n E_x = {}_n E_x\,(\mu_x - \mu_{x+n})$을 이용하면

$$\frac{d}{dx}\,\bar{s}_{x:\overline{n}|} = \frac{d}{dx}\left(\frac{\bar{a}_{x:\overline{n}|}}{{}_nE_x}\right) = \frac{\left(\dfrac{d}{dx}\,\bar{a}_{x:\overline{n}|}\right){}_nE_x - \bar{a}_{x:\overline{n}|}\left(\dfrac{d}{dx}\,{}_nE_x\right)}{({}_nE_x)^2}$$

$$= \frac{{}_nE_x\displaystyle\int_0^n v^t\,\frac{d}{dx}\,({}_tp_x)\,dt - \bar{a}_{x:\overline{n}|}\,{}_nE_x\,(\mu_x - \mu_{x+n})}{({}_nE_x)^2}$$

$$= \frac{1}{{}_nE_x}\int_0^n v^t\,{}_tp_x\,(\mu_x - \mu_{x+t})\,dt - \frac{1}{{}_nE_x}\,\bar{a}_{x:\overline{n}|}\,(\mu_x - \mu_{x+n})$$

$$= \frac{1}{{}_nE_x}\,\mu_x\,\bar{a}_{x:\overline{n}|} - \frac{1}{{}_nE_x}\,\bar{A}^1_{x:\overline{n}|} - \frac{1}{{}_nE_x}\,\bar{a}_{x:\overline{n}|}\,(\mu_x - \mu_{x+n})$$

$$= \bar{s}_{x:\overline{n}|}\,\mu_{x+n} - \frac{1}{{}_nE_x}\,\bar{A}^1_{x:\overline{n}|}$$

50 다음을 증명하시오.

(a) $\dfrac{d}{di}\,\ddot{a}_x = \dfrac{d}{di}\,a_x = -v(Ia)_x$ 　　(b) $\dfrac{d}{di}\,\bar{a}_x = -v(\bar{I}\bar{a})_x$

(c) $\dfrac{d}{d\delta}\,\bar{a}_x = -(\bar{I}\bar{a})_x$ 　　　　　　(d) $\dfrac{d}{di}\,\bar{a}_{x:\overline{n}|} = -v(\bar{I}\bar{a})_{x:\overline{n}|}$

(e) $\dfrac{d}{d\delta}\,\bar{a}_{x:\overline{n}|} = -(\bar{I}\bar{a})_{x:\overline{n}|}$

::: 풀이

(a) $\dfrac{d}{di}\,\ddot{a}_x = \dfrac{d}{di}\displaystyle\sum_{k=0}^{\infty}(1+i)^{-k}\,{}_kp_x = \sum_{k=0}^{\infty}\frac{d}{di}(1+i)^{-k}\,{}_kp_x$

$$= \sum_{k=0}^{\infty} -k(1+i)^{-(k+1)}\,{}_kp_x = -v\sum_{k=1}^{\infty} k\,v^k\,{}_kp_x = -v(Ia)_x$$

$\dfrac{d}{di}\,a_x = \dfrac{d}{di}(\ddot{a}_x - 1) = \dfrac{d}{di}\,\ddot{a}_x = -v(Ia)_x$

(b) $\dfrac{d}{di}\,\bar{a}_x = \dfrac{d}{di}\displaystyle\int_0^{\infty} v^t\,{}_tp_x\,dt = \int_0^{\infty}\frac{d}{di}(1+i)^{-t}\,{}_tp_x\,dt$

$$= \int_0^{\infty} -t(1+i)^{-t-1}\,{}_tp_x\,dt = -v\int_0^{\infty} t\,v^t\,{}_tp_x\,dt = -v(\bar{I}\bar{a})_x$$

(c) $\dfrac{d}{d\delta}\,\bar{a}_x = \dfrac{d}{d\delta}\displaystyle\int_0^{\infty} v^t\,{}_tp_x\,dt = \int_0^{\infty}\frac{d}{d\delta}\,e^{-\delta t}\,{}_tp_x\,dt$

$$= \int_0^{\infty} -t\,e^{-\delta t}\,{}_tp_x\,dt = -\int_0^{\infty} t\,v^t\,{}_tp_x\,dt = -(\bar{I}\bar{a})_x$$

(d) $\dfrac{d}{di}\,\bar{a}_{x:\overline{n}|} = \dfrac{d}{di}\displaystyle\int_0^n v^t\,{}_tp_x\,dt = \int_0^n \dfrac{d}{di}\,(1+i)^{-t}\,{}_tp_x\,dt$

$\qquad\qquad = \displaystyle\int_0^n (-t)\,(1+i)^{-t-1}\,{}_tp_x\,dt = -v\int_0^n t\,v^t\,{}_tp_x\,dt = -v\,(\bar{I}\bar{a})_{x:\overline{n}|}$

(e) $\dfrac{d}{d\delta}\,\bar{a}_{x:\overline{n}|} = \displaystyle\int_0^n \dfrac{d}{d\delta}\,e^{-\delta t}\,{}_tp_x\,dt = \int_0^n (-t)\,e^{-\delta t}\,{}_tp_x\,dt = -\int_0^n t\,v^t\,{}_tp_x\,dt$

$\qquad\qquad = -\,(\bar{I}\bar{a})_{x:\overline{n}|}$

제 **5** 장

순보험료

Ⅰ. 기초이론

1. 다양한 보험료의 계산기수($h = n$인 경우 보험료 전기납입)

(i) $_hP_{x:\overline{n|}}^{\ 1} = \dfrac{A_{x:\overline{n|}}^{\ 1}}{\ddot{a}_{x:\overline{h|}}} = \dfrac{D_{x+n}}{N_x - N_{x+h}}$

(ii) $_hP_{x:\overline{n|}}^{1} = \dfrac{A_{x:\overline{n|}}^{1}}{\ddot{a}_{x:\overline{h|}}} = \dfrac{M_x - M_{x+n}}{N_x - N_{x+h}}$

(iii) $_hP_x = \dfrac{A_x}{\ddot{a}_{x:\overline{h|}}} = \dfrac{M_x}{N_x - N_{x+h}}$

(iv) $_hP_{x:\overline{n|}} = \dfrac{A_{x:\overline{n|}}}{\ddot{a}_{x:\overline{h|}}} = \dfrac{M_x - M_{x+n} + D_{x+n}}{N_x - N_{x+h}}$

(v) $P = \dfrac{(IA)_{x:\overline{n|}}^{1}}{\ddot{a}_{x:\overline{h|}}} = \dfrac{R_x - R_{x+n} - nM_{x+n}}{N_x - N_{x+h}}$ (n년만기 누가정기보험, h년납입)

(vi) $P\big(_{m|}\ddot{a}_{x:\overline{n|}}\big) = \dfrac{_{m|}\ddot{a}_{x:\overline{n|}}}{\ddot{a}_{x:\overline{m|}}} = \dfrac{N_{x+m} - N_{x+m+n}}{N_x - N_{x+m}}$ (m년거치 n년 기시급 유기생명연금)

$_hP\big(_{n|}\ddot{a}_x\big) = \dfrac{_{n|}\ddot{a}_x}{\ddot{a}_{x:\overline{h|}}} = \dfrac{N_{x+n}}{N_x - N_{x+h}}$ ($h < n$) (n년 거치종신연금, h년납입)

5.1 기본연습문제

※ 특별한 언급이 없으면 부록의 제7회 경험생명표와 계산기수를 이용하여 답하시오. 또한 보험료의 계산시 특별한 언급이 없으면 수지상등의 원칙에 의하여 구하시오.

01 피보험자 (40), 보험금 연말급인 종신보험에 대한 연납평준순보험료가 매년 100원씩 25년 유한납입일 때 구입 가능한 종신보험의 보험금을 구하시오.

> **풀이**

보험금을 S 라고 하면 $SA_{40} = 100\ddot{a}_{40:\overline{25}|}$ 이므로

$$S = \frac{100\ddot{a}_{40:\overline{25}|}}{A_{40}} = \frac{100(N_{40} - N_{65})/D_{40}}{M_{40}/D_{40}} = \frac{100(N_{40} - N_{65})}{M_{40}}$$

$$= \frac{100(246310.86 - 45010.72)}{2183.45} = 9219.36$$

02 피보험자 (35)가 가입한 종신보험에서 보험금은 사망연도말에 1,000원과 그 다음연도말부터 9년간 1,000원씩 확정적으로 지급된다. 이때 연납평준순보험료는 R 원씩 매년초에 사망시까지 납부된다고 할 때 R 을 구하시오. ($i = 5\%$)

> **풀이**

$R\ddot{a}_{35} = 1000\ddot{a}_{\overline{10}|}A_{35}$ 이므로

$$R = \frac{1000\ddot{a}_{\overline{10}|}A_{35}}{\ddot{a}_{35}} = \frac{1000\left(\dfrac{1-(1.05)^{-10}}{0.05/1.05}\right)\left(\dfrac{M_{35}}{D_{35}}\right)}{N_{35}/D_{35}}$$

$$= \frac{1000\left(\dfrac{1-(1.05)^{-10}}{0.05/1.05}\right)M_{35}}{N_{35}} = \frac{(8107.82)(2242.86)}{327236.39} = 55.5705$$

03 피보험자 (30), 보험금 연말급인 10년만기 정기보험의 보험금은 7,500원이다. 보험료의 납입방식은 매년초에 R 원씩 5년 단기납입일 때 R 을 구하시오.

> **풀이**

$7500A^{1}_{30:\overline{10}|} = R\ddot{a}_{30:\overline{5}|}$ 이므로

$$R = \frac{7500A_{30:\overline{10|}}^{1}}{\ddot{a}_{30:\overline{5|}}} = \frac{7500(M_{30} - M_{40})/D_{30}}{(N_{30} - N_{35})/D_{30}} = \frac{7500(M_{30} - M_{40})}{N_{30} - N_{35}}$$

$$= \frac{7500(2300.42 - 2183.45)}{430847.59 - 327236.39} = 8.46699$$

04 피보험자 (30), 보험금 연말급인 종신보험의 보험금은 처음 10년간은 1,000원, 그 다음 10년간은 750원, 그 다음부터는 계속 500원이다. 보험료의 납입이 20년 단기납입일 때 연납평준순보험료를 구하시오.

풀이

연납평준순보험료를 P 라고 하면

$$P\ddot{a}_{30:\overline{20|}} = 1000A_{30} - 250\,_{10|}A_{30} - 250\,_{20|}A_{30} \text{이므로}$$

$$P = \frac{1000A_{30} - 250\,_{10|}A_{30} - 250\,_{20|}A_{30}}{\ddot{a}_{30:\overline{20|}}}$$

$$= \frac{1000\left(\dfrac{M_{30}}{D_{30}}\right) - 250\left(\dfrac{M_{40}}{D_{30}}\right) - 250\left(\dfrac{M_{50}}{D_{30}}\right)}{\dfrac{N_{30} - N_{50}}{D_{30}}}$$

$$= \frac{1000M_{30} - 250M_{40} - 250M_{50}}{N_{30} - N_{50}}$$

$$= \frac{1000(2300.42) - 250(2183.45) - 250(2003.99)}{430847.59 - 134166.45} = 4.225277$$

05 피보험자 (25)에게 판매된 보험은 65세 전에 사망을 하면 사망하는 해의 말에 10,000원의 보험금을 지급하고 65세까지 생존할 경우 65세부터 매년초에 500원씩의 종신생명연금을 지급한다. 보험료는 25세부터 64세까지 매년초에 동일한 금액을 납부할 때, 연납평준순보험료를 구하시오.

풀이

연납평준순보험료를 P 라고 하면 $P\ddot{a}_{25:\overline{40|}} = 10000A_{25:\overline{40|}}^{1} + 500\,_{40|}\ddot{a}_{25}$ 이므로

$$P = \frac{10000A_{25:\overline{40|}}^{1} + 500\,_{40|}\ddot{a}_{25}}{\ddot{a}_{25:\overline{40|}}} = \frac{10000(M_{25} - M_{65}) + 500N_{65}}{N_{25} - N_{65}}$$

$$= \frac{10000(2376.21 - 1570.67) + 500(45010.72)}{563475.82 - 45010.72} = 58.9447$$

06 피보험자 (30), 20년납입, 20년만기 완전이산 생사혼합보험의 사망보험금은 5,000원이고 생존보험금은 10,000원이다(이런 보험을 double endowment라고 한다). 이 보험의 연납평준순보험료를 구하시오.

풀이

연납평준순보험료를 P 라고 하면

$$P\ddot{a}_{30:\overline{20|}} = 5000 A^{\,1}_{30:\overline{20|}} + 10000 A_{30:\,\frac{1}{20|}} = 5000\left(A_{30:\overline{20|}} + A_{30:\,\frac{1}{20|}}\right) \text{이므로}$$

$$P = \frac{5000\left(A_{30:\overline{20|}} + A_{30:\,\frac{1}{20|}}\right)}{\ddot{a}_{30:\overline{20|}}} = \frac{5000\left(M_{30} - M_{50} + 2D_{50}\right)}{N_{30} - N_{50}}$$

$$= \frac{5000\left(2300.42 - 2003.99 + 2 \times 8392.87\right)}{430847.59 - 134166.45} = 287.89$$

07 다음을 증명하시오.

(a) $A_x = \dfrac{P_x}{P_x + d}$

(b) $\dfrac{d\, P_x}{\dfrac{1}{\ddot{a}_x} - P_x} = P_x$

풀이

(a) $A_x + d\,\ddot{a}_x = 1$ 이고 $P_x = \dfrac{A_x}{\ddot{a}_x}$ 이므로 $1 - A_x = d\,\ddot{a}_x = d\left(\dfrac{A_x}{P_x}\right)$

양변에 P_x 를 곱하면

$$P_x - P_x A_x = d A_x \text{이고 } A_x(P_x + d) = P_x \text{이므로}$$

$$A_x = \frac{P_x}{P_x + d}$$

(b) $d + P_x = \dfrac{1}{\ddot{a}_x}$ 이므로

$$P_x = \frac{1}{\ddot{a}_x} - d = \frac{1 - d\,\ddot{a}_x}{\ddot{a}_x} = \frac{1 - d\,\ddot{a}_x}{(1 - A_x)/d} = \frac{d A_x}{1 - A_x}$$

우변의 분모와 분자를 $\ddot{a}_x$ 로 나눠주면

$$P_x = \frac{d A_x / \ddot{a}_x}{\dfrac{1}{\ddot{a}_x} - P_x} = \frac{d P_x}{\dfrac{1}{\ddot{a}_x} - P_x}$$

08 다음을 증명하시오.

(a) $P_x = \dfrac{v\,q_x + P_{x+1}\,a_x}{\ddot{a}_x}$

(b) $P^{\,1}_{x:\overline{n}|} = v - \dfrac{a_{x:\overline{n}|}}{\ddot{a}_{x:\overline{n}|}}$

(c) $a_{x:\overline{n}|} = \dfrac{v - A_{x:\overline{n+1}|}}{d}$

(d) $\dfrac{1 - i\,a_{x:\overline{n-1}|}}{1+i} = \dfrac{M_x - M_{x+n} + D_{x+n}}{D_x}$

풀이

(a) $P_x = \dfrac{A_x}{\ddot{a}_x} = \dfrac{v\,q_x + v\,p_x\,A_{x+1}}{\ddot{a}_x} = \dfrac{v\,q_x + v\,p_x\,P_{x+1}\,\ddot{a}_{x+1}}{\ddot{a}_x}$

$\qquad = \dfrac{v\,q_x + P_{x+1}\,v\,p_x\,\ddot{a}_{x+1}}{\ddot{a}_x} = \dfrac{v\,q_x + P_{x+1}\,a_x}{\ddot{a}_x}$

(b) $A^{\,1}_{x:\overline{n}|} = \dfrac{v\,(l_x - l_{x+1}) + v^2\,(l_{x+1} - l_{x+2}) + \cdots + v^n\,(l_{x+n-1} - l_{x+n})}{l_x}$

$\qquad = \dfrac{v\,(l_x + v\,l_{x+1} + \cdots + v^{n-1}\,l_{x+n-1})}{l_x}$

$\qquad\quad - \dfrac{(v\,l_{x+1} + v^2\,l_{x+2} + \cdots + v^n\,l_{x+n})}{l_x}$

$\qquad = v\,\ddot{a}_{x:\overline{n}|} - a_{x:\overline{n}|}$

따라서 $P^{\,1}_{x:\overline{n}|} = \dfrac{A^{\,1}_{x:\overline{n}|}}{\ddot{a}_{x:\overline{n}|}} = \dfrac{v\,\ddot{a}_{x:\overline{n}|} - a_{x:\overline{n}|}}{\ddot{a}_{x:\overline{n}|}} = v - \dfrac{a_{x:\overline{n}|}}{\ddot{a}_{x:\overline{n}|}}$

(c) $a_{x:\overline{n}|} = \ddot{a}_{x:\overline{n+1}|} - 1 = \dfrac{1 - A_{x:\overline{n+1}|} - d}{d}$

$\qquad = \dfrac{(1-d) - A_{x:\overline{n+1}|}}{d} = \dfrac{v - A_{x:\overline{n+1}|}}{d}$

(d) $\dfrac{1 - i\,a_{x:\overline{n-1}|}}{1+i} = \dfrac{1}{1+i} - \dfrac{i}{1+i}\left(a_{x:\overline{n-1}|}\right) = v - d\,a_{x:\overline{n-1}|}$

$\qquad = (1-d) - d\,a_{x:\overline{n-1}|} = 1 - d\,\ddot{a}_{x:\overline{n}|} = A_{x:\overline{n}|}$

$\qquad = \dfrac{M_x - M_{x+n} + D_{x+n}}{D_x}$

09 피보험자 (30), 보험금 연말급의 종신보험의 보험금은 다음과 같다.

(i) 30세와 40세 사이에 사망시 1,000원

(ii) 40세와 50세 사이에 사망시 2,000원

(iii) 50세 이후에 사망시 3,000원

보험료는 매년초에 R원씩 20년 동안 납입될 때 R을 구하시오.

풀이

보험료는 R이므로 $R\ddot{a}_{30:\overline{20|}} = 1000A_{30:\overline{10|}}^1 + 2000\,_{10|}A_{30:\overline{10|}}^1 + 3000\,_{20|}A_{30}$

따라서 $R = \dfrac{1000A_{30:\overline{10|}}^1 + 2000\,_{10|}A_{30:\overline{10|}}^1 + 3000\,_{20|}A_{30}}{\ddot{a}_{30:\overline{20|}}}$

$= \dfrac{1000(M_{30}-M_{40}) + 2000(M_{40}-M_{50}) + 3000M_{50}}{N_{30}-N_{50}}$

$= \dfrac{1000(M_{30}+M_{40}+M_{50})}{N_{30}-N_{50}} = \dfrac{1000(2300.42+2183.45+2003.99)}{430847.59-134166.45}$

$= 21.8681$

10 피보험자 (30), 보험금 연말급의 종신보험의 보험금은 5,000원이다. 보험료는 매년 초에 납부되며 처음 10년간의 보험료는 그 이후의 보험료의 $\dfrac{1}{2}$일 때 처음 10년간의 연납순보험료를 구하시오.

풀이

처음 10년간의 연납순보험료를 P라고 하면 $P\ddot{a}_{30} + P\,_{10|}\ddot{a}_{30} = 5000A_{30}$이다. 따라서

$$P = \frac{5000A_{30}}{\ddot{a}_{30} + \,_{10|}\ddot{a}_{30}} = \frac{5000M_{30}}{N_{30}+N_{40}} = \frac{5000(2300.42)}{430847.59+246310.86} = 16.9858$$

11 $P_{40:\overline{20|}} = 0.04$, $\,_{20}P_{40} = 0.03$, $A_{60} = 0.6$일 때 $P_{40:\overline{20|}}^1$의 값을 구하시오.

풀이

재귀식으로부터 $A_{40} = A_{40:\overline{20|}}^1 + A_{40:\overline{20|}}^{\;\;\;1}A_{60}$이고 양변을 $\ddot{a}_{40:\overline{20|}}$으로 나누면

$_{20}P_{40} = P_{40:\overline{20|}}^1 + P_{40:\overline{20|}}^{\;\;\;1}A_{60} = P_{40:\overline{20|}}^1 + (P_{40:\overline{20|}} - P_{40:\overline{20|}}^1)A_{60}$이므로

$0.03 = P_{40:\overline{20|}}^1 + (0.04 - P_{40:\overline{20|}}^1)(0.6) = (1-0.6)P_{40:\overline{20|}}^1 + (0.04)(0.6)$

따라서 $P_{40:\overline{20|}}^1 = \dfrac{0.03-(0.04)(0.6)}{1-0.6} = 0.015$

12 다음을 증명하시오.

(a) $A_x = \left(_mk_x + A_{x+m}\right)\,_mE_x$ (b) $A_{x:\overline{n|}}^1 = \left(_mk_x + A_{x+m:\overline{n-m|}}^{\quad\quad 1}\right)\,_mE_x$

(c) $A_{x:\overline{n|}} = \left(_mk_x + A_{x+m:\overline{n-m|}}\right)\,_mE_x$

■ 풀이

(a) 우변을 계산기수로 나타내보면

$$\left({}_mk_x + A_{x+m} \right) {}_mE_x = \left(\frac{M_x - M_{x+m} + M_{x+m}}{D_{x+m}} \right)\left(\frac{D_{x+m}}{D_x} \right) = \frac{M_x}{D_x} = A_x$$

(b) 우변을 계산기수로 나타내보면

$$\left({}_mk_x + A_{x+m:\overline{n-m}|}^{\ 1} \right) {}_mE_x = \left(\frac{M_x - M_{x+m}}{D_{x+m}} + \frac{M_{x+m} - M_{x+n}}{D_{x+m}} \right)\left(\frac{D_{x+m}}{D_x} \right)$$

$$= \frac{M_x - M_{x+n}}{D_x} = A_{x:\overline{n}|}^{\ 1}$$

(c) 우변을 계산기수로 나타내보면

$$\left({}_mk_x + A_{x+m:\overline{n-m}|} \right) {}_mE_x = \left(\frac{M_x - M_{x+m}}{D_{x+m}} + \frac{M_{x+m} - M_{x+n} + D_{x+n}}{D_{x+m}} \right)\left(\frac{D_{x+m}}{D_x} \right)$$

$$= \frac{M_x - M_{x+n} + D_{x+n}}{D_x} = A_{x:\overline{n}|}$$

13 다음을 증명하시오.

(a) $c_x\, u_x = k_x \qquad (c_x = A_{x:\overline{1}|}^{\ 1}, \ u_x = \ddot{s}_{x:\overline{1}|})$

(b) $P_{x+1} = P_x + \dfrac{P_{x+1} - c_x}{\ddot{a}_x}$ 　　　　　　　 (c) $P_{x:\overline{n}|}^{\ 1} = \dfrac{{}_nk_x}{\ddot{s}_{x:\overline{n}|}}$

■ 풀이

(a) 좌변을 계산기수로 나타내보면

$$c_x\, u_x = A_{x:\overline{1}|}^{\ 1}\, \ddot{s}_{x:\overline{1}|} = \left(\frac{C_x}{D_x} \right)\left(\frac{D_x}{D_{x+1}} \right) = \frac{C_x}{D_{x+1}} = k_x$$

(b)

$$P_x + \frac{P_{x+1} - c_x}{\ddot{a}_x} = \frac{A_x}{\ddot{a}_x} + \frac{\dfrac{A_{x+1}}{\ddot{a}_{x+1}} - A_{x:\overline{1}|}^{\ 1}}{\ddot{a}_x} = \frac{A_x}{\ddot{a}_x} + \frac{A_{x+1} - A_{x:\overline{1}|}^{\ 1}\, \ddot{a}_{x+1}}{\ddot{a}_x\, \ddot{a}_{x+1}}$$

$$= \frac{(A_x - A_{x:\overline{1}|}^{\ 1})\, \ddot{a}_{x+1} + A_{x+1}}{\ddot{a}_x\, \ddot{a}_{x+1}} = \frac{{}_1E_x\, A_{x+1}\, \ddot{a}_{x+1} + A_{x+1}}{\ddot{a}_x\, \ddot{a}_{x+1}}$$

$$= \frac{A_{x+1}(1 + {}_1E_x\, \ddot{a}_{x+1})}{\ddot{a}_x\, \ddot{a}_{x+1}} = \frac{A_{x+1}}{\ddot{a}_{x+1}} = P_{x+1}$$

(c) 우변을 계산기수로 나타내보면

$$\frac{_nk_x}{\ddot{s}_{x:\overline{n}|}} = \frac{\dfrac{M_x - M_{x+n}}{D_{x+n}}}{\dfrac{N_x - N_{x+n}}{D_{x+n}}} = \frac{M_x - M_{x+n}}{N_x - N_{x+n}} = P^1_{x:\overline{n}|}$$

14 다음을 증명하시오.

(a) $\ddot{s}_{x:\overline{n}|} = \ddot{s}_{x+1:\overline{n-1}|} + \dfrac{1}{_nE_x}$ (b) $_nk_x = {}_{n-1}k_{x+1} + \dfrac{c_x}{_nE_x}$ $\left(c_x = A^1_{x:\overline{1}|}\right)$

풀이

(a) 우변을 계산기수로 나타내보면

$$\ddot{s}_{x+1:\overline{n-1}|} + \frac{1}{_nE_x} = \frac{N_{x+1} - N_{x+n}}{D_{x+n}} + \frac{D_x}{D_{x+n}} = \frac{N_x - N_{x+n}}{D_{x+n}} = \ddot{s}_{x:\overline{n}|}$$

(b) 우변을 계산기수로 나타내보면

$$_{n-1}k_{x+1} + \frac{A^1_{x:\overline{1}|}}{_nE_x} = \frac{M_{x+1} - M_{x+n}}{D_{x+n}} + \frac{C_x / D_x}{D_{x+n} / D_x}$$

$$= \frac{M_{x+1} - M_{x+n} + C_x}{D_{x+n}} = \frac{M_x - M_{x+n}}{D_{x+n}} = {}_nk_x$$

15 피보험자 (30), 보험금 연말급, 보험금 10,000원의 종신보험에서 보험료는 매년초에 사망시까지 동일한 금액이 납입될 때 연납평준순보험료를 구하시오.
단, $N_{30} = 120000$, $D_{30} = 10000$, $i = 0.07$의 자료만을 이용하여 구하시오.

풀이

연납평준순보험료를 P라고 하면

$$P = \frac{10000A_{30}}{\ddot{a}_{30}} = \frac{10000\left(v\,\ddot{a}_{30} - a_{30}\right)}{\ddot{a}_{30}} = \frac{10000\left(v\,N_{30} - N_{31}\right)}{N_{30}}$$

$$= \frac{10000\left[v\,N_{30} - (N_{30} - D_{30})\right]}{N_{30}}$$

$$= \frac{10000\left[\dfrac{1}{1.07}\,(120000) - (120000 - 10000)\right]}{120000} = 179.13$$

16 피보험자 (40), 보험금 연말급의 종신보험에서 보험금은 첫 번째 해에는 1,000원, 두 번째 해에는 2,000원 등 최고 10,000원이 될 때까지 매해 1,000원씩 증가하고 그 이후는 계속 10,000원이다. 보험료는 제1회 연납순보험료가 x이고 제2회부터 사망시

까지의 연납순보험료는 $2x$일 때, x를 구하시오.

단, $D_{40} = 390$, $N_{40} = 7500$, $R_{40} = 5000$, $R_{50} = 3500$의 자료만을 이용하시오.

풀이

[풀이 1]

수지상등의 원칙에 의해 $1000(IA)^1_{40:\overline{10}|} + 10000 \,_{10|}A_{40} = x + 2x\,a_{40}$이다. 계산기수로 나타내면

$$1000\left(\frac{R_{40} - R_{50} - 10M_{50}}{D_{40}}\right) + \frac{10000\,M_{50}}{D_{40}} = x\left(1 + 2 \times \frac{N_{41}}{D_{40}}\right)$$

$$= x\left(1 + 2 \times \frac{N_{40} - D_{40}}{D_{40}}\right)$$

주어진 자료를 이용하면

$$1000\left(\frac{5000 - 3500}{390}\right) = x\left(1 + 2 \times \frac{7500 - 390}{390}\right)$$

따라서 $x = \dfrac{1000\left(\dfrac{5000 - 3500}{390}\right)}{1 + 2 \times \left(\dfrac{7500 - 390}{390}\right)} = 102.67$

[풀이 2]

$$\text{NSP} = 1000(IA)^1_{40:\overline{10}|} + 10000\,A_{50}\left(\frac{D_{50}}{D_{40}}\right) = x\,\ddot{a}_{40} + x\,\ddot{a}_{41}\left(\frac{D_{41}}{D_{40}}\right)$$

$$x = \frac{1000(IA)^1_{40:\overline{10}|} + 10000\,A_{50}\left(\dfrac{D_{50}}{D_{40}}\right)}{\ddot{a}_{40} + \ddot{a}_{41}\left(\dfrac{D_{41}}{D_{40}}\right)}$$

$$= \frac{1000(R_{40} - R_{50} - 10\,M_{50}) + 10000\,M_{50}}{N_{40} + N_{41}}$$

$$= \frac{1000(5000 - 3500)}{7500 + (7500 - 390)} = 102.67$$

17 피보험자 (x), 보험금 연말급의 종신보험에서 n번째 해의 보험금은 $(1.01)^n$이다. 보험료를 계산할 때 사용되는 이자율 $i = 3.5\%$라고 할 때, 종신납입 연납평준순보험료 P는 근사값으로 $\dfrac{A_x}{\ddot{a}_x}$이 됨을 증명하시오. 여기서 A_x는 이자율 2.5%가 적용된 경우의 A_x이고 $\ddot{a}_x$는 이자율 3.5%가 적용된 경우의 $\ddot{a}_x$이다.

풀이

A'를 제n보험연도말에 보험금 $(1.01)^n$을 지급하는 종신보험의 NSP, A_x를 보험금 1원인

종신보험의 NSP라고 하자.

$$A' = (1.01)\,v\,q_x + (1.01)^2\,v^2\,_{1|}q_x + (1.01)^3\,v^3\,_{2|}q_x + \cdots$$

$$= \left(\frac{1.01}{1.035}\right)q_x + \left(\frac{1.01}{1.035}\right)^2\,_{1|}q_x + \left(\frac{1.01}{1.035}\right)^3\,_{2|}q_x + \cdots$$

$$\doteqdot \left(\frac{1}{1.025}\right)q_x + \left(\frac{1}{1.025}\right)^2\,_{1|}q_x + \left(\frac{1}{1.025}\right)^3\,_{2|}q_x + \cdots$$

$$= A_x \quad (j = 0.025)$$

따라서 $j = \dfrac{1.035}{1.01} - 1 = 0.02475248$ 이므로

$$P = \frac{A'}{\ddot{a}_x} \doteqdot \frac{A_{x\,(j=0.025)}}{\ddot{a}_{x\,(j=0.035)}}$$

18 연납순보험료가 다음과 같이 표시될 때 보험의 형태를 설명하시오.

(a) $1000\,\dfrac{M_x + R_{x+1}}{N_x - N_{x+10}}$ 　　　　　(b) $\dfrac{1000\,(M_x - M_{x+15})}{N_x}$

(c) $\dfrac{1000\,(R_{40} - R_{50})}{N_{40} + N_{41}}$ 　　　(d) $\dfrac{N_{x+n}}{N_x - N_{x+t}}$ 　　　$(n > t)$

풀이

(a) $1000\,\dfrac{M_x + R_{x+1}}{N_x - N_{x+10}} = 1000\,\dfrac{R_x / D_x}{(N_x - N_{x+10}) / D_x} = 1000\,\dfrac{(IA)_x}{\ddot{a}_{x\,:\,\overline{10|}}}$

이 보험은 매년 보험금이 1,000원씩 증가하는 10년납입 완전이산 누가종신보험이다.

(b) $\dfrac{1000\,(M_x - M_{x+15})}{N_x} = \dfrac{1000\,(M_x - M_{x+15}) / D_x}{N_x / D_x} = 1000\,\dfrac{A^{\,1}_{x\,:\,\overline{15|}}}{\ddot{a}_x}$

이 보험은 보험금 1,000원, 종신납입, 15년만기 완전이산 정기보험이다.

(c) $\dfrac{1000\,(R_{40} - R_{50})}{N_{40} + N_{41}} = \dfrac{1000\,(R_{40} - R_{50}) / D_{40}}{(N_{40} + N_{41}) / D_{40}} = \dfrac{1000\,(I_{\overline{10|}}\,A)_{40}}{\ddot{a}_{40} + a_{40}}$

이 보험의 사망보험금은 10년 동안 매년 1,000원씩 증가하고 10년 후에는 계속 10,000 원이며, 보험료는 40세에 P 원을, 41세 이후에는 $2P$ 원씩 납입하는 누가종신보험이다.

(d) $\dfrac{N_{x+n}}{N_x - N_{x+t}} = \dfrac{N_{x+n} / D_x}{(N_x - N_{x+t}) / D_x} = \dfrac{_{n|}\ddot{a}_x}{\ddot{a}_{x\,:\,\overline{t|}}}$

이 연금은 매년 연금지급액 1원, n년거치, t년납입 완전이산 종신생명연금이다.

19 다음을 증명하시오.

(a) $R_x = v\,S_x - S_{x+1}$ (b) $R_x = N_x - d\,S_x$ (c) $\ddot{a}_x = (IA)_x + d\,(I\ddot{a})_x$

풀이

(a) $M_x = v\,N_x - N_{x+1}$

$\qquad M_{x+1} = v\,N_{x+1} - N_{x+2}$

$\qquad M_{x+2} = v\,N_{x+2} - N_{x+3}$

$\qquad\qquad \vdots$

따라서

$\qquad R_x = M_x + M_{x+1} + M_{x+2} + \cdots$

$\qquad\quad = v\,(N_x + N_{x+1} + N_{x+2} + \cdots) - (N_{x+1} + N_{x+2} + N_{x+3} + \cdots)$

$\qquad\quad = v\,S_x - S_{x+1}$

(b) $R_x = v\,S_x - S_{x+1} = (1-d)\,S_x - S_{x+1} = S_x - S_{x+1} - d\,S_x = N_x - d\,S_x$

(c) (b)로부터 $R_x = N_x - d\,S_x$이므로 $N_x = R_x + d\,S_x$이다. 양변을 D_x로 나눠주면
$\dfrac{N_x}{D_x} = \dfrac{R_x}{D_x} + d \times \dfrac{S_x}{D_x}$ 이고 이것을 보험수리기호로 나타내면
$\ddot{a}_x = (IA)_x + d\,(I\ddot{a})_x$이다.

20 다음을 생명연금의 기호와 v를 이용하여 표시하시오.

(a) 전기납입, 20년만기 정기보험의 연납순보험료

(b) 전기납입, 20년만기 생존보험의 연납순보험료

풀이

(a) $P^{\,1}_{x:\overline{20|}} = \dfrac{A^{\,1}_{x:\overline{20|}}}{\ddot{a}_{x:\overline{20|}}} = \dfrac{v\,\ddot{a}_{x:\overline{20|}} - a_{x:\overline{20|}}}{\ddot{a}_{x:\overline{20|}}} = v - \dfrac{a_{x:\overline{20|}}}{\ddot{a}_{x:\overline{20|}}}$

(b) $P_{x:\overline{20|}}^{\quad 1} = \dfrac{A_{x:\overline{20|}}^{\quad 1}}{\ddot{a}_{x:\overline{20|}}} = \dfrac{D_{x+20}}{N_x - N_{x+20}} = \dfrac{N_{x+20} - N_{x+21}}{N_x - N_{x+20}}$

$\qquad\qquad = \dfrac{(N_x - N_{x+21}) - (N_x - N_{x+20})}{N_x - N_{x+20}} = \dfrac{\ddot{a}_{x:\overline{21|}}}{\ddot{a}_{x:\overline{20|}}} - 1$

21 모든 x에 대하여 $A_x = 0.01x$, $i = 0.04$일 때 $\ddot{a}_x$와 P_x를 x를 이용하여 나타내시오.

풀이

(i) $\ddot{a}_x = \dfrac{1 - A_x}{d} = \dfrac{1 - 0.01x}{i/(1+i)} = \dfrac{1 - 0.01x}{0.04/1.04} = 26\,(1 - 0.01x)$

(ii) $P_x = \dfrac{1}{\ddot{a}_x} - d = \dfrac{1 - d\,\ddot{a}_x}{\ddot{a}_x} = \dfrac{d\,A_x}{1 - A_x} = \left(\dfrac{0.04}{1.04}\right)\left(\dfrac{0.01x}{1 - 0.01x}\right) = \dfrac{x}{26(100 - x)}$

22 피보험자 (30), 보험금 연말급, 보험금 10,000원의 종신보험에서 보험료는 매월초에 사망시까지 동일한 금액이 납입될 때 월납평준순보험료를 구하시오.

단, $N_{30} = 120000$, $D_{30} = 10000$, $i = 0.07$의 자료만을 이용하여 구하시오.

풀이

월납평준순보험료를 P라고 하면 $12 P \ddot{a}_{30}^{(12)} = 10000 A_{30}$이다. 따라서

$$
\begin{aligned}
P &= \frac{10000 A_{30}}{12\,\ddot{a}_{30}^{(12)}} = \frac{10000 A_{30}}{12\left(\ddot{a}_{30} - \dfrac{11}{24}\right)} = \frac{10000 M_{30}}{12\left(N_{30} - \dfrac{11}{24} D_{30}\right)} \\[2mm]
&= \frac{10000\,(v\,N_{30} - N_{31})}{12\left(N_{30} - \dfrac{11}{24} D_{30}\right)} = \frac{10000\left[v\,N_{30} - (N_{30} - D_{30})\right]}{12\left(N_{30} - \dfrac{11}{24} D_{30}\right)} \\[2mm]
&= \frac{10000\left[\dfrac{1}{1.07} \times 120000 - (120000 - 10000)\right]}{12\left(120000 - \dfrac{11}{24} \times 10000\right)} = 15.52
\end{aligned}
$$

23 피보험자 (30), 보험금 연말급, 보험금 100,000원인 10년만기 정기보험의 전기납입 연납순보험료는 223.7776원, 10년만기 생존보험의 전기납입 연납순보험료는 6,466.0208원, 5년만기 정기보험의 전기납입 연납순보험료는 190.5997원, 5년만기 생사혼합보험의 전기납입 연납순보험료는 11,295.6389원, 10년만기 정기보험의 5년 단기납입 연납순보험료는 337.8463원이고 10년만기 생사혼합보험의 5년 단기납입 연납순보험료는 11,295원일 때, (a)~(d)를 구하시오. ($i = 7.5\%$)

(a) 보험금 100,000원의 10년만기 정기보험의 전기납입 월납순보험료

(b) 보험금 100,000원의 10년만기 정기보험의 5년 단기납입 월납순보험료

(c) 보험금 100,000원의 10년만기 생사혼합보험의 전기납입 월납순보험료

(d) 보험금 100,000원의 10년만기 생사혼합보험의 5년 단기납입 월납순보험료

풀이

(a) $100000\,P_{30:\overline{10|}}^{1\,(12)} \fallingdotseq \dfrac{100000\,P_{30:\overline{10|}}^{1}}{1 - \dfrac{11}{24}\left(P_{30:\overline{10|}}^{1} + d\right)} = \dfrac{223.7776}{1 - \dfrac{11}{24}\left(\dfrac{223.7776}{100000} + \dfrac{0.075}{1.075}\right)}$

$\qquad\qquad = 231.4148$

따라서 월납순보험료는 $\dfrac{100000\,P^{1\,(12)}_{30:\overline{12|}}}{12} = \dfrac{231.4148}{12} = 19.2846$

(b) $100000\,{}_5P^{1\,(12)}_{30:\overline{10|}} \fallingdotseq \dfrac{100000\,{}_5P^{1}_{30:\overline{10|}}}{1 - \dfrac{11}{24}\left(P^{1}_{30:\overline{5|}} + d\right)} = \dfrac{337.8463}{1 - \dfrac{11}{24}\left(\dfrac{190.5997}{100000} + \dfrac{0.075}{1.075}\right)}$

$= 349.32163$

따라서 월납순보험료는 $\dfrac{100000\,{}_5P^{1\,(12)}_{30:\overline{10|}}}{12} = \dfrac{349.32163}{12} = 29.1101$

(c) $100000\,P^{(12)}_{30:\overline{10|}} \fallingdotseq \dfrac{100000\,P_{30:\overline{10|}}}{1 - \dfrac{11}{24}\left(P^{1}_{30:\overline{10|}} + d\right)} = \dfrac{100000\left(P^{1}_{30:\overline{10|}} + P^{\ 1}_{30:\overline{10|}}\right)}{1 - \dfrac{11}{24}\left(P^{1}_{30:\overline{10|}} + d\right)}$

$= \dfrac{223.7776 + 6466.0208}{1 - \dfrac{11}{24}\left(\dfrac{223.7776}{100000} + \dfrac{0.075}{1.075}\right)} = 6918.1127$

따라서 월납순보험료는 $\dfrac{100000\,P^{(12)}_{30:\overline{10|}}}{12} = \dfrac{6918.1127}{12} = 576.5094$

(d) $100000\,{}_5P^{(12)}_{30:\overline{10|}} \fallingdotseq \dfrac{100000\,{}_5P_{30:\overline{10|}}}{1 - \dfrac{11}{24}\left(P^{1}_{30:\overline{5|}} + d\right)} = \dfrac{11295}{1 - \dfrac{11}{24}\left(\dfrac{190.5997}{100000} + \dfrac{0.075}{1.075}\right)}$

$= 11678.65$

따라서 월납순보험료는 $\dfrac{100000\,{}_5P^{(12)}_{30:\overline{10|}}}{12} = \dfrac{11678.65}{12} = 973.2206$

24 연습문제 9번에서 보험료가 매월초에 P원씩 20년 동안 납입될 때 월납평준순보험료 P를 구하시오.

풀이

수지상등의 원칙에 의해

$12\,P\,\ddot{a}^{(12)}_{30:\overline{20|}} = 1000\,A^{1}_{30:\overline{10|}} + 2000\,{}_{10|}A^{1}_{30:\overline{10|}} + 3000\,{}_{20|}A_{30}$ 이다. 따라서

$$P = \dfrac{1000\,A^{1}_{30:\overline{10|}} + 2000\,{}_{10|}A^{1}_{30:\overline{10|}} + 3000\,{}_{20|}A_{30}}{12\,\ddot{a}^{(12)}_{30:\overline{20|}}}$$

$$= \dfrac{1000\,A^{1}_{30:\overline{10|}} + 2000\,{}_{10|}A^{1}_{30:\overline{10|}} + 3000\,{}_{20|}A_{30}}{12\left[\ddot{a}_{30:\overline{20|}} - \dfrac{11}{24}\left(1 - {}_{20}E_{30}\right)\right]}$$

$$= \dfrac{1000\,(M_{30} - M_{40}) + 2000\,(M_{40} - M_{50}) + 3000\,M_{50}}{12\left[(N_{30} - N_{50}) - \dfrac{11}{24}\left(D_{30} - D_{50}\right)\right]}$$

$$= \frac{1000\,(M_{30} + M_{40} + M_{50})}{12 \left[(N_{30} - N_{50}) - \dfrac{11}{24}\,(D_{30} - D_{50}) \right]}$$

$$= \frac{1000\,(2300.42 + 2183.45 + 2003.99)}{12 \left[(430847.59 - 134166.45) - \dfrac{11}{24}\,(22816.97 - 8392.87) \right]} = 1.8639$$

25 피보험자 (x), 보험금 연말급인 보험에서 n년 동안 생존시에는 1,000원을 지급하고 n년 안에 사망시에는 일시납순보험료를 이자없이 반환할 때 일시납순보험료를 계산기수를 이용하여 나타내시오.

> **풀이**

수지상등의 원칙에 의해

$$\text{NSP}\,A^{\,1}_{x\,:\,\overline{n}|} + 1000\,A_{x\,:\,\frac{1}{n|}} = \text{NSP}$$

$$\text{NSP}(1 - A^{\,1}_{x\,:\,\overline{n}|}) = 1000\,A_{x\,:\,\frac{1}{n|}} \ \text{이다. 따라서}$$

$$\text{NSP} = \frac{1000\,A_{x\,:\,\frac{1}{n|}}}{1 - A^{\,1}_{x\,:\,\overline{n}|}} = \frac{1000\,D_{x+n}}{D_x - M_x + M_{x+n}}$$

26 피보험자 (x), 보험금 연말급인 20년만기 생사혼합보험에서 20년 안에 사망할 경우에는 1원의 보험금과 납부된 전기납입 연납평준순보험료의 합을 이자없이 반환하고 20년간 생존하면 1원의 보험금을 지급할 때 연납평준순보험료를 구하시오.

> **풀이**

보험료를 P 라고 하면 $P\,\ddot{a}_{x\,:\,\overline{20}|} = P(IA)^{\,1}_{x\,:\,\overline{20}|} + A^{\,1}_{x\,:\,\overline{20}|} + A_{x\,:\,\frac{1}{20|}}$ 이다. 따라서

$$P\left[\ddot{a}_{x\,:\,\overline{20}|} - (IA)^{\,1}_{x\,:\,\overline{20}|} \right] = A^{\,1}_{x\,:\,\overline{20}|} + A_{x\,:\,\frac{1}{20|}} \ \text{이므로}$$

$$P = \frac{A^{\,1}_{x\,:\,\overline{20}|} + A_{x\,:\,\frac{1}{20|}}}{\ddot{a}_{x\,:\,\overline{20}|} - (IA)^{\,1}_{x\,:\,\overline{20}|}} = \frac{M_x - M_{x+20} + D_{x+20}}{(N_x - N_{x+20}) - (R_x - R_{x+20} - 20\,M_{x+20})}$$

27 피보험자 (40), 보험금 연말급의 종신보험의 보험금은 60세 전에 사망하면 사망연도말에 납입한 20년 단기납입 연납평준순보험료의 합을 이자없이 반환하고 60세 이후에 사망하면 사망연도말에 20,000원을 지급한다. 이때 연납평준순보험료를 구하시오. $i = 0.05$, $N_{60} = 13000$, $N_{61} = 12010$, $N_{40} = 61000$, $R_{40} = 31000$, $R_{60} = 11500$ 만을 이용하여 구하시오.

풀이

보험료를 P라고 하면 $20000\,{}_{20|}A_{40} + P\,(IA)^1_{40:\overline{20|}} = P\,\ddot{a}_{40:\overline{20|}}$ 이다. 따라서

$P\left[\ddot{a}_{40:\overline{20|}} - (IA)^1_{40:\overline{20|}}\right] = 20000\,{}_{20|}A_{40}$ 이므로

$$P = \frac{20000\,{}_{20|}A_{40}}{\ddot{a}_{40:\overline{20|}} - (IA)^1_{40:\overline{20|}}} = \frac{20000\,M_{60}}{N_{40} - N_{60} - (R_{40} - R_{60} - 20\,M_{60})}$$

$$= \frac{20000\,(v\,N_{60} - N_{61})}{N_{40} - N_{60} - [R_{40} - R_{60} - 20\,(v\,N_{60} - N_{61})]}$$

$$= \frac{20000\left(\dfrac{1}{1.05} \times 13000 - 12010\right)}{(61000 - 13000) - \left[31000 - 11500 - 20\left(\dfrac{1}{1.05} \times 13000 - 12010\right)\right]}$$

$$= \frac{7419047.619}{35919.0476} = 206.55$$

28 피보험자 (x), 보험기간 n년의 경우 연납순보험료가 다음과 같다.

(i) 보험금 1원의 생사혼합보험에 대하여는 0.0405

(ii) 생존보험금이 2원, 사망보험금이 1원인 생사혼합보험에 대하여는 0.07

(iii) 사망의 경우 기납입순보험료를 반환하고 n년 생존시 보험금 1원을 지급하는 보험에 대하여는 0.036

이때 사망의 경우 기납입보험료의 $\dfrac{1}{3}$을 반환하고 n년 생존시 보험금 1원을 지급하는 보험에 대한 연납순보험료를 구하시오.

풀이

사망한 경우 기납입보험료의 $\dfrac{1}{3}$을 반환하고 n년 생존시 보험금 1원을 지급하는 보험에 대한 연납순보험료를 P'라고 하면, P'를 구하기 위해 $A_{x:\overline{n|}}^{1}$, $(IA)^1_{x:\overline{n|}}$을 구해보자.

(i)에 의하여 $P_{x:\overline{n|}} = P^1_{x:\overline{n|}} + P_{x:\overline{n|}}^{1} = 0.0405$ ...... ①

(ii)에 의하여 $P^1_{x:\overline{n|}} + 2P_{x:\overline{n|}}^{1} = 0.07$ ...... ②

(iii)의 보험료를 P라고 하면 $P\,\ddot{a}_{x:\overline{n|}} = P\,(IA)^1_{x:\overline{n|}} + A_{x:\overline{n|}}^{1}$

$$P\left[\ddot{a}_{x:\overline{n|}} - (IA)^1_{x:\overline{n|}}\right] = A_{x:\overline{n|}}^{1}$$

$$P = \frac{A_{x:\overline{n|}}^{1}}{\ddot{a}_{x:\overline{n|}} - (IA)^1_{x:\overline{n|}}} = 0.036 \quad\quad ...... ③$$

②에서 ①을 차감하면

$$P_{x:\overline{n|}}^{1} = \frac{A_{x:\overline{n|}}^{1}}{\ddot{a}_{x:\overline{n|}}} = 0.0295 \text{이므로 } A_{x:\overline{n|}}^{1} = 0.0295\,\ddot{a}_{x:\overline{n|}} \quad\quad ...... ④$$

④를 ③에 대입하면

$$\frac{0.0295 \, \ddot{a}_{x:\overline{n}|}}{\ddot{a}_{x:\overline{n}|} - (IA)^1_{x:\overline{n}|}} = 0.036$$

$0.0295 \, \ddot{a}_{x:\overline{n}|} = 0.036 \left(\ddot{a}_{x:\overline{n}|} - (IA)^1_{x:\overline{n}|} \right)$ 이므로

$$(IA)^1_{x:\overline{n}|} = \frac{0.0065}{0.036} \, \ddot{a}_{x:\overline{n}|} \qquad \cdots\cdots \; ⑤$$

수지상등의 원칙에 의해 $P' \ddot{a}_{x:\overline{n}|} = A_{x:\overline{n}|}^{\,1} + \frac{1}{3} P' (IA)^1_{x:\overline{n}|}$ 이고, ④와 ⑤를 이용하면

$$P' = \frac{A_{x:\overline{n}|}^{\,1}}{\ddot{a}_{x:\overline{n}|} - \frac{1}{3}(IA)^1_{x:\overline{n}|}} = \frac{0.0295 \, \ddot{a}_{x:\overline{n}|}}{\ddot{a}_{x:\overline{n}|} - \left(\frac{1}{3}\right)\left(\frac{0.0065}{0.036}\right) \ddot{a}_{x:\overline{n}|}} = 0.031389$$

29 다음 식들의 의미를 설명하시오.

(a) $\dfrac{1}{\ddot{a}_x} = d + P_x$
 (b) $P_x = \dfrac{d A_x}{1 - A_x}$

(c) $\dfrac{1}{\ddot{a}_{x:\overline{n}|}} = d + P_{x:\overline{n}|}$
 (d) $P_{x:\overline{n}|} = \dfrac{d A_{x:\overline{n}|}}{1 - A_{x:\overline{n}|}}$
 (e) $\dfrac{1}{\ddot{a}_{\overline{n}|}} = \dfrac{1}{\ddot{s}_{\overline{n}|}} + d$

풀이

(a) 현재(x시점)의 1원은 $1 = \left(\dfrac{1}{\ddot{a}_x}\right) \ddot{a}_x$로 나타낼 수 있으며, 이는 매년초에 생존해 있으면 $\dfrac{1}{\ddot{a}_x}$씩을 지급하는 종신생명연금의 APV를 의미한다. 또한 다음과 같이 생각할 수 있다. 현재(x시점)의 1원이란 $d \ddot{a}_x$(매년초 생존해 있으면 d씩 지급)와 A_x(사망하는 해의 말에 지급되는 1원의 가치)의 합과 동일하며, A_x는 매년초에 생존해 있으면 P_x씩을 지급하는 종신생명연금의 APV($P_x \ddot{a}_x$)와 같다. 따라서 매년 생존시 $d + P_x$ 씩을 지급하는 종신생명연금의 APV는 x시점의 1원과 동일하며 $d + P_x = \dfrac{1}{\ddot{a}_x}$ 임을 알 수 있다.

(b) P_x는 보험금 1원에 대한 연납보험료를 의미하므로, $(1 - A_x) P_x$는 보험금 $(1 - A_x)$에 대한 연납보험료를 의미한다. 다음과 같은 그림을 고려해보자.

(i) 현재(x시점) A_x를 대출하였다고 가정하면, 현재의 A_x는 매 시점에 어떤 지급도 없

는 상태의 $(x+k+1)$시점의 1원과 동일하다(즉, 사망연도말에 보험금 1원을 지급하는 종신보험으로 생각).

(ii) 현재 A_x를 대출해서 매년초에 dA_x씩(즉, 매년말에 iA_x씩) 상환하고 사망연도말에 A_x를 상환한다고 하자.

(i)과 (ii)의 대출금액 A_x가 동일하다는 것은 다음을 의미한다. $(x+k+1)$시점에서 (i) 과 (ii)의 차이는 $(1-A_x)$인데, 이를 매년 dA_x가 충족시켜준다는 것을 의미한다. 그러면 (ii)의 경우도 상환금액이 $A_x + (1-A_x) = 1$이 되어 (i)과 동일해진다. 즉,

$$(1-A_x)\,A_x = d\,A_x\,\ddot{a}_x$$
$$dA_x = (1-A_x)\,P_x$$

따라서 $P_x = \dfrac{dA_x}{1-A_x}$ 이다.

(c) (a)에서 $\ddot{a}_x$를 $\ddot{a}_{x:\overline{n}|}$으로, A_x를 $A_{x:\overline{n}|}$으로 생각하면 (a)와 비슷한 의미를 갖는다.

(d) (b)에서 $\ddot{a}_x$를 $\ddot{a}_{x:\overline{n}|}$으로, A_x를 $A_{x:\overline{n}|}$으로 생각하면 (b)와 비슷한 의미를 갖는다.

(e) (c)에서 사망을 고려하지 않는 경우를 의미한다(그림을 그려 생각하기 바람).

30 다음 식을 증명하고 그 의미를 설명하시오.

$$P_{x:\overline{n}|} = {}_nP_x + P_{x:\overline{n}|}^{\,1}\,(1-A_{x+n})$$

풀이

$$P_{x:\overline{n}|}\,\ddot{a}_{x:\overline{n}|} = A_{x:\overline{n}|} = A_{x:\overline{n}|}^{1} + A_{x:\overline{n}|}^{\,\,1} \qquad \cdots\cdots ①$$

$${}_nP_x\,\ddot{a}_{x:\overline{n}|} = A_x = A_{x:\overline{n}|}^{1} + A_{x:\overline{n}|}^{\,\,1}\,A_{x+n} \qquad \cdots\cdots ②$$

①에서 ②를 차감하면

$(P_{x:\overline{n}|} - {}_nP_x)\ddot{a}_{x:\overline{n}|} = A_{x:\overline{n}|}^{\,\,1}\,(1-A_{x+n})$ 양변을 $\ddot{a}_{x:\overline{n}|}$으로 나누면

$P_{x:\overline{n}|} - {}_nP_x = P_{x:\overline{n}|}^{\,\,1}\,(1-A_{x+n})$이므로 $P_{x:\overline{n}|} = {}_nP_x + P_{x:\overline{n}|}^{\,\,1}\,(1-A_{x+n})$

$P_{x:\overline{n}|}$과 ${}_nP_x$는 (x)가 생존하는 한 최대 n년 동안 납입되는 보험료이다. 이 기간 동안 두 개의 보험(n년만기 생사혼합보험, 종신보험)은 (x)의 사망연도말에 보험금 1원을 지급한다. 만약 (x)가 n년을 생존하면 n년만기 생사혼합보험은 1원의 생존보험금을 지급하고 종신보험은 더 이상의 보험료의 납입없이 n년 이후 사망보험금을 지급할 재원이 필요하다. 즉, $x+n$시점에서 종신보험을 지급할 재원인 A_{x+n}이 필요하다. 따라서 $P_{x:\overline{n}|} - {}_nP_x$는 생존보험금이 $(1-A_{x+n})$인 n년만기 생존보험의 연납보험료이다.

31 $P^{\,1}_{x:\,\overline{2}|} = \dfrac{A^{\,1}_{x:\,\overline{1}|} + A^{\,1}_{x+1:\,\overline{1}|}}{2}$ 일 때 $q_x = q_{x+1}$ 임을 증명하시오.

풀이

$P^{\,1}_{x:\,\overline{2}|} = \dfrac{A^{\,1}_{x:\,\overline{1}|} + A^{\,1}_{x+1:\,\overline{1}|}}{2}$ 을 계산기수로 나타내면

$$\frac{M_x - M_{x+2}}{N_x - N_{x+2}} = \frac{1}{2}\left(\frac{C_x}{D_x} + \frac{C_{x+1}}{D_{x+1}}\right)$$

$$\frac{2(C_x + C_{x+1})}{D_x + D_{x+1}} = \frac{C_x\, D_{x+1} + C_{x+1}\, D_x}{D_x\, D_{x+1}}$$

위 식을 정리하면

$$2(C_x + C_{x+1})\, D_x\, D_{x+1} = (C_x\, D_{x+1} + C_{x+1}\, D_x)(D_x + D_{x+1})$$

$$C_x\, D_x\, D_{x+1} + C_{x+1}\, D_x\, D_{x+1} = C_x\, (D_{x+1})^2 + C_{x+1}\, (D_x)^2$$

$$C_x\, D_{x+1}(D_x - D_{x+1}) + C_{x+1}\, D_x(D_{x+1} - D_x) = 0$$

$$(D_x - D_{x+1})(C_x\, D_{x+1} - C_{x+1}\, D_x) = 0$$

$$D_x - D_{x+1} = v^x l_x - v^{x+1} l_{x+1} = v^x l_x (1 - v p_x) > 0 \text{이므로}$$

$$C_x\, D_{x+1} - C_{x+1}\, D_x = 0$$

$$C_x\, D_{x+1} = C_{x+1}\, D_x$$

$$\frac{C_x}{D_x} = \frac{C_{x+1}}{D_{x+1}} \;\Rightarrow\; \frac{d_x\, v^{x+1}}{l_x\, v^x} = \frac{d_{x+1}\, v^{x+2}}{l_{x+1}\, v^{x+1}}$$

따라서 $q_x = q_{x+1}$

32 25년만기 생사혼합보험에서 연납순보험료가 최초 5년은 P_x(보통종신보험의 연납순보험료)로 하고 그 이후 20년간은 연납평준순보험료를 P로 할 때 P는 다음과 같음을 유도하시오.

$$P = \frac{P_x\, N_{x+5} - M_{x+25} + D_{x+25}}{N_{x+5} - N_{x+25}}$$

풀이

수지상등의 원칙에 의해 $A_{x:\,\overline{25}|} = P_x\, \ddot{a}_{x:\,\overline{5}|} + P(\ddot{a}_{x:\,\overline{25}|} - \ddot{a}_{x:\,\overline{5}|})$ 이다. 따라서

$$P = \frac{A_{x:\,\overline{25}|} - P_x\, \ddot{a}_{x:\,\overline{5}|}}{\ddot{a}_{x:\,\overline{25}|} - \ddot{a}_{x:\,\overline{5}|}} = \frac{M_x - M_{x+25} + D_{x+25} - P_x\,(N_x - N_{x+5})}{(N_x - N_{x+25}) - (N_x - N_{x+5})}$$

$$= \frac{M_x - M_{x+25} + D_{x+25} - M_x + P_x\, N_{x+5}}{N_{x+5} - N_{x+25}}$$

$$= \frac{P_x\, N_{x+5} - M_{x+25} + D_{x+25}}{N_{x+5} - N_{x+25}}$$

33 P_x, P_{x+1}, i가 주어졌을 때 x세의 생존율 p_x는 다음과 같음을 증명하시오.
(Hint: $\ddot{a}_x = 1 + v p_x \ddot{a}_{x+1}$을 이용)

$$p_x = \left[\, 1 - (1+i)\, P_x \,\right] \frac{(1+i)\, P_{x+1} + i}{(1+i)\, P_x + i}$$

풀이

$P_x = \dfrac{1}{\ddot{a}_x} - d$, $\quad P_{x+1} = \dfrac{1}{\ddot{a}_{x+1}} - d$, $\quad \ddot{a}_x = 1 + v p_x \ddot{a}_{x+1}$이므로

$$p_x = \frac{\ddot{a}_x - 1}{v\, \ddot{a}_{x+1}} = \frac{\dfrac{1}{P_x + d} - 1}{v \left(\dfrac{1}{P_{x+1} + d} \right)}$$

분자, 분모에 $(P_{x+1} + d)(P_x + d)$를 곱하면

$$p_x = \frac{(1 - d - P_x)(P_{x+1} + d)}{v\,(P_x + d)} = \left(\frac{v - P_x}{v} \right)\left(\frac{P_{x+1} + d}{P_x + d} \right)$$

분자, 분모에 $(1+i)$를 곱하면

$$p_x = \left[\, 1 - (1+i)\, P_x \,\right] \left[\frac{(1+i)\, P_{x+1} + i}{(1+i)\, P_x + i} \right]$$

34 다음 ( )안에 적당한 값이나 기호를 구하시오.

(a) $P_x^{(m)} \fallingdotseq P_x + \dfrac{m-1}{2m}\, P_x^{(m)} \{\,(\quad) + d\,\}$ $\qquad$ (b) $P_{x:\overline{n}|}^{(m)} \fallingdotseq \dfrac{P_{x:\overline{n}|}}{1 - \dfrac{m-1}{2m} \{\,(\quad) + d\,\}}$

풀이

(a) $P_x^{(m)} = \dfrac{A_x}{\ddot{a}_x^{(m)}} = \dfrac{A_x}{\ddot{a}_x - \dfrac{m-1}{2m}} = \dfrac{P_x}{1 - \left(\dfrac{m-1}{2m} \right)\left(\dfrac{1}{\ddot{a}_x} \right)}$이므로

$$P_x^{(m)} \left(1 - \frac{m-1}{2m}\, \frac{1}{\ddot{a}_x} \right) = P_x \text{이고} \quad P_x^{(m)} \left[1 - \frac{m-1}{2m}\,(P_x + d) \right] = P_x \text{이므로}$$

$$P_x^{(m)} = P_x + \frac{m-1}{2m}\, P_x^{(m)} (P_x + d)$$

따라서 답은 P_x이다.

(b) $P_{x:\overline{n}|}^{(m)} = \dfrac{A_{x:\overline{n}|}}{\ddot{a}_{x:\overline{n}|}^{(m)}} = \dfrac{A_{x:\overline{n}|}}{\ddot{a}_{x:\overline{n}|} - \dfrac{m-1}{2m}\,(1 - {}_nE_x)} = \dfrac{P_{x:\overline{n}|}}{1 - \dfrac{m-1}{2m} \left(\dfrac{1}{\ddot{a}_{x:\overline{n}|}} - P_{x:\overline{n}|}^{\,1} \right)}$

$$= \frac{P_{x:\overline{n}|}}{1 - \frac{m-1}{2m}\left(P_{x:\overline{n}|} + d - P^{1}_{x:\overline{n}|}\right)} = \frac{P_{x:\overline{n}|}}{1 - \frac{m-1}{2m}\left(P^{1}_{x:\overline{n}|} + d\right)}$$

따라서 답은 $P^{1}_{x:\overline{n}|}$ 이다.

35 (a) $v - \dfrac{a_{x:\overline{n-1}|}}{\ddot{a}_{x:\overline{n}|}} = P_{x:\overline{n}|}$ 임을 증명하시오.

(b) $v - \dfrac{a_{x:\overline{n}|}}{\ddot{a}_{x:\overline{n}|}} = P^{1}_{x:\overline{n}|}$ 임을 증명하시오.

(c) $5v - \dfrac{a_{x:\overline{n-1}|} + 4 a_{x:\overline{n}|}}{\ddot{a}_{x:\overline{n}|}} = P_{x:\overline{n}|} + 4 P^{1}_{x:\overline{n}|}$ 임을 증명하시오.

풀이

(a) $v - \dfrac{a_{x:\overline{n-1}|}}{\ddot{a}_{x:\overline{n}|}} = \dfrac{1}{\ddot{a}_{x:\overline{n}|}}\left(v\,\ddot{a}_{x:\overline{n}|} - a_{x:\overline{n-1}|}\right)$

$\qquad\qquad = \dfrac{1}{\ddot{a}_{x:\overline{n}|}}\left[(1-d)\,\ddot{a}_{x:\overline{n}|} - (\ddot{a}_{x:\overline{n}|} - 1)\right]$

$\qquad\qquad = \dfrac{1}{\ddot{a}_{x:\overline{n}|}}\left(1 - d\,\ddot{a}_{x:\overline{n}|}\right) = \dfrac{A_{x:\overline{n}|}}{\ddot{a}_{x:\overline{n}|}} = P_{x:\overline{n}|}$

(b) $v - \dfrac{a_{x:\overline{n}|}}{\ddot{a}_{x:\overline{n}|}} = \dfrac{1}{\ddot{a}_{x:\overline{n}|}}\left(v\,\ddot{a}_{x:\overline{n}|} - a_{x:\overline{n}|}\right)$

$\qquad\qquad = \dfrac{1}{\ddot{a}_{x:\overline{n}|}}\left[(1-d)\,\ddot{a}_{x:\overline{n}|} - (\ddot{a}_{x:\overline{n}|} - 1 + {}_{n}E_{x})\right]$

$\qquad\qquad = \dfrac{1}{\ddot{a}_{x:\overline{n}|}}\left(1 - d\,\ddot{a}_{x:\overline{n}|} - {}_{n}E_{x}\right) = \dfrac{1}{\ddot{a}_{x:\overline{n}|}}\left(A_{x:\overline{n}|} - {}_{n}E_{x}\right)$

$\qquad\qquad = \dfrac{A^{1}_{x:\overline{n}|}}{\ddot{a}_{x:\overline{n}|}} = P^{1}_{x:\overline{n}|}$

(c) (a)와 (b)의 결과를 이용하면

$$5v - \frac{a_{x:\overline{n-1}|} + 4 a_{x:\overline{n}|}}{\ddot{a}_{x:\overline{n}|}} = \left(v - \frac{a_{x:\overline{n-1}|}}{\ddot{a}_{x:\overline{n}|}}\right) + 4\left(v - \frac{a_{x:\overline{n}|}}{\ddot{a}_{x:\overline{n}|}}\right)$$

$$= P_{x:\overline{n}|} + 4 P^{1}_{x:\overline{n}|}$$

36 $P_{40} = 0.01393117$, $a_{40} = 10.94763$, $p_{40} = 0.996$일 때 A_{41}을 구하시오.

풀이

A_{41}을 구하기 위해 d, $\ddot{a}_{41}$을 구해보자.

$$P_{40} = \frac{1}{\ddot{a}_{40}} - d = \frac{1}{1 + a_{40}} - d = \frac{1}{11.94763} - d = 0.01393117$$

따라서 $d = \dfrac{1}{11.94763} - 0.01393117 = 0.0697674$

$\ddot{a}_{40} = 1 + v\,p_{40}\,\ddot{a}_{41}$ 이므로 $a_{40} = v\,p_{40}\,\ddot{a}_{41}$ 이고 $\ddot{a}_{41} = \dfrac{a_{40}}{v\,p_{40}}$ 이다. 생명보험과 생명연금의 일시납순보험료의 관계식에 의하여

$$A_{41} = 1 - d\,\ddot{a}_{41} = 1 - d\left(\frac{a_{40}}{v\,p_{40}}\right) = 1 - d\left[\frac{a_{40}}{(1-d)\,p_{40}}\right]$$

$$= 1 - (0.0697674)\left(\frac{10.94763}{(1-0.0697674)(0.996)}\right) = 0.17563$$

37 보험금 연말급, 보험금 1원인 종신보험의 연납순보험료를 최초의 m년간은 $3P_x$, 그 후에는 계속 $0.5P_x$로 사망시까지 매년초에 납입한다. 이때 $_mP_x = 5P_x$임을 보이시오.

풀이

$$P_x\,\ddot{a}_x = 3P_x\,\ddot{a}_{x:\overline{m}|} + 0.5P_x\,{}_{m|}\ddot{a}_x = 3P_x\,\ddot{a}_{x:\overline{m}|} + 0.5P_x\left(\ddot{a}_x - \ddot{a}_{x:\overline{m}|}\right)$$

$$= 2.5P_x\,\ddot{a}_{x:\overline{m}|} + 0.5P_x\,\ddot{a}_x$$

이므로 $0.5P_x\,\ddot{a}_x = 2.5P_x\,\ddot{a}_{x:\overline{m}|}$

$$\ddot{a}_{x:\overline{m}|} = \frac{0.5P_x}{2.5P_x}\,\ddot{a}_x = \frac{1}{5}\ddot{a}_x$$

따라서

$$_mP_x = \frac{A_x}{\ddot{a}_{x:\overline{m}|}} = \frac{A_x}{\dfrac{1}{5}\ddot{a}_x} = 5\left(\frac{A_x}{\ddot{a}_x}\right) = 5P_x$$

38 주어진 이자율과 생명표하에서 피보험자 (30)의 $A_{30} = 0.10082$이고 $P_{30} = 0.0053392$이다. 또 보험금 천만원에 대하여 10년 후부터는 처음 10년간의 보험료의 $\dfrac{1}{3}$을 납입하기로 하였을 경우 처음 10년간의 연납순보험료는 86,273.28원이다. 동일한 이자율과 생명표하에서

(a) $\ddot{a}_{30:\overline{10}|}$과 $A_{30:\overline{10}|}$을 구하시오.

(b) 위에서 주어진 자료는 $i = 5\%$, 제7회 경험생명표에 기초한 자료이다. (a)에서 구한 값과 부록의 계산기수를 이용하여 구한 값이 일치하는 것을 확인하시오.

풀이

(a) $\dfrac{A_{30}}{P_{30}} = \ddot{a}_{30} = \dfrac{0.10082}{0.0053392} = 18.883$ 이고

$A_{30} = 0.10082 = \dfrac{86273.28}{10000000}\left(\ddot{a}_{30:\overline{10|}} + \dfrac{1}{3}\,{}_{10|}\ddot{a}_{30}\right)$ 이므로

$$\ddot{a}_{30:\overline{10|}} + \dfrac{1}{3}\,{}_{10|}\ddot{a}_{30} = 11.68612 \qquad\qquad \cdots\cdots ①$$

연금의 재귀식에 의해

$$\ddot{a}_{30} = \ddot{a}_{30:\overline{10|}} + {}_{10|}\ddot{a}_{30} = 18.883 \qquad\qquad \cdots\cdots ②$$

①에 3을 곱한 후 ②를 차감하면 $2\ddot{a}_{30:\overline{10|}} = 16.17536$ 이므로

$$\ddot{a}_{30:\overline{10|}} = 8.08768$$

따라서 $A_{30:\overline{10|}} = 1 - d\,\ddot{a}_{30:\overline{10|}} = 1 - \left(\dfrac{0.05}{1.05}\right)(8.08768) = 0.614872$

(b) $\ddot{a}_{30:\overline{10|}} = \dfrac{N_{30} - N_{40}}{D_{30}} = \dfrac{430847.59 - 246310.86}{22816.97} = 8.0877$

$A_{30:\overline{10|}} = \dfrac{M_{30} - M_{40} + D_{40}}{D_{30}} = \dfrac{2300.42 - 2183.45 + 13912.54}{22816.97} = 0.614872$

(a)값과 (b)의 값은 일치한다.

Ⅱ. 일반이론

1. 미래손실(확률변수)과 순보험료

(1) 완전이산인 경우(보험금 연말급, 연납보험료)

종류	확률변수 $_0L$	연납평준순보험료
종신납입 종신보험	$v^{K+1} - \pi\ddot{a}_{\overline{K+1}}, \qquad K = 0, 1, 2, \cdots$	$P_x = \dfrac{A_x}{\ddot{a}_x}$
n년만기 정기보험	$v^{K+1} - \pi\ddot{a}_{\overline{K+1}}, \qquad K = 0, 1, \cdots, n-1$ $0 - \pi\ddot{a}_{\overline{n}}, \qquad K = n, n+1, \cdots$	$P^1_{x:\overline{n}} = \dfrac{A^1_{x:\overline{n}}}{\ddot{a}_{x:\overline{n}}}$
h년납입 종신보험	$v^{K+1} - \pi\ddot{a}_{\overline{K+1}}, \qquad K = 0, 1, \cdots, h-1$ $v^{K+1} - \pi\ddot{a}_{\overline{h}}, \qquad K = h, h+1, \cdots$	$_hP_x = \dfrac{A_x}{\ddot{a}_{x:\overline{h}}}$
h년납입 n년만기 생사혼합보험	$v^{K+1} - \pi\ddot{a}_{\overline{K+1}}, \qquad K = 0, 1, \cdots, h-1$ $v^{K+1} - \pi\ddot{a}_{\overline{h}}, \qquad K = h, h+1, \cdots, n-1$ $v^n - \pi\ddot{a}_{\overline{h}}, \qquad K = n, n+1, \cdots$	$_hP_{x:\overline{n}} = \dfrac{A_{x:\overline{n}}}{\ddot{a}_{x:\overline{h}}}$
n년만기 생존보험	$0 - \pi\ddot{a}_{\overline{K+1}}, \qquad K = 0, 1, \cdots, n-1$ $v^n - \pi\ddot{a}_{\overline{n}}, \qquad K = n, n+1, \cdots$	$P_{x:\overline{n}}^{\ 1} = \dfrac{A_{x:\overline{n}}^{\ 1}}{\ddot{a}_{x:\overline{n}}}$
n년거치 종신연금	$0 - \pi\ddot{a}_{\overline{K+1}}, \qquad K = 0, 1, \cdots, n-1$ $\ddot{a}_{\overline{K+1-n}}\,v^n - \pi\ddot{a}_{\overline{n}}, \quad K = n, n+1, \cdots$	$P\left(_{n|}\ddot{a}_x\right) = \dfrac{A_{x:\overline{n}}^{\ 1}\,\ddot{a}_{x+n}}{\ddot{a}_{x:\overline{n}}}$

(2) 반연속인 경우(보험금 사망즉시급, 연납보험료, 종신보험의 경우)

(i) $_0L = v^T - \pi\ddot{a}_{\overline{K+1}}, \quad T > 0, K = 0, 1, 2, \cdots$

(ii) $\pi = P(\bar{A}_x) = \dfrac{\bar{A}_x}{\ddot{a}_x}$

(3) 연 m회 분할납 진보험료(보험금 연말급, 보험료 m회 분할납 종신보험의 경우)

(i) $_0L = v^{K+1} - \pi\ddot{a}^{(m)}_{\overline{K+\frac{J+1}{m}}}, \quad \begin{matrix} J = 0, 1, \cdots, m-1 \\ K = 0, 1, 2, \cdots \end{matrix}$

(ii) $\pi = P_x^{(m)} = \dfrac{A_x}{\ddot{a}_x^{(m)}}$

(4) 완전연속인 경우(보험금 사망즉시급, 연속납보험료)

종류	확률변수 $_0L$		연속납순보험료의 연액
종신납입 종신보험	$v^T - \pi \bar{a}_{\overline{T}\mid},$	$T \geq 0$	$\bar{P}(\bar{A}_x) = \dfrac{\bar{A}_x}{\bar{a}_x}$
n년만기 정기보험	$v^T - \pi \bar{a}_{\overline{T}\mid},$	$T \leq n$	$\bar{P}(\bar{A}^{\,1}_{x:\overline{n}\mid}) = \dfrac{\bar{A}^{\,1}_{x:\overline{n}\mid}}{\bar{a}_{x:\overline{n}\mid}}$
	$0 - \pi \bar{a}_{\overline{n}\mid},$	$T > n$	
h년납입 종신보험	$v^T - \pi \bar{a}_{\overline{T}\mid},$	$T \leq h$	$_h\bar{P}(\bar{A}_x) = \dfrac{\bar{A}_x}{\bar{a}_{x:\overline{h}\mid}}$
	$v^T - \pi \bar{a}_{\overline{h}\mid},$	$T > h$	
h년납입 n년만기 생사혼합보험 $(h < n)$	$v^T - \pi \bar{a}_{\overline{T}\mid},$	$T \leq h$	$_h\bar{P}(\bar{A}_{x:\overline{n}\mid}) = \dfrac{\bar{A}_{x:\overline{n}\mid}}{\bar{a}_{x:\overline{h}\mid}}$
	$v^T - \pi \bar{a}_{\overline{h}\mid},$	$h < T \leq n$	
	$v^n - \pi \bar{a}_{\overline{h}\mid},$	$T > n$	
n년만기 생존보험	$0 - \pi \bar{a}_{\overline{T}\mid},$	$T \leq n$	$\bar{P}(A_{x:\overline{n}\mid}^{\ \ 1}) = \dfrac{A_{x:\overline{n}\mid}^{\ \ 1}}{\bar{a}_{x:\overline{n}\mid}}$
	$v^n - \pi \bar{a}_{\overline{n}\mid},$	$T > n$	
n년거치 종신연금	$0 - \pi \bar{a}_{\overline{T}\mid},$	$T \leq n$	$\bar{P}(_n\vert\bar{a}_x) = \dfrac{A_{x:\overline{n}\mid}^{\ \ 1}\,\bar{a}_{x+n}}{\bar{a}_{x:\overline{n}\mid}}$
	$\bar{a}_{\overline{T-n}\mid}\,v^n - \pi \bar{a}_{\overline{n}\mid},$	$T > n$	

2. 연납순보험료와 일시납순보험료의 관계

(1) 완전이산인 경우

(i) $P_x = \dfrac{1}{\ddot{a}_x} - d = \dfrac{1 - d\,\ddot{a}_x}{\ddot{a}_x} = \dfrac{d\,A_x}{1 - A_x}$

(ii) $P_{x:\overline{n}\mid} = \dfrac{1}{\ddot{a}_{x:\overline{n}\mid}} - d = \dfrac{1 - d\,\ddot{a}_{x:\overline{n}\mid}}{\ddot{a}_{x:\overline{n}\mid}} = \dfrac{d\,A_{x:\overline{n}\mid}}{1 - A_{x:\overline{n}\mid}}$

(2) 완전연속인 경우

(i) $\bar{P}(\bar{A}_x) = \dfrac{1}{\bar{a}_x} - \delta = \dfrac{1 - \delta\,\bar{a}_x}{\bar{a}_x} = \dfrac{\delta\,\bar{A}_x}{1 - \bar{A}_x}$

(ii) $\bar{P}(\bar{A}_{x:\overline{n}\mid}) = \dfrac{1}{\bar{a}_{x:\overline{n}\mid}} - \delta = \dfrac{1 - \delta\,\bar{a}_{x:\overline{n}\mid}}{\bar{a}_{x:\overline{n}\mid}} = \dfrac{\delta\,\bar{A}_{x:\overline{n}\mid}}{1 - \bar{A}_{x:\overline{n}\mid}}$

3. 연납순보험료와 연속납순보험료의 관계(UDD인 경우)

(i) $P(\bar{A}_x) = \dfrac{\bar{A}_x}{\ddot{a}_x} = \dfrac{i}{\delta}\dfrac{A_x}{\ddot{a}_x} = \dfrac{i}{\delta}P_x$

(ii) $P(\bar{A}^{\,1}_{x:\overline{n}|}) = \dfrac{i}{\delta}P^{\,1}_{x:\overline{n}|}$

4. 특수한 생존분포와 평준순보험료

(1) CFM가정하에서 평준순보험료

(i) $\bar{P}(\bar{A}_x) = \dfrac{\bar{A}_x}{\bar{a}_x} = \mu$

(ii) $\bar{P}(\bar{A}^{\,1}_{x:\overline{n}|}) = \dfrac{\bar{A}^{\,1}_{x:\overline{n}|}}{\bar{a}_{x:\overline{n}|}} = \mu$

(iii) $\bar{P}(A_{x:\overline{n}|}^{1}) = \dfrac{A_{x:\overline{n}|}^{1}}{\bar{a}_{x:\overline{n}|}} = \dfrac{e^{-(\mu+\delta)n}}{\left[1 - e^{-(\mu+\delta)n}\right]/(\mu+\delta)} = \dfrac{(\mu+\delta)A_{x:\overline{n}|}^{1}}{1 - A_{x:\overline{n}|}^{1}}$

(iv) $\bar{P}({}_{n|}\bar{a}_x) = \dfrac{A_{x:\overline{n}|}^{1}\,\bar{a}_{x+n}}{\bar{a}_{x:\overline{n}|}} = \dfrac{A_{x:\overline{n}|}^{1}\,\bar{a}_x}{\bar{a}_{x:\overline{n}|}} = \dfrac{e^{-(\mu+\delta)n}}{1 - e^{-(\mu+\delta)n}} = \dfrac{A_{x:\overline{n}|}^{1}}{1 - A_{x:\overline{n}|}^{1}}$

(v) $P_x = \dfrac{A_x}{\ddot{a}_x} = vq, \qquad P^{\,1}_{x:\overline{n}|} = vq$

(vi) $P(\bar{A}_x) = \dfrac{\bar{A}_x}{\ddot{a}_x} = \dfrac{\mu(q+i)}{\mu+\delta(1+i)}$

(2) De Moivre 법칙하의 평준순보험료

(i) $\bar{P}(\bar{A}_x) = \dfrac{\bar{A}_x}{\bar{a}_x} = \dfrac{\bar{a}_{\overline{\omega-x}|}}{(\bar{D}\bar{a})_{\overline{\omega-x}|}}$

(ii) $P_x = \dfrac{A_x}{\ddot{a}_x} = \dfrac{a_{\overline{\omega-x}|}}{(D\ddot{a})_{\overline{\omega-x}|}}$

(iii) $P(\bar{A}_x) = \dfrac{\bar{A}_x}{\ddot{a}_x} = \dfrac{\bar{a}_{\overline{\omega-x}|}}{(D\ddot{a})_{\overline{\omega-x}|}}$

5.2 기본연습문제

※ 특별한 언급이 없으면 부록의 제7회 경험생명표를 이용하여 답하시오. 또한 보험료의 계산에 있어서 특별한 언급이 없으면 수지상등의 원칙에 의하여 계산한다.

01 $_{k|}q_0 = \dfrac{k}{10}$, $k = 0,\ 1,\ 2,\ 3,\ 4$이고 $i = 0.05$일 때 $P_0 \left(\text{즉},\ \dfrac{A_0}{\ddot{a}_0}\right)$ 의 값을 구하시오.

풀이

P_0를 구하기 위해 A_0를 구해보자.

$$A_0 = \sum_{k=0}^{4} v^{k+1}\,_{k|}q_0 = \sum_{k=0}^{4} \left(\frac{1}{1.05}\right)^{k+1}\left(\frac{k}{10}\right) = \frac{1}{10}(v^2 + 2v^3 + 3v^4 + 4v^5)$$

$$= \frac{1}{10}\left[\left(\frac{1}{1.05}\right)^2 + 2\left(\frac{1}{1.05}\right)^3 + 3\left(\frac{1}{1.05}\right)^4 + 4\left(\frac{1}{1.05}\right)^5\right]$$

$$= 0.823692$$

따라서

$$P_0 = \frac{A_0}{\ddot{a}_0} = \frac{d\,A_0}{1 - A_0} = \frac{\dfrac{0.05}{1.05}(0.823692)}{1 - 0.823692} = 0.222$$

02 다음 자료를 이용하여 $_{10}P_x$를 구하시오

(i) $P_{x:\overline{10|}} = 0.07923$　　　(ii) $P_{x:\frac{1}{10|}} = 0.07185$　　　(iii) $P\left(_{10|}\ddot{a}_x\right) = 0.82438$

(iv) $d = 0.05$

풀이

$P_{x:\overline{10|}} = \dfrac{1}{\ddot{a}_{x:\overline{10|}}} - d = \dfrac{1}{\ddot{a}_{x:\overline{10|}}} - 0.05 = 0.07923$이므로 $\dfrac{1}{\ddot{a}_{x:\overline{10|}}} = 0.12923$이다.

또한 $\ddot{a}_x = \ddot{a}_{x:\overline{10|}} + _{10|}\ddot{a}_x$이고 양변을 $\ddot{a}_{x:\overline{10|}}$으로 나눠주면

$$\frac{\ddot{a}_x}{\ddot{a}_{x:\overline{10|}}} = 1 + \frac{_{10|}\ddot{a}_x}{\ddot{a}_{x:\overline{10|}}} = 1 + P\left(_{10|}\ddot{a}_x\right) = 1.82438$$이므로

$$\frac{\ddot{a}_x}{\ddot{a}_{x:\overline{10|}}} = \frac{(1-A_x)/d}{(1-A_{x:\overline{10|}})/d} = \frac{1-A_x}{d\,\ddot{a}_{x:\overline{10|}}} = 1.82438$$

양변에 d를 곱하면 $\dfrac{1-A_x}{\ddot{a}_{x:\overline{10|}}} = 1.82438\,d = 1.82438(0.05) = 0.091219$이므로

$$\frac{1 - A_x}{\ddot{a}_{x:\overline{10|}}} = \frac{1}{\ddot{a}_{x:\overline{10|}}} - {}_{10}P_x = 0.091219 \text{이다. 따라서}$$

$${}_{10}P_x = \frac{1}{\ddot{a}_{x:\overline{10|}}} - 0.091219 = 0.12923 - 0.091219 = 0.038011$$

03 다음의 자료를 이용하여 P_{x+n}을 구하시오.

(i) $P^1_{x:\overline{n|}} = 0.010$　　(ii) ${}_nP_x = 0.030$　　(iii) $P_{x:\overline{n|}} = 0.042$　　(iv) $d = 0.020$

풀이

P_{x+n}을 구하기 위해 A_{x+n}, $\ddot{a}_{x+n}$을 구해보자.

재귀식으로부터 $A_x = A^1_{x:\overline{n|}} + {}_nE_x A_{x+n}$ 이므로 양변을 $\ddot{a}_{x:\overline{n|}}$으로 나누면

$${}_nP_x = P^1_{x:\overline{n|}} + P_{x:\overline{n|}}^{\ 1} A_{x+n} = P^1_{x:\overline{n|}} + (P_{x:\overline{n|}} - P^1_{x:\overline{n|}}) A_{x+n}$$

$$0.03 = 0.01 + (0.042 - 0.01) A_{x+n}$$

$$A_{x+n} = \frac{0.03 - 0.01}{0.042 - 0.01} = 0.625$$

$$\ddot{a}_{x+n} = \frac{1 - A_{x+n}}{d} = \frac{1 - 0.625}{0.02} = 18.75$$

따라서 $P_{x+n} = \dfrac{A_{x+n}}{\ddot{a}_{x+n}} = \dfrac{0.625}{18.75} = 0.033$

04 다음이 성립함을 보이시오.

(a) $\dfrac{{}_mP_{x:\overline{m+n|}} - {}_mP_x}{P_{x:\overline{m|}}^{\ 1}} = A_{x+m:\overline{n|}} - A_{x+m}$　　(b) $\dfrac{\ddot{a}_{x:\overline{21|}} - \ddot{a}_{x:\overline{20|}}}{\ddot{a}_{x:\overline{20|}}} = P_{x:\overline{20|}}^{\ 1}$

풀이

(a) $\dfrac{{}_mP_{x:\overline{m+n|}} - {}_mP_x}{P_{x:\overline{m|}}^{\ 1}} = \dfrac{(A_{x:\overline{m+n|}} - A_x)/\ddot{a}_{x:\overline{m|}}}{A_{x:\overline{m|}}^{\ 1}/\ddot{a}_{x:\overline{m|}}} = \dfrac{(A_{x:\overline{m+n|}} - A_x)}{A_{x:\overline{m|}}^{\ 1}}$

$$= \frac{M_x - M_{x+m+n} + D_{x+m+n} - M_x}{D_{x+m}}$$

$$= \frac{M_{x+m} - M_{x+m+n} + D_{x+m+n} - M_{x+m}}{D_{x+m}}$$

$$= A_{x+m:\overline{n|}} - A_{x+m}$$

(b) $\dfrac{\ddot{a}_{x:\overline{21|}} - \ddot{a}_{x:\overline{20|}}}{\ddot{a}_{x:\overline{20|}}} = \dfrac{N_x - N_{x+21} - (N_x - N_{x+20})}{N_x - N_{x+20}} = \dfrac{N_{x+20} - N_{x+21}}{N_x - N_{x+20}}$

$$= \frac{D_{x+20}}{N_x - N_{x+20}} = \frac{A_{x:\overline{20}|}^{\;\;1}}{\ddot{a}_{x:\overline{20}|}} = P_{x:\overline{20}|}^{\;\;1}$$

05 피보험자 (30)이 가입한 30년납입, 30년만기 완전이산 정기보험을 고려한다. 다음의 가정을 이용하여 이 보험의 연납평준순보험료를 구하시오.

(i) 사망법칙은 $\omega = 110$인 De Moivre 법칙을 따른다.   (ii) $i = 0.05$

(iii) 보험금은 30세부터 45세 사이에 사망하면 3,000원을, 45세부터 55세 사이에 사망하면 2,000원을, 55세부터 60세 사이에 사망하면 1,000원을 지급한다.

> **풀이**

사망급부의 APV와 보험료수입의 EPV를 구하기 위해 $A_{30:\overline{30}|}^{\;\;1}$, $A_{30:\overline{15}|}^{\;\;1}$, $A_{30:\overline{5}|}^{\;\;1}$, $\ddot{a}_{30:\overline{30}|}$ 을 구해보자.

$$A_{30:\overline{30}|}^{\;\;1} = \frac{a_{\overline{30}|}}{110-30} = \frac{1}{80} \times \frac{1-(1.05)^{-30}}{0.05} = 0.192156$$

$$A_{30:\overline{15}|}^{\;\;1} = \frac{a_{\overline{15}|}}{110-30} = \frac{1}{80} \times \frac{1-(1.05)^{-15}}{0.05} = 0.129746$$

$$A_{30:\overline{5}|}^{\;\;1} = \frac{a_{\overline{5}|}}{110-30} = \frac{1}{80} \times \frac{1-(1.05)^{-5}}{0.05} = 0.054118$$

$$\ddot{a}_{30:\overline{30}|} = \frac{1 - A_{30:\overline{30}|}}{d} = \frac{1 - \left(A_{30:\overline{30}|}^{\;\;1} + A_{30:\overline{30}|}^{\;\;\;\;1}\right)}{d}$$

$$= \frac{1 - \left(0.192156 + \left(\frac{1}{1.05}\right)^{30} \times \frac{50}{80}\right)}{0.05/1.05} = 13.9279$$

따라서 사망급부의 APV는

$$\text{APV} = 1000\left(A_{30:\overline{30}|}^{\;\;1} + A_{30:\overline{15}|}^{\;\;1} + A_{30:\overline{5}|}^{\;\;1}\right)$$

$$= 1000(0.192156 + 0.129746 + 0.054118) = 376.02$$

보험료수입의 EPV는

$$\text{EPV} = P\,\ddot{a}_{30:\overline{30}|} = 13.9279P$$

수지상등의 원칙에 의해 $376.02 = 13.9279P$이므로

$$P = 26.9976$$

06 피보험자 (x)가 가입한 3년납입, 3년만기 완전이산 정기보험을 고려한다. 다음의 가정을 이용하여 이 보험의 연납평준순보험료를 구하시오.

(i) 제k보험연도 동안 사망하면 사망연도말에 b_k의 사망보험금을 지급하며 b_k는

$$b_k = \begin{cases} 0, & k = 1 \\ 5000\,(k-1), & k = 2,\,3 \end{cases}$$

(ii) $q_x = 0.1$, $q_{x+1} = 0.15$, $q_{x+2} = 0.2$ (iii) $i = 0.05$

풀이

사망급부의 APV는

$$\begin{aligned} \text{APV} &= 5000\,v^2\,p_x\,q_{x+1} + 5000 \times 2v^3\,{}_2p_x\,q_{x+2} \\ &= \frac{5000}{1.05^2} \times 0.9 \times 0.15 + \frac{5000 \times 2}{1.05^3} \times 0.9 \times 0.85 \times 0.2 \\ &= 612.244898 + 1321.671526 = 1933.92 \end{aligned}$$

보험료수입의 EPV는

$$\begin{aligned} \text{EPV} &= P\,\ddot{a}_{x:\overline{3}|} = P\left(1 + v\,p_x + v^2\,{}_2p_x\right) \\ &= P\left(1 + \frac{1}{1.05} \times 0.9 + \frac{1}{1.05^2} \times 0.9 \times 0.85\right) = 2.55102\,P \end{aligned}$$

수지상등의 원칙에 의해 연납평준순보험료 P 는 APV = EPV를 만족하는 값이므로

$$P = \frac{1933.92}{2.55102} = 758.1$$

07 피보험자 (40)이 가입한 20년납입 완전이산 종신보험을 고려한다. 보험내용은 다음과 같을 때, 부록의 생명표를 이용하여 π를 구하시오. ($i = 0.05$)

(i) 사망보험금은 1,000원으로 피보험자가 사망시 사망연도말에 지급한다.

(ii) 보험료는 처음 10년 동안은 매년초에 $1000\,P_{40}$원씩 납입되며, 나머지 10년 동안은 매년초에 π원씩 납입된다.

풀이

사망급부의 APV는

$$\text{APV} = 1000\,A_{40} = 1000\,(0.156941) = 156.941$$

보험료수입의 EPV는

$$\begin{aligned} \text{EPV} &= 1000\,P_{40}\,\ddot{a}_{40:\overline{10}|} + \pi\left(\ddot{a}_{40:\overline{20}|} - \ddot{a}_{40:\overline{10}|}\right) \\ &= 1000\left(\frac{A_{40}}{\ddot{a}_{40}}\right)\ddot{a}_{40:\overline{10}|} + \pi\left(\ddot{a}_{40:\overline{20}|} - \ddot{a}_{40:\overline{10}|}\right) \\ &= 1000\left(\frac{0.156941}{17.704236}\right)(8.060672) + \pi\,(12.879408 - 8.060672) \\ &= 71.454646 + 4.818736\,\pi \end{aligned}$$

수지상등의 원칙에 의해 APV = EPV이므로

$$4.818736\,\pi = 156.941 - 71.454646 = 85.486354$$

따라서 $\pi = 17.74041$

08 피보험자 (50), 보험금 10,000원 전기납입 완전이산 종신보험에 가입하였다. 보험금과 연납순보험료는 매년 복리로 5%씩 증가하고 이자율이 5%, $e_{50} = 27$일 때, 처음에 납입하는 연납순보험료를 구하시오.

  풀이

사망급부의 APV는

$$\text{APV} = 10000 \sum_{k=0}^{\infty} v^{k+1} (1.05)^k {}_{k|}q_{50} = 10000 \sum_{k=0}^{\infty} \left(\frac{1}{1.05}\right)^{k+1} (1.05)^k {}_{k|}q_{50}$$

$$= 10000 \left(\frac{1}{1.05}\right) \sum_{k=0}^{\infty} {}_{k|}q_{50} = 10000 \left(\frac{1}{1.05}\right)(1) = 9523.81$$

연납순보험료를 P 라고 하면 보험료수입의 EPV는

$$\text{EPV} = P \sum_{k=0}^{\infty} v^k (1.05)^k {}_kp_{50} = P \sum_{k=0}^{\infty} {}_kp_{50} = (1 + e_{50}) P = 28P$$

따라서 $P = \dfrac{9523.81}{28} = 340.14$

09 피보험자 (30), n년납입, n년만기 생존보험(pure endowment)의 경우 생존시 $30+n$ 세에 $1 - A_{30+n}$ 을 생존보험금으로 수취한다. 이 생존보험의 연납평준순보험료가 $P_{30:\overline{n}|} - {}_nP_{30}$이 됨을 유도하시오.

  풀이

$$(1 - A_{30+n}) P_{30:\overline{n}|}^{\;\;1} = (1 - A_{30+n}) \frac{A_{30:\overline{n}|}^{\;\;1}}{\ddot{a}_{30:\overline{n}|}} = \frac{A_{30:\overline{n}|}^{\;\;1} - A_{30:\overline{n}|}^{\;\;1} A_{30+n}}{\ddot{a}_{30:\overline{n}|}}$$

$$= \frac{(A_{30:\overline{n}|} - A_{30:\overline{n}|}^{\;\;1}) - A_{30:\overline{n}|}^{\;\;1} A_{30+n}}{\ddot{a}_{30:\overline{n}|}} = \frac{A_{30:\overline{n}|} - A_{30}}{\ddot{a}_{30:\overline{n}|}}$$

$$= P_{30:\overline{n}|} - {}_nP_{30}$$

10 De Moivre의 법칙하에서 $l_{20} = 10$, $l_{21} = 8$, $l_{22} = 6$이 주어졌다.

$P_{20:\overline{3}|}^{\;\;1} = \dfrac{K}{e^{\delta}(10\, e^{2\delta} + 8\, e^{\delta} + 6)}$ 일 때 K를 구하시오.

  풀이

사망법칙이 De Moivre 법칙을 따르므로 사망자수는 매년 동일하다.

$d_{20} = l_{20} - l_{21} = 2$, $d_{21} = l_{21} - l_{22} = 2$이므로 $d_{22} = l_{22} - l_{23} = 2$이다.
따라서 $l_{23} = 4$이다.

$$P_{20:\overline{3|}}^{\ 1} = \frac{A_{20:\overline{3|}}^{\ 1}}{\ddot{a}_{20:\overline{3|}}} = \frac{v^3 \, _3p_{20}}{1 + v \, p_{20} + v^2 \, _2p_{20}} = \frac{e^{-3\delta}\left(\dfrac{l_{23}}{l_{20}}\right)}{1 + e^{-\delta}\left(\dfrac{l_{21}}{l_{20}}\right) + e^{-2\delta}\left(\dfrac{l_{22}}{l_{20}}\right)}$$

$$= \frac{e^{-3\delta}\left(\dfrac{4}{10}\right)}{1 + e^{-\delta}\left(\dfrac{8}{10}\right) + e^{-2\delta}\left(\dfrac{6}{10}\right)} = \frac{4}{10\,e^{3\delta} + 8\,e^{2\delta} + 6\,e^{\delta}}$$

$$= \frac{4}{e^{\delta}\left(10\,e^{2\delta} + 8\,e^{\delta} + 6\right)}$$

따라서 $K = 4$

11 피보험자 (x), 보험금 사망즉시급인 종신보험의 보험료는 20년간 연납으로 납입된다. 처음 20년 안에 사망하면 사망보험금은 10,000원과 납입된 총순보험료(이자가 부리 안 된 개념임)의 합이고 그 이후에 사망하면 20,000원이 지급된다. 이때 연납순보험료를 계산기수를 이용하여 나타내시오.

풀이

이 보험의 보험료를 P라고 하면 사망급부의 APV는

$$\text{APV} = 10000\bar{A}_x + P(IA)^1_{x:\overline{20|}} + 10000\left(_{20|}\bar{A}_x\right)$$

보험료수입의 EPV는

$$\text{EPV} = P\,\ddot{a}_{x:\overline{20|}}$$

수지상등의 원칙에 의해 APV = EPV이므로

$$P\left[\ddot{a}_{x:\overline{20|}} - (IA)^1_{x:\overline{20|}}\right] = 10000\left(\bar{A}_x + _{20|}\bar{A}_x\right)$$

따라서 $P = \dfrac{10000\left(\bar{A}_x + _{20|}\bar{A}_x\right)}{\ddot{a}_{x:\overline{20|}} - (IA)^1_{x:\overline{20|}}} = \dfrac{10000\left(\bar{M}_x + \bar{M}_{x+20}\right)}{N_x - N_{x+20} - \left(R_x - R_{x+20} - 20M_{x+20}\right)}$

12 예제 (5.2.2.1)의 일반식은 다음과 같다.

$$_{k|}q_x = (1-r)\,r^k, \qquad k = 0, 1, 2, \cdots$$

다음 식을 유도하시오.

(a) $A_x = \dfrac{1-r}{1+i-r}$ 　　　　　　　　　　　　(b) $\ddot{a}_x = \dfrac{1+i}{1+i-r}$

(c) $P_x = \dfrac{1-r}{1+i}$ $\qquad$ (d) $\dfrac{{}^2A_x - (A_x)^2}{(d\,\ddot{a}_x)^2} = \dfrac{(1-r)\,r}{1+2i+i^2-r}$

풀이

(a) $A_x = \displaystyle\sum_{k=0}^{\infty} v^{k+1}\,{}_{k|}q_x = \sum_{k=0}^{\infty} v^{k+1}(1-r)\,r^k$

$\qquad = v(1-r)\displaystyle\sum_{k=0}^{\infty}(vr)^k = v(1-r)\dfrac{1}{1-vr}$

$\qquad = \dfrac{1-r}{(1/v)-r} = \dfrac{1-r}{1+i-r}$

(b) $\ddot{a}_x = \dfrac{1-A_x}{d} = \dfrac{1 - \dfrac{1-r}{1+i-r}}{\dfrac{i}{1+i}} = \left(\dfrac{i}{1+i-r}\right)\left(\dfrac{1+i}{i}\right) = \dfrac{1+i}{1+i-r}$

(c) $P_x = \dfrac{A_x}{\ddot{a}_x} = \dfrac{(1-r)/(1+i-r)}{(1+i)/(1+i-r)} = \dfrac{1-r}{1+i}$

(d) ${}^2A_x = \dfrac{1-r}{(1+i)^2-r}$ 이므로

$$\dfrac{{}^2A_x - (A_x)^2}{(d\,\ddot{a}_x)^2} = \dfrac{{}^2A_x - (A_x)^2}{(1-A_x)^2} = \dfrac{\dfrac{1-r}{(1+i)^2-r} - \left(\dfrac{1-r}{1+i-r}\right)^2}{\left(1 - \dfrac{1-r}{1+i-r}\right)^2}$$

$$= \dfrac{\dfrac{1-r}{1+2i+i^2-r} - \dfrac{(1-r)^2}{(1+i-r)^2}}{\left(\dfrac{i}{1+i-r}\right)^2}$$

$$= \dfrac{\dfrac{(1-r)\left[(1+i-r)^2 - (1-r)(1+2i+i^2-r)\right]}{(1+2i+i^2-r)(1+i-r)^2}}{\dfrac{i^2}{(1+i-r)^2}}$$

$$= \dfrac{(1-r)(i^2 r)}{i^2(1+2i+i^2-r)} = \dfrac{(1-r)\,r}{1+2i+i^2-r}$$

13 피보험자 (40)은 전기납입, 20년만기 완전이산 정기보험에 가입하였다. 다음의 자료를 이용하여 연납평준순보험료 P를 구하시오.

(i) $i = 0.05$ $\qquad\qquad$ (ii) $l_x = 100 - x$

(iii) 보험금은 10,000원과 기납입보험료의 70%에 이자부리한 값을 합한 금액을 지급한다. 이때 기납입보험료에 이자부리시 적용되는 이자율은 5%이다.

풀이

사망급부의 APV를 구하기 위해 $A_{40:\overline{20|}}^{1}$, $\ddot{a}_{40:\overline{20|}}$ 을 구해보자.

(ii)로부터 사망법칙은 De Moivre 법칙을 따르므로

$$A_{40:\overline{20|}}^{1} = \frac{1}{60}\, a_{\overline{20|}} = \frac{1}{60} \times \frac{1-v^{20}}{i} = \frac{1}{60} \times \frac{1-(1.05)^{-20}}{0.05} = 0.207704$$

$$A_{40:\overline{20|}}^{1} = \left(\frac{1}{1.05}\right)^{20}\left(\frac{40}{60}\right) = 0.2512596$$

$$A_{40:\overline{20|}} = A_{40:\overline{20|}}^{1} + A_{40:\overline{20|}}^{1} = 0.4589636$$

$$\ddot{a}_{40:\overline{20|}} = \frac{1-A_{40:\overline{20|}}}{d} = \frac{1-0.4589636}{0.05/1.05} = 11.3618$$

보험료반환급부의 APV1을 먼저 구해보자.

$$\text{APV1} = \sum_{k=0}^{19} 0.7\, P\, \ddot{s}_{\overline{k+1|}}\, v^{k+1}\,{}_{k|}q_{40} = 0.7P \sum_{k=0}^{19} \ddot{a}_{\overline{k+1|}}\,{}_{k|}q_{40} \qquad \cdots\cdots \text{①}$$

①을 계산할 때 $\ddot{a}_{40:\overline{20|}}$ 을 이용하기 위하여 ①을 변형하면

$$\sum_{k=0}^{19} \ddot{a}_{\overline{k+1|}}\,{}_{k|}q_{40} + \sum_{k=20}^{\infty} \ddot{a}_{\overline{20|}}\,{}_{k|}q_{40} = \sum_{k=0}^{19} \ddot{a}_{\overline{k+1|}}\,{}_{k|}q_{40} + \ddot{a}_{\overline{20|}}\,{}_{20}p_{40} = \ddot{a}_{40:\overline{20|}}$$

$$\text{APV1} = 0.7P \sum_{k=0}^{19} \ddot{a}_{\overline{k+1|}}\,{}_{k|}q_{40} = 0.7P\left(\ddot{a}_{40:\overline{20|}} - \ddot{a}_{\overline{20|}}\,{}_{20}p_{40}\right)$$

$$= 0.7P\left[11.3618 - \left(\frac{1-v^{20}}{d}\right)\left(\frac{40}{60}\right)\right] = 1.84678\,P$$

사망급부의 APV는

$$\text{APV} = 10000\, A_{40:\overline{20|}}^{1} + \text{APV1} = 2077.04 + 1.84678\,P$$

보험료수입의 EPV는

$$\text{EPV} = P\,\ddot{a}_{40:\overline{20|}} = 11.3618\,P$$

수지상등의 원칙에 의해 APV = EPV이므로

$$2077.04 + 1.84678\,P = 11.3618\,P$$

따라서 $P = \dfrac{2077.04}{11.3618 - 1.84678} = 218.31$

14 피보험자 (30)은 40년납입, 40년만기 보험에 가입하였다. 보험료는 연납보험료 P 를 납입하며, 사망보험금은 피보험자가 사망시 사망연도말에 기납입보험료의 k%를 이

자없이 지급하며, 생존보험금은 10,000원이다. 주어진 자료를 이용하여 k를 구하시오.

(i) $i = 0.05$ (ii) $l_{30} = 100 - x$ (iii) $P = 52$

풀이

사망급부의 APV를 구하기 위해 $(IA)^1_{30:\overline{40}|}$, $A_{30:\overline{40}|}^{1}$ 을 구해보자.

$$(IA)^1_{30:\overline{40}|} = \sum_{k=0}^{39} (k+1)\, v^{k+1}\, {}_{k|}q_{30} = \frac{1}{70}\,(Ia)_{\overline{40}|}$$

$$= \frac{1}{70} \times \frac{\ddot{a}_{\overline{40}|} - 40v^{40}}{i} = \frac{1}{70}\left[\frac{\dfrac{1-(1.05)^{-40}}{0.05/1.05} - 40 \times (1.05)^{-40}}{0.05}\right]$$

$$= 3.5243$$

$$A_{30:\overline{40}|}^{1} = v^{40}\, {}_{40}p_{30} = \left(\frac{1}{1.05}\right)^{40} \times \frac{70-40}{70} = 0.060877$$

사망급부의 APV는

$$\text{APV} = \frac{k}{100}\, P\, (IA)^1_{30:\overline{40}|} + 10000\, A_{30:\overline{40}|}^{1} = 1.832636\,k + 608.77$$

보험료 수입의 EPV를 구하기 위해 $\ddot{a}_{30:\overline{40}|}$ 을 구해보자.

$$A_{30:\overline{40}|} = A^1_{30:\overline{40}|} + A_{30:\overline{40}|}^{1} = \frac{1}{70}\,a_{\overline{40}|} + 0.060877 = 0.306007$$

$$\ddot{a}_{30:\overline{40}|} = \frac{1 - A_{30:\overline{40}|}}{d} = \frac{1 - 0.306007}{0.05/1.05} = 14.5739$$

보험료 수입의 EPV는

$$\text{EPV} = 14.5739\,P = 14.5739 \times 52 = 757.8428$$

수지상등의 원칙에 의해 APV = EPV이므로

$$1.832636\,k + 608.77 = 757.8428$$

따라서 $k = 81.3434$

15 피보험자 (40)이 가입한 연금지급액 1,000원, 20년거치, 20년납입 완전이산 종신생명연금을 고려한다. 만일 거치기간 내에 사망이 발생하면 사망연도말에 기납입보험료를 이자없이 지급한다. 다음의 자료를 이용하여 이 연금의 연납평준순보험료를 구하시오. 단, 보험료는 수지상등의 원칙을 따른다.

t	0	1	20	21
${}_{t|}\ddot{a}_{40}$	17.70	16.70	4.82	4.47
${}_{t|}(IA)_{40}$	5.42	5.25	2.47	2.34

풀이

연납평준순보험료를 P라고 하면 P를 구하기 위해 $\ddot{a}_{40:\overline{20|}}$과 $(IA)^{1}_{40:\overline{20|}}$을 구해보자.

$$\ddot{a}_{40:\overline{20|}} = \ddot{a}_{40} - {}_{20|}\ddot{a}_{40} = 17.70 - 4.82 = 12.88$$

$${}_{20|}A_{40} = {}_{20|}(IA)_{40} - {}_{21|}(IA)_{40} = 2.47 - 2.34 = 0.13 \text{이므로}$$

$$(IA)^{1}_{40:\overline{20|}} = (IA)_{40} - {}_{20|}(IA)_{40} - 20 \times {}_{20|}A_{40}$$
$$= 5.42 - 2.47 - 20(0.13) = 0.35$$

수지상등의 원칙에 의해서 $P\ddot{a}_{40:\overline{20|}} = 1000\,{}_{20|}\ddot{a}_{40} + P(IA)^{1}_{40:\overline{20|}}$이므로 이를 만족하는 P를 구하면

$$P = \frac{1000\,{}_{20|}\ddot{a}_{40}}{\ddot{a}_{40:\overline{20|}} - (IA)^{1}_{40:\overline{20|}}} = \frac{1000(4.82)}{12.88 - 0.35} = 384.68$$

16 피보험자 (35), 보험금 10,000원의 보통종신보험에서 π를 이 보험의 연납순보험료라고 하고 $L(\pi)$를 보험증권 하나당 보험회사의 미래손실현가를 나타내는 확률변수라고 할 때 다음을 구하시오(이자율 5%, 부록의 생명표 사용).

(a) $E[L(\pi_a)] = 0$이 되게 하는 (즉, 수지상등의 원칙에 의하여) π_a를 구하시오. 또 $L(\pi_a)$의 분산을 구하시오.

(b) $\Pr[L(\pi_b) > 0] < 0.5$가 되게 하는 최소한의 연납순보험료 π_b를 구하시오. $L(\pi_b)$의 분산을 구하시오.

(c) 보험회사가 이와 같은 보험을 100개 판매하였다. 보험회사의 전체 미래손실 $\left(\sum_{i=1}^{100} {}_{0}L_i\right)$이 0보다 클 확률을 0.05로 하려고 할 때 부과하여야 하는 연납순보험료 π_c를 구하시오. 여기서 ${}_{0}L_i$는 1개의 보험에 대한 보험회사의 미래손실을 의미한다.

풀이

(a) $L(\pi)$는 미래손실의 현가를 나타내는 확률변수이므로

$$L(\pi_a) = 10000v^{K+1} - \pi_a \ddot{a}_{\overline{K+1|}}, \quad K = 0, 1, 2, \cdots$$

$$E[L(\pi_a)] = E[10000v^{K+1} - \pi_a \ddot{a}_{\overline{K+1|}}] = 10000A_{35} - \pi_a \ddot{a}_{35} = 0 \text{이다. 따라서}$$

$$\pi_a = \frac{10000A_{35}}{\ddot{a}_{35}} = \frac{10000M_{35}}{N_{35}} = \frac{(10000)(2242.86)}{327236.39} = 68.5394$$

$$L(\pi_a) = 10000v^{K+1} - \pi_a \ddot{a}_{\overline{K+1|}} = v^{K+1}\left(10000 + \frac{\pi_a}{d}\right) - \frac{\pi_a}{d} \text{이므로 } L(\pi_a)\text{의 분산은}$$

$$\mathrm{Var}\,[L(\pi_\alpha)] = \left(10000 + \frac{\pi_\alpha}{d}\right)^2 \left[^2A_{35} - (A_{35})^2\right]$$

$$= \left(10000 + \frac{68.5394}{0.05/1.05}\right)^2 (0.02681 - 0.125823^2) = 1436636.383$$

(b) $\Pr[L(\pi_\alpha) > 0] = \Pr[T < t_{0.5}] = 0.5$이므로 $\Pr(T > t_{0.5})$를 만족시키는 값들을 찾아보면

$$_{48}p_{35} = 0.51024, \qquad\qquad _{48}q_{35} = 0.48976$$

$$_{49}p_{35} = 0.46845, \qquad\qquad _{49}q_{35} = 0.53155$$

임을 알 수 있다. $_\alpha q_{35} < \alpha < _{\alpha+1}q_{35}$인 경우 $K+1 = \alpha+1$로 택하므로 $\alpha+1 = 49 = K+1$이 $\Pr(_0L > 0) \le 0.5$를 만족시키는 값이다. 따라서

$$_0L = 10000v^{49} - \pi_b\,\ddot a_{\overline{49|}} = 0$$이므로

$$\pi_b = \frac{10000v^{49}}{\ddot a_{\overline{49|}}} = \frac{10000}{\ddot s_{\overline{49|}}} = \frac{10000}{208.348} = 47.997$$

$$\mathrm{Var}\,(\pi_b) = \left(10000 + \frac{\pi_b}{d}\right)^2 \left[^2A_{35} - (A_{35})^2\right]$$

$$= \left(10000 + \frac{47.997}{0.05/1.05}\right)^2 (0.02681 - 0.125823^2) = 1330324.997$$

(c) 보험회사의 전체 미래손실을 S라고 하자. $_0L_i$를 한 사람당 미래손실이라고 하면

$$_0L_i = 10000v^{K+1} - \pi_c\,\ddot a_{\overline{K+1|}} = \left(10000 + \frac{\pi_c}{d}\right)v^{K+1} - \frac{\pi_c}{d}, \qquad S = \sum_{i=1}^{100} {_0L_i}$$

$E(S)$와 $\mathrm{Var}(S)$를 구해보자.

$$E(S) = E\left(\sum_{i=1}^{100} {_0L_i}\right) = 100\,E(_0L_i) = 100\,(10000A_{35} - \pi_c\,\ddot a_{35})$$

$$= 100\left[(10000)(0.125823) - (\pi_c)(18.357716)\right]$$

$$= 125823 - 1835.7716\,\pi_c$$

$$\mathrm{Var}(S) = 100\,\mathrm{Var}(_0L_i) = 100\left[\left(10000 + \frac{\pi_c}{d}\right)^2 \left[^2A_{35} - (A_{35})^2\right]\right]$$

$$= 100\left[\left(10000 + \frac{\pi_c}{0.05/1.05}\right)^2 \left[^2A_{35} - (A_{35})^2\right]\right]$$

$$= 100\left[(0.010979)(10000 + 21\pi_c)^2\right] = 1.0979\,(10000 + 21\pi_c)^2$$

따라서

$$\Pr(S > 0) = \Pr\left[\frac{S - E(S)}{\sqrt{\mathrm{Var}(S)}} > \frac{0 - E(S)}{\sqrt{\mathrm{Var}(S)}}\right]$$

$$= \Pr\left[Z > \frac{1835.7716\,\pi_c - 125823}{\sqrt{1.0979\,(10000 + 21\pi_c)^2}}\right] = 0.05$$

를 만족하는 π_c를 찾으면 된다.

$$\frac{1835.7716\,\pi_c - 125823}{\sqrt{1.0979\,(10000 + 21\,\pi_c)^2}} = 1.645$$

$$1835.7716\,\pi_c - 125823 = (1.645)(\sqrt{1.0979})(10000 + 21\,\pi_c)$$

$$\pi_c\left[1835.7716 - (1.645)(\sqrt{1.0979})(21)\right]$$

$$= (10000)(1.645)(\sqrt{1.0979}) + 125823$$

따라서 $\pi_c = 79.496735$

17 모든 x에 대하여 $A_x = 0.4$이고 $i = 0.06$이다. 피보험자 (30), 보험금 1,000원, 전기납입 완전이산 종신보험의 연납평준순보험료와 관련된 확률변수 $_0L$의 분산을 구하시오.

> **풀이**

모든 x에 대하여 $A_x = 0.4$이므로 사망법칙은 CFM을 따른다. 상수사력하의 생존분포(2장 11절 참조)에서는 $_1p_x = e^{-\mu}$이고 $p = {}_1p_x = {}_1p_{x+1} = \cdots = {}_1p_{x+t} = \cdots$ 가 성립하였다. 또 $_tp_x = (e^{-\mu})^t = p^t$, $q = q_{x+t} = q_x = 1 - p = 1 - e^{-\mu}$가 성립한다. ^2A_x를 구하기 위해 $p = e^{-\mu}$를 구해보자.

$$A_x = \sum_{k=0}^{\infty} v^{k+1} {}_{k|}q_x = \sum_{k=0}^{\infty} v^{k+1} {}_kp_x\, q_{x+k} = \sum_{k=0}^{\infty} v^{k+1} e^{-\mu k}(1 - e^{-\mu})$$

$$= v(1 - e^{-\mu})\sum_{k=0}^{\infty}(ve^{-\mu})^k = v(1 - e^{-\mu})\left(\frac{1}{1 - ve^{-\mu}}\right)$$

$$= \frac{1 - e^{-\mu}}{i + (1 - e^{-\mu})} = \frac{q}{i + q} = \frac{1 - e^{-\mu}}{0.06 + (1 - e^{-\mu})} = 0.4$$

이므로 $p = e^{-\mu} = 0.96$이다. $\mathrm{Var}(_0L)$을 구하기 위해 ^2A_x를 구해보자.

$$^2A_x = \sum_{k=0}^{\infty} v^{2(k+1)} {}_{k|}q_x = \sum_{k=0}^{\infty} v^{2(k+1)} {}_kp_x\, q_{x+k} = \sum_{k=0}^{\infty} v^{2(k+1)} e^{-\mu k}(1 - e^{-\mu})$$

$$= v^2(1 - e^{-\mu})\sum_{k=0}^{\infty}(v^2 e^{-\mu})^k = v^2(1 - e^{-\mu})\left(\frac{1}{1 - v^2 e^{-\mu}}\right)$$

$$= \frac{1 - e^{-\mu}}{(1+i)^2 - e^{-\mu}} = \frac{1 - e^{-\mu}}{i^2 + 2i + (1 - e^{-\mu})} = \frac{q}{^2i + q}$$

$$= \frac{1 - 0.96}{0.1236 + (1 - 0.96)} = 0.244499$$

위에서 ^2A_x에는 i 대신 $^2i = i^2 + 2i = 2\delta$가 사용된 것을 의미한다.

따라서

$$\mathrm{Var}\,(_0 L) = 1000^2 \left[\frac{^2 A_x - (A_x)^2}{(1 - A_x)^2} \right] = 1000^2 \left[\frac{0.244499 - 0.4^2}{(1 - 0.4)^2} \right] = 234719.44$$

18 $_{k|}q_x = A \cdot B^{k+1}$, $k = 0, 1, 2, \cdots$ 이고 $P_x = 0.20$, $i = 0.25$일 때 $A \cdot B$의 값을 구하시오.

> **풀이**

$$q_x = AB, \quad _{1|}q_x = p_x\, q_{x+1} = AB^2 = B(AB)$$

$$_{2|}q_x = p_x\, p_{x+1}\, q_{x+2} = AB^3 = BB(AB)$$

A와 B는 x와 관련없는 기호이므로

$$q_x = q_{x+1} = q_{x+2} = \cdots = AB, \quad p_x = p_{x+1} = p_{x+2} = \cdots = B$$

이다. 또한 $p_x + q_x = B + AB = 1$ ······ ①

$A \cdot B$를 구하기 위해 A_x를 구해보자.

$$A_x = \sum_{k=0}^{\infty} v^{k+1}\, _{k|}q_x = \sum_{k=0}^{\infty} v^{k+1} A \cdot B^{k+1} = A \sum_{k=0}^{\infty} (Bv)^{k+1} = \frac{A \cdot v}{1 - Bv}$$

$$P_x = \frac{d A_x}{1 - A_x} = \frac{\dfrac{i}{1+i} A_x}{1 - A_x} = \frac{\dfrac{0.25}{1.25} \dfrac{A \cdot v}{1 - Bv}}{1 - \dfrac{A \cdot v}{1 - Bv}} = \frac{0.2 A \cdot v}{1 - Bv - A \cdot v} = 0.2$$

이므로 $A \cdot Bv = 1 - Bv - A \cdot Bv$이다. 양변에 $1 + i$를 곱하면

$$A \cdot B = 1 + i - B - A \cdot B$$

$$2A \cdot B + B = 1.25 \ \cdots\cdots \ ②$$

②에서 ①을 차감하면 $A \cdot B = 0.25$

19 피보험자 (x)가 가입한 보험금 1원, 전기납입 완전연속 종신보험의 미래손실을 $_0 L$이라고 하자. 다음 자료를 이용하여 $E\left(_0 L^2\right)$을 최소화시키는 연속납평준순보험료의 연액 P를 구하시오.

(i) $\bar{A}_x = 0.4$ (ii) $^2\bar{A}_x = 0.3$ (iii) $\delta = 0.05$

> **풀이**

$E\left(_0 L^2\right)$의 값을 구하기 위해 $E\left(_0 L\right)$, $\mathrm{Var}\left(_0 L\right)$을 구해보자.

$$E\left(_0 L\right) = \left(1 + \frac{P}{\delta}\right) \bar{A}_x - \frac{P}{\delta} = (1 + 20P)(0.4) - 20P = 0.4 - 12P$$

$$E\left(_0 L\right)^2 = (0.4 - 12P)^2$$

$$\mathrm{Var}\left(_0 L\right) = \left(1 + \frac{P}{\delta}\right)^2 \left[{}^2\bar{A}_x - \left(\bar{A}_x\right)^2 \right] = (1 + 20P)^2 (0.3 - 0.4^2) = 0.14(1 + 20P)^2$$

따라서

$$E(_0L^2) = E(_0L)^2 + \text{Var}(_0L) = (0.4 - 12P)^2 + 0.14(1 + 20P)^2$$
$$= 200P^2 - 4P + 0.3$$

$E(_0L^2) = f(P)$라고 할 때 $f'(P) = 0$이 되는 값이 $f(P)$의 최소값이므로

$$400P - 4 = 0, \quad P = \frac{4}{400} = 0.01$$

20 매년 R원의 소득이 있는 피보험자 (50)이 보통종신보험에 가입하였다. 피보험자 (50)은 매년 R원의 소득 중에서 P원을 매년 보험료로서 납부한다. 피보험자 (50)이 사망 후에 그 상속인이 보험금으로 예정이율 i인 영구연금을 구입하여 그 연금액이 $(R - P)$의 1/4이 되도록 하고자 한다. 이때 P를 구하면 P가 다음과 같음을 보이시오 $\left(P_{50} = \dfrac{A_{50}}{\ddot{a}_{50}} \text{ 임} \right)$.

$$P = \frac{RP_{50}}{P_{50} + 4i}$$

> **풀이**

보험금 현가함수 Z는

$Z = \dfrac{R - P}{4} a_{\overline{\infty}|} = \dfrac{R - P}{4i}$ 이므로 수지상등의 원칙에 의해 $P\ddot{a}_{50} = ZA_{50}$이다.

$$P\ddot{a}_{50} = \frac{R - P}{4i} A_{50} = \frac{R}{4i} A_{50} - \frac{P}{4i} A_{50}$$

$P\left(\ddot{a}_{50} + \dfrac{A_{50}}{4i} \right) = \dfrac{RA_{50}}{4i}$ 이므로

$$P = \frac{\dfrac{RA_{50}}{4i}}{\ddot{a}_{50} + \dfrac{A_{50}}{4i}} = \frac{RA_{50}}{4i\,\ddot{a}_{50} + A_{50}} = \frac{R\dfrac{A_{50}}{\ddot{a}_{50}}}{4i\left(\dfrac{\ddot{a}_{50}}{\ddot{a}_{50}} \right) + \dfrac{A_{50}}{\ddot{a}_{50}}} = \frac{RP_{50}}{P_{50} + 4i}$$

21 보험금 연말급, 연납보험료, 보험금 1원의 종신보험에서 $\mu_x = \mu$, $i = 100\%$를 가정한다. $_0L$의 분산이 $\dfrac{1}{14}$일 때 q_x의 가능한 값들을 구하시오.

> **풀이**

사망법칙은 사력이 상수이므로 CFM을 따른다. $p = p_x = p_{x+1} = p_{x+2} = \cdots$이므로 $_kp_x = (p_x)^k$이고 $q = q_x = q_{x+1} = q_{x+2} = \cdots = q_{x+k}$이다. $\text{Var}(_0L)$을 구하기 위해 A_x, ^2A_x를 구해보자.

$$A_x = \sum_{k=0}^{\infty} v^{k+1} \,_{k|}q_x = \sum_{k=0}^{\infty} v^{k+1} \,_k p_x \, q_{x+k} = \sum_{k=0}^{\infty} v^{k+1} (p_x)^k \, q_x$$

$$= v \, q_x \sum_{k=0}^{\infty} v^k (p_x)^k = v \, q_x \left(\frac{1}{1-v \, p_x} \right) = \frac{q_x}{1+i-p_x}$$

$$= \frac{q_x}{i+(1-p_x)} = \frac{q_x}{i+q_x} = \frac{q}{1+q}$$

$$^2A_x = \sum_{k=0}^{\infty} v^{2(k+1)} \,_k p_x \, q_{x+k} = \sum_{k=0}^{\infty} v^{2(k+1)} (p_x)^k \, q_x$$

$$= v^2 \, q_x \sum_{k=0}^{\infty} (v^2 \, p_x)^k = v^2 \, q_x \left(\frac{1}{1-v^2 \, p_x} \right) = \frac{\left(\dfrac{1}{1+i} \right)^2 (1-p_x)}{1 - \left(\dfrac{1}{1+i} \right)^2 p_x}$$

$$= \frac{\dfrac{1}{4}(1-p_x)}{1 - \dfrac{1}{4} p_x} = \frac{1-p_x}{4-p_x} = \frac{1-p_x}{^2i + (1-p_x)} = \frac{1-p_x}{i^2 + 2i + (1-p_x)}$$

$$= \frac{q_x}{3+q_x} = \frac{q}{3+q}$$

따라서

$$\mathrm{Var}(_0L) = \frac{^2A_x - (A_x)^2}{(1-A_x)^2} = \frac{\left(\dfrac{q}{3+q} \right) - \left(\dfrac{q}{1+q} \right)^2}{\left(1 - \dfrac{q}{1+q} \right)^2} = \frac{\left(\dfrac{q}{3+q} \right) - \dfrac{q^2}{(1+q)^2}}{\left(\dfrac{1}{1+q} \right)^2}$$

$$= \frac{(1+q)^2 \, q}{3+q} - q^2 = \frac{q^3 + 2q^2 + q - q^3 - 3q^2}{3+q} = \frac{q-q^2}{3+q} = \frac{1}{14}$$

이므로

$$14(q - q^2) = q + 3$$
$$14q - 13q + 3 = 0$$
$$(7q - 3)(2q - 1) = 0$$

따라서 $q = q_x = \dfrac{3}{7}, \ \dfrac{1}{2}$

22 보험금 사망즉시급, 연납평준순보험료(즉, semicontinuous의 경우)가 적용될 때 표 [5.2.2.1]과 같은 표를 작성하시오.

풀이

보험의 종류	확률변수 $_0L$		연납평준순보험료
종신납입 종신보험	$v^T - \pi\ddot{a}_{\overline{K+1}}$,	$K=0,\ 1,\ 2,\ \cdots$	$P(\bar{A}_x) = \dfrac{\bar{A}_x}{\ddot{a}_x}$
n년만기 정기보험	$v^T - \pi\ddot{a}_{\overline{K+1}}$, $0 - \pi\ddot{a}_{\overline{n}}$,	$K=0,\ 1,\ \cdots,\ n-1$ $K=n,\ n+1,\ \cdots$	$P(\bar{A}_{x:\overline{n}|}^{\,1}) = \dfrac{\bar{A}_{x:\overline{n}|}^{\,1}}{\ddot{a}_{x:\overline{n}|}}$
h년납입 종신보험	$v^T - \pi\ddot{a}_{\overline{K+1}}$, $v^T - \pi\ddot{a}_{\overline{h}}$,	$K=0,\ 1,\ \cdots,\ h-1$ $K=h,\ h+1,\ \cdots$	$_hP(\bar{A}_x) = \dfrac{\bar{A}_x}{\ddot{a}_{x:\overline{h}|}}$
h년납입, n년만기 생사혼합보험	$v^T - \pi\ddot{a}_{\overline{K+1}}$, $v^T - \pi\ddot{a}_{\overline{h}}$, $v^T - \pi\ddot{a}_{\overline{n}}$,	$K=0,\ 1,\ \cdots,\ h-1$ $K=h,\ h+1,\ \cdots,\ n-$ $K=n,\ n+1,\ \cdots$	$_hP(\bar{A}_{x:\overline{n}|}) = \dfrac{\bar{A}_{x:\overline{n}|}}{\ddot{a}_{x:\overline{h}|}}$
n년거치 종신연금	$0 - \pi\ddot{a}_{\overline{K+1}}$, $\bar{a}_{\overline{K+1-n}|}\,v^n - \pi\ddot{a}_{\overline{n}}$,	$K=0,\ 1,\ \cdots,\ n-1$ $K=n,\ n+1,\ \cdots$	$P(_{n|}\bar{a}_x) = \dfrac{A_{x:\overline{n}|}^{\,1}\,\bar{a}_{x+n}}{\ddot{a}_{x:\overline{n}|}}$

23 보험회사는 생사혼합보험을 동질적이고 독립적인 900명에게 판매하기로 예정되어 있다. 이 900명 모두 연령이 25세이며 이 생사혼합보험은 보험금 10,000원, 보험기간 40년, 보험금 연말급, 보험료는 연납보험료이다. 적용되는 이자율은 $i=6\%$ 이고 $^2A_{25:\overline{40}|} = 0.024435$, $A_{25:\overline{40}|} = 0.124549$이다. 보험회사는 연납순보험료 π를 900개 보험의 전체 미래손실(전체 미래손실을 S라고 하면 $S = \sum_{i=1}^{900} {}_0L_i$)이 0보다 클 확률을 0.001보다 작게 하는 수준에서 결정하려고 한다(즉, $\Pr(S>0) \le 0.001$). 900명에게 판매할 경우 정규분포를 이용할 수 있으며 Z를 표준정규분포의 확률변수라고 하면 $\Pr(Z<3.1) = 0.999$이다. 이와 같은 조건하에서 π를 구하시오.

(Hint: 보험료 π는 수지상등의 원칙에 의하여 계산되는 것이 아님에 유의)

풀이

$$\Pr(S>0) = 0.001$$

$$\Pr\left[\frac{S-E(S)}{\sigma_s} > \frac{0-E(S)}{\sigma_s}\right] = 0.001$$

$\Pr\left[Z > \dfrac{0-E(S)}{\sigma_s}\right] = 0.001$ 이므로 $\dfrac{0-E(S)}{\sigma_s} = 3.1$을 만족하는 π를 구해야 한다.

생사혼합보험의 계약 한 건에 대한 미래손실 $_0L_i$는

$$_0L_i = 10000\,v^{\min(K+1,\,40)} - \pi\ddot{a}_{\overline{\min(K+1,\,40)}|}$$

이다. $_0L_i$의 기대값과 분산을 구해보자.

$$E({}_0L_i) = 10000A_{25:\overline{40|}} - \pi\ddot{a}_{25:\overline{40|}} = 10000A_{25:\overline{40|}} - \pi\left(\frac{1 - A_{25:\overline{40|}}}{d}\right)$$

$$= 1245.49 - \pi\left(\frac{1 - 0.124549}{0.06/1.06}\right) = 1245.49 - 15.466301\,\pi$$

$$\text{Var}({}_0L_i) = \left(10000 + \frac{\pi}{d}\right)^2\left[{}^2A_{25:\overline{40|}} - (A_{25:\overline{40|}})^2\right]$$

$$= \left(10000 + \frac{53\,\pi}{3}\right)^2\left[0.024435 - (0.12549)^2\right]$$

$$= (0.008923)\left(10000 + \frac{53\,\pi}{3}\right)^2$$

$S = \sum_{i=1}^{900} {}_0L_i$ 이므로

$$E(S) = 900\,E({}_0L_i) = 1120941 - 13919.6709\,\pi$$

$$\text{Var}(S) = 900\,\text{Var}({}_0L_i) = 8.0307\left(10000 + \frac{53\,\pi}{3}\right)^2$$

$$\frac{0 - E(S)}{\sigma_s} = \frac{13919.6709\,\pi - 1120941}{\sqrt{8.0307}\left(10000 + \frac{53\,\pi}{3}\right)} = 3.1 \text{ 이므로}$$

$$13919.6709\,\pi - 1120941 = 3.1\sqrt{8.0307}\left(10000 + \frac{53\,\pi}{3}\right)$$

$$\pi(13919.6709 - 155.2004621) = 1120941 + 87849.31815$$

따라서 $\pi = 87.82$

24 40세 피보험자 100명, 60세 피보험자 80명으로 이루어진 단체의 사람들이 모두 가입한 4년납입, 20년만기 반연속 정기보험을 고려해보자. 처음 2년 동안의 보험료는 다음 2년 동안의 보험료의 절반이며 보험료는 수지상등의 원칙에 의해 계산된다. 다음 가정을 이용하여 이 단체의 제1보험연도의 보험료의 합을 구하시오.

(i) $\delta = 0.05$ (ii) $\mu_{40+t} = 0.03$, $\mu_{60+t} = 0.05$

(iii) 단체 내의 모든 사망은 독립적이다.

풀이

40세인 사람의 보험료를 구해보자. 40세인 사람의 제1보험연도의 보험료를 P 라고 하면 사망급부의 APV1은

$$\text{APV1} = 10000A_{40:\overline{20|}}^{\ 1} = 10000 \times \frac{\mu(1 - e^{-(\mu+\delta)\times 20})}{\mu+\delta}$$

$$= 10000 \times \frac{0.03(1 - e^{-0.08\times 20})}{0.08} = 2992.888$$

보험료수입의 EPV2는

$$\text{EPV2} = (1 + vp_{40} + 2v^2 {}_2p_{40} + 2v^3 {}_3p_{40})P$$

$$= 1 + e^{-0.08} + 2e^{-0.08 \times 2} + 2e^{-0.08 \times 3} = 5.20066P$$

수지상등의 원칙에 의해 2992.888 = 5.20066P

$$P = 575.48$$

60세인 사람의 보험료를 구해보자. 60세인 사람의 제1보험연도의 보험료를 P'라고 하면
사망급부의 APV3은

$$\text{APV3} = 10000A{}^1_{60:\overline{20|}} = 10000 \times \frac{\mu(1 - e^{-(\mu+\delta) \times 20})}{\mu + \delta}$$

$$= 10000 \times \frac{0.05(1 - e^{-0.1 \times 20})}{0.1} = 4323.32$$

보험료수입의 EPV4는

$$\text{EPV4} = 1 + vp_{60} + 2v^2 {}_2p_{60} + 2v^3 {}_3p_{60}$$

$$= 1 + e^{-0.10} + 2e^{-0.1 \times 2} + 2e^{-0.1 \times 3} = 5.023935P'$$

따라서 $P' = \dfrac{4323.32}{5.023935} = 860.54$

40세인 피보험자 100명, 60세인 피보험자가 80명이므로 이 단체의 제1보험연도의 보험
료의 합은 $575.48 \times 100 + 860.54 \times 80 = 126391.2$

25 피보험자 (25), 보험금 연말급, 보험금 1,000원의 종신보험의 보험료는 처음 P원에
서 매년 P원씩 증가하며 납입기간은 15년이다. 처음 15년 안에 피보험자가 사망하
면 1,000원의 사망보험금 외에 납입된 보험료가 이자없이 반환된다. 이때의 NSP는
$\text{NSP} = 1000A_{25} + K$로 표시된다. 여기서 K는 보험료 반환에 대한 NSP이다. K를 계
산기수로 표시하면 다음과 같음을 보이시오.

$$\frac{P}{D_{25}}\left[(R_{25} + R_{26} + \cdots + R_{39}) - 15R_{40} - 120M_{40}\right]$$

풀이

보험료가 매년 P씩 증가하는 보험이므로
제1보험연도 사망시 반환되는 보험료는 P
제2보험연도 사망시 반환되는 보험료는 $P + 2P$
제3보험연도 사망시 반환되는 보험료는 $P + 2P + 3P$

$$\vdots$$

제15보험연도 사망시 반환되는 보험료는 $P + 2P + 3P + \cdots + 15P$
이다. 따라서 보험료 반환에 대한 NSP인 K는

$$K = PA^{1}_{25:\overline{1}|} + (P+2P)_{1|}A^{1}_{25:\overline{1}|} + (P+2P+3P)_{2|}A^{1}_{25:\overline{1}|}$$
$$+ \cdots + (P+2P+3P+\cdots+15P)_{14|}A^{1}_{25:\overline{1}|}$$

이다. K 를 계산기수로 나타내보면

$$K = \frac{P}{D_{25}}\left[C_{25} + (1+2)C_{26} + (1+2+3)C_{27} + \cdots + (1+2+\cdots+15)C_{39}\right]$$

$$= \frac{P}{D_{25}}\left[(C_{25}+\cdots+C_{39}) + 2(C_{26}+\cdots+C_{39}) + 3(C_{27}+\cdots+C_{39})\right.$$
$$\left. + \cdots + 14(C_{38}+C_{39}) + 15C_{39}\right]$$

$$= \frac{P}{D_{25}}\left[(M_{25}-M_{40}) + 2(M_{26}-M_{40}) + 3(M_{27}-M_{40})\right.$$
$$\left. + \cdots + 15(M_{39}-M_{40})\right]$$

$$= \frac{P}{D_{25}}\left[M_{25} + 2M_{26} + \cdots + 15M_{39} - \frac{(15)(16)}{2}M_{40}\right]$$

$$= \frac{P}{D_{25}}\left[(R_{25}-R_{40}) + (R_{26}-R_{40}) + \cdots + (R_{39}-R_{40}) - 120M_{40}\right]$$

$$= \frac{P}{D_{25}}\left[(R_{25} + R_{26} + \cdots + R_{39}) - 15R_{40} - 120M_{40}\right]$$

26 다음을 증명하시오.

(a) $A_{40}\,P_{40:\overline{25}|} + (1-A_{40})\,P_{40} = {}_{25}P_{40}$ (b) $\dfrac{1}{\ddot{a}_{65:\overline{10}|}} - \dfrac{1}{\ddot{s}_{65:\overline{10}|}} = P^{1}_{65:\overline{10}|} + d$

(c) $\dfrac{1}{\ddot{a}^{(12)}_{65:\overline{10}|}} - \dfrac{1}{\ddot{s}^{(12)}_{65:\overline{10}|}} = P^{(12)}(A^{1(12)}_{65:\overline{10}|}) + d^{(12)}$

> **풀이**

(a) $A_{40}\,P_{40:\overline{25}|} + (1-A_{40})\,P_{40} = A_{40}\,P_{40:\overline{25}|} + (1-A_{40})\dfrac{A_{40}}{\ddot{a}_{40}}$

$$= A_{40}\left(P_{40:\overline{25}|} + \frac{1-A_{40}}{\ddot{a}_{40}}\right) = A_{40}\left(P_{40:\overline{25}|} + \frac{d(1-A_{40})}{1-A_{40}}\right)$$

$$= A_{40}\left(P_{40:\overline{25}|} + d\right) = \frac{A_{40}}{\ddot{a}_{40:\overline{25}|}} = {}_{25}P_{40}$$

(b) $\dfrac{1}{\ddot{a}_{65:\overline{10}|}} - \dfrac{1}{\ddot{s}_{65:\overline{10}|}} = P_{65:\overline{10}|} + d - \dfrac{{}_{10}E_{65}}{\ddot{a}_{65:\overline{10}|}} = P_{65:\overline{10}|} + d - P^{\;\;1}_{65:\overline{10}|}$

$$= P^{1}_{65:\overline{10}|} + d$$

(c) $\dfrac{1}{\ddot{a}^{(12)}_{65:\overline{10|}}} - \dfrac{1}{\ddot{s}^{(12)}_{65:\overline{10|}}} = P^{(12)}\big(A^{(12)}_{65:\overline{10|}}\big) + d^{(12)} - \dfrac{{}_{10}E_{65}}{\ddot{a}^{(12)}_{65:\overline{10|}}}$

$$= P^{(12)}\big(A^{1\,(12)}_{65:\overline{10|}}\big) + d^{(12)}$$

27 피보험자 (x)가 가입한 30년납입, 30년만기 완전이산 정기보험을 고려한다. 보험의 내용은 다음과 같다.

(i) t시점에 사망하면 사망연도말에 사망보험금 b_t를 지급하며, b_t는

$$b_t = \begin{cases} 1000, & t \le 15 \\ 2000, & 15 < t \le 30 \end{cases}$$

(ii) 보험료는 매 분기초마다 2원씩 납입된다.

피보험자 (x)가 $x+17.5$세에 분기납보험료를 납입하기 바로 전에 사망한다면, $t=0$시점에서 미래손실을 구하시오. $(i = 0.05)$

풀이

$$d^{(4)} = 4\big[1-(1+i)^{-1/4}\big] = 4\big[1-1.05^{-1/4}\big] = 0.048494$$

$$\ddot{a}^{(4)}_{\overline{17.5|}} = \frac{1-v^{17.5}}{d^{(4)}} = \frac{1-(1.05)^{-17.5}}{0.048494} = 11.841$$

보험료의 현가는 $8\ddot{a}^{(4)}_{\overline{17.5|}}$이고 보험급부의 현가는 $2000v^{18}$이므로 미래손실은

$${}_0L = 2000\,v^{18} - 8\ddot{a}^{(4)}_{\overline{17.5|}} = \frac{2000}{1.05^{18}} - (8)(11.841) = 736.3133$$

28 피보험자 (65)가 가입한 보험금 10,000원, 전기납입, 20년만기 반연속 생사혼합보험을 고려한다. 다음 자료를 이용하여 분기납 평준순보험료를 구하시오.

(i) 사망률은 제7회 경험생명표를 이용하여 구하며, 매 연령마다 단수부분은 UDD가정을 따른다.

(ii) $\alpha(4) = 1.00019, \qquad \beta(4) = 0.38272$ \qquad\qquad (iii) $i = 0.05$

풀이

보험료를 구하기 위해 $\ddot{a}^{(4)}_{65:\overline{20|}}$, $\bar{A}_{65:\overline{20|}}$을 구해보자. 제7회 경험생명표에 의해

$$\ddot{a}_{65:\overline{20|}} = \frac{N_{65}-N_{85}}{D_{65}} = 11.219151, \qquad {}_{20}E_{65} = \frac{D_{85}}{D_{65}} = 0.178257$$

이므로

$$\ddot{a}^{(4)}_{65:\overline{20|}} = \alpha(4)\,\ddot{a}_{65:\overline{20|}} - \beta(4)\,(1 - {}_{20}E_{65})$$

$$= (1.00019)(11.219151) - (0.38272)(1-0.178257) = 10.906785$$

$$\bar{A}_{65:\overline{20|}} = \frac{i}{\delta} A^{\,1}_{65:\overline{20|}} + A_{65:\overline{20|}}^{\;\;1} = \frac{0.05}{\ln 1.05}(0.287497) + 0.178257$$

$$= 0.472883$$

따라서 분기납 평준순보험료 P 는

$$P = \frac{10000\,\bar{A}_{65:\overline{20|}}}{4\,\ddot{a}^{(4)}_{65:\overline{20|}}} = \frac{4728.83}{4(10.906785)} = 108.392$$

29 피보험자 (60)이 가입한 1년납입, 3년만기 완전이산 정기보험을 고려한다. 다음 가정을 이용하여 이 보험의 반기납(6개월납) 평준순보험료를 구하시오. 사망률은 경험생명표를 이용한다.

(i) 피보험자가 제k 보험연도에 사망시 사망연도말에 보험금 $b_k = 1000(k-1)$을 지급한다. ($k = 1, 2, 3$)

(ii) 매 연령마다 단수부분은 UDD가정을 따른다.　　　　　　(iii) $i = 0.05$

　　풀이

사망급부의 APV는

$$\text{APV} = (0)\,v\,q_{60} + 1000\,v^2\,p_{60}\,q_{61} + 2000\,v^3\,{}_2p_{60}\,q_{62}$$

$$= 1000\left(\frac{1}{1.05}\right)^2 (0.9934)(0.00713) + 2000\left(\frac{1}{1.05}\right)^3 (0.9934)(0.9929)(0.00775)$$

$$= 6.42444 + 13.2067 = 19.63114$$

보험료수입의 EPV를 구하기 위해 $2\,\ddot{a}^{(2)}_{60:\overline{1|}}$ 를 구해보자.

UDD하에서

$${}_{1/2}p_{60} = 1 - \left(\frac{1}{2}\right)q_{60} = 1 - \frac{1}{2}(0.0066) = 0.9967$$

$$2\,\ddot{a}^{(2)}_{60:\overline{1|}} = 1 + v^{1/2}\,{}_{1/2}p_{60}$$

$$= 1 + \frac{0.9967}{(1.05)^{1/2}} = 1.9727$$

반기납 평준순보험료를 P 로 하면

$$\text{EPV} = 2P\,\ddot{a}^{(2)}_{60:\overline{1|}} = 1.9727P$$

수지상등의 원칙에 의하여 APV = EPV이므로

$$19.63114 = 1.9727P$$

따라서 $P = 9.9514$

30 피보험자 (40)이 가입한 보험금 10,000원, 전기납입, 20년만기 완전이산 정기보험을

고려한다. 다음 가정을 이용하여 이 보험의 연납평준순보험료를 구하시오.

(i) 50세까지의 사망률은 제7회 경험생명표를 이용하여 구한다.

(ii) $\mu_{50+t} = \dfrac{1}{40-t}$, $\qquad 0 < t < 40$ $\qquad$ (iii) $i = 0.05$

풀이

이 보험의 연납평준순보험료를 구하기 위해 $A^{1}_{40:\overline{20|}}$, $\ddot{a}_{40:\overline{20|}}$ 을 구해보자. 재귀식에 의해 $A^{1}_{40:\overline{20|}} = A^{1}_{40:\overline{10|}} + A_{40:\frac{1}{10|}} A^{1}_{50:\overline{10|}}$ 이므로 $A^{1}_{40:\overline{10|}}$, $A_{40:\frac{1}{10|}}$, $A^{1}_{50:\overline{10|}}$ 을 구해보자. 제7회 경험생명표에 의해

$$A^{1}_{40:\overline{10|}} = \frac{M_{40} - M_{50}}{D_{40}} = 0.012899, \quad A_{40:\frac{1}{10|}} = \frac{D_{50}}{D_{40}} = 0.603259$$

이고 50세 이후부터는 $\omega = 90$인 De Moivre 법칙을 따르므로

$$A^{1}_{50:\overline{10|}} = \frac{1}{40} \times a_{\overline{10|}} = \frac{1}{40} \times \frac{1-v^{10}}{i} = \frac{1}{40} \times \frac{1-(1.05)^{-10}}{0.05} = 0.193043$$

따라서

$$A^{1}_{40:\overline{20|}} = 0.012899 + 0.603259 \times 0.193043 = 0.129354$$

재귀식에 의해 $\ddot{a}_{40:\overline{20|}} = \ddot{a}_{40:\overline{10|}} + {}_{10}E_{40}\, \ddot{a}_{50:\overline{10|}}$ 이므로 $\ddot{a}_{40:\overline{10|}}$, $\ddot{a}_{50:\overline{10|}}$ 을 구해보자. 제7회 경험생명표에 의해 $\ddot{a}_{40:\overline{10|}} = \dfrac{N_{40}-N_{50}}{D_{40}} = 8.060672$이고 50세 이후부터는 $\omega = 90$인 De Moivre 법칙을 따르므로

$$A_{50:\overline{10|}} = A^{1}_{50:\overline{10|}} + A_{50:\frac{1}{10|}} = \frac{1}{40} a_{\overline{10|}} + v^{10}\, {}_{10}p_{50}$$

$$= \frac{1}{40}\left(\frac{1-1.05^{-10}}{0.05} \right) + \left(\frac{1}{1.05} \right)^{10}\left(\frac{30}{40} \right) = 0.653478$$

$$\ddot{a}_{50:\overline{10|}} = \frac{1 - A_{50:\overline{10|}}}{d} = \frac{1-0.653478}{0.05/1.05} = 7.276962$$

따라서

$$\ddot{a}_{40:\overline{20|}} = 8.060672 + (0.603259)(7.276962) = 12.450565$$

이 보험의 연납평준순보험료를 P라고 하면

$$P = \frac{10000 A^{1}_{40:\overline{20|}}}{\ddot{a}_{40:\overline{20|}}} = \frac{10000(0.129354)}{12.450565} = 103.89$$

이 문제에서 $\ddot{a}_{40:\overline{20|}}$ 은 $A_{40:\overline{20|}}$ 을 이용하여 구할 수도 있다.

$$A_{40:\frac{1}{20|}} = {}_{10}E_{40}\, {}_{10}E_{50} = (0.603259)\left(\frac{1}{(1.05)^{10}} \right)\left(\frac{3}{4} \right) = 0.277762$$

$$A_{40:\overline{20|}} = A_{40:\overline{20|}}^1 + A_{40:\overline{20|}}^{1} = 0.129354 + 0.277762 = 0.407116$$

$$\ddot{a}_{50:\overline{20|}} = \frac{1 - A_{50:\overline{20|}}}{d} = \frac{1 - 0.407116}{0.05/1.05} = 12.450564 \,(\text{동일한 결과})$$

31 다음 자료를 이용하여 $P_{40:\overline{20|}}$ 을 구하시오.

(i) $A_{60}^{(4)} = 0.52$ (ii) $_{20}p_{40} = 0.94$ (iii) $i = 0.05$

(iv) 매 연령마다 단수부분은 UDD가정을 따른다.

(v) $_{20}P_{40}^{(4)} = 0.05$ (vi) $d^{(4)} = 0.04849$ (vii) $i/i^{(4)} = 1.01856$

풀이

$P_{40:\overline{20|}}$ 을 구하기 위해 $A_{40:\overline{20|}}$ 을 구해보자.

$$A_{40:\overline{20|}}^{1} = v^{20}\,_{20}p_{40} = \left(\frac{1}{1.05}\right)^{20}(0.94) = 0.354276$$

$A_{40:\overline{20|}}^1$ 을 A_{40} 과 A_{60} 의 재귀식을 이용하여 구해보자.

$$A_{60} = \left(\frac{i^{(4)}}{i}\right)A_{60}^{(4)} = (1.01856^{-1})(0.52) = 0.510525$$

$$_{20}P_{40}^{(4)} = \frac{A_{40}}{\ddot{a}_{40:\overline{20|}}^{(4)}} = 0.05, \qquad A_{40} = 0.05\left(\frac{1 - A_{40:\overline{20|}}^{(4)}}{d^{(4)}}\right)$$

$$A_{40} = \frac{0.05}{d^{(4)}}\left(1 - A_{40:\overline{20|}}^{1(4)} - A_{40:\overline{20|}}^{1}\right) = \frac{0.05}{d^{(4)}}\left(1 - \frac{i}{i^{(4)}}A_{40:\overline{20|}}^1 - A_{40:\overline{20|}}^{1}\right)$$

$$= A_{40:\overline{20|}}^1 + A_{40:\overline{20|}}^{1}\,A_{60}$$

양변에 $d^{(4)}$ 를 곱해보면

$$A_{40:\overline{20|}}^1\left[d^{(4)} + 0.05\left(\frac{i}{i^{(4)}}\right)\right] = 0.05\left(1 - A_{40:\overline{20|}}^{1} - A_{40:\overline{20|}}^{1}\,A_{60}\frac{d^{(4)}}{0.05}\right)$$

$$A_{40:\overline{20|}}^1\left[0.04849 + 0.05(1.01856)\right]$$

$$= 0.05\left(1 - 0.354276 - (0.354276)(0.510525)\left(\frac{0.04849}{0.05}\right)\right)$$

$$0.099418\,A_{40:\overline{20|}}^1 = 0.023516$$

$A_{40:\overline{20|}}^1 = 0.236537$ 이므로

$$A_{40:\overline{20|}} = A_{40:\overline{20|}}^1 + A_{40:\overline{20|}}^{1} = 0.236537 + 0.354276 = 0.590813$$

따라서

$$P_{40:\overline{20|}} = \frac{A_{40:\overline{20|}}}{\ddot{a}_{40:\overline{20|}}} = \frac{d\,A_{40:\overline{20|}}}{1 - A_{40:\overline{20|}}} = \frac{(0.05/1.05)(0.590813)}{1 - 0.590813} = 0.068756$$

32 피보험자 (x)가 가입한 보험금 10,000원, 종신납입 반연속 종신보험을 고려한다. 보험료는 매달초에 납입된다. 다음 두 가지 방법으로 보험료를 산출한다고 한다.

(i) 사망법칙은 사력 $\mu_x = 0.03$ $(x \geq 0)$인 CFM을 따른다고 가정하고 보험금과 보험료를 산출하는 방법.

(ii) 보험금 산출시에는 사망법칙이 사력 $\mu_x = 0.03$ $(x \geq 20)$인 CFM을 따르고, 보험료 산출시에는 단수부분에서 UDD가정을 따른다고 하고 보험료를 산출하는 방법.

$\delta = 0.05$, $\alpha(12) = 1.00020$, $\beta(12) = 0.46651$이라고 할 때, 두 가지 방법으로 산출된 보험료의 차이를 구하시오.

풀이

보험금이 1원일 때, (i)에 의한 월납보험료를 P라고 하고 $\ddot{a}_x^{(12)}$를 구해보자.

$$\ddot{a}_x^{(12)} = \left(\frac{1}{12}\right) \sum_{t=0}^{\infty} v^{t/12} \, {}_{t/12}p_x = \left(\frac{1}{12}\right) \sum_{t=0}^{\infty} e^{-0.08(t/12)}$$

$$= \frac{1}{12}\left(\frac{1}{1 - e^{-0.08/12}}\right) = 12.5417$$

$$12P = \frac{\bar{A}_x}{\ddot{a}_x^{(12)}} = \frac{\dfrac{\mu}{\mu + \delta}}{\ddot{a}_x^{(12)}} = \frac{\dfrac{3}{8}}{12.5417} = 0.0299$$

보험금이 1원일 때, (ii)에 의한 월납보험료를 P'라고 하고 $\ddot{a'}_x^{(12)}$를 구해보자.

$$\ddot{a'}_x^{(12)} = \alpha(12)\,\ddot{a}_x - \beta(12) = 1.00020\left(\sum_{t=0}^{\infty} v^t \, {}_tp_x\right) - 0.46651$$

$$= 1.00020\left(\sum_{t=1}^{\infty} e^{-0.08t}\right) - 0.46651 = 1.00020\left(\frac{1}{1 - e^{-0.08}}\right) - 0.46651$$

$$= 12.5427$$

$$12P' = \frac{\bar{A}_x}{\ddot{a'}_x^{(12)}} = \frac{\dfrac{\mu}{\mu + \delta}}{\ddot{a'}_x^{(12)}} = \frac{\dfrac{3}{8}}{12.5427} = 0.029898$$

따라서 두 가지 방법으로 산출된 보험료차이는

$$10000\,[P - P'] = \frac{10000}{12}(0.0299 - 0.029898) = 0.001667$$

33 피보험자 (40)은 보험금 1원, 전기납입, 완전연속 종신보험에 가입하였다. Z를 보험금 현가, ${}_0L$을 이 보험의 미래손실이라고 하자. $\dfrac{\text{Var}(Z)}{\text{Var}({}_0L)} = 0.390625$이고 사망법칙은 CFM을 따르고 $\delta = 0.05$일 때, 수지상등의 원칙으로 계산된 이 보험의 연속납평

준순보험료의 연액을 구하시오.

풀이

$$\frac{\mathrm{Var}(Z)}{\mathrm{Var}(_0L)} = \frac{{}^2\bar{A}_x - \left(\bar{A}_x\right)^2}{\dfrac{{}^2\bar{A}_x - \left(\bar{A}_x\right)^2}{(1-\bar{A}_x)^2}} = (1-\bar{A}_x)^2 = 0.390625 \text{이므로}$$

$\bar{A}_x = \dfrac{\mu}{\mu+\delta} = 0.375 = \dfrac{3}{8}$ 이고 $\delta = 0.05$ 이므로 $\mu = 0.03$ 이다.

따라서 $\bar{P}(\bar{A}_{40}) = \mu = 0.03$ 이다.

34 피보험자 (x)가 가입한 보험금 1원의 전기납입 종신보험을 고려한다. 다음의 자료를 이용하여 π를 구하시오.

(i) $\bar{A}_x = 0.45$ (ii) $\delta = 0.05$

(iii) 수지상등의 원칙으로 계산된 보험료가 적용된 이 보험의 미래손실을 $_0L$이라고 할 때, $\mathrm{Var}(_0L) = 0.25$

(iv) 보험료 π가 적용된 이 보험의 미래손실을 $_0L'$이라고 할 때, $\mathrm{Var}(_0L') = 0.4$

풀이

수지상등의 원칙으로 계산된 보험료를 P라고 하면

$$P = \frac{\delta \bar{A}_x}{1-\bar{A}_x} = \frac{0.05(0.45)}{1-0.45} = 0.040909$$

자료 (iii)으로부터

$$\mathrm{Var}(_0L) = \left(1+\frac{P}{\delta}\right)^2 \left[{}^2\bar{A}_x - (\bar{A}_x)^2\right] = \left(1+\frac{0.040909}{0.05}\right)^2 \left[{}^2\bar{A}_x - (\bar{A}_x)^2\right] = 0.25$$

따라서 ${}^2\bar{A}_x - \left(\bar{A}_x\right)^2 = 0.075625$

자료 (iv)로부터

$$\mathrm{Var}(_0L') = \left(1+\frac{\pi}{\delta}\right)^2 \left[{}^2\bar{A}_x - (\bar{A}_x)^2\right] = \left(1+\frac{\pi}{0.05}\right)^2 (0.075625) = 0.4 \text{이므로}$$

$$\pi = 0.064992$$

35 피보험자 (x), 보험금 1원인 전기납입 완전연속 종신보험을 고려한다. 다음과 같은 가정이 주어졌을 때, 이 종신보험의 연속납평준순보험료의 연액을 구하시오.

(i) $\mu_{x+t} = \begin{cases} 0.02, & 0 \le t \le 10 \\ 0.03, & t > 10 \end{cases}$ (ii) $\delta_t = \begin{cases} 0.03, & 0 \le t \le 10 \\ 0.05, & t > 10 \end{cases}$

풀이

$\bar{P}(\bar{A}_x)$를 구하기 위해 $\bar{A}_x$를 구해보자.

[중간풀이 1-1]

$$\bar{A}_x = \bar{A}^{\,1}_{x\,:\,\overline{10}|} + {}_{10|}\bar{A}_x = \bar{A}^{\,1}_{x\,:\,\overline{10}|} + {}_{10}E_x\,\bar{A}_{x+10}$$

$0 \le t \le 10$인 경우 $\mu = 0.02$, $\delta = 0.03$이므로

$$_{10}E_x = v^{10}\,{}_{10}p_x = e^{-(0.03)(10)}\,e^{-(0.02)(10)} = e^{-0.5} = 0.60653066$$

$$\bar{A}^{\,1}_{x\,:\,\overline{10}|} = \int_0^{10} e^{-0.03t}\,e^{-0.02t}\,(0.02)\,dt = \frac{0.02\,(1 - e^{-(0.02+0.03)(10)})}{0.02 + 0.03}$$

$$= 0.1573877$$

$t > 10$인 경우 $\mu = 0.03$, $\delta = 0.05$이므로

$$\bar{A}_{x+10} = \frac{0.03}{0.03 + 0.05} = \frac{3}{8}$$

$$_{10|}\bar{A}_x = {}_{10}E_x\,\bar{A}_{x+10} = (0.60653066)\left(\frac{3}{8}\right) = 0.227448998$$

따라서 $\bar{A}_x = 0.1573877 + 0.227448998 = 0.384836698$

[중간풀이 1-2]

$\bar{A}_x$는 다음과 같이 풀어도 동일한 결과를 얻을 수 있다.

$$\bar{A}_x = \int_0^\infty v^t\,{}_tp_x\,\mu_{x+t}\,dt = \int_0^{10} v^t\,{}_tp_x\,\mu_{x+t}\,dt + \int_{10}^\infty v^t\,{}_tp_x\,\mu_{x+t}\,dt$$

$$= \int_0^{10} e^{-0.03t}\,e^{-0.02t}\,(0.02)\,dt$$

$$+ \int_{10}^\infty \left[e^{-(0.03)(10)}\,e^{-(0.05)(t-10)}\right]\left[e^{-(0.02)(10)}\,e^{-(0.03)(t-10)}\right](0.03)\,dt$$

$$= \bar{A}^{\,1}_{x\,:\,\overline{10}|} + {}_{10|}\bar{A}_x = 0.157387736 + 0.227448998 = 0.384836698$$

$\bar{P}(\bar{A}_x)$를 구하기 위해 $\bar{a}_x$를 구해보자.

[중간풀이 2-1]

$$\bar{a}_x = \bar{a}_{x\,:\,\overline{10}|} + {}_{10}E_x\,\bar{a}_{x+10}$$

$0 \le t \le 10$인 경우 $\mu = 0.02$, $\delta = 0.03$이므로

$$\bar{a}_{x\,:\,\overline{10}|} = \frac{1 - e^{-(0.02+0.03)(10)}}{0.02 + 0.03} = 7.86938680$$

$t > 10$인 경우 $\mu = 0.03$, $\delta = 0.05$이므로

$$\bar{a}_{x+10} = \frac{1}{0.03 + 0.05} = \frac{1}{0.08} = \frac{100}{8} = 12.5$$

$$_{10|}\bar{a}_x = {}_{10}E_x\ \bar{a}_{x+10} = (0.60653066)(12.5) = 7.58163325$$

따라서 $\bar{a}_x = 7.86938680 + 7.58163325 = 15.45102005$

[중간풀이 2-2]

$\bar{a}_x$는 다음과 같이 풀어도 동일한 결과를 얻을 수 있다.

$$\bar{a}_x = \int_0^\infty v^t\ {}_tp_x\ dt = \int_0^{10} v^t\ {}_tp_x\ dt + \int_{10}^\infty v^t\ {}_tp_x\ dt$$

$$= \int_0^{10} e^{-0.03t}\ e^{-0.02t}\ dt$$

$$+ \int_{10}^\infty \left[e^{-(0.03)(10)}\ e^{-(0.05)(t-10)}\right]\left[e^{-(0.02)(10)}\ e^{-(0.03)(t-10)}\right]\ dt$$

$$= \bar{a}_{x:\overline{10|}} + {}_{10|}\bar{a}_x$$

$$= 7.86938680 + 7.58163325 = 15.45102005$$

따라서 $\bar{P}(\bar{A}_x) = \dfrac{\bar{A}_x}{\bar{a}_x} = \dfrac{0.384836698}{15.45102005} = 0.02490688$

36 $i = 0.25$, $_{k|}q_x = 0.2(0.8)^k$, $k = 0, 1, 2, \cdots$일 때 $\bar{A}_x$를 구하시오.

(Hint: $\mu = -\ln p_x = -\ln 0.8$, $\delta = \ln(1+i)$를 이용할 것)

풀이

$_{k|}q_x = {}_kp_x\ q_{x+k} = (p_x)^k\ q_{x+k} = (0.8)^k (0.2)$이므로

$\mu = -\ln p_x = -\ln 0.8 = 0.223144$인 CFM을 따른다.

$$\bar{A}_x = \frac{\mu}{\mu+\delta} = \frac{-\ln 0.8}{-\ln 0.8 + \ln 1.25} = \frac{0.223144}{0.223144 + 0.223144} = 0.5$$

37 연납평준순보험료가 $\dfrac{\bar{M}_{20} - \bar{M}_{50} + D_{50}}{\bar{N}_{20} - \bar{N}_{30}}$으로 표시될 때 연납평준순보험료(NAP)를 구하시오. 단, 모든 연령에서 $\mu_x = 0.005$, $\delta = 0.075$이다.

풀이

$\dfrac{\bar{M}_{20} - \bar{M}_{50} + D_{50}}{\bar{N}_{20} - \bar{N}_{30}} = \dfrac{\bar{A}_{20:\overline{30|}}}{\bar{a}_{20:\overline{10|}}}$이므로 $\bar{A}_{20:\overline{30|}}$, $\bar{a}_{20:\overline{10|}}$을 구해보자. 사력은 상수이므로

사망법칙은 CFM을 따른다.

$$\bar{A}_{20:\overline{30|}} = \bar{A}^{\,1}_{20:\overline{30|}} + A_{20:\overline{30|}}^{\ \ 1} = \frac{\mu\left(1 - e^{-(\mu+\delta)(30)}\right)}{\mu+\delta} + e^{-(\mu+\delta)(30)}$$

$$= \frac{0.005(1 - e^{-(0.005+0.075)(30)})}{0.005 + 0.075} + e^{-(0.005+0.075)(30)}$$

$$= 0.147548$$

$$\bar{a}_{20:\overline{10|}} = \frac{1 - e^{-(\mu+\delta)(10)}}{\mu + \delta} = \frac{1 - e^{-(0.005+0.075)(10)}}{0.005 + 0.075} = 6.883388$$

따라서

$$\text{NAP} = \frac{\bar{M}_{20} - \bar{M}_{50} + D_{50}}{\bar{N}_{20} - \bar{N}_{30}} = \frac{\bar{A}_{20:\overline{30|}}}{\bar{a}_{20:\overline{10|}}} = \frac{0.147548}{6.883388} = 0.021435$$

38 피보험자 (x)의 미래생존기간은 다음과 같다.

(i) T_x는 0.3의 확률로 제7회 경험생명표를 따르며 단수부분은 UDD가정을 따른다.

(ii) T_x는 0.7의 확률로 사력 $\mu_x = 0.03 \ (x \geq 0)$인 CFM을 따른다.

이러한 가정하에서 피보험자 (60)이 가입한 보험금 10,000원, 전기납인 완전연속 종신보험의 연속납평준순보험료의 연액을 구하시오. 단, 이자율 $i = 0.05$이다.

풀이

$\bar{P}(\bar{A}_x)$을 구하기 위해 $\bar{A}_x$를 구해보자.

(i)에 의해 생명표에서 구한 $\bar{A}_{60}$를 $\bar{A}_{60}^A$라고 하고 (ii)에 의해 사력으로 구한 $\bar{A}_{60}$를 $\bar{A}_{60}^B$라고 하자. 단수부분은 UDD가정을 따르므로

$$\bar{A}_{60}^A = \frac{i}{\delta} A_{60} = \frac{0.05}{\ln 1.05} \times 0.351826 = 0.36055$$

$$\bar{A}_{60}^B = \frac{\mu}{\mu + \delta} = \frac{0.03}{0.03 + \ln 1.05} = 0.380758$$

T_{60}은 0.3의 확률로 제7회 경험생명표를 따르고 0.7의 확률로 CFM을 따르므로

$$\bar{A}_{60} = 0.3\bar{A}_{60}^A + 0.7\bar{A}_{60}^B = 0.3 \times 0.36055 + 0.7 \times 0.380758 = 0.374696$$

따라서 연속납 평준순보험료 $\bar{P}(\bar{A}_{60})$은

$$\bar{P}(\bar{A}_{60}) = \frac{\delta \bar{A}_{60}}{1 - \bar{A}_{60}} = \frac{(\ln 1.05)(0.374696)}{1 - 0.374696} = 0.0292361$$

$\bar{P}(\bar{A}_{60})$은 보험금 1원에 대한 연납평준순보험료의 연액이므로 구하는 보험료 P는

$$P = 10000\,\bar{P}(\bar{A}_{40}) = 292.361$$

39 피보험자 (30), 보험금 1,000원, 3년거치, 4년납입 완전연속 종신보험을 고려해보자. 다음 가정을 이용하여 연속납평준순보험료의 연액을 구하시오.

(i) $\delta = 0.05$ (ii) $l_x = 80 - x$

풀이

$l_x = 80 - x$는 De Moivre 법칙을 나타내며 $S_0(x) = 1 - \dfrac{x}{80}$, $0 \le x \le 80$으로 나타낼 수 도 있다.

보험료를 구하기 위하여 $_{3|}\bar{A}_{30}$, $\bar{a}_{30:\overline{4|}}$를 구해보자.

$$_{3|}\bar{A}_{30} = v^3 \, _3p_{30} \, \bar{A}_{33} = e^{-0.05 \times 3} \times \frac{50-3}{50} \times \frac{1}{80-33} \times \bar{a}_{\overline{80-33|}} = 0.311449$$

$\bar{a}_{30:\overline{4|}}$를 구하기 위하여 $\bar{A}_{30:\overline{4|}}$를 구해보자.

$$\bar{A}_{30:\overline{4|}} = \bar{A}^{\,1}_{30:\overline{4|}} + A_{30:\frac{1}{4|}} = \frac{\bar{a}_{\overline{4|}}}{50} + v^4 \, _4p_{30}$$

$$= \frac{1}{50} \times \frac{1 - e^{-0.05 \times 4}}{0.05} + e^{-0.05 \times 4} \times \frac{50-4}{50} = 0.82574$$

$$\bar{a}_{30:\overline{4|}} = \frac{1 - \bar{A}_{30:\overline{4|}}}{\delta} = \frac{1 - 0.82574}{0.05} = 3.4852$$

따라서 연속납평준순보험료의 연액을 P라고 하면

$$P = \frac{1000 \, _{3|}\bar{A}_{30}}{\bar{a}_{30:\overline{4|}}} = \frac{1000 \times 0.311449}{3.4852} = 89.3633$$

40 피보험자 (40)은 보험금 1,000원, 전기납입 완전연속 종신보험에 가입하였다. (40) 에게 모든 미래보험료의 납입을 면제했을 때의 미래손실의 분산은 보험료를 납입할 때의 미래손실의 분산의 64%라고 한다. 보험료를 납입하는 경우, 이 보험의 연속납 평준순보험료의 연액을 구하시오. $\delta = 0.05$를 이용하시오.

풀이

보험료납입 면제시 미래손실 $_0L'$는 $_0L' = 1000 v^T$, $T \ge 0$이므로

$$\mathrm{Var}(_0L') = \mathrm{Var}(1000 \, v^T) = 1000^2 \, \mathrm{Var}(v^T)$$

보험료납입시 미래손실 $_0L$은

$$_0L = 1000 \, v^T - P \, \bar{a}_{\overline{T|}} = v^T \left(1000 + \frac{P}{\delta} \right) - \frac{P}{\delta}$$

$$\mathrm{Var}(_0L) = \mathrm{Var}\left[v^T \left(1000 + \frac{P}{\delta} \right) - \frac{P}{\delta} \right] = \left(1000 + \frac{P}{\delta} \right)^2 \mathrm{Var}(v^T)$$

$$= \left(1000 + \frac{P}{0.05} \right)^2 \mathrm{Var}(v^T)$$

$$\mathrm{Var}\left({}_0 L'\right) = 0.64\,\mathrm{Var}\left({}_0 L\right)\ \text{이므로}\ \frac{\mathrm{Var}\left({}_0 L'\right)}{\mathrm{Var}\left({}_0 L\right)} = 0.64$$

$$\frac{1000^2\,\mathrm{Var}\left(v^T\right)}{\left(1000 + \dfrac{P}{0.05}\right)^2 \mathrm{Var}\left(v^T\right)} = 0.64, \quad \left(\frac{1000}{1000 + \dfrac{P}{0.05}}\right) = 0.8\ \text{이므로}\ P = 12.5$$

41 태어날 때 남자의 수와 여자의 수가 동일한 인구집단을 고려한다. 남자의 사력은 $\mu_x^m = 0.12\,(x \ge 0)$이고, 여자의 사력은 $\mu_x^f = 0.08\,(x \ge 0)$이라고 가정하자. 이 인구집단에서 임의로 선택된 30세의 사람에 대하여 $1000\bar{P}\left(\bar{A}\,{}^1_{30:\overline{10}|}\right)$을 구하시오 $(\delta = 0.05)$.

> **풀이**

남자를 m, 여자를 f 라고 하자. 30세 사람 중 임의로 선택된 사람이 남자일 확률은

$$\mathrm{Pr}\,(m) = \frac{{}_{30}p_0^m}{{}_{30}p_0^m + {}_{30}p_0^f} = \frac{e^{-0.12 \times 30}}{e^{-0.12 \times 30} + e^{-0.08 \times 30}} = 0.231475\ \text{이고 여자일 확률}$$

$\mathrm{Pr}\,(f) = 1 - \mathrm{Pr}\,(m) = 1 - 0.231475 = 0.768525$ 이다.

$1000\bar{P}\left(\bar{A}\,{}^1_{30:\overline{10}|}\right)$을 구하기 위해 $\bar{A}\,{}^1_{30:\overline{10}|}$, $\bar{a}_{30:\overline{10}|}$ 을 구해보자.

$$\bar{A}\,{}^1_{30:\overline{10}|} = \bar{A}\,{}^{1\ m}_{30:\overline{10}|} \times \mathrm{Pr}\,(m) + \bar{A}\,{}^{1\ f}_{30:\overline{10}|} \times \mathrm{Pr}\,(f)$$

$$= \frac{\mu^m\left(1 - e^{-(\mu^m + \delta)10}\right)}{\mu^m + \delta} \times 0.231475 + \frac{\mu^f\left(1 - e^{-(\mu^f + \delta)10}\right)}{\mu^f + \delta} \times 0.768525$$

$$= \frac{0.12\left(1 - e^{-0.17 \times 10}\right)}{0.12 + 0.05} \times 0.231475 + \frac{0.08\left(1 - e^{-0.13 \times 10}\right)}{0.08 + 0.05} \times 0.768525$$

$$= 0.477592$$

$$\bar{a}_{30:\overline{10}|} = \bar{a}\,{}^m_{30:\overline{10}|} \times \mathrm{Pr}\,(m) + \bar{a}\,{}^f_{30:\overline{10}|} \times \mathrm{Pr}\,(f)$$

$$= \frac{\left(1 - e^{-(\mu^m + \delta)10}\right)}{\mu^m + \delta} \times 0.231475 + \frac{\left(1 - e^{-(\mu^f + \delta)10}\right)}{\mu^f + \delta} \times 0.768525$$

$$= \left(\frac{1 - e^{-0.17 \times 10}}{0.17}\right) \times 0.231475 + \left(\frac{1 - e^{-0.13 \times 10}}{0.13}\right) \times 0.768525$$

$$= 5.413469$$

따라서 $1000\bar{P}\left(\bar{A}\,{}^1_{30:\overline{10}|}\right) = \dfrac{1000 \times \bar{A}\,{}^1_{30:\overline{10}|}}{\bar{a}_{30:\overline{10}|}} = 1000 \times \dfrac{0.477592}{5.413469} = 88.2229$

42 피보험자 (30)이 가입한 연금지급액이 연속적 연액 1,000원, 20년거치, 완전연속 종신생명연금을 고려한다. 피보험자가 연금가입 후 20년 내에 사망하면 기납입보험료가 이자없이 사망즉시 지급된다. 다음의 가정을 이용하여 이 연금의 20년납입 연속

납평준순보험료의 연액을 구하시오.

(i) 모든 x에 대하여 $\mu_x = 0.03$ (ii) $\delta = 0.05$

풀이

연금급부의 APV는

$$\text{APV} = P(\bar{I}\bar{A})^1_{30:\overline{20}|} + 1000\,_{20|}\bar{a}_{30}$$

보험료수입의 EPV는

$$\text{EPV} = P\,\bar{a}_{30:\overline{20}|}$$

연속납평준순보험료의 연액을 P라고 하면 수지상등의 원칙에 의하여

$$P\left(\bar{a}_{30:\overline{20}|} - (\bar{I}\bar{A})^1_{30:\overline{20}|}\right) = 1000 \times\,_{20|}\bar{a}_{30}$$

$$P = \frac{1000 \times\,_{20|}\bar{a}_{30}}{\bar{a}_{30:\overline{20}|} - (\bar{I}\bar{A})^1_{30:\overline{20}|}}\text{이므로}$$

P를 구하기 위해 $_{20|}\bar{a}_{30}$, $\bar{a}_{30:\overline{20}|}$, $(\bar{I}\bar{A})^1_{30:\overline{20}|}$을 구해보자.

$$_{20|}\bar{a}_{30} =\,_{20}E_{30}\,\bar{a}_{50} = v^{20}\,_{20}p_{30}\,\bar{a}_{50} = e^{-(\mu+\delta)20}\frac{1}{\mu+\delta} = e^{-0.08\times20}\times\frac{1}{0.08}$$

$$= 2.523706$$

$$\bar{a}_{30:\overline{20}|} = \frac{1 - e^{-(\mu+\delta)(20)}}{\mu+\delta} = \frac{1 - e^{-1.6}}{0.08} = 9.976294$$

$$(\bar{I}\bar{A})^1_{30:\overline{20}|} = \int_0^{20} t\,v^t\,_tp_{30}\,\mu_{30+t}\,dt = \int_0^{20} t\,e^{-0.08t}\times0.03\,dt^{1)}$$

$$= 0.03\left[\left[t\times\frac{-1}{0.08}e^{-0.08t}\right]_0^{20} - \int_0^{20}\frac{-1}{0.08}e^{-0.08t}\,dt\right]$$

$$= 0.03\left[\left[20\times\frac{-1}{0.08}\times e^{-1.6}\right] + \left[\frac{1}{0.08}\times\frac{1-e^{-1.6}}{0.08}\right]\right]$$

$$= 0.03(-50.474130 + 124.703670) = 2.226886$$

따라서 $P = \dfrac{1000\times2.523706}{9.976294 - 2.226886} = 325.66$

43 피보험자 (60), 보험금 10,000원, 전기납입, 완전연속 종신보험을 고려해보자. 보험료 산출시에는 $\mu = 0.1$인 CFM가정을 이용하였지만, 실제 사망률은 경험생명표를 따른다고 알려져 있다. 보험료는 변하지 않고 실제사망률이 경험생명표를 따를 때 보험가입시의 미래손실 $_0L$의 기대값을 구하시오. 단, 매 연령마다 단수부분은 UDD 가정을 따르며 $i = 0.05$이다.

---

1) $u' = e^{-0.08t}$, $v = t$인 부분적분법을 사용함.

풀이

CFM가정을 이용해 보험료를 구해보면

$$10000\,\bar{P}(\bar{A}_{60}) = 10000\,\mu = 1000$$

경험생명표를 적용한 보험가입시 기대손실 $_0L$을 구하기 위해 $\bar{A}_{60}$, $\bar{a}_{60}$을 구해보자. 제7회 경험생명표로부터 $A_{60} = 0.351826$이므로

$$\bar{A}_{60} = \frac{i}{\delta}\,A_{60} = \frac{0.05}{\ln 1.05} \times 0.351826 = 0.36055$$

$$\bar{a}_{60} = \frac{1 - \bar{A}_{60}}{\delta} = \frac{1 - 0.36055}{\ln 1.05} = 13.10613$$

$$E(_0L) = 10000\,\bar{A}_{60} - 1000\,\bar{a}_{60} = 10000 \times 0.36055 - 1000 \times 13.10613$$
$$= -9500.63$$

44 피보험자 (x), 보험금 사망즉시급, 연속납보험료인 종신보험을 고려한다. 보험금은 $b_t = (1+i)^t$이고 보험료는 이자율 i하에서 수지상등의 원칙에 의하여 결정된다. $_0L$을 보험회사의 미래손실을 나타내는 확률변수라고 할 때 $_0L$은 다음과 같이 표시됨을 유도하시오.

$$_0L = \frac{v^t - \bar{A}_x}{1 - \bar{A}_x}$$

풀이

연속납보험료의 연액을 P라고 하면

$$_0L = b_T\,v^T - P\,\bar{a}_{\overline{T|}} = (1+i)^T\,v^T - P\,\bar{a}_{\overline{T|}} = 1 - P\,\bar{a}_{\overline{T|}}$$

보험료는 수지상등의 원칙에 의해서 결정되므로

$$E(_0L) = E(1 - P\,\bar{a}_{\overline{T|}}) = 1 - P\,E(\bar{a}_{\overline{T|}}) = 1 - P\,\bar{a}_x = 0, \qquad P = \frac{1}{\bar{a}_x}$$

따라서

$$_0L = 1 - P\,\bar{a}_{\overline{T|}} = 1 - \frac{1}{\bar{a}_x}\left(\frac{1 - v^T}{\delta}\right) = \frac{\delta\,\bar{a}_x - 1 + v^T}{\delta\,\bar{a}_x} = \frac{v^T - (1 - \delta\,\bar{a}_x)}{\delta\,\bar{a}_x}$$

$$= \frac{v^T - \bar{A}_x}{1 - \bar{A}_x}$$

45 보험금 1원, 보험금 사망즉시급, 연속납보험료인 종신보험을 고려한다. $\mu_{x+t} = \mu$ $(t > 0)$, 이력 δ일 때 $_0L$의 분산이 다음과 같음을 유도하시오.

$$\text{Var}(_0L) = \frac{\mu}{\mu + 2\delta} = {}^2\bar{A}_x$$

풀이

$$\text{Var}(_0L) = \frac{{}^2\bar{A}_x - (\bar{A}_x)^2}{(1 - \bar{A}_x)^2} = \frac{\dfrac{\mu}{\mu + 2\delta} - \left(\dfrac{\mu}{\mu + \delta}\right)^2}{\left(\dfrac{\mu + \delta - \mu}{\mu + \delta}\right)^2} = \frac{\dfrac{\mu(\mu + \delta)^2 - \mu^2(\mu + 2\delta)}{(\mu + \delta)^2(\mu + 2\delta)}}{\dfrac{\delta^2(\mu + 2\delta)}{(\mu + \delta)^2(\mu + 2\delta)}}$$

$$= \frac{\delta^2\mu}{\delta^2(\mu + 2\delta)} = \frac{\mu}{\mu + 2\delta}$$

46 T의 확률밀도함수가

$$f_x(t) = 0.08\,e^{-0.08t}, \qquad t \ge 0$$

이고 $\delta = 0.12$이다. 피보험자 (x)가 보험금 1원, 전기납입 완전연속 종신보험에 가입하였다. 다음을 구하시오.

(a) $\bar{P}(\bar{A}_x)$ (b) $\text{Var}(_0L)$ ($_0L$은 보험회사의 미래손실을 나타내는 확률변수)

풀이

$$_tq_x = \int_0^t f_x(s)\,ds = \int_0^t 0.08\,e^{-0.08s}\,ds = 0.08\left(\frac{1 - e^{-0.08t}}{0.08}\right) = 1 - e^{-0.08t}$$

$$_tp_x = e^{-0.08t}$$

이므로 T는 $\mu = 0.08$인 CFM을 따른다.

(a) $\bar{P}(\bar{A}_x) = \mu = 0.08$

(b) $\text{Var}(_0L) = \dfrac{\mu}{\mu + 2\delta} = \dfrac{0.08}{0.08 + 2(0.12)} = 0.25$

47 피보험자 (60)은 보험금 1원, 전기납입 완전연속 종신보험에 가입하였다. 다음의 자료를 이용하여 $\text{Var}(_0L)$을 구하시오.

(i) $\mu = 0.05$ (ii) $\bar{A}_{60} = 0.625$

풀이

[풀이 1]

(i)에 의해 사력이 상수이므로 사망법칙은 CFM을 따른다.

(ii)에 의해 $\bar{A}_{60} = \dfrac{\mu}{\mu + \delta} = \dfrac{0.05}{0.05 + \delta} = 0.625$이므로 $\delta = 0.03$이고

$${}^2\bar{A}_{60} = \frac{\mu}{\mu + 2\delta} = \frac{0.05}{0.05 + 0.06} = \frac{5}{11}$$이므로

$$\mathrm{Var}(_0L) = \frac{^2\bar{A}_{60} - (\bar{A}_{60})^2}{(1 - \bar{A}_{60})^2} = \frac{\frac{5}{11} - 0.625^2}{(1 - 0.625)^2} = 0.454545$$

[풀이 2]

$$\bar{A}_{60} = \frac{\mu}{\mu + \delta} = 0.625, \quad \delta = 0.6\mu$$

상수사력에서 분산은

$$\mathrm{Var}(_0L) = \frac{\mu}{\mu + 2\delta} = \frac{\mu}{\mu + (2)(0.6)\mu} = \frac{\mu}{2.2\mu} = 0.454545$$

48 표 [5.2.4.1]과 같이 보험금 사망즉시급, 연속납보험료인 경우 h년 단기납입 종신보험의 미래손실확률변수 $_0L$은

$$_0L = Z - \pi Y \quad (\pi 는 \text{ 연속납순보험료의 연액})$$

로 나타낼 수 있다. 이때

(a) Z와 Y를 정의하시오(표 [5.2.4.1]의 2번째 참고).

(b) $E(Z)$와 $E(Y)$, $\mathrm{Var}(Z)$와 $\mathrm{Var}(Y)$를 구하시오.

(c) $E(ZY)$를 구하시오.

(d) $\mathrm{Cov}(Z, Y) = E[Z - E(Z)][Y - E(Y)]$

$\qquad\qquad = E(ZY) - E(Z)E(Y)$로 정의된다. 이때 $\mathrm{Cov}(Z, Y)$를 구하시오.

풀이

(a) 사망즉시급 종신보험의 보험금현가 Z는 $Z = v^T$

$\quad$ n년만기 유기생명연금에 대한 확률변수 Y는 $Y = \begin{cases} \bar{a}_{\overline{T}|}, & T < h \\ \bar{a}_{\overline{h}|}, & T \geq h \end{cases}$

(b) $E(Z) = E(v^T) = \bar{A}_x, \quad E(Y) = \bar{a}_{x:\overline{h}|}$

$\quad$ $\mathrm{Var}(Z) = \mathrm{Var}(v^T) = {}^2\bar{A}_x - (\bar{A}_x)^2$

$\quad$ $W = \begin{cases} v^T, & T < h \\ v^h, & T \geq h \end{cases}$ 라고 하면

$\quad$ $\mathrm{Var}(Y) = \mathrm{Var}\left(\dfrac{1-W}{d}\right) = \dfrac{\mathrm{Var}(W)}{d^2} = \dfrac{{}^2\bar{A}_{x:\overline{h}|} - (\bar{A}_{x:\overline{h}|})^2}{d^2}$

(c) 확률변수 ZY를 정의해보면

$\quad$ $ZY = \begin{cases} v^T \bar{a}_{\overline{T}|}, & T < h \\ v^T \bar{a}_{\overline{h}|}, & T \geq h \end{cases}$

$$= \begin{cases} \dfrac{v^T - v^{2T}}{\delta}, & T < h \\ 0, & T \geq h \end{cases} + \begin{cases} 0, & T < h \\ v^T \, \bar{a}_{\overline{h}|}, & T \geq h \end{cases}$$

따라서 $E(ZY) = \dfrac{1}{\delta} \left(\bar{A}^{1}_{x:\overline{h}|} - {}^{2}\bar{A}^{1}_{x:\overline{h}|} \right) + \bar{a}_{\overline{h}|} \, {}_{h|}\bar{A}_x$

(d) $\mathrm{Cov}(ZY) = E(ZY) - E(Z)E(Y)$

$$= \dfrac{1}{\delta} \left(\bar{A}^{1}_{x:\overline{h}|} - {}^{2}\bar{A}^{1}_{x:\overline{h}|} \right) + \bar{a}_{\overline{h}|} \, {}_{h|}\bar{A}_x - A_x \, \bar{a}_{x:\overline{h}|}$$

49 $\delta = 0.1$, $\bar{A}_x = 0.6$일 때

$$-\Phi \frac{d}{dx} \bar{P}(\bar{A}_x) = \frac{d}{dx} \bar{a}_x$$

가 성립한다. 이때 Φ를 구하시오.

> **풀이**

$$\frac{d}{dx} \bar{P}(\bar{A}_x) = \frac{d}{dx} \frac{\bar{A}_x}{\bar{a}_x} = \frac{d}{dx} \frac{1 - \delta \bar{a}_x}{\bar{a}_x} = \frac{d}{dx} \left[\frac{1}{\bar{a}_x} - \delta \right] = \frac{1}{-(\bar{a}_x)^2} \frac{d}{dx} \bar{a}_x$$

이므로

$$-\Phi \frac{d}{dx} \bar{P}(\bar{A}_x) = \Phi \frac{1}{(\bar{a}_x)^2} \frac{d}{dx} \bar{a}_x = \frac{d}{dx} \bar{a}_x \text{이다.}$$

따라서 $\Phi = (\bar{a}_x)^2 = \left(\dfrac{1 - \bar{A}_x}{\delta} \right)^2 = \left(\dfrac{1 - 0.6}{0.1} \right)^2 = 16$

50 피보험자 (x), 보험금 사망즉시급인 10년만기 정기보험의 사망보험금은 다음과 같다.

(i) 사고(accident)에 의하여 사망할 경우 2,000원

(ii) 사고 이외의 원인에 의하여 사망할 경우 1,000원

사고로 인한 사망의 경우 사력은 0.01로 일정하다. $\delta = 0.09$일 때 이와 같은 보험의 NSP는 다음과 같음을 보이시오.

$$\mathrm{NSP} = 1000 \, \bar{A}^{1}_{x:\overline{10}|} + 10 \, \bar{a}_{x:\overline{10}|}$$

> **풀이**

사고에 의해 사망할 경우 보험금을 지급하는 보험을 A'라고 하면

$$\mathrm{NSP} = 1000 \left(\bar{A}^{1}_{x:\overline{10}|} + A'^{1}_{x:\overline{10}|} \right) = 1000 \left(\bar{A}^{1}_{x:\overline{10}|} + \int_0^{10} v^t \, {}_tp_x \, \mu'_{x+t} \, dt \right)$$

$$= 1000 \left(\bar{A}^{1}_{x:\overline{10}|} + \int_0^{10} v^t \, {}_tp_x (0.01) \, dt \right) = 1000 \, \bar{A}^{1}_{x:\overline{10}|} + 10 \int_0^{10} v^t \, {}_tp_x \, dt$$

$$= 1000 \, \bar{A}^{1}_{x:\overline{10}|} + 10 \, \bar{a}_{x:\overline{10}|}$$

51 피보험자 (40)이 가입한 보험금 10원, 전기납입, 40년만기 완전연속 정기보험을 고려한다. 다음의 자료를 이용하여 연속납평준순보험료의 연액 P를 구하시오.

(i) 사망법칙은 $\omega = 100$인 De Moivre 법칙을 따른다.   (ii) $\delta = 0.05$

(iii) P는 $\Pr({}_0L > 0) \leq 0.3$을 만족하는 연속납평준순보험료의 연액의 최소값이다. 여기서 ${}_0L$은 피보험자가 보험에 가입하는 시점에서의 보험회사의 미래손실을 의미한다.

> **풀이**

백분위 순보험료를 구하는 문제이다. 정기보험이나 종신보험에서는 사망시점이 빠를수록 (T가 작을수록) 보험사의 미래손실(${}_0L$)이 커진다. 따라서 이 문제에서 우리는 보험료를 다음의 두 기준을 동시에 만족시키도록 설정하면 된다.

(1) $\Pr(T_{40} < t_\alpha) = 0.3$의 수준에서(조건을 만족시키는 t_α를 찾은 후에)

(2) ${}_0L = 0$이 되게 하는 순보험료(t_α를 ${}_0L$에 대입하여 P를 구함)

보험사의 미래손실 ${}_0L$은

$$
{}_0L = \begin{cases} 10v^T - P\,\bar{a}_{\overline{T}|}, & T < 40 \\ -P\,\bar{a}_{\overline{40}|}, & T \geq 40 \end{cases}
$$

(1) $\Pr(T_{40} < t_\alpha) = 0.3$이 되는 t_α를 찾으면

$$
\frac{t_\alpha}{60} = 0.3, \qquad t_\alpha = 18
$$

$t_\alpha = 18$이 T_{40}의 30백분위수에 해당된다.

(2) $t_\alpha = 18$을 ${}_0L$의 식에 대입하여 P를 구한다.

$$
{}_0L = 10v^{18} - P\,\bar{a}_{\overline{18}|} = 0
$$

$$
10\,e^{-0.05(18)} = P\left(\frac{1 - e^{-0.05(18)}}{0.05}\right)
$$

$$
P = \frac{0.05(10)\,e^{-0.05(18)}}{1 - e^{-0.05(18)}} = \frac{0.5\,e^{-0.9}}{1 - e^{-0.9}} = 0.34256
$$

52 피보험자 (30)이 가입한 보험금 1원, 전기납입 완전연속 종신보험을 고려한다. 다음 자료를 이용하여 이 보험의 연속납평준순보험료의 연액을 구하시오.

(i) 0세의 미래생존기간의 누적분포함수 $F_0(x)$는 0세에서 50세 사이, 그리고 50세에서 100세 사이에서 서로 다른 선형함수의 형태를 띠고 있다.

(ii) $F_0(50) = 0.4$, $F_0(100) = 1$ (iii) $\delta = 0.05$

> **풀이**

연속납평준순보험료의 연액을 구하기 위하여 $\bar{A}^{\,1}_{30:\overline{20}|}$, $_{20}E_{30}$, $\bar{A}_{50}$을 구해보자.

(i)로부터 $F(x)$는 50세부터 100세 사이에서 선형함수의 형태이므로 $\bar{A}_{50}$의 계산시 $\omega = 100$인 De Moivre 법칙을 따르는 것으로 생각하여 계산하는 것이 간편하다(우리는 T_{50}의 분포만 구하면 되므로 이렇게 생각할 수 있다). $\bar{A}_{50}$을 구해보면

$$\bar{A}_{50} = \frac{\bar{a}_{\,\overline{50}|}}{50} = \left(\frac{1}{50}\right)\left(\frac{1-e^{-0.05(50)}}{0.05}\right) = 0.367166$$

(ii)로부터 $F_0(50) = 0.4$이고 (i)로부터 $F_0(x)$는 0세부터 50세 사이에서 선형함수형태이므로 $F_0(30) = F_0(50) \times \frac{3}{5} = 0.4 \times \frac{3}{5} = 0.24$이다.

$$_{20}p_{30} = \frac{S_0(50)}{S_0(30)} = \frac{1-F_0(50)}{1-F_0(30)} = \frac{1-0.4}{1-0.24} = \frac{15}{19}\left(= \frac{95-20}{95} = \frac{75}{95}\right)$$

$$_{20}q_{30} = 1 - {_{20}p_{30}} = \frac{4}{19}$$

30세와 50세 사이의 사망률 계산이나 T_{30}의 p.d.f 계산시 마치

$\omega = 30 + \left(\dfrac{19}{4}\right) \times 20 = 30 + 95$인 것처럼 생각하여 계산하는 것이 간편하다.

따라서

$$\bar{A}^{\,1}_{30:\overline{20}|} = \frac{\bar{a}_{\,\overline{20}|}}{125-30} = \left(\frac{1}{95}\right)\left(\frac{1-e^{-0.05(20)}}{0.05}\right) = 0.133078$$

$$_{20}E_{30} = v^{20}\,_{20}p_{30} = e^{-0.05(20)} \times \frac{15}{19} = 0.290431$$

재귀식에 의해

$$\bar{A}_{30} = \bar{A}^{\,1}_{30:\overline{20}|} + {_{20}E_{30}}\,\bar{A}_{50} = 0.133078 + (0.290431)(0.367166) = 0.239714$$

따라서 $\bar{P}_{30} = \dfrac{\delta \bar{A}_{30}}{1-\bar{A}_{30}} = \dfrac{(0.05)(0.239714)}{1-0.239714} = 0.015765$

53 다음을 계산기수를 이용하여 나타내시오.

(a) 피보험자 (30), 보험금 연말급, 40년만기 누감정기보험의 연납보험료는 20년 동안 납입되며 미사용보험료 반환부 보험의 순보험료이다. 제1보험연도의 보험금은 200,000으로 시작하여 매년 5,000씩 감소하여 70세에 이르러서는 계약이 끝난다. 미사용보험료 반환부 보험의 연납순보험료를 계산기수를 이용하여 나타내시오.

(b) $_{20}P^{(12)}\left(\bar{A}_{x:\overline{30}|}\right)$ (c) $_{20}\bar{P}\left(\bar{A}_{x:\overline{30}|}\right)$ (d) $_{20}P^{\{4\}}\left(\bar{A}_{x:\overline{30}|}\right)$ (e) $_{20}P\left(_{40|}\ddot{a}_{25}\right)$

풀이

(a) $_{20}P^{\{1\}}\left[(DA)^{1}_{30\,:\,\overline{40|}}\right] = \dfrac{(DA)^{1}_{30\,:\,\overline{40|}}}{\ddot{a}^{\{1\}}_{30\,:\,\overline{20|}}} = \dfrac{(DA)^{1}_{30\,:\,\overline{40|}}}{\dfrac{\delta}{d}\,\bar{a}_{30\,:\,\overline{20|}}} = \dfrac{d}{\delta}\,\dfrac{40M_{30}-R_{31}+R_{71}}{\bar{N}_{30}-\bar{N}_{50}}$

따라서 $5000\,_{20}P^{\{1\}}\left[(DA)^{1}_{30\,:\,\overline{40|}}\right] = 5000\,\dfrac{d}{\delta}\,\dfrac{40M_{30}-R_{31}+R_{71}}{\bar{N}_{30}-\bar{N}_{50}}$

(b) $_{20}P^{(12)}(\bar{A}_{x\,:\,\overline{30|}}) = \dfrac{\bar{A}_{x\,:\,\overline{30|}}}{\ddot{a}^{(12)}_{x\,:\,\overline{20|}}} = \dfrac{\bar{M}_{x}-\bar{M}_{x+30}+D_{x+30}}{N^{(12)}_{x}-N^{(12)}_{x+20}}$

(c) $_{20}\bar{P}(\bar{A}_{x\,:\,\overline{30|}}) = \dfrac{\bar{A}_{x\,:\,\overline{30|}}}{\bar{a}_{x\,:\,\overline{20|}}} = \dfrac{\bar{M}_{x}-\bar{M}_{x+30}+D_{x+30}}{\bar{N}_{x}-\bar{N}_{x+20}}$

(d) $_{20}P^{\{4\}}(\bar{A}_{x\,:\,\overline{30|}}) = \dfrac{\bar{A}_{x\,:\,\overline{30|}}}{\ddot{a}^{\{4\}}_{x\,:\,\overline{20|}}} = \dfrac{\bar{A}_{x\,:\,\overline{30|}}}{\dfrac{\delta}{d^{(4)}}\,\bar{a}_{x\,:\,\overline{20|}}} = \dfrac{d^{(4)}}{\delta}\left(\dfrac{\bar{M}_{x}-\bar{M}_{x+30}+D_{x+30}}{\bar{N}_{x}-\bar{N}_{x+20}}\right)$

(e) $_{20}P(_{40|}\ddot{a}_{25}) = \dfrac{_{40|}\ddot{a}_{25}}{\ddot{a}_{25\,:\,\overline{20|}}} = \dfrac{N_{65}}{N_{25}-N_{45}}$

54 매 연령마다 UDD를 가정한다. $i=7\%$, $\ddot{a}_{60}=10.2780$을 이용하여 다음을 구하시오.

(a) $10000\,\bar{P}(\bar{A}_{60})$ (b) $10000\,P^{(4)}(\bar{A}_{60})$ (c) $10000\,P^{\{4\}}(\bar{A}_{60})$

풀이

(a) $\bar{P}(\bar{A}_{60})$을 구하기 위해 $\bar{a}_{60}$, $\bar{A}_{60}$을 구해보자.

$$A_{60} = 1-d\,\ddot{a}_{60} = 1-\dfrac{0.07}{1.07}(10.278) = 0.32761$$

UDD가정하에

$$\bar{A}_{60} = \dfrac{i}{\delta}A_{60} = \dfrac{0.07}{\ln(1.07)}(0.32761) = 0.33895$$

$$\bar{a}_{60} = \dfrac{1-\bar{A}_{60}}{\delta} = \dfrac{1-0.33895}{\ln(1.07)} = 9.7704$$

$$\bar{P}(\bar{A}_{60}) = \dfrac{\bar{A}_{60}}{\bar{a}_{60}} = \dfrac{0.33895}{9.7704} = 0.03469$$

따라서 $10000\,\bar{P}(\bar{A}_{60}) = 10000\,(0.03469) = 346.9$

(b) $P^{(4)}(\bar{A}_{60})$을 구하기 위해 $\alpha(4)$, $\beta(4)$, $\ddot{a}_{60}$을 이용하여 $\ddot{a}^{(4)}_{60}$를 구해보자.

$$\left(1-\dfrac{d^{(4)}}{4}\right)^{-4} = (1+i) = 1.07 \text{이므로 } d^{(4)} = 4\left(1-1.07^{-1/4}\right) = 0.06709$$

$$\left(1 + \frac{i^{(4)}}{4}\right)^4 = (1+i) = 1.07 \text{이므로 } i^{(4)} = 4\left(1.07^{1/4} - 1\right) = 0.068234$$

$$\alpha(4) = \frac{id}{i^{(4)}d^{(4)}} = \frac{0.07\left(\dfrac{0.07}{1.07}\right)}{(0.068234)(0.06709)} = 1.000354$$

$$\beta(4) = \frac{i - i^{(4)}}{i^{(4)}d^{(4)}} = \frac{0.07 - 0.068234}{(0.068234)(0.06709)} = 0.385773$$

$$\ddot{a}_{60}^{(4)} = \alpha(4)\ddot{a}_{60} - \beta(4) = (1.000354)(10.278) - 0.385773 = 9.895865$$

$$P^{(4)}(\bar{A}_{60}) = \frac{\bar{A}_{60}}{\ddot{a}_{60}^{(4)}} = \frac{0.33895}{9.895865} = 0.034252$$

따라서

$$10000\,P^{(4)}(\bar{A}_{60}) = 342.52$$

(c) $P^{\{4\}}(\bar{A}_{60})$을 구하기 위해 $\ddot{a}_{60}^{\{4\}}$를 구해보자.

$$\ddot{a}_{60}^{\{4\}} = \frac{\delta}{d^{(4)}}\bar{a}_{60} = \frac{\ln 1.07}{0.06709}(9.7704) = 9.85321$$

$$P^{\{4\}}(\bar{A}_{60}) = \frac{\bar{A}_{60}}{\ddot{a}_{60}^{\{4\}}} = \frac{0.33895}{9.85321} = 0.0343999$$

$$10000\,P^{\{4\}}(\bar{A}_{60}) = 343.99$$

55 α, β, γ가 다음과 같이 정의될 때 α, β, γ의 크기를 부등호로 나타내시오.

(i) $\alpha = P^{(m)}(\bar{A}_{x:\overline{n}|})$ (ii) $\beta = P^{\{m\}}(\bar{A}_{x:\overline{n}|})$ (iii) $\gamma = P^{\{m+1\}}(\bar{A}_{x:\overline{n}|})$

풀이

α와 β의 크기를 비교해보자.

$$\alpha = P^{(m)}(\bar{A}_{x:\overline{n}|}) \leq P^{(m)}(\bar{A}_{x:\overline{n}|}) + P^{(m)}\left[E(Z^{PR})\right] = \frac{\bar{A}_{x:\overline{n}|} + E(Z^{PR})}{\ddot{a}_{x:\overline{n}|}^{(m)}}$$

$$= P^{\{m\}}(\bar{A}_{x:\overline{n}|}) = \beta$$

따라서 $\alpha < \beta$

β와 γ의 크기를 비교해보자.

$d^{(m)} \leq d^{(m+1)}$이므로 $\ddot{a}_{x:\overline{n}|}^{\{m+1\}} = \dfrac{1 - \bar{A}_{x:\overline{n}|}}{d^{(m+1)}} < \dfrac{1 - \bar{A}_{x:\overline{n}|}}{d^{(m)}} = \ddot{a}_{x:\overline{n}|}^{\{m\}}$ 이다. 따라서

$$\beta = P^{\{m\}}(\bar{A}_{x:\overline{n}|}) = \frac{\bar{A}_{x:\overline{n}|}}{\ddot{a}_{x:\overline{n}|}^{\{m\}}} < \frac{\bar{A}_{x:\overline{n}|}}{\ddot{a}_{x:\overline{n}|}^{\{m+1\}}} = P^{\{m+1\}}(\bar{A}_{x:\overline{n}|}) = \gamma \text{이므로}$$

$\beta < \gamma$ 이다. 따라서 $\alpha < \beta < \gamma$ 이다.

56 $P^{\{m\}}(\bar{A}_x)$ 를 구하기 위하여 Z^{PR} 라는 확률변수를 정의하고 $E(Z^{PR})$ 을 구하시오. 또 $P^{(m)}(\bar{A}_x^{PR}) = P^{\{m\}}(\bar{A}_x) - P^{(m)}(\bar{A}_x)$ 가 성립함을 보이시오.

풀이

Z^{PR} 를 정의하면

$$Z^{PR} = \frac{\delta}{d^{(m)}} P^{\{m\}}(\bar{A}_x) \bar{a}_{\overline{K + \frac{J+1}{m} - T}|} v^T = \frac{P^{\{m\}}(\bar{A}_x)}{d^{(m)}} \left(v^T - v^{K + (J+1)/m} \right)$$

이다. $E(Z^{PR})$ 을 구해보자.

$$E(Z^{PR}) = \bar{A}_x^{PR} = \frac{P^{\{m\}}(\bar{A}_x)}{d^{(m)}} \left(\bar{A}_x - A_x^{(m)} \right) = \frac{P^{\{m\}}(\bar{A}_x)}{d^{(m)}} \left(d^{(m)} \ddot{a}_x^{(m)} - \delta \bar{a}_x \right)$$

$$= P^{\{m\}}(\bar{A}_x) \left(\ddot{a}_x^{(m)} - \frac{\delta}{d^{(m)}} \bar{a}_x \right) = P^{\{m\}}(\bar{A}_x)(\ddot{a}_x^{(m)} - \ddot{a}_x^{\{m\}}) \quad \cdots\cdots ①$$

이다. 또한

$$P^{(m)}(\bar{A}_x^{PR}) = \frac{\bar{A}_x^{PR}}{\ddot{a}_x^{(m)}} = \frac{P^{\{m\}}(\bar{A}_x)(\ddot{a}_x^{(m)} - \ddot{a}_x^{\{m\}})}{\ddot{a}_x^{(m)}}$$

$$= P^{\{m\}}(\bar{A}_x) - \frac{P^{\{m\}}(\bar{A}_x) \ddot{a}_x^{\{m\}}}{\ddot{a}_x^{(m)}} = P^{\{m\}}(\bar{A}_x) - \frac{\bar{A}_x}{\ddot{a}_x^{(m)}}$$

$$= P^{\{m\}}(\bar{A}_x) - P^{(m)}(\bar{A}_x) \quad \cdots\cdots ② \text{ (증명 완료)}$$

여기서 ①을 교재와 같은 방법으로 전개하면

$$P^{\{m\}}(\bar{A}_x) \ddot{a}_x^{(m)} = P^{\{m\}}(\bar{A}_x) \ddot{a}_x^{\{m\}} + \bar{A}_x^{PR} \quad \cdots\cdots ③$$

$$= \bar{A}_x + \bar{A}_x^{PR} \quad \cdots\cdots ④$$

사망시점에서 사용되지 않은 보험료가 반환된다는 것은 원래의 보험료 $\left(\bar{A}_x = P^{\{m\}}(\bar{A}_x) \ddot{a}_x^{\{m\}} \right)$ 외에도 반환되는 보험료만큼의 추가보험료($\bar{A}_x^{PR}$ 에 해당)를 $P^{\{m\}}(\bar{A}_x) \ddot{a}_x^{\{m\}}$ (수입)로 충당하여야 한다는 것을 의미한다.

④를 다시 표현하면

$$\bar{A}_x^{PR} = P^{\{m\}}(\bar{A}_x) \ddot{a}_x^{(m)} - \bar{A}_x \quad \cdots\cdots ⑤$$

⑤의 양변을 $\ddot{a}_x^{(m)}$ 으로 나누면

$$P^{(m)}(\bar{A}_x^{PR}) = P^{\{m\}}(\bar{A}_x) - P^{(m)}(\bar{A}_x) \quad \cdots\cdots ⑥ \text{ (증명 완료)}$$

57 $_hP^{\{m\}}(\bar{A}_{x:\overline{n}|})$을 구하기 위하여 Z^{PR}이라는 확률변수를 정의한 후에 $E(Z^{PR})$을 구하고 식 $_hP^{\{m\}}(\bar{A}_{x:\overline{n}|})\ddot{a}_{x:\overline{n}|}^{(m)} = \bar{A}_{x:\overline{n}|} + E(Z^{PR})$을 이용하여 $_hP^{\{m\}}(\bar{A}_{x:\overline{n}|}) = \dfrac{d^{(m)}}{\delta}\,_h\bar{P}(\bar{A}_{x:\overline{n}|})$ 이 성립함을 증명하시오.

> **풀이**

Z^{PR}을 정의하면

$$Z^{PR} = \begin{cases} \dfrac{\delta}{d^{(m)}}\,_hP^{\{m\}}(\bar{A}_{x:\overline{n}|})\,\bar{a}_{\overline{K+(J+1)/m-T}|}\,v^T, & K = 0,\,1,\,\cdots,\,h-1 \\ 0, & K \geq h \end{cases}$$

이다. $E(Z^{PR})$을 구해보자.

$$\begin{aligned} E(Z^{PR}) = \bar{A}_{x:\overline{h}|}^{PR} &= \frac{\delta}{d^{(m)}}\,_hP^{\{m\}}(\bar{A}_{x:\overline{n}|})\left(\frac{\bar{A}_{x:\overline{h}|}^{1} - A_{x:\overline{h}|}^{1\,(m)}}{\delta}\right) \\[2mm] &= \frac{\delta}{d^{(m)}}\,_hP^{\{m\}}(\bar{A}_{x:\overline{n}|})\left[\frac{\bar{A}_{x:\overline{h}|}^{1} + A_{x:\overline{h}|}^{\;1} - A_{x:\overline{h}|}^{1\,(m)} - A_{x:\overline{h}|}^{\;1}}{\delta}\right] \\[2mm] &= \frac{\delta}{d^{(m)}}\,_hP^{\{m\}}(\bar{A}_{x:\overline{n}|})\left[\frac{\bar{A}_{x:\overline{h}|} - A_{x:\overline{h}|}^{(m)}}{\delta}\right] \\[2mm] &= \frac{(\delta)\,_hP^{\{m\}}(\bar{A}_{x:\overline{n}|})}{d^{(m)}}\left[\frac{d^{(m)}\,\ddot{a}_{x:\overline{h}|}^{(m)} - \delta\,\bar{a}_{x:\overline{h}|}}{\delta}\right] \quad \cdots\cdots \text{①} \end{aligned}$$

$_hP^{\{m\}}(\bar{A}_{x:\overline{n}|})\ddot{a}_{x:\overline{h}|}^{(m)} = \bar{A}_{x:\overline{n}|} + E(Z^{PR})$을 이용하여 증명하는 문제이므로 아래식에서 $\bar{A}_{x:\overline{h}|}^{PR}$에 ①을 대입하면

$$\begin{aligned} _hP^{\{m\}}(\bar{A}_{x:\overline{n}|})\,\ddot{a}_{x:\overline{h}|}^{(m)} &= \bar{A}_{x:\overline{n}|} + \bar{A}_{x:\overline{h}|}^{PR} \\[2mm] &= \bar{A}_{x:\overline{n}|} + _hP^{\{m\}}(\bar{A}_{x:\overline{n}|})\left[\ddot{a}_{x:\overline{h}|}^{\{m\}} - \frac{\delta}{d^{(m)}}\,\bar{a}_{x:\overline{h}|}\right] \quad \cdots\cdots \text{②} \end{aligned}$$

②를 정리하면

$$\bar{A}_{x:\overline{n}|} = _hP^{\{m\}}(\bar{A}_{x:\overline{n}|})\,\frac{\delta}{d^{(m)}}\,\bar{a}_{x:\overline{h}|} \quad \cdots\cdots \text{③}$$

③으로부터

$$_hP^{\{m\}}(\bar{A}_{x:\overline{n}|}) = \frac{\bar{A}_{x:\overline{n}|}}{\dfrac{\delta}{d^{(m)}}\,\bar{a}_{x:\overline{h}|}} = \frac{d^{(m)}}{\delta}\,_h\bar{P}(\bar{A}_{x:\overline{n}|}) \quad (\text{증명 완료})$$

58 20세의 사람이 종신보험을 종신납입 연납평준순보험료(P)로 매입하였다. 이 보험은 25세에 도달하기 전에 사망하면 기납입보험료를 사망연도말까지 이자율 i로 부리한

금액을 지급하고 25세 이후에 사망하면 보험금 1원을 지급한다. 보험금 연말급, 보험료 계산시 사용되는 이율은 i로 할 때 P를 구하면 다음과 같음을 증명하시오. (Hint: 식 (5.2.7.21)과 그 의미를 이해할 것)

$$P = \frac{M_{25}}{\ddot{s}_{\overline{5}|} D_{25} + N_{25}}$$

풀이

연납평준순보험료를 P라고 하면

$$P \ddot{a}_{20} = \frac{P}{D_{20}} \left(\ddot{s}_{\overline{1}|} C_{10} + \ddot{s}_{\overline{2}|} C_{11} + \cdots + \ddot{s}_{\overline{5}|} C_{14} \right) + \frac{M_{25}}{D_{20}}$$

식 (5.2.7.11)을 이용하면

$$= P \left(\ddot{a}_{20:\overline{5}|} - \ddot{s}_{\overline{5}|}\, _5E_{20} \right) + \frac{M_{25}}{D_{20}}$$

$$P \left(\ddot{a}_{20} - \ddot{a}_{20:\overline{5}|} + \ddot{s}_{\overline{5}|}\, _5E_{20} \right) = \frac{M_{25}}{D_{20}}$$

$$P \left(\frac{N_{20} - (N_{20} - N_{25}) + \ddot{s}_{\overline{5}|} D_{25}}{D_{20}} \right) = \frac{M_{25}}{D_{20}}$$

$$P \left(\frac{N_{25} + \ddot{s}_{\overline{5}|} D_{25}}{D_{20}} \right) = \frac{M_{25}}{D_{20}}$$

$$P = \frac{M_{25}}{\ddot{s}_{\overline{5}|} D_{25} + N_{25}}$$

59 $P(\bar{A}_x)$, $P^{(12)}(\bar{A}_x)$, $P^{\{12\}}(\bar{A}_x)$, $\bar{P}(\bar{A}_x)$의 크기를 비교하시오.

풀이

식 (1.1.5.16)으로부터 $i > i^{(m)} > \delta > d^{(m)} > d$

또, A_x, $A_x^{(m)}$, $\bar{A}_x$의 정의상 $\bar{A}_x > A_x^{(m)} > A_x$

(i) 연금의 정의상 $\ddot{a}_x > \ddot{a}_x^{(12)} > \bar{a}_x$가 성립한다.

(ii) $\ddot{a}_x^{\{12\}}$와 $\ddot{a}_x^{(12)}$의 크기를 비교해보자.

$\bar{A}_x > A_x^{(12)}$이므로 $\ddot{a}_x^{\{12\}} = \dfrac{1 - \bar{A}_x}{d^{(12)}} < \ddot{a}_x^{(12)} = \dfrac{1 - A_x^{(12)}}{d^{(12)}}$

(iii) $\ddot{a}^{\{12\}}$와 $\bar{a}_x$의 크기를 비교해보자.

$\delta > d^{(12)}$이므로

$$\ddot{a}_x^{\{12\}} = \frac{1 - \bar{A}_x}{d^{(12)}} > \bar{a}_x = \frac{1 - \bar{A}_x}{\delta}$$

(i), (ii), (iii)을 종합하면

$\ddot{a}_x > \ddot{a}_x^{(12)} > \ddot{a}_x^{\{12\}} > \bar{a}_x$ 가 성립한다.

각 보험료는 $\bar{A}_x$ 를 각 연금의 현가로 나눈 값이므로

$P(\bar{A}_x) < P^{(12)}(\bar{A}_x) < P^{\{12\}}(\bar{A}_x) < \bar{P}(\bar{A}_x)$ 가 성립한다.

60 식 (5.2.7.14)와 유사한 확률변수를 다음과 같이 정의한다.

$$\widetilde{W} = \begin{cases} v^T \left(1 - \dfrac{\bar{s}_{\overline{T}|}}{\bar{s}_{\overline{n}|}}\right), & 0 \le T < n \\ 0, & T \ge n \end{cases}$$

보험회사의 미래손실을 $_0L = \widetilde{W} - \widetilde{A}{}^1_{x:\overline{n}|}$ 이라 하고 수지상등의 원칙에 의하여 NSP 가 계산된다면(즉 $E(L) = 0$), 이와 같은 보험의 NSP는 $\widetilde{A}{}^1_{x:\overline{n}|} = E(\widetilde{W})$ 이다. 다음을 증명하시오.

(a) $\widetilde{A}{}^1_{x:\overline{n}|} = \bar{A}{}^1_{x:\overline{n}|} - \dfrac{\bar{a}_{x:\overline{n}|} - {}_np_x\,\bar{a}_{\overline{n}|}}{\bar{s}_{\overline{n}|}}$

(b) $E(\widetilde{W}^2) = \dfrac{(1+i)^{2n}\,{}^2\bar{A}{}^1_{x:\overline{n}|} - 2(1+i)^n\,\bar{A}{}^1_{x:\overline{n}|} + (1 - {}_np_x)}{[(1+i)^n - 1]^2}$

> **풀이**

$$\begin{aligned}
_0L &= v^T\left(1 - \frac{\bar{s}_{\overline{T}|}}{\bar{s}_{\overline{n}|}}\right) - \widetilde{A}{}^1_{x:\overline{n}|} \\[2mm]
&= \begin{cases} v^T - \dfrac{\bar{a}_{\overline{T}|}}{\bar{s}_{\overline{n}|}} - \widetilde{A}{}^1_{x:\overline{n}|}, & 0 \le T < n \\[3mm] -\widetilde{A}{}^1_{x:\overline{n}|}, & T \ge n \end{cases}
\end{aligned}$$

$$\begin{aligned}
E(L) &= \int_0^n \left(v^t - \frac{\bar{a}_{\overline{t}|}}{\bar{s}_{\overline{n}|}} - \widetilde{A}{}^1_{x:\overline{n}|}\right) {}_tp_x\,\mu_{x+t}\,dt - \widetilde{A}{}^1_{x:\overline{n}|}\,{}_np_x \\[2mm]
&= \bar{A}{}^1_{x:\overline{n}|} - \int_0^n \frac{1}{\delta\,\bar{s}_{\overline{n}|}}\left(1 - v^t\right)\,dt - \widetilde{A}{}^1_{x:\overline{n}|}\,{}_nq_x - \widetilde{A}{}^1_{x:\overline{n}|}\,{}_np_x \\[2mm]
&= \bar{A}{}^1_{x:\overline{n}|} - \frac{1}{\delta\,\bar{s}_{\overline{n}|}}\left({}_nq_x - \bar{A}{}^1_{x:\overline{n}|}\right) - \widetilde{A}{}^1_{x:\overline{n}|}\left({}_nq_x + {}_np_x\right)
\end{aligned}$$

$$= \bar{A}^{\,1}_{x:\,\overline{n}|} - \frac{1}{\delta\,\bar{s}_{\,\overline{n}|}}\left({}_nq_x - 1 + \delta\,\bar{a}_{x:\,\overline{n}|} + {}_nE_x\right) - \widetilde{A}^{\,1}_{x:\,\overline{n}|}$$

$$= \bar{A}^{\,1}_{x:\,\overline{n}|} - \frac{1}{\bar{s}_{\,\overline{n}|}}\left[\bar{a}_{x:\,\overline{n}|} - {}_np_x\left(\frac{1-v^n}{\delta}\right)\right] - \widetilde{A}^{\,1}_{x:\,\overline{n}|}$$

$$= \bar{A}^{\,1}_{x:\,\overline{n}|} - \frac{1}{\bar{s}_{\,\overline{n}|}}\left[\bar{a}_{x:\,\overline{n}|} - {}_np_x\,\bar{a}_{\,\overline{n}|}\right] - \widetilde{A}^{\,1}_{x:\,\overline{n}|}$$

$E({}_0L) = 0$이므로

$$\widetilde{\bar{A}}^{\,1}_{x:\,\overline{n}|} = \bar{A}^{\,1}_{x:\,\overline{n}|} - \frac{\bar{a}_{x:\,\overline{n}|} - {}_np_x\,\bar{a}_{\,\overline{n}|}}{\bar{s}_{\,\overline{n}|}}$$

61 $P^{\{m\}}_{x:\,\overline{n}|}$ 과 ${}_tP^{\{m\}}_x$ 의 간편한 근사치를 표시하는

(a) $P^{\{m\}}_{x:\,\overline{n}|} \doteqdot \dfrac{P_{x:\,\overline{n}|}}{1 - \dfrac{m-1}{2m}\,d - \dfrac{1}{2}\,P^{\,1}_{x:\,\overline{n}|}}$ $\qquad\qquad$ (5.2.6.29)

(b) ${}_tP^{\{m\}}_x = \dfrac{{}_tP_x}{1 - \dfrac{m-1}{2m}\,d - \dfrac{1}{2}\,P^{\,1}_{x:\,\overline{t}|}}$ $\qquad\qquad$ (5.2.6.30)

을 유도하시오. 또 $P^{[m]}$과 $P^{\{m\}}$ 을 구하는 간편한 방법의 차이를 설명하시오.

풀이

(a) 이 문제에서는 $Y = 1 - \dfrac{m-1}{2m}\left(P^{\,1}_{x:\,\overline{n}|} + d\right)$ 라고 하면 증명과정에서

$$P^{(m)}_{x:\,\overline{n}|} = \frac{P_{x:\,\overline{n}|}}{1 - \dfrac{m-1}{2m}\left(P^{\,1}_{x:\,\overline{n}|} + d\right)} = \frac{P_{x:\,\overline{n}|}}{Y} \qquad\qquad (5.1.2.16)$$

$$P^{\,1\,(m)}_{x:\,\overline{n}|} = \frac{P^{\,1}_{x:\,\overline{n}|}}{1 - \dfrac{m-1}{2m}\left(P^{\,1}_{x:\,\overline{n}|} + d\right)} = \frac{P^{\,1}_{x:\,\overline{n}|}}{Y} \qquad\qquad (5.1.2.24)$$

를 이용한다. 미사용된 보험료가 반환된다는 것을 대략적으로 평균 $\dfrac{1}{2m}\,P^{\{m\}}_{x:\,\overline{n}|}$ 이 사망 보험금에 가산되어 지급되는 것으로 보아서 식 (5.2.6.24)와 같이 생각하면

$$P^{\{m\}}_{x:\,\overline{n}|} = \frac{A^{\,1}_{x:\,\overline{n}|}\left(1 + \dfrac{1}{2m}\,P^{\{m\}}_{x:\,\overline{n}|}\right) + A_{x:\,\overline{n}|}^{\ \ 1}}{\ddot{a}^{(m)}_{x:\,\overline{n}|}}$$

$$= P^{\,1\,(m)}_{x:\,\overline{n}|}\left(1 + \frac{1}{2m}\,P^{\{m\}}_{x:\,\overline{n}|}\right) + P^{(m)\,\ 1}_{\ \ x:\,\overline{n}|} = P^{(m)}_{x:\,\overline{n}|} + \frac{1}{2m}\,P^{\,1\,(m)}_{x:\,\overline{n}|}\,P^{\{m\}}_{x:\,\overline{n}|}$$

$$P_{x:\overline{n}|}^{\{m\}} = \frac{P_{x:\overline{n}|}}{Y} + \frac{P_{x:\overline{n}|}^{1}}{Y}\left(\frac{1}{2m}P_{x:\overline{n}|}^{\{m\}}\right)$$

$$P_{x:\overline{n}|}^{\{m\}} = \frac{P_{x:\overline{n}|}\,/\,Y}{1 - \dfrac{P_{x:\overline{n}|}^{1}}{2mY}} = \frac{P_{x:\overline{n}|}}{(2mY - P_{x:\overline{n}|}^{1})\,/\,2m}$$

$$= \frac{P_{x:\overline{n}|}}{1 - \dfrac{m-1}{2m}\left(P_{x:\overline{n}|}^{1} + d\right) - \dfrac{1}{2m}P_{x:\overline{n}|}^{1}}$$

$$= \frac{P_{x:\overline{n}|}}{1 - \dfrac{m-1}{2m}d - \dfrac{1}{2}P_{x:\overline{n}|}^{1}} \quad \text{(증명 완료)}$$

(b) 이 문제에서는 $Y = 1 - \dfrac{m-1}{2m}\left(P_{x:\overline{t}|}^{1} + d\right)$라고 하면 증명 과정에서

$$_tp_x^{(m)} = \frac{_tp_x}{1 - \dfrac{m-1}{2m}\left(P_{x:\overline{t}|}^{1} + d\right)} \tag{5.1.2.12}$$

$$P_{x:\overline{t}|}^{1\,(m)} = \frac{P_{x:\overline{t}|}^{1}}{1 - \dfrac{m-1}{2m}\left(P_{x:\overline{t}|}^{1} + d\right)} \tag{5.1.2.24}$$

를 이용한다. 미사용된 보험료가 반환된다는 것은 대략적으로 평균 $\dfrac{1}{2m}\,_tp_x^{\{m\}}$ 이 사망 보험금에 가산되어 지급된다고 생각하면,

$$_tp_x^{\{m\}} = \frac{A_{x:\overline{t}|}^{1}\left(1 + \dfrac{1}{2m}\,_tp_x^{\{m\}}\right) + _{t|}A_x}{\ddot{a}_{x:\overline{t}|}^{(m)}} = {_tp_x^{(m)}} + P_{x:\overline{t}|}^{1\,(m)}\left(\frac{1}{2m}\right)\,_tp_x^{\{m\}}$$

$$= \frac{_tp_x^{(m)}}{1 - \left(\dfrac{1}{2m}\right)P_{x:\overline{t}|}^{1\,(m)}} = \frac{\dfrac{_tp_x}{Y}}{1 - \left(\dfrac{1}{2m}\right)\left(\dfrac{P_{x:\overline{t}|}^{1}}{Y}\right)}$$

$$= \frac{_tp_x}{1 - \dfrac{m-1}{2m}\left(P_{x:\overline{t}|}^{1} + d\right) - \dfrac{1}{2m}P_{x:\overline{t}|}^{1}}$$

$$= \frac{_tp_x}{1 - \dfrac{m-1}{2m}\,d - \dfrac{1}{2}P_{x:\overline{t}|}^{1}} \quad \text{(증명 완료)}$$

$P^{\{m\}}$ 은 반환되는 보험료를 보험금에 가산하고 $P^{[m]}$ 은 미납보험료를 보험금에서 차감하는 것이 차이점이다.

심·화·학·습·문·제 5.2

※ 특별한 언급이 없으면 부록의 제7회 경험생명표를 이용하여 답하시오. 또한 보험료의 계산에 있어서 특별한 언급이 없으면 수지상등의 원칙에 의하여 계산한다.

1 피보험자 (x), 보험금 100,000원, 전기납입 반연속 종신보험을 고려한다. 모든 연령 x에 대하여 $\mu_x = 0.05$, $\delta = 0.10$일 때 연납평준순보험료(NAP)를 구하시오.

풀이

NAP를 구하기 위해 $\bar{A}_x$, $\ddot{a}_x$를 구해보자. 사력은 상수이므로 사망법칙은 CFM을 따른다.

$$\bar{A}_x = \frac{\mu}{\mu + \delta} = \frac{0.05}{0.15} = \frac{1}{3}$$

$$\ddot{a}_x = \sum_{k=0}^{\infty} v^k \, {}_k p_x = \sum_{k=0}^{\infty} e^{-\mu k} \, e^{-\delta k} = \frac{1}{1 - e^{-(\mu+\delta)}} = \frac{1}{1 - e^{-0.15}} = 7.179162$$

따라서

$$\text{NAP} = 100000 \, P(\bar{A}_x) = 100000 \left(\frac{\bar{A}_x}{\ddot{a}_x} \right) = 100000 \left(\frac{1/3}{7.179162} \right) = 4643.07$$

2 ${}_{15}P_{45} = 0.038$, $P_{45:\overline{15|}} = 0.056$, $A_{60} = 0.625$일 때 $P^1_{45:\overline{15|}}$를 구하시오.

풀이

$$
{}_{15}P_{45} = \frac{A_{45}}{\ddot{a}_{45:\overline{15|}}} = \frac{A^1_{45:\overline{15|}} + A_{45:\overline{15|}}^{\;\;1} A_{60}}{\ddot{a}_{45:\overline{15|}}} = P^1_{45:\overline{15|}} + P_{45:\overline{15|}}^{\;\;1} A_{60}
$$

$$
= P^1_{45:\overline{15|}} + (P_{45:\overline{15|}} - P^1_{45:\overline{15|}}) A_{60}
$$

이므로, 문제에서 주어진 값으로부터 $P^1_{45:\overline{15|}}$를 구하면

$$0.038 = P^1_{45:\overline{15|}} + (0.056 - P^1_{45:\overline{15|}})(0.625)$$

$$P^1_{45:\overline{15|}} (1 - 0.625) = 0.038 - (0.056)(0.625)$$

$$P^1_{45:\overline{15|}} = \frac{0.038 - (0.056)(0.625)}{1 - 0.625} = 0.008$$

3 다음 자료를 이용하여 A_{x+20}을 구하시오.

(i) ${}_{20}P_x = 0.028$ (ii) $P_{x:\overline{20|}} = 0.035$ (iii) $P^1_{x:\overline{20|}} = 0.013$

:: 풀이

$A_x = A_{x:\overline{20}|}^1 + A_{x:\overline{20}|}^{1} A_{x+20}$ 이므로 양변을 $\ddot{a}_{x:\overline{20}|}$ 으로 나눠주면

$$_{20}P_x = P_{x:\overline{20}|}^1 + P_{x:\overline{20}|}^{1} A_{x+20} = P_{x:\overline{20}|}^1 + \left(P_{x:\overline{20}|} - P_{x:\overline{20}|}^1\right) A_{x+20}$$

주어진 자료로부터 $0.028 = 0.013 + (0.035 - 0.013) A_{x+20}$ 이므로

$$A_{x+20} = \frac{0.028 - 0.013}{0.035 - 0.013} = 0.681818$$

4 모든 x에 대하여 $\mu_x = \mu$ 이고 $\delta = 100\%$ 이다. $P_x = \dfrac{A_x}{\ddot{a}_x} = \dfrac{1}{10\,e}$ 일 때 q_x를 구하시오.

:: 풀이

$\delta = 100\% = 1$, $\mu_x = \mu$ 이므로 $p_x = p_{x+1} = p_{x+2} = \cdots = p_{x+k}$, $_k p_x = (p_x)^k$ 이다.

q_x를 구하기 위해 $\ddot{a}_x$와 d를 구해보자.

$$\ddot{a}_x = \sum_{k=0}^{\infty} e^{-\delta k}\,{}_k p_x = \sum_{k=0}^{\infty} (e^{-1} p_x)^k = \frac{1}{1 - e^{-1} p_x}$$

$$d = \frac{i}{1+i} = \frac{e^{\delta} - 1}{e^{\delta}} = 1 - e^{-\delta} = 1 - e^{-1}$$

이므로

$$P_x = \frac{A_x}{\ddot{a}_x} = \frac{1 - d\,\ddot{a}_x}{\ddot{a}_x} = \frac{1}{\ddot{a}_x} - d = (1 - e^{-1} p_x) - (1 - e^{-1})$$

$$= e^{-1}(1 - p_x) = \frac{q_x}{e} = \frac{1}{10\,e}$$

따라서 $q_x = \dfrac{1}{10}$

5 모든 x에 대하여 $k_x = \dfrac{A_{x:\overline{1}|}^1}{{}_1 E_x} = e^{\frac{1}{20}} - 1$ 이고 $i = 0.04$일 때 $P_x\left(= \dfrac{A_x}{\ddot{a}_x}\right)$를 구하시오.

:: 풀이

모든 x에 대하여 k_x는 상수이므로 사망법칙은 CFM을 따른다.

$$k_x = \frac{v\,q_x}{v\,p_x} = \frac{1 - p_x}{p_x} = \frac{1}{p_x} - 1 = e^{\frac{1}{20}} - 1$$

$p_x = e^{-1/20} = e^{-0.05} = e^{-\mu}$ 이므로 $\mu = 0.05$ 이다.

P_x를 구하기 위해 $\ddot{a}_x$를 구해보자.

$$\ddot{a}_x = \sum_{k=0}^{\infty} v^k {}_k p_x = \sum_{k=0}^{\infty} \left(\frac{1}{1.04}\right)^k e^{-0.05k} = \sum_{k=0}^{\infty} \left(\frac{e^{-0.05}}{1.04}\right)^k$$

$$= \frac{1}{1 - \dfrac{e^{-0.05}}{1.04}} = \frac{1.04}{1.04 - e^{-0.05}}$$

따라서

$$P_x = \frac{A_x}{\ddot{a}_x} = \frac{1 - d\,\ddot{a}_x}{\ddot{a}_x} = \frac{1}{\ddot{a}_x} - d = \frac{1.04 - e^{-0.05}}{1.04} - \frac{0.04}{1.04}$$

$$= \frac{1 - e^{-0.05}}{1.04} = 0.04689478$$

6 다음 식을 간략히 하면 $P_{40:\overline{20|}}^{\,1}$ 이 됨을 유도하시오.

$$\frac{(\ddot{s}_{40:\overline{20|}} - \ddot{a}_{40:\overline{20|}})\,{}_{20}E_{40}}{(\ddot{a}_{40:\overline{20|}})^2} - d$$

풀이

$$\frac{(\ddot{s}_{40:\overline{20|}} - \ddot{a}_{40:\overline{20|}})\,{}_{20}E_{40}}{(\ddot{a}_{40:\overline{20|}})^2} - d = \frac{\ddot{a}_{40:\overline{20|}} - \ddot{a}_{40:\overline{20|}}\,{}_{20}E_{40}}{(\ddot{a}_{40:\overline{20|}})^2} - d$$

$$= \frac{1 - d\,\ddot{a}_{40:\overline{20|}} - {}_{20}E_{40}}{\ddot{a}_{40:\overline{20|}}}$$

$$= \frac{A_{40:\overline{20|}} - {}_{20}E_{40}}{\ddot{a}_{40:\overline{20|}}} = \frac{A_{40:\overline{20|}}^{\,1}}{\ddot{a}_{40:\overline{20|}}} = P_{40:\overline{20|}}^{\,1}$$

7 피보험자 (30), 보험금 1원, 전기납입, 10년만기 정기보험을 고려한다. 피보험자 (30)이 10년간 생존하면 납입한 순보험료가 모두 이자없이 반환된다. 연납평준순보험료는 수지상등의 원칙에 의하여 결정된다. 이때 연납평준순보험료 P는 다음과 같이 표시될 수 있음을 보이시오.

$$P = \frac{v(N_{30} - N_{40}) - (N_{31} - N_{41})}{N_{30} - 11N_{40} + 10N_{41}}$$

풀이

$$P\,\ddot{a}_{30:\overline{10|}} = A_{30:\overline{10|}}^{\,1} + 10P\,A_{30:\frac{1}{10|}} \ \text{이므로}$$

$$P(\ddot{a}_{30:\overline{10|}} - 10\,A_{30:\frac{1}{10|}}) = A_{30:\overline{10|}}^{\,1}$$

$$M_x = vN_x - N_{x+1}, \ D_x = N_x - N_{x+1} \ \text{이므로}$$

$$P = \frac{A^{\,1}_{30:\overline{10}|}}{\ddot{a}_{30:\overline{10}|} - 10A^{\,1}_{30:\overline{10}|}} = \frac{M_{30} - M_{40}}{N_{30} - N_{40} - 10D_{40}}$$

$$= \frac{(vN_{30} - N_{31}) - (vN_{40} - N_{41})}{N_{30} - N_{40} - 10(N_{40} - N_{41})}$$

$$= \frac{v(N_{30} - N_{40}) - (N_{31} - N_{41})}{N_{30} - 11N_{40} + 10N_{41}}$$

8 피보험자 (60), 보험금 $10{,}000$원, 전기납입, 완전이산 종신보험을 고려해보자. 다음의 자료를 이용하여 제1보험연도에 납입할 보험료(π_0)를 구하시오.

(i) $\pi_k = \pi_0(1+i)^k$ (ii) $l_x = 120 - x$ (iii) $i = 0.05$

█ 풀이

사망급부의 APV는

$$\text{APV} = 10000A_{60} = 10000 \sum_{k=0}^{60-1} v^{k+1}\,_{k|}q_{60} = 10000\,\frac{a_{\overline{60}|}}{60}$$

$$= 10000 \times \frac{1}{60} \times \frac{1-v^{60}}{i} = 3154.88$$

보험료수입의 EPV는

$$\text{EPV} = \sum_{k=0}^{\infty} \pi_0(1+i)^k\, v^k\,_k p_{60} = \sum_{k=0}^{59} \pi_0\,_k p_{60} = \pi_0 \sum_{k=0}^{59} \left(1 - \frac{k}{60}\right)$$

$$= \pi_0 \left(60 - \frac{59 \times (1+59)}{60 \times 2}\right) = 30.5\,\pi_0$$

수지상등의 원칙에 의해 APV $=$ EPV이므로 $3154.88 = 30.5\,\pi_0$

따라서 $\pi_0 = 103.44$

9 피보험자 (50)이 가입한 연금지급액 $1{,}000$원의 10년거치 10년납입 완전이산 종신생명연금을 고려한다. 거치기간 내에 사망하면 기납입보험료를 이자없이 사망연도말에 지급한다. 다음의 가정을 이용하여 이 연금의 연납평준순보험료를 구하시오.

(i) 사망법칙은 $\omega = 90$인 De Moivre 법칙을 따른다.   (ii) $i = 0.05$

█ 풀이

연납평준순보험료를 P라고 하면 급부의 APV는

$$\text{APV} = P(IA)^{\,1}_{50:\overline{10}|} + 1000\,_{10|}\ddot{a}_{50}$$

보험료수입의 EPV는

$$\text{EPV} = P\,\ddot{a}_{50:\overline{10}|}$$

수지상등의 원칙에 의해 EPV = APV이므로 $P\left[\ddot{a}_{50:\overline{10|}} - (IA)^1_{50:\overline{10|}}\right] = 1000\,_{10|}\ddot{a}_{50}$

P를 구하기 위해 $_{10|}\ddot{a}_{50}$, $(IA)^1_{50:\overline{10|}}$, $\ddot{a}_{50:\overline{10|}}$ 을 구해보자.

$$A_{60} = \frac{a_{\overline{\omega-x|}}}{\omega - x} = \frac{1 - (1/1.05^{30})}{30(0.05)} = 0.512415$$

$$_{10|}\ddot{a}_{50} = v^{10}\,_{10}p_{50}\,\ddot{a}_{60} = \left(\frac{1}{1.05}\right)^{10}\left(\frac{40-10}{40}\right)\left(\frac{1-0.512415}{0.05/1.05}\right) = 4.714524$$

$$A_{50:\overline{10|}} = A^1_{50:\overline{10|}} + A^{}_{50:\overline{10|}} = \frac{a_{\overline{n|}}}{\omega - x} + v^{10}\,_{10}p_{50} = \frac{a_{\overline{10|}}}{40} + v^{10}\,_{10}p_{50}$$

$$= \frac{1 - (1/1.05^{10})}{40(0.05)} + \left(\frac{1}{1.05}\right)^{10}\left(\frac{40-10}{40}\right)$$

$$= 0.1930433 + 0.4604349 = 0.6534782$$

$$\ddot{a}_{50:\overline{10|}} = \frac{1 - A_{50:\overline{10|}}}{d} = \frac{1 - 0.6534782}{0.05/1.05} = 7.2769578$$

$$(IA)^1_{50:\overline{10|}} = \sum_{k=0}^{9}(k+1)\,v^{k+1}\,_{k|}q_{50} = \sum_{k=0}^{9}(k+1)\,v^{k+1} \times \frac{1}{40}$$

$$= \frac{1}{40}(Ia)_{\overline{10|}} = \frac{1}{40} \times \frac{\ddot{a}_{\overline{10|}} - 10v^{10}}{i} = \frac{1}{40} \times \frac{\frac{1-v^{10}}{d} - 10v^{10}}{0.05}$$

$$= 0.984345$$

따라서 $P = \dfrac{1000\,_{10|}\ddot{a}_{50}}{\ddot{a}_{50:\overline{10|}} - (IA)^1_{50:\overline{10|}}} = \dfrac{1000 \times 4.714524}{7.2769578 - 0.984345} = 749.2156517$

10 보험금 1,000원, 2년납입, 2년만기 완전이산 생사혼합보험을 고려한다. A와 B가 납입하는 보험료가 보험수리적으로 동일할 때 다음과 같은 자료를 이용하여 P를 구하시오.

(i) 피보험자 A는 첫 해에는 650원, 두 번째 해에는 260원의 보험료를 납부한다.

(ii) 피보험자 B는 연납평준순보험료로 P원을 납부한다.

(iii) $v = 0.94$

풀이

두 피보험자의 보험료수입에 대한 EPV가 동일해야 하므로

$$650 + 260\,v\,p_x = P(1 + v\,p_x)$$

또한 자료 (i)로부터

$$650 + 260\,v\,p_x = 1000\,v\,q_x + 1000\,v^2\,p_x\,q_{x+1} + 1000\,v^2\,p_x\,p_{x+1}$$

$$= 1000\,v\,(1-p_x) + 1000\,v^2\,p_x\,(1-p_{x+1}) + 1000\,v^2\,p_x\,p_{x+1}$$

$$= 1000\,v\,(1-p_x) + 1000\,v^2\,p_x$$

자료 (iii)을 이용하면

$$p_x = \frac{1000v - 650}{1260v - 1000v^2} = \frac{1000(0.94) - 650}{1260(0.94) - 1000(0.94)^2} = 0.964096$$

따라서 P는

$$P = \frac{650 + 260\,v\,p_x}{1 + v\,p_x} = \frac{650 + 260(0.94)(0.964096)}{1 + (0.94)(0.964096)} = 464.59$$

11 피보험자 (40)이 가입한 전기납입 완전이산 종신보험을 고려한다. 피보험자가 사망시 사망연도말에 10,000원과 이자 없는 기납입보험료를 합한 금액을 사망보험금으로 지급한다고 할 때, 다음 자료를 이용하여 이 보험의 연납평준순보험료(P)를 구하시오.

(i) $A_{40} = 0.27583$ (ii) $(IA)_{40} = 6.63382$ (iii) $i = 0.05$

:: 풀이

사망급부의 APV는

$$\text{APV} = 10000A_{40} + P(IA)_{40}$$

보험료수입의 EPV는

$$\text{EPV} = P\,\ddot{a}_{40}$$

APV $=$ EPV이므로 $P\left[\ddot{a}_{40} - (IA)_{40}\right] = 10000A_{40}$이므로

$$\ddot{a}_{40} = \frac{1 - A_{40}}{d} = \frac{1 - 0.27583}{0.05\,/\,1.05} = 15.20757$$

$$P = \frac{10000A_{40}}{\ddot{a}_{40} - (IA)_{40}} = \frac{10000(0.27583)}{15.20757 - 6.63382} = 321.7145356$$

12 피보험자 (40)이 가입한 보험금 200,000원인 완전이산 종신보험에 대하여 다음과 같이 3가지의 보험료 납입방법이 있다고 한다.

(i) 42,000원을 일시납순보험료로 납입하는 방법

(ii) 매해초 2,000원씩 연납평준순보험료를 전기납으로 납입하는 방법

(iii) 보험가입후 처음 20년 동안은 매해초 1,000원씩 납입하며, 20년후부터는 2,750원씩 전기납으로 납입하는 방법.

이 자료를 이용하여 피보험자 (40)이 가입한 매년 3,000원씩 지급되는 20년 기시급 유기생명연금의 보험수리적 현가(APV)를 구하시오.

:: **풀이**

보험료납입에 대한 EPV는 3가지 모두 동일해야 하므로

$42000 = 2000\ddot{a}_{40} = 1000\ddot{a}_{40} + 1750\,_{20|}\ddot{a}_{40}$ 이다.

$42000 = 2000\ddot{a}_{40}$ 이므로 $\ddot{a}_{40} = 21$ 이고

$42000 = 1000\ddot{a}_{40} + 1750\,_{20|}\ddot{a}_{40} = 1000(21) + 1750\,_{20|}\ddot{a}_{40}$ 이므로 $_{20|}\ddot{a}_{40} = 12$ 이다.

따라서 매년 3,000원씩 지급되는 20년 기시급 유기생명연금의 APV는

$$\text{APV} = 3000\ddot{a}_{40:\,\overline{20|}} = 3000\left(\ddot{a}_{40} - _{20|}\ddot{a}_{40}\right) = 3000(21-12) = 27000$$

13 다음 자료를 이용하여 피보험자 (40)이 가입한 10년납입 완전이산 종신보험의 연납 평준순보험료 P를 구하시오.

(i) 사망보험금은 10,000원과 이자없는 기납입보험료를 합한 금액이다.

(ii) $A_{40} = 0.168$　　　　(iii) $A_{40:\,\overline{10|}}^{\;1} = 0.602$　　　　(iv) $A_{50} = 0.255$

(v) $(IA)_{40:\,\overline{10|}}^{\;1} = 0.085$　　(vi) $\ddot{a}_{40:\,\overline{10|}} = 8.056$

:: **풀이**

보험료반환급부의 APV1은

$$\text{APV1} = P(IA)_{40:\,\overline{10|}}^{\;1} + 10P\,_{10|}A_{40}$$

총급부의 APV는

$$\text{APV} = \text{APV1} + 10000\,A_{40} = P(IA)_{40:\,\overline{10|}}^{\;1} + (10P)A_{40:\,\overline{10|}}^{\;1}\,A_{50} + 10000\,A_{40}$$

보험료수입의 EPV는

$$\text{EPV} = P\,\ddot{a}_{40:\,\overline{10|}}$$

APV = EPV이므로

$$P\,\ddot{a}_{40:\,\overline{10|}} = P(IA)_{40:\,\overline{10|}}^{\;1} + (10P)A_{40:\,\overline{10|}}^{\;1}\,A_{50} + 10000\,A_{40}$$

$$P\left(\ddot{a}_{40:\,\overline{10|}} - (IA)_{40:\,\overline{10|}}^{\;1} - 10A_{40:\,\overline{10|}}^{\;1}\,A_{50}\right) = 10000\,A_{40}$$

따라서 $P = \dfrac{10000\,A_{40}}{\ddot{a}_{40:\,\overline{10|}} - (IA)_{40:\,\overline{10|}}^{\;1} - 10A_{40:\,\overline{10|}}^{\;1}\,A_{50}}$

$$= \dfrac{10000(0.168)}{8.056 - 0.085 - 10 \times 0.602 \times 0.255} = 261.0358$$

14 피보험자 (30)이 가입한 보험금 10,000원, 20년납입, 30년만기 반연속 정기보험을 고려한다. 이 보험의 미래손실을 $_0L$이라고 할 때, 다음 가정을 이용하여 $_0L$의 최소 값을 구하시오.

(i) 보험료는 처음 10년 동안은 매년 150원씩, 그 후 10년 동안은 매년 250원씩이 납입된다.

(ii) $i = 0.05$

풀이

미래손실 $_0L$은 다음과 같이 나타낼 수 있다.

$$_0L = \begin{cases} 10000v^T - 150\ddot{a}_{\overline{K+1}}, & 0 < T < 10, \ K = 0, 1, \cdots, 9 \\ 10000v^T - 250\ddot{a}_{\overline{K+1}} + 100\ddot{a}_{\overline{10}}, & 10 < T < 20, \ K = 10, 11, \cdots, 19 \\ 10000v^T - 250\ddot{a}_{\overline{20}} + 100\ddot{a}_{\overline{10}}, & 20 < T < 30, \ K = 20, 21, \cdots, 29 \\ \quad\quad -250\ddot{a}_{\overline{20}} + 100\ddot{a}_{\overline{10}}, & T > 30, \ K = 30, 31, \cdots \end{cases}$$

$_0L$의 최소값은 $T > 30$인 경우이다. 따라서

$$_0L = -250\ddot{a}_{\overline{20}} + 100\ddot{a}_{\overline{10}} = -250\left(\frac{1-(1.05)^{-20}}{0.05/1.05}\right) + 100\left(\frac{1-(1.05)^{-10}}{0.05/1.05}\right)$$

$$= -2460.55$$

15 피보험자 (40), 보험금 1원, 20년납입, 20년만기 완전이산 생사혼합보험을 고려한다. 보험가입 후 10년 안에 사망하면 사망보험금 외에도 납입한 순보험료가 이자율 i로 부리되어 반환된다. 보험료 산출에 적용되는 이자율도 i이다. 이때 연납평준순보험료 P는 다음과 같이 표시될 수 있음을 보이시오.

$$P = \frac{A_{40:\overline{20}}}{_{10}E_{40}\left(\ddot{a}_{50:\overline{10}} + \ddot{s}_{\overline{10}}\right)}$$

풀이

보험료반환급부에 대한 확률변수 W는

$$W = \begin{cases} P\ddot{a}_{\overline{K+1}}, & K = 0, 1, \cdots, 9 \\ 0, & K = 10, 11, \cdots \end{cases}$$

$P\ddot{a}_{40:\overline{10}}$을 위한 확률변수 Y는

$$Y = \begin{cases} P\ddot{a}_{\overline{K+1}}, & K = 0, 1, \cdots, 9 \\ P\ddot{a}_{\overline{10}}, & K = 10, 11, \cdots \end{cases}$$

이므로

$$E(Y) = P\ddot{a}_{40:\overline{10}} = \sum_{k=0}^{9} P\ddot{a}_{\overline{K+1}} \ _{k|}q_x + \sum_{k=10}^{\infty} P\ddot{a}_{\overline{10}}$$

$$= E(W) + P\ddot{a}_{\overline{10}} \ _{10}p_{40}$$

따라서

$$E(W) = \sum_{k=0}^{9} P \, \ddot{a}_{\overline{k+1|}} \, _{k|}q_x + (0) \, _{10}p_{40}$$

$$= P \, \ddot{a}_{40 : \overline{10|}} - P \, \ddot{a}_{\overline{10|}} \, _{10}p_{40}$$

총급부의 APV는

$$\text{APV} = A_{40 : \overline{20|}} + E(W) = A_{40 : \overline{20|}} + P\left(\ddot{a}_{40 : \overline{10|}} - _{10}p_{40} \, \ddot{a}_{\overline{10|}}\right)$$

보험료수입의 EPV는

$$\text{EPV} = P \, \ddot{a}_{40 : \overline{20|}}$$

수지상등의 원칙에 의해 APV = EPV이므로

$$A_{40 : \overline{20|}} + P\left(\ddot{a}_{40 : \overline{10|}} - _{10}p_{40} \, \ddot{a}_{\overline{10|}}\right) = P \, \ddot{a}_{40 : \overline{20|}}$$

따라서 $P = \dfrac{A_{40 : \overline{20|}}}{\ddot{a}_{40 : \overline{20|}} - \ddot{a}_{40 : \overline{10|}} + _{10}p_{40} \, \ddot{a}_{\overline{10|}}} = \dfrac{A_{40 : \overline{20|}}}{_{10}E_{40} \, \ddot{a}_{50 : \overline{10|}} + _{10}E_{40} \, \ddot{s}_{\overline{10|}}}$

$$= \dfrac{A_{40 : \overline{20|}}}{_{10}E_{40}\left(\ddot{a}_{50 : \overline{10|}} + \ddot{s}_{\overline{10|}}\right)}$$

16 $_{k|}q_x = 0.5^{k+1}, \ k = 0, 1, 2, \cdots$ 이고 $i > 0$일 때 $_0L = v^{K+1} - P_x \, \ddot{a}_{\overline{K+1|}}$ 라고 정의한다. $_0L$의 분산이 $\dfrac{v^2}{2(2-v^2)}$ 임을 보이시오.

∷ 풀이

$\text{Var}(_0L)$을 구하기 위해 A_x와 ^2A_x를 구해보자.

$$A_x = \sum_{k=0}^{\infty} v^{k+1} \, _{k|}q_x = \sum_{k=0}^{\infty} v^{k+1} \, 0.5^{k+1} = \sum_{k=0}^{\infty} (0.5v)^{k+1} = \frac{0.5v}{1-0.5v} = \frac{v}{2-v}$$

$$^2A_x = \sum_{k=0}^{\infty} v^{2(k+1)} \, _{k|}q_x = \sum_{k=0}^{\infty} v^{2(k+1)} \, 0.5^{k+1} = \sum_{k=0}^{\infty} (0.5v^2)^{k+1}$$

$$= \frac{0.5v^2}{1-0.5v^2} = \frac{v^2}{2-v^2}$$

따라서

$$\text{Var}(_0L) = \frac{^2A_x - (A_x)^2}{(1-A_x)^2} = \frac{\dfrac{v^2}{2-v^2} - \left(\dfrac{v}{2-v}\right)^2}{\left(\dfrac{2-2v}{2-v}\right)^2} = \frac{\dfrac{v^2(2-v)^2 - v^2(2-v^2)}{(2-v)^2(2-v^2)}}{\dfrac{(2-2v)^2(2-v^2)}{(2-v)^2(2-v^2)}}$$

$$= \frac{v^2(2-v)^2 - v^2(2-v^2)}{(2-2v)^2(2-v^2)} = \frac{v^2\left[(2-v)^2 - 2 + v^2\right]}{4(1-v)^2(2-v^2)}$$

$$= \frac{v^2\left[4 - 4v + v^2 - 2 + v^2\right]}{4\left(1-v\right)^2\left(2-v^2\right)} = \frac{2v^2\left(v-1\right)^2}{4\left(1-v\right)^2\left(2-v^2\right)}$$

$$= \frac{v^2}{2\left(2-v^2\right)}$$

17 피보험자 (x)가 가입한 전기납입, 10년만기 완전이산 누감정기보험을 고려한다. 이 보험의 보험금현가를 Z 라고 할 때, 다음 자료를 이용하여 이 보험의 연납평준순보험료를 구하시오.

(i) $Z = \begin{cases} v^{K_x+1} - \dfrac{\ddot{a}\,\overline{K_x+1|}}{\ddot{s}\,\overline{10|}}, & K_x < 10 \\[2mm] 0, & K_x \geq 10 \end{cases}$ (ii) $P_{x\,:\,\overline{10|}} = 0.12$ (iii) $i = 0.05$

풀이

자료 (i)로부터 보험금현가 Z는 다음과 같이 나타낼 수 있다.

$$Z = \begin{cases} v^{K_x+1} - \dfrac{\ddot{a}\,\overline{K_x+1|}}{\ddot{s}\,\overline{10|}}, & K_x < 10 \\[3mm] v^{10} - \dfrac{\ddot{a}\,\overline{10|}}{\ddot{s}\,\overline{10|}}, & K_x \geq 10 \end{cases}$$

$E(Z) = A_{x\,:\,\overline{10|}} - \dfrac{\ddot{a}_{x\,:\,\overline{10|}}}{\ddot{s}\,\overline{10|}}$ 이므로 연납평준순보험료 P 는

$$P = \frac{E(Z)}{\ddot{a}_{x\,:\,\overline{10|}}} = P_{x\,:\,\overline{10|}} - \frac{1}{\ddot{s}\,\overline{10|}} = 0.12 - \frac{1}{\left[(1+i)^{10}-1\right]/d}$$

$$= 0.044281$$

18 $\ddot{a}_x^{(4)} = \dfrac{10}{9}\ddot{a}_x^{(12)}$, $P_x^{(4)} = 0.027$이 주어졌을 때 $P_x^{(12)}$를 구하시오.

풀이

$P_x^{(12)} = \dfrac{A_x}{\ddot{a}_x^{(12)}} = \dfrac{A_x}{\ddot{a}_x^{(4)} \times \dfrac{9}{10}} = \dfrac{A_x}{\ddot{a}_x^{(4)}}\left(\dfrac{10}{9}\right) = P_x^{(4)}\left(\dfrac{10}{9}\right)$ 이다. 따라서

$$P_x^{(12)} = (0.027)\left(\frac{10}{9}\right) = 0.03$$

19 $i = 10\%$, $_{k|}q_x = 0.79\,(0.21)^k$, $k = 0, 1, 2, \cdots$ 이고 보험금 연말급, 연납보험료, 보험금 1원의 종신보험의 경우 연납순보험료와 관련된 보험회사의 미래손실 $_0L$의 표준편차

와 일시납순보험료와 관련된 확률변수 Z의 표준편차와의 비율, 즉 $\dfrac{SD({}_0L)}{SD(Z)}$의 값을 구하시오.

：풀이

보험금 1원의 종신보험 보험금 현가 $Z = v^{K+1}$이고 보험금 1원, 종신납입, 완전이산 종신보험의 미래손실은

$$
{}_0L = v^{K+1} - P_x\,\ddot{a}_{\overline{K+1}|} = \left(1 + \frac{P_x}{d}\right)v^{K+1} - \frac{P_x}{d}
$$

따라서

$$
\frac{SD({}_0L)}{SD(Z)} = \frac{SD\left[\left(1 + \dfrac{P_x}{d}\right)v^{K+1} - \dfrac{P_x}{d}\right]}{SD[v^{K+1}]} = \frac{\left(1 + \dfrac{P_x}{d}\right)SD[v^{K+1}]}{SD[v^{K+1}]}
$$

$$
= 1 + \frac{P_x}{d} = \frac{d + P_x}{d} = \frac{1}{d\,\ddot{a}_x} = \frac{1}{1 - A_x}
$$

A_x를 구해보자.

$$
A_x = \sum_{k=0}^{\infty} v^{k+1}\,{}_{k|}q_x = \sum_{k=0}^{\infty} (1.1)^{-(k+1)}\,0.79(0.21)^k
$$

$$
= \frac{0.79}{1.1}\sum_{k=0}^{\infty}\left(\frac{0.21}{1.1}\right)^k = \frac{0.79}{1.1}\left(\frac{1}{1 - (0.21/1.1)}\right) = 0.88764
$$

따라서

$$
\frac{SD({}_0L)}{SD(Z)} = \frac{1}{1 - A_x} = \frac{1}{1 - 0.88764} = 8.9
$$

20 피보험자 (x), 보험금 연말급, 보험금 1원의 종신보험을 고려한다. 연납보험료 G는 (x)가 생존하는 한 매년초에 계속 납입된다. 다음과 같은 자료가 주어졌을 때 $\mathrm{Var}({}_0L^*)$을 구하시오.

(i) ${}_0L : G = P_x$일 때의 보험회사의 미래손실

(ii) ${}_0L^* : E({}_0L^*) = -0.20$이 되게 하는 G를 선택할 때의 보험회사의 미래손실

(iii) $\mathrm{Var}({}_0L) = 0.3$

：풀이

(i), (ii)로부터 ${}_0L$과 ${}_0L^*$를 정의해보면

${}_0L = v^{K+1} - P_x\,\ddot{a}_{\overline{K+1}|}$, ${}_0L^* = v^{K+1} - G^*\,\ddot{a}_{\overline{K+1}|}$이고

$E({}_0L) = 0$, $E({}_0L^*) = -0.2$이다.

$$\mathrm{Var}(_0L) = \frac{^2A_x - (A_x)^2}{(d\ddot{a}_x)^2} = 0.3\text{이고}$$

$$E(_0L^*) = A_x - G^*\ddot{a}_x = -0.2, \ G^* = \frac{A_x + 0.2}{\ddot{a}_x} = P_x + \frac{0.2}{\ddot{a}_x}\text{이므로}$$

$$\mathrm{Var}(_0L^*) = \left(1 + \frac{G^*}{d}\right)^2 \left[^2A_x - (A_x)^2\right] = \left(1 + \frac{P_x}{d} + \frac{0.2}{d\ddot{a}_x}\right)^2 \left[^2A_x - (A_x)^2\right]$$

$$= \left(\frac{1}{d\ddot{a}_x} + \frac{0.2}{d\ddot{a}_x}\right)^2 \left[^2A_x - (A_x)^2\right] = \frac{(1.2)^2\left[^2A_x - (A_x)^2\right]}{(d\ddot{a}_x)^2}$$

$$= 1.2^2\,\mathrm{Var}(_0L) = (1.2)^2\,(0.3) = 0.432$$

21 피보험자 (x), 보험금 1원의 사망즉시급, 연납보험료인 종신보험의 보험가입시점에서의 보험회사의 미래손실 $_0L$은 다음과 같다.

$$_0L = v^T - \pi\ddot{a}_{\overline{K+1|}}$$

여기서 π는 연납순보험료이다. UDD가정하에서 $_0L$의 분산은 다음과 같음을 증명하시오. $\mathrm{Var}(_0L) = {}^2A_x\left[\frac{2i+i^2}{2\delta} + \frac{\pi^2}{d^2} + \frac{2\pi i}{d\delta}\right] - A_x^2\left(\frac{1}{\delta} + \frac{\pi}{d}\right)^2$

(Hint: $\mathrm{Var}(_0L) = \mathrm{Var}(v^T) + \frac{\pi^2}{d^2}\,\mathrm{Var}(v^{K+1}) + 2\frac{\pi}{d}\,\mathrm{Cov}(v^T, v^{K+1})$을 이용하시오)

:: 풀이

$$_0L = v^T - \pi\ddot{a}_{\overline{K+1|}} = v^T - \pi\left(\frac{1 - v^{K+1}}{d}\right)\text{이므로}$$

$$\mathrm{Var}(_0L) = \mathrm{Var}\left[v^T - \pi\left(\frac{1 - v^{K+1}}{d}\right)\right]$$

$$= \mathrm{Var}(v^T) + \left(\frac{\pi}{d}\right)^2\mathrm{Var}(v^{K+1}) + \frac{2\pi}{d}\mathrm{Cov}(v^T, v^{K+1})$$

$\mathrm{Var}(_0L)$을 구하기 위해 $\mathrm{Var}(v^T)$, $\mathrm{Var}(v^{K+1})$, $\mathrm{Cov}(v^T, v^{K+1})$을 구해보자.

$$\mathrm{Var}(v^T) = {}^2\bar{A}_x - (\bar{A}_x)^2$$

$$\mathrm{Var}(v^{K+1}) = {}^2A_x - (A_x)^2$$

$$\mathrm{Cov}(v^T, v^{K+1}) = E(v^T v^{K+1}) - E(v^T)E(v^{K+1}) = E(v^{K+S}v^{K+1}) - \bar{A}_x A_x$$

$$= E\left[v^{2(K+1)}\right]E\left[(1+i)^{1-S}\right] - \bar{A}_x A_x$$

$$= E\left[v^{2(K+1)}\right]\int_0^1 (1+i)^{1-s}g(s)\,ds - \bar{A}_x A_x$$

$$= E\left[v^{2(K+1)}\right]\int_0^1 (1+i)^{1-s}\,(1)\,ds - \bar{A}_x\,A_x$$

$$= {}^2A_x\left(\bar{s}_{\,\overline{1}|}\right) - \bar{A}_x\,A_x = {}^2A_x\,\frac{i}{\delta} - \bar{A}_x\,A_x$$

따라서

$$\text{Var}({}_0L) = {}^2\bar{A}_x - \left(\bar{A}_x\right)^2 + \left(\frac{\pi}{d}\right)^2\left[{}^2A_x - (A_x)^2\right] + \frac{2\pi}{d}\left({}^2A_x\,\frac{i}{\delta} - \bar{A}_x\,A_x\right)$$

$$= \left(\frac{i+2i}{2\delta}\right){}^2A_x - \left(\frac{i}{\delta}\right)^2(A_x)^2 + \frac{\pi^2}{d^2}\left[{}^2A_x - (A_x)^2\right]$$

$$\quad + \frac{2\pi}{d}\,\frac{i}{\delta}\left[{}^2A_x - (A_x)^2\right]$$

$$= {}^2A_x\left[\frac{i^2+2i}{2\delta} + \frac{\pi^2}{d^2} + \frac{2\pi i}{\delta d}\right] - (A_x)^2\left(\frac{i}{\delta} + \frac{\pi}{\delta}\right)^2$$

22 피보험자 (x), 보험금 연말급, 연납보험료, 보험금 1,000원의 종신보험을 고려한다. 이와 같은 보험의 ${}_0L$의 100개의 합을 S라고 가정하자. 100개의 ${}_0L$은 서로 독립적이고 동질적이다. 이때 다음의 자료를 이용하여 S의 표준편차($SD(S)$)를 구하시오. $\left(S = \sum_{i=1}^{100} {}_0L_i\right)$

(i) ${}^2A_x = 0.08$　　　　　　　　　　　　　(ii) $A_x = 0.2$

:: 풀이

이 보험의 연납순보험료를 P, 보험금 1원에 대한 연납순보험료를 P_x라 하면 미래손실 ${}_0L_i$은

$${}_0L_i = 1000\left[v^{K+1} - P_x\,\ddot{a}_{\,\overline{K+1}|}\right] = 1000\left[\left(1 + \frac{P_x}{d}\right)v^{K+1} - \frac{P_x}{d}\right]$$

이므로 ${}_0L_i$의 분산을 구해보자.

$$\text{Var}({}_0L_i) = (1000)^2\left(1 + \frac{P_x}{d}\right)^2\left[{}^2A_x - (A_x)^2\right]$$

$$= (1000)^2\left(1 + \frac{A_x}{d\,\ddot{a}_x}\right)(0.08 - 0.04)$$

$$= (1000)^2\left(1 + \frac{A_x}{1 - A_x}\right)^2(0.04)$$

$$= (1000)^2\left(1 + \frac{0.2}{1 - 0.2}\right)(0.04) = 62500$$

S의 분산은

$$\text{Var}(S) = \text{Var}\left(\sum_{i=1}^{100} {}_0L_i\right) = 100\,\text{Var}({}_0L_i) = 6250000$$

따라서

$$SD(S) = \sqrt{\text{Var}(S)} = \sqrt{6250000} = 2500$$

23 보험회사에서 새로운 보험을 판매하려고 한다. 새로운 보험은 보험금 연말급, 연납 보험료, 보험금 100원의 10년만기 생사혼합보험이다. 보험회사는 이 새로운 보험을 앞으로 400개를 판매할 것으로 추정하고 있다. 개개 보험의 미래손실을 ${}_0L_i$, 400개 보험의 미래손실의 합을 S(즉, $S = \sum_{i=1}^{400} {}_0L_i$)라고 표시한다. 보험회사는 이 새로운 보험의 연납순보험료 π(π는 보험금 1원에 대한 보험료)를 $\Pr(S > 0) = 0.025$가 되게 하는 수준으로 책정하고자 한다. 다음과 같은 자료를 이용하여 π를 구하시오.

(i) $A_{x:\overline{10|}} = 0.7$ (ii) ${}^2A_{x:\overline{10|}} = 0.65$ (iii) $d = 0.05$

(iv) $\Phi(2) = 0.975$, 여기서 $\Phi(x)$는 표준정규분포를 말한다.

(v) 400개의 보험에 기초한 S는 중심극한정리를 이용하기에 충분하다.

(Hint: 보험료 π는 수지상등의 원칙에 의하여 계산되는 것이 아님에 유의)

풀이

$$\Pr(S > 0) = \Pr\left(Z > \frac{0 - E(S)}{\sqrt{\text{Var}(S)}}\right) = 0.025 \text{이므로}$$

$$\frac{0 - E(S)}{\sqrt{\text{Var}(S)}} = 2, \quad -E(S) = 2\sqrt{\text{Var}(S)} \quad \cdots\cdots \text{①}$$

$E(S)$와 $\text{Var}(S)$를 구하기 위해 ${}_0L_i$을 정의해보자.

$${}_0L_i = 100\left[v^{\min(K+1,\,10)} - \pi\,\ddot{a}_{\,\overline{\min(K+1,\,10)|}}\right]$$

${}_0L_i$의 기대값과 분산을 구해보면

$$E({}_0L_i) = (100)\left(A_{x:\overline{10|}} - \pi\,\ddot{a}_{x:\overline{10|}}\right) = (100)\left[A_{x:\overline{10|}} - \pi\left(\frac{1 - A_{x:\overline{10|}}}{d}\right)\right]$$

$$= (100)(0.7 - 6\pi)$$

$$\text{Var}({}_0L_i) = (100)^2\left(1 + \frac{\pi}{d}\right)^2\left[{}^2A_{x:\overline{10|}} - \left(A_{x:\overline{10|}}\right)^2\right]$$

$$= (100)^2\left(1 + \frac{\pi}{0.05}\right)^2(0.65 - 0.7^2)$$

$S = \sum_{i=1}^{400} {}_0L_i$이고 각 보험의 미래손실은 독립적이고 동질적이므로 $E(S)$와 $\text{Var}(S)$를 구해보자.

$$E(S) = 400\,E(_0 L_i) = (400)\,(100)\,(0.7 - 6\pi)$$

$$\mathrm{Var}(S) = 400\,\mathrm{Var}(_0 L_i) = (400)\,(100)^2 \left(1 + \frac{\pi}{0.05}\right)^2 (0.65 - 0.7^2)$$

따라서 ①에 의해

$$-(400)\,(100)\,(0.7 - 6\pi) = (2)\,(100)\sqrt{(400)\left(1 + \frac{\pi}{0.05}\right)^2 (0.65 - 0.7^2)}$$

$$= (2)\,(100)\,(20)\left(1 + \frac{\pi}{0.05}\right)(0.4)$$

$$-(7 - 60\pi) = (1 + 20P)\,(0.4)$$

따라서 $\pi = 0.14230769$

---

24 생명표 I, II에 의한 사망률을 q_x^{I}, q_x^{II}로 표시한다.

$q_x^{\mathrm{II}} = q_x^{\mathrm{I}} + \dfrac{1}{\ddot{a}_{x+1}^{\mathrm{I}}}$인 관계가 성립할 때 $P_x^{\mathrm{II}} = P_x^{\mathrm{I}} + \dfrac{v}{\ddot{a}_x^{\mathrm{I}}}$가 성립함을 증명하시오.

단 P_x^{I}, P_x^{II}는 생명표 I, II에 의한 종신보험의 연납순보험료를 나타낸다.

::: 풀이

$q_x^{\mathrm{II}} = q_x^{\mathrm{I}} + \dfrac{1}{\ddot{a}_{x+1}^{\mathrm{I}}}$ 이므로 $p_x^{\mathrm{II}} = 1 - q_x^{\mathrm{II}} = 1 - q_x^{\mathrm{I}} - \dfrac{1}{\ddot{a}_{x+1}^{\mathrm{I}}} = p_x^{\mathrm{I}} - \dfrac{1}{\ddot{a}_{x+1}^{\mathrm{I}}}$

재귀식에 의해

$$\ddot{a}_x^{\mathrm{I}} = 1 + v\,p_x^{\mathrm{I}}\,\ddot{a}_{x+1}^{\mathrm{I}} = 1 + v\left(p_x^{\mathrm{II}} + \frac{1}{\ddot{a}_{x+1}^{\mathrm{I}}}\right)\ddot{a}_{x+1}^{\mathrm{I}} = 1 + v\,p_x^{\mathrm{II}}\,\ddot{a}_{x+1}^{\mathrm{I}} + v$$

$$\ddot{a}_x^{\mathrm{I}} - \ddot{a}_x^{\mathrm{II}} = 1 + v\,p_x^{\mathrm{II}}\,\ddot{a}_{x+1}^{\mathrm{I}} + v - \ddot{a}_x^{\mathrm{II}} = 1 + v\,p_x^{\mathrm{II}}\,\ddot{a}_{x+1}^{\mathrm{I}} + v - (1 + v\,p_x^{\mathrm{II}}\,\ddot{a}_{x+1}^{\mathrm{II}})$$

$$= v\,p_x^{\mathrm{II}}\left(\ddot{a}_{x+1}^{\mathrm{I}} - \ddot{a}_{x+1}^{\mathrm{II}}\right) + v$$

양변에 D_x^{II}을 곱하면 다음과 같다.

$$D_x^{\mathrm{II}}(\ddot{a}_x^{\mathrm{I}} - \ddot{a}_x^{\mathrm{II}}) = D_x^{\mathrm{II}}\,v\,p_x^{\mathrm{II}}(\ddot{a}_{x+1}^{\mathrm{I}} - \ddot{a}_{x+1}^{\mathrm{II}}) + v\,D_x^{\mathrm{II}} = D_{x+1}^{\mathrm{II}}(\ddot{a}_{x+1}^{\mathrm{I}} - \ddot{a}_{x+1}^{\mathrm{II}}) + v\,D_x^{\mathrm{II}}$$

이 관계식을 x, $x+1$, $x+2$, …… 에 대하여 적용하고 합하면

$$D_x^{\mathrm{II}}\,(\ddot{a}_x^{\mathrm{I}} - \ddot{a}_x^{\mathrm{II}}) \qquad = D_{x+2}^{\mathrm{II}}\,(\ddot{a}_{x+1}^{\mathrm{I}} - \ddot{a}_{x+1}^{\mathrm{II}}) + v\,D_x^{\mathrm{II}}$$

$$D_{x+1}^{\mathrm{II}}\,(\ddot{a}_{x+1}^{\mathrm{I}} - \ddot{a}_{x+1}^{\mathrm{II}}) \qquad = D_{x+2}^{\mathrm{II}}\,(\ddot{a}_{x+2}^{\mathrm{I}} - \ddot{a}_{x+2}^{\mathrm{II}}) + v\,D_{x+1}^{\mathrm{II}}$$

$$\sum = D_x^{\mathrm{II}}\,(\ddot{a}_x^{\mathrm{I}} - \ddot{a}_x^{\mathrm{II}}) \qquad = v\,D_x^{\mathrm{II}} + v\,D_{x+1}^{\mathrm{II}} + \cdots$$

$$= v\,N_x^{\mathrm{II}}$$

$$\ddot{a}_x^{\mathrm{I}} - \ddot{a}_x^{\mathrm{II}} = \frac{v\,N_x^{\mathrm{II}}}{D_x^{\mathrm{II}}} = v\,\ddot{a}_x^{\mathrm{II}}$$

$\ddot{a}_x^{\mathrm{I}} = (1+v)\ddot{a}_x^{\mathrm{II}}$ 이므로 $\dfrac{1}{\ddot{a}_x^{\mathrm{II}}} = \dfrac{1+v}{\ddot{a}_x^{\mathrm{I}}}$ 이다. 따라서

$$P_x^{\mathrm{II}} - P_x^{\mathrm{I}} = \frac{1}{\ddot{a}_x^{\mathrm{II}}} - \frac{1}{\ddot{a}_x^{\mathrm{I}}} = \frac{1+v}{\ddot{a}_x^{\mathrm{I}}} - \frac{1}{\ddot{a}_x^{\mathrm{I}}} = \frac{v}{\ddot{a}_x^{\mathrm{I}}}$$

25 피보험자 (85)가 가입한 보험금 10,000원, 전기납입, 3년만기 반연속 정기보험을 고려한다. 다음 자료를 이용하여 이 보험의 월납평준순보험료를 구하시오.

(i)

x	85	86	87	88
q_x	0.102	0.117	0.132	0.148
μ_x	0.101	0.116	0.133	0.150

(ii) 보험료 계산시 Woolhouse의 공식을 이용한다.　　　(iii) $i = 0.05$

$\Bigg($Hint: Woolhouse공식.

$$\ddot{a}_{x:\,\overline{n}|}^{(m)} \fallingdotseq \ddot{a}_{x:\,\overline{n}|} - \frac{m-1}{2m}(1 - {}_nE_x) - \frac{m^2-1}{12m^2}\big\{(\mu_x + \delta) - {}_nE_x(\mu_{x+n} + \delta)\big\}\Bigg)$$

:: **풀이** ●

월납평준순보험료를 구하기 위해 $\bar{A}_{85:\,\overline{3}|}^{1}$, $\ddot{a}_{85:\,\overline{3}|}^{(12)}$, ${}_3E_{85}$를 구해보자.

$$A_{85:\,\overline{3}|}^{1} = v\,q_{85} + v^2\,p_{85}\,q_{86} + v^3\,{}_2p_{85}\,q_{87}$$

$$= \left(\frac{1}{1.05}\right)(0.102) + \left(\frac{1}{1.05}\right)^2(1 - 0.102)(0.117)$$

$$+ \left(\frac{1}{1.05}\right)^3(1 - 0.102)(1 - 0.117)(0.132) = 0.282856$$

$$\bar{A}_{85:\,\overline{3}|}^{1} \fallingdotseq A_{85:\,\overline{3}|}^{1}\,(1.05)^{1/2} = 0.28984$$

$$\ddot{a}_{85:\,\overline{3}|} = 1 + v\,p_{85} + v^2\,{}_2p_{85}$$

$$= 1 + \left(\frac{1}{1.05}\right)(1 - 0.102) + \left(\frac{1}{1.05}\right)^2(1 - 0.102)(1 - 0.117) = 2.574453$$

$${}_3E_{85} = \frac{(1 - 0.102)(1 - 0.117)(1 - 0.132)}{(1.05)^3} = 0.59455$$

Woolhouse공식에 의해

$$\ddot{a}_{85:\,\overline{3}|}^{(12)} = \ddot{a}_{85:\,\overline{3}|} - \frac{11}{24}(1 - {}_3E_{85}) - \frac{143}{1728}\big\{(\mu_{85} + \delta) - {}_3E_{85}(\mu_{88} + \delta)\big\}$$

$$= 2.574453 - \frac{11}{24}(1 - 0.59455)$$

$$- \frac{143}{1728}\{(0.101 + \ln 1.05) - 0.59455\,(0.150 + \ln 1.05)\} = 2.38601$$

월납평준순보험료를 P라고 하면

$$P = \frac{10000(0.28984)}{12(2.38601)} = 98.78975$$

26 $\dfrac{1}{\bar{a}_{x:\overline{n|}}} - \dfrac{1}{\bar{s}_{x:\overline{n|}}} - \delta = \bar{P}\left(\bar{A}^{\,1}_{x:\overline{n|}}\right)$이 성립함을 보이시오.

: 풀이

$$\frac{1}{\bar{a}_{x:\overline{n|}}} - \frac{1}{\bar{s}_{x:\overline{n|}}} - \delta = \frac{1 - {}_nE_x - \delta\,\bar{a}_{x:\overline{n|}}}{\bar{a}_{x:\overline{n|}}} = \frac{\bar{A}_{x:\overline{n|}} - {}_nE_x}{\bar{a}_{x:\overline{n|}}} = \frac{\bar{A}^{\,1}_{x:\overline{n|}}}{\bar{a}_{x:\overline{n|}}}$$

$$= \bar{P}(\bar{A}^{\,1}_{x:\overline{n|}})$$

27 피보험자 (x), 보험금 100,000원, 전기납입 완전연속 20년만기 생사혼합보험을 고려한다. 다음과 같은 가정이 주어졌을때, 이 보험의 연속납평준순보험료의 연액을 구하시오.

(i) $\mu_{x+t} = \begin{cases} 0.01, & 0 \le t \le 15 \\ 0.04, & t > 15 \end{cases}$ (ii) $\delta_t = \begin{cases} 0.03, & 0 \le t \le 10 \\ 0.05, & t > 10 \end{cases}$

: 풀이

먼저 보험금 1원의 $\bar{P}\left(\bar{A}_{x:\overline{20|}}\right)$을 구해보자.

$\bar{P}\left(\bar{A}_{x:\overline{20|}}\right)$을 구하기 위해 $\bar{A}_{x:\overline{20|}}$을 구해보면 다음과 같다.

$0 \le t \le 10$인 경우 $\mu = 0.01$, $\delta = 0.03$이므로

$$v^t\,{}_tp_x = e^{-0.03t}\,e^{-0.01t} = e^{-0.04t}$$

$10 < t \le 15$인 경우 $\mu = 0.01$, $\delta = 0.05$이므로

$$v^t\,{}_tp_x = \left[e^{-0.03(10)}\,e^{-0.05(t-10)}\right]\left[e^{-0.01(10)}\,e^{-0.01(t-10)}\right]$$

$$= e^{-0.04(10)}\,e^{-0.06(t-10)}$$

$t > 15$인 경우 $\mu = 0.04$, $\delta = 0.05$이므로

$$v^t\,{}_tp_x = \left[e^{-0.03(10)}\,e^{-0.05(5)}\,e^{-0.05(t-15)}\right]\left[e^{-0.01(10)}\,e^{-0.01(5)}\,e^{-0.04(t-15)}\right]$$

$$= e^{-0.04(10)}\,e^{-0.06(5)}\,e^{-0.09(t-15)}$$

따라서

$$\bar{A}_{x:\overline{20|}} = \bar{A}^{\,1}_{x:\overline{20|}} + A^{\ \ 1}_{x:\overline{20|}} = \int_0^{20} v^t\,{}_tp_x\,\mu_{x+t}\,dt + v^{20}\,{}_{20}p_x$$

$$= \int_0^{10} v^t\,{}_tp_x\,\mu_{x+t}\,dt + \int_{10}^{15} v^t\,{}_tp_x\,\mu_{x+t}\,dt$$

$$+ \int_{15}^{20} v^t \, {}_tp_x \, \mu_{x+t} \, dt + v^{20} \, {}_{20}p_x$$

$$\int_0^{10} v^t \, {}_tp_x \, \mu_{x+t} \, dt = \int_0^{10} e^{-0.04t} \, (0.01) \, dt = 0.01 \left[\frac{1 - e^{-0.04 \times 10}}{0.04} \right]$$

$$= 0.082419988 \cdots\cdots \text{①}$$

$$\int_{10}^{15} v^t \, {}_tp_x \, \mu_{x+t} \, dt = \int_{10}^{15} e^{-0.04(10)} \, e^{-0.06(t-10)} \, (0.01) \, dt$$

$$= (0.01) \, e^{-0.04(10)} \int_0^5 e^{-0.06s} \, ds^{1)}$$

$$= (0.01) \, e^{-0.04(10)} \left[\frac{1 - e^{-0.06 \times 5}}{0.06} \right] = 0.02895579 \cdots\cdots \text{②}$$

$$\int_{15}^{20} v^t \, {}_tp_x \, \mu_{x+t} \, dt = \int_{15}^{20} e^{-0.04(10)} \, e^{-0.06(5)} \, e^{-0.09(t-15)} \, (0.04) \, dt$$

$$= (0.04) \, e^{-0.04(10)} \, e^{-0.06(5)} \int_0^5 e^{-0.09s} \, ds^{2)}$$

$$= (0.04) \, e^{-0.04(10)} \, e^{-0.06(5)} \left(\frac{1 - e^{-0.09 \times 5}}{0.09} \right)$$

$$= 0.079977126 \cdots\cdots \text{③}$$

$$v^{20} \, {}_{20}p_x = e^{-0.04(10)} \, e^{-0.06(5)} \, e^{-0.09(20-15)} = 0.316636769$$

이므로

$$\overline{A}_{x:\overline{20|}} = 0.082419988 + 0.02895579 + 0.079977126 + 0.316636769$$

$$= 0.507989673$$

$\overline{P}\left(\overline{A}_{x:\overline{20|}}\right)$을 구하기 위해 $\overline{a}_{x:\overline{20|}}$을 구해보면 다음과 같다.

$$\overline{a}_{x:\overline{20|}} = \int_0^{20} v^t \, {}_tp_x \, dt$$

$$= \int_0^{10} v^t \, {}_tp_x \, dt + \int_{10}^{15} v^t \, {}_tp_x \, dt + \int_{15}^{20} v^t \, {}_tp_x \, dt$$

위 적분들의 값은 식 ①, ②, ③에서 각각 μ_{x+t}로 나눠준 값과 동일하므로 식 ①, ②, ③의 결과를 이용하면

$$\int_0^{10} v^t \, {}_tp_x \, dt = \frac{0.082419988}{0.01} = 8.2419988$$

---

1) $t-10=s$인 치환적분법을 사용함(부록의 (I-32) 참고).
2) $t-15=s$인 치환적분법을 사용함(부록의 (I-32) 참고).

$$\int_{10}^{15} v^t \, {}_tp_x \, dt = \frac{0.02895579}{0.01} = 2.895579$$

$$\int_{15}^{20} v^t \, {}_tp_x \, dt = \frac{0.079977126}{0.04} = 1.99942815$$

이므로

$$\bar{a}_{x:\overline{20}|} = 8.2419988 + 2.895579 + 1.99942815 = 13.13700595$$

따라서 $\bar{P}\left(\bar{A}_{x:\overline{20}|}\right) = \dfrac{\bar{A}_{x:\overline{20}|}}{\bar{a}_{x:\overline{20}|}} = \dfrac{0.507989673}{13.13700595} = 0.038668603$

이므로 보험금 100000원인 이 보험의 연속납평준순보험료의 연액은

$$100000 \, \bar{P}\left(\bar{A}_x\right) = 3866.8603$$

28 다음 자료를 이용하여 $\bar{P}\left(\bar{A}_{80:\overline{10}|}\right) - \bar{P}\left(\bar{A}_{80}\right)$를 구하시오.

(i) 모든 x에 대하여 사력 $\mu_x = \mu$로 상수이다.

(ii) ${}_{k|}q_x = \dfrac{(0.8)^{k+1}}{4}$, $k = 0, 1, 2, \cdots$ (iii) $\delta = 0.05$

:: 풀이

CFM하에서는 연령에 상관없이 APV가 같다.

${}_{k|}q_x = (0.8)^k \left(\dfrac{0.8}{4}\right) = (0.8)^k (0.2)$이므로 $k = 0$일 때, ${}_{0|}q_x = q_x = 0.2$, $p_x = 0.8$

따라서 $\mu = -\ln p_x = -\ln 0.8 = 0.22314355$

$\bar{P}\left(\bar{A}_{80}\right)$과 $\bar{P}\left(\bar{A}_{80:\overline{10}|}\right)$을 구하기 위해 $\bar{A}_{80}$, $\bar{A}^{\,1}_{80:\overline{10}|}$, $A_{80:\overline{10}|}^{\;\;1}$, $\bar{a}_{80}$, $\bar{a}_{80:\overline{10}|}$을 구해보자.

$\bar{A}_x = \dfrac{\mu}{\mu + \delta}$ 이므로 $\bar{A}_{80} = \dfrac{0.22314355}{0.22314355 + 0.05} = 0.81694607$

$\bar{A}^{\,1}_{x:\overline{n}|} = \dfrac{\mu \left(1 - e^{-(\mu+\delta)n}\right)}{\mu + \delta}$ 이므로

$$\bar{A}^{\,1}_{80:\overline{10}|} = \frac{0.22314355 \left(1 - e^{-(0.22314355 + 0.05)(10)}\right)}{0.22314355 + 0.05} = 0.76374186$$

$A_{x:\overline{n}|}^{\;\;1} = e^{-(\mu+\delta)n}$ 이므로 $A_{80:\overline{10}|}^{\;\;1} = e^{-(0.22314355 + 0.05)(10)} = 0.06512574$

$\bar{a}_x = \dfrac{1}{\mu + \delta}$ 이므로 $\bar{a}_{80} = \dfrac{1}{0.22314355 + 0.05} = 3.66107858$

$\bar{a}_{x:\overline{n}|} = \dfrac{1 - e^{-(\mu+\delta)n}}{\mu + \delta}$ 이므로

$$\bar{a}_{80:\overline{10}|} = \frac{1 - e^{-(0.22314355 + 0.05)(10)}}{0.22314355 + 0.05} = 3.42264815$$

따라서 $\bar{P}(\bar{A}_{80}) = \dfrac{\bar{A}_{80}}{\bar{a}_{80}} = \dfrac{0.81694607}{3.66107858} = 0.22314355\,(=\mu)$

$$\bar{P}\big(\bar{A}_{80:\,\overline{10|}}\big) = \frac{\bar{A}_{80:\,\overline{10|}}}{\bar{a}_{80:\,\overline{10|}}} = \frac{\bar{A}^{\,1}_{80:\,\overline{10|}} + A_{80:\,\overline{10|}}^{}}{\bar{a}_{80:\,\overline{10|}}}$$

$$= \frac{0.76374186 + 0.06512574}{3.42264815} = 0.24217143$$

이므로

$$\bar{P}\big(\bar{A}_{80:\,\overline{10|}}\big) - \bar{P}(\bar{A}_{80}) = 0.24217143 - 0.22314355 = 0.01902788$$

$\bar{P}(\bar{A}_{80}) = \bar{P}\big(\bar{A}^{\,1}_{80:\,\overline{10|}}\big) = \mu$ 로 동일하므로

$$\bar{P}\big(\bar{A}_{80:\,\overline{10|}}\big) - \bar{P}(\bar{A}_{80}) = \bar{P}\big(A_{80:\,\overline{10|}}^{\,1}\big) = \frac{A_{80:\,\overline{10|}}^{\,1}}{\bar{a}_{80:\,\overline{10|}}} = \frac{0.06512574}{3.42264815}$$

$$= 0.01902788$$

로도 간단히 구할 수 있다.

29 피보험자 (40), 보험금 100원, 완전연속 종신보험을 고려한다. 다음의 자료를 이용하여 연속납평준순보험료의 연액 P 를 구하시오.

(i) $\delta = 0.05$ (ii) $l_x = 120 - x$ (iii) $\mathrm{Var}(_0L) = 1300$

::: 풀이

자료 (iii)을 이용하기 위해 $^2\bar{A}_{40}$, $\bar{A}_{40}$ 을 구해보자. (ii)에 의해 사망법칙은 $\omega = 120$ 인 De Moivre 법칙을 따르므로

$$^2\bar{A}_{40} = \frac{1}{120-40} \times \bar{a}_{\,\overline{80|}\,0.1} = \frac{1}{80} \times \frac{1 - e^{-0.1 \times 80}}{0.1} = 0.124958$$

$$\bar{A}_{40} = \frac{1}{120-40} \times \bar{a}_{\,\overline{80|}\,0.05} = \frac{1}{80} \times \frac{1 - e^{-0.05 \times 80}}{0.05} = 0.245421$$

따라서

$$\mathrm{Var}(_0L) = \left(100 + \frac{P}{0.05}\right)^2 \big[^2\bar{A}_{40} - (\bar{A}_{40})^2\big]$$

$$= (100 + 20P)^2 (0.124958 - 0.245421^2) = 1300$$

$$(100 + 20P)^2 = \frac{1300}{0.124958 - 0.245421^2} = \frac{1300}{0.064727}$$

$$P = \frac{\sqrt{\dfrac{1300}{0.064727}} - 100}{20} = 2.0859$$

30 피보험자 (30)이 가입한 보험금 1,000원, 전기납입 완전연속 종신보험을 고려한다. 다음 가정을 이용하여 연속납평준순보험료의 연액을 구하시오.

(i) $_tp_{30} = 0.6 e^{-t/50} + 0.4 e^{-t/200}$ (ii) $\delta = 0.05$

:: 풀이

[풀이 1]

보험료를 구하기 위해 $\bar{a}_{30}$을 구해보자.

$$\bar{a}_{30} = \int_0^\infty v^t\,_tp_{30}\,dt = \int_0^\infty e^{-0.05t}\left(0.6 e^{-\frac{t}{50}} + 0.4 e^{-\frac{t}{200}}\right) dt$$

$$= 0.6 \int_0^\infty e^{-0.07t}\,dt + 0.4 \int_0^\infty e^{-0.055t}\,dt = \frac{0.6}{0.07} + \frac{0.4}{0.055} = 15.8442$$

$$\bar{A}_{30} = 1 - \delta\,\bar{a}_{30} = 1 - 0.05 \times 15.8442 = 0.20779$$

따라서

$$P = \frac{1000\bar{A}_{30}}{\bar{a}_{30}} = \frac{207.79}{15.8442} = 13.115$$

[풀이 2]

이 문제는 $\bar{A}_{30}$을 먼저 구해서 풀 수도 있다. $\bar{A}_{30}$을 구하려면 $g(t)$가 필요하다.

$$g(t) = -\frac{d}{dt}\,_tp_{30} = (0.6)(0.02)\,e^{-0.02t} + (0.4)(0.005)\,e^{-0.005t}$$

$$\bar{A}_{30} = \int_0^\infty v^t\,g(t)\,dt = \int_0^\infty v^t\,_tp_x\,\mu_{x+t}\,dt$$

$$= \int_0^\infty e^{-0.05t}\left[(0.12)\,e^{-0.02t} + 0.002\,e^{-0.005t}\right] dt$$

$$= \int_0^\infty 0.012\,e^{-0.07t} + 0.002\,e^{-0.055t}\,dt$$

$$= \frac{0.012}{0.07} + \frac{0.002}{0.055} = 0.207792$$

따라서

$$P = \frac{1000\,\delta\,\bar{A}_{30}}{1 - \bar{A}_{30}} = \frac{1000\,(0.05)(0.207792)}{1 - 0.207792} = 13.114737$$

31 피보험자 (40)이 가입한 보험금 10,000원, 20년납입, 20년만기 완전연속 생사혼합보험을 고려한다. 보험금 1원인 경우, 이 보험의 일시납순보험료가 0.4원일 때, $\delta = 0.05$ 라는 가정하에서 이 보험의 연속납평준순보험료의 연액 P를 구하시오.

:: 풀이

$\mathrm{NSP} = \bar{A}_{40\,:\,\overline{20}|} = 0.4$ 이므로 보험금 1원에 대한 보험료 $\bar{P}(\bar{A}_{40\,:\,\overline{20}|})$ 은

$$\bar{P}\left(\bar{A}_{40\,:\,\overline{20}|}\right) = \frac{\delta\,\bar{A}_{40\,:\,\overline{20}|}}{1 - \bar{A}_{40\,:\,\overline{20}|}} = \frac{(0.05)(0.4)}{1 - 0.4} = 0.033333$$

따라서 $P = 10000\,\bar{P}\left(\bar{A}_{40\,:\,\overline{20}|}\right) = 10000\,(0.033333) = 333.33$

32 피보험자 (x)가 가입한 보험금 1,000원, 30년납입, 30년만기 완전연속 정기보험을 고려한다. 다음 자료를 이용하여 $_{30}p_x$를 구하시오. $(\delta = 0.05)$

(i) 이 보험의 일시납순보험료는 210원이다.

(ii) 이 보험의 연속납평준순보험료의 연액 P는 16.08원이다.

:: 풀이

(i), (ii)에 의해 $1000\,\bar{A}^{1}_{x\,:\,\overline{30}|} = 210$, $1000\,\bar{P}\left(\bar{A}^{1}_{x\,:\,\overline{30}|}\right) = 16.08$ 이다.

$$P = \frac{1000\,\bar{A}^{1}_{x\,:\,\overline{30}|}}{\bar{a}_{x\,:\,\overline{30}|}} = \frac{\delta\left(1000\,\bar{A}^{1}_{x\,:\,\overline{30}|}\right)}{1 - \bar{A}_{x\,:\,\overline{30}|}} = \frac{0.05\,(210)}{1 - \left(\bar{A}^{1}_{x\,:\,\overline{30}|} + A_{x\,:\,\overline{30}|}^{1}\right)}$$

$$= \frac{0.05\,(210)}{1 - (0.21 + A_{x\,:\,\overline{30}|}^{1})} = 16.08$$

$1 - (0.21 + A_{x\,:\,\overline{30}|}^{1}) = 0.652985$ 이므로 $A_{x\,:\,\overline{30}|}^{1} = 0.137015$ 이다.

$$A_{x\,:\,\overline{30}|}^{1} = v^{30}\,_{30}p_x = e^{-0.05\,(30)}\,_{30}p_x = 0.137015\ \text{이므로}\ _{30}p_x = 0.614059$$

33 피보험자 (40)이 전기납입, 완전연속 종신보험에 가입했다. 보험금은 사망즉시 10,000원과 이자없는 기납입보험료를 지급한다. 다음 가정을 이용하여 연속납평준순보험료의 연액을 구하시오.

(i) 모든 x에 대하여 $\mu_x = \mu = 0.03$　　　(ii) $\delta = 0.05$

:: 풀이

보험료반환급부의 APV를 구하기 위해 $(\bar{I}\bar{A})_{40}$ 을 구해보자.

$$(\bar{I}\bar{A})_{40} = \int_0^\infty t\,v^t\,_tp_{40}\,\mu_{40+t}\,dt = \int_0^\infty t\,e^{-(\mu+\delta)t}\,\mu\,dt^{\,1)}$$

$$= \mu\left[\left[t \times -\frac{1}{(\mu+\delta)}\,e^{-(\mu+\delta)t}\right]_0^\infty - \int_0^\infty -\frac{1}{(\mu+\delta)}\,e^{-(\mu+\delta)t}\,dt\right]$$

---

1) $u' = e^{-(\mu+\delta)t}$, $v = t$인 부분적분법을 사용함.

$$= \frac{\mu}{\mu+\delta} \int_0^\infty e^{-(\mu+\delta)t} dt = \frac{\mu}{(\mu+\delta)^2} = \frac{0.03}{0.08^2} = 4.6875$$

따라서 사망급부의 APV는

$$\text{APV} = 10000\,\bar{A}_{40} + P(I\bar{A})_{40} = 10000 \times \frac{\mu}{\mu+\delta} + P \times 4.6875$$

$$= 10000 \times \frac{0.03}{0.08} + 4.6875P = 3750 + 4.6875P$$

보험료수입의 EPV는

$$\text{EPV} = P\,\bar{a}_{40} = P \times \frac{1}{\mu+\delta} = 12.5P$$

수지상등의 원칙에 의해 APV = EPV이므로

$$3750 + 4.6875P = 12.5P$$

따라서 $P = \dfrac{3750}{12.5 - 4.6875} = 480$

34 모든 $x \geq 0$에 대하여 $\mu_x = 0.02$일 때 다음을 구하시오. 단, $\delta = 0.05$이다.

  (a) $\bar{P}\left(\bar{A}^{\,1}_{40:\overline{15}|}\right)$ (b) $\bar{P}\left({}_{15|}\bar{A}_{40}\right)$ (c) ${}_{10}\bar{P}\left(\bar{A}_{40}\right)$

풀이

(a) $\bar{P}\left(\bar{A}^{\,1}_{40:\overline{15}|}\right) = \dfrac{\bar{A}^{\,1}_{40:\overline{15}|}}{\bar{a}_{40:\overline{15}|}} = \dfrac{\dfrac{\mu\left(1 - e^{-(\mu+\delta)(15)}\right)}{\mu+\delta}}{\dfrac{1 - e^{-(\mu+\delta)(15)}}{\mu+\delta}} = \mu = 0.02$

(b) $\bar{P}\left({}_{15|}\bar{A}_{40}\right) = \dfrac{{}_{15|}\bar{A}_{40}}{\bar{a}_{40}} = \dfrac{\dfrac{\mu\,e^{-(\mu+\delta)(15)}}{\mu+\delta}}{\dfrac{1}{\mu+\delta}} = \mu\,e^{-(\mu+\delta)(15)}$

$$= 0.02\,e^{-0.07 \times 15} = 0.006999$$

(c) ${}_{10}\bar{P}\left(\bar{A}_{40}\right) = \dfrac{\bar{A}_{40}}{\bar{a}_{40:\overline{10}|}} = \dfrac{\dfrac{\mu}{\mu+\delta}}{\dfrac{1 - e^{-(\mu+\delta)(10)}}{\mu+\delta}} = \dfrac{\mu}{1 - e^{-(\mu+\delta)(10)}}$

$$= \frac{0.02}{1 - e^{-0.07(10)}} = 0.039729$$

35 $l_x = 90 - x$, $0 \leq x \leq 90$일 때, 다음을 구하시오. 단, $\delta = 0.05$이다.

  (a) $\bar{P}\left(\bar{A}^{\,1}_{30:\overline{15}|}\right)$ (b) $\bar{P}\left({}_{5|}\bar{A}_{30}\right)$ (c) ${}_{5}\bar{P}\left(\bar{A}_{30}\right)$

풀이

(a) $\bar{P}\left(\bar{A}\,^{1}_{30\,:\,\overline{15|}}\right)$를 구하기 위해 $\bar{A}\,^{1}_{30\,:\,\overline{15|}}$, $\bar{a}_{30\,:\,\overline{15|}}$를 구해보자.

(1-1) $\quad \bar{A}\,^{1}_{30\,:\,\overline{15|}} = \int_{0}^{15} v^{t}\,{}_{t}p_{30}\,\mu_{30+t}\,dt = \int_{0}^{15} e^{-0.05t} \times \frac{1}{60}\,dt$

$$= \frac{1}{60} \times \frac{1 - e^{-0.05 \times 15}}{0.05} = 0.1758782$$

(1-2) $\quad \bar{a}_{\overline{15|}} = \frac{1 - e^{-\delta \times n}}{\delta} = \frac{1 - e^{-0.05 \times 15}}{0.05} = 10.55266895$ 이므로

$$\bar{A}\,^{1}_{30\,:\,\overline{15|}} = \frac{\bar{a}_{\overline{n|}}}{\omega - x} = \frac{\bar{a}_{\overline{15|}}}{90 - 30} = \frac{10.55266895}{60} = 0.17587782$$

(2-1) $\quad \bar{a}_{30\,:\,\overline{15|}} = \int_{0}^{15} v^{t}\,{}_{t}p_{30}\,dt = \int_{0}^{15} e^{-0.05t} \times \frac{60 - t}{60}\,dt^{1)}$

$$= \left[\left(1 - \frac{t}{60}\right)\left(\frac{-1}{0.05}\right) e^{-0.05t} \right]_{0}^{15} - \int_{0}^{15} -\frac{1}{0.05}\left(-\frac{1}{60}\right) e^{-0.05t}\,dt$$

$$= \left[\left(1 - \frac{15}{60}\right)\left(\frac{-1}{0.05}\right) e^{-0.05 \times 15} - \frac{-1}{0.05} \right] - \frac{1}{0.05 \times 60} \int_{0}^{15} e^{-0.05t}\,dt$$

$$= 12.91450171 - 3.51755632 = 9.3969454$$

(2-2) $\quad (\bar{D}\bar{a})_{\overline{15|}} = \frac{n - \bar{a}_{\overline{n|}}}{\delta} = \frac{15 - \bar{a}_{\overline{15|}}}{0.05} = \frac{15 - 10.55266895}{0.05} = 88.946621$

이므로

$$\bar{a}_{30\,:\,\overline{15|}} = \frac{(\bar{D}\bar{a})_{\overline{n|}} + (\omega - x - n)\bar{a}_{\overline{n|}}}{\omega - x} = \frac{(\bar{D}\bar{a})_{\overline{15|}} + (90 - 30 - 15)\bar{a}_{\overline{15|}}}{90 - 30}$$

$$= \frac{88.946621 + 45\,(10.55266895)}{60} = 9.3969454$$

따라서 $\bar{P}\left(\bar{A}\,^{1}_{30\,:\,\overline{15|}}\right) = \frac{\bar{A}\,^{1}_{30\,:\,\overline{15|}}}{\bar{a}_{30\,:\,\overline{15|}}} = \frac{0.17587782}{9.3969454} = 0.01871649$

(b) $\bar{P}\left({}_{5|}\bar{A}_{30}\right)$을 구하기 위해 ${}_{5|}\bar{A}_{30}$, $\bar{a}_{30}$을 구해보자.

(3-1) $\quad {}_{5|}\bar{A}_{30} = {}_{5}E_{30}\,\bar{A}_{35} = v^{5}\,{}_{5}p_{30}\,\bar{A}_{35} = e^{-0.05 \times 5} \times \frac{55}{60} \times \int_{0}^{55} e^{-0.05t}\,\frac{1}{55}\,dt$

$$= e^{-0.05 \times 5} \times \frac{55}{60} \times \frac{1 - e^{-0.05 \times 55}}{0.05} \times \frac{1}{55} = 0.24300457$$

(3-2) $\quad \bar{a}_{\overline{55|}} = \frac{1 - e^{-\delta \times n}}{\delta} = \frac{1 - e^{-0.05 \times 55}}{0.05} = 18.72144278$ 이므로

---

1) $u' = e^{-0.05t}$, $v = \dfrac{60 - t}{60}$ 인 부분적분법을 사용함.

$$_{5|}\bar{A}_{30} = \frac{e^{-\delta \times n}\,(\bar{a}\,\overline{_{\omega - x - n|}})}{\omega - x} = \frac{e^{-0.05 \times 5}\,(\bar{a}\,\overline{_{90 - 30 - 5|}})}{90 - 30}$$

$$= \frac{e^{-0.05 \times 5} \times \bar{a}\,\overline{_{55|}}}{60} = \frac{e^{-0.05 \times 5} \times (18.72144278)}{60} = 0.24300457$$

(4－1) $\displaystyle \bar{a}_{30} = \int_0^{\omega - 30} v^t\, {}_t p_{30}\, dt = \int_0^{60} e^{-0.05t} \times \frac{60 - t}{60}\, dt^{1)}$

$$= \left[\left(1 - \frac{t}{60}\right) \frac{-1}{0.05} e^{-0.05t} \right]_0^{60} - \int_0^{60} -\frac{1}{0.05}\left(-\frac{1}{60}\right) e^{-0.05t}\, dt$$

$$= \frac{1}{0.05} - \frac{1}{0.05 \times 60} \times \frac{1 - e^{-0.05 \times 60}}{0.05} = 13.66524712$$

(4－2) $\displaystyle (\bar{D}\bar{a})_{\overline{60|}} = \frac{n - \bar{a}\,\overline{_{n|}}}{\delta} = \frac{60 - \bar{a}\,\overline{_{60|}}}{0.05} = \frac{60 - 19.00425863}{0.05} = 819.9148274$

이므로 $\displaystyle \bar{a}_{30} = \frac{(\bar{D}\bar{a})_{\overline{\omega - x|}}}{\omega - x} = \frac{(\bar{D}\bar{a})_{\overline{90 - 30|}}}{90 - 30} = \frac{(\bar{D}\bar{a})_{\overline{60|}}}{60} = \frac{819.9148274}{60}$

$$= 13.66524712$$

따라서 $\displaystyle \bar{P}\big(_{5|}\bar{A}_{30}\big) = \frac{_{5|}\bar{A}_{30}}{\bar{a}_{30}} = \frac{0.24300457}{13.66524712} = 0.01778267$

(c) $_5\bar{P}\big(\bar{A}_{30}\big)$ 을 구하기 위해 $\bar{A}_{30}$, $\bar{a}_{30:\overline{5|}}$ 를 구해보자.

(5－1) $\displaystyle \bar{A}_{30} = \int_0^{60} v^t\, {}_t p_{30}\, \mu_{30+t}\, dt = \int_0^{60} e^{-0.05t} \times \frac{1}{60}\, dt$

$$= \frac{1}{60} \times \frac{1 - e^{-0.05 \times 60}}{0.05} = 0.31673764$$

(5－2) $\displaystyle \bar{a}\,\overline{_{60|}} = \frac{1 - e^{-\delta \times n}}{\delta} = \frac{1 - e^{-0.05 \times 60}}{0.05} = 19.00425863$ 이므로

$$\bar{A}_{30} = \frac{\bar{a}\,\overline{_{\omega - x|}}}{\omega - x} = \frac{\bar{a}\,\overline{_{60|}}}{60} = \frac{19.00425863}{60} = 0.31673764$$

(6－1) $\displaystyle \bar{a}_{30:\overline{5|}} = \int_0^5 v^t\, {}_t p_{30}\, dt = \int_0^5 e^{-0.05t} \times \frac{60 - t}{60}\, dt^{2)}$

$$= \left[\left(1 - \frac{t}{60}\right)\left(\frac{-1}{0.05}\right) e^{-0.05t} \right]_0^5 - \int_0^5 -\frac{1}{0.05}\left(-\frac{1}{60}\right) e^{-0.05t}\, dt$$

---

1) $u' = e^{-0.05t}$, $v = \dfrac{60 - t}{60}$ 인 부분적분법을 사용함.

2) $u' = e^{-0.05t}$, $v = \dfrac{60 - t}{60}$ 인 부분적분법을 사용함.

$$= \left[\left(1 - \frac{5}{60} \right) \left(\frac{-1}{0.05} \right) e^{-0.05 \times 5} - \frac{-1}{0.05} \right] - \frac{1}{0.05 \times 60} \int_0^5 e^{-0.05t} \, dt$$

$$= 4.2473242$$

$(6-2)$ $\quad \bar{a}_{\overline{5}|} = \dfrac{1 - e^{-\delta \times n}}{\delta} = \dfrac{1 - e^{-0.05 \times 5}}{0.05} = 4.42398434$

$$(\bar{D}\bar{a})_{\overline{5}|} = \frac{n - \bar{a}_{\overline{n}|}}{\delta} = \frac{5 - \bar{a}_{\overline{5}|}}{0.05} = \frac{5 - 4.42398434}{0.05} = 11.5203132 \text{이므로}$$

$$\bar{a}_{30:\overline{5}|} = \frac{(\bar{D}\bar{a})_{\overline{n}|} + (\omega - x - n)\, \bar{a}_{\overline{n}|}}{\omega - x} = \frac{(\bar{D}\bar{a})_{\overline{5}|} + (90 - 30 - 5)\, \bar{a}_{\overline{5}|}}{90 - 30}$$

$$= \frac{11.5203132 + 55\,(4.42398434)}{60} = 4.2473242$$

따라서 $\quad {}_5\bar{P}(\bar{A}_{30}) = \dfrac{\bar{A}_{30}}{\bar{a}_{30:\overline{5}|}} = \dfrac{0.31673764}{4.2473242} = 0.07457346$

36 피보험자 (x), 보험금 사망즉시급, 연속납순보험료의 연액은 $\bar{P}_x + K$로 표시된다. (x)의 사망시 사망보험금은 1원과 납입된 보험료의 합이다. 이때 K는 다음과 같이 표시됨을 보이시오.

$$K = \frac{\bar{P}_x \cdot (\bar{I}\bar{A})_x}{\bar{a}_x - (\bar{I}\bar{A})_x}$$

∷ 풀이

보험급부의 APV는

$$\text{APV} = \bar{A}_x + (\bar{P}_x + K)(\bar{I}\bar{A})_x$$

보험료수입의 EPV는

$$\text{EPV} = (\bar{P}_x + K)\, \bar{a}_x$$

수지상등의 원칙에 의해 APV = EPV이므로

$$\bar{A}_x + (\bar{P}_x + K)(\bar{I}\bar{A})_x = (\bar{P}_x + K)\, \bar{a}_x$$

$$(K + \bar{P}_x) \left[\bar{a}_x - (\bar{I}\bar{A})_x \right] = \bar{A}_x$$

$K + \bar{P}_x = \dfrac{\bar{A}_x}{\bar{a}_x - (\bar{I}\bar{A})_x}$ 이므로

$$K = \frac{\bar{P}_x\, \bar{a}_x}{\bar{a}_x - (\bar{I}\bar{A})_x} - \bar{P}_x = \frac{\bar{P}_x\, \bar{a}_x - \bar{P}_x\, \bar{a}_x + \bar{P}_x \cdot (\bar{I}\bar{A})_x}{\bar{a}_x - (\bar{I}\bar{A})_x}$$

$$= \frac{\bar{P}_x \cdot (\bar{I}\bar{A})_x}{\bar{a}_x - (\bar{I}\bar{A})_x}$$

37 UDD가정하에서 $\bar{P}_x = 0.04$, $A_x = 0.20$일 때 δ의 값을 구하시오($e^\delta \fallingdotseq 1 + \delta + \dfrac{\delta^2}{2}$ 을 이용하시오).

풀이

UDD가정하에서 $\bar{A}_x = \dfrac{i}{\delta} A_x$, $\dfrac{e^\delta - 1}{\delta} \fallingdotseq \dfrac{1 + \delta + \dfrac{\delta^2}{2} - 1}{\delta} = 1 + \dfrac{\delta}{2}$ 이므로

$$\bar{P}_x = \frac{A_x}{\bar{a}_x} = \frac{\delta A_x}{1 - \bar{A}_x} = \frac{\delta A_x}{1 - \dfrac{i}{\delta} A_x} = \frac{\delta A_x}{1 - \dfrac{e^\delta - 1}{\delta} A_x} = \frac{\delta A_x}{1 - \left(1 + \dfrac{\delta}{2}\right) A_x}$$

$$= \frac{0.2\delta}{1 - \left(1 + \dfrac{\delta}{2}\right)(0.2)} = 0.04$$

따라서 $0.2\delta = 0.04\left[1 - \left(1 + \dfrac{\delta}{2}\right)(0.2)\right] = 0.032 - 0.004\,\delta$ 이므로

$$\delta = \frac{0.032}{0.2 + 0.004} = 0.156863$$

38 $\bar{P}(\bar{A}_x) = \dfrac{\mu_x + \dfrac{d}{dx}\Phi(x)}{1 + \dfrac{d}{dx}\bar{a}_x}$, $i = 0$, $\Phi(5) = 2$일 때 $\Phi(10)$의 값을 구하시오.

풀이

$i = 0$이므로 $v = \dfrac{1}{1 + i} = 1$, $1 + i = e^\delta = 1$이므로 $\delta = 0$이다.

$$\bar{P}(\bar{A}_x) = \frac{\bar{A}_x}{\bar{a}_x} = \frac{1 - \delta\,\bar{a}_x}{\bar{a}_x} = \frac{1}{\bar{a}_x} - \delta = \frac{1}{\bar{a}_x} = \frac{1}{\overset{\circ}{e}_x}$$ 이고

$$\frac{d}{dx}\bar{a}_x = \frac{d}{dx}\int_0^\infty v^t\,{}_t p_x\,dt = \int_0^\infty \frac{d}{dx}\,{}_t p_x\,dt = \int_0^\infty {}_t p_x(\mu_x - \mu_{x+t})\,dt$$

$$= \mu_x \int_0^\infty {}_t p_x\,dt - \int_0^\infty {}_t p_x\,\mu_{x+t}\,dt = \mu_x\,\overset{\circ}{e}_x - 1$$ 이므로

$$\bar{P}(\bar{A}_x) = \frac{\mu_x + \dfrac{d}{dx}\Phi(x)}{1 + \dfrac{d}{dx}\bar{a}_x} = \frac{\mu_x + \dfrac{d}{dx}\Phi(x)}{\mu_x\,\overset{\circ}{e}_x} = \frac{1}{\overset{\circ}{e}_x}$$

이 식을 정리하면

$$\mu_x\,\overset{\circ}{e}_x = \overset{\circ}{e}_x\left[\mu_x + \frac{d}{dx}\Phi(x)\right], \quad \mu_x = \mu_x + \frac{d}{dx}\Phi(x)$$

$\dfrac{d}{dx}\,\varPhi(x) = 0$이므로 $\varPhi(x)$는 상수이다.

따라서 $\varPhi(5) = 2$이므로 $\varPhi(10) = 2$이다.

39 피보험자 (x), 보험금 사망즉시급, 연속납보험료, 보험금 1원의 종신보험의 미래손실을 나타내는 확률변수를 $_0L$이라고 하자. 다음 자료를 이용하여 $\mathrm{Var}(_0L)$을 구하시오.

(i) $E(v^T) = 0.166$ (ii) $\mathrm{Var}(v^T) = 0.0344$

::: 풀이

종신보험의 미래손실 $_0L$은

$$_0L = v^T - \bar{P}(\bar{A}_x)\,\bar{a}_{\overline{T|}} = v^T - \bar{P}(\bar{A}_x)\,\frac{1 - v^T}{\delta}$$

$$= \left(1 + \frac{\bar{P}(\bar{A}_x)}{\delta}\right) v^T - \frac{\bar{P}(\bar{A}_x)}{\delta} = \frac{1}{\delta\,\bar{a}_x}\,v^T - \frac{\bar{P}(\bar{A}_x)}{\delta}$$

$_0L$의 분산을 구해보면

$$\mathrm{Var}(_0L) = \mathrm{Var}\left(\frac{1}{\delta\,\bar{a}_x}\,v^T - \frac{\bar{P}(\bar{A}_x)}{\delta}\right) = \left(\frac{1}{\delta\,\bar{a}_x}\right)^2 \mathrm{Var}(v^T)$$

$$= \left(\frac{1}{1 - \bar{A}_x}\right)^2 \mathrm{Var}(v^T) = \left(\frac{1}{1 - 0.166}\right)^2 (0.0344) = 0.0495$$

40 피보험자 (x)가 가입한 보험금 1원, 전기납입 완전연속 종신보험에서 모든 x에 대하여 $\mu_x = \mu = 0.04$이고 $\bar{A}_x = 0.4$이다. 이때 $_0L$의 표준편차$(SD(_0L))$를 구하시오.

::: 풀이

μ가 상수이기 때문에 사망법칙은 CFM을 따른다. 먼저 δ을 구해보자.

$$\bar{A}_x = \frac{\mu}{\mu + \delta} = \frac{0.04}{0.04 + \delta} = 0.4$$

이므로 $\delta = 0.06$이다.

$$^2\bar{A}_x = \frac{\mu}{\mu + 2\delta} = \frac{0.04}{0.04 + 2(0.06)} = \frac{0.04}{0.16} = \frac{1}{4}$$

보험금 1원, 전기납입, 완전연속 종신보험의 미래손실 $_0L$은

$$_0L = v^T - P\,\bar{a}_{\overline{T|}} = v^T\left(1 + \frac{P}{\delta}\right) - \frac{P}{\delta}$$

$\mathrm{Var}(_0L)$을 구해보자.

$$\text{Var}(_0L) = \frac{^2\bar{A}_x - (\bar{A}_x)^2}{(1-\bar{A}_x)^2} = \frac{\frac{1}{4} - (0.4)^2}{(1-0.4)^2} = 0.25$$

따라서 $SD(_0L) = \sqrt{\text{Var}(_0L)} = \sqrt{0.25} = 0.5$

41 피보험자 (x), 보험금 사망즉시급, 연속납보험료, 보험금 1원의 종신보험에서 확률변수 $_0L$과 $_0L^*$를 다음과 같이 정의한다.

(i) $_0L = v^T - \bar{P}(\bar{A}_x)\bar{a}_{\overline{T}|}$ (모든 x에 대하여 $\mu_x = \mu$, 이력 $= \delta$ 가정)

(ii) $_0L^* = v^T - \bar{P}(\bar{A}_x^*)\bar{a}_{\overline{T}|}$ (모든 x에 대하여 $\mu_x^* = 2\mu$, 이력 $= \delta$ 가정)

$\text{Var}(_0L) = k$ 라고 하면 $\text{Var}(_0L^*) \div \text{Var}(_0L)$의 값을 k를 이용하여 나타내시오.

:: 풀이

$\text{Var}(_0L)$, $\text{Var}(_0L^*)$를 구해보자. 사력이 상수이므로 CFM을 따른다.

$$\text{Var}(_0L) = \frac{^2\bar{A}_x - (\bar{A}_x)^2}{(1-\bar{A}_x)^2} = \left[\frac{1}{1-(\mu/\mu+\delta)}\right]^2\left[\frac{\mu}{\mu+2\delta} - \left(\frac{\mu}{\mu+\delta}\right)^2\right]$$

$$= \frac{(\mu+\delta)^2}{\delta^2}\left[\frac{\mu(\mu+\delta)^2 - \mu^2(\mu+2\delta)}{(\mu+2\delta)(\mu+\delta)^2}\right] = \frac{1}{\delta^2}\left[\frac{\mu\delta^2}{\mu+2\delta}\right] = \frac{\mu}{\mu+2\delta}$$

$\text{Var}(_0L^*)$를 구하는 경우 μ대신 2μ가 사용되었으므로

$$\text{Var}(_0L^*) = \frac{\mu^*}{\mu^*+2\delta} = \frac{2\mu}{2\mu+2\delta} = \frac{\mu}{\mu+\delta}$$

$$\frac{\text{Var}(_0L^*)}{\text{Var}(_0L)} = \frac{\mu/(\mu+\delta)}{\mu/(\mu+2\delta)} = \frac{\mu+2\delta}{\mu+\delta}$$

$k = \text{Var}(_0L) = \dfrac{\mu}{\mu+2\delta}$ 이고

$1+k = \dfrac{2\mu+2\delta}{\mu+2\delta} = 2\left(\dfrac{\mu+\delta}{\mu+2\delta}\right) = 2\left(\dfrac{\text{Var}(_0L)}{\text{Var}(_0L^*)}\right)$ 이므로

$$\frac{\text{Var}(_0L^*)}{\text{Var}(_0L)} = \frac{2}{1+k}$$ 이다.

42 UDD가정하에서 성립되는 등식을 찾으시오.

(a) $_hP(\bar{A}_{x:\overline{n}|}) = \dfrac{d\left[\dfrac{i}{\delta}A^1_{x:\overline{n}|} + A_{x:\overline{n}|}^{\ 1}\right]}{1-A_{x:\overline{h}|}}$

(b) $_hP(\bar{A}_{x:\overline{n}|}) = \dfrac{i}{\delta}\ _hP^1_{x:\overline{n}|} + _hP_{x:\overline{n}|}^{\ 1}$

(c) $\displaystyle {}_hP(\bar{A}_x) = \frac{i}{\delta}\,{}_hP_x$ 　　　　　　　(d) $\displaystyle P_x^{(m)} = \frac{1-d\,\ddot{a}_x}{\alpha(m)\,\ddot{a}_x - \beta(m)}$

(e) $\displaystyle P_x^{\{m\}}(\bar{A}_x) = \frac{1-\delta\,\bar{a}_x}{\ddot{a}_x^{\{m\}}}$ 　　　　(f) $\displaystyle {}_hP^{\{m\}}(\bar{A}_{x:\overline{n}|}) = \frac{d^{(m)}}{\delta}\,{}_h\bar{P}(\bar{A}_{x:\overline{n}|})$

:: 풀이

(a) $\displaystyle {}_hP(\bar{A}_{x:\overline{n}|}) = \frac{\bar{A}_{x:\overline{n}|}}{\ddot{a}_{x:\overline{h}|}} = \frac{d(\bar{A}^1_{x:\overline{n}|} + A_{x:\overline{n}|}^{\;\;1})}{1 - A_{x:\overline{h}|}} = \frac{d\left[\dfrac{i}{\delta}A^1_{x:\overline{n}|} + A_{x:\overline{n}|}^{\;\;1}\right]}{1 - A_{x:\overline{h}|}}$

(b) $\displaystyle {}_hP(\bar{A}_{x:\overline{n}|}) = \frac{\bar{A}_{x:\overline{n}|}}{\ddot{a}_{x:\overline{h}|}} = \frac{\dfrac{i}{\delta}A^1_{x:\overline{n}|} + A_{x:\overline{n}|}^{\;\;1}}{\ddot{a}_{x:\overline{h}|}} = \frac{i}{\delta}\,{}_hP^1_{x:\overline{n}|} + {}_hP_{x:\overline{n}|}^{\;\;1}$

(c) $\displaystyle {}_hP(\bar{A}_x) = \frac{\bar{A}_x}{\ddot{a}_{x:\overline{h}|}} = \frac{\dfrac{i}{\delta}A_x}{\ddot{a}_{x:\overline{h}|}} = \frac{i}{\delta}\,{}_hP_x$

(d) $\displaystyle P_x^{(m)} = \frac{A_x}{\ddot{a}_x^{(m)}} = \frac{1-d\,\ddot{a}_x}{\alpha(m)\,\ddot{a}_x - \beta(m)}$

(e) $\displaystyle P_x^{\{m\}}(\bar{A}_x) = \frac{\bar{A}_x}{\ddot{a}_x^{\{m\}}} = \frac{1-\delta\,\bar{a}_x}{\ddot{a}_x^{\{m\}}}$

(f) $\displaystyle {}_hP^{\{m\}}(\bar{A}_{x:\overline{n}|}) = \frac{\bar{A}_{x:\overline{n}|}}{\ddot{a}_{x:\overline{h}|}^{\{m\}}} = \frac{d^{(m)}}{\delta}\,{}_h\bar{P}(\bar{A}_{x:\overline{n}|})$

(a)~(f)는 모두 UDD가정하에서 성립한다.

43 모든 x에 대하여 $\mu_x = \delta = 0.05$일 때 $P^{\{2\}}(\bar{A}_x) = d^{(2)}$임을 유도하시오.

:: 풀이

$$P^{\{2\}}(\bar{A}_x) = \frac{\bar{A}_x}{\ddot{a}_x^{\{2\}}} = \frac{\bar{A}_x}{\dfrac{\delta}{d^{(2)}}\bar{a}_x} = \frac{d^{(2)}}{\delta}\frac{\bar{A}_x}{\bar{a}_x} = \frac{d^{(2)}}{\delta}\mu = \frac{d^{(2)}}{0.05}(0.05) = d^{(2)}$$

44 매 연령마다 UDD를 가정한다. 다음과 같은 자료를 이용하여 $10000\,P^{\{1\}}(\bar{A}_x) - 10000\,P(\bar{A}_x)$를 구하시오.

(i) $A_x = 0.2$ 　　　(ii) $i = 0.05$ 　　　(iii) $\bar{s}_{\overline{1}|} = 1.0248$

:: 풀이

$$10000\,P^{\{1\}}(\bar{A}_x) - 10000\,P(\bar{A}_x) = 10000\,\bar{A}_x\left(\frac{1}{\ddot{a}_x^{\{1\}}} - \frac{1}{\ddot{a}_x}\right)$$

$$= 10000 \bar{A}_x \left(\frac{d}{1 - \bar{A}_x} - \frac{d}{1 - A_x} \right)$$

$$= 10000 \times \frac{i}{\delta} \times A_x \times \left(\frac{i}{1+i} \right) \left(\frac{1}{1 - (i/\delta) A_x} - \frac{1}{1 - A_x} \right)$$

$$= 10000 \times \bar{s}_{\overline{1}} \times A_x \times \left(\frac{i}{1+i} \right) \left(\frac{1}{1 - \bar{s}_{\overline{1}} A_x} - \frac{1}{1 - A_x} \right)$$

$$= 10000 \times 1.0248 \times 0.2 \times \left(\frac{0.05}{1.05} \right) \left(\frac{1}{1 - (1.0248)(0.2)} - \frac{1}{1 - 0.2} \right)$$

$$= 0.761119$$

식 (5.2.6.19)를 이용할 경우 다음과 같이 구할 수도 있다.

$$\bar{A}_x = \frac{i}{\delta} A_x = (1.0248)(0.2) = 0.20496$$

$$\ddot{a}_x = \frac{1 - A_x}{d} = \frac{1 - 0.2}{0.05 / 1.05} = 16.8$$

$$10000 \left[P^{\{1\}}(\bar{A}_x) - P(\bar{A}_x) \right] = 10000 P(\bar{A}_x) \frac{(\bar{A}_x - A_x)}{\delta \ddot{a}_x}$$

$$= 10000 \frac{\bar{A}_x}{\bar{a}_x} \frac{(\bar{A}_x - A_x)}{\delta \ddot{a}_x}$$

$$= 10000 \frac{\bar{A}_x (\bar{A}_x - A_x)}{\ddot{a}_x (1 - \bar{A}_x)}$$

$$= 10000 \frac{0.20496 (0.20496 - 0.2)}{(16.8)(1 - 0.20496)} = 0.761119$$

45 다음의 자료를 이용하여 $1000 P(\bar{A}_{70}^{PR})$ 를 구하시오.

(i) $1000 P_{70} = 60.00$ (ii) $1000 \bar{P}(\bar{A}_{70}) = 65.70$ (iii) $\beta(\infty) = 0.51$

(iv) 매 연령마다 UDD가정을 따른다.

풀이

$$1000 P(\bar{A}_{70}^{PR}) = 1000 \frac{\bar{A}_{70}^{PR}}{\ddot{a}_x} = 1000 \bar{P}(\bar{A}_{70}) \left[\frac{\bar{A}_{70} - A_{70}}{\delta \ddot{a}_{70}} \right]$$

$$= 65.70 \left[\frac{A_{70} \left(\frac{i}{\delta} - 1 \right)}{\delta \ddot{a}_{70}} \right] = 65.70 \left[\frac{A_{70} \left(\frac{i - \delta}{\delta^2} \right)}{\ddot{a}_{70}} \right]$$

$$= (65.70)(P_{70}) \beta(\infty) = (65.70)(0.060)(0.51) = 2.01042$$

46 모든 x에 대하여 $\mu_x = \mu$, $\delta_t = \delta$로 일정한 가정하에서

$$\frac{d}{d\delta} P^{\{1\}}(\bar{A}_x) = \frac{\mu \left[e^{-\delta}(1+\delta) - 1 \right]}{\delta^2} \text{ 이 성립함을 보이시오.}$$

풀이

사력이 상수이므로 사망법칙은 CFM을 따른다.

$$P^{\{1\}}(\bar{A}_x) = \frac{\bar{A}_x}{\ddot{a}_x^{\{1\}}} = \frac{\bar{A}_x}{\frac{\delta}{d}\bar{a}_x} = \frac{d}{\delta} \bar{P}(\bar{A}_x) = \frac{d}{\delta} \mu$$

$$\frac{d}{d\delta}(d) = \frac{d}{d\delta}(1 - e^{-\delta}) = e^{-\delta}$$

$$\frac{d}{d\delta}\left[P^{\{1\}}(\bar{A}_x) \right] = \frac{d}{d\delta}\left(\mu \frac{d}{\delta} \right) = \mu \frac{d}{d\delta}\left(\frac{1 - e^{-\delta}}{\delta} \right) = \mu \frac{e^{-\delta}\delta - (1 - e^{-\delta})}{\delta^2}$$

$$= \frac{\mu \left[e^{-\delta}(1+\delta) - 1 \right]}{\delta^2}$$

47 다음 식을 어떤 보험금을 지급하는 보험의 연납순보험료의 형태로 표시하고 그 의미를 설명하시오(교재의 식 (5.2.7.17)과 연관시킬 것).

$$1 - \frac{\ddot{s}_{\overline{20|}}}{\ddot{s}_{45:\overline{20|}}}$$

풀이

이 문제에서는 계산과정에 $\ddot{a}_{45:\overline{20|}} = \sum_{k=0}^{19} \ddot{a}_{\overline{k+1|}} \, {}_{k|}q_{45} + \ddot{a}_{\overline{20|}} \, {}_{20}p_{45}$를 이용한다(심화학습 문제 15번 참조)

$$1 - \frac{\ddot{s}_{\overline{20|}}}{\ddot{s}_{45:\overline{20|}}} = \frac{\ddot{s}_{45:\overline{20|}} - \ddot{s}_{\overline{20|}}}{\ddot{s}_{45:\overline{20|}}} = \frac{(\ddot{a}_{45:\overline{20|}} / {}_{20}E_{45}) - \ddot{s}_{\overline{20|}}}{(\ddot{a}_{45:\overline{20|}} / {}_{20}E_{45})}$$

$$= \frac{\ddot{a}_{45:\overline{20|}} - {}_{20}E_{45}\,\ddot{s}_{\overline{20|}}}{\ddot{a}_{45:\overline{20|}}}$$

$$= \frac{\sum_{k=0}^{19} \ddot{a}_{\overline{k+1|}} \, {}_{k|}q_{45} + \ddot{a}_{\overline{20|}} \, {}_{20}p_{45} - v^{20} \, {}_{20}p_{45} \, \ddot{s}_{\overline{20|}}}{\ddot{a}_{45:\overline{20|}}}$$

$$= \frac{\sum_{k=0}^{19} \ddot{a}_{\overline{k+1|}} \, {}_{k|}q_{45}}{\ddot{a}_{45:\overline{20|}}} = \frac{\sum_{k=0}^{19} \ddot{s}_{\overline{k+1|}} \, v^{k+1} \, {}_{k|}q_{45}}{\ddot{a}_{45:\overline{20|}}}$$

피보험자 (45)에 대하여 사망이 $k+1$번째 해에 발생하면 연말에 $\ddot{s}_{\overline{k+1|}}$을 제공하는 20년 만기 정기보험의 20년납입 연납순보험료이다.

48 피보험자 (50), 보험금 사망즉시급, 보험금 10,000원의 20년만기 생사혼합보험에 대하여 전기납입 미사용보험료 반환부보험의 6개월납보험료연액 $\left[P^{\{2\}}(\bar{A}_{50:\overline{20|}}) \right]$과 전기납입 6개월납보험료의 연액 $\left[P^{(2)}(\bar{A}_{50:\overline{20|}}) \right]$의 차이를 구하시오(UDD가정, $i = 5\%$)

풀이

(i) $P^{\{2\}}(\bar{A}_{50:\overline{20|}}) = \bar{P}(\bar{A}_{50:\overline{20|}}) \times \dfrac{d^{(2)}}{\delta} = \dfrac{\bar{A}_{50:\overline{20|}}}{\bar{a}_{50:\overline{20|}}} \times \dfrac{d^{(2)}}{\delta}$

$$= \frac{\left(\dfrac{i}{\delta}\right) A^{1}_{50:\overline{20|}} + A_{50:\overline{20|}}^{\;\;1}}{\alpha(\infty)\ddot{a}_{50:\overline{20|}} - \beta(\infty)(1 - {}_{20}E_{50})} \times \frac{d^{(2)}}{\delta}$$

$$= \frac{\left(\dfrac{i}{\delta}\right) P^{1}_{50:\overline{20|}} + P_{50:\overline{20|}}^{\;\;1}}{\alpha(\infty) - \beta(\infty)(d + P^{1}_{50:\overline{20|}})} \times \frac{d^{(2)}}{\delta}$$

$$= \frac{\left(\dfrac{0.05}{\ln 1.05}\right)\left(\dfrac{M_{50} - M_{70}}{N_{50} - N_{70}}\right) + \dfrac{D_{70}}{N_{50} - N_{70}}}{\alpha(\infty) - \beta(\infty)\left(\dfrac{0.05}{1.05} + \dfrac{M_{50} - M_{70}}{N_{50} - N_{70}}\right)} \times \frac{d^{(2)}}{\delta}$$

$$= \frac{0.00618226 + 0.025775748}{1.00019839 - (0.50818186)(0.05365168)} \times \frac{0.04819985}{\ln(1.05)}$$

$$= 0.0324496$$

(ii) $P^{(2)}(\bar{A}_{50:\overline{20|}}) = \dfrac{\bar{A}_{50:\overline{20|}}}{\ddot{a}^{(2)}_{50:\overline{20|}}} = \dfrac{\left(\dfrac{i}{\delta}\right) A^{1}_{50:\overline{20|}} + A_{50:\overline{20|}}^{\;\;1}}{\alpha(2)\ddot{a}_{50:\overline{20|}} - \beta(2)(1 - {}_{20}E_{50})}$

$$= \frac{\left(\dfrac{i}{\delta}\right) P^{1}_{50:\overline{20|}} + P_{50:\overline{20|}}^{\;\;1}}{\alpha(2) - \beta(2)(d + P^{1}_{50:\overline{20|}})}$$

$$= \frac{\left(\dfrac{0.05}{\ln 1.05}\right)\left(\dfrac{M_{50} - M_{70}}{N_{50} - N_{70}}\right) + \left(\dfrac{D_{70}}{N_{50} - N_{70}}\right)}{\alpha(2) - \beta(2)\left(\dfrac{0.05}{1.05} + \dfrac{M_{50} - M_{70}}{N_{50} - N_{70}}\right)}$$

$$= \frac{0.00618226 + 0.025775748}{1.00014879 - (0.25617377)(0.041586412)} = 0.0322973$$

(i)과 (ii)의 결과로부터

$$10000\left[P^{\{2\}}(\bar{A}_{50:\overline{20|}}) - P^{(2)}(\bar{A}_{50:\overline{20|}}) \right] = 10000(0.0001523) = 1.523$$

49 보험금 1원의 n년만기 생사혼합보험의 미사용보험료 반환부보험의 순보험료(apportionable premium)에 관한 내용 중 틀린 것이 있으면 고치시오.

(a) 매회 납입하는 보험료는 $\left(\dfrac{1-v^{\frac{1}{m}}}{\delta}\right)\bar{P}(\bar{A}_{x:\overline{n}|})$이다. (1년 m회 납입의 경우)

(b) $P^{\{m\}}(\bar{A}_{x:\overline{n}|}) = \dfrac{i^{(m)}\bar{A}_{x:\overline{n}|}}{\delta\,\bar{a}_x}$ 　　　　　(c) $P(\bar{A}_{x:\overline{n}|}^{PR}) = \bar{P}(\bar{A}_{x:\overline{n}|})\left(\dfrac{d\,\ddot{a}_{x:\overline{n}|} - \delta\,\bar{a}_{x:\overline{n}|}}{\delta\,\ddot{a}_{x:\overline{n}|}}\right)$

풀이

(a) $P^{\{m\}}(\bar{A}_{x:\overline{n}|}) = \dfrac{\bar{A}_{x:\overline{n}|}}{\bar{a}_{x:\overline{n}|}^{\{m\}}} = \dfrac{\bar{A}_{x:\overline{n}|}}{\dfrac{\delta}{d^{(m)}}\bar{a}_{x:\overline{n}|}} = \dfrac{d^{(m)}}{\delta}\bar{P}(\bar{A}_{x:\overline{n}|})$

이다. $d^{(m)}$을 v에 관한 식으로 나타내보면

$\left(1-\dfrac{d^{(m)}}{m}\right)^m = (1+i)^{-1} = v,\qquad 1-\dfrac{d^{(m)}}{m} = v^{1/m}$이므로

$\quad d^{(m)} = m\,(1-v^{1/m})$

따라서 매회 납입하는 보험료는

$$\frac{1}{m}P^{\{m\}}(\bar{A}_{x:\overline{n}|}) = \frac{m\,(1-v^{1/m})}{m\,\delta}\bar{P}(\bar{A}_{x:\overline{n}|}) = \frac{1-v^{1/m}}{\delta}\bar{P}(\bar{A}_{x:\overline{n}|})$$

(b) (a)로부터

$$P^{\{m\}}(\bar{A}_{x:\overline{n}|}) = \frac{d^{(m)}}{\delta}\bar{P}(\bar{A}_{x:\overline{n}|}) = \frac{d^{(m)}}{\delta}\frac{\bar{A}_{x:\overline{n}|}}{\bar{a}_{x:\overline{n}|}}$$

이므로 $i^{(m)} \to d^{(m)}$로 변경해야 한다.

(c) 식 (5.2.6.19)와 유사한 식을 이용하는 경우 다음과 같이 유도할 수 있다.

$$P(\bar{A}_{x:\overline{n}|}^{PR}) = \bar{P}\left(\bar{A}_{x:\overline{n}|}\right)\left[\frac{\bar{A}_{x:\overline{n}|} - A_{x:\overline{n}|}}{\delta\,\ddot{a}_{x:\overline{n}|}}\right]$$
$$= \bar{P}\left(\bar{A}_{x:\overline{n}|}\right)\left[\frac{d\,\ddot{a}_{x:\overline{n}|} - \delta\,\bar{a}_{x:\overline{n}|}}{\delta\,\ddot{a}_{x:\overline{n}|}}\right]$$

따라서 (a)와 (c)는 맞고 (b)는 틀린 식이다.

50 피보험자 (30), 30년만기의 생사혼합보험을 고려한다. 보험기간말에 피보험자가 생존하면 1원을 지급하고 보험기간 중에 피보험자가 사망할 경우는 납입된 순보험료가 사망하는 연도말까지 이자가 붙은 금액과 0.2원 중 큰 쪽을 사망한 연도말에 지급한다. 제k보험연도말까지는 납입된 순보험료의 종가보다 0.2가 크다고 가정한다.

(즉 $P\ddot{s}_{\overline{k}|} < 0.2 < P\ddot{s}_{\overline{k+1}|}$) 이때 이 보험의 연납순보험료 P를 구하는 식을 계산기수를 이용하여 나타내면 다음과 같음을 보이시오(Hint: 교재의 예제 (5.2.7.5)를 이용할 것).

$$P = \frac{D_{60} + 0.2(M_{30} - M_{30+k})}{N_{30} - N_{30+k} - D_{30+k}\ddot{s}_{\overline{k}|} + D_{60}\ddot{s}_{\overline{30}|}}$$

풀이

수지상등의 원칙에 의하여

$$P\ddot{a}_{30:\overline{30}|} = A_{30:\overline{30}|}^{1} + 0.2A_{30:\overline{k}|}^{1}$$

$$+ P\left(\frac{C_{30+k}}{D_{30}}\ddot{s}_{\overline{k+1}|} + \frac{C_{30+k+1}}{D_{30}}\ddot{s}_{\overline{k+2}|} + \cdots + \frac{C_{59}}{D_{30}}\ddot{s}_{\overline{30}|}\right) \quad\cdots\cdots ①$$

교재의 예제 (5.2.7.5)에 의하여

$$\frac{1}{D_{30}}\left[C_{30}\ddot{s}_{\overline{1}|} + C_{31}\ddot{s}_{\overline{2}|} + \cdots + C_{59}\ddot{s}_{\overline{30}|}\right] = \ddot{a}_{30:\overline{30}|} - \frac{D_{60}}{D_{30}}\ddot{s}_{\overline{30}|} \quad\cdots\cdots ②$$

$$\frac{1}{D_{30}}\left[C_{30}\ddot{s}_{\overline{1}|} + C_{31}\ddot{s}_{\overline{2}|} + \cdots + C_{30+k-1}\ddot{s}_{\overline{k}|}\right] = \ddot{a}_{30:\overline{k}|} - \frac{D_{30+k}}{D_{30}}\ddot{s}_{\overline{k}|} \quad\cdots\cdots ③$$

②에서 ③을 차감하면 ①의 우변의 세 번째 항이 된다.

$$① - ② = \ddot{a}_{30:\overline{30}|} - \ddot{a}_{30:\overline{k}|} + \frac{D_{30+k}}{D_{30}}\ddot{s}_{\overline{k}|} - \frac{D_{60}}{D_{30}}\ddot{s}_{\overline{30}|}$$

$$= \frac{1}{D_{30}}\left(N_{30+k} - N_{60} + D_{30+k}\ddot{s}_{\overline{k}|} - D_{60}\ddot{s}_{\overline{30}|}\right) \quad\cdots\cdots ④$$

④를 ①의 우변 세 번째 항에 대체하면

$$P = \frac{D_{60} + 0.2(M_{30} - M_{30+k})}{N_{30} - N_{30+k} - D_{30+k}\ddot{s}_{\overline{k}|} + D_{60}\ddot{s}_{\overline{30}|}}$$

51 다음을 증명하시오.

(a) $\dfrac{d}{dx}\bar{P}(\bar{A}_{x:\overline{n}|}) = \left[\bar{P}(\bar{A}_{x:\overline{n}|}) + \delta\right]\cdot\left[\bar{P}(\bar{A}_{x:\overline{n}|}^{1}) - \mu_x\right]$

(b) $\dfrac{d}{dx}\ln(l_x\,\bar{a}_x) = -\bar{P}(\bar{A}_x)$

풀이

(a) $\bar{P}(\bar{A}_{x:\overline{n}|}) = \dfrac{1}{\bar{a}_{x:\overline{n}|}} - \delta$ 이므로, 부록의 식 (I-30)을 이용하면

$$\frac{d}{dx}\bar{P}(\bar{A}_{x:\overline{n}|}) = \frac{d}{dx}\left(\frac{1}{\bar{a}_{x:\overline{n}|}}\right) = \frac{1}{(\bar{a}_{x:\overline{n}|})^2}\left(-\frac{d}{dx}\bar{a}_{x:\overline{n}|}\right)$$

$\dfrac{d}{dx}\,\bar{a}_{x:\overline{n}|} = \mu_x\,\bar{a}_{x:\overline{n}|} - \bar{A}_{x:\overline{n}|}^{1}$ 을 이용하면

$$= \dfrac{1}{\left(\bar{a}_{x:\overline{m}|}\right)^2}\left(\bar{A}_{x:\overline{n}|}^{1} - \mu_x\,\bar{a}_{x:\overline{n}|}\right) = \dfrac{1}{\bar{a}_{x:\overline{n}|}}\left(\dfrac{\bar{A}_{x:\overline{n}|}^{1}}{\bar{a}_{x:\overline{n}|}} - \mu_x\right)$$

$$= \dfrac{1}{\bar{a}_{x:\overline{n}|}}\left[\bar{P}\left(\bar{A}_{x:\overline{n}|}^{1}\right) - \mu_x\right]$$

$$= \left[\bar{P}\left(\bar{A}_{x:\overline{n}|}\right) + \delta\right]\cdot\left[\bar{P}\left(\bar{A}_{x:\overline{n}|}^{1}\right) - \mu_x\right]$$

(b) $\dfrac{d}{dx}\left(l_x\,\bar{a}_x\right) = -l_x\,\bar{A}_x$ 와 부록의 식 (I-26)을 이용하면

$$\dfrac{d}{dx}\ln\left(l_x\,\bar{a}_x\right) = \dfrac{1}{l_x\,\bar{a}_x}\,\dfrac{d}{dx}\left(l_x\,\bar{a}_x\right) = \dfrac{1}{l_x\,\bar{a}_x}\left(-l_x\,\bar{A}_x\right) = -\dfrac{\bar{A}_x}{\bar{a}_x} = -\bar{P}\left(\bar{A}_x\right)$$

제 **6** 장

책임준비금 I

Ⅰ. 기초이론

1. 책임준비금의 계산기수

(1) 종신보험

(i) $\displaystyle {}_tV_x = \frac{1}{D_{x+t}} \left[M_{x+t} - P_x\, N_{x+t} \right]$

(ii) $\displaystyle {}_t^hV_x = \begin{cases} \dfrac{1}{D_{x+t}} \left[M_{x+t} - {}_hP_x\,(N_{x+t} - N_{x+h}) \right] & t < h \\[3mm] \dfrac{1}{D_{x+t}} M_{x+t} & t \geq h \end{cases}$

(2) 정기보험

(i) $\displaystyle {}_tV^{\,1}_{x:\overline{n|}} = \frac{1}{D_{x+t}} \left[M_{x+t} - M_{x+n} - P^{\,1}_{x:\overline{n|}}\,(N_{x+t} - N_{x+n}) \right]$

(ii) $\displaystyle {}_t^hV^{\,1}_{x:\overline{n|}} = \begin{cases} \dfrac{1}{D_{x+t}} \left[M_{x+t} - M_{x+n} - P^{\,1}_{x:\overline{n|}}\,(N_{x+t} - N_{x+h}) \right] & t < h \\[3mm] \dfrac{1}{D_{x+t}} \left[M_{x+t} - M_{x+n} \right] & t \geq h \end{cases}$

(3) 생사혼합보험

(i) $\displaystyle {}_tV_{x:\overline{n|}} = \frac{1}{D_{x+t}} \left[M_{x+t} - M_{x+n} + D_{x+n} - P_{x:\overline{n|}}\,(N_{x+t} - N_{x+n}) \right]$

(ii) $\displaystyle {}_t^hV_{x:\overline{n|}} = \begin{cases} \dfrac{1}{D_{x+t}} \left[M_{x+t} - M_{x+n} + D_{x+n} - P_{x:\overline{n|}}\,(N_{x+t} - N_{x+h}) \right] & t < h \\[3mm] \dfrac{1}{D_{x+t}} \left[M_{x+t} - M_{x+n} + D_{x+n} \right] & t \geq h \end{cases}$

2. 미래법 책임준비금

보험의 종류	책임준비금 기호	미래법 책임준비금	
종신납입 종신보험	$_tV_x$	$A_{x+t} - P_x\,\ddot{a}_{x+t},$	$t > 0$
n년만기 정기보험	$_tV^{\,1}_{x:\overline{n}\rceil}$	$A^{\,1}_{x+t:\overline{n-t}\rceil} - P^{\,1}_{x:\overline{n}\rceil}\,\ddot{a}_{x+t:\overline{n-t}\rceil},$ $0,$	$t < n$ $t \geq n$
n년만기 생사혼합보험	$_tV_{x:\overline{n}\rceil}$	$A_{x+t:\overline{n-t}\rceil} - P_{x:\overline{n}\rceil}\,\ddot{a}_{x+t:\overline{n-t}\rceil},$ $1,$	$t < n$ $t = n$
h년납입 n년만기 생사혼합보험	$^h_tV_{x:\overline{n}\rceil}$	$A_{x+t:\overline{n-t}\rceil} - {}_hP_{x:\overline{n}\rceil}\,\ddot{a}_{x+t:\overline{h-t}\rceil},$ $A_{x+t:\overline{n-t}\rceil},$ $1,$	$t < h$ $h \leq t < n$ $t = n$
n년만기 생존보험	$_tV^{\;\;1}_{x:\overline{n}\rceil}$	$A^{\;\;1}_{x+t:\overline{n-t}\rceil} - P^{\;\;1}_{x:\overline{n}\rceil}\,\ddot{a}_{x+t:\overline{n-t}\rceil},$ $1,$	$t < n$ $t = n$
n년거치 생명연금	$_tV(_{n|}\ddot{a}_x)$	$A^{\;\;1}_{x+t:\overline{n-t}\rceil}\,\ddot{a}_{x+n} - P(_{n|}\ddot{a}_x)\,\ddot{a}_{x+t:\overline{n-t}\rceil},$ $\ddot{a}_{x+t},$	$t < n$ $t \geq n$

3. 책임준비금과 관련된 공식

(i) $\;_tV_x = A_{x+t} - P_x\,\ddot{a}_{x+t}$

$$= 1 - \frac{\ddot{a}_{x+t}}{\ddot{a}_x} = \frac{A_{x+t} - A_x}{1 - A_x}$$

$$= \frac{P_{x+t} - P_x}{P_{x+t} + d} = \frac{P_x - P^{\,1}_{x:\overline{t}\rceil}}{P^{\;\;1}_{x:\overline{t}\rceil}}$$

(ii) $\;_tV_{x:\overline{n}\rceil} = A_{x+t:\overline{n-t}\rceil} - P_{x:\overline{n}\rceil}\,\ddot{a}_{x+t:\overline{n-t}\rceil}$

$$= 1 - \frac{\ddot{a}_{x+t:\overline{n-t}\rceil}}{\ddot{a}_{x:\overline{n}\rceil}} = \frac{A_{x+t:\overline{n-t}\rceil} - A_{x:\overline{n}\rceil}}{1 - A_{x:\overline{n}\rceil}}$$

$$= \frac{P_{x+t:\overline{n-t}\rceil} - P_{x:\overline{n}\rceil}}{P_{x+t:\overline{n-t}\rceil} + d} = \frac{P_{x:\overline{n}\rceil} - P^{\,1}_{x:\overline{t}\rceil}}{P^{\;\;1}_{x:\overline{t}\rceil}}$$

6.1 기본연습문제

※ 특별한 언급이 없으면 부록의 계산기수를 이용하여 답하시오. 또한, 특별한 언급이 없으면 이 장에서의 책임준비금은 순보험료식 책임준비금을 의미한다.

01 과거법과 미래법 책임준비금 각각을 이용하여 다음 보험들의 제n보험연도말 책임준비금을 간단한 형태로 표시하시오.

(a) n년만기 정기보험   (b) n년 단기납입 종신보험   (c) n년만기 생사혼합보험

풀이

(a) (i) 과거법

$$
{}_nV^{\,1}_{x:\overline{n}|} = P^{\,1}_{x:\overline{n}|}\,\ddot{s}_{x:\overline{n}|} - {}_nk_x = \frac{A^{\,1}_{x:\overline{n}|}}{\ddot{a}_{x:\overline{n}|}/\ddot{s}_{x:\overline{n}|}} - \frac{A^{\,1}_{x:\overline{n}|}}{{}_nE_x}
$$

$$
= \frac{A^{\,1}_{x:\overline{n}|}}{{}_nE_x} - \frac{A^{\,1}_{x:\overline{n}|}}{{}_nE_x} = 0
$$

(ii) 미래법

$$
{}_nV^{\,1}_{x:\overline{n}|} = 0
$$

(b) (i) 과거법

$$
{}^n_nV_x = {}_nP_x\,\ddot{s}_{x:\overline{n}|} - {}_nk_x = \frac{A_x}{\ddot{a}_{x:\overline{n}|}}\,\ddot{s}_{x:\overline{n}|} - \frac{A^{\,1}_{x:\overline{n}|}}{{}_nE_x} = \frac{A_x - A^{\,1}_{x:\overline{n}|}}{{}_nE_x}
$$

$$
= \frac{{}_nE_x\,A_{x+n}}{{}_nE_x} = A_{x+n}
$$

(ii) 미래법

$$
{}^n_nV_x = A_{x+n}
$$

(c) (i) 과거법

$$
{}_nV_{x:\overline{n}|} = P_{x:\overline{n}|}\,\ddot{s}_{x:\overline{n}|} - {}_nk_x = \frac{A_{x:\overline{n}|}}{\ddot{a}_{x:\overline{n}|}}\,\frac{\ddot{a}_{x:\overline{n}|}}{{}_nE_x} - \frac{A^{\,1}_{x:\overline{n}|}}{{}_nE_x}
$$

$$
= \frac{A_{x:\overline{n}|} - A^{\,1}_{x:\overline{n}|}}{{}_nE_x} = 1
$$

(ii) 미래법

$$
{}_nV_{x:\overline{n}|} = 1
$$

02 피보험자 (40), 보험금 연말급, 보험금 1,000원일 때, 다음 경우에서 제15보험연도말 책임준비금을 각각 과거법과 미래법으로 구하시오. $(i = 0.05)$

(a) 10년 단기납입 연납보험료인 경우의 종신보험

(b) 10년 단기납입 연납보험료인 경우의 20년만기 생사혼합보험

(c) 20년 단기납입 연납보험료인 경우의 30년만기 생사혼합보험

풀이

(a) (i) 과거법

$$_tV = 1000\,{}^{10}_{15}V_{40} = 1000\left(\frac{{}_{10}P_{40}\,\ddot{s}_{40:\overline{10|}}}{{}_5E_{50}} - \frac{A^{1}_{40:\overline{15|}}}{A_{40:\overline{15|}}^{\,1}}\right)$$

$$= 1000\left[\frac{\left(\dfrac{M_{40}}{N_{40} - N_{50}}\right)\left(\dfrac{N_{40} - N_{50}}{D_{50}}\right)}{\dfrac{D_{55}}{D_{50}}} - \frac{(M_{40} - M_{55})}{D_{55}}\right]$$

$$= 1000\left(\frac{M_{40}}{D_{55}} - \frac{M_{40} - M_{55}}{D_{55}}\right)$$

$$= 1000\left(\frac{2183.45}{6463.83} - \frac{2183.45 - 1881.09}{6463.83}\right) = 291.0179$$

(ii) 미래법

$$_tV = 1000\,{}^{10}_{15}V_{40} = 1000\,A_{55} = 1000\left(\frac{M_{55}}{D_{55}}\right) = 1000\left(\frac{1881.09}{6463.83}\right) = 291.0179$$

(b) (i) 과거법

$$_tV = 1000\,{}^{10}_{15}V_{40:\overline{20|}} = 1000\left(\frac{{}_{10}P_{40:\overline{20|}}\,\ddot{s}_{40:\overline{10|}}}{{}_5E_{50}} - \frac{A^{1}_{40:\overline{15|}}}{A_{40:\overline{15|}}^{\,1}}\right)$$

$$= 1000\left[\frac{\left(\dfrac{M_{40} - M_{60} + D_{60}}{N_{40} - N_{50}}\right)\left(\dfrac{N_{40} - N_{50}}{D_{50}}\right)}{\dfrac{D_{55}}{D_{50}}} - \frac{M_{40} - M_{55}}{D_{55}}\right]$$

$$= 1000\left(\frac{M_{40} - M_{60} + D_{60}}{D_{55}} - \frac{M_{40} - M_{55}}{D_{55}}\right)$$

$$= 1000\left(\frac{2183.45 - 1735.02 + 4931.48}{6463.83} - \frac{2183.45 - 1881.09}{6463.83}\right)$$

$$= 785.53$$

(ii) 미래법

$$_tV = 1000\,_{15}^{10}V_{40:\overline{20|}} = 1000\,A_{55:\overline{5|}} = 1000\left(\frac{M_{55} - M_{60} + D_{60}}{D_{55}}\right)$$

$$= 1000\left(\frac{1881.09 - 1735.02 + 4931.48}{6463.83}\right) = 785.53$$

(c) (i) 과거법

$$_tV = 1000\,_{15}^{20}V_{40:\overline{30|}} = 1000\left(_{20}P_{40:\overline{30|}}\,\ddot{s}_{40:\overline{15|}} - _{15}k_{40}\right)$$

$$= 1000\left(\frac{M_{40} - M_{70} + D_{70}}{N_{40} - N_{60}} \times \frac{N_{40} - N_{55}}{D_{55}} - \frac{M_{40} - M_{55}}{D_{55}}\right)$$

$$= 1000\left(\frac{2183.45 - 1366.54 + 2723.65}{246310.86 - 67125.61} \times \frac{246310 - 96237.37}{6463.83}\right.$$

$$\left. - \frac{2183.45 - 1881.09}{6463.86}\right) = 411.98$$

(ii) 미래법

$$_tV = 1000\,_{15}^{20}V_{40:\overline{30|}} = 1000\left(A_{55:\overline{15|}} - _{20}P_{40:\overline{30|}}\,\ddot{a}_{55:\overline{5|}}\right)$$

$$= 1000\left(\frac{M_{55} - M_{70} + D_{70}}{D_{55}} - \frac{M_{40} - M_{70} + D_{70}}{N_{40} - N_{60}} \times \frac{N_{55} - N_{60}}{D_{55}}\right)$$

$$= 1000\left(\frac{1881.09 - 1366.54 + 2723.65}{6463.83}\right.$$

$$\left. - \frac{2183.45 - 1366.54 + 2723.65}{246310.86 - 67125.61} \times \frac{96237.37 - 67125.61}{6463.83}\right)$$

$$= 411.98$$

03 피보험자 (40), 보험금 연말급, 보통종신보험의 보험금은 처음 10년간은 50,000원이고 그 이후는 100,000원이다. 다음을 구하시오.

(자료 : $M_{40} = 740$, $M_{50} = 580$, $N_{40} = 59000$)

(a) 연납순보험료를 구하시오.

(b) 45세에서의 보험연도말 책임준비금을 구하시오.

(자료 : $M_{45} = 675$, $N_{45} = 42000$, $D_{45} = 1700$)

(c) 55세에서의 보험연도말 책임준비금을 구하시오.

(자료 : $M_{55} = 475$, $D_{55} = 1150$, $N_{55} = 27000$)

풀이

(a) $P = \dfrac{50000(A_{40} + _{10|}A_{40})}{\ddot{a}_{40}} = \dfrac{50000(M_{40} + M_{50})}{N_{40}} = 1118.64$

(b) $_5V = 50000(A_{45} + _{5|}A_{45}) - P_{40}\ddot{a}_{45}$

$$= \frac{50000\,(M_{45} + M_{50})}{D_{45}} - 1118.64 \left(\frac{N_{45}}{D_{45}}\right) = 9274.78$$

(c) $\; {}_{15}V = 100000\,A_{55} - P_{40}\,\ddot{a}_{55} = 100000 \left(\frac{M_{55}}{D_{55}}\right) - 1118.64 \left(\frac{N_{55}}{D_{55}}\right)$

$$= 15040.63$$

04 피보험자 (20), 보험금 연말급, 종신보험의 보험금은 제1보험연도에는 5,000원, 제2
보험연도에는 10,000원 등 매년 5,000원씩 증가한다. 보험료는 연납으로 처음 10년
간은 X이고 그 다음부터는 $3X$이다. 이때 다음을 계산기수를 이용하여 나타내시오.

(a) X의 값

(b) 첫 번째 보험료를 납입한 바로 다음 시점에서의 책임준비금

(c) 제5보험연도말 책임준비금   (d) 제30보험연도말 책임준비금

> 풀이

(a) 수지상등의 원칙에 의하여

$$X\,\ddot{a}_{20} + 2X \, {}_{10|}\ddot{a}_{20} = 5000\,(IA)_{20}$$

$$X = \frac{5000\,(IA)_{20}}{\ddot{a}_{20} + 2\,{}_{10|}\ddot{a}_{20}} = \frac{5000\,R_{20}}{N_{20} + 2N_{30}}$$

(b) $\; {}_{0}V = P = X = \dfrac{5000 R_{20}}{N_{20} + 2N_{30}}$

(c) 과거법으로부터

$${}_{5}V = X\,\ddot{s}_{20:\overline{5}|} - \frac{5000\,(IA)_{20:\overline{5}|}}{{}_{5}E_{20}}$$

$$= \left(\frac{5000\,R_{20}}{N_{20} + 2N_{30}}\right) \left(\frac{N_{20} - N_{25}}{D_{25}}\right) - 5000 \left(\frac{R_{20} - R_{25} - 5M_{25}}{D_{25}}\right)$$

미래법으로 나타내면

$${}_{5}V = \frac{25000\,M_{25} + 5000\,R_{25}}{D_{25}} - \frac{\left(\dfrac{5000\,R_{20}}{N_{20} + 2N_{30}}\right)(N_{25} + 2N_{30})}{D_{25}}$$

(d) $\; {}_{30}V = 150000\,A_{50} + 5000\,(IA)_{50} - 3X\,\ddot{a}_{50}$

$$= 150000 \left(\frac{M_{50}}{D_{50}}\right) + 5000 \left(\frac{R_{50}}{D_{50}}\right) - 3X \left(\frac{N_{50}}{D_{50}}\right)$$

$$= \frac{150000\,M_{50} + 5000\,R_{50} - 3\left(\dfrac{5000\,R_{20}}{N_{20} + 2N_{30}}\right)N_{50}}{D_{50}}$$

05 피보험자 (35), 보험금 연말급, 보험금 50,000원의 30년만기 정기보험의 보험료 납입형태는 20년 단기납입 연납보험료이다. 다음을 구하시오. ($i = 0.03$)

(자료 : $N_{35} = 7300$, $N_{36} = 7000$, $N_{45} = 4200$, $N_{46} = 4000$, $N_{55} = 2400$, $N_{56} = 2265$

$N_{65} = 1050$, $N_{66} = 960$)

(a) 연납보험료   (b) 제10보험연도말 책임준비금

(c) 제20보험연도말 책임준비금   (d) 제30보험연도말 책임준비금

풀이

주어진 자료를 이용하여 $M_{35} - M_{65}$, $M_{45} - M_{65}$, $M_{55} - M_{65}$ 를 구해보자.

$$M_{35} - M_{65} = (v N_{35} - N_{36}) - (v N_{65} - N_{66}) = 27.9612$$

$$M_{45} - M_{65} = (v N_{45} - N_{46}) - (v N_{65} - N_{66}) = 18.2524$$

$$M_{55} - M_{65} = (v N_{55} - N_{56}) - (v N_{65} - N_{66}) = 5.6796$$

(a) $P = 50000 \, {}_{20}P^{\,1}_{35:\overline{30|}} = 50000 \left(\dfrac{A^{\,1}_{35:\overline{30|}}}{\ddot{a}_{35:\overline{20|}}} \right) = \dfrac{50000 (M_{35} - M_{65})}{N_{35} - N_{55}} = 285.32$

(b) ${}_{10}V = 50000 \, {}_{10}^{20}V^{\,1}_{35:\overline{30|}} = 50000 A^{\,1}_{45:\overline{20|}} - P \ddot{a}_{45:\overline{10|}}$

$\qquad = \dfrac{50000 (M_{45} - M_{65}) - 285.32 (N_{45} - N_{55})}{D_{45}}$

$\qquad = \dfrac{50000 (M_{45} - M_{65}) - 285.32 (N_{45} - N_{55})}{N_{45} - N_{46}} = 1995.22$

(c) ${}_{20}V = 50000 \, {}_{20}^{20}V^{\,1}_{35:\overline{30|}} = 50000 \, {}_{20}^{20}A^{\,1}_{55:\overline{10|}} = \dfrac{50000 (M_{55} - M_{65})}{D_{55}}$

$\qquad = \dfrac{50000 (M_{55} - M_{65})}{N_{55} - N_{56}} = 2103.56$

(d) ${}_{30}V = 50000 \, {}_{30}^{20}V^{\,1}_{35:\overline{30|}} = 0$

06 연습문제 5번에서 보험금이 50,000원 대신에 사망연도말부터 지급되는 20년 확정연금(매년 지급액은 5,000원)일 때 (a), (b), (c), (d)를 구하시오.

풀이

(a) 이 보험의 보험료를 P' 라고 하자. $i = 0.03$ 이므로 $\ddot{a}_{\overline{20|}} = 15.3238$

$\qquad P' \ddot{a}_{35:\overline{20|}} = 5000 \ddot{a}_{\overline{20|}} A^{\,1}_{35:\overline{30|}}$

$\qquad P' = \dfrac{5000 \ddot{a}_{\overline{20|}} A^{\,1}_{35:\overline{30|}}}{\ddot{a}_{35:\overline{20|}}} = \dfrac{5000 \ddot{a}_{\overline{20|}} (M_{35} - M_{65})}{N_{35} - N_{55}} = 437.22$

(b) $_{10}V = 5000 \, \ddot{a}_{\overline{20}|} \, A^{1}_{45:\overline{20}|} - P' \, \ddot{a}_{45:\overline{10}|}$

$$= \frac{5000 \, \ddot{a}_{\overline{20}|} \, (M_{45} - M_{65}) - 437.22 \, (N_{45} - N_{55})}{D_{45}}$$

$$= \frac{5000 \, \ddot{a}_{\overline{20}|} \, (M_{45} - M_{65}) - 437.22 \, (N_{45} - N_{55})}{N_{45} - N_{46}} = 3057.42$$

(c) $_{20}V = 5000 \, \ddot{a}_{\overline{20}|} \, A^{1}_{55:\overline{10}|} = 5000 \, \ddot{a}_{\overline{20}|} \left(\dfrac{M_{55} - M_{65}}{D_{55}} \right)$

$$= 5000 \, \ddot{a}_{\overline{20}|} \left(\frac{M_{55} - M_{65}}{N_{55} - N_{56}} \right) = 3223.45$$

(d) $_{30}V = 0$

07 피보험자 (40)이 보험금 연말급, 보험금 100,000원인 종신보험을 36,000원의 일시납 순보험료(NSP)로 가입하였다. 또 피보험자 (40)이 보험금 연말급, 보험금 100,000원인 보통종신보험에 연납보험료 2,200원으로 가입하였다. 두 보험에 적용되는 이자율은 같다고 가정한다. 「위험보험금(net amount at risk) = 보험금 − 보험연도말 책임준비금」이라고 정의할 때 첫 번째 보험의 제10보험연도에서의 위험보험금을 R이라고 하고 두 번째 보험의 제10보험연도에서의 위험보험금을 W라고 할 때 R/W의 값을 구하시오. 단, $100000 \, A_{50} = 48600$임을 이용하시오.

> **풀이**

첫 번째 보험의 제10보험연도말 책임준비금이 $100000 \, A_{50}$이므로

$$R = 100000 - 100000 \, A_{50} = 100000 \, (1 - A_{50})$$

$$W = 100000 - 100000 \, _{10}V_{40} = 100000 \, (1 - \, _{10}V_{40})$$

$$= 100000 \left(\frac{\ddot{a}_{50}}{\ddot{a}_{40}} \right) = 100000 \left(\frac{1 - A_{50}}{1 - A_{40}} \right) = \frac{R}{1 - A_{40}}$$

또한, 피보험자 (40), 보험금 100,000원의 종신보험의 NSP가 36,000원이므로

$A_{40} = \dfrac{36000}{100000}$ 이다.

따라서 $\dfrac{R}{W} = 1 - A_{40} = 1 - \dfrac{36000}{100000} = 0.64$

08 다음을 증명하고 설명하시오.

$$_{\omega-x-1}V_{x} = v - P_{x} \qquad \text{(여기서 } \omega\text{는 생명표상 최대연령)}$$

풀이

$$_{\omega-x-1}V_x = A_{\omega-1} - P_x \, \ddot{a}_{\omega-1} = \frac{M_{\omega-1}}{D_{\omega-1}} - P_x \frac{N_{\omega-1}}{D_{\omega-1}} = \frac{C_{\omega-1}}{D_{\omega-1}} - P_x \frac{D_{\omega-1}}{D_{\omega-1}}$$

$$= \frac{v(l_{\omega-1} - l_\omega)}{l_{\omega-1}} - P_x = v - P_x$$

이를 그림으로 나타내면 다음과 같다.

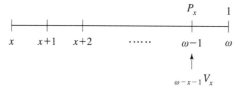

ω가 생명표상 최대연령이므로 ω에서 항상 1원의 보험금이 발생한다. 따라서 $\omega - 1$시점에서 ω시점의 1원에 대한 현가는 v이다. 또한 $\omega - 1$시점에서 마지막으로 보험료 P_x가 납입된다. 따라서 $_{\omega-x-1}V_x = v - P_x$가 성립한다.

09 다음을 증명하시오.

(a) $_tV_x = \dfrac{P_x(N_x - N_{x+t})}{D_{x+t}} - \dfrac{M_x - M_{x+t}}{D_{x+t}}$

(b) $_tV_x = A_{x+t}\left(1 + \dfrac{1+i}{i}P_x\right) - \dfrac{1+i}{i}P_x$

풀이

(a) 과거법 공식으로부터

$$_tV_x = P_x \, \ddot{s}_{x:\overline{t}|} - {}_t k_x = \frac{P_x(N_x - N_{x+t})}{D_{x+t}} - \frac{M_x - M_{x+t}}{D_{x+t}}$$

(b) 미래법 공식으로부터

$$_tV_x = A_{x+t} - P_x \, \ddot{a}_{x+t} = A_{x+t} - P_x\left(\frac{1 - A_{x+t}}{d}\right)$$

$$= A_{x+t} - \frac{P_x}{d}(1 - A_{x+t}) = A_{x+t}\left(1 + \frac{P_x}{d}\right) - \frac{P_x}{d}$$

$$= A_{x+t}\left(1 + \frac{1+i}{i}P_x\right) - \frac{1+i}{i}P_x$$

10 피보험자 (30), 보험금 연말급인 종신보험의 보험금은 제1보험연도에 100원, 제2보험연도에 200원 등 매년 100원씩 증가한다. 보험료는 연납으로 종신납입이다. 이때 다음을 계산기수를 이용하여 나타내시오.

(a) 연납순보험료

(b) 제10보험연도말 책임준비금을 미래법으로 구하시오.

(c) 제10보험연도말 책임준비금을 과거법으로 구하시오.

풀이

(a) 이 보험의 보험료를 P라고 하면

$$P\ddot{a}_{30} = 100(IA)_{30} \text{이므로 } P = \frac{100(IA)_{30}}{\ddot{a}_{30}} = \frac{100R_{30}}{N_{30}}$$

(b) $_{10}V = 1000A_{40} + 100(IA)_{40} - P\ddot{a}_{40} = \frac{1}{D_{40}}(1000M_{40} + 100R_{40} - PN_{40})$

$$= \frac{1}{D_{40}}\left[1000M_{40} + 100R_{40} - \left(\frac{100R_{30}}{N_{30}}\right)N_{40}\right]$$

(c) $_{10}V = P\ddot{s}_{30:\overline{10|}} - 100 \times \frac{(IA)^1_{30:\overline{10|}}}{_{10}E_{30}}$

$$= P\left(\frac{N_{30} - N_{40}}{D_{40}}\right) - \frac{100(R_{30} - R_{40} - 10M_{40})}{D_{40}}$$

$$= \frac{1}{D_{40}}\left[\left(\frac{100R_{30}}{N_{30}}\right)(N_{30} - N_{40}) - 100(R_{30} - R_{40} - 10M_{40})\right]$$

11 피보험자 (30), 보험금 연말급인 종신보험의 보험금은 30세와 41세 사이에는 10,000원, 41세와 42세 사이에는 9,700원, 42세와 43세 사이에는 9,400원 등 매년 300원씩 감소하여 70세와 71세 사이(지급시점은 71시점)에는 1,000원이 되고 그 이후는 계속 1,000원이다. 보험료는 35년 단기납입 연납보험료일 때 제20보험연도말 책임준비금을

(a) 과거법으로 구하시오.　　　　　　　(b) 미래법으로 구하시오.

풀이

$$\left.\begin{array}{ccccccc} & & & & 300 & \cdots \\ -300 & \cdots & -6000 & -6300 & -6600 & \cdots \end{array}\right\} -300(I_{2\overline{1}|}A)_{50}$$

$$7300 \quad \cdots \quad 7300 \quad 7300 \quad 7300 \cdots \leftarrow 7300M_{50}$$

$$10000 \quad \cdots \quad 10000\ 10000\ 9700\ 9400 \quad \cdots \quad 7300\ 7000 \quad \cdots \quad 1300\ 1000\ 1000\ \cdots$$

| 30 | 31 | ⋯ | 40 | 41 | 42 | 43 | ⋯ | 50 | 51 | ⋯ | 70 | 71 | 72 | ⋯ |

연납보험료를 P라고 하면

$$P\ddot{a}_{30:\overline{35|}} = 10000A_{30} - 300\ _{11|}(I_{\overline{30|}}A)_{30} \text{이므로}$$

$$P = \frac{10000A_{30} - 300 \times\ _{11|}(I_{\overline{30|}}A)_{30}}{\ddot{a}_{30:\overline{35|}}} = \frac{10000M_{30} - 300(R_{41} - R_{71})}{N_{30} - N_{65}}$$

$$= 16.85407$$

(a) $\displaystyle {}_{20}V = P\,\ddot{s}_{\,30:\overline{20|}} - \left[10000\left(\frac{A^{\,1}_{30:\overline{20|}}}{{}_{20}E_{30}} \right) - 300\left(\frac{(IA)^{\,1}_{41:\overline{9|}}}{{}_{9}E_{41}} \right) \right]$

$\displaystyle \qquad = \frac{P(N_{30} - N_{50})}{D_{50}} - \frac{10000(M_{30} - M_{50}) - 300(R_{41} - R_{50} - 9M_{50})}{D_{50}}$

$\displaystyle \qquad = 273.93$

(b) 위 그림을 참고로 하면

$\displaystyle {}_{20}V = \left[7300\,A_{50} - 300\,(I_{\overline{21|}}A)_{50} \right] - P\,\ddot{a}_{\,50:\overline{15|}}$

$\displaystyle \qquad = \frac{\left[7300\,M_{50} - 300\,(R_{50} - R_{71}) \right] - P(N_{50} - N_{65})}{D_{50}} = 273.93 \ \cdots\cdots\ ①$

또는 다음 그림을 참고로 하면

$\displaystyle {}_{20}V = \frac{1}{D_{50}} \left[7000\,(M_{50} - M_{71}) - 300\,(R_{51} - R_{71} - 20M_{71}) \right.$

$\displaystyle \qquad\qquad \left. + 1000\,M_{71} - P\,(N_{50} - N_{65}) \right] \ \cdots\cdots\ ②$

①과 ②는 동일한 식이다. ②로부터 $R_{51} = R_{50} - M_{50}$을 대입하여 정리하면 ②의 우변의 앞부분은

$\displaystyle 7000\,(M_{50} - M_{71}) - 300\,(R_{50} - M_{50} - R_{71} - 20\,M_{71}) + 1000\,M_{71}$

$\displaystyle \qquad = (7000 + 300)\,M_{50} - 300\,(R_{50} - R_{71})$

로 되어 ①의 우변의 앞부분과 동일하게 된다.

12 $\ddot{a}_x + \ddot{a}_{x+2t} = 2\,\ddot{a}_{x+t}$ 일 때 다음을 ${}_tV_x$ 를 이용하여 나타내시오.

(a) ${}_tV_{x+t}$ \qquad\qquad\qquad\qquad (b) ${}_{2t}V_x$

풀이

(a) $\displaystyle {}_tV_{x+t} = 1 - \frac{\ddot{a}_{x+2t}}{\ddot{a}_{x+t}} = 1 - \frac{2\,\ddot{a}_{x+t} - \ddot{a}_x}{\ddot{a}_{x+t}} = \frac{-\ddot{a}_{x+t} + \ddot{a}_x}{\ddot{a}_{x+t}}$

$\displaystyle \qquad = -1 + \frac{\ddot{a}_x}{\ddot{a}_{x+t}} = -1 + \frac{1}{1 - {}_tV_x} = \frac{{}_tV_x}{1 - {}_tV_x}$

(b) $_{2t}V_x = 1 - \dfrac{\ddot{a}_{x+2t}}{\ddot{a}_x} = 1 - \dfrac{2\,\ddot{a}_{x+t} - \ddot{a}_x}{\ddot{a}_x} = 2\left(1 - \dfrac{\ddot{a}_{x+t}}{\ddot{a}_x}\right) = 2 \cdot {}_tV_x$

13 $1 - A_{x+2t} = A_{x+2t} - A_{x+t} = A_{x+t} - A_x$가 성립할 때

(a) $_tV_{x+t}$를 $_tV_x$를 이용하여 나타내시오.

(b) $_tV_x$와 $_tV_{x+t}$의 값을 구하시오.

풀이

(a) 주어진 식으로부터

$$A_{x+2t} = \frac{1}{2}\left(1 + A_{x+t}\right) \qquad \cdots\cdots ①$$

$$A_{x+2t} = 2\,A_{x+t} - A_x \qquad \cdots\cdots ②$$

①을 ②에 대입하면

$$\frac{1}{2}\left(1 + A_{x+t}\right) = 2\,A_{x+t} - A_x$$

$$3\,A_{x+t} - 2\,A_x = 1$$

$$A_{x+t} = \frac{2}{3}\,A_x + \frac{1}{3} \qquad \cdots\cdots ③$$

②를 이용하면

$$_tV_{x+t} = \frac{A_{x+2t} - A_{x+t}}{1 - A_{x+t}} = \frac{2\,A_{x+t} - A_x - A_{x+t}}{1 - \dfrac{2}{3}\,A_x - \dfrac{1}{3}}$$

$$= \frac{A_{x+t} - A_x}{\dfrac{2}{3}\left(1 - A_x\right)} = \frac{3}{2}\,{}_tV_x$$

(b) ③을 이용하면

$$_tV_x = \frac{A_{x+t} - A_x}{1 - A_x} = \frac{\dfrac{2}{3}\,A_x + \dfrac{1}{3} - A_x}{1 - A_x} = \frac{\dfrac{1}{3}\left(1 - A_x\right)}{1 - A_x} = \frac{1}{3}$$

$$_tV_{x+t} = \frac{3}{2}\,{}_tV_x = \frac{3}{2} \times \frac{1}{3} = \frac{1}{2}$$

14 n년만기 정기보험의(보험금 연말급, 보험금 1원) 제 t 보험연도말 책임준비금은 다음과 같음을 보이고 그 의미를 설명하시오.

$$_tV^{\,1}_{x:\,\overline{n|}} = \left(P^{\,1}_{x+t:\,\overline{n-t|}} - P^{\,1}_{x:\,\overline{n|}}\right)\ddot{a}_{x+t:\,\overline{n-t|}}$$

> 풀이

$$_t V^1_{x:\overline{n}|} = A^{\;1}_{x+t:\overline{n-t}|} - P^{\;1}_{x:\overline{n}|}\,\ddot{a}_{x+t:\overline{n-t}|}$$

$$= P^{\;1}_{x+t:\overline{n-t}|}\,\ddot{a}_{x+t:\overline{n-t}|} - P^{\;1}_{x:\overline{n}|}\,\ddot{a}_{x+t:\overline{n-t}|}$$

$$= (P^{\;1}_{x+t:\overline{n-t}|} - P^{\;1}_{x:\overline{n}|})\,\ddot{a}_{x+t:\overline{n-t}|}$$

위 식은 다음을 의미한다. $x+t$세(t시점)에게 $n-t$기간 동안 보험금 1원의 보험급부를 제공하는데 필요한 APV1은 $P^{\;1}_{x+t:\overline{n-t}|}\,\ddot{a}_{x+t:\overline{n-t}|}$ 이다. x세(0시점)에 가입되어 있는 보험(남은기간이 $n-t$년)의 경우, $x+t$세로부터 실제로 받을 미래 보험료의 APV2는 $P^{\;1}_{x:\overline{n}|}\,\ddot{a}_{x+t:\overline{n-t}|}$ 이다. 따라서 x세에 가입되어 있는 $x+t$세인 피보험자에게 대해서 향후 $n-t$기간 동안 APV1 − APV2 만큼을 책임준비금으로 가지고 있어야 $P^{\;1}_{x:\overline{n}|}$ 의 보험료를 받으며 $n-t$기간 동안 보험급부를 제공할 수 있다.

15 양의 정수 k, m, $n\,(k<m<n)$에 대하여

$$1 - A_{x+m:\overline{n-m}|} = A_{x+k:\overline{n-k}|} - A_{x:\overline{n}|}$$

$$= A_{x+m:\overline{n-m}|} - A_{x+k:\overline{n-k}|}$$

가 성립할 때 $_k V_{x:\overline{n}|}$ 과 $_{m-k} V_{x+k:\overline{n-k}|}$ 의 값을 구하시오.

> 풀이

$$A_{x:\overline{n}|} = 1 - d\,\ddot{a}_{x:\overline{n}|}, \quad A_{x+k:\overline{n-k}|} = 1 - d\,\ddot{a}_{x+k:\overline{n-k}|}$$

$$A_{x+m:\overline{n-m}|} = 1 - d\,\ddot{a}_{x+m:\overline{n-m}|} \text{이고}$$

$$1 - A_{x+m:\overline{n-m}|} = A_{x+k:\overline{n-k}|} - A_{x:\overline{n}|} = A_{x+m:\overline{n-m}|} - A_{x+k:\overline{n-k}|} \text{이므로}$$

$$\ddot{a}_{x+m:\overline{n-m}|} = \ddot{a}_{x:\overline{n}|} - \ddot{a}_{x+k:\overline{n-k}|} = \ddot{a}_{x+k:\overline{n-k}|} - \ddot{a}_{x+m:\overline{n-m}|}$$

또한,

$$\ddot{a}_{x+m:\overline{n-m}|} = \frac{1}{2}\,\ddot{a}_{x+k:\overline{n-k}|} \text{이고}$$

$$\ddot{a}_{x:\overline{n}|} = \ddot{a}_{x+m:\overline{n-m}|} + \ddot{a}_{x+k:\overline{n-k}|} = \frac{3}{2}\,\ddot{a}_{x+k:\overline{n-k}|} \text{ 임을 알 수 있으며}$$

$$\frac{\ddot{a}_{x+m:\overline{n-m}|}}{\ddot{a}_{x+k:\overline{n-k}|}} = \frac{1}{2}, \qquad\qquad \frac{\ddot{a}_{x+k:\overline{n-k}|}}{\ddot{a}_{x:\overline{n}|}} = \frac{2}{3}$$

따라서 $_k V_{x:\overline{n}|} = 1 - \dfrac{\ddot{a}_{x+k:\overline{n-k}|}}{\ddot{a}_{x:\overline{n}|}} = 1 - \dfrac{2}{3} = \dfrac{1}{3}$

$$_{m-k} V_{x+k:\overline{n-k}|} = 1 - \frac{\ddot{a}_{x+m:\overline{n-m}|}}{\ddot{a}_{x+k:\overline{n-k}|}} = 1 - \frac{1}{2} = \frac{1}{2}$$

16 $t < m < n$일 때 다음을 증명하시오.

$$_t^m V_{x:\overline{n|}} = A_{x:\overline{n|}}\, _t V_{x:\overline{m|}} + (1 - A_{x:\overline{n|}})\, _t V_{x:\overline{n|}}$$

풀이

$$우변 = A_{x:\overline{n|}}\left(1 - \frac{\ddot{a}_{x+t:\overline{m-t|}}}{\ddot{a}_{x:\overline{m|}}}\right) + (1 - A_{x:\overline{n|}})\left(1 - \frac{\ddot{a}_{x+t:\overline{n-t|}}}{\ddot{a}_{x:\overline{n|}}}\right)$$

$$= -A_{x:\overline{n|}}\frac{\ddot{a}_{x+t:\overline{m-t|}}}{\ddot{a}_{x:\overline{m|}}} + 1 - (1 - A_{x:\overline{n|}})\frac{\ddot{a}_{x+t:\overline{n-t|}}}{\ddot{a}_{x:\overline{n|}}}$$

$$= -_m P_{x:\overline{n|}}\,\ddot{a}_{x+t:\overline{m-t|}} + 1 - (d\,\ddot{a}_{x:\overline{n|}})\frac{\ddot{a}_{x+t:\overline{n-t|}}}{\ddot{a}_{x:\overline{n|}}}$$

$$= (1 - d\,\ddot{a}_{x+t:\overline{n-t|}}) - _m P_{x:\overline{n|}}\,\ddot{a}_{x+t:\overline{m-t|}}$$

$$= A_{x+t:\overline{n-t|}} - _m P_{x:\overline{n|}}\,\ddot{a}_{x+t:\overline{m-t|}} = _t^m V_{x:\overline{n|}}$$

17 $_{10}V_{35} = 0.150$, $_{20}V_{35} = 0.354$일 때 $_{10}V_{45}$를 구하시오.

풀이

$$_{10}V_{35} = 1 - \frac{\ddot{a}_{45}}{\ddot{a}_{35}} = 0.150 이므로 \quad \frac{\ddot{a}_{45}}{\ddot{a}_{35}} = 0.850$$

$$_{20}V_{35} = 1 - \frac{\ddot{a}_{55}}{\ddot{a}_{35}} = 0.354 이므로 \quad \frac{\ddot{a}_{55}}{\ddot{a}_{35}} = 0.646$$

위의 두 식으로부터

$$\frac{\ddot{a}_{55}}{\ddot{a}_{35}} \div \frac{\ddot{a}_{45}}{\ddot{a}_{35}} = \frac{0.646}{0.850} = 0.76 = \frac{\ddot{a}_{55}}{\ddot{a}_{45}} 이므로$$

$$_{10}V_{45} = 1 - \frac{\ddot{a}_{55}}{\ddot{a}_{45}} = 1 - 0.76 = 0.24$$

18 (a) $A_x = 0.2$, $A_{x+t} = 0.3$일 때 $_t V_x$의 값을 구하시오.

(b) $_t V_x = 0.150$, $A_{x+t} = 0.300$, $i = 0.05$일 때 P_x의 값을 구하시오.

풀이

(a) $$_t V_x = \frac{A_{x+t} - A_x}{1 - A_x} = \frac{0.3 - 0.2}{1 - 0.2} = 0.125$$

(b) $$_t V_x = A_{x+t} - P_x\,\ddot{a}_{x+t} = A_{x+t} - P_x\left(\frac{1 - A_{x+t}}{d}\right)$$

$$= A_{x+t} - \frac{1+i}{i} P_x (1 - A_{x+t}) \text{이므로}$$

$$P_x = \frac{i}{1+i} \times \frac{A_{x+t} - {_t}V_x}{1 - A_{x+t}} = 0.010204$$

19 다음 ( ) 안에 들어갈 적당한 값이나 기호를 구하시오.

(a) ${_t}V_{x:\overline{n}|} = \dfrac{P_{x+t:\overline{n-t}|} - P_{x:\overline{n}|}}{(\qquad)}$

(b) ${_t}V_{x:\overline{n}|}^{(m)} \fallingdotseq {_t}V_{x:\overline{n}|} + \dfrac{m-1}{2m}(\qquad)$

(c) ${_t}V_x^{(m)} \fallingdotseq {_t}V_x\left\{(\qquad) + \dfrac{m-1}{2m} P_x^{(m)}\right\}$

(d) ${_t}V_{x:\overline{n}|} = \dfrac{P_{x:\overline{n}|} - (\qquad)}{{_t}E_x} \times \ddot{a}_{x:\overline{t}|}$

풀이

(a) ${_t}V_{x:\overline{n}|} = A_{x+t:\overline{n-t}|} - P_{x:\overline{n}|}\, \ddot{a}_{x+t:\overline{n-t}|} = (P_{x+t:\overline{n-t}|} - P_{x:\overline{n}|})\, \ddot{a}_{x+t:\overline{n-t}|}$

$\qquad = \dfrac{P_{x+t:\overline{n-t}|} - P_{x:\overline{n}|}}{P_{x+t:\overline{n-t}|} + d}$

따라서 ( ) 안에 들어갈 기호는 $P_{x+t:\overline{n-t}|} + d$ 이다.

(b) 식 (6.2.5.12)를 참조하면 ( ) 안에 들어갈 기호는 $P_{x:\overline{n}|}^{(m)}\, {_t}V_{x:\overline{n}|}^1$ 이다.

(c) 식 (6.2.5.10)을 참조하면 ( ) 안에 들어갈 값은 1이다.

(d) ${_t}V_{x:\overline{n}|} = P_{x:\overline{n}|}\, \ddot{s}_{x:\overline{t}|} - {_t}k_x = P_{x:\overline{n}|} \times \dfrac{\ddot{a}_{x:\overline{t}|}}{{_t}E_x} - \dfrac{A_{x:\overline{t}|}^1}{{_t}E_x}$

$\qquad = \dfrac{P_{x:\overline{n}|}\, \ddot{a}_{x:\overline{t}|} - P_{x:\overline{t}|}^1\, \ddot{a}_{x:\overline{t}|}}{{_t}E_x} = \dfrac{P_{x:\overline{n}|} - P_{x:\overline{t}|}^1}{{_t}E_x} \times \ddot{a}_{x:\overline{t}|}$

따라서 ( ) 안에 들어갈 기호는 $P_{x:\overline{t}|}^1$ 이다.

20 n년만기 생사혼합보험을 가입 후 t년 경과시에 m년만기 생사혼합보험으로 변경하고자 한다($n > m$). 변경에 따른 추가 필요금액은 t시점 이후의 전기납입($m-t$년) 연납평준순보험료로 충당하고자 한다. 변경 후의 연납평준순보험료를 P라고 할 때

(a) $P = P_{x+t:\overline{m-t}|} - \dfrac{{_t}V_{x:\overline{n}|}}{\ddot{a}_{x+t:\overline{m-t}|}}$ 임을 증명하시오.

(b) (a)를 이용하여 $P = P_{x:\overline{m|}} + \dfrac{{}_tV_{x:\overline{m|}} - {}_tV_{x:\overline{n|}}}{\ddot{a}_{x+t:\overline{m-t|}}}$ 임을 증명하시오.

> 풀이

(a) 식 (6.1.6.17)과 연습문제 14번을 참조하면(n이 m으로 변경됨) 다음 식이 성립한다.

$$ {}_tV_{x:\overline{n|}} + P\,\ddot{a}_{x+t:\overline{m-t|}} = P_{x+t:\overline{m-t|}}\,\ddot{a}_{x+t:\overline{m-t|}} $$

따라서

$$ P = \frac{1}{\ddot{a}_{x+t:\overline{m-t|}}}\left[P_{x+t:\overline{m-t|}}\,\ddot{a}_{x+t:\overline{m-t|}} - {}_tV_{x:\overline{n|}} \right] $$

$$ = P_{x+t:\overline{m-t|}} - \frac{{}_tV_{x:\overline{n|}}}{\ddot{a}_{x+t:\overline{m-t|}}} $$

(b) (a)로부터 $P = P_{x+t:\overline{m-t|}} - \dfrac{{}_tV_{x:\overline{n|}}}{\ddot{a}_{x+t:\overline{m-t|}}}$

$$ = P_{x:\overline{m|}} + \frac{A_{x+t:\overline{m-t|}}}{\ddot{a}_{x+t:\overline{m-t|}}} - P_{x:\overline{m|}} - \frac{{}_tV_{x:\overline{n|}}}{\ddot{a}_{x+t:\overline{m-t|}}} $$

$$ = P_{x:\overline{m|}} + \frac{{}_tV_{x:\overline{m|}} - {}_tV_{x:\overline{n|}}}{\ddot{a}_{x+t:\overline{m-t|}}} $$

21 $p_x = 0.5$, $A^1_{x:\overline{1|}} = 0.4$, ${}_1V_x = 0.05$일 때 P_x를 구하시오.

> 풀이

$${}_1V_x = P_x\left(\frac{D_x}{D_{x+1}}\right) - \frac{C_x}{D_{x+1}}$$ 이므로

$$P_x = \left(\frac{D_{x+1}}{D_x}\right){}_1V_x + \frac{C_x}{D_x} = v\,p_x\,{}_1V_x + A^1_{x:\overline{1|}} \qquad \cdots\cdots ①$$

$A^1_{x:\overline{1|}} = v\,q_x = v(1 - p_x)$이므로

$$v = \frac{A^1_{x:\overline{1|}}}{1 - p_x} \qquad \cdots\cdots ②$$

②를 ①에 대입하면

$$P_x = \left(\frac{A^1_{x:\overline{1|}}}{1 - p_x}\right)p_x\,{}_1V_x + A^1_{x:\overline{1|}} = 0.42$$

22 동일한 순보험료 P를 매년 납입하는 계약 I과 II를 고려한다. 계약 I은 x세 가입의 n년만기 생사혼합보험(보험금 연말급, 연납), 계약 II는 x세 가입의 m년만기 생사혼합

보험(보험금 연말급, 연납)이다. 제t보험연도의 순보험료식 책임준비금을 각각 $_tV^{(\mathrm{I})}$과 $_tV^{(\mathrm{II})}$라고 표시할 때 $_tV^{(\mathrm{I})} \geq {_tV^{(\mathrm{II})}}$임을 증명하시오. 단, $m > n$이고 $0 \leq t \leq n$이다.

풀이

$$A_{x:\overline{n}|} = 1 - d\,\ddot{a}_{x:\overline{n}|}, \qquad P_{x:\overline{n}|} = \frac{1}{\ddot{a}_{x:\overline{n}|}} - d$$

$$A_{x:\overline{m}|} = 1 - d\,\ddot{a}_{x:\overline{m}|}, \qquad P_{x:\overline{m}|} = \frac{1}{\ddot{a}_{x:\overline{m}|}} - d$$

$n < m$이므로 $\ddot{a}_{x:\overline{m}|} > \ddot{a}_{x:\overline{n}|}$이다. 그러므로

$$P_{x:\overline{n}|} > P_{x:\overline{m}|}$$

동일한 보험료 P를 납입하므로 계약 I과 계약 II는 보험금이 다르다. 보험금을 각각 $R^{(\mathrm{I})}$, $R^{(\mathrm{II})}$라고 하면

$$R^{(\mathrm{I})} = \frac{P}{P_{x:\overline{n}|}}, \qquad R^{(\mathrm{II})} = \frac{P}{P_{x:\overline{m}|}}$$

이므로 $R^{(\mathrm{II})} > R^{(\mathrm{I})}$이다.

과거법을 이용하면

$$_tV^{(\mathrm{I})} = P\,\frac{N_x - N_{x+t}}{D_{x+t}} - R^{(\mathrm{I})}\frac{M_x - M_{x+t}}{D_{x+t}}$$

$$_tV^{(\mathrm{II})} = P\,\frac{N_x - N_{x+t}}{D_{x+t}} - R^{(\mathrm{II})}\frac{M_x - M_{x+t}}{D_{x+t}}$$

$$_tV^{(\mathrm{I})} - {_tV^{(\mathrm{II})}} = \left(R^{(\mathrm{II})} - R^{(\mathrm{I})}\right)\frac{M_x - M_{x+t}}{D_{x+t}} \geq 0$$

따라서 $_tV^{(\mathrm{I})} \geq {_tV^{(\mathrm{II})}}$이다. 등호는 $t = 0$일 때이다.

23 다음 식을 증명하시오.

(a) $P^{\,1}_{x:\overline{t}|} = \dfrac{P_x - {_tV_x} \cdot P_{x:\overline{t}|}}{1 - {_tV_x}}$
(b) $P_{x:\overline{t}|}^{\ 1} = \dfrac{P_{x:\overline{t}|} - P_x}{1 - {_tV_x}}$

풀이

(a) $P_{x:\overline{t}|}^{\ 1} + P^{\,1}_{x:\overline{t}|} = P_{x:\overline{t}|}$ ...... ①

과거법으로부터

$$_tV_x = \frac{1}{D_{x+t}}\left[P_x(N_x - N_{x+t}) - (M_x - M_{x+t})\right] \quad\cdots\cdots ②$$

$$P_{x:\overline{t}|}^{\ 1} = \frac{D_{x+t}}{N_x - N_{x+t}} \quad\cdots\cdots ③, \qquad P^{\,1}_{x:\overline{t}|} = \frac{M_x - M_{x+t}}{N_x - N_{x+t}} \quad\cdots\cdots ④$$

$_tV_x\,P_{x:\overline{t}|}^{\,1}$의 값을 ② × ③로 구하면

$$_tV_x\,P_{x:\overline{t}|}^{\,1} = P_x - \frac{M_x - M_{x+t}}{N_x - N_{x+t}} = P_x - P_{x:\overline{t}|}^{\,1}$$

①을 이용하면

$$_tV_x\left(P_{x:\overline{t}|} - P_{x:\overline{t}|}^{\,1}\right) = P_x - P_{x:\overline{t}|}^{\,1}$$

따라서 $P_{x:\overline{t}|}^{\,1} = \dfrac{P_x - {}_tV_x\,P_{x:\overline{t}|}}{1 - {}_tV_x}$

(b) (a)로부터

$$P_{x:\overline{t}|}^{\,1} = P_{x:\overline{t}|} - P_{x:\overline{t}|}^{\,1} = P_{x:\overline{t}|} - \frac{P_x - {}_tV_x\,P_{x:\overline{t}|}}{1 - {}_tV_x}$$

$$= \frac{P_{x:\overline{t}|}\left(1 - {}_tV_x\right) - P_x + {}_tV_x\,P_{x:\overline{t}|}}{1 - {}_tV_x} = \frac{P_{x:\overline{t}|} - P_x}{1 - {}_tV_x}$$

24 $\ddot{a}_{x+t} + \ddot{a}_{x+3t} = 3\,\ddot{a}_{x+2t}$일 때 다음을 증명하시오.

$$_tV_{x+2t} = \frac{2\cdot{}_tV_{x+t} - 1}{1 - {}_tV_{x+t}}$$

풀이

$$_tV_{x+2t} = 1 - \frac{\ddot{a}_{x+3t}}{\ddot{a}_{x+2t}} = 1 - \frac{3\,\ddot{a}_{x+2t} - \ddot{a}_{x+t}}{\ddot{a}_{x+2t}}$$

$$= -2 + \frac{\ddot{a}_{x+t}}{\ddot{a}_{x+2t}} = -2 + \frac{1}{1 - {}_tV_{x+t}} = \frac{2\cdot{}_tV_{x+t} - 1}{1 - {}_tV_{x+t}}$$

25 $2A_x + A_{x+3t} = 3A_{x+t}$이고, $_tV_x = 0.2$일 때 $_{3t}V_x$의 값을 구하시오.

풀이

$$_{3t}V_x = \frac{A_{x+3t} - A_x}{1 - A_x} = \frac{3A_{x+t} - 2A_x - A_x}{1 - A_x} = \frac{3\left(A_{x+t} - A_x\right)}{1 - A_x} = 3\cdot{}_tV_x = 0.6$$

Ⅱ. 일반이론

1. 책임준비금(완전연속의 경우)

(1) 미래법 책임준비금

보험의 종류	책임준비금 기호	미래법 책임준비금	
종신납입 종신보험	$_t\bar{V}(\bar{A}_x)$	$\bar{A}_{x+t} - \bar{P}(\bar{A}_x)\,\bar{a}_{x+t}$	
n년만기 정기보험	$_t\bar{V}(\bar{A}^{\,1}_{x:\overline{n}\|})$	$\bar{A}^{\,1}_{x+t:\overline{n-t}\|} - \bar{P}(\bar{A}^{\,1}_{x:\overline{n}\|})\,\bar{a}_{x+t:\overline{n-t}\|},$ $0,$	$t < n$ $t = n$
n년만기 생사혼합보험	$_t\bar{V}(\bar{A}_{x:\overline{n}\|})$	$\bar{A}_{x+t:\overline{n-t}\|} - \bar{P}(\bar{A}_{x:\overline{n}\|})\,\bar{a}_{x+t:\overline{n-t}\|},$ $1,$	$t < n$ $t = n$
h년 유한납입 종신보험	$_t^h\bar{V}(\bar{A}_x)$	$\bar{A}_{x+t} - {}_h\bar{P}(\bar{A}_x)\,\bar{a}_{x+t:\overline{h-t}\|},$ $\bar{A}_{x+t},$	$t < h$ $t \geq h$
h년 유한납입 n년만기 생사혼합보험	$_t^h\bar{V}(\bar{A}_{x:\overline{n}\|})$	$\bar{A}_{x+t:\overline{n-t}\|} - {}_h\bar{P}(\bar{A}_{x:\overline{n}\|})\,\bar{a}_{x+t:\overline{h-t}\|},$ $\bar{A}_{x+t:\overline{n-t}\|},$ $1,$	$t < h$ $h \leq t < n$ $t = n$
n년만기 생존보험	$_t\bar{V}(A_{x:\overline{n}\|}^{\;\;1})$	$A_{x+t:\overline{n-t}\|}^{\;\;1} - \bar{P}(A_{x:\overline{n}\|}^{\;\;1})\,\bar{a}_{x+t:\overline{n-t}\|},$ $1,$	$t < n$ $t = n$
n년거치 종신연금	$_t\bar{V}({}_{n\|}\bar{a}_x)$	$A_{x+t:\overline{n-t}\|}^{\;\;1}\,\bar{a}_{x+n} - \bar{P}({}_{n\|}\bar{a}_x)\,\bar{a}_{x+t:\overline{n-t}\|},$ $\bar{a}_{x+t},$	$t < n$ $t \geq n$

(2) 책임준비금과 관련된 공식

(i) 보험료 차액공식

$$_t\bar{V}(\bar{A}_{x:\overline{n}\|}) = \left[\bar{P}(\bar{A}_{x+t:\overline{n-t}\|}) - \bar{P}(\bar{A}_{x:\overline{n}\|})\right]\bar{a}_{x+t:\overline{n-t}\|}$$

(ii) 납제보험의 공식

$$_t\bar{V}(\bar{A}_{x:\overline{n}\|}) = \left[1 - \frac{\bar{P}(\bar{A}_{x:\overline{n}\|})}{\bar{P}(\bar{A}_{x+t:\overline{n-t}\|})}\right]\bar{A}_{x+t:\overline{n-t}\|}$$

(iii) $E({}_tL) = {}_tV$ 관련 기타 관계식

$$_tV(\bar{A}_x) = 1 - \frac{\bar{a}_{x+t}}{\bar{a}_x} = \frac{\bar{P}(\bar{A}_{x+t}) - \bar{P}(\bar{A}_x)}{\bar{P}(\bar{A}_{x+t}) + \delta} = \frac{\bar{A}_{x+t} - \bar{A}_x}{1 - \bar{A}_x}$$

$$_tV(\bar{A}_{x:\overline{n}|}) = 1 - \frac{\bar{a}_{x+t:\overline{n-t}|}}{\bar{a}_{x:\overline{n}|}} = \frac{\bar{P}(\bar{A}_{x+t:\overline{n-t}|}) - \bar{P}(\bar{A}_{x:\overline{n}|})}{\bar{P}(\bar{A}_{x+t:\overline{n-t}|}) + \delta}$$

$$= \frac{\bar{A}_{x+t:\overline{n-t}|} - \bar{A}_{x:\overline{n}|}}{1 - \bar{A}_{x:\overline{n}|}}$$

(3) 미래손실(${}_tV$)의 분산

(i) $\text{Var}({}_tL) = \left[1 + \frac{\bar{P}(\bar{A}_x)}{\delta}\right]^2 \left[{}^2\bar{A}_{x+t} - (\bar{A}_{x+t})^2\right]$

$$= \left(\frac{1}{\delta\,\bar{a}_x}\right)^2 \left[{}^2\bar{A}_{x+t} - (\bar{A}_{x+t})^2\right] = \frac{{}^2\bar{A}_{x+t} - (\bar{A}_{x+t})^2}{(1 - \bar{A}_x)^2}$$

(ii) $\text{Var}({}_kL) = \left(1 + \frac{P_{x:\overline{n}|}}{d}\right)^2 \left[{}^2A_{x+k:\overline{n-k}|} - (A_{x+k:\overline{n-k}|})^2\right]$

$$= \frac{{}^2A_{x+k:\overline{n-k}|} - (A_{x+k:\overline{n-k}|})^2}{(d\,\ddot{a}_{x:\overline{n}|})^2} = \frac{{}^2A_{x+k:\overline{n-k}|} - (A_{x+k:\overline{n-k}|})^2}{(1 - A_{x:\overline{n}|})^2}$$

2. 보험금 사망즉시급(연납, 연 m회납 보험료)

(1) 반연속보험

(i) $_kV(\bar{A}_x) = \frac{i}{\delta}\,{}_kV_x$

(ii) $_kV(\bar{A}_{x:\overline{n}|}) = \frac{i}{\delta}\,{}_kV^{\,1}_{x:\overline{n}|} + {}_kV_{x:\overline{n}|}^{1} \neq \frac{i}{\delta}\,{}_kV_{x:\overline{n}|}$

(2) 연 m회납 보험료(UDD가정)

(i) $_k^hV^{(m)}\left(\bar{A}_{x:\overline{n}|}\right) = {}_k^hV\left(\bar{A}_{x:\overline{n}|}\right) + \beta(m)\,{}_hP^{(m)}\left(\bar{A}_{x:\overline{n}|}\right)\,{}_kV^{\,1}_{x:\overline{h}|}$

(ii) $_k^hV^{(m)}_{x:\overline{n}|} = {}_k^hV_{x:\overline{n}|} + \beta(m)\,{}_hP^{(m)}_{x:\overline{n}|}\,{}_kV^{\,1}_{x:\overline{h}|}$

(iii) $_k^h\bar{V}\left(\bar{A}_{x:\overline{n}|}\right) = {}_k^hV\left(\bar{A}_{x:\overline{n}|}\right) + \beta(\infty)\,{}_h\bar{P}\left(\bar{A}_{x:\overline{n}|}\right)\,{}_kV^{\,1}_{x:\overline{h}|}$

(3) 연 m 회납 보험료(전통적 근사치)

(i) $_kV_x^{(m)} = {}_kV_x \left\{ 1 + \dfrac{m-1}{2m} P_x^{(m)} \right\}$

(ii) $_kV_{x:\overline{n}|}^{(m)} = {}_kV_{x:\overline{n}|} + \dfrac{m-1}{2m} P_{x:\overline{n}|}^{(m)} \, {}_kV_{x:\overline{n}|}^{\,1}$

(iii) $_k^hV_x^{(m)} = {}_k^hV_x + \dfrac{m-1}{2m} {}_hP_x^{(m)} \, {}_kV_{x:\overline{h}|}^{\,1}$

(iv) $_k^hV_{x:\overline{n}|}^{(m)} = {}_k^hV_{x:\overline{n}|} + \dfrac{m-1}{2m} {}_hP_{x:\overline{n}|}^{(m)} \, {}_kV_{x:\overline{h}|}^{\,1}$

3. 순보험료의 분해와 재귀식

(1) 책임준비금의 재귀식

$$({}_tV + \pi_t)\,(1+i) = b_{t+1}\, q_{x+t} + p_{x+t}\, {}_{t+1}V$$
$$= q_{x+t}\,(b_{t+1} - {}_{t+1}V) + {}_{t+1}V$$

(2) 재귀식의 응용

$$_kV = \sum_{t=0}^{k-1} \pi_t (1+i)^{k-t} - \sum_{t=1}^{k} q_{x+t-1}(b_t - {}_tV)(1+i)^{k-t}$$

(3) Fackler의 적립공식

$$_{t+1}V = \frac{({}_tV + \pi_t)\,(1+i) - b_{t+1}\, q_{x+t}}{p_{x+t}} = ({}_tV + \pi_t)\, u_{x+t} - k_{x+t}$$

4. 단수기간 경우의 책임준비금

$$_{k+s}V \fallingdotseq (1-s)\cdot{}_kV + s\cdot{}_{k+1}V + (1-s)\pi_k$$

5. 책임준비금과 미분방정식

$$\frac{d}{dt}\,{}_t\overline{V} = \pi_t + (\delta + \mu_{x+t})\,{}_t\overline{V} - b_t\,\mu_{x+t}$$

6. 특수한 생존분포와 책임준비금

(1) CFM가정하의 책임준비금

(i) $_t\bar{V}(\bar{A}_x) = \bar{A}_{x+t} - \bar{P}(\bar{A}_x)\,\bar{a}_{x+t}$

$$= \frac{\mu}{\mu+\delta} - \mu\,\frac{1}{\mu+\delta} = 0$$

(ii) $_t\bar{V}(\bar{A}^1_{x:\overline{n|}}) = \bar{A}^1_{x+t:\overline{n-t|}} - \bar{P}(\bar{A}^1_{x:\overline{n|}})\,\bar{a}_{x+t:\overline{n-t|}}$

$$= \frac{\mu(1-e^{-(n+\delta)(n-t)})}{\mu+\delta} - \mu\,\frac{(1-e^{-(\mu+\delta)(n-t)})}{\mu+\delta} = 0$$

(iii) $_t\bar{V}(\bar{A}_{x:\frac{1}{n|}}) = A_{x+t:\frac{1}{n-t|}} - \bar{P}(A_{x:\frac{1}{n|}})\,\bar{a}_{x+t:\overline{n-t|}}$

$$= e^{-(\mu+\delta)(n-t)} - \frac{e^{-(\mu+\delta)n}}{(1-e^{-(\mu+\delta)n})/(\mu+\delta)}\,\frac{1-e^{-(\mu+\delta)(n-t)}}{\mu+\delta}$$

$$= \frac{e^{-(\mu+\delta)n}\left[e^{-(\mu+\delta)t}-1\right]}{1-e^{-(\mu+\delta)n}}$$

(iv) $_kV_x = 0,$ $\qquad _kV^1_{x:\overline{n|}} = 0,$ $\qquad _kV_{x:\frac{1}{n|}} = \dfrac{(vp)^n\left[1-(vp)^{-k}\right]}{(vp)^n-1}$

(v) $_kV(\bar{A}_x) = \bar{A}_{x+k} - P(\bar{A}_x)\,\ddot{a}_{x+k}$

$$= \frac{\mu}{\mu+\delta} - \frac{\mu(q+i)}{\mu+\delta(1+i)}\,\frac{1+i}{q+i} = 0$$

(2) De Moivre 법칙하의 책임준비금

(i) $_t\bar{V}(\bar{A}_x) = \bar{A}_{x+t} - \bar{P}(\bar{A}_x)\,\bar{a}_{x+t}$

$$= \frac{\bar{a}_{\overline{\omega-x-t|}}}{\omega-x-t} - \frac{\bar{a}_{\overline{\omega-x|}}}{(\bar{D}\bar{a})_{\overline{\omega-x|}}}\,\frac{(\bar{D}\bar{a})_{\overline{\omega-x-t|}}}{\omega-x-t}$$

(ii) $_kV_x = A_{x+k} - P_x\,\ddot{a}_{x+k}$

$$= \frac{a_{\overline{\omega-x-k|}}}{\omega-x-k} - \frac{a_{\overline{\omega-x|}}}{(D\ddot{a})_{\overline{\omega-x|}}}\,\frac{(D\ddot{a})_{\overline{\omega-x-k|}}}{\omega-x-k}$$

(iii) $_kV(\bar{A}_x) = \bar{A}_{x+k} - P(\bar{A}_x)\,\ddot{a}_{x+k}$

$$= \frac{\bar{a}_{\overline{\omega-x-k|}}}{\omega-x-k} - \frac{\bar{a}_{\overline{\omega-x|}}}{(D\ddot{a})_{\overline{\omega-x|}}}\,\frac{(D\ddot{a})_{\overline{\omega-x-k|}}}{\omega-x-k}$$

6.2 기본연습문제

01 피보험자 (50)이 가입한 보험금 1원, 전기납입, 완전연속 종신보험을 고려한다. 다음 자료를 이용하여 제15보험연도말 책임준비금 $_{15}\overline{V}(\overline{A}_{50})$를 구하시오.

(i) 사망법칙은 $\omega = 110$인 De Moivre 법칙을 따른다.

(ii) $\bar{a}_{\overline{45|}} = 16.92$, $\bar{a}_{\overline{60|}} = 13.61$

풀이

$$_{15}\overline{V}(\overline{A}_{50}) = \frac{\overline{A}_{65} - \overline{A}_{50}}{1 - \overline{A}_{50}} = \frac{\dfrac{\bar{a}_{\overline{45|}}}{45} - \dfrac{\bar{a}_{\overline{60|}}}{60}}{1 - \dfrac{\bar{a}_{\overline{60|}}}{60}} = \frac{\dfrac{16.92}{45} - \dfrac{13.61}{60}}{1 - \dfrac{13.61}{60}} = 0.19293$$

02 피보험자 (25), 보험금 사망즉시급, 연속납보험료, 보험금 1원의 종신보험을 고려한다. $_0L$을 보험회사의 미래손실을 나타내는 확률변수라고 하면 다음 자료를 이용하여 $_{20}\overline{V}(\overline{A}_{25})$를 구하시오.

(i) $\mathrm{Var}(_0L) = 0.2$　　　　(ii) $\overline{A}_{45} = 0.7$　　　　(iii) $^2\overline{A}_{25} = 0.3$

풀이

$$\mathrm{Var}(_0L) = \frac{^2\overline{A}_{25} - (\overline{A}_{25})^2}{(\delta\,\bar{a}_{25})^2} = \frac{^2\overline{A}_{25} - (\overline{A}_{25})^2}{(1 - \overline{A}_{25})^2}$$ 이므로

$\overline{A}_{25} = x \ (x > 0)$라고 하면 $0.2(1 - x)^2 = (0.3 - x^2)$

$1.2\,x^2 - 0.4x - 0.1 = 0$이므로

$x = \dfrac{0.4 \pm \sqrt{0.16 + 0.48}}{2.4} = \dfrac{1}{2}$ 또는 $-\dfrac{1}{6}$

$x > 0$이므로 $\overline{A}_{25} = 0.5$

따라서 $_{20}\overline{V}(\overline{A}_{25}) = \dfrac{\overline{A}_{45} - \overline{A}_{25}}{1 - \overline{A}_{25}} = \dfrac{0.7 - 0.5}{1 - 0.5} = 0.4$

03 (a) 보험금 사망즉시급, 연속납보험료, 보험금 1원의 종신보험의 경우 $\mu = \delta = 0.06$일 때 $E(_tL)$과 $\mathrm{Var}(_tL)$을 구하시오.

(b) 피보험자 (30), 보험금 사망즉시급, 연속납보험료, 보험금 1원의 종신보험의 경우 사

망법칙은 $\omega = 90$인 De Moivre의 법칙을 따르고 $\delta = 0.03$이다. 연납평준순보험료는 수지상등의 원칙에 의하여 결정될 때 $E({}_{30}L)$과 $\text{Var}({}_{30}L)$을 구하시오($v^{30} = 0.4$를 이용하시오).

풀이

(a) 사력이 일정하므로 사망법칙이 CFM을 따른다. 따라서 $E({}_tL) = {}_tV = 0$이고

$$\text{Var}({}_tL) = \frac{{}^2\bar{A}_{x+t} - (\bar{A}_{x+t})^2}{(\delta \bar{a}_x)^2} = \frac{\frac{\mu}{\mu + 2\delta} - \left(\frac{\mu}{\mu + \delta}\right)^2}{\left(\frac{\delta}{\mu + \delta}\right)^2} = \frac{\frac{1}{3} - \left(\frac{1}{2}\right)^2}{\left(\frac{1}{2}\right)^2} = \frac{1}{3}$$

(b) $E({}_{30}L)$, $\text{Var}({}_{30}L)$을 구하기 위해 $\bar{A}_{30}$, $\bar{A}_{60}$, ${}^2\bar{A}_{60}$을 구해보자. 사망법칙이 De Moivre 법칙을 따르므로

$$\bar{A}_{30} = \frac{\bar{a}_{\overline{60}|}}{60} = \frac{1}{60} \times \frac{1 - v^{60}}{\delta} = \frac{1 - (0.4)^2}{60 \times 0.03} = \frac{7}{15}$$

$$\bar{A}_{60} = \frac{\bar{a}_{\overline{30}|}}{30} = \frac{1}{30} \times \frac{1 - v^{30}}{\delta} = \frac{1 - (0.4)}{30 \times 0.03} = 0.666667$$

$$^2\bar{A}_{60} = \frac{\bar{a}_{\overline{30}|2\delta}}{30} = \frac{1}{30} \times \frac{1 - v^{60}}{2\delta} = \frac{1 - (0.4)^2}{60 \times 0.03} = 0.466667$$

따라서

$$E({}_{30}L) = \frac{\bar{A}_{60} - \bar{A}_{30}}{1 - \bar{A}_{30}} = 0.375$$

$$\text{Var}({}_{30}L) = \frac{{}^2\bar{A}_{60} - (\bar{A}_{60})^2}{(\delta \bar{a}_{30})^2} = \frac{{}^2\bar{A}_{60} - (\bar{A}_{60})^2}{(1 - \bar{A}_{30})^2} = 0.078125$$

04 보험금 사망즉시급, 연속납보험료, 보험금 1원의 종신보험의 경우 $\text{Var}({}_tL) = \frac{11}{10} E({}_tL)$이 성립한다. ${}^2\bar{A}_{x+t} = 0.6$, $\bar{A}_{x+t} = 0.7$일 때 $\bar{A}_x$를 구하시오.

풀이

$$\text{Var}({}_tL) = \frac{{}^2\bar{A}_{x+t} - (\bar{A}_{x+t})^2}{(1 - \bar{A}_x)^2} \text{ 이고 } E({}_tL) = \frac{\bar{A}_{x+t} - \bar{A}_x}{1 - \bar{A}_x}$$

$\text{Var}({}_tL) = \frac{11}{10} E({}_tL)$이므로

$$\frac{{}^2\bar{A}_{x+t} - (\bar{A}_{x+t})^2}{1 - \bar{A}_x} = \frac{11}{10}\left(\bar{A}_{x+t} - \bar{A}_x\right)$$

$$\frac{0.6 - (0.7)^2}{1 - \bar{A}_x} = \frac{11}{10} (0.7 - \bar{A}_x)$$

따라서 $10(\bar{A}_x)^2 - 17\bar{A}_x + 6 = 0$ 이다.

위 식을 풀어보면

$$\bar{A}_x = \frac{17 \pm \sqrt{(17)^2 - 4(10)(6)}}{2(10)} = \frac{17 \pm \sqrt{49}}{20} = \frac{6}{5} \ \text{또는} \ \frac{1}{2}$$

$\bar{A}_x$는 $\frac{6}{5}$과 $\frac{1}{2}$인데, 1을 초과할 수 없으므로 $\bar{A}_x = \frac{1}{2}$

05 피보험자 (50)이 가입한 보험금 b_t원, 전기납입, 완전연속 종신보험을 고려한다. 다음 자료를 이용하여 제5보험연도말 책임준비금 $_5V$를 구하시오.

(i) t시점의 사망보험금 $b_t = 1000\,e^{0.03t}$, 사력 $\mu_{50+t} = 0.03$, $t \geq 0$

(ii) $\delta = 0.05$

풀이

제h보험연도말 책임준비금 $_hV$를 구하기 위해 제h보험연도말에서의 미래 보험금의 APV 와 미래 보험료수입의 EPV를 구해보자.

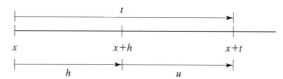

h를 기준으로 하면 향후 생존기간은 u가 되고 책임준비금 관련 분석은 u를 이용하여야 한다.

$$\text{기존} \ t \ = \ h + u$$

를 이용하면 t가 나타난 산식을 $h + u$로 표시한다. 즉, $b_t = b_{h+u}$로 바꾼다. 그러면 기존 의 t가 u로 바뀌고 적분이나 합계도 u를 기준으로 바뀌게 된다. 보통 기준점에서의 거리 (시간)은 t로 표시하므로 편의상 u를 새로운 t로(편의상 바꿈, 여기의 새로운 t는 $x + h$를 기준으로 한 거리임) 다시 표시하면 된다.

미래 보험금의 APV는 (u를 t로 바꿔서 표현, 여기의 t는 $x + h$를 기준으로 한 거리임)

$$\text{APV} = \int_0^\infty b_{h+t}\, v^t\, {}_tp_{65+h}\, \mu_{65+h+t}\, dt$$

$$= 1000 \int_0^\infty e^{0.03(h+t)}\, e^{-0.05t}\, e^{-0.03t}\, 0.03\, dt$$

$$= 1000(0.03)\, e^{0.03h} \int_0^\infty e^{-0.05t}\, dt = 600\, e^{0.03h}$$

미래 보험료수입의 EPV는

$$\text{EPV} = \bar{a}_{50+h} = \frac{1}{\mu + \delta} = \frac{1}{0.08}$$

따라서 제h보험연도말 책임준비금 $_hV$는

$$_hV = \text{APV} - \text{EPV} = 600\,e^{0.03h} - \pi \times \frac{1}{0.08}$$

$h = 0$으로 하면 x시점에서 평가하는 것이 되므로 x시점의 APV를 구할 때는 $h = 0$으로 한다. $h = 0$일 때 $_0V = 0$이므로

$$\pi = 600\,e^{-0.03(0)}\,(0.08) = 48$$

따라서 $_5V = 600\,e^{0.03 \times 5} - 48 \times \dfrac{1}{0.08} = 97.100546$

06 피보험자 (40)이 가입한 연금지급액이 연속적 연액 1원, 10년거치, 10년납입 완전연속 종신연금을 고려한다. 다음 가정을 이용하여 제5보험연도말 책임준비금을 구하시오.
(i) 사망법칙은 $\omega = 100$인 De Moivre 법칙을 따른다. 　　(ii) $i = 0$

　풀이

평준순보험료 π를 구하기 위하여 $_{10|}\bar{a}_{40}$과 $\bar{a}_{40:\overline{10|}}$, $_5V$를 구하기 위해 $\bar{a}_{40:\overline{5|}}$, $_5E_{40}$을 구해보자.

$$_{10|}\bar{a}_{40} = \int_{10}^{60} v^t\,{}_t p_{40}\,dt = \int_{10}^{60}\left(1 - \frac{t}{60}\right)dt = \left[t - \frac{t^2}{120}\right]_{10}^{60} = 20.8333$$

$$\bar{a}_{40:\overline{10|}} = \int_0^{10}\left(1 - \frac{t}{60}\right)dt = \left[t - \frac{t^2}{120}\right]_0^{10} = 9.16667$$

$$\bar{a}_{40:\overline{5|}} = \int_0^5 v^t\,{}_t p_{40}\,dt = \int_0^5\left(1 - \frac{t}{60}\right)dt = \left[t - \frac{t^2}{120}\right]_0^5 = 4.7916$$

$$_5E_{40} = v^5\,{}_5 p_{40} = \frac{55}{60} = 0.916667$$

연속납평준순보험료의 연액을 π라고 하면 $_{10|}\bar{a}_{40} = \pi\,\bar{a}_{40:\overline{10|}}$ 이므로

$$\pi = \frac{_{10|}\bar{a}_{40}}{\bar{a}_{40:\overline{10|}}} = 2.27272$$

거치생명연금의 경우 보험료 납입기간 중의 책임준비금은 과거법을 이용하면 간편하므로 과거법으로 구한다.

$$_5V = \pi\,\bar{s}_{40:\overline{5|}} = \pi\left(\frac{\bar{a}_{40:\overline{5|}}}{_5E_{40}}\right) = 2.27272\left(\frac{4.7916}{0.916667}\right) = 11.87996$$

07 피보험자 (40)은 보험금 1,000원, 전기납입 완전연속 종신보험에 가입하였다. 다음 자료를 이용하여 제10보험연도말 책임준비금을 구하시오.

(i) $\mu_{40+t} = \begin{cases} 0.004, & t < 20 \\ 0.004\,e^{0.15(t-20)}, & t \geq 20 \end{cases}$ (ii) $\delta = 0.05$ (iii) $_{20}V = 245$

(iv) 처음 20년간의 연속납보험료의 연액은 π_1이고, 그 이후부터는 π_2이다.

> **풀이**

과거법 $_{20}V$를 이용하여 π_1을 구해보자.

$$\bar{A}^{\,1}_{40:\overline{20}|} = \frac{\mu\,(1 - e^{-(\mu+\delta)\,n})}{\mu + \delta} = \frac{0.004\,(1 - e^{-0.054 \times 20})}{0.054} = 0.04891885$$

$$\bar{a}_{40:\overline{20}|} = \frac{1 - e^{-(\mu+\delta)\,n}}{\mu + \delta} = \frac{1 - e^{-0.054 \times 20}}{0.054} = 12.22971249$$

$$_{20}V = (\pi_1)\,\bar{s}_{40:\overline{20}|} - (1000)\,_{20}\bar{k}_{40} = (\pi_1)\,\frac{\bar{a}_{40:\overline{20}|}}{_{20}E_{40}} - (1000)\,\frac{\bar{A}^{\,1}_{40:\overline{20}|}}{_{20}E_{40}}$$

$$= \pi_1 \left(\frac{12.22971249}{e^{-0.054 \times 20}} \right) - \left(\frac{1000 \times 0.04891885}{e^{-0.054 \times 20}} \right)$$

$$= 36.012584\,\pi_1 - 144.0503373 = 245$$

이므로

$$\pi_1 = 10.8031775$$

$_{10}V$는 과거법으로 구하는 것이 간편하다.

$$\bar{A}^{\,1}_{40:\overline{10}|} = \frac{0.004\,(1 - e^{-0.054 \times 10})}{0.054} = 0.030907537$$

$$\bar{a}_{40:\overline{10}|} = \frac{1 - e^{-0.054 \times 10}}{0.054} = 7.726884215$$

$$_{10}V = (\pi_1)\,\bar{s}_{40:\overline{10}|} - (1000)\,_{10}\bar{k}_{40} = \frac{(\pi_1)\,\bar{a}_{40:\overline{10}|}}{_{10}E_{40}} - \frac{(1000)\,\bar{A}^{\,1}_{40:\overline{10}|}}{_{10}E_{40}}$$

$$= \frac{(10.8031775)\,(7.726884215)}{e^{-0.054 \times 10}} - \frac{1000\,(0.030907537)}{e^{-0.054 \times 10}}$$

$$= 143.2435041 - 53.03754559 = 90.20595851$$

08 피보험자 (40)이 가입한 보험금 1원, 전기납입, 10년만기 완전연속 생사혼합보험을 고려한다. 다음 가정을 이용하여 (a)~(d)를 구하시오.

(i) $\mu_{40+t} = 0.04$, $t \geq 0$, $\delta = 0.05$ (ii) $_tL$은 t시점의 미래손실을 나타낸다.

(a) $\bar{A}_{40:\overline{10}|}$ (b) $^2\bar{A}_{40:\overline{10}|}$ (c) $E(_7L\,|\,T_{40} > 7)$ (d) $\mathrm{Var}(_0L)$

풀이

(a) $\bar{A}_{40:\overline{10|}} = \dfrac{0.04}{0.05 + 0.04}\left(1 - e^{-0.09(10)}\right) + e^{-0.09(10)}$

$\qquad = 0.2637468 + 0.4065697 = 0.6703165$

(b) ${}^{2}\bar{A}_{40:\overline{10|}} = {}^{2}\bar{A}{}^{\,1}_{40:\overline{10|}} + {}^{2}A{}^{\;\;1}_{40:\overline{10|}} = \dfrac{\mu\left(1 - e^{-(\mu+2\delta)\times 10}\right)}{\mu + 2\delta} + e^{-(\mu+2\delta)\times 10}$

$\qquad = \dfrac{0.04\left(1 - e^{-0.14\times 10}\right)}{0.14} + e^{-0.14\times 10} = 0.21525801 + 0.24659696$

$\qquad = 0.46185497$

(c) $\bar{A}_{47:\overline{3|}} = \dfrac{0.04}{0.05 + 0.04}\left(1 - e^{-0.09(3)}\right) + e^{-0.09(3)}$

$\qquad = 0.10516467 + 0.76337949 = 0.86854416$

$E\left({}_{7}L \mid T_{40} > 7\right) = {}_{7}V$

$\qquad\qquad = \dfrac{\bar{A}_{47:\overline{3|}} - \bar{A}_{40:\overline{10|}}}{1 - \bar{A}_{40:\overline{10|}}}$

$\qquad\qquad = \dfrac{0.86854416 - 0.6703165}{1 - 0.6703165} = 0.60126655$

(d) $\mathrm{Var}\left({}_{0}L\right) = \dfrac{{}^{2}\bar{A}_{40:\overline{10|}} - \left(\bar{A}_{40:\overline{10|}}\right)^{2}}{\left(1 - \bar{A}_{40:\overline{10|}}\right)^{2}}$

$\qquad\qquad = \dfrac{0.46185497 - (0.6703165)^{2}}{\left(1 - 0.6703165\right)^{2}} = 0.1152877$

09 피보험자 (30), $i = 0.06$, $s(x) = 1 - \dfrac{x}{100}$ $(0 \le x \le 100)$일 때 ${}_{20}V(\bar{A}_{30})$을 구하기 위한 미래손실을 ${}_{20}L$이라고 할 때(예제 6.2.2.1을 참고하시오),

(a) 보험회사가 이런 보험을 하나만 판매하였을 때 $\Pr\left[{}_{20}L > l\right] = 0.1$을 만족시키는 l의 값을 구하시오.

(b) 보험회사가 많은 보험을 판매하여서 $t = 20$ 즉, 50세에 100개의 보험이 유효할 때

$\Pr\left[\dfrac{1}{100}\left(\displaystyle\sum_{i=0}^{100} {}_{20}L_{i}\right) > l\right] = 0.1$을 만족시키는 l의 값을 구하시오.

풀이

(a) $\Pr\left({}_{20}L > l\right) = \Pr\left[v^{U}\left(1 + \dfrac{\pi}{\delta}\right) - \dfrac{\pi}{\delta} > l\right]$

$$= \Pr \left[U < -\frac{\ln\left[\dfrac{l + (\pi/\delta)}{1 + (\pi/\delta)}\right]}{\delta} \right] = 0.1$$

$-\dfrac{\ln\left[\dfrac{l + (\pi/\delta)}{1 + (\pi/\delta)}\right]}{\delta} = u$ 라고 하면 $g(u) = \dfrac{1}{50}$ 이므로 $\Pr(U < u) = {}_u q_{50} = \dfrac{u}{50}$ 이다.

$$\Pr({}_{20}L > l) = \frac{1}{50}\left(-\frac{\ln\left[\dfrac{l + (\pi/\delta)}{1 + (\pi/\delta)}\right]}{\delta}\right) = 0.1$$

$\delta = \ln(1.06),\ \pi = \bar{P}(\bar{A}_{30}) = 0.0185$ 를 이용하면

$$l = e^{(0.1)(50)(-\delta)}(1 + \pi/\delta) - \pi/\delta = 0.667014284$$

(b) $S = \displaystyle\sum_{i=1}^{100} {}_{20}L_i$ 라고 하자.

예제 (6.2.2.1)에서 $E({}_{20}L_i) = {}_{20}\bar{V}(\bar{A}_{30}) = 0.1101,\ \mathrm{Var}({}_{20}L) = 0.11412$ 이므로

$$E(S) = 100\,E({}_{20}L_i) = 100 \times 0.1101 = 11.01$$

$$\mathrm{Var}(S) = 100\,\mathrm{Var}({}_{20}L_i) = 100 \times 0.11412 = 11.412$$

$$\Pr\left(\frac{S}{100} > l\right) = \Pr(S > 100l) = \Pr\left(Z > \frac{100l - E(S)}{\sqrt{\mathrm{Var}(S)}}\right) = 0.1$$

$$\frac{100l - E(S)}{\sqrt{\mathrm{Var}(S)}} = 1.28 \text{이므로 } 100l = 11.01 + 1.28\sqrt{11.412}$$

따라서 $l = 0.1533$

동일한 확률 0.1하에서 l의 값은 0.667014284(보험상품 1개인 경우)에서 0.1533(보험상품 100개인 경우)로 줄어드는 것을 알 수 있다.

10 생명보험회사가 보유한 9개의 보험으로 이루어진 포트폴리오(portfolio)를 가정하자. 9개의 보험 모두는 피보험자 (x), 보험급 사망즉시급, 연속납보험료, 보험금 1원의 종신보험이다. 이 중 3개는 1년 전에, 3개는 2년 전에, 3개는 3년 전에 판매한 것이다. 책임준비금은 보험회사가 미래에 지급할 금액을 충족시킬 확률을 95%가 되게 하는 수준에서 결정될 때 9개 보험의 총책임준비금을 구하시오. 단, $\mu_{x+t} = 0.02$, $\delta_t = 0.03$(모든 t)이고 정규분포를 이용하여 근사치를 구하시오.

풀이

사망법칙은 CFM을 따르므로 모든 x에 대하여 ${}_tL$은 같은 p.d.f를 갖는 확률변수이다.

$$E({}_tL) = \bar{A}_{x+t} - \mu_{x+t}\,\bar{a}_{x+t} = \frac{\mu}{\mu + \delta} - \mu\left(\frac{1}{\mu + \delta}\right) = 0$$

$$\mathrm{Var}(_tL) = \left(1 + \frac{\mu}{\delta}\right)^2 \left[\frac{\mu}{\mu + 2\delta} - \left(\frac{\mu}{\mu + \delta}\right)^2\right] = \frac{\mu}{\mu + 2\delta} = \frac{1}{4}$$

$S = {}_tL^1 + {}_tL^2 + \cdots + {}_tL^9$ 라고 하면

$$E(S) = 0 \times 9 = 0 \text{이고 } \mathrm{Var}(S) = \frac{1}{4} \times 9 = \frac{9}{4}$$

9개 보험의 총책임준비금을 F 라고 하면

$$\Pr(S < F) = 0.95 \text{이므로 } \Pr\left(\frac{S - E(S)}{\sqrt{\mathrm{Var}(S)}} < \frac{F - E(S)}{\sqrt{\mathrm{Var}(S)}}\right) = 0.95$$

$$\Pr\left(Z < \frac{F - E(S)}{\sqrt{\mathrm{Var}(S)}}\right) = 0.95 \text{이므로 } \frac{F - E(S)}{\sqrt{\mathrm{Var}(S)}} = 1.645$$

따라서 $F = 1.645 \times \sqrt{\mathrm{Var}(S)} = 1.645 \times \dfrac{3}{2} = 2.4675$

11 나이가 x세로 동일한 100명의 피보험자 집단을 고려한다. 피보험자 집단은 남자 50명, 여자 50명으로 구성되어 있으며 피보험자가 사망시 보험금 1원을 지급하는 전기납입, 완전연속 종신보험에 단체로 가입하였다(요율은 남녀 구별없이 단일요율임). 다음 자료를 이용하여 제10보험연도말에 집단에서 생존해 있는 피보험자 1인당 책임준비금(집단책임준비금/생존자수)을 구하시오.

(i) 모든 x에 대하여 남자의 사력은 $\mu_x^m = 0.12$이고, 여자의 사력은 $\mu_x^f = 0.08$이다.

(ii) $\delta = 0.05$　　　　(iii) 보험료는 평준보험료이다.

풀이

책임준비금을 구하기 위해 $\bar{A}_x$, $\bar{A}_{x+10}$을 구해보자.

$$\bar{A}_x = \int_0^\infty \left(0.5\,\mu_x^m\,e^{-(\mu_x^m + \delta)t} + 0.5\,\mu_x^f\,e^{-(\mu_x^f + \delta)t}\right) dt$$

$$= \int_0^\infty \left(0.5 \times 0.12\,e^{-0.17t} + 0.5 \times 0.08 \times e^{-0.13t}\right) dt$$

$$= \frac{0.5 \times 0.12}{0.17} + \frac{0.5 \times 0.08}{0.13} = 0.660633$$

현재 남자 50명, 여자 50명으로 구성된 그룹은 10년 후에 남자는 $50 \times e^{-0.12 \times 10} = 15.06$명, 여자는 $50 \times e^{-0.08 \times 10} = 22.47$명이 되므로

$$\bar{A}_{x+10} = \frac{15.06}{15.06 + 22.47} \times \frac{\mu^m}{\mu^m + \delta} + \frac{22.47}{15.06 + 22.47} \times \frac{\mu^f}{\mu^f + \delta} = 0.651699$$

따라서 $_{10}V = \dfrac{\bar{A}_{x+10} - \bar{A}_x}{1 - \bar{A}_x} = \dfrac{0.651699 - 0.660633}{1 - 0.660633} = -0.02565$

시간이 지남에 따라 여자의 비중이 높아지므로 집단의 사력은 작아지고, 집단의 피보험자 1인당 $\bar{A}_{x+10}$은 $\bar{A}_x$보다 작아진다. 10시점에서 남녀 비중이 시작시와 동일하게 1/2씩이면 집단의 피보험자 1인당 $\bar{A}_{x+10}$는 $\bar{A}_x$와 같지만 여자의 비중이 높아지므로 $\bar{A}_{x+10} < \bar{A}_x$가 된다. 또 $\bar{a}_{x+10}$은 $\bar{a}_x$보다 커지게 된다. 따라서 보험료가 평준인 경우 음수의 책임준비금이 나오게 된다.

12 UDD가정하에서 $_t\bar{V}(\bar{A}_x) = k \cdot {_tV_x}$가 성립할 때 $k = \dfrac{i}{\delta} + \dfrac{i-\delta}{\delta^2}\,\bar{P}(\bar{A}_x)$임을 보이시오.

풀이

식 (6.2.5.4)에서 $m \to \infty$하면(또 $n \to \infty$이면 종신보험이 된다)

$$_t\bar{V}(\bar{A}_x) = {_tV(\bar{A}_x)} + \beta(\infty)\,\bar{P}(\bar{A}_x)\,{_tV_x} = \frac{i}{\delta}\,{_tV_x} + \beta(\infty)\,\bar{P}(\bar{A}_x)\,{_tV_x}$$

$$= \left[\frac{i}{\delta} + \beta(\infty)\,\bar{P}(\bar{A}_x)\right]{_tV_x} = k\,{_tV_x}$$

따라서 $k = \dfrac{i}{\delta} + \beta(\infty)\,\bar{P}(\bar{A}_x) = \dfrac{i}{\delta} + \dfrac{i-\delta}{\delta^2}\,\bar{P}(\bar{A}_x)$

13 (a) $_{10}^{20}V_{40}$을 4가지의 공식으로 나타내시오.

(b) $_{10}V_{40:\overline{20|}}$을 7가지의 공식으로 나타내시오.

(c) $_{20}^{30}\bar{V}(_{30|}\bar{a}_{35})$를 과거법으로 표시하시오.

풀이

(a) (i) 미래법

$$_{10}^{20}V_{40} = A_{50} - {_{20}P_{40}}\,\ddot{a}_{50:\overline{10|}}$$

(ii) (i)로부터

$$_{10}^{20}V_{40} = A_{50} - {_{20}P_{40}}\,\ddot{a}_{50:\overline{10|}} = A_{50}\left(1 - {_{20}P_{40}}\,\frac{\ddot{a}_{50:\overline{10|}}}{A_{50}}\right)$$

$$= A_{50}\left(1 - \frac{_{20}P_{40}}{_{10}P_{50}}\right)$$

(iii) (i)로부터

$$_{10}^{20}V_{40} = A_{50} - {_{20}P_{40}}\,\ddot{a}_{50:\overline{10|}} = {_{10}P_{50}}\,\ddot{a}_{50:\overline{10|}} - {_{20}P_{40}}\,\ddot{a}_{50:\overline{10|}}$$

$$= \left(_{10}P_{50} - {_{20}P_{40}}\right)\ddot{a}_{50:\overline{10|}}$$

(iv) 과거법

$$_{10}^{20}V_{40} = {_{20}P_{40}}\,\ddot{s}_{40:\overline{10|}} - {_{10}k_{40}}$$

(b) (i) 미래법

$$_{10}V_{40\,:\,\overline{20|}} = A_{50\,:\,\overline{10|}} - P_{40\,:\,\overline{20|}}\,\ddot{a}_{50\,:\,\overline{10|}}$$

(ii) 과거법

$$_{10}V_{40\,:\,\overline{20|}} = P_{40\,:\,\overline{20|}}\,\ddot{s}_{40\,:\,\overline{10|}} - {}_{10}k_{40}$$

(iii) (i)로부터

$$_{10}V_{40\,:\,\overline{20|}} = \left(1 - \frac{P_{40\,:\,\overline{20|}}}{P_{50\,:\,\overline{10|}}}\right) \times A_{50\,:\,\overline{10|}}$$

(iv) (iii)으로부터

$$_{10}V_{40\,:\,\overline{20|}} = (P_{50\,:\,\overline{10|}} - P_{40\,:\,\overline{20|}})\,\ddot{a}_{50\,:\,\overline{10|}}$$

(v) $A_{50\,:\,\overline{10|}} = 1 - d\,\ddot{a}_{50\,:\,\overline{10|}}$ 이므로 (i)로부터

$$_{10}V_{40\,:\,\overline{20|}} = 1 - d\,\ddot{a}_{50\,:\,\overline{10|}} - P_{40\,:\,\overline{20|}}\,\ddot{a}_{50\,:\,\overline{10|}} = 1 - (d + P_{40\,:\,\overline{20|}})\,\ddot{a}_{50\,:\,\overline{10|}}$$

(vi) $P_{40\,:\,\overline{20|}} + d = \dfrac{1}{\ddot{a}_{40\,:\,\overline{20|}}}$ 이므로 (v)로부터

$$_{10}V_{40\,:\,\overline{20|}} = 1 - \frac{\ddot{a}_{50\,:\,\overline{10|}}}{\ddot{a}_{40\,:\,\overline{20|}}}$$

(vii) (vi)으로부터

$$_{10}V_{40\,:\,\overline{20|}} = \frac{\ddot{a}_{40\,:\,\overline{20|}} - \ddot{a}_{50\,:\,\overline{10|}}}{\ddot{a}_{40\,:\,\overline{20|}}} = \frac{A_{50\,:\,\overline{10|}} - A_{40\,:\,\overline{20|}}}{1 - A_{40\,:\,\overline{20|}}}$$

(c) $_{20}^{30}\overline{V}\,(\,_{30|}\bar{a}_{35}) = \overline{P}\,(\,_{30|}\bar{a}_{35})\,\ddot{s}_{35\,:\,\overline{30|}}$

14 $_{n}V_{x} = 0.080,\ P_{x} = 0.024,\ P_{x\,:\,\overline{n|}} = 0.2$일 때 $P_{x\,:\,\overline{n|}}^{\,1}$의 값을 구하시오.

풀이

$_{n}V_{x} = P_{x}\,\ddot{s}_{x\,:\,\overline{n|}} - {}_{n}k_{x}$이고 양변에 $_{n}E_{x}$를 곱하면

$_{n}E_{x}\,{}_{n}V_{x} = P_{x}\,\ddot{a}_{x\,:\,\overline{n|}} - A_{x\,:\,\overline{n|}}^{\,1}$, 이 식의 양변을 $\ddot{a}_{x\,:\,\overline{n|}}$로 나누면

$P_{x\,:\,\overline{n|}}^{\,1}\,{}_{n}V_{x} = P_{x} - P_{x\,:\,\overline{n|}}^{\,1}$ 이므로

$$P_{x\,:\,\overline{n|}}^{\,1} = P_{x} - P_{x\,:\,\overline{n|}}^{\,1}\,{}_{n}V_{x} = 0.024 - 0.2 \times 0.08 = 0.008$$

15 피보험자 (45), 보험금 연말급, 보험금 1원의 종신보험의 전기납입 연납보험료는 0.3 이다. $\omega = 50$인 De Moivre의 법칙이 적용되고 $i = 0.1$일 때 $E(_{2}L)$을 구하시오.

풀이

$E(_2L) = {}_2V$를 구하기 위해 A_{47}, $\ddot{a}_{47}$을 구해보자.

$$_2L = v^{J+1} - 0.3\,\ddot{a}_{\overline{J+1}|},\ J = 0, 1, 2$$

$$A_{47} = \sum_{k=0}^{2} v^{k+1}\,{}_kp_{47}\,q_{47+k} = \sum_{k=0}^{2} v^{k+1}\left(\frac{1}{3}\right) \ \cdots\cdots\ ①$$

$$= \frac{1}{3}\left[\frac{1}{1.1} + \frac{1}{(1.1)^2} + \frac{1}{(1.1)^3}\right] = 0.8289507$$

A_{47}은 표 [3.2.6.2]의 공식으로부터도 구할 수 있다.

$$A_{47} = \frac{a_{\overline{3}|}}{3} = \frac{v + v^2 + v^3}{3} = 0.8289507 \ \cdots\cdots\ ②$$

A_{47}의 정의에 따라 구한 ①과 공식으로 구한 ②는 동일함을 알 수 있다.

$$\ddot{a}_{47} = \frac{1 - A_{47}}{d} = \frac{1 - 0.8289507}{0.1/1.1} = 1.8815423$$

따라서 $E(_2L) = {}_2V = A_{47} - P_{45}\,\ddot{a}_{47} = 0.8289507 - 0.3 \times 1.8815423 = 0.2645$

16 피보험자 (50)이 가입한 전기납입, 4년만기 완전이산 생사혼합보험을 고려한다. 다음 자료를 이용하여 (a)와 (b)를 구하시오.

(i) 피보험자의 사망이 제1보험연도 또는 제2보험연도에 발생하면 사망연도말에 보험금 1,000원을 지급한다.

(ii) 피보험자의 사망이 제3보험연도 또는 제4보험연도에 발생하면 사망연도말에 보험금 1,500원을 지급한다.

(iii) 피보험자가 4년 동안 생존해 있으면 제4보험연도말에 생존보험금 2,000원을 지급한다.

(iv) $q_{50} = q_{51} = 0.1$, $q_{52} = q_{53} = 0.15$ (v) $i = 0.05$

(a) 연납평준순보험료를 구하시오.

(b) 제2보험연도말 순보험료식 책임준비금을 구하시오.

풀이

이 보험의 연납평준순보험료를 P라고 하자.

(a) 보험금의 APV는

$$\text{APV} = 1000v\,q_{50} + 1000v^2\,{}_{1|}q_{50} + 1500v^3\,{}_{2|}q_{50} + 1500v^4\,{}_{3|}q_{50} + 2000v^4\,{}_4p_{50}$$

$$= \frac{1000}{1.05} \times 0.1 + \frac{1000}{(1.05)^2} \times 0.9 \times 0.1 + \frac{1500}{(1.05)^3} \times (0.9)^2 \times 0.15$$

$$+ \frac{1500}{(1.05)^4} \times (0.9)^2 \times 0.85 \times 0.15 + \frac{2000}{(1.05)^4} \times (0.9)^2 \times (0.85)^2$$

$$= 1424.684159$$

보험료수입의 EPV는

$$\text{EPV} = P\,(1 + v\,p_{50} + v^2\,_2p_{50} + v^3\,_3p_{50})$$

$$= P\left(1 + \frac{0.9}{1.05} + \frac{(0.9)^2}{(1.05)^2} + \frac{(0.9)^2 \times 0.85}{(1.05)^3}\right) = 3.186589\,P$$

따라서 연납평준순보험료 P는

$$P = \frac{1424.684159}{3.186589} = 447.087516$$

(b) $_2V$를 구하기 위해 제2보험연도말에서의 미래 보험금의 APV와 미래 보험료수입의 EPV를 구해보자.

미래 보험금의 APV는

$$\text{APV} = 1500\,v\,q_{52} + 1500\,v^2\,_{1|}q_{52} + 2000\,v^2\,_2p_{52}$$

$$= \frac{1500}{1.05} \times 0.15 + \frac{1500}{(1.05)^2} \times 0.85 \times 0.15 + \frac{2000}{(1.05)^2} \times (0.85)^2$$

$$= 1698.41$$

미래 보험료수입의 EPV는

$$\text{EPV} = P\,\ddot{a}_{52:\overline{2}|} = P\,(1 + v\,p_{52})$$

$$= 447.087527 \times \left(1 + \frac{0.85}{1.05}\right) = 809.016$$

따라서 $_2V = \text{APV} - \text{EPV} = 1698.41 - 809.016 = 889.394$

17 연습문제 16번의 조건을 이용하여 다음을 구하시오.

(a) 매 연령마다 단수부분은 UDD가정을 따른다고 할 때, $_{2.6}V$를 구하시오.

(b) 사망법칙이 CFM을 따를 때, $_{2.6}V$를 구하시오.

풀이

(a) $_{2.6}V$를 구하기 위해 $_{0.4}p_{52.6}$과 2.6시점에서의 미래 보험금의 APV와 미래 보험료수입의 EPV를 구해보자. UDD하에서 $_tq_x = (t)\,(q_x)$이므로

$$_{0.4}p_{52.6} = \frac{p_{52}}{_{0.6}p_{52}} = \frac{p_{52}}{1 - _{0.6}q_{52}} = \frac{1 - 0.15}{1 - 0.6 \times 0.15} = 0.934066$$

미래 보험금의 APV는

$$\text{APV} = 1500\,v^{0.4}\,_{0.4}q_{52.6} + 1500\,v^{1.4}\,_{0.4}p_{52.6}\,q_{53} + 2000\,v^{1.4}\,_{0.4}p_{52.6}\,p_{53}$$

$$= 1500 v^{0.4} \times (1 - {}_{0.4}p_{52.6}) + 1500 v^{1.4} \times {}_{0.4}p_{52.6} \times q_{53}$$

$$+ 2000 v^{1.4} {}_{0.4}p_{52.6} \times p_{53}$$

$$= \frac{1500}{(1.05)^{0.4}}(1 - 0.934066) + \frac{1500}{(1.05)^{1.4}}(0.934066)(0.15)$$

$$+ \frac{2000}{(1.05)^{1.4}}(0.934066)(0.85)$$

$$= 1776.35$$

이 보험의 연납평준순보험료를 P 라고 하면 미래 보험료수입의 EPV는

$$\text{EPV} = P\, v^{0.4}\, {}_{0.4}p_{52.6} = \frac{447.087527}{(1.05)^{0.4}} \times 0.934066 = 409.538$$

따라서 ${}_{2.6}V = \text{APV} - \text{EPV} = 1776.35 - 409.538 = 1366.812$

(b) ${}_{2.6}V$를 구하기 위해 ${}_{0.4}p_{52.6}$과 2.6시점에서의 미래 보험금의 APV와 미래 보험료수입의 EPV를 구해보면 CFM하에서 ${}_{r}p_x = {}_{r}p_{x+u} = (p_x)^r$이므로

$${}_{0.4}p_{52.6} = (p_{52})^{0.4} = (0.85)^{0.4} = 0.93706$$

미래 보험금의 APV는

$$\text{APV} = 1500 v^{0.4}\, {}_{0.4}q_{52.6} + 1500 v^{1.4}\, {}_{0.4}p_{52.6}\, q_{53} + 2000 v^{1.4}\, {}_{0.4}p_{52.6}\, p_{53}$$

$$= \frac{1500}{(1.05)^{0.4}}(1 - 0.93706) + \frac{1500}{(1.05)^{1.4}}(0.93706)(0.15)$$

$$+ \frac{2000}{(1.05)^{1.4}}(0.93706)(0.85) = 1777.33$$

미래 보험료수입의 EPV는

$$\text{EPV} = P\, v^{0.4}\, {}_{0.4}p_{52.6} = \frac{447.087527}{(1.05)^{0.4}} \times 0.93706 = 410.8509$$

따라서

$${}_{2.6}V = \text{APV} - \text{EPV} = 1777.33 - 410.8509 = 1366.4791$$

18 선택기간이 5년인 선택표의 사망률을 적용받는 피보험자 [50]을 고려한다. 선택기간이 지나면 사망률은 제7회 경험생명표(남)를 따른다고 할 때, 피보험자 [50]이 가입한 보험금 1,000원, 전기납입 완전이산 종신보험의 제10보험연도말 책임준비금을 구하시오. (단, $1000A_{[50]} = 225.5$ 이다)

풀이

생명표로부터 $A_{60} = 0.351826$이므로

$$1000\, {}_{10}V_{50} = (1000) \frac{A_{[50]+5} - A_{[50]}}{1 - A_{[50]}} = (1000) \frac{A_{60} - A_{[50]}}{1 - A_{[50]}}$$

$$= 1000 \times \left(\frac{0.351826 - 0.2255}{1 - 0.2255} \right) = 163.1065$$

19 피보험자 (50)이 가입한 전기납입, 30년만기 완전이산 생사혼합보험을 고려한다. 다음 자료를 이용하여 제15보험연도말 책임준비금을 구하시오.

(i) 피보험자가 보험가입 후 15년 안에 사망하면 사망연도말에 1,000원을 지급하고, 그 이후에 사망하면 사망연도말에 2,500원을 지급한다. 30년 동안 생존해 있으면 생존보험금 2,500원을 지급한다.

(ii) 보험료는 보험가입 후 처음 15년 동안은 50원씩을, 그 이후에는 100원씩을 매 보험연도초에 납입한다.

(iii) $q_{50+k} = 0.002 + 0.001k, \quad k = 0, 1, 2, \cdots, 29$

(iv) $\ddot{a}_{66:\overline{14|}} = 9.42$ \qquad\qquad (v) $i = 0.05$

> **풀이**

미래법을 이용하면

$$_{15}V = 2500\, A_{65:\overline{15|}} - 100\, \ddot{a}_{65:\overline{15|}}$$

$$= 2500 \left[1 - \left(\frac{0.05}{1.05} \right) \ddot{a}_{65:\overline{15|}} \right] - 100\, \ddot{a}_{65:\overline{15|}}$$

$$= 2500 - (219.047619)\, \ddot{a}_{65:\overline{15|}}$$

$$q_{65} = 0.002 + 0.001\,(15) = 0.017$$

$\ddot{a}_{65:\overline{15|}}$만 구하면 $_{15}V$를 구할 수 있으므로 생명연금의 재귀식을 이용하여 $\ddot{a}_{65:\overline{15|}}$를 구해보자.

$$\ddot{a}_{65:\overline{15|}} = 1 + v\, p_{65}\, \ddot{a}_{66:\overline{14|}} = 1 + \left(\frac{1}{1.05} \right)(1 - 0.017)(9.42)$$

$$= 9.8189142$$

따라서 $_{15}V = 2500 - (219.047619)(9.8189142) = 349.190223$

20 피보험자 (x)가 가입한 4년거치, 4년납입, 완전이산 기시급 종신연금을 고려한다. 다음 자료를 이용하여 $_3V$를 구하시오($i = 0.05$).

(i) 처음 연금지급액은 1,000원이며, 그 다음해부터는 1,000원에 5%씩 증가되는 금액을 받는다. 또한 사망보험금은 없다.

(ii)

n	0	1	2	3
e_{x+n}	50.2	49.2	48.6	48.4

> **풀이**

e_{x+n}을 이용하여 p_x, p_{x+1}, p_{x+2}를 먼저 구해보자.

$$e_x = p_x(1 + e_{x+1}), \; 50.2 = 50.2\,p_x\text{이므로 } p_x = 1$$

$$e_{x+1} = p_{x+1}(1 + e_{x+2}), \; 49.2 = 49.6\,p_{x+1}\text{이므로 } p_{x+1} = 0.991935$$

$$e_{x+2} = p_{x+2}(1 + e_{x+3}), \; 48.6 = 49.4\,p_{x+2}\text{이므로 } p_{x+2} = 0.983806$$

연금지급액이 $i\%$씩 증가되므로 각 연금지급액의 4시점에서의 현가는 1000이다. 3시점에서의 거치연금의 APV1은

$$\text{APV1} = 1000\,v \sum_{k=1}^{\infty} {}_k p_{x+3} = 1000\,v\,e_{x+3} = \left(\frac{1000}{1.05}\right)(48.4) = 46095.2381$$

3시점에서 향후 보험료납입은 3시점에서 한 번뿐이다.

0시점에서 급부의 현가 APV2와 보험료의 현가 EPV를 구해보자. APV2는 APV1을 0시점으로 환산하면 되므로

$$\text{APV2} = \text{APV1}\,p_x\,p_{x+1}\,p_{x+2}\,(v^3)$$

$$= (46095.2381)\,(1)\,(0.991935)\,(0.983806)\,(1.05)^{-3}$$

$$= 38858.03603$$

4년 기시급 연금을 이용한 보험료의 현가는

$$\text{EPV} = P\left(1 + \frac{1}{1.05} + \frac{(1)\,(0.991935)}{(1.05)^2} + \frac{(1)\,(0.991935)\,(0.983806)}{(1.05)^3}\right)$$

$$= 3.6950898\,P$$

수지상등의 원칙에 의하여

$$\text{APV2} = \text{EPV}$$

따라서 $P = \dfrac{38858.03063}{3.6950898} = 10516.12759$

$$_3V = \text{APV1} - P = 46095.2381 - 10516.12759 = 35579.11051$$

21 표 [6.2.2.2]에서 [ ] 속에 있는 $1 - \dfrac{P_x}{P_{x+k}}$ 의 모양을 차례로 ${}_k\overline{W}(\overline{A}_x)$, ${}_kW_x$, ${}_k^n\overline{W}(\overline{A}_x)$, ${}_k^nW_x$, ${}_k\overline{W}(\overline{A}_{x:\overline{n}|})$, ${}_kW_{x:\overline{n}|}$ 으로 표시한다. 피보험자 (x)의 $x+t$ 시점에서의 해약환급금을 ${}_tCV$라고 하면 ${}_tCV$의 특별한 경우로 ${}_tCV = {}_tV$인 경우를 생각할 수 있다. 이때 ${}_tCV$를 해약 전과 동일한 보험의 NSP로 하면 보험금은 작아진다. 이 작아진 보험금액을 앞에서 정의한 ${}_kW$ 형태로 표시할 때 표 [6.2.2.2]의 [ ] 속의 값이 ${}_kW$ 형태로 되는 것을 유도하시오.

풀이

k시점의 책임준비금을 일시납보험료의 재원으로 사용하고 더 이상의 보험료납입이 없는 조건이므로 k시점의 책임준비금을 k시점의 1원에 대한 일시납순보험료인 $\bar{A}_{x+k}$로 나누면 작아진 보험금 W를 구할 수 있다.

$$W = \frac{{}_kV}{\bar{A}_{x+k}}$$

이러한 이유로 표 [6.2.2.2]는 납제보험의 공식으로 불리운다.

(i) ${}_kCV = {}_k\bar{V}(\bar{A}_x) = {}_k\bar{W}(\bar{A}_x)\,\bar{A}_{x+k}$이므로

$${}_k\bar{W}(\bar{A}_x) = \frac{{}_k\bar{V}(\bar{A}_x)}{\bar{A}_{x+k}} = \frac{\bar{A}_{x+k} - \bar{P}(\bar{A}_x)\,\bar{a}_{x+k}}{\bar{A}_{x+k}} = 1 - \frac{\bar{P}(\bar{A}_x)}{\bar{P}(\bar{A}_{x+t})}$$

(ii) ${}_kCV = {}_kV_x = {}_kW_x\,A_{x+k}$이므로

$${}_kW_x = \frac{{}_kV_x}{A_{x+k}} = \frac{A_{x+k} - P_x\,\ddot{a}_{x+k}}{A_{x+k}} = 1 - \frac{P_x}{P_{x+k}}$$

(iii) ${}_kCV = {}_k^n\bar{V}(\bar{A}_x) = {}_k^n\bar{W}(\bar{A}_x)\,\bar{A}_{x+k}$이므로

$${}_k^n\bar{W}(\bar{A}_x) = \frac{\bar{A}_{x+k} - {}_n\bar{P}(\bar{A}_x)\,\bar{a}_{x+k:\overline{n-k|}}}{\bar{A}_{x+k}} = 1 - \frac{{}_n\bar{P}(\bar{A}_x)}{{}_{n-k}\bar{P}(\bar{A}_{x+k})}$$

(iv) ${}_kCV = {}_k^nV_x = {}_k^nW_x\,A_{x+k}$이므로

$${}_k^nW_x = \frac{A_{x+k} - {}_nP_x\,\ddot{a}_{x+k:\overline{n-k|}}}{A_{x+k}} = 1 - \frac{{}_nP_x}{{}_{n-k}P_{x+k}}$$

(v) ${}_kCV = {}_k\bar{V}(\bar{A}_{x:\overline{n|}}) = {}_k\bar{W}(\bar{A}_{x:\overline{n|}})\,\bar{A}_{x+k:\overline{n-k|}}$ 이므로

$${}_k\bar{W}(\bar{A}_{x:\overline{n|}}) = \frac{\bar{A}_{x+k:\overline{n-k|}} - \bar{P}(\bar{A}_{x:\overline{n|}})\,\bar{a}_{x+k:\overline{n-k|}}}{\bar{A}_{x+k:\overline{n-k|}}} = 1 - \frac{\bar{P}(\bar{A}_{x:\overline{n|}})}{\bar{P}(\bar{A}_{x+k:\overline{n-k|}})}$$

(vi) ${}_kCV = {}_kV_{x:\overline{n|}} = {}_kW_{x:\overline{n|}}\,A_{x+k:\overline{n-k|}}$이므로

$${}_kW_{x:\overline{n|}} = \frac{A_{x+k:\overline{n-k|}} - P_{x:\overline{n|}}\,\ddot{a}_{x+k:\overline{n-k|}}}{A_{x+k:\overline{n-k|}}} = 1 - \frac{P_{x:\overline{n|}}}{P_{x+k:\overline{n-k|}}}$$

22 다음과 같은 자료를 이용하여 $\mathrm{Var}({}_tL) \div \mathrm{Var}({}_{t+1}L)$를 구하시오.

(i) $v^2 = 0.75$　　(ii) $q_{x+t} = 0.2$　　(iii) $A_{x+t+1} = 0.5$, ${}^2A_{x+t+1} = 0.3$

(iv) 피보험자 (x), 보험금 연말급, 연납보험료, 보험금 1원의 종신보험의 제t보험연도말의 미래손실을 ${}_tL$로 정의한다.

풀이

$$\text{Var}\,(_tL) = \left(1 + \frac{P_x}{d}\right)^2 \left[{}^2A_{x+t} - (A_{x+t})^2\right] \text{이고}$$

$$(A_{x+t})^2 = \left[v(q_{x+t} + p_{x+t}\,A_{x+t+1})\right]^2 = 0.27$$

$${}^2A_{x+t} = v^2\,(q_{x+t} + p_{x+t}\,{}^2A_{x+t+1}) = 0.33 \text{이다}.$$

따라서
$$\frac{\text{Var}(_tL)}{\text{Var}(_{t+1}L)} = \frac{\left(1 + \dfrac{P_x}{d}\right)^2 \left[{}^2A_{x+t} - (A_{x+t})^2\right]}{\left(1 + \dfrac{P_x}{d}\right)^2 \left[{}^2A_{x+t+1} - (A_{x+t+1})^2\right]}$$

$$= \frac{{}^2A_{x+t} - (A_{x+t})^2}{{}^2A_{x+t+1} - (A_{x+t+1})^2} = \frac{0.33 - 0.27}{0.3 - 0.25} = 1.2$$

23 피보험자 (x), 보험금 연말급, 연납보험료, 보험금 1원의 종신보험을 고려한다. 다음 과 같은 자료를 이용하여 사용된 이자율 i를 구하시오.

(i) $P_x = \dfrac{4}{11}$ (보험료)　　　(ii) $_tV_x = 0.5$　　　(iii) $\ddot{a}_{x+t} = 1.1$

풀이

$$0.5 = {}_tV_x = A_{x+t} - P_x\,\ddot{a}_{x+t} = 1 - (d + P_x)\ddot{a}_{x+t} = 1 - \left(d + \frac{4}{11}\right)(1.1) \text{이므로}$$

$$d = 0.0909$$

따라서 $i = \dfrac{d}{1-d} = 0.10$

24 피보험자 (35), 보험금 연말급, 연납보험료, 제10보험연도의 사망보험금 2,500원인 종신보험의 연납보험료를 P라고 표시하기로 한다. 책임준비금은 $i = 0.10$을 이용하 여 계산된다. $_9V + P = {}_{10}V = 500$일 때 q_{44}를 구하시오.

풀이

$$(_9V + P)(1 + i) = q_{44}(2500 - {}_{10}V) + {}_{10}V \text{이므로}$$

$$(_9V + P)(1 + i) - q_{44}(2500 - {}_{10}V) = {}_{10}V$$

$$500 = 500 \times 1.1 - 2000\,q_{44} \text{이므로 } q_{44} = 0.025$$

25 5년전 35세에 판매된 종신보험의 보험료 납입기간은 20년이고 매년초 납입된다. 피 보험자의 현재 나이는 40세이고 종신보험을 20년만기 생사혼합보험으로 바꾸려 한

다. 새로운 보험의 보험료는 종신보험의 보험료와 같고 20년 동안 납입된다. 보험을 바꾸는 시점에서 종신보험의 책임준비금과 보험금이 X인 생사혼합보험의 책임준비금은 같다고 가정한다(즉, 종신보험의 책임준비금 ${}^{20}_5V_{35}$와 20년간 납입될 ${}_{20}P_{35}$으로 생사혼합보험의 보험금 X를 충당한다). 종신보험의 보험금이 1원일 때 생사혼합보험의 보험금 X는 다음과 같음을 보이시오.

$$X = \frac{M_{40}(N_{35} - N_{55}) + M_{35}(N_{55} - N_{60})}{(M_{40} - M_{60} + D_{60})(N_{35} - N_{55})}$$

풀이

${}^{20}_5V_{35} + {}_{20}P_{35}\, \ddot{a}_{40:\overline{20|}} = X A_{40:\overline{20|}}$ 이므로

$$X = \frac{{}^{20}_5V_{35} + {}_{20}P_{35}\, \ddot{a}_{40:\overline{20|}}}{A_{40:\overline{20|}}} = \frac{A_{40} - {}_{20}P_{35}\, \ddot{a}_{40:\overline{15|}} + {}_{20}P_{35}\, \ddot{a}_{40:\overline{20|}}}{A_{40:\overline{20|}}}$$

$$= \frac{A_{40} + {}_{20}P_{35}(\ddot{a}_{40:\overline{20|}} - \ddot{a}_{40:\overline{15|}})}{A_{40:\overline{20|}}} = \frac{M_{40} + \left(\dfrac{M_{35}}{N_{35} - N_{55}}\right)(N_{55} - N_{60})}{M_{40} - M_{60} + D_{60}}$$

$$= \frac{M_{40}(N_{35} - N_{55}) + M_{35}(N_{55} - N_{60})}{(M_{40} - M_{60} + D_{60})(N_{35} - N_{55})}$$

26 (a) $P_{x:\overline{n|}} = {}_tV_{x:\overline{n|}}\, P_{x:\overline{t|}} + (1 - {}_tV_{x:\overline{n|}})P^{\,1}_{x:\overline{t|}}$ 를 증명하시오.

(b) ${}_tV_x = \dfrac{P_x - P^{\,1}_{x:\overline{t|}}}{P^{\,1}_{x:\overline{t|}}}$, ${}_tV_{x:\overline{n|}} = \dfrac{P_{x:\overline{n|}} - P^{\,1}_{x:\overline{t|}}}{P^{\,1}_{x:\overline{t|}}}$ 를 증명하시오.

(c) ${}_tV_x = 0.19$, $P_x = 0.02$, $P^{\,1}_{x:\overline{t|}} = 0.072$일 때 $P^{\,1}_{x:\overline{t|}}$와 $P_{x:\overline{t|}}$를 구하시오.

풀이

(a) (우변) $= {}_tV_{x:\overline{n|}}\,(P_{x:\overline{t|}} - P^{\,1}_{x:\overline{t|}}) + P^{\,1}_{x:\overline{t|}}$

$$= (P_{x:\overline{n|}}\, \ddot{s}_{x:\overline{t|}} - {}_tk_x)\, P^{\,1}_{x:\overline{t|}} + P^{\,1}_{x:\overline{t|}}$$

$$= \left(\frac{N_x - N_{x+t}}{D_{x+t}}\, P_{x:\overline{n|}} - \frac{M_x - M_{x+t}}{D_{x+t}}\right)\left(\frac{D_{x+t}}{N_x - N_{x+t}}\right) + \frac{M_x - M_{x+t}}{N_x - N_{x+t}}$$

$$= P_{x:\overline{n|}} - \frac{M_x - M_{x+t}}{N_x - N_{x+t}} + \frac{M_x - M_{x+t}}{N_x - N_{x+t}} = P_{x:\overline{n|}} = \text{(좌변)}$$

(b) (a)와 마찬가지로

$$P_x = {}_tV_x\, P_{x:\overline{t|}} + (1 - {}_tV_x)P^{\,1}_{x:\overline{t|}} = {}_tV_x(P_{x:\overline{t|}} - P^{\,1}_{x:\overline{t|}}) + P^{\,1}_{x:\overline{t|}} \text{ 이고}$$

$$P_x - P^{\,1}_{x:\overline{t|}} = {}_tV_x\, P_{x:\overline{t|}} \text{ 이므로 } {}_tV_x = \frac{P_x - P^{\,1}_{x:\overline{t|}}}{P_{x:\overline{t|}}}$$

(a)의 식을 정리하면

$$_tV_{x:\overline{n}|} = \frac{P_{x:\overline{n}|} - P_{x:\overline{t}|}^1}{P_{x:\overline{t}|}^1}$$

(c) (b)로부터 $_tV_x = \dfrac{P_x - P_{x:\overline{t}|}^1}{P_{x:\overline{t}|}^1}$ 이므로 $0.19 = \dfrac{0.02 - P_{x:\overline{t}|}^1}{0.072}$

따라서 $P_{x:\overline{t}|}^1 = 0.00632$, $P_{x:\overline{t}|} = 0.07832$

27 피보험자 (35)는 일시납순보험료(NSP)를 납부하고 보험에 가입하였다. 가입한 보험은 피보험자가 65세까지 생존하면 100,000원을 지급하고 65세 전에 사망하면 사망하는 연도말에 일시납순보험료를 이자없이 반환해 준다. 일시납순보험료를 S라고 할 때 다음을 계산기수를 이용하여 나타내시오.

(a) S (b) 제k보험연도말 책임준비금(미래법)

(c) 제k보험연도말 책임준비금(과거법)

풀이

(a) $S = 100000 \, _{30}E_{35} + SA_{35:\overline{30}|}^1$ 이므로

$$S = \frac{100000 \, _{30}E_{35}}{1 - A_{35:\overline{30}|}^1} = \frac{100000 \, D_{65}}{D_{35} - (M_{35} - M_{65})}$$

(b) $_kV = SA_{35+k:\overline{30-k}|}^1 + 100000 A_{35+k:\overline{30-k}|}^{1}$

$$= \frac{S(M_{35+k} - M_{65}) + 100000 \, D_{65}}{D_{35+k}}$$

(c) $_kV = \dfrac{S - SA_{35:\overline{k}|}^1}{_kE_{35}} = \dfrac{S[D_{35} - (M_{35} - M_{35+k})]}{D_{35+k}}$

28 피보험자 (90), 보험금 연말급, 연납보험료(π)인 보험을 고려해보자. 이 보험의 보험금은 제1보험연도에는 1원, 제2보험연도에는 2원, 제3보험연도에는 3원이다.

$_{k|}q_{90} = \dfrac{k+1}{6}$, $k = 0, 1, 2$이고 $i = 0$일 때 $\mathrm{Var}(_1L)$을 구하시오. π는 수지상등의 원칙에 의하여 결정된다.

풀이

보험료를 구하기 위해 p_{90}, p_{91}을 구해보자.

$q_{90} = \dfrac{1}{6}$이므로 $p_{90} = \dfrac{5}{6}$, $_{1|}q_{90} = p_{90} \, q_{91} = \dfrac{2}{6}$이므로 $q_{91} = \dfrac{2}{5}$, $p_{91} = \dfrac{3}{5}$이다.

$i = 0$이므로 $v = v^2 = v^3 = 1$이다.

$$\pi = \frac{A^{\,1}_{90:\overline{3}|}}{\ddot{a}_{90:\overline{3}|}} = \frac{v\,q_{90} + 2v^2{}_{1|}q_{90} + 3v^3{}_{2|}q_{90}}{1 + v\,p_{90} + v^2{}_2p_{90}} = \frac{\left(\frac{1}{6}\right) + 2\left(\frac{2}{6}\right) + 3\left(\frac{3}{6}\right)}{1 + \frac{5}{6} + \frac{5}{6} \times \frac{3}{5}} = 1$$

제1보험연도 미래손실 $_1L$은 $_1L = \begin{cases} 2 - \pi = 1, & J = 0 \\ 3 - 2\pi = 1, & J = 1 \end{cases}$ 이므로 상수이다.

따라서 $\mathrm{Var}(_1L) = \mathrm{Var}(1) = 0$

29 피보험자 (25), 보험금 1원, 40년납입 완전이산 종신보험을 고려해보자. 처음 10년간 의 보험료는 P_{25}이고 다음 30년간의 보험료는 π로서 일정하다. 다음과 같은 자료를 이용하여 제10보험연도말 순보험료식 책임준비금을 구하시오.

(i) $A_{35} = 0.3$ (ii) $P_{25} = 0.01$ (iii) $d = 0.06$

> **풀이**

수지상등의 원칙에 의해 $P_{25}\,\ddot{a}_{25:\overline{10}|} + \pi \cdot {}_{10|}\ddot{a}_{25:\overline{30}|} = A_{25}$이므로

$$\pi = \frac{A_{25} - P_{25}\,\ddot{a}_{25:\overline{10}|}}{{}_{10|}\ddot{a}_{25:\overline{30}|}}$$

따라서 제10보험연도말 순보험료식 책임준비금은

$$_{10}V = A_{35} - \pi \cdot \ddot{a}_{35:\overline{30}|} = A_{35} - \left(\frac{A_{25} - P_{25}\,\ddot{a}_{25:\overline{10}|}}{{}_{10}E_{25}\,\ddot{a}_{35:\overline{30}|}}\right) \times \ddot{a}_{35:\overline{30}|}$$

$$= A_{35} - \frac{P_{25}(\ddot{a}_{25} - \ddot{a}_{25:\overline{10}|})}{{}_{10}E_{25}} = A_{35} - \frac{P_{25}({}_{10}E_{25}\,\ddot{a}_{35})}{{}_{10}E_{25}}$$

$$= A_{35} - P_{25}\,\ddot{a}_{35} = A_{35} - P_{25}\left(\frac{1 - A_{35}}{d}\right)$$

$$= 0.3 - 0.01 \times \frac{1 - 0.3}{0.06} = 0.183$$

30 다음 식이 성립함을 보이시오.

(a) $\dfrac{{}_{10}P_{30} - P^{\,1}_{30:\overline{10}|}}{P^{\,1}_{30:\overline{10}|}} = A_{40} + {}_{10}k_{30} - 1$

(b) $P_{20} - P^{\,1}_{20:\overline{15}|}\,{}_{15}k_{20} = ({}_{12}V_{20} - {}_{12}V^{\,1}_{20:\overline{15}|})\,P^{\,1}_{20:\overline{12}|}$

풀이

(a) $\dfrac{_{10}P_{30} - P_{30:\overline{10|}}^{1}}{P_{30:\overline{10|}}^{1}} = \dfrac{A_{30} - A_{30:\overline{10|}}^{1}}{A_{30:\overline{10|}}^{1}} = \dfrac{A_{30:\overline{10|}}^{1} + A_{30:\overline{10|}}^{1} A_{40} - A_{30:\overline{10|}}^{1}}{A_{30:\overline{10|}}^{1}}$

$$= A_{40} + \dfrac{A_{30:\overline{10|}}^{1}}{A_{30:\overline{10|}}^{1}} - 1 = A_{40} + {_{10}}k_{30} - 1$$

(b) $\left({_{12}}V_{20} - {_{12}}V_{20:\overline{15|}}^{1} \right) P_{20:\overline{12|}}^{1}$

$$= \left(P_{20}\, \ddot{s}_{20:\overline{12|}} - {_{12}}k_{20} - P_{20:\overline{15|}}^{1}\, \ddot{s}_{20:\overline{12|}} + {_{12}}k_{20} \right) \times \dfrac{{_{12}}E_{20}}{\ddot{a}_{20:\overline{12|}}}$$

$$= \left(P_{20} - P_{20:\overline{15|}}^{1} \right) \times \ddot{s}_{20:\overline{12|}} \times \dfrac{1}{\ddot{s}_{20:\overline{12|}}} = P_{20} - P_{20:\overline{15|}}^{1}$$

$$= P_{20} - \left(\dfrac{A_{20:\overline{15|}}^{1}}{\ddot{a}_{20:\overline{15|}}} \right) \left(\dfrac{A_{20:\overline{15|}}^{1}}{A_{20:\overline{15|}}^{1}} \right) = P_{20} - P_{20:\overline{15|}}^{1}\, {_{15}}k_{20}$$

31 보험금이 1원일 때 다음을 증명하시오.

(a) $_{k}V_{x} = \displaystyle\sum_{h=0}^{k-1} \dfrac{P_{x} - v\, q_{x+h}}{{_{k-h}}E_{x+h}}$

(b) $_{k}V_{x} = \displaystyle\sum_{h=0}^{k-1} \left[P_{x} - v\, q_{x+h}\left(1 - {_{h+1}}V_{x}\right) \right] (1+i)^{k-h}$

풀이

(a) $\displaystyle\sum_{h=0}^{k-1} \dfrac{P_{x} - v\, q_{x+h}}{{_{k-h}}E_{x+h}} = \sum_{h=0}^{k-1} \dfrac{P_{x} - v\, q_{x+h}}{D_{x+k}} \times D_{x+h}$

$$= \sum_{h=0}^{k-1} \dfrac{P_{x}\, D_{x+h} - v\, q_{x+h}\, v^{x+h}\, l_{x+h}}{D_{x+k}} = \sum_{h=0}^{k-1} \dfrac{P_{x}\, D_{x+h} - v^{x+h+1}\, d_{x+h}}{D_{x+k}}$$

$$= \dfrac{P_{x}\left(N_{x} - N_{x+k}\right) - \left(M_{x} - M_{x+k}\right)}{D_{x+k}} = {_{k}}V_{x}$$

이 식을 해석해보자. $_{k}V_{x}$ 는 「(보험료 − 보험금)의 연초 계산금액」을 각각 $x+k$ 시점까지 생존과 이자의 힘으로(생존과 이자의 요소가 작용하여서) 적립한 것들의 합계이다. 생존의 요소가 작용한다는 것은(benefit of survivorship) 생존을 고려함으로 인해 더 많은 지분이 돌아오는 것을 의미한다(마치 이자가 부리되듯이).

$$\xrightarrow[]{\dfrac{1}{{}_kE_x}}$$

$P_x - v\,q_x$

$$\xrightarrow[]{\dfrac{1}{{}_{k-1}E_{x+1}}}$$

$P_x - v\,q_{x+1}$

$$\underset{\displaystyle x \qquad x+1 \qquad x+2 \qquad \cdots\cdots \qquad x+k}{\rule{8cm}{0.4pt}}$$

(b) $\quad ({}_hV_x + P_x)\,(1+i) = q_{x+h}\,(1 - {}_{h+1}V_x) + {}_{h+1}V_x$

$\quad P_x - v\,q_{x+h}\,(1 - {}_{h+1}V_x) = v\,{}_{h+1}V_x - {}_hV_x$

$\quad \left[P_x - v\,q_{x+h}\,(1 - {}_{h+1}V_x) \right]\,(1+i)^{k-h} = (v\,{}_{h+1}V_x - {}_hV_x)\,(1+i)^{k-h}$

$\displaystyle\sum_{h=0}^{k-1} (v\,{}_{h+1}V_x - {}_hV_x)\,(1+i)^{k-h}$을 수행하면

h	$(v\,{}_{h+1}V_x - {}_hV_x)\,(1+i)^{k-h}$
$h = 0$	$(1+i)^{k-1}\,{}_1V_x - {}_0V_x\,(1+i)^k$
$h = 1$	$(1+i)^{k-2}\,{}_2V_x - {}_1V_x\,(1+i)^{k-1}$
$h = 2$	$(1+i)^{k-3}\,{}_3V_x - {}_2V_x\,(1+i)^{k-2}$
$\vdots$	$\vdots \qquad\qquad \vdots$
$h = k-1$	$(1+i)^0\,{}_kV_x - {}_{k-1}V_x\,(1+i)^1$
$\displaystyle\sum_{h=0}^{k-1} =$	$(1+i)^0\,{}_kV_x - {}_0V_x\,(1+i)^k = {}_kV_x - 0 = {}_kV_x$

따라서 $\displaystyle\sum_{h=0}^{k-1} \left[P_x - v\,q_{x+h}\,(1 - {}_{h+1}V_x) \right]\,(1+i)^{k-h} = {}_kV_x$

이 식을 해석하면 ${}_kV_x$는 과거보험료들의 종가(생존의 요소가 작용하지 않고)에서 과거 지급된 보험급부들(위험보험금의 형태)의 종가(생존의 요소가 작용하지 않고)를 차감한 값으로 해석된다. 위험보험금은 급부의 형태이다. 생존의 요소가 작용하지 않는다는 것은(without benefit of survivorship) 이자만으로 적립되는 것을 의미한다.

32 피보험자 (25), 보험금 연말급, 보험금 1원의 종신보험을 고려한다. 보험료는 65세까지 연납으로 납부된다. 처음 10년간의 보험료는 P_{25}이고 다음 30년간의 보험료는 P_{25}보다 증가된 매년 R원씩이다. 다음을 계산기수를 이용하여 나타내시오.

(a) R을 구하시오.

(b) 제10보험연도말 순보험료식 책임준비금을 구하시오.

(c) 제10보험연도말에서 피보험자는 보험료를 P_{25}에서 R로 올리지 않고 65세까지 계속 P_{25}로 유지할 수 있는 선택권이 부여되었다. 그 대신 보험금은 35세부터 B

로 낮아진다면 이때의 B를 구하시오.

(d) (c)의 선택이 행하여졌을 때 제20보험연도말 순보험료식 책임준비금을 구하시오.

풀이

(a) $P_{25}\,\ddot{a}_{25:\overline{10|}} + R\,_{10|}\ddot{a}_{25:\overline{30|}} = A_{25}$ 이고

$M_{25} = P_{25}\,N_{25}$ 를 이용하면

$$R = \frac{A_{25} - P_{25}\,\ddot{a}_{25:\overline{10|}}}{_{10|}\ddot{a}_{25:\overline{30|}}} = \frac{M_{25} - P_{25}\,(N_{25} - N_{35})}{N_{35} - N_{65}} = \frac{P_{25}\,N_{35}}{N_{35} - N_{65}}$$

(b) 미래법으로 구하면

$$_{10}V = A_{35} - R\,\ddot{a}_{35:\overline{30|}} = \frac{1}{D_{35}}\left[M_{35} - \frac{P_{25}\,N_{35}\,(N_{35} - N_{65})}{N_{35} - N_{65}}\right]$$

$$= \frac{1}{D_{35}}\left[M_{35} - P_{25}\,N_{35}\right] \ \cdots\cdots\ ①$$

(c) [풀이 1]

보험금이 B이고, 보험료를 P_{25}로 계속 납입하는 경우 책임준비금은

$$_{10}V = \frac{1}{D_{35}}\left[B\,M_{35} - P_{25}\,(N_{35} - N_{65})\right] \ \cdots\cdots\ ②$$

이 되고, ②는 ①과 일치하여야 한다. (연습문제 25번 참조)

$$① = M_{35} - P_{25}\,N_{35} = B\,M_{35} - P_{25}\,(N_{35} - N_{65}) = ②$$

$$B\,M_{35} = M_{35} - P_{25}\,N_{65}$$

$$B = 1 - \frac{P_{25}\,N_{65}}{M_{35}}$$

[풀이 2]

제10보험연도말에서 보험료를 P_{25}로 할 때 보험금 B는 다음 식을 만족한다. (연습문제25번 참조)

$$_{10}V + P_{25}\,\ddot{a}_{35:\overline{30|}} = B\,A_{35} \ \cdots\cdots\ ③$$

①을 이용하여 ③을 정리하면

$$M_{35} - P_{25}\,N_{35} + P_{25}\,(N_{35} - N_{65}) = B\,M_{35}$$

$$B\,M_{35} = M_{35} - P_{25}\,N_{65} \text{로 ②와 동일한 식이 유도된다.}$$

따라서 $B = 1 - \dfrac{P_{25}\,N_{65}}{M_{35}}$

(d) 미래법으로 구하면 $_{20}V = B\,A_{45} - P_{25}\,\ddot{a}_{45:\overline{20|}} = \dfrac{B\,M_{45} - P_{25}\,(N_{45} - N_{65})}{D_{45}}$

학습의 목적상 과거법으로도 구해보자.

$$_{20}V = P_{25}\,\ddot{s}_{\,25\,:\,\overline{20|}} - {}_{10}k_{25}\frac{D_{35}}{D_{45}} - B\,{}_{10}k_{35}$$

$$= \frac{1}{D_{45}}\left[P_{25}\left(N_{25} - N_{45}\right) - \left(M_{25} - M_{35}\right) - B\left(M_{35} - M_{45}\right)\right]$$

$$= \frac{1}{D_{45}}\left[P_{25}\left(N_{25} - N_{45}\right) - \left(M_{25} - M_{45}\right) - \left(M_{35} - M_{45}\right)\right.$$

$$\left. - B\left(M_{35} - M_{45}\right)\right]$$

$$= {}_{20}V_{25} + \left(1 - B\right)\frac{M_{35} - M_{45}}{D_{45}}$$

33 피보험자 (60)이 가입한 보험금 1원, 전기납입, 완전이산 종신보험을 고려한다. 다음 자료를 이용하여 제7보험연도말 책임준비금을 구하시오.

(i) $a_{60} = 13.97$, $a_{67} = 11.9$ (ii) $\alpha(12) = 1.0002$, $\beta(12) = 0.46651$

(iii) $i = 0.05$ (iv) 매 연령마다 단수부분은 UDD가정을 따른다.

(v) 보험료는 매달초에 납입한다.

> **풀이**

$_{7}V_{60}^{(12)}$를 구하기 위해 A_{67}, $P_{60}^{(12)}$, $\ddot{a}_{67}^{(12)}$를 구해보자.

$$A_{67} = 1 - d\,\ddot{a}_{67} = 1 - \left(\frac{0.05}{1.05}\right) \times 12.9 = 0.385714$$

$$P_{60}^{(12)} = \frac{A_{60}}{\ddot{a}_{60}^{(12)}} = \frac{1 - d\,\ddot{a}_{60}}{\alpha(12)\,\ddot{a}_{60} - \beta(12)} = \frac{1 - \left(\dfrac{0.05}{1.05}\right) \times 14.97}{1.0002 \times 14.97 - 0.46651}$$

$$= 0.019794$$

$$\ddot{a}_{67}^{(12)} = \alpha(12)\,\ddot{a}_{67} - \beta(12) = 1.0002 \times 12.9 - 0.46651 = 12.43607$$

따라서

$$_{7}V_{60}^{(12)} = A_{67} - P_{60}^{(12)}\,\ddot{a}_{67}^{(12)} = 0.385714 - 0.019794 \times 12.43607 = 0.139554$$

34 n년만기 생존보험에서 n년을 생존하면 보험금 3원을 지급하고 n년 안에 사망하면 보험연도말에 1 + 책임준비금을 지급한다. $q_{x+t} = 0.003\,(1 + i)^{t}$로 가정할 때 연납평 준순보험료를 $\ddot{s}_{\,\overline{n|}}$ 등을 이용하여 나타내시오.

> **풀이**

식 (6.2.8.23)을 이용하여 문제를 풀면 간단히 풀 수 있다.

$$_nV = \sum_{t=0}^{n-1} \pi_t \, (1+i)^{n-t} - \sum_{t=1}^{n} q_{x+t-1} \, (b_t - {}_tV) \, (1+i)^{n-t}$$

$b_t = 1 + {}_tV$이므로 $b_t - {}_tV = 1$이 되므로

$$3 = \pi \, \ddot{s}_{\overline{n}|} - \sum_{t=1}^{n} 0.003 \, (1+i)^{t-1} \, (1+i)^{n-t} = \pi \, \ddot{s}_{\overline{n}|} - 0.003 \, n \, (1+i)^{n-1}$$

따라서 $\pi = \dfrac{3 + 0.003 \, n \, (1+i)^{n-1}}{\ddot{s}_{\overline{n}|}}$

공식을 이용하지 않고 문제를 풀어보자. 이 방법은 이러한 유형의 문제를 풀 때 많이 이용되는 방법이다.

$$[{}_{t-1}V + \pi](1+i) = q_{x+t-1}(1 + {}_tV) + (1 - q_{x+t-1}) {}_tV$$
$$= q_{x+t-1} + {}_tV$$

따라서

$$[{}_{t-1}V + \pi](1+i) - q_{x+t-1} - {}_tV = 0$$

양변에 v^t를 곱하면(11장에서 이 값은 연도별 이익의 현가이다)

$$v^{t-1}[{}_{t-1}V + \pi] - v^t \, q_{x+t-1} - v^t \, {}_tV = 0$$

$v^t \, q_{x+t-1} = v^t \, 0.003 \, (1+i)^{t-1} = 0.003 \, v$이므로

$$v^{t-1}[{}_{t-1}V + \pi] - 0.003 \, v - v^t \, {}_tV = 0$$

위 식을 $t = 1, 2, \cdots, n$까지 대입하고 합하면

t	$v^{t-1}\left[{}_{t-1}V + \pi \right] - 0.03\,v - v^t \, {}_tV = 0$
$t = 1,$	${}_0V + \pi - 0.03\,v - v\,{}_1V = 0$
$t = 2,$	$v\,{}_1V + v\pi - 0.03\,v - v^2\,{}_2V = 0$
$t = 3,$	$v^2\,{}_2V + v^2\pi - 0.03\,v - v^3\,{}_3V = 0$
$\vdots$	$\vdots$
$t = n,$	$v^{n-1}\,{}_{n-1}V + v^{n-1}\pi - 0.03\,v - v^n\,{}_nV = 0$
$t = 1$부터 n까지 합계	${}_0V + \pi\,\ddot{a}_{\overline{n}|} - 0.03\,v\,n - v^n\,{}_nV = 0$

${}_0V = 0$, ${}_nV = 3$이므로

$$\pi = \frac{3\,v^n + 0.03\,v\,n}{\ddot{a}_{\overline{n}|}} = \frac{3 + 0.03\,n\,(1+i)^{n-1}}{\ddot{s}_{\overline{n}|}}$$

35 사망보험금이 $b_h = \ddot{a}_{\overline{n-h}|}$, $h = 1, 2, \cdots, n$인 n년만기 정기보험의 연납평준순보험료를 π라고 하자. ${}_0V = {}_nV = 0$일 때 다음을 증명하시오.

(a) $\pi = \dfrac{\ddot{a}_{\overline{n}|} - \ddot{a}_{x:\overline{n}|}}{\ddot{a}_{x:\overline{n}|}}$ $\qquad\qquad$ (b) ${}_{k}V = \ddot{a}_{\overline{n-k}|} - \ddot{a}_{x+k:\overline{n-k}|} - \pi\,\ddot{a}_{x+k:\overline{n-k}|}$

풀이

(a) $\pi\,\ddot{a}_{x:\overline{n}|} = \displaystyle\sum_{h=1}^{n} b_h\,v^h\,{}_{h-1|}q_x = \sum_{h=1}^{n} \ddot{a}_{\overline{n-h}|}\,v^h\,{}_{h-1|}q_x$

$\qquad\qquad = \displaystyle\sum_{h=1}^{n} \dfrac{(1-v^{n-h})\,v^h}{d}\,{}_{h-1|}q_x$

$\qquad\qquad = \displaystyle\sum_{h=0}^{n-1} \dfrac{v^{h+1}-v^n}{d}\,{}_{h|}q_x = \dfrac{1}{d}\left(A_{x:\overline{n}|}^{1} - v^n\,{}_{n}q_x\right)$

$\qquad\qquad = \dfrac{1}{d}\left[1 - d\,\ddot{a}_{x:\overline{n}|} - {}_{n}E_x - v^n\left(1-{}_{n}p_x\right)\right]$

$\qquad\qquad = \dfrac{1}{d}\left(1 - d\,\ddot{a}_{x:\overline{n}|} - v^n\right) = \ddot{a}_{\overline{n}|} - \ddot{a}_{x:\overline{n}|}$

따라서 $\pi = \dfrac{\ddot{a}_{\overline{n}|} - \ddot{a}_{x:\overline{n}|}}{\ddot{a}_{x:\overline{n}|}}$

(b) $h = 1, 2, \cdots, n-k$ 일 때 $b_{k+h} = \ddot{a}_{\overline{n-k-h}|}$ 이다. 따라서

$\qquad {}_{k}V = \displaystyle\sum_{h=1}^{n-k} b_{k+h}\,v^h\,{}_{h-1|}q_{x+k} - \pi\,\ddot{a}_{x+k:\overline{n-k}|}$

$\qquad\qquad = \displaystyle\sum_{h=0}^{n-k-1} b_{k+h+1}\,v^{h+1}\,{}_{h|}q_{x+k} - \pi\,\ddot{a}_{x+k:\overline{n-k}|}$

$\qquad\qquad = \displaystyle\sum_{h=0}^{n-k-1} \ddot{a}_{\overline{n-k-h-1}|}\,v^{h+1}\,{}_{h|}q_{x+k} - \pi\,\ddot{a}_{x+k:\overline{n-k}|}$

$\qquad\qquad = \displaystyle\sum_{h=0}^{n-k-1} \dfrac{v^{h+1}-v^{n-k}}{d}\,{}_{h|}q_{x+k} - \pi\,\ddot{a}_{x+k:\overline{n-k}|}$

$\qquad\qquad = \dfrac{1}{d}\left[A_{x+k:\overline{n-k}|}^{1} - v^{n-k}\left(1-{}_{n-k}p_{x+k}\right) - \pi\,\ddot{a}_{x+k:\overline{n-k}|}\right]$

$\qquad\qquad = \dfrac{1}{d}\left(A_{x+k:\overline{n-k}|} - v^{n-k}\right) - \pi\,\ddot{a}_{x+k:\overline{n-k}|}$

$\qquad\qquad = \dfrac{1}{d}\left[1 - d\,\ddot{a}_{x+k:\overline{n-k}|} - v^{n-k}\right] - \pi\,\ddot{a}_{x+k:\overline{n-k}|}$

$\qquad\qquad = \ddot{a}_{\overline{n-k}|} - \ddot{a}_{x+k:\overline{n-k}|} - \pi\,\ddot{a}_{x+k:\overline{n-k}|}$

(b)는 (a)의 결과를 이용하여 풀 수도 있다. (a)에서 PVB($x+0$시점의 급부의 현가)
$= \pi\,\ddot{a}_{x:\overline{n}|}$ ($x+0$시점의 보험료납입의 현가)으로 보면 $x+k$에서의 PVB(급부의 현

가)는 $\ddot{a}_{\overline{n-k|}} - \ddot{a}_{x+k:\overline{n-k|}}$ 로 볼 수 있다. $x+k$ 시점에서 향후 보험료의 현가는 $\pi \ddot{a}_{x+k:\overline{n-k|}}$ 이므로($k=0$ 이면 (a)의 관계식이 된다)

$$_kV = \ddot{a}_{\overline{n-k|}} - \ddot{a}_{x+k:\overline{n-k|}} - \pi \ddot{a}_{x+k:\overline{n-k|}}$$

36 피보험자 (55), 보험금 100,000원, 보험금 연말급인 종신보험의 보험료는 연납으로 10년 동안 납입된다. 다음 자료를 이용하여 $_{10}V$를 구하시오.

(i) 제11보험연도의 위험보험금(net amount at risk)은 30,000원이다.

(ii) $30000\,A^{1}_{65:\overline{1|}} = 1000$ (iii) $i = 3\%$

풀이

(i)로부터 $100000 - {}_{11}V = 30000$ 이므로 $_{11}V = 70000$

(ii)로부터 $(30000)v\,q_{65} = 1000$ 이므로 $q_{65}(30000) = 1030$

재귀식으로부터 $({}_{10}V + P)(1+i) = q_{x+10}(100000 - {}_{11}V) + {}_{11}V$ 이므로

$_{11}V = ({}_{10}V + P)(1+i) - q_{x+10}(30000)$ 이고

보험료는 10년 동안 납입하므로 $P = 0$ 이다.

따라서 $70000 = {}_{10}V(1.03) - 1030$ 이므로 $_{10}V = \dfrac{71030}{1.03} = 68961.16505$

37 $a < b$ 일 때 다음을 증명하시오.

$$^{a}_{t}V_{x:\overline{n|}} \geq {}^{b}_{t}V_{x:\overline{n|}}$$

풀이

이 문제는 평준보험료의 보험료 납입기간이 짧아지면 평준순보험료식 책임준비금이 커지는 것을 나타내고 있다.

책임준비금을 미래법으로 나타내면

$$^{a}_{t}V_{x:\overline{n|}} = \begin{cases} A_{x+t:\overline{n-t|}} - {}_{a}P_{x:\overline{n|}}\,\ddot{a}_{x+t:\overline{a-t|}}, & t \leq a \quad \cdots\cdots ① \\ A_{x+t:\overline{n-t|}}, & t > a \quad \cdots\cdots ② \end{cases}$$

$$^{b}_{t}V_{x:\overline{n|}} = \begin{cases} A_{x+t:\overline{n-t|}} - {}_{b}P_{x:\overline{n|}}\,\ddot{a}_{x+t:\overline{b-t|}}, & t \leq b \quad \cdots\cdots ③ \\ A_{x+t:\overline{n-t|}}, & t > b \quad \cdots\cdots ④ \end{cases}$$

(i) $t \leq a$ 일 때

$$_{a}P_{x:\overline{n|}} = \frac{A_{x:\overline{n|}}\,D_x}{N_x - N_{x+a}}\ , \qquad {}_{b}P_{x:\overline{n|}} = \frac{A_{x:\overline{n|}}\,D_x}{N_x - N_{x+b}}$$

①과 ③을 이용하면

$$_t^aV_{x:\overline{n|}} - {_t^bV_{x:\overline{n|}}} = {_bP_{x:\overline{n|}}}\,\ddot{a}_{x+t:\overline{b-t|}} - {_aP_{x:\overline{n|}}}\,\ddot{a}_{x+t:\overline{a-t|}}$$

$$= \frac{A_{x:\overline{n|}}\,D_x}{D_{x+t}}\left[\frac{N_{x+t}-N_{x+b}}{N_x-N_{x+b}} - \frac{N_{x+t}-N_{x+a}}{N_x-N_{x+a}}\right]$$

[ ] 안을 정리하면

$$= \frac{A_{x:\overline{n|}}\,D_x}{D_{x+t}}\frac{(N_x-N_{x+t})(N_{x+a}-N_{x+b})}{(N_x-N_{x+b})(N_x-N_{x+a})} \geq 0$$

$t = 0$일 때 등호가 성립한다.

(ii) $a < t \leq b$일 때

②와 ③을 이용하면

$$_t^aV_{x:\overline{n|}} - {_t^bV_{x:\overline{n|}}} = {_bP_{x:\overline{n|}}}\,\ddot{a}_{x+t:\overline{b-t|}} > 0$$

(iii) $b < t < n$일 때

②와 ④를 이용하면

$$_t^aV_{x:\overline{n|}} - {_t^bV_{x:\overline{n|}}} = 0$$

(iv) $t = n$인 경우

$$_n^aV_{x:\overline{n|}} = {_n^bV_{x:\overline{n|}}} = 1 \text{이므로 } {_n^aV_{x:\overline{n|}}} - {_n^bV_{x:\overline{n|}}} = 0$$

(i), (ii), (iii), (iv)로부터

$$_t^aV_{x:\overline{n|}} - {_t^bV_{x:\overline{n|}}} \geq 0 \ \text{따라서} \ {_t^aV_{x:\overline{n|}}} \geq {_t^bV_{x:\overline{n|}}} \ \text{(증명완료)}$$

$t \leq a$인 경우는 과거법으로 나타내면 쉽게 증명이 가능하다.

$_t^aV_{x:\overline{n|}} = {_aP_{x:\overline{n|}}}\,\ddot{s}_{x:\overline{t|}} - {_tk_x}$이고 $_t^bV_{x:\overline{n|}} = {_bP_{x:\overline{n|}}}\,\ddot{s}_{x:\overline{t|}} - {_tk_x}$이므로

$a < b$일 때 $\ddot{a}_{x:\overline{a|}} < \ddot{a}_{x:\overline{b|}}$ 임을 이용하면

$$_t^aV_{x:\overline{n|}} - {_t^bV_{x:\overline{n|}}} = ({_aP_{x:\overline{n|}}} - {_bP_{x:\overline{n|}}})\,\ddot{s}_{x:\overline{t|}}$$

$$= \left(\frac{1}{\ddot{a}_{x:\overline{a|}}} - \frac{1}{\ddot{a}_{x:\overline{b|}}}\right) A_{x:\overline{n|}}\,\ddot{s}_{x:\overline{t|}} \geq 0$$

등호는 $t = 0$일 때 성립한다.

38 다음과 같은 급부를 제공하는 보험상품이 있다.

(i) n년거치 종신생명연금(매년초 1원씩 지급)

(ii) 생명연금의 지급이 시작되기 전에 사망하면 납입된 순보험료가 이자없이 연말에 지급된다.

보험료는 n년 동안 연납으로 납입되며 $\pi_{x:\overline{n|}}$으로 표시하기로 할 때 제t보험연도말 책임준비금($t < n$)이 다음과 같은 두 식으로 나타낼 수 있음을 보이시오.

$$_t V = t\, \pi_{x:\overline{n}|}\, A^{\,1}_{x+t:\overline{n-t}|} - \pi_{x:\overline{n}|} \left[\ddot{a}_{x+t:\overline{n-t}|} - (IA)^{\,1}_{x+t:\overline{n-t}|} \right] + {}_{n-t|}\ddot{a}_{x+t:\overline{n-t}|}$$

$$= t\, \pi_{x:\overline{n}|}\, A^{\,1}_{x+t:\overline{n-t}|} + \left[1 - \frac{\pi_{x:\overline{n}|}}{\pi_{x+t:\overline{n-t}|}} \right] {}_{n-t|}\ddot{a}_{x+t}$$

풀이

$\pi_{x:\overline{n}|}\, \ddot{a}_{x:\overline{n}|} = \pi_{x:\overline{n}|}\, (IA)^{1}_{x:\overline{n}|} + {}_{n|}\ddot{a}_{x}$ 이므로

$$\pi_{x:\overline{n}|} = \frac{{}_{n|}\ddot{a}_{x}}{\ddot{a}_{x:\overline{n}|} - (IA)^{1}_{x:\overline{n}|}}$$ 이고

이와 유사하게

$$\pi_{x+t:\overline{n-t}|}\, \ddot{a}_{x+t:\overline{n-t}|} = {}_{n-t|}\ddot{a}_{x+t} + \pi_{x+t:\overline{n-t}|}\, (IA)^{\,1}_{x+t:\overline{n-t}|}$$

$$\pi_{x+t:\overline{n-t}|} \left[\ddot{a}_{x+t:\overline{n-t}|} - (IA)^{\,1}_{x+t:\overline{n-t}|} \right] = {}_{n-t|}\ddot{a}_{x+t}$$

$$\pi_{x+t:\overline{n-t}|} = \frac{{}_{n-t|}\ddot{a}_{x+t}}{\ddot{a}_{x+t:\overline{n-t}|} - (IA)^{\,1}_{x+t:\overline{n-t}|}}$$ 이다.

따라서 $\ddot{a}_{x+t:\overline{n-t}|} - (IA)^{\,1}_{x+t:\overline{n-t}|} = \dfrac{{}_{n-t|}\ddot{a}_{x+t}}{\pi_{x+t:\overline{n-t}|}}$

t 시점에서 이미 납입된 보험료의 반환을 반영하는 사망보험금의 APV1은 $t\, \pi_{x:\overline{n}|}\, A^{\,1}_{x+t:\overline{n-t}|}$ 이고 앞으로 납입할 보험료의 반환을 반영하는 미래 사망보험금의 APV2는 $\pi_{x:\overline{n}|}\, (IA)^{\,1}_{x+t:\overline{n-t}|}$ 이다. 따라서 사망보험금의 APV는

$$\text{APV} = t\, \pi_{x:\overline{n}|}\, A^{\,1}_{x+t:\overline{n-t}|} + \pi_{x:\overline{n}|}\, (IA)^{\,1}_{x+t:\overline{n-t}|}$$

$_t V$ 를 미래법으로 구하면

$$_t V = {}_{n-t|}\ddot{a}_{x+t} + \left(t\, \pi_{x:\overline{n}|}\, A^{\,1}_{x+t:\overline{n-t}|} + \pi_{x:\overline{n}|}\, (IA)^{\,1}_{x+t:\overline{n-t}|} \right)$$

$$- \pi_{x:\overline{n}|}\, \ddot{a}_{x+t:\overline{n-t}|}$$

$$= t\, \pi_{x:\overline{n}|}\, A^{\,1}_{x+t:\overline{n-t}|} - \pi_{x:\overline{n}|} \left(\ddot{a}_{x+t:\overline{n-t}|} - (IA)^{\,1}_{x+t:\overline{n-t}|} \right)$$

$$+ {}_{n-t|}\ddot{a}_{x+t:\overline{n-t}|}$$

$$= t\, \pi_{x:\overline{n}|}\, A^{\,1}_{x+t:\overline{n-t}|} - \frac{\pi_{x:\overline{n}|}}{\pi_{x+t:\overline{n-t}|}} \times {}_{n-t|}\ddot{a}_{x+t} + {}_{n-t|}\ddot{a}_{x+t}$$

$$= t\, \pi_{x:\overline{n}|}\, A^{\,1}_{x+t:\overline{n-t}|} + \left(1 - \frac{\pi_{x:\overline{n}|}}{\pi_{x+t:\overline{n-t}|}} \right) {}_{n-t|}\ddot{a}_{x+t}$$

39 피보험자 (62)가 가입한 3년거치, 3년납입, 5년만기 생명연금을 고려한다. 다음 자료를 이용하여 제3보험연도말 책임준비금을 구하시오.

(i) $\mu = 0.03$, $\delta = 0.05$
(ii) 연금은 매 보험연도초에 지급된다.

(iii) 보험료는 연속적 연액 P원을 3년 동안 납입한다.

(iv)

보험연도	1	2	3	4	5	6	7	8	9, 10, 11, …
연금지급액	0	0	0	100	75	50	25	10	0

풀이

3연도말 또는 4연도초에서 연금지급액 1원의 APV를 구하면

$$_t p_x = e^{-\int_0^t \mu_{x+t}\, dt} = e^{-\mu t}\text{이므로}$$

$$\text{APV} = \sum_{t=0}^{\infty} v^t\, _t p_x = \sum_{t=0}^{\infty} e^{-\delta t}\, e^{-\mu t} = \sum_{t=0}^{\infty} e^{-(\delta+\mu)t} = \sum_{t=0}^{\infty} e^{-0.08t}$$

3연도말에서는 향후 보험료의 납입이 없으므로 미래법을 이용하면

$$_3 V = 100 + 75\, v\, p_{62} + 50 v^2\, _2 p_{62} + 25 v^3\, _3 p_{62} + 10 v^4\, _4 p_{62}$$

$$= 100 + 75 \times e^{-0.08} + 50 \times e^{-0.16} + 25\, e^{-0.24} + 10\, e^{-0.32} = 238.77$$

40 $_k V(\bar{A}_x)$를 구하기 위한 $_k L$의 확률변수를 정의하고 UDD가정하에서 $_k L$의 분산을 구하시오.

풀이

$U = J + S = (J+1) - (1-S)$이고 UDD가정하에서 J, S는 독립적이므로
$v^U = v^{J+1} (1+i)^{1-S}$이다.

$$_k L = v^U - P(\bar{A}_x) \ddot{a}_{\overline{J+1}|} = v^{J+1}\left[(1+i)^{1-S} + \frac{P(\bar{A}_x)}{d} \right] - \frac{P(\bar{A}_x)}{d}$$

$$\text{Var}(_k L) = \text{Var}\left[v^{J+1}\left((1+i)^{1-S} + \frac{P(\bar{A}_x)}{d} \right) \right]$$

$$= E\left[v^{2(J+1)}\left[(1+i)^{2(1-S)} + \left(\frac{P(\bar{A}_x)}{d}\right)^2 + 2 \times \frac{P(\bar{A}_x)}{d} \times (1+i)^{1-S} \right] \right]$$

$$- \left[E\left(v^{J+1}(1+i)^{1-S} + v^{J+1}\frac{P(\bar{A}_x)}{d} - \frac{P(\bar{A}_x)}{d} \right) \right]^2$$

$$= {}^2 A_{x+k}\left[\frac{i^2 + 2i}{2\delta} + \left(\frac{P(\bar{A}_x)}{d}\right)^2 + 2 \times \frac{P(\bar{A}_x)}{d} \times \frac{i}{\delta} \right]$$

$$- \left[A_{x+k}\left(\frac{i}{\delta} + \frac{P(\bar{A}_x)}{d} \right) - \frac{P(\bar{A}_x)}{d} \right]^2$$

41 보험금 사망즉시급, 전기납입 연납보험료, n년만기 생사혼합보험에서 n년 안에 사망할 경우에는 만기보험금(1원) 외에 기납입보험료가 이자없이 반환된다. 이 보험의 연납순보험료와 순보험료식 책임준비금을 계산기수를 이용하여 나타내시오.

풀이

(i) 이 보험의 연납순보험료를 P라고 하면,

$$\bar{A}_{x:\overline{n}|} + P(I\bar{A})^1_{x:\overline{n}|} = P\,\ddot{a}_{x:\overline{n}|} \text{ 이므로}$$

$$P = \frac{\bar{A}_{x:\overline{n}|}}{\ddot{a}_{x:\overline{n}|} - (I\bar{A})^1_{x:\overline{n}|}} = \frac{\bar{M}_x - \bar{M}_{x+n} + D_{x+n}}{(N_x - N_{x+n}) - (\bar{R}_x - \bar{R}_{x+n} - n\bar{M}_{x+n})}$$

(ii) [풀이 1]

t시점에서 이미 납입된 보험료의 반환에 해당하는 APV1은 $t\,P(\bar{A}\,^1_{x+t:\,\overline{n-t}|})$이고 향후 보험료의 반환에 해당하는 APV2는 $P(I\bar{A})\,^1_{x+t:\,\overline{n-t}|}$이므로 보험료 반환에 대한 APV는

$$\text{APV} = t\,P(\bar{A}\,^1_{x+t:\,\overline{n-t}|}) + P(I\bar{A})\,^1_{x+t:\,\overline{n-t}|}$$

$$_tV = \bar{A}_{x+t:\,\overline{n-t}|} + P(I\bar{A})\,^1_{x+t:\,\overline{n-t}|} + t\cdot P\cdot(\bar{A}\,^1_{x+t:\,\overline{n-t}|}) - P\,\ddot{a}_{x+t:\,\overline{n-t}|} \quad \cdots\cdots ①$$

$$= \frac{\bar{M}_{x+t} - \bar{M}_{x+n} + D_{x+n}}{D_{x+t}}$$

$$+ P\left[\frac{\bar{R}_{x+t} - \bar{R}_{x+n} - (n-t)\bar{M}_{x+n} + t(\bar{M}_{x+t} - \bar{M}_{x+n})}{D_{x+t}}\right]$$

$$- P\left(\frac{N_{x+t} - N_{x+n}}{D_{x+t}}\right) \quad \cdots\cdots ②$$

$$= \frac{\bar{M}_{x+t} - \bar{M}_{x+n} + D_{x+n}}{D_{x+t}}$$

$$+ P\left(\frac{\bar{R}_{x+t} - \bar{R}_{x+n} + t\,\bar{M}_{x+t} - n\,\bar{M}_{x+n}}{D_{x+t}} - \frac{N_{x+t} - N_{x+n}}{D_{x+t}}\right) \quad \cdots\cdots ③$$

[풀이 2]

$t+1$시점에 $(t+1)P$, $t+2$시점에 $(t+2)P$, $\cdots\cdots$, n시점에 nP가 반환되므로

$$_tV = \bar{A}\,^1_{x+t:\,\overline{n-t}|} + P\left\{(t+1)\frac{\bar{C}_{x+t}}{D_{x+t}} + (t+2)\frac{\bar{C}_{x+t+1}}{D_{x+t}}\right.$$

$$\left. + \cdots\cdots + n\frac{\bar{C}_{x+n-1}}{D_{x+t}}\right\} - P\,\ddot{a}_{x+t:\,\overline{n-t}|}$$

{ } 안의 값을 APV로 표시하면

$$\text{APV} = t\,\frac{\bar{M}_{x+t} - \bar{M}_{x+n}}{D_{x+t}} + \frac{\bar{R}_{x+t} - \bar{R}_{x+n} - (n-t)\bar{M}_{x+n}}{D_{x+t}}$$

$$\left(= t\left(\bar{A}\,\frac{1}{x+t:\,\overline{n-t}|}\right) + (I\bar{A})\,\frac{1}{x+t:\,\overline{n-t}|}\right) \quad\cdots\cdots ④$$

$$= \frac{\bar{R}_{x+t} - \bar{R}_{x+n} + t\,\bar{M}_{x+t} - n\,\bar{M}_{x+n}}{D_{x+t}}$$

따라서 $_tV$는 ③과 동일하게 된다. 여기서 ④는 ②와 동일한 구조를 갖는 것을 알 수 있다.

42 보험자 (70)이 가입한 전기납입, 1.5년만기 완전이산 정기보험을 고려한다. 다음 자료를 이용하여 (a)~(d)를 구하시오.

(i) 사망보험금은 피보험자가 처음 6개월 안에 사망하면 사망한 반기말에[1] 1,000원을, 그 이후로는 매 반기별로 1,000원씩 증가한다.

(ii) 매 연령마다 단수부분은 UDD가정을 따른다.

(iii) 보험료는 매 반기초에 납입한다.

(iv) $q_{70} = 0.0358$, $q_{71} = 0.0422$ (v) $i^{(2)} = 0.1$

(a) 이 보험의 6개월납 평준순보험료를 구하시오.

(b) $_{0.5}V$, $_1V$를 구하시오.

(c) $_tL$을 이 보험의 t시점에서의 미래손실이라고 할 때, $\mathrm{Var}(_{0.5}L\,|\,T_{70} > 0.5)$, $\mathrm{Var}(_1L\,|\,T_{70} > 1)$를 구하시오.

(d) $\mathrm{Pr}\,(_{0.5}L < 2500\,|\,T_{70} > 0.5)$를 구하시오.

> **풀이**

(a) 자료 (ii)에 의하여 $_tq_x = t \times q_x \;\; (0 \le t \le 1)$이므로

$$_{0.5}q_{70} = 0.5\,q_{70} = (0.5)(0.0358) = 0.0179$$

$$_{0.5|0.5}q_{70} = q_{70} - {}_{0.5}q_{70} = 0.5\,q_{70} = 0.0179 \;\text{(연령마다 UDD이기 때문에 }_{0.5|0.5}q_{70}$$
$$= {}_{0.5}q_{70}\text{과 동일하다)}$$

$$_{1|0.5}q_{70} = p_{70}\,{}_{0.5}q_{71} = (1 - 0.0358)(0.5)(0.0422) = 0.02034$$

따라서 보험금 지급에 대한 APV1은

$$\mathrm{APV1} = 1000 \times \frac{0.0179}{1.05} + 2000 \times \frac{0.0179}{(1.05)^2} + 3000 \times \frac{0.02034}{(1.05)^3}$$

$$= 102.23064$$

6개월납 평준순보험료를 π라고 하면, 보험료납입에 대한 EPV2는

$$_{0.5}p_{70} = 1 - {}_{0.5}q_{70} = 1 - 0.0179 = 0.9821$$

$$_1p_{70} = 1 - q_{70} = 1 - 0.0358 = 0.9642$$

---

1) 여기서 반기는 6개월을 의미한다.

$$\text{EPV2} = \pi \left(1 + \frac{0.9821}{1.05} + \frac{0.9642}{(1.05)^2}\right) = 2.80989\,\pi$$

수지상등의 원칙에 의하여 APV1 = EPV2이므로

$$\pi = \frac{102.23064}{2.80989} = 36.38243$$

(b) (i) $_{0.5}V$를 구하기 위해, 보험금 지급에 대한 APV3과 보험료 납입에 대한 EPV4를 구해보자.

$\left(_{0.5}p_{70}\right)\left(_{0.5}p_{70.5}\right) = {_1}p_{70}$을 이용하면

$$_{0.5}p_{70.5} = \frac{_1p_{70}}{_{0.5}p_{70}} = \frac{1 - q_{70}}{1 - {_{0.5}}q_{70}} = \frac{1 - 0.0358}{1 - 0.0179} = \frac{0.9642}{0.9821} = 0.98177375$$

$$_{0.5}q_{70.5} = 1 - {_{0.5}}p_{70.5} = 1 - 0.98177375 = 0.01822625$$

$$_{0.5|0.5}q_{70.5} = {_{0.5}}p_{70.5}\,{_{0.5}}q_{71} = 0.98177375 \times 0.5 \times 0.0422$$
$$= 0.020715426\text{이므로}$$

보험금 지급에 대한 APV3은

$$\text{APV3} = 2000 \times \frac{0.01822625}{1.05} + 3000 \times \frac{0.020715426}{(1.05)^2} = 91.08517279$$

보험료 납입에 대한 EPV4는

$$\text{EPV4} = 36.38243 \times \left(1 + \frac{0.98177375}{1.05}\right) = 70.40082499$$

따라서

$$_{0.5}V = \text{APV3} - \text{EPV4} = 91.08517279 - 70.40082499 = 20.6843478$$

(ii) $_1V = 3000 \times \dfrac{0.5 \times 0.0422}{1.05} - 36.38243 = 23.90328$

(c) (i) $_{0.5}L = \begin{cases} \dfrac{2000}{1.05} - \pi = 1868.379, & \begin{matrix} 0 < T_{70.5} < 0.5 \\ (_{0.5}q_{70.5} = 0.01822625) \end{matrix} \\[3mm] \dfrac{3000}{(1.05)^2} - \pi\left(1 + \dfrac{1}{1.05}\right) = 2650.056, & \begin{matrix} 0.5 < T_{70.5} < 1 \\ (_{0.5|0.5}q_{70.5} = 0.020715426) \end{matrix} \\[3mm] -\pi\left(1 + \dfrac{1}{1.05}\right) = -71.032, & \begin{matrix} T_{70.5} > 1 \\ (_1p_{70.5} = 0.961058324) \end{matrix} \end{cases}$

따라서

$$E\left(_{0.5}L^2 \mid T_{70} > 0.5\right) = (1868.379)^2(0.01822625)$$
$$+ (2650.056)^2(0.020715426)$$
$$+ (-71.032)^2(0.961058324)$$
$$= 204256.0886$$

$$\text{Var}(_{0.5}L|T_{70} > 0.5) = 204256.0886 - (20.6843478)^2 = 203828.2464$$

(ii) $_1L = \begin{cases} \dfrac{3000}{1.05} - \pi = 2820.76, & 0 < T_{71} < 0.5 \\ -\pi = -36.38243, & T_{71} > 0.5 \end{cases}$

$_{0.5}q_{71} = 0.5 \times q_{71} = 0.0211,\ _{0.5}p_{71} = 0.9789$ 이므로

$$E(_1L^2|T_{70} > 1) = (2820.76)^2(0.0211) + (-36.38243)^2(0.9789)$$
$$= 169181.847$$

$$\text{Var}(_1L|T_{70} > 1) = 169181.847 - (23.90328)^2 = 168610.48$$

(d) (c)의 결과를 이용하면

$$\Pr(_{0.5}L < 2500|T_{70} > 0.5)$$
$$= \Pr(_{0.5}L = 1868.379|T_{70} > 0.5) + \Pr(_{0.5}L = -71.032|T_{70} > 0.5)$$
$$= 0.01822625 + 0.961058324 = 0.979284574$$

43 전통적 근사치공식을 이용하여 다음 식을 증명하시오 $(h > k)$.

(a) $_k^hV_x^{(m)} \fallingdotseq {}_k^hV_x + \dfrac{m-1}{2m}\,_hP_x^{(m)}\,_kV^{\,1}_{x\,:\,\overline{h}|}$ (6.2.5.13)

(b) $_k^hV_{x\,:\,\overline{n}|}^{(m)} \fallingdotseq {}_k^hV_{x\,:\,\overline{n}|} + \dfrac{m-1}{2m}\,_hP_{x\,:\,\overline{n}|}^{(m)}\,_kV^{\,1}_{x\,:\,\overline{h}|}$ (6.2.5.14)

풀이

(a) 이 문제의 증명에서는 다음 관계식들을 이용한다.

$$_hP_x^{(m)} \fallingdotseq {}_hP_x + \frac{m-1}{2m}\,_hP_x^{(m)}(P^{\,1}_{x\,:\,\overline{h}|} + d) \tag{5.1.2.13}$$

$$A_{x+k\,:\,\overline{h-k}|} - {}_{h-k}E_{x+k} = 1 - d\,\ddot{a}_{x+k\,:\,\overline{h-k}|} - {}_{h-k}E_{x+k} = A^{\,1}_{x+k\,:\,\overline{h-k}|}$$

$$_k^hV_x^{(m)} = A_{x+k} - {}_hP_x^{(m)}\,\ddot{a}_{x+k\,:\,\overline{h-k}|}^{(m)}$$

$$= A_{x+k} - {}_hP_x^{(m)}\left[\ddot{a}_{x+k\,:\,\overline{h-k}|} - \frac{m-1}{2m}(1 - {}_{h-k}E_{x+k})\right]$$

$$= A_{x+k} - \left[{}_hP_x + \frac{m-1}{2m}\,_hP_x^{(m)}(P^{\,1}_{x\,:\,\overline{h}|} + d)\right]\ddot{a}_{x+k\,:\,\overline{h-k}|}$$

$$\quad + \frac{m-1}{2m}\,_hP_x^{(m)}(1 - {}_{h-k}E_{x+k})$$

$$= A_{x+k} - {}_hP_x\,\ddot{a}_{x+k\,:\,\overline{h-k}|}$$

$$\quad + \frac{m-1}{2m}\,_hP_x^{(m)}(1 - {}_{h-k}E_{x+k} - d\,\ddot{a}_{x+k\,:\,\overline{h-k}|} - P^{\,1}_{x\,:\,\overline{h}|}\,\ddot{a}_{x+k\,:\,\overline{h-k}|})$$

$$= {}_k^hV_x + \frac{m-1}{2m}\,_hP_x^{(m)}(A^{\,1}_{x+k\,:\,\overline{h-k}|} - P^{\,1}_{x\,:\,\overline{h}|}\,\ddot{a}_{x+k\,:\,\overline{h-k}|})$$

$$= {}_k^h V_x + \frac{m-1}{2m} {}_h P_x^{(m)} {}_k V_{x:\overline{h}|}^1$$

(b) 이 문제의 증명에서는 다음 식을 이용한다.

$${}_h P_{x:\overline{n}|}^{(m)} = {}_h P_{x:\overline{n}|} + \frac{m-1}{2m} {}_h P_x^{(m)} (P_{x:\overline{h}|}^1 + d) \tag{5.1.2.20}$$

$${}_k^h V_{x:\overline{n}|}^{(m)} = A_{x+k:\overline{n-k}|} - {}_h P_{x:\overline{n}|}^{(m)} \ddot{a}_{x+k:\overline{h-k}|}^{(m)}$$

$$= A_{x+k:\overline{n-k}|} - {}_h P_{x:\overline{n}|}^{(m)} \left[\ddot{a}_{x+k:\overline{h-k}|} - \frac{m-1}{2m} (1 - {}_{h-k}E_{x+k}) \right]$$

$$= A_{x+k:\overline{n-k}|} - \left({}_h P_{x:\overline{n}|} + \frac{m-1}{2m} {}_h P_{x:\overline{n}|}^{(m)} (P_{x:\overline{h}|}^1 + d) \right) \ddot{a}_{x+k:\overline{h-k}|}$$

$$\quad + \frac{m-1}{2m} {}_h P_{x:\overline{n}|}^{(m)} (1 - {}_{h-k}E_{x+k})$$

$$= A_{x+k:\overline{n-k}|} - {}_h P_{x:\overline{n}|} \ddot{a}_{x+k:\overline{h-k}|} + \frac{m-1}{2m} {}_h P_{x:\overline{n}|}^{(m)} (1 - {}_{h-k}E_{x+k}$$

$$\quad - d\, \ddot{a}_{x+k:\overline{n-k}|} - P_{x:\overline{h}|}^1 \ddot{a}_{x+k:\overline{h-k}|})$$

$$= {}_k^h V_{x:\overline{n}|} + \frac{m-1}{2m} {}_h P_{x:\overline{n}|}^{(m)} (A_{x+k:\overline{h-k}|}^1 - P_{x:\overline{h}|}^1 \ddot{a}_{x+k:\overline{h-k}|})$$

$$= {}_k^h V_{x:\overline{n}|} + \frac{m-1}{2m} {}_h P_{x:\overline{n}|}^{(m)} {}_k V_{x:\overline{h}|}^1$$

44 다음 식들에서 틀린 것이 있으면 고치시오(UDD가정).

(a) ${}_{21}V_{47} = (1 - {}_{13}V_{47})(1 - {}_8V_{60})$

(b) $\dfrac{{}_5^{15}V_{35}^{(10)} - {}_5^{15}V_{35}}{{}_{15}P_{35}^{(10)} {}_5V_{35:\overline{15}|}^1} = \beta(10)$

(c) ${}_{10}V(\bar{A}_x^{PR}) = {}_{10}V^{\{1\}}(\bar{A}_x) - {}_{10}\bar{V}(\bar{A}_x)$

(d) ${}_{10}V(\bar{A}_x^{PR}) = {}_{10}V^{\{4\}}(\bar{A}_x) - {}_{10}V^{(4)}(\bar{A}_x) + \beta(4)\, P^{(4)}(\bar{A}_x)\, {}_{10}V_x$

(e) ${}_{10}V_{50:\overline{20}|}^{(2)} = {}_{10}V_{50:\overline{20}|} + \beta(2)\, P_{50:\overline{20}|}^{(2)}\, {}_{10}V_{50:\overline{20}|}$

(f) ${}_{10}V_{30:\overline{40}|}^1 = \dfrac{{}_{30}^{20}V^{(4)}(\bar{A}_{30:\overline{40}|}) - {}_{30}^{20}V(\bar{A}_{30:\overline{40}|})}{\beta(4)\, {}_{20}P^{(4)}(\bar{A}_{30:\overline{40}|})}$

풀이

(a) $(1 - {}_{13}V_{47})(1 - {}_8V_{60}) = \left[1 - \left(1 - \dfrac{\ddot{a}_{60}}{\ddot{a}_{47}} \right) \right] \left[1 - \left(1 - \dfrac{\ddot{a}_{68}}{\ddot{a}_{60}} \right) \right]$

$$= \frac{\ddot{a}_{60}}{\ddot{a}_{47}} \times \frac{\ddot{a}_{68}}{\ddot{a}_{60}} = \frac{\ddot{a}_{68}}{\ddot{a}_{47}} \neq 1 - \frac{\ddot{a}_{68}}{\ddot{a}_{47}} = {}_{21}V_{47}$$

따라서 ${}_{21}V_{47}$ 를 $1 - {}_{21}V_{47}$ 로 변경해야 한다.

(b) ${}_{k}^{h}V_{x:\overline{n}|}^{(m)} = {}_{k}^{h}V_{x:\overline{n}|} + \beta(m)\,{}_{h}P_{x:\overline{n}|}^{(m)}\,{}_{k}V_{x:\overline{h}|}^{1}$ 에서 $n \to \infty$ 인 경우로 생각하면 되므로

$${}_{5}^{15}V_{35}^{(10)} = {}_{5}^{15}V_{35} + \beta(10)\,{}_{15}P_{35}^{(10)}\,{}_{5}V_{35:\overline{15}|}^{1}$$ 이 된다.

$$\frac{{}_{5}^{15}V_{35}^{(10)} - {}_{5}^{15}V_{35}}{{}_{15}P_{35}^{(10)}\,{}_{5}V_{35:\overline{15}|}^{1}} = \frac{\beta(10)\,{}_{15}P_{35}^{(10)}\,{}_{5}V_{35:\overline{15}|}^{1}}{{}_{15}P_{35}^{(10)}\,{}_{5}V_{35:\overline{15}|}^{1}} = \beta(10)\ \text{따라서 틀린 것은 없다.}$$

(c) ${}_{10}V^{\{1\}}(\bar{A}_x) = {}_{10}V(\bar{A}_x) + {}_{10}V(\bar{A}_x^{PR})$ 이므로

$${}_{10}V(\bar{A}_x^{PR}) = {}_{10}V^{\{1\}}(\bar{A}_x) - {}_{10}V(\bar{A}_x)$$

따라서 ${}_{10}\bar{V}(\bar{A}_x)$ 를 ${}_{10}V(\bar{A}_x)$ 로 변경해야 한다.

(d) 식 (6.2.7.2)에 의하여

$${}_{k}^{h}V^{\{m\}}(\bar{A}_{x:\overline{n}|}) = {}_{k}^{h}\bar{V}(\bar{A}_{x:\overline{n}|}) \quad \cdots\cdots ①$$

식 (6.2.5.4)에 의하여

$${}_{k}^{h}V^{(m)}(\bar{A}_{x:\overline{n}|}) = {}_{k}^{h}V(\bar{A}_{x:\overline{n}|}) + \beta(m)\,{}_{h}P^{(m)}(\bar{A}_{x:\overline{n}|})\,{}_{k}V_{x:\overline{h}|}^{1} \quad \cdots\cdots ②$$

①을 참고로 하면 ${}_{10}V^{\{4\}}(\bar{A}_x)$ 는 ②에서 $m \to \infty$ 인 경우이므로

$${}_{10}V^{\{4\}}(\bar{A}_x) = {}_{10}V(\bar{A}_x) + \beta(\infty)\,\bar{P}(\bar{A}_x)\,{}_{10}V_x \quad \cdots\cdots ③$$

(d)의 우변식에 ②와 ③을 대입하면

$${}_{10}V^{\{4\}}(\bar{A}_x) - {}_{10}V^{(4)}(\bar{A}_x) + \beta(4)\,P^{(4)}(\bar{A}_x)\,{}_{10}V_x$$

$$= \left[{}_{10}V(\bar{A}_x) + \beta(\infty)\,\bar{P}(\bar{A}_x)\,{}_{10}V_x \right]$$

$$\qquad - \left[{}_{10}V(\bar{A}_x) + \beta(4)\,P^{(4)}(\bar{A}_x)\,{}_{10}V_x \right] + \beta(4)\,P^{(4)}(\bar{A}_x)\,{}_{10}V_x$$

$$= \beta(\infty)\,\bar{P}(\bar{A}_x)\,{}_{10}V_x$$

③에 의하여

$$\beta(\infty)\,\bar{P}(\bar{A}_x)\,{}_{10}V_x = {}_{10}V^{\{4\}}(\bar{A}_x) - {}_{10}V(\bar{A}_x) = {}_{10}V(\bar{A}_x^{PR})$$

따라서 틀린 것 없음(식 (6.2.7.2), (6.2.7.7), (6.2.7.8) 참고)

(e) ${}_{10}V_{50:\overline{20}|} = {}_{10}V_{50:\overline{20}|} + \beta(2)\,P_{50:\overline{20}|}^{(2)}\,{}_{10}V_{50:\overline{20}|}^{1}$ 이므로

${}_{10}V_{50:\overline{20}|}$ 을 ${}_{10}V_{50:\overline{20}|}^{1}$ 으로 변경해야 한다.

(f) $$\frac{{}_{30}^{20}V^{(4)}(\bar{A}_{30:\overline{40}|}) - {}_{30}^{20}V(\bar{A}_{30:\overline{40}|})}{\beta(4)\,{}_{20}P^{(4)}(\bar{A}_{30:\overline{40}|})} = \frac{\beta(4)\,{}_{20}P^{(4)}(\bar{A}_{30:\overline{40}|})\,{}_{30}V_{30:\overline{20}|}^{1}}{\beta(4)\,{}_{20}P^{(4)}(\bar{A}_{30:\overline{40}|})} = {}_{30}V_{30:\overline{20}|}^{1}$$

따라서 ${}_{10}V_{30:\overline{40}|}^{1}$ 을 ${}_{30}V_{30:\overline{20}|}^{1}$ 으로 변경해야 한다.

45 UDD가정하에서 다음 식을 간략히 하면 $_kV(\bar{A}_x^{PR})$가 되는 것을 증명하시오.

$$_kV^{\{5\}}(\bar{A}_x) - {}_kV^{(5)}(\bar{A}_x) + \beta(5) \cdot P^{(5)}(\bar{A}_x) \cdot {}_kV_x$$

풀이

$$_k\bar{V}(\bar{A}_x) - {}_kV^{(5)}(\bar{A}_x) + \beta(5)\, P^{(5)}(\bar{A}_x)\, {}_kV_x$$

$$= \left[{}_kV(\bar{A}_x) + \beta(\infty)\,\bar{P}(\bar{A}_x)\,{}_kV_x\right]$$

$$\quad - \left[{}_kV(\bar{A}_x) + \beta(5)\,P^{(5)}(\bar{A}_x)\,{}_kV_x\right] + \beta(5)\,P^{(5)}(\bar{A}_x)\,{}_kV_x$$

$$= \beta(\infty)\,\bar{P}(\bar{A}_x)\,{}_kV_x = {}_kV^{\{5\}}(\bar{A}_x) - {}_kV(\bar{A}_x)$$

$$= {}_k\bar{V}(\bar{A}_x) - {}_kV(\bar{A}_x) = {}_kV(\bar{A}_x^{PR}) \quad (\text{식}(6.2.7.7) \text{ 참조})$$

46 피보험자 (40)는 보험금 b원 완전이산 종신보험을 가입하였다. 다음의 자료를 이용하여 제14보험연도말 책임준비금을 구하시오.

(i) $q_{54} = 0.00412$ (ii) $i = 0.05$ (iii) $_{14}V + P = 232$

(iv) 제15보험연도의 위험보험금은 1,262원이다.   (v) $\ddot{a}_{40} = 17.704236$

풀이

위험보험금과 $_{15}V$의 합이 보험금임을 이용하여 보험금을 구해보자.

재귀식을 이용하여 $_{15}V$를 구해보면

$$\left({}_{14}V + P\right)(1 + i) = q_{54}\, b + p_{54}\,{}_{15}V = q_{54}(b - {}_{15}V) + {}_{15}V$$

$$232(1.05) = 0.00412(1262) + {}_{15}V \text{이므로 } {}_{15}V = 238$$

따라서 $b = (b - {}_{15}V) + {}_{15}V = 1262 + 238 = 1500$

보험료를 구해보면

$$P = (1500)\left(\frac{A_x}{\ddot{a}_x}\right) = (1500)\left(\frac{1 - d\,\ddot{a}_x}{\ddot{a}_x}\right) = (1500)\left(\frac{1}{\ddot{a}_x} - d\right)$$

$$= (1500)\left(\frac{1}{17.704236} - \frac{0.05}{1.05}\right) = 13.296915$$

자료 (iii)에 의해 $_{14}V + P = {}_{14}V + 13.296915 = 232$이므로

$$_{14}V = 218.703085$$

47 피보험자 (30)은 완전이산 종신보험에 가입하였다. 사망보험금은 처음 30년 동안은 1,000원이고 그 다음 5년 동안은 2,000원이고 그 후부터는 3,000원이다. 보험료는 수지상등의 원칙을 적용하여 결정되고 매년 순보험료는 평준이 아니다. 처음 30년 동안의 연납순보험료는 $1000P_{30}$이고 그 다음 5년 동안의 연납순보험료는 $2000P_{30}$

이고 그 후 연납순보험료는 π이다. $P_{30} = A_{30}/\ddot{a}_{30}$이다. 다음의 자료를 이용하여 $_{31}V$를 구하시오.

(i) $i = 0.05$ (ii) $q_{60} = 0.0066$

(iii) $A_{30} = 0.1$, $_{30}E_{30} = 0.216$, $A_{60} = 0.352$

풀이

π를 모르기 때문에 π를 사용하지 않는 과거법을 이용하는 것이 편리하다. $_{30}V$를 과거법을 이용해서 구하기 위해 다음을 구해보자.

$$A_{30:\overline{30|}}^{1} = A_{30} - {}_{30}E_{30}\,A_{60} = 0.1 - (0.216)(0.352) = 0.023968$$

$$\ddot{a}_{30} = \frac{1 - A_{30}}{d} = \frac{1 - 0.1}{0.05/1.05} = 18.9$$

$$\ddot{a}_{60} = \frac{1 - A_{60}}{d} = \frac{1 - 0.352}{0.05/1.05} = 13.608$$

$$\ddot{a}_{30:\overline{30|}} = \ddot{a}_{30} - {}_{30}E_{30}\,\ddot{a}_{60} = 18.9 - (0.216)(13.608) = 15.960672$$

$$P_{30} = \frac{A_{30}}{\ddot{a}_{30}} = \frac{0.1}{18.9} = 0.005291$$

따라서 $_{30}V = \dfrac{1000(P_{30}\,\ddot{a}_{30:\overline{30|}} - A_{30:\overline{30|}}^{1})}{_{30}E_{30}}$

$$= \frac{1000[(0.005291)(15.960672) - 0.023968]}{0.216} = 280$$

$q_{60} = 0.0066$이므로, 제31보험연도말의 사망보험금을 S_{31}이라고 하면

$$(_{30}V + 2000P_{30})(1 + i) = q_{60}(S_{31}) + p_{60}\,{}_{31}V$$

$$[280 + (2000)(0.005291)](1.05) = (0.0066)(2000) + (1 - 0.0066)\,{}_{31}V$$

따라서 $_{31}V = \dfrac{[280 + (2000)(0.005291)](1.05) - (2000)(0.0066)}{1 - 0.0066}$ ...... ①

$$= 293.85$$

①은 Fackler의 공식을 나타내고 있다.

48 피보험자 (30)은 40년거치 40년납입 완전이산 종신생명연금에 가입하였다. 연금액은 70세부터 매년초 1,000원씩 지급된다. 만약 피보험자가 거치기간 내 사망하면 연 5%씩 부리한 기납입보험료를 지급한다. $i = 5\%$이고 부록의 생명표를 이용하여 다음을 구하시오.

(a) 연납보험료   (b) 제10보험연도말 책임준비금

풀이

(a) 거치기간 동안 사망시 연 5%씩 부리한 기납입보험료를 지급한다는 것은 사망보험금이

사망연도말 책임준비금($b_t = {}_tV$)이라는 의미이다.

$$_kV = \sum_{t=0}^{k-1} \pi_t (1+i)^{k-t} - \sum_{t=1}^{k} q_{x+t-1}(b_t - {}_tV)(1+i)^{k-t} \text{이므로}$$

$$_{40}V = \sum_{t=0}^{39} \pi_t (1+i)^{40-t} = \pi \ddot{s}_{\overline{40|}}$$

책임준비금의 미래법을 이용하여 연납보험료를 구해보자.

$$_{40}V = 1000 \ddot{a}_{70} = \pi \ddot{s}_{\overline{40|}}, \quad \ddot{a}_{70} = 10.463654 \text{이므로}$$

$$\pi = \frac{1000 \ddot{a}_{70}}{\ddot{s}_{\overline{40|}}} = \frac{(1000)(10.463654)}{[(1.05)^{40}-1]/(0.05/1.05)} = 82.49506114$$

(b) $\quad _{10}V = \pi \ddot{s}_{\overline{10|}} = (82.49506114)\left(\frac{(1.05)^{10}-1}{0.05/1.05}\right) = 1089.494714$

49 피보험자 (40)이 가입한 보험금 100,000원 완전이산 종신보험을 고려해보자. 보험료 산출기준은 $i = 5\%$, $q_{59} = 0.006$이고 보험료 산출기준과 책임준비금 산출기준은 동일하다고 가정한다. 주어진 제20보험연도말 책임준비금($_{20}V$)은 23,000원이다. 다른 모든 가정은 동일하고, 20연도의 사망률만 $q_{59} = 0.016$으로 증가되었다고 할 때 증가된 위험률을 반영한 19연도말 미래손실의 기대값과 처음 산출된 $_{19}V$의 차이를 구하시오. 단, 보험료는 변경되지 않고 동일하게 사용하였으며 20연도 외의 구간에서는 모든 가정이 동일하다.

풀이

$t = 19$와 20의 재귀식을 고려해보자. $(q_{x+19} = q_{59})$

$$({}_{19}V + P)(1+i) = 100000 \, q_{x+19} + (1 - q_{x+19})\, {}_{20}V$$

$$({}_{19}V + P)(1+i) = (100000 - {}_{20}V)\, q_{x+19} + {}_{20}V$$

$q_{x+19} = 0.016$이 적용된 기호를 $_{19}V'$, q'_{x+19}로 표시하면

$$({}_{19}V' + P)(1+i) = (100000 - {}_{20}V)\, q'_{x+19} + {}_{20}V \cdots\cdots \text{①}$$

$$({}_{19}V + P)(1+i) = (100000 - {}_{20}V)\, q_{x+19} + {}_{20}V \cdots\cdots \text{②}$$

①－②를 하면

$$({}_{19}V' + P) - ({}_{19}V + P) = \frac{(100000 - {}_{20}V)(q'_{x+19} - q_{x+19})}{1+i}$$

$$_{19}V' - {}_{19}V = \frac{(100000 - 23000)(0.01)}{1.05} = 733.3333$$

q'_{59}가 적용되는 경우 보험급부의 APV는 기존의 보험료 P가 적용된 EPV보다 크다. 따라

서 q'_{59}가 적용되는 경우 향후 어떤 구간에서든지 보험료가 증가되어야 APV와 EPV가 동일하게 된다. q'_{59}가 적용될 경우 기존의 $_{19}V$는 더 이상 책임준비금의 역할을 할 수 없다.

50 피보험자 (60)이 가입한 전기납입, 3년만기 완전이산 정기보험을 고려한다. 다음 자료를 이용하여 제2보험연도의 연시책임준비금(initial reserve)을 구하시오.

(i) 피보험자가 제1보험연도에 사망하면 10,000원을, 제2보험연도에 사망하면 20,000원을, 제3보험연도에 사망하면 30,000원을 사망보험금으로 지급한다.

(ii) $q_{60} = 0.01$, $q_{61} = 0.03$, $q_{62} = 0.05$ (iii) $i = 0.05$

풀이

제2보험연도의 연시책임준비금을 구하기 위해 P, $_1V$를 구해보자.

$$10000 v\, q_{60} + 20000 v^2 p_{60}\, q_{61} + 30000 v^3\, _2p_{60}\, q_{62} = P(1 + v\, p_{60} + v^2\, _2p_{60})$$

이므로

$$좌변 = 10000\left(\frac{0.01}{1.05}\right) + 20000\left(\frac{0.99 \times 0.03}{(1.05)^2}\right) + 30000\left(\frac{0.99 \times 0.97 \times 0.05}{(1.05)^3}\right)$$

$$= 1878.32847$$

$$우변 = P\, \ddot{a}_{60:\overline{3}|} = P\left(1 + \frac{0.99}{1.05} + \frac{0.99 \times 0.97}{(1.05)^2}\right) = 2.81388\, P$$

따라서 $P = \dfrac{1878.32847}{2.81388} = 667.523$

재귀식으로부터 $(_0V + P)(1.05) = 10000\, q_{60} + p_{60}\, _1V$이므로

$$(0 + 667.523) \times 1.05 = 10000 \times 0.01 + 0.99 \times _1V$$

51 피보험자 (55)가 가입한 5년납입, 10년만기 완전이산 정기보험을 고려한다. 다음 자료를 이용하여 제2보험연도말 책임준비금을 구하시오.

(i) 보험급부 $b_{k+1} = 1000(10 - k)$, $k = 0, 1, 2, \cdots, 9$

(ii) 연납평준순보험료는 150.53원이다.

(iii) $q_{55+k} = 0.01 + 0.001k$, $k = 0, 1, 2, \cdots, 9$ (iv) $i = 0.05$

풀이

연납평준순보험료를 P라고 하고 $_0V$와 $_1V$의 재귀식으로부터 $_1V$를 구해보면

$$(_0V + P)(1 + i) = 10000\, q_{55} + p_{55}\, _1V$$이므로

$$_1V = \frac{150.53 \times 1.05 - 10000 \times 0.01}{1 - 0.01} \quad \text{(Fackler의 공식)}$$

$$= 58.6429$$

$_1V$와 $_2V$의 재귀식으로부터 $_2V$를 구해보면

$$(_1V + P)(1 + i) = 9000\,q_{56} + p_{56}\,_2V$$

따라서

$$_2V = \frac{(58.6429 + 150.53)(1.05) - 9000 \times 0.011}{1 - 0.011} \quad \text{(Fackler의 공식)}$$

$$= 121.97$$

※ 연습문제 52번과 53번은 다음 자료를 이용하여 구하시오.

피보험자 (60)이 가입한 전기납입, 15년만기 완전이산 생사혼합보험을 고려한다.

(i) $\ddot{a}_{60} = 13.03971$, $\ddot{a}_{63} = 12.11908$, $\ddot{a}_{68} = 10.46365$

(ii) $q_{66} = 0.01451$, $_{9|}q_{60} = 0.04591$, $l_{60} = 90856$, $l_{66} = 85458$, $l_{68} = 82871$

(iii) $\pi_6 > 0$, $b_{10} > 0$, $i = 0.05$

(iv) $k \neq 6$에 대하여 연납순보험료는 $\pi_k = 1000 P_{60}$, $k = 0, 1, 2, 3, 4, 5, 7, \cdots, 14$

(v) 사망보험금은 $k + 1 \neq 10$인 $b_{k+1} = 1000$,

   $k = 0, 1, 2, \cdots, 8, 10, 11, \cdots, 14$

(vi) 생존보험금은 1,000원이다.

(vii) $1000 P_{60} = 29.79$, $1000 A_{60:\overline{15|}} = 521.43$

(viii) $\ddot{a}_{60:\overline{15|}} = 10.12546$, $\ddot{a}_{72:\overline{3|}} = 2.78926$

52 위의 자료를 이용하여 다음을 구하시오.

(a) 제3보험연도말 책임준비금　　(b) 제12보험연도말 책임준비금

(c) 제6보험연도말 책임준비금을 310원, 제7보험연도말 책임준비금을 425원이라고 가정할 때, π_6

　풀이

(a) 처음 3년 동안을 살펴보면 보험료 납입과 사망보험금이 $1000 P_{60}$과 1000이므로 (60) 이 가입한 완전이산 보통종신보험과 동일하다. 과거법 책임준비금으로 책임준비금을 구하면

$$_3V = 1000\,_3V_{60}$$

$$_3V = 1000\left(1 - \frac{\ddot{a}_{63}}{\ddot{a}_{60}}\right) = 1000\left(1 - \frac{12.11908}{13.03971}\right) = 70.60203$$

(b) $\pi_k = 1000 P_{60}$을 이용하여 미래법으로 책임준비금을 구하면

$$_{12}V = 1000 A_{72:\overline{3|}} - 1000 P_{60}\,\ddot{a}_{72:\overline{3|}} = 1000(1 - d\,\ddot{a}_{72:\overline{3|}}) - 1000 P_{60}\,\ddot{a}_{72:\overline{3|}}$$

$$= 1000 \times \left(1 - \frac{0.05}{1.05} \times 2.78926\right) - 29.79 \times 2.78926 = 784.09$$

(c) 재귀식에 의해 $({}_6V + \pi_6)(1 + i) = 1000\, q_{66} + p_{66}\, {}_7V$이므로

$$(310 + \pi_6)(1.05) = 1000 \times 0.01451 + 425 \times (1 - 0.01451)$$

따라서 $\pi_6 = 102.71$

53 $\pi_6 = 350$이라고 가정할 때 (a)와 (b)를 구하시오.

(a) b_{10} (b) 제8보험연도말 책임준비금

풀이

π_6는 다음의 두 개의 파트로 나누어 생각할 수 있다.

(a) $\pi_6 = 1000\, P_{60} + 320.21 = 29.79 + 320.21 = 350$이고

$b_{10} = 1000 + (b_{10} - 1000)$으로 나타낼 수 있다.

보험료수입의 EPV는

$$\text{EPV} = 1000\, P_{60}\, \ddot{a}_{60:\overline{15|}} + 320.21\, {}_6E_{60}$$

$$= (29.79)(10.12546) + (320.21)\left(\frac{1}{(1.05)^6}\right)\left(\frac{85458}{90856}\right)$$

$$= 526.3866811$$

보험급부의 APV는

$$\text{APV} = 1000\, A_{60:\overline{15|}} + (b_{10} - 1000)\, v^{10}\, {}_{9|}q_{60}$$

$$= 521.43 + (b_{10} - 1000)\frac{0.04591}{(1.05)^{10}} = 493.24524 + 0.0281847\, b_{10}$$

EPV = APV를 만족시키는 b_{10}은

$$b_{10} = \frac{526.3866811 - 493.24524}{0.0281847} = 1175.866378$$

(b) 이 보험의 제8보험연도말 책임준비금을 ${}_8V$라고 하면

$${}_8V = \frac{29.79\, \ddot{a}_{60:\overline{8|}} + 320.21\, {}_6E_{60} - 1000\, A^1_{60:\overline{8|}}}{{}_8E_{60}}$$

$$= \frac{1000\left(P_{60}\, \ddot{a}_{60:\overline{8|}} - A^1_{60:\overline{8|}}\right)}{{}_8E_{60}} + \frac{320.21\, {}_6E_{60}}{{}_8E_{60}}$$

$$= 1000\, {}_8V_{60} + \frac{320.21}{{}_2E_{66}}$$

$\pi_6 = 350$이 $1000\, P_{60}$과 320.21로 나누어지고 $1000\, P_{60}$이 보험료로 적용되는 파트는 과거법으로 생각하면 (60)이 가입한 보통종신보험과 동일하다.

$$(1000)\,_8V_{60} = 1000\left(1 - \frac{\ddot{a}_{68}}{\ddot{a}_{60}}\right) = 1000\left(1 - \frac{10.46365}{13.03971}\right) = 197.555$$

$$_2E_{66} = \frac{1}{(1.05)^2}\left(\frac{82871}{85458}\right) = 0.8795717$$

$$\text{따라서 } _8V = 197.555 + \frac{320.21}{0.8795717} = 561.368433$$

※ 연습문제 54번과 55번은 다음 자료를 이용하여 구하시오. 피보험자 (x)가 가입한 전기 납입 완전이산 종신보험을 고려한다.

(i)

k	제k보험연도초 보험료(π_{k-1})	제k보험연도말 보험금(b_k)	제k보험연도 동안의 이자율(i)	q_{x+k-1}	제k보험연도말 책임준비금($_kV$)
2	–	–	–	–	320
3	55	750	0.05	–	380
4	67	1000	0.04	0.06	–

(ii) 매 연령마다 단수부분은 UDD가정을 따른다.

54 위의 자료를 이용하여 (a)와 (b)를 구하시오.

(a) q_{x+2} (b) $_4V$

풀이

(a) $_2V$와 $_3V$의 재귀식으로부터

$$(_2V + \pi_2)(1 + i) = b_3\,q_{x+2} + {}_3V\,p_{x+2} = (b_3 - {}_3V)\,q_{x+2} + {}_3V$$

$$(320 + 55)(1.05) = (750 - 380)\,q_{x+2} + 380$$

$$\text{따라서 } q_{x+2} = \frac{(320 + 55)(1.05) - 380}{750 - 380} = 0.037162$$

(b) $_3V$와 $_4V$의 재귀식으로부터

$$(_3V + \pi_3)(1 + i) = b_4\,q_{x+3} + p_{x+3}\,{}_4V$$

$$(380 + 67)(1.04) = 1000 \times 0.06 + 0.94 \times {}_4V$$

$$\text{따라서 } _4V = \frac{(380 + 67)(1.04) - 1000 \times 0.06}{0.94} = 430.72$$

55 위의 자료를 이용하여 (a)와 (b)를 구하시오.

(a) $_{0.4}q_{x+3.6}$ (b) $_{3.6}V$

풀이

(a) $q_{x+3} = {}_{0.6}q_{x+3} + {}_{0.6}p_{x+3} \, {}_{0.4}q_{x+3.6}$ 이므로

$${}_{0.4}q_{x+3.6} = \frac{q_{x+3} - 0.6\,q_{x+3}}{1 - 0.6\,q_{x+3}} = \frac{0.06 - 0.6 \times 0.06}{1 - 0.6 \times 0.06} = 0.024896$$

$${}_{0.4}p_{x+3.6} = \frac{p_{x+3}}{{}_{0.6}p_{x+3}}$$ 의 관계식으로부터 ${}_{0.4}q_{x+3.6}$ 를 구하는 것이 기억하기 편하다.

즉,

$${}_{0.4}q_{x+3.6} = 1 - {}_{0.4}p_{x+3.6} = 1 - \frac{p_{x+3}}{{}_{0.6}p_{x+3}}$$

$$= \frac{{}_{0.6}p_{x+3} - p_{x+3}}{{}_{0.6}p_{x+3}} = \frac{q_{x+3} - {}_{0.6}q_{x+3}}{1 - {}_{0.6}q_{x+3}} = \frac{q_{x+3} - 0.6\,q_{x+3}}{1 - 0.6\,q_{x+3}}$$

이 성립한다.

(b) 4보험연도말에서 보험금이 b_4 이므로 3.6시점에서의 보험금은 $b_4\,v^{0.4}$ 이다. 따라서 재귀식에는 $(b_4\,v^{0.4})\,({}_{0.6}q_{x+3})$ 과 $({}_{3.6}V)\,({}_{0.6}p_{x+3})$ 이 사용된다. 재귀식에 의해

$$({}_3V + \pi_3)\,(1+i)^{0.6} = {}_{0.6}q_{x+3} \times 1000\,v^{0.4} + {}_{0.6}p_{x+3} \times {}_{3.6}V$$

$$(380 + 67)\,(1.04)^{0.6} = 0.6 \times 0.06 \times 1000\,(1.04)^{-0.4}$$
$$+ (1 - 0.6 \times 0.06) \times {}_{3.6}V$$

따라서 $${}_{3.6}V = \frac{(380 + 67)\,(1.04)^{0.6} - 0.6 \times 0.06 \times (1.04)^{-0.4} \times 1000}{1 - 0.6 \times 0.06}$$

$$= 437.9710703$$

56 피보험자 (x), 보험금 연말급인 종신보험의 보험료 납입은 연납으로 20년 동안 납입된다. 다음과 같은 자료가 주어졌다.

(i) 제t보험연도의 보험금은 $b_t = 1 + {}_tV - {}_tV_x$

여기서 ${}_tV$ 는 이 보험의 책임준비금, ${}_tV_x$ 는 보통종신보험의 책임준비금을 의미한다.

(ii) $\omega - x > 20$ 이고 $t = \omega - x$ 에서 생존시 생존보험금 1원을 지급받는다(즉, ${}_{\omega-x}V = {}_{\omega-x}V_x = 1$).

다음에 답하시오.

(a) ${}_hV_x$ 의 재귀식을 이용하여 $v^h\,{}_hV_x - v^{h-1}\,{}_{h-1}V_x$ 를 v, q_{x+h-1}, ${}_hV_x$ 와 P_x 를 사용하여 나타내시오.

(b) $v^h\,{}_hV - v^{h-1}\,{}_{h-1}V$ 를 v, q_{x+h-1}, ${}_hV_x$ 와 π_{h-1} 을 사용하여 나타내시오. π_{h-1} 은 이 보험의 제h보험연도초에 납입되는 연납평준순보험료이다.

(c) $\pi_{h-1} = \begin{cases} P_x \left(\dfrac{\ddot{a}_{\overline{\omega-x|}}}{\ddot{a}_{\overline{20|}}} \right), & h = 1, 2, \cdots, 20 \\ 0, & h = 21, 22, \cdots, \omega-x \end{cases}$ 임을 유도하시오.

풀이

(a) 재귀식으로부터 $({}_{h-1}V_x + P_x) = v\, q_{x+h-1}(1 - {}_hV_x) + v\, {}_hV_x$ 이므로

$$P_x = (1 - {}_hV_x)\, v\, q_{x+h-1} + (v\, {}_hV_x - {}_{h-1}V_x)$$

양변에 v^{h-1}을 곱하면

$$v^{h-1} \cdot P_x = v^h(1 - {}_hV_x)\, q_{x+h-1} + v^h \cdot {}_hV_x - v^{h-1} \cdot {}_{h-1}V_x \text{ 이므로}$$

$$v^h \cdot {}_hV_x - v^{h-1} \cdot {}_{h-1}V_x = v^{h-1} \cdot P_x - v^h(1 - {}_hV_x) \cdot q_{x+h-1} \quad \cdots\cdots \text{①}$$

(b) 재귀식으로부터 ${}_{h-1}V + \pi_{h-1} = (b_h - {}_hV)\, v\, q_{x+h-1} + v \cdot {}_hV$ 이므로

$$\pi_{h-1} = (1 + {}_hV - {}_hV_x - {}_hV)\, v\, q_{x+h-1} + (v \cdot {}_hV - {}_{h-1}V)$$

$$= (1 - {}_hV_x)\, v\, q_{x+h-1} + v \cdot {}_hV - {}_{h-1}V$$

양변에 v^{h-1}을 곱하면

$$v^{h-1} \cdot \pi_{h-1} = v^h(1 - {}_hV_x)\, q_{x+h-1} + v^h \cdot {}_hV - v^{h-1} \cdot {}_{h-1}V \text{ 이므로}$$

$$v^h \cdot {}_hV - v^{h-1} \cdot {}_{h-1}V = v^{h-1} \cdot \pi_{h-1} - (1 - {}_hV_x)\, v^h \cdot q_{x+h-1} \quad \cdots\cdots \text{②}$$

(c) ①에서 ②를 차감한 값을 $h = 1$에서 $\omega-x$까지 합하면

$$\sum_{h=1}^{\omega-x} v^{h-1}(P_x - \pi_{h-1}) = \sum_{h=1}^{\omega-x} \left[\left(v^h\, {}_hV_x - v^{h-1}\, {}_{h-1}V_x \right) - \left(v^h\, {}_hV - v^{h-1}\, {}_{h-1}V \right) \right]$$

π는 매년 동일한 보험료이고 20년만 납입하는 단기납이므로

$$P_x\, \ddot{a}_{\overline{\omega-x|}} - \pi_0\, \ddot{a}_{\overline{20|}} = \left(v^{\omega-x}\, {}_{\omega-x}V_x - v^0\, {}_0V_x \right) - \left(v^{\omega-x}\, {}_{\omega-x}V - v^0\, {}_0V \right)$$

$$= (v^{\omega-x} - 0) - (v^{\omega-x} - 0) = 0$$

따라서

$$\pi_0 = \pi_{h-1} = \begin{cases} P_x \left(\dfrac{\ddot{a}_{\overline{\omega-x|}}}{\ddot{a}_{\overline{20|}}} \right), & h = 1, 2, \cdots, 20 \\ 0, & h = 21, 22, \cdots, \omega-x \end{cases}$$

57 피보험자 (50)이 가입한 전기납입, 완전이산 종신보험을 고려한다. 다음 자료를 이용하여 연납평준순보험료를 구하시오.

(i) $l_x = 100 - x, \quad 0 \le x \le 100$ （ii) $i = 0.05$

(iii) 보험금은 피보험자가 사망시 사망연도말에 10,000원과 사망연도말 시점의 책임준비금을 지급한다. 이 조건에 따르면 사망이 제50보험연도에 발생하면 사망연도말에 20,000원이 지급된다.

(iv) $\displaystyle\sum_{j=1}^{50} \frac{(1.05)^j}{j} = 9.895203$

풀이

제50보험연도, 즉, 100세에서는 사망연도말에 20,000원을 지급하므로 $_{50}V = 10000$

$$_{50}V = \sum_{t=0}^{49} \pi_t (1+i)^{50-t} - \sum_{t=1}^{50} q_{x+t-1} (b_t - {}_tV)(1.05)^{50-t}$$

$$= \pi\, \ddot{s}_{\overline{50|}} - \sum_{t=1}^{50} q_{50+t-1} (10000)(1.05)^{50-t} = 10000\, 이고$$

De Moivre 법칙에서 $q_{50} = \dfrac{1}{50}$, $q_{51} = \dfrac{1}{49}$, $\cdots$ 등이므로

$$q_{50+j-1} = \frac{1}{51-j}$$

$$\sum_{t=1}^{50} q_{50+t-1} (1.05)^{50-t} = \sum_{t=1}^{50} \frac{(1.05)^{50-t}}{51-t}$$

$j = 51 - t$ 라고 하면

$$= \sum_{j=1}^{50} \frac{1.05^j}{j} \frac{1}{1.05} = \frac{9.895203}{1.05} = 9.424003$$

따라서 $_{50}V = 10000 = \pi\, \ddot{s}_{\overline{50|}} - 10000 \times 9.424003$

$$\ddot{s}_{\overline{50|}} = \frac{(1.05)^{50} - 1}{0.05\,/\,1.05} = 219.8154$$

$$\pi = \frac{10000 + 10000 \times 9.424003}{\ddot{s}_{\overline{50|}}} = 474.22$$

$\displaystyle\sum_{j=1}^{50} \frac{(1.05)^j}{j} = 9.895203$ 이 되는 것은 엑셀로 확인할 수 있다.

58 피보험자 (45)가 가입한 보험금 1,000원, 전기납입, 10년만기 완전이산 정기보험을 고려한다. 다음 자료를 이용하여 (a)~(c)를 구하시오.

(i) 사망보험금은 피보험자가 사망시 사망반기말에 지급하며, 보험료는 매 분기초에 납입한다.

(ii) $1000 A_{45:\overline{10|}}^{1\,(2)} = 21.366$, $\qquad 1000 A_{52:\overline{3|}}^{1\,(2)} = 10.541$,

$\ddot{a}_{45:\overline{10|}}^{(4)} = 7.87903$, $\qquad \ddot{a}_{52:\overline{3|}}^{(4)} = 2.79441$

(iii) $q_{51} = 0.00309$, $q_{52} = 0.0034$, $i = 0.05$

(iv) 매 연령마다 단수부분은 UDD가정을 따른다.

(a) $_{7\frac{1}{8}}V$ (b) $_{6\frac{3}{4}}V$ (c) $_{6\frac{7}{8}}V$

이 보험의 보험료의 연액을 π 라고 하자. π와 $_7V$를 구해보면

$$\pi = \frac{1000\,A_{45:\overline{10|}}^{1\,(2)}}{\ddot{a}_{45:\overline{10|}}^{(4)}} = \frac{21.366}{7.87903} = 2.711755$$

$$_7V = 1000\,A_{52:\overline{3|}}^{1\,(2)} - \pi\,\ddot{a}_{52:\overline{3|}}^{(4)} = 10.541 - 2.711755 \times 2.79441 = 2.963245$$

(a) $7\frac{1}{2}$ 시점에 지급되는 보험금 1000을 $7\frac{1}{8}$ 시점에서 평가하면 $1000\,v^{\left(\frac{1}{2}-\frac{1}{8}\right)}$ 이 된다. 재귀식에 의해

$$\left(_7V + \frac{\pi}{4}\right)(1+i)^{1/8} = \frac{1000}{1.05^{(1/2-1/8)}} \times {}_{1/8}q_{52} + {}_{7\frac{1}{8}}V \times {}_{1/8}p_{52}$$

$$\left(2.963245 + \frac{2.711755}{4}\right)(1.05)^{1/8} = \frac{1000}{1.05^{(1/2-1/8)}} \times \frac{1}{8} \times 0.0034$$

$$+ {}_{7\frac{1}{8}}V \times \left(1 - \frac{1}{8} \times 0.0034\right)$$

따라서 $_{7\frac{1}{8}}V = \dfrac{\left(2.963245 + \dfrac{2.711755}{4}\right)(1.05)^{1/8} - \dfrac{1000}{1.05^{(1/2-1/8)}} \times \dfrac{1}{8} \times 0.0034}{1 - \dfrac{1}{8} \times 0.0034}$

$$= 3.247544$$

(b) $_{6\frac{3}{4}}V$를 구하기 위해 $_{0.25}q_{51.75}$를 구해보자.

$$_{0.25}p_{51.75} = \frac{p_{51}}{_{0.75}p_{51}} = \frac{1 - 0.00309}{1 - (0.75)(0.00309)} = 0.999226$$

$$_{0.25}q_{51.75} = 1 - {}_{0.25}p_{51.75} = 0.000774$$

보험료가 $6\frac{3}{4}$ 시점에 납입되므로 재귀식에 의해

$$\left(_{6\frac{3}{4}}V + \frac{\pi}{4}\right)(1+i)^{1/4} = 1000 \times {}_{0.25}q_{51.75} + {}_7V \times {}_{0.25}p_{51.75}$$

$$\left(_{6\frac{3}{4}}V + \frac{2.711755}{4}\right)(1.05)^{1/4} = 1000 \times 0.000774 + 2.963245 \times 0.999226$$

따라서 $_{6\frac{3}{4}}V = \dfrac{1000 \times 0.000774 + 2.963245 \times 0.999226}{1.05^{1/4}} - \dfrac{2.711755}{4}$

$$= 3.011732$$

(c) $_{6\frac{7}{8}}V$ 를 구하기 위해 $_{1/8}q_{51+(7/8)}$ 을 구해보자.

$$_{1/8}p_{51+(7/8)} = \frac{p_{51}}{_{7/8}p_{51}} = \frac{1-q_{51}}{1-_{7/8}q_{51}} = \frac{1-0.00309}{1-\left(\frac{7}{8}\right)(0.00309)} = 0.999613$$

$$_{1/8}q_{51+(7/8)} = 1 - _{1/8}p_{51+(7/8)} = 0.000387$$

보험료납입이 $6\frac{3}{4}$ 시점에 납입이 되고 7시점까지 납입이 되지 않으므로 재귀식에 의해

$$\left(_{6\frac{7}{8}}V + 0\right)(1.05)^{1/8} = 1000 \times _{1/8}q_{51+(7/8)} + _7V \times _{1/8}p_{51+(7/8)}$$

$$\left(_{6\frac{7}{8}}V + 0\right)(1.05)^{1/8} = 1000 \times 0.000387 + 2.963245 \times 0.999613$$

$$_{6\frac{7}{8}}V = 3.328735$$

59 식 (6.2.9.1)로부터 다음을 유도하시오.

$$_sp_{x+k} \cdot _{k+s}V + v^{1-s} \cdot _sq_{x+k} \cdot b_{k+1} = (1+i)^s(_kV + \pi_k), \quad 0 < s < 1$$

풀이

식 (6.2.9.1)은

$$_{k+s}V = b_{k+1}\,v^{1-s}\,_{1-s}q_{x+k+s} + _{k+1}V\,v^{1-s}\,_{1-s}p_{x+k+s} \text{이고}$$

양변에 $_sp_{x+k}$ 를 곱하면

$$_sp_{x+k}\,_{k+s}V = _sp_{x+k}\,b_{k+1}\,v^{1-s}\,_{1-s}q_{x+k+s} + _sp_{x+k}\,_{k+1}V\,v^{1-s}\,_{1-s}p_{x+k+s}$$
$$= _{s|1-s}q_{x+k}\,b_{k+1}\,v^{1-s} + p_{x+k}\,_{k+1}V\,v^{1-s}$$
$$= b_{k+1}\,v^{1-s}(q_{x+k} - _sq_{x+k}) + p_{x+k}\,_{k+1}V\,v^{1-s}$$

위 식을 정리하면

$$_sp_{x+k}\,_{k+s}V + v^{1-s}\,_sq_{x+k}\,b_{k+1} = v^{1-s}(b_{k+1}\,q_{x+k} + _{k+1}V\,p_{x+k})$$
$$= v^{1-s}(_kV + \pi_k)(1+i)$$
$$= (1+i)^s(_kV + \pi_k)$$

60 다음 식을 이용하여 식 (6.2.9.16)으로부터 식 (6.2.9.17)을 유도하시오.

$$\left[_kV^{(2)} + \frac{\pi_k^{(2)}}{2}\right](1+i) + \frac{\pi_k^{(2)}}{2} \cdot _{\frac{1}{2}}p_{x+k} \cdot (1+i)^{\frac{1}{2}}$$
$$= p_{x+k}\,_{k+1}V^{(2)} + q_{x+k}\,b_{k+1}$$

풀이

UDD가정하에서

$$_{1-s}q_{x+k+s} = \frac{(1-s)\,q_{x+k}}{1 - s\,q_{x+k}}, \quad _{1-s}p_{x+k+s} = \frac{p_{x+k}}{1 - s\,q_{x+k}},$$

$$_{(1/2)-s}p_{x+k+s} = \frac{_{(1/2)}p_{x+k}}{_{s}p_{x+k}} = \frac{_{(1/2)}p_{x+k}}{1 - s\,q_{x+k}}$$ 이므로

식 (6.2.9.16)으로부터

$$b_{k+1}\,v^{1-s}\,_{1-s}q_{x+k+s} + \,_{k+1}V^{(2)}\,v^{1-s}\,_{1-s}p_{x+k+s} - \frac{\pi_k^{(2)}}{2}\,v^{(1/2)-s}\,_{(1/2)-s}p_{x+k+s}$$

$$(6.2.9.16)$$

$$= b_{k+1}\,v^{1-s}\left[\frac{(1-s)\,q_{x+k}}{1 - s\,q_{x+k}}\right] + \,_{k+1}V^{(2)}\,v^{1-s}\left(\frac{p_{x+k}}{1 - s\,q_{x+k}}\right)$$

$$- \frac{\pi_k^{(2)}}{2}\,v^{(1/2)-s}\left(\frac{_{(1/2)}p_{x+k}}{1 - s\,q_{x+k}}\right)$$

$$= \frac{v^{1-s}}{1 - s\,q_{x+k}}\left[(1-s)\,b_{k+1}\,q_{x+k} + \,_{k+1}V^{(2)}\,p_{x+k} - \frac{\pi_k^{(2)}}{2}\,(1+i)^{1/2}\,_{1/2}p_{x+k}\right]$$

$$\cdots\cdots ①$$

문제에서 주어진 식의 양변에 $(1-s)$를 곱하고 식을 정리하면

$$(1-s)\left(_{k}V^{(2)} + \frac{1}{2}\,\pi_k^{(2)}\right)(1+i) + (1-s)\,\frac{\pi_k^{(2)}}{2}\,_{(1/2)}p_{x+k}\,(1+i)^{\frac{1}{2}}$$

$$= (1-s)\,p_{x+k}\,_{k+1}V^{(2)} + (1-s)\,q_{x+k}\,b_{k+1}$$

따라서

$$(1-s)\,b_{k+1}\,q_{x+k} + \,_{k+1}V^{(2)}\,p_{x+k} - \frac{\pi_k^{(2)}}{2}\,_{(1/2)}p_{x+k}\,(1+i)^{\frac{1}{2}}$$

$$= (1-s)\left(_{k}V^{(2)} + \frac{1}{2}\,\pi_k^{(2)}\right)(1+i) - s\,\frac{\pi_k^{(2)}}{2}\,_{(1/2)}p_{x+k}\,(1+i)^{\frac{1}{2}}$$

$$+ s\cdot p_{x+k}\,_{k+1}V^{(2)} \quad\cdots\cdots ②$$

②를 ①의 괄호안에 대입하여 정리하면

$$_{k+s}V^{(2)} = \frac{v^{1-s}}{1 - s\cdot q_{x+k}}\left[(1-s)\,_{k}V^{(2)}\,(1+i) + s\cdot \,_{k+1}V^{(2)}\cdot p_{x+k}\right.$$

$$\left. + \frac{\pi_k^{(2)}}{2}\left[(1+i)(1-s) - s\,(1+i)^{\frac{1}{2}}\,_{(1/2)}p_{x+k}\right]\right] \qquad (6.2.9.17)$$

61 $\dfrac{d\,_t\bar{V}}{dt} = \pi_t + (\delta + \mu_{x+t})\,_t\bar{V} - b_t\,\mu_{x+t}$ 를 이용하여 다음을 구하시오.

(a) $\dfrac{d}{dt}\,(_t p_x\,_t\bar{V})$ (b) $\dfrac{d}{dt}\,(v^t\,_t\bar{V})$ (c) $\dfrac{d}{dt}\,(v^t\,_t p_x\,_t\bar{V})$

풀이

(a) $\dfrac{d}{dt}\,_t p_x\,_t\bar{V} = -\,_t p_x\,\mu_{x+t}\,_t\bar{V} + _t p_x\,\dfrac{d}{dt}\,_t\bar{V}$

$= -\,_t p_x\,\mu_{x+t}\,_t\bar{V} + _t p_x\,\big[\pi_t + (\delta + \mu_{x+t})\,_t\bar{V} - b_t\,\mu_{x+t}\big]$

$= _t p_x\,(\pi_t + \delta\,_t\bar{V} - b_t\,\mu_{x+t})$

(b) $\dfrac{d}{dt}\,(v^t\,_t\bar{V}) = -\,\delta\,v^t\,_t\bar{V} + v^t\,\dfrac{d}{dt}\,_t\bar{V}$

$= -\,\delta\,v^t\,_t\bar{V} + v^t\,\big[\pi_t + (\delta + \mu_{x+t})\,_t\bar{V} - b_t\,\mu_{x+t}\big]$

$= v^t\,(\pi_t + \mu_{x+t}\,_t\bar{V} - b_t\,\mu_{x+t})$

(c) $\dfrac{d}{dt}\,(v^t\,_t p_x\,_t\bar{V}) = -\,_t E_x\,(\mu_{x+t} + \delta)\,_t\bar{V} + _t E_x\,\dfrac{d}{dt}\,_t\bar{V}$

$= -\,_t E_x\,(\mu_{x+t} + \delta)\,_t\bar{V} + _t E_x\,\big[\pi_t + (\delta + \mu_{x+t})\,_t\bar{V} - b_t\,\mu_{x+t}\big]$

$= _t E_x\,(\pi_t - b_t\,\mu_{x+t}) = v^t\,_t p_x\,(\pi_t - b_t\,\mu_{x+t})$

 심·화·학·습·문·제 6.2

1 피보험자 (40)이 가입한 보험금 10,000원, 10년납입, 30년만기 완전연속 생사혼합보험을 고려한다. 다음 자료를 이용하여 제5보험연도말 책임준비금을 구하시오.

(i) $\mu_{40+t} = 0.02,\quad t \ge 0$ (ii) $\delta = 0.05$

(iii) $10000\,\bar{A}^{\,1}_{40:\overline{30}|} = 797.98$ (iv) $\bar{a}_{40:\overline{10}|} = 15.0984$

풀이

이 보험의 보험료를 P 라고 하자.

$$P = \frac{10000\,\bar{A}_{40:\overline{30}|}}{\bar{a}_{40:\overline{10}|}} = \frac{10000\,(0.079798 + e^{-0.07 \times 30})}{15.0984} = 133.96$$

$_5V$ 를 구하기 위해 $\bar{A}_{45:\overline{25}|}$, $\bar{a}_{45:\overline{5}|}$ 를 구해보자.

$$\bar{A}_{45:\overline{25}|} = \bar{A}^{\,1}_{45:\overline{25}|} + A_{45:\overline{25}|}^{\;\;\;1} = \frac{\mu(1-e^{-(\mu+\delta)\times25})}{\mu+\delta} + e^{-(\mu+\delta)\times25}$$

$$= \frac{0.02(1-e^{-0.07\times25})}{0.07} + e^{-0.07\times25} = 0.409839$$

$$\bar{a}_{45:\overline{5}|} = \frac{1-e^{-(\mu+\delta)\times5}}{\mu+\delta} = \frac{1-e^{-0.07\times5}}{0.07} = 4.218742$$

따라서 $_5V$는

$$_5V = 10000\,\bar{A}_{45:\overline{25}|} - P\,\bar{a}_{45:\overline{5}|} = 4098.39 - 133.96\times4.218742 = 3533.25$$

2 피보험자 (30)이 가입한 보험금 1원, 전기납입, 완전연속 종신보험을 고려한다. 다음 자료를 이용하여 $\mathrm{Var}(_{30}L\,|\,T_{30}>30)$을 구하시오.

(i) $l_x = 110 - x, \quad 0 \le x \le 110$ \qquad (ii) $i = 0.05$

:: **풀이**

$\mathrm{Var}(_{30}L\,|\,T_{30}>30)$을 구하기 위해 $\bar{A}_{30}$, $\bar{A}_{60}$, $^2\bar{A}_{60}$을 구해보자.

$$\bar{A}_{30} = \frac{1}{80}\times\bar{a}_{\overline{80}|} = \frac{1}{80}\times\frac{1-(1.05)^{-80}}{\ln1.05} = 0.25103$$

$$\bar{A}_{60} = \frac{1}{50}\times\bar{a}_{\overline{50}|} = \frac{1}{50}\times\frac{1-(1.05)^{-50}}{\ln1.05} = 0.374172$$

$2\delta = 2\ln1.05 = 0.09758$이므로

$$^2\bar{A}_{60} = \frac{1}{50}\times\bar{a}_{\overline{50}|\,2\delta} = \frac{1}{50}\times\frac{1-e^{-0.09758\times50}}{0.09758} = 0.203401$$

따라서

$$\mathrm{Var}(_{30}L\,|\,T_{30}>30) = \frac{^2\bar{A}_{60}-(\bar{A}_{60})^2}{(1-\bar{A}_{30})^2} = \frac{0.203401-(0.374172)^2}{(1-0.25103)^2} = 0.113015$$

3 피보험자 (20), 보험금 사망즉시급, 연속납보험료, 보험금 1원의 종신보험을 가정한다. $s(x) = S_0(x) = \dfrac{\omega-x}{\omega}$, $i=0$, $\phi_t = 1 - {_t}L$이라고 할 때 $E(\phi_{10}) = \dfrac{1}{2}$이다. 이때 ω를 구하시오.

:: **풀이**

$\phi_t = 1 - {_t}L$이고 $E(\phi_{10}) = 1 - {_{10}}V = \dfrac{1}{2}$이므로 $_{10}V = \dfrac{1}{2}$이다.

ω를 구하기 위해 $\bar{A}_{30}$, $\bar{A}_{20}$, $\bar{a}_{20}$, $\bar{a}_{30}$을 구해보자.

$i = 0$이므로 $v^t = 1$이며 $\bar{A}_{30} = \bar{A}_{20} = 1$

$$\bar{a}_x = \int_0^{\omega-x} v^t \, _tp_x \, dt = \int_0^{\omega-x} (1) \, \frac{\omega-x-t}{\omega-x} \, dt$$

$$= \int_0^{\omega-x} \left(1 - \frac{t}{\omega-x}\right) dt = \frac{\omega-x}{2} \text{이므로}$$

$$\bar{a}_{20} = \frac{\omega-20}{2}, \ \bar{a}_{30} = \frac{\omega-30}{2} \text{이다.}$$

$$_{10}V = \bar{A}_{30} - \bar{P}(\bar{A}_{20}) \, \bar{a}_{30} = \bar{A}_{30} - \frac{\bar{A}_{20}}{\bar{a}_{20}} \times \bar{a}_{30}$$

$$= 1 - \frac{2}{\omega-20} \times \frac{\omega-30}{2} = 1 - \frac{\omega-30}{\omega-20} = \frac{1}{2} \text{이므로} \ \omega = 40$$

4 피보험자 (x)가 가입한 연속적 연액 1원을 지급하는 15년거치, 10년납입, 완전연속 종신생명연금을 고려한다. 다음 가정을 이용하여 제7보험연도말 책임준비금을 구하시오.

(i) $\mu_{x+t} = 0.02$ (ii) $\delta = 0.05$

::: 풀이

[풀이 1] 미래법으로 구해보자.

$_7V$를 구하기 위해 $_{8|}\bar{a}_{x+7}$, $_{10}\bar{P}(_{15|}\bar{a}_x)$, $\bar{a}_{x+7:\overline{3|}}$ 을 구해보자.

$$_{8|}\bar{a}_{x+7} = v^8 \, _8p_{x+7} \, \bar{a}_{x+15} = e^{-0.05 \times 8} \, e^{-0.02 \times 8} \times \frac{1}{0.07} = 8.160129$$

$$_{10}\bar{P}(_{15|}\bar{a}_x) = \frac{_{15|}\bar{a}_x}{\bar{a}_{x:\overline{10|}}} = \frac{e^{-(\mu+\delta)\times 15}/\mu+\delta}{(1-e^{-(\mu+\delta)\times 10})/\mu+\delta} = \frac{e^{-1.05}}{1-e^{-0.7}} = 0.695128$$

$$\bar{a}_{x+7:\overline{3|}} = \frac{1-e^{-(\mu+\delta)\times 3}}{\mu+\delta} = \frac{1-e^{-0.07 \times 3}}{0.07} = 2.705939$$

따라서 $_7V$는

$$_7V = {_{8|}\bar{a}_{x+7}} - {_{10}\bar{P}(_{15|}\bar{a}_x)} \times \bar{a}_{x+7:\overline{3|}}$$

$$= 8.160129 - 0.695128 \times 2.705939 = 6.279155$$

[풀이 2] 과거법으로 구해보자. 보험료납입만 있으므로

$$\bar{a}_{x:\overline{7|}} = \frac{1-e^{-(\mu+\delta)\times 7}}{\mu+\delta} = \frac{1-e^{-0.07 \times 7}}{\mu+\delta} = 5.5339086$$

$$_7E_x = e^{-(0.05+0.02)\times 7} = 0.61262639$$

$$_7V = P \frac{\bar{a}_{x:\overline{7|}}}{_7E_x} = (0.695128) \frac{5.5339086}{0.61262639} = 6.279152972$$

거치연금의 경우 거치기간 중의 책임준비금은 과거법으로 구하는 것이 더 간편하다.

5 피보험자 (x)가 가입한 보험금 1,000원, 전기납입, 완전연속 종신보험을 고려한다. 보험가입후 t시점의 미래손실을 $_tL$이라고 할 때, 다음 자료를 이용하여 $E(_5L)$을 구하시오.

(i) $\mu_{x+t} = 0.03, \quad t \geq 0$ (ii) $\delta = 0.05$

(iii) 이 보험에서 실제로 부과된 보험료는 수지상등의 원칙에 의하여 계산된 연납평 준순보험료의 150%이다.

::: 풀이

$E(_5L)$을 구하기 위해 $\bar{A}_{x+5}$, $\bar{a}_{x+5}$를 구해보자.

$$\bar{A}_{x+5} = \frac{\mu}{\mu+\delta} = \frac{0.03}{0.08} = 0.375, \quad \bar{a}_{x+5} = \frac{1}{\mu+\delta} = \frac{1}{0.08} = 12.5$$

실제로 부과된 보험료를 P라고 하면

$$P = 1000 \times 1.5 \times \mu = 1000 \times 1.5 \times 0.03 = 45$$

따라서

$$E(_5L) = {}_5V = 1000\bar{A}_{x+5} - P\,\bar{a}_{x+5} = 1000 \times 0.375 - 45 \times 12.5 = -187.5$$

6 보험금 사망즉시급, 연속납보험료, 보험금 1원의 종신보험(fully continuous whole life insurance)에서 δ가 0.05에서 0.06으로 증가할 때 $_tL$의 분산의 변화량을 구하시오. 단, 모든 x에 대하여 $\mu_x = 0.01$이다.

::: 풀이

사망법칙이 CFM을 따르므로 $_tL = v^T - \bar{P}(\bar{A}_x)\,\bar{a}_{\overline{T}|} = v^T - \mu\,\bar{a}_{\overline{T}|}$이다.

$$\mathrm{Var}(_tL) = \left(1 + \frac{\mu}{\delta}\right)^2 \left[\frac{\mu}{\mu+2\delta} - \left(\frac{\mu}{\mu+\delta}\right)^2\right]$$

$\delta = 0.05$일 때 $\mathrm{Var}(_tL) = \left(1 + \frac{1}{5}\right)^2 \left[\frac{1}{11} - \left(\frac{1}{6}\right)^2\right] = \frac{1}{11}$이고

$\delta = 0.06$일 때 $\mathrm{Var}(_tL) = \left(1 + \frac{1}{6}\right)^2 \left[\frac{1}{13} - \left(\frac{1}{7}\right)^2\right] = \frac{1}{13}$이므로

$_tL$의 분산의 변화량 $\Delta\mathrm{Var}(_tL)$은

$$\Delta\mathrm{Var}(_tL) = \frac{1}{13} - \frac{1}{11} = -\frac{2}{143} = -0.013986$$

7 다음 식을 증명하고 그 의미를 말로 설명하시오.

$$_{10}^{20}\bar{V}(\bar{A}_{30}) = \bar{A}_{40:\overline{5}|}^{1} + {}_5E_{40}\,{}_{15}^{20}\bar{V}(\bar{A}_{30}) - {}_{20}\bar{P}(\bar{A}_{30})\,\bar{a}_{40:\overline{5}|}$$

::: 풀이

$$_{10}^{20}\bar{V}(\bar{A}_{30}) = \bar{A}_{40} - {}_{20}\bar{P}(\bar{A}_{30})\,\bar{a}_{40:\overline{10}|}$$

$$= (\bar{A}_{40:\overline{5}|}^{\,1} + {}_5E_{40}\,\bar{A}_{45}) - {}_{20}\bar{P}(\bar{A}_{30})\,(\bar{a}_{40:\overline{5}|} + {}_5E_{40}\,\bar{a}_{45:\overline{5}|})$$

$$= \bar{A}_{40:\overline{5}|}^{\,1} + {}_5E_{40}\,[\bar{A}_{45} - {}_{20}\bar{P}(\bar{A}_{30})\,\bar{a}_{45:\overline{5}|}] - {}_{20}\bar{P}(\bar{A}_{30})\,\bar{a}_{40:\overline{5}|}$$

$$= \bar{A}_{40:\overline{5}|}^{\,1} + {}_5E_{40}\,{}_{15}^{20}\bar{V}(\bar{A}_{30}) - {}_{20}\bar{P}(\bar{A}_{30})\,\bar{a}_{40:\overline{5}|}$$

위 식을 정리하면 다음과 같다.

$${}_{10}^{20}\bar{V}(\bar{A}_{30}) + {}_{20}\bar{P}(\bar{A}_{30})\,\bar{a}_{40:\overline{5}|} = \bar{A}_{40:\overline{5}|}^{\,1} + {}_5E_{40}\,{}_{15}^{20}\bar{V}(\bar{A}_{30})$$

위 식에서 좌변은 10시점에서 5년 동안(40~45세) 보험회사가 가질 수 있는 자산을 말하며 우변은 10시점에서 5년 동안 보험회사가 부담하여야 하는 부담금을 의미한다.

8 $\mu_{x+t} = \mu\,(t \geq 0)$이고 다음 식이 성립할 때 μ를 구하시오.

$$\int_0^\beta [1 - {}_t\bar{V}(\bar{A}_x)]\,{}_tp_x\,dt + \int_\beta^\infty {}_tp_x\,dt = 10$$

:::: 풀이

사망법칙이 CFM을 따르므로 $\bar{a}_{x+t} = \bar{a}_x$이고 $E(T_x) = \displaystyle\int_0^\infty {}_tp_x\,dt = \dfrac{1}{\mu}$이다.

$$\int_0^\beta [1 - {}_t\bar{V}(\bar{A}_x)]\,{}_tp_x\,dt + \int_\beta^\infty {}_tp_x\,dt$$

$$= \int_0^\beta \frac{\bar{a}_{x+t}}{\bar{a}_x}\,{}_tp_x\,dt + \int_\beta^\infty {}_tp_x\,dt = \int_0^\infty {}_tp_x\,dt = \frac{1}{\mu} = 10$$

따라서 $\mu = 0.1$이다.

9 피보험자 (x), 보험금 사망즉시급, 연속납보험료, 보험금 1원의 n년만기 생사혼합보험의 계약 후 t시점의 미래손실을 ${}_tL$이라고 할 때 ${}_tL$의 분산이 다음과 같음을 유도하시오.

$$\text{Var}\,({}_tL) = \frac{{}^2\bar{A}_{x+t:\overline{n-t}|} - (\bar{A}_{x+t:\overline{n-t}|})^2}{(\delta\,\bar{a}_{x:\overline{n}|})^2}$$

:::: 풀이

$${}_tL = v^{\min(T_{x+t},\,n-t)} - \bar{P}(\bar{A}_{x:\overline{n}|})\,\bar{a}_{\overline{\min(T_{x+t},\,n-t)}|}$$

$$= v^{\min(T_{x+t},\,n-t)} - \bar{P}(\bar{A}_{x:\overline{n}|})\,\frac{1 - v^{\min(T_{x+t},\,n-t)}}{\delta}$$

$$= \left(1 + \frac{\bar{P}(\bar{A}_{x:\overline{n}|})}{\delta}\right) v^{\min(T_{x+t},\,n-t)} - \frac{\bar{P}(\bar{A}_{x:\overline{n}|})}{\delta}$$

여기서 다음 관계식을 이용한다.

$$\delta\,\bar{a}_{x:\overline{n|}} + \bar{A}_{x:\overline{n|}} = 1, \quad \delta + \bar{P}\left(\bar{A}_{x:\overline{n|}}\right) = \frac{1}{\bar{a}_{x:\overline{n|}}}$$

따라서 $1 + \dfrac{\bar{P}\left(\bar{A}_{x:\overline{n|}}\right)}{\delta} = \dfrac{1}{\delta\,\bar{a}_{x:\overline{n|}}}$

또 $Z_1 = v^{\min(T_x,\,n)}$라고 할 때

$E(Z_1) = \bar{A}_{x:\overline{n|}}, \quad \mathrm{Var}(Z_1) = {}^2\bar{A}_{x:\overline{n|}} - \left(\bar{A}_{x:\overline{n|}}\right)^2$인 것처럼

$Z_2 = v^{\min(T_{x+t},\,n-t)}$이면

$E(Z_2) = \bar{A}_{x+t:\overline{n-t|}}, \quad \mathrm{Var}(Z_2) = {}^2\bar{A}_{x+t:\overline{n-t|}} - \left(\bar{A}_{x+t:\overline{n-t|}}\right)^2$을 이용한다.

이와 같은 관계를 이용하여 $\mathrm{Var}({}_tL)$를 다시 표현하면

$$\mathrm{Var}({}_tL) = \left(1 + \frac{\bar{P}\left(\bar{A}_{x:\overline{n|}}\right)}{\delta}\right)^2 \mathrm{Var}(Z_2) = \frac{{}^2A_{x+t:\overline{n-t|}} - \left(\bar{A}_{x+t:\overline{n-t|}}\right)^2}{\left(\delta\,\bar{a}_{x:\overline{n|}}\right)^2}$$

10 $P_{x:\overline{n|}}^{\;\;1}$ 을 보험금 1원인 n년만기 생존보험의 연납평준순보험료료라고 할 때

(a) ${}_tV_{x:\overline{n|}}^{\;\;1}$ 을 구하시오.   (b) ${}_tV_{x:\overline{n|}}^{\;\;1} > P_{x:\overline{n|}}^{\;\;1}\,\ddot{s}_{\overline{t|}}$ 임을 증명하시오.

∷ 풀이

(a) ${}_tV_{x:\overline{n|}}^{\;\;1} = A_{x+t:\overline{n-t|}}^{\quad\;\;1} - P_{x:\overline{n|}}^{\;\;1}\,\ddot{a}_{x+t:\overline{n-t|}}$ (미래법)

$\qquad = P_{x:\overline{n|}}^{\;\;1}\,\ddot{s}_{x:\overline{t|}} - 0$ (과거법)

(b) $\ddot{s}_{x:\overline{t|}} = \displaystyle\sum_{k=1}^{t}(1+i)^k\left(\frac{l_{x+t-k}}{l_{x+t}}\right) > \sum_{k=1}^{t}(1+i)^k = \ddot{s}_{\overline{t|}}$ 이므로

$\qquad {}_tV_{x:\overline{n|}}^{\;\;1} = P_{x:\overline{n|}}^{\;\;1}\,\ddot{s}_{x:\overline{t|}} > P_{x:\overline{n|}}^{\;\;1}\,\ddot{s}_{\overline{t|}}$

11 다음 식을 간략히 하면 $-A_{x:\overline{20|}}$ 이 됨을 보이시오.

$$\frac{{}^{10}_{\;5}V_{x:\overline{20|}} - {}_5V_{x:\overline{20|}}}{{}_5V_{x:\overline{20|}} - {}_5V_{x:\overline{10|}}}$$

∷ 풀이

$$\frac{{}^{10}_{\;5}V_{x:\overline{20|}} - {}_5V_{x:\overline{20|}}}{{}_5V_{x:\overline{20|}} - {}_5V_{x:\overline{10|}}} = \frac{\left({}_{10}P_{x:\overline{20|}}\,\ddot{s}_{x:\overline{5|}} - {}_5k_x\right) - \left(P_{x:\overline{20|}}\,\ddot{s}_{x:\overline{5|}} - {}_5k_x\right)}{\left(P_{x:\overline{20|}}\,\ddot{s}_{x:\overline{5|}} - {}_5k_x\right) - \left(P_{x:\overline{10|}}\,\ddot{s}_{x:\overline{5|}} - {}_5k_x\right)}$$

$$= \frac{{}_{10}P_{x:\overline{20|}} - P_{x:\overline{20|}}}{P_{x:\overline{20|}} - P_{x:\overline{10|}}} = \frac{{}_{10}P_{x:\overline{20|}} - P_{x:\overline{20|}}}{\dfrac{1}{\ddot{a}_{x:\overline{20|}}} - \dfrac{1}{\ddot{a}_{x:\overline{10|}}}}$$

$$= \frac{{}_{10}P_{x:\overline{20|}}\,\ddot{a}_{x:\overline{10|}}\,\ddot{a}_{x:\overline{20|}} - P_{x:\overline{20|}}\,\ddot{a}_{x:\overline{10|}}\,\ddot{a}_{x:\overline{20|}}}{\ddot{a}_{x:\overline{10|}} - \ddot{a}_{x:\overline{20|}}}$$

$$= \frac{A_{x:\overline{20|}}\,(\ddot{a}_{x:\overline{20|}} - \ddot{a}_{x:\overline{10|}})}{\ddot{a}_{x:\overline{10|}} - \ddot{a}_{x:\overline{20|}}} = -A_{x:\overline{20|}}$$

12 다음의 자료들을 이용하여 q_{38}을 구하시오.

(i) $i = 0.04$ (ii) ${}_{23}^{20}V_{15} = 0.583$ (iii) ${}_{24}^{20}V_{15} = 0.600$

:: 풀이 ─────────────────────────────

${}_{23}^{20}V_{15} = A_{38} = 0.583,\quad {}_{24}^{20}V_{15} = A_{39} = 0.6$이므로

A_{38}과 A_{39}에 관한 재귀식을 이용하면

$A_{38} = v\,q_{38} + v\,p_{38}\,A_{39}$이고 $A_{38}(1+i) = 1 - p_{38} + p_{38}\,A_{39}$이므로

$$p_{38} = \frac{1 - A_{38}(1+i)}{1 - A_{39}} = \frac{0.39368}{0.4000} = 0.9842$$

따라서 $q_{38} = 1 - p_{38} = 0.0158$

13 다음을 구하시오.

(a) ${}_{10}V_{25} = 0.1$, ${}_{10}V_{35} = 0.2$일 때 ${}_{20}V_{25}$

(b) ${}_{10}\bar{V}(\bar{A}_{30}) = 0.4$, ${}_{5}\bar{V}(\bar{A}_{35}) = 0.3$, ${}_{15}\bar{V}(\bar{A}_{25}) = 0.45$일 때

$${}_{10}\bar{V}(\bar{A}_{25}) - {}_{5}\bar{V}(\bar{A}_{30})$$

(c) $D_{20+t} = 100 - t$, $0 \le t \le 100$일 때 ${}_{30}V_{20}$

:: 풀이 ─────────────────────────────

(a) ${}_{20}V_{25} = 1 - \dfrac{\ddot{a}_{45}}{\ddot{a}_{25}} = 1 - \dfrac{\ddot{a}_{35}}{\ddot{a}_{25}} \times \dfrac{\ddot{a}_{45}}{\ddot{a}_{35}}$

$\phantom{(a) {}_{20}V_{25}} = 1 - (1 - {}_{10}V_{25})(1 - {}_{10}V_{35}) = 1 - (1 - 0.1)(1 - 0.2) = 0.28$

(b) ${}_{10}\bar{V}(\bar{A}_{30}) = 1 - \dfrac{\bar{a}_{40}}{\bar{a}_{30}} = 0.4$이므로 $\bar{a}_{30} = \dfrac{5}{3}\bar{a}_{40}$

${}_{5}\bar{V}(\bar{A}_{35}) = 1 - \dfrac{\bar{a}_{40}}{\bar{a}_{35}} = 0.3$이므로 $\bar{a}_{35} = \dfrac{10}{7}\bar{a}_{40}$

${}_{15}\bar{V}(\bar{A}_{25}) = 1 - \dfrac{\bar{a}_{40}}{\bar{a}_{25}} = 0.45$이므로 $\bar{a}_{25} = \dfrac{20}{11}\bar{a}_{40}$

따라서 ${}_{10}\bar{V}(\bar{A}_{25}) - {}_{5}\bar{V}(\bar{A}_{30}) = \left(1 - \dfrac{\bar{a}_{35}}{\bar{a}_{25}}\right) - \left(1 - \dfrac{\bar{a}_{35}}{\bar{a}_{30}}\right)$

$$= \bar{a}_{35} \left(\frac{1}{\bar{a}_{30}} - \frac{1}{\bar{a}_{25}} \right) = \frac{10}{7} \left(\frac{1}{(5/3)} - \frac{1}{(20/11)} \right)$$

$$= 0.071$$

(c) $\;_{30}V_{20} = 1 - \dfrac{\ddot{a}_{50}}{\ddot{a}_{20}} = 1 - \dfrac{N_{50}/D_{50}}{N_{20}/D_{20}} = 1 - \dfrac{\displaystyle\sum_{t=0}^{70} D_{50+t}/D_{50}}{\displaystyle\sum_{t=0}^{99} D_{20+t}/D_{20}}$$

$$= 1 - \frac{\left[\displaystyle\sum_{t=0}^{69} (70-t) \right] / 70}{\left[\displaystyle\sum_{t=0}^{99} (100-t) \right] / 100} = 1 - \frac{(70 \times 71)/(2 \times 70)}{(100 \times 101)/(2 \times 100)}$$

$$= 1 - \frac{71}{101} = 0.297$$

14 $\;_{t}V_{x:\overline{n}|}^{\,1} = 0.45$, $\;_{t+1}V_{x:\overline{n}|}^{\,1} = 0.583$, $l_{x+t} = 50000$, $l_{x+t+1} = 45000$, $i = 5\%$일 때 $P_{x:\overline{n}|}^{\,1}$ 의 값을 구하시오.

풀이

재귀식으로부터

$$\left({}_{t}V_{x:\overline{n}|}^{\,1} + P_{x:\overline{n}|}^{\,1} \right)(1+i) = p_{x+t} \;_{t+1}V_{x:\overline{n}|}^{\,1}$$

$$\left(0.45 + P_{x:\overline{n}|}^{\,1} \right)(1.05) = \frac{45000}{50000}(0.583)$$

따라서 $P_{x:\overline{n}|}^{\,1} = 0.04971$

15 $P_{x:\overline{n}|}^{1} = 0.004$, $P_{x:\overline{n}|} = 0.026$, $P_x = 0.017$일 때 $\;_{n}V_x$의 값을 구하시오.

풀이

연습문제 26번 (b)로부터

$$\;_{n}V_x = \frac{P_x - P_{x:\overline{n}|}^{1}}{P_{x:\overline{n}|}^{1}} = \frac{P_x - P_{x:\overline{n}|}^{1}}{P_{x:\overline{n}|} - P_{x:\overline{n}|}^{1}} = \frac{0.017 - 0.004}{0.026 - 0.004} = 0.591$$

16 피보험자 (40)이 가입한 보험금 1,000원, 전기납입, 완전이산 종신보험을 고려한다. 다음 가정을 이용하여 (a)와 (b)를 구하시오.

(i) 사망법칙은 $\omega = 100$인 De Moivre 법칙을 따른다.　　(ii) $i = 0.05$

(a) 피보험자가 80.6세에 사망하였을 때, $\;_{20}L$을 구하시오.

(b) $E\left(_{20}L|T_{40}>20\right)$을 구하시오.

:: 풀이

(a) $_{20}L$을 구하기 위해 보험료(P)를 구해보면

$$A_{40}=\frac{a_{\overline{60}|}}{60}=\frac{1}{60}\times\frac{1-(1.05)^{-60}}{0.05}=0.315488$$이므로

$$P=\frac{1000A_{40}}{\ddot{a}_{40}}=\frac{1000\,d\,A_{40}}{1-A_{40}}=\frac{(1000)\left(\dfrac{0.05}{1.05}\right)(0.315488)}{1-0.315488}=21.947$$

이때 피보험자가 80.6세에 사망하므로 $K_{60}=20$이다.

따라서 $_{20}L=1000v^{K+1}-P\,\ddot{a}_{\overline{K+1}|}=1000v^{21}-21.947\times\ddot{a}_{\overline{21}|}$

$$=\frac{1000}{(1.05)^{21}}-21.947\times\frac{1-(1.05)^{-21}}{0.05/1.05}=63.4872$$

(b) $E\left(_{20}L|T_{40}>20\right)=\,_{20}V$를 구하기 위해 $A_{60},\ \ddot{a}_{60}$을 구해보자.

$$A_{60}=\frac{a_{\overline{40}|}}{40}=\frac{1}{40}\times\frac{1-v^{40}}{i}=0.428977$$

$$\ddot{a}_{60}=\frac{1-A_{60}}{d}=\frac{1-0.428977}{0.05/1.05}=11.99148$$

따라서

$$_{20}V=1000A_{60}-P\,\ddot{a}_{60}=1000\times0.428977-21.947\times11.99148=165.8$$

17 피보험자 (55)가 가입한 보험금 10,000원, 전기납입, 5년만기 완전이산 정기보험을 고려한다. $_{k}L$을 보험가입 후 k시점에서의 미래손실이라고 할 때, 다음 자료를 이용하여 (a)~(c)를 구하시오.

(i) $q_{55+k}=0.04+0.005k,\ k=0,\ 1,\ 2,\ \cdots$ (ii) $i=0.05$

(a) 이 보험의 연납평준순보험료를 구하시오.
(b) 이 보험의 제3보험연도말 책임준비금을 구하시오.
(c) $\text{Var}\left(_{3}L|K_{55}\ge3\right)$을 구하시오.

:: 풀이

(a) 주어진 q_{55+k}를 이용하여 $_{k}p_{55}$를 구해보자.

$k+1$	$_{k+1}p_{55}$
1	0.96
2	$0.96 \times 0.955 = 0.9168$
3	$0.96 \times 0.955 \times 0.950 = 0.87096$
4	$0.96 \times 0.955 \times 0.950 \times 0.945 = 0.8230572$
5	$0.96 \times 0.955 \times 0.950 \times 0.945 \times 0.940 = 0.77367377$

$$\ddot{a}_{55:\overline{5}|} = 1 + \frac{0.96}{1.05} + \frac{0.9168}{(1.05)^2} + \frac{0.87096}{(1.05)^3} + \frac{0.8230572}{(1.05)^4} = 4.17535$$

$$_5E_{55} = v^5 \, _5p_{55} = \left(\frac{1}{1.05}\right)^5 (0.77367377) = 0.6061936$$

$$A^{\,1}_{55:\overline{5}|} = A_{55:\overline{5}|} - {}_5E_{55} = 1 - d\,\ddot{a}_{55:\overline{5}|} - {}_5E_{55}$$

$$= 1 - \left(\frac{0.05}{1.05}\right)(4.17535) - 0.6061936 = 0.19498$$

따라서 평준보험료 P는

$$P = \frac{1000 \times 0.19498}{4.17535} = 466.979$$

(b) 제3보험연도말 책임준비금을 구하기 위해 $A^{\,1}_{58:\overline{2}|}$, $\ddot{a}_{58:\overline{2}|}$를 구해보자.

$$A^{\,1}_{58:\overline{2}|} = v\,q_{58} + v^2\,p_{58}\,q_{59} = \frac{0.055}{1.05} + \frac{(1-0.055) \times 0.06}{(1.05)^2}$$

$$= 0.103809524$$

$$\ddot{a}_{58:\overline{2}|} = 1 + v\,p_{58} = 1 + \frac{(1-0.055)}{1.05} = 1.9$$

따라서 $_3V = 10000\,A^{\,1}_{58:\overline{2}|} - P\,\ddot{a}_{58:\overline{2}|} = 1038.09524 - 466.979 \times 1.9$

$$= 150.83514$$

(c) $\mathrm{Var}(_3L | K_{55} \geq 3)$을 구하기 위해 $_3L$을 정의해보자.

$$_3L = \begin{cases} 10000\,v - P, & K_{58} = 0 \\ 10000\,v^2 - P(1+v), & K_{58} = 1 \\ 0 \quad - P(1+v), & K_{58} \geq 2 \end{cases}$$

$$= \begin{cases} 9056.8305, & K_{58} = 0 \\ 8158.5739, & K_{58} = 1 \\ -911.7209, & K_{58} \geq 2 \end{cases}$$

$$\Pr(K_{58} = 0) = q_{58} = 0.04 + 0.005\,(3) = 0.055$$

$$\Pr(K_{58} = 1) = p_{58}\,q_{59} = (0.945)\,(0.06) = 0.0567$$

$$\Pr(K_{58} \geq 2) = p_{58}\,p_{59} = (0.945)\,(0.94) = 0.8883$$

$E(_3L) = \,_3V$를 (b)에서 구한 방법을 이용하지 않고 $_3L$을 정의해서 직접 구해보자.

$$\begin{aligned} E(_3L) &= (9056.8305) \Pr(K_{58} = 0) + (8158.5739) \Pr(K_{58} = 1) \\ &\quad + (-911.7209) \Pr(K_{58} \geq 2) \\ &= (9056.8305)(0.055) + (8158.5739)(0.0567) \\ &\quad + (-911.7209)(0.8883) = 150.83514 \end{aligned}$$

앞에서 구한 $_3V$와 같음을 알 수 있다.

$$\begin{aligned} E(_3L^2) &= (9056.8305)^2 \Pr(K_{58} = 0) + (8158.5739)^2 \Pr(K_{58} = 1) \\ &\quad + (-911.7209)^2 \times \Pr(K_{58} \geq 2) \\ &= (9056.8305)^2 \times q_{58} + (8158.5739)^2 \times \,_{1|}q_{58} + (-911.7209)^2 \times \,_2p_{58} \\ &= (9056.8305)^2 (0.055) + (8158.5739)^2 (0.0567) \\ &\quad + (-911.7209)^2 (0.8883) \\ &= 9023909.881 \end{aligned}$$

따라서 $\text{Var}(_3L) = E(_3L^2) - [E(_3L)]^2 = 9023909.881 - (150.83514)^2$
$$= 9001158.642$$

18 피보험자 (40)이 가입한 보험금 1,000원, 전기납입 완전이산 종신보험을 고려한다. 다음 자료를 이용하여 제20보험연도말 책임준비금을 구하시오.

(i) $1000\,P_{40} = 19$ (ii) $1000\,A_{61} = 388$

(iii) $1000\,q_{60} = 12$ (iv) $i = 0.05$

풀이

제20보험연도말 책임준비금을 구하기 위해 A_{60}을 구해보자.

$$A_{60} = v\,q_{60} + v\,p_{60}\,A_{61} = \left(\frac{1}{1.05}\right) \times 0.012 + \left(\frac{1}{1.05}\right)(1 - 0.012) \times 0.388$$
$$= 0.376518$$

따라서 $_{20}V = 1000\,A_{60} - 1000\,P_{40}\,\ddot{a}_{60}$

$$= 1000 \times 0.376518 - 19 \times \left(\frac{1 - 0.376518}{0.05/1.05}\right)$$
$$= 1000 \times 0.376518 - 248.769318 = 127.74868$$

19 피보험자 (20)이 가입한 보험금 1원, 25년납입, 40년만기 완전이산 생사혼합보험을 고려한다. 다음 자료를 이용하여 $_{20}V$를 구하시오.

(i)

n	5	20	25	40
$\ddot{a}_{20:\overline{n}}$	4.54	13.03	14.72	17.82
$\ddot{a}_{40:\overline{n}}$	4.53	12.88	14.47	17.11

(ii) $d = 0.05$

풀이

미래법에 의하여

$$_{20}V = A_{40:\overline{20}} - {}_{25}P_{20:\overline{40}}\,\ddot{a}_{40:\overline{5}} = 1 - d\,\ddot{a}_{40:\overline{20}} - \frac{1 - d\,\ddot{a}_{20:\overline{40}}}{\ddot{a}_{20:\overline{25}}} \times \ddot{a}_{40:\overline{5}}$$

$$= 1 - 0.05 \times 12.88 - \frac{1 - 0.05 \times 17.82}{14.72} \times 4.53 = 0.322456$$

20 피보험자 (30)이 가입한 보험금 1원, 전기납입, 30년만기 완전이산 생사혼합보험을 고려한다. 다음 자료를 이용하여 $_{20}V$를 구하시오.

(i) $P_{30:\overline{30}} = 0.015$ (ii) $A_{30:\overline{20}}^{\,1} = 0.013$

(iii) $i = 0.05$ (iv) 제20보험연도말에서 적립보험비용은 0.0353이다.

풀이

$_{20}V$를 구하기 위해 $_{20}E_{30}$, $\ddot{a}_{30:\overline{20}}$를 구해보자.

(iv)로부터 $_{20}k_{30} = \dfrac{A_{30:\overline{20}}^{\,1}}{{}_{20}E_{30}} = \dfrac{0.013}{{}_{20}E_{30}} = 0.0353$이므로 $_{20}E_{30} = 0.36827$

$$\ddot{a}_{30:\overline{20}} = \frac{1 - A_{30:\overline{20}}}{d} = \frac{1 - (A_{30:\overline{20}}^{\,1} + {}_{20}E_{30})}{d}$$

$$= \frac{1 - (0.013 + 0.36827)}{0.05/1.05} = 12.99333$$

적립보험비용이 주어졌기 때문에 과거법을 이용한다.

$$_{20}V = P_{30:\overline{30}}\,\ddot{s}_{30:\overline{20}} - {}_{20}k_{30} = P_{30:\overline{30}} \times \frac{\ddot{a}_{30:\overline{20}}}{{}_{20}E_{30}} - {}_{20}k_{30}$$

$$= (0.015)\left(\frac{12.99333}{0.36827}\right) - 0.0353 = 0.49393$$

21 피보험자 (x)가 가입한, 보험금 1원, 전기납입, n년만기 완전이산 정기보험의 제k보험연도말 책임준비금을 $_kV_{x:\overline{n}}^{\,1}$로 나타낼 때, 다음을 구하시오.

(a) $_kV_{x:\overline{n}}^{\,1}$을 보험수리기호를 이용하여 과거법으로 구하시오.

(b) $_kV^1_{x:\overline{n}|} = \dfrac{(1-_nE_x)\ddot{a}_{x:\overline{k}|} - (1-_kE_x)\ddot{a}_{x:\overline{n}|}}{_kE_x\,\ddot{a}_{x:\overline{n}|}}$ 임을 증명하시오.

풀이

(a) $_kV^1_{x:\overline{n}|} = P^1_{x:\overline{n}|}\,\ddot{s}_{x:\overline{k}|} - _kk_x$

(b) (a)로부터 $_kV^1_{x:\overline{n}|} = P^1_{x:\overline{n}|}\,\ddot{s}_{x:\overline{k}|} - _kk_x$ 이므로

$$P^1_{x:\overline{n}|}\,\ddot{s}_{x:\overline{k}|} - _kk_x = \dfrac{P^1_{x:\overline{n}|}\,\ddot{a}_{x:\overline{k}|} - A^1_{x:\overline{k}|}}{_kE_x} = \dfrac{A^1_{x:\overline{n}|}\,\ddot{a}_{x:\overline{k}|} - A^1_{x:\overline{k}|}\,\ddot{a}_{x:\overline{n}|}}{_kE_x\,\ddot{a}_{x:\overline{n}|}}$$

$$= \dfrac{(A_{x:\overline{n}|} - _nE_x)\,\ddot{a}_{x:\overline{k}|} - (A_{x:\overline{k}|} - _kE_x)\,\ddot{a}_{x:\overline{n}|}}{_kE_x\,\ddot{a}_{x:\overline{n}|}}$$

$$= \dfrac{(1 - d\,\ddot{a}_{x:\overline{n}|} - _nE_x)\,\ddot{a}_{x:\overline{k}|} - (1 - d\,\ddot{a}_{x:\overline{k}|} - _kE_x)\,\ddot{a}_{x:\overline{n}|}}{_kE_x\,\ddot{a}_{x:\overline{n}|}}$$

$$= \dfrac{(1 - _nE_x)\,\ddot{a}_{x:\overline{k}|} - (1 - _kE_x)\,\ddot{a}_{x:\overline{n}|}}{_kE_x\,\ddot{a}_{x:\overline{n}|}}$$

22 피보험자 (x), 보험금 연말급, 연납보험료, 보험금 1원의 종신보험이 $x+5$시점에서, $x+20$에 만기가 되는 보험금 1원 보험금 연말급인 생사혼합보험으로 변경되고자 한다. $x+5$시점에서 원래 보험의 책임준비금인 $_5V_x$는 생사혼합보험의 보험료로 일시에 사용되고 모자라는 보험료는 연납으로 납입하기로 한다. 이때 추가로 납입되어야 하는 연납평준순보험료를 계산기수를 이용하여 나타내시오.

풀이

제5보험연도말에 종신보험에서 생사혼합보험으로 보험의 종류가 변경되었고, 그에 따라 추가로 납입되어야 하는 연납평준순보험료를 P'라고 하면

$_5V_x + P'\,\ddot{a}_{x+5:\overline{15}|} = A_{x+5:\overline{15}|}$ 이므로

$$(A_{x+5} - P_x\,\ddot{a}_{x+5}) + P'\,\ddot{a}_{x+5:\overline{15}|} = A_{x+5:\overline{15}|}$$

따라서 $P' = \dfrac{A_{x+5:\overline{15}|} - A_{x+5} + P_x\,\ddot{a}_{x+5}}{\ddot{a}_{x+5:\overline{15}|}}$

$$= \dfrac{M_{x+5} - M_{x+20} + D_{x+20} - M_{x+5} + \left(\dfrac{M_x}{N_x}\right)N_{x+5}}{N_{x+5} - N_{x+20}}$$

$$= \dfrac{\left(\dfrac{M_x}{N_x}\right)N_{x+5} - M_{x+20} + D_{x+20}}{N_{x+5} - N_{x+20}}$$

23 다음을 구하시오.

(a) $P_{45} = 0.014$, $P_{45:\overline{20|}}^{1} = 0.022$, $P_{45:\overline{20|}} = 0.030$일 때 $_{20}V_{45}$

(b) $P_{45:\overline{20|}} = 0.03$, $A_{45:\overline{15|}}^{1} = 0.06$, $d = 0.054$, $_{15}k_{45} = 0.15$일 때 $_{15}V_{45:\overline{20|}}$

:: 풀이

(a) 과거법으로부터

$_{20}V_{45} = P_{45}\,\ddot{s}_{45:\overline{20|}} - {}_{20}k_{45}$ 이고 양변에 $_{20}E_{45}$를 곱하면

$_{20}V_{45}\,{}_{20}E_{45} = P_{45}\,\ddot{a}_{45:\overline{20|}} - A_{45:\overline{20|}}^{1}$ 이고, 여기에 양변을 $\ddot{a}_{45:\overline{20|}}$ 으로 나누면

$_{20}V_{45}\,P_{45:\overline{20|}}^{1} = P_{45} - P_{45:\overline{20|}}^{1}$, $P_{45:\overline{20|}}^{1} = P_{45:\overline{20|}} - P_{45:\overline{20|}}^{1}$ 이므로

$$_{20}V_{45} = \frac{0.014 - (0.030 - 0.022)}{0.022} = 0.2727$$

(b) $_{15}V_{45:\overline{20|}}$ 을 구하기 위해 $\ddot{s}_{45:\overline{15|}}$를 구해보자.

$0.15 = {}_{15}k_{45} = A_{45:\overline{15|}}^{1} / {}_{15}E_{45} = 0.06 / {}_{15}E_{45}$ 이므로 $_{15}E_{45} = 0.4$

$A_{45:\overline{15|}} = A_{45:\overline{15|}}^{1} + {}_{15}E_{45} = 0.06 + 0.4 = 0.46$ 이므로

$$\ddot{a}_{45:\overline{15|}} = (1 - A_{45:\overline{15|}})/d = 0.54/0.054 = 10$$

따라서 $\ddot{s}_{45:\overline{15|}} = \ddot{a}_{45:\overline{15|}} / {}_{10}E_{45} = 10/0.4 = 25$

과거법으로부터

$$_{15}V_{45:\overline{20|}} = P_{45:\overline{20|}}\,\ddot{s}_{45:\overline{15|}} - {}_{15}k_{45} = 0.03 \times 25 - 0.15 = 0.6$$

24 $\ddot{a}_x$, $_tV_x$ 및 $\ddot{a}'_x$, $_tV'_x$가 각각 상이한 기초율하에서 계산된 것이라면

$$\frac{\ddot{a}_x}{\ddot{a}'_x} \geq \frac{\ddot{a}_{x+t}}{\ddot{a}'_{x+t}} \quad \left[\frac{\ddot{a}_{x:\overline{n|}}}{\ddot{a}'_{x:\overline{n|}}} \geq \frac{\ddot{a}_{x+t:\overline{n-t|}}}{\ddot{a}'_{x+t:\overline{n-t|}}} \right]$$가 됨에 따라

$_tV_x \geq {}_tV'_x$ $[_tV_{x:\overline{n|}} \geq {}_tV'_{x:\overline{n|}}]$가 되는 것을 증명하시오.

:: 풀이

$\dfrac{\ddot{a}_x}{\ddot{a}'_x} \geq \dfrac{\ddot{a}_{x+t}}{\ddot{a}'_{x+t}}$ 이므로 $\dfrac{\ddot{a}_{x+t}}{\ddot{a}_x} \leq \dfrac{\ddot{a}'_{x+t}}{\ddot{a}'_x}$ 이고 $1 - \dfrac{\ddot{a}_{x+t}}{\ddot{a}_x} \geq 1 - \dfrac{\ddot{a}'_{x+t}}{\ddot{a}'_x}$ 이다.

따라서 $_tV_x \geq {}_tV'_x$

25 피보험자 (x), n년만기 보험으로 피보험자가 사망하면 사망한 보험연도말부터 만기까지(만기에도 1원지급) 매년 1원의 확정연금을 지급하는 계약을 고려할 때 이 보험의 평준순보험료와 순보험료식 책임준비금을 나타내는 식을 구하시오.

(Hint : 생존계약과 사망계약의 두 가지로 나누어서 책임준비금을 구할 것)

풀이

[풀이 1]

평준순보험료 P 를 구해보자. 이 보험의 확률변수 Z는

$$Z = \begin{cases} \ddot{a}_{\overline{n-K}|} \, v^{K+1}, & K = 0, 1, 2, \cdots, n-1 \\ 0, & K = n, n+1, \cdots \end{cases}$$

수지상등의 원칙으로부터

$$P \, \ddot{a}_{x:\overline{n}|} = E(Z) = E\left(\frac{v^{K+1} - v^{n+1}}{d} \right) = \frac{A^{1}_{x:\overline{n}|} - v^{n+1} \, {}_{n}q_{x}}{d}$$

따라서 $P = \dfrac{A^{1}_{x:\overline{n}|} - v^{n+1} \, {}_{n}q_{x}}{d \, \ddot{a}_{x:\overline{n}|}} = \dfrac{A^{1}_{x:\overline{n}|} - v^{n+1}(1 - {}_{n}p_{x})}{i \, v \, \ddot{a}_{x:\overline{n}|}}$

$$= \frac{A^{1}_{x:\overline{n}|} - v^{n+1} + v \, {}_{n}E_{x}}{i \, v \, \ddot{a}_{x:\overline{n}|}} = \frac{1}{i \, v} \, P^{1}_{x:\overline{n}|} - \frac{v^{n}}{i \, \ddot{a}_{x:\overline{n}|}} + \frac{1}{i} \, P_{x:\overline{n}|}^{\;\;1}$$

(i) 제 k 보험연도말 생존계약의 순보험료식 책임준비금은

$$_{k}V = \sum_{j=0}^{n-k-1} \ddot{a}_{\overline{n-k-j}|} \, v^{j+1} \, {}_{j|}q_{x+k} - P \, \ddot{a}_{x+k:\overline{n-k}|}$$

(ii) 제 k 보험연도말 사망계약의 순보험료식 책임준비금은

$$_{k}V = \ddot{a}_{\overline{n-k+1}|}$$

[풀이 2]

계약시 급부의 현가를 APV라고 하면

$$\text{APV} = \sum_{s=0}^{n-1} v^{s+1} \, {}_{s|}q_{x} \, \ddot{a}_{\overline{n-s}|} = \sum_{s=0}^{n-1} \frac{C_{x+s}}{D_{x}} \, \ddot{a}_{\overline{n-s}|}$$

보험료의 현가 $\text{EPV} = P \, \ddot{a}_{x:\overline{n}|}$ 이므로

$$P = \frac{\displaystyle\sum_{s=0}^{n-1} C_{x+s} \, \ddot{a}_{\overline{n-s}|}}{\ddot{a}_{x:\overline{n}|} \, D_{x}}$$

$\ddot{a}_{\overline{n}|} = (1 - v^{n}) / d$ 를 이용하여 급부의 현가를 정리하면

$$\text{APV} = \frac{1}{d} \left\{ \sum_{s=0}^{n-1} C_{x+s} - \sum_{s=0}^{n-1} v^{x+s+1} \, d_{x+s} \, v^{n-s} \right\}$$

$$= \frac{1}{d} \left\{ (M_{x} - M_{x+n}) - v^{x+n+1}(l_{x} - l_{x+n}) \right\}$$

$$= \frac{1}{d} \left\{ (M_{x} - M_{x+n}) - (v^{n+1} D_{x} - v \, D_{x+n}) \right\}$$

$d = i \, v$ 이므로

$$P = \frac{1}{\ddot{a}_{x:\overline{n}|}} \left\{ \frac{M_x - M_{x+n}}{i\, v\, D_x} - \frac{v^n D_x - D_{x+n}}{i\, D_x} \right\}$$

$$= \frac{1}{i\, v}\, P_{x:\overline{n}|}^{1} - \frac{v^n}{i\, \ddot{a}_{x:\overline{n}|}} + \frac{1}{i}\, P_{x:\overline{n}|}^{\;\;1}$$

(i) 생존계약의 $_tV = \displaystyle\sum_{s=0}^{n-t-1} \frac{C_{x+t+s}}{D_{x+t}}\, \ddot{a}_{\,\overline{n-t-s}|} - P\, \ddot{a}_{x+t:\overline{n-t}|}$

(ii) 사망계약의 $_tV = \ddot{a}_{\,\overline{n-t+1}|}$

26 피보험자 (30)이 가입한 보험금 100,000원, 전기납입, 10년만기 반연속 정기보험을 고려한다. 다음 자료를 이용하여 제5보험연도말 책임준비금을 구하시오.

(i) 보험료는 매년초 1,450원씩 납입된다.

(ii) $l_x = 90 - x$ (iii) $i = 0.05$

:: 풀이

$_5V$를 구하기 위해 $\bar{A}_{35:\overline{5}|}^{1}$, $\ddot{a}_{35:\overline{5}|}$를 구해보자.

$$\bar{A}_{35:\overline{5}|}^{1} = \frac{\bar{a}_{\,\overline{5}|}}{90 - 35} = \frac{1}{55} \times \frac{1 - (1.05)^{-5}}{\ln 1.05} = 0.08067$$

$$\ddot{a}_{35:\overline{5}|} = \sum_{k=0}^{4} v^k\, {}_k p_{35} = \sum_{k=0}^{4} \left(\frac{1}{1.05}\right)^k \left(\frac{55-k}{55}\right)$$

$$= 1 + \left(\frac{1}{1.05}\right)\left(\frac{54}{55}\right) + \left(\frac{1}{1.05}\right)^2 \left(\frac{53}{55}\right) + \left(\frac{1}{1.05}\right)^3 \left(\frac{52}{55}\right) + \left(\frac{1}{1.05}\right)^4 \left(\frac{51}{55}\right)$$

$$= 4.3887$$

따라서 $_5V$는

$$_5V = 100000\, \bar{A}_{35:\overline{5}|}^{1} - 1450\, \ddot{a}_{35:\overline{5}|} = 100000 \times 0.08067 - 1450 \times 4.3887$$

$$= 1703.385$$

27 피보험자 (40)이 가입한 보험금 1원, 전기납입, 20년만기 완전연속 정기보험을 고려한다. 다음 자료를 이용하여 제10보험연도말 책임준비금을 구하시오.

(i) $\mu_{40+t} = \begin{cases} 0.02, & 0 \le t \le 10 \\ 0.05, & t > 10 \end{cases}$ (ii) $\delta = 0.05$

:: 풀이

연속납평준순보험료의 연액을 $\bar{P}(\bar{A}_{40:\overline{20}|}^{1})$이라고 하고 $\bar{P}(\bar{A}_{40:\overline{20}|}^{1})$을 구하기 위해 $\bar{A}_{40:\overline{20}|}^{1}$, $\bar{a}_{40:\overline{20}|}$을 구해보자.

(a) $\bar{A}\,^{1}_{40:\overline{20}|} = \bar{A}\,^{1}_{40:\overline{10}|} + {}_{10}E_{40}\,\bar{A}\,^{1}_{50:\overline{10}|}$

$0 \le t \le 10$인 경우 $\mu = 0.02$이므로

$$\bar{A}\,^{1}_{40:\overline{10}|} = \int_{0}^{10} v^{t}\,{}_{t}p_{40}\,\mu_{40+t}\,dt = \int_{0}^{10} e^{-0.05t}\,e^{-0.02t}\,(0.02)\,dt$$

$$= (0.02)\left(\frac{1 - e^{-0.07 \times 10}}{0.07}\right) = 0.14383277 \qquad \cdots\cdots \text{①}$$

$${}_{10}E_{40} = v^{10}\,{}_{10}p_{40} = e^{-0.05 \times 10}\,e^{-0.02 \times 10} = 0.496585304$$

$t > 10$인 경우 $\mu = 0.05$이므로

$$\bar{A}\,^{1}_{50:\overline{10}|} = \int_{0}^{10} v^{t}\,{}_{t}p_{50}\,\mu_{50+t}\,dt = \int_{0}^{10} e^{-0.05t}\,e^{-0.05t}\,(0.05)\,dt$$

$$= (0.05)\left(\frac{1 - e^{-0.1 \times 10}}{0.1}\right) = 0.316060279 \qquad \cdots\cdots \text{②}$$

따라서

$$\bar{A}\,^{1}_{40:\overline{20}|} = 0.14383277 + (0.496585304)(0.316060279) = 0.30078366$$

(b) $\bar{a}_{40:\overline{20}|} = \bar{a}_{40:\overline{10}|} + {}_{10}E_{40}\,\bar{a}_{50:\overline{10}|}$

$\bar{a}_{40:\overline{10}|}$ 과 $\bar{a}_{50:\overline{10}|}$ 은 식 ①과 ②에서 $\bar{A}_{40:\overline{10}|}$ 과 $\bar{A}_{50:\overline{10}|}$ 을 각각 μ_{40+t}, μ_{50+t}로 나눠준 값과 동일하므로 식 ①과 ②의 결과를 이용하면

$$\bar{a}_{40:\overline{10}|} = \frac{1 - e^{-(\mu+\delta)t}}{\mu + \delta} = \frac{1 - e^{-0.07 \times 10}}{0.07} = \frac{0.14383277}{0.02} = 7.1916385$$

$$\bar{a}_{50:\overline{10}|} = \frac{1 - e^{-(\mu+\delta)t}}{\mu + \delta} = \frac{1 - e^{-0.1 \times 10}}{0.1} = \frac{0.316060279}{0.05} = 6.32120558$$

따라서

$$\bar{a}_{40:\overline{20}|} = 7.1916385 + (0.496585304)(6.32120558) = 10.33065629$$

(a)와 (b)의 결과로부터

$$\bar{P}(\bar{A}\,^{1}_{40:\overline{20}|}) = \frac{\bar{A}\,^{1}_{40:\overline{20}|}}{\bar{a}_{40:\overline{20}|}} = \frac{0.30078366}{10.33065629} = 0.029115639$$

따라서

$${}_{10}\bar{V}(\bar{A}\,^{1}_{40:\overline{20}|}) = \bar{A}\,^{1}_{50:\overline{10}|} - \bar{P}(\bar{A}\,^{1}_{40:\overline{20}|})\,\bar{a}_{50:\overline{10}|}$$

$$= 0.316060279 - (0.029115639)(6.32120558)$$

$$= 0.13195685$$

28 다음의 자료를 이용하여 ${}_{40}V(\bar{A}\,^{PR}_{20})$를 구하시오.

(i) $\ddot{a}_{20} = 25.506$ (ii) $\ddot{a}_{60} = 12.753$ (iii) ${}_{40}V(\bar{A}_{20}) = 0.5078$

(iv) $\bar{a}_{20} = 25.00$ (v) $\bar{a}_{60} = 12.24$ (vi) $\delta = 0.03$

풀이

$$_{40}\bar{V}(\bar{A}_{20}) = 1 - \frac{\bar{a}_{60}}{\bar{a}_{20}} = 1 - \frac{12.24}{25.00} = 0.5104 \text{이므로}$$

$$_{40}V(\bar{A}_{20}^{PR}) = {}_{40}\bar{V}(\bar{A}_{20}) - {}_{40}V(\bar{A}_{20}) = 0.5104 - 0.5078 = 0.0026$$

29 다음 식이 성립함을 증명하시오.

$$\frac{d}{dt}\left({}_t\bar{k}_x\, D_{x+t}\right) = \mu_{x+t}\, D_{x+t}$$

풀이

$$_t\bar{k}_x\, D_{x+t} = \frac{\bar{A}_{x:\overline{t}|}^1}{{}_tE_x}\, D_{x+t} = D_x\, \bar{A}_{x:\overline{t}|}^1 = D_x \int_0^t v^s\, {}_sp_x\, \mu_{x+s}\, ds$$

따라서

$$\frac{d}{dt}\left(D_x \int_0^t v^s\, {}_sp_x\, \mu_{x+s}\, ds\right) = D_x\, v^t\, {}_tp_x\, \mu_{x+t} = D_x\, {}_tE_x\, \mu_{x+t} = D_{x+t}\, \mu_{x+t}$$

30 $\dfrac{d}{dt}\left[{}_tp_x\, v^t\, {}_t\bar{V}(\bar{A}_x)\right] = {}_tp_x\, v^t\left[\bar{P}(\bar{A}_x) - \mu_{x+t}\right]$ 이 성립함을 증명하시오.

풀이

$_tp_x\, v^t\, {}_t\bar{V}(\bar{A}_x)$ 를 계산기수로 나타내보면

$$_t\bar{V}(\bar{A}_x) = \bar{A}_{x+t} - \bar{P}(\bar{A}_x)\, \bar{a}_{x+t} = \frac{1}{D_{x+t}}\left[\bar{M}_{x+t} - \bar{P}(\bar{A}_x)\, \bar{N}_{x+t}\right] \text{이므로}$$

$$v^t\, {}_tp_x\, {}_t\bar{V}(\bar{A}_x) = \frac{D_{x+t}}{D_x}\, {}_t\bar{V}(\bar{A}_x) = \frac{1}{D_x}\left[\bar{M}_{x+t} - \bar{P}(\bar{A}_x)\, \bar{N}_{x+t}\right]$$

$\dfrac{d}{dt}\bar{M}_{x+t} = -D_{x+t}\, \mu_{x+t},\ \dfrac{d}{dt}\bar{N}_{x+t} = -D_{x+t}$ 임을 이용하면

$$\frac{d}{dt}\left[{}_tp_x\, v^t\, {}_t\bar{V}(\bar{A}_x)\right] = \frac{1}{D_x}\left[-D_{x+t}\, \mu_{x+t} - \bar{P}(\bar{A}_x)(-D_{x+t})\right]$$

$$= \frac{D_{x+t}}{D_x}\left[\bar{P}(\bar{A}_x) - \mu_{x+t}\right] = {}_tp_x\, v^t\left[\bar{P}(\bar{A}_x) - \mu_{x+t}\right]$$

31 x세의 피보험자의 연금개시 연령은 y세이다. 연금의 지급은 y세부터 g년 보증기간 부 종신연금으로 6개월마다 1번씩 기시급으로 지급된다. 이 연금에 대한 보험료는 y세에 도달할 때까지 연납으로 납입된다. 보험료 납입기간중에 피보험자가 사망하면

기납입보험료를 이자없이 사망즉시 지급한다. 연금지급액은 연액 1원이라고 할 때 이 연금계약의 평준순보험료 및 t년(t는 정수) 경과 후의 순보험료식 책임준비금을 표시하는 식을 구하시오. (Hint : 보험료 납입기간중, 보증기간중(생존자의 경우, 사망계약의 경우), 보증기간 경과 후 등의 세 가지로 나누어서 책임준비금을 구할 것)

::: 풀이

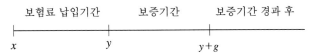

$$x \qquad\qquad y \qquad\qquad y+g$$

평준순보험료 P는 수지상등의 원칙으로부터

$$P\,\ddot{a}_{x:\overline{y-x|}} = {}_{y-x}E_x\,\ddot{a}^{(2)}_{\overline{g|}} + {}_{y+g-x}E_x\,\ddot{a}^{(2)}_{y+g} + P\,(IA)_{x:\overline{y-x|}} \text{ 이므로}$$

$$P = \frac{{}_{y-x}E_x\,\ddot{a}^{(2)}_{\overline{g|}} + {}_{y+g-x}E_x\,\ddot{a}^{(2)}_{y+g}}{\ddot{a}_{x:\overline{y-x|}} - (IA)_{x:\overline{y-x|}}}$$

$$= \frac{D_y\,\ddot{a}^{(2)}_{\overline{g|}} + D_{y+g}\,\ddot{a}^{(2)}_{y+g}}{(N_x - N_y) - \left[\bar{R}_x - \bar{R}_y - (y-x)\,\bar{M}_y\right]}$$

(i) 보험료 납입기간중($t < y - x$인 경우)의 책임준비금 $_tV$는

$$_tV = P\,\ddot{s}_{x:\overline{t|}} - \frac{P\,(I\bar{A})^1_{x:\overline{t|}}}{_tE_x}$$

(ii) 보증기간중($y < t < y + g$인 경우)의 책임준비금 $_tV$는

생존자의 경우, $_tV = \ddot{a}^{(2)}_{\overline{y+g-x-t|}} + {}_{y+g-x-t|}\ddot{a}^{(2)}_{y+g}$

사망자의 경우, $_tV = \ddot{a}^{(2)}_{\overline{y+g-x-t|}}$

(iii) 보증기간 경과 후($t > y + g$인 경우)의 책임준비금 $_tV$는

$$_tV = \ddot{a}^{(2)}_{x+t}$$

32 피보험자 (30), 보험금 사망즉시급인 보험의 보험금은 65세까지 다음과 같이 감소하며 65세 이후는 사망보험금이 없다.

사망연령	30 − 50	50 − 55	55 − 60	60 − 65
보 험 금	100000	90000	80000	60000

다음을 계산기수를 이용하여 나타내시오.

(a) 1년에 2회 납입되는 미사용보험료 반환부 보험의 순보험료의 연액($P^{\{2\}}$)

(b) (a)의 형태로 보험료가 납입될 때 제30보험연도말 순보험료식 책임준비금

::: 풀이

(a) $P^{\{2\}}\,\ddot{a}^{\{2\}}_{30:\overline{35|}} = 10000\,(10\,\bar{A}^1_{30:\overline{20|}} + 9\,_{20|}\bar{A}^1_{30:\overline{5|}} + 8\,_{25|}\bar{A}^1_{30:\overline{5|}} + 6\,_{30|}\bar{A}^1_{30:\overline{5|}})$ 이므로

$$P^{\{2\}} = \frac{10000\,(10\,\bar{A}^{\,1}_{30:\overline{20|}} + 9\,_{20|}\bar{A}^{\,1}_{30:\overline{5|}} + 8\,_{25|}\bar{A}^{\,1}_{30:\overline{5|}} + 6\,_{30|}\bar{A}^{\,1}_{30:\overline{5|}})}{\ddot{a}^{\{2\}}_{30:\overline{35|}}}$$

$$= \frac{d^{(2)}}{\delta}\,\frac{10000\,(10\,\bar{M}_{30} - \bar{M}_{50} - \bar{M}_{55} - 2\,\bar{M}_{60} - 6\,\bar{M}_{65})}{\bar{N}_{30} - \bar{N}_{65}}$$

이때 $\left(1 - \dfrac{d^{(2)}}{2}\right)^2 = (1+i)^{-1}$ 이므로

$$d^{(2)} = 2\,(1 - v^{1/2}), \quad \frac{d^{(2)}}{\delta} = \frac{2\,(1 - v^{1/2})}{\delta} = 2\,\bar{a}_{\,\overline{1/2|}}$$

따라서 $P^{\{2\}} = (10000)(2\,\bar{a}_{\,\overline{1/2|}})\left(\dfrac{10\,\bar{M}_{30} - \bar{M}_{50} - \bar{M}_{55} - 2\,\bar{M}_{60} - 6\,\bar{M}_{65}}{\bar{N}_{30} - \bar{N}_{65}}\right)$

(b) $_{30}V^{\{2\}} = 60000\,\bar{A}^{\,1}_{60:\overline{5|}} - P^{\{2\}}\,\ddot{a}^{\{2\}}_{60:\overline{5|}} = 60000\,\bar{A}^{\,1}_{60:\overline{5|}} - \bar{P}\,\bar{a}_{60:\overline{5|}}$

$$= 60000\left(\frac{\bar{M}_{60} - \bar{M}_{65}}{D_{60}}\right) - \bar{P}\left(\frac{\bar{N}_{60} - \bar{N}_{65}}{D_{60}}\right)$$

단, $\bar{P} = P^{\{2\}} / 2\,\bar{a}_{\,\overline{1/2|}}$

33 피보험자 (45)가 가입한 보험금 1원, 전기납입, 완전연속 종신보험을 고려한다. 다음 가정을 이용하여 제15보험연도말 책임준비금을 구하시오.

(i) $\mu_{45+t} = \dfrac{1}{45 - t}$, $0 \le t < 45$ (ii) $\delta = 0.05$

:: 풀이

이 보험의 연속납평준순보험료의 연액을 $\bar{P}(\bar{A}_{45})$ 라고 하자.

$_{15}\bar{V}(\bar{A}_{45})$ 를 구하기 위해 $\bar{A}_{60}$, $\bar{a}_{60}$, $\bar{P}(\bar{A}_{45})$ 를 구해보면

$$\bar{A}_{60} = \frac{1}{30}\,\bar{a}_{\,\overline{30|}} = \frac{1}{30} \times \frac{1 - v^{30}}{\delta} = 0.517913$$

$$\bar{a}_{60} = \frac{1 - \bar{A}_{60}}{\delta} = \frac{1 - 0.517913}{0.05} = 9.64174$$

$$\bar{P}(\bar{A}_{45}) = \frac{\bar{A}_{45}}{\bar{a}_{45}} = \frac{\delta\,\bar{A}_{45}}{1 - \bar{A}_{45}} = \frac{0.05 \times \dfrac{\bar{a}_{\,\overline{45|}}}{45}}{1 - \dfrac{\bar{a}_{\,\overline{45|}}}{45}} = 0.033001$$

따라서

$$_{15}\bar{V}(\bar{A}_{45}) = \bar{A}_{60} - \bar{P}(\bar{A}_{45})\,\bar{a}_{60} = 0.517913 - 0.033001 \times 9.64174 = 0.199726$$

34 피보험자 (x), 보험금 연말급, 보험금 800원인 생명보험의 연납순보험료는 25원이다. $q_{x+20} = 0.2$이고 $_{20}V = 600$, $_{21}V = 675$가 되기 위한 이자율을 구하시오.

:: 풀이

$(_{20}V + \pi_{20})(1 + i) = b_{21} \, q_{x+20} + p_{20+x} \, _{21}V$이므로

$(600 + 25)(1 + i) = 800(0.2) + (0.8)(675)$이다.

따라서 $1 + i = 1.12, \quad i = 0.12$

35 피보험자 (40), 매년 1원씩 지급되는 20년거치 기시급 종신연금을 고려한다. 연납순보험료가 거치기간 동안 납입되며 거치기간 안에 사망하면 사망보험금은 순보험료식 책임준비금이 사망하는 보험연도말에 지급된다. 제10보험연도말의 순보험료식 책임준비금을 구하시오.

:: 풀이

$_kV = \sum_{t=0}^{k-1} \pi_t (1 + i)^{k-t} - \sum_{t=1}^{k} q_{x+t-1}(b_t - {}_tV)(1 + i)^{k-t}$이므로

$k = 20$, $b_t = {}_tV$를 대입하면

$$_{20}V = \sum_{t=0}^{19} \pi (1 + i)^{20-t} = \pi \, \ddot{s}_{\overline{20|}}$$

또한, 미래법으로부터 $_{20}V = \ddot{a}_{60}$이므로 $\pi = \dfrac{\ddot{a}_{60}}{\ddot{s}_{\overline{20|}}}$

따라서 $_{10}V = \pi \, \ddot{s}_{\overline{10|}} = \dfrac{\ddot{a}_{60}}{\ddot{s}_{\overline{20|}}} \times \ddot{s}_{\overline{10|}}$

36 피보험자 (x), 보험금 연말급인 생명보험의 연납평준보험료는 π이다. 처음 n년간의 처음 보험금은 순보험료식 책임준비금과 K_t의 합이다. 여기서 $K_t = \dfrac{1}{q_{x+t-1}}$, $t = 1, 2, \cdots, n$ 을 의미한다. 제 n보험연도말의 순보험료식 책임준비금을 $_nV$라고 할 때 $_nV = \pi \, \ddot{s}_{\overline{n|}} - s_{\overline{n|}}$ 으로 표시됨을 증명하시오.

:: 풀이

$$({}_tV + \pi)(1 + i) = q_{x+t}\left({}_{t+1}V + \frac{1}{q_{x+t}}\right) + p_{x+t} \, _{t+1}V = {}_{t+1}V + 1$$

양변에 v^{t+1}을 곱한 후, $t = 0, 1, 2, \cdots, n-1$을 대입하면 다음과 같은 표를 만들 수 있다.

t	$v^{t+1}{}_{t+1}V - v^t{}_tV = \pi\,v^t - v^{t+1}$
$t = 0$	$v\,{}_1V - v^0\,{}_0V = \pi\,v^0 - v^1$
$t = 1$	$v^2\,{}_2V - v\,{}_1V = \pi\,v^1 - v^2$
$t = 2$	$v^3\,{}_3V - v^2\,{}_2V = \pi\,v^2 - v^3$
$\vdots$	$\vdots$
$t = n-1$	$v^n\,{}_nV - v^{n-1}\,{}_{n-1}V = \pi\,v^{n-1} - v^n$

표 안의 식을 모두 더하면 $v^n\,{}_nV - v^0\,{}_0V = \pi\,\ddot{a}_{\overline{n}|} - a_{\overline{n}|}$임을 알 수 있다. 따라서 양변에 $(1+i)^n$을 곱하고 ${}_0V = 0$을 이용하면

$${}_nV = \pi\,\ddot{s}_{\overline{n}|} - s_{\overline{n}|}$$

37 다음 자료를 이용하여 $1000\,{}_{10.5}V_x - A$의 값을 구하시오.

(i) $i = (1.05)^2 - 1$ (ii) $q_{x+10} = 0.08$

(iii) $1000\,{}_{10}V_x = 303$ (iv) $1000\,P_x = 55$

(v) $1000\,{}_{11}V_x = 320.27$ (vi) 각 연령마다 UDD가정

(vii) $1000\,{}_{10.5}V_x$의 근사치는 $A = 500\,({}_{10}V_x + {}_{11}V_x + P_x)$이다.

풀이

(vi)로부터 사망은 UDD가정을 따르므로

$l_{x+10} = 100$이라면 $d_{x+10} = 8$이고 $l_{x+11} = 92$이므로 $l_{x+10.5} = 96$이다.

$_{0.5}q_{x+10.5} = \dfrac{_{0.5}d_{x+10.5}}{l_{x+10.5}} = \dfrac{4}{96}$이므로 $_{0.5}p_{x+10.5} = \dfrac{92}{96}$

(i)로부터 $i = (1.05)^2 - 1$이므로 $v^{1/2} = (1.05)^{-1}$이다.

재귀식에 의하여

$$1000\,{}_{10.5}V_x = {}_{0.5}q_{x+10.5}\,(v^{1/2})\,(1000) + {}_{0.5}p_{x+10.5}\,(v^{1/2})\,(1000)\,({}_{11}V_x)$$

$$= \frac{1000}{1.05} \times \frac{4}{96} + \frac{1}{1.05} \times \frac{92}{96} \times 320.27 = 331.99$$

(vii)로부터 $A = 500\,({}_{10}V_x + {}_{11}V_x + P_x) = 339.135$이므로

$$1000\,{}_{10.5}V_x - A = 331.99 - 339.135 = -7.145$$

38 (x)가 n년거치 생명연금을 구입하였다. 연금의 처음 지급시기는 $x+n$세이며 연금지급 전까지 n년 동안 연납으로 보험료를 납입한다. ${}_tV$를 제t연도말의 책임준비금(연금지급 바로 전)을 의미한다면 ${}_tV$와 ${}_{t+1}V$와의 다음 관계식 중 틀린 곳을 고치시오.

(i) $t < n$일 때 ${}_{t+1}V = ({}_tV + P)(1+i) + q_{x+t} \cdot {}_{t+1}V$

(ii) $t > n$일 때 $p_{x+t} \cdot {}_{t+1}V = (1+i)_t V$

풀이

(i) $t < n$인 경우 $({}_t V + P)(1+i) = p_{x+t} \, {}_{t+1}V = (1 - q_{x+t}) \, {}_{t+1}V$이므로

$$ {}_{t+1}V = ({}_t V + P)(1+i) + q_{x+t} \cdot {}_{t+1}V $$

따라서 고칠 곳은 없다.

(ii) $t > n$인 경우 $({}_t V + 0)(1+i) = (1+i) + p_{x+t} \cdot {}_{t+1}V$이므로

$$ (1+i)({}_t V - 1) = p_{x+t} \cdot {}_{t+1}V $$

따라서 우변의 $(1+i)_t V$를 $(1+i)({}_t V - 1)$로 고쳐야 한다.

---

39 사망보험금이 $1 + {}_t V_x$(보험금 연말급), 종신납입 연납보험료인 종신보험을 고려한다. $P_x = 0.02$, ${}_{t-1}V_x = 0.4801$, ${}_t V_x = 0.5244$, $i = 5.5\%$일 때 q_{x+t-1}을 구하시오.

풀이

$b_t = 1 + {}_t V_x$이고 재귀식으로부터

$({}_{t-1}V_x + P_x)(1+i) = b_t \, q_{x+t-1} + p_{x+t-1} \, {}_t V_x$이므로

$$ ({}_{t-1}V_x + P_x)(1+i) - (1 + {}_t V_x) q_{x+t-1} = {}_t V_x (1 - q_{x+t-1}) $$

$$ ({}_{t-1}V_x + P_x)(1+i) - {}_t V_x = q_{x+t-1} $$

따라서 $q_{x+t-1} = (0.4801 + 0.02)(1.055) - 0.5244 = 0.003206$

---

40 피보험자 (40)은 보험금 100,000원, 15년납입 완전이산 종신보험에 가입하였다. 연납보험료는 1,500원이다. 다음의 자료를 이용하여 제14보험연도말 책임준비금을 구하시오.

(i) $i = 0.05$ (ii) $q_{54} = 0.004$, $q_{55} = 0.0045$ (iii) $A_{55} = 0.3$

풀이

15년납입 종신보험이므로 ${}_{15}V = 100000 A_{55} = 100000(0.3) = 30000$

${}_{14}V$와 ${}_{15}V$의 재귀식으로부터 ${}_{14}V + \pi_{14} = v \, q_{54} \, b_{15} + v \, p_{54} \, {}_{15}V$

$$ {}_{14}V + 1500 = \left(\frac{1}{1.05}\right)(0.004)(100000) + \left(\frac{1}{1.05}\right)(1 - 0.004)(30000) $$

따라서 ${}_{14}V = 28838.09524 - 1500 = 27338.09524$

---

41 피보험자 (40)는 20년납입, 20년거치 완전이산 기시급 종신생명연금에 가입하였다. 60세부터 매년초 연금액 100원씩 지급된다. 다음의 자료를 이용하여 ${}_{19}V$를 구하시오.

(i) $\ddot{a}_{40:\overline{20}|} = 12.9$, $\ddot{a}_{40} = 17.7$ (ii) ${}_{20}E_{40} = 0.35$

(iii) $q_{59} = 0.006$ (iv) $i = 0.05$

(v) 보험료는 수지상등의 원칙을 이용하여 구한다.

:: 풀이

$\ddot{a}_{40} = \ddot{a}_{40:\overline{20}|} + {}_{20}E_{40}\,\ddot{a}_{60}$ 이므로 $17.7 = 12.9 + 0.35\,\ddot{a}_{60}$, $\ddot{a}_{60} = 13.7143$

책임준비금의 미래법으로부터 ${}_{20}V = 100\,\ddot{a}_{60} = (100)(13.7143) = 1371.43$

${}_{19}V$ 와 ${}_{20}V$ 의 재귀식을 이용하여 ${}_{19}V$ 를 구해보자.

우선 보험료를 구해보면,

$$P\,\ddot{a}_{40:\overline{20}|} = (100)\,{}_{20|}\ddot{a}_{40},$$

${}_{20|}\ddot{a}_{40} = \ddot{a}_{40} - \ddot{a}_{40:\overline{20}|} = 17.7 - 12.9 = 4.8$ 이므로

$$P = \frac{(100)\,{}_{20|}\ddot{a}_{40}}{\ddot{a}_{40:\overline{20}|}} = \frac{(100)(4.8)}{12.9} = 37.2093$$

제20보험연도말 보험금을 S_{20} 이라고 하면,

${}_{19}V$ 와 ${}_{20}V$ 의 재귀식으로부터 ${}_{19}V + P = v\,q_{59}(S_{20}) + v\,p_{59}\,{}_{20}V$

$${}_{19}V + 37.2093 = \left(\frac{1}{1.05}\right)(0.006)(0) + \left(\frac{1}{1.05}\right)(1 - 0.006)(1371.43)$$

따라서 ${}_{19}V = 1298.287067 - 37.2093 = 1261.077767$

42 피보험자 (x) 가 가입한 보험금 10,000원, 15년납입 완전이산 종신보험을 고려한다. 다음 자료를 이용하여 $10000\,A_{x+16}$ 을 구하시오.

(i) 연납평준순보험료는 556원이다.

(ii) 제14보험연도말 책임준비금은 7,069원이다.

(iii) $q_{x+14} = 0.017$, $q_{x+15} = 0.019$, $q_{x+16} = 0.021$ (iv) $i = 0.05$

:: 풀이

$10000\,A_{x+16} = {}_{16}V$ 이므로 ${}_{16}V$ 를 구해보자. 연납평준순보험료를 P 라고 하면 ${}_{14}V$ 와 ${}_{15}V$ 의 재귀식으로부터

$$\left({}_{14}V + P\right)(1 + i) = 10000\,q_{x+14} + p_{x+14}\,{}_{15}V$$

$${}_{15}V = \frac{(7069 + 556) \times 1.05 - 10000 \times 0.017}{1 - 0.017} = 7971.77 \quad (\text{Fackler 공식})$$

이 보험은 보험료를 15년납입하는 종신보험이므로 제16보험연도초부터 보험료를 납입하지 않는다. ${}_{15}V$ 와 ${}_{16}V$ 의 재귀식으로부터

$$\left({}_{15}V + P\right)(1 + i) = 10000\,q_{x+15} + p_{x+15}\,{}_{16}V$$

$$_{16}V = \frac{(7971.77 + 0) \times 1.05 - 10000 \times 0.019}{1 - 0.019} = 8338.8 \ \text{(Fackler 공식)}$$

따라서 $10000\,A_{x+16} = {}_{16}V = 8338.8$

43 피보험자 (x)가 가입한 보험금 1,000원, 15년납입 완전이산 종신보험을 고려한다. 다음 자료를 이용하여 $1000\,P_{x+15}$를 구하시오.

(i) 연납평준순보험료($1000\,{}_{15}P_x$)는 26.49원이다.

(ii) 제14보험연도말 책임준비금은 211.21원이다.

(iii) $q_{x+14} = 0.016$ (iv) $i = 0.05$

:: 풀이

P_{x+15}를 구하기 위해 A_{x+15}를 구해보자.

연납평준순보험료인 $1000\,{}_{15}P_x$를 P라고 하면 $_{14}V$와 $_{15}V$의 재귀식에 의해

$$({}_{14}V + P)(1 + i) = 1000\,q_{x+14} + p_{x+14}\,{}_{15}V$$

$$(211.21 + 26.49)(1.05) = (1000)(0.016) + (1 - 0.016)\,{}_{15}V$$

따라서 $_{15}V = 237.38$

$\qquad {}_{15}V = 237.38 = 1000\,A_{x+15}$이므로

$\qquad A_{x+15} = 0.23738$

따라서 $1000\,P_{x+15} = 1000\left(\dfrac{d\,A_{x+15}}{1 - A_{x+15}}\right) = 1000\left(\dfrac{\dfrac{0.05}{1.05} \times 0.23738}{1 - 0.23738}\right) = 14.8223$

44 피보험자 (45)가 가입한 보험금 10,000원, 전기납입, 완전이산 종신보험을 고려한다. 다음 자료를 이용하여 6번째 해의 사망보험금을 구하시오.

(i) $10000\,P_{45} = 117.68$ (ii) $q_{60} = 0.006$

(iii) $_{15}V = 2003.25$, $_{16}V = 2173.71$, $_{17}V = 2349.65$

:: 풀이

$_{15}V$와 $_{16}V$의 재귀식으로부터

$$({}_{15}V + 117.68)(1 + i) = 10000\,q_{60} + p_{60}\,{}_{16}V = 60 + 0.994 \times 2173.71$$

$$1 + i = \frac{60 + 0.994 \times 2173.71}{2003.25 + 117.68} = 1.047025$$

$_{16}V$와 $_{17}V$의 재귀식으로부터

$$({}_{16}V + 117.68)(1 + i) = 10000\,q_{61} + p_{61}\,{}_{17}V = (10000 - {}_{17}V)q_{61} + {}_{17}V$$

$$= 7650.35\,q_{61} + 2349.65$$

따라서 $q_{61} = \dfrac{(2173.71 + 117.68) \times 1.047025 - 2349.65}{7650.35} = 0.006469$

45 피보험자 (60)이 가입한 전기납입 완전이산 종신보험을 고려한다. 다음 자료를 이용하여 6번째 해의 사망보험금을 구하시오.

(i) 이 보험의 연납평준순보험료는 P_{45}와 동일하다.

(ii) $q_{60+k} = q_{45+k} + 0.005,\ k = 0, 1, 2, \cdots, 14$ (iii) $q_{50} = 0.00282$

(iv) $_kV = {}_kV_{45},\ k = 0, 1, 2, \cdots, 14$ (v) $_6V = 0.06903$

::: **풀이**

피보험자 (60)의 완전이산 종신보험을 재귀식으로 나타내면

$$({}_kV + \pi_k)(1 + i) = {}_{k+1}V + q_{60+k}(b_{k+1} - {}_{k+1}V)$$

(i), (ii), (iii)으로부터 위 식의 60세에 관한 식을 45세에 관한 식으로 표현하면

$$({}_kV_{45} + P_{45})(1 + i) = {}_{k+1}V_{45} + (q_{45+k} + 0.005)(b_{k+1} - {}_{k+1}V_{45})$$

또한, 피보험자 (45)에 대한 보험금 1원의 종신보험의 45세에 관한 재귀식은

$$({}_kV_{45} + P_{45})(1 + i) = {}_{k+1}V_{45} + q_{45+k}(1 - {}_{k+1}V_{45})$$

앞의 두 식의 좌변이 같으므로 두 식의 우변을 같게 하면

$$_{k+1}V_{45} + (q_{45+k} + 0.005)(b_{k+1} - {}_{k+1}V_{45}) = {}_{k+1}V_{45} + q_{45+k}(1 - {}_{k+1}V_{45})$$

$$(q_{45+k} + 0.005)(b_{k+1} - {}_{k+1}V_{45}) = q_{45+k}(1 - {}_{k+1}V_{45})$$

$k = 5$를 대입하면

$$(q_{50} + 0.005)(b_6 - {}_6V_{45}) = q_{50}(1 - {}_6V_{45})$$ 이므로

$$(0.00282 + 0.005)(b_6 - 0.06903) = 0.00282(1 - 0.06903)$$

따라서 $b_6 = 0.404751$

46 피보험자 (x)가 가입한 보험금 1,000원, 전기납입 완전이산 종신보험을 고려한다. 다음 자료를 이용하여 제17보험연도말 책임준비금을 구하시오.

(i) $_{14}V = 183.83,$ $_{15}V = 199.33,$ $_{16}V = 217.37$

(ii) $q_{x+14} = q_{x+15},$ $q_{x+16} = 1.2\,q_{x+15},$ (iii) $i = 0.05$

::: **풀이**

$_{14}V$와 $_{15}V$의 재귀식으로부터

$$(183.83 + P)(1.05) = q_{x+14}(1000 - {}_{15}V) + {}_{15}V$$

$$= 800.67\,q_{x+14} + 199.33 \ \cdots\cdots ①$$

$_{15}V$와 $_{16}V$의 재귀식으로부터

$$(199.33 + P)(1.05) = q_{x+15}(1000 - {}_{16}V) + {}_{16}V$$
$$= 782.63\,q_{x+15} + 217.37 \cdots\cdots ②$$

②에서 ①을 차감하면

$$16.275 = -18.04\,q_{x+15} + 18.04, \quad q_{x+15} = 0.097838$$

②에 q_{x+15} 를 대입하면

$(199.33 + P)(1.05) = 782.63 \times 0.097838 + 217.37$ 이므로

$$P = 80.61377$$

${}_{16}V$ 와 ${}_{17}V$ 의 재귀식으로부터 ${}_{17}V$ 를 구해보자.

$$q_{x+16} = 1.2 \times 0.097838 = 0.117406$$
$$({}_{16}V + P)(1.05) = q_{x+16} \times 1000 + p_{x+16} \times {}_{17}V$$
$$(217.37 + 80.61377)(1.05) = 0.117406 \times 1000 + (1 - 0.117406) \times {}_{17}V$$

따라서 ${}_{17}V = 221.48$

47 피보험자 (50)이 가입한 전기납입, 10년만기 완전이산 생사혼합보험을 고려한다. 다음 자료를 이용하여 제6보험연도말 책임준비금을 구하시오.

(i) 피보험자가 제k보험연도에 사망시 사망연도말에 $1000(11 - k)$원을 지급한다. ($k = 1, 2, \cdots, 10$)

(ii) 피보험자가 10년 동안 생존해 있으면 생존보험금 1,000원을 지급한다.

(iii) 제5보험연도말 책임준비금은 3,000원이고 제9보험연도말 책임준비금은 650원이다.

(iv) $q_{55} = 0.08$ \qquad\qquad (v) $i = 0.05$

::: 풀이

${}_9V$ 와 ${}_{10}V$ 의 재귀식을 통해 연납평준순보험료 P 를 구해보면

$({}_9V + P)(1 + i) = {}_{10}V = 1000$ 이므로 $P = \dfrac{1000}{1.05} - 650 = 302.381$

제6보험연도말 책임준비금을 구해보면

$$({}_5V + P)(1 + i) = 5000\,q_{55} + p_{55}\,{}_6V$$
$$(3000 + 302.381)(1.05) = 5000 \times 0.08 + 0.92\,{}_6V$$

따라서 ${}_6V = 3334.24$

48 다음의 식을 간략히 하면 ${}_{h+1}V$ 가 되는 것을 증명하시오.

$$[v\,{}_{h+1}V + v\,q_{x+h}(1 - {}_{h+1}V)]\,\ddot{s}_{x+h:\overline{1}|} - k_{x+h}$$

풀이

$$[v_{h+1}V + v\,q_{x+h}(1 - {}_{h+1}V)]\,\ddot{s}_{x+h:\overline{1}|} - k_{x+h}$$

$$= [v\,q_{x+h} + v\,p_{x+h}\;{}_{h+1}V]\,\frac{1}{v\,p_{x+h}} - \frac{v\,q_{x+h}}{v\,p_{x+h}} = \frac{v\,p_{x+h}\;{}_{h+1}V}{v\,p_{x+h}} = {}_{h+1}V$$

49 다음 자료를 이용하여 $\pi^{(2)}_{x+3}$의 근사치를 구하시오.

(i) ${}_3V^{(2)}_x = 0.1$ (ii) ${}_4V^{(2)}_x = 0.2$ (iii) ${}_{3\frac{5}{8}}V^{(2)}_x = 0.187$

풀이

선형보간법에 의하여

$$
{}_{3\frac{5}{8}}V^{(2)}_x = \left[\left(1 - \frac{5}{8}\right) \times {}_3V^{(2)}_x + \frac{5}{8}\,{}_4V^{(2)}_x\right] + \left(1 - \frac{5}{8}\right)\pi^{(2)}_{x+3}
$$

$$= [\text{보험료적립금}] + \text{미경과보험료}$$

따라서 $\pi^{(2)}_{x+3} = \dfrac{0.187 - (3/8) \times 0.1 - (5/8) \times 0.2}{1 - (5/8)} = 0.0653$

50 다음을 증명하시오.

(a) $\dfrac{d}{dt}\,{}_tV(\bar{A}_x) = \dfrac{\bar{A}_{x+t} - \mu_{x+t}\,\bar{a}_{x+t}}{\bar{a}_x}$

(b) $\dfrac{d}{dx}\,{}_tV(\bar{A}_x) = -\dfrac{\bar{a}_{x+t}}{\bar{a}_x}(\mu_{x+t} - \mu_x) + \dfrac{1}{\bar{a}_x}\,{}_tV(\bar{A}_x)$

(c) $\dfrac{d}{dt}\left[{}_tp_x\,v^t\,{}_tV(\bar{A}_x)\right] = {}_tp_x\,v^t\left[\bar{P}(\bar{A}_x) - \mu_{x+t}\right]$

풀이

(a) (증명 1)

$${}_tV(\bar{A}_x) = \bar{A}_{x+t} - \bar{P}(\bar{A}_x)\,\bar{a}_{x+t} = 1 - \left[\bar{P}(\bar{A}_x) + \delta\right]\bar{a}_{x+t} = \frac{1 - \bar{a}_{x+t}}{\bar{a}_x}\;\text{이므로}$$

$$\frac{d}{dt}\,{}_tV(\bar{A}_x) = \frac{d}{dt}\left(1 - \frac{\bar{a}_{x+t}}{\bar{a}_x}\right) = -\frac{1}{\bar{a}_x}\left(\frac{d}{dt}\,\bar{a}_{x+t}\right)$$

$$= -\frac{1}{\bar{a}_x}\left(\frac{d}{dt}\int_0^\infty v^s\,{}_sp_{x+t}\,ds\right)$$

$\dfrac{d}{dx}\,{}_tp_x = {}_tp_x(\mu_x - \mu_{x+t})$를 이용하면

$$= -\frac{1}{\bar{a}_x} \int_0^\infty v^s \left(\frac{d}{dt} \, _s p_{x+t} \right) ds$$

$$= -\frac{1}{\bar{a}_x} \int_0^\infty v^s \, _s p_{x+t} (\mu_{x+t} - \mu_{x+t+s}) \, ds$$

$$= -\frac{1}{\bar{a}_x} \mu_{x+t} \int_0^\infty v^s \, _s p_{x+t} \, ds + \frac{1}{\bar{a}_x} \int_0^\infty v^s \, _s p_{x+t} \, \mu_{x+t+s} \, ds$$

$$= -\frac{1}{\bar{a}_x} \mu_{x+t} \, \bar{a}_{x+t} + \frac{1}{\bar{a}_x} \bar{A}_{x+t}$$

$$= \frac{\bar{A}_{x+t} - \mu_{x+t} \, \bar{a}_{x+t}}{\bar{a}_x}$$

(증명 2)

$\bar{a}_{x+t}$는 $x+t$의 함수이므로 x로 미분하거나 t로 미분하거나 결과가 동일하다. 즉,

$\frac{d}{dx} \bar{a}_{x+t} = \frac{d}{dt} \bar{a}_{x+t}$ 이다. 따라서 $\frac{d}{dx} \bar{a}_{x+t} = \mu_{x+t} \, \bar{a}_{x+t} - \bar{A}_{x+t}$를 이용하면

$$\frac{d}{dx} \, _tV(\bar{A}_x) = \frac{d}{dt} \left(1 - \frac{\bar{a}_{x+t}}{\bar{a}_x} \right) = -\frac{1}{\bar{a}_x} \left(\frac{d}{dt} \bar{a}_{x+t} \right)$$

$$= -\frac{1}{\bar{a}_x} \left(\mu_{x+t} \, \bar{a}_{x+t} - \bar{A}_{x+t} \right) = \frac{\bar{A}_{x+t} - \mu_{x+t} \, \bar{a}_{x+t}}{\bar{a}_x}$$

(b) $\frac{d}{dx} \bar{a}_{x+t} = \mu_{x+t} \, \bar{a}_{x+t} - \bar{A}_{x+t}$와 부록의 식 $(I-30)$을 이용하면

$$\frac{d}{dx} \, _tV(\bar{A}_x) = \frac{d}{dx} \left(1 - \frac{\bar{a}_{x+t}}{\bar{a}_x} \right) = \frac{d}{dx} \left(-\frac{\bar{a}_{x+t}}{\bar{a}_x} \right)$$

$$= \frac{-\left(\frac{d}{dx} \bar{a}_{x+t} \right) \bar{a}_x + \bar{a}_{x+t} \left(\frac{d}{dx} \bar{a}_x \right)}{(\bar{a}_x)^2}$$

$$= \frac{-\left(\mu_{x+t} \, \bar{a}_{x+t} - \bar{A}_{x+t} \right) \bar{a}_x + \bar{a}_{x+t} \left(\mu_x \, \bar{a}_x - \bar{A}_x \right)}{(\bar{a}_x)^2}$$

$$= -\frac{\bar{a}_{x+t}}{\bar{a}_x} (\mu_{x+t} - \mu_x) + \frac{1}{\bar{a}_x} \left(\bar{A}_{x+t} - \frac{\bar{A}_x}{\bar{a}_x} \bar{a}_{x+t} \right)$$

$$= -\frac{\bar{a}_{x+t}}{\bar{a}_x} (\mu_{x+t} - \mu_x) + \frac{1}{\bar{a}_x} \, _tV(\bar{A}_x)$$

(c) $_tV(\bar{A}_x) = \bar{A}_{x+t} - \bar{P}(\bar{A}_x) \, \bar{a}_{x+t} = \frac{1}{D_{x+t}} \left[\bar{M}_{x+t} - \bar{P}(\bar{A}_x) \, \bar{N}_{x+t} \right]$이므로

$$v^t \, {}_tp_x \, {}_t\bar{V}(\bar{A}_x) = \frac{D_{x+t}}{D_x} \, {}_t\bar{V}(\bar{A}_x) = \frac{1}{D_x} \left[\bar{M}_{x+t} - \bar{P}(\bar{A}_x) \, \bar{N}_{x+t} \right]$$

$\dfrac{d}{dt} \bar{M}_{x+t} = -D_{x+t} \, \mu_{x+t}, \;\; \dfrac{d}{dt} \bar{N}_{x+t} = -D_{x+t}$를 이용하면

$$\frac{d}{dt} \left[v^t \, {}_tp_x \, {}_t\bar{V}(\bar{A}_x) \right] = \frac{d}{dt} \frac{1}{D_x} \left[\bar{M}_{x+t} - \bar{P}(\bar{A}_x) \, \bar{N}_{x+t} \right]$$

$$= \frac{1}{D_x} \left[\frac{d}{dt} \bar{M}_{x+t} - \bar{P}(\bar{A}_x) \frac{d}{dt} \bar{N}_{x+t} \right]$$

$$= \frac{1}{D_x} \left[-D_{x+t} \, \mu_{x+t} - \bar{P}(\bar{A}_x)(-D_{x+t}) \right]$$

$$= \frac{D_{x+t}}{D_x} \left[\bar{P}(\bar{A}_x) - \mu_{x+t} \right]$$

$$= {}_tp_x \, v^t \left[\bar{P}(\bar{A}_x) - \mu_{x+t} \right]$$

51 다음을 증명하시오.

(a) $\dfrac{d}{dt} \, {}_t\bar{V}\!\left(\bar{A}^{\,1}_{x:\overline{n}|}\right) = \bar{P}\!\left(\bar{A}^{\,1}_{x:\overline{n}|}\right) + \delta - (\mu_{x+t} + \delta)\left[1 - {}_t\bar{V}\!\left(\bar{A}^{\,1}_{x:\overline{n}|}\right)\right]$

(b) $\dfrac{d}{dt} \, {}_t\bar{V}(\bar{A}_x) = \bar{P}(\bar{A}_x) + \delta - (\mu_{x+t} + \delta)\left[1 - {}_t\bar{V}(\bar{A}_x)\right]$

(c) $\dfrac{d}{dt} \, {}_t\bar{V}\!\left(\bar{A}_{x:\overline{n}|}\right) = \bar{P}\!\left(\bar{A}_{x:\overline{n}|}\right) + \delta - (\mu_{x+t} + \delta)\left[1 - {}_t\bar{V}\!\left(\bar{A}_{x:\overline{n}|}\right)\right]$

∴∴ 풀이

(a) ${}_t\bar{V}\!\left(\bar{A}^{\,1}_{x:\overline{n}|}\right) = \bar{A}^{\,1}_{x+t:\overline{n-t}|} - \bar{P}\!\left(\bar{A}^{\,1}_{x:\overline{n}|}\right) \bar{a}_{x+t:\overline{n-t}|}$

$$= \frac{\bar{M}_{x+t} - \bar{M}_{x+n}}{D_{x+t}} - \bar{P}\!\left(\bar{A}^{\,1}_{x:\overline{n}|}\right)\left[\frac{\bar{N}_{x+t} - \bar{N}_{x+n}}{D_{x+t}}\right]$$

$$= \frac{1}{D_{x+t}} \left[(\bar{M}_{x+t} - \bar{M}_{x+n}) - \bar{P}\!\left(\bar{A}^{\,1}_{x:\overline{n}|}\right)(\bar{N}_{x+t} - \bar{N}_{x+n}) \right]$$

부록의 식 (I–30)과 $\dfrac{d}{dt}\bar{M}_{x+t} = -D_{x+t}\,\mu_{x+t}, \;\; \dfrac{d}{dt}\bar{N}_{x+t} = -D_{x+t},$

$\dfrac{d}{dt}D_{x+t} = -D_{x+t}(\mu_{x+t} + \delta)$를 이용하면

$$\frac{d}{dt} \, {}_t\bar{V}\!\left(\bar{A}^{\,1}_{x:\overline{n}|}\right) = \frac{\left[\dfrac{d}{dt}\bar{M}_{x+t} - \bar{P}\!\left(\bar{A}^{\,1}_{x:\overline{n}|}\right)\dfrac{d}{dt}\bar{N}_{x+t} \right] D_{x+t}}{(D_{x+t})^2}$$

$$-\frac{\left[\left(\bar{M}_{x+t}-\bar{M}_{x+n}\right)-\bar{P}\left(\bar{A}_{x:\overline{n|}}^{1}\right)\left(\bar{N}_{x+t}-\bar{N}_{x+n}\right)\right]\left(\dfrac{d}{dt}D_{x+t}\right)}{\left(D_{x+t}\right)^{2}}$$

이 식의 분자 부분만 따로 정리하면 다음과 같다.

$$\text{분자} = \left[-D_{x+t}\,\mu_{x+t}-\bar{P}\left(\bar{A}_{x:\overline{n|}}^{1}\right)\left(-D_{x+t}\right)\right]D_{x+t}$$

$$-\left[\left(\bar{M}_{x+t}-\bar{M}_{x+n}\right)-\bar{P}\left(\bar{A}_{x:\overline{n|}}^{1}\right)\left(\bar{N}_{x+t}-\bar{N}_{x+n}\right)\right]\left[-D_{x+t}(\mu_{x+t}+\delta)\right]$$

따라서

$$\frac{d}{dt}\,{}_{t}\bar{V}\left(\bar{A}_{x:\overline{n|}}^{1}\right)=\bar{P}\left(\bar{A}_{x:\overline{n|}}^{1}\right)-\mu_{x+t}$$

$$+\left(\mu_{x+t}+\delta\right)\frac{1}{D_{x+t}}\left[\left(\bar{M}_{x+t}-\bar{M}_{x+n}\right)\right.$$

$$\left.-\bar{P}\left(\bar{A}_{x:\overline{n|}}^{1}\right)\left(\bar{N}_{x+t}-\bar{N}_{x+n}\right)\right]$$

$$=\bar{P}\left(\bar{A}_{x:\overline{n|}}^{1}\right)-\mu_{x+t}+\left(\mu_{x+t}+\delta\right){}_{t}\bar{V}\left(\bar{A}_{x:\overline{n|}}^{1}\right)$$

$$=\bar{P}\left(\bar{A}_{x:\overline{n|}}^{1}\right)-\mu_{x+t}-\delta+\delta+\left(\mu_{x+t}+\delta\right){}_{t}\bar{V}\left(\bar{A}_{x:\overline{n|}}^{1}\right)$$

$$=\bar{P}\left(\bar{A}_{x:\overline{n|}}^{1}\right)+\delta-\left(\mu_{x+t}+\delta\right)\left[1-{}_{t}\bar{V}\left(\bar{A}_{x:\overline{n|}}^{1}\right)\right]$$

(b) (a)에서 $n\to\infty$ 라고 하면 알 수 있다.

(c) (증명 1)

$${}_{t}\bar{V}\left(\bar{A}_{x:\overline{n|}}\right)=1-\frac{\bar{a}_{x+t:\overline{n-t|}}}{\bar{a}_{x:\overline{n|}}}\ \text{이므로}$$

$$\frac{d}{dt}\,{}_{t}\bar{V}\left(\bar{A}_{x:\overline{n|}}\right)=\frac{d}{dt}\left(1-\frac{\bar{a}_{x+t:\overline{n-t|}}}{\bar{a}_{x:\overline{n|}}}\right)=-\frac{1}{\bar{a}_{x:\overline{n|}}}\left(\frac{d}{dt}\,\bar{a}_{x+t:\overline{n-t|}}\right)$$

$$=-\frac{1}{\bar{a}_{x:\overline{n|}}}\left(\frac{d}{dt}\int_{0}^{n-t}v^{s}\,{}_{s}p_{x+t}\,ds\right)$$

$\dfrac{d}{dx}\,{}_{t}p_{x}={}_{t}p_{x}\left(\mu_{x}-\mu_{x+t}\right)$를 이용하면

$$=-\frac{1}{\bar{a}_{x:\overline{n|}}}\int_{0}^{n-t}v^{s}\left(\frac{d}{dt}\,{}_{s}p_{x+t}\right)ds$$

$$=-\frac{1}{\bar{a}_{x:\overline{n|}}}\int_{0}^{n-t}v^{s}\,{}_{s}p_{x+t}\left(\mu_{x+t}-\mu_{x+t+s}\right)ds$$

$$=-\frac{1}{\bar{a}_{x:\overline{n|}}}\,\mu_{x+t}\int_{0}^{n-t}v^{s}\,{}_{s}p_{x+t}\,ds$$

$$+ \frac{1}{\bar{a}_{x:\overline{n}|}} \int_0^{n-t} v^s\, {}_sp_{x+t}\, \mu_{x+t+s}\, ds$$

$$= - \frac{1}{\bar{a}_{x:\overline{n}|}} \mu_{x+t}\, \bar{a}_{x+t:\overline{n-t}|} + \frac{1}{\bar{a}_{x:\overline{n}|}} \bar{A}_{x+t:\overline{n-t}|}$$

$$= - \frac{\bar{a}_{x+t:\overline{n-t}|}}{\bar{a}_{x:\overline{n}|}} \mu_{x+t} + \frac{\bar{A}_{x+t:\overline{n-t}|}}{\bar{a}_{x:\overline{n}|}}$$

$$= - \frac{\bar{a}_{x+t:\overline{n-t}|}}{\bar{a}_{x:\overline{n}|}} \mu_{x+t} + \frac{1 - \delta\, \bar{a}_{x+t:\overline{n-t}|}}{\bar{a}_{x:\overline{n}|}}$$

$$= - (\mu_{x+t} + \delta) \frac{\bar{a}_{x+t:\overline{n-t}|}}{\bar{a}_{x:\overline{n}|}} + \frac{1}{\bar{a}_{x:\overline{n}|}}$$

$$= - (\mu_{x+t} + \delta) \left[1 - {}_t\bar{V}\left(\bar{A}_{x:\overline{n}|}\right) \right] + \bar{P}\left(\bar{A}_{x:\overline{n}|}\right) + \delta$$

$$= \bar{P}\left(\bar{A}_{x:\overline{n}|}\right) + \delta - (\mu_{x+t} + \delta) \left[1 - {}_t\bar{V}\left(\bar{A}_{x:\overline{n}|}\right) \right]$$

(증명 2)

$${}_t\bar{V}\left(\bar{A}_{x:\overline{n}|}\right) = \bar{A}_{x+t:\overline{n-t}|} - \bar{P}\left(\bar{A}_{x:\overline{n}|}\right) \bar{a}_{x+t:\overline{n-t}|}$$

$$= \frac{\bar{M}_{x+t} - \bar{M}_{x+n} + D_{x+n}}{D_{x+t}} - \bar{P}\left(\bar{A}_{x:\overline{n}|}\right) \frac{\bar{N}_{x+t} - \bar{N}_{x+n}}{D_{x+t}}$$

$$= \frac{1}{D_{x+t}} \left[\left(\bar{M}_{x+t} - \bar{M}_{x+n} + D_{x+t} \right) - \bar{P}\left(\bar{A}_{x:\overline{n}|}\right) \left(\bar{N}_{x+t} - \bar{N}_{x+n} \right) \right]$$

부록의 식 (I-30)과 $\dfrac{d}{dt} \bar{M}_{x+t} = -D_{x+t}\, \mu_{x+t}$, $\dfrac{d}{dt} \bar{N}_{x+t} = -D_{x+t}$,

$\dfrac{d}{dt} D_{x+t} = -D_{x+t} (\mu_{x+t} + \delta)$를 이용하면

$$\frac{d}{dt} {}_t\bar{V}\left(\bar{A}_{x:\overline{n}|}\right) = \frac{\left[\dfrac{d}{dt} \bar{M}_{x+t} - \bar{P}\left(\bar{A}_{x:\overline{n}|}\right) \dfrac{d}{dt} \bar{N}_{x+t} \right] D_{x+t}}{(D_{x+t})^2}$$

$$- \frac{\left[\left(\bar{M}_{x+t} - \bar{M}_{x+n} + D_{x+n} \right) - \bar{P}\left(\bar{A}_{x:\overline{n}|}\right) \left(\bar{N}_{x+t} - \bar{N}_{x+n} \right) \right] \left(\dfrac{d}{dt} D_{x+t} \right)}{(D_{x+t})^2}$$

이 식의 분자 부분만 따로 정리하면 다음과 같다.

$$\text{분자} = \left[-D_{x+t}\, \mu_{x+t} - \bar{P}\left(\bar{A}_{x:\overline{n}|}\right) (-D_{x+t}) \right] D_{x+t}$$

$$- \left[\left(\bar{M}_{x+t} - \bar{M}_{x+n} + D_{x+n} \right) - \bar{P}\left(\bar{A}_{x:\overline{n}|}\right) \left(\bar{N}_{x+t} - \bar{N}_{x+n} \right) \right] \left[-D_{x+t} (\mu_{x+t} + \delta) \right]$$

따라서

$$\frac{d}{dt} \, _t\bar{V}\left(\bar{A}_{x:\overline{n}|}\right) = \bar{P}\left(\bar{A}_{x:\overline{n}|}\right) - \mu_{x+t}$$

$$+ (\mu_{x+t} + \delta) \frac{1}{D_{x+t}} \left[\left(\bar{M}_{x+t} - \bar{M}_{x+n} + D_{x+t} \right) \right.$$

$$\left. - \bar{P}\left(\bar{A}_{x:\overline{n}|}\right) \left(\bar{N}_{x+t} - \bar{N}_{x+n} \right) \right]$$

$$= \bar{P}\left(\bar{A}_{x:\overline{n}|}\right) - \mu_{x+t} + (\mu_{x+t} + \delta) \, _t\bar{V}\left(\bar{A}_{x:\overline{n}|}\right)$$

$$= \bar{P}\left(\bar{A}_{x:\overline{n}|}\right) - \mu_{x+t} - \delta + \delta + (\mu_{x+t} + \delta) \, _t\bar{V}\left(\bar{A}_{x:\overline{n}|}\right)$$

$$= \bar{P}\left(\bar{A}_{x:\overline{n}|}\right) + \delta - (\mu_{x+t} + \delta) \left[1 - \, _t\bar{V}\left(\bar{A}_{x:\overline{n}|}\right) \right]$$

제 **7** 장

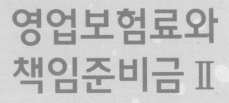

영업보험료와
책임준비금 Ⅱ

Ⅰ. 기초이론

1. 영업보험료

(1) 보험료 1원, h년 유한납입 생사혼합보험

$$_hP'_{x:\overline{n}|} = \frac{A_{x:\overline{n}|} + \alpha + e\,\ddot{a}_{x:\overline{h}|} + e'(\ddot{a}_{x:\overline{n}|} - \ddot{a}_{x:\overline{h}|})}{(1-\gamma)\ddot{a}_{x:\overline{h}|}}$$

$$= \frac{1}{1-\gamma}\left\{ _hP_{x:\overline{n}|} + \frac{\alpha}{\ddot{a}_{x:\overline{h}|}} + e + e' \frac{\ddot{a}_{x:\overline{n}|} - \ddot{a}_{x:\overline{h}|}}{\ddot{a}_{x:\overline{h}|}} \right\}$$

(2) 일시납 영업보험료의 경우

$$A'_{x:\overline{n}|} = A_{x:\overline{n}|} + \alpha + e'\,\ddot{a}_{x:\overline{n}|}$$

2. Zillmer식 책임준비금

(1) 전기 Zillmer식 책임준비금

  (ⅰ) n년만기 완전이산 생사혼합보험

$$_tV'_{x:\overline{n}|} = {_tV_{x:\overline{n}|}} - \frac{\alpha}{\ddot{a}_{x:\overline{n}|}} \ddot{a}_{x+t:\overline{n-t}|}$$

  (ⅱ) h년납입 n년만기 생사혼합보험

    $1 \leq t \leq h$인 경우

$$_t^hV'_{x:\overline{n}|} = {_t^hV_{x:\overline{n}|}} - \alpha \frac{\ddot{a}_{x+t:\overline{h-t}|}}{\ddot{a}_{x:\overline{h}|}}$$

    $t \geq h$인 경우

$$_t^hV'_{x:\overline{n}|} = {_t^hV_{x:\overline{n}|}}$$

(2) 단기 Zillmer식 책임준비금

(i) 종신납입 종신보험(k = Zillmer 기간)

$t \leq k$인 경우

$$_tV_x{}' = {}_tV_x - \frac{\alpha}{\ddot{a}_{x:\overline{k|}}}\ddot{a}_{x+t:\overline{k-t|}}$$

$t > k$인 경우

$$_tV_x{}' = {}_tV_x$$

(ii) h년 단기납입 n년만기 생사혼합보험(k = Zillmer 기간)

$t \leq k$인 경우

$$_t^hV'_{x:\overline{n|}} = {}_t^hV_{x:\overline{n|}} - \frac{\alpha}{\ddot{a}_{x:\overline{k|}}}\ddot{a}_{x+t:\overline{k-t|}}$$

$t > k$인 경우

$$_t^hV'_{x:\overline{n|}} = {}_t^hV_{x:\overline{n|}}$$

3. 해약환급금

$$_tW = {}_tV^n - \alpha\times\left(\frac{12\times m - t}{12\times m}\right)$$

단, $_tW$: 해약환급금, $_tV^n$: 순보험료식 보험료적립금, α: 표준해약공제액

t: 납입경과월수, m: 해약공제기간(년)

7.1 기본연습문제

01 보험료 납입기간과 Zillmer기간이 같을 때 다음을 증명하시오.

$$_tV'_{x\,:\,\overline{n|}} = 1 - (P_2 + d)\,\ddot{a}_{x+t\,:\,\overline{n-t|}}$$

풀이

미래법을 이용하면

$$_tV'_{x\,:\,\overline{n|}} = A_{x+t\,:\,\overline{n-t|}} - P_2\,\ddot{a}_{x+t\,:\,\overline{n-t|}}$$

$$= 1 - d\,\ddot{a}_{x+t\,:\,\overline{n-t|}} - P_2\,\ddot{a}_{x+t\,:\,\overline{n-t|}}$$

$$= 1 - (P_2 + d)\,\ddot{a}_{x+t\,:\,\overline{n-t|}}$$

02 Zillmer식 책임준비금 방식에서 보험료 납입기간과 Zillmer기간이 같고 $_1V_x' = k$ 라고 하면 다음을 증명하시오.

(i) $P_1 = A^1_{x\,:\,\overline{1|}} + k\,_1E_x$ (ii) $P_2 = P_{x+1} - \dfrac{k}{\ddot{a}_{x+1}}$

풀이

(i) 과거법에 의해 제1보험연도말 Zillmer식 책임준비금의 계산기수를 나타내보자.

$$_1V_x' = P_1\,\ddot{s}_{x\,:\,\overline{1|}} - _1k_x = P_1\,\frac{D_x}{D_{x+1}} - \frac{C_x}{D_{x+1}} = k \text{ 이므로}$$

$$P_1 = \left[k + \frac{C_x}{D_{x+1}}\right]\frac{D_{x+1}}{D_x} = k\,_1E_x + A^1_{x\,:\,\overline{1|}} \text{ 이다.}$$

(ii) 미래법에 의해 제1보험연도말 책임준비금은

$$_1V_x' = A_{x+1} - P_2\,\ddot{a}_{x+1} = k$$

$$P_2 = \frac{A_{x+1} - k}{\ddot{a}_{x+1}} = P_{x+1} - \frac{k}{\ddot{a}_{x+1}}$$

03 보통종신보험의 연납순보험료는 P_x 이다. 이 순보험료 P_x 가 변형된 책임준비금 적립을 위하여 처음 n년간은 P_1^M으로 그 이후는 P_2^M으로 대체될 때 다음을 증명하시오.

$$\frac{P_2^M - P_x}{P_x - P_1^M} = \frac{\ddot{a}_x}{_{n|}\ddot{a}_x} - 1$$

풀이

보험료가 처음 n년 동안은 P_1^M이고 그 이후는 P_2^M이므로

$$P_x\,\ddot{a}_x = P_x\left(\ddot{a}_{x\,:\,\overline{n|}} + {}_{n|}\ddot{a}_x\right) = P_1^M\,\ddot{a}_{x\,:\,\overline{n|}} + P_2^M\,{}_{n|}\ddot{a}_x \;\cdots\cdots\; ①$$

①식으로부터

$$\ddot{a}_{x\,:\,\overline{n|}}\left(P_x - P_1^M\right) = {}_{n|}\ddot{a}_x\left(P_2^M - P_x\right) \;\cdots\cdots\; ②$$

②식으로부터

$$\frac{P_2^M - P_x}{P_x - P_1^M} = \frac{\ddot{a}_{x\,:\,\overline{n|}}}{{}_{n|}\ddot{a}_x} = \frac{\ddot{a}_x - {}_{n|}\ddot{a}_x}{{}_{n|}\ddot{a}_x} = \frac{\ddot{a}_x}{{}_{n|}\ddot{a}_x} - 1$$

04 ${}_tV$를 순보험료식 책임준비금, ${}_tV'$를 Zillmer식 책임준비금이라고 하고 j를 Zillmer기간이라고 할 때 다음을 증명하시오(단 $1 \leq t \leq j$).

$$_tV - {}_tV' = \left(\frac{P_2 - P_1}{\ddot{a}_{x\,:\,\overline{j|}}}\right)\ddot{a}_{x+t\,:\,\overline{j-t|}}$$

여기서 ${}_tV - {}_tV'$는 초년도 추가 부가보험료의 상각되지 않은 부분을 말한다.

풀이

$$_tV = A_{x+t} - \left(P^N\,\ddot{a}_{x+t\,:\,\overline{j-t|}} + P^N\,{}_{j-t|}\ddot{a}_{x+t}\right)$$이고

$$_tV' = A_{x+t} - \left(P_2\,\ddot{a}_{x+t\,:\,\overline{j-t|}} + P^N\,{}_{j-t|}\ddot{a}_{x+t}\right)$$이다.

$$P_2 = P^N + \frac{\alpha}{\ddot{a}_{x\,:\,\overline{j|}}}$$이고 $P_2 - P_1 = \alpha$이므로

$$_tV - {}_tV' = \left(P_2 - P^N\right)\ddot{a}_{x+t\,:\,\overline{j-t|}} = \left(\frac{\alpha}{\ddot{a}_{x\,:\,\overline{j|}}}\right)\ddot{a}_{x+t\,:\,\overline{j-t|}}$$

$$= \left(\frac{P_2 - P_1}{\ddot{a}_{x\,:\,\overline{j|}}}\right)\ddot{a}_{x+t\,:\,\overline{j-t|}}$$

05 보험금 1원, 보험금 연말급인 n년만기 생사혼합보험의 전기 Zillmer식 책임준비금을 ${}_tV'_{x\,:\,\overline{n|}}$라고 할 때 ${}_1V'_{x\,:\,\overline{n|}} = 0$이 되는 Zillmer비율 α를 구하시오.

풀이

$$P_2 = P_{x\,:\,\overline{n|}} + \frac{\alpha}{\ddot{a}_{x\,:\,\overline{n|}}}$$이므로

$$_1V'_{x\,:\,\overline{n|}} = A_{x+1\,:\,\overline{n-1|}} - P_2\,\ddot{a}_{x+1\,:\,\overline{n-1|}}$$

$$= A_{x+1\,:\,\overline{n-1}|} - \left(P_{x\,:\,\overline{n}|} + \frac{\alpha}{\ddot{a}_{x\,:\,\overline{n}|}}\right)\ddot{a}_{x+1\,:\,\overline{n-1}|} = 0$$

따라서 $A_{x+1\,:\,\overline{n-1}|} = \left(P_{x\,:\,\overline{n}|} + \dfrac{\alpha}{\ddot{a}_{x\,:\,\overline{n}|}}\right)\ddot{a}_{x+1\,:\,\overline{n-1}|}$

$$\alpha = \left(P_{x+1\,:\,\overline{n-1}|} - P_{x\,:\,\overline{n}|}\right)\ddot{a}_{x\,:\,\overline{n}|}$$

Ⅱ. 일반이론

핵심요약

1. 영업보험료의 계산

(1) 사업비의 기호와 연도별 사업비의 기호

표 [1] 사업비 기호

연도	보험료비율	보험금액	계약건당 (사망, 해약시)
1차연도초 2차연도초 3차연도초 ⋮ n차연도초	γ_0 γ_1 γ_2 ⋮ γ_{n-1}	e_0 e_1 e_2 ⋮ e_{n-1}	$R_t^{(d)}$ (보험금 지급비용) $R_t^{(w)}$ (해약시 지급비용)
특별한 언급이 없으면: $\gamma_1 = \gamma_2 = \cdots = \gamma$, $e_1 = e_2 = \cdots = e$			

표 [2] 연도별 사업비 기호

연도	연도별 총사업비	부과형태	부과형태별 총액	계약체결 비용	계약관리 비용
1차연도초	E_0	보험금액	$e_0 = \alpha_1 + e$	$e_0 - e = \alpha_1$	e
		보험료비율	$\gamma_0 = \alpha_2 + \gamma$	$\gamma_0 - \gamma = \alpha_2$	γ
2차연도초	E_1	보험금액	$e_1 = e$		e
		보험료비율	$\gamma_1 = \gamma$		γ
⋮	⋮	⋮	⋮	⋮	⋮
n차연도초	E_{n-1}	보험금액	$e_{n-1} = e$		e
		보험료비율	$\gamma_{n-1} = \gamma$		γ
계약체결비용 : $\alpha = \alpha_1 + \alpha_2$					

(2) 총미래손실과 영업보험료

n년납입, n년만기 완전이산 생사혼합보험

(i) $_0L^{\mathrm{g}} = S\, v^{\min(K_x+1,\, n)} + e_0 + \gamma_0 G + (\gamma G + e)(\ddot{a}_{\overline{\min(K_x+1,\, n)}|} - 1) - G\ddot{a}_{\overline{\min(K_x+1,\, n)}|}$

$$= S \, v^{\min(K_x + 1, \, n)} + (e_0 - e) + (\gamma_0 - \gamma)G - [(1-\gamma)G - e]\ddot{a}_{\overline{\min(K_x+1, \, n)|}}$$

(ii) $E(_0L) = SA_{x:\overline{n|}} + (e_0 - e) + (\gamma_0 - \gamma)G - [(1-\gamma)G - e]\ddot{a}_{x:\overline{n|}}$

$$= SA_{x:\overline{n|}} + (e_0 - e) + e\ddot{a}_{x:\overline{n|}} - G\big[(1-\gamma)\ddot{a}_{x:\overline{n|}} - (\gamma_0 - \gamma)\big]$$

(iii) $G = \dfrac{S A_{x:\overline{n|}} + (e_0 - e) + e \, \ddot{a}_{x:\overline{n|}}}{(1-\gamma)\ddot{a}_{x:\overline{n|}} - (\gamma_0 - \gamma)}$

2. 추가위험 산출방법

(i) $\mu'_{x+t} = \mu_{x+t} + c$

$_tp'_x = e^{-ct} \, {}_tp_x$

(ii) $\ddot{a}'_{x:\overline{n|}} = \displaystyle\sum_{t=0}^{n-1} e^{-\delta t} \, {}_tp'_x = \sum_{t=0}^{n-1} e^{-(\delta+c)t} \, {}_tp_x$

$$= \ddot{a}_{x:\overline{n|}j} \qquad\qquad (j = e^{\delta+c} - 1)$$

(iii) $A'_{x:\overline{n|}} = 1 - d \, \ddot{a}'_{x:\overline{n|}}$

$$= 1 - d \, \ddot{a}_{x:\overline{n|}j}$$

3. 미래손실의 분산

(1) 완전연속 종신보험(순보험료)

(i) $_0L = S \, v^{T_x} - P \, \bar{a}_{\overline{T_x|}}$

(ii) $\text{Var}(_0L) = \big[{}^2\bar{A}_x - (\bar{A}_x)^2\big]\left(S + \dfrac{P}{\delta}\right)^2$

$$= \dfrac{{}^2\bar{A}_x - (\bar{A}_x)^2}{(1 - \bar{A}_x)^2} \quad (S = 1\text{인 경우})$$

(2) 완전연속 생사혼합보험(순보험료)

(i) $_0L = S \, v^{\min(T_x, \, n)} - P \, \bar{a}_{\overline{\min(T_x, \, n)|}}$

(ii) $\text{Var}(_0L) = \big[{}^2\bar{A}_{x:\overline{n|}} - (A_{x:\overline{n|}})^2\big]\left(S + \dfrac{P}{\delta}\right)^2$

$$= \frac{{}^{2}\bar{A}_{x:\overline{n}|} - \left(\bar{A}_{x:\overline{n}|}\right)^{2}}{\left(1 - \bar{A}_{x:\overline{n}|}\right)^{2}} \quad (S=1인 \ 경우)$$

(3) 완전이산 종신보험(순보험료)

(i) ${}_{0}L = S\,v^{K+1} - P\,\ddot{a}_{\overline{K+1}|}$

(ii) $\text{Var}\,({}_{0}L) = \left[{}^{2}A_{x} - (A_{x})^{2}\right]\left(S + \frac{P}{d}\right)^{2}$

$$= \frac{{}^{2}A_{x} - (A_{x})^{2}}{(1 - A_{x})^{2}} \quad (S=1인 \ 경우)$$

(4) 완전이산 생사혼합보험(순보험료)

(i) ${}_{0}L = S\,v^{\min(K_{x}+1,\,n)} - P\,\ddot{a}_{\overline{\min(K_{x}+1,\,n)}|}$

(ii) $\text{Var}\,({}_{0}L) = \left[{}^{2}A_{x:\overline{n}|} - \left(A_{x:\overline{n}|}\right)^{2}\right]\left(S + \frac{P}{d}\right)^{2}$

$$= \frac{{}^{2}A_{x:\overline{n}|} - \left(A_{x:\overline{n}|}\right)^{2}}{\left(1 - A_{x:\overline{n}|}\right)^{2}} \quad (S=1인 \ 경우)$$

(5) 완전이산보험(영업보험료)

(i) 4년만기 정기보험

$${}_{0}L^{g} = \begin{cases} S v^{K_{x}+1} + (e_{0}-e) + (\gamma_{0}-\gamma)G - [(1-\gamma)G - e]\ddot{a}_{\overline{K_{x}+1}|}, & K_{x} = 0,\ 1,\ 2,\ 3 \\ (e_{0}-e) + (\gamma_{0}-\gamma)G - [(1-\gamma)G - e]\ddot{a}_{\overline{4}|}, & K_{x} = 4,\ 5,\ 6,\cdots \end{cases}$$

(ii) 완전이산 종신보험의 경우

$${}_{0}L^{g} = S\,v^{K_{x}+1} + [(e_{0}-e) + (\gamma_{0}-\gamma)G] - [(1-\gamma)G - e]\,\ddot{a}_{\overline{K_{x}+1}|}$$

$$\text{Var}\,({}_{0}L^{g}) = \left[{}^{2}A_{x} - (A_{x})^{2}\right]\left(S + \frac{(1-\gamma)G - e}{d}\right)^{2}$$

(iii) n년만기 생사혼합보험

$${}_{0}L^{g} = S\,v^{\min(K_{x}+1,\,n)} + (e_{0}-e) + (\gamma_{0}-\gamma)G - \left[[(1-\gamma)G - e]\ddot{a}_{\overline{\min(K_{x}+1,\,n)}|}\right]$$

$$\text{Var}\,({}_{0}L^{g}) = \left[{}^{2}A_{x:\overline{n}|} - \left(A_{x:\overline{n}|}\right)^{2}\right]\left(S + \frac{(1-\gamma)G - e}{d}\right)^{2}$$

4. 미래손실의 확률

(1) 완전연속 종신보험

$$\Pr({}_0L > 0) = \Pr(T_x < t_*)$$

$$T_x < -\frac{1}{\delta}\ln\frac{P}{S\,\delta + P} = t_*$$

(2) 완전연속 정기보험

(i) ${}_0L(n) = S\,v^n - P\,\bar{a}_{\overline{n}|} < 0$: 종신보험과 동일

(ii) ${}_0L(n) = S\,v^n - P\,\bar{a}_{\overline{n}|} > 0$: $\Pr({}_0L > 0) = {}_nq_x$

(3) 사업비 고려시 완전이산 종신보험

(i) $\Pr({}_0L^{\,g} < 0)$

$$= \Pr\left[S\,v^{K_x+1} + (e_0 - e) + (\gamma_0 - \gamma)G + e\ddot{a}_{\overline{K_x+1}|} - (1-\gamma)G\,\ddot{a}_{\overline{K_x+1}|} < 0\right]$$

$$= \Pr\left[K_x + 1 > \frac{1}{\delta}\ln\left[\frac{(1-\gamma)G - e + S\,d}{[(1-\gamma)-(\gamma_0-\gamma)d]G - e - (e_0 - e)d}\right]\right]$$

$$= \Pr\left[K_x + 1 > k_*\right]$$

(ii) $\Pr({}_0L^{\,g} < 0) = {}_{\lfloor k_* \rfloor}p_x$

5. 백분위 보험료

(i) 백분위 보험료 P_α는 $\Pr({}_0L > 0) \le \alpha$를 만족하는 최소보험료

(ii) P_α(완전연속보험)

표 [3] 백분위 보험료 P_α(완전연속보험)

보험종류	${}_nq_x > \alpha$	${}_nq_x \le \alpha$
종신보험	$\dfrac{S}{\bar{s}_{\overline{t_\alpha}|}}$	$\dfrac{S}{\bar{s}_{\overline{t_\alpha}|}}$
n년만기 정기보험	$\dfrac{S}{\bar{s}_{\overline{t_\alpha}|}}$	0
n년만기 생사혼합보험	$\dfrac{S}{\bar{s}_{\overline{t_\alpha}|}}$	$\dfrac{S}{\bar{s}_{\overline{n}|}}$

(iii) P_α(완전이산보험): $_a q_x \leq \alpha < {_{a+1}} q_x$ 일 때

표 [4] 백분위 보험료 P_α(완전이산보험)

보험종류	$_n q_x > \alpha$	$_n q_x \leq \alpha$
종신보험	$\dfrac{S}{\ddot{s}_{\overline{a+1}}}$	$\dfrac{S}{\ddot{s}_{\overline{a+1}}}$
n년만기 정기보험	$\dfrac{S}{\ddot{s}_{\overline{a+1}}}$	0
n년만기 생사혼합보험	$\dfrac{S}{\ddot{s}_{\overline{a+1}}}$	$\dfrac{S}{\ddot{s}_{\overline{n}}}$

6. 포트폴리오 백분위 보험료 산출원칙

(i) $L^g = \sum_{i=1}^{n} {_0 L_i^g}$

(ii) $E(L^g) = \sum_{i=1}^{n} E({_0 L_i^g}) = nE({_0 L_1^g})$

$\text{Var}(L^g) = \sum_{i=1}^{n} \text{Var}({_0 L_i^g}) = n\,\text{Var}({_0 L_1^g})$

(iii) 총미래손실이 양수가 될 확률이 α가 되는 영업보험료 G

$$\frac{-E(L^g)}{\sqrt{\text{Var}(L^g)}} = \Phi^{-1}(1-\alpha) = z_\alpha$$

$$\frac{-nE({_0 L_i^g})}{\sqrt{n\,\text{Var}({_0 L_i^g})}} = \frac{-E({_0 L_i^g})}{\sqrt{\text{Var}({_0 L_i^g})/n}} = \frac{-E({_0 L_i^g})}{SD({_0 L_i^g})/\sqrt{n}} = z_\alpha$$

7. 영업보험료식 책임준비금

(1) 영업보험료식 책임준비금

(i) $_0 L^g$ = 보험급부 지급의 APV + 사업비의 APV − 영업보험료 수입의 EPV

(ii) 전기납입, n년만기 완전이산 정기보험

$$_0 V^g = 1000 A_{x:\overline{n}} + (e_0 - e) + G(\gamma_0 - \gamma) + e\ddot{a}_{x:\overline{n}} - G(1-\gamma)\ddot{a}_{x:\overline{n}}$$

$$_t V^g = SA^{1}_{x+t:\overline{n-t}} + e\ddot{a}_{x+t:\overline{n-t}} - G(1-\gamma)\ddot{a}_{x+t:\overline{n-t}}$$

(2) 부가보험료식 책임준비금

(i) $_tV^e$ = 미래 집행할 사업비의 APV − 부가보험료의 EPV

(ii) $(_tV^e + P_t^e - E_t)(1+i) = q_{x+t}\,R_{t+1} + p_{x+t}\,{}_{t+1}V^e$

$$_{t+1}V^e = \frac{(_tV^e + P_t^e - E_t)(1+i) - q_{x+t}\,R_{t+1}}{p_{x+t}}$$

8. $_tV^g$의 재귀식과 Thiele의 미분방정식

(i) 영업보험료식 책임준비금의 재귀식

$$\left[_tV^g + G_t(1-\gamma_t) - e_t\right](1+i) = q_{x+t}(S_{t+1} + R_{t+1}) + p_{x+t}\,{}_{t+1}V^g$$

$$\left[_tV^g + G_t(1-\gamma_t) - e_t\right](1+i) = {}_{t+1}V^g + q_{x+t}(S_{t+1} + R_{t+1} - {}_{t+1}V^g)$$

이때, $_0V^g = 0$, $_nV^g$ = 만기보험금 + 보험금지급비용

(ii) Thiele의 미분방정식

$$\frac{d}{dt}\,{}_tV^g = \delta_t\,{}_tV^g + G_t(1-\gamma_t) - e_t - \mu_{x+t}(S_t + R_t - {}_tV^g)$$

$$(1+\delta_t h)_tV^g + \left[G_t(1-\gamma_t) - e_t\right]h = {}_{t+h}V^g + h\mu_{x+t}(S_t + R_t - {}_tV^g)$$

9. 수정 책임준비금 방법

(1) 수정 책임준비금 방법

(i) $P_1 + P_2\,a_{x:\overline{k-1|}} = P\,\ddot{a}_{x:\overline{k|}}$

$$P_2 = P + \frac{P - P_1}{a_{x:\overline{k-1|}}}$$

$$P_2 = P_1 + \frac{P_2 - P_1}{\ddot{a}_{x:\overline{k|}}}$$

(ii) h년납입, n년만기 생사혼합보험, 수정기간이 k년

$t < k$일 때

$$_t^hV_{x:\overline{n|}}^{Mod} = A_{x+t:\overline{n-t|}} - P_2\,\ddot{a}_{x+t:\overline{k-t|}} - {}_hP_{x:\overline{n|}}\,{}_{k-t|}\ddot{a}_{x+t:\overline{h-k|}}$$

$$= {}_t^hV_{x:\overline{n|}} - (P_2 - {}_hP_{x:\overline{n|}})\ddot{a}_{x+t:\overline{k-t|}}$$

$t \geq k$일 때

$$_t^h V_{x:\overline{n}|}^{Mod} = {}_t^h V_{x:\overline{n}|}$$

(2) 초년도 정기식(FPT)방법

(i) $\quad P_1 \geq \dfrac{_1 k_x}{\ddot{s}_{x:\overline{1}|}} = \dfrac{A_{x:\overline{1}|}^1}{_1 E_x} \dfrac{_1 E_x}{\ddot{a}_{x:\overline{1}|}} = A_{x:\overline{1}|}^1$

$\quad P_2^F = \dfrac{_{1|} A_x}{_{1|} \ddot{a}_x} = \dfrac{A_{x:\frac{1}{1}|} \, A_{x+1}}{A_{x:\frac{1}{1}|} \, \ddot{a}_{x+1}} = P_{x+1}$

(ii) $\quad _t V_x^F = A_{x+t} - P_2^F \, \ddot{a}_{x+t} = A_{(x+1)+(t-1)} - P_2^F \, \ddot{a}_{(x+1)+(t-1)}$

$\quad\quad = {}_{t-1} V_{x+1}$

7.2 기본연습문제

※ 제7장에서 별다른 언급이 없는 한 영업보험료와 평준영업보험료는 연납평준영업보험료를 의미하고, 순보험료와 평준순보험료는 연납평준순보험료를 의미하며, 평준부가보험료는 연납평준부가보험료를 의미한다.

01 피보험자 (40)이 보험금 100,000원, 사망즉시급(UDD가정), 20년납입, 30년만기 정기보험에 가입하였다. 이 보험의 1차연도 총사업비는 1,000원과 영업보험료의 20%이고 2차연도부터 영업보험료의 2%와 20원씩이 보험료 납입기간 동안만 매 연도초에 계약관리비용으로 부과된다. $i = 5\%$이다.

(a) 계약시점의 총미래손실 $_0 L^g$를 나타내시오.

(b) 제7회 경험생명표를 이용하여 수지상등의 원칙을 만족하는 평준영업보험료 G를 구하시오.

(c) 평준영업보험료 G를 평준순보험료 P^n과 평준부가보험료 P^e로 나타내시오.

풀이

(a) 사업비 가정은 $e_0 = 1000$, $\gamma_0 = 0.2$, $e = 20$, $\gamma = 0.02$에 해당된다. 영업보험료를 G 로 표시하면

$$
{}_0 L^g = \begin{cases}
100000\,v^{T_{40}} + 1000 + 0.2\,G + (0.02\,G + 20)(\ddot{a}_{\overline{K_{40}+1}|} - 1) - G\,\ddot{a}_{\overline{K_{40}+1}|} \\
\qquad\qquad\qquad 0 < T_{40} < 20\,,\ K_{40} = 0, \cdots, 19 \\
100000\,v^{T_{40}} + 1000 + 0.2\,G + (0.02\,G + 20)(\ddot{a}_{\overline{20}|} - 1) - G\,\ddot{a}_{\overline{20}|} \\
\qquad\qquad\qquad 20 < T_{40} < 30\,,\ K_{40} = 20, \cdots, 29 \\
1000 + 0.2\,G + (0.02\,G + 20)(\ddot{a}_{\overline{20}|} - 1) - G\,\ddot{a}_{\overline{20}|} \\
\qquad\qquad\qquad T_{40} > 30\,,\ K_{40} = 30, 31, \cdots
\end{cases}
$$

(b) 보험료수입의 EPV는

$$
\text{EPV} = G\,\ddot{a}_{40:\overline{20}|} = 12.879408\,G
$$

보험금은 UDD가정하에서의 사망즉시급이므로 보험급부의 APV1은

$$
\text{APV1} = 100000\,\bar{A}^{\,1}_{40:\overline{30}|} = 100000\left(\frac{i}{\delta} A^{\,1}_{40:\overline{30}|}\right)
$$

$$
= 100000 \times 0.06017360608
$$

$$
= 6017.360608
$$

사업비의 APV2는

$$
\text{APV2} = 980 + 0.18\,G + (0.02\,G + 20)\ddot{a}_{40:\overline{20}|} = 1237.58816 + 0.43758816\,G
$$

수지상등의 원칙에 의하여

보험료수입의 EPV = 보험급부의 APV1 + 사업비의 APV2

$$
12.879408\,G = 6017.360608 + 1237.58816 + 0.43758816\,G
$$

$$
G = \frac{6017.360608 + 1237.58816}{12.879408 - 0.43758816} = 583.1099358
$$

(c) 평준순보험료 P^n은

$$
P^n = \text{APV1}/\ddot{a}_{40:\overline{20}|} = \frac{6017.360608}{12.879408} = 467.2078568
$$

따라서 평준부가보험료 P^e는

$$
P^e = G - P^n = 583.1099358 - 467.2078568 = 115.902079
$$

02 피보험자 (40)은 보험금 100,000원, 종신납입, 완전이산(fully discrete) 종신보험에 가입하였다. 다음과 같은 가정하에서 계약자가 70.2세에 사망할 때 40세 시점에서의 총미래손실(gross future loss)을 구하시오.

(i) $i = 0.05$　　(ii) 1차연도 총사업비는 1,000원과 영업보험료의 30%이다.

(iii) 2차연도부터 영업보험료의 3%와 30원이 매 연도초에 계약관리비용으로 부과

된다.

(iv) 영업보험료는 1,020원이다.

풀이

미래손실은 다음과 같이 나타낼 수 있다.

$$_0L^g = Sv^{K_x+1} + e_0 + \gamma_0\,G + (\gamma G + e)(\ddot{a}\,\overline{_{K_x+1}|} - 1) - G\,\ddot{a}\,\overline{_{K_x+1}|}$$

여기서 $S = 100000$, $e_0 = 1000$, $\gamma_0 = 0.3$, $e = 30$, $\gamma = 0.03$이다.

이때 피보험자는 70.2세에 사망하므로 $K_{40} = 30$이다.

$$\ddot{a}\,\overline{_{K_{40}+1}|} = \ddot{a}\,\overline{_{31}|} = \frac{1 - (1.05)^{-31}}{0.05/1.05} = 16.37245103$$

따라서

$$_0L^g = 100000(1.05)^{-31} + 1000 + 0.3(1020) + [0.03(1020) + 30](15.37245103)$$
$$- 1020(16.37245103) = 7573.617973$$

03 피보험자 (40)은 15년거치, 일시납보험료, 기시급 종신생명연금에 가입하였다.
보험급부는 다음과 같다.

(a) 15년간 생존하면 그 후 매 연도초에 1,000원씩 생존하는 한 연금을 지급한다.

(b) 사망이 처음 15년 내 발생하면($T_{40} < 15$) 사망즉시 일시납 영업보험료에 연 10%
씩 부리한 값을 지급한다.

사업비는 다음과 같다.

(c) 계약체결비용은 영업보험료의 3%이다.

(d) 계약관리비용(e)은 연금 지급시부터 매년 발생하고, 첫 번째 비용은 2원이고 매
년 7%씩 복리로 증가한다.

다음 가정을 이용하여 일시납 영업보험료를 구하시오.

(i) 일시납 영업보험료는 수지상등의 원칙을 이용해서 구한다.

(ii) 보험료계산시 $i = 0.1$이다. (iii) $_{15}p_{40} = 0.96$

(iv) $\ddot{a}_{55} = 9.74 (i = 0.1$ 사용시) (v) $\ddot{a}'_{55} = 19 (i' = 0.028037$ 사용시)

풀이

G를 일시납 영업보험료라 하자.

$$G = 보험급부의\ APV + 사업비의\ APV$$
$$= (1000\,_{15}E_{40}\,\ddot{a}_{55} + 보험료\ 반환액의\ APV)$$
$$\quad + (계약체결비용의\ APV + 계약관리비용의\ APV)$$
$$= (APV1 + APV2) + (APV3 + APV4)$$

보험급부의 APV를 계산해보자.

보험급부의 APV = APV1 + APV2

$$_{15}E_{40} = \left(\frac{0.96}{1.1^{15}} \right) \text{이므로}$$

$$\text{APV1} = (1000) \,_{15}E_{40} \, \ddot{a}_{55} = (1000) \left(\frac{0.96}{1.1^{15}} \right) (9.74) = 2238.411418$$

$$\text{APV2} = G \int_0^{15} 1.1^t v^t \,_t p_{40} \, \mu_{40+t} \, dt = G \int_0^{15} {}_t p_{40} \, \mu_{40+t} \, dt = G \,_{15}q_{40} = 0.04 \, G$$

사업비의 APV를 계산해보자.

사업비의 APV = APV3 + APV4

$$\text{APV3} = 0.03 \, G$$

이때, $v' = \dfrac{1.07}{1.1}$ 이므로 $i' = \dfrac{1.1}{1.07} - 1 = 0.028037$

$$\text{APV4} = {}_{15}E_{40} \sum_{t=0}^{\infty} (2) \frac{(1.07)^t}{(1.1)^t} \,_t p_{55} = {}_{15}E_{40} \sum_{t=0}^{\infty} (2) \left(\frac{1.07}{1.1} \right)^t \,_t p_{55}$$

$$= {}_{15}E_{40} \sum_{t=0}^{\infty} 2 \, (v')^t \,_t p_{55} = 2 \, ({}_{15}E_{40}) \, \ddot{a}\,'_{55} = (2) \left(\frac{0.96}{1.1^{15}} \right) (19) = 8.733$$

$$G = \text{APV1} + \text{APV2} + \text{APV3} + \text{APV4}$$

$$= 2238.411418 + 0.04 \, G + 0.03 \, G + 8.733$$

$$G = \frac{2238.411418 + 8.733}{1 - 0.04 - 0.03} = 2416.28432$$

04 피보험자 (40)은 전기납입 종신보험에 가입했다. 다음의 가정을 이용하여 a_{40}을 구하시오.

(i) 일시납순보험료(NSP)는 15,700원이다.

(ii) 수지상등의 원칙에 따라 계산된 영업보험료는 1,071원이다.

(iii) 사업비 가정

연도	보험료의 비율	일정금액
1차연도	50%(γ_0)	1,000원(e_0)
2차연도 이후	5%(γ)	50원(e)

풀이

보험료수입의 EPV는

$$\text{EPV} = 1071 \, \ddot{a}_{40} = 1071 \, (a_{40} + 1)$$

보험급부의 APV1는

$$\text{APV1} = \text{NSP} = 15700$$

사업비의 APV2는

$$\text{APV2} = (e_0 - e) + (\gamma_0 - \gamma)G + (\gamma G + e)\ddot{a}_{40}$$
$$= (1000 - 50) + 0.45(1071) + [0.05(1071) + 50](a_{40} + 1)$$
$$= 1535.5 + 103.55\,a_{40}$$

a_{40}을 이용할 경우 APV2는 a_{40}으로 바로 나타낼 수 있다.

$$\text{APV2} = e_0 + \gamma_0 + (\gamma G + e)\,a_{40}$$
$$= 1000 + 0.5(1071) + [0.5(1071) + 50]\,a_{40}$$
$$= 1535.5 + 103.55\,a_{40}$$

수지상등의 원칙에 의하여 EPV = APV1 + APV2

$$1071(a_{40} + 1) = 15700 + (1535.5 + 103.55\,a_{40})$$

$$a_{40} = \frac{16164.5}{967.45} = 16.708$$

05 피보험자 (40)은 10년납입 완전이산(fully discrete) 종신보험에 가입하였다. 다음의 가정을 이용하여 영업보험료 G를 구하시오.

(i) $i = 0.05$ (ii) $q_{40+k} = 0.02,\ k \geq 0$

(iii) 사망보험금은 $100000(1.04^{K_{40}})$이다.

(iv) 이 보험의 1차연도 총사업비는 1,000원과 영업보험료의 30%이고 2차연도부터 영업보험료의 5%와 50원씩 매 연도초에 계약관리비용으로 부과된다. 단, 보험료비율 사업비는 보험료 납입기간 중에만 부과된다.

풀이

$K_{40} = k$라 하자. $k \geq 0$일 때, $q_{40+k} = 0.02$이므로 $p_{40+k} = 0.98$

따라서 $_k p_{40} = p_{40}\,p_{41} \cdots p_{40+k-1} = 0.98^k$

$$\ddot{a}_{40:\overline{10|}} = \sum_{k=0}^{9} v^k\,_k p_{40} = \sum_{k=0}^{9}\left(\frac{0.98}{1.05}\right)^k = \left[\frac{1 - (0.98/1.05)^{10}}{1 - (0.98/1.05)}\right] = 7.475823$$

$$\ddot{a}_{40} = \sum_{k=0}^{\infty} v^k\,_k p_{40} = \sum_{k=0}^{\infty}\left(\frac{0.98}{1.05}\right)^k = \left[\frac{1}{1 - (0.98/1.05)}\right] = 15$$

보험료수입의 EPV는

$$\text{EPV} = G\,\ddot{a}_{40:\overline{10|}} = 7.475823G$$

보험급부의 APV1은

$$\text{APV1} = \sum_{k=0}^{\infty} 100000(1.04)^k\,v^{k+1}\,_k p_{40}\,q_{40+k} = 100000\sum_{k=0}^{\infty}\frac{1.04^k}{1.05^{k+1}}\,(0.98)^k\,(0.02)$$

$$= \frac{100000\,(0.02)}{1.05} \sum_{k=0}^{\infty} \left(\frac{1.04}{1.05}\right)^k (0.98)^k = \frac{2000}{1.05} \left(\frac{1}{1 - \frac{(0.98)(1.04)}{1.05}} \right)$$

$$= 64935.06494$$

사업비의 APV2는

$$\text{APV2} = (e_0 - e) + (\gamma_0 - \gamma)G + (r\,G)\,\ddot{a}_{40:\overline{10|}} + e\,\ddot{a}_{40}$$

$$= (1000 - 50) + (0.3 - 0.05)\,G + (0.05)\,G\,\ddot{a}_{40:\overline{10|}} + 50\,\ddot{a}_{40}$$

$$= 0.623791\,G + 1700$$

수지상등의 원칙에 의하여 EPV = APV1 + APV2

$$7.475823\,G = 64935.06494 + 0.623791\,G + 1700$$

$$G = \frac{66635.06494}{6.852032} = 9724.861901$$

06 피보험자 (40)은 보험금 100,000원, 종신납입, 완전이산(fully discrete) 종신보험에 가입했다. 1차연도 총사업비는 400원이고 2차연도부터 40원씩 매 연도초에 계약관리비용으로 부과된다. 보험금지급비용은 50원이며 보험금이 지급될 때 부과한다. 다음의 가정을 이용하여 영업보험료 G를 구하시오.

(i) $i = 0.05$ (ii) $l_x = 1000\,(120 - x),\ 0 \le x \le 120$

풀이

$$A_{40} = \frac{a_{\overline{\omega - x|}}}{\omega - x} = \frac{a_{\overline{80|}}}{80} = \frac{1 - \left(\frac{1}{1.05}\right)^{80}}{(80)(0.05)} = 0.24496$$

$$\ddot{a}_{40} = \frac{1 - A_{40}}{d} = \frac{1 - 0.24496}{0.05/1.05} = 15.85584$$

보험료수입의 EPV는

$$\text{EPV} = G\,\ddot{a}_{40} = 15.85584\,G$$

보험급부의 APV1은

$$\text{APV1} = 100000\,A_{40} = (100000)(0.24496) = 24496$$

사업비의 APV2는

$$\text{APV2} = (e_0 - e) + e\,\ddot{a}_{40} + R_t\,A_{40} = (400 - 40) + 40\,\ddot{a}_{40} + 50\,A_{40}$$

$$= 1006.4816$$

수지상등의 원칙에 의하여 EPV = APV1 + APV2

$$15.85584\,G = 24496 + 1006.4816$$

$$G = 1608.4$$

07 피보험자 (40)이 가입한 보험금 10원, 10년납입, 10년만기 완전연속(fully continuous) 생사혼합보험을 고려한다. 다음의 가정을 이용하여 보험료가 0.8일 때 미래손실의 분산을 구하시오.

(i) 보험료가 0.6원일 때 미래손실의 분산은 0.2286이다.

(ii) 보험료가 0.7원일 때 미래손실의 분산은 0.2721이다.

> **풀이**

보험료가 0.6일 때 분산은 $\left(10 + \dfrac{0.6}{\delta}\right)^2 \left[{}^2\bar{A}_{40:\overline{10|}} - (\bar{A}_{40:\overline{10|}})^2\right]$ ......①

보험료가 0.7일 때 분산은 $\left(10 + \dfrac{0.7}{\delta}\right)^2 \left[{}^2\bar{A}_{40:\overline{10|}} - (\bar{A}_{40:\overline{10|}})^2\right]$ ......②

보험료가 0.8일 때 분산은 $\left(10 + \dfrac{0.8}{\delta}\right)^2 \left[{}^2\bar{A}_{40:\overline{10|}} - (\bar{A}_{40:\overline{10|}})^2\right]$

②를 ①로 나눠보면, $\left(\dfrac{0.7 + 10\,\delta}{0.6 + 10\,\delta}\right)^2 = \dfrac{0.2721}{0.2286} = 1.190288714$

δ를 구해보면,

$$\frac{0.7 + 10\,\delta}{0.6 + 10\,\delta} = \sqrt{1.190288714} = 1.091$$

$$0.7 + 10\,\delta = 1.091\,(0.6 + 10\delta)$$

$$\delta = \frac{0.7 - 1.091\,(0.6)}{0.91} = 0.05$$

보험료가 0.8일 때 미래손실의 분산은 보험료가 0.7일 때의 분산 0.2721을 이용하여 구할 수 있다. 즉, $\left(10 + \dfrac{0.7}{\delta}\right)^2 \left[{}^2\bar{A}_{40:\overline{10|}} - (\bar{A}_{40:\overline{10|}})^2\right] = 0.2721$이면

$${}^2\bar{A}_{40:\overline{10|}} - (\bar{A}_{40:\overline{10|}})^2 = \frac{0.2721}{\left(10 + \dfrac{0.7}{\delta}\right)^2} = \frac{0.2721}{\left(\dfrac{10\,\delta + 0.7}{\delta}\right)^2}$$

보험료가 0.8일 때 분산은

$$\left(10 + \frac{0.8}{\delta}\right)^2 \left[{}^2\bar{A}_{40:\overline{10|}} - (\bar{A}_{40:\overline{10|}})^2\right] = \left(\frac{10\,\delta + 0.8}{\delta}\right)^2 \frac{0.2721}{\left(\dfrac{10\,\delta + 0.7}{\delta}\right)^2}$$

$$= 0.2721 \left(\frac{10\,\delta + 0.8}{10\,\delta + 0.7}\right)^2 = 0.2721 \left(\frac{(10)(0.05) + 0.8}{(10)(0.05) + 0.7}\right)^2 = 0.319$$

08 피보험자 (40)은 보험금 1원, 종신납입, 완전연속(fully continuous) 종신보험에 가입했다. 다음의 가정을 이용하여 $E({}_0L^2)$을 구하시오.

(i) ${}_0L$은 0시점의 미래손실 확률변수이며, 다음과 같이 정의한다. 여기서 $T_x \geq 0$, c는 상수, $\bar{P}(\bar{A}_x)$는 수지상등의 원칙에 의한 종신보험의 순보험료이다.

$$_0L = v^{T_x} - [\bar{P}(\bar{A}_x) + c]\bar{a}_{\overline{T_x}|}$$

(ii) $\mu_{40+t} = 0.05$, $t \geq 0$　　(iii) $\delta = 0.05$　　(iv) $E(_0L) = -0.15$

풀이

$\mathrm{Var}(_0L) = E(_0L^2) - [E(_0L)]^2$이므로 $E[_0L^2] = [E(_0L)]^2 + \mathrm{Var}(_0L)$

(a) 가정(iv)로부터 $[E(_0L)]^2 = (-0.15)^2 = 0.0225$

(b) $\mathrm{Var}(_0L)$을 구하기 위해 $[^2\bar{A}_x - (\bar{A}_x)^2]$와 $\left(1 + \dfrac{P}{\delta}\right)^2$를 구해보자.

$$^2\bar{A}_x - (\bar{A}_x)^2 = \frac{\mu}{\mu + 2\delta} - \left(\frac{\mu}{\mu + \delta}\right)^2 = \frac{0.05}{0.05 + (0.05)(2)} - \left(\frac{0.05}{0.05 + 0.05}\right)^2$$
$$= 0.083333$$

여기서 P는 $\bar{P}(\bar{A}_{40}) + c$이다.

$$E(_0L) = E(v^T) - P \times E\left(\frac{1 - v^T}{\delta}\right) = E(v^T)\left(1 + \frac{P}{\delta}\right) - \frac{P}{\delta}$$
$$= \left(1 + \frac{P}{\delta}\right)\bar{A}_x - \frac{P}{\delta}$$

$$\bar{A}_x = \frac{0.05}{0.05 + 0.05} = 0.5$$

$$E(_0L) = -0.15 = \left(1 + \frac{P}{\delta}\right)0.5 - \frac{P}{\delta} = 0.5 - 0.5\frac{P}{\delta}$$

따라서

$$\frac{P}{\delta} = 1.3, \qquad\qquad \left(1 + \frac{P}{\delta}\right)^2 = 5.29$$

$$\mathrm{Var}(_0L) = \left[^2\bar{A}_x - (\bar{A}_x)^2\right]\left(1 + \frac{P}{\delta}\right)^2 = (0.083333)(5.29) = 0.44083$$

따라서

$$E(_0L^2) = [E(_0L)]^2 + \mathrm{Var}(_0L) = 0.0225 + 0.44083 = 0.46333$$

09 피보험자 (40)은 보험금 100원, 종신납입, 완전연속(fully continuous) 종신보험에 가입했다. 다음의 가정을 이용하여 $\mathrm{Var}(_0L)$을 구하시오.

(i) 보험료는 수지상등의 원칙을 적용한다.

(ii) 사망법칙은 $\omega = 100$인 De Moivre 법칙을 따른다.　　(iii) $\delta = 0.05$

풀이

$$\bar{A}_{40} = \frac{\bar{a}_{\overline{60}|\delta}}{60} = \frac{1 - e^{-(0.05)(60)}}{(0.05)(60)} = 0.31674$$

$$^2\bar{A}_{40} = \frac{\bar{a}_{\overline{60}|2\delta}}{60} = \frac{1 - e^{-(2)(0.05)(60)}}{(2)(0.05)(60)} = 0.16625$$

$$\bar{a}_{40} = \frac{1 - \bar{A}_{40}}{\delta} = \frac{1 - 0.31674}{0.05} = 13.6652$$

$$P = \frac{100\bar{A}_{40}}{\bar{a}_{40}} = \frac{(100)(0.31674)}{13.6652} = 2.317859$$

$$\mathrm{Var}(_0L) = \left(100 + \frac{P}{\delta}\right)^2 \left[^2\bar{A}_{40} - (\bar{A}_{40})^2\right]$$

$$= \left(100 + \frac{2.317859}{0.05}\right)^2 (0.16625 - 0.31674^2) = 1412.158006$$

$\mathrm{Var}(_0L) = \dfrac{^2\bar{A}_x - (\bar{A}_x)^2}{(1 - \bar{A}_x)^2}$ 의 공식은 보험금이 1원인 경우만 사용할 수 있고, 본 문제에서는 보험금이 100원이므로 사용할 수 없다.

10 피보험자 (40)은 보험금 1원, 종신납입, 완전연속(fully continuous) 종신보험에 가입했다. 다음의 가정을 이용하여 $\dfrac{P}{\delta}$를 구하시오.

(i) 보험료가 수지상등의 원칙에 의해 산출되었을 때 $\mathrm{Var}(_0L) = 0.0207$이다.

(ii) $^2\bar{A}_{40} = 0.05$　　　(iii) P는 실제로 부과된 보험료이며 $E(_0L) = -0.12$

<u>**풀이**</u>

미래손실 확률변수는 $_0L = v^T - P\,\bar{a}_{\overline{T}|}$, $T > 0$

$$= v^T\left(1 + \frac{P}{\delta}\right) - \frac{P}{\delta}$$

$y = \bar{A}_{40}$라 하자. (i)을 이용하여 $\bar{A}_{40}$을 계산하면

$$0.0207 = \mathrm{Var}(_0L) = \frac{^2\bar{A}_{40} - (\bar{A}_{40})^2}{(1 - \bar{A}_{40})^2} = \frac{^2\bar{A}_{40} - y^2}{(1 - y)^2} = \frac{0.05 - y^2}{(1 - y)^2}$$

$$0.05 - y^2 = 0.0207 - 0.0414y + 0.0207y^2$$

$$1.0207y^2 - 0.0414y - 0.0293 = 0$$

$$y = \frac{0.0414 \pm \sqrt{0.0414^2 - 4(1.0207)(-0.0293)}}{2(1.0207)} = 0.1909 \text{ 또는 } -0.1292$$

$\bar{A}_{40} = 0.1909$는 δ를 사용한 APV이고 $^2\bar{A}_{40}$은 2δ를 사용한 APV이므로 $^2\bar{A}_{40} < \bar{A}_{40}$이 성립하여야 한다. 따라서 y값이 양수로 두 개가 나오는 경우는 $^2\bar{A}_{40} < \bar{A}_{40}$의 조건을 만족하는 값을 택한다.

$\bar{A}_{40} = 0.1909$이므로 가정(iii)을 이용하면

$$E(_0L) = -0.12 = E\left[v^T\left(1 + \frac{P}{\delta}\right) - \frac{P}{\delta}\right]$$

$$= \bar{A}_{40}\left(1 + \frac{P}{\delta}\right) - \frac{P}{\delta} = (0.1909)\left(1 + \frac{P}{\delta}\right) - \frac{P}{\delta} = 0.1909 - 0.8091\left(\frac{P}{\delta}\right)$$

따라서 $\dfrac{P}{\delta} = 0.384254$

11 피보험자 (40)은 보험금 1원, 30년납입, 30년만기 완전연속(fully continuous) 정기보험에 가입하였고, $_0L$은 피보험자 (40)이 가입한 정기보험의 가입당시 미래손실 확률변수이다. 다음의 가정을 이용하여 $\mathrm{Var}(_0L)$을 구하시오.

(i) 보험료는 수지상등의 원칙을 이용하여 구한다.

(ii) $\bar{A}_{40:\overline{30|}}^{\,1} = 0.06$, $^2\bar{A}_{40:\overline{30|}}^{\,1} = 0.028$, $\bar{A}_{40:\overline{30|}} = 0.264$, $^2\bar{A}_{40:\overline{30|}} = 0.0765$

풀이

Z_1을 보험금 1원, 30년 정기보험의 보험금현가 확률변수이고, Z_2를 보험금 1원, 30년 생사혼합보험의 보험금현가 확률변수이다. $_0L$을 Z_1과 Z_2를 이용하여 문제를 풀면 된다.

$$_0L = \begin{cases} v^{T_{40}} - P\,\bar{a}_{\overline{T_{40}|}}, & T_{40} < 30 \\ -P\,\bar{a}_{\overline{30|}}, & T_{40} \geq 30 \end{cases}$$

$$= Z_1 - P\left(\frac{1 - Z_2}{\delta}\right)$$

여기서, 수지상등의 원칙을 만족시키는 순보험료는

$$P = \bar{P}(\bar{A}_{40:\overline{30|}}^{\,1}) = \frac{\bar{A}_{40:\overline{30|}}^{\,1}}{\bar{a}_{40:\overline{30|}}} = \frac{\delta\,\bar{A}_{40:\overline{30|}}^{\,1}}{1 - \bar{A}_{40:\overline{30|}}} = \frac{\delta(0.06)}{1 - 0.264} = 0.0815\,\delta$$

Z_1은 보험금 1원, 30년 정기보험의 보험금현가 확률변수이므로

$$Z_1 = \begin{cases} v^{T_{40}}, & T_{40} < 30 \\ 0, & T_{40} \geq 30 \end{cases}$$

Z_2은 보험금 1원, 30년 생사혼합보험의 보험금현가 확률변수이므로

$$Z_2 = \begin{cases} v^{T_{40}}, & T_{40} < 30 \\ v^{30}, & T_{40} \geq 30 \end{cases}$$

로 나타낼 수 있다. 따라서,

$$_0L = Z_1 - (0.0815\,\delta)\left(\frac{1 - Z_2}{\delta}\right) = Z_1 - 0.0815(1 - Z_2)$$

$$= Z_1 + 0.0815\,Z_2 - 0.0815$$

식 (2.2.1.24)로부터,

$$\text{Var}(_0L) = \text{Var}(Z_1 + 0.0815\,Z_2 - 0.0815)$$

$$= \text{Var}(Z_1) + (2)(0.0815)\,\text{Cov}(Z_1, Z_2) + (0.0815)^2\,\text{Var}(Z_2)$$

이므로 $\text{Var}(Z_1)$, $\text{Cov}(Z_1, Z_2)$, $\text{Var}(Z_2)$를 구해보자.

(a) $\text{Var}(Z_1) = {}^2\bar{A}\,{}^{1}_{40:\overline{30}|} - (\bar{A}\,{}^{1}_{40:\overline{30}|})^2 = 0.028 - (0.06)^2 = 0.0244$

(b) $\text{Cov}(Z_1, Z_2)$를 구하기 위해, 새로운 확률변수 Z를 정의하면 다음과 같다.

$$Z = Z_1 Z_2 = \begin{cases} v^{2T_{40}}, & T_{40} < 30 \\ 0, & T_{40} \geq 30 \end{cases}$$

Z는 이자율 2δ, 보험금 1원, 30년만기 정기보험의 확률변수이다.

$$\text{Cov}(Z_1, Z_2) = E(Z_1 Z_2) - E(Z_1)E(Z_2) = E(Z) - E(Z_1)E(Z_2)$$

$$= 0.028 - (0.06)(0.264) = 0.01216$$

(c) $\text{Var}(Z_2) = {}^2\bar{A}_{40:\overline{30}|} - (\bar{A}_{40:\overline{30}|})^2 = 0.0765 - 0.264^2 = 0.006804$

그러므로

$$\text{Var}(_0L) = \text{Var}(Z_1) + (2)(0.0815)\,\text{Cov}(Z_1, Z_2) + (0.0815)^2\,\text{Var}(Z_2)$$

$$= 0.0244 + (2)(0.0815)(0.01216) + (0.0815)^2(0.006804) = 0.02643$$

12 피보험자 (40)은 보험금 100,000원, 10년거치, 10년납입, 30년만기 완전연속(fully continuous) 정기보험에 가입하였다.

(i) $\mu_{40+t} = 0.03$ 　　　　　　　　　　(ii) $\delta = 0.06$

위의 가정을 이용하여 다음을 구하시오.

(a) 수지상등의 원칙에 의해 계산된 순보험료 P를 구하시오.

(b) $_0L$을 정의하시오.

(c) $\text{Pr}(_0L < 0)$을 구하시오.

풀이

(a) 보험료를 구하기 위해, $_{10|}\bar{A}\,{}^{1}_{40:\overline{30}|}$ 와 $\bar{a}_{40:\overline{10}|}$ 을 구해보자.

$$_{10|}\bar{A}\,{}^{1}_{40:\overline{30}|} = {}_{10}E_{40}\,\bar{A}\,{}^{1}_{50:\overline{30}|} = \left(e^{-(\mu+\delta)(10)}\right)\left[\frac{\mu\left(1 - e^{-(\mu+\delta)(30)}\right)}{\mu+\delta}\right]$$

$$= \left(e^{-(0.09)(10)}\right)\left[\frac{0.03\left(1 - e^{-(0.09)(30)}\right)}{0.09}\right] = 0.1264153124$$

$$\bar{a}_{40:\overline{10}|} = \frac{1 - e^{-(\mu+\delta)(10)}}{\mu+\delta} = \frac{1 - e^{-(0.09)(10)}}{0.09} = 6.593670447$$

$$P = \frac{(100000)_{10|}\bar{A}\,^{1}_{40:\overline{30}|}}{\bar{a}_{40:\overline{10}|}} = \frac{(100000)(0.1264153124)}{(6.593670447)} = 1917.222182$$

(b) 이 보험의 가입시점의 확률변수는 다음과 같다.

$$_0L = \begin{cases} -1917.222182\,\bar{a}_{\overline{T_{40}}|}, & 0 < T_{40} < 10 \\ 100000\,v^{T_{40}} - 1917.222182\,\bar{a}_{\overline{10}|}, & 10 \le T_{40} < 40 \\ -1917.222182\,\bar{a}_{\overline{10}|}, & T_{40} \ge 40 \end{cases}$$

가입시점의 확률변수의 그래프를 그리면 다음과 같다.

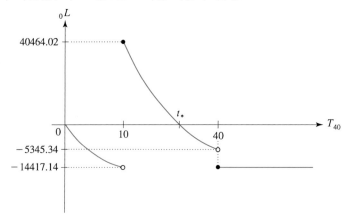

(c) 위 그래프에 따르면 미래손실 확률변수는 T_{40}이 10과 t_* 사이의 구간을 제외하고는 모두 0보다 작다. 따라서 $\Pr(_0L < 0) = 1 - \Pr(10 < T_{40} < t_*)$. 그러므로 미래손실 확률변수가 0을 만족하는 t_*를 구해보면

$100000\,v^{t_*} - 1917.222182\,\bar{a}_{\overline{10}|} = 0$ 이고

$v^{t_*} = \dfrac{0 + (1917.222182\,\bar{a}_{\overline{10}|})}{100000}$ 이므로 $t_* = 32.27920799$

$1 - \Pr(10 < T_{40} < 32.27920799)$ 를 구해보면

$$1 - [\,\Pr(T_{40} > 10) - \Pr(T_{40} > 32.27920799)\,] = 1 - (_{10}p_{40} - {}_{32.27920799}p_{40})$$
$$= 1 - (e^{-(0.03)(10)} - e^{-(0.03)(32.27920799)}) = 0.63888$$

13 피보험자 (30)은 15년거치, 일시납보험료, 기시급 종신생명연금에 가입하였다.

(i) 사망법칙은 $\omega = 100$인 De Moivre 법칙을 따른다.

(ii) 연금액은 45세부터 매 연도초에 1원씩 지급된다.   (iii) $i = 0.05$

위의 가정을 이용하여 다음을 구하시오.

(a) 수지상등의 원칙에 의해 계산된 보험료를 구하시오.

(b) (a)에서 계산된 보험료를 이용하여 보험가입시 손실이 0보다 작을 확률을 구하

시오.

풀이

(a) 보험료를 구하기 위해 A_{45}, $\ddot{a}_{45}$, $_{15}E_{30}$으로 $_{15|}\ddot{a}_{30}$을 구해보자.

$$A_{45} = \frac{a_{\overline{55|}}}{55} = \frac{1-(1.05)^{-55}}{55(0.05)} = 0.338790399$$

$$\ddot{a}_{45} = \frac{1-A_{45}}{d} = \frac{1-0.338790399}{0.05/1.05} = 13.88540162$$

$$_{15}E_{30} = v^{15}\,_{15}p_{30} = \left(\frac{1}{1.05^{15}}\right)\left(\frac{70-15}{70}\right) = 0.377942$$

$$\text{NSP} = _{15|}\ddot{a}_{30} = _{15}E_{30}\,\ddot{a}_{45} = (0.377942)(13.88540162) = 5.2479$$

(b) 이 연금의 미래손실 확률변수는

$$_0L = \begin{cases} -5.2479, & K_{30} = 0, 1, 2, \cdots, 14 \\ _{15|}\ddot{a}_{\overline{(K_{30}+1)-15|}} - 5.2479, & K_{30} = 15, 16, \cdots \end{cases}$$

$$= \begin{cases} -5.2479, & K_{30} = 0, 1, 2, \cdots, 14 \\ v^{15}\,\ddot{a}_{\overline{K_{30}-14|}} - 5.2479, & K_{30} = 15, 16, \cdots \end{cases}$$

미래손실 확률변수를 그래프로 그리면 다음과 같다.

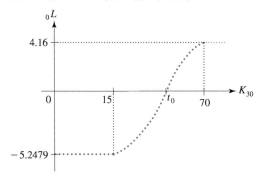

손실이 0보다 작을 확률을 구해보면

$$\Pr\left[_0L < 0\right] = \Pr\left[_{15|}\ddot{a}_{\overline{(K_{30}+1)-15|}} - \text{NSP} < 0\right] = \Pr\left[\frac{v^{15}-v^{K_{30}+1}}{0.05/1.05} < 5.2479\right]$$

$$= \Pr\left[v^{K_{30}+1} > 0.2311171\right] = \Pr\left[K_{30}+1 < 30.02\right]$$

$K_{30} < 29.02$라는 의미는 $t = 29.02$나 $t = 29.99$나 모두 $k = 29$로 계산된다. $k = 29$에서는 $_0L$이 0보다 작다. $t = 30$이 되어야 $k = 30$이 되고 $_0L$이 0보다 커지게 된다. 따라서 의사결정 기준은 $K_{30} + 1 = 30.02$의 정수부분이다. 즉, $\lfloor 30.02 \rfloor = 30$이다. 따라서 연금수급자가 30년 안에 사망을 하면 보험자가 이익을 본다(60세의 연금지급부터 손실을 본다. 따라서 $\Pr\left(_0L > 0\right)$은 $_{30}p_{30}$이다). 연금수급자가 30년 안에 사망할 확률은

$$1 - {}_{30}p_{30} = 1 - \frac{100 - 30 - 30}{100 - 30} = 0.428571$$

14 피보험자 (60)은 보험금 1000원, 전기납입, 완전이산(fully discrete) 종신보험에 가입하였다. 다음과 같은 가정을 이용하여 연납보험료가 25원일 때 미래손실이 0보다 작을 확률을 구하시오.

(i) 사망법칙은 $\omega = 100$인 De Moivre 법칙을 따른다.   (ii) $i = 0.05$

(iii) 이 보험의 1차연도 총사업비는 10원과 영업보험료의 60%이고 2차연도부터 영업보험료의 3%와 3원씩이 매 연도초에 계약관리비용으로 부과된다.

> **풀이**

총미래손실이 0보다 작을 확률을 구하기 위하여, 위 가정들을 이용하고 δ와 d를 구하면 다음과 같다.

$$e_0 = 10, \; e = 3, \; \gamma_0 = 0.6, \; \gamma = 0.03, \; \delta = \ln(1.05) = 0.04879,$$

$$d = \frac{0.05}{1.05} = 0.047619, \; G = 25$$ 를 구하였다.

식 (7.2.4.13)에 의하여, k_*를 구해보자.

$$
\begin{aligned}
k_* &= \frac{1}{\delta} \ln \left[\frac{(1-\gamma)G - e + Sd}{[(1-\gamma)-(\gamma_0-\gamma)d]G - e - (e_0-e)d} \right] \\
&= \frac{1}{0.04879} \ln \left[\frac{(1-0.03)(25) - 3 + (1000)(0.047619)}{[(1-0.03)-(0.6-0.03)(0.047619)](25) - 3 - (10-3)(0.047619)} \right] \\
&= 25.10021251
\end{aligned}
$$

따라서 $K_{60} + 1 > 25.10021251$인 경우 총미래손실이 0보다 작고

$$\lfloor k_* \rfloor = 25$$ 이므로 그 확률은 $${}_{25}p_{60} = \frac{100 - 60 - 25}{100 - 60} = 0.375$$

아래 표는 계약자가 25년을 생존하고 26번째 보험연도초에 보험료를 납부한 경우에만 이익이 발생하는 것을 보여주고 있다. 따라서 이익을 볼 확률은 ${}_{25}p_{60}$이다.

K_{60}의 값 k	미래손실 ${}_0L^g(k)$
0	952.38
1	886.79
⋮	⋮
23	23.44
24	2.08
25	−18.26
26	−37.62

15 피보험자 남자 (40)이 가입한 20년납입, 20년만기 완전이산 정기보험을 고려한다. 보험금을 S, 영업보험료를 G, 1차연도 총사업비를 $e_0 + \gamma_0\,G$, 2차연도부터 지급되는 계약관리비용을 $e + \gamma\,G$ 라고 가정한다. $S = 100000$, $e_0 = 1000$, $e = 300$, $\gamma_0 = 0.3$, $\gamma = 0.03$, $i = 0.05$이며 제7회 경험생명표를 이용한다.

(a) 총미래손실 ${}_0L^{\mathrm{g}}$를 정의하시오.

(b) 수지상등의 원칙을 적용한 영업보험료 G를 구하시오.

(c) (b)에서 구한 G를 이용하여 이 보험을 판매한 후 보험자가 손실을 볼 확률을 구하시오.

(d) ${}_0L^{\mathrm{g}}(20) = 0$이 되는 영업보험료 G를 구하시오.

(e) $G = 3000,\ 4000,\ 4500$일 때의 ${}_0L^{\mathrm{g}}(20)$의 값을 구하시오.

(f) $G = 4000,\ 4500$일 때의 $\Pr\left({}_0L^{\mathrm{g}} > 0\right)$을 구하시오.

(g) ${}_0L^{\mathrm{g}}$를 y축으로 하는 그림을 그려 설명하시오.

풀이

(a) 총미래손실 ${}_0L^{\mathrm{g}}$는 다음과 같이 정의할 수 있다.

$${}_0L^{\mathrm{g}} = \begin{cases} Sv^{K_x+1} + (e_0 - e) + (\gamma_0 - \gamma)G - \left[(1-\gamma)G - e\right]\ddot{a}_{\overline{K_x+1}|}, \\ \qquad\qquad\qquad\qquad\qquad K_x = 0,\ 1,\ 2,\cdots,\ 19 \\[6pt] (e_0 - e) + (\gamma_0 - \gamma)G - \left[(1-\gamma)G - e\right]\ddot{a}_{\overline{20}|}, \\ \qquad\qquad\qquad\qquad\qquad K_x = 20,\ 21,\ 22,\cdots \end{cases}$$

$${}_0L^{\mathrm{g}} = \begin{cases} 100000v^{K_{40}+1} + (1000 - 300) + (0.3 - 0.03)G - \left[(1 - 0.03)G - 300\right]\ddot{a}_{\overline{K_{40}+1}|}, \\ \qquad\qquad\qquad\qquad\qquad K_{40} = 0,\ 1,\ 2,\cdots,\ 19 \\[6pt] (1000 - 300) + (0.3 - 0.03)G - \left[(1 - 0.03)G - 300\right]\ddot{a}_{\overline{20}|}, \\ \qquad\qquad\qquad\qquad\qquad K_{40} = 20,\ 21,\ 22,\cdots \end{cases}$$

(b) 먼저 $A^{1}_{40:\overline{20}|}$ 과 $\ddot{a}_{40:\overline{20}|}$ 을 제7회 경험생명표를 이용하여 구해보자.

$$A^{1}_{40:\overline{20}|} = 0.032232, \qquad\qquad\qquad \ddot{a}_{40:\overline{20}|} = 12.879408$$

이 되고 $E\left({}_0L^{\mathrm{g}}\right) = 0$이 되는 G 값을 찾으면 된다.

$$E\left({}_0L^{\mathrm{g}}\right) = 100000 A^{1}_{40:\overline{20}|} + 700 + 300\ddot{a}_{40:\overline{20}|} - G\left(0.97\ddot{a}_{40:\overline{20}|} - 0.27\right)$$

$$G = \frac{SA^{1}_{x:\overline{n}|} + (e_0 - e) + e\,\ddot{a}_{x:\overline{n}|}}{(1-\gamma)\ddot{a}_{x:\overline{n}|} - (\gamma_0 - \gamma)} = \frac{100000 A^{1}_{40:\overline{20}|} + 700 + 300\,\ddot{a}_{40:\overline{20}|}}{0.97\,\ddot{a}_{40:\overline{20}|} - 0.27}$$

$$= 637.0781305$$

(c) $\ddot{a}_{\overline{20}|} = \dfrac{1 - v^{20}}{d} = 13.08532$을 이용하여 $K_{40} + 1 = 20$일 때의 총미래손실 ${}_0L^{\mathrm{g}}(20)$을

계산해보자.

$$_0L^g(20) = 100000\,v^{20} + (1000 - 300) + (0.3 - 0.03)G - [(1 - 0.03)G - 300]\ddot{a}_{\overline{20|}}$$

$$= 34400.27532$$

$_0L^g(20) > 0$인 경우는 그림 [7.2.4.2]에서 (ii)에 해당하며 손실을 볼 확률은

$$_{20}q_{40} = 0.059504311$$

(d) $_0L^g(20) = 0$이 되는 보험료 G는 다음과 같이 구할 수 있다.

$$_0L^g(20) = 100000\,v^{20} + (1000 - 300) + (0.3 - 0.03)G - [(1 - 0.03)G - 300]\ddot{a}_{\overline{20|}}$$

$$0 = 100000\,v^{20} + 700 + 300\,\ddot{a}_{\overline{20|}} + 0.27\,G - 0.97\,G\,\ddot{a}_{\overline{20|}}$$

$$G = \frac{100000\,v^{20} + 700 + 300\,\ddot{a}_{\overline{20|}}}{0.97\,\ddot{a}_{\overline{20|}} - 0.27} = 3406.21109$$

(e) $G = 3000$일 때의 $_0L^g(20)$는 다음과 같이 구할 수 있다.

$$_0L^g(20) = 100000\,v^{20} + 700 + 300\,\ddot{a}_{\overline{20|}} + 0.27(3000) - 0.97(3000)\,\ddot{a}_{\overline{20|}}$$

$$= 5046.263087$$

$G = 4000$일 때의 $_0L^g(20)$는 다음과 같이 구할 수 있다.

$$_0L^g(20) = 100000\,v^{20} + 700 + 300\,\ddot{a}_{\overline{20|}} + 0.27(4000) - 0.97(4000)\,\ddot{a}_{\overline{20|}}$$

$$= -7376.4973103$$

$G = 4500$일 때의 $_0L^g(20)$는 다음과 같이 구할 수 있다.

$$_0L^g(20) = 100000\,v^{20} + 700 + 300\,\ddot{a}_{\overline{20|}} + 0.27(4500) - 0.97(4500)\,\ddot{a}_{\overline{20|}}$$

$$= -13587.87751$$

(f) $\delta = \ln(1+i) = \ln(1.05) = 0.048790$, $d = i/(1+i) = 0.05/1.05 = 0.047619$,

식 (7.2.4.13)를 이용하여 k_*를 구해보자. 먼저 $G = 4000$일 때 $\Pr(_0L^g > 0)$는 다음과 같이 구할 수 있다.

$$k_* = \frac{1}{\delta}\ln\left[\frac{(1-\gamma)G - e + S\,d}{[(1-\gamma) - (\gamma_0 - \gamma)d]G - e - (e_0 - e)d}\right]$$

$$= \frac{1}{0.048790}\ln\left[\frac{0.97(4000) + 4461.9}{0.95714287(4000) - 333.3333}\right] = 17.82926$$

따라서 $K_{40} + 1 < 17.82926$인 경우이고 $\lfloor k_* \rfloor = 17$이므로 그 확률은

$$_{\lfloor k_* \rfloor}q_{40} = {}_{17}q_{40} = 0.0431981$$

이다. $G = 4500$일 때 $\Pr(_0L^g > 0)$는 다음과 같이 구할 수 있다.

$$k_* = \frac{1}{\delta}\ln\left[\frac{(1-\gamma)G - e + S\,d}{[(1-\gamma) - (\gamma_0 - \gamma)d]G - e - (e_0 - e)d}\right]$$

$$= \frac{1}{0.048790} \ln\left[\frac{0.97(4500)+4461.9}{0.95714287(4500)-333.3333}\right] = 16.35742$$

따라서 $K_{40}+1 < 16.35742$인 경우이고 $\lfloor k_* \rfloor = 16$이므로 그 확률은

$$_{\lfloor k_* \rfloor}q_{40} = {}_{16}q_{40} = 0.0384770$$

(g) 위의 결과들을 이용하여 $_0L^g$를 y축으로 하는 그림을 그려보면 다음과 같다.

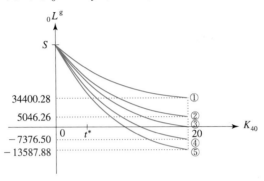

위에서부터 보험료 G 가 ① 637.0781305, ② 3000, ③ 3406.21109, ④ 4000, ⑤ 4500 일 때의 그래프이며 보험료 G가 증가함에 따라 그래프가 오른쪽에서 왼쪽으로 이동하는 것을 알 수 있다. 보험료 G가 증가함에 따라 그래프가 왼쪽으로 이동하는 사실을 이용하면 원하는(구하고자 하는) t^*를 설정하여 이에 상응하는 G^*를 구할 수 있다. 예를 들어 $\Pr(T \le t^*) = 0.1$이 되게 하는 G^*를 구하려면 t^*를 $_0L^g$에 대입하고 $_0L^g(t^*) = 0$이 되게 하는 G^*를 구하면 G^*가 10백분위($100\% \times 0.1 = 10\%$) 보험료가 된다.

16 피보험자 남자 (30)이 가입한 60년납입, 60년만기 완전이산 정기보험을 고려한다. 보험금을 S, 영업보험료를 G, 1차연도 총사업비를 $e_0 + \gamma_0 G$, 2차연도부터 지급되는 계약관리비용을 $e + \gamma G$ 라고 가정한다. $S = 100000$, $e_0 = 1000$, $e = 300$, $\gamma_0 = 0.3$, $\gamma = 0.03$, $i = 0.05$이며 제7회 경험생명표를 이용한다.

(a) 총미래손실 $_0L^g$를 정의하시오.

(b) 수지상등의 원칙을 적용한 영업보험료 G 를 구하시오.

(c) (b)에서 구한 G 를 이용하여 이 보험을 판매한 후 보험자가 손실을 볼 확률을 구하시오.

(d) $_0L^g(60) = 0$이 되는 영업보험료 G 를 구하시오.

(e) (b)에서 구한 G를 이용하여 이 보험에서 이익이 1,000보다 클 확률을 구하시오.

(f) $_0L^g$를 y축으로 하는 그림을 그려 설명하시오.

> 풀이

(a) 총미래손실 $_0L^g$는 다음과 같이 정의할 수 있다.

$$_0L^g = \begin{cases} Sv^{K_x+1} + (e_0 - e) + (\gamma_0 - \gamma)G - [(1-\gamma)G - e]\ddot{a}_{\overline{K_x+1|}}, \\ \qquad\qquad\qquad\qquad\qquad\qquad K_x = 0, 1, 2, \cdots, 59 \\ (e_0 - e) + (\gamma_0 - \gamma)G - [(1-\gamma)G - e]\ddot{a}_{\overline{60|}}, \\ \qquad\qquad\qquad\qquad\qquad\qquad K_x = 60, 61, 62, \cdots \end{cases}$$

$$_0L^g = \begin{cases} 100000v^{K_{30}+1} + (1000 - 300) + (0.3 - 0.03)G - [(1-0.03)G - 300]\ddot{a}_{\overline{K_{30}+1|}}, \\ \qquad\qquad\qquad\qquad\qquad\qquad K_{30} = 0, 1, 2, \cdots, 59 \\ (1000 - 300) + (0.3 - 0.03)G - [(1-0.03)G - 300]\ddot{a}_{\overline{60|}}, \\ \qquad\qquad\qquad\qquad\qquad\qquad K_{30} = 60, 61, 62, \cdots \end{cases}$$

(b) 먼저 $A^1_{30:\overline{60|}}$ 과 $\ddot{a}_{30:\overline{60|}}$ 을 제7회 경험생명표를 이용하여 구해보자.

$$A^1_{30:\overline{60|}} = 0.091617, \qquad\qquad \ddot{a}_{30:\overline{60|}} = 18.842246$$

이 되고 $E\left(_0L^g\right) = 0$이 되는 G 값을 찾으면 된다.

$$E\left(_0L^g\right) = 100000 A^1_{30:\overline{60|}} + 700 + 300\,\ddot{a}_{30:\overline{60|}} - G(0.97\,\ddot{a}_{30:\overline{60|}} - 0.27)$$

$$G = \frac{S A^1_{x:\overline{n|}} + (e_0 - e) + e\,\ddot{a}_{x:\overline{n|}}}{(1-\gamma)\,\ddot{a}_{x:\overline{n|}} - (\gamma_0 - \gamma)} = \frac{100000 A^1_{30:\overline{60|}} + 700 + 300\,\ddot{a}_{30:\overline{60|}}}{0.97\,\ddot{a}_{30:\overline{60|}} - 0.27}$$

$$= 861.575622$$

(c) $\ddot{a}_{\overline{60|}} = \dfrac{1 - v^{60}}{d} = 19.87575$을 이용하여 $K_{30} + 1 = 60$일 때의 총미래손실 $_0L^g(60)$을 계산해보자.

$$_0L^g(60) = 100000v^{60} + (1000 - 300) + (0.3 - 0.03)G - [(1-0.03)G - 300]\ddot{a}_{\overline{60|}}$$

$$= -4361.825026$$

$_0L^g(60) < 0$인 경우는 그림 [7.2.4.2]에서 (i)에 해당한다. 그러므로

$$\delta = \ln(1+i) = \ln(1.05) = 0.048790, \quad d = i/(1+i) = 0.05/1.05 = 0.047619$$

식 (7.2.4.13)를 이용하여 k_*를 구해보자.

$$k_* = \frac{1}{\delta} \ln\left[\frac{(1-\gamma)G - e + Sd}{[(1-\gamma) - (\gamma_0 - \gamma)d]G - e - (e_0 - e)d}\right]$$

$$= \frac{1}{0.048790} \ln\left[\frac{0.97(861.575622) + 4461.9}{0.95714287(861.575622) - 333.3333}\right] = 48.73793$$

따라서 $K_{30} + 1 < 48.73793$인 경우 손실이 발생하고 $\lfloor k_* \rfloor = 48$이므로 그 확률은

$$_{\lfloor k_* \rfloor}q_{30} = {}_{48}q_{30} = 0.31276$$

(d) $_0L^g(60) = 0$이 되는 보험료 G는 다음과 같이 구할 수 있다.

$$_0L^g(60) = 100000\,v^{60} + (1000 - 300) + (0.3 - 0.03)\,G - [(1 - 0.03)\,G - 300]\,\ddot{a}_{\overline{60|}}$$

$$0 = 100000\,v^{60} + 700 + 300\,\ddot{a}_{\overline{60|}} + 0.27G - 0.97\,G\,\ddot{a}_{\overline{60|}}$$

$$G = \frac{100000\,v^{60} + 700 + 300\,\ddot{a}_{\overline{60|}}}{0.97\,\ddot{a}_{\overline{60|}} - 0.27} = 632.12034$$

(e) 식 (7.2.4.15)을 이용하여 이익이 $B = 1000$보다 클 확률을 구해보자.

$$_0L^g = S\,v^{K_{30}+1} + (e_0 - e) + (\gamma_0 - \gamma)G + e\left(\frac{1 - v^{K_{30}+1}}{d}\right) - (1 - \gamma)\,G\left(\frac{1 - v^{K_{30}+1}}{d}\right) < -B$$

$$v^{K_{30}+1} < \frac{\dfrac{(1-\gamma)G - e}{d} - B - (e_0 - e) - (\gamma_0 - \gamma)G}{S + \dfrac{(1-\gamma)G - e}{d}}$$

$$v^{K_{30}+1} < \frac{(1-\gamma)G - e - Bd - (e_0 - e)d - (\gamma_0 - \gamma)Gd}{(1-\gamma)G - e + Sd}$$

$$v^{K_{30}+1} < \frac{[(1-\gamma) - (\gamma_0 - \gamma)d]G - e - [B + (e_0 - e)]d}{(1-\gamma)G - e + Sd}$$

$\ln v = -\ln(1+i) = -\delta$ 이므로 다음 식에서 부등호가 바뀌어서

$$K_{30} + 1 > \ln\left[\frac{[(1-\gamma) - (\gamma_0 - \gamma)d]G - e - [B + (e_0 - e)]d}{(1-\gamma)G - e + Sd}\right] / \ln v$$

$$K_{30} + 1 > \frac{1}{\delta}\ln\left[\frac{(1-\gamma)G - e + Sd}{[(1-\gamma) - (\gamma_0 - \gamma)d]G - e - [B + (e_0 - e)]d}\right]$$

$$K_{30} + 1 > \frac{1}{0.048790}\ln\left[\frac{0.97(861.575622) + 4461.9}{0.9571427(861.575622) - 380.95238}\right]$$

$$K_{30} + 1 > 50.82740$$

따라서 $K_{30} + 1 > 50.82740$인 경우 1000의 이익이 발생하고 $\lfloor k_* \rfloor = 50$이므로 그 확률은

$$_{\lfloor k_* \rfloor}p_{30} = {}_{50}p_{30} = 0.62523$$

(f) 위의 결과들을 이용하여 $_0L^g$를 y축으로 하는 그림을 그려보면 다음과 같다.

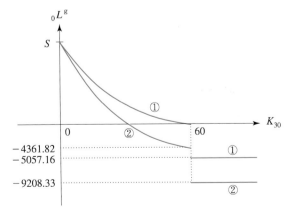

위에서부터 보험료 G 가 ① 632.12034, ② 861.575622일 때의 그래프이며 n 이 아주 크다면 보험료 G 의 인상없이 $\Pr({}_0L^g > 0)$ 가 ${}_nq_x$ 보다 작을 수 있음을 보여준다. 보험료 G 가 인하되면 그래프가 왼쪽에서 오른쪽으로 이동하는 것을 볼 수 있다.

17 30세 피보험자가 보험금 100,000원, 30년납입, 30년만기 완전이산(fully discrete) 생사 혼합보험에 가입하였다. $i = 0.05$ 이고 부록의 생명표를 이용하시오.

(a) $\Pr({}_0L > 0) \le 0.3$ 이 되게 하는 백분위 보험료를 구하시오.

(b) $\Pr({}_0L > 0) \le 0.1$ 이 되게 하는 백분위 보험료를 구하시오.

(c) $\Pr({}_0L > 0) \le 0.05$ 가 되게 하는 백분위 보험료를 구하시오.

풀이

먼저 ${}_{30}q_{30}$ 을 구해보자.

$${}_{30}q_{30} = 1 - {}_{30}p_{30} = 1 - 0.934110 = 0.065890$$

(a) ${}_{30}q_{30} < \alpha = 0.3$ 인 경우이므로 미래손실 ${}_0L(30)$ 을 정의해보면

$${}_0L(30) = 100000 v^{30} - P \ddot{a}_{\overline{30|}} = 0$$

보험료 P 는 다음과 같이 구할 수 있다.

$$P_{0.3} = \frac{100000 v^{30}}{\ddot{a}_{\overline{30|}}} = \frac{100000}{\ddot{s}_{\overline{30|}}} = \frac{100000}{69.761} = 1433.466$$

(b) ${}_{30}q_{30} < \alpha = 0.1$ 인 경우이므로 미래손실 ${}_0L(30)$ 을 정의해보면

$${}_0L(30) = 100000 v^{30} - P \ddot{a}_{\overline{30|}} = 0$$

보험료 P 는 다음과 같이 구할 수 있다.

$$P_{0.1} = \frac{100000 v^{30}}{\ddot{a}_{\overline{30|}}} = \frac{100000}{\ddot{s}_{\overline{30|}}} = \frac{100000}{69.761} = 1433.466$$

(c) ${}_{30}q_{30} > \alpha = 0.05$ 인 경우이므로 $K < 30$ 에서 미래손실 ${}_0L$ 을 정의해보면

$${}_0L = 100000 v^{K+1} - P \ddot{a}_{\overline{K+1|}}$$

가 되므로 $\alpha = 0.05$ 를 만족시키는 $t_{0.05}$ 를 생명표에서 찾아보자.

$F_{30}(t_\alpha) = \Pr(T < t_{0.05}) = 0.05$ 이므로

$\Pr(T > t_{0.05}) = 0.95$ 를 만족시키는 값들을 찾아보면

${}_{27}p_{30} = 0.950306,$	${}_{27}q_{30} = 0.049694$
${}_{28}p_{30} = 0.945269,$	${}_{28}q_{30} = 0.054731$

임을 알 수 있다. ${}_aq_x < \alpha < {}_{a+1}q_x$ 인 경우 $k + 1 = a + 1$ 로 택한다. $k = 27$ 이 $\Pr({}_0L > 0) \le 0.05$ 를 만족시키는 값이다($k = 27$ 인 경우 $\Pr({}_0L) > 0 = 0.049694$

가 되고 $\Pr(_0L > 0) \le 0.05$를 만족시킨다). 따라서

$$_0L = 100000\,v^{28} - P\,\ddot{a}\,_{\overline{28}|} = 0$$

을 만족시키는 P가 5번째 백분위 보험료이다.

$$P_{0.05} = \frac{100000\,v^{28}}{\ddot{a}\,_{\overline{28}|}} = \frac{100000}{\ddot{s}\,_{\overline{28}|}} = \frac{100000}{61.32271} = 1630.717233$$

$P_{0.05} = 1630.717233$은 $\Pr(_0L > 0) \le 0.05$를 만족시키는 최소보험료이다.

$P_{0.05} = 1630.717233$보다 P가 커지면 $\Pr(_0L > 0) \le 0.05$를 당연히 만족시키고 실제 확률은 0.049694보다 작아지게 된다.

18 피보험자 (35)는 보험금 10,000원, 종신납입, 완전이산 종신보험에 가입하였다.

(i) 사망법칙은 $\omega = 120$인 De Moivre 법칙을 따른다.

(ii) $i = 0.05$

위의 가정을 이용하여 다음을 구하시오.

(a) 수지상등의 원칙에 의해 계산된 보험료 π를 구하시오.

(b) $\Pr(_0L > 0) \le 0.25$가 되게 하는 백분위 보험료 $P_{0.25}$를 구하시오.

(c) $P_{0.25}$를 이용할 때 $E(_0L)$을 구하시오.

> **풀이**

(a) 보험료를 구하기 위해 A_{35}, $\ddot{a}_{35}$를 구해보면

$$A_{35} = \frac{a_{\overline{\omega - x}|}}{\omega - x} = \frac{a_{\overline{120 - 35}|}}{120 - 35} = 0.231574$$

$$\ddot{a}_{35} = \frac{1 - A_{35}}{d} = \frac{1 - 0.231574}{0.05 / 1.05} = 16.136946$$

보험료수입의 EPV는

$$\text{EPV} = \pi\,\ddot{a}_{35} = 16.136946\,\pi$$

보험급부의 APV는

$$\text{APV} = 10000\,A_{35} = 2315.74$$

수지상등의 원칙에 의하여 $\text{EPV} = \text{APV}$

$$16.136946\,\pi = 2315.74$$

$$\pi = 143.505$$

(b) 미래손실 $_0L$은

$$_0L = 10000\,v^{K+1} - P\,\ddot{a}\,_{\overline{K+1}|}$$

가 되므로 $\alpha = 0.25$를 만족시키는 $t_{0.25}$를 구해보자.

T의 p.d.f $g(t) = \dfrac{1}{120-x}$ 이므로 $g(t) = \dfrac{1}{85}$ 이다.

$F_{35}(t) = 0.25$ 를 만족하는 t_* 가 $t_{0.25}$ 이다. $F_{35}(t) = \dfrac{t_{0.25}}{85} = 0.25$ 따라서 $t_{0.25} = 21.25$ 이다. 이 보험은 완전이산보험이므로 $t_{0.25}$의 정수부분인 $K = 21$ 일 때의 보험료가 $\Pr({}_0L > 0)$ ≤ 0.25가 되게 하는 백분위 보험료이다. $t = k = 21$ 일 때의 $F_{35}(21) = 0.2470$으로 $\Pr({}_0L > 0) \leq 0.25$를 만족한다. 만일 $t = k = 22$로 하면 $F_{35}(22) = 0.2588$로 $\Pr({}_0L > 0) \leq 0.25$를 만족시키지 못한다. 따라서

$$ {}_0L = 10000 v^{k+1} - P\,\ddot{a}_{\overline{k+1}|} = 10000 v^{22} - P\,\ddot{a}_{\overline{22}|} = 0 $$

을 만족시키는 보험료가 백분위 보험료이다.

$$ P_{0.25} = \frac{10000 v^{22}}{\ddot{a}_{\overline{22}|}} = \frac{10000}{\ddot{s}_{\overline{22}|}} = \frac{10000}{40.43047512} = 247.3381767 $$

(c) $A_{35} = 0.231574$, $\ddot{a}_{35} = 16.136946$, $P_{0.25} = 247.3381767$이므로

$$ \begin{aligned} E({}_0L) &= 10000 A_{35} - P_{0.25}\,\ddot{a}_{35} \\ &= 10000(0.231574) - 247.3381767(16.136946) \\ &= -1675.542801 \end{aligned} $$

19 피보험자 (40)은 보험금 10,000원, 종신납입, 완전연속(fully continuous) 종신보험에 가입하였다. 다음의 가정을 이용하여 미래손실이 양수일 확률이 25%가 되는 보험료를 구하시오.

(i) $\delta = 0.05$ (ii) $\mu = \begin{cases} 0.02, & t \leq 10 \\ 0.04, & t > 10 \end{cases}$

풀이

우선 $t_{0.25}$를 구해보자. $t_{0.25}$는 $F_{40}(t) = 0.25$를 만족하는 t이다. 10년을 생존할 확률은

$$ {}_{10}p_x = e^{-0.02(10)} = 0.81873 $$

이고 0.75보다 크다. 따라서 $t_{0.25}$는 10보다 큰 값이다.

$t > 10$에서

$$ {}_tp_x = {}_{10}p_x, \qquad {}_{t-10}p_{x+10} = e^{-0.2}\,e^{-0.04(t-10)} = 0.75 $$

$$ e^{0.2}\,e^{-0.04t} = 0.75, \quad e^{-0.04t} = 0.75\,e^{-0.2}, \quad 0.04t = 0.2 - \ln 0.75 $$

$$ t = t_{0.25} = 5 - 25\ln 0.75 = 12.19205181 $$

$t_{0.25}$를 이용하여 $P_{0.25}$를 구해보자.

${}_0L = S\,v^{T_x} - P\,\bar{a}_{\overline{T_x}|}$ 이므로 ${}_0L = S\,v^{t_{0.25}} - P\,\bar{a}_{\overline{t_{0.25}}|} = 0$이 되는 P를 찾으면 된다.

$$P_{0.25} = \frac{S\, v^{t_{0.25}}}{\bar{a}\,\overline{_{t_{0.25}}|}} = \frac{S}{\bar{s}\,\overline{_{t_{0.25}}|}} = \frac{10000}{\bar{s}\,\overline{_{12.19205181|}}} = 595.4506569$$

20 피보험자 (40)은 보험금 1,000원, 15년거치, 완전연속 종신보험을 가입하였다. 다음의 가정을 이용하여 $\Pr(_0L > 0) = 0.15$인 보험료를 구하시오.

(i) 사망법칙은 $\omega = 100$인 De Moivre 법칙을 따른다.

(ii) $\delta = 0.06$ (iii) 보험료는 20년간 납입한다.

풀이

이 보험의 미래손실 확률변수를 나타내면 다음과 같다.

$$_0L = \begin{cases} -P\,\bar{a}\,\overline{_{T_{40}}|}, & 0 < T_{40} < 15 \\ 1000v^{T_{40}} - P\,\bar{a}\,\overline{_{T_{40}}|}, & 15 \le T_{40} < 20 \\ 1000v^{T_{40}} - P\,\bar{a}\,\overline{_{20|}}, & 20 \le T_{40} \end{cases}$$

$t_{0.15}$를 구해보자. 15년 거치기간 동안에 $_0L$은 항상 음수이므로 $_0L > 0$일 수 없다. 따라서 $t_{0.15}$는 $F_{40}(t) - _{15}q_{40} = F_{40}(t) - 0.25 = 0.15$를 만족하는 t이다.

T의 p.d.f $g(t) = \dfrac{1}{100-x}$, $0 < t < 100 - x$이므로 $g(t) = \dfrac{1}{60}$이다.

$$F_{40}(t) = \frac{t_{0.15}}{60} - 0.25 = 0.15$$

따라서 $t_{0.15} = 24$이다. $t_{0.15}$를 이용하여 $P_{0.15}$를 구해보자.

$t_{0.15} = 24$일 때 미래손실 확률변수는

$_0L = 1000v^{T_{40}} - P\,\bar{a}\,\overline{_{20|}}$ 이므로 $_0L = 1000v^{t_{0.15}} - P\,\bar{a}\,\overline{_{20|}} = 0$이 되는 P를 찾으면 된다.

$$\bar{a}\,\overline{_{20|}} = \frac{1 - e^{-0.06(20)}}{0.06} = 11.64676313$$이므로

$$P_{0.15} = \frac{1000v^{t_{0.15}}}{\bar{a}\,\overline{_{20|}}} = \frac{1000v^{24}}{\bar{a}\,\overline{_{20|}}} = \frac{1000\,e^{-0.06(24)}}{11.64676313} = 20.34$$

21 식 (7.2.6.9)와 식(7.2.6.10)을 이용하여 포트폴리오 백분위 영업보험료를 구하는 식인 식 (7.2.6.13)을 유도하시오.

풀이

식 (7.2.6.8)로부터

$$\frac{0 - E(_0L_i)}{SD(_0L_i)/\sqrt{n}} = z_\alpha$$

이 성립하고 이 식을 만족하는 G를 구하면 된다. $E(_0L_i)$와 $\text{Var}(_0L_i)$는 G의 함수이므로 위 식을 G를 이용하여 나타내면

$$z_\alpha = \frac{-SA_{x:\overline{n|}} - (e_0 - e) - e\ddot{a}_{x:\overline{n|}} + G\left[(1-\gamma)\ddot{a}_{x:\overline{n|}} - (\gamma_0 - \gamma)\right]}{\left(S + \dfrac{(1-\gamma)G - e}{d}\right)\sqrt{^2A_{x:\overline{n|}} - (A_{x:\overline{n|}})^2}\Big/\sqrt{n}}$$

이 된다. 위 식을 정리하여 G를 구하면 다음과 같다.

$$z_\alpha\left(S + \frac{(1-\gamma)G - e}{d}\right)\sqrt{^2A_{x:\overline{n|}} - (A_{x:\overline{n|}})^2}$$
$$= -S\sqrt{n}\,A_{x:\overline{n|}} - \sqrt{n}(e_0 - e) - e\sqrt{n}\,\ddot{a}_{x:\overline{n|}} + G\sqrt{n}\left[(1-\gamma)\ddot{a}_{x:\overline{n|}} - (\gamma_0 - \gamma)\right]$$

$$z_\alpha S d\sqrt{^2A_{x:\overline{n|}} - (A_{x:\overline{n|}})^2} + (1-\gamma)G z_\alpha\sqrt{^2A_{x:\overline{n|}} - (A_{x:\overline{n|}})^2} - e z_\alpha\sqrt{^2A_{x:\overline{n|}} - (A_{x:\overline{n|}})^2}$$
$$= -Sd\sqrt{n}\,A_{x:\overline{n|}} - d\sqrt{n}(e_0 - e) - ed\sqrt{n}\,\ddot{a}_{x:\overline{n|}} + Gd\sqrt{n}\left[(1-\gamma)\ddot{a}_{x:\overline{n|}} - (\gamma_0 - \gamma)\right]$$

$$(1-\gamma)G z_\alpha\sqrt{^2A_{x:\overline{n|}} - (A_{x:\overline{n|}})^2} - Gd\sqrt{n}\left[(1-\gamma)\ddot{a}_{x:\overline{n|}} - (\gamma_0 - \gamma)\right]$$
$$= -Sd\sqrt{n}\,A_{x:\overline{n|}} - d\sqrt{n}(e_0 - e) - ed\sqrt{n}\,\ddot{a}_{x:\overline{n|}} - d\left(S - \frac{e}{d}\right)z_\alpha\sqrt{^2A_{x:\overline{n|}} - (A_{x:\overline{n|}})^2}$$

$$G\left[(1-\gamma)z_\alpha\sqrt{^2A_{x:\overline{n|}} - (A_{x:\overline{n|}})^2} - d\sqrt{n}\left[(1-\gamma)\ddot{a}_{x:\overline{n|}} - (\gamma_0 - \gamma)\right]\right]$$
$$= -Sd\sqrt{n}\,A_{x:\overline{n|}} - d\sqrt{n}(e_0 - e) - ed\sqrt{n}\,\ddot{a}_{x:\overline{n|}} - d\left(S - \frac{e}{d}\right)z_\alpha\sqrt{^2A_{x:\overline{n|}} - (A_{x:\overline{n|}})^2}$$

$$G = \frac{-Sd\sqrt{n}\,A_{x:\overline{n|}} - d\sqrt{n}(e_0 - e) - ed\sqrt{n}\,\ddot{a}_{x:\overline{n|}} - d\left(S - \dfrac{e}{d}\right)z_\alpha\sqrt{^2A_{x:\overline{n|}} - (A_{x:\overline{n|}})^2}}{-d\sqrt{n}\left[(1-\gamma)\ddot{a}_{x:\overline{n|}} - (\gamma_0 - \gamma)\right] + (1-\gamma)z_\alpha\sqrt{^2A_{x:\overline{n|}} - (A_{x:\overline{n|}})^2}}$$

우측항의 분모와 분자를 d로 나누면 식 (7.2.6.13)을 다음과 같이 구할 수 있다.

$$G = \frac{SA_{x:\overline{n|}} + (e_0 - e) + e\ddot{a}_{x:\overline{n|}} + z_\alpha\left(S - \dfrac{e}{d}\right)\sqrt{^2A_{x:\overline{n|}} - (A_{x:\overline{n|}})^2}\Big/\sqrt{n}}{(1-\gamma)\ddot{a}_{x:\overline{n|}} - (\gamma_0 - \gamma) - z_\alpha(1-\gamma)\sqrt{^2A_{x:\overline{n|}} - (A_{x:\overline{n|}})^2}\Big/d\sqrt{n}}$$

22 다음의 가정과 정규근사법을 이용하여 계약 가입시점에 전체 포트폴리오의 이익의 현가가 72보다 클 확률을 구하시오. 즉, $\Pr(L < -72)$을 구하시오. 단 $_0L_{1i}$와 $_0L_{2j}$는 각각의 포트폴리오 안에서 독립적이고 동질적이다. 이때 $_0L_{1i}$는 보험금 1원, 종신납입, 완전이산 종신보험의 가입시점 미래손실이고, $_0L_{2j}$는 보험금 4원, 종신납입, 완전이산 종신보험의 가입시점 미래손실이다.

(i) $d = 0.06$
(ii) $A_x = 0.4$
(iii) $^2A_x = 0.2$
(iv) 연납보험료는 보험금의 6%이다.
(v) 250개의 계약이 있으며 분포는 다음 표와 같다.

미래손실	보험금	계약의 수
$_0L_{1i}$	1원	240
$_0L_{2j}$	4원	10

풀이

$$_0L_{1i} = v^{K_x+1} - 0.06\, \ddot{a}_{\overline{K_x+1|}}, \quad K_x = 0, 1, \cdots$$

$$E(_0L_{1i}) = A_x - 0.06\, \ddot{a}_x = 0.4 - 0.06\left(\frac{1-A_x}{d}\right) = 0.4 - (0.06)(10) = -0.2$$

$$\mathrm{Var}(_0L_{1i}) = \mathrm{Var}\left[v^{K_x+1}\left(1+\frac{0.06}{d}\right) - \frac{0.06}{d}\right]$$

$$= \left(1+\frac{0.06}{d}\right)^2 \mathrm{Var}(v^{K_x+1}) = 4\left[{}^2A_x - (A_x)^2\right]$$

$$= 4(0.2 - 0.16) = 0.16$$

$$E(_0L_{2j}) = 4A_x - 0.24\, \ddot{a}_x = 4\left[A_x - 0.06\, \ddot{a}_x\right] = 4E(_0L_{1i}) = -0.8$$

$$\mathrm{Var}(_0L_{2j}) = \mathrm{Var}(4\,_0L_{1i}) = 16 \times 0.16 = 2.56$$

포트폴리오의 미래손실의 합을 L로 표시하면 $L = \sum_{i=1}^{240} {}_0L_{1i} + \sum_{j=1}^{10} {}_0L_{2j}$
식 (7.2.6.2)에 의해,

$$E(L) = 240\,E(_0L_{1i}) + 10\,E(_0L_{2j}) = 240(-0.2) + 10(-0.8) = -56$$

$$\mathrm{Var}(L) = 240\,\mathrm{Var}(_0L_{1i}) + 10\,\mathrm{Var}(_0L_{2j}) = 240(0.16) + 10(2.56) = 64$$

$L = -72$에서 $-L = S = 72$로 표시하면 S는 보험사의 이익이라는 확률변수가 된다. 앞에서 구한 $E(_0L_{1i}) = -0.2 = E(S_{1i}) = 0.2$는 i포트폴리오에서 한 상품당 이익의 기대값이 0.2라는 의미이다.

$$\mathrm{Pr}(L < -72) = \mathrm{Pr}\left(\frac{L+56}{\sqrt{64}} < \frac{-72+56}{\sqrt{64}}\right) = \mathrm{Pr}\left(Z < \frac{-72+56}{\sqrt{64}}\right)$$

$$= \mathrm{Pr}(Z < -2) = \mathrm{Pr}(Z > 2) = 1 - 0.9772 = 0.0228$$

23 피보험자 (40)은 일시납보험료를 납입하고 제1보험연도말부터 매년말에 연금 1원씩을 지급하는 완전이산 종신연금에 가입하였다. 보험료는 1,000개의 계약으로 이루어진 포트폴리오의 미래손실이 0보다 클 확률이 5%가 되는 보험료로 결정된다. 다음의 가정을 이용하여 일시납보험료를 구하시오. 단, 포트폴리오 내의 각각의 보험계약의 미래손실은 동질적이고 독립적이다(i.i.d.).

(i) $A_{40} = 0.156941$, ${}^2A_{40} = 0.039148$ (ii) $d = 0.05$

풀이

기대값과 분산을 구하기 위해 $_0L_i$을 정의해보면

$$_0L_i = a_{\overline{K_{40}|}} - \text{NSP}, \quad K_{40} = 0, 1, 2, \cdots$$

$_0L_i$의 기대값은

$$E(_0L_i) = a_{40} - \text{NSP} = \ddot{a}_{40} - 1 - \text{NSP} = \left(\frac{1 - A_{40}}{d}\right) - 1 - \text{NSP}$$

$$= \frac{1 - 0.156941}{0.05} - 1 - \text{NSP} = 15.86118 - \text{NSP}$$

$_0L_i$의 분산은

$$\text{Var}(_0L_i) = \text{Var}\left(\frac{1 - v^{K_{40}}}{i}\right) = \text{Var}\left(\frac{v - v^{K_{40}+1}}{iv}\right) = \text{Var}\left(\frac{v - v^{K_{40}+1}}{d}\right)$$

$$= \frac{1}{d^2}\text{Var}\left(v^{K_{40}+1}\right) = \frac{1}{d^2}\left[{}^2A_{40} - (A_{40})^2\right]$$

$$= \frac{1}{0.05^2}(0.039148 - 0.156941^2) = 5.807$$

식 (7.2.6.8)에 의해, $\dfrac{-E(_0L_i)}{\text{SD}(_0L_i)/\sqrt{n}} = z_{0.05}$ 을 만족시키는 NSP를 찾아야 한다.

$$\frac{0 - (15.86118 - \text{NSP})}{\sqrt{5.807/1000}} = 1.645 \text{이므로}$$

$$\text{NSP} = 15.86118 + 1.645\sqrt{5.807/1000} = 15.98654$$

24 n명의 피보험자 (60)이 보험금 1,000원, 전기납입, 4년만기 완전이산 생사혼합보험에 가입하였다. 다음의 가정과 정규근사법을 이용하여 포트폴리오 미래손실(L^g)이 양수가 될 확률이 5%가 되는 최저 보험계약건수 n을 구하시오. 단, 포트폴리오 내의 각각의 보험계약의 미래손실은 동질적이고 독립적이다.

(i) $q_{60} = 0.01$, $q_{61} = 0.02$, $q_{62} = 0.03$, $q_{63} = 0.04$

(ii) $i = 0.05$　　　　　　　　　　　　(iii) 보험료는 275원이다.

(iv) 사업비 가정

연도	보험료의 비율	보험금액(1000원당)
1차연도	30%(γ_0)	20원(e_0)
2차연도 이후	5%(γ)	5원(e)

풀이

이 문제의 가정은 영업보험료가 다른 점을 제외하고는 예제 (7.2.3.5)와 동일하다. 예제 (7.2.3.5)와 비교하면서 그 결과들을 해석하길 바란다.

$_0L_i^g$를 i번째 계약의 총미래손실이라 정의하면

총미래손실 $_0L_i^g$는

$$
{}_0L_i^{\,g} = S v^{\min(K_x+1,n)} + (e_0 - e) + (\gamma_0 - \gamma)G - [(1-\gamma)G - e]\,\ddot{a}_{\overline{\min(K_x+1,n)}|}
$$

$$
= 1000 v^{\min(K_{60}+1,4)} + 15 + 68.75 - 256.25\,\ddot{a}_{\overline{\min(K_{60}+1,4)}|}
$$

$A_{60:\overline{4}|}$, ${}^2A_{60:\overline{4}|}$, $\ddot{a}_{60:\overline{4}|}$ 을 구해보자.

$$
\ddot{a}_{60:\overline{4}|} = 1 + 0.99v + (0.99)(0.98)v^2 + (0.99)(0.98)(0.97)v^3 = 3.635809524
$$

$$
A_{60:\overline{4}|} = 1 - \left(\frac{0.05}{1.05}\right)(3.63581) = 0.826866213
$$

$$
{}^2A_{60:\overline{4}|}^{\,1} = 0.01v^2 + (0.99)(0.02)v^4 + (0.99)(0.98)(0.03)v^6
$$
$$
+ (0.99)(0.98)(0.97)(0.04)v^8
$$
$$
= 0.072557928
$$

$$
{}^2_4E_{60} = v^8(0.99)(0.98)(0.97)(0.96) = 0.611490684
$$

$$
{}^2A_{60:\overline{4}|} = {}^2A_{60:\overline{4}|}^{\,1} + {}^2_4E_{60} = 0.684048612
$$

$$
E({}_0L_i^{\,g}) = 1000 A_{60:\overline{4}|} + 15 + 68.75 - (256.25)\ddot{a}_{60:\overline{4}|}
$$
$$
= (1000)(0.826866213) + 15 + 68.75 - (256.25)(3.635809524)
$$
$$
= -21.05997753
$$

${}_0L_i^{\,g}$의 분산을 구하기 위하여 ${}_0L_i^{\,g}$를 정리하면

$$
{}_0L_i^{\,g} = \left(1000 + \frac{256.25}{d}\right)v^{\min(K_{60}+1,4)} + 15 + 68.75 - \frac{256.25}{d}
$$

이다. ${}^2A_{60:\overline{4}|} = 0.684048612$를 이용하면

$$
\mathrm{Var}({}_0L_i^{\,g}) = \left[{}^2A_{60:\overline{4}|} - \left(A_{60:\overline{4}|}\right)^2\right]\left(1000 + \frac{256.25}{d}\right)^2
$$
$$
= (0.684048612 - (0.826866213)^2)(1000 + 5381.25)^2
$$
$$
= 13880.66382
$$

${}_0L_i^{\,g} = {}_0L^{\,g}$의 기대값과 분산을 예제 (7.2.3.5)에서와 같은 방법으로 구해보면 다음과 같다.

사망연도	총미래손실의 현가			
	(1)보험금	(2)사업비	(3)보험료	${}_0L^{\,g}=(1)+(2)-(3)$
1	952.38095	102.50000	275.00000	779.88095
2	907.02948	120.35714	536.90476	490.48186
3	863.83760	137.36395	786.33787	214.86368
4	822.70247	153.56090	1023.89321	− 47.62983
>4	822.70247	153.56090	1023.89321	− 47.62983

$E({}_0 L^g)$와 $E\left[\left({}_0 L^g\right)^2\right]$을 다음과 같이 구해보자.

사망연도	사망확률	${}_0 L^g$	$\left({}_0 L^g\right)^2$
1	0.01000	779.88095	608214.29989
2	0.01980	490.48186	240572.45441
3	0.02911	214.86368	46166.39910
4	0.03764	-47.62983	2268.60097
>4	0.90345	-47.62983	2268.60097
$E({}_0 L^g),\ E\left[\left({}_0 L^g\right)^2\right]$		-21.05998	14324.16357

위 표를 이용하면 생사혼합보험 ${}_0 L^g$의 분산은

$$\mathrm{Var}({}_0 L^g) = E\left[\left({}_0 L^g\right)^2\right] - \left[E\left({}_0 L^g\right)\right]^2 = 14324.16357 - \left[(-21.05998)\right]^2$$
$$= 13880.64092\,(\text{동일한 결과})$$

예제 (7.2.3.5)에서는 수지상등의 원칙에 의하여 구한 $G = 268.42701$을 사용할 때 $E({}_0 L^g) = 0$이었으나 이 문제에서는 $G = 275$를 사용하기 때문에 이익이 예상되므로 $E({}_0 L^g) = -21.05998$임에 유의하면서 비교하길 바란다.

전체 포트폴리오의 총미래손실은

$$L^g = \sum_{i=1}^{n} {}_0 L_i^g$$

이고 L^g의 기대값과 분산은

$$E(L^g) = -21.05997753\,n, \qquad \mathrm{Var}(L^g) = 13880.66382\,n$$

확률변수 L^g의 분포를 구하기 위하여 중심극한정리를 이용한다.

$$\mathrm{Pr}(L^g > 0) = \mathrm{Pr}\left(\frac{L^g - E(L^g)}{\sqrt{\mathrm{Var}(L^g)}} > \frac{0 - E(L^g)}{\sqrt{\mathrm{Var}(L^g)}}\right) = \alpha$$

따라서

$$\frac{-E(L^g)}{\sqrt{\mathrm{Var}(L^g)}} = \varPhi^{-1}(1-\alpha) = z_\alpha$$

을 만족시키는 n를 찾아야 한다.

$$\frac{0 - (-21.05997753\,n)}{\sqrt{13880.66382\,n}} = \frac{21.05997753}{\sqrt{13880.66382/n}} = z_\alpha = 1.645$$

n에 대하여 정리하면

$$\left(\frac{21.05997753}{1.645}\right)^2 = \frac{13880.66382}{n} \text{이므로 } n = 84.68884963$$

영업보험료 $G = 275$가 주어진 경우 $\mathrm{Pr}(L^g > 0) = 0.05$가 되게 하는 n은 84.68884963이다. 만일 영업보험료를 275보다 작게한 경우 예를 들어 $G = 270$으로 하고 $\mathrm{Pr}(L^g > 0)$

= 0.05가 되게 하려면 $n > 84.68884963$인 값을 찾아야 한다.

25 피보험자 (40)은 보험금 100,000원, 전기납입, 완전이산 종신보험에 가입하였다. 이 보험의 1차연도 총사업비는 1,000원과 영업보험료의 60%이고 2차연도부터 보험료의 3%와 100원씩이 매 연도초에 보험기간 동안 계약관리비용으로 부과된다. 다음의 가정을 이용하여 제5보험연도말 부가보험료식 책임준비금을 구하시오.

(i) $\ddot{a}_{45} = 17$

(ii) 수지상등 원칙에 의한 영업보험료는 1,166원이고 순보험료는 886원이다.

풀이

(ii)에 의해

$$P^e = G - P^n = 1166 - 886 = 280원이다.$$

$$_tV^e = \text{미래 집행할 사업비의 APV} - \text{부가보험료의 EPV}$$

5연도말에서 미래 집행할 사업비의 APV는

$$\text{APV} = (\gamma G + e)\ddot{a}_{45} = (0.03 \times 1166 + 100)(17) = 2294.66$$

5연도말에서 부가보험료의 EPV는

$$\text{EPV} = P^e \ddot{a}_{45} = 280 \times 17 = 4760$$

따라서 $_5V^e = 2294.66 - 4760 = -2465.34$

26 피보험자 (50)은 보험금 100,000원, 사망즉시급(UDD가정), 종신보험에 가입하였다. 이 보험의 1차연도 총사업비는 영업보험료의 20%와 1,000원이고 2차연도부터 영업보험료의 5%와 50원씩 매 연도초에 보험기간 동안 계약관리비용으로 부과된다. 또한, 보험금지급비용은 500원이다. 보험료는 연납으로 전기납입이다.

(i) 사망법칙은 $\omega = 120$인 De Moivre 법칙을 따른다.

(ii) $i = 0.05$

(iii) 영업보험료는 수지상등의 원칙을 이용하여 구한다.

위의 가정을 이용하여 다음을 구하시오.

(a) 영업보험료(G)를 구하시오.

(b) 제10보험연도말 영업보험료식 책임준비금을 구하시오.

풀이

(a) 영업보험료를 구하기 위해 $\bar{A}_{60}, \ddot{a}_{60}$을 구해보자.

$$A_{50} = \frac{a_{\overline{70}|}}{70} = \frac{1 - v^{70}}{(0.05)(70)} = 0.276324$$

$$\bar{A}_{50} = (i/\delta)A_{50} = \left(\frac{0.05}{\ln 1.05}\right)(0.276324) = 0.283176$$

$$\ddot{a}_{50} = \frac{1-A_{50}}{d} = \frac{1-0.276324}{0.05/1.05} = 15.197196$$

영업보험료를 계산해보면

$$G = \frac{(S_t + R_t)\bar{A}_{50} + (e_0 - e) + e\ddot{a}_{50}}{(1-\gamma)\ddot{a}_{50} - (\gamma_0 - \gamma)}$$

$$= \frac{(100500)(0.283176) + (950) + 50(15.197196)}{(1-0.05)(15.197196) - (0.2 - 0.05)} = 2111.59361$$

(b) 영업보험료식 책임준비금을 구하기 위해, $\bar{A}_{60}, \ddot{a}_{60}$을 구해보자.

$$A_{60} = \frac{a_{\overline{60}|}}{60} = \frac{1-v^{60}}{(0.05)(60)} = 0.315488$$

$$\bar{A}_{60} = (i/\delta)A_{60} = \left(\frac{0.05}{\ln 1.05}\right)(0.315488) = 0.323311$$

$$\ddot{a}_{60} = \frac{1-A_{60}}{d} = \frac{1-0.315488}{0.05/1.05} = 14.374752$$

영업보험료식 책임준비금을 구해보면

$$_{10}V^g = (S_t + R_t)\bar{A}_{60} + (e + \gamma G)\ddot{a}_{60} - G\ddot{a}_{60}$$

$$= (S_t + R_t)\bar{A}_{60} + e\ddot{a}_{60} - (1-\gamma)G\ddot{a}_{60}$$

$$= (100500)(0.323311) + (50)(14.374752)$$

$$- (1-0.05)(2111.59361)(14.374752)$$

$$= 4375.540355$$

27 피보험자 (50)은 보험금 100,000원, 종신납입, 완전이산 종신보험에 가입하였다. 이 보험의 1차연도 총사업비는 영업보험료의 60%이고 2차연도부터 영업보험료의 10%가 매 연도초에 보험기간 동안 계약관리비용으로 부과된다. 순보험료와 영업보험료는 21번째 보험료 납입시점부터 각각 1/2로 줄어든다. 다음의 가정을 이용하여 제30 보험연도말 부가보험료식 책임준비금을 구하시오.

(i) $A_{50} = 0.2387$, $A_{70} = 0.5017$, $A_{80} = 0.681$

(ii) $i = 0.05$ (iii) $_{20}p_{50} = 0.861$, $_{30}p_{50} = 0.64$

풀이

순보험료와 영업보험료를 구하기 위해 $\ddot{a}_{50}$, $_{20|}\ddot{a}_{50}$, $\ddot{a}_{50:\overline{20}|}$을 구해보자.

$$\ddot{a}_{50} = \frac{1-A_{50}}{d} = \frac{1-0.2387}{0.05/1.05} = 15.9873$$

$$\ddot{a}_{70} = \frac{1-A_{70}}{d} = \frac{1-0.5017}{0.05/1.05} = 10.4643$$

$$_{20|}\ddot{a}_{50} = v^{20}{}_{20}p_{50}\,\ddot{a}_{70} = (1.05^{-20})(0.861)(10.4643) = 3.3957$$

$$\ddot{a}_{50:\overline{20|}} = \ddot{a}_{50} - {}_{20|}\ddot{a}_{50} = 15.9873 - 3.3957 = 12.5916$$

처음 20년 동안의 순보험료를 P라고 하자. 순보험료를 구해보면

$$P\,\ddot{a}_{50:\overline{20|}} + 0.5P\,{}_{20|}\ddot{a}_{50} = 100000\,A_{50}$$

$$P = \frac{100000(0.2387)}{12.5916 + 0.5(3.3957)} = 1670.4632$$

처음 20년 동안의 영업보험료를 G라고 하자. 영업보험료를 구해보면

$$G(\ddot{a}_{50:\overline{20|}} + 0.5\,{}_{20|}\ddot{a}_{50}) = 100000\,A_{50} + 0.5G + 0.1G\,(\ddot{a}_{50:\overline{20|}} + 0.5\,{}_{20|}\ddot{a}_{50})$$

$$G = \frac{100000 \times 0.2387}{12.5916 + (0.5)(3.3957) - 0.5 - (0.1)[12.5916 + (0.5)(3.3987)]}$$

$$= 1931.17$$

처음 20년 동안의 부가보험료는 $1931.17 - 1670.4632 = 260.7068$원이다.

$$\ddot{a}_{80} = \frac{1-A_{80}}{d} = \frac{1-0.681}{0.05/1.05} = 6.699$$

21번째 영업보험료와 순보험료가 1/2로 줄어들기 때문에,

$$_tV^e = \text{미래 집행할 사업비의 APV} - \text{부가보험료의 EPV}$$

$$_{30}V^e = 0.5\,(\gamma\,G\,\ddot{a}_{80} - P^e\,\ddot{a}_{80}) = 0.5\,[(0.1)\,G\,\ddot{a}_{80} - P^e\,\ddot{a}_{80}]$$

$$= 0.5\,[(0.1)(1931.17)(6.699) - (260.7068)(6.699)] = -226.392$$

28 피보험자 (30)이 가입한 보험금 1,000원, 3년납입, 3년만기 완전이산 생사혼합보험을 고려한다. 보험료 산출기준과 책임준비금 산출기준은 동일하며 다음과 같이 주어졌다.

(i) $q_{30} = 0.0025$, $q_{31} = 0.0030$, $q_{32} = 0.0035$ (ii) $i = 0.05$

(iii) 사업비 가정

연도	보험료의 비율	보험금액(1000원당)
1차연도	30%(γ_0)	10원(e_0)
2차연도 이후	3%(γ)	3원(e)

위 가정들을 이용하여 다음을 구하시오.

(a) 평준순보험료 P^n과 평준부가보험료 P^e

(b) 1시점의 $_1V^e$, $_1V$, $_1V^g$

(c) 1, 2시점의 $_tV^g$를 영업보험료식 책임준비금의 재귀식을 이용하여 구하시오.

(d) 1, 2시점의 $_tV^e$를 부가보험료식 책임준비금의 재귀식을 이용하여 구하시오.

풀이

(a) 먼저 $A^1_{30:\overline{3}|}$, $A_{30:\overline{3}|}^{1}$, $A_{30:\overline{3}|}$, $\ddot{a}_{30:\overline{3}|}$을 구해보자.

$$A^1_{30:\overline{3}|} = 0.0025\left(\frac{1}{1.05}\right) + (0.9975)(0.003)\left(\frac{1}{1.05^2}\right)$$
$$+ (0.9975)(0.997)(0.0035)\left(\frac{1}{1.05^3}\right) = 0.008102063$$

$$A_{30:\overline{3}|}^{1} = (0.9975)(0.997)(0.9965)\left(\frac{1}{1.05^3}\right) = 0.856086145$$

$$A_{30:\overline{3}|} = 0.008102063 + 0.856086145 = 0.864188208$$

$$\ddot{a}_{30:\overline{3}|} = 1 + 0.9975\left(\frac{1}{1.05}\right) + (0.9975)(0.997)\left(\frac{1}{1.05^2}\right) = 2.852047619$$

주어진 가정과 $A_{30:\overline{3}|}$과 $\ddot{a}_{30:\overline{3}|}$을 이용하여 영업보험료 G와 평준순보험료 P^n을 구하면

$$G = \frac{1000A_{30:\overline{3}|} + (e_0 - e) + e\ddot{a}_{30:\overline{3}|}}{(1-\gamma)\ddot{a}_{30:\overline{3}|} - (\gamma_0 - \gamma)}$$
$$= \frac{1000(0.864188208) + 7 + 3(2.852047619)}{0.97(2.852047619) - 0.27} = 352.393037$$

$$P^n = \frac{1000A_{30:\overline{3}|}}{\ddot{a}_{30:\overline{3}|}} = \frac{1000(0.864188208)}{2.852047619} = 303.006234$$

이 된다. $P^e = G - P^n$이므로

$$P^e = 352.393037 - 303.006234 = 49.386803$$

(b) 먼저 $A^1_{31:\overline{2}|}$, $A_{31:\overline{2}|}^{1}$, $A_{31:\overline{2}|}$, $\ddot{a}_{31:\overline{2}|}$을 구해보자.

$$A^1_{31:\overline{2}|} = 0.003\left(\frac{1}{1.05}\right) + (0.997)(0.0035)\left(\frac{1}{1.05^2}\right) = 0.006022222$$

$$A_{31:\overline{2}|}^{1} = (0.997)(0.9965)\left(\frac{1}{1.05^2}\right) = 0.901143311$$

$$A_{31:\overline{2}|} = 0.006022222 + 0.901143311 = 0.907165533$$

$$\ddot{a}_{31:\overline{2}|} = 1 + 0.997\left(\frac{1}{1.05}\right) = 1.94952381$$

1시점의 사업비의 APV와 부가보험료의 EPV를 보험료 산출기준을 이용하여 구하면

미래 사업비의 APV $= e\ddot{a}_{31:\overline{2}|} + \gamma G\ddot{a}_{31:\overline{2}|} = (e + \gamma G)\ddot{a}_{31:\overline{2}|}$

부가보험료의 EPV $= P^e\ddot{a}_{31:\overline{2}|}$

따라서

$$_1V^e = (e+\gamma\,G)\ddot{a}_{31\,:\,\overline{2}|} - P^e\,\ddot{a}_{31\,:\,\overline{2}|}$$

$$= (3+0.03\times352.393037)(1.949523810)-(49.386803)(1.949523810)$$

$$= -69.822218$$

$$_1V = 1000\,A_{31\,:\,\overline{2}|} - P^n\,\ddot{a}_{31\,:\,\overline{2}|}$$

$$= 1000\,(0.907165533)-(303.006234)(1.949523810)$$

$$= 316.447665$$

$$_1V^g = 1000\,A_{31\,:\,\overline{2}|} + (e+\gamma\,G)\ddot{a}_{31\,:\,\overline{2}|} - G\,\ddot{a}_{31\,:\,\overline{2}|}$$

$$= 1000\,(0.907165533)+(3+0.03\times352.393037)(1.949523810)$$

$$- (352.393037)(1.949523810)$$

$$= 246.625446$$

$_1V + {}_1V^e = 316.447665+(-69.822219)=246.62545={}_1V^g$임을 확인할 수 있다.

(c) $R_t = 0$이며 생사혼합보험이다. $_3V^g = 1000$이므로 영업보험료식 책임준비금 재귀식으로부터

$$[_2V^g + G(1-\gamma_2) - e_2](1+i) = q_{32}(S_3+R_3)+p_{32}\,_3V^g$$

$$[_2V^g + 0.97(352.393037) - 3](1.05) = q_{32}(1000)+p_{32}(1000)$$

따라서 $_2V^g = 613.55971$이다. $_2V^g = 613.55971$을 이용하여

$$[_1V^g + G(1-\gamma_1) - e_1](1+i) = q_{31}(S_2+R_2)+p_{31}\,_2V^g$$

$$[_1V^g + 0.97(352.393037) - 3](1.05) = q_{31}(1000)+p_{31}(613.55971)$$

따라서 $_1V^g = 246.62545$

(d) $R_t = 0$이고 1차연도 이후 사업비는 $E = e+\gamma\,G = 13.5717911$이다. 생사혼합보험이므로 $_3V^e = 0$이며 부가보험료식 책임준비금 재귀식으로부터

$$(_2V^e + P^e - E_2)(1+i) = q_{32}\,R_3 + p_{32}\,_3V^e$$

$$(_2V^e + 49.386803 - 13.5717911)(1.05) = q_{32}(0)+p_{32}(0)=0$$

따라서 $_2V^e = -35.815012$이다. $_2V^e = -35.815012$을 이용하여

$$(_1V^e + 49.386803 - 13.5717911)(1.05) = q_{31}\,R_2 + p_{31}\,_2V^e$$

$$= (0.997)(-35.815012)$$

따라서 $_1V^e = -69.822219$

29 피보험자 (40)은 보험금 10,000원, 전기납입, 4년만기 완전이산 정기보험에 가입하였다. 다음의 가정을 이용하여 제1보험연도말 영업보험료식 책임준비금을 구하시오.

(i) 사망률 가정

t	q_{40+t-1}
1	0.01
2	0.02
3	0.03
4	0.04

(ii) 사업비 가정

연도	보험료의 비율	보험금액(10,000원당)
1차연도	20%(γ_0)	100원(e_0)
2차연도 이후	4%(γ)	20원(e)

(iii) $i = 0.05$

(iv) 영업보험료는 수지상등의 원칙을 이용하여 구한다.

풀이

영업보험료를 구하기 위해, $A_{40:\overline{4}|}^1$, $\ddot{a}_{40:\overline{4}|}$ 을 구해보자.

$$10000\, A_{40:\overline{4}|}^1$$

$$= 10000\left(\frac{0.01}{1.05} + \frac{(0.99)(0.02)}{1.05^2} + \frac{(0.99)(0.98)(0.03)}{1.05^3} + \frac{(0.99)(0.98)(0.97)(0.04)}{1.05^4} \right)$$

$$= 835.954649$$

$$\ddot{a}_{40:\overline{4}|} = 1 + \frac{0.99}{1.05} + \frac{(0.99)(0.98)}{1.05^2} + \frac{(0.99)(0.98)(0.97)}{1.05^3} = 3.635809524$$

$$G\,\ddot{a}_{40:\overline{4}|} = 10000 A_{40:\overline{4}|}^1 + [(\gamma_0 - \gamma)G + (e_0 - e)] + (\gamma G + e)\ddot{a}_{40:\overline{4}|}$$

$$G(3.635809524) = 835.954649 + (0.16\,G + 80) + (0.04\,G + 20)(3.635809524)$$

$$G[3.635809524(1 - 0.04) - 0.16] = 988.6708395$$

$$G = 296.8645283$$

제1보험연도말 책임준비금을 구하기 위해 재귀식을 사용해보면

$$\left[_0V^g + G(1 - \gamma_0) - e_0 \right](1 + i) = q_{40}(S_1 + R_1) + p_{40}\,{_1V^g}$$

$$\left[_0V^g + (296.8645283)(1 - 0.2) - 100 \right](1.05) = (0.01)(10000) + (0.99)\,{_1V^g}$$

$_0V^g = 0$ 이므로

$$_1V^g = \frac{[0 + (296.8645283)(1 - 0.2) - 100](1.05) - (0.01)(10000)}{0.99} = 44.81$$

30 피보험자 (40)은 일시납보험료, 2년만기 완전이산 생사혼합보험에 가입하였다. 보험금은 1차연도 사망시 1,000원, 2차연도 사망시 2,000원이며 생존보험금은 3,000원이다. 이 보험의 1차연도 총사업비는 영업보험료의 4%와 16원이고 2차연도 총사업비는 4원이다.

(i) $i = 0.05$　　　　　　(ii) $p_{40} = 0.98$, $p_{41} = 0.97$

위 가정을 이용하여 다음을 구하시오.

(a) 영업보험료를 구하시오.

(b) 제1보험연도말 영업보험료식 책임준비금을 구하시오.

풀이

영업보험료를 구해보자.

보험급부의 APV1은

$$APV1 = 1000\,v\,q_{40} + 2000\,v^2\,p_{40}\,q_{41} + 3000\,v^2\,{}_2p_{40}$$

$$= (1000)\left(\frac{0.02}{1.05}\right) + (2000)\left(\frac{(0.98)(0.03)}{1.05^2}\right) + (3000)\left(\frac{(0.98)(0.97)}{1.05^2}\right)$$

$$= 2659.047619$$

사업비의 APV2는

$$APV2 = (0.04\,G + 16) + (4)\,v\,p_{40} = 0.04\,G + 19.73333$$

수지상등의 원칙에 의하여 EPV = APV1 + APV2

$$G = 2659.047619 + (0.04\,G + 19.73333)$$

$$G = 2790.3968$$

재귀식을 이용하여 ${}_1V^g$를 구해보자.

$$[{}_0V^g + (1 - \gamma_0)\,G - e_0](1 + i) = q_{40}(S_1 + R_1) + p_{40}\,{}_1V^g$$

$G = 2790.3968$이고 ${}_0V^g = 0$이므로

$$[{}_0V^g + (1 - 0.04)(2790.3968) - 16](1.05) = (0.02)(1000 + 0) + (0.98)\,{}_1V^g$$

$$2795.919974 = 20 + 0.98\,{}_1V^g$$

$${}_1V^g = 2832.5714$$

${}_1V^g$는 다음과 같은 재귀식으로도 계산할 수 있다.

$$({}_1V^g - 4)(1 + 0.05) = q_{41}(2000) + p_{41}(3000)$$

$$= 0.03(2000) + 0.97(3000) = 2970$$

$${}_1V^g = 2832.571429 \text{(동일한 결과)}$$

31 피보험자 (40)은 보험금 10,000원, 전기납입, 완전연속 종신보험에 가입하였다. 다음의 가정을 이용하여 $\frac{d}{dt}\,_{10}V^g$를 구하시오.

(i) $G_t = 105$, $\gamma_0 = 0.4$, $\gamma = 0.04$, $e_0 = 100$, $e = 4$, $R_t = 15$

(e, G_t는 연속적 연액을 나타낸다)

(ii) $\delta = 0.05$　　　　　　(iii) $\mu_{50} = 0.005$　　　　　(iv) $_{10}V^g = 990$

> **풀이**

$$\frac{d}{dt}\,_{10}V^g = \delta\,_{10}V^g + G(1-\gamma) - e - \mu_{50}(S + R_{10} - _{10}V^g)$$

$$= 0.05(990) + 105(1 - 0.04) - 4 - 0.005(10000 + 15 - 990)$$

$$= 101.175$$

32 피보험자 (40)은 보험금 10,000원, 20년납입, 20년만기 완전연속 정기보험에 가입하였다. 다음의 가정을 이용하여 제10보험연도말 책임준비금을 구하시오.

(i) 연속납순보험료의 연액(완전연속 연납순보험료)은 25원　　(ii) $\delta = 0.05$

(iii) $\mu_{40} = 0.008$　　　　　　　　　　(iv) $\frac{d}{dt}\,_{10}V = -48.04$

> **풀이**

$$\frac{d}{dt}\,_{10}V = \delta\,_{10}V + P - \mu_{40}(S_{10} - _{10}V) \text{이므로}$$

$$-48.04 = 0.05\,_{10}V + 25 - (0.008)(10000 - _{10}V)$$

$$_{10}V = \frac{-48.04 - 25 + 80}{0.05 + 0.008} = 120$$

33 피보험자 (40)은 보험금 10,000원, 20년납입, 20년만기 완전연속 정기보험을 가입하였다. 다음의 가정을 이용하여 $_{19.8}V$를 구하시오. 구하는 방법은 $h = 0.1$인 후진적 오일러방법을 이용하시오.

(i) 연속납영업보험료의 연액(완전연속 연납영업보험료)은 26원　　(ii) $\delta = 0.05$

(iii) $\gamma = 0.03$, $R_t = 10$, $e = e_0 = 0$, $\gamma - \gamma_0 = 0$　　　(iv) $\mu_x = 0.001(1.02^x)$

> **풀이**

20년만기 정기보험이므로 $_{20}V = 0$을 이용하여 $_{19.9}V$를 구해보자.

$$\mu_{60} = 0.001(1.02^{60}) = 0.003281$$

식 (7.2.8.13)에서

$$_{19.9}V^g = {}_{20}V^g\left[1 - h(\mu_{60} + \delta)\right] + h\left[-(1 - \gamma_{20})G + e + (S + R_{20})\mu_{60}\right]$$

$$= 0[1 - 0.1(0.003281 + 0.05)]$$
$$+ (0.1)[-(1-0.03)(26) + 0 + (10010)0.003281]$$
$$= 0.762281$$

$_{19.9}V$를 이용하여 $_{19.8}V$를 구해보자.

$$\mu_{59.9} = 0.001(1.02^{59.9}) = 0.003275$$

식 (7.2.8.13)에서

$$_{19.8}V^g = {}_{19.9}V^g\left[1 - h(\mu_{59.9} + \delta)\right] + h\left[-(1 - \gamma_{19.9})G + e + (S + R_{19.9})\mu_{59.9}\right]$$
$$= 0.762281[1 - (0.1)(0.003275 + 0.05)]$$
$$+ (0.1)[-(1 - 0.03)(26) + 0 + (10010)(0.003275)]$$
$$= 1.51449$$

34 다음의 가정을 이용하여 $10000({}_{10}V_{40} - {}_{10}V_{40}^{\mathrm{FPT}})$을 구하시오.

(i) $A_{40} = 0.1569,\ A_{50} = 0.2388$ (ii) $q_{40} = 0.00282$ (iii) $i = 0.05$

풀이

$$_{10}V_{40} = \frac{A_{50} - A_{40}}{1 - A_{40}} = \frac{0.2388 - 0.1569}{1 - 0.1569} = 0.09714$$

$_{10}V_{40}^{\mathrm{FPT}}$를 계산하기 위해, A_{41}를 구해보자.

$A_{40} = vq_{40} + vp_{40}A_{41}$이므로

$$0.1569 = \left(\frac{1}{1.05}\right)(0.00282) + \left(\frac{1}{1.05}\right)(1 - 0.00282)A_{41}$$

$$A_{41} = 0.162383$$

$$_{10}V_{40}^{\mathrm{FPT}} = {}_9V_{41} = \frac{A_{50} - A_{41}}{1 - A_{41}} = \frac{0.2388 - 0.162383}{1 - 0.162383} = 0.09123$$

$$_{10}V_{40} - {}_{10}V_{40}^{\mathrm{FPT}} = 0.09714 - 0.09123 = 0.00591$$

$$10000({}_{10}V_{40} - {}_{10}V_{40}^{\mathrm{FPT}}) = (10000)(0.00591) = 59.1$$

심·화·학·습·문·제 7.2

1 피보험자 (50)이 보험금 100,000원, 10년납입, 10년만기 완전이산 생사혼합보험에 가입하였다. 이 보험의 1차연도 총사업비는 1,000원과 영업보험료의 30%이고 2차연도부터 영업보험료의 3%와 30원씩이 매 연도초에 계약관리비용으로 부과된다. $i=5\%$이다.

(a) 계약시점의 총미래손실 $_0L^g$를 나타내시오.

(b) 제7회 경험생명표를 이용하여 수지상등의 원칙을 만족하는 평준영업보험료 G를 구하시오.

(c) 평준영업보험료 G를 평준순보험료 P^n과 평준부가보험료 P^e로 나타내시오.

풀이

(a) 사업비 가정은 $e_0=1000$, $\gamma_0=0.3$, $e=30$, $\gamma=0.03$에 해당된다. 영업보험료를 G로 표시하면

$$_0L^g = 100000\,v^{\min(K_{50}+1,\,10)}+1000+0.3\,G+(0.03\,G+30)(\ddot{a}_{\overline{\min(K_{50}+1,\,10)|}}-1)$$
$$-G\,\ddot{a}_{\overline{\min(K_{50}+1,\,10)|}}$$
$$= 100000\,v^{\min(K_{50}+1,\,10)}+970+0.27G-(0.97G-30)\ddot{a}_{\overline{\min(K_{50}+1,\,10)|}}$$

(b) 보험료수입의 EPV는

$$\text{EPV} = G\,\ddot{a}_{50:\overline{10|}} = 7.987834\,G$$

보험급부의 APV1은

$$\text{APV1} = 100000\,A_{50:\overline{10|}} = 100000(0.619627) = 61962.7$$

사업비의 APV2는

$$\text{APV2} = 970+0.27\,G+(0.03\,G+30)\ddot{a}_{50:\overline{10|}} = 1209.63502+0.50963502\,G$$

수지상등의 원칙에 의하여

보험료수입의 EPV = 보험급부의 APV1 + 사업비의 APV2

$$7.987834\,G = 61962.7+1209.63502+0.50963502\,G$$

$$G = \frac{61962.7+1209.63502}{7.987834-0.50963502} = 8447.53$$

(c) 평준순보험료 P^n은

$$P^n = \text{보험급부의 APV1}/\ddot{a}_{50:\overline{10|}} = \frac{61962.7}{7.987834} = 7757.13$$

따라서 평준부가보험료 P^e 는

$$P^e = G - P^n = 8447.53 - 7757.13 = 690.4$$

2 피보험자 (30)이 보험금 100,000원, 사망즉시급(UDD가정), 종신납입, 종신보험에 가입하였다. 이 보험의 1차연도 총사업비는 1000원과 영업보험료의 50%이고 2차연도부터 영업보험료의 5%와 50원씩이 매 연도초에 계약관리비용으로 부과된다. $(i = 5\%)$

(a) 계약시점의 총미래손실 $_0L^g$ 를 나타내시오.

(b) 제7회 경험생명표를 이용하여 수지상등의 원칙을 만족하는 평준영업보험료 G 를 구하시오.

(c) 평준영업보험료 G 를 평준순보험료 P^n 과 평준부가보험료 P^e 로 나타내시오.

∷ 풀이

(a) 사업비 가정은 $e_0 = 1000$, $\gamma_0 = 0.5$, $e = 50$, $\gamma = 0.05$ 에 해당된다. 영업보험료를 G 로 표시하면

$$_0L^g = 100000\, v^{T_{30}} + 1000 + 0.5\,G + (0.05\,G + 50)(\ddot{a}_{\overline{K_{30}+1}} - 1) - G\,\ddot{a}_{\overline{K_{30}+1}}$$

$$= 100000\, v^{T_{30}} + 950 + 0.45\,G - (0.95\,G - 50)\ddot{a}_{\overline{K_{30}+1}}$$

(b) 보험료수입의 EPV는

$$\text{EPV} = G\,\ddot{a}_{30} = 18.882771\,G$$

보험금은 UDD가정하에서의 사망즉시급이므로 보험급부의 APV1은

$$\text{APV1} = 100000\,\bar{A}_{30} = 100000\left(\frac{i}{\delta}\,A_{30}\right) = 100000 \times 0.10332043389$$

$$= 10332.043389$$

사업비의 APV2는

$$\text{APV2} = 950 + 0.45\,G + (0.05\,G + 50)\,\ddot{a}_{30} = 1894.13855 + 1.39413855\,G$$

수지상등의 원칙에 의하여

보험료수입의 EPV = 보험급부의 APV1 + 사업비의 APV2

$$18.882771\,G = 10332.043389 + 1894.13855 + 1.39413855\,G$$

$$G = \frac{10332.043389 + 1894.13855}{18.882771 - 1.39413855} = 699.0930808$$

(c) 평준순보험료 P^n 은

$$P^n = \text{보험급부의 APV1} / \ddot{a}_{30} = \frac{10332.043389}{18.882771} = 547.1677536$$

따라서 평준부가보험료 P^e 는

$$P^e = G - P^n = 699.0930808 - 547.1677536 = 151.9253272$$

3 피보험자 (40)은 보험금 100,000원, 종신납입, 완전이산(fully discrete) 종신보험에 가입하였다. 다음 가정을 이용하여 k을 구하시오.

(i) 보험료는 연초에 납입한다.

(ii) 1차연도 총사업비는 영업보험료의 50%와 1,000원이고 2차연도부터 영업보험료의 5%와 k원이 매 연도초에 계약관리비용으로 부과된다.

(iii) 수지상등의 원칙에 의해 계산된 영업보험료는 1,071원이다.

(iv) $A_{40} = 0.156941$ (v) $i = 0.05$

풀이

$$\ddot{a}_{40} = \frac{1 - 0.156941}{0.05/1.05} = 17.704239$$

보험료수입의 EPV는

$$EPV = G\,\ddot{a}_{40} = (1071)(17.704239) = 18961.23997$$

보험급부의 APV1는

$$APV1 = 100000\,A_{40} = (100000)(0.156941) = 15694.1$$

사업비의 APV2는

$$
\begin{aligned}
APV2 &= (e_0 - e) + (\gamma_0 - \gamma)\,G + (\gamma\,G + e)\,\ddot{a}_{40} \\
&= (1000 - k) + 0.45(1071) + [0.05(1071) + k](17.704239) \\
&= 2430.011998 + 16.704239\,k
\end{aligned}
$$

수지상등의 원칙에 의하여

$$EPV = APV1 + APV2$$
$$18961.23997 = 15694.1 + (2430.011998 + 16.704239\,k)$$
$$k = \frac{837.127972}{16.704239} = 50.11470274$$

4 피보험자 (40)은 보험금 100,000원, 20년거치, 10년납입, 종신보험에 가입하였다. 다음의 가정을 이용하여 영업보험료 G를 구하시오.

(i) 사업비 가정

연도	보험료의 비율	보험금액(100,000원당)
1차연도	30%	1,000원
2~10차연도	3%	50원
11차연도~20차연도	–	20원

(ii) 영업보험료는 수지상등의 원칙에 따라 계산한다.

(iii) $\ddot{a}_{40:\overline{10|}} = 8.06067$, $_{10|}\ddot{a}_{40} = 9.643564$,

$_{20|}A_{40} = 0.12471$, $_{10|}\ddot{a}_{40:\overline{10|}} = 4.8187$

::: 풀이

보험료수입의 EPV는

$$EPV = G\,\ddot{a}_{40:\overline{10|}} = 8.06067\,G$$

보험급부의 APV1은

$$APV1 = 100000\,_{20|}A_{40} = (100000)(0.12471) = 12471$$

11차연도초에서 20연도초에 납입하는 보험금액당 사업비를 e'이라 하자.

사업비의 APV2는

$$APV2 = (e_0 - e) + (\gamma_0 - \gamma)G + (\gamma\,G + e)\ddot{a}_{40:\overline{10|}} + e'\,_{10|}\ddot{a}_{40:\overline{10|}}$$

$$= (1000 - 50) + (0.3 - 0.03)\,G + (0.03G + 50)\ddot{a}_{40:\overline{10|}} + 20\,_{10|}\ddot{a}_{40:\overline{10|}}$$

$$= 0.5118201\,G + 1444.4075$$

수지상등의 원칙에 의하여 EPV = APV1 + APV2

$$8.06067\,G = 12471 + (0.5118201\,G + 1444.4075)$$

$$G = \frac{13915.4075}{7.5488519} = 1843.38$$

5 피보험자 (30)은 보험금 10,000원, 10년거치, 10년납입, 20년만기 정기보험에 가입하였다. 다음의 가정을 이용하여 영업보험료 G를 구하시오. ($i = 0.05$)

(i) 사업비 가정

연도	보험료의 비율	보험금액 (10,000원당)	사망보험금 지급비용
1차연도초	30%(γ_0)	100원(e_0)	
2~10차연도초	3%(γ)	30원(e)	100원(R_t)
11차연도 이후	–	–	

(ii) 영업보험료는 수지상등의 원칙에 따라 계산한다.

(iii) $\ddot{a}_{30:\overline{10|}} = 8.087697$, $A^{\,1}_{30:\overline{10|}} = 0.005126$, $A^{\,1}_{40:\overline{20|}} = 0.032232$

::: 풀이

보험료수입의 EPV는

$$EPV = G\,\ddot{a}_{30:\overline{10|}} = 8.087697\,G$$

$$A_{30:\overline{10|}} = 1 - d\,\ddot{a}_{30:\overline{10|}} = 1 - \left(\frac{0.05}{1.05}\right)(8.087697) = 0.614872$$

$$_{10}E_{30} = A_{30:\overline{10|}} - A^{1}_{30:\overline{10|}} = 0.614872 - 0.005126 = 0.609746$$

$$_{10|}A^{1}_{30:\overline{20|}} = {}_{10}E_{30}\ A^{1}_{40:\overline{20|}} = (0.609746)(0.032232) = 0.019653$$

보험급부의 APV1은

$$\text{APV1} = 10000\ {}_{10|}A^{1}_{30:\overline{20|}} = (10000)(0.019653) = 196.53$$

사업비의 APV2는

$$\text{APV2} = (e_0 - e) + (\gamma_0 - \gamma)G + (\gamma G + e)\ddot{a}_{30:\overline{10|}} + R_t\ {}_{10|}A^{1}_{30:\overline{20|}}$$

$$= (100 - 30) + (0.3 - 0.03)G + (0.03G + 30)\ddot{a}_{30:\overline{10|}} + (100)\ {}_{10|}A^{1}_{30:\overline{20|}}$$

$$= 0.51263\,G + 314.59621$$

수지상등의 원칙에 의하여 EPV = APV1 + APV2

$$8.087697\,G = 196.53 + (0.51263\,G + 314.59621)$$

$$G = \frac{511.12621}{7.575067} = 67.4748$$

6 피보험자 (40)이 보험금 100,000원, 종신납입, 완전이산 종신보험에 가입하였다. 이 보험의 1차연도의 사업비는 1,000원과 영업보험료의 20%이고 2차연도부터 보험료의 2%와 200원씩 매 연도초에 계약관리비용으로 부과된다. 사력이 $\mu'_{40+t} = \mu_{40+t} + 0.005$로 주어질 때, $i = 5\%$, 제7회 경험생명표를 이용하여 영업보험료 G'를 구하시오. μ_{40+t}는 표준위험률이 적용되는 사력이다. 단, $i = 5.526\%$일 때 $\ddot{a}_{40}$는 16.557123이다.

::: 풀이

$$_{t}p'_{x} = \exp\left[-\int_0^t \mu'_{x+s}\,ds\right] = e^{-ct}\ {}_{t}p_{x}$$

$$\ddot{a}'_{40:\overline{20|}} = \sum_{t=0}^{19} e^{-\delta t}\ {}_{t}p'_{40} = \sum_{t=0}^{19} e^{-(\delta+c)t}\ {}_{t}p_{40}$$

$$j = e^{c+\delta} - 1 = e^{\delta}e^{c} - 1 = 1.05\,e^{0.005} - 1 = 0.05526$$

따라서

$$\ddot{a}'_{40} = \ddot{a}_{40j} = 16.557123 \quad (j = 0.05526)$$

$$\ddot{a}_{40} = \ddot{a}_{40i} = 17.704236 \quad (i = 0.05)$$

보험료수입의 EPV는

$$\text{EPV} = G'\sum_{t=0}^{\infty} v^{t}\ {}_{t}p'_{40} = G'\,\ddot{a}_{40j} = 16.557123\,G'$$

사업비의 APV1은

$$\text{APV1} = 800 + 0.18\,G' + (0.02\,G' + 200)\,\ddot{a}_{40j}$$

$$= 4111.4246 + 0.51114246\,G'$$

보험급부의 APV2는 $d = \dfrac{0.05}{1.05} = 0.047619048$를 이용하면

$$\text{APV2} = 100000\, A'_{40} = 100000\left(1 - d\,\ddot{a}'_{40}\right) = 21156.55714$$

따라서 보험료수입의 EPV = 사업비의 APV1 + 보험급부의 APV2

$$16.557123\, G' = 4111.4246 + 0.51114246\, G' + 21156.55714$$

$$G' = \frac{4111.4246 + 21156.55714}{16.557123 - 0.51114246}$$

$$= \frac{25267.98174}{16.04598054} = 1574.723444$$

7 피보험자 (40)은 보험금 10원, 전기납입, 40년만기 완전연속(fully continuous) 생사혼합보험에 가입했다. 다음의 가정을 이용하여 $\mathrm{Var}\left({}_{0}L\right)$을 구하시오.

(i) 보험료는 수지상등의 원칙을 적용한다.

(ii) $\mu = 0.05$ (iii) $\delta = 0.05$

:: 풀이 ●

[풀이 1]: 정의에 의한 방법

$$\bar{a}_{40:\overline{40|}} = \int_{0}^{40} v^{t}\, {}_{t}p_{40}\, dt = \int_{0}^{40} e^{-0.05t}\, e^{-0.05t}\, dt = \frac{1}{0.1} \int_{0}^{40} 0.1\, e^{-0.1t}\, dt$$

$$= \frac{1}{0.1}\left(1 - e^{-(0.1)(40)}\right) = 9.816843611$$

$$\bar{A}_{40:\overline{40|}} = 1 - \delta\,\bar{a}_{40:\overline{40|}} = 1 - (0.05)(9.816843611) = 0.5091578195$$

$$
{}^{2}\bar{A}_{40:\overline{40|}} = {}^{2}\bar{A}_{40:\overline{40|}}^{\,1} + {}^{2}A_{40:\overline{40|}}^{\;\;\;\,1}
$$

$$= \int_{0}^{40} v^{2t}\, {}_{t}p_{40}\, \mu_{40+t}\, dt + v^{2(40)}\, {}_{40}p_{40}$$

$$= \int_{0}^{40} e^{-0.1t}\, e^{-0.05t}\, 0.05\, dt \; + \; e^{-(0.1+0.05)(40)}$$

$$= \frac{0.05}{0.15} \int_{0}^{40} 0.15\, e^{-0.15t}\, dt \; + \; e^{-(0.1+0.05)(40)}$$

$$= \frac{0.05}{0.15}\left[1 - e^{-(0.15)(40)}\right] \; + \; e^{-(0.15)(40)}$$

$$= 0.3325070826 + 0.0024787522 = 0.3349858348$$

[풀이 2]: 간편공식 사용

$$\bar{A}_{40:\overline{40|}}^{\,1} = \frac{\mu\left(1 - e^{-(\mu+\delta)n}\right)}{\mu+\delta} = \frac{0.05\left(1 - e^{-(0.05+0.05)(40)}\right)}{0.05 + 0.05} = 0.4908422$$

$$A_{40:\overline{40|}}^{\;\;\;\,1} = e^{-(\mu+\delta)n} = e^{-(0.05+0.05)(40)} = 0.0183156$$

$$\bar{A}_{40:\overline{40|}} = \bar{A}_{40:\overline{40|}}^{\,1} + A_{40:\overline{40|}}^{\;\;1} = 0.5091578$$

$$\bar{a}_{40:\overline{40|}} = \frac{1 - \bar{A}_{40:\overline{40|}}}{\delta} = \frac{1 - 0.5091578}{0.05} = 9.816844$$

$$^{2}\bar{A}_{40:\overline{40|}} = {}^{2}\bar{A}_{40:\overline{40|}}^{\,1} + {}^{2}A_{40:\overline{40|}}^{\;\;1}$$

$$= \frac{0.05\,(1 - e^{-(0.1+0.05)(40)})}{0.1 + 0.05} + e^{-(0.1+0.05)(40)}$$

$$= 0.3325070826 + 0.0024787522 = 0.3349858348$$

두 가지 방법에서 구한 APV들은 동일하다. 위의 결과를 이용하면

$$P = \frac{10\,\bar{A}_{40:\overline{40|}}}{\bar{a}_{40:\overline{40|}}} = \frac{(10)(0.5091578195)}{9.816843611} = 0.518657$$

$$\mathrm{Var}({}_{0}L) = \left(10 + \frac{P}{\delta}\right)^{2} \left[{}^{2}\bar{A}_{40:\overline{40|}} - \left(\bar{A}_{40:\overline{40|}}\right)^{2}\right]$$

$$= \left(10 + \frac{0.518657}{0.05}\right)^{2} (0.3349858348 - 0.5091578195^{2}) = 31.439$$

8 3년만기 생사혼합보험인 다음의 가정을 이용하여 답하시오.

피보험자 (50)이 가입한 보험금 1,000원, 3년납입, 3년만기 완전이산보험을 고려한다. 보험료 산출기준과 책임준비금 산출기준은 동일하며 다음과 같은 가정이 주어졌다.

(i) $q_{50} = 0.0025$, $q_{51} = 0.0030$, $q_{52} = 0.0035$　　　　(ii) $i = 0.05$

(iii) 사업비 가정

연도	보험료의 비율	보험금액(1000원당)
1차연도	30%(γ_0)	10원(e_0)
2차연도 이후	3%(γ)	3원(e)

(a) 총미래손실 ${}_{0}L^{g}$를 정의하시오.

(b) 수지상등의 원칙을 적용한 영업보험료 G를 구하시오.

(c) G를 이용하여 총미래손실의 분산을 구하시오.

▸ 풀이

(a) 총미래손실 ${}_{0}L^{g}$는 다음과 같이 정의할 수 있다.

$${}_{0}L^{g} = Sv^{\min(K_x+1,\,n)} + (e_0 - e) + (\gamma_0 - \gamma)G - \left[\left[(1-\gamma)G - e\right]\ddot{a}_{\overline{\min(K_x+1,\,n)|}}\right]$$

$${}_{0}L^{g} = 1000v^{\min(K_{50}+1,\,3)} + (10-3) + (0.3-0.03)G$$

$$\qquad - \left[\left[(1-0.03)G - 3\right]\ddot{a}_{\overline{\min(K_{50}+1,\,3)|}}\right]$$

(b) 먼저 $A_{50:\overline{3}|}$ 와 $\ddot{a}_{50:\overline{3}|}$ 을 구해보자.

$$A_{50:\overline{3}|}^{1} = 0.0025\,v + (0.9975)(0.0030)\,v^2 + (0.9975)(0.9970)(0.0035)\,v^3$$

$$= 0.008102$$

$$A_{50:\overline{3}|}^{\ \ 1} = (0.9975)(0.9970)(0.9965)\,v^3 = 0.8560861$$

$$A_{50:\overline{3}|} = A_{50:\overline{3}|}^{1} + A_{50:\overline{3}|}^{\ \ 1} = 0.008102 + 0.8560861 = 0.864188$$

$$\ddot{a}_{50:\overline{3}|} = 1 + 0.9975\,v + (0.9975)(0.9970)\,v^2 = 2.85205$$

총미래손실 확률변수의 기대값인 $E(_0L^g) = 0$ 이 되는 값을 찾으면

$$SA_{x:\overline{n}|} + (e_0 - e) + e\,\ddot{a}_{x:\overline{n}|} - G\big[(1-\gamma)\,\ddot{a}_{x:\overline{n}|} - (\gamma_0 - \gamma)\big] = 0$$

$$1000\,A_{50:\overline{3}|} + (10-3) + 3\,\ddot{a}_{50:\overline{3}|} - G\big[(1-0.03)\,\ddot{a}_{50:\overline{3}|} - (0.3-0.03)\big] = 0$$

이 되고 이 식을 만족하는 G 를 구하면

$$G = \frac{SA_{x:\overline{n}|} + (e_0 - e) + e\,\ddot{a}_{x:\overline{n}|}}{(1-\gamma)\,\ddot{a}_{x:\overline{n}|} - (\gamma_0 - \gamma)} = \frac{1000\,A_{50:\overline{3}|} + (10-3) + 3\,\ddot{a}_{50:\overline{3}|}}{(1-0.03)\,\ddot{a}_{50:\overline{3}|} - (0.3-0.03)}$$

$$= 352.39263$$

(c) 총미래손실의 현가를 다음 식을 이용하여 구해보자.

$$_0L^g = S\,v^{\min(K+1,\,n)} + (e_0 - e) + (\gamma_0 - \gamma)\,G + e\,\ddot{a}_{\overline{\min(K+1,\,n)}|}$$

$$+ \gamma\,G\,\ddot{a}_{\overline{\min(K+1,\,n)}|} - G\,\ddot{a}_{\overline{\min(K+1,\,n)}|}$$

사망연도	총미래손실의 현가			
	(1)보험금	(2)사업비	(3)보험료	$_0L^g = (1)+(2)-(3)$
1	952.38095	115.71791	352.39304	715.70583
2	907.02948	128.64343	688.00545	347.66745
3	863.83760	140.95344	1007.63633	-2.84529
>3	863.83760	140.95344	1007.63633	-2.84529

총미래손실의 기대값과 $E\left[\left(_0L^g\right)^2\right]$ 을 다음과 같이 구해보자.

사망연도	사망확률	$_0L^g$	$\left(_0L^g\right)^2$
1	0.00250	715.70583	512234.82966
2	0.00299	347.66745	120872.65653
3	0.00348	-2.84529	8.09566
>3	0.99103	-2.84529	8.09566
$E(_0L^g),\ E\left[\left(_0L^g\right)^2\right]$		0	1650.34969

위 표를 이용하면 생사혼합보험 $_0L^g$ 의 분산은

$$\text{Var}(_0L^g) = E\left[(_0L^g)^2\right] - \left[E\left(_0L^g\right)\right]^2 = 1650.34969 - 0.00 = 1650.34969$$

9 피보험자 (35)가 가입한 보험금 1,000원, 5년납입, 5년만기 완전이산 정기보험을 고려한다. 보험료 산출기준과 책임준비금 산출기준은 동일하며 다음과 같이 주어졌다.

(i) $q_{35} = 0.00065$, $q_{36} = 0.00070$, $q_{37} = 0.00075$, $q_{38} = 0.00080$, $q_{39} = 0.00085$

(ii) $i = 0.05$

(iii) 사업비 가정

연도	보험료의 비율	보험금액(1000원당)
1차연도	50%(γ_0)	10원(e_0)
2차연도 이후	5%(γ)	5원(e)

위 가정을 이용하여 다음을 구하시오.

(a) 총미래손실 $_0L^g$를 정의하시오.

(b) 수지상등의 원칙을 적용한 영업보험료 G를 구하시오.

(c) G를 이용하여 총미래손실의 분산을 구하시오.

풀이

(a) 총미래손실 $_0L^g$는 다음과 같이 정의할 수 있다.

$$_0L^g = \begin{cases} Sv^{K_x+1} + (e_0 - e) + (\gamma_0 - \gamma)G - [(1-\gamma)G - e]\ddot{a}_{\overline{K_x+1}|}, \\ \qquad\qquad\qquad\qquad\qquad\qquad K_x = 0, 1, 2, 3, 4 \\ (e_0 - e) + (\gamma_0 - \gamma)G - [(1-\gamma)G - e]\ddot{a}_{\overline{5}|}, \\ \qquad\qquad\qquad\qquad\qquad\qquad K_x = 5, 6, 7, 8, \cdots \end{cases}$$

$$_0L^g = \begin{cases} 1000\,v^{K_{35}+1} + (10-5) + (0.5-0.05)G - [(1-0.05)G - 5]\ddot{a}_{\overline{K_{35}+1}|} \\ \qquad\qquad\qquad\qquad\qquad\qquad, K_{35} = 0, 1, 2, 3, 4 \\ (10-5) + (0.5-0.05)G - [(1-0.05)G - 5]\ddot{a}_{\overline{5}|} \\ \qquad\qquad\qquad\qquad\qquad\qquad, K_{35} = 5, 6, 7, 8, \cdots \end{cases}$$

(b) 먼저 $A^{1}_{35:\overline{5}|}$와 $\ddot{a}_{35:\overline{5}|}$을 구해보자.

$$A_{35:\overline{5}|} = 0.00065\,v + (0.99935)(0.00070)v^2 + (0.99935)(0.99930)(0.00075)v^3$$
$$+ (0.99935)(0.99930)(0.99925)(0.00080)v^4$$
$$+ (0.99935)(0.99930)(0.99925)(0.99920)(0.00085)v^5 = 0.00322147$$

$$\ddot{a}_{35:\overline{5}|} = 1 + 0.99935\,v + (0.99935)(0.99930)v^2 + (0.99935)(0.99930)(0.99925)v^3$$
$$+ (0.99935)(0.99930)(0.99925)(0.99920)v^4 = 4.53991$$

총미래손실 확률변수의 기대값인 $E(_0L^g) = 0$이 되는 값을 찾으면

$$SA^{1}_{x:\overline{n}|} + (e_0 - e) + e\,\ddot{a}_{x:\overline{n}|} - G\left[(1-\gamma)\ddot{a}_{x:\overline{n}|} - (\gamma_0 - \gamma)\right] = 0$$

$$1000A^{1}_{35:\overline{5}|} + (10-5) + 5\ddot{a}_{35:\overline{5}|} - G\left[(1-0.05)\ddot{a}_{35:\overline{5}|} - (0.5-0.05)\right] = 0$$

이 되고 이 식을 만족하는 G 를 구하면

$$G = \frac{SA^{1}_{x:\overline{n}|} + (e_0-e) + e\ddot{a}_{x:\overline{n}|}}{(1-\gamma)\ddot{a}_{x:\overline{n}|} - (\gamma_0-\gamma)} = \frac{1000A^{1}_{35:\overline{5}|} + (10-5) + 5\ddot{a}_{35:\overline{5}|}}{(1-0.05)\ddot{a}_{35:\overline{5}|} - (0.5-0.05)}$$

$$= 8.00457$$

(c) 총미래손실의 현가를 다음 식을 이용하여 구해보자.

$$_{0}L^{\mathrm{g}} = \begin{cases} Sv^{K+1} + (e_0-e) + (\gamma_0-\gamma)G + e\ddot{a}_{\overline{K+1}|} + \gamma G\ddot{a}_{\overline{K+1}|} - G\ddot{a}_{\overline{K+1}|}, \\ \qquad\qquad\qquad\qquad\qquad\qquad\qquad\qquad\qquad K = 0,1,2,3,4 \\ (e_0-e) + (\gamma_0-\gamma)G + e\ddot{a}_{\overline{5}|} + \gamma G\ddot{a}_{\overline{5}|} - G\ddot{a}_{\overline{5}|}, \\ \qquad\qquad\qquad\qquad\qquad\qquad\qquad\qquad\qquad K = 5,6,\cdots \end{cases}$$

사망연도	총미래손실의 현가			
	(1)보험금	(2)사업비	(3)보험료	$_{0}L^{\mathrm{g}} = (1)+(2)-(3)$
1	952.38095	14.00228	8.00457	958.37867
2	907.02948	19.14536	15.62796	910.54687
3	863.83760	24.04352	22.88834	864.99278
4	822.70247	28.70844	29.80299	821.60793
5	783.52617	33.15123	36.38836	780.28903
>5		33.15123	36.38836	-3.23714

총미래손실의 기대값과 $E\left[\left(_{0}L^{\mathrm{g}}\right)^2\right]$ 을 다음과 같이 구해보자.

사망연도	사망확률	$_{0}L^{\mathrm{g}}$	$\left(_{0}L^{\mathrm{g}}\right)^2$
1	0.000650000	958.37867	918489.67377
2	0.000699545	910.54687	829095.60905
3	0.000748987	864.99278	748212.51376
4	0.000798321	821.60793	675039.59688
5	0.000847537	780.28903	608850.97077
>5		-3.23714	10.47905
$E(_{0}L^{\mathrm{g}})$, $E\left[\left(_{0}L^{\mathrm{g}}\right)^2\right]$		0	2802.77240

위 표를 이용하면 정기보험 $_{0}L^{\mathrm{g}}$ 의 분산은

$$\mathrm{Var}(_{0}L^{\mathrm{g}}) = E\left[\left(_{0}L^{\mathrm{g}}\right)^2\right] - \left[E\left(_{0}L^{\mathrm{g}}\right)\right]^2 = 2802.77240 - 0.00 = 2802.77240$$

10 피보험자 (40)은 보험금 10,000원, 종신납입, 완전연속(fully continuous) 종신보험에 가입하였다. 다음의 가정을 이용하여 계약 가입시점에서 손실이 10보다 클 확률을 구하시오.

(i) $\mu = 0.02$　　　　(ii) $\delta = 0.05$　　　　(iii) 매년 보험료는 250원이다.

: 풀이

$_0L$을 나타내면 다음과 같다.

$$_0L = 10000\, v^{T_{40}} - 250\left(\frac{1-v^{T_{40}}}{0.05}\right) = \left(10000 + \frac{250}{0.05}\right)v^{T_{40}} - \frac{250}{0.05}$$

계약 가입시점에 손실이 10보다 클 확률은

$$\Pr(\,_0L > 10) = \Pr\left[\left(10000 + \frac{250}{0.05}\right)e^{-0.05\,T_{40}} - \frac{250}{0.05} > 10\right]$$

$$= \Pr\left[e^{-0.05\,T_{40}} > \frac{10 + 250/0.05}{10000 + (250/0.05)}\right]$$

$$= \Pr\left[T_{40} < \frac{1}{-0.05}\ln\left(\frac{10 + 250/0.05}{10000 + (250/0.05)}\right)\right]$$

$$= \Pr\left[T_{40} < 21.9323\right]$$

따라서

$$\Pr\left[T_{40} < 21.9323\right] = {}_{21.9323}q_{40} = 1 - {}_{21.9323}p_{40}$$

$$= 1 - e^{-(0.02)(21.9323)} = 0.3551$$

11 피보험자 (30)은 보험금 1,000원, 20년거치, 20년납입, 완전연속(fully continuous) 종신보험에 가입하였다.

(i) $\mu_{30+t} = 0.03$　　　　　　　　(ii) $\delta = 0.05$

위의 가정을 이용하여 다음을 구하시오.

(a) 수지상등의 원칙에 의해 계산된 보험료를 구하시오.

(b) $_0L$을 정의하시오.

(c) (a)에서 계산된 보험료를 이용하여 $\Pr(\,_0L < 0)$을 구하시오.

: 풀이

(a) 보험료를 구하기 위해, $_{20|}\bar{A}_{30}$와 $\bar{a}_{30:\overline{20|}}$을 구해보자.

$$_{20|}\bar{A}_{30} = {}_{20}E_{30}\,\bar{A}_{50} = e^{-(\mu+\delta)(20)}\left(\frac{\mu}{\mu+\delta}\right) = e^{-(0.08)(20)}\left(\frac{0.03}{0.08}\right)$$

$$= 0.075711$$

$$\bar{a}_{30:\overline{20|}} = \frac{1 - e^{-(\mu+\delta)(20)}}{\mu+\delta} = \frac{1 - e^{-(0.08)(20)}}{0.08} = 9.9762935$$

$$P = \frac{(1000)_{\ 20|}\bar{A}_{30}}{\bar{a}_{30:\overline{20|}}} = \frac{(1000)(0.075711)}{(9.9762935)} = 7.5891$$

(b) 이 보험의 가입시점의 확률변수는 다음과 같다.

$$_0L = \begin{cases} -7.5891\,\bar{a}_{\overline{T_{30}|}}, & 0 < T_{30} < 20 \\ 1000\,v^{T_{30}} - 7.5891\,\bar{a}_{\overline{20|}}, & T_{30} \geq 20 \end{cases}$$

가입시점의 확률변수의 그래프를 그리면 다음과 같다.

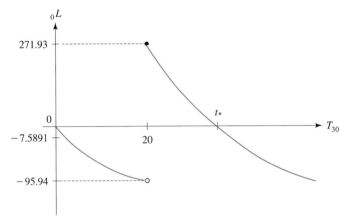

(c) 위 그래프에 따르면 미래손실 확률변수는 T_{30}이 20과 t_* 사이의 구간을 제외하고는 모두 0보다 작다. 따라서 $\Pr\left(_0L < 0\right) = 1 - \Pr\left(20 < T_{30} < t_*\right)$

그러므로 미래손실 확률변수가 0을 만족하는 t_*를 구해보면

$1000\,v^{t_*} - 7.5891\,\bar{a}_{\overline{20|}} = 0$이고 $v^{t_*} = \dfrac{0 + \left(7.5891\,\bar{a}_{\overline{20|}}\right)}{1000}$이므로

$t_* = 46.87970287$이다.

$1 - \Pr\left(20 < T_{30} < 46.87970287\right)$를 구해보면

$$1 - \left[\Pr\left(T_{30} > 20\right) - \Pr\left(T_{30} > 46.87970287\right)\right]$$
$$= 1 - \left(_{20}p_{30} - {}_{46.87970287}p_{30}\right)$$
$$= 1 - \left(e^{-(0.03)(20)} - e^{-(0.03)(46.87970287)}\right) = 0.696214331$$

12 피보험자 (30)은 20년거치, 일시납보험료, 30년만기 기시급 유기생명연금에 가입하였다. 다음과 같은 가정이 주어졌다.

(i) 사망법칙은 $\omega = 110$인 De Moivre 법칙을 따른다.

(ii) 연금액은 50세부터 매년초 1원씩 지급된다.　　　(iii) $i = 0.05$

위의 가정을 이용하여 다음을 구하시오.

(a) 수지상등의 원칙에 의해 계산된 일시납순보험료를 구하시오.

(b) 보험가입시 미래손실이 0보다 작을 확률을 구하시오.

:: 풀이

(a) 보험료를 구하기 위해 $A_{50:\overline{30|}}$, $\ddot{a}_{50:\overline{30|}}$, $_{20}E_{30}$ 으로 $_{20|}\ddot{a}_{30:\overline{30|}}$ 을 구해보자.

$$A^1_{x:\overline{n|}} = \frac{a_{\overline{n|}}}{\omega - x} \text{ 이므로 } A^1_{50:\overline{30|}} = \frac{a_{\overline{30|}}}{60} = \frac{1 - (1.05^{-30})}{60(0.05)} = 0.25621$$

$$_{30}E_{50} = v^{30}{}_{30}p_{50} = (1.05^{-30}) \left(\frac{110 - 50 - 30}{110 - 50} \right) = 0.115689$$

$$A_{50:\overline{30|}} = A^1_{50:\overline{30|}} + {}_{30}E_{50} = 0.25621 + 0.115689 = 0.37189$$

$$\ddot{a}_{50:\overline{30|}} = \frac{1 - A_{50:\overline{30|}}}{d} = \frac{1 - 0.37189}{0.05/1.05} = 13.19031$$

$$_{20}E_{30} = v^{20}{}_{20}p_{30} = \left(\frac{1}{1.05^{20}} \right) \left(\frac{80 - 20}{80} \right) = 0.282667$$

$$\text{NSP} = {}_{20|}\ddot{a}_{30:\overline{30|}} = {}_{20}E_{30}\,\ddot{a}_{50:\overline{30|}} = (0.282667)(13.19031) = 3.72847$$

(b) 이 연금의 미래손실 확률변수는

$$_0L = \begin{cases} -3.72847, & K_{30} = 0, 1, 2, \cdots, 19 \\ \ddot{a}_{\overline{K_{30}+1|}} - \ddot{a}_{\overline{20|}} - 3.72847, & K_{30} = 20, 21, \cdots, 49 \\ \ddot{a}_{\overline{50|}} - \ddot{a}_{\overline{20|}} - 3.72847, & K_{30} = 50, 51, \cdots \end{cases}$$

미래손실 확률변수를 그래프로 그리면 다음과 같다.

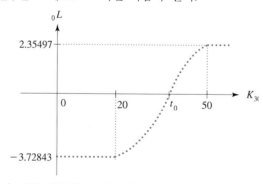

미래손실이 0보다 작을 확률을 구해보면

$$\Pr\left[{}_0L < 0 \right] = \Pr\left[\ddot{a}_{\overline{K_{30}+1|}} - \ddot{a}_{\overline{20|}} - 3.72847 < 0 \right] = \Pr\left[\frac{1 - v^{K_{30}+1}}{0.05/1.05} < 16.81379 \right]$$

$$= \Pr\left[v^{K_{30}+1} > 0.19934 \right] = \Pr\left[K_{30} + 1 < 33.05468 \right]$$

따라서 연금수급자가 33년 안에 사망을 하면 보험자가 이익을 본다. 연금수급자가 33년 안에 사망할 확률은

$$1 - {}_{33}p_{30} = 1 - \left(\frac{110 - 30 - 33}{110 - 30} \right) = 0.4125$$

13 피보험자 남자 (30)이 가입한 30년납입, 30년만기 완전이산 생사혼합보험을 고려한다. 보험금을 S, 영업보험료를 G, 1차연도총사업비를 $e_0 + \gamma_0 G$, 2차연도부터 지급되는 계약관리비용을 $e + \gamma G$ 라고 가정한다. $S = 100000$, $e_0 = 1000$, $e = 200$, $\gamma_0 = 0.2$, $\gamma = 0.02$, $i = 0.05$이며 제7회 경험생명표를 이용한다.

(a) 총미래손실 $_0L^g$를 정의하시오.

(b) 수지상등의 원칙을 적용한 영업보험료 G를 구하시오.

(c) 이 보험을 판매한 후 보험자가 이익을 볼 확률을 구하시오.

(d) $\Pr(_0L^g < -B)$을 구하고 $-B$의 제약조건을 설명하시오.

(e) 이 보험에서 이익이 500보다 클 확률을 구하시오.

(f) $_0L^g$를 y축으로 하는 그림을 그려 설명하시오.

:: 풀이

(a) 총미래손실 $_0L^g$는 다음과 같이 정의할 수 있다.

$$_0L^g = S v^{\min(K_x+1,n)} + (e_0 - e) + (\gamma_0 - \gamma) G - [(1-\gamma) G - e] \ddot{a}_{\overline{\min(K_x+1,n)|}}$$

$$= 100000 v^{\min(K_{30}+1,30)} + (1000 - 200) + (0.2 - 0.02) G$$

$$- [(1 - 0.02) G - 200] \ddot{a}_{\overline{\min(K_{30}+1,30)|}}$$

(b) 먼저 $\ddot{a}_{30:\overline{30|}}$ 과 $A_{30:\overline{30|}}$ 을 제7회 경험생명표를 이용하여 구해보자.

$$A_{30:\overline{30|}} = 0.240912, \quad \ddot{a}_{30:\overline{30|}} = 15.940855$$

이 되고 $E(_0L^g) = 0$이 되는 G 값을 찾으면 된다.

$$E(_0L^g) = 100000 A_{30:\overline{30|}} + 800 + 200 \ddot{a}_{30:\overline{30|}} - G(0.98 \ddot{a}_{30:\overline{30|}} - 0.18)$$

$$G = \frac{S A_{x:\overline{n|}} + (e_0 - e) + e \ddot{a}_{x:\overline{n|}}}{(1-\gamma) \ddot{a}_{x:\overline{n|}} - (\gamma_0 - \gamma)} = \frac{100000 A_{30:\overline{30|}} + 800 + 200 \ddot{a}_{30:\overline{30|}}}{0.98 \ddot{a}_{30:\overline{30|}} - 0.18}$$

$$= 1818.372107$$

(c) $\delta = \ln(1+i) = \ln(1.05) = 0.048790, \quad d = i/(1+i) = 0.05/1.05 = 0.047619$

식 (7.2.4.13)를 이용하여 k_*를 구해보자.

$$k_* = \frac{1}{\delta} \ln\left[\frac{(1-\gamma) G - e + S d}{[(1-\gamma) - (\gamma_0 - \gamma) d] G - e - (e_0 - e) d} \right]$$

$$= \frac{1}{0.048790} \ln\left[\frac{0.98 G + 4561.9}{0.97143 G - 238.095} \right] = 29.172398$$

따라서 $K_{30} + 1 > 29.172398$인 경우 이익이 발생하고 $\lfloor k_* \rfloor = 29$이므로 그 확률은

$$_{\lfloor k_* \rfloor} p_{30} = {}_{29} p_{30} = 0.93987$$

(d) $K_{30} \geq 30$인 모든 값에서 $_0L^g$가 최대값 B를 가지므로

$$_0L^g(30) = 100000\,v^{30} + (1000 - 200) + (0.2 - 0.02)\,G$$
$$- [(1 - 0.02)\,G - 200]\,\ddot{a}_{\overline{30|}}$$
$$= 1270.20$$

따라서 B 는 1270.2보다 작아야 한다. 즉 미래손실은 $-B$ 보다 작을 수 없다(이익은 B 보다 클 수 없다).

(e) $B = 500$ 으로 설정하면 식 (7.2.4.18)의 우변은 $k_* = 29.494170$ 이 된다. 따라서

$$\Pr[_0L > 500] = _{\lfloor k_* \rfloor}p_{30} = _{29}p_{30} = 0.93987$$

(f) 위의 결과들을 이용하여 $_0L^g$ 를 y 축으로 하는 그림을 그려보면 다음과 같다.

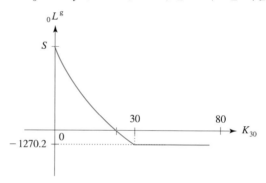

(d)에서 구한 바와 같이 이익은 1270.2를 넘을 수 없다.

14 20년거치, 10년납입, 기시급 종신연금을 고려한다. 연금상품의 가입자는 남자 (40)이고, 20년 후부터 1년에 1,000원씩 지급되며 연금보험료는 10년 동안 납입된다 ($i = 0.05$).

(a) 미래손실 $_0L$ 을 정의하시오.

(b) 수지상등의 원칙을 적용한 연납순보험료 P 를 구하시오.

(c) 보험자가 이 계약에서 이익을 볼 확률을 구하시오.

(d) 보험자의 최대손실 B 를 구하시오.

(e) 미래손실이 1,000을 초과할 확률을 구하시오.

(f) $_0L$ 을 y 축으로 하는 그림을 그려 설명하시오.

풀이

(a) $_0L$ 를 $K_{40} = k$ $(k = 0, 1, 2, \cdots)$ 가 주어진 경우의 미래손실의 현가라고 하면

$$_0L(k) = \begin{cases} 0 - P\,\ddot{a}_{\overline{K_{40}+1|}}, & K_{40} = 0, 1, 2, \cdots, 9 \\ 0 - P\,\ddot{a}_{\overline{10|}}, & K_{40} = 10, 11, \cdots, 19 \\ 1000\,_{20|}\ddot{a}_{\overline{(K_{40}+1)-20|}} - P\,\ddot{a}_{\overline{10|}}, & K_{40} = 20, 21, \cdots \end{cases}$$

(b) 수지상등의 원칙을 적용하여 P 를 구하면

$$1000 \, {}_{20|}\ddot{a}_{40} - P \, \ddot{a}_{40:\overline{10|}} = 0$$

부록의 생명표를 이용하면 ${}_{20|}\ddot{a}_{40} = 4.824828$, $\ddot{a}_{40:\overline{10|}} = 8.060672$이므로

$$P = 598.5639907$$

(c) $P \, \ddot{a}_{\overline{10|}} = 598.5639907(8.107821676) = 4853.050098$

미래손실이 0보다 작게 하는 K를 구하면

$$1000 \, {}_{20|}\ddot{a}_{\overline{(K_{40}+1)-20|}} - 4853.050098 < 0$$

$$1000 \, \frac{v^{20}(1 - v^{K_{40}-19})}{0.05/1.05} < 4853.050098$$

$$v^{20} - v^{K_{40}+1} < (4.853050098)\left(\frac{0.05}{1.05}\right) = 0.2310976237$$

$$v^{K_{40}+1} > \frac{1}{1.05^{20}} - 0.2310976237 = 0.1457918592$$

$$K_{40} + 1 < \frac{\ln 0.1390625677}{-\ln 1.05} = 39.466$$

따라서 연금수급자가 39년 안에 사망을 하면 보험자가 이익을 본다. 연금수급자가 39 년 안에 사망할 확률은

$$1 - {}_{39}p_{40} = 0.3373$$

이 된다. 이 확률이 보험자가 이 계약에서 이익을 볼 확률이다. 연금수급자가 39년 이 상을 생존한다면 보험자는 손실을 본다.

(d) 보험자가 부담하는 최대손실을 B라고 할 때 종신연금에서의 최대손실은 연금수급자가 생명표상 최대 나이인 110세 시점까지 생존할 시점이므로 다음과 같이 구할 수 있다.

$$_0L(k) = 1000 \, {}_{20|}\ddot{a}_{\overline{50|}} - P \, \ddot{a}_{\overline{10|}} = 1000\left(\frac{v^{20} - v^{70}}{d}\right) - P \, \ddot{a}_{\overline{10|}} = 2371.439523$$

(e) 미래손실이 1000을 초과하는 경우의 확률은 다음과 같이 구할 수 있다.

$$1000 \, {}_{20|}\ddot{a}_{\overline{K_{40}-19|}} - 4853.050098 > 1000$$

$$1000 \, \frac{v^{20}(1 - v^{K_{40}-19})}{0.05/1.05} > 5853.050098$$

$$v^{20} - v^{K_{40}+1} > (5.853050098)\left(\frac{0.05}{1.05}\right) = 0.2787166713$$

$$v^{K_{40}+1} < \frac{1}{1.05^{20}} - 0.2787188713 = 0.09817281$$

$$K_{40} + 1 > \frac{\ln 0.0981728}{-\ln 1.05} = 47.57159615$$

그러므로 미래손실이 1000을 초과하는 경우의 확률은

$$_{47}p_{40} = 0.33898$$

(f) 위의 결과들로 $_0L$를 y축으로 하는 그래프를 그려보면 다음과 같다.

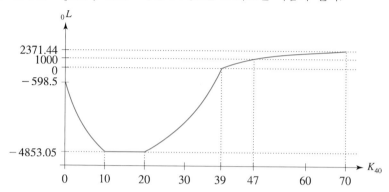

15 40세 피보험자가 보험금 100,000원, 20년납입, 20년만기 완전이산(fully discrete) 정기보험에 가입하였다. $i = 0.05$이고 부록의 생명표를 이용하시오.

(a) $\Pr(_0L > 0) \le 0.5$가 되게 하는 백분위 보험료를 구하시오.

(b) $\Pr(_0L > 0) \le 0.1$이 되게 하는 백분위 보험료를 구하시오.

(c) $\Pr(_0L > 0) \le 0.05$가 되게 하는 백분위 보험료를 구하시오.

풀이

먼저 $_{20}q_{40}$을 구해보자.

$$_{20}q_{40} = 1 - {_{20}p_{40}} = 1 - 0.940496 = 0.059504$$

이다.

(a) $_{20}q_{40} < \alpha = 0.5$인 경우이므로 보험료 $P_{0.5} = 0$이다.

(b) $_{20}q_{40} < \alpha = 0.1$인 경우이므로 보험료 $P_{0.1} = 0$이다.

(c) $_{20}q_{40} > \alpha = 0.05$인 경우이므로 $K < 30$에서 미래손실 $_0L$을 정의해보면

$$_0L = 100000 v^{K+1} - P\,\ddot{a}_{\overline{K+1|}}$$

가 되므로 $\alpha = 0.05$를 만족시키는 $t_{0.05}$를 생명표에서 찾아보자.

$F_{40}(t_\alpha) = \Pr(T < t_{0.05}) = 0.05$이므로

$\Pr(T > t_{0.05}) = 0.95$를 만족시키는 값들을 찾아보면

$$_{18}p_{40} = 0.951731, \qquad\qquad\qquad _{18}q_{40} = 0.048269$$
$$_{19}p_{40} = 0.946296, \qquad\qquad\qquad _{19}q_{40} = 0.053704$$

임을 알 수 있다. $_aq_x < \alpha < {_{a+1}q_x}$인 경우 $k+1 = a+1$로 택한다. 따라서 $a+1 = 19$ $= k+1$을 만족시키는 $k = 18$이 $\Pr(_0L > 0) \le 0.05$를 만족시키는 값이다($k = 18$인 경우 $\Pr(_0L > 0) = 0.0048269$이며 $\Pr(_0L > 0) \le 0.05$를 만족시킨다). 따라서

$$_0L = 100000 v^{19} - P\,\ddot{a}_{\overline{19|}} = 0$$

을 만족시키는 P 가 5번째 백분위 보험료이다.

$$P_{0.05} = \frac{100000 v^{19}}{\ddot{a}_{\overline{19|}}} = \frac{100000}{\ddot{s}_{\overline{19|}}} = \frac{100000}{32.0660} = 3118.568$$

$P_{0.05} = 3118.568$ 은 $\Pr({}_0L > 0) \le 0.05$ 를 만족시키는 최소보험료이다.

즉, $P_{0.05} = 3118.568$ 보다 P 가 더 커지면 $\Pr({}_0L > 0) \le 0.05$ 를 당연히 만족하며, $\Pr({}_0L > 0)$ 이 0.048269 보다 더 작아지게 된다.

16 피보험자 (30)이 가입한 종신납입, 완전연속 종신보험을 고려한다. 보험금을 100,000 원, 순보험료를 P 라고 가정한다. 이때 $\delta = 0.05$ 이며 사력이 $\mu_{x+t} = \dfrac{1}{100-x-t}$, $0 < t < 100-x$ 이다.

(a) 미래손실 ${}_0L$ 를 정의하시오.

(b) 수지상등의 원칙을 적용한 순보험료 π 를 구하시오.

(c) (b)에서 구한 π 를 이용하여 $\Pr({}_0L > 0)$ 을 구하시오.

(d) $\Pr({}_0L > 0) \le 0.3$ 인 즉 $\alpha = 0.3$ 인 백분위 보험료를 구하시오.

∷ 풀이

(a) 총미래손실 ${}_0L$ 는 다음과 같이 정의할 수 있다.

$$_0L = S v^{T_x} - P \bar{a}_{\overline{T_x|}}$$

$$_0L = 100000 v^{T_{30}} - P \bar{a}_{\overline{T_{30}|}}$$

(b) 보험료를 구하기 위해 $\bar{A}_{30}$, $\bar{a}_{30}$ 을 구해보면

$$\bar{A}_{30} = \frac{\bar{a}_{\overline{70|}}}{70} = \frac{1}{70} \times \frac{1 - e^{-0.05(70)}}{0.05} = 0.277086$$

$$\bar{a}_{30} = \frac{1 - \bar{A}_{30}}{\delta} = 14.45828$$

이 되고 $E({}_0L) = 0$ 이 되는 π 값을 찾으면 된다.

$$E({}_0L) = 100000 \bar{A}_{30} - \pi \bar{a}_{30}$$

$$\pi = \frac{100000 \bar{A}_{30}}{\bar{a}_{30}} = 1916.452026$$

(c) $\Pr({}_0L > 0) = \Pr(T_x < t_*) = {}_{t_*}q_x$ 이고

$$t_* = -\frac{1}{\delta} \ln\left(\frac{\pi}{S\delta + \pi}\right) = 25.66854703 \text{ 이므로}$$

$${}_{t_*}q_{30} = {}_{25.66854703}q_{30} = \frac{25.66854703}{70} = 0.366694$$

(d) $t_{0.3}$을 구해보자. $t_{0.3}$은 $F_{30}(t) = 0.3$을 만족하는 t이다. T의 p.d.f $g(t) = \dfrac{1}{100-x}$,

$0 \le t \le 100-x$이므로 $g(t) = \dfrac{1}{70}$이다. $F_{30}(t) = \dfrac{t_{\alpha}}{70} = 0.3$이다. 따라서 $t_{\alpha} = 21$이다.

t_{α}를 이용하여 P_{α}를 구해보자. $_0L = S\,v^{T_x} - P\,\bar{a}_{\overline{T_x}|}$이므로 $_0L = S\,v^{t_{\alpha}} - P\,\bar{a}_{\overline{t_{\alpha}}|} = 0$이

되는 P를 찾으면 된다.

$$P_{0.3} = \frac{S\,v^{t_{\alpha}}}{\bar{a}_{\overline{t_{\alpha}}|}} = \frac{S}{\bar{s}_{\overline{t_{\alpha}}|}} = \frac{100000}{\bar{s}_{\overline{21}|}} = \frac{100000 \times 0.05}{e^{0.05(21)} - 1} = 2691.571066$$

17 피보험자 (30)는 보험금 10,000원, 20년거치, 30년만기 완전연속 정기보험을 가입하

였다. 다음의 가정을 이용하여 $\Pr(_0L > 0) = 0.30$인 보험료를 구하시오.

(i) 사망법칙은 $\omega = 110$인 De Moivre 법칙을 따른다.

(ii) $\delta = 0.05$ 　　　　　　　　　　　(iii) 보험료는 30년간 납입한다.

:: 풀이 ▶

이 보험의 미래손실 확률변수를 나타내면 다음과 같다.

$$_0L = \begin{cases} -P\,\bar{a}_{\overline{T_{30}}|}, & 0 < T_{30} < 20 \\ 10000\,v^{T_{30}} - P\,\bar{a}_{\overline{T_{30}}|}, & 20 \le T_{30} < 30 \\ 10000\,v^{T_{30}} - P\,\bar{a}_{\overline{30}|}, & 30 \le T_{30} < 50 \\ -P\,\bar{a}_{\overline{30}|}, & 50 \le T_{30} < 80 \end{cases}$$

$t_{0.3}$를 구해보자. 20년 거치기간 동안에 $_0L$은 항상 음수이므로 $_0L > 0$일 수 없다.

따라서 $t_{0.3}$는 $F_{30}(t) - {}_{20}q_{30} = F_{30}(t) - 0.25 = 0.3$를 만족하는 t이다.

T의 p.d.f $g(t) = \dfrac{1}{110-x}$, $0 < t < 110-x$이므로 $g(t) = \dfrac{1}{80}$이다.

$$F_{30}(t) = \frac{t_{0.3}}{80} - 0.25 = 0.3$$

따라서 $t_{0.3} = 44$이다. $t_{0.3}$를 이용하여 $P_{0.3}$를 구해보자.

$t_{0.3} = 44$일 때 미래손실 확률변수는 $_0L = 10000\,v^{T_{30}} - P\,\bar{a}_{\overline{30}|}$이므로

$_0L = 10000\,v^{t_{03}} - P_{0.3}\,\bar{a}_{\overline{30}|} = 0$이 되는 $P_{0.3}$을 찾으면 된다.

$$P_{0.3} = \frac{10000\,v^{t_{03}}}{\bar{a}_{\overline{30}|}} = \frac{10000\,v^{44}}{\bar{a}_{\overline{30}|}} = \frac{10000\,e^{-0.05(44)}}{15.5373968} = 71.31$$

18 피보험자 (40)은 보험금 1,000원, 30년납입, 완전연속(fully continuous) 종신보험에 가

입하였다.

(i) 사망법칙은 $\omega = 120$인 De Moivre 법칙을 따른다. (ii) $\delta = 0.05$

위의 가정을 이용하여 다음을 구하시오.

(a) 연납보험료가 25원일 때 미래손실이 0보다 클 확률을 구하시오.

(b) 수지상등의 원칙에 의해 계산된 보험료 π를 구하시오.

(c) $\Pr({}_0L > 0) \leq 0.25$가 되게 하는 백분위 보험료 $P_{0.25}$를 구하시오.

풀이

(a) 이 보험의 가입당시 미래손실 확률변수를 나타내면 다음과 같다.

$$
{}_0L = 1000\, v^{T_{40}} - 25\, \bar{a}_{\overline{\min(T_{40},\,30)|}}
$$

$$
= \begin{cases} 1000\, v^{T_{40}} - 25\, \bar{a}_{\overline{T_{40}|}}, & T_{40} < 30 \\ 1000\, v^{T_{40}} - 25\, \bar{a}_{\overline{30|}}, & T_{40} \geq 30 \end{cases}
$$

$T_{40} = 30$일 때의 미래손실 ${}_0L$을 계산해보자. $\delta = 0.05$일 때 ${}_0L$은

$$
{}_0L = 1000\, v^{30} - 25\, \bar{a}_{\overline{T_{40}|}} = 1000\, e^{(-30\delta)} - (25)\left(\frac{1 - e^{-(30\delta)}}{\delta}\right)
$$

$$
= 1000\, e^{-(0.05)(30)} - (25)\left(\frac{1 - e^{-(0.05)(30)}}{0.05}\right)
$$

$$
= -165.3047598
$$

미래손실 확률변수는 T_{40}에 대해 감소하는 그래프이므로 $T_{40} < 30$인 어느 시점(t_*)보다 작은 경우에 손실이 0보다 크다.

$\Pr({}_0L > 0) = \Pr(T_{40} < t_*)$이고 식 (7.2.4.7)으로부터

$$
t_* = -\frac{1}{\delta}\ln\frac{P}{S\delta + P} = -\frac{1}{0.05}\ln\left(\frac{25}{(1000)(0.05) + 25}\right)
$$

$$
= 21.97224577
$$

t_*는 공식을 이용하지 않고 직접 구해도 된다. 즉, ${}_0L(t_*) = 0$이 되는 t_*를 찾으면 된다.

$$
{}_0L = 1000\, e^{-0.05t} - 25\,\frac{1 - e^{-0.05t}}{0.05} = 0
$$

$$
= 1000\, e^{-0.05t} - 500\,(1 - e^{-0.05t}) = 0
$$

$$
1500\, e^{-0.05t} = 500
$$

$$
t = t_* = \ln(1/3)\left(\frac{1}{-0.05}\right) = 21.97224577 \text{ (동일한 결과)}
$$

$$
\Pr({}_0L > 0) = \Pr(T_{40} < 21.97224577) = {}_{21.97224577}q_{40}
$$

$$
= \frac{21.97224577}{120 - 40} = 0.274653
$$

위의 결과들을 이용하여 ${}_0L$를 y축으로 하는 그림을 그려보면 다음과 같다.

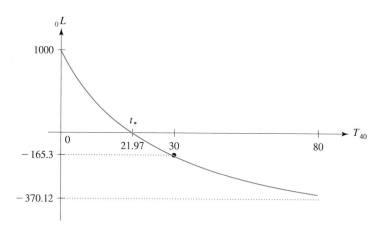

(b) 수지상등의 원칙에 의한 보험료를 계산하기 위해, $\bar{A}_{40}$, $\bar{a}_{40\,:\,\overline{30}|}$ 을 계산해보자.

$$\bar{A}_{40} = \frac{\bar{a}_{\overline{\omega-x}|}}{\omega-x} = \frac{\bar{a}_{\overline{80}|}}{80} = \frac{1-e^{-(0.05)(80)}}{(0.05)(80)} = 0.245421$$

$$\bar{a}_{40\,:\,\overline{30}|} = \int_0^{30} v^t \,_t p_{40}\, dt = \int_0^{30} e^{-0.05t}\left(\frac{80-t}{80}\right) dt = 13.3265238$$

여기서

$$\int_0^{30} e^{-0.05t}\left(\frac{80-t}{80}\right) dt = \frac{1}{80}\int_0^{30} e^{-0.05t}(80-t)\, dt$$

$(u' = e^{-0.01t},\ v = 80-t)$로 하면

$$= \frac{1}{80}\left[\left[\frac{1}{-0.05}e^{-0.05t}(80-t)\right]_0^{30} - \int_0^{30}\frac{1}{-0.05}e^{-0.05t}(-1)\, dt\right]$$

$$= \frac{1}{80}\left[\left(\frac{1}{-0.05}e^{-0.05\times30}(50)\right) - \left(\frac{80}{-0.05}\right) - \int_0^{30}\frac{1}{0.05}e^{-0.05t}\, dt\right]$$

$$= \frac{1}{80}\left[1376.86984 - \frac{1}{0.05}\left[\frac{e^{-0.05t}}{-0.05}\right]_0^{30}\right]$$

$$= \frac{1}{80}\left[1376.86984 - \left(\frac{1-e^{-0.05\times30}}{0.05^2}\right)\right] = 13.3265238$$

또는 $\bar{a}_{40\,:\,\overline{30}|}$ 은 $\bar{A}_{40\,:\,\overline{30}|}$ 을 구하고 관계식을 이용하여 구할 수 있다.

$$\bar{a}_{\overline{30}|} = \frac{1-e^{-0.05(30)}}{0.05} = 15.5373968$$

$$\bar{A}_{40\,:\,\overline{30}|} = \frac{\bar{a}_{\overline{n}|} + e^{-\delta n}(\omega-x-n)}{\omega-x} = \frac{\bar{a}_{\overline{30}|} + e^{-0.05(30)}(80-30)}{80}$$

$$= 0.33367381$$

$$\bar{a}_{40:\overline{30|}} = \frac{1 - \bar{A}_{40:\overline{30|}}}{\delta} = \frac{1 - 0.33367381}{0.05} = 13.3265238 \,(\text{위와 같은 값})$$

따라서, $\pi = \dfrac{1000\bar{A}_{40}}{\bar{a}_{40:\overline{30|}}} = \dfrac{(1000)(0.245421)}{13.3265238} = 18.41598032$

(c) 백분위 보험료를 구하기 위하여 $t_{0.25}$를 계산해보자.

$t_{0.25}$는 $F_{40}(t) = 0.25$를 만족하는 t이다. T의 p.d.f는 $g(t) = \dfrac{1}{120 - x}$, $0 < t < 120 - x$

이므로 $g(t) = \dfrac{1}{80}$ 이다. 따라서 $F_{40}(t) = \dfrac{t_{0.25}}{80} = 0.25$이므로 $t_{0.25} = 20$이다.

$t_{0.25} = 20$을 이용하여 백분위 보험료를 구해보자.

$_0L = 1000\,v^{T_{40}} - P\,\bar{a}_{\overline{T_{40}|}}$ 이므로 $_0L = 1000\,v^{t_{025}} - P\,\bar{a}_{\overline{t_{025}|}} = 0$이 되는 P를 찾으면

$$P_{0.25} = \frac{1000\,v^{t_{025}}}{\bar{a}_{\overline{t_{025}|}}} = \frac{1000\,v^{20}}{\bar{a}_{\overline{20|}}} = \frac{1000\,(e^{-0.05(20)})}{(1 - e^{-0.05(20)})/0.05} = 29.098835$$

19 피보험자 (40)이 가입한 보험금 1원인 30년만기 완전이산 생사혼합보험을 고려해보자. 보험회사가 n개의 보험을 판매하였을 때, 다음의 가정과 정규근사법을 이용하여 n개 보험계약 포트폴리오의 총미래손실이 0보다 클 확률이 0.05가 되게 하는 최소 계약건수 n을 구하시오. 단, 포트폴리오 내의 각각의 보험계약의 미래손실은 동질적이고 독립적이다(i.i.d).

(i) $i = 0.05$ (ii) $P = 0.017$

(iii) $A_{40:\overline{30|}} = 0.254487$, $^2A_{40:\overline{30|}} = 0.071688$

::: 풀이

$_0L_i$의 기대값은

$$E(_0L_i) = A_{40:\overline{30|}} - P\,\ddot{a}_{40:\overline{30|}} = 0.254487 - 0.017\left(\frac{1 - 0.254487}{0.05/1.05}\right) = -0.01166$$

$_0L_i$의 분산은

$$\mathrm{Var}(_0L_i) = \left(1 + \frac{P}{d}\right)^2 \left[^2A_{40:\overline{30|}} - (A_{40:\overline{30|}})^2 \right]$$

$$= \left(1 + \frac{0.017}{0.05/1.05}\right)^2 (0.071688 - 0.254487^2) = 0.012751$$

전체 포트폴리오의 미래손실은

$$L = \sum_{i=1}^{n} {}_0L_i$$

이고 L의 기대값과 분산은

$$E(L) = -0.01166\,n, \qquad\qquad \mathrm{Var}(L) = 0.012751\,n$$

확률변수 L의 분포를 구하기 위하여 중심극한정리를 이용한다.

$$\Pr(L>0) = \Pr\left(\frac{L-E(L)}{\sqrt{\mathrm{Var}(L)}} > \frac{0-E(L)}{\sqrt{\mathrm{Var}(L)}}\right) = 1-\alpha$$

따라서

$$\frac{0-E(L)}{\sqrt{\mathrm{Var}(L)}} = \varPhi^{-1}(1-\alpha) = z_\alpha$$

을 만족시키는 n를 찾아야 한다.

$$\frac{0-(-0.01166\,n)}{\sqrt{0.012751\,n}} = \frac{0.01166}{\sqrt{0.012751/n}} = z_\alpha = 1.645$$

n에 대하여 정리하면

$$\left(\frac{0.01166}{1.645}\right)^2 = \frac{0.012751}{n} \ \text{이므로} \ n = 254$$

20 피보험자 (40)이 일시납보험료를 납입하고 제1보험연도말부터 매년말에 연금 1원씩을 지급하는 30년만기 완전이산 유기생명연금에 가입하였다. 보험료는 1,000개의 계약으로 이루어진 포트폴리오의 미래손실이 0보다 클 확률이 5%가 되는 보험료로 결정된다. 다음의 가정을 이용하여 보험료를 구하시오. 단, 포트폴리오 내의 각각의 보험계약의 미래손실은 동질적이고 독립적이다(i.i.d.).

(i) $A_{40:\overline{30|}} = 0.254487$, $^2A_{40:\overline{30|}} = 0.071688$,

   $A_{40:\overline{31|}} = 0.245165$, $^2A_{40:\overline{31|}} = 0.067441$

(ii) $d = 0.05$

풀이

기대값과 분산을 구하기 위해 $_0L_i$을 정의해보면

$$_0L_i = a_{\overline{\min(K_{40},\,30)|}} - \mathrm{NSP}$$

$_0L_i$의 기대값은

$$E(_0L_i) = a_{40:\overline{30|}} - \mathrm{NSP} = \ddot{a}_{40:\overline{31|}} - 1 - \mathrm{NSP} = \left(\frac{1-A_{40:\overline{31|}}}{d}\right) - 1 - \mathrm{NSP}$$

$$= \frac{1-0.245165}{0.05} - 1 - \mathrm{NSP} = 14.0967 - \mathrm{NSP}$$

$_0L_i$의 분산은

$$\mathrm{Var}(_0L_i) = \mathrm{Var}\left(\frac{1-v^{\min(K_{40},\,30)}}{i}\right) = \mathrm{Var}\left(\frac{v-v^{\min(K_{40}+1,\,31)}}{iv}\right) = \mathrm{Var}\left(\frac{v-v^{\min(K_{40}+1,\,31)}}{d}\right)$$

$$= \frac{1}{d^2}\text{Var}\left(v^{\min(K_{40}+1,\,31)}\right) = \frac{1}{d^2}\left[{}^2A_{40:\overline{31}|} - (A_{40:\overline{31}|})^2\right]$$

$$= \frac{1}{0.05^2}(0.067441 - 0.245165^2) = 2.93404911$$

식 (7.2.6.8)에 의해, $\dfrac{-E({}_0L_i)}{\text{SD}({}_0L_i)/\sqrt{n}} = z_{0.05}$ 을 만족시키는 NSP를 찾아야 한다.

$$\frac{0 - (14.0967 - \text{NSP})}{\sqrt{2.93404911/1000}} = 1.645 \text{이므로}$$

$$\text{NSP} = 14.0967 + 1.645\sqrt{2.94844911/1000} = 14.186$$

21 피보험자 (30)이 보험금 100,000원, 종신납입, 완전이산 종신보험에 가입하였다. 이 보험의 1차연도 총사업비는 1,000원과 영업보험료의 30%이고 2차연도부터 보험료의 3%와 30원씩이 매 연도초에 계약관리비용으로 부과된다. $i = 5\%$이다.

(a) 미래손실 확률변수를 정의하고 기대값을 구하시오.

(b) $E({}_0L^g) = 0$이 되는 영업보험료 G_1을 구하시오.

(c) 다음 조건이 주어질 때 포트폴리오 백분위 보험료 산출원칙을 이용하여 영업보험료 G_2를 구하시오. 단, 포트폴리오 내의 각각의 보험계약의 미래손실은 동질적이고 독립적이다.

   (i) 포트폴리오의 미래손실이 양수가 될 확률이 $\alpha = 2.5\%$가 되는 영업보험료 G_2 (즉 $\Pr(L > 0) \le 0.025$이 되는 영업보험료 G_2)

   (ii) 포트폴리오 계약수 $n = 1000$

(d) α와 n이 변할 때 포트폴리오 백분위 영업보험료를 표로 나타내시오.

풀이

(a) 미래손실 확률변수 ${}_0L_i^g$는

$${}_0L_i^g = 100000v^{K_{30}+1} + 970 + 0.27\,G - (0.97\,G - 30)\ddot{a}_{\overline{K_{30}+1}|}$$

이다. 부록의 생명표를 이용하면 $A_{30} = 0.100820$, $\ddot{a}_{30} = 18.882771$이므로 ${}_0L_i^g$의 기대값은

$$E({}_0L_i^g) = 100000A_{30} + 970 + 30\ddot{a}_{30} - G(0.97\ddot{a}_{30} - 0.27)$$

$$= 11618.48313 - 18.04628787\,G$$

(b) $E({}_0L_i^g) = 100000A_{30} + 970 + 30\ddot{a}_{30} - G(0.97\ddot{a}_{30} - 0.27)$이므로

$$0 = 100000A_{30} + 970 + 30\ddot{a}_{30} - G_1(0.97\ddot{a}_{30} - 0.27)$$

$$G_1 = \frac{100000\,A_{30} + 970 + 30\,\ddot{a}_{30}}{0.97\,\ddot{a}_{30} - 0.27} = 643.8156819$$

(c) ${}_0L_i^{\mathrm{g}}$의 분산을 구하기 위하여 ${}_0L_i^{\mathrm{g}}$를 정리하면

$${}_0L_i^{\mathrm{g}} = \left(100000 + \frac{0.97\,G - 30}{d}\right)v^{K_{30}+1} + 970 + 0.27\,G - \frac{0.97\,G - 30}{d}$$

이다. ${}^2A_{30} = 0.018605$을 이용하면

$$\mathrm{Var}\left({}_0L_i^{\mathrm{g}}\right) = \left[{}^2A_{30} - (A_{30})^2\right]\left(100000 + \frac{0.97\,G - 30}{d}\right)^2$$

$$= (0.018605 - (0.100820)^2)\,(99370 + 20.37\,G)^2$$

${}_0L_i^{\mathrm{g}}$의 표준편차는

$$\sqrt{\mathrm{Var}\left({}_0L_i^{\mathrm{g}}\right)} = \sqrt{\left[{}^2A_{30} - (A_{30})^2\right]\left(100000 + \frac{0.97\,G - 30}{d}\right)^2}$$

$$= \sqrt{(0.008440)\,(99370 + 20.37\,G)^2}$$

전체 포트폴리오의 미래손실은

$$L^{\mathrm{g}} = \sum_{i=1}^{n} {}_0L_i^{\mathrm{g}}$$

이고 L^{g}의 기대값과 분산은

$$E(L^{\mathrm{g}}) = n\,(11618.48313 - 18.04628787\,G)$$

$$\mathrm{Var}(L^{\mathrm{g}}) = n\,(0.008440)\,(99370 + 20.37\,G)^2$$

확률변수 L^{g}의 분포를 구하기 위하여 중심극한정리를 이용한다. 구하는 영업보험료 G는 주어진 조건에 의하여 다음을 만족시켜야 한다.

$$\Pr(L^{\mathrm{g}} > 0) = \Pr\left(\frac{L^{\mathrm{g}} - E(L^{\mathrm{g}})}{\sqrt{\mathrm{Var}(L^{\mathrm{g}})}} > \frac{0 - E(L^{\mathrm{g}})}{\sqrt{\mathrm{Var}(L^{\mathrm{g}})}}\right) = \alpha$$

따라서

$$\frac{-E(L^{\mathrm{g}})}{\sqrt{\mathrm{Var}(L^{\mathrm{g}})}} = \Phi^{-1}(1 - \alpha) = z_\alpha$$

을 만족시키는 G를 찾아야 한다.

$$\frac{0 - (11618.48313 - 18.04628787\,G)}{\sqrt{(0.008440)\,(99370 + 20.37\,G)^2/n}} = z_\alpha = 1.96$$

G에 대하여 정리하면

$$G = G_2 = \frac{11618.48313 + z_\alpha\,(9129.069495)/\sqrt{n}}{18.04628787 - z_\alpha\,(1.871381157)/\sqrt{n}}$$

$n = 1000,\ z_\alpha = 1.96$를 대입하면

$G_2 = 679.54$

(d) α와 n이 변할 때 포트폴리오 백분위 영업보험료는 다음과 같은 표로 나타낼 수 있다.

α	z_α	n			
		1	10	100	1,000
0.5	0	643.82	643.82	643.82	643.82
0.4	0.253	792.60	690.01	658.34	648.40
0.3	0.524	961.12	740.36	673.99	653.32
0.2	0.841	1171.42	800.43	692.40	659.09
0.1	1.282	1490.51	886.16	718.22	667.13
0.050	1.645	1779.56	958.69	739.65	673.77
0.025	1.960	2052.52	1023.12	758.38	679.54
0.010	2.326	2399.20	1099.80	780.30	686.26
0.005	2.576	2656.64	1153.33	795.38	690.86
α	z_α	n			
		10,000	100,000	1,000,000	10,000,000
0.5	0	643.82	643.82	643.82	643.82
0.4	0.253	645.26	644.27	643.96	643.86
0.3	0.524	646.82	644.76	644.12	643.91
0.2	0.841	648.64	645.34	644.30	643.97
0.1	1.282	651.17	646.14	644.55	644.05
0.05	1.645	653.25	646.80	644.76	644.11
0.025	1.960	655.06	647.37	644.94	644.17
0.010	2.326	657.17	648.03	645.15	644.24
0.005	2.576	658.61	648.48	645.29	644.28

22 피보험자 (40)이 가입한 보험금 1,000원, 전기납입, 완전이산 종신보험을 고려해보자. 보험회사가 n개의 보험을 판매하였을 때, 다음의 가정과 정규근사법을 이용하여 n개 보험계약의 포트폴리오의 총미래손실이 0보다 클 확률이 0.05가 되게 하는 최소 계약건수 n을 구하시오. 단, 포트폴리오 내의 각각의 보험계약의 미래손실은 동질적이고 독립적이다(i.i.d.).

(i) $i = 0.05$ (ii) $A_{40} = 0.156941$, $^2A_{40} = 0.039148$ (iii) $G = 16$

(iv) 사업비 가정

연도	보험료의 비율	보험금액(1,000원당)
1차연도	30%(γ_0)	10원(e_0)
2차연도 이후	5%(γ)	5원(e)

::: 풀이

$_0L_i^{\text{g}}$를 i번째 계약의 총미래손실이라고 정의하면

총미래손실 $_0L_i^{\text{g}}$는

$$_0L_i^{\text{g}} = Sv^{K_x+1} + (e_0 - e) + (\gamma_0 - \gamma)G - [(1-\gamma)G - e]\ddot{a}_{\overline{K_x+1|}}$$

$$= 1000\,v^{K_{40}+1} + 5 + 4 - (10.2)\ddot{a}_{\overline{K_{40}+1|}}$$

$$E(_0L_i^{\text{g}}) = 1000\,A_{40} + 5 + 4 - (10.2)\ddot{a}_{40}$$

$$= (1000)(0.156941) + 5 + 4 - (10.2)(17.704239) = -14.64224$$

$_0L_i^{\text{g}}$의 분산을 구하기 위하여 $_0L_i^{\text{g}}$를 정리하면

$$_0L_i^{\text{g}} = \left(1000 + \frac{(1-\gamma)G - e}{d}\right)v^{K_{40}+1} + 5 + 4 - \frac{(1-\gamma)G - e}{d}$$

$$= \left(1000 + \frac{10.2}{d}\right)v^{K_{40}+1} + 5 + 4 - \frac{10.2}{d}$$

$^2A_{40} = 0.039148$을 이용하면

$$\text{Var}(_0L_i^{\text{g}}) = \left(1000 + \frac{10.2}{d}\right)^2 \left[^2A_{40} - (A_{40})^2\right]$$

$$= (1000 + 214.2)^2[0.039148 - (0.156941)^2] = 21402.9169$$

전체 포트폴리오의 총미래손실은

$$L^{\text{g}} = \sum_{i=1}^{n} {_0L_i^{\text{g}}}$$

이고 L^{g}의 기대값과 분산은

$$E(L^{\text{g}}) = -14.64224\,n, \quad \text{Var}(L^{\text{g}}) = 21402.9169\,n$$

확률변수 L^{g}의 분포를 구하기 위하여 중심극한정리를 이용한다.

$$\Pr(L^{\text{g}} > 0) = \Pr\left(\frac{L^{\text{g}} - E(L^{\text{g}})}{\sqrt{\text{Var}(L^{\text{g}})}} > \frac{0 - E(L^{\text{g}})}{\sqrt{\text{Var}(L^{\text{g}})}}\right) = 1 - \alpha$$

따라서

$$\frac{-E(L^{\text{g}})}{\sqrt{\text{Var}(L^{\text{g}})}} = \Phi^{-1}(1 - \alpha) = z_\alpha$$

을 만족시키는 n를 찾아야 한다.

$$\frac{0-(-14.64224\,n)}{\sqrt{21402.9169\,n}} = \frac{14.64224}{\sqrt{21402.9169/n}} = z_\alpha = 1.645$$

n에 대하여 정리하면

$$\left(\frac{14.64224}{1.645}\right)^2 = \frac{21402.9169}{n} \text{ 이므로 } n = 270$$

23 피보험자 (40)은 보험금 1,000원, 20년납입, 20년만기 완전이산 생사혼합보험에 가입하였다. 이 보험의 1차연도 총사업비는 10원과 영업보험료의 20%이고 2차연도부터 보험료의 2%와 2원씩이 매 연도초에 보험기간 동안 계약관리비용으로 부과된다. 다음의 가정을 이용하여 (a)부가보험료와 (b)제5보험연도말 부가보험료식 책임준비금을 구하시오.

(i) $A_{40:\overline{20}|} = 0.39$, $A_{45:\overline{15}|} = 0.49$, $\ddot{a}_{40:\overline{20}|} = 12.81$, $\ddot{a}_{45:\overline{15}|} = 10.71$

(ii) 영업보험료는 수지상등의 원칙을 이용하여 구한다.

(iii) 책임준비금 산출기준과 보험료 산출기준은 동일하다고 가정한다.

:: 풀이

(a) 부가보험료를 구하기 위해 P^n, G를 구해보자.

$$P^n = 1000\left(\frac{A_{40:\overline{20}|}}{\ddot{a}_{40:\overline{20}|}}\right) = 1000\left(\frac{0.39}{12.81}\right) = 30.44496$$

$$G = \frac{1000\,A_{40:\overline{20}|} + (e_0 - e) + e\,\ddot{a}_{40:\overline{20}|}}{(1-\gamma)\ddot{a}_{40:\overline{20}|} - (\gamma_0 - \gamma)}$$

$$= \frac{1000(0.39) + (10-2) + 2(12.81)}{(1-0.02)(12.81) - (0.2-0.02)} = 34.2352$$

$$P^e = G - P^n = 34.23521 - 30.44496 = 3.79024$$

(b) 제5보험연도말 부가보험료식 책임준비금

$$_5V^e = \text{미래 집행할 사업비의 APV} - \text{부가보험료의 EPV}$$

$$= (e + \gamma\,G)\,\ddot{a}_{45:\overline{15}|} - P^e\,\ddot{a}_{45:\overline{15}|}$$

$$= [2 + 0.02(34.2352)](10.71) - (3.79024)(10.71) = -11.84029$$

24 피보험자 (40)은 보험금 10,000원, 사망즉시급(UDD가정) 종신보험에 가입하였다. 이 보험의 1차연도 총사업비는 영업보험료의 30%와 100원이고 2차연도부터 영업보험료의 3%와 5원씩 매 연도초에 보험기간 동안 계약관리비용으로 부과된다. 단, 보험료비율 사업비는 보험료 납입기간중에만 부과된다. 보험료는 연납으로 30년납입이다. 다음의 주어진 가정을 이용하여 영업보험료 G를 구하시오.

(i) $i = 0.05$ (ii) $\bar{A}_{45} = 0.2$ $\ddot{a}_{45} = 17$ $\ddot{a}_{45:\overline{25|}} = 14.29$

(iii) 제5보험연도말 영업보험료식 준비금은 396원이다.

풀이

$$_5V^g = 10000\,\bar{A}_{45} + e\,\ddot{a}_{45} - G\,(1-\gamma)\,\ddot{a}_{45:\overline{25|}}$$

$$= 10000\,\bar{A}_{45} + 5\,\ddot{a}_{45} - 0.97\,G\,\ddot{a}_{45:\overline{25|}} = 2000 + 5(17) - 0.97(14.29)G$$

$$= 2085 - 13.8613\,G = 396$$

$$G = \frac{2085 - 396}{13.8613} = 121.85$$

25 피보험자 (40)은 보험금 10,000원, 20년납입, 20년만기 완전이산 생사혼합보험에 가입하였다. 이 보험은 2차연도부터 영업보험료의 2%와 200원을 매 연도초에 계약관리비용으로 부과된다. 보험금 지급비용(R_t)는 0원이다. 다음의 가정을 이용하여 영업보험료 G를 구하시오.

(i) $10000\,P_{40:\overline{20|}} = 300.2427$

(ii) 영업보험료는 수지상등의 원칙을 이용하여 구한다.

(iii) $_{19}V^g - {}_{19}V = -70.2545$

풀이

$_{19}V^e = {}_{19}V^g - {}_{19}V = -70.2545$, $P^e = G - P = G - 300.2427$이고

20년만기 생사혼합보험이므로 $_{20}V^e = 0$이다.

부가보험료식 책임준비금 재귀식으로부터

$$(_{19}V^e + P_{19}^e - E_{19})(1+i) = q_{59}\,R_{20} + p_{59}\,{}_{20}V^e$$

$$[-70.2545 + (G - 300.2427) - 200 - 0.02\,G](1+i) = q_{59}(0) + p_{59}(0) = 0$$

G를 구하기 위해 위 식을 정리해보면

$$0.98\,G - 70.2545 - 300.2427 - 200 = 0$$

$$G = \frac{570.4972}{0.98} = 582.14$$

26 피보험자 (x)는 보험금이 10,000원, 3년납입, 3년만기 완전이산 생사혼합보험에 가입하였다. 이 보험의 1차연도 총사업비는 영업보험료의 30%와 4원이고 2차연도부터 영업보험료의 10%와 3원씩 매 연도초에 계약관리비용으로 부과된다. 다음의 가정을 이용하여 제1보험연도말 부가보험료식 책임준비금을 구하시오.

(i) $10000\,P_{x:\overline{3|}} = 3536.58$ (ii) $G = 3877.53$

(iii) $q_x = 1/7$ (iv) $i = 0.1$

: 풀이

$P^e = G - P^n = 3877.53 - 3536.58 = 340.95$이므로

부가보험료식 책임준비금 재귀식으로부터

$$({}_0V^e + P_0^e - E_0)(1+i) = q_x R_1 + p_x \, {}_1V^e$$

$$[0 + 340.95 - ((0.3 \times 3877.53) + 4)](1.1) = \frac{1}{7}(0) + \frac{6}{7}({}_1V^e) = \frac{6}{7} \, {}_1V^e$$

이므로 ${}_1V^e = -1060.4299$

27 피보험자 (35)가 가입한 보험금 1,000원, 5년납입, 5년만기 완전이산 정기보험을 고려한다. 보험료 산출기준과 책임준비금 산출기준은 동일하며 다음과 같이 주어졌다.

(i) $q_{35} = 0.00065$, $q_{36} = 0.00070$, $q_{37} = 0.00075$, $q_{38} = 0.00080$, $q_{39} = 0.00085$

(ii) $i = 0.05$

(iii) 사업비 가정

연도	보험료의 비율	보험금액(1,000원당)
1차연도	50%(γ_0)	10원(e_0)
2차연도 이후	5%(γ)	5원(e)

위 가정들을 이용하여 다음을 구하시오.

(a) 평준순보험료 P^n과 평준부가보험료 P^e

(b) 3시점의 ${}_3V^e$, ${}_3V$, ${}_3V^g$

(c) 1, 2, 3, 4시점의 ${}_tV^g$를 영업보험료식 책임준비금의 재귀식을 이용하여 구하시오.

(d) 1, 2, 3, 4시점의 ${}_tV^e$를 부가보험료식 책임준비금의 재귀식을 이용하여 구하시오.

: 풀이

(a) 먼저 $A_{35:\overline{5}|}^{1}$ 과 $\ddot{a}_{35:\overline{5}|}$ 을 구해보자.

$$A_{35:\overline{5}|}^{1} = 0.00065\left(\frac{1}{1.05}\right) + (0.99935)(0.0007)\left(\frac{1}{1.05^2}\right)$$

$$+ (0.99935)(0.9993)(0.00075)\left(\frac{1}{1.05^3}\right)$$

$$+ (0.99935)(0.9993)(0.99925)(0.0008)\left(\frac{1}{1.05^4}\right)$$

$$+ (0.99935)(0.9993)(0.99925)(0.9992)(0.00085)\left(\frac{1}{1.05^5}\right) = 0.00322$$

$$A_{35:\overline{5}|}^{} = (0.99935)(0.9993)(0.99925)(0.9992)(0.99915)\left(\frac{1}{1.05^5}\right) = 0.78059$$

$$A_{35:\overline{5}|} = 0.00322 + 0.78059 = 0.78381$$

$$\ddot{a}_{35:\overline{4}|} = \frac{1 - A_{35:\overline{5}|}}{d} = \frac{1 - 0.78381}{0.05/1.05} = 4.53999$$

주어진 가정과 $A_{35:\overline{5}|}^{1}$ 과 $\ddot{a}_{35:\overline{5}|}$ 을 이용하여 영업보험료 G 와 평준순보험료 P^n을 구하면

$$G = \frac{1000\,A_{35:\overline{5}|}^{1} + (e_0 - e) + e\,\ddot{a}_{35:\overline{5}|}}{(1 - \gamma)\ddot{a}_{35:\overline{5}|} - (\gamma_0 - \gamma)} = \frac{1000(0.00322) + 5 + 5(4.53999)}{0.95(4.53999) - 0.45}$$

$$= 8.00415$$

$$P^n = \frac{1000\,A_{35:\overline{5}|}^{1}}{\ddot{a}_{35:\overline{5}|}} = \frac{1000(0.00322)}{4.53999} = 0.70925 \text{가 된다.}$$

$$P^e = G - P^n \text{이므로 } P^e = 8.00415 - 0.70925 = 7.2949$$

(b) 먼저 $A_{38:\overline{2}|}^{1}$ 과 $\ddot{a}_{38:\overline{2}|}$ 을 구해보자.

$$A_{38:\overline{2}|}^{1} = 0.0008\left(\frac{1}{1.05}\right) + (0.9992)(0.00085)\left(\frac{1}{1.05^2}\right) = 0.001532$$

$$\ddot{a}_{38:\overline{2}|} = 1 + (0.9992)\left(\frac{1}{1.05}\right) = 1.951619$$

3시점의 사업비의 APV와 부가보험료의 EPV를 보험료 산출기준을 이용하여 구하면

미래 사업비의 APV $= e\ddot{a}_{38:\overline{2}|} + \gamma G\ddot{a}_{38:\overline{2}|} = (e + \gamma G)\ddot{a}_{38:\overline{2}|}$

부가보험료의 EPV $= P^e\,\ddot{a}_{38:\overline{2}|}$

따라서

$$_3V^e = (e + \gamma G)\ddot{a}_{38:\overline{2}|} - P^e\,\ddot{a}_{38:\overline{2}|}$$

$$= (5 + 0.05 \times 8.00415)(1.951619) - (7.2949)(1.951619) = -3.69772$$

$$_3V = 1000\,A_{38:\overline{2}|}^{1} - P^n\,\ddot{a}_{38:\overline{2}|}$$

$$= 1000(0.001532) - (0.70925)(1.951619) = 0.14801$$

$$_3V^g = 1000\,A_{38:\overline{2}|}^{1} + (e + \gamma G)\ddot{a}_{38:\overline{2}|} - G\ddot{a}_{38:\overline{2}|}$$

$$= 1000(0.0015322) + (5 + 0.05 \times 8.00415)(1.951619)$$

$$- (8.00415)(1.951619) = -3.54971$$

$_3V + {_3V^e} = 0.14801 + (-3.69772) = -3.54971 = {_3V^g}$임을 확인할 수 있다.

(c) $R_t = 0$이며 정기보험이다. $_5V^g = 0$이므로 영업보험료식 책임준비금 재귀식으로부터

$$[_4V^g + G_4(1 - \gamma_4) - e_4](1 + i) = q_{39}(S_5 + R_5) + p_{39}\,_5V^g$$

$$[_4V^g + 8.00415(0.95) - 5](1.05) = (0.00085)(1000) + (0.99915)(0)$$

따라서 $_4V^g = -1.794419$이다. $_4V^g = -1.794419$을 이용하여

$$[_3V^g + G_3(1-\gamma_3) - e_3](1+i) = q_{38}(S_4+R_4) + p_{38}\ _4V^g$$

$$[_3V^g + 8.00415(0.95) - 5](1.05) = (0.0008)(1000) + (0.9992)(-1.794419)$$

따라서 $_3V^g = -3.549641$이다. $_3V^g = -3.549641$을 이용하여

$$[_2V^g + G_2(1-\gamma_2) - e_2](1+i) = q_{37}(S_3+R_3) + p_{37}\ _3V^g$$

$$[_2V^g + 8.00415(0.95) - 5](1.05) = (0.00075)(1000) + (0.99925)(-3.549641)$$

따라서 $_2V^g = -5.267732$이다. $_2V^g = -5.267732$을 이용하여

$$[_1V^g + G_1(1-\gamma_1) - e_1](1+i) = q_{36}(S_2+R_2) + p_{36}\ _2V^g$$

$$[_1V^g + 8.00415(0.95) - 5](1.05) = (0.00070)(1000) + (0.9993)(-5.267732)$$

따라서 $_1V^g = -6.950652$

(d) $R_t = 0$이고 1차연도 이후 사업비는 $E = e + \gamma G = 5.400208$이다. 정기보험에서 $_5V^e = 0$이며 부가보험료식 책임준비금 재귀식으로부터

$$(_4V^e + P_4^e - E_4)(1+i) = q_{39}\ R_5 + p_{39}\ _5V^e = 0$$

$$(_4V^e + 7.2949 - 5.400208)(1.05) = (0.00085)(0) + (0.99915)(0) = 0$$

따라서 $_4V^e = -1.894692$

$$(_3V^e + P_3^e - E_3)(1+i) = q_{38}\ R_4 + p_{38}\ _4V^e = 0$$

$$(_3V^e + 7.2949 - 5.400208)(1.05) = (0.0008)(0) + (0.9992)(-1.894692)$$

따라서 $_3V^e = -3.697717$

$$(_2V^e + P_2^e - E_2)(1+i) = q_{37}\ R_3 + p_{37}\ _3V^e = 0$$

$$(_2V^e + 7.2949 - 5.400208)(1.05) = (0.00075)(0) + (0.99925)(-3.697717)$$

따라서 $_2V^e = -5.413686$

$$(_1V^e + P_1^e - E_1)(1+i) = q_{36}\ R_2 + p_{36}\ _2V^e = 0$$

$$(_1V^e + 7.2949 - 5.400208)(1.05) = (0.0007)(0) + (0.9993)(-5.413686)$$

따라서 $_1V^e = -7.046974$

28 피보험자 (40)은 보험금 100,000원, 30년납입, 30년만기 완전이산 정기보험에 가입
하였다. 이 보험의 1차연도 총사업비는 1,000원과 영업보험료의 40%이고 2차연도부
터 영업보험료의 4%와 40원씩 매 연도초에 계약관리비용으로 부과된다. 또한 보험

금 지급비용은 100원이다. 다음의 가정을 이용하여 제28보험연도말 영업보험료식 책임준비금을 구하시오.

(i) $i = 0.05$

(ii) $q_{68} = 0.01451$, $q_{69} = 0.016$

(iii) 연납영업보험료는 792원이다.

:: 풀이

$_{30}V^g = 0$이고 $_{28}V^g$를 구해야 하기 때문에, 재귀식을 두 번 이용해야 한다.

$_{29}V^g$와 $_{30}V^g$ 사이의 재귀식을 이용해보면

$$\left[_{29}V^g + G(1 - \gamma_{29}) - e_{29} \right](1+i) = q_{69}(S_{30} + R_{30}) + p_{69} \, _{30}V^g$$

$$\left[_{29}V^g + 792(1 - 0.04) - 40 \right](1.05) = (0.016)(100100) + (1 - 0.016)(0)$$

$$_{29}V^g = \frac{1601.6}{1.05} - 720.32 = 805.0133$$

$_{28}V^g$와 $_{29}V^g$ 사이의 재귀식을 이용해보면

$$\left[_{28}V^g + G(1 - \gamma_{28}) - e_{28} \right](1+i) = q_{68}(S_{29} + R_{29}) + p_{68} \, _{29}V^g$$

$$\left[_{28}V^g + 792(1 - 0.04) - 40 \right](1.05) = 0.01451(100100) + (1 - 0.01451)(805.0133)$$

$$_{28}V^g = \frac{2245.783557}{1.05} - 720.32 = 1418.521483$$

29 피보험자 (40)은 전기납입, 3년만기 생사혼합보험에 가입하였다. 사망보험금은 10,000원이고 생존보험금은 13,000원이다. 다음의 가정을 이용하여 제1보험연도말, 제2보험연도말 영업보험료식 책임준비금을 구하시오.

(i) $i = 5\%$

(ii) $q_{40} = 0.01$, $q_{41} = 0.02$, $q_{42} = 0.03$

(iii) 사업비 가정

연도	보험료의 비율	보험금액 (10,000원당)	사망보험금 지급비용
1차연도	20%	100원	10원
2차연도 이후	4%	4원	

:: 풀이

영업보험료를 구해보자.

$$\ddot{a}_{40:\overline{3|}} = 1 + v p_{40} + v^2 \, _2p_{40} = 1 + \left(\frac{1}{1.05} \right)(0.99) + \left(\frac{1}{1.05^2} \right)(0.99)(0.98)$$

$$= 2.82286$$

$$A^{\,1}_{40:\overline{3|}} = v q_{40} + v^2 \, p_{40} \, q_{41} + v^3 \, _2p_{40} \, q_{42}$$

$$= \left(\frac{1}{1.05}\right)(0.01) + \left(\frac{1}{1.05^2}\right)(0.99)(0.02) + \left(\frac{1}{1.05^3}\right)(0.99)(0.98)(0.03)$$

$$= 0.0526259$$

$$_3E_{40} = v^3 \, _3p_{40} = \left(\frac{1}{1.05}\right)^3 (0.99)(0.98)(0.97) = 0.8129524$$

보험료수입의 EPV는

$$\text{EPV} = G \, \ddot{a}_{40:\overline{3}|} = 2.82286 \, G$$

보험급부의 APV1은

$$\text{APV1} = 10000 \, A^1_{40:\overline{3}|} + 13000 \, _3E_{40}$$

$$= (10000)(0.0526259) + (13000)(0.8129524) = 11094.6402$$

사업비의 APV2는

$$\text{APV2} = (e_0 - e) + (\gamma_0 - \gamma) \, G + (rG + e) \, \ddot{a}_{40:\overline{3}|} + R_t \, A^1_{40:\overline{3}|}$$

$$= (100 - 4) + (0.2 - 0.04) \, G + (0.04 \, G + 4) \, \ddot{a}_{40:\overline{3}|} + (10) A^1_{40:\overline{3}|}$$

$$= 0.2729144 \, G + 107.817699$$

수지상등의 원칙에 의하여 EPV = APV1 + APV2

$$2.82286 \, G = 11094.6402 + (0.2729144 \, G + 107.817699)$$

$$G = 4393.214467$$

식 (7.2.8.1)을 이용해보자.

$$[_2V^g + (1-\gamma) \, G - e](1.05) = q_{42}(S_3 + R_3) + p_{42} \, _3V^g$$

$_3V^g = 13000$이므로

$$[_2V^g + (1-0.04)(4393.214467) - 4](1.05)$$

$$= (0.03)(10010) + (1-0.03)(13000)$$

$_2V^g = 8082.037921$이므로

$$[_1V^g + (1-\gamma)G - e](1.05) = q_{41}(S_2 + R_2) + p_{41} \, _2V^g$$

$$[_1V^g + (1-0.04)(4393.214467) - 4](1.05)$$

$$= (0.02)(10010) + (1-0.02)(8082.037921)$$

$$_1V^g = 3520.416171$$

$_1V^g = 3520.416171$와 1차연도 보험료와 총사업비 $(1-\gamma_0)G - e_0 = 0.8G - 100$을 이용하면

$$[_0V^g + (1-\gamma_0) \, G - e_0](1.05) = q_{40}(S_1 + R_1) + p_{40} \, _1V^g$$

$$[_0V^g + (1-0.2)(4393.214467) - 100](1.05)$$

$$= (0.01)(10010) + (1-0.01)(3520.416171)$$

따라서 $_0V^g = 0$

30 다음의 가정을 이용하여 $10000\,_2V_{40}^{\mathrm{FPT}}$을 구하시오.

(i) $i = 0.05$ (ii) $\ddot{a}_{42} = 17.4067$ (iii) $A_{41:\overline{1}|}^{1} = 0.001133$

풀이

$$_2V_{40}^{\mathrm{FPT}} = {}_1V_{41} = 1 - \frac{\ddot{a}_{42}}{\ddot{a}_{41}}$$

$\ddot{a}_{41}$을 구해보자. (iii)에 의해,

$A_{41:\overline{1}|}^{1} = vq_{41} = 0.001133$, $q_{41} = 0.001133 \times 1.05 = 0.00118965$

연금의 재귀식에 의해

$$\ddot{a}_{41} = 1 + v\,p_{41}\,\ddot{a}_{42} = 1 + \frac{1 - 0.00118965}{1.05}(17.4067) = 17.55809$$

$$_2V_{40}^{\mathrm{FPT}} = {}_1V_{41} = 1 - \frac{\ddot{a}_{42}}{\ddot{a}_{41}} = 1 - \frac{17.4067}{17.55809} = 0.008622$$

그러므로 $10000\,_2V_{50}^{\mathrm{FPT}} = (10000)(0.008622) = 86.22$

31 피보험자 (40)은 보험금 10,000원, 10년거치, 10년납입, 완전연속 종신보험에 가입하였다. 주어진 가정을 이용하여 δ를 구하시오.

(i) 연속납순보험료의 연액(완전연속 연납순보험료)은 190원이다.

(ii) $_5V = 1100$ (iii) $\dfrac{d}{dt}\,_5V = 248.52$ (iv) $\mu_{45} = 0.0032$

풀이

제5보험연도말은 거치기간이므로 보험금을 지급하지 않는다. 따라서 $S_5 = 0$이다.

$$\frac{d}{dt}\,_5V = \delta\,(_5V) + P - \mu_{45}\,(S_5 - {}_5V)$$

$$248.52 = \delta\,(1100) + 190 - (0.0032)(0 - 1100)$$

$$\delta = \frac{248.52 - 0.0032(1100) - 190}{1100} = 0.05$$

32 $\bar{P}(\bar{A}_{40})$는 피보험자 (40)이 가입한 보험금 1원, 전기납입, 완전연속 종신보험의 연납순보험료(연속납순보험료의 연액)이다. 다음의 가정을 이용하여 $\dfrac{d}{dt}\,_{20}V$를 구하시오.

(i) $\mu_{60} = 0.007$ (ii) $\delta = 0.05$ (iii) $\bar{P}(\bar{A}_{40}) = 0.009$, $\bar{P}(\bar{A}_{60}) = 0.02$

::: 풀이 ──

$_{20}V$를 구해보자.

$$\bar{P}(\bar{A}_{60}) = \frac{\bar{A}_{60}}{\bar{a}_{60}} = \frac{1 - \delta\,\bar{a}_{60}}{\bar{a}_{60}} = \frac{1}{\bar{a}_{60}} - \delta = \frac{1}{\bar{a}_{60}} - 0.05 = 0.02 \text{ 이므로}$$

$$\bar{a}_{60} = \frac{1}{0.05 + 0.02} = 14.2857$$

$$\bar{A}_{60} = 1 - 0.05\,(14.2857) = 0.285715$$

$$_{20}V = \bar{A}_{60} - \bar{P}(\bar{A}_{40})\,\bar{a}_{60} = 0.285715 - 0.009\,(14.2857) = 0.1571437$$

따라서

$$\frac{d}{dt}\,_{20}V = \delta\,(_{20}V) + \bar{P}(\bar{A}_{40}) - \mu_{60}(S_{20} - {}_{20}V)$$

$$= (0.05)(0.1571437) + 0.009 - 0.007(1 - 0.1571437) = 0.0109572$$

제 **8** 장

연생모형

Ⅰ. 기초이론

1. 연합생명의 생명확률

(1) 동시생존자 연생생명확률

그림 [1] 연생생명확률의 영역

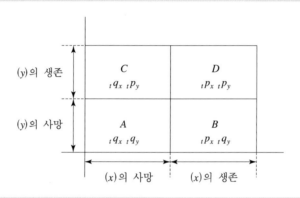

(i) $_tp_{xy}(D) = {}_tp_{xy} = \dfrac{l_{x+t:y+t}}{l_{xy}} = \dfrac{l_{x+t}}{l_x}\dfrac{l_{y+t}}{l_y} = {}_tp_x\,{}_tp_y(D)$

(ii) $_tq_{xy} = 1 - {}_tp_{xy} = 1 - (1 - {}_tq_x)(1 - {}_tq_y) = {}_tq_x + {}_tq_y - {}_tq_x\,{}_tq_y$

$_tq_{xy}(C+B+A) = {}_tq_x(C+A) + {}_tq_y(A+B) - {}_tq_x\,{}_tq_y(A)$

(iii) $_{t|}q_{xy} = \dfrac{l_{x+t:y+t} - l_{x+t+1:y+t+1}}{l_{xy}} = {}_tp_{xy} - {}_{t+1}p_{xy}$

$_tq_{xy} = q_{xy} + {}_{1|}q_{xy} + {}_{2|}q_{xy} + \cdots + {}_{t-1|}q_{xy}$

(2) 최종생존자 연생생명확률

(i) $_tq_{\overline{xy}} = {}_tq_x\,{}_tq_y = (1 - {}_tp_x)(1 - {}_tp_y)$

(ii) $_tp_{\overline{xy}} = 1 - {}_tq_{\overline{xy}} = 1 - (1 - {}_tp_x)(1 - {}_tp_y) = {}_tp_x + {}_tp_y - {}_tp_{xy}$

$_tp_{\overline{xy}}(B+C+D) = {}_tp_x(B+D) + {}_tp_y(C+D) - {}_tp_{xy}(D)$

$_tp_{\overline{xy}} = {}_tp_{xy}(D) + {}_tq_x\,{}_tp_y(C) + {}_tq_y\,{}_tp_x(B)$

(iii) $_{t|}q_{\overline{xy}} = {}_tp_{\overline{xy}} - {}_{t+1}p_{\overline{xy}} = {}_{t|}q_x + {}_{t|}q_y - {}_{t|}q_{xy}$

$$_tq_{\overline{xy}}(A) = {}_tq_x\, {}_tq_y(A)$$

$$_tq_{\overline{xy}}(A) = {}_tq_x(A{+}C) + {}_tq_y(A{+}B) - {}_tq_{xy}(A{+}B{+}C)$$

(3) 평균여명

$$e_{xy} = \sum_{t=1}^{\infty} {}_tp_{xy}, \qquad \mathring{e}_{xy} = \int_0^{\infty} {}_sp_{xy}\, ds$$

$$e_{\overline{xy}} = \sum_{t=1}^{\infty} {}_tp_{\overline{xy}}, \qquad \mathring{e}_{\overline{xy}} = \int_0^{\infty} {}_sp_{\overline{xy}}\, ds$$

2. 연합생명의 사력

(1) 동시생존자상태에서의 사력

(i) $\mu_{x+t:y+t} = -\dfrac{1}{l_{x+t:y+t}}\dfrac{d\,l_{x+t:y+t}}{dt} = -\dfrac{1}{{}_tp_{xy}}\dfrac{d\,{}_tp_{xy}}{dt}$

(ii) $\mu_{x+t:y+t} = -\dfrac{1}{l_{x+t:y+t}}\dfrac{d\,l_{x+t:y+t}}{dt} = -\dfrac{d}{dt}\ln l_{x+t:y+t} = \mu_{x+t} + \mu_{y+t}$

(iii) $_tp_{xy} = \exp\left[-\displaystyle\int_0^t \mu_{x+s:y+s}\, ds\right], \qquad {}_tq_{xy} = \displaystyle\int_0^t {}_sp_{xy}\, \mu_{x+s:y+s}\, ds$

(2) 최종생존자상태에서의 사력

(i) $\mu_{\overline{x+t:y+t}} = -\dfrac{1}{{}_tp_{\overline{xy}}}\dfrac{d\,{}_tp_{\overline{xy}}}{dt}$

(ii) $_tp_{\overline{xy}}\,\mu_{\overline{x+t:y+t}} = -\dfrac{d}{dt}\,{}_tp_{\overline{xy}} = {}_tq_y\, {}_tp_x\, \mu_{x+t} + {}_tq_x\, {}_tp_y\, \mu_{y+t}$

(iii) $_tp_{\overline{xy}} = \exp\left[-\displaystyle\int_0^t \mu_{\overline{x+s:y+s}}\, ds\right], \qquad {}_tq_{\overline{xy}} = \displaystyle\int_0^t {}_sp_{\overline{xy}}\, \mu_{\overline{x+s:y+s}}\, ds$

3. 조건부 생명확률

(i) $_{t|}q_{xy}^1 = \displaystyle\int_t^{t+1} {}_sp_{xy}\, \mu_{x+s}\, ds$

$$_{t|}q_{xy} = {}_{t|}q_{xy}^1 + {}_{t|}q_{xy}^1$$

(ii) $\displaystyle {}_tq_{xy} = \int_0^t {}_sp_{xy}\,\mu_{x+s:y+s}\,ds = {}_tq_{xy}^{\,1} + {}_tq_{xy}^{\ \ 1}$

(iii) $\displaystyle {}_{t|}q_{xy}^2 = \int_t^{t+1} {}_sq_y\,{}_sp_x\,\mu_{x+s}\,ds = {}_{t|}q_x - {}_{t|}q_{xy}^{\,1}$

(iv) $\displaystyle {}_tq_{xy}^2 = \int_0^t {}_sp_{xy}\,\mu_{y+s}\,{}_{t-s}q_{x+s}\,ds = {}_tq_{xy}^{\ \ 1} - {}_tp_x\,{}_tq_y$

4. 동시생존자 연생연금과 연생보험

(1) 동시생존자 연생연금

(i) $A_{xy:\overline{n}|}^{\ \ 1} = v^n\,{}_np_{xy}$

(ii) $\displaystyle a_{xy:\overline{n}|} = \sum_{t=1}^{n} v^t\,{}_tp_{xy}, \qquad \ddot{a}_{xy:\overline{n}|} = \sum_{t=0}^{n-1} v^t\,{}_tp_{xy}$

(iii) $\displaystyle \bar{a}_{xy:\overline{n}|} = \int_0^n v^t\,{}_tp_{xy}\,dt \fallingdotseq \ddot{a}_{xy:\overline{n}|} - \frac{1}{2}(1 - v^n\,{}_np_{xy})$

(2) 동시생존자 연생보험

(i) $\displaystyle A_{\overline{xy}:\overline{n}|}^{1} = \sum_{t=0}^{n-1} v^{t+1}\,{}_{t|}q_{xy} = v\,\ddot{a}_{xy:\overline{n}|} - a_{xy:\overline{n}|}$

(ii) $\displaystyle A_{\overline{xy}:\overline{n}|}^{1} = \int_0^n v^t\,{}_tp_{xy}\,\mu_{x+t:y+t}\,dt = 1 - \delta\,\bar{a}_{xy:\overline{n}|} - v^n\,{}_np_{xy}$

(iii) $\displaystyle A_{xy} = \sum_{t=0}^{\infty} v^{t+1}\,{}_{t|}q_{xy} = v\,\ddot{a}_{xy} - a_{xy} = 1 - d\,\ddot{a}_{xy}$

(iv) $A_{xy:\overline{n}|} = A_{\overline{xy}:\overline{n}|}^{1} + A_{xy:\overline{n}|}^{\ \ 1} = 1 - d\,\ddot{a}_{xy:\overline{n}|}$

$\bar{A}_{xy:\overline{n}|} = \bar{A}_{\overline{xy}:\overline{n}|}^{1} + A_{xy:\overline{n}|}^{\ \ 1} = 1 - \delta\,\bar{a}_{xy:\overline{n}|}$

(3) 동시생존자보험의 연납보험료와 책임준비금

(i) $\displaystyle P_{xy:\overline{n}|} = \frac{A_{xy:\overline{n}|}}{\ddot{a}_{xy:\overline{n}|}} = \frac{1}{\ddot{a}_{xy:\overline{n}|}} - d$

(ii) $\displaystyle \bar{P}_{xy:\overline{n}|} = \frac{\bar{A}_{xy:\overline{n}|}}{\ddot{a}_{xy:\overline{n}|}}$

(iii) $_tV_{xy:\overline{n}|} = A_{x+t:y+t:\overline{n-t}|} - P_{xy:\overline{n}|}\ddot{a}_{x+t:y+t:\overline{n-t}|} = 1 - \dfrac{\ddot{a}_{x+t:y+t:\overline{n-t}|}}{\ddot{a}_{xy:\overline{n}|}}$

(4) 계산기수

(i) $\ddot{a}_{xy:\overline{n}|} = \dfrac{N_{xy} - N_{x+n:y+n}}{D_{xy}}$

(ii) $A_{xy:\overline{n}|} = \dfrac{M_{xy} - M_{x+n:y+n} + D_{x+n:y+n}}{D_{xy}}$

(iii) $_m\overline{P}_{xy:\overline{n}|} = \dfrac{\overline{M}_{xy} - \overline{M}_{x+n:y+n} + D_{x+n:y+n}}{N_{xy} - N_{x+m:y+m}}$

5. 최종생존자 연생연금과 연생보험

(1) 최종생존자 연생연금

(i) $A_{\overline{xy}:\overline{n}|}^{\;\;1} = v^n\,_np_{\overline{xy}}$

(ii) $a_{\overline{xy}:\overline{n}|} = \displaystyle\sum_{t=1}^{n} v^t\,_tp_{\overline{xy}} = a_{x:\overline{n}|} + a_{y:\overline{n}|} - a_{xy:\overline{n}|}$

$\quad\;\; \ddot{a}_{\overline{xy}:\overline{n}|} = \displaystyle\sum_{t=0}^{n-1} v^t\,_tp_{\overline{xy}} = \ddot{a}_{x:\overline{n}|} + \ddot{a}_{y:\overline{n}|} - \ddot{a}_{xy:\overline{n}|}$

(2) 최종생존자 연생보험

(i) $A_{\overline{xy}:\overline{n}|}^{\;1} = \displaystyle\sum_{t=0}^{n-1} v^{t+1}\,_{t|}q_{\overline{xy}}$

$\quad\;\; A_{\overline{xy}:\overline{n}|}^{\;1} = A_{x:\overline{n}|}^{\;1} + A_{y:\overline{n}|}^{\;1} - A_{xy:\overline{n}|}^{\;1}$

$\quad\;\; A_{\overline{xy}:\overline{n}|}^{\;1} = v\ddot{a}_{\overline{xy}:\overline{n}|} - a_{\overline{xy}:\overline{n}|} = 1 - d\ddot{a}_{\overline{xy}:\overline{n}|} - v^n\,_np_{\overline{xy}}$

(ii) $A_{\overline{xy}:\overline{n}|} = A_{x:\overline{n}|} + A_{y:\overline{n}|} - A_{xy:\overline{n}|}$

(3) 연납보험료

$$P_{\overline{xy}:\overline{n}|} = \frac{A_{\overline{xy}:\overline{n}|}}{\ddot{a}_{\overline{xy}:\overline{n}|}} = \frac{1}{\ddot{a}_{\overline{xy}:\overline{n}|}} - d = \frac{dA_{\overline{xy}:\overline{n}|}}{1 - A_{\overline{xy}:\overline{n}|}}$$

6. 조건부 연생보험

(i) $A^1_{xy:\overline{n}|} = \sum_{t=0}^{n-1} v^{t+1}{}_t|q^1_{xy} = \dfrac{M^1_{xy} - M^1_{x+n:y+n}}{D_{xy}}$

$\bar{A}^1_{xy:\overline{n}|} = \displaystyle\int_0^n v^s{}_sp_{xy}\,\mu_{x+s}\,ds$

(ii) $A^2_{xy:\overline{n}|} = \sum_{t=0}^{n-1} v^{t+1}{}_t|q^2_{xy} = A^1_{x:\overline{n}|} - A^1_{xy:\overline{n}|}$

(iii) $A^1_{\overline{xy}:\overline{n}|} = A^1_{xy:\overline{n}|} + A^1_{xy:\overline{n}|}$

$A^1_{\overline{xy}:\overline{n}|} = A^2_{xy:\overline{n}|} + A^2_{xy:\overline{n}|}$

7. 유족연금

(i) $\bar{a}_{x|y} = \displaystyle\int_0^\infty v^t(1 - {}_tp_x){}_tp_y\,dt = \bar{a}_y - \bar{a}_{xy}$

(ii) $\bar{a}_{u|v} = \bar{a}_v - \bar{a}_{uv}$

8.1 기본연습문제

01 모두가 x세인 3인 중에서 특정한 사람 A가 1년 이내에 최초로 사망할 확률을 q_x로 표시하시오.

풀이

3인이 동시생존(공존)하지 않을 확률은 $1 - (p_x)^3$이다. 이 중 특정인 A가 이에 해당할 확률은 그 $\dfrac{1}{3}$이다. 따라서 구하는 확률은

$$\frac{1}{3}\left[1 - (p_x)^3\right] = \frac{1}{3}\left[1 - (1 - q_x)^3\right]$$

$$= \frac{1}{3} \left[1 - (1 - 3q_x + 3(q_x)^2 - (q_x)^3) \right]$$

$$= q_x - (q_x)^2 + \frac{1}{3}(q_x)^3$$

02 $l_{x+t:y+t} = l_{x+t}\, l_{y+t}$인 경우 식 (8.1.2.10)을 이용하여 $\mu_{x+t:y+t} = \mu_{x+t} + \mu_{y+t}$를 유도하시오.

풀이

$$\mu_{x+t:y+t} = -\frac{1}{l_{x+t:y+t}} \frac{d\, l_{x+t:y+t}}{dt} = \frac{-1}{l_{x+t}\, l_{y+t}} \frac{d(l_{x+t}\, l_{y+t})}{dt}$$

$$= \frac{-l_{y+t} \dfrac{d\, l_{x+t}}{dt} - l_{x+t} \dfrac{d\, l_{y+t}}{dt}}{l_{x+t}\, l_{y+t}} = \frac{-d\, l_{x+t}}{l_{x+t}\, dt} + \frac{-d\, l_{y+t}}{l_{y+t}\, dt}$$

$$= \mu_{x+t} + \mu_{y+t}$$

03 $\exp\left[-\displaystyle\int_0^t \mu_{\overline{x+t:y+t}}\, ds \right] = {}_tp_{\overline{xy}}$를 유도하시오.

풀이

$$\exp\left[-\int_0^t \mu_{\overline{x+t:y+t}}\, ds \right] = \exp\left[-\int_0^t -\frac{d \ln({}_sp_{\overline{xy}})}{ds}\, ds \right]$$

$$= \exp\left[\int_0^t \frac{d \ln({}_sp_{\overline{xy}})}{ds}\, ds \right] = \exp\left[\int_0^t d \ln({}_sp_{\overline{xy}}) \right]$$

$$= \exp\left[\ln({}_tp_{\overline{xy}}) - \ln({}_0p_{\overline{xy}}) \right] = \exp\left[\ln({}_tp_{\overline{xy}}) - \ln 1 \right]$$

$$= \exp\left[\ln {}_tp_{\overline{xy}} \right] = {}_tp_{\overline{xy}}$$

04 $l_{30} = 22400$, $\mu_x = \dfrac{2x-4}{12000 + 4x - x^2}$로 주어졌을 때 다음을 구하시오.

(a) ${}_{30}q_{30:27}$ (b) ${}_{30}q_{\overline{30:27}}$

풀이

$$\mu_x = -\frac{d \ln l_x}{dx} = \frac{2x-4}{12000 + 4x - x^2} = -\frac{d}{dx} \ln(12000 + 4x - x^2)$$

따라서 $l_x = a(12000 + 4x - x^2)$이 된다.

$$x = 30일 \ 때 \ l_{30} = 22400 = a(12000 + 4(30) - 30^2)$$

따라서 $a = 2$이므로 $l_x = 2(12000 + 4x - x^2)$이 된다.

따라서 $l_{27} = 22758$, $l_{57} = 17958$, $l_{60} = 17280$을 이용하여

(a) $_{30}q_{30:27} = 1 - {}_{30}p_{30:27} = 1 - \dfrac{l_{60}}{l_{30}}\dfrac{l_{57}}{l_{27}} = 1 - \dfrac{17280}{22400}\dfrac{17958}{22758} = 0.391277$

(b) $_{30}q_{\overline{30:27}} = {}_{30}q_{30}\,{}_{30}q_{27} = \left(1 - \dfrac{l_{60}}{l_{30}}\right)\left(1 - \dfrac{l_{57}}{l_{27}}\right) = \left(1 - \dfrac{17280}{22400}\right)\left(1 - \dfrac{17958}{22758}\right)$

$\qquad = 0.048209$

05 $_{t|}q_{xyz} = {}_{t|}q_{xyz}^{1} + {}_{t|}q_{xyz}^{\,1} + {}_{t|}q_{xyz}^{\;\;1}$을 유도하시오.

풀이

$$_{t|}q_{xyz} = \int_{t}^{t+1} {}_{s}p_{xyz}\,\mu_{x+s:y+s:z+s}\,ds = \int_{t}^{t+1} {}_{s}p_{xyz}(\mu_{x+s} + \mu_{y+s} + \mu_{z+s})\,ds$$

$$= \int_{t}^{t+1} {}_{s}p_{xyz}\,\mu_{x+s}\,ds + \int_{t}^{t+1} {}_{s}p_{xyz}\,\mu_{y+s}\,ds + \int_{t}^{t+1} {}_{s}p_{xyz}\,\mu_{z+s}\,ds$$

$$= {}_{t|}q_{xyz}^{1} + {}_{t|}q_{xyz}^{\,1} + {}_{t|}q_{xyz}^{\;\;1}$$

06 $_{t}p_{y}\,{}_{t|}q_{x} + {}_{t+1}p_{x}\,{}_{t|}q_{y} = {}_{t|}q_{xy}$를 유도하시오.

풀이

$$_{t}p_{y}\,{}_{t|}q_{x} + {}_{t+1}p_{x}\,{}_{t|}q_{y} = \frac{l_{y+t}}{l_{y}}\,\frac{l_{x+t} - l_{x+t+1}}{l_{x}} + \frac{l_{x+t+1}}{l_{x}}\,\frac{l_{y+t} - l_{y+t+1}}{l_{y}}$$

$$= \frac{l_{y+t}\,(l_{x+t} - l_{x+t+1}) + l_{x+t+1}\,(l_{y+t} - l_{y+t+1})}{l_{xy}}$$

$$= \frac{l_{x+t}\,l_{y+t} - l_{x+t+1}\,l_{y+t+1}}{l_{xy}} = {}_{t|}q_{xy}$$

07 식 (8.1.3.17)은 (y)는 이미 사망해 있고 (x)의 사망시를 기준으로 $_{t|}q_{xy}^{2} = {}_{t|}q_{x} - {}_{t|}q_{xy}^{1}$을 유도한 식이다. $_{t|}q_{xy}^{2} = {}_{t|}q_{x} - {}_{t|}q_{xy}^{1}$를 (y)의 사망을 인식하고 그 시점 이후에 (x)의 사망이 발생한다는 산식을 만들어서 유도하시오.

풀이

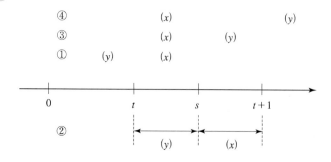

$$_{t|}q^2_{xy} = ① \ 확률 + ② \ 확률$$

$$= {}_tq_y {}_{t|}q_x + \int_t^{t+1} {}_sp_{xy} \, \mu_{y+s} \, {}_{t+1-s}q_{x+s} \, ds$$

$$= {}_tq_y {}_{t|}q_x + \int_t^{t+1} {}_sp_{xy} \, \mu_{y+s} \, (1 - {}_{t+1-s}p_{x+s}) \, ds$$

$$= {}_tq_y {}_{t|}q_x + \int_t^{t+1} {}_sp_{xy} \, \mu_{y+s} \, ds - \int_t^{t+1} {}_sp_{xy} \, \mu_{y+s} \, {}_{t+1-s}p_{x+s} \, ds$$

$$= {}_tq_y {}_{t|}q_x + {}_{t|}q^1_{xy} - \int_t^{t+1} {}_sp_x \, {}_{t+1-s}p_{x+s} \, {}_sp_y \, \mu_{y+s} \, ds$$

$$= {}_tq_y {}_{t|}q_x + {}_{t|}q^1_{xy} - {}_{t+1}p_x \, {}_{t|}q_y \quad ({}_{t+1}p_x \, {}_{t|}q_y = {}_{t|}q_{xy} - {}_tp_y \, {}_{t|}q_x \, 이므로)$$

$$= {}_tq_y {}_{t|}q_x + {}_{t|}q^1_{xy} - ({}_{t|}q_{xy} - {}_tp_y \, {}_{t|}q_x) = {}_{t|}q^1_{xy} + {}_{t|}q_x \, ({}_tq_y + {}_tp_y) - {}_{t|}q_{xy}$$

$$= {}_{t|}q_x - ({}_{t|}q_{xy} - {}_{t|}q^1_{xy}) = {}_{t|}q_x - {}_{t|}q^1_{xy}$$

$$_{t|}q^2_{xy}(①+②의 \ 확률) = {}_{t|}q_x(①+②+③+④의 \ 확률) - {}_{t|}q^1_{xy}(③+④의 \ 확률)$$

08 $_tq^{123}_{xyz} = {}_tq^1_{yz} - {}_tp_z \, {}_tq_y - {}_tq^1_{xyz} + {}_tp_z \, {}_tq^1_{xy}$ 을 유도하시오.

> **풀이**

(y)의 사망을 기준으로 하여, (y)전에 (x)가 사망하고, (y)후에 (z)가 사망하는 상황을 고려한다.

$$_tq^{123}_{xyz} = \int_0^t {}_sq_x \, {}_sp_{yz} \, \mu_{y+s} \, {}_{t-s}q_{z+s} \, ds$$

$$= \int_0^t (1 - {}_sp_x) {}_sp_{yz} \, \mu_{y+s} \, (1 - {}_{t-s}p_{z+s}) \, ds$$

$$= \int_0^t {}_sp_{yz} \, \mu_{y+s} \, ds - \int_0^t {}_sp_{yz} \, \mu_{y+s} \, {}_{t-s}p_{z+s} \, ds$$

$$\quad - \int_0^t {}_sp_{xyz} \, \mu_{y+s} \, ds + \int_0^t {}_sp_{xyz} \, \mu_{y+s} \, {}_{t-s}p_{z+s} \, ds$$

$$= {}_tq^1_{yz} - \int_0^t \frac{l_{y+s} \, l_{z+s}}{l_y \, l_z} \, \frac{l_{z+t}}{l_{z+s}} \, \mu_{y+s} \, ds - {}_tq^1_{xyz}$$

$$\quad + \int_0^t \frac{l_{x+s} \, l_{y+s} \, l_{z+s}}{l_x \, l_y \, l_z} \, \frac{l_{z+t}}{l_{z+s}} \, \mu_{y+s} \, ds$$

$$= {}_tq^1_{yz} - {}_tp_z \, {}_tq_y - {}_tq^1_{xyz} + {}_tp_z \, {}_tq^1_{xy}$$

09 $_tq_{xyz}^{\,\,\,3}_{\,\,\,1}$을 각각의 사망을 기준으로 적분을 이용하여 나타내고 주피보험자가 첫 번째 사망하는 기호로 나타내시오.

풀이

$$_nq_{xyz}^{\,\,\,3}_{\,\,\,1} = \int_0^n {}_tp_{yz} \,\, {}_{n-t}q_{y+t:\frac{2}{z+t}} \,\, {}_tp_x \,\mu_{x+t} \,dt \tag{1}$$

$$= \int_0^n {}_tq_x \,{}_tp_z \,\, {}_{n-t}q_{z+t} \,\, {}_tp_y \,\mu_{y+t} \,dt \tag{2}$$

$$= \int_0^n {}_tq_{xy}^{\,\,\,2} \,{}_tp_z \,\mu_{z+t} \,dt \tag{3}$$

(1)은 (x)의 사망을 기준으로, (2)는 (y)의 사망을 기준으로, (3)은 (z)의 사망을 기준으로 나타낸 것이다. (2)식을 기준으로

$$_nq_{xyz}^{\,\,\,3}_{\,\,\,1} = \int_0^n (1 - {}_tp_x)({}_tp_z - {}_np_z)\,{}_tp_y \,\mu_{y+t} \,dt$$

$$= \int_0^n ({}_tp_z - {}_tp_{xz} - {}_np_z + {}_np_z \,{}_tp_x)\,{}_tp_y \,\mu_{y+t} \,dt$$

$$= {}_nq_{yz}^{\,\,\,1} - {}_nq_{xyz}^{\,\,\,1} - {}_np_z({}_nq_y - {}_nq_{xy}^{\,\,\,1})$$

10 (20)이 (50)보다 먼저 사망하는 확률은 0.25, (20)이 15년 이내에 사망하는 확률은 0.08, (35)가 15년 이내에 사망하는 확률은 0.15이다. (20)과 (35)의 사망시점의 차이가 15년 이하일 확률을 구하시오.

풀이

구하는 확률은 (20)이 사망한 때로부터 15년간 (35)가 생존하고 또는 (35)가 사망한 때로부터 15년간 (20)이 생존하는 확률을 합한 값 A를 구한뒤 1에서 차감하면 된다. 주어진 조건으로부터 $_\infty q_{20:50} = 0.25$, $_{15}q_{20} = 0.08$, $_{15}q_{35} = 0.15$이다.

$$A = \int_0^\infty {}_tp_{20} \,\mu_{20+t} \,{}_{t+15}p_{35} \,dt + \int_0^\infty {}_tp_{35} \,\mu_{35+t} \,{}_{t+15}p_{20} \,dt$$

$$= \int_0^\infty {}_tp_{20} \,\mu_{20+t} \,{}_{15}p_{35} \,{}_tp_{50} \,dt + \int_0^\infty {}_tp_{35} \,\mu_{35+t} \,{}_{15}p_{20} \,{}_tp_{35} \,dt$$

$$= {}_{15}p_{35} \,{}_\infty q_{20:50}^{\,\,\,1} + {}_{15}p_{20} \,{}_\infty q_{35:35}^{\,\,\,1} = 0.85 \times 0.25 + 0.92 \times \frac{1}{2} = 0.6725$$

따라서 구하는 확률은

$$1 - 0.6725 = 0.3275$$

11 $\bar{A}_{xy} = 1 - \delta \bar{a}_{xy}$를 증명하시오.

> 풀이

$$\bar{A}_{xy} = \frac{1}{l_{xy}} \int_0^\infty v^t \, l_{x+t\,:\,y+t} \, \mu_{x+t\,:\,y+t} \, dt$$

$$= \frac{1}{l_{xy}} \int_0^\infty v^t l_{x+t\,:\,y+t} \frac{-1}{l_{x+t\,:\,y+t}} \frac{d \, l_{x+t\,:\,y+t}}{dt} \, dt$$

$$= \frac{-1}{l_{xy}} \int_0^\infty v^t \frac{d \, l_{x+t\,:\,y+t}}{dt} \, dt$$

$$= \frac{-1}{l_{xy}} \left[\left[v^t l_{x+t\,:\,y+t} \right]_0^\infty + \delta \int_0^\infty v^t l_{x+t\,:\,y+t} \, dt \right]$$

$$= 1 - \delta \int_0^\infty \frac{v^t l_{x+t\,:\,y+t}}{l_{xy}} \, dt = 1 - \delta \int_0^\infty v^t {}_t p_{xy} \, dt = 1 - \delta \bar{a}_{xy}$$

12 $\bar{A}_{\overset{1}{xy}\,:\,\overline{n|}} = 1 - v^n {}_n p_{xy} - \delta \bar{a}_{xy\,:\,\overline{n|}}$를 증명하시오.

> 풀이

$$\bar{A}_{\overset{1}{xy}\,:\,\overline{n|}} = \int_0^n v^t {}_t p_{xy} \, \mu_{x+t\,:\,y+t} \, dt = -\frac{1}{l_{xy}} \int_0^n v^t \frac{d \, l_{x+t\,:\,y+t}}{dt} \, dt$$

$$= -\frac{1}{l_{xy}} \left[\left[v^t l_{x+t\,:\,y+t} \right]_0^n - \int_0^n (\ln v) v^t \, l_{x+t\,:\,y+t} \, dt \right]$$

$$= -\frac{1}{l_{xy}} \left[(v^n l_{x+n\,:\,y+n} - l_{xy}) + \delta \int_0^n v^t \, l_{x+t\,:\,y+t} \, dt \right]$$

$$= 1 - v^n {}_n p_{xy} - \delta \bar{a}_{xy\,:\,\overline{n|}}$$

13 $A_{xy} = v \ddot{a}_{xy} - a_{xy} = 1 - d \ddot{a}_{xy}$를 증명하시오.

> 풀이

$$A_{xy} = \sum_{t=0}^\infty v^{t+1} {}_{t|} q_{xy} = \sum_{t=0}^\infty v^{t+1} ({}_t p_{xy} - {}_{t+1} p_{xy})$$

$$= \sum_{t=0}^\infty v \, v^t {}_t p_{xy} - \sum_{t=0}^\infty v^{t+1} {}_{t+1} p_{xy} = v \ddot{a}_{xy} - a_{xy}$$

$$= (1-d) \ddot{a}_{xy} - a_{xy} = \ddot{a}_{xy} - a_{xy} - d \ddot{a}_{xy} = 1 - d \ddot{a}_{xy} \quad (\ddot{a}_{xy} - a_{xy} = 1 \text{이므로})$$

14 (x), (y)가 동시생존(공존) 중 (y)의 사망후에도 h년간은 (x)가 생존하고 있으면 지급되는 기말급연금의 APV를 구하시오.

> **풀이**

이 연금의 APV는 두 부분으로 나누어 구한다.

(i) 최초의 h기간은 (y)의 생사에 관계없이 (x)가 생존하고 있으면 연금이 지급되므로 이 부분의 연금현가는

$$APV1 = a_{x:\overline{h}|} = a_x - v^h {}_hp_x \, a_{x+h}$$

(ii) h년 이후 $h+t(t \geq 1)$시점에서 연금이 지급되기 위해서는 그 시점에 (x)가 생존하고 동시에 (y)는 h년 전의 시점인 t시점에서 생존하고 있어야 한다. 따라서 이 부분에 대한 기대현가는

$$APV2 = \sum_{t=1}^{\infty} v^{h+t} \, {}_{h+t}p_x \, {}_tp_y = v^h {}_hp_x \sum_{t=1}^{\infty} v^t \, {}_tp_{x+h} \, {}_tp_y = v^h {}_hp_x \, a_{x+h:y}$$

따라서 이 기말급연금의 APV는

$$APV = APV1 + APV2 = a_x - v^h {}_hp_x (a_{x+h} - a_{x+h:y})$$

15 A_{xy}, P_{xy}, $A^1_{xy:\overline{n}|}$, $P^1_{xy:\overline{n}|}$ 을 계산기수를 이용하여 나타내시오.

> **풀이**

$$A_{xy} = \frac{M_{xy}}{D_{xy}}, \qquad P_{xy} = \frac{M_{xy}}{N_{xy}}$$

$$A^1_{xy:\overline{n}|} = \frac{M_x - M_{x+n:y+n}}{D_x}, \qquad P^1_{xy:\overline{n}|} = \frac{M_{xy} - M_{x+n:y+n}}{N_{xy} - N_{x+n:y+n}}$$

16 부록의 경험생명표(여)를 이용하여 $y = 27$, 57에 대하여 $y+t(t = 0, \cdots, 20)$의 계산기수표를 작성하시오$(i = 0.05)$.

> **풀이**

계산기수의 정의는 다음과 같다.

$$D_x = v^x \, l_x, \qquad N_x = \sum_{t=0}^{\infty} D_{x+t}$$

$$C_x = v^{x+1} \, d_x, \qquad M_x = \sum_{t=0}^{\infty} C_{x+t}$$

이 계산기수의 정의에 따라 여자 27세, 57세에 대한 계산기수표를 작성하면 다음 표와 같다. 첨자 f는 여자의 계산기수표를 의미한다.

단생명 여자의 계산기수($y = 27$세)

t	D_{27+t}^f	N_{27+t}^f	C_{27+t}^f	M_{27+t}^f
0	26497.282259	520606.411839	8.8324274	1706.5007425
1	25226.674486	494109.129581	8.4088915	1697.6683151
2	24016.995380	468882.455095	8.0056651	1689.2594236
3	22865.323269	444865.459715	7.8395394	1681.2537585
4	21768.658812	422000.136446	7.6708607	1673.4142190
5	20724.385150	400231.477634	7.6976288	1665.7433583
6	19729.812038	379507.092484	7.7040218	1658.0457296
7	18782.593157	359777.280445	7.5130373	1650.3417077
8	17880.670922	340994.687288	7.4928526	1642.8286704
9	17021.717550	323114.016366	7.4571334	1635.3358179
10	16203.702438	306092.298816	7.4074068	1627.8786845
11	15424.690153	289888.596379	7.4919924	1620.4712776
12	14682.689106	274463.906226	7.5510973	1612.9792853
13	13975.962337	259781.217120	7.5869510	1605.4281880
14	13302.853370	245805.254784	7.8550182	1597.8412370
15	12661.529143	232502.401414	8.0792615	1589.9862189
16	12050.519923	219840.872271	8.2632137	1581.9069574
17	11468.422427	207790.352348	8.5193995	1573.6437437
18	10913.787674	196321.929921	8.7310301	1565.1243442
19	10385.352469	185408.142247	8.9017307	1556.3933141
20	9881.910144	175022.789778	9.1290027	1547.4915834

단생명 여자의 계산기수($y = 57$세)

t	D_{27+t}^f	N_{27+t}^f	C_{27+t}^f	M_{27+t}^f
0	5985.110010	95288.627906	10.8301991	1447.5563003
1	5689.274572	89303.517895	11.1076313	1436.7261012
2	5407.249104	83614.243323	11.3294743	1425.6184699
3	5138.431577	78206.994219	11.6471116	1414.2889956
4	4882.097248	73068.562641	11.9495142	1402.6418840
5	4637.666912	68186.465393	12.4112800	1390.6923698
6	4404.414351	63548.798481	12.9615622	1378.2810898
7	4181.718772	59144.384130	13.7001072	1365.3195276
8	3968.889199	54962.665358	14.6281916	1351.6194204
9	3765.266284	50993.776159	15.5631006	1336.9912287
10	3570.404789	47228.509875	16.5598774	1321.4281281
11	3383.825636	43658.105086	17.5958933	1304.8682506
12	3205.095188	40274.279450	18.7116510	1287.2723573
13	3033.759957	37069.184262	19.5494580	1268.5607064
14	2869.445739	34035.424305	21.2338985	1248.7112484
15	2711.571567	31165.978566	22.8288501	1227.4773499
16	2559.620262	28454.406999	24.4748452	1204.6484998
17	2413.258737	25894.786737	26.2240783	1180.1736546
18	2272.117576	23481.528000	28.1093403	1153.9495763
19	2135.812161	21207.410424	30.0844399	1125.8402360
20	2004.022380	19073.598263	32.3124751	1095.7557961

17 남자 (30), 여자 (27)의 피보험자에 대하여 다음을 구하시오. 단, 남자 (x)의 단생명 기수표와 남자 (x), 여자 (y)의 연생기수표$(y = x - 3)$는 부록을 이용하면 된다. 여자 의 생명표를 이용한 단생명기수표는 부록에 나타나 있지 않기 때문에 별도로 작성 해야 한다. 연습문제 16번을 이용하여 다음을 구하시오.

(a) $A^1_{\overline{30:27}:\overline{10|}}$ (b) $\ddot{a}_{\overline{30:27}:\overline{10|}}$

풀이

(a) $A^1_{\overline{30:27}:\overline{10|}} = A^1_{30:\overline{10|}} + {}^f A^1_{27:\overline{10|}} - A^1_{30:27:\overline{10|}}$

$$A^1_{30:\overline{10|}} = \frac{M_{30} - M_{40}}{D_{30}} = \frac{2300.4163012 - 2183.4495578}{22816.968} = 0.005126305301$$

$${}^f A^1_{27:\overline{10|}} = \frac{M^f_{27} - M^f_{37}}{D^f_{27}} = \frac{1706.5007425 - 1627.8786845}{26497.282} = 0.002967174445$$

$$A^1_{30:27:\overline{10|}} = \frac{M_{30:27} - M_{40:37}}{D_{30:27}} = \frac{3020.2782199804 - 2808.2390164272}{26258.5122104431}$$
$$= 0.008075065385$$

따라서

$$A^1_{\overline{30:27}:\overline{10|}} = 0.005126305301 + 0.002967174445 - 0.008075065385$$
$$= 0.000018414361$$

(b) $\ddot{a}_{\overline{30:27}:\overline{10|}} = \ddot{a}_{30:\overline{10|}} + {}^f \ddot{a}_{27:\overline{10|}} - \ddot{a}_{30:27:\overline{10|}}$

$$\ddot{a}_{30:\overline{10|}} = \frac{N_{30} - N_{40}}{D_{30}} = \frac{430847.593 - 246310.858}{22816.968} = 8.087697498$$

$${}^f \ddot{a}_{27:\overline{10|}} = \frac{N^f_{27} - N^f_{37}}{D^f_{27}} = \frac{520606.411 - 306092.299}{26497.282} = 8.095702495$$

$$\ddot{a}_{30:27:\overline{10|}} = \frac{N_{30:27} - N_{40:37}}{D_{30:27}} = \frac{488002.9137997170 - 275949.0396607050}{26258.5122104431}$$
$$= 8.075624103$$

따라서

$$\ddot{a}_{\overline{30:27}:\overline{10|}} = 8.087697498 + 8.095702495 - 8.075624103 = 8.107775887$$

18 (x), (y) 중 적어도 1인이 생존하는 동안 지급되는 연금으로, 제1회의 지급이 계약 후 $n+1$번째 해의 말에서부터 지급되는 연금을 n년거치 최종생존자 연생연금이라 고 하고, APV를 ${}_{n|}a_{\overline{xy}}$로 표시한다. ${}_{n|}a_{\overline{xy}} = {}_{n|}a_x + {}_{n|}a_y - {}_{n|}a_{xy}$임을 증명하시오.

풀이

$_n|a_{\overline{xy}}$를 구하기 위하여 3가지 경우를 고려한다.

(i) (x), (y)가 동시에 n년간 생존하는 경우, n년 후의 최종생존자 연생연금의 현가는 $a_{\overline{x+n\,:\,y+n}}$이고, 0시점의 APV는 $v^n{}_np_{xy}\,a_{\overline{x+n\,:\,y+n}}$이다.

(ii) (x)만이 n년간 생존하는 경우, 0시점의 APV는 $v^n{}_np_x(1-{}_np_y)a_{x+n}$이다.

(iii) (y)만이 n년간 생존하는 경우, 0시점의 APV는 $v^n{}_np_y(1-{}_np_x)a_{y+n}$이다.

$_n|a_{\overline{xy}}$는 위의 3가지의 모든 가능한 경우를 고려해야 하므로 $_n|a_{\overline{xy}}$는

$$
\begin{aligned}
_n|a_{\overline{xy}} &= v^n{}_np_x(1-{}_np_y)a_{x+n} + v^n{}_np_y(1-{}_np_x)a_{y+n} + v^n{}_np_{xy}\,a_{\overline{x+n\,:\,y+n}} \\
&= v^n{}_np_x\,a_{x+n} + v^n{}_np_x\,a_{y+n} - v^n{}_np_{xy}(a_{x+n}+a_{y+n}) \\
&\quad + v^n{}_np_{xy}(a_{x+n}+a_{y+n}-a_{x+n\,:\,y+n}) \\
&= v^n{}_np_x\,a_{x+n} + v^n{}_np_y\,a_{y+n} - v^n{}_np_{xy}\,a_{x+n\,:\,y+n} \\
&= {}_n|a_x + {}_n|a_y - {}_n|a_{xy}
\end{aligned}
$$

여기서 주의할 것은 n시점에서 (x), (y) 모두가 생존하는 것이 요구되지 않으므로 $_n|a_{\overline{xy}}=v^n{}_np_{xy}\,a_{\overline{x+n\,:\,y+n}}$이 성립하지 않는다. 또 $_n|a_{\overline{xy}}=v^n{}_np_{\overline{xy}}\,a_{\overline{x+t\,:\,y+t}}$도 성립하지 않는데 그 이유는 앞의 식은 (x), (y) 중 한 명이 생존하고 있어도 n시점에 $a_{\overline{x+n\,:\,y+n}}$이 필요한 식이므로 $_n|a_{\overline{xy}}$의 의미에 맞지 않는다.

19 $\bar{a}_{\overline{wx}\,:\,\overline{yz}}$를 동시생존자 연생연금현가로 나타내시오.

풀이

$$
\begin{aligned}
_tp_{\overline{wx}\,:\,\overline{yz}} &= {}_tp_{\overline{wx}}\,{}_tp_{\overline{yz}} = ({}_tp_w+{}_tp_x-{}_tp_{wx})({}_tp_y+{}_tp_z-{}_tp_{yz}) \\
&= {}_tp_{wy}+{}_tp_{wz}+{}_tp_{xy}+{}_tp_{xz}-{}_tp_{wyz}-{}_tp_{xyz}-{}_tp_{wxy}-{}_tp_{wxz}+{}_tp_{wxyz}
\end{aligned}
$$

따라서

$$
\begin{aligned}
\bar{a}_{\overline{wx}\,:\,\overline{yz}} &= \int_0^\infty v^t\,{}_tp_{\overline{wx}\,:\,\overline{yz}}\,dt \\
&= \bar{a}_{wy} + \bar{a}_{wz} + \bar{a}_{xy} + \bar{a}_{xz} - \bar{a}_{wyz} - \bar{a}_{xyz} - \bar{a}_{wxy} - \bar{a}_{wxz} + \bar{a}_{wxyz}
\end{aligned}
$$

20 다음을 유도하시오.

(a) $A_{\overline{xy}} = A_x + A_y - A_{xy}$

(b) $A_{\overline{xyz}} = A_x + A_y + A_z - A_{xy} - A_{xz} - A_{yz} + A_{xyz}$

> **풀이**

$A_{\overline{xy}}$와 $\ddot{a}_{\overline{xy}}$의 관계는 A_{xy}와 $\ddot{a}_{xy}$와의 관계와 동일하다.

(a) $A_{\overline{xy}} = 1 - d\,\ddot{a}_{\overline{xy}} = 1 - d\,(1 + a_x + a_y - a_{xy})$

$$= \left[1 - d\,(1+a_x)\right] + \left[1 - d\,(1+a_y)\right] + \left[1 - d\,(1+a_{xy})\right]$$

$$= A_x + A_y - A_{xy}$$

(b) $A_{\overline{xyz}} = 1 - d\,\ddot{a}_{\overline{xyz}} = 1 - d\,(1 + a_x + a_y + a_z - a_{xy} - a_{xz} - a_{yz} + a_{xyz})$

$$= A_x + A_y + A_z - A_{xy} - A_{xz} - A_{yz} + A_{xyz}$$

21 $\bar{P}_{xy} = \dfrac{1}{\bar{a}_{xy}} - \delta$ 를 증명하시오.

> **풀이**

$\bar{A}_{xy} = 1 - \delta\,\bar{a}_{xy}$ 이므로

$$\bar{P}_{xy} = \frac{\bar{A}_{xy}}{\bar{a}_{xy}} = \frac{1 - \delta\,\bar{a}_{xy}}{\bar{a}_{xy}} = \frac{1}{\bar{a}_{xy}} - \delta$$

22 다음의 경우 주어진 계산식이 성립하는지 설명하시오.

(a) $P^{1}_{\overline{xy}:\,\overline{n|}} = P^{1}_{x:\,\overline{n|}} + P^{1}_{y:\,\overline{n|}} - P^{1}_{\overline{xy}:\,\overline{n|}}$ 이 성립하는지 설명하시오.

(b) $P_{\overline{xy}} = P_x + P_y - P_{xy}$ 가 성립하는지 설명하시오.

> **풀이**

$A_{\overline{xy}} = A_x + A_y - A_{xy}$ 가 성립한다고 해서 주어진 산식들이 성립하는 것은 아니다.

(a) $A^{1}_{\overline{xy}:\,\overline{n|}} = A^{1}_{x:\,\overline{n|}} + A^{1}_{y:\,\overline{n|}} - A^{1}_{\overline{xy}:\,\overline{n|}}$

$$P^{1}_{\overline{xy}:\,\overline{n|}} = \frac{A^{1}_{\overline{xy}:\,\overline{n|}}}{\ddot{a}_{\overline{xy}:\,\overline{n|}}} = \frac{A^{1}_{x:\,\overline{n|}} + A^{1}_{y:\,\overline{n|}} - A^{1}_{\overline{xy}:\,\overline{n|}}}{\ddot{a}_{x:\,\overline{n|}} + \ddot{a}_{y:\,\overline{n|}} - \ddot{a}_{xy:\,\overline{n|}}}$$

$$= \frac{A^{1}_{x:\,\overline{n|}} + A^{1}_{y:\,\overline{n|}} - A^{1}_{\overline{xy}:\,\overline{n|}}}{1 + a_{x:\,\overline{n-1|}} + a_{y:\,\overline{n-1|}} - a_{xy:\,\overline{n-1|}}}$$

따라서 주어진 식은 성립하지 않는다.

(b) $P_{\overline{xy}} = \dfrac{A_{\overline{xy}}}{\ddot{a}_{\overline{xy}}} = \dfrac{A_x + A_y - A_{xy}}{\ddot{a}_x + \ddot{a}_y - \ddot{a}_{xy}}$

따라서 주어진 식은 성립하지 않는다.

23 연합생명 (x), (y)의 최종생존자 종신보험에 대하여 (a) 최종생존자의 사망시까지 보험료 납입, (b) 최초사망자 발생시까지 보험료납입의 두 가지 경우로 나누어서 책임준비금을 나타내시오.

> **풀이**

(a) 최종생존자의 사망시까지 보험료 납입

(i) (x), (y) 모두 생존해 있는 경우

$$_tV = A_{\overline{x+t:y+t}} - P_{\overline{xy}}\,\ddot{a}_{\overline{x+t:y+t}}$$

(ii) (y) 사망후 (x)가 생존해 있는 경우

$$_tV = A_{x+t} - P_{\overline{xy}}\,\ddot{a}_{x+t}$$

(iii) (x) 사망후 (y)가 생존해 있는 경우

$$_tV = A_{y+t} - P_{\overline{xy}}\,\ddot{a}_{y+t}$$

(b) 최초사망자 발생시까지 보험료 납입

(i) (x), (y) 모두 생존해 있는 경우

$$_tV = A_{\overline{x+t:y+t}} - P\,\ddot{a}_{x+t:y+t}$$

(ii) (y) 사망후 (x)가 생존해 있는 경우

$$_tV = A_{x+t}$$

(iii) (x) 사망후 (y)가 생존해 있는 경우

$$_tV = A_{y+t}$$

24 보험료가 h년 단기납인 경우 $_tV^1_{\overline{xy}:\overline{n}|}$, $_tV_{xy}$, $_tV_{xy:\overline{n}|}$의 책임준비금 계산식을 구하시오.

> **풀이**

(i) $t < h$인 경우(보험료 납입 중)

$$^h_tV^1_{\overline{xy}:\overline{n}|} = A^{\ 1}_{\overline{x+t:y+t}:\,\overline{n-t}|} - \,_hP^1_{\overline{xy}:\overline{n}|}\,\ddot{a}_{x+t:y+t:\overline{h-t}|}$$

$$^h_tV_{xy} = A_{x+t:y+t} - \,_hP_{xy}\,\ddot{a}_{x+t:y+t:\overline{h-t}|}$$

$$^h_tV_{xy:\overline{n}|} = A_{x+t:y+t:\overline{n-t}|} - \,_hP_{xy:\overline{n}|}\,\ddot{a}_{x+t:y+t:\overline{h-t}|}$$

(ii) $t \geq h$인 경우(보험료 완납 후)

$$^h_tV^1_{\overline{xy}:\overline{n}|} = A^{\ 1}_{\overline{x+t:y+t}:\,\overline{n-t}|}$$

$$^h_tV_{xy} = A_{x+t:y+t}$$

$$^h_tV_{xy:\overline{n}|} = A_{x+t:y+t:\overline{n-t}|}$$

25 3년만기 생사혼합보험, 보험료는 $P_{50:\overline{47}:\overline{3|}}$인 경우 예제 (8.1.4.1)의 조건에서 $_1V$, $_2V$, $_3V$를 계산하시오.

풀이

Facker의 공식은 동시생존자보험에 적용된다. 단생명의 경우

$$_{t+1}V = \frac{(_tV+P)(1+i) - q_{x+t}}{p_{x+t}}$$

$$p_{50:47} = \left(\frac{l_{51}}{l_{50}}\right)\left(\frac{l_{48}^f}{l_{47}^f}\right) = 0.9962127, \qquad q_{50:47} = 1-0.9962127 = 0.0037873$$

$$p_{51:48} = \left(\frac{l_{52}}{l_{51}}\right)\left(\frac{l_{49}^f}{l_{48}^f}\right) = 0.9958633, \qquad q_{51:48} = 1-0.9958633 = 0.0041367$$

$$_1V = \frac{(0+0.303426844)(1.05)-0.0037873}{0.9962127} = 0.316007702$$

$$_2V = \frac{(0.316007702+0.303426844)(1.05)-0.0041367}{0.9958633} = 0.648954101$$

$$_3V = (0.648954101+0.303426844)(1.05) = 1$$

생사혼합보험이므로 $_3V = 1$을 예상할 수 있다.

26 예제 (8.1.5.3)과 예제 (8.1.5.4)에서 최종생존자의 사망시까지 보험료를 납입할 경우 $_1V$를 계산하시오.

풀이

예제(8.1.5.4)로부터 $P_{\overline{50:47}:\overline{3|}} = 0.302105035$이다.

(i) (50), (47)이 모두 생존해 있는 경우

$$_1V_{\overline{50:47}:\overline{3|}} = A_{\overline{51:48}:\overline{2|}} - P_{\overline{50:47}:\overline{3|}} \ddot{a}_{\overline{51:48}:\overline{2|}}$$

$$A_{\overline{51:48}:\overline{2|}} = A_{51:\overline{2|}} + {}^fA_{48:\overline{2|}} - A_{51:48:\overline{2|}}$$

$$= \frac{M_{51}-M_{53}+D_{53}}{D_{51}} + \frac{M_{48}^f-M_{50}^f+D_{50}^f}{D_{48}^f} - \frac{M_{51:48}-M_{53:50}+D_{53:50}}{D_{51:48}}$$

$$= \frac{1981.4491103-1933.4877883+7182.786}{7970.667}$$

$$+ \frac{1538.3625807-1519.3337489+8509.504146}{9402.213992}$$

$$- \frac{2490.1777319187-2417.3786296011+8153.8343090366}{9067.9877336114}$$

$$= 0.9051135002$$

$$\ddot{a}_{\overline{51:48:\,\overline{2}|}} = \ddot{a}_{51:\,\overline{2}|} + {}^{f}\ddot{a}_{48:\,\overline{2}|} - \ddot{a}_{51:48:\,\overline{2}|}$$

$$= \frac{N_{51} - N_{53}}{D_{51}} + \frac{N_{48}^{f} - N_{50}^{f}}{D_{48}^{f}} - \frac{N_{51:48} - N_{53:50}}{D_{51:48}}$$

$$= \frac{125773.577 - 110235.255}{7970.667} + \frac{165140.879634 - 146793.578340}{9402.213992}$$

$$- \frac{138134.0100355460 - 120465.5692681440}{9067.9877336114} = 1.952377876$$

$$_{1}V_{\overline{50:47:\,\overline{3}|}} = 0.9051135002 - (0.302105035)(1.952377876)$$

$$= 0.3152903136$$

(ii) (47)사망후 (50)이 생존해 있는 경우

$$_{1}V = A_{51:\,\overline{2}|} - P_{\overline{50:47:\,\overline{3}|}}\,\ddot{a}_{51:\,\overline{2}|}$$

$$= \frac{M_{51} - M_{53} + D_{53}}{D_{51}} - P_{\overline{50:47:\,\overline{3}|}}\,\frac{N_{51} - N_{53}}{D_{51}}$$

$$= \frac{1981.4491103 - 1933.4877883 + 7182.786}{7970.667}$$

$$- (0.302105035)\frac{125773.577 - 110235.255}{7970.667} = 0.318234598$$

(iii) (50)사망후 (47)이 생존해 있는 경우

$$_{1}V = {}^{f}A_{48:\,\overline{2}|} - P_{\overline{50:47:\,\overline{3}|}}\,{}^{f}\ddot{a}_{48:\,\overline{2}|}$$

$$= \frac{M_{48}^{f} - M_{50}^{f} + D_{50}^{f}}{D_{48}^{f}} - P_{\overline{50:47:\,\overline{3}|}}\,\frac{N_{48}^{f} - N_{50}^{f}}{D_{48}^{f}}$$

$$= \frac{1538.3625807 - 1519.3337489 + 8509.504146}{9402.213992}$$

$$- (0.302105035)\frac{165140.879634 - 146793.578340}{9402.213992} = 0.3175550866$$

27 (w), (x), (y), (z) 중 누군가가 생존하는 한 지급되는 조건의 연속연금을 고려한다. 각각의 사망시 연금연액이 50%씩 감소된다고 할 때 이 연금의 APV를 $\bar{a}\frac{[k]}{wxyz}$ $(k = 1, 2, 3, 4)$를 이용하여 나타내시오.

풀이

이 연금의 APV는

$$\text{APV} = \bar{a}\frac{[4]}{wxyz} + \frac{1}{2}\,\bar{a}\frac{[3]}{wxyz} + \frac{1}{4}\,\bar{a}\frac{[2]}{wxyz} + \frac{1}{8}\,\bar{a}\frac{[1]}{wxyz}$$

이 된다.

28 다음 식을 유도하시오.

(a) $\bar{A}_{xy} = \bar{A}^{\ 1}_{xy} + \bar{A}^{\ 1}_{xy}$ (b) $\bar{A}_{\overline{xy}} = \bar{A}^{\ 2}_{xy} + \bar{A}^{\ 2}_{xy}$

> 풀이

(a) $\bar{A}_{xy} = \displaystyle\int_0^\infty v^t \ {}_tp_{xy} \ \mu_{x+t:y+t} \, dt = \int_0^\infty v^t \ {}_tp_{xy} (\mu_{x+t} + \mu_{y+t}) \, dt$

$\qquad = \displaystyle\int_0^\infty v^t \ {}_tp_{xy} \ \mu_{x+t} \, dt + \int_0^\infty v^t \ {}_tp_{xy} \ \mu_{y+t} \, dt$

$\qquad = \bar{A}^{\ 1}_{xy} + \bar{A}^{\ 1}_{xy}$

(b) $\bar{A}_{\overline{xy}} = \displaystyle\int_0^\infty v^t \ {}_tp_{\overline{xy}} \ \mu_{\overline{x+t:y+t}} \, dt = \int_0^\infty v^t \left({}_tq_y \ {}_tp_x \ \mu_{x+t} + {}_tq_x \ {}_tp_y \ \mu_{y+t} \right) dt$

$\qquad = \displaystyle\int_0^\infty v^t \ {}_tq_y \ {}_tp_x \ \mu_{x+t} \, dt + \int_0^\infty v^t \ {}_tq_x \ {}_tp_y \ \mu_{y+t} \, dt$

$\qquad = \bar{A}^{\ 2}_{xy} + \bar{A}^{\ 2}_{xy}$

29 (i) (x)가 (y) 이전에 사망하거나, (ii) 또는 (y)의 사망후 t년 내에 (x)가 사망하는 경우 보험금을 지급하는 보험의 APV를 구하시오.

> 풀이

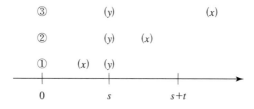

구하는 APV는 ①+②의 경우이다. 또는 A_x − ③의 경우로 구할 수 있다.

$$\text{APV} = \bar{A}_x - \int_0^\infty v^{t+s} (1 - {}_sp_y) \ {}_{s+t}p_x \ \mu_{x+s+t} \, ds$$

($v^t \ {}_tp_x$가 앞으로 나오면서 기준점이 $x+t$시점으로 바뀐다)

$$= \bar{A}_x - v^t \ {}_tp_x \int_0^\infty v^s (1 - {}_sp_y) \ {}_sp_{x+t} \ \mu_{x+t+s} \, ds$$

$$= \bar{A}_x - \frac{D_{x+t}}{D_x} \left(\bar{A}_{x+t} - \bar{A}^{\ 1}_{x+t:y} \right) = \bar{A}^{\ 1}_{x:\overline{t|}} + \frac{D_{x+t}}{D_x} \bar{A}^{\ 1}_{x+t:y}$$

30 $\dfrac{\partial \bar{a}_{xy}}{\partial x} = \mu_x \bar{a}_{xy} - \bar{A}^{\ 1}_{xy}$ 임을 증명하시오.

풀이

$$\bar{a}_{xy} = \int_0^\infty v^t \,_t p_{xy} \, dt = \frac{\int_0^\infty v^t \, l_{x+t:y+t} \, dt}{l_{xy}}$$

$$\frac{\partial}{\partial x} \bar{a}_{xy} = \frac{l_{xy} \int_0^\infty v^t \frac{\partial}{\partial x} l_{x+t:y+t} \, dt - \left(\frac{\partial}{\partial x} l_{xy}\right) \int_0^\infty v^t \, l_{x+t:y+t} \, dt}{(l_{xy})^2}$$

$$= \frac{\int_0^\infty v^t \, l_{y+t}\left(\frac{d}{dx} l_{x+t}\right) dt}{l_{xy}} - \frac{\left(\frac{d}{dx} l_x\right) l_y \int_0^\infty v^t \, l_{x+t:y+t} \, dt}{(l_{xy})^2}$$

$$= \frac{\int_0^\infty v^t \, l_{y+t} \, l_{x+t}(-\mu_{x+t}) \, dt}{l_{xy}} - \frac{l_y \, l_x (-\mu_x) \int_0^\infty v^t \, l_{x+t:y+t} \, dt}{(l_{xy})^2}$$

$$= -\int_0^\infty v^t \,_t p_{xy} \, \mu_{x+t} \, dt + \mu_x \int_0^\infty v^t \,_t p_{xy} \, dt = \mu_x \, \bar{a}_{xy} - \bar{A}_{xy}^{\,1}$$

31 다음 조건부 연생보험을 정의하고 가능하면 단순조건부 APV(1이 붙은 APV)의 형태로 나타내시오. 그리고 그 의미를 해석하시오.

(a) $_{n|}\bar{A}_{xy}^{\,1}$ 　　　　　　(b) $_{n|}\bar{A}_{xy}^{\,2}$ 　　　　　　(c) $_{n|}\bar{A}_{\substack{xyz \\ 1}}^{\,2}$

풀이

(a) $_{n|}\bar{A}_{xy}^{\,1} = \int_0^\infty v^{n+t} \,_{n+t} p_{xy} \, \mu_{x+n+t} \, dt = v^n \,_n p_{xy} \, \bar{A}_{\substack{x+n:y+n}}^{\,1}$

(b) $_{n|}\bar{A}_{xy}^{\,2} = \int_0^\infty v^{n+t} \,_{n+t} p_x \left(1 - \,_{n+t} p_y\right) \mu_{x+n+t} \, dt$

$$= \int_0^\infty v^n \, v^t \,_n p_x \,_t p_{x+n} \left(1 - \,_{n+t} p_y\right) \mu_{x+n+t} \, dt$$

$$= v^n \,_n p_x \int_0^\infty v^t \,_t p_{x+n} \left(1 - \,_t p_{y+n}\right) \mu_{x+n+t} \, dt$$

$$= v^n \,_n p_x \, \bar{A}_{x+n} - v^n \,_n p_x \, \bar{A}_{\substack{x+n:y+n}}^{\,1}$$

$_{n|}\bar{A}_{xy}^{\,1}$에서 실제 보험금이 지급되기 위해서는 n년 시점까지 (x), (y) 모두 생존해 있어야 한다. $_{n|}\bar{A}_{xy}^{\,2}$나 $_{n|}\bar{A}_{\overline{xy}}$로 표시되는 보험에서는 둘 다 생존하지 않아도 된다. $_{n|}A_{xy}^{\,2}$에서는 n시점에 (x)만 생존해 있으면 되고, $_{n|}\bar{A}_{\overline{xy}}$에서는 (x), (y) 중 어느 누군가가 n년간 생존해 있으면 그 이후에 보험금 지급을 받을 수 있다.

(c) $_{n|}\bar{A}^{\,2}_{\,x\,y\,z\atop 1} = {}_{n|}\bar{A}^{\,1}_{\,x\,z} - {}_{n|}\bar{A}^{\,1}_{\,x\,y\,z}$

이 경우는 (y)는 n년 기간 중에 사망해 있어도 보험금은 (x)의 사망시 지급된다.

32 (y)의 사망을 기준으로 하여 다음 식을 유도하시오.

(a) $A^{\,2}_{\,x\,y\,:\,\overline{n|}} = A^{\,1}_{\,x\,y\,:\,\overline{n|}} - d\,a_{\,y\,|\,x\,:\,\overline{n|}} - v^{\,n+1}\,{}_{n}p_{x}\,{}_{n}q_{y}$

(b) $A^{\,2}_{\,x\,y} = A^{\,1}_{\,x\,y} - d\,a_{\,y\,|\,x}$

> **풀이**

(a) (y)의 사망을 기준으로 하면 $_{t|}q^{2}_{xy} = {}_{t|}q^{1}_{xy} + {}_{t}p_{x}\,{}_{t}q_{y} - {}_{t+1}p_{x}\,{}_{t+1}q_{y}$이므로

$$A^{\,2}_{\,x\,y\,:\,\overline{n|}} = \sum_{t=0}^{n-1} v^{\,t+1}\,{}_{t|}q^{2}_{xy} = \sum_{t=0}^{n-1} v^{\,t+1}\left({}_{t|}q^{1}_{xy} - {}_{t+1}p_{x}\,{}_{t+1}q_{x} + {}_{t}p_{x}\,{}_{t}q_{y}\right)$$

$$= A^{\,1}_{\,x\,y\,:\,\overline{n|}} - a_{\,y\,|\,x\,:\,\overline{n|}} + v\sum_{t=0}^{n-1} v^{\,t}\,{}_{t}p_{x}\,{}_{t}q_{y}$$

여기서 $\displaystyle v\sum_{t=0}^{n-1} v^{\,t}\,{}_{t}p_{x}\,{}_{t}q_{y} = v\left(v^{0}\,{}_{0}p_{x}\,{}_{0}q_{x} + a_{\,y\,|\,x\,:\,\overline{n|}} - v^{\,n}\,{}_{n}p_{x}\,{}_{n}q_{y}\right)$

$$= v\,a_{\,y\,|\,x\,:\,\overline{n|}} - v^{\,n+1}\,{}_{n}p_{x}\,{}_{n}q_{y} \quad \left({}_{0}q_{y} = 0\text{이므로}\right)$$

따라서

$$A^{\,2}_{\,x\,y\,:\,\overline{n|}} = A^{\,1}_{\,x\,y\,:\,\overline{n|}} - (1-v)\,a_{\,y\,|\,x\,:\,\overline{n|}} - v^{\,n+1}\,{}_{n}p_{x}\,{}_{n}q_{y}$$

(b) (a)에서 $n \to \infty$가 되면 종신보험이 된다. $n \to \infty$이면 $_{n}p_{x} \to 0$이므로

$$A^{\,2}_{\,x\,y} = A^{\,1}_{\,x\,y} - d\,a_{\,y\,|\,x}$$

33 n년 내에 (x), (y) 중 누군가 1명이 사망하고 그 때에 (z)가 생존하고 있으면 보험금 1원을 지급하는 보험의 APV를 $A^{\,1}_{\,\overline{xy}\,:\,z\,:\,\overline{n|}}$ 과 $\bar{A}^{\,1}_{\,\overline{xy}\,:\,z\,:\,\overline{n|}}$으로 나타낸다. 각각을 단순조건부 APV로 나타내시오.

> **풀이**

보험금 사망즉시급인 경우

$$\bar{A}^{\,1}_{\,\overline{xy}\,:\,z\,:\,\overline{n|}} = \int_{0}^{n} v^{\,s}\,{}_{s}p_{xy}\,{}_{s}p_{z}\,\mu_{x+s\,:\,y+s}\,ds = \int_{0}^{n} v^{\,s}\,{}_{s}p_{xyz}\left(\mu_{x+s} + \mu_{y+s}\right)ds$$

$$= \bar{A}^{\,1}_{\,x\,y\,z\,:\,\overline{n|}} + \bar{A}^{\,1}_{\,x\,y\,z\,:\,\overline{n|}}$$

보험금 연말급인 경우

$$A^{\,1}_{\,\overline{xy}\,:\,z\,:\,\overline{n|}} = \sum_{t=0}^{n-1} v^{\,t+1}\,{}_{t|}q^{1}_{\overline{xy}\,:\,z} = \sum_{t=0}^{n-1} v^{\,t+1}\left({}_{t|}q^{1}_{xyz} + {}_{t|}q^{1}_{xyz}\right) = A^{\,1}_{\,x\,y\,z\,:\,\overline{n|}} + A^{\,1}_{\,x\,y\,z\,:\,\overline{n|}}$$

34 (x)가 3인 중 두 번째에 사망하는 경우에 보험금 1원이 지급되는 보험의 APV는 $\bar{A}^2_{xyz}$로 나타낸다. $\bar{A}^2_{xyz}$를 단순조건부 APV를 이용하여 나타내시오.

풀이

[풀이 1]: (x)가 두 번째에 사망하려면 (y)와 (z) 중 1명만 사망하여야 한다. 이 확률은 그림 [8.1.1.1]의 $B+C$ 영역이다. $B+C=(B+D)+(C+D)-2D$이므로 이 확률은 ${}_tp_y+{}_tp_z-2\,{}_tp_{yz}$이다. 따라서

$$\bar{A}^2_{xyz} = \int_0^\infty v^t({}_tp_y + {}_tp_z - 2\,{}_tp_{yz})\,{}_tp_x\,\mu_{x+t}\,dt = \bar{A}^1_{xy} + \bar{A}^1_{xz} - 2\,\bar{A}^1_{xyz}$$

$\bar{A}^2_{xyz}$는 다음과 같이 구할 수도 있다.

[풀이 2]: (x)가 두 번째 사망하는 것은 (i) (y)가 첫 번째 사망하고 (x)가 두 번째 사망하는 경우 (ii) (z)가 첫 번째 사망하고 (x)가 두 번째 사망하는 경우로 나누어 생각할 수 있다. 따라서

$$\bar{A}^2_{xyz} = \bar{A}^2_{x\underset{1}{y}z} + \bar{A}^2_{xy\underset{1}{z}} = (\bar{A}^1_{xz} - \bar{A}^1_{xyz}) + (\bar{A}^1_{xy} - \bar{A}^1_{xyz})$$

$$= \bar{A}^1_{xy} + \bar{A}^1_{xz} - 2\,\bar{A}^1_{xyz}$$

35 (x)가 3인중 세 번째에 사망하는 경우에 보험금 1원이 지급되는 보험의 APV는 $\bar{A}^3_{xyz}$과 A^3_{xyz}으로 나타낸다. $\bar{A}^3_{xyz}$와 A^3_{xyz}을 단순조건부 APV를 이용하여 나타내시오.

풀이

[풀이 1]: 보험금 사망즉시급인 경우

$$\bar{A}^3_{xyz} = \int_0^\infty v^t(1 - {}_tp_y)(1 - {}_tp_z)\,{}_tp_x\,\mu_{x+t}\,dt$$

$$= \int_0^\infty v^t(1 - {}_tp_y - {}_tp_z + {}_tp_{yz})\,{}_tp_x\,\mu_{x+t}\,dt$$

$$= \bar{A}_x - \bar{A}^1_{xy} - \bar{A}^1_{xz} + \bar{A}^1_{xyz}$$

보험금 연말급인 경우

$$A^3_{xyz} = \sum_{t=0}^{n-1} v^{t+1}\,{}_{t|}q^3_{xyz} = \sum_{t=0}^{n-1} v^{t+1}\,{}_{t|}q^2_{x:\overline{yz}} = \sum_{t=0}^{n-1} v^{t+1}\,{}_{t|}q_x - {}_{t|}q^1_{x:\overline{yz}}$$

$$= \sum_{t=0}^{n-1} v^{t+1}\,{}_{t|}q_x - ({}_{t|}q^1_{xy} + {}_{t|}q^1_{xz} - {}_{t|}q^1_{xyz})$$

$$= A_x - A^1_{xy} - A^1_{xz} + A^1_{xyz}$$

[풀이 2]: $\bar{A}^3_{xyz}$는 다음과 같이 구할 수도 있다. ${}_{t|}q_x$의 정의상

${}_{t|}q_x = {}_{t|}q^1_{xyz} + {}_{t|}q^2_{xyz} + {}_{t|}q^3_{xyz}$이므로

$$\bar{A}_x = \bar{A}_{xyz}^1 + \bar{A}_{xyz}^2 + \bar{A}_{xyz}^3 \text{이다.}$$

$$\bar{A}_{xyz}^3 = \bar{A}_x - (\bar{A}_{xyz}^1 + \bar{A}_{xy}^2) = \bar{A}_x - \bar{A}_{x:\overline{yz}}^1$$

$\bar{A}_{x:\overline{yz}}^1$의 정의상 $\bar{A}_{x:\overline{yz}}^1 = \bar{A}_{xyz}^1 + \bar{A}_{xyz}^2$이다. 따라서

$$\bar{A}_{xyz}^3 = \bar{A}_x - (\bar{A}_{xy}^1 + \bar{A}_{xz}^1 - \bar{A}_{xyz}^1) = \bar{A}_x - \bar{A}_{xy}^1 - \bar{A}_{xz}^1 + \bar{A}_{xyz}^1$$

$\bar{A}_{xyz}^3$의 연납보험료를 구하는 경우 (y), (z)의 사망은 계약의 종료와 관계가 없고 (x)의 사망시에만 계약이 종료되므로 일시납순보험료를 $\ddot{a}_{x:\overline{n}}$으로 나눈다.

36 일시납순보험료가 $\bar{A}_{xyz:\overline{n}}^3$인 경우 (a) 보험료 납입기간이 n년일 때 연납보험료 P를 구하고 (b) t시점에서의 책임준비금을 구하시오.

  풀이

(a) (x), (y)의 사망은 계약의 소멸과 관계가 없고 (x)의 사망시에만 계약이 종료되므로 일시납순보험료를 $\ddot{a}_{x:\overline{n}}$으로 나누어서 연납순보험료를 구한다. 즉

$$P = \frac{\bar{A}_{xyz:\overline{n}}^3}{\ddot{a}_{x:\overline{n}}}$$

(b) 책임준비금은 다음의 4가지 경우로 나누어서 구한다.

(i) (x), (y), (z)가 생존하는 경우

$$\bar{A}_{x+t:y+t:z+t:\overline{n-t}}^3 - P\ddot{a}_{x+t:\overline{n-t}}$$

(ii) (x), (y)가 공존하고, (z)가 이미 사망한 경우

$$\bar{A}_{x+t:y+t:\overline{n-t}}^2 - P\ddot{a}_{x+t:\overline{n-t}}$$

(iii) (x), (z)가 공존하고, (y)가 이미 사망한 경우

$$\bar{A}_{x+t:z+t:\overline{n-t}}^2 - P\ddot{a}_{x+t:\overline{n-t}}$$

(iv) (x)만 생존한 경우

$$\bar{A}_{x+t:\overline{n-t}}^1 - P\ddot{a}_{x+t:\overline{n-t}}$$

37 4인의 연합생명 (w), (x), (y), (z) 중에서 주피보험자인 (x)가 3번째 사망하는 경우에 보험금 1원을 지급하는 보험의 APV를 $\bar{A}_{wxyz}^3$으로 나타낸다. $\bar{A}_{wxyz}^3$를 단순조건부 APV로 나타내시오.

  풀이

$$_tp_{wyz}^{[1]} = {}_tp_w(1-{}_tp_y)(1-{}_tp_z) + {}_tp_y(1-{}_tp_w)(1-{}_tp_z) + {}_tp_z(1-{}_tp_w)(1-{}_tp_y)$$

$$= {}_tp_w + {}_tp_y + {}_tp_z - 2\,{}_tp_{wy} - 2\,{}_tp_{wz} - 2\,{}_tp_{yz} + 3\,{}_tp_{wyz}$$

$$\bar{A}^{\,3}_{wxyz} = \int_0^\infty v^t \, _tp_{\overline{wyz}}^{[1]} \, _tp_x \, \mu_{x+t} \, dt$$

$$= \int_0^\infty v^t \, (_tp_w + \, _tp_y + \, _tp_z - 2\, _tp_{wy} - 2\, _tp_{wz} - 2\, _tp_{yz} + 3\, _tp_{wyz}) \, _tp_x \, \mu_{x+t} \, dt$$

$$= \bar{A}^{\,1}_{wx} + \bar{A}^{\,1}_{xy} + \bar{A}^{\,1}_{xz} - 2\,\bar{A}^{\,1}_{wxy} - 2\,\bar{A}^{\,1}_{wxz} - 2\,\bar{A}^{\,1}_{xyz} + 3\,\bar{A}^{\,1}_{wxyz}$$

38 (x)와 (y)의 최종생존자의 사망이 (z)의 생존 중에 생기는 경우 보험금 1원을 지급하는 보험의 NSP는 $\bar{A}^{\,1}_{\overline{xy}:z}$로 표시된다. $\bar{A}^{\,1}_{\overline{xy}:z}$를 단순조건부 NSP로 나타내시오.

> **풀이**

$$\bar{A}^{\,1}_{\overline{xy}:z} = \int_0^\infty v^t \, _tp_{\overline{xy}} \, _tp_z \, \mu_{\overline{x+t:y+t}} \, dt$$

$$= \int_0^\infty v^t \left[(1 - \, _tp_y)\, _tp_x \, \mu_{x+t} + (1 - \, _tp_x)\, _tp_y \, \mu_{y+t} \right] \, _tp_z \, dt$$

$$= \int_0^\infty v^t \left[_tp_{xz} \, \mu_{x+t} + \, _tp_{yz} \, \mu_{y+t} - \, _tp_{xyz} \, \mu_{x+t} - \, _tp_{xyz} \, \mu_{y+t} \right] dt$$

$$= \bar{A}^{\,1}_{xz} + \bar{A}^{\,1}_{yz} - \bar{A}^{\,1}_{xyz} - \bar{A}^{\,1}_{xyz}$$

다른 방법으로 풀어보자. $\bar{A}^{\,1}_{\overline{xy}:z}$의 정의상 $\bar{A}^{\,1}_{\overline{xy}:z} = \bar{A}^{\,2}_{\underset{1}{xyz}} + \bar{A}^{\,2}_{\underset{1}{xyz}}$이 성립한다. 따라서

$$\bar{A}^{\,1}_{\overline{xy}:z} = (\bar{A}^{\,1}_{xz} - \bar{A}^{\,1}_{xyz}) + (\bar{A}^{\,1}_{yz} - \bar{A}^{\,1}_{xyz}) = \bar{A}^{\,1}_{xz} + \bar{A}^{\,1}_{yz} - \bar{A}^{\,1}_{xyz} - \bar{A}^{\,1}_{xyz}$$

39 서로 독립적인 피보험자 (3), (34)의 연생계산기수표$(t = 0, \cdots, 20)$를 작성하시오. (x)와 (y) 모두 경험생명표(남)와 $i = 0.05$를 이용하여 작성하시오.

> **풀이**

계산기수의 정의는 다음과 같다.

$$D_{xy} = v^{\frac{1}{2}(x+y)} \, l_{xy}, \qquad N_{xy} = \sum_{t=0}^{\infty} D_{x+t:y+t}$$

$$C_{xy} = v^{\frac{1}{2}(x+y)+1} \, d_{xy}, \qquad M_{xy} = \sum_{t=0}^{\infty} C_{x+t:y+t}$$

이 계산기수의 정의에 따라 (3), (34)의 연생기수표를 작성하면 다음 표와 같다.

t	$l_{3+t\,:\,34+t}$	$D_{3+t\,:\,34+t}$	$N_{3+t\,:\,34+t}$	$C_{3+t\,:\,34+t}$	$M_{3+t\,:\,34+t}$
0	100000.00	100000.00	1837821.987	82.84203810	12484.667295
1	99913.02	95155.25	1737821.987	77.01866194	12401.825257
2	99828.10	90547.03	1642666.734	75.01442166	12324.806595
3	99741.26	86160.25	1552119.702	74.66286573	12249.792173
4	99650.51	81982.72	1465959.447	76.50802518	12175.129307
5	99552.87	78002.27	1383976.725	80.22113501	12098.621282
6	99445.36	74207.66	1305974.451	84.09227545	12018.400147
7	99327.03	70589.87	1231766.791	88.73114979	11934.307872
8	99195.94	67139.72	1161176.921	92.70654521	11845.576722
9	99052.12	63849.88	1094037.206	97.28343451	11752.870177
10	98893.66	60712.13	1030187.326	102.32924770	11655.586742
11	98718.64	57718.74	969475.200	108.27276534	11553.257495
12	98524.20	54861.96	911756.456	115.44575875	11444.984729
13	98306.51	52134.04	856894.498	121.61406547	11329.538971
14	98065.72	49529.85	804760.459	127.32367693	11207.924905
15	97801.02	47043.96	755230.607	133.02212942	11080.601228
16	97510.65	44670.75	708186.644	137.36655486	10947.579099
17	97195.80	42406.21	663515.891	142.10809979	10810.212544
18	96853.80	40244.76	621107.684	147.50546317	10668.104444
19	96481.07	38180.83	580864.928	153.74876264	10520.598981
20	96073.12	36208.95	542684.094	159.93519395	10366.850218

40 $\bar{a}_{x|y} = \displaystyle\int_0^\infty v^t{}_t p_{xy}\,\mu_{x+t}\,\bar{a}_{y+t}\,dt = \bar{a}_y - \bar{a}_{xy}$를 유도하시오.

풀이

$$\bar{a}_{x|y} = \int_0^\infty v^t{}_t p_{xy}\,\mu_{x+t}\,\bar{a}_{y+t}\,dt = \int_0^\infty {}_t p_x\,\mu_{x+t}\,(v^t{}_t p_y\,\bar{a}_{y+t})\,dt$$

$$= \int_0^\infty {}_t p_x\,\mu_{x+t}\ {}_t|\bar{a}_y\,dt = \int_0^\infty {}_t p_x\,\mu_{x+t}\left(\int_t^\infty v^k{}_k p_y\,dk\right)dt$$

$$= \int_0^\infty v^k{}_k p_y\left(\int_0^k {}_t p_x\,\mu_{x+t}\,dt\right)dk = \int_0^\infty v^k{}_k p_y\,(1 - {}_k p_x)\,dk$$

$$= \bar{a}_y - \bar{a}_{xy}$$

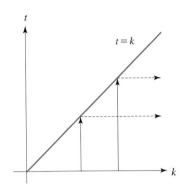

41 $a_{x|y:\overline{n|}} = a_{y:\overline{n|}} - a_{xy:\overline{n|}}$ 을 $n = 3$을 이용하여 증명하시오.

풀이

(x) 사망시 (y)가 받는 급부를 기준으로 생각하면

(i) 첫 번째 해 (x)가 사망하면 연말을 기준으로 한 급부는 $\ddot{a}_{y+1:\overline{3|}}$ 이므로 첫 번째 해 급부의 현가는

$$q_x\, p_y\, \ddot{a}_{y+1:\overline{3|}}\, v = q_x\, p_y (1 + v\, p_{y+1} + v^2\, {}_2p_{y+1})v$$
$$= q_x\, p_y (v + v^2\, p_{y+1} + v^3\, {}_2p_{y+1})$$
$$= q_x (p_y\, v + {}_2p_y\, v^2 + {}_3p_y\, v^3)$$

(ii) 두 번째 해에 (x)가 사망하면 연말을 기준으로 한 급부는 $\ddot{a}_{y+2:\overline{2|}}$ 이므로 두 번째 해 급부의 현가는

$${}_{1|}q_x\, {}_2p_y\, \ddot{a}_{y+2:\overline{2|}}\, v^2 = {}_{1|}q_x\, {}_2p_y (1 + v\, {}_1p_{y+2})v^2$$
$$= {}_{1|}q_x\, {}_2p_y (v^2 + v^3\, {}_1p_{y+2})$$
$$= {}_{1|}q_x ({}_2p_y\, v^2 + {}_3p_y\, v^3)$$

(iii) 세 번째 해에 (x)가 사망하면 연말을 기준으로 한 급부는 $\ddot{a}_{y+3:\overline{1|}}$ 이므로 세 번째 해 급부의 현가는

$${}_{2|}q_x\, {}_3p_x\, \ddot{a}_{y+3:\overline{1|}}\, v^3 = {}_{2|}q_x\, {}_3p_y (1)\, v^3 = {}_{2|}q_x\, {}_3p_y (v^3) = {}_{2|}q_x ({}_3p_y\, v^3)$$

따라서

$$a_{x|y:\overline{3|}} = p_y\, v (q_x) + {}_2p_y\, v^2 (q_x + {}_{1|}q_x) + {}_3p_y\, v^3 (q_x + {}_{1|}q_x + {}_{2|}q_x)$$
$$= p_y\, v (q_x) + {}_2p_y\, v^2 ({}_2q_x) + {}_3p_y\, v^3 ({}_3q_x)$$
$$\left(= \sum_{k=1}^{3} {}_kp_y\, v^k\, {}_kq_x \right)$$

$$\left(= \sum_{k=1}^{3} {}_{k}p_y\, v^k (1 - {}_{k}p_x) \right)$$

$$= p_y\, v(1 - p_x) + {}_2p_y\, v^2 (1 - {}_2p_x) + {}_3p_y\, v^3 (1 - {}_3p_x)$$

$$= (p_y\, v + {}_2p_y\, v^2 + {}_3p_y\, v^3) - (p_{xy}\, v + {}_2p_{xy}\, v^2 + {}_3p_{xy}\, v^3)$$

$$\left(= \sum_{k=1}^{3} {}_{k}p_y\, v^k - \sum_{k=1}^{3} {}_{k}p_x\, {}_{k}p_y\, v^k \right)$$

$$= a_{y:\overline{3|}} - a_{xy:\overline{3|}}$$

$$\left(= a_{y:\overline{n|}} - a_{xy:\overline{n|}} \right)$$

따라서 3을 n으로 할 경우 일반식이 증명된다.

42 다음의 APV를 구하시오.

(a) $a_{z\,|\,xy}$ (b) $a_{yz\,|\,x}$ (c) $a_{z\,|\,\overline{xy}}$ (d) $a_{\overline{yz}\,|\,x}$

> 풀이

(a) $a_{z\,|\,xy} = a_{xy} - a_{xyz}$

(b) $a_{yz\,|\,x} = a_x - a_{xyz}$

(c) $a_{z\,|\,\overline{xy}} = a_{\overline{xy}} - a_{\overline{xy}:z}$

(d) $a_{\overline{yz}\,|\,x} = a_x - a_{x:\overline{yz}}$

43 계약시부터 고려해서 $\frac{1}{m}$년마다의 기간을 정하여, (x)가 어떤 $\frac{1}{m}$년 기간 중에 사망하였을 때, 그 $\frac{1}{m}$년 기간의 말에서 최초의 $\frac{1}{m}$원이 (y)에게 지급되고, (y)가 생존하는 한 그 때부터 매 $\frac{1}{m}$년 기간말에 $\frac{1}{m}$원씩 지급되는 유족연금의 APV를 $a^{(m)}_{x\,|\,y}$으로 표시한다. $a^{(m)}_{x\,|\,y}$을 구하는 식을 유도하고 근사치를 Woolhouse공식을 이용하여 나타내시오.

> 풀이

$$a^{(m)}_{x\,|\,y} = a^{(m)}_y - a^{(m)}_{xy}$$

Woolhouse공식을 이용하면

$$a^{(m)}_y = \frac{1}{mD_y} \sum_{t=1}^{\infty} D_{y+t/m} = \frac{1}{D_y} \sum_{t=1}^{\infty} D_{y+t} + \frac{m-1}{2m} D_y + \frac{m^2-1}{12m^2} \frac{dD_y}{dy}$$

$$= a_y + \frac{m-1}{2m} - \frac{m^2-1}{12m^2}(\mu_y + \delta)$$

따라서

$$a_{x\,|\,y}^{(m)} = a_y^{(m)} - a_{xy}^{(m)}$$

$$= \left[a_y + \frac{m-1}{2m} - \frac{m-1}{12\,m^2}\,(\mu_y + \delta) \right] - \left[a_{xy} + \frac{m-1}{2m} - \frac{m-1}{12\,m^2}\,(\mu_x + \mu_y + \delta) \right]$$

$$= a_y - a_{xy} + \frac{m^2 - 1}{12\,m^2}\,\mu_x$$

44 $a_{\overline{yz}\,|\,x}^{(m)} = a_{\overline{yz}\,|\,x}$ 임을 증명하시오.

풀이

$$a_{\overline{yz}\,|\,x}^{(m)} = a_x^{(m)} - a_{x\,:\,\overline{yz}}^{(m)} = a_x^{(m)} - \left(a_{xy}^{(m)} + a_{xz}^{(m)} - a_{xyz}^{(m)} \right)$$

여기서

$$a_x^{(m)} = a_x + \frac{m-1}{2m} - \frac{m^2-1}{12\,m^2}\,(\mu_x + \delta)$$

$$a_{xy}^{(m)} = a_{xy} + \frac{m-1}{2m} - \frac{m^2-1}{12\,m^2}\,(\mu_x + \mu_y + \delta)$$

$$a_{xz}^{(m)} = a_{xz} + \frac{m-1}{2m} - \frac{m^2-1}{12\,m^2}\,(\mu_x + \mu_z + \delta)$$

$$a_{xyz}^{(m)} = a_{xyz} + \frac{m-1}{2m} - \frac{m^2-1}{12\,m^2}\,(\mu_x + \mu_y + \mu_z + \delta)$$

를 대입하면 μ 및 δ 항이 모두 상쇄되기 때문에

$$a_{\overline{yz}\,|\,x}^{(m)} = a_x - (a_{xy} + a_{xz} - a_{xyz}) = a_x - a_{x\,:\,\overline{yz}} = a_{\overline{yz}\,|\,x}$$

45 $a_{wx\,|\,\overline{yz}} = a_y + a_z - a_{yz} - (a_{wxy} + a_{wxz} - a_{wxyz})$ 임을 보이시오.

풀이

우선 $_tp_{wx\,:\,\overline{yz}}$ 를 구해보자.

$$_tp_{wx\,:\,\overline{yz}} = {}_tp_{wx}\ {}_tp_{\overline{yz}} = {}_tp_{wx}\left({}_tp_y + {}_tp_z - {}_tp_{yz} \right) = {}_tp_{wxy} + {}_tp_{wxz} - {}_tp_{wxyz}$$

$a_{wx\,|\,\overline{yz}} = a_{\overline{yz}} - a_{wx\,:\,\overline{yz}}$ 이므로 위에서 구한 식을 이용하면

$$a_{wx\,|\,\overline{yz}} = a_y + a_z - a_{yz} - (a_{wxy} + a_{wxz} - a_{wxyz})$$

46 $\bar{a}_{\overline{yz}\,|\,x}^{1} + \bar{a}_{\,yz\,|\,x}^{1} = \bar{a}_{\,yz\,|\,x}$ 를 증명하시오.

풀이

$$\bar{a}_{\overline{yz}\,|\,x}^{1} + \bar{a}_{\,yz\,|\,x}^{1} = \int_0^\infty v^t\, {}_tp_x\, {}_tp_{yz}\, (\mu_{y+t})\, \bar{a}_{x+t}\ dt + \int_0^\infty v^t\, {}_tp_x\, {}_tp_{yz}\, (\mu_{z+t})\, \bar{a}_{x+t}\ dt$$

$$= \int_0^\infty v^t \, _tp_x \, _tp_{yz} \, (\mu_{y+t} + \mu_{z+t}) \, \bar{a}_{x+t} \, dt$$

$$= \int_0^\infty v^t \, _tp_x \, _tp_{yz} \, \mu_{y+t:z+t} \, \bar{a}_{x+t} \, dt = \bar{a}_{yz|x}$$

47 $a_{xy|z}^1$와 $a_{xy|z}^2$의 관계를 설명하고 관계식을 나타내시오.

풀이

$a_{xy|z}^1$에서는 (x)의 사망시, (z) 및 (y)가 공존하고 있으면 (z)의 연금급여는 즉시 발생한다. 반면에 $a_{xy|z}^2$에서는 (x)의 사망시, (z) 및 (y)가 공존하고 있어도 연금급여는 (y)의 사망시까지 거치된다. 따라서 $a_{xy|z}^1$는 $a_{xy|z}^2$의 지급의 모든 것을 포함한다. 또 (x)의 사망후 (z)와 (y)가 공존하는 동안의 연금을 포함한다. 따라서

$$a_{xy|z}^2 = a_{xy|z}^1 - a_{x|yz}$$

가 성립한다.

48 (y)가 사망시 (x)가 생존하고 있으면 지급되는 연금으로, n년 후부터 지급되는 연금(연액 1원)의 APV를 $\bar{a}_{\overline{y:\overline{n}|}\,|x}$로 나타낼 수 있다. $\bar{a}_{\overline{y:\overline{n}|}\,|x}$를 구하시오.

풀이

$$\bar{a}_{\overline{y:\overline{n}|}\,|x} = \bar{a}_x - \bar{a}_{x:(\overline{y:\overline{n}|})}$$

n년 안에 (y)가 사망이면 $\overline{y:\overline{n}|} = n$, n년 후에 (y)가 사망이면 $\overline{y:\overline{n}|} = y$이므로 $p_{\overline{y:\overline{n}|}} = p_y + p_{\overline{n}|} - p_{y:\overline{n}|}$으로 볼 수 있다. 따라서

$$\bar{a}_{x:(\overline{y:\overline{n}|})} = \bar{a}_{xy} + \bar{a}_{x:\overline{n}|} - \bar{a}_{xy:\overline{n}|}$$

이다. 따라서

$$\bar{a}_{\overline{y:\overline{n}|}\,|x} = \bar{a}_x - (\bar{a}_{xy} + \bar{a}_{x:\overline{n}|} - \bar{a}_{xy:\overline{n}|}) = \bar{a}_x - \bar{a}_{xy} - \bar{a}_{x:\overline{n}|} + \bar{a}_{xy:\overline{n}|}$$

심·화·학·습·문·제 8.1

1 (30)과 (50)의 동시생존자상태가 20년 후에 소멸될(깨질) 확률은 0.3이다. $l_{30} = 10000$ 이고 $_{10}d_{30} = 1000$일 때 $_{30}q_{40}$을 구하시오. (30)과 (50)은 동일한 생명표를 적용한다.

:: 풀이

$1 - {}_{20}p_{30:50} = 0.3$이므로

$${}_{20}p_{30:50} = \frac{l_{50}}{l_{30}} \frac{l_{70}}{l_{50}} = 0.7$$

$$l_{30} - l_{40} = {}_{10}d_{30} = 1000, \qquad l_{40} = l_{30} - {}_{10}d_{30} = 9000$$

$$l_{70} = 0.7 \, l_{30} = 7000$$

구하는 확률은 $_{30}q_{40} = 1 - {}_{30}p_{40} = 1 - \dfrac{l_{70}}{l_{40}} = 1 - \dfrac{7000}{9000} = \dfrac{2}{9}$

2 (35) 및 (60)의 두 피보험자가 25년간 함께 생존하는 확률은 0.3이다. (35)세의 생존자 10,000명 중 9,000명이 50세에 생존한다. (50)이 85세까지 생존할 확률을 구하시오. 단 (35)와 (60)은 동일한 생명표를 적용한다.

:: 풀이

$${}_{25}p_{35:60} = \frac{l_{60}}{l_{35}} \frac{l_{85}}{l_{60}} = 0.3$$

$$l_{85} = 0.3 \, l_{35} = 0.3(10,000) = 3000$$

$l_{35} = 10000$, $l_{50} = 9000$이므로 구하는 확률은 $_{35}p_{50} = \dfrac{l_{85}}{l_{50}} = \dfrac{3000}{9000} = \dfrac{1}{3}$

3 모두 x세인 세 사람 중에서 다음의 사상이 지금부터 $t+1$년째에 발생하는 확률을 구하시오.

(a) 첫 번째 사망   (b) 두 번째 사망   (c) 세 번째 사망

:: 풀이

(a) $_{t|}q_{xxx} = {}_{t}p_{xxx} - {}_{t+1}p_{xxx} = ({}_{t}p_{x})^3 - ({}_{t+1}p_{x})^3$

(b) $_{t}p_{\overline{xxx}}^{\,2} - {}_{t+1}p_{\overline{xxx}}^{\,2} = (3 \, {}_{t}p_{xx} - 2 \, {}_{t}p_{xxx}) - (3 \, {}_{t+1}p_{xx} - 2 \, {}_{t+1}p_{xxx})$

$$= 3 \, {}_{t|}q_{xx} - 2 \, {}_{t|}q_{xxx}$$

(c) $_{t}p_{\overline{xxx}} - {}_{t+1}p_{\overline{xxx}} = (3 \, {}_{t}p_{x} - 3 \, {}_{t}p_{xx} + {}_{t}p_{xxx}) - (3 \, {}_{t+1}p_{x} - 3 \, {}_{t+1}p_{xx} + {}_{t+1}p_{xxx})$

$$= 3\,_{t|}q_x - 3\,_{t|}q_{xx} + \,_{t|}q_{xxx}$$

4 다음 식을 증명하시오.

(a) $_{t|}q^3_{xyz} = \,_{t|}q^3_{\underset{2\,1}{x\,y\,z}} + \,_{t|}q^3_{\underset{1\,2}{x\,y\,z}}$

(b) $_{t|}q^3_{\overline{xy}:z} = \,_{t|}q^3_{xyz} + \,_{t|}q^3_{xyz}$

(c) $_{t|}q^1_{wx\overline{yz}} = \,_{t|}q^1_{wxy} + \,_{t|}q^1_{wxz} - \,_{t|}q^1_{wxyz}$

:: 풀이

(a) $_{t|}q^3_{xyz} = \int_t^{t+1} {}_sq_{\overline{yz}}\, {}_sp_x\, \mu_{x+s}\, ds = \int_t^{t+1} ({}_sq^2_{yz} + {}_sq^2_{yz})\, {}_sp_x\, \mu_{x+s}\, ds$

$\qquad = \,_{t|}q^3_{\underset{2\,1}{x\,y\,z}} + \,_{t|}q^3_{\underset{1\,2}{x\,y\,z}}$

(b) $_{t|}q^2_{\overline{xy}:z} = \int_t^{t+1} {}_sp_{\overline{xy}}\, {}_sq_z\, \mu_{\overline{x+s:y+s}}\, ds$

$\qquad = \int_t^{t+1} {}_sq_z ({}_sq_y\, {}_sp_x\, \mu_{x+s} + {}_sq_x\, {}_sp_y\, \mu_{y+s})\, ds$

$\qquad = \int_t^{t+1} {}_sq_{\overline{zy}}\, {}_sp_x\, \mu_{x+s}\, ds + \int_t^{t+1} {}_sq_{\overline{xz}}\, {}_sp_y\, \mu_{y+s}\, ds$

$\qquad = \,_{t|}q^3_{xyz} + \,_{t|}q^3_{xyz}$

(c) $_{t|}q^1_{wx\overline{yz}} = \int_t^{t+1} {}_sp_x\, {}_sp_{\overline{yz}}\, {}_sp_w\, \mu_{w+s}\, ds$

$\qquad = \int_t^{t+1} {}_sp_x ({}_sp_y + {}_sp_z - {}_sp_{yz})\, {}_sp_w\, \mu_{w+s}\, ds$

$\qquad = \,_{t|}q^1_{wxy} + \,_{t|}q^1_{wxz} - \,_{t|}q^1_{wxyz}$

5 (w), (x), (y), (z)의 4인 중에서 (w), (x)는 (y), (z) 중의 최종생존자보다 먼저 사망한다. (w)는 (x)보다 먼저 사망하며 두 사람의 사망시기의 차이는 10년 이상이다. 또 (x)와 (y), (z)의 최종생존자와의 사망시기의 차이는 5년 이상이며 모든 사망은 현재부터 30년 이내에 발생하는 경우, 이러한 조건들을 만족시키는 확률을 적분을 이용하여 나타내시오.

:: 풀이

구하는 확률은

$$\int_{10}^{25} (1 - \,_{t-10}p_w)\, {}_tp_x\, \mu_{x+t} \left({}_{t+5}p_{\overline{yz}} - \,_{30}p_{\overline{yz}} \right) dt$$

$$= \int_{10}^{25} (1 - \,_{t-10}p_w)\, {}_tp_x\, \mu_{x+t} \left[({}_{t+5}p_y + \,_{t+5}p_z - \,_{t+5}p_{yz}) \right.$$

$$- \left({_{30}p_y} + {_{30}p_z} - {_{30}p_{yz}} \right) \right] dt$$

6 적분을 사용하여 ${_n q_{\overline{xy}}} = {_n q_x} + {_n q_y} - {_n q_{xy}}$를 증명하시오.

::: 풀이

$$_n q_{\overline{xy}} = \int_0^n {_t p_x}(1 - {_t p_y})\,\mu_{x+t}\,dt + \int_0^n {_t p_y}(1 - {_t p_x})\,\mu_{y+t}\,dt$$

$$= \int_0^n {_t p_x}\,\mu_{x+t}\,dt + \int_0^n {_t p_y}\,\mu_{x+t}\,dt - \int_0^n {_t p_x}\,{_t p_y}(\mu_{x+t} + \mu_{y+t})\,dt$$

$\mu_{x+t} + \mu_{y+t} = \mu_{x+t:y+t}$이므로

$$= {_n q_x} + {_n q_y} - {_n q_{xy}}$$

7 다음의 연금현가를 동시생존자 연생연금현가로 나타내시오.

(a) $a_{wx:\overline{yz}:\overline{n}}$ (b) $a_{w:\overline{xyz}:\overline{n}}$

::: 풀이

(a) $\displaystyle a_{wx:\overline{yz}:\overline{n}} = \sum_{t=1}^n v^t\,{_t p_{wx:\overline{yz}}} = \sum_{t=1}^n v^t\,{_t p_{wx}}\,{_t p_{\overline{yz}}} = \sum_{t=1}^n v^t\,{_t p_{wx}}\left({_t p_y} + {_t p_z} - {_t p_{yz}} \right)$

$$= a_{wxy:\overline{n}} + a_{wxz:\overline{n}} - a_{wxyz:\overline{n}}$$

(b) $\displaystyle a_{w:\overline{xyz}:\overline{n}} = \sum_{t=1}^n v^t\,{_t p_{w:\overline{xyz}}} = \sum_{t=1}^n v^t\,{_t p_w}\,{_t p_{\overline{xyz}}}$

$$= \sum_{t=1}^n v^t\,{_t p_w}\left({_t p_x} + {_t p_y} + {_t p_z} - {_t p_{xy}} - {_t p_{xz}} - {_t p_{yz}} + {_t p_{xyz}} \right)$$

$$= a_{wx:\overline{n}} + a_{wy:\overline{n}} + a_{wz:\overline{n}} - {_t p_{wxy:\overline{n}}} - a_{wxz:\overline{n}} - a_{wyz:\overline{n}} + a_{wxyz:\overline{n}}$$

8 (y), (z)의 최종생존자와 (x)가 공존 중 및 (y), (z)의 최종생존자의 사망후에도 h년 간은 (x)가 생존하고 있으면 지급되는 기말급연금의 APV를 구하시오.

::: 풀이

이 연금의 APV는 두 부분으로 나누어 구한다.

(i) 최초의 h기간은 $\overline{yz}$의 생사에 관계없이 (x)가 생존하고 있으면 연금이 지급되므로 이 부분의 기대현가는

$$\text{APV1} = a_{x:\overline{h}} = a_x - v^h\,{_h p_x}\,a_{x+h}$$

(ii) h년 이후 $h+t(t \geq 1)$시점에서 연금이 지급되기 위해서는 그 시점에 (x)가 생존하고 동시에 $\overline{yz}$는 h년 전의 시점인 t시점에서 최종생존자상태가 유지되고 있어야 한다. 따라서 이 부분에 대한 기대현가는

$$\text{APV2} = \sum_{t=1}^{\infty} v^{h+t}\,_{h+t}p_x\,_tp_{\overline{yz}} = v^h\,_hp_x \sum_{t=1}^{\infty} v^t\,_tp_{x+h}\,_tp_{\overline{yz}}$$

$$= v^h\,_hp_x\,a_{x+h:\overline{yz}} = v^h\,_hp_x(a_{x+h:y} + a_{x+h:z} - a_{x+h:yz})$$

따라서 이 기말급연금의 APV는

$$\text{APV} = \text{APV1} + \text{APV2} = a_x - v^h\,_hp_x(a_{x+h} - a_{x+h:y} - a_{x+h:z} + a_{x+h:yz})$$

9 (x) 또는 (y)가 연령 h세$(h > y \geq x)$에 도달할 때까지 기말급연금이 지급되고, h세가 되기 이전에 최종생존자가 사망하면 이후는 지급되지 않는 기말급연금의 APV를 구하시오.

풀이

(i) $y \geq x$이므로 $h - y$년까지는 최종생존자가 생존하고 있는 경우에 연금이 지급된다.

(ii) $h - x = (h - y) + (y - x)$이다. $h - y$년 이후는 $(y - x)$년 동안 (x)가 생존하고 있는 경우에 기말급연금이 지급된다. 두 경우를 고려하면 연금의 APV는

$$\text{APV} = \sum_{t=1}^{h-y} v^t\,_tp_{\overline{xy}} + \sum_{t=h-y+1}^{h-x} v^t\,_tp_x$$

$$= \sum_{t=1}^{h-y} v^t(_tp_x + _tp_y - _tp_{xy}) + \sum_{t=h-y+1}^{h-x} v^t\,_tp_x$$

$$= a_{x:\overline{h-x|}} + a_{y:\overline{h-y|}} - a_{xy:\overline{h-y|}}$$

10 부록의 연생기수표를 이용하여 다음을 구하시오. 단 $x = 55$(남), $y = 52$(여)이다.

(a) $A_{55:52:\overline{10|}}$ (b) $\ddot{a}_{55:52:\overline{10|}}$

풀이

(a) $A_{55:52:\overline{10|}} = A_{\overset{1}{55:52}:\overline{10|}} + A_{55:52:\overset{1}{\overline{10|}}}$

이므로 $A_{\overset{1}{55:52}:\overline{10|}}$ 와 $A_{55:52:\overset{1}{\overline{10|}}}$ 를 부록의 연생기수표를 이용하여 구해보자.

$$A_{\overset{1}{55:52}:\overline{10|}} = \frac{M_{55:52} - M_{65:62}}{D_{55:52}} = \frac{2338.9727327136 - 1890.1832681250}{7319.1983404574}$$

$$= 0.0613167513$$

$$A_{55:52:\overset{1}{\overline{10|}}} = \frac{D_{65:62}}{D_{55:52}} = \frac{4126.5024413256}{7319.1983404574} = 0.5637915861$$

따라서 $A_{55:52:\overline{10|}} = 0.0613167513 + 0.5637915861 = 0.6251083374$

(b) $\ddot{a}_{55:52:\overline{10|}} = \dfrac{N_{55:52} - N_{65:62}}{D_{55:52}}$ 이므로 부록의 연생기수표를 이용하면

$$\ddot{a}_{55:52:\overline{10|}} = \frac{N_{55:52} - N_{65:62}}{D_{55:52}}$$

$$= \frac{104584.7377626190 - 46962.7026372124}{7319.1983404574} = 7.8727249140$$

11 예제 (8.1.5.1)의 단생명 기수표(여)와 부록의 연생기수표를 이용하여 다음을 구하시오. 단 $x = 55$(남), $y = 52$(여)이다.

(a) $A^{1}_{55:52:\overline{10|}}$　　　　　(b) $\ddot{a}_{\overline{55:52}:\overline{10|}}$

:::: 풀이

(a) $A^{1}_{\overline{55:52}:\overline{10|}} = A^{1}_{55:\overline{10|}} + {}^{f}A^{1}_{52:\overline{10|}} - A^{1}_{\overline{55:52}:\overline{10|}}$ 이므로 예제 (8.1.5.1)의 단생명 기수표 (여)와 부록의 연생기수표를 이용하여 $A^{1}_{55:\overline{10|}}$, ${}^{f}A^{1}_{52:\overline{10|}}$, $A^{1}_{\overline{55:52}:\overline{10|}}$ 를 구해보자(f 는 단생명 기수표(여)를 이용한다). M^{f}_{52} 는 표 [8.1.5.1]에서 47세 기준이므로 $t = 5$인 M^{f}_{47+t} 를 찾으면 된다.

$$A^{1}_{55:\overline{10|}} = \frac{M_{55} - M_{65}}{D_{55}} = \frac{1881.0938462 - 1570.6695430}{6463.826} = 0.0480249$$

$$ {}^{f}A^{1}_{52:\overline{10|}} = \frac{M^{f}_{52} - M^{f}_{62}}{D^{f}_{52}} = \frac{1499.4248745 - 1390.6923698}{7698.933054} = 0.0141231$$

$$A^{1}_{\overline{55:52}:\overline{10|}} = \frac{M_{55:52} - M_{65:62}}{D_{55:52}} = \frac{2338.9727327136 - 1890.1832681250}{7319.1983404574}$$

$$= 0.0613168$$

따라서

$$A^{1}_{\overline{55:52}:\overline{10|}} = 0.0480249 + 0.0141231 - 0.0613168 = 0.0008312$$

(b) $\ddot{a}_{\overline{55:52}:\overline{10|}} = \ddot{a}_{55:\overline{10|}} + {}^{f}\ddot{a}_{52:\overline{10|}} - \ddot{a}_{55:52:\overline{10|}}$ 이므로 예제 (8.1.5.1)의 단생명 기수표(여)와 부록의 연생기수표를 이용하여 $\ddot{a}_{55:\overline{10|}}$, ${}^{f}\ddot{a}_{52:\overline{10|}}$, $\ddot{a}_{55:52:\overline{10|}}$ 을 구해보자.

$$\ddot{a}_{55:\overline{10|}} = \frac{N_{55} - N_{65}}{D_{55}} = \frac{96237.374 - 45010.719}{6463.826} = 7.9251290$$

$$ {}^{f}\ddot{a}_{52:\overline{10|}} = \frac{N^{f}_{52} - N^{f}_{62}}{D^{f}_{52}} = \frac{130189.671765 - 68186.465393}{7698.933054} = 8.0534804$$

$$\ddot{a}_{55:52:\overline{10|}} = \frac{N_{55:52} - N_{65:62}}{D_{55:52}} = \frac{104584.7377626190 - 46962.7026372124}{7319.1983404574}$$

$$= 7.8727249$$

따라서

$$\ddot{a}_{55:52:\overline{10|}} = 7.9251290 + 8.0534804 - 7.8727249 = 8.1058845$$

12 다음과 같은 경험생명표 (남), (여)가 주어졌다.

연령(남) x	55	56	57	58	59
l_x	94602.17	94175.51	93713.11	93216.43	92684.17

연령(여) y	52	53	54	55	56
l_y^f	97336.13	97200.84	97057.95	96906.54	96745.68

두 명의 독립적인 피보험자 (x), (y)를 고려한다. x(남) $= 55$, y(여) $= 52$이다. $i = 5\%$일 때 다음을 구하시오.

(a) $A_{\overline{55:52}:\overline{4|}}^{1}$ 　　　　　(b) $A_{55:52:\overline{4|}}$ 　　　　　(c) $\ddot{a}_{55:52:\overline{4|}}$

(d) $\ddot{a}_{55:52:\overline{4|}}$ 를 이용하여 $A_{55:52:\overline{4|}}$ 를 구하시오.

(e) (a), (b), (c)를 계산기수를 이용하여 구하시오.

(f) $P_{55:52:\overline{4|}}$

::: 풀이

여자의 생명표, 계산기수 및 APV는 f의 첨자를 사용하여 나타내기로 한다.

(a) $A_{\overline{55:52}:\overline{4|}}^{1} = \sum_{k=0}^{3} v^{k+1} {}_{k|}q_{xy}$

$${}_{k|}q_{xy} = {}_{k}p_{xy} - {}_{k+1}p_{xy}$$

$${}_{0|}q_{55:52} = {}_{0}p_{55:52} - {}_{1}p_{55:52} = 1 - \left(\frac{l_{56}}{l_{55}}\right)\left(\frac{l_{53}^f}{l_{52}^f}\right) = 1 - 0.9941063$$

$$= 0.0058937$$

$${}_{1|}q_{55:52} = {}_{1}p_{55:52} - {}_{2}p_{55:52} = 0.9941063 - \left(\frac{l_{57}}{l_{55}}\right)\left(\frac{l_{54}^f}{l_{52}^f}\right)$$

$$= 0.9941063 - 0.9877710 = 0.0063353$$

$${}_{2|}q_{55:52} = {}_{2}p_{55:52} - {}_{3}p_{55:52} = 0.9877710 - \left(\frac{l_{58}}{l_{55}}\right)\left(\frac{l_{55}^f}{l_{52}^f}\right)$$

$$= 0.9877710 - 0.9810031 = 0.0067679$$

$${}_{3|}q_{55:52} = {}_{3}p_{55:52} - {}_{4}p_{55:52} = 0.9810031 - \left(\frac{l_{59}}{l_{55}}\right)\left(\frac{l_{56}^f}{l_{52}^f}\right)$$

$$= 0.9810031 - 0.9737825 = 0.0072206$$

$$A_{\overline{55:52}:\,\overline{4|}}^{1} = \sum_{k=0}^{3} v^{k+1}\,_{k|}q_{xy}$$

$$= \frac{0.0058937}{1.05} + \frac{0.0063353}{1.05^2} + \frac{0.0067679}{1.05^3} + \frac{0.0072206}{1.05^4}$$

$$= 0.0231461$$

(b) $\displaystyle A_{55:52:\,\overline{4|}}^{\,1} = {}_{4}p_{55:52}\,v^4 = (0.9737825)\left(\frac{1}{1.05^4}\right) = 0.8011333$

$\displaystyle A_{55:52:\,\overline{4|}} = A_{\overline{55:52}:\,\overline{4|}}^{1} + A_{55:52:\,\overline{4|}}^{\,1} = 0.0231461 + 0.8011333 = 0.8242794$

(c) $\displaystyle \ddot{a}_{55:52:\,\overline{4|}} = \sum_{k=0}^{3} v^k\,_{k}p_{55:52}$

$$= 1 + \frac{0.9941063}{1.05} + \frac{0.9877710}{1.05^2} + \frac{0.9810031}{1.05^3} = 3.6901327$$

(d) $\displaystyle A_{55:52:\,\overline{10|}} = 1 - d\,\ddot{a}_{55:52:\,\overline{10|}} = 1 - \left(\frac{0.05}{1.05}\right)(3.6901327) = 0.8242794$

(b)에서 구한 값과 일치함을 알 수 있다.

(e) $\displaystyle A_{\overline{55:52}:\,\overline{4|}}^{1} = \frac{C_{55:52} + C_{56:53} + C_{57:54} + C_{58:55}}{D_{55:52}} = \frac{M_{55:52} - M_{59:56}}{D_{55:52}}$

부록의 연생기수표를 이용하면

$$= \frac{2338.9727327136 - 2169.5611232171}{7319.1983404574} = 0.0231462$$

$$A_{55:52:\,\overline{4|}} = A_{\overline{55:52}:\,\overline{4|}}^{1} + A_{55:52:\,\overline{4|}}^{\,1} = 0.0231462 + \frac{D_{59:56}}{D_{55:52}}$$

$$= 0.0231462 + \frac{5863.6527732350}{7319.1983404574} = 0.8242794$$

$$\ddot{a}_{55:52:\,\overline{4|}} = \frac{D_{55:52} + D_{56:53} + D_{57:54} + D_{58:55}}{D_{55:52}} = \frac{N_{55:52} - N_{59:56}}{D_{55:52}}$$

$$= \frac{104584.7377626190 - 77575.9246503761}{7319.1983404574} = 3.6901327$$

(a), (b), (c)의 결과와 계산기수를 이용하여 구한 결과는 같음을 알 수 있다.

(f) 식 (8.1.4.26)를 이용하면

$$P_{55:52:\,\overline{4|}} = \frac{A_{55:52:\,\overline{4|}}}{\ddot{a}_{55:52:\,\overline{4|}}} = \frac{M_{55:52} - M_{59:56} + D_{59:56}}{N_{55:52} - N_{59:56}}$$

$$= \frac{2338.9727327136 - 2169.5611232171 + 5863.6527732350}{104584.7377626190 - 77575.9246503761}$$

$$= 0.2233739$$

13 심화학습문제 12번의 결과를 이용하여 $_1V$, $_2V$, $_3V$를 계산하시오.

풀이

$_1V$, $_2V$, $_3V$ 세 가지 방법으로 계산해보자.

[풀이 1]

$$_1V = A_{56:53:\overline{3|}} - P_{55:52:\overline{4|}}\ddot{a}_{56:53:\overline{3|}}$$

먼저 $A_{56:53:\overline{3|}}$을 구해보자.

$$A_{\overline{56:53}:\overline{3|}}^{\quad 1} = \sum_{k=0}^{2} v^{k+1}\,_{k|}q_{xy}$$

$$_{k|}q_{xy} = \,_kp_{xy} - \,_{k+1}p_{xy}$$

$$_{0|}q_{56:53} = \,_0p_{56:53} - \,_1p_{56:53} = 1 - \left(\frac{l_{57}}{l_{56}}\right)\left(\frac{l_{54}^f}{l_{53}^f}\right) = 1 - 0.9936272$$

$$= 0.0063728$$

$$_{1|}q_{56:53} = \,_1p_{56:53} - \,_2p_{56:53} = 0.9936272 - \left(\frac{l_{58}}{l_{56}}\right)\left(\frac{l_{55}^f}{l_{53}^f}\right)$$

$$= 0.9936272 - 0.9868191 = 0.0068081$$

$$_{2|}q_{56:53} = \,_2p_{56:53} - \,_3p_{56:53} = 0.9868191 - \left(\frac{l_{59}}{l_{56}}\right)\left(\frac{l_{56}^f}{l_{53}^f}\right)$$

$$= 0.9868191 - 0.9795557 = 0.0072634$$

$$A_{\overline{56:53}:\overline{3|}}^{\quad 1} = \sum_{k=0}^{2} v^{k+1}\,_{k|}q_{56:53} = \frac{0.0063728}{1.05} + \frac{0.0068081}{1.05^2} + \frac{0.0072634}{1.05^3}$$

$$= 0.0185189$$

$$A_{56:53:\overline{3|}}^{\quad\;\; 1} = \,_3p_{56:53}\,v^3 = (0.9795557)\left(\frac{1}{1.05^3}\right) = 0.8461770$$

따라서

$$A_{56:53:\overline{3|}} = A_{\overline{56:53}:\overline{3|}}^{\quad 1} + A_{56:53:\overline{3|}}^{\quad\;\; 1} = 0.0185189 + 0.8461770 = 0.8646959$$

이 된다. $\ddot{a}_{56:53:\overline{3|}}$을 구하면

$$\ddot{a}_{56:53:\overline{3|}} = \sum_{k=0}^{2} v^k\,_kp_{56:53} = 1 + \frac{0.9936272}{1.05} + \frac{0.9868191}{1.05^2} = 2.8413856$$

이 된다. $P_{55:52:\overline{4|}} = 0.2233739$이므로 $_1V$는 다음과 같이 구할 수 있다.

$$_1V = A_{56:53:\overline{3|}} - P_{55:52:\overline{4|}}\ddot{a}_{56:53:\overline{3|}}$$

$$= 0.8646959 - (0.2233739)(2.8413856) = 0.2300045$$

[풀이 2: 계산기수]

$$_2V = A_{57:54:\overline{2}|} - P_{55:52:\overline{4}|}\, \ddot{a}_{57:54:\overline{2}|}$$

먼저 $A_{57:54:\overline{2}|}$ 을 구해보자.

$$A_{\overset{1}{57:54}:\overline{2}|} = \frac{M_{57:54} - M_{59:56}}{D_{57:54}} = \frac{2255.8316817484 - 2169.5611232171}{6557.5439465873}$$

$$= 0.0131559$$

$$A_{57:54:\overset{1}{\overline{2}|}} = \frac{D_{59:56}}{D_{57:54}} = \frac{5863.6527732350}{6557.5439465873} = 0.8941843$$

따라서

$$A_{57:54:\overline{2}|} = A_{\overset{1}{57:54}:\overline{2}|} + A_{57:54:\overset{1}{\overline{2}|}} = 0.0131559 + 0.8941843 = 0.9073402$$

이 된다. $\ddot{a}_{57:54:\overline{2}|}$ 을 구하면

$$\ddot{a}_{57:54:\overline{2}|} = \frac{N_{57:54} - N_{59:56}}{D_{57:54}} = \frac{90335.9575616177 - 77575.9246503761}{6557.5439465873}$$

$$= 1.9458555$$

이 된다. $P_{55:52:\overline{4}|} = 0.2233739$ 이므로 $_2V$ 는 다음과 같이 구할 수 있다.

$$_2V = A_{57:54:\overline{2}|} - P_{55:52:\overline{4}|}\, \ddot{a}_{57:54:\overline{2}|}$$

$$= 0.9073402 - (0.2233739)(1.9458555) = 0.4726869$$

[풀이 3: Fackler의 공식]

Fackler의 공식은 동시생존자보험에 적용된다. 단생명의 경우

$$_{t+1}V = \frac{(_tV + P)(1+i) - q_{x+t}}{p_{x+t}}$$

$$p_{55:52} = \left(\frac{l_{56}}{l_{55}}\right)\left(\frac{l_{53}^f}{l_{52}^f}\right) = 0.9941063, \qquad q_{55:52} = 1 - 0.9941063 = 0.0058937$$

$$p_{56:53} = \left(\frac{l_{57}}{l_{56}}\right)\left(\frac{l_{54}^f}{l_{53}^f}\right) = 0.9936272, \qquad q_{56:53} = 1 - 0.9936272 = 0.0063728$$

$$p_{57:54} = \left(\frac{l_{58}}{l_{57}}\right)\left(\frac{l_{55}^f}{l_{54}^f}\right) = 0.9931483, \qquad q_{57:54} = 1 - 0.9931483 = 0.0068517$$

$$P = 0.2233739$$

$$_1V = \frac{(0 + 0.2233739)(1.05) - 0.0058937}{0.9941063} = 0.2300045$$

$$_2V = \frac{(0.2300045 + 0.2233739)(1.05) - 0.0063728}{0.9936272} = 0.4726869$$

$$_3V = \frac{(0.4726869 + 0.2233739)(1.05) - 0.0068517}{0.9931483} = 0.729007$$

$$_4V = (0.729007 + 0.2233739)(1.05) = 1$$

이 되는 것을 확인할 수 있다. 서로 다른 세 가지 방법으로 계산하여도 책임준비금은 동일하다.

14 다음과 같은 경험생명표 (남), (여)가 주어졌다.

연령(남) x	55	56	57	58	59
l_x	94602.17	94175.51	93713.11	93216.43	92684.17

연령(여) y	52	53	54	55	56
l_y^f	97336.13	97200.84	97057.95	96906.54	96745.68

두 명의 독립적인 피보험자 (x), (y)를 고려한다. x(남) $= 55$, y(여) $= 52$이다. $i = 5\%$일 때 다음을 구하시오. 단생명 기수표(여)는 예제 $(8.1.5.1)$을 참조하시오.

(a) $A_{\overline{55:52}:\overline{4}|}^{\,1}$ (b) $A_{\overline{55:52}:\overline{4}|}^{\quad 1}$ (c) $A_{\overline{55:52}:\overline{4}|}$ (d) $\ddot{a}_{\overline{55:52}:\overline{4}|}$

(e) $\ddot{a}_{\overline{55:52}:\overline{4}|}$ 을 이용하여 $A_{\overline{55:52}:\overline{4}|}$ 을 구하시오.

(f) (a), (b), (c), (d)를 계산기수를 이용하여 구하시오.

:::: 풀이

여자의 생명표, 계산기수 및 APV는 f의 첨자를 사용하여 나타내기로 한다.

(a) $A_{\overline{55:52}:\overline{4}|}^{\,1} = \displaystyle\sum_{k=0}^{3} v^{k+1}\,_{k|}q_{\overline{xy}}$

$_{k|}q_{\overline{xy}} = {}_{k+1}q_x\,_{k+1}q_y - {}_kq_x\,_kq_y$

$_{0|}q_{\overline{55:52}} = {}_1q_{55}\,_1q_{52} - {}_0q_{55}\,_0q_{52}$

$$= \left(1 - \frac{l_{56}}{l_{55}}\right)\left(1 - \frac{l_{53}^f}{l_{52}^f}\right) - 0 = 0.0000062686 - 0 = 0.0000062686$$

$_{1|}q_{\overline{55:52}} = {}_2q_{55}\,_2q_{52} - {}_1q_{55}\,_1q_{52}$

$$= \left(1 - \frac{l_{57}}{l_{55}}\right)\left(1 - \frac{l_{54}^f}{l_{52}^f}\right) - 0.0000062686$$

$$= 0.0000268585 - 0.0000062686 = 0.0000205899$$

$_{2|}q_{\overline{55:52}} = {}_3q_{55}\,_3q_{52} - {}_2q_{55}\,_2q_{52}$

$$= \left(1 - \frac{l_{58}}{l_{55}}\right)\left(1 - \frac{l_{54}^f}{l_{52}^f}\right) - 0.0000268585$$

$$= 0.0000646488 - 0.0000268585 = 0.0000377903$$

$$_{3|}q_{\overline{55:52}} = {}_4q_{55}\,{}_4q_{52} - {}_3q_{55}\,{}_3q_{52}$$

$$= \left(1 - \frac{l_{59}}{l_{55}}\right)\left(1 - \frac{l_{55}^f}{l_{52}^f}\right) - 0.0000646488$$

$$= 0.0001229862 - 0.0000646488 = 0.0000583374$$

$$A_{\overline{55:52}:\overline{4|}}^{\;1} = \sum_{k=0}^{3} v^{k+1}\,{}_{k|}q_{\overline{55:52}}$$

$$= \frac{0.0000062686}{1.05} + \frac{0.0000205899}{1.05^2} + \frac{0.0000377903}{1.05^3} + \frac{0.0000583374}{1.05^4}$$

$$= 0.0001052847$$

(b) $\displaystyle A_{\overline{55:52}:\overline{4|}}^{\quad\;1} = v^4\,{}_4p_{\overline{55:52}} = v^4\left(1 - {}_4q_{\overline{55:52}}\right) = v^4\left(1 - {}_4q_{55}\,{}_4q_{52}\right)$

$$= \left(\frac{1}{1.05^4}\right)(1 - 0.0001229862) = 0.822601293$$

(c) $\displaystyle A_{\overline{55:52}:\overline{4|}} = A_{\overline{55:52}:\overline{4|}}^{\;1} + A_{\overline{55:52}:\overline{4|}}^{\quad\;1} = 0.0001052847 + 0.822601293$

$$= 0.822706577$$

(d) $\displaystyle \ddot{a}_{\overline{55:52}:\overline{4|}} = \sum_{k=0}^{3} v^k\,{}_kp_{\overline{55:52}} = \sum_{k=0}^{3} v^k\left({}_kp_{55} + {}_kp_{52} - {}_kp_{55:52}\right)$

$$= \ddot{a}_{55:\overline{4|}} + {}^f\ddot{a}_{52:\overline{4|}} - \ddot{a}_{55:52:\overline{4|}}$$

$$\ddot{a}_{55:\overline{4|}} = \sum_{k=0}^{3} v^k\,{}_kp_{55}$$

$$= 1 + \left(\frac{1}{1.05}\right)\left(\frac{l_{56}}{l_{55}}\right) + \left(\frac{1}{1.05^2}\right)\left(\frac{l_{57}}{l_{55}}\right) + \left(\frac{1}{1.05^3}\right)\left(\frac{l_{58}}{l_{55}}\right) = 3.697775032$$

$$^f\ddot{a}_{52:\overline{4|}} = \sum_{k=0}^{3} v^k\,{}_kp_{52}$$

$$= 1 + \left(\frac{1}{1.05}\right)\left(\frac{l_{53}^f}{l_{52}^f}\right) + \left(\frac{1}{1.05^2}\right)\left(\frac{l_{54}^f}{l_{52}^f}\right) + \left(\frac{1}{1.05^3}\right)\left(\frac{l_{55}^f}{l_{52}^f}\right) = 3.715519542$$

$\ddot{a}_{55:52:\overline{4|}}$ 는 심화학습문제 12번의 (c)와 같으므로 $\ddot{a}_{55:52:\overline{4|}} = 3.6901327$ 이다. 따라서

$$\ddot{a}_{\overline{55:52}:\overline{4|}} = \ddot{a}_{55:\overline{4|}} + {}^f\ddot{a}_{52:\overline{4|}} - \ddot{a}_{55:52:\overline{4|}}$$

$$= 3.697775032 + 3.715519542 - 3.6901327 = 3.723161874$$

(e) $\displaystyle A_{\overline{55:52}:\overline{4|}} = 1 - d\,\ddot{a}_{\overline{55:52}:\overline{3|}} = 1 - \left(\frac{0.05}{1.05}\right)(3.723161874) = 0.822706577$

(b)의 $A_{\overline{55:52}:\overline{4|}}$ 정의에 의하여 구한 값과 동일함을 알 수 있다.

(f) $\displaystyle A_{\overline{55:52}:\overline{4|}}^{\;1} = A_{55:\overline{4|}}^{1} + {}^fA_{52:\overline{4|}}^{1} - A_{55:52:\overline{4|}}^{\quad\;1}$

$$= \frac{M_{55} - M_{59}}{D_{55}} + \frac{M_{52}^f - M_{56}^f}{D_{52}^f} - \frac{M_{55:52} - M_{59:56}}{D_{55:52}}$$

$$= \frac{1881.0938462 - 1765.4379003}{6463.826} + \frac{1499.4248745 - 1458.1687290}{7698.933054}$$

$$- \frac{2338.9727327136 - 2169.5611232171}{7319.1983404574} = 0.0001052861$$

$$A_{\overline{55:52}:\overline{4|}}^{\,1} = A_{55:\overline{4|}}^{\,1} + {}^f A_{52:\overline{4|}}^{\,1} + A_{55:52:\overline{4|}}^{\quad 1} = \frac{D_{59}}{D_{55}} + \frac{D_{56}^f}{D_{52}^f} - \frac{D_{59:56}}{D_{55:52}}$$

$$= \frac{5209.990}{6463.826} + \frac{6295.508561}{7698.933054} - \frac{5863.6527732350}{7319.1983404574} = 0.822601247$$

$$A_{\overline{55:52}:\overline{4|}} = A_{55:\overline{4|}} + {}^f A_{52:\overline{4|}} - A_{55:52:\overline{4|}}$$

$$= \frac{M_{55} - M_{59} + D_{59}}{D_{55}} + \frac{M_{52}^f - M_{56}^f + D_{56}^f}{D_{52}^f} - \frac{M_{55:52} - M_{59:56} + D_{59:56}}{D_{55:52}}$$

$$= \frac{1881.0938462 - 1765.4379003 + 5209.990}{6463.826}$$

$$+ \frac{1499.4248745 - 1458.1687290 + 6295.508561}{7698.933054}$$

$$- \frac{2338.9727327136 - 2169.5611232171 + 5863.6527732350}{7319.1983404574}$$

$$= 0.822706533$$

$$\ddot{a}_{\overline{55:52}:\overline{4|}} = \ddot{a}_{55:\overline{4|}} + {}^f \ddot{a}_{52:\overline{4|}} - \ddot{a}_{55:52:\overline{4|}}$$

$$= \frac{N_{55} - N_{59}}{D_{55}} + \frac{N_{52}^f - N_{56}^f}{D_{52}^f} - \frac{N_{55:52} - N_{59:56}}{D_{55:52}}$$

$$= \frac{96237.374 - 72335.599}{6463.826} + \frac{130189.671765 - 101584.136466}{7698.933054}$$

$$- \frac{104584.7377626190 - 77575.9246503761}{7319.1983404574} = 3.72316186$$

15 심화학습문제 14번에서 구한 $A_{\overline{55:52}:\overline{4|}}$에 대하여 다음의 보험료를 구하시오. 보험료 납입기간은 4년이다.

(a) 최종생존자의 사망시까지 보험료를 납입할 경우의 연납보험료 $P_{\overline{55:52}:\overline{4|}}$

(b) 최초사망자 발생시까지 보험료를 납입할 경우의 연납보험료 P

(c) 피보험자 두 명이 생존해 있는 동안 $3P$의 보험료를 납입하고, 피보험자 한 명만 생존해 있으면 P의 보험료를 납입할 때의 보험료 P

:: 풀이

(a) 최종생존자의 사망시까지 보험료를 납입할 경우 식 (8.1.5.26)을 이용하여 계산하면

$$P_{\overline{55:52}:\overline{4|}} = \frac{A_{\overline{55:52}:\overline{4|}}}{\ddot{a}_{\overline{55:52}:\overline{4|}}} = \frac{0.822706533}{3.72316186} = 0.220969854$$

(b) 최초사망자 발생시까지 보험료를 납입할 경우 식 (8.1.5.31)을 이용하여 계산하면

$$P = \frac{A_{\overline{55:52}:\overline{4|}}}{\ddot{a}_{55:52:\overline{4|}}} = \frac{0.822706533}{3.6901327} = 0.222947682$$

(c) 보험료납입의 현가인 EPV를 두 가지 방법으로 구해보자.

[풀이 1]

이 보험료의 납입을 살펴보면, (i) P를 납입하는 최종생존자연금에 (ii) $2P$를 납입하는 동시생존자연금을 합하면 문제에서 주어진 납입구조가 된다. (i)+(ii)의 형태이면 동시생존시 $2P + P = 3P$를 납입하고, 혼자만 생존시 P를 납입하게 되고, 둘 다 사망시 납입이 없게 된다. 따라서 보험료의 EPV는

$$\begin{aligned} \text{EPV1} &= P\left(2\,\ddot{a}_{55:52:\overline{4|}} + \ddot{a}_{\overline{55:52}:\overline{4|}}\right) \\ &= P\left[2(3.6901327) + (3.72316186)\right] = 11.10342726\,P \end{aligned}$$

[풀이 2]

보험료의 EPV를 다음과 같이 구할 수도 있다. (x), (y) 중 한 명만이 생존해 있을 확률은 두 가지 방법으로 생각해서 구할 수 있으며 결과는 동일하다.

(i) ${}_k p_{\overline{xy}} - {}_k p_{xy} = \left({}_k p_x + {}_k p_y - {}_k p_{xy}\right) - {}_k p_{xy} = {}_k p_x + {}_k p_y - 2\,{}_k p_{xy}$

(ii) ${}_k p_x\,{}_k q_y + {}_k q_x\,{}_k p_y = {}_k p_x\left(1 - {}_k p_y\right) + {}_k p_y\left(1 - {}_k p_x\right)$

$$= {}_k p_x + {}_k p_y - 2\,{}_k p_x\,{}_k p_y$$

이다. 시점지급방법을 이용하여 보험료납입의 연금현가를 구하면

$$\begin{aligned} \text{EPV2} &= 3P\sum_{k=0}^{3} v^k\,{}_k p_{55:52} + P\sum_{k=0}^{3} v^k\left({}_k p_{55} + {}_k p_{52} - 2\,{}_k p_{55}\,{}_k p_{52}\right) \\ &= P\sum_{k=0}^{3} v^k\,{}_k p_{55:52} + P\sum_{k=0}^{3} v^k\,{}_k p_{55} + P\sum_{k=0}^{3} v^k\,{}_k p_{52} \\ &= P\,\ddot{a}_{55:52:\overline{4|}} + P\,\ddot{a}_{55:\overline{4|}} + P\,^f\ddot{a}_{52:\overline{4|}} \\ &= P(3.6901327) + P(3.697775032) + P(3.715519542) \\ &= 11.10342727\,P \end{aligned}$$

피보험자 한 명만 생존해 있는 경우의 보험료의 현가는 두 가지 방법으로 생각할 수 있다.

(i) $P\left(\ddot{a}_{\overline{xy}:\overline{n|}} - \ddot{a}_{xy:\overline{n|}}\right) = P\left[\left(\ddot{a}_{x:\overline{n|}} + {}^f\ddot{a}_{y:\overline{n|}} - \ddot{a}_{xy:\overline{n|}}\right) - \ddot{a}_{xy:\overline{n|}}\right]$

$$= P\left(\ddot{a}_{x:\overline{n|}} + {}^f\ddot{a}_{y:\overline{n|}} - 2\,\ddot{a}_{x:\overline{n|}}\right)$$

(ii) $P\left(\sum_{k=0}^{3} {}_{k}p_{55}\,{}_{k}q_{52} + {}_{k}q_{55}\,{}_{k}p_{52}\right) = P\sum_{k=0}^{3} v^{k}\left({}_{k}p_{55} + {}_{k}p_{52} - 2\,{}_{k}p_{55}\,{}_{k}p_{52}\right)$

$$= P\left(\ddot{a}_{55:\overline{3|}} + {}^{f}\ddot{a}_{52:\overline{4|}} - 2\,\ddot{a}_{55:52:\overline{4|}}\right)$$

$$= P\left(\ddot{a}_{55:\overline{4|}} - \ddot{a}_{55:52:\overline{4|}}\right) + P\left({}^{f}\ddot{a}_{52:\overline{4|}} - \ddot{a}_{55:52:\overline{4|}}\right)$$

로서 유족연금에서 학습할 (iii) $P\,\ddot{a}_{52|55:\overline{4|}} + P\,\ddot{a}_{55|52:\overline{4|}}$ (3번째 방법)과 동일한 것을 알 수 있다.

[풀이 1]과 [풀이 2]로 구한 보험료의 현가인 EPV1과 EPV2는 동일함을 알 수 있다. 따라서

$$11.10342727\,P = A_{\overline{55:52}:\overline{4|}}$$

$$P = \frac{A_{\overline{55:52}:\overline{4|}}}{11.10342727} = \frac{0.822706533}{11.10342727} = 0.074094827$$

16 심화학습문제 14번과 15번을 이용하여, 최종생존자의 사망시까지 보험료를 납입할 경우 $_{2}V$를 계산하시오.

풀이

심화학습문제 15번으로부터 $P_{\overline{55:52}:\overline{4|}} = 0.220969854$임을 알 수 있다.

(i) (55), (52)가 모두 생존해 있는 경우

$$_{2}V = A_{\overline{57:54}:\overline{2|}} - P_{\overline{55:52}:\overline{4|}}\,\ddot{a}_{\overline{57:54}:\overline{2|}}$$

$$A_{\overline{57:54}:\overline{2|}} = A_{57:\overline{2|}} + {}^{f}A_{54:\overline{2|}} - A_{57:54:\overline{2|}}$$

$$= \frac{M_{57} - M_{59} + D_{59}}{D_{57}} + \frac{M_{54}^{f} - M_{56}^{f} + D_{56}^{f}}{D_{54}^{f}} - \frac{M_{57:54} - M_{59:56} + D_{59:56}}{D_{57:54}}$$

$$= \frac{1824.6732589 - 1765.4379003 + 5209.990}{5807.782}$$

$$+ \frac{1478.9819782 - 1458.1687290 + 6295.508561}{6963.201666}$$

$$- \frac{2255.8316817484 - 2169.5611232171 + 5863.6527732350}{6557.5439465873}$$

$$= 0.9070298371$$

$$\ddot{a}_{\overline{57:54}:\overline{2|}} = \ddot{a}_{57:\overline{2|}} + {}^{f}\ddot{a}_{54:\overline{2|}} - \ddot{a}_{57:54:\overline{2|}}$$

$$= \frac{N_{57} - N_{59}}{D_{57}} + \frac{N_{54}^{f} - N_{56}^{f}}{D_{54}^{f}} - \frac{N_{57:54} - N_{59:56}}{D_{57:54}}$$

$$= \frac{83645.287 - 72335.599}{5807.782} + \frac{115168.613438 - 101584.136466}{6963.201666}$$

$$-\frac{90335.9575616177 - 77575.9246503761}{6557.5439465873} = 1.952373167$$

$$_2V = 0.9070298371 - (0.220969854)(1.952373167) = 0.4756142234$$

(ii) (52)사망후 (55)가 생존해 있는 경우

$$_2V = A_{57:\overline{2|}} - P_{\overline{55:52:\overline{4|}}} \ddot{a}_{57:\overline{2|}} = \frac{M_{57} - M_{59} + D_{59}}{D_{57}} - P_{\overline{55:52:\overline{4|}}} \frac{N_{57} - N_{59}}{D_{57}}$$

$$= \frac{1824.6732589 - 1765.4379003 + 5209.990}{5807.782}$$

$$- (0.220969854)\frac{83645.287 - 72335.599}{5807.782} = 0.4769678429$$

(iii) (55)사망후 (52)가 생존해 있는 경우

$$_2V = {}^fA_{54:\overline{2|}} - P_{\overline{55:52:\overline{4|}}} {}^f\ddot{a}_{54:\overline{2|}} = \frac{M_{54}^f - M_{56}^f + D_{56}^f}{D_{54}^f} - P_{\overline{55:52:\overline{4|}}} \frac{N_{54}^f - N_{56}^f}{D_{54}^f}$$

$$= \frac{1478.9819782 - 1458.1687290 + 6295.508561}{6963.201666}$$

$$- (0.220969854)\frac{115168.613438 - 101584.136466}{6963.20166} = 0.4760111905$$

17 예제 (8.1.6.1)의 기수표를 이용하여 다음을 구하시오.

(a) $A_{55:52:\overline{10|}}^{\,1}$ (b) $A_{55:52:\overline{10|}}^{\,2}$ (c) $A_{55:52:\overline{10|}}^{\quad 1}$

(d) $A_{55:52:\overline{10|}}^{\quad 2}$ (e) $A_{\overline{55:52}:\overline{10|}}^{\,1}$ (f) $A_{\overline{55:52}:\overline{10|}}^{\quad 1}$

:: 풀이

(a) $A_{55:52:\overline{10|}}^{\,1} = \dfrac{M_{55:52}^{\,1} - M_{65:62}^{\,1}}{D_{55:52}}$

$$= \frac{164167184.294048 - 131941540.524914}{676936132.841963} = 0.04760514649$$

(b) $A_{55:52:\overline{10|}}^{\,2} = A_{55:\overline{10|}}^{\,1} - A_{55:52:\overline{10|}}^{\,1} = \dfrac{M_{55} - M_{65}}{D_{55}} - \dfrac{M_{55:52}^{\,1} - M_{65:62}^{\,1}}{D_{55:62}}$

$$= \frac{1881.0938462 - 1570.6695430}{6463.826} - 0.04760514649$$

$$= 0.04802485451 - 0.04760514649 = 0.00041970802$$

$A_{55:\overline{10|}}^{\,1}$ 와 $A_{55:52:\overline{10|}}^{\,1}$ 을 비교하면 $A_{55:\overline{10|}}^{\,1} > A_{55:52:\overline{10|}}^{\,1}$ 임을 알 수 있다.

$\dfrac{C_{55}}{D_{55}}$ 와 $\dfrac{C_{55:52}^{\,1}}{D_{55:52}}$ 의 산식을 비교하면 $\dfrac{C_{55+t}}{D_{55}} > \dfrac{C_{\overline{55+t}:52+t}^{\,1}}{D_{55:52}}$ 이다.

$\dfrac{C^1_{55:52}}{D_{55:52}}$에는 $d_{x+t} \dfrac{l_{y+t+1/2}}{l_y}$ 이 들어가는데 $\dfrac{l_{y+t+1/2}}{l_y} < 1$이기 때문이다.

(c) $A^1_{55:52:\overline{10|}} = \dfrac{M^1_{55:52} - M^1_{65:62}}{D_{55:52}}$

$= \dfrac{52159123.978533 - 42877243.222814}{676936132.841963} = 0.01371160484$

(d) $A^2_{55:52:\overline{10|}} = {}^f A^1_{52:\overline{10|}} - A^1_{55:52:\overline{10|}} = \dfrac{M^f_{52} - M^f_{62}}{D^f_{52}} - \dfrac{M^1_{55:52} - M^1_{65:62}}{D_{55:52}}$

$= \dfrac{1499.4248745 - 1390.6923698}{7698.933054} - 0.01371160484$

$= 0.01412306146 - 0.01371160484 = 0.00041145662$

(e) (i) $A^1_{\overline{55:52}:\overline{10|}} = \dfrac{M_{55:52} - M_{65:62}}{D_{55:52}}$ 의 방법으로 부록의 연생기수표($y = x-3$)를 이용하면

$A^1_{\overline{55:52}:\overline{10|}} = \dfrac{2338.9727327136 - 1890.1832681250}{7319.1983404574} = 0.06131675133$

(ii) $A^1_{\overline{55:52}:\overline{10|}} = A^1_{55:52:\overline{10|}} + A^1_{55:52:\overline{10|}}$ 의 방법으로 위에서 구한 값들을 이용하면

$A^1_{\overline{55:52}:\overline{10|}} = 0.04760514649 + 0.01371160484 = 0.06131675133$

으로 (i)와 같은 값을 구할 수 있다.

(f) (i) $A^1_{\overline{55:52}:\overline{10|}} = A^1_{55:\overline{10|}} + {}^f A^1_{52:\overline{10|}} - A^1_{\overline{55:52}:\overline{10|}}$ 의 방법으로 위에서 구한 값들을 이용하면

$A^1_{\overline{55:52}:\overline{10|}} = 0.04802485451 + 0.01412306146 - 0.06131675133$

$= 0.00083116464$

(ii) 식 (8.1.6.19)를 이용하여 구해보면

$A^1_{\overline{55:52}:\overline{10|}} = A^2_{55:52:\overline{10|}} + A^2_{55:52:\overline{10|}}$

$= 0.00041970802 + 0.00041145662 = 0.00083116464$

으로 (i)와 같은 값을 구할 수 있다.

18 제t보험연도에 (x)가 사망하고 그때 (y)가 생존하고 있으면 보험금 t를 연말에 지급하는 n년만기 누가정기보험의 일시납순보험료를 $(IA)^1_{xy:\overline{n|}}$으로 표시한다. $(IA)^1_{xy:\overline{n|}}$을 계산기수를 이용하여 나타내시오.

::: **풀이**

$$(IA)^1_{xy:\overline{n|}} = \sum_{t=0}^{n-1} (t+1) v^{t+1} {}_{t|}q^1_{xy} \fallingdotseq \sum_{t=0}^{n-1} (t+1) v^{t+1} {}_{t+1/2}p_y \, {}_{t|}q_x$$

$$= \frac{1}{D_{xy}}\left(R^{1}_{xy} - R\frac{1}{x+n:y+n} - nM\frac{1}{x+n:y+n}\right)$$

여기서

$$R^{1}_{xy} = M^{1}_{xy} + M\frac{1}{x+1:y+1} + \cdots$$

를 의미한다.

19 피보험자 (20)과 (50)을 고려한다. (20)이 15년 이내에 사망하거나, 15년 이후에는 (20)이 (50)보다 나중에 사망하는 경우에 보험금 1원이 연말에 지급되는 보험의 일시납순보험료와 연납평준순보험료를 구하시오.

풀이

일시납순보험료는

$$A^{1}_{20:\overline{15|}} + \sum_{t=0}^{\infty} v^{15+t+1}\,_{15+t|}q^{2}_{20:50}$$

$$= A^{1}_{20:\overline{15|}} + \sum_{t=0}^{\infty} v^{15+t+1}\left(_{15+t|}q_{20} - \,_{15+t|}q^{1}_{20:50}\right)$$

$$= A^{1}_{20:\overline{15|}} + \sum_{t=0}^{\infty} v^{15+t+1}\,_{15+t|}q_{20} - \sum_{t=0}^{\infty} v^{15+t+1}\,_{15+t|}q^{1}_{20:50}$$

$$= A_{20} - \left(A^{1}_{20:50} - A^{1}_{20:50:\overline{15|}}\right)$$

이 된다. 연납순보험료는 (x)에만 의존하므로 일시납순보험료를 $\ddot{a}_{x}$로 나누면 된다.

20 피보험자 (20)과 (50)을 고려한다. (20)이 15년 이내에 사망하거나, 15년 이후에는 (20)이 (50)보다 먼저 사망하는 경우에 보험금 1원이 연말에 지급되는 보험의 일시납보험료 및 연납평준순보험료를 구하시오.

풀이

일시납보험료는 $A^{1}_{20:\overline{15|}} + v^{15}\,_{15}p_{20:50}\,A^{1}_{35:65}$ 이다. 그리고

$$v^{15}\,_{15}p_{20:50}\,A^{1}_{35:65} = \sum_{t=15}^{\infty} v^{t+1}\,_{t|}q^{1}_{20:50} = \sum_{t=0}^{\infty} v^{t+1}\,_{t|}q^{1}_{20:50} - \sum_{t=0}^{14} v^{t+1}\,_{t|}q^{1}_{20:50}$$

$$= A^{1}_{20:50} - A^{1}_{20:50:\overline{15|}}$$

이므로 일시납보험료는

$$A^{1}_{20:\overline{15|}} + \left(A^{1}_{20:50} - A^{1}_{20:50:\overline{15|}}\right)$$

로도 나타낼 수 있다. 연납평준순보험료를 계산해보자. 계약의 소멸은 15년 이내이면 (20) 의 사망에 의하여, 15년 이후는 (20), (50)의 누군가가 사망하면 발생하므로(15년 이후에 (50)이 사망하면 $A^{1}_{35:65}$ 가 발생할 수 없다) 일시납보험료를 $\ddot{a}_{20:\overline{15|}} + v^{15}\,_{15}p_{20:50}\,\ddot{a}_{35:65}$

로 나누면 연납평준순보험료가 된다. 그리고

$$v^{15}\,_{15}p_{20:50}\,\ddot{a}_{35:65} = v^{15}\,_{15}p_{20:50}\sum_{k=0}^{\infty}v^k\,_k p_{35:65} = \sum_{k=0}^{\infty}v^{15+k}\,_{15+k}p_{20:50}$$

$$= \sum_{k=15}^{\infty}v^k\,_k p_{20:50} = \sum_{k=0}^{\infty}v^k\,_k p_{20:50} - \sum_{k=0}^{14}v^k\,_k p_{20:50}$$

$$= \ddot{a}_{20:50} - \ddot{a}_{20:50:\overline{15|}}$$

이므로 일시납보험료를

$$\ddot{a}_{20:\overline{15|}} + (\ddot{a}_{20:50} - \ddot{a}_{20:50:\overline{15|}})$$

로 나누어도 연납평준순보험료가 된다.

21 (x)가 (y)보다 먼저 사망하면 각각(2가지 경우)의 사망시에 $\frac{1}{2}$ 원씩의 보험금을 지급하고, (y)가 (x)보다 먼저 사망하면 (x)의 사망시에 보험금 1원을 지급하는 보험을 고려한다. 연납보험료는 (x), (y) 동시생존(공존) 중에 납입할 때 일시납보험료와 연납평준순보험료를 구하시오.

:::: **풀이** ────────────────────────

일시납보험료는

$$\text{APV} = \frac{1}{2}A^1_{xy} + \frac{1}{2}A^2_{xy} + A^2_{xy} = \frac{1}{2}A^1_{xy} + \frac{1}{2}(A_y - A^1_{xy}) + (A_x - A^1_{xy})$$

$$= A_x + \frac{1}{2}A_y - \frac{1}{2}(A^1_{xy} + A^1_{xy})$$

여기서

$$A^1_{\overline{xy}:\overline{n|}} = A^1_{xy:\overline{n|}} + A^1_{xy:\overline{n|}}$$

이 성립하고 $n \to \infty$일 때

$$A_{xy} = A^1_{xy} + A^1_{xy}$$

이 성립한다. 또

$$A_{xy} = 1 - d\,\ddot{a}_{xy}$$

이므로

$$\text{APV} = A_x + \frac{1}{2}A_y - \frac{1}{2}A_{xy} = (1 - d\,\ddot{a}_x) + \frac{1}{2}(1 - d\,\ddot{a}_y) - \frac{1}{2}(1 - d\,\ddot{a}_{xy})$$

$$= 1 - d\,\ddot{a}_x - \frac{1}{2}d\,\ddot{a}_y + \frac{1}{2}d\,\ddot{a}_{xy}$$

연납평준순보험료는 APV를 $\ddot{a}_{xy}$로 나눈다.

22 (40), (45), (55) 중에서 (40) 및 (45)가 55세가 되기 전에 사망하고, 동시에 (40), (45)의 최종생존자의 사망시에 (55)가 생존하고 있는 경우에 보험금을 지급하는 보험의 일시납순보험료를 구하시오.

풀이

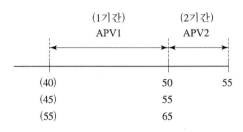

계약후 10년간을 고려하면 일시납순보험료는

$$\text{APV1} = A_{\overset{1}{40:45:55}:\overline{10|}}$$

이다. 2기간 중에 보험급부를 받으려면 다음 5년간 55세 전에 두 번째 사망이 발생해야 하므로, 2기간의 기초에 (45)는 사망한 상태이어야 하고, (40)과 (55)는 2기간의 기초(이때 (40)과 (55)의 나이는 50세와 65세가 된다)에 생존한 상태에서 (40)이 먼저 사망해야 하므로 일시납순보험료는

$$\text{APV2} = v^{10}\,{}_{10}p_{40:55}\,(1 - {}_{10}p_{45})\,A^{1}_{50:65:\overline{5|}}$$

이 보험의 일시납순보험료는 APV1 + APV2이다.

23 피보험자 (x), (y), (z) 중 n년 내에 (x)가 두 번째로 사망한 때에 보험금 1원이 지급되는 보험의 일시납보험료를 $A^{2}_{xyz:\overline{n|}}$ 으로 표시한다. $A^{2}_{xyz:\overline{n|}}$ 를 구하시오.

풀이

$$A^{2}_{xyz:\overline{n|}} = \sum_{t=0}^{n-1} v^{t+1}\,{}_{t|}q^{2}_{xyz} = \sum_{t=0}^{n-1} v^{t+1}\,{}_{t|}q^{2}_{\underset{1}{x}yz} + {}_{t|}q^{2}_{\underset{1}{x}yz}$$

$$= A^{2}_{\underset{1}{x}yz:\overline{n|}} + A^{2}_{xyz:\overline{n|}} = A^{1}_{xz:\overline{n|}} - A^{1}_{xyz:\overline{n|}} + A^{1}_{xy:\overline{n|}} - A^{1}_{xyz:\overline{n|}}$$

$$= A^{1}_{xz:\overline{n|}} - A^{1}_{xy:\overline{n|}} - 2\,A^{1}_{xyz:\overline{n|}}$$

24 n년 내에 (x), (y), (z) 순으로 사망하면 (z)의 사망시에 보험금 1원이 지급되는 보험의 APV를 (a) $A_{\overset{3}{x}\overset{}{y}\overset{}{z}:\overline{n|}}$ 으로 (b) $n \to \infty$인 경우 $A_{\overset{3}{x}\overset{}{y}\overset{}{z}}$ 으로 나타낸다. 이 보험의 APV를 (y)의 사망시점을 기준으로 하는 계산식으로 나타내시오.

풀이

(a) 다음에 이용할 식을 미리 도출해보자.

$$\sum_{t=0}^{n-1} v^{t+1}\,_t q_{xy}^{\;2}\,_t p_z = v \sum_{t=0}^{n-1} v^t\,_t q_{xy}^{\;2}\,_t p_z = v\left[\sum_{t=0}^{n} v^t\,_t q_{xy}^{\;2}\,_t p_z - v^n\,_n q_{xy}^{\;2}\,_n p_z\right]$$

$$= v\,a_{xy|z:\overline{n}|}^{\;2} - v^{n+1}\,_n q_{xy}^{\;2}\,_n p_z$$

급부의 정의에 따라서

$$A_{\substack{xyz:\overline{n}|\\12}}^{\;3} = \sum_{t=0}^{n-1} v^{t+1}\,_{t|}q_{\substack{xyz\\1}}^{\;3} = \sum_{t=0}^{n-1} v^{t+1}\left(\,_{t|}q_{\substack{xyz\\1}}^{\;2} - \,_{t+1}q_{xy}^{\;2}\,_{t+1}p_z + \,_t q_{xy}^{\;2}\,_t p_z\right)$$

$$= A_{\substack{xyz:\overline{n}|\\1}}^{\;2} - a_{xy|z:\overline{n}|}^{\;2} + v a_{xy|z:\overline{n}|}^{\;2} - v^{n+1}\,_n q_{xy}^{\;2}\,_n p_z$$

$$= A_{\substack{xyz:\overline{n}|\\1}}^{\;2} - d\,a_{xy|z:\overline{n}|}^{\;2} - v^{n+1}\,_n q_{xy}^{\;2}\,_n p_z$$

(b) $n \to \infty$인 경우 $_n p_x \to 0$이 되므로

$$A_{\substack{xyz\\12}}^{\;3} = A_{\substack{xyz\\12}}^{\;3} - d\,a_{xy|z}^{\;2}$$

보험금 사망즉시급인 경우

$$\bar{A}_{\substack{xyz:\overline{n}|\\12}}^{\;3} = \int_0^n v^s\,_s q_{yz}^{\;2}\,_s p_x\,\mu_{x+s}\,ds\text{이다.}$$

보험금 사망즉시급의 계산은 근사치로

$$\bar{A}_{\substack{xyz:\overline{n}|\\12}}^{\;3} \doteqdot (1+i)^{1/2}\,A_{\substack{xyz:\overline{n}|\\12}}^{\;3}$$

을 이용한다.

25 주피보험자 뿐만 아니라 종피보험자(연대피보험자)의 사망순서까지도 지정하여 보험금지급조건으로 하는 보험을 복합연생보험(compound contingent insurance)이라고 한다. 다음의 복합연생보험을 적분을 이용하여 나타내시오.

(a) $\bar{A}_{\substack{xyz\\1}}^{\;3}$ (b) $\bar{A}_{\substack{wxyz\\1}}^{\;2}$

∷ 풀이

(a) 주피보험자를 (x), 종피보험자(연대피보험자)를 (y) 및 (z)로 할 때, (z)가 제일 먼저 사망하고, (x)가 3번째에 사망할 때 (x)의 사망에 대하여 지급하는 복합연생보험의 APV는 $\bar{A}_{\substack{xyz\\1}}^{\;3}$이다.

$$\bar{A}_{\substack{xyz\\1}}^{\;3} = \int_0^\infty v^t\,_t p_{xy}(1 - \,_t p_z)\,\mu_{y+t}\,\bar{A}_{x+t}\,dt$$

$$= \frac{1}{l_{xyz}}\int_0^\infty v^t\, l_{x+t:y+t}(l_z - l_{z+t})\,\mu_{y+t}\,\bar{A}_{x+t}\,dt$$

(b) $\bar{A}^{2}_{\underset{1}{wxyz}} = \int_0^\infty v^t {}_t p_{wxy}(1 - {}_t p_z)\,\mu_{w+t}\,dt$

$$= \frac{1}{l_{wxyz}}\int_0^\infty v^t\, l_{w+t:x+t:y+t}(l_z - l_{z+t})\,\mu_{w+t}\,dt$$

26 다음의 복합연생보험을 적분을 이용하여 나타내시오.

(a) $\bar{A}^{2:3:4}_{\underset{1}{w\ :xyz}}$ (b) $\bar{A}^{3:4}_{\underset{21}{w\ :xyz}}$ (c) $\bar{A}^{4}_{\underset{321}{wxyz}}$ (d) $\bar{A}^{4}_{\underset{1}{wxyz}}$

:: 풀이

(a) 이 보험은 (w), (x), (y), (z) 중에서 (z)가 처음에 사망하면 그 때 (w)의 무조건부 종신보험이 된다. 따라서

$$\bar{A}^{2:3:4}_{\underset{1}{w\ :xyz}} = \int_0^\infty v^t {}_t p_{wxyz}\,\mu_{z+t}\,\bar{A}_{w+t}\,dt$$

$$= \frac{1}{l_{wxyz}}\int_0^\infty v^t\, l_{w+t:x+t:y+t:z+t}\,\mu_{z+t}\,\bar{A}_{w+t}\,dt$$

(b) 이 보험은 $\bar{A}^{3}_{\underset{21}{wxyz}}$과 달리 (y)의 사망시 무조건부 종신보험이 된다.

$$\bar{A}^{3:4}_{\underset{21}{w\ :xyz}} = \int_0^\infty v^t {}_t p_{wxy}(1 - {}_t p_z)\,\mu_{y+t}\,\bar{A}_{w+t}\,dt$$

$$= \frac{1}{l_{wxyz}}\int_0^\infty v^t\, l_{w+t:x+t:y+t}(l_z - l_{z+t})\,\mu_{y+t}\,\bar{A}_{w+t}\,dt$$

(c) (y)의 사망순간에 (z)가 그 이전에 사망하고 또한 (w) 및 (x)가 공존하고 있으면, (w)가 (x)보다 후에 사망하는 경우에 지급되는 보험이므로

$$\bar{A}^{4}_{\underset{321}{wxyz}} = \int_0^\infty v^t {}_t p_{wxy}(1 - {}_t p_z)\,\mu_{y+t}\,\bar{A}^{2}_{\underset{}{w+t\,:x+t}}\,dt$$

$$= \frac{1}{l_{wxyz}}\int_0^\infty v^t\, l_{w+t:x+t:y+t}(l_z - l_{z+t})\,\mu_{y+t}\,\bar{A}^{2}_{\underset{}{w+t\,:x+t}}\,dt$$

(d) $\bar{A}^{4}_{\underset{1}{wxyz}} = \bar{A}^{4}_{\underset{231}{wxyz}} + \bar{A}^{4}_{\underset{321}{wxyz}}$이다.

$$\bar{A}^{4}_{\underset{1}{wxyz}} = \int_0^\infty v^t {}_t p_{wxy}(1 - {}_t p_z)\left(\mu_{x+t}\,\bar{A}^{2}_{\underset{}{w+t\,:y+t}} + \mu_{y+t}\,\bar{A}^{2}_{\underset{}{w+t\,:x+t}}\right)dt$$

$$= \frac{1}{l_{wxyz}}\int_0^\infty v^t\, l_{w+t:x+t:y+t}(l_z - l_{z+t})\left(\mu_{x+t}\,\bar{A}^{2}_{\underset{}{w+t\,:y+t}} + \mu_{y+t}\,\bar{A}^{2}_{\underset{}{w+t\,:x+t}}\right)dt$$

27 (x), (y), (z)에 대하여 3인 모두 생존하는 기간 동안에는 100원을 연도말에 지급하고, 첫 번째 사망후에는 그 연도말부터 매년 50원을 지급하고, 두 번째 사망후에는 그 연도말부터 매년 30원을 최종생존자의 사망시까지 지급한다. 이 연금급부의 APV

를 구하시오.

풀이

$$\mathrm{APV} = 100\,a_{xyz} + 50\,(a_{x|yz} + a_{y|xz} + a_{z|xy}) + 30\,(a_{\overline{xy}|z} + a_{\overline{xz}|y} + a_{\overline{yz}|x})$$

28 연습문제 39번의 기수표($x = 3$, $y = 34$)를 이용하여 다음을 구하시오.

(a) $a_{35|4:\overline{10|}}$ \hspace{3cm} (b) $a_{40|9:\overline{10|}}$

풀이

(a) $a_{35|4:\overline{10|}} = a_{4:\overline{10|}} - a_{4:34:\overline{10|}}$ 이므로

$$a_{4:\overline{10|}} = \frac{N_4 - N_{14}}{D_4} = \frac{1663605.033 - 1000439.778}{81846.102} = 8.102588135$$

$$a_{4:34:\overline{10|}} = \frac{N_{4:34} - N_{14:44}}{D_{4:34}} = \frac{1737821.987 - 969475.200}{95155.25} = 8.074665213$$

따라서

$$a_{35|4:\overline{10|}} = a_{4:\overline{10|}} - a_{4:34:\overline{10|}} = 8.102588135 - 8.074665213 = 0.027922922$$

(b) $a_{40|9:\overline{10|}} = a_{9:\overline{10|}} - a_{9:40:\overline{10|}}$ 이므로

$$a_{9:\overline{10|}} = \frac{N_9 - N_{19}}{D_9} = \frac{1291660.948 - 772461.510}{64077.276} = 8.102707706$$

$$a_{9:40:\overline{10|}} = \frac{N_{9:40} - N_{19:50}}{D_{9:40}} = \frac{1305974.451 - 708186.644}{74207.66} = 8.055607831$$

따라서

$$a_{40|9:\overline{10|}} = a_{9:\overline{10|}} - a_{9:40:\overline{10|}} = 8.102707706 - 8.055607831 = 0.047099875$$

29 (u)의 사망후 (w), (x), (y), (z) 중 적어도 3인이 생존하는 한 지급되는 유족연금의 현가를 구하시오.

풀이

$$a_{u\,|\,\overline{wxyz}}^{\,3} = \sum_{t=1}^{\infty} v^t (1 - {}_t p_u)\, {}_t p_{\overline{wxyz}}^{\;3}$$

$$= \sum_{t=1}^{\infty} v^t (1 - {}_t p_u)({}_t p_{wxy} + {}_t p_{wxz} + {}_t p_{wyz} + {}_t p_{xyz} - 3\,{}_t p_{wxyz})$$

$$= a_{u|wxy} + a_{u|wxz} + a_{u|wyz} + a_{u|xyz} - 3\,a_{u|wxyz}$$

또는 $\sum$에서 각 항들을 곱하면 동시생존자 연생연금의 형태로 나타낼 수 있다.

30 다음을 $l_x\,l_y\,l_z$를 이용하여 적분으로 표시하시오. 적분표시는 기호의 정의에 따라 두 가지 방법으로 표시하시오.

(a) $\bar{a}_{z|xy}$ (b) $\bar{a}_{yz|x}$ (c) $\bar{a}_{z|\overline{xy}}$ (d) $\bar{a}_{\overline{yz}|x}$

:::: 풀이 ────────────────────────────────

(a) $\displaystyle \bar{a}_{z|xy} = \frac{1}{l_x\,l_y\,l_z}\int_0^\infty v^t\,l_{x+t}\,l_{y+t}\,(l_z - l_{z+t})\,dt$

$\displaystyle \qquad = \frac{1}{l_x\,l_y\,l_z}\int_0^\infty v^t\,l_{x+t}\,l_{y+t}\,l_{z+t}\,\mu_{z+t}\,\bar{a}_{x+t\,:\,y+t}\,dt$

(b) $\displaystyle \bar{a}_{yz|x} = \frac{1}{l_x\,l_y\,l_z}\int_0^\infty v^t\,l_{x+t}\,(l_y\,l_z - l_{y+t}\,l_{z+t})\,dt$

$\displaystyle \qquad = \frac{1}{l_x\,l_y\,l_z}\int_0^\infty v^t\,l_{x+t}\,l_{y+t}\,l_{z+t}\,(\mu_{y+t} + \mu_{z+t})\,\bar{a}_{x+t}\,dt$

(c) $\displaystyle \bar{a}_{z|\overline{xy}} = \int_0^\infty v^t\,(_tp_x + {}_tp_y - {}_tp_{xy})(1 - {}_tp_z)\,dt$

$\displaystyle \qquad = \int_0^\infty v^t\,{}_tp_z\,\mu_{z+t}\,(_tp_x\,\bar{a}_{x+t} + {}_tp_y\,\bar{a}_{y+t} - {}_tp_{xy}\,\bar{a}_{x+t\,:\,y+t})\,dt$

$\displaystyle _tp_x = \frac{l_{x+t}}{l_x}, \; {}_tp_y = \frac{l_{y+t}}{l_y}, \; {}_tp_{xy} = \frac{l_{x+t}\,l_{y+t}}{l_x\,l_y}$ 이다.

(d) $\displaystyle \bar{a}_{\overline{yz}|x} = \frac{1}{l_x\,l_y\,l_z}\int_0^\infty v^t\,l_{x+t}\,(l_y - l_{y+t})(l_z - l_{z+t})\,dt$

$\displaystyle \qquad = \frac{1}{l_x\,l_y\,l_z}\int_0^\infty v^t\,l_{x+t}\,[\,l_{y+t}\,\mu_{x+t}\,(l_z - l_{z+t}) + l_{z+t}\,\mu_{z+t}\,(l_y - l_{y+t})\,]\,\bar{a}_{x+t}\,dt$

$\displaystyle \qquad = \int_0^\infty v^t\,{}_tp_x\,{}_tp_{\overline{xy}}\,\mu_{\overline{x+t\,:\,y+t}}\,\bar{a}_{x+t}\,dt$

31 다음을 적분을 이용하여 나타내시오.

(a) $\bar{a}^{\,1}_{yz|x}$ (b) $\bar{a}^{\,2}_{yz|x}$ (c) $\bar{a}^{\,1}_{xyz|w}$ (d) $\bar{a}^{\,1}_{yz|wx}$

(e) $\bar{a}^{\,2}_{xyz|w}_{\,1}$ (f) $\bar{a}^{\,2}_{yz|wx}$ (g) $\bar{a}^{\,3}_{xyz|w}_{\,21}$

:::: 풀이 ────────────────────────────────

(a) (z)의 사망시 (x), (y)가 공존하고 있으면 (x)는 종신연속연금을 받으므로 이 연금의 APV는

$$\bar{a}^{\,1}_{yz|x} = \int_0^\infty v^t\,{}_tp_{xyz}\,\mu_{z+t}\,\bar{a}_{x+t}\,dt$$

$$= \frac{1}{l_x\, l_y\, l_z} \int_0^\infty v^t\, l_{x+t}\, l_{y+t}\, l_{z+t}\, \mu_{z+t}\, \bar{a}_{x+t}\, dt$$

(b) (z)가 이미 사망한 후 (y)의 사망시 (x)가 생존하고 있으면 (x)가 종신연속연금을 받으므로 APV는

$$\bar{a}_{yz|x}^{\,2} = \int_0^\infty v^t\, {}_t p_{xy}(1 - {}_t p_z)\mu_{y+t}\, \bar{a}_{x+t}\, dt$$

$$= \frac{1}{l_x\, l_y\, l_z} \int_0^\infty v^t\, l_{x+t}\, l_{y+t}\,(l_z - l_{z+t})\mu_{y+t}\, \bar{a}_{x+t}\, dt$$

(c) (z)의 사망순간에 다른 3인의 피보험자가 모두 공존하고 있으면 (w)는 종신연속연금을 받으므로 APV는

$$\bar{a}_{xyz|w}^{\;1} = \int_0^\infty v^t\, {}_t p_{wxyz}\, \mu_{z+t}\, \bar{a}_{w+t}\, dt$$

$$= \frac{1}{l_{wxyz}} \int_0^\infty v^t\, l_{w+t:x+t:y+t:z+t}\, \mu_{z+t}\, \bar{a}_{w+t}\, dt$$

(d) $$\bar{a}_{yz|wx}^{\;1} = \int_0^\infty v^t\, {}_t p_{wxyz}\, \mu_{z+t}\, \bar{a}_{w+t:x+t}\, dt$$

$$= \frac{1}{l_{wxyz}} \int_0^\infty v^t\, l_{w+t:x+t:y+t:z+t}\, \mu_{z+t}\, \bar{a}_{w+t:x+t}\, dt$$

(e) (y)의 사망순간에 (z)는 그 이전에 사망하였고 (w) 및 (x)가 공존하는 경우 (w)가 종신연속연금을 받으므로 APV는

$$\bar{a}_{x\,yz\,|\,w}^{\quad 2}_{\quad 1} = \int_0^\infty v^t\, {}_t p_{wxy}(1 - {}_t p_z)\,\mu_{y+t}\, \bar{a}_{w+t}\, dt$$

$$= \frac{1}{l_{wxyz}} \int_0^\infty v^t\, l_{w+t:x+t:y+t}\,(l_z - l_{z+t})\mu_{y+t}\, \bar{a}_{w+t}\, dt$$

(f) $$\bar{a}_{yz|wx}^{\,2} = \int_0^\infty {}_t p_{wxy}(1 - {}_t p_z)\mu_{y+t}\, \bar{a}_{w+t:x+t}\, dt$$

$$= \frac{1}{l_{wxyz}} \int_0^\infty v^t\, l_{w+t:x+t:y+t}\,(l_z - l_{z+t})\mu_{y+t}\, \bar{a}_{w+t:x+t}\, dt$$

(g) (y)의 사망순간에 (z)는 이미 사망해 있고, 또한 (x)가 생존하고 있으면, (w)는 (x)가 (w)보다 먼저 사망하는 경우에 유족연금을 받는다.

$$\bar{a}_{\substack{x\,yz\,|\,w \\ 2\,1}}^{\quad 3} = \int_0^\infty v^t\, {}_t p_{wxy}(1 - {}_t p_z)\mu_{y+t}\, \bar{a}_{x+t|w+t}\, dt$$

$$= \int_0^\infty v^t\, {}_t p_{wxy}(1 - {}_t p_z)\mu_{y+t}(\bar{a}_{w+t} - \bar{a}_{w+t:x+t})\, dt$$

$$= \frac{1}{l_{wxyz}} \int_0^\infty v^t\, l_{w+t:x+t:y+t}\,(l_z - l_{z+t})\mu_{y+t}(\bar{a}_{w+t} - \bar{a}_{w+t:x+t})\, dt$$

32 $\bar{a}^2_{yz|x} = \bar{a}_{y|x} - \bar{a}^1_{yz|x}$ 를 증명하시오.

풀이

$$\bar{a}^{\,2}_{yz|x} = \int_0^\infty v^t {}_t p_x {}_t q^2_{yz}\, dt = \int_0^\infty v^t {}_t p_x ({}_t q_y - {}_t q^1_{yz})\, dt$$

$$= \int_0^\infty v^t {}_t p_x {}_t q_y\, dt - \int_0^\infty v^t {}_t p_x {}_t q^1_{yz}\, dt = \bar{a}_{y|x} - \bar{a}^{\,1}_{yz|x}$$

33 $a^{(m)}_{x|y:\overline{n}|} = a_{y:\overline{n}|} - a_{xy:\overline{n}|} - \dfrac{m-1}{2m} v^n {}_n p_y (1 - {}_n p_x)$ 을 증명하시오.

풀이

$$a^{(m)}_{x|y:\overline{n}|} = a^{(m)}_{y:\overline{n}|} - a^{(m)}_{xy:\overline{n}|}$$

Woolhouse공식을 이용하면

$$a^{(m)}_{y:\overline{n}|} = a_{y:\overline{n}|} + \frac{m-1}{2m}(1 - v^n {}_n p_y)$$

이므로 이 식을 대입하면

$$a^{(m)}_{x|y:\overline{n}|} = \left[a_{y:\overline{n}|} + \frac{m-1}{2m}(1 - v^n {}_n p_y) \right] - \left[a_{xy:\overline{n}|} + \frac{m-1}{2m}(1 - v^n {}_n p_x {}_n p_y) \right]$$

$$= a_{y:\overline{n}|} - a_{xy:\overline{n}|} - \frac{m-1}{2m} v^n {}_n p_y (1 - {}_n p_x)$$

34 $m < n$ 일 때, m 년 내에 (x) 가 사망하면 그 보험연도말부터 (y) 에게 연금이 지급된다. 또 (x) 가 m 년 후에 생존하고 있으면 그 때(m 시점)부터 (y) 가 생존하는 한 연액 1원의 연금을 제 n 년도말까지 지급하는데 h 년의 보증기간이 있다. 이 연금의 APV를 구하시오.

풀이

이 문제는 식 (8.1.7.32)에 보증기간 h 년이 추가된 문제이다.

(i) h 년의 보증부분의 현가를 구하면(생사혼합보험에서 보험금 대신 $\ddot{a}_{\overline{h}|}$ 를 사용)

$$\text{APV1} = A_{x:\overline{m}|}\, \ddot{a}_{\overline{h}|}$$

(ii) 보증기간 경과 후의 연금부분의 APV는 식 (8.1.7.32)에서 ${}_t p_y$ 대신에 ${}_{h+t} p_y$, v^t 대신 v^{h+t} 를 대입하면 된다.

$$\text{APV2} = \sum_{t=1}^{m-1} v^{h+t}(1 - {}_t p_x)\, {}_{h+t} p_y + \sum_{t=m}^{n} v^{h+t}\, {}_{h+t} p_y$$

$$= \sum_{t=1}^{m-1} v^h v^t (1 - {}_t p_x)\, {}_h p_y\, {}_t p_{y+h} + \sum_{t=m}^{n} v^h v^t\, {}_h p_y\, {}_t p_{y+h}$$

$$= v^h{}_hp_y \sum_{t=1}^{m-1} v^t (1 - {}_tp_x)\, {}_tp_{y+h} + v^h{}_hp_y \sum_{t=m}^{n} v^t\, {}_tp_{y+h}$$

$$= A_{y:\,\frac{1}{h|}} \left(a_{y+h:\,\overline{n|}} - a_{x:\,y+h:\,\overline{m-1|}} \right)$$

이 결과는 식 (8.1.7.32)와 비교하면 y 대신 $y+h$가 나타나고, h년 보증기간 때문에 $A_{y:\,\frac{1}{h|}}$ 이 더 나타나고 있다.

이 연금의 APV는 APV1 + APV2이다.

35 남편이 50세이고 부인이 47세인 (50)과 (47)의 두 피보험자를 고려한다. (50)이 사망하면 (47)에게 매 연말 10,000원의 종신연금이 지급되는데, (50)의 사망이 계약시부터 10년간 발생하지 않으면 기말급연금액은 7,000원이 되고, 계약시부터 15년간 발생하지 않으면 기말급연금액은 5,000원이 된다. 이 연금의 APV를 구하시오. ($i = 0.05$이다)

❖ 풀이

부록의 계산기수를 이용하여 실제 값을 구해보자.

(i) 원래 연금의 APV는

$$\text{APV1} = 10000 \left(a_{47} - a_{50:47} \right) = 10000 \left(\frac{N_{48}}{D_{47}} - \frac{N_{51:48}}{D_{50:47}} \right)$$

a_{47}을 구하기 위해서는 경험생명표(여)를 사용하여야 하며

$$N_{48} = 165140.8796341630, \quad D_{47} = 9881.9101442825$$

이다. 따라서

$$\text{APV1} = 10000 \left(\frac{165140.8796341630}{9881.9101442825} - \frac{138134.0100355460}{9557.5842206725} \right)$$

$$= 22586.16628$$

(ii) 10년간 생존한 경우는 연금액이 줄어드는데 줄어드는 연금액의 현가는

$$\text{APV2} = 3000\, v^{10}\, {}_{10}p_{50:47}\ a_{60|57} = 3000 \left(\frac{1}{1.05} \right)^{10} \left(\frac{l_{60}}{l_{50}}\, \frac{l_{57}}{l_{47}} \right) \left(a_{57} - a_{60:57} \right)$$

$$= 3000 \left(\frac{1}{1.05} \right)^{10} \left(\frac{l_{60}}{l_{50}}\, \frac{l_{57}}{l_{47}} \right) \left(\frac{N_{58}}{D_{57}} - \frac{N_{61:58}}{D_{60:57}} \right)$$

여기서 경험생명표(여)를 사용하는 항목은

$l_{57} = 96574.44$, $l_{47} = 97889.92$, $N_{58} = 89303.5178954390$, $D_{57} = 5985.1100100922$ 이므로

$$\text{APV2} = 3000 \left(\frac{1}{1.05} \right)^{10} \left(\frac{92116.01}{96244.38}\, \frac{96574.44}{97889.92} \right)$$

$$\left(\frac{89303.5178954390}{5985.1100100922} - \frac{66171.8970794788}{5540.3747976623} \right) = 5177.79843$$

(iii) 15년간 생존한 경우는 연금액이 줄어드는데 추가적으로 줄어드는 연금액의 현가는

$$\text{APV3} = 2000\,v^{15}\,{}_{15}p_{50:47}\,a_{65|62} = 2000 \left(\frac{1}{1.05} \right)^{15} \left(\frac{l_{65}}{l_{50}} \frac{l_{62}}{l_{47}} \right) (a_{62} - a_{65:62})$$

$$= 2000 \left(\frac{1}{1.05} \right)^{15} \left(\frac{l_{65}}{l_{50}} \frac{l_{62}}{l_{47}} \right) \left(\frac{N_{63}}{D_{62}} - \frac{N_{66:63}}{D_{65:62}} \right)$$

여기서 경험생명표(여)를 사용하는 항목은

$$l_{62} = 95507.20, \quad l_{47} = 97889.92, \quad N_{63} = 63548.7984809044,$$

$D_{62} = 4637.6669123617$ 이므로

$$\text{APV3} = 2000 \left(\frac{1}{1.05} \right)^{15} \left(\frac{88542.28}{96244.38} \frac{995507.20}{97889.92} \right)$$

$$\left(\frac{63548.7984809044}{4637.6669123617} - \frac{42836.2001958868}{4126.5024413256} \right) = 29900.04257$$

따라서 APV = APV1 - APV2 - APV3

$$\text{APV} = 10000 \left(\frac{N_{48}}{D_{47}} - \frac{N_{51:48}}{D_{50:47}} \right) - 3000 \left(\frac{1}{1.05} \right)^{10} \left(\frac{l_{60}}{l_{50}} \frac{l_{57}}{l_{47}} \right) \left(\frac{N_{58}}{D_{57}} - \frac{N_{61:58}}{D_{60:57}} \right)$$

$$- 2000 \left(\frac{1}{1.05} \right)^{15} \left(\frac{l_{65}}{l_{50}} \frac{l_{62}}{l_{47}} \right) \left(\frac{N_{63}}{D_{62}} - \frac{N_{66:63}}{D_{65:62}} \right)$$

$$= 22586.16628 - 5177.79843 - 29900.04257 = -12491.67472$$

36 3세의 아들과 34세의 부친 및 31세의 모친을 피보험자로 하는 다음과 같은 보험을 고려한다.

(i) 아들이 23세에 도달하면 만기보험금(생존보험금) 100,000원을 지급한다.

(ii) 아들이 만기전에 사망하면 사망한 연도말에 기납입보험료를 이자를 붙이지 않고 반환한다.

(iii) 보험료는 아들, 부친과 모친의 동시생존(공존) 기간 중에 납입하고 아들이 사망하면 보험계약은 소멸하고 부친이나 모친이 사망하면 사망 이후 보험료납입이 면제된다.

(iv) 부친과 모친의 최종생존자가 사망하면 사망한 연도말부터 매 연말 10,000원씩 아들이 생존하는 한 만기 1년 전까지 지급한다.

(v) 순보험료 P에 대하여 영업보험료 G는

$$G = P(1 + 0.05) + 100$$ 이다.

(a) 이 보험의 연납순보험료를 구하시오.

(b) 이 보험의 제5보험연도말 책임준비금을 구하시오.

:::· 풀이 ──

급부의 APV를 구하면

$$\text{APV} = 100000\,A_{3\,:\,\overline{20|}}^{\;1} + [P(1+0.05)+100]\,(IA)_{3\,:\,\overline{20|}} + 10000\,a_{\overline{34\,:\,31}\,|\,3\,:\,\overline{19|}}$$

수지상등의 원칙에 의하여

$$P\,\ddot{a}_{3\,:\,34\,:\,31\,:\,\overline{20|}} = \text{APV}$$

$$P = \frac{100000\,A_{3\,:\,\overline{20|}}^{\;1} + 100\,(IA)_{3\,:\,\overline{20|}}^{1} + 10000\,a_{\overline{34\,:\,31}\,|\,3\,:\,\overline{19|}}}{\ddot{a}_{3\,:\,34\,:\,31\,:\,\overline{20|}} - 1.05\,(IA)_{3\,:\,\overline{20|}}^{1}}$$

여기서

$$a_{\overline{34\,:\,31}\,|\,3\,:\,\overline{19|}} = a_{3\,:\,\overline{19|}} - a_{3\,:\,\overline{34\,:\,31}\,:\,\overline{19|}}$$

$$= a_{3\,:\,\overline{19|}} - (a_{3\,:\,34\,:\,\overline{19|}} + a_{3\,:\,31\,:\,\overline{19|}} - a_{3\,:\,34\,:\,31\,:\,\overline{19|}})$$

$$G = P(1+0.05) + 100$$

5연도말에서는 아들이 8세가 되고 부친이 39세 모친은 36세가 된다.

$$6\frac{C_8}{D_8} + 7\frac{C_9}{D_8} + 8\frac{C_{10}}{D_8} + \cdots + 20\frac{C_{22}}{D_8} = \frac{5M_8 + R_8 - R_{23} - 20M_{23}}{D_8}$$

(i) 부친과 모친이 생존 중일 때

$$a_{\overline{39\,:\,36}\,|\,8\,:\,\overline{14|}} = a_{8\,:\,\overline{14|}} - a_{8\,:\,\overline{39\,:\,36}\,:\,\overline{14|}}$$

$$= a_{8\,:\,\overline{14|}} - (a_{8\,:\,39\,:\,\overline{14|}} + a_{8\,:\,36\,:\,\overline{14|}} - a_{8\,:\,39\,:\,36\,:\,\overline{14|}})$$

이므로

$$_5V = 100000\,A_{8\,:\,\overline{15|}}^{\;1} + G\frac{5M_8 + R_8 - R_{23} - 20M_{23}}{D_8} + 10000\,a_{\overline{34+5\,:\,31+5}\,|\,3+5\,:\,\overline{19-5|}}$$

$$- P\,\ddot{a}_{3+5\,:\,34+5\,:\,31+5\,:\,\overline{20-5|}}$$

$$= 100000\,A_{8\,:\,\overline{15|}}^{\;1} + G\frac{5M_8 + R_8 - R_{23} - 20M_{23}}{D_8}$$

$$+ 10000\left[a_{8\,:\,\overline{14|}} - a_{8\,:\,39\,:\,\overline{14|}} - a_{8\,:\,36\,:\,\overline{14|}} + a_{8\,:\,39\,:\,36\,:\,\overline{14|}}\right] - P\,\ddot{a}_{8\,:\,39\,:\,36\,:\,\overline{15|}}$$

(ii) 부친사망, 모친생존 중일 때

$$a_{36\,|\,8\,:\,\overline{14|}} = a_{8\,:\,\overline{14|}} - a_{8\,:\,36\,:\,\overline{14|}}\ \text{이므로}$$

$$_5V = 100000\,A_{8\,:\,\overline{15|}}^{\;1} + G\frac{5M_8 + R_8 - R_{23} - 20M_{23}}{D_8} + 10000\,a_{31+5\,|\,3+5\,:\,\overline{19-5|}}$$

$$= 100000\,A_{8\,:\,\overline{15|}}^{\;1} + G\frac{5M_8 + R_8 - R_{23} - 20M_{23}}{D_8} + 10000\,(a_{8\,:\,\overline{14|}} - a_{8\,:\,36\,:\,\overline{14|}})$$

(iii) 모친사망, 부친생존 중일 때 $a_{39\,|\,8\,:\,\overline{14|}} = a_{8\,:\,\overline{14|}} - a_{8\,:\,39\,:\,\overline{14|}}$ 이므로

$$_5V = 100000\, A_{8\,:\,\overline{15|}}^{\;\;1} + G\,\frac{5\,M_8 + R_8 - R_{23} - 20\,M_{23}}{D_8} + 10000\, a_{34+5\,|\,3+5\,:\,\overline{19-5|}}$$

$$= 100000\, A_{8\,:\,\overline{15|}}^{\;\;1} + G\,\frac{5\,M_8 + R_8 - R_{23} - 20\,M_{23}}{D_8} + 10000\,(a_{8\,:\,\overline{14|}} - a_{8\,:\,39\,:\,\overline{14|}})$$

(iv) 부친, 모친이 모두 사망한 경우

$$_5V = 100000\, A_{8\,:\,\overline{15|}}^{\;\;1} + G\,\frac{5\,M_8 + R_8 - R_{23} - 20\,M_{23}}{D_8} + 10000\, a_{3+5\,:\,\overline{19-5|}}$$

$$= 100000\, A_{8\,:\,\overline{15|}}^{\;\;1} + G\,\frac{5\,M_8 + R_8 - R_{23} - 20\,M_{23}}{D_8} + 10000\, a_{8\,:\,\overline{14|}}$$

Ⅱ. 일반이론

1. 미래생존기간의 결합분포

그림 [1] $S_{T(x)T(y)}(s,t)$ 와 $F_{T(x)T(y)}(s,t)$ 의 영역

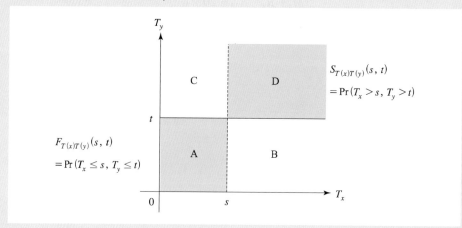

$$S_{T(x)T(y)}(s,t)$$
$$= \Pr(T_x > s,\ T_y > t)$$

$$F_{T(x)T(y)}(s,t)$$
$$= \Pr(T_x \le s,\ T_y \le t)$$

2. 동시생존자상태(The Joint-Life Status)

(i) $T = T_{xy} = \min(T_x, T_y) = T_x \wedge T_y$

(ii) $S_{T(xy)}(t) = \Pr(T_{xy} > t) = {}_t p_{xy}$ (D영역: 기준)

$\qquad F_{T(xy)}(t) = 1 - S_{T(xy)}(t) = {}_t q_{xy}$

그림 [2] T_x 와 T_y 의 표본공간과 ${}_t p_{xy}$, ${}_t q_{xy}$ 의 영역

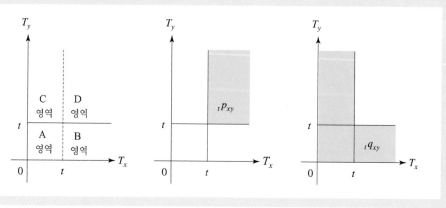

<T_x와 T_y가 독립 가정>

(iii) $S_{T(xy)}(t) = {}_tp_{xy} = S_{T(x)T(y)}(t,t) = S_{T(x)}(t)\, S_{T(y)}(t) = {}_tp_x\, {}_tp_y$

$\quad {}_tq_{xy} = F_{T(xy)}(t) = 1 - S_{T(xy)}(t) = 1 - {}_tp_{xy} = {}_tq_x + {}_tq_y - {}_tq_x\, {}_tq_y$

(iv) $f_{T(xy)}(t) = {}_tp_{xy}\, \mu_{xy}(t) = {}_tp_{xy}\, \mu_{x+t:y+t}$

$\qquad\qquad\ = {}_tp_x\, {}_tp_y\big(\mu_{x+t} + \mu_{y+t}\big)$

(v) $\mu_{xy}(t) = \dfrac{f_{T(xy)}(t)}{S_{T(xy)}(t)} = \dfrac{{}_tp_{xy}\big(\mu_{x+t} + \mu_{y+t}\big)}{{}_tp_{xy}} = \mu_{x+t} + \mu_{y+t}$

(vi) $\Pr(k < T_{xy} \le k+1) = \Pr(T_{xy} \le k+1) - \Pr(T_{xy} \le k)$

$\qquad\qquad\qquad\qquad\ = {}_kp_{xy} - {}_{k+1}p_{xy} = {}_kp_{xy}\, q_{x+k:y+k}$

(vii) $\Pr(K_{xy} = k) = \Pr(k < T_{xy} \le k+1) = {}_{k|}q_{xy}$

3. 최종생존자상태(The Last-Survivor Status)

(i) $T_{\overline{xy}} = \max(T_x, T_y) = T_x \vee T_y$

(ii) $F_{T(\overline{xy})}(t) = \Pr(T_{\overline{xy}} \le t) = \Pr(T_x \le t \cap T_y \le t) = {}_tq_{\overline{xy}}$ (A영역: 기준)

$\quad S_{T(\overline{xy})}(t) = 1 - F_{T(\overline{xy})}(t)$

그림 [3] ${}_tq_{\overline{xy}}$와 ${}_tp_{\overline{xy}}$의 영역

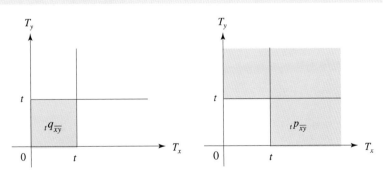

$<T_x$와 T_y가 독립 가정$>$

(iii) $\,_t p_{xy} = \,_t p_x \,_t p_y$ (D영역: T_{xy}기준)

$\quad\,_t q_{\overline{xy}} = \,_t q_x \,_t q_y$ (A영역: $T_{\overline{xy}}$기준)

(iv) $\,_t p_y \,_t q_x = \,_t p_y (1 - \,_t p_x) = \,_t p_y - \,_t p_{xy}$

$\quad$(C) = (C + D) $-$ (D)

$\quad\,_t p_x \,_t q_y = \,_t p_x (1 - \,_t p_y) = \,_t p_x - \,_t p_{xy}$

$\quad$(B) = (B + D) $-$ (D)

(v) $\,_t q_{xy} = \,_t p_y \,_t q_x + \,_t p_x \,_t q_y + \,_t q_x \,_t q_y$(C + B + A)

$\quad = (\,_t p_x - \,_t p_{xy}) + (\,_t p_y - \,_t p_{xy}) + \,_t q_x \,_t q_y$(C + B + A)

$\quad\,_t p_{\overline{xy}} = \,_t p_y \,_t q_x + \,_t p_x \,_t q_y + \,_t p_x \,_t p_y$(C + B + D)

$\quad = (\,_t p_x - \,_t p_{xy}) + (\,_t p_y - \,_t p_{xy}) + \,_t p_x \,_t p_y$(C + B + D)

(vi) $\,_{m|n} q_{xy} = \,_m p_{xy} \,_n q_{x+m:y+m}$

$\quad\,_{m|n} q_{\overline{xy}} = \Pr(m \le K_{\overline{xy}} < m + n) = \Pr(m \le T_{\overline{xy}} < m + n)$

$\quad\,_{m|n} q_{\overline{xy}} = \,_{m+n} q_{\overline{xy}} - \,_m q_{\overline{xy}}$ (방법 1)

$\quad\quad = \,_{m+n} q_x \,_{m+n} q_y - \,_m q_x \,_m q_y$

$\quad\,_{m|n} q_{\overline{xy}} = \,_{m|n} q_x + \,_{m|n} q_y - \,_{m|n} q_{xy}$ (방법 2)

$\quad\quad = \,_m p_x \,_n q_{x+m} + \,_m p_y \,_n q_{y+m} - \,_m p_{xy} \,_n q_{x+m:y+m}$

$\quad\quad = \,_m p_x \,_n q_{x+m} + \,_m p_y \,_n q_{y+m} - \,_m p_x \,_m p_y (1 - \,_n p_{x+m} \,_n p_{y+m})$

(vii) 대칭적 관계식(symmetric relations)

$\quad T_{xy} + T_{\overline{xy}} = T_x + T_y$

$\quad T_{xy} \, T_{\overline{xy}} = T_x \, T_y$

$\quad T_{xy}^2 + T_{\overline{xy}}^2 = T_x^2 + T_y^2$

$\quad a^{T_{xy}} + a^{T_{\overline{xy}}} = a^{T_x} + a^{T_y}, \ a > 0$

(viii) 대칭적 관계식(symmetric relations)

$\quad F_{T(xy)}(t) + F_{T(\overline{xy})}(t) = F_{T(x)}(t) + F_{T(y)}(t)$

$\quad\,_t q_{xy} + \,_t q_{\overline{xy}} = \,_t q_x + \,_t q_y$

$\quad\,_t p_{xy} + \,_t p_{\overline{xy}} = \,_t p_x + \,_t p_y$

$$f_{T(xy)}(t) + f_{T(\overline{xy})}(t) = f_{T(x)}(t) + f_{T(y)}(t)$$

(ix) $f_{T(\overline{xy})}(t) = f_{T(x)}(t) + f_{T(y)}(t) - f_{T(xy)}(t)$

$$= {}_tp_x\,\mu_{x+t} + {}_tp_y\,\mu_{y+t} - {}_tp_{xy}\,\mu_{xy}(t)$$

$$= {}_tq_y\,{}_tp_x\,\mu_{x+t} + {}_tq_x\,{}_tp_y\,\mu_{y+t}$$

$$f_{T(\overline{xy})}(t) = {}_tp_{\overline{xy}}\,\mu_{\overline{xy}}(t) = {}_tq_y\,{}_tp_x\,\mu_{x+t} + {}_tq_x\,{}_tp_y\,\mu_{y+t}$$

$$\mu_{\overline{xy}}(t) = \frac{f_{T(\overline{xy})}(t)}{1 - F_{T(\overline{xy})}(t)} = \frac{f_{T(\overline{xy})}(t)}{{}_tp_{\overline{xy}}} = \frac{{}_tq_y\,{}_tp_x\,\mu_{x+t} + {}_tq_x\,{}_tp_y\,\mu_{y+t}}{{}_tq_y\,{}_tp_x + {}_tq_x\,{}_tp_y + {}_tp_x\,{}_tp_y}$$

(x) $K_{xy} + K_{\overline{xy}} = K_x + K_y$

$$K_{xy}\,K_{\overline{xy}} = K_x\,K_y$$

$$a^{K(xy)} + a^{K(\overline{xy})} = a^{K_x} + a^{K_y}, \quad a > 0$$

$$F_{K(xy)}(k) + F_{K(\overline{xy})}(k) = F_{K(x)}(k) + F_{K(y)}(k)$$

$$f_{K(xy)}(k) + f_{K(\overline{xy})}(k) = f_{K(x)}(k) + f_{K(y)}(k)$$

(xi) $\Pr(K_{\overline{xy}} = k) = f_{K(\overline{xy})}(k) = {}_{k|}q_{\overline{xy}}$

$$= {}_kp_x\,q_{x+k} + {}_kp_y\,q_{y+k} - {}_kp_{xy}\,q_{x+k:y+k}$$

$$= {}_kp_x\,q_{x+k} + {}_kp_y\,q_{y+k} - {}_kp_x\,{}_kp_y(q_{x+k} + q_{y+k} - q_{x+k}\,q_{y+k})$$

4. 연생변수들의 기대값

(i) $\displaystyle \overset{\circ}{e}_u = \int_0^\infty {}_tp_u\,dt,$ $\displaystyle \overset{\circ}{e}_{xy} = \int_0^\infty {}_tp_{xy}\,dt$

$\displaystyle \overset{\circ}{e}_{\overline{xy}} = \int_0^\infty {}_tp_{\overline{xy}}\,dt,$ $\displaystyle \overset{\circ}{e}_{\overline{xy}} = \overset{\circ}{e}_x + \overset{\circ}{e}_y - \overset{\circ}{e}_{xy}$

(ii) $\displaystyle e_u = \sum_{k=1}^\infty {}_kp_u,$ $\displaystyle e_{xy} = \sum_{k=1}^\infty {}_kp_{xy}$

$\displaystyle e_{\overline{xy}} = \sum_{k=1}^\infty {}_kp_{\overline{xy}},$ $\displaystyle e_{\overline{xy}} = e_x + e_y - e_{xy}$

(iii) $\displaystyle \text{Var}(T_{xy}) = 2\int_0^\infty t\,{}_tp_{xy}\,dt - (\overset{\circ}{e}_{xy})^2$

$\displaystyle \text{Var}(T_{\overline{xy}}) = 2\int_0^\infty t\,{}_tp_{\overline{xy}}\,dt - (\overset{\circ}{e}_{\overline{xy}})^2$

(iv) $\mathrm{Cov}(T_{xy}, T_{\overline{xy}}) = \mathrm{Cov}(T_x, T_y) + \left[E(T_x) - E(T_{xy})\right]\left[E(T_y) - E(T_{xy})\right]$

(v) T_x와 T_y가 독립

$$\mathrm{Cov}(T_{xy}, T_{\overline{xy}}) = (\mathring{e}_x - \mathring{e}_{xy})(\mathring{e}_y - \mathring{e}_{xy}) = \mathring{e}_x\,\mathring{e}_y - \mathring{e}_{xy}\,\mathring{e}_{\overline{xy}}$$

$$\mathrm{Var}(T_{xy}) + \mathrm{Var}(T_{\overline{xy}}) = \mathrm{Var}(T_x) + \mathrm{Var}(T_y)$$
$$- 2\left[E(T_x) - E(T_{xy})\right]\left[E(T_y) - E(T_{xy})\right]$$

5. 연생보험과 연생연금의 보험수리적 현가

(i) 보험금 연말급 종신보험

$$Z = v^{K+1}$$

$$A_u = E(Z) = \sum_{k=0}^{\infty} v^{k+1}\,\mathrm{Pr}\,(K = k)$$

$$\mathrm{Var}(Z) = {}^2A_u - (A_u)^2$$

(ii) n년 유기생명연금

$$Y = \ddot{a}_{\overline{\min(K(u)+1,\,n)|}} = \ddot{a}_{\overline{(K(u)+1)\wedge n|}}$$

$$\ddot{a}_{u:\overline{n|}} = \sum_{k=0}^{n-1} \ddot{a}_{\overline{K(u)+1|}}\ {}_{k|}q_u + \ddot{a}_{\overline{n|}}\ {}_np_u \quad (\text{총지급방법})$$

$$\ddot{a}_{u:\overline{n|}} = \sum_{k=0}^{n-1} v^k\ {}_kp_u \quad (\text{시점지급방법})$$

$$\ddot{a}_{u:\overline{n|}} = \frac{1}{d}\left(1 - A_{u:\overline{n|}}\right)$$

$$\mathrm{Var}(Y) = \frac{1}{d^2}\left[{}^2A_{u:\overline{n|}} - (A_{u:\overline{n|}})^2\right]$$

(iii) 보험금 사망즉시급인 경우

$$Z = v^T$$

$$\bar{A}_u = \int_0^{\infty} v^t\ {}_tp_u\ \mu_{u+t}\,dt$$

$$\mathrm{Var}(Z) = {}^2\bar{A}_u - (\bar{A}_u)^2$$

(iv) 연속적으로 지급하는 연생종신연금

$$Y = \bar{a}\,\overline{_{T|}}$$

$$\bar{a}_u = \int_0^\infty \bar{a}\,\overline{_{\bar{t}|}}\,_t p_u\,\mu_{u+t}\,dt \quad (\text{총지급방법})$$

$$= \int_0^\infty v^t\,_t p_u\,dt \quad (\text{시점지급방법})$$

(v) $v^{K(xy)+1} + v^{K(\overline{xy})+1} = v^{K(x)+1} + v^{K(y)+1}$

$$\ddot{a}\,\overline{_{K(xy)+1|}} + \ddot{a}\,\overline{_{K(\overline{xy})+1|}} = \ddot{a}\,\overline{_{K(x)+1|}} + \ddot{a}\,\overline{_{K(y)+1|}}$$

(vi) $v^{T(xy)} + v^{T(\overline{xy})} = v^{T(x)} + v^{T(y)}$

$$\bar{a}\,\overline{_{T(xy)|}} + \bar{a}\,\overline{_{T(\overline{xy})|}} = \bar{a}\,\overline{_{T(x)|}} + \bar{a}\,\overline{_{T(y)|}}$$

$$v^{T(xy)}\,v^{T(\overline{xy})} = v^{T(x)}\,v^{T(y)}$$

$$A_{xy} + A_{\overline{xy}} = A_x + A_y$$

$$\bar{A}\,^1_{\overline{xy}\,:\,\overline{n|}} + \bar{A}\,^1_{xy\,:\,\overline{n|}} = \bar{A}\,^1_{x\,:\,\overline{n|}} + \bar{A}\,^1_{y\,:\,\overline{n|}}$$

$$\ddot{a}_{xy} + \ddot{a}_{\overline{xy}} = \ddot{a}_x + \ddot{a}_y$$

$$\bar{a}_{xy} + \bar{a}_{\overline{xy}} = \bar{a}_x + \bar{a}_y$$

$$\text{Cov}(v^{T(xy)}, v^{T(\overline{xy})}) = \text{Cov}(v^{T(x)}, v^{T(y)}) + (\bar{A}_x - \bar{A}_{xy})(\bar{A}_y - \bar{A}_{xy})$$

6. 조건부 연생보험

(1) 조건부 연생확률

(i) $\,_n q^1_{xy} = \int_0^n \Pr(T_y > s \mid T_x = s)\,_s p_x\,\mu_{x+s}\,ds$

$$\,_n q^1_{xy} = \int_0^n\,_s p_y\,_s p_x\,\mu_{x+s}\,ds$$

(ii) $\,_n q^2_{xy} = \int_0^n\,_t q_x\,_t p_y\,\mu_{y+t}\,dt = \int_0^n (1 -\,_t p_x)\,_t p_y\,\mu_{y+t}\,dt = \,_n q_y -\,_n q^1_{xy}$

$$\,_n q^2_{xy} = \int_0^n (_s p_y -\,_n p_y)\,_s p_x\,\mu_{x+s}\,ds$$

(iii) $_nq_{xy}^1 = {_nq_{xy}^2} + {_np_y}\,{_nq_x}$

$\quad\ {_nq_{xy}^1} \geq {_nq_{xy}^2}$

(iv) $_\infty q_{xy}^1 = {_\infty q_{xy}^2} = \Pr(T_x < T_y)$

$\quad\ {_\infty q_{xy}^1} + {_\infty q_{xy}^2} = 1$

(2) 조건부 연생보험

(i) $\bar{A}_{xy}^1 = \displaystyle\int_0^\infty v^s\,{_sp_y}\,{_sp_x}\,\mu_{x+s}\,ds$

(ii) $\bar{A}_{xy}^2 = \displaystyle\int_0^\infty v^t\,{_tq_x}\,{_tp_y}\,\mu_{y+t}\,dt = \bar{A}_y - \bar{A}_{xy}^1$

7. 유족연금(reversionary annuities)

(i) $Z = \begin{cases} \bar{a}_{\overline{T(y)|}} - \bar{a}_{\overline{T(x)|}}\,, & T_x \leq T_y \\ 0\,, & T_x > T_y \end{cases}$

(ii) $a_{x|y} = \displaystyle\int_0^\infty v^t\,\Pr(T_y > t,\, T_x < t)\,dt$

$\qquad = \displaystyle\int_0^\infty v^t\left[\Pr(T_y > t) - \Pr(T_y > t,\, T_x > t)\right]dt$

$\qquad = \displaystyle\int_0^\infty v^t\left({_tp_y} - {_tp_{xy}}\right)dt$

$\qquad = \bar{a}_y - \bar{a}_{xy}$

8. 특수한 생존분포

(1) 상수사력(CFM)

(i) $X_1,\, X_2,\, X_3,\, \cdots,\, X_n$이 독립적이고 각각이 모수 μ_i인 지수분포일 때

$$f(x_i) = \mu_i\,e^{-\mu_i x_i} \quad \left(\mu = \sum_{i=1}^n \mu_i\right)$$

(ii) $X_M = \min(X_1,\, X_2,\, \cdots,\, X_n)$

$$\Pr(X_M \ge x) = \prod_{i=1}^{n} e^{-\mu_i x} = e^{-\mu x} \quad (X_M \text{은 모수가 } \mu \text{인 지수분포})$$

(2) De Moivre 법칙

(i) (x)와 (y)가 각각 ω_x, ω_y인 De Moivre 법칙을 따를 때

$$E(T_x) = \frac{\omega_x - x}{2} \qquad\qquad E(T_y) = \frac{\omega_y - y}{2}$$

(ii) $T_{xy} = \min(\omega_x - x, \omega_y - y)$이고 $\omega_x - x = \omega_y - y$일 때

$$E(T_{xy}) = \frac{\omega_x - x}{3}$$

$$E(T_{\overline{xy}}) = E(T_x) + E(T_y) - E(T_{xy})$$

$$= \frac{\omega_x - x}{2} + \frac{\omega_y - y}{2} - \frac{\omega_x - x}{3}$$

$$= \frac{2(\omega_x - x)}{3} = \frac{2(\omega_y - y)}{3}$$

8.2 기본연습문제

※ 1~8번은 다음의 가정을 이용하여 구하시오.

T_x와 T_y는 독립적이고 각각 다음과 같은 확률밀도함수(p.d.f.)를 가지고 있다.

$$f(s) = \begin{cases} 0.01(s+5), & 0 < s < 10 \\ 0, & \text{그 외 구간} \end{cases}$$

01 이 분포의 분포함수(d.f.), 생존함수(survival function), 사력을 구하시오.

풀이

$$F_{T_x}(s) = F_{T(x)}(s) = \int_{-\infty}^{s} f_{T(x)}(u)\, du = \begin{cases} 0, & s \le 0 \\ 0.005(s^2 + 10s), & 0 < s \le 10 \\ 1, & s > 10 \end{cases}$$

$$S_{T_x}(s) = S_{T(x)}(s) = 1 - F_{T(x)}(s) = \begin{cases} 1, & s < 0 \\ 1 - 0.005\,(s^2 + 10\,s), & 0 \leq s < 10 \\ 0, & s \geq 10 \end{cases}$$

$$\mu_{x+s} = \mu_x(s) = \frac{f_{T(x)}(s)}{S_{T(x)}(s)} = \frac{0.01\,(s+5)}{1 - 0.005\,(s^2 + 10\,s)}, \quad 0 < s < 10$$

02 T_x와 T_y의 결합확률밀도함수와 결합생존함수를 구하시오.

> **풀이**

$$f_{T(x)T(y)}(s, t) = f_{T(x)}(s)\, f_{T(y)}(t)$$
$$= \begin{cases} (0.01)^2\,(s+5)(t+5), & 0 < s < 10,\ 0 < t < 10 \\ 0, & \text{그 외 구간} \end{cases}$$

$$F_{T(x)T(y)}(s, t) = F_{T(x)}(s)\, F_{T(y)}(t)$$
$$= \begin{cases} (0.005)^2\,(s^2 + 10\,s)(t^2 + 10\,t), & 0 < s \leq 10,\ 0 < t \leq 10 \\ F_{T(x)}(s) = 0.005\,(s^2 + 10\,s), & 0 < s \leq 10,\ t > 10 \\ F_{T(y)}(t) = 0.005\,(t^2 + 10\,t), & s > 10,\ 0 < t \leq 10 \end{cases}$$

$$S_{T(x)T(y)}(s, t) = S_{T(x)}(s)\, S_{T(y)}(t)$$
$$= \begin{cases} \left[1 - 0.005\,(s^2 + 10\,s)\right]\left[1 - 0.005\,(t^2 + 10\,t)\right], & 0 \leq s < 10,\ 0 \leq t < 10 \\ S_{T(x)}(s) = 1 - 0.005\,(s^2 + 10\,s), & 0 \leq s < 10,\ t < 0 \\ S_{T(y)}(t) = 1 - 0.005\,(t^2 + 10\,t), & s < 0,\ 0 \leq t < 10 \\ 0, & s \geq 10,\ t \geq 10 \end{cases}$$

03 T_{xy}에 대한 누적분포함수, 생존함수, 완전평균여명을 구하시오.

> **풀이**

T_x와 T_y가 독립이므로

$$_tp_{xy} = {}_tp_x\,{}_tp_y = \left[1 - 0.005\,(t^2 + 10\,t)\right]\left[1 - 0.005\,(t^2 + 10\,t)\right]$$
$$= \left[1 - 0.005\,(t^2 + 10\,t)\right]^2$$
$$= (0.005)^2\,(t^2 + 10\,t)^2 - (0.01)(t^2 + 10\,t) + 1, \qquad 0 \leq t < 10$$

이므로

$$F_{T(xy)}(t) = 1 - {}_tp_{xy} = (0.01)(t^2 + 10\,t) - (0.005)^2\,(t^2 + 10\,t)^2$$

이다.

$$\overset{\circ}{e}_{xy} = E(T_{xy}) = \int_0^\infty {}_t p_{xy} \, dt = \int_0^{10} (0.005)^2 (t^2 + 10t)^2 - (0.01)(t^2 + 10t) + 1 \, dt$$

$$= \frac{17}{4}$$

04 T_{xy}의 사력(force of failure)을 구하시오.

풀이

연습문제 1번의 결과로부터

$$\mu_{xy}(t) = \mu_{x+t} + \mu_{y+t} = \frac{0.01(t+5)}{1 - 0.005(t^2 + 10t)} + \frac{0.01(t+5)}{1 - 0.005(t^2 + 10t)}$$

$$= \frac{0.02(t+5)}{1 - 0.005(t^2 + 10t)} = \frac{t+5}{50 - 0.25(t^2 + 10t)}$$

05 $T_{\overline{xy}}$의 누적분포함수, 생존함수 그리고 확률밀도함수를 구하시오.

풀이

$$F_{T(xy)}(t) = {}_t q_x + {}_t q_y - {}_t q_x \, {}_t q_y$$

$$= 0.005(t^2 + 10t) + 0.005(t^2 + 10t) - (0.005)^2 (t^2 + 10t)^2$$

$$= 0.01(t^2 + 10t) - (0.005)^2 (t^2 + 10t)^2$$

이므로 대칭적 관계식과 연습문제 1번과 3번의 결과로부터

$$F_{T(\overline{xy})}(t) = F_{T(x)}(t) + F_{T(y)}(t) - F_{T(xy)}(t)$$

$$= 0.005(t^2 + 10t) + 0.005(t^2 + 10t) - 0.01(t^2 + 10t) + (0.005)^2 (t^2 + 10t)^2$$

$$= (0.005)^2 (t^2 + 10t)^2 = F_{T(x)T(y)}(t, t), \qquad 0 \le t < 10$$

$${}_t p_{\overline{xy}} = 1 - F_{T(\overline{xy})}(t) = 1 - (0.005)^2 (t^2 + 10t)^2, \qquad 0 < t \le 10$$

$F_{T(\overline{xy})}(t)$를 t에 대해서 미분하면

$$f_{T(\overline{xy})}(t) = \frac{d}{dt} F_{T(\overline{xy})}(t) = \frac{d}{dt} \left[(0.005)^2 (t^2 + 10t)^2 \right]$$

$$= (0.005)^2 \, 2 \, (t^2 + 10t)(2t + 10) = (0.01)^2 (t^2 + 10t)(t + 5)$$

06 $T_{\overline{xy}}$의 사력(force of failure)을 구하시오.

풀이

연습문제 5번의 결과로부터

$$\mu_{\overline{xy}}(t) = \frac{f_{T(\overline{xy})}(t)}{{}_t p_{\overline{xy}}} = \frac{(0.01)^2 (t^2 + 10t)(t + 5)}{1 - (0.005)^2 (t^2 + 10t)^2}$$

07 $\mathrm{Cov}(T_{xy}, T_{\overline{xy}})$, $\mathrm{Var}(T_{xy})$와 $\mathrm{Var}(T_{\overline{xy}})$, T_{xy}와 $T_{\overline{xy}}$의 상관계수를 구하시오.

풀이

(a) $\mathrm{Cov}(T_{xy}, T_{\overline{xy}})$를 구하기 위해 $E(T_{\overline{xy}})$, $E(T_x T_y)$를 구해보자.

연습문제 5번의 결과로부터 $f_{T(\overline{xy})}(t) = (0.01)^2(t^2 + 10t)(t+5)$이므로

$$E(T_{\overline{xy}}) = \int_0^{10} t\, f_{T(\overline{xy})}(t)\, dt = \int_0^{10} t\,(0.01)^2(t^2 + 10t)(t+5)\, dt$$

$$= (0.01)^2 \int_0^{10} t^4 + 15\, t^3 + 50\, t^2\, dt = (0.01)^2 \left[\frac{1}{5} t^5 + \frac{15}{4} t^4 + \frac{50}{3} t^3 \right]_0^{10}$$

$$= \frac{89}{12}$$

연습문제 2번의 결과로부터 $f_{T(x)T(y)}(s,\, t) = (0.01)^2(s+5)(t+5)$이므로

$$E(T_x\, T_y) = \int_0^{10} \int_0^{10} s\, t\, f_{T(x)T(y)}(s,\, t)\, dt\, ds$$

$$= \int_0^{10} \int_0^{10} s\, t\,(0.01)^2(s+5)(t+5)\, dt\, ds$$

$$= (0.01)^2 \int_0^{10} (s^2 + 5\, s) \left[\frac{1}{3} t^3 + \frac{5}{2} t^2 \right]_0^{10} ds$$

$$= (0.01)^2 \left(\frac{10^3}{3} + \frac{5 \times 10^2}{2} \right) \left[\frac{1}{3} s^3 + \frac{5}{2} s^2 \right]_0^{10} = \frac{1225}{36}$$

따라서 위의 결과와 연습문제 3번의 결과로부터

$$\mathrm{Cov}(T_{xy}, T_{\overline{xy}}) = E(T_{xy}\, T_{\overline{xy}}) - E(T_{xy})\, E(T_{\overline{xy}}) = E(T_x\, T_y) - E(T_{xy})\, E(T_{\overline{xy}})$$

$$= \frac{1225}{36} - \frac{17}{4} \times \frac{89}{12} = \frac{361}{144}$$

(b) $\mathrm{Var}(T_{xy})$와 $\mathrm{Var}(T_{\overline{xy}})$를 구하기 위해서 $E\left[(T_{xy})^2\right]$과 $E\left[(T_{\overline{xy}})^2\right]$를 구해보자.

연습문제 3번으로부터

$$f_{T(xy)}(t) = \frac{d}{dt} F_{T(xy)}(t) = 0.02\,(t+5) - (0.01)^2(t^2 + 10t)(t+5)$$

따라서

$$E\left[(T_{xy})^2\right] = \int_0^{10} t^2\, f_{T(xy)}(t)\, dt$$

$$= \int_0^{10} t^2 \left[0.02\,(t+5) - (0.01)^2(t^2 + 10t)(t+5) \right] dt$$

$$= \int_0^{10} t^2\,(t+5) \left[0.02 - (0.01)^2(t^2 + 10t) \right] dt$$

$$= \int_0^{10} 0.02\,(t^3 + 5\,t^2) - (0.01)^2\,(t^5 + 15\,t^4 + 50\,t^3)\,dt$$

$$= \left[\frac{0.02}{4}\,t^4 + \frac{0.02\,(5)}{3}\,t^3 - (0.01)^2\left(\frac{1}{6}\,t^6 - 3\,t^5 - \frac{50}{4}\,t^4\right)\right]_0^{10} = \frac{145}{6}$$

연습문제 5번의 결과로부터 $f_{T(\overline{xy})}(t) = (0.01)^2\,(t^2 + 10t)(t+5)$이므로

$$E\left[(T_{\overline{xy}})^2\right] = \int_0^{10} t^2\,f_{T(\overline{xy})}(t)\,dt = \int_0^{10} t^2\,(0.01)^2\,(t^2 + 10t)(t+5)\,dt$$

$$= (0.01)^2 \int_0^{10} t^5 + 15\,t^4 + 50\,t^3\,dt = (0.01)^2\left[\frac{1}{6}\,t^6 + 3\,t^5 + \frac{50}{4}\,t^4\right]_0^{10}$$

$$= \frac{355}{6}$$

따라서 위의 결과와 연습문제 3번, (a)의 결과를 이용하면

$$\mathrm{Var}(T_{xy}) = E\left[(T_{xy})^2\right] - \left[E(T_{xy})\right]^2 = \frac{145}{6} - \left(\frac{17}{4}\right)^2 = \frac{293}{48}$$

$$\mathrm{Var}(T_{\overline{xy}}) = E\left[(T_{\overline{xy}})^2\right] - \left[E(T_{\overline{xy}})\right]^2 = \frac{355}{6} - \left(\frac{89}{12}\right)^2 = \frac{599}{144}$$

(c)
$$\rho_{T(xy)T(\overline{xy})} = \frac{\mathrm{Cov}(T_{xy}, T_{\overline{xy}})}{\sigma_{T(xy)}\,\sigma_{T(\overline{xy})}} = \frac{\mathrm{Cov}(T_{xy}, T_{\overline{xy}})}{\sqrt{\mathrm{Var}(T_{xy})}\,\sqrt{\mathrm{Var}(T_{\overline{xy}})}}$$

$$= \frac{\dfrac{361}{144}}{\sqrt{\dfrac{293}{48}}\,\sqrt{\dfrac{599}{144}}} = \frac{361}{\sqrt{3}\,\sqrt{293}\,\sqrt{599}} = 0.49751$$

08 (y)는 살아있고, (x)가 사망할 때, 사망보험금 1000원을 사망시 즉시지급하는 생명보험의 APV를 구하시오. 단, $\delta = 0.05$라고 가정한다.

풀이

생명보험의 APV를 구하기 위해 먼저 다음의 적분들을 구해보자.

① $= \int_0^{10} e^{-0.05\,s}\,[-0.005\,(6\,s + 30)]\,ds$ [1]

$$= \left[\frac{-1}{0.05}\,e^{-0.05\,s}\,[-0.005\,(6\,s + 30)]\right]_0^{10} - \int_0^{10} \frac{-1}{0.05}\,e^{-0.05\,s}\,[-0.005\,(6)]\,ds$$

$$= 2.45878 - \frac{0.03}{0.05}\int_0^{10} e^{-0.05\,s}\,ds$$

---

[1] $u' = e^{-0.05\,s}$, $v = -0.005\,(6s + 30)$로 부분적분법을 사용함.

$$= 2.45878 - \frac{0.03}{0.05}\left[\frac{1}{0.05}(1-e^{-0.05(10)})\right] = -2.26285$$

$$② = \int_0^{10} e^{-0.05\,s}\left[1-0.005(3\,s^2+30\,s+50)\right]ds\,^{1)}$$

$$= \left[\frac{-1}{0.05}e^{-0.05\,s}\left[1-0.005(3\,s^2+30\,s+50)\right]\right]_0^{10}$$

$$-\int_0^{10}\frac{-1}{0.05}e^{-0.05\,s}\left[-0.005(6\,s+30)\right]ds$$

$$= 42.29388 + \frac{1}{0.05}\int_0^{10}e^{-0.05\,s}\left[-0.005(6\,s+30)\right]ds$$

$$= 42.29388 + \frac{1}{0.05}\times① = 42.29388 + \frac{1}{0.05}\times(-2.26285) = -2.29312$$

위의 결과를 이용하여 생명보험의 APV를 구해보자. T_x와 T_y는 독립이므로

$$1000\,\bar{A}^{\,1}_{xy} = 1000\int_0^\infty e^{-0.05\,s}\,{}_sp_y\,{}_sp_x\,\mu_{x+s}\,ds$$

$$= 1000\int_0^{10}e^{-0.05\,s}\left[1-0.005(s^2+10\,s)\right](0.01)(s+5)\,ds$$

$$= 10\int_0^{10}e^{-0.05\,s}\left[s+5-0.005(s^3+15\,s^2+50\,s)\right]ds\,^{2)}$$

$$= 10\left[\left[\frac{-1}{0.05}e^{-0.05\,s}\left[s+5-0.005(s^3+15\,s^2+50\,s)\right]\right]_0^{10}\right.$$

$$\left.-\int_0^{10}\frac{-1}{0.05}e^{-0.05\,s}\left[1-0.005(3\,s^2+30\,s+50)\right]ds\right]$$

$$= 10\left[100+\frac{1}{0.05}\times②\right] = 10\left[100+\frac{1}{0.05}(-2.29312)\right]$$

$$= 541.376$$

09 T_x와 T_y가 독립적이고 다음과 같은 가정하에서 ${}_{3|}q_{xy}$를 구하시오.

k	q_{x+k}	q_{y+k}
0	0.05	0.1
1	0.06	0.15
2	0.07	0.20
3	0.08	0.25

---

1) $u'=e^{-0.05\,s}$, $v=1-0.005(3\,s^2+30\,s+50)$로 부분적분법을 사용함.
2) $u'=e^{-0.05\,s}$, $v=s+5-0.005(s^3+15\,s^2+50\,s)$로 부분적분법을 사용함.

풀이

$$_{3|}q_{xy} = {}_3p_{xy} - {}_4p_{xy}$$

$$_3p_{xy} = {}_3p_x\, {}_3p_y$$

$$= [(1-0.05)(1-0.06)(1-0.07)][(1-0.1)(1-0.15)(1-0.20)]$$

$$= 0.50825988$$

$$_4p_{xy} = {}_4p_x\, {}_4p_y$$

$$= [(1-0.05)(1-0.06)(1-0.07)(1-0.08)]$$

$$\times [(1-0.1)(1-0.15)(1-0.20)(1-0.25)] = 0.35069932$$

$$_{3|}q_{xy} = 0.50825988 - 0.35069932 = 0.15756056$$

10 독립적인 (60)과 (70)의 사력이 다음과 같이 주어졌다.

(i) $\mu_{60+t} = \dfrac{1}{2(100-t)}, \quad 0 < t < 100$ (ii) $\mu_{70+t} = \dfrac{1}{3(50-t)}, \quad 0 < t < 50$

첫 번째 사망이 2번째 해와 3번째 해에 발생할 확률을 구하시오.

풀이

$$_tp_{60} = e^{-\int_0^t \frac{1}{2(100-t)}\, dt} = \frac{1}{2}\ln(100-t)\Big|_0^t = \ln\left(\frac{100-t}{100}\right)^{1/2}$$

따라서

$$_tp_{60} = \left(\frac{100-t}{100}\right)^{1/2}$$

$_tp_{70}$도 동일한 과정을 거치면

$$_tp_{70} = \left(\frac{50-t}{50}\right)^{1/3}$$

따라서

$$_tp_{60:70} = {}_tp_{60}\, {}_tp_{70} = \left(\frac{100-t}{100}\right)^{1/2}\left(\frac{50-t}{50}\right)^{1/3}$$

구하는 확률은

$$_1p_{60:70} - {}_3p_{60:70}$$

$$= \left(\frac{100-1}{100}\right)^{1/2}\left(\frac{50-1}{50}\right)^{1/3} - \left(\frac{100-3}{100}\right)^{1/2}\left(\frac{50-3}{50}\right)^{1/3} = 0.023529$$

11 독립적인 (x), (y)의 사력이 다음과 같이 주어졌다.

(i) $\mu_x = \dfrac{1}{100-x}, \quad 0 < x < 100$ (ii) $\mu_y = \dfrac{1}{120-y}, \quad 0 < y < 120$

$x=30$, $y=40$일 때 $F_{T_{xy}}(t) = F_{T(xy)}(t) = F_{T_{30:40}}(10) = F_{T(30:40)}(10)$을 구하시오.

풀이

$$_{10}p_{30} = 1 - \frac{10}{70} = \frac{60}{70} = \frac{6}{7}, \qquad\qquad _{10}p_{40} = 1 - \frac{10}{80} = \frac{70}{80} = \frac{7}{8}$$

동시생존자상태 $T_{xy} = T(xy)$의 생존함수는 (x), (y)가 독립적일 때

$$S_{T(xy)}(t) = S_{T(x)T(y)}(t,t) = {}_tp_{xy} = {}_tp_x \, {}_tp_y$$

$$S_{T(30:40)}(10) = {}_{10}p_{30} \, {}_{10}p_{40} = \left(\frac{6}{7}\right)\left(\frac{7}{8}\right) = \frac{6}{8} = \frac{3}{4}$$

따라서

$$F_{T(30:40)}(10) = 1 - S_{T(30:40)}(10) = 1 - \frac{3}{4} = \frac{1}{4}$$

12 (50)과 (47)의 미래생존기간이 독립이라고 가정하고, 다음의 확률에 대해서 단생명 함수의 표현으로 나타내시오.

(a) 첫 번째 사망이 지금으로부터 5년 이후 10년 이전에 일어날 확률

(b) 마지막 사망이 지금으로부터 5년 이후 10년 이전에 일어날 확률

풀이

(a) $\Pr(5 < T_{50:47} \le 10) = \Pr(T_{50:47} > 5) - \Pr(T_{50:47} > 10)$

$$= {}_5p_{50:47} - {}_{10}p_{50:47} = {}_5p_{50} \, {}_5p_{47} - {}_{10}p_{50} \, {}_{10}p_{47}$$

독립이라는 가정은 가장 마지막 단계에서 사용되었다.

(b) $\Pr(5 < T_{\overline{50:47}} \le 10) = \Pr(T_{\overline{50:47}} > 5) - \Pr(T_{\overline{50:47}} > 10)$

$$= {}_5p_{\overline{50:47}} - {}_{10}p_{\overline{50:47}}$$

${}_tp_{xy} + {}_tp_{\overline{xy}} = {}_tp_x + {}_tp_y$을 이용하면

$${}_5p_{\overline{50:47}} - {}_{10}p_{\overline{50:47}} = {}_5p_{50} - {}_{10}p_{50} + {}_5p_{47} - {}_{10}p_{47} - \left({}_5p_{50:47} - {}_{10}p_{50:47}\right)$$

$$= {}_5p_{50} - {}_{10}p_{50} + {}_5p_{47} - {}_{10}p_{47} - \left({}_5p_{50} \, {}_5p_{47} - {}_{10}p_{50} \, {}_{10}p_{47}\right)$$

독립이라는 가정은 가장 마지막 단계에서 사용되었다.

13 두 명의 독립적인 피보험자 (50)과 (47)이 각각 $l_x = 100 - x$, $l_y = 120 - y$를 따른다고 할 때 $_{10}p_{\overline{50:47}}$을 구하시오.

풀이

(i) $x = 50$의 피보험자의 경우

De Moivre의 법칙에서 $\mu_x = \dfrac{1}{\omega - x}$, $_tq_x = \dfrac{t}{\omega - t}$이다. $\omega = 100$, $x = 50$, $t = 10$이므로

$$_{10}q_{50} = \frac{10}{50}$$

(ii) $y = 47$의 피보험자의 경우 $\mu_y = \dfrac{1}{\omega - y}$, $_tq_y = \dfrac{t}{\omega - y}$ 이다.

$\omega = 120$, $y = 47$, $t = 10$이므로 $_{10}q_{47} = \dfrac{10}{73}$ 이다.

따라서 $_{10}q_{\overline{50:47}} = {}_{10}q_{50}\,{}_{10}q_{47} = \left(\dfrac{10}{50}\right)\left(\dfrac{10}{73}\right) = 0.02739726$

따라서 $_{10}p_{\overline{50:47}} = 1 - {}_{10}q_{\overline{50:47}} = 1 - 0.02739726 = 0.97260274$

14 독립적인 (50)과 (60)의 사망률이 각각 $\omega = 110$인 De Moivre 법칙을 따른다. (50) 과 (60) 중 적어도 한 명이 10년 후에 생존해 있다는 조건에서 15년 후에 둘 다 사 망할 확률을 구하시오.

> **풀이**

(50)과 (60)이 각각 $\omega = 110$인 De Moivre 법칙을 따르므로

$$_tq_{50} = \frac{t}{60}, \qquad _{10}q_{50} = \frac{10}{60}, \qquad _{15}q_{50} = \frac{15}{60},$$

$$_tq_{60} = \frac{t}{50}, \qquad _{10}q_{60} = \frac{10}{50}, \qquad _{15}q_{60} = \frac{15}{50}$$

$$_{10}q_{\overline{50:60}} = {}_{10}q_{50}\,{}_{10}q_{60} = \left(\frac{10}{60}\right)\left(\frac{10}{50}\right) = 0.0333333$$

$$_{15}q_{\overline{50:60}} = {}_{15}q_{50}\,{}_{15}q_{60} = \left(\frac{15}{60}\right)\left(\frac{15}{50}\right) = 0.075$$

주어진 조건부 확률은 최종생존자상태가 (i) 10년과 15년 사이에 소멸될(깨질) 확률을 (ii) 10년까지 최종생존자상태가 유지되는 확률로 나눈 값이다.

(i)의 확률은 $_{15}q_{\overline{50:60}} - {}_{10}q_{\overline{50:60}} = 0.075 - 0.03333333 = 0.04166667$

(ii)의 확률은 $_{10}p_{\overline{50:60}} = 1 - {}_{10}q_{\overline{50:60}} = 1 - 0.03333333 = 0.9666667$

따라서 구하는 확률은

$$\frac{0.04166667}{0.96666667} = 0.4310345$$

15 독립적인 남자 (x), 여자 (y)에 대하여 다음과 같은 생명표의 자료가 주어졌다.

x	l_x	y	l_y^f
50	96244.38	40	98390.62
51	95972.97	41	98334.53
52	95676.41	42	98273.57
53	95351.11	43	98202.72
54	94993.54	44	98137.01
55	94602.17	45	98060.47
56	94175.51	46	97978.10

다음을 구하시오. (b)는 두 가지 방법으로 구하시오.

(a) $_{3|2}q_{50:40}$ (b) $_{3|2}q_{\overline{50:40}}$

풀이

(a) $\quad _3p_{50:40} = \dfrac{l_{53}}{l_{50}}\dfrac{l_{43}^f}{l_{40}^f} = \dfrac{95351.11}{96244.38}\dfrac{98202.72}{98390.62} = 0.988827542$

$\quad _2q_{53:43} = 1 - {_2p_{53:43}} = 1 - \dfrac{94602.17}{95351.11}\dfrac{98060.47}{98202.72} = 0.009291705992$

$\quad _{3|2}q_{50:40} = {_3p_{50:40}}\,{_2q_{53:43}}$

$\qquad = (0.988827542)(0.009291705992) = 0.009187894797$

다른 방법으로 구해보면

$\quad _5q_{50:40} = 1 - {_5p_{50:40}} = 1 - \dfrac{l_{55}}{l_{50}}\dfrac{l_{45}^f}{l_{40}^f} = 1 - \dfrac{94602.17}{96244.38}\dfrac{98060.47}{98390.62}$

$\qquad = 0.020361166$

$\quad _3q_{50:40} = 1 - {_3p_{50:40}} = 1 - \dfrac{l_{53}}{l_{50}}\dfrac{l_{43}^f}{l_{40}^f} = 1 - \dfrac{95351.11}{96244.38}\dfrac{98202.72}{98390.62}$

$\qquad = 0.011173279$

$\quad _{3|2}q_{50:40} = {_5q_{50:40}} - {_3q_{50:40}} = {_3p_{50:40}} - {_5p_{50:40}}$

$\qquad = 0.009187887$

(b) [풀이 1]

$\quad _5q_{50} = 1 - \dfrac{94602.17}{96244.38} = 0.017062918$

$\quad _3q_{50} = 1 - \dfrac{95351.11}{96244.38} = 0.009281269202$

$\quad _5q_{40} = 1 - \dfrac{98060.47}{98390.62} = 0.003355502791$

$$_3q_{40} = 1 - \frac{98202.72}{98390.62} = 0.001909734891$$

$$_{3|2}q_{\overline{50:40}} = {}_5q_{\overline{50:40}} - {}_3q_{\overline{50:40}} = {}_5q_{50}\,{}_5q_{40} - {}_3q_{50}\,{}_3q_{40}$$
$$= (0.017062918)(0.003355502791)$$
$$\quad - (0.009281269202)(0.001909734891)$$
$$= 0.00003952990534$$

[풀이 2]

$$_2q_{53} = 1 - \frac{94602.17}{95351.11} = 0.007856332244$$

$$_2q_{43} = 1 - \frac{98060.47}{98202.72} = 0.001448534216$$

$$_{3|2}q_{50} = (1 - {}_3q_{50})\,{}_2q_{53} = (1 - 0.009281269202)(0.007856332244)$$
$$= 0.00778341551$$

$$_{3|2}q_{40} = (1 - {}_3q_{40})\,{}_2q_{43} = (1 - 0.001909734891)(0.001448534216)$$
$$= 0.0014457679$$

$$_{3|2}q_{50:40} = {}_3p_{50:40}\,{}_2q_{53:43}$$
$$= (1 - 0.009281269202)(1 - 0.001909734891)$$
$$\quad [1 - (1 - 0.007856332244)(1 - 0.001448534216)]$$
$$= 0.009189647576$$

$$_{3|2}q_{\overline{50:40}} = {}_{3|2}q_{50} + {}_{3|2}q_{40} - {}_{3|2}q_{50:40}$$
$$= {}_3p_{50}\,{}_2q_{53} + {}_3p_{40}\,{}_2q_{43} - {}_3p_{50:40}\,{}_2q_{53:43}$$
$$= {}_3p_{50}\,{}_2q_{53} + {}_3p_{40}\,{}_2q_{43} - {}_3p_{50}\,{}_3p_{40}(1 - {}_2p_{53}\,{}_2p_{43})$$
$$= 0.00778341551 + 0.0014457679 - 0.009189647576$$
$$= 0.000039535834$$

16 $_tq_{xy} = {}_tq_x + {}_tq_y - {}_tq_x\,{}_tq_y$가 성립한다. 이와 유사하게 $_{k|}q_{xy} = {}_{k|}q_x + {}_{k|}q_y - {}_{k|}q_x\,{}_{k|}q_y$ 가 성립하는지를 검증하고 검증결과를 설명하시오.

풀이

$$_tq_{xy} = 1 - {}_tp_{xy} = 1 - (1 - {}_tq_x)(1 - {}_tq_y)$$
$$= {}_tq_x + {}_tq_y - {}_tq_x\,{}_tq_y$$

가 성립한다. 이와 유사하게

$$_{k|}q_{xy} = 1 - \Pr(k+1\,차연도에\,(x),\,(y)\,동시\,생존)$$
$$= 1 - {}_{k|}p_{xy} = 1 - {}_{k|}p_x\,{}_{k|}p_y = 1 - (1 - {}_{k|}q_x)(1 - {}_{k|}q_y)$$

$$= {}_{k|}q_x + {}_{k|}q_y - {}_{k|}q_x \, {}_{k|}q_y$$

로 유도하면 문제의 주어진 식이 나온다. 이 식은 잘못 유도된 식이다. ${}_{k|}q_{xy} \neq 1 - {}_{k|}p_{xy}$ 이다. ${}_{k|}p_{xy}$는 정의하기가 어렵다.

${}_{k|}q_{xy} = \dfrac{l_{x+k} \, l_{y+k} - l_{x+k+1} \, l_{y+k+1}}{l_x \, l_y}$ 인데 ${}_{k|}p_{xy}$는 분모는 $l_x \, l_y$인데 분자는 표현하기 어렵다. 따라서 ${}_{k|}q_{xy}$는

$$_{k|}q_{xy} = {}_kp_{xy} - {}_{k+1}p_{xy} = {}_{k+1}q_{xy} - {}_kq_{xy} = {}_kp_{xy} \, q_{x+k:y+k}$$

로만 구할 수 있다.

17 다음에 답하시오.

(a) (x), (y) 중에서 $k+1$번째 해에 적어도 한 명이 사망할 확률을 구하시오.

(b) 이 확률과 ${}_{n|}q_{\overline{xy}}$, ${}_{n|}q_{xy}$를 비교하시오.

풀이

(a) $\Pr[\text{적어도 한 명이 }(k+1)\text{번째 해 사망}]$

$= 1 - \Pr[k+1\text{번째 해에 아무도 사망 안함}]$

$= 1 - [1 - \Pr(x\text{가 }(k+1)\text{번째 해 사망})] \times [1 - \Pr(y\text{가 }(k+1)\text{번째 해 사망})]$

$= 1 - [1 - ({}_kp_x - {}_{k+1}p_x)][1 - ({}_kp_y - {}_{k+1}p_y)] = 1 - (1 - {}_{k|}q_x)(1 - {}_{k|}q_y)$

$= 1 - (1 - {}_{k|}q_x - {}_{k|}q_y + {}_{k|}q_x \, {}_{k|}q_y) = {}_{k|}q_x + {}_{k|}q_y - {}_{k|}q_x \, {}_{k|}q_y$

(b) ${}_{n|}q_{\overline{xy}}$는 $(k+1)$번째 해에 두 번째 사망이 발생하는 확률로 ${}_{k|}q_{\overline{xy}} = {}_{k|}q_x + {}_{k|}q_y - {}_{k|}q_{xy}$이다. ${}_{k|}q_{xy} \neq {}_{k|}q_x \, {}_{k|}q_y$이므로 ${}_{n|}q_{\overline{xy}}$와 적어도 한 명이 $(k+1)$번째 해에 사망할 확률은 다르다. ${}_{k|}q_{xy}$는 $(k+1)$번째 해에 첫 번째 사망이 발생하는 확률로, $(k+1)$번째 해에 적어도 한 명이 사망하는 확률과 다르다. $(k+1)$번째 해를 고려할 경우, 적어도 한 명이 사망하는 확률에는 두 번째 사망이면서 한 명만 사망하는 사상의 확률도 포함되어 있다.

(i) ${}_kq_{xy}$를 고려할 때, k년 안에 적어도 한 명이 사망하는 확률과 k년 안에 첫 번째 사망이 발생하는 확률은 동일하다. 그러나 (ii) ${}_{k|}q_{xy}$를 고려할 때, 즉 $k+1$번째 해의 확률에서는, 첫 번째 사망이 발생하는 확률과 적어도 한 명이 사망하는 확률은 다르다.

18 두 명의 독립적인 피보험자 (50)과 (47)이 각각 $l_x = 100 - x$, $l_y = 120 - y$를 따른다고 할 때 $\mu_{\overline{50:47}}(t) = \mu_{\overline{50:47}}(10)$을 구하시오.

풀이

$$\mu_{\overline{xy}}(t) = \frac{{}_tp_x \, \mu_{x+t} + {}_tp_y \, \mu_{y+t} - {}_tp_{xy} \, \mu_{xy}(t)}{{}_tp_{\overline{xy}}} \quad \cdots\cdots \text{①}$$

$$= \frac{{}_tq_y\,{}_tp_x\,\mu_{x+t} + {}_tq_x\,{}_tp_y\,\mu_{y+t}}{{}_tp_{\overline{xy}}} \quad \cdots\cdots ②$$

(i) $x = 50$ (분자 ${}_tp_x\,\mu_{x+t}$의 계산)

$$\mu_{x+t} = \frac{1}{\omega - x - t}, \quad \omega = 100, \ x = 50, \ t = 10 \text{이므로} \ \mu_{50+10} = \frac{1}{40}$$

$${}_tp_x = 1 - {}_tq_x = 1 - \frac{t}{\omega - x}, \qquad\qquad {}_{10}p_{50} = 1 - \frac{10}{50} = \frac{4}{5}$$

$${}_tp_x\,\mu_{x+t} = {}_{10}p_{50}\,\mu_{50+10} = \left(\frac{4}{5}\right)\left(\frac{1}{40}\right) = \frac{1}{50}\,(f_{T(x)}(t) = \frac{1}{50} \text{의 균등분포})$$

(ii) $y = 47$ (분자 ${}_tp_y\,\mu_{y+t}$의 계산)

$$\mu_{y+t} = \frac{1}{\omega - x - t}, \quad \omega = 120, \ y = 47, \ t = 10 \text{이므로} \ \mu_{47+10} = \frac{1}{63}$$

$${}_tp_x = 1 - {}_tq_x = 1 - \frac{t}{\omega - x}, \qquad\qquad {}_{10}p_{47} = 1 - \frac{10}{73} = \frac{63}{73}$$

$${}_tp_y\,\mu_{y+t} = {}_{10}p_{47}\,\mu_{47+10} = \left(\frac{63}{73}\right)\left(\frac{1}{63}\right) = \frac{1}{73}\,(f_{T(y)}(t) = \frac{1}{73} \text{의 균등분포})$$

(iii) $x = 50, \ y = 47$ (분자의 ${}_tp_{xy}\,\mu_{xy}(t)$의 계산)

$${}_tp_{xy} = {}_tp_x\,{}_tp_y, \qquad\qquad {}_{10}p_{50}\,{}_{10}p_{47} = \left(\frac{4}{5}\right)\left(\frac{63}{73}\right)$$

$$\mu_{50:47}(10) = \frac{1}{40} + \frac{1}{63}$$

$${}_{10}p_{50:47}\,\mu_{50:47}(10) = \left(\frac{4}{5}\right)\left(\frac{63}{73}\right) \times \left(\frac{1}{40} + \frac{1}{63}\right) = 0.028219178$$

(iv) ${}_{10}p_{\overline{50:47}}$ (분모 ${}_tp_{\overline{xy}}$의 계산)

$${}_tp_{\overline{xy}} = {}_tp_x + {}_tp_y - {}_tp_{xy}$$

$${}_{10}p_{\overline{50:47}} = {}_{10}p_{50} + {}_{10}p_{47} - {}_{10}p_{50:47} = \frac{4}{5} + \frac{63}{73} - \left(\frac{4}{5}\right)\left(\frac{63}{73}\right) = 0.972602739$$

따라서 계산식 ①로부터

$$\mu_{\overline{50:47}}(10) = \frac{{}_{10}p_{50}\,\mu_{50+10} + {}_{10}p_{47}\,\mu_{47+10} - {}_{10}p_{50:47}\,\mu_{50:47}(10)}{{}_{10}p_{\overline{50:47}}}$$

$$= \frac{0.02 + 0.01369863 - 0.028219178}{0.972602739} = 0.005633803$$

다른 방법으로 $\mu_{\overline{50:47}}(10)$을 구해보자.

(i) 분자의 ${}_tq_y\,{}_tp_x\,\mu_{x+t}$의 계산

$${}_{10}q_{47} = 1 - {}_{10}p_{47} = 1 - \frac{63}{73} = \frac{10}{73}$$

$$_{10}q_{47} \,_{10}p_{50} \,\mu_{50+10} = \left(\frac{10}{73}\right)\left(\frac{4}{5}\right)\left(\frac{1}{40}\right) = 0.002739726027$$

(ii) 분자의 $_tq_x \,_tp_y \,\mu_{y+t}$의 계산

$$_{10}q_{50} = 1 - \,_{10}p_{50} = 1 - \frac{4}{5} = \frac{1}{5}$$

$$_{10}q_{50} \,_{10}p_{47} \,\mu_{47+10} = \left(\frac{1}{5}\right)\left(\frac{63}{73}\right)\left(\frac{1}{63}\right) = 0.002739726027$$

따라서 계산식 ②로부터

$$\mu_{\overline{50:47}}(10) = \frac{0.002739726027 + 0.002739726027}{0.972602739} = 0.005633803$$

$\mu_{\overline{xy}}(t)$의 정의에 따라 구한 두 가지 결과는 같은 것을 알 수 있다. 두 번째 방법으로 구하는 것이 더 간편한 것을 알 수 있다. $\mu_{\overline{50:47}}(10)$과 $\mu_{\overline{60:57}}$은 다르다. $\mu_{\overline{60:57}}$은 $\mu_{\overline{xy}}(t)$의 처음 식에서 $t = 0$으로 하면 구할 수 있다.

19 독립적인 (50), (60)의 사력이 다음과 같이 주어졌을 때 $\mathring{e}_{50:60}$을 구하시오.

(i) $\mu_{50+t} = \dfrac{1}{2(60-t)}$, $0 < t < 60$ (ii) $\mu_{60+t} = \dfrac{1}{60-t}$, $0 < t < 60$

> **풀이**

$$_tp_{50} = e^{-\int_0^t \mu_{50+t}\,dt} = e^{-\int_0^t \frac{1/2}{60-t}\,dt} = \left(\frac{60-t}{60}\right)^{1/2}$$

$$_tp_{60} = e^{-\int_0^t \mu_{60+t}\,dt} = e^{-\int_0^t \frac{1}{60-t}\,dt} = \frac{60-t}{60}$$

$$\mathring{e}_{50:60} = \int_0^{60} \left(\frac{60-t}{60}\right)^{1/2}\left(\frac{60-t}{60}\right)dt = \frac{1}{(\sqrt{60})(60)}\int_0^{60} (60-t)^{1.5}\,dt$$

$$= \frac{1}{(\sqrt{60})(60)}\left(\frac{-1}{2.5}\right)(60-t)^{2.5}\Big|_0^{60} = 24$$

20 $\dfrac{d}{dx}\mathring{e}_{xx}$를 구하시오.

> **풀이**

먼저 $\displaystyle\int_0^\infty \,_tp_x \,_tp_x \,\mu_{x+t}\,dt$를 A라고 놓고 다음과 같이 두 가지 방법으로 구해보자.

[풀이 1]-부분적분법

$\displaystyle\int u'v = uv - \int uv'$에서 $u' = \,_tp_x \,\mu_{x+t}$, $v = \,_tp_x$로 하고 부분적분법을 사용하면 $u = -\,_tp_x$, $v' = -\,_tp_x \,\mu_{x+t}$이다. 따라서

$$A = \int_0^\infty {}_tp_x \, {}_tp_x \, \mu_{x+t} \, dt = \int_0^\infty {}_tp_x \, \mu_{x+t} \, {}_tp_x \, dt$$

$$= \left[(-{}_tp_x) \, {}_tp_x \right]_0^\infty - \int_0^\infty (-{}_tp_x)(-{}_tp_x \, \mu_{x+t}) \, dt$$

$$= (0 - (-1)) - \int_0^\infty {}_tp_x \, {}_tp_x \, \mu_{x+t} \, dt = 1 - A$$

따라서 $2A = 1$, $A = \int_0^\infty {}_tp_x \, {}_tp_x \, \mu_{x+t} \, dt = \dfrac{1}{2}$

[풀이 2] – 치환적분법

$y = {}_tp_x$ 라고 치환하면 ${}_tp_x \, \mu_{x+t} = -\dfrac{d}{dt} {}_tp_x$ 이므로

$\left(\dfrac{d}{dt} {}_tp_x \right) dt = dy$ 이고 ${}_0p_x = 1$, ${}_\infty p_x = 0$ 이다. 따라서

$$\int_0^\infty {}_tp_x \, {}_tp_x \, \mu_{x+t} \, dt = \int_0^\infty {}_tp_x \left(-\dfrac{d}{dt} {}_tp_x \right) dt$$

$$= -\int_1^0 y \, dy = \int_0^1 y \, dy = \left[\dfrac{1}{2} y^2 \right]_0^1 = \dfrac{1}{2}$$

위의 결과를 이용하면,

$$\frac{d}{dx} \overset{\circ}{e}_{xx} = \frac{d}{dx} \int_0^\infty {}_tp_{xx} \, dt = \int_0^\infty \frac{d}{dx} ({}_tp_x)^2 \, dt = \int_0^\infty 2 \, {}_tp_x \left[{}_tp_x (\mu_x - \mu_{x+t}) \right] dt$$

$$= 2 \mu_x \int_0^\infty {}_tp_{xx} \, dt - 2 \int_0^\infty {}_tp_x \, {}_tp_x \, \mu_{x+t} \, dt$$

$$= \mu_{xx} \overset{\circ}{e}_{xx} - 2 \left[-\frac{1}{2} {}_tp_{xx} \right]_0^\infty = \mu_{xx} \overset{\circ}{e}_{xx} - 1$$

21 독립적인 (x)와 (x)의 생존함수가 $l_x = \omega - x$, $0 \le x < \omega$일 때 다음을 구하시오.

(a) $\overset{\circ}{e}_x$ \qquad\qquad (b) $\overset{\circ}{e}_{xx}$ \qquad\qquad (c) $\overset{\circ}{e}_{\overline{xx}}$

풀이

(a) ${}_tp_x = \dfrac{\omega - x - t}{\omega - x}$

$$\overset{\circ}{e}_x = \int_0^{\omega - x} \frac{\omega - x - t}{\omega - t} \, dt = \int_0^{\omega - x} 1 - \frac{t}{\omega - t} \, dt = t - \frac{t^2}{2(\omega - x)} \Big|_0^{\omega - x}$$

$$= (\omega - x) - \frac{(\omega - x)^2}{2(\omega - x)} = (\omega - x) - \frac{(\omega - x)}{2} = \frac{\omega - x}{2}$$

(b) ${}_tp_{xx} = \left(\dfrac{\omega - x - t}{\omega - x} \right)^2$

$$\mathring{e}_{xx} = \int_0^{\omega-t} \left(\frac{\omega-x-t}{\omega-x} \right)^2 dt = \frac{1}{(\omega-x)^2} \int_0^{\omega-t} t^2 - 2(\omega-x)t + (\omega-x)^2 \, dt$$

$$= \frac{1}{(\omega-x)^2} \left[\frac{1}{3} t^3 - (\omega-x)t^2 + (\omega-x)^2 t \right]_0^{\omega-x}$$

$$= \frac{\omega-x}{3} - (\omega-x) + (\omega-x) = \frac{\omega-x}{3}$$

(c) $\mathring{e}_{\overline{xx}} = \mathring{e}_x + \mathring{e}_x - \mathring{e}_{xx} = \dfrac{\omega-x}{2} + \dfrac{\omega-x}{2} - \dfrac{\omega-x}{3} = \dfrac{2}{3}(\omega-x)$

22 독립적인 (60), (60)의 생존함수는 $l_x = 110 - x$를 따른다. $\mathrm{Var}(T_{60:60})$을 구하시오.

풀이

$$\mu_{x+t} = \frac{1}{\omega-x-t} = \frac{1}{50-t} = \mu_{60+t}$$

$$_tp_{60} = e^{-\int_0^t \frac{1}{50-t}\,dt} = \frac{50-t}{50}$$

$$_tp_{60:60} = \left(\frac{50-t}{50} \right)^2$$

$$E(T_{60:60}) = \mathring{e}_{60:60} = \int_0^{50} t\, f_{T(60:60)}(t)\, dt = \int_0^{50} {}_tp_{60:60}\, dt$$

$$= \int_0^{50} \left(\frac{50-t}{50} \right)^2 dt = -\frac{1}{(50)^2(3)}(50-t)^3 \Big|_0^{50} = \frac{50^3}{(50)^2(3)}$$

$$= 16.6666667$$

$$E\left[(T_{60:60})^2 \right] = \int_0^{50} t^2 f_{T(60:60)}(t)\, dt = 2\int_0^{50} t\, {}_tp_{60:60}\, dt$$

여기서

$$\int_0^{50} t\, {}_tp_{60:60}\, dt = \int_0^{50} t \left(\frac{50-t}{50} \right)^2 dt = \frac{1}{2500} \int_0^{50} (t^3 - 100t^2 + 2500t)\, dt$$

$$= \frac{1}{2500} \left[\frac{1}{4}t^4 - \frac{100}{3}t^3 + \frac{2500}{2}t^2 \right]_0^{50} = 208.3333333$$

따라서

$$\mathrm{Var}(T_{60:60}) = E\left[(T_{60:60})^2 \right] - (e_{60:60})^2$$

$$= 208.3333333 - 16.6666667 = 191.6666666$$

23 독립적인 (x), (y)의 사력이 다음과 같이 주어질 때 $\mathrm{Cov}(T_{xy}, T_{\overline{xy}})$를 구하시오.

(i) $\mu_{x+t} = 0.02$ (ii) $\mu_{y+t} = 0.04$

풀이

상수사력(CFM)인 경우

$$\overset{\circ}{e}_x = \frac{1}{\mu} = \frac{1}{0.02} = 50, \qquad\qquad \overset{\circ}{e}_y = \frac{1}{\mu} = \frac{1}{0.05} = 25$$

$$\mu_{x+t:y+t} = \mu_{x+t} + \mu_{y+t} = 0.02 + 0.04 = 0.06$$

$$\overset{\circ}{e}_{xy} = \frac{1}{0.06} = \frac{100}{6}$$

$$\text{Cov}(T_{xy}, T_{\overline{xy}}) = (\overset{\circ}{e}_x - \overset{\circ}{e}_{xy})(\overset{\circ}{e}_y - \overset{\circ}{e}_{xy}) = \left(50 - \frac{100}{6}\right)\left(25 - \frac{100}{6}\right) = 277.778$$

24 두 명의 독립적인 피보험자 (x), (y)가 각각 상수사력을 갖는다.
$\mu_x = 0.05$, $\mu_y = 0.04$일 때 $\text{Var}(T_{xy})$와 $\text{Cov}(T_{xy}, T_{\overline{xy}})$를 구하시오.

풀이

$T_x \sim \exp(0.06)$, $T_y \sim \exp(0.04)$이므로 $T_{xy} = \min(T_x, T_y)$는 $\exp(0.1)$를 따른다. 따라서

$$E(T_{xy}) = \frac{1}{0.1} = 10, \ \text{Var}(T_{xy}) = \frac{1}{(0.1)^2} = 100$$

T_x, T_y가 독립적이므로 식 (8.2.5.10)을 이용하면

$$\text{Cov}(T_{xy}, T_{\overline{xy}}) = \left[E(T_x) - E(T_{xy})\right]\left[E(T_x) - E(T_{xy})\right]$$

$$= \left(\frac{1}{0.06} - \frac{1}{0.1}\right)\left(\frac{1}{0.04} - \frac{1}{0.1}\right) = 100$$

25 다음과 같은 조건하에서 $\text{Cov}(v^{T(xy)}, v^{T(\overline{xy})})$를 구하시오.
(a) T_x와 T_y가 독립이 아닌 경우   (b) T_x와 T_y가 독립인 경우

풀이

(a) $\text{Cov}(v^{T(xy)}, v^{T(\overline{xy})}) = E(v^{T(xy)} v^{T(\overline{xy})}) - E(v^{T(xy)}) E(v^{T(\overline{xy})})$

$\qquad\qquad\qquad\qquad = E(v^{T(x)} v^{T(y)}) - E(v^{T(xy)}) E(v^{T(\overline{xy})})$

$\qquad\qquad\qquad\qquad = \text{Cov}(v^{T(x)}, v^{T(y)}) + E(v^{T(x)}) E(v^{T(y)}) - E(v^{T(xy)}) E(v^{T(\overline{xy})})$

$\qquad\qquad\qquad\qquad = \text{Cov}(v^{T(x)}, v^{T(y)}) + \bar{A}_x \bar{A}_y - \bar{A}_{\overline{xy}} \bar{A}_{xy}$

$\qquad\qquad\qquad\qquad = \text{Cov}(v^{T(x)}, v^{T(y)}) + \bar{A}_x \bar{A}_y - (\bar{A}_x + \bar{A}_y - \bar{A}_{xy})\bar{A}_{xy}$

$\qquad\qquad\qquad\qquad = \text{Cov}(v^{T(x)}, v^{T(y)}) + (\bar{A}_x - \bar{A}_{xy})(\bar{A}_y - \bar{A}_{xy})$

(b) T_x와 T_y가 독립인 경우 $\text{Cov}(v^{T(x)}, v^{T(y)}) = 0$이므로

$$\text{Cov}(v^{T(xy)}, v^{T(\overline{xy})}) = (\bar{A}_x - \bar{A}_{xy})(\bar{A}_y - \bar{A}_{xy})$$

26 식 (8.2.7.8)의 $\mathrm{Var}(Y) = \dfrac{1}{d^2}\left[{}^2A_{xy:\overline{n|}} - \left(A_{xy:\overline{n|}}\right)^2\right]$ 에서 ${}^2A_{xy:\overline{n|}}$ 을 d 와 ${}^2\ddot{a}_{xy:\overline{n|}}$ 을 이용하여 나타내시오.

> **풀이**

$A_{xy:\overline{n|}} = 1 - d\,\ddot{a}_{xy:\overline{n|}}$ 이 성립한다.

${}^2A_{xy:\overline{n|}}$ 은 δ 대신 $\delta' = 2\delta$ 가 이력으로 적용된 경우이다. 새로운 이력 $\delta' = 2\delta$ 에 대응되는 d' 를 구해보자.

$e^{-2\delta} = (e^{-\delta})^2 = v^2 = (1-d)^2 = 1 - d'$ 를 이용하면

$$(1-d)^2 = 1 - 2d + d^2 = 1 - (2d - d^2)$$

이 되므로 새로운 d' 는 $d' = 2d - d^2$ 이 된다. 따라서 d' 는 새로운 이력 δ' 에 대응되는 할인율이다. 따라서

$$ {}^2A_{xy:\overline{n|}} = 1 - (2d - d^2)\,{}^2\ddot{a}_{xy:\overline{n|}} $$

이 성립한다.

27 독립적인 두 피보험자 (x) 와 (y) 가 각각 $\mu_x = 0.02$, $\mu_y = 0.03$ 인 상수사력을 따를 때 다음을 구하시오. $\delta = 0.05$ 이다.

(a) $A^{1}_{xy:\overline{10|}}$ (b) $\mathrm{Var}(v^{T(xy)})$ (c) $\mathrm{Cov}(v^{T(xy)}, v^{T(\overline{xy})})$

> **풀이**

(a) (x) 가 상수사력 μ 를 가질 때

$$ \bar{A}^{1}_{x:\overline{n|}} = \int_0^n v^n\,{}_tp_x\,\mu_{x+t}\,dt = \int_0^n e^{-\delta t}\,e^{-\mu t}\,\mu\,dt = \frac{\mu}{\mu+\delta}\left[1 - e^{-(\mu+\delta)n}\right] $$

이 성립한다. T_{xy} 도 $\mu_x + \mu_y = 0.05$ 인 상수사력을 가지므로

$$ \bar{A}^{1}_{x:\overline{10|}} = \frac{0.02}{0.02+0.05}\left(1 - e^{-0.07\times 10}\right) = \frac{2}{7}\left(1 - e^{-0.7}\right) = 0.14383 $$

$$ \bar{A}^{1}_{y:\overline{10|}} = \frac{0.03}{0.03+0.05}\left(1 - e^{-0.08\times 10}\right) = \frac{3}{8}\left(1 - e^{-0.8}\right) = 0.2065 $$

$$ \bar{A}^{1}_{xy:\overline{10|}} = \frac{0.05}{0.05+0.05}\left(1 - e^{-0.1\times 10}\right) = \frac{5}{10}\left(1 - e^{-1.0}\right) = 0.31606 $$

보험의 대칭적 관계식에 의하여

$$ \bar{A}^{1}_{\overline{xy}:\overline{10|}} = 0.14383 + 0.2065 - 0.31606 = 0.03427 $$

(b) $\mathrm{Var}(v^{T(xy)}) = E(v^{2T(xy)}) - \left[E(v^{T(xy)})\right]^2$

$$ E(v^{T(xy)}) = \bar{A}_{xy} = \frac{0.05}{0.05+0.05} = \frac{1}{2} $$

$$E\left(v^{2T(xy)}\right) = {}^2\bar{A}_{xy} = \frac{0.05}{0.05 + 2(0.05)} = \frac{1}{3}$$

따라서

$$\text{Var}\left(v^{T(xy)}\right) = \frac{1}{3} - \left(\frac{1}{2}\right)^2 = \frac{1}{12}$$

(c) T_x와 T_y가 독립적이므로 $\text{Cov}(v^{T(x)}, v^{T(y)}) = 0$이다. 따라서

$$\begin{aligned}\text{Cov}(v^{T(xy)}, v^{T(\overline{xy})}) &= \left(\bar{A}_x - \bar{A}_{xy}\right)\left(\bar{A}_y - \bar{A}_{xy}\right) \\ &= \left(\frac{2}{7} - \frac{1}{2}\right)\left(\frac{3}{8} - \frac{1}{2}\right) = 0.026785714\end{aligned}$$

28 독립적인 (x)와 (y)가 종신연금에 가입하였다. 이 종신연금은 (x)와 (y)의 동시생존시 연초에 2,000을 지급하고, (x)와 (y) 중 한 명이 생존하면 1,400을 지급하고 둘다 사망하면 지급이 없다. 다음과 같은 조건하에서 이 연금급부의 APV를 구하시오 $(x = 65,\ y = 62)$.

(i) $\mu_x = 0.04$　　　　(ii) $\mu_y = 0.02$　　　　(iii) $\delta = 0.05$

> **풀이**

$$\ddot{a}_x = \sum_{t=0}^{\infty} v^t\, {}_t p_x = \sum_{t=0}^{\infty} e^{-\delta t}\, e^{-\mu t} = \sum_{t=0}^{\infty} e^{-(\delta+\mu)t} = \frac{1}{1 - e^{-(\delta+\mu)}}$$

$$\ddot{a}_{65} = \frac{1}{1 - e^{-(0.05+0.04)}} = 11.6186101$$

$$\ddot{a}_{62} = \frac{1}{1 - e^{-(0.05+0.02)}} = 14.7915471$$

$$\ddot{a}_{65\,:\,62} = \frac{1}{1 - e^{-(0.05+0.06)}} = 9.6000739$$

동시생존하면 2,000원, 한 명만 생존하면 1,400원이므로

$$\begin{aligned}\text{APV} &= 2000\,\ddot{a}_{xy} + 1400\left(\ddot{a}_{\overline{xy}} - \ddot{a}_{xy}\right) \\ &= 2000\,\ddot{a}_{xy} + 1400\left(\ddot{a}_x + \ddot{a}_y - \ddot{a}_{xy} - \ddot{a}_{xy}\right) = 1400\left(\ddot{a}_x + \ddot{a}_y\right) - 800\,\ddot{a}_{xy} \\ &= 1400(11.6186101 + 14.7915471) - 800(9.6000739) = 29294.16096\end{aligned}$$

29 (x)와 (y)의 미래생존기간은 독립적이다. 다음과 같은 가정이 주어졌다.

(i) $\mu_x = 0.02$　　　　(ii) $\mu_y = 0.01$　　　　(iii) $\delta = 0.05$

(x), (y)가 가입한 완전연속 정기보험은 10년 안에 두 번째 사망이 발생하면 1,000원을 지급한다. 보험료는 (x), (y)가 동시생존시 최대 10년 납입될 때 연납평준순보험료를 구하시오.

풀이

연납평준순보험료를 구하기 위하여 $\bar{A}\,{}^{1}_{xy:\overline{10|}}$, $\bar{a}_{xy:\overline{10|}}$의 값이 필요하다. T_x, T_y가 지수분포를 따르므로

$$\bar{A}\,{}^{1}_{x:\overline{n|}} = \frac{\mu}{\mu+\delta}\,(1-e^{-(\mu+\delta)n}), \qquad \bar{a}_{x:\overline{n|}} = \frac{1}{\mu+\delta}\,(1-e^{-(\mu+\delta)n})$$

이고 T_{xy}는 $\mu = \mu_x + \mu_y = 0.03$의 지수분포를 따르므로

$$\bar{A}\,{}^{1}_{x:\overline{10|}} = \frac{0.02}{0.02+0.05}\left[1-e^{-(0.02+0.05)(10)}\right] = 0.1438328$$

$$\bar{A}\,{}^{1}_{y:\overline{10|}} = \frac{0.01}{0.01+0.05}\left[1-e^{-(0.01+0.05)(10)}\right] = 0.0751981$$

$$\bar{A}\,{}^{1}_{\overline{xy}:\overline{10|}} = \frac{0.03}{0.03+0.05}\left[1-e^{-(0.03+0.05)(10)}\right] = 0.2065016$$

이다. 따라서

$$\bar{A}\,{}^{1}_{\overline{xy}:\overline{10|}} = \bar{A}\,{}^{1}_{x:\overline{10|}} + \bar{A}\,{}^{1}_{y:\overline{10|}} - \bar{A}\,{}^{1}_{\overline{xy}:\overline{10|}}$$

$$= 0.1438328 + 0.0751981 - 0.2065016 = 0.0125293$$

$$\bar{a}_{xy:\overline{10|}} = \frac{1}{0.03+0.05}\left[1-e^{-(0.03+0.05)(10)}\right] = 6.8833879$$

따라서 연납평준순보험료는

$$P = \frac{1000\,\bar{A}\,{}^{1}_{\overline{xy}:\overline{10|}}}{\bar{a}_{xy:\overline{10|}}} = \frac{1000 \times 0.0125293}{6.8833879} = 1.8202229$$

30 T_x와 T_y가 독립적이고 다음 연도에 각각 UDD가정을 따른다고 가정한다. (x)와 (y)가 모두 다음 연도에 사망한다는 조건하에서 T_{xy}는 다음 연도에 UDD가정이 성립하지 않는 것을 보이시오.

풀이

$T_x < 1$이고 $T_y < 1$인 조건하에서 T_{xy}가 UDD가정을 따른다는 것이 성립하려면, 이 조건부 확률분포함수 $F(T_{xy}|T_x<1 \cap T_y<1)$는 t이다. 비조건부 확률은 $\Pr(T_{xy} \leq t | T_x < 1 \cap T_y < 1)\,q_x\,q_y$로 나타낼 수 있으며, 구하고자 하는 비조건부 확률은 두 사람이 모두 1년 안에 사망하고(T_x, T_y의 구간) 처음 사망이 t이전에 발생하는 확률이다. 그림 (8.2.4.2)를 참고로 하면 $b=1$이라는 최대값이 있으므로 ${}_t p_y$는 ${}_1 q_y - {}_t q_y$가 되고, ${}_t p_x$는 $a=1$이므로 ${}_1 q_x - {}_t q_x$가 된다. 따라서 이 비조건부 확률은

${}_t q_x\,(q_y - {}_t q_y) + {}_t q_y\,(q_x - {}_t q_x) + {}_t q_x\,{}_t q_y = {}_t q_x\,q_y + {}_t q_y\,q_x - {}_t q_x\,{}_t q_y$ 이다. T_x와 T_y가 각각 UDD를 따른다면

$$F\left(T_{xy}|T_x < 1 \cap T_y < 1\right) = \frac{t\,q_x\,q_y + t\,q_y\,q_x - t\,q_x\,t\,q_y}{q_x\,q_y} = 2t - t^2 \neq t$$

이다. 따라서 T_x와 T_y가 각각 UDD가정을 따른다고 해서 T_{xy}가 UDD가정을 따른다고 말할 수 없다.

31 남자 (x)와 남자 (y)의 미래생존기간은 독립적이다. 다음과 같은 가정들이 주어졌다.

(i) $x = 40$, $y = 40$ (ii) 각 연령구간에서 사망은 UDD이다.

(iii) $l_{40} = 97944.11$, $l_{50} = 96244.38$, $l_{51} = 95972.97$

다음을 구하시오.

(a) $_{10.6}p_{40:40}$ (b) $\mu_{40+10.6\,:\,40+10.6}$

풀이

(a) $q_{50} = 1 - \dfrac{95972.97}{96244.38} = 0.002820008815$

UDD가정이므로 $_tp_x = 1 - t\,q_x$ 이다.

$$_{10.6}p_{40} = {}_{10}p_{40}\ {}_{0.6}p_{50} = \frac{l_{50}}{l_{40}}\left(1 - 0.6\,q_{50}\right)$$

$$= \frac{96244.38}{97944.11}\left[1 - (0.6)(0.002820008815)\right] = 0.980983277$$

따라서

$$_{10.6}p_{40:40} = {}_{10.6}p_{40}\ {}_{10.6}p_{40} = (0.980983277)^2 = 0.962328189$$

(b) $\mu_{40+0.6\,:\,40+0.6} = \mu_{40+0.6} + \mu_{40+0.6} = 2\,\mu_{50.6}$

$$\mu_{x+t} = \frac{-\dfrac{d}{dt}\,{}_tp_x}{{}_tp_x} = \frac{-\dfrac{d}{dt}\left(1 - {}_t q_x\right)}{1 - {}_t q_x}$$

UDD이므로

$$\mu_{x+t} = \frac{\dfrac{d}{dt}\,t\,q_x}{1 - t\,q_x} = \frac{q_x}{1 - t\,q_x}$$

$$\mu_{50.6} = \frac{q_{50}}{1 - t\,q_{50}} = \frac{0.002820008815}{1 - (0.6)(0.002820008815)} = 0.002824788372$$

따라서

$$\mu_{40+0.6\,:\,40+0.6} = 2\,\mu_{40+0.6} = 2(0.002824788372) = 0.005649576744$$

32 독립적인 (60), (60)은 경험생명표(남)의 생존분포를 따르고 매 연령마다 UDD를 가정한다. 다음의 자료를 이용하여 $\mu_{\overline{60:60}}(10.5)$를 구하시오.

(i) $l_{60} = 92116.01$ (ii) $l_{70} = 82870.92$ (iii) $l_{71} = 81421.50$

풀이

$$q_{70} = \frac{82870.92 - 81421.50}{82870.92} = 0.01749009$$

UDD가정하에서

$$\mu_{70.5} = \frac{q_{70}}{1 - {}_{0.5}q_{70}} = \frac{q_{70}}{1 - 0.5\,q_{70}} = \frac{0.01749009}{1 - 0.5(0.01749009)} = 0.01764439$$

$${}_{10.5}p_{60} = \frac{l_{70.5}}{l_{60}} = \left(\frac{l_{70}}{l_{60}}\right)\left(\frac{l_{70.5}}{l_{70}}\right) = \frac{(l_{70} + l_{70.5})/2}{l_{60}}$$

$$= \frac{l_{70} + l_{71}}{2\,l_{60}} = \frac{82870.92 + 81421.50}{2(92116.01)} = 0.8917691$$

$${}_{10.5}p_{\overline{60:60}} = {}_{10.5}p_{60} + {}_{10.5}p_{60} - {}_{10.5}p_{60}\,{}_{10.5}p_{60}$$

$$= 0.8917691 + 0.8917691 - (0.8917691)(0.8917691) = 0.9882861$$

$${}_{10.5}q_{60}\,{}_{10.5}p_{60}\,\mu_{70.5} = (1 - 0.8917691)(0.8917691)(0.01764439)$$

$$= 0.001702983$$

따라서

$$\mu_{\overline{60:60}}(10.5) = \frac{2({}_{10.5}q_{60}\,{}_{10.5}p_{60}\,\mu_{70.5})}{{}_{10.5}p_{\overline{60:60}}} = \frac{2(0.001702983)}{0.9882861} = 0.003446336$$

33 $\dfrac{i}{\delta}\left(1 - \dfrac{2}{\delta} + \dfrac{2}{i}\right) \fallingdotseq \dfrac{i}{6} - \dfrac{i^3}{360}$ 임을 보이시오.

풀이

$\ln(1+x) = x - \dfrac{x^2}{2} + \dfrac{x^3}{3} - \dfrac{x^4}{4} + \cdots$ 이므로

$\delta = \ln(1+i) = i - \dfrac{i^2}{2} + \dfrac{i^3}{3} - \dfrac{i^4}{4} + \cdots$ 이므로

$$\frac{1}{\delta} = [\ln(1+i)]^{-1} = \left[i - \frac{i^2}{2} + \frac{i^3}{3} - \frac{i^4}{4} + \cdots\right]^{-1}$$

$$= i\left[1 - \left(\frac{i}{2} - \frac{i^2}{3} + \frac{i^3}{4} - \frac{i^4}{5} + \cdots\right)\right]^{-1}$$

$I = \dfrac{i}{2} - \dfrac{i^2}{3} + \dfrac{i^3}{4} - \dfrac{i^4}{5} + \cdots$ 일 때, $(1-I)^{-1} = 1 + I + I^2 + I^3 + \cdots$ 을 이용하면

$$\frac{1}{\delta} = \frac{1}{i}(1-I)^{-1} = \frac{1}{i}\left(1 + \frac{i}{2} - \frac{i^2}{12} + \frac{i^3}{24} - \frac{19\,i^4}{720} + \cdots\right)$$

이므로

$$\frac{i}{\delta} = 1 + \frac{i}{2} - \frac{i^2}{12} + \frac{i^3}{24} - \frac{19\,i^4}{720} + \cdots$$

이 된다. 따라서

$$\left(1 - \frac{2}{\delta} + \frac{2}{i}\right) = 1 - \frac{2}{i}\left(1 + \frac{i}{2} - \frac{i^2}{12} + \frac{i^3}{24} - \frac{19\,i^4}{720} + \cdots\right) + \frac{2}{i}$$

$$= 1 - \frac{2}{i} - 1 + \frac{i}{6} - \frac{i^2}{12} + \frac{19\,i^3}{360} - \cdots + \frac{2}{i}$$

$$= \frac{i}{6} - \frac{i^2}{12} + \frac{19\,i^3}{360} - \cdots$$

그러므로

$$\frac{i}{\delta}\left(1 - \frac{2}{\delta} + \frac{2}{i}\right) = \left(1 + \frac{i}{2} - \frac{i^2}{12} + \frac{i^3}{24} - \cdots\right)\left(\frac{i}{6} - \frac{i^2}{12} + \frac{19\,i^3}{360} - \cdots\right)$$

$$= \frac{i}{6} - \frac{i}{360} + \cdots \doteqdot \frac{i}{6} - \frac{i^3}{360}$$

34 T_x 와 T_y 가 각 연령구간마다 각각 UDD가정을 가질 때 다음을 증명하시오.

(a) $_{(j-1)/m}p_{xy} - _{j/m}p_{xy} = \frac{1}{m}q_{xy} + \frac{m+1-2j}{m^2}q_x\,q_y$

(b) $A_{xy}^{(m)} = \frac{i}{i^{(m)}}A_{xy} + \frac{i}{i^{(m)}}\left(1 + \frac{1}{m} - \frac{2}{d^{(m)}} + \frac{2}{i}\right)\sum_{k=0}^{\infty} v^{k+1}\,_kp_{xy}\,q_{x+k}\,q_{y+k}$

풀이

(a) $_{(j-1)/m}p_{xy} - _{j/m}p_{xy} = \,_{(j-1)/m}p_x\,_{(j-1)/m}p_y - \,_{j/m}p_x\,_{j/m}p_y$

$$= \left(1 - \frac{j-1}{m}q_x\right)\left(1 - \frac{j-1}{m}q_y\right) - \left(1 - \frac{j}{m}q_x\right)\left(1 - \frac{j}{m}q_y\right)$$

$$= 1 - \frac{j-1}{m}q_x - \frac{j-1}{m}q_y + \frac{(j-1)^2}{m^2}q_x\,q_y - 1 + \frac{j}{m}q_x + \frac{j}{m}q_y - \frac{j^2}{m^2}q_x\,q_y$$

$$= \frac{1}{m}q_x + \frac{1}{m}q_y + \frac{j^2 - 2j + 1 - j^2}{m^2}q_x\,q_y + \frac{1}{m}q_x\,q_y - \frac{1}{m}q_x\,q_y$$

$$= \frac{1}{m}(q_x + q_y - q_x\,q_y) + \frac{m+1-2j}{m^2}q_x\,q_y = \frac{1}{m}q_{xy} + \frac{m+1-2j}{m^2}q_x\,q_y$$

(b) (a)에서 x 와 y 를 $x+k$, $y+k$ 로 대체하면

$$A_{xy}^{(m)} = \sum_{k=0}^{\infty} v^k {}_kp_{xy} \sum_{j=1}^{m} v^{j/m} \left(\frac{1}{m} q_{x+k:y+k} + \frac{m+1-2j}{m^2} q_{x+k}\, q_{y+k} \right)$$

$$= \sum_{k=0}^{\infty} v^k {}_kp_{xy}\, q_{x+k:y+k}\, a_{\overline{1}|}^{(m)}$$

$$+ \sum_{k=0}^{\infty} v^k {}_kp_{xy}\, q_{x+k}\, q_{y+k} \sum_{j=1}^{m} v^{j/m} \frac{m+1-2j}{m^2}$$

$$= \frac{i}{i^{(m)}} \sum_{k=0}^{\infty} v^{k+1}\, {}_{k|}q_{xy}$$

$$+ \left[\sum_{j=1}^{m} v^{(j/m)-1} \left(\frac{1}{m} + \frac{1}{m^2} - \frac{2j}{m^2} \right) \right] \sum_{k=0}^{\infty} v^{k+1}\, {}_kp_{xy}\, q_{x+k}\, q_{y+k}$$

$$(I^{(m)}a)_{\overline{n}|}^{(m)} = \frac{1}{m^2} \left[v^{\frac{1}{m}} + 2 v^{\frac{2}{m}} + \cdots + nm\, v^{\frac{nm}{n}} \right] \text{에서 } n=1\text{인 경우이므로}$$

$$= \frac{i}{i^{(m)}} A_{xy} + \left[(1+i)\, a_{\overline{1}|}^{(m)} + \frac{1}{m}(1+i)\, a_{\overline{1}|}^{(m)} - 2(1+i)(I^{(m)}a)_{\overline{1}|}^{(m)} \right]$$

$$\times \sum_{k=0}^{\infty} v^{k+1}\, {}_kp_{xy}\, q_{x+k}\, q_{y+k}$$

여기에서

$$(I^{(m)}a)_{\overline{1}|}^{(m)} = \frac{\ddot{a}_{\overline{1}|}^{(m)} - v}{i^{(m)}} = \frac{d/d^{(m)} - v}{i^{(m)}}$$

$$(1+i)\, a_{\overline{1}|}^{(m)} = \frac{(1+i)(1-v)}{i^{(m)}} = \frac{i}{i^{(m)}}$$

$$(1+i)(I^{(m)}a)_{\overline{1}|}^{(m)} = (1+i)\frac{d/d^{(m)} - v}{i^{(m)}} = \frac{i/d^{(m)} - 1}{i^{(m)}}$$

이므로 이 결과를 위의 식에 사용하면

$$= \frac{i}{i^{(m)}} A_{xy} + \frac{i}{i^{(m)}} \left[1 + \frac{1}{m} - \frac{2}{d^{(m)}} + \frac{2}{i} \right] \sum_{k=0}^{\infty} v^{k+1}\, {}_kp_{xy}\, q_{x+k}\, q_{y+k}$$

35 독립적인 (x), (y)의 생존분포가 ω_x, ω_y를 갖는 De Moivre의 법칙을 따른다.

$a = \omega_x - x$, $b = \omega_y - y$일 때 ${}_nq_{xy}^1$의 일반식을 a, b, n을 이용하여 나타내시오.

풀이

적분범위를 정하기 위하여 다음의 세 가지 경우로 나누어서 확률을 구해야 한다.

(i) $n \leq \min(a, b)$인 경우

$$_nq^1_{xy} = \int_0^n {}_tp_x \, {}_tp_y \, \mu_{x+t} \, dt = \int_0^n \left(\frac{a-t}{a}\right)\left(\frac{b-t}{b}\right)\left(\frac{1}{a-t}\right) dt = \int_0^n \frac{b-t}{ab} \, dt$$

$$= \int_0^n \frac{b}{ab} - \frac{t}{ab} \, dt = \frac{b}{ab} t - \frac{1}{2ab} t^2 \Big|_0^n = \frac{b}{ab} n - \frac{1}{2ab} n^2$$

$$= \frac{n}{a} - \frac{n^2}{2ab}$$

(ii) $n \geq a$ and $b \geq a$인 경우

$$_nq^1_{xy} = \int_0^a {}_tp_x \, {}_tp_y \, \mu_{x+t} \, dt = \frac{b}{ab} t - \frac{1}{2ab} t^2 \Big|_0^a = \frac{b}{ab} a - \frac{1}{2ab} a^2$$

$$= 1 - \frac{a}{2b}$$

(iii) $n \geq a$ and $b \leq a$인 경우

$$_nq^1_{xy} = \int_0^b {}_tp_x \, {}_tp_y \, \mu_{x+t} \, dt = \frac{b}{ab} t - \frac{1}{2ab} t^2 \Big|_0^b = \frac{b}{ab} b - \frac{1}{2ab} b^2$$

$$= \frac{b}{a} - \frac{b}{2a} = \frac{b}{2a}$$

36 독립적인 (x), (y)가 $\mu_{y+t} = h\,\mu_{x+t}$인 상수사력(CFM)을 가질 때 다음을 증명하시오.

(a) $_nq^1_{xy} = \left(\frac{1}{h}\right) {}_nq^{\,1}_{xy}$ \qquad (b) $_nq^1_{xy} = \frac{_nq_{xy}}{1+h}$ \qquad (c) $_nq^1_{xy} = \frac{\mu_x\left[1 - e^{-n(\mu_x + \mu_y)}\right]}{\mu_x + \mu_y}$

> 풀이

(a) $_nq^1_{xy} = \int_0^n {}_tp_y \, {}_tp_x \, \mu_{x+t} \, dt = \int_0^n {}_tp_y \, {}_tp_x \left(\frac{1}{h}\right)\mu_{y+t} = \left(\frac{1}{h}\right) {}_nq^{\,1}_{xy}$

(b) $_nq^1_{xy} = \int_0^n {}_tp_y \, {}_tp_x \, \mu_{x+t} \, dt = \int_0^n {}_tp_y \, {}_tp_x \left(\mu_{x+t} + \mu_{y+t} - \mu_{y+t}\right) dt$

$$= \int_0^n {}_tp_{xy} \, \mu_{x+t \,:\, y+t} \, dt - \int_0^n {}_tp_x \, {}_tp_y \, \mu_{y+t} \, dt$$

$$= {}_nq_{xy} - \int_0^n {}_tp_y \, {}_tp_x \,(h)\mu_{x+t} \, dt = {}_nq_{xy} - (h)\,{}_nq^1_{xy}$$

따라서 $_nq^1_{xy}(1+h) = {}_nq_{xy}$

$$_nq^1_{xy} = \frac{_nq_{xy}}{1+h}$$

(c) $_nq^1_{xy} = \int_0^n {}_tp_y \, {}_tp_x \, \mu_{x+t} \, dt = \int_0^n e^{-\mu_x t} \, e^{-\mu_y t} \, \mu_x \, dt$

$$= \frac{\mu_x}{\mu_x + \mu_y} \int_0^n (\mu_x + \mu_y) \, e^{-(\mu_x + \mu_y)t} \, dt$$

피적분함수는 $\mu_x + \mu_y$인 지수분포이므로

$$= \frac{\mu_x}{\mu_x + \mu_y} [1 - e^{-n(\mu_x + \mu_y)}]$$

37 독립적인 (50)과 (60)의 사력이

(i) $\mu_{50+t} = 0.01$ (ii) $\mu_{60+t} = 0.02$

일 때 다음을 구하시오.

(a) $_{\infty}q_{50:60}^{1}$ (b) $_{10}q_{50:60}^{2}$

풀이

(a) $\displaystyle {}_{\infty}q_{xy}^{1} = \int_0^{\infty} {}_t p_y \, {}_t p_x \, \mu_{x+t} \, dt = \int_0^{\infty} e^{-\mu_x t} \, e^{-\mu_y t} \, \mu_x \, dt = \int_0^{\infty} \mu_x \, e^{-(\mu_x + \mu_y)t} \, dt$

$\displaystyle \qquad = \frac{\mu_x}{\mu_x + \mu_y} \int_0^{\infty} (\mu_x + \mu_y) \, e^{-(\mu_x + \mu_y)t} \, dt = \frac{\mu_x}{\mu_x + \mu_y}$

$\mu_x = 0.01$, $\mu_y = 0.02$이므로

$$_{\infty}q_{50:60}^{1} = \frac{0.01}{0.01 + 0.02} = \frac{1}{3}$$

(b) $\displaystyle {}_n q_{xy}^{1} = \frac{\mu_x}{\mu_x + \mu_y} \int_0^{n} (\mu_x + \mu_y) \, e^{-(\mu_x + \mu_y)t} \, dt = \frac{\mu_x}{\mu_x + \mu_y} [1 - e^{-(\mu_x + \mu_y)n}]$

이므로 $x = 50$, $y = 60$, $n = 10$인 경우

$$_{10}q_{50:60}^{1} = \frac{0.01}{0.01 + 0.02}(1 - e^{-0.03 \times 10}) = 0.0863939$$

따라서

$$\begin{aligned}
_{10}q_{50:60}^{2} &= {}_{10}q_{50} - {}_{10}q_{50:60}^{1} \\
&= [1 - e^{-0.01 \times 10}] - 0.0863939 = 0.0951626 - 0.0863939 \\
&= 0.0087687
\end{aligned}$$

38 다음 식에서 틀린 곳이 있으면 지적하고 맞는 식으로 표현하시오.

(a) $_{\infty}q_{xy}^{1} = {}_{\infty}q_{xy}^{2}$ (b) $_{\infty}q_{xy}^{1} + {}_{\infty}q_{xy}^{1} = 0$

(c) $_{\infty}q_{xy}^{2} + {}_{\infty}q_{xy}^{2} = 0$ (d) $_{n}q_{xy}^{1} = {}_{n}q_{xy}^{2} + {}_{n}q_{x} \, {}_{n}p_{y}$

(e) $_{n}q_{xy}^{1} + {}_{n}q_{xy}^{1} = {}_{n}q_{xy}$ (f) $_{n}q_{xy}^{2} + {}_{n}q_{xy}^{2} = {}_{n}q_{\overline{xy}}$

(g) $_{n}q_{x} = {}_{n}q_{xy}^{1} + {}_{n}q_{xy}^{2}$

풀이

(b)와 (c)가 틀린 식이고 나머지는 모두 성립하는 식들이다.

(b) $_{\infty}q^{1}_{xy} + _{\infty}q^{1}_{\overline{xy}} = 1,$ (c) $_{\infty}q^{2}_{xy} + _{\infty}q^{2}_{\overline{xy}} = 1$

로 바꾸어야 한다. 식들을 암기하지 말고 이해를 하면 쉽게 유도할 수 있다.

39 다음 관계식들 중 틀린 식이 있으면 맞게 고치시오.

(a) $\bar{A}^{1}_{xy} + \bar{A}^{1}_{xy} = \bar{A}_{\overline{xy}}$ (b) $\bar{A}^{2}_{xy} + \bar{A}^{2}_{xy} = \bar{A}_{\overline{xy}}$

(c) $\bar{A}^{1}_{xy} + \bar{A}^{2}_{xy} = \bar{A}_{x}$ (d) $\bar{A}^{1}_{xy} - \bar{A}^{2}_{xy} = \bar{A}_{x} - \bar{A}_{\overline{xy}} = \bar{A}_{xy} - \bar{A}_{y}$

풀이

(a)를 제외하고는 모두 성립하는 관계식이다.

(a)의 관계식은 $\bar{A}^{1}_{xy} + \bar{A}^{1}_{xy} = \bar{A}_{xy}$로 고쳐야 한다.

(d)식은 성립한다. 다음과 같이 성립하는 것을 증명할 수 있다.

$$\bar{A}^{1}_{xy} - \bar{A}^{2}_{xy} = \left(\bar{A}_{x} - \bar{A}^{2}_{xy}\right) - \bar{A}^{2}_{xy} = \bar{A}_{x} - \left(\bar{A}^{2}_{xy} + \bar{A}^{2}_{xy}\right) = \bar{A}_{x} - \bar{A}_{\overline{xy}}$$

$$\bar{A}^{1}_{xy} - \bar{A}^{2}_{xy} = \bar{A}^{1}_{xy} - \left(\bar{A}_{y} - \bar{A}^{1}_{xy}\right) = \left(\bar{A}^{1}_{xy} + \bar{A}^{1}_{xy}\right) - \bar{A}_{y} = \bar{A}_{xy} - \bar{A}_{y}$$

40 (x)와 (y)의 미래생존기간은 독립적이다. 다음과 같은 가정이 주어졌다.

(i) $\mu_{x} = 0.01$ (ii) $\mu_{y} = 0.03$ (iii) $\delta = 0.05$

다음을 순서대로 구하시오.

(a) $\bar{A}_{x}$ (b) $\bar{A}^{1}_{xy}$ (c) $\bar{A}^{2}_{xy}$

풀이

(a) $\bar{A}_{x} = \dfrac{\mu}{\mu + \delta} = \dfrac{0.01}{0.01 + 0.05} = \dfrac{1}{6}$

(b) x위에 1의 숫자가 있으므로 1을 기준으로 적분을 수행한다. 따라서 피적분함수에 $f_{T(x)}(t)$가 나타난다.

$$\bar{A}^{1}_{xy} = \int_{0}^{\infty} v^{t} \,_{t}p_{y} \,_{t}p_{x} \, \mu_{x+t} \, dt = \int_{0}^{\infty} e^{-\delta t} \, e^{-0.03t} \, e^{-0.01t} \, 0.01 \, dt$$

$$= 0.01 \int_{0}^{\infty} e^{-(0.05 + 0.03 + 0.01)t} \, dt = \dfrac{0.01}{0.09} = \dfrac{1}{9}$$

다른 방법으로 $\bar{A}^{1}_{xy}$를 구해보자.

$$_{\infty}q^{1}_{xy} = \dfrac{\mu_{x}}{\mu_{x} + \mu_{y}} = \dfrac{0.01}{0.01 + 0.03} = \dfrac{1}{4}$$

따라서

$$\bar{A}_{xy}^{\,1} = \frac{\mu_x}{\mu_x + \mu_y}\,\bar{A}_{xy} = \frac{1}{4}\left(\frac{0.01 + 0.03}{0.01 + 0.03 + 0.05}\right) = \left(\frac{1}{4}\right)\left(\frac{4}{9}\right) = \frac{1}{9}$$

(c) $\bar{A}_{xy}^{\,2} = \bar{A}_x - \bar{A}_{xy}^{\,1}$을 이용하면

$$\bar{A}_{xy}^{\,2} = \frac{1}{6} - \frac{1}{9} = \frac{1}{18}$$

41 독립적인 (x), (y)의 사력은 다음과 같다$(x = 40,\ y = 60)$.

(i) $\mu_x = 0.01,\ 0 \le t < 10$ (ii) $\mu_y = 0.02,\ 0 \le t < 10$ (iii) $\delta = 0.05$

(x)와 (y)는 완전연속 10년만기 정기보험에 가입하였고 (x)가 (y)보다 먼저 사망할 때 보험금 1원이 지급된다. 이 보험의 NSP를 구하시오.

> **풀이**

$$\text{NSP} = \bar{A}_{xy:\,\overline{10|}}^{\,1} = \int_0^{10} {}_t p_y\,{}_t p_x\,\mu_{x+t}\,dt = \frac{\mu_{x+t}}{\mu_{x+t} + \mu_{y+t}}\int_0^{10} {}_t p_x\,{}_t p_y\,\mu_{x+t:y+t}\,dt$$

$$= \frac{\mu_{x+t}}{\mu_{x+t} + \mu_{y+t}}\,A_{xy:\,\overline{10|}}^{\,1}$$

$$\bar{A}_{40:60:\,\overline{10|}}^{\,\quad 1} = \frac{0.03}{0.03 + 0.05}\left(1 - e^{-0.08(10)}\right) = 0.2065016$$

$$\frac{\mu_{40+t}}{\mu_{40+t} + \mu_{60+t}} = \frac{0.01}{0.01 + 0.02} = \frac{1}{3}$$

따라서

$$\text{NSP} = \bar{A}_{40:60:\,\overline{10|}}^{\,\quad 1} = \frac{1}{3}\,\bar{A}_{40:60:\,\overline{10|}}^{\,\quad 1} = 0.0688339$$

42 독립적인 (x)와 (y)에 대하여 $(x = 40,\ y = 50)$

(i) $\mu_{x+t} = 0.03$ (ii) $l_y = 100 - y,\ 0 \le y < 100$ (iii) $\delta = 0.05$

이 주어졌다. 사망시점을 t라고 하고 (x)가 두 번째에 사망할 때 보험금을 받는다. 보험금이 다음과 같을 때 보험급부의 APV를 구하시오.

(a) 보험금 1000   (b) 보험금 $1000t$ (c) 보험금 $1000t^2$

> **풀이**

$${}_t q_y = {}_t q_{50} = \frac{t}{50}$$

$${}_t p_x\,\mu_{x+t} = {}_t p_{40}\,\mu_{40+t} = 0.03\,e^{-0.03t}$$

따라서

(a) $\text{APV} = \int_0^{50} e^{-0.05t}\, 0.03\, e^{-0.03t}\, (1000) \left(\dfrac{t}{50}\right) dt = \dfrac{3}{5} \int_0^{50} t\, e^{-0.08t}\, dt^{1)}$

$\qquad = \dfrac{3}{5} \left[\left[\dfrac{-1}{0.08}\, e^{-0.08t}\, t \right]_0^{50} - \int_0^{50} \dfrac{-1}{0.08}\, e^{-0.08t}\, dt \right]$

$\qquad = \dfrac{3}{5} \left[(-11.44727) + \dfrac{1}{0.08} \left[-\dfrac{1}{0.08}\, e^{-0.08t} \right]_0^{50} \right]$

$\qquad = \dfrac{3}{5} \left[(-11.44727) + 153.38818 \right] = \dfrac{3}{5} (141.94091) = 85.16$

(b) (a)에서 구한 $\displaystyle\int_0^{50} t\, e^{-0.08t}\, dt = 141.94091$의 결과를 이용하면

$\qquad \text{APV} = \int_0^{50} e^{-0.05t}\, (0.03)\, e^{-0.03t}\, (1000t) \left(\dfrac{t}{50}\right) dt = \dfrac{3}{5} \int_0^{50} t^2\, e^{-0.08t}\, dt^{2)}$

$\qquad\qquad = \dfrac{3}{5} \left[\left[\dfrac{-1}{0.08}\, e^{-0.08t}\, t^2 \right]_0^{50} - \int_0^{50} \dfrac{-1}{0.08}\, e^{-0.08t}\, (2t)\, dt \right]$

$\qquad\qquad = \dfrac{3}{5} \left[(-572.36372) + \dfrac{2}{0.08} \int_0^{50} t\, e^{-0.08t}\, dt \right]$

$\qquad\qquad = \dfrac{3}{5} \left[(-572.36372) + \dfrac{2}{0.08} (141.94091) \right]$

$\qquad\qquad = \dfrac{3}{5} (2976.15903) = 1785.70$

(c) (b)에서 구한 $\displaystyle\int_0^{50} t^2\, e^{-0.08t}\, dt = 2976.15903$의 결과를 이용하면

$\qquad \text{APV} = \int_0^{50} e^{-0.05t}\, 0.03\, e^{-0.03t}\, (1000t^2) \left(\dfrac{t}{50}\right) dt$

$\qquad\qquad = \dfrac{3}{5} \left[\left[\dfrac{-1}{0.08}\, e^{-0.08t}\, t^3 \right]_0^{50} - \int_0^{50} \dfrac{-1}{0.08}\, e^{-0.08t}\, (3t^2)\, dt \right]$

$\qquad\qquad = \dfrac{3}{5} \left[(-28618.18576) + \dfrac{3}{0.08} \int_0^{50} t^2\, e^{-0.08t}\, dt \right]$

$\qquad\qquad = \dfrac{3}{5} \left[(-28618.18576) + \dfrac{3}{0.08} (2976.15903) \right] = 49792.67$

43 Gompertz 법칙하에서 식 (8.2.9.36)을 유도하시오.

> **풀이**

$$\bar{A}^{\,1}_{xy:\,\overline{n|}} = \int_0 v^t\, {}_t p_{xy}\, \mu_{x+t}\, dt$$

---

1) $u' = e^{-0.08t}$, $v = t$로 부분적분법을 사용함.

2) $u' = e^{-0.08t}$, $v = t^2$으로 부분적분법을 사용함.

Gompertz 법칙하에서 이 식은

$$\bar{A}_{xy:\,\overline{n}|}^{\,1} = \int_0^n v^t {}_t p_{xy} B c^x c^t \, dt = \frac{c^x}{c^x+c^y} \int_0^n v^t {}_t p_{xy} B(c^x+c^y) c^t \, dt$$

$$= \frac{c^x}{c^x+c^y} \int_0^n v^t {}_t p_{xy} \mu_{xy}(t) \, dt = \frac{c^x}{c^x+c^y} \bar{A}_{\overline{xy}:\,\overline{n}|}^{\,1}$$

위 식이 $c^w = c^x + c^y$를 만족한다면, $\bar{A}_{\overline{xy}:\,\overline{n}|}^{\,1} = \bar{A}_{w:\,\overline{n}|}^{\,1}$ 이고

$$\bar{A}_{xy:\,\overline{n}|}^{\,1} = \frac{c^x}{c^w} \bar{A}_{w:\,\overline{n}|}^{\,1}$$

식 (8.2.9.5)와 비교하면, ${}_n q_{xy}^1$은 $v=1$인 $\bar{A}_{xy:\,\overline{n}|}^{\,1}$ 과 같다. 그러므로, 식 (8.2.9.5)로부터 Gompertz의 법칙하에서 $v=1$, $c^w = c^x + c^y$일 때

$${}_n q_{xy}^1 = \frac{c^x}{c^w} {}_n q_w \text{이다.}$$

44 Makeham 법칙하에서 식 (8.2.9.37)을 유도하시오.

> **풀이**

조건부 연생보험을 Makeham 법칙하에서 구해보자.

$$\bar{A}_{xy:\,\overline{n}|}^{\,1} = \int_0^n v^t {}_t p_{xy} (A + B c^x c^t) \, dt$$

$$= A \int_0^n v^t {}_t p_{xy} \, dt + \frac{c^x}{c^x+c^y} \int_0^n v^t {}_t p_{xy} B(c^x+c^y) c^t \, dt$$

$$= A \left(1 - \frac{2 c^x}{c^x+c^y}\right) \int_0^n v^t {}_t p_{xy} \, dt$$

$$+ \frac{c^x}{c^x+c^y} \int_0^n v^t {}_t p_{xy} [2A + B(c^x+c^y) c^t] \, dt$$

$$= A \left(1 - \frac{2 c^x}{c^x+c^y}\right) \bar{a}_{xy:\,\overline{n}|} + \frac{c^x}{c^x+c^y} \bar{A}_{\overline{xy}:\,\overline{n}|}^{\,1}$$

여기에 식 (8.2.8.9)를 적용하면

$$\bar{A}_{xy:\,\overline{n}|}^{\,1} = A \left(1 - \frac{c^x}{c^w}\right) \bar{a}_{ww:\,\overline{n}|} + \frac{c^x}{2 c^w} \bar{A}_{\overline{ww}:\,\overline{n}|}^{\,1}$$

이 성립한다. 앞의 결과에 $v=1$로 놓으면 조건부 확률로 표시가 된다.

$${}_n q_{xy}^1 = A \left(1 - \frac{c^x}{c^w}\right) \mathring{e}_{ww:\,\overline{n}|} + \frac{c^x}{2 c^w} {}_n q_{ww}$$

45 T_x와 T_y가 독립이고 각각이 UDD가정을 따를 때, 식 (8.2.9.39)를 유도하시오.

풀이

T_x와 T_y가 독립이고 각각이 UDD가정을 따른다고 하면

$$q_{\overset{1}{x+k}:y+k} = \int_0^1 {_sp_{y+k}}\, {_sp_{x+k}}\, \mu_{x+k+s}\, ds = \int_0^1 (1 - s\, q_{y+k})\, q_{x+k}\, ds$$

$$= q_{x+k}\left(1 - \frac{1}{2}\, q_{y+k}\right)$$

보험금 사망즉시급 조건부 연생보험의 APV를 구하기 위하여
${_sp_{x+k:y+k}}\, \mu_{x+k+s}$를 $q_{\overset{1}{x+k}:y+k}$를 이용하여 나타내보자.

$${_sp_{x+k:y+k}}\, \mu_{x+k+s} = q_{x+k}(1 - s\, q_{y+k})$$

$$= q_{x+k}\left(1 - \frac{1}{2}\, q_{y+k}\right) + \left(\frac{1}{2} - s\right) q_{x+k}\, q_{y+k}$$

$$= q_{\overset{1}{x+k}:y+k} + \left(\frac{1}{2} - s\right) q_{x+k}\, q_{y+k}$$

보험금 사망즉시급인 조건부 연생보험의 APV는 다음과 같다.

$$\bar{A}^1_{xy} = \sum_{k=0}^{\infty} v^k\, {_kp_{xy}} \int_0^1 v^s\, {_sp_{x+k:y+k}}\, \mu_{x+k+s}\, ds$$

$$= \sum_{k=0}^{\infty} v^{k+1}\, {_kp_{xy}} \left[q_{\overset{1}{x+k}:y+k} \int_0^1 (1+i)^{1-s}\, ds \right.$$

$$\left. + q_{x+k}\, q_{y+k} \int_0^1 (1+i)^{1-s} \left(\frac{1}{2} - s\right) ds \right]$$

$$= \frac{i}{\delta} A^1_{xy} + \frac{1}{2}\frac{i}{\delta}\left(1 - \frac{2}{\delta} + \frac{2}{i}\right) \sum_{k=0}^{\infty} v^{k+1}\, {_kp_{xy}}\, q_{x+k}\, q_{y+k}$$

46 $\dfrac{\partial}{\partial x} \bar{a}_{y|x} = \mu_x\, \bar{a}_{y|x} - \bar{A}^2_{xy}$을 증명하시오.

풀이

$\dfrac{d}{dx} {_tp_x} = {_tp_x}(\mu_x - \mu_{x+t})$를 이용하면,

$$\frac{d}{dx} \bar{a}_{y|x} = \int_0^{\infty} v^t\, \frac{d\, {_tp_x}}{dx}\, {_tq_y}\, dt = \int_0^{\infty} v^t\, ({_tp_x}\, \mu_x - {_tp_x}\, \mu_{x+t})\, {_tq_y}\, dt$$

$$= \mu_x \int_0^{\infty} v^t\, {_tp_x}\, {_tq_y}\, dt - \int_0^{\infty} v^t\, {_tp_x}\, \mu_{x+t}\, {_tq_y}\, dt = \mu_x\, \bar{a}_{y|x} - \bar{A}^2_{xy}$$

47 독립적인 피보험자 (x), (x)가 가입한 보험금 1원의 종신납입 완전이산 최종생존자 종신보험을 고려한다. 연납평준순보험료가 두 명이 생존하는 경우 $3P$이고 한 명만 생존하는 경우는 P이다. 다음과 같은 조건이 주어졌을 때 P를 구하시오.

(i) $A_x = 0.2490475$ (ii) $A_{xx} = 0.3404941$ (iii) $\ddot{a}_x = 13.26683$

풀이

주어진 조건으로부터 $\ddot{a}_{xx}$를 구해보자.

$A_x = 1 - d\,\ddot{a}_x$이므로

$$d = \frac{1 - A_x}{\ddot{a}_x} = \frac{1 - 0.2490475}{13.26683} = 0.0566037$$

따라서

$$\ddot{a}_{xx} = \frac{1 - A_{xx}}{d} = \frac{1 - 0.3404941}{0.0566037} = 11.651286$$

보험급부의 APV는

$A_{\overline{xy}} = A_x + A_y - A_{xy}$이고 $y = x$인 경우이므로

$$A_{\overline{xx}} = A_x + A_x - A_{xx} = 2A_x - A_{xx}$$
$$= 2(0.2490475) - (0.3404941) = 0.157601$$

보험료의 현가 EPV를 구해보자.

$$\text{EPV} = 3P\,\ddot{a}_{xy} + P(\ddot{a}_{x|y} + \ddot{a}_{y|x})$$
$$= 3P\,\ddot{a}_{xy} + P(\ddot{a}_x + \ddot{a}_y - 2\ddot{a}_{xy})$$

이다. 여기서 $y = x$인 경우이므로

$$\text{EPV} = P\left[3\,\ddot{a}_{xx} + 2(\ddot{a}_x - \ddot{a}_{xx})\right] = P(\ddot{a}_{xx} + 2\,\ddot{a}_x)$$
$$= P\left[11.621286 + 2(13.26683)\right] = 38.154946$$

따라서 P는

$$P = \frac{A_{\overline{xx}}}{38.154946} = \frac{0.157601}{38.154946} = 0.004130552301$$

48 독립적인 (x), (y)가 완전연속 종신연금에 가입하였다. 이 종신연금은 둘 중 하나가 사망한 후에 생존한 다른 사람에게 연액 1,000원을 생존시 지급한다. 다음과 같은 가정하에서 이 연금의 APV를 구하시오.

(i) $\mu_{x+t} = 0.001$ (ii) $\mu_{y+t} = 0.002$ (iii) $\delta = 0.05$

풀이

$$\bar{a}_x = \frac{1}{0.001 + 0.05} = 19.6078431$$

$$\bar{a}_y = \frac{1}{0.002 + 0.05} = 19.2307692$$

$$\bar{a}_{xy} = \frac{1}{0.003 + 0.05} = 18.8679245$$

이 결과를 이용하면 연금의 APV는

$$\text{APV} = 1000(\bar{a}_{x|y} + \bar{a}_{y|x}) = 1000(\bar{a}_x + \bar{a}_y - 2\bar{a}_{xy})$$
$$= 1000[19.6078431 + 19.2307692 - 2(18.8679245)]$$
$$= 1102.7633$$

49 독립적인 (x), (y)가 가입한 완전연속 종신연금은 (x), (y)가 동시생존시 연속적 연액 1,000을 지급하고 한 명만 생존시 연속적 연액 700을 지급한다. 다음과 같은 조건하에서 이 연금의 APV를 구하시오.

(i) (x), (y)는 상수사력을 갖는다.

(ii) $\mu_{x+t} = 0.01$ (iii) $_{20}q_y = 0.2$ (iv) $\delta = 0.05$

풀이

한 명만 생존시 연속적 연액 700의 EPV는 두 가지로 나타낼 수 있다.

$$\text{EPV1} = 700(\bar{a}_{\overline{xy}} - \bar{a}_{xy}) = 700(\bar{a}_x + \bar{a}_y - \bar{a}_{xy} - \bar{a}_{xy})$$
$$= 700(\bar{a}_x + \bar{a}_y - 2\bar{a}_{xy})$$

또는 유족연금을 이용하여 나타내면

$$\text{EPV2} = 700(\bar{a}_{x|y} + \bar{a}_{y|x}) = 700(\bar{a}_y - \bar{a}_{xy} + \bar{a}_x - \bar{a}_{xy})$$
$$= 700(\bar{a}_x + \bar{a}_y - 2\bar{a}_{xy})$$

로 동일한 결과를 얻는다. 따라서 이 연금의 APV는

$$\text{APV} = 1000\,\bar{a}_{xy} + 700(\bar{a}_{x|y} + \bar{a}_{y|x})$$
$$= 700(\bar{a}_x + \bar{a}_y) - 400\,\bar{a}_{xy}$$

$\bar{a}_y$를 구하기 위하여 μ_y를 구해야 한다.

$$e^{-20\mu_y} = {}_{20}p_y = 1 - 0.2 = 0.8$$

$$\mu_y = \frac{\ln 0.8}{-20} = 0.0111572$$

따라서

$$\bar{a}_y = \frac{1}{0.0111572 + 0.05} = 16.3513045$$

$$\bar{a}_x = \frac{1}{0.01 + 0.05} = 16.6666667$$

$$\bar{a}_{xy} = \frac{1}{0.01 + 0.0111572 + 0.05} = 14.0533917$$

이 결과를 이용하면

$$\text{APV} = 700(16.3513045 + 16.6666667) - 400(14.0533917) = 17491.22316$$

50 독립적인 (30), (50)에 대하여 다음의 가정하에서 $a_{\overline{30:\overline{10}|}\,|50}$ 를 구하시오. 그리고 그 의미를 기술하시오.

(i) $\mu_{30+t} = 0.01$　　　　(ii) $\mu_{50+t} = 0.02$　　　　(iii) $\delta = 0.05$

풀이

$$\bar{a}_{50} = \frac{1}{0.02 + 0.05} = 14.2857143$$

$$\bar{a}_{50:\overline{10}|} = \frac{1 - e^{-0.07(10)}}{0.02 + 0.05} = 7.1916385$$

$$\bar{a}_{30:50:\overline{10}|} = \frac{1 - e^{-0.08(10)}}{0.01 + 0.02 + 0.05} = 6.8833879$$

$$\bar{a}_{30:50} = \frac{1}{0.01 + 0.02 + 0.05} = 12.5$$

$$a_{\overline{30:\overline{10}|}\,|50} = \bar{a}_{50} - \bar{a}_{50:30:\overline{10}|} = \bar{a}_{50} - (\bar{a}_{30:50} + \bar{a}_{50:\overline{10}|} - \bar{a}_{30:50:\overline{10}|})$$

$$= 14.2857143 - (12.5 + 7.1916385 - 6.8833879) = 1.4774637$$

$a_{\overline{30:\overline{10}|}\,|50}$ 은 (50)에게 연액1의 연금을 지급하는데 (30)의 사망과 10년 중 나중에 발생하는 사상의 시점부터 지급된다.

51 $a_{\overline{\overline{xy}:\overline{n}|}} = a_{\overline{n}|} + {}_{n|}a_{xy}$ 을 증명하시오.

풀이

일반적으로 $a_{\overline{uv}} = a_u + a_v - a_{uv}$ 이므로

$$a_{\overline{\overline{xy}:\overline{n}|}} = a_{xy} + a_{\overline{n}|} - a_{xy:\overline{n}|} = a_{\overline{n}|} + {}_{n|}a_{xy}$$

이 연금은 (x), (y)의 동시생존자상태의 소멸과 n년 중 나중에 나타나는 때까지 연금을 지급한다. 따라서 n년 동안은 연금을 확실히 지급하고, n년 후에는 (x), (y)의 동시생존자 상태가 유지되는 한 연금이 지급된다.

52 $\bar{a}_{x:\overline{n}|\,|y}^{1} = \bar{a}_y - \bar{a}_{xy:\overline{n}|} - v^n\,{}_np_{xy}\,\bar{a}_{y+n}$ 을 보이시오.

풀이

$$\bar{a}_{x:\overline{n}|\,|y}^{1} = \int_0^\infty v^t\,{}_tp_y\,{}_tq_{x:\overline{n}|}^{1}\,dt$$

$$= \int_0^n v^t \, {}_tp_y \left[\int_0^t {}_sp_x \, \mu_{x+s} \, ds \right] dt + \int_n^\infty v^t \, {}_tp_y \left[\int_0^n {}_sp_x \, \mu_{x+s} \, ds \right] dt$$

$$= \int_0^n v^t \, {}_tp_y (1 - {}_tp_x) \, dt + (1 - {}_np_x) \int_n^\infty v^t \, {}_tp_y \, dt$$

$$= \bar{a}_y - \bar{a}_{xy:\overline{n}|} - v^n \, {}_np_{xy} \, \bar{a}_{y+n}$$

심·화·학·습·문·제 8.2

1 (x), (y)가 독립적이고 사력이 각각 $\mu_x = \dfrac{1}{100-x}$, $\mu_y = \dfrac{y}{130-y}$ 을 따른다. $x = 50$, $y = 70$일 때 (x), (y) 중 적어도 한 명이 10년 안에 사망할 확률을 구하시오.

풀이

$${}_tp_x = 1 - {}_tq_x = 1 - \frac{t}{100-x}$$

$${}_{10}p_{50} = 1 - \frac{10}{50} = \frac{4}{5}, \quad {}_{10}p_{70} = 1 - \frac{10}{60} = \frac{5}{6}$$

$${}_{10}p_{50:70} = {}_{10}p_{50} \, {}_{10}p_{70} = \left(\frac{4}{5}\right)\left(\frac{5}{6}\right) = \frac{4}{6}$$

따라서 적어도 한 명이 10년 안에 사망할 확률은

$$1 - {}_{10}p_{50:70} = 1 - \frac{4}{6} = \frac{1}{3}$$

2 (x), (y)가 독립적이고 사력이 다음과 같이 주어졌다.

(i) $\mu_x = \ln\left(\dfrac{10}{6}\right)$, $x \geq 0$ (ii) $\mu_y = \dfrac{1}{120-x}$, $0 \leq x < 120$

$x = 60$, $y = 70$인 경우 첫 번째 사망이 향후 5년에서 10년 사이에 발생할 확률을 구하시오.

풀이

(x)의 사력은 상수이므로 T_x는 지수분포를 따른다.

$${}_tp_x = e^{-t\ln(10/6)} = \left(\frac{10}{6}\right)^{-t} = \left(\frac{6}{10}\right)^t = 0.6^t$$

$${}_5p_{60} = (0.6)^5, \qquad\qquad\qquad {}_{10}p_{60} = (0.6)^{10}$$

(y)는 De Moivre 법칙을 따르므로

$$_tp_y = 1 - \frac{t}{50} = \frac{50-t}{50}, \qquad\qquad _5p_{70} = \frac{50-5}{50} = \frac{45}{50} = \frac{9}{10}$$

$$_{10}p_{70} = \frac{50-10}{50} = \frac{40}{50} = \frac{4}{5}$$

따라서 구하는 확률은

$$_5p_{60:70} - {}_{10}p_{60:70} = (0.6)^5\left(\frac{9}{10}\right) - (0.6)^{10}\left(\frac{4}{5}\right) = 0.0651467$$

3 독립적인 (x)와 (y)의 사력이 다음과 같이 주어졌다.

(i) $\mu_x = 0.01 + 0.0003\,x$ \qquad\qquad (ii) $\mu_y = 0.02 + 0.0004\,y$

$x = 50$, $y = 60$인 경우 향후 5년 안에 첫 번째 사망자가 발생할 확률을 구하시오.

풀이

$_5p_{50}$을 구해보자.

$$\int_0^5 \mu_{50+t}\,dt = \int_0^5 0.01 + 0.0003\,(50+t)\,dt$$

$$= 0.01t + 0.015t + \left.\frac{0.0003}{2}t^2\right|_0^5 = 0.12875$$

$$_5p_{50} = \exp\left(-\int_0^5 \mu_{50+t}\,dt\right) = e^{-0.12875}$$

$_5p_{60}$을 구해보자.

$$\int_0^5 \mu_{60+t}\,dt = \int_0^5 0.02 + 0.0004\,(60+t)\,dt$$

$$= 0.02t + 0.024t + \left.\frac{0.0004}{2}t^2\right|_0^5 = 0.225$$

$$_5p_{60} = \exp\left(-\int_0^5 \mu_{60+t}\,dt\right) = e^{-0.225}$$

구하는 확률은

$$1 - {}_5p_{50:60} = 1 - {}_5p_{50}\,{}_5p_{60} = 1 - e^{-(0.12875+0.225)} = 0.297950$$

4 두 변수가 독립적일 때, $\int_0^n {}_tp_{xx}\,\mu_{xx}(t)\,dt = {}_nq_{xx}$임을 보이시오.

풀이

먼저 $\int_0^n {}_np_x\left(-\dfrac{d}{dt}{}_tp_x\right)dt$를 A라고 놓고 다음과 같이 두 가지 방법으로 구해보자.

[풀이 1] – 부분적분법

$u' = \left(-\dfrac{d}{dt}\,_tp_x\right)$, $v = \,_tp_x$로 부분적분법을 사용하면 $\left(\int u'v = uv - \int uv'\right)$

$u = -\,_tp_x$, $v' = \dfrac{d}{dt}\,_tp_x$이므로

$$A = \int_0^n \,_tp_x\left(-\frac{d}{dt}\,_tp_x\right)dt = \int_0^n\left(-\frac{d}{dt}\,_tp_x\right)\,_tp_x\,dt$$

$$= \left[(-\,_tp_x)\,_tp_x\right]_0^n - \int_0^n(-\,_tp_x)\left(\frac{d}{dt}\,_tp_x\right)dt = [-(\,_np_x)^2 + 1] - A$$

위 식을 정리하면 $2A = [1 - (\,_np_x)^2]$, $A = \int_0^n \,_tp_x\left(-\dfrac{d}{dt}\,_tp_x\right)dt = \dfrac{1}{2}[1 - (\,_np_x)^2]$

[풀이 2] – 치환적분법

$y = \,_tp_x$로 치환하면 $\left(\dfrac{d}{dt}\,_tp_x\right)dt = dy$이고, $t = 0$인 경우 $_0p_x = 1$, $t = n$인 경우 $_np_x$이다. 따라서

$$\int_0^n \,_tp_x\left(-\frac{d}{dt}\,_tp_x\right)dt = \int_1^{_np_x} -y\,dy = \int_{_np_x}^1 y\,dy = \left[\frac{1}{2}y^2\right]_{_np_x}^1 = \frac{1}{2}[1 - (\,_np_x)^2]$$

위의 결과와 $\mu_{x+t:x+t} = \mu_{xx}(t) = 2\mu_{x+t}$, $_tp_{xx} = \,_tp_x\,_tp_x$, $_tp_x\,\mu_{x+t} = -\dfrac{d}{dt}\,_tp_x$를 이용하면

$$\int_0^n \,_tp_{xx}\,\mu_{xx}(t)\,dt = \int_0^n \,_tp_x\,_tp_x\,2\mu_{x+t}\,dt = 2\int_0^n \,_tp_x(\,_tp_x\,\mu_{x+t})\,dt$$

$$= 2\int_0^n \,_tp_x\left(-\frac{d}{dt}\,_tp_x\right)dt = 2\left[\frac{1}{2}[1 - (\,_np_x)^2]\right]$$

$$= 1 - (\,_np_x)^2 = 1 - \,_np_{xx} = \,_nq_{xx}$$

5 독립적인 (x), (y)의 사망률이 다음과 같이 주어졌다.

k	q_{x+k}	q_{y+k}
0	0.02	0.06
1	0.03	0.07
2	0.04	0.08
3	0.05	0.09

다음을 구하시오.

(a) $_{3|}q_{xy}$ (b) 최종사망자가 $t = 4$ 전에 발생할 확률

풀이

(a) $_{3|}q_{xy} = {}_3p_{xy}\,q_{x+3:y+3} = {}_3p_{xy} - {}_4p_{xy} = {}_3p_x\,{}_3p_y - {}_4p_x\,{}_4p_y$

$\qquad = [(1-0.02)(1-0.03)(1-0.04)] \times [(1-0.06)(1-0.07)(1-0.08)]$

$\qquad\quad - [(1-0.02)(1-0.03)(1-0.04)(1-0.05)]$

$\qquad\quad \times [(1-0.06)(1-0.07)(1-0.08)(1-0.09)]$

$\qquad = (0.912576)(0.804264) - (0.8669472)(0.73188024) = 0.09945050$

(b) $_4q_{\overline{xy}} = {}_4q_x\,{}_4q_y = (1 - {}_4p_x)(1 - {}_4p_y)$

$\qquad = (1 - 0.8669472)(1 - 0.73188024) = 0.03567529$

---

6 두 명의 독립적인 피보험자 (50)과 (47)을 고려한다. (50)은 $l_x = 120 - x$를 따르고, (47)은 부록의 경험생명표(여)의 생존분포를 따르며, $l_{47} = 97889.92$, $l_{67} = 93842.70$이다. $_{20}p_{\overline{50:47}}$을 구하시오.

풀이

(x)는 De Moivre의 법칙을 따르므로 $\mu_x = \dfrac{1}{\omega - x}$, $_tq_x = \dfrac{t}{\omega - t}$이다. $\omega = 120$, $x = 50$, $t = 20$이므로 $_{20}q_{50} = \dfrac{20}{70}$이다.

$y = 47$인 (y)는 주어진 가정으로부터

$$_{67}q_{47} = 1 - \frac{l_{67}}{l_{47}} = 1 - \frac{93842.70}{97889.92} = 0.041344604$$

따라서 $_{20}q_{\overline{50:47}} = {}_{20}q_{50}\,{}_{20}q_{47} = \left(\dfrac{20}{70}\right)(0.041344604) = 0.011812744$

따라서 $_{20}p_{\overline{50:47}} = 1 - {}_{20}q_{\overline{50:47}} = 1 - 0.011812744 = 0.988187256$

---

7 독립적인 (x)와 (y)를 고려한다. 다음과 같은 가정이 주어졌을 때 $_3q_{\overline{x+3:y+3}}$을 구하시오.

(i) $_3p_x = 0.95$, $_3p_{\overline{xy}} = 0.98$ $\qquad\qquad$ (ii) $_6p_x = 0.79$, $_6p_{\overline{xy}} = 0.91$

풀이

$_tp_{\overline{xy}} = {}_tp_x + {}_tp_y - {}_tp_x\,{}_tp_y$의 관계식을 이용하여 $_3p_y$, $_6p_y$를 구한다.

$\qquad _3p_{\overline{xy}} = {}_3p_x + {}_3p_y - {}_3p_x\,{}_3p_y$

$\qquad 0.98 = 0.95 + {}_3p_y - 0.95\,{}_3p_y$

$\qquad _3p_y = 0.6$

$\qquad _6p_{\overline{xy}} = {}_6p_x + {}_6p_y - {}_6p_x\,{}_6p_y$

$\qquad 0.91 = 0.79 + {}_6p_y - 0.79\,{}_6p_y$

$$_6p_y = 0.5714286$$

$$_3q_{\overline{x+3:y+3}} = {}_3q_{x+3}\ {}_3q_{y+3}$$

$$= \frac{l_{x+3} - l_{x+6}}{l_{x+3}} \frac{l_{y+3} - l_{y+6}}{l_{y+3}} = \frac{{}_3p_x - {}_6p_x}{{}_3p_x} \frac{{}_3p_y - {}_6p_y}{{}_3p_y}$$

$$= \frac{0.95 - 0.79}{0.95} \frac{0.6 - 0.5714286}{0.6} = 0.008020042$$

8 (x)와 (y)가 독립적이고 사력이 다음과 같이 주어졌다.

(i) $\mu_x = \dfrac{1}{100 - x}$, $0 \le t < 100$ (ii) $\mu_y = \dfrac{1}{120 - y}$, $0 \le y < 120$

$x = 50$, $y = 80$일 때 다음을 구하시오.

(a) $_{3|2}q_{50:80}$ (b) $_{3|2}q_{\overline{50:80}}$

풀이

$$_tp_x = 1 - \frac{t}{100 - x}, \qquad _3p_{50} = 1 - \frac{3}{50} = \frac{47}{50}, \qquad _5p_{50} = \frac{45}{50}$$

$$_tp_y = 1 - \frac{t}{120 - y}, \qquad _3p_{80} = 1 - \frac{3}{40} = \frac{37}{40}, \qquad _5p_{80} = \frac{35}{40}$$

$$_tp_x = 1 - \frac{t}{100 - x}, \qquad x = 53, \qquad _2p_{53} = 1 - \frac{2}{47} = \frac{45}{47}$$

$$_tp_y = 1 - \frac{t}{120 - y}, \qquad y = 83, \qquad _2p_{83} = 1 - \frac{2}{37} = \frac{35}{37}$$

(a) $_{3|2}q_{50:80} = {}_3p_{50:80} - {}_5p_{50:80} = {}_3p_{50}\ {}_3p_{80} - {}_5p_{50}\ {}_5p_{80}$

$$= \left(\frac{47}{50}\right)\left(\frac{37}{40}\right) - \left(\frac{45}{50}\right)\left(\frac{35}{40}\right) = 0.082$$

다른 방법으로 구하면

$_{3|2}q_{50:80} = {}_3p_{50:80}\ {}_2q_{53:83} = {}_3p_{50}\ {}_3p_{80}\left(1 - {}_2p_{53}\ {}_2p_{83}\right)$

$$= \left(\frac{47}{50}\right)\left(\frac{37}{40}\right)\left(1 - \frac{45}{47} \frac{35}{37}\right) = 0.082$$

두 가지 방법으로 구한 $_{3|2}q_{50:80}$은 일치함을 알 수 있다.

(b) [풀이 1]

$_{3|2}q_{\overline{50:80}} = {}_5q_{\overline{50:80}} - {}_3q_{\overline{50:80}} = {}_5q_{50}\ {}_5q_{80} - {}_3q_{50}\ {}_3q_{80}$

$$= \left(1 - \frac{45}{50}\right)\left(1 - \frac{35}{40}\right) - \left(1 - \frac{47}{50}\right)\left(1 - \frac{37}{40}\right) = 0.008$$

[풀이 2]

$_{3|2}q_{\overline{50:80}} = {}_{3|2}q_{50} + {}_{3|2}q_{80} - {}_{3|2}q_{50:80}$

$$= {}_3p_{50}\ {}_2q_{53} + {}_3p_{80}\ {}_2q_{83} - {}_3p_{50:80}\ {}_2q_{53:83}$$

$$= {}_3p_{50}(1 - {}_2p_{53}) + {}_3p_{80}(1 - {}_2p_{83}) - {}_3p_{50}\,{}_3p_{80}(1 - {}_2p_{53}\,{}_2p_{83})$$

$$= \left(\frac{47}{50}\right)\left(1 - \frac{45}{47}\right) + \left(\frac{37}{40}\right)\left(1 - \frac{35}{37}\right) - \left(\frac{47}{50}\right)\left(\frac{37}{40}\right)\left(1 - \frac{45}{47}\frac{35}{37}\right) = 0.008$$

두 가지 방법으로 구한 $_{3|2}q_{\overline{50:80}}$은 일치함을 알 수 있다.

9 독립적인 (x)와 (y)의 사력이 다음과 같이 주어졌을 때 $_{20}p_{\overline{xy}}$를 구하시오.

(i) $\mu_{x+t} = 0.02$ (ii) $\mu_{y+t} = 0.04$

⋮⋮ 풀이

$${}_tp_x = e^{-\int_0^t \mu\, dt} = e^{-\mu t},$$

$${}_{20}p_x = e^{-0.02 \times 20} = e^{-0.4}, \qquad\qquad {}_{20}p_y = e^{-0.04 \times 20} = e^{-0.8}$$

따라서

$${}_{20}p_{\overline{xy}} = {}_{20}p_x + {}_{20}p_y - {}_{20}p_{xy} = e^{-0.4} + e^{-0.8} - e^{-0.4}e^{-0.8} = 0.8184548$$

10 독립적인 (x)와 (y)의 사망률이 다음과 같이 주어졌을 때 $(\overline{xy})$의 미래개산생존기간 $K_{\overline{xy}} = 2$인 확률을 구하시오.

t	q_{x+t}	q_{y+t}
0	0.02	0.06
1	0.03	0.07
2	0.04	0.08

⋮⋮ 풀이

$(\overline{xy})$의 미래개산생존기간이 2가 되기 위해서는 최종생존자가 2년 이상 살고 또 3년보다는 적게 살아야 한다. 즉 $_2p_{\overline{xy}} - {}_3p_{\overline{xy}}$를 계산해야 한다.

$$\Pr(K_{\overline{xy}} = 2) = {}_{2|}q_{\overline{xy}}$$

$$_{2|}q_{\overline{xy}} = {}_3q_{\overline{xy}} - {}_2q_{\overline{xy}} = {}_3q_x\,{}_3q_y - {}_2q_x\,{}_2q_y$$

$$_3q_x\,{}_3q_y = (1 - {}_3p_x)(1 - {}_3p_y)$$

$$= [1 - (1-0.02)(1-0.03)(1-0.04)]$$

$$\times [1 - (1-0.06)(1-0.07)(1-0.08)] = 0.01711202$$

$$_2q_x\,{}_2q_y = (1 - {}_2p_x)(1 - {}_2p_y)$$

$$= [1 - (1-0.02)(1-0.03)][1 - (1-0.06)(1-0.07)] = 0.00621452$$

$$\Pr(K_{\overline{xy}} = 2) = {}_{2|}q_{\overline{xy}} = {}_3q_{\overline{xy}} - {}_2q_{\overline{xy}} = 0.01711202 - 0.00621452 = 0.0108975$$

11 두 명의 독립적인 피보험자 (50)과 (47)을 고려한다. (50)은 $l_x = 100 - x$를 따르고 (47)은 부록의 경험생명표(여)의 생존분포를 따르며 매 연령 구간에서 사력은 상수사력(CFM)을 따른다고 가정한다. $\mu_{\overline{50:47}}(t) = \mu_{\overline{50:47}}(10)$을 계산하시오.
$l_{47} = 97889.92$, $l_{57} = 96574.44$, $l_{58} = 96390.95$이다.

풀이

$$\mu_{\overline{xy}}(t) = \frac{{}_t p_x \, \mu_{x+t} + {}_t p_y \, \mu_{y+t} - {}_t p_{xy} \, \mu_{xy}(t)}{{}_t p_{\overline{xy}}} \tag{1}$$

$$= \frac{{}_t q_y \, {}_t p_x \, \mu_{x+t} + {}_t q_x \, {}_t p_y \, \mu_{y+t}}{{}_t p_{\overline{xy}}} \tag{2}$$

(i) $x = 50$에서(분자의 ${}_t p_x \, \mu_{x+t}$의 계산)

$$\mu_{x+t} = \frac{1}{\omega - x - t}, \quad \omega = 100, \; x = 50, \; t = 10 \text{이므로} \quad \mu_{50+10} = \frac{1}{40}$$

$$_t p_x = 1 - {}_t q_x = 1 - \frac{t}{\omega - x}, \qquad\qquad {}_{10} p_{50} = 1 - \frac{10}{50} = \frac{4}{5} = 0.8$$

$$_t p_x \, \mu_{x+t} = {}_{10} p_{50} \, \mu_{50+10} = \left(\frac{4}{5}\right)\left(\frac{1}{40}\right) = \frac{1}{50} = 0.02$$

(ii) $y = 47$에서(분자의 ${}_t p_y \, \mu_{y+t}$의 계산)

$$_t p_y = {}_{10} p_{47} = \frac{l_{57}}{l_{47}} = \frac{96574.44}{97889.92} = 0.986561639$$

$$p_{57} = \frac{l_{58}}{l_{57}} = \frac{96390.95}{96574.44} = 0.998100014$$

CFM가정하에서

$$_t p_x = e^{-\mu t} \text{이므로} \quad \mu t = -\ln {}_t p_x$$

따라서 $\mu = -\ln p_{57} = 0.001901793263$

$$_t p_y \, \mu_{47+10} = {}_{10} p_{47} \, \mu_{47+10} = (0.986561639)(0.001901793263)$$
$$= 0.001876236279$$

(iii) $x = 50$, $y = 47$(분자의 ${}_t p_{xy} \, \mu_{xy}(t)$의 계산)

$$_t p_{xy} \, \mu_{xy}(t) = {}_{10} p_{50} \, {}_{10} p_{47} (\mu_{50+10} + \mu_{47+10})$$
$$= {}_{10} p_{50} \, {}_{10} p_{47} (0.025 + 0.001901793263)$$
$$= (0.8)(0.986561639)(0.026901793) = 0.021232221$$

(iv) ${}_{10} p_{\overline{50:47}}$(분모 ${}_t p_{\overline{xy}}$의 계산)

$$_t p_{\overline{xy}} = {}_t p_x + {}_t p_y - {}_t p_{xy}$$

$$_{10} p_{\overline{50:47}} = {}_{10} p_{50} + {}_{10} p_{47} - {}_{10} p_{50:47}$$

$$= 0.8 + 0.986561639 - (0.8)(0.986561639) = 0.997312327$$

따라서 계산식 (1)로부터

$$\mu_{\overline{50:47}}(10) = \frac{0.02 + 0.001876236279 - 0.021232221}{0.997312327} = 0.0006457508461$$

다른 방법으로 $\mu_{\overline{50:47}}(10)$을 구해보자.

(i) 분자의 $_tq_y\,_tp_x\,\mu_{x+t}$의 계산

$$_tq_y = {}_{10}q_{47} = 1 - {}_{10}p_{47} = 1 - 0.986561639 = 0.013438361$$

$$_tq_y\,_tp_x\,\mu_{x+t} = {}_{10}q_{47}\,{}_{10}p_{50}\,\mu_{50+10} = (0.013438361)\left(\frac{4}{5}\right)\left(\frac{1}{40}\right)$$

$$= 0.00026876722$$

(ii) 분자의 $_tq_x\,_tp_y\,\mu_{y+t}$의 계산

$$_tq_x = {}_{10}q_{50} = 1 - {}_{10}p_{50} = 1 - \frac{4}{5} = \frac{1}{5}$$

$$_tq_x\,_tp_y\,\mu_{y+t} = {}_{10}q_{50}\,{}_{10}p_{47}\,\mu_{47+10} = \left(\frac{1}{5}\right)(0.98656139)(0.001901793263)$$

$$= 0.000375247161$$

따라서 계산식 (2)로부터

$$\mu_{\overline{50:47}}(10) = \frac{0.00026876722 + 0.000375247161}{0.997312327} = 0.0006457499457$$

$\mu_{\overline{xy}}(t)$의 정의에 따라 구한 두 가지 결과는 같은 것을 알 수 있다. 두 번째 방법으로 구하는 것이 더 간편한 것을 알 수 있다. $\mu_{\overline{50:47}}(10)$과 $\mu_{\overline{60:57}}$은 다르다. $\mu_{\overline{60:57}}$은 $\mu_{\overline{xy}}(t)$의 처음 식에서 $t = 0$으로 하면 구할 수 있다.

12 독립적인 (x)와 (y)는 각각 $\mu_x = 0.02$, $\mu_y = 0.03$을 따른다. $x = 30$, $y = 40$인 경우 $\overset{\circ}{e}_{30:40}$을 구하시오.

:::: 풀이

$$\mu_{30:40} = \mu_{30} + \mu_{40} = 0.02 + 0.03 = 0.05$$

따라서 $T_{30:40}$의 기대값은

$$\overset{\circ}{e}_{30:40} = \frac{1}{0.05} = 20$$

13 독립적인 (60)과 (70)의 사망률 가정이 다음과 같을 때 $\overset{\circ}{e}_{60:70}$을 구하시오.

(i) $\mu_{x+t} = 0.01$, $x = 60$ (ii) $l_y = 110 - y$, $y = 70$

:::: 풀이

$$_tp_{60:70} = e^{-0.01t}\left(\frac{40-t}{40}\right),\ 0 < t < 40$$

$$\mathring{e}_{60:70} = \int_0^{40} e^{-0.01t}\left(\frac{40-t}{40}\right) dt = \int_0^{40} e^{-0.01t}\, dt - \frac{1}{40}\int_0^{40} t\, e^{-0.01t}\, dt$$

$v = t,\ u' = e^{-0.01t}$로 하면 $\int vu' = vu - \int uv'$이므로

$$\int_0^{40} t\, e^{-0.01t}\, dt = t\,\frac{-e^{-0.01t}}{0.01}\bigg|_0^{40} - \int_0^{40}\frac{-e^{-0.01t}}{0.01}\, dt = 40\,\frac{-e^{-0.4}}{0.01} - \frac{e^{-0.01t}}{(0.01)^2}\bigg|_0^{40}$$

$$= -4000\,(e^{-0.4}) - (10000\, e^{-0.4} - 10000)$$

$$= 10000 - 14000\, e^{-0.4} = 615.5193555$$

$$\int_0^{40} e^{-0.01t}\, dt = \frac{1-e^{-0.4}}{0.01} = 100\,(1-e^{-0.4}) = 32.9679954$$

구한 결과를 이용하면

$$\mathring{e}_{60:70} = 32.9679954 - \frac{1}{40}(615.5193555) = 17.5800115$$

14 독립적인 (50)과 (60)의 사망률 가정이 다음과 같을 때 $\mathring{e}_{50:60}$을 구하시오.

(i) $\mu_{x+t} = \dfrac{1}{3\,(50-t)}$, $x = 50$, $0 < t < 50$

(ii) $l_y = 100 - y$, $y = 60$, $0 < t < 40$

: 풀이

$${}_t p_{50} = e^{-\int_0^t \mu_{50+t}\, dt} = e^{-\int_0^t \frac{1/3}{50-t}\, dt} = \left(\frac{50-t}{50}\right)^{1/3}$$

$${}_t p_{60} = \frac{40-t}{40}$$

$$\mathring{e}_{50:60} = \int_0^{40} {}_t p_{50:60}\, dt = \int_0^{40}\left(\frac{50-t}{50}\right)^{1/3}\left(\frac{40-t}{40}\right) dt$$

$$= \frac{1}{(50)^{1/3}(40)}\int_0^{40}(50-t)^{1/3}(40-t)\, dt$$

여기서 $40-t = 50-t-10$으로 대체하면

$$\int_0^{40}(50-t)^{1/3}(40-t)\,dt = \int_0^{40}(50-t)^{1/3}(50-t-10)\, dt$$

$$= \int_0^{40}(50-t)^{4/3}\, dt - 10\int_0^{40}(50-t)^{1/3}\, dt$$

$$= \frac{-(50-t)^{7/3}}{7/3}\bigg|_0^{40} + 10\,\frac{(50-t)^{4/3}}{4/3}\bigg|_0^{40}$$

$$= \left(\frac{3}{7}\right)\big[(50)^{7/3}-(10)^{7/3}\big] + \left(\frac{30}{4}\right)\big[(10)^{4/3}-(50)^{4/3}\big]$$

$$= 2634.9144802$$

따라서

$$\mathring{e}_{50:60} = \frac{1}{(50)^{1/3}(40)} (2634.9144802) = 17.8806457$$

15 독립적인 (x)와 (y)의 생존분포가 다음과 같을 때 $\mathring{e}_{\overline{60:70}}$을 구하시오.

(i) $l_x = 110-x$, $x=60$, $0<t<50$

(ii) $l_y = 110-y$, $y=70$, $0<t<40$

풀이

$$\mathring{e}_{60} = \int_0^{50} {}_tp_{60} \, dt = \int_0^{50} \frac{50-t}{50} \, dt = 25$$

$$\mathring{e}_{70} = \int_0^{40} {}_tp_{70} \, dt = \int_0^{40} \frac{40-t}{40} \, dt = 20$$

$$\mathring{e}_{60:70} = \int_0^{40} {}_tp_{60:70} \, dt = \int_0^{40} \left(\frac{50-t}{50}\right)\left(\frac{40-t}{40}\right) \, dt$$

$$= \frac{1}{2000} \int_0^{40} t^2 - 90t + 2000 \, dt = \frac{29333}{2000} = 14.667$$

따라서

$$\mathring{e}_{\overline{60:70}} = \mathring{e}_{60} + \mathring{e}_{70} - \mathring{e}_{60:70} = 25 + 20 - 14.667 = 30.333$$

16 독립적인 (x)와 (y)의 생존분포가 $l_x = \omega-x$, $0 \leq x < \omega$를 따르고 $\mathring{e}_{\overline{50:50}} = 2\,\mathring{e}_{\overline{80:80}}$의 관계식이 성립할 때 ω를 구하시오.

풀이

$$\mathring{e}_x = \frac{1}{2}(\omega-x), \quad \mathring{e}_{xx} = \frac{1}{3}(\omega-x), \quad \mathring{e}_{\overline{xx}} = \frac{2}{3}(\omega-x)$$

가 성립하므로

$$\mathring{e}_{\overline{50:50}} = \frac{2}{3}(\omega-50), \qquad \mathring{e}_{\overline{80:80}} = \frac{2}{3}(\omega-80)$$

따라서

$$\frac{2}{3}(\omega-50) = (2)\left(\frac{2}{3}\right)(\omega-80)$$

$$\omega = 110$$

17 독립적인 (x), (x)의 사력이 각각 다음과 같을 때 $\mathring{e}_{\overline{30:30}}$을 구하시오.

$$\mu_x = \frac{1}{2(120-x)}, \ 0 \le x < 100$$

풀이

$$_t p_x = \int_0^t \frac{1/2}{\omega-x-t} \, dt = \left(\frac{\omega-x-t}{\omega-x}\right)^{1/2}$$

$$_t p_x = \exp\left[-\int_0^t \frac{1/2}{\omega-x-t} \, dt\right] = \left(\frac{\omega-x-t}{\omega-x}\right)^{1/2}$$

$$\overset{\circ}{e}_x = \int_0^{\omega-t} \left(\frac{\omega-x-t}{\omega-x}\right)^{3/2}\bigg|_0^{\omega-x} = \frac{\omega-x}{(3/2)}$$

$$_t p_{xx} = \left(\frac{\omega-x-t}{\omega-x}\right)$$

$$\overset{\circ}{e}_{xx} = \int_0^{\omega-t} \frac{\omega-x-t}{\omega-x} \, dt = \int_0^{\omega-t} 1 - \frac{t}{\omega-t} \, dt$$

$$= (\omega-t) - \frac{(\omega-t)^2}{2(\omega-t)} = \frac{\omega-t}{2}$$

$\omega = 120, \ x = 30$을 대입하면

$$\overset{\circ}{e}_{30} = \frac{(120-30)}{(3/2)} = \frac{90}{3/2} = 60$$

$$\overset{\circ}{e}_{30:30} = \frac{120-30}{2} = 45$$

따라서

$$\overset{\circ}{e}_{\overline{30:30}} = \overset{\circ}{e}_{30} + \overset{\circ}{e}_{30} - \overset{\circ}{e}_{30:30} = 2(60) - 45 = 75$$

18 T_x와 T_y가 독립적이고 $\overset{\circ}{e}_x = \overset{\circ}{e}_y = 5$이고 $\mathrm{Cov}(T_{xy}, T_{\overline{xy}}) = 6.25$인 경우 $\overset{\circ}{e}_{xy}$를 구하시오.

풀이

$$\mathrm{Cov}(T_{xy}, T_{\overline{xy}}) = (\overset{\circ}{e}_x - \overset{\circ}{e}_{xy})(\overset{\circ}{e}_y - \overset{\circ}{e}_{xy}) = (5 - \overset{\circ}{e}_{xy})^2 = 6.25$$

따라서

$$\overset{\circ}{e}_{xy} = 5 - 2.5 = 2.5$$

19 두 명의 독립적인 피보험자 (x), (y)가 상수사력을 갖는다. $\mu_x = 0.04$, $\mu_y = 0.01$일 때 $\mathrm{Var}(T_{xy})$, $\mathrm{Var}(T_{\overline{xy}})$, $\mathrm{Cov}(T_{xy}, T_{\overline{xy}})$를 구하시오.

풀이

$T_x \sim \exp(0.04)$, $T_y \sim \exp(0.01)$를 따르므로 $T_{xy} = \min(T_x, T_y)$는 $\exp(0.05)$을 따른다. 따라서

$$E(T_x) = \frac{1}{0.04} = 25, \ E(T_y) = \frac{1}{0.01} = 100,$$

$$E(T_{xy}) = \frac{1}{0.05} = 20,$$

$$\text{Var}(T_x) = \frac{1}{0.04^2} = 625, \ \text{Var}(T_y) = \frac{1}{0.01^2} = 10000,$$

$$\text{Var}(T_{xy}) = \frac{1}{0.05^2} = 400$$

T_x, T_y는 독립적이므로

$$\text{Cov}(T_{xy}, T_{\overline{xy}}) = \left[E(T_x) - E(T_{xy})\right]\left[E(T_y) - E(T_{xy})\right]$$

$$= (25 - 20)(100 - 20) = 400$$

$$\text{Var}(T_{xy}) + \text{Var}(T_{\overline{xy}}) = \text{Var}(T_x) + \text{Var}(T_y)$$

$$- 2\left[E(T_x) - E(T_{xy})\right]\left[E(T_y) - E(T_{xy})\right]$$

$$400 + \text{Var}(T_{\overline{xy}}) = 625 + 10000 - 2(400)$$

따라서

$$\text{Var}(T_{\overline{xy}}) = 9425$$

20 독립적인 두 피보험자 (x)와 (y)는 상수사력을 따르고 $\mu_x = 0.01$, $\mu_y = 0.05$이며 $\delta = 0.05$이다. 다음을 구하시오.

(a) $A^{1}_{\overline{xy}:\,\overline{20|}}$ (b) $\text{Var}(v^{T(xy)})$ (c) $\text{Cov}(v^{T(xy)}, v^{T(\overline{xy})})$

:: 풀이

(a) (x)가 상수사력 $\mu_x = \mu$을 따를 때

$$\bar{A}^{1}_{x:\,\overline{n|}} = \int_0^n v^t \, {}_t p_x \, \mu_{x+t} \, dt = \int_0^n e^{-\delta t} e^{-\mu t} \mu \, dt = \frac{\mu}{\mu + \delta}\left[1 - e^{(\mu+\delta)n}\right]$$

이다. $T_{xy} = \min(T_x, T_y)$이므로 $T_y \sim \exp(0.06)$을 따른다.

$$\bar{A}^{1}_{x:\,\overline{20|}} = \frac{0.01}{0.01 + 0.05}(1 - e^{-0.06 \times 20}) = \frac{1}{6}(1 - e^{-1.2}) = 0.11647$$

$$\bar{A}^{1}_{y:\,\overline{20|}} = \frac{0.05}{0.05 + 0.05}(1 - e^{0.1 \times 20}) = \frac{1}{2}(1 - e^{-2.0}) = 0.43233$$

$$A^{1}_{xy:\,\overline{20|}} = \frac{0.06}{0.06 + 0.05}(1 - e^{-0.11 \times 20}) = \frac{6}{11}(1 - e^{-2.2}) = 0.04806$$

보험의 대칭적 관계식에 의하여

$$A^{1}_{\overline{xy}:\,\overline{20|}} = 0.11647 + 0.43233 - 0.04806 = 0.50074$$

(b) $\text{Var}(v^{T(xy)}) = E(v^{2T(xy)}) - \left[E(v^{T(xy)})\right]$

$$E(v^{T(xy)}) = \bar{A}_{xy} = \frac{0.06}{0.06+0.05} = \frac{6}{11}$$

$$E(v^{2T(xy)}) = {}^2\bar{A}_{xy} = \frac{0.06}{0.06+2(0.05)} = \frac{6}{16}$$

따라서

$$\mathrm{Var}(v^{T(xy)}) = \frac{6}{16} - \left(\frac{6}{11}\right)^2 = 0.07748$$

(c) T_x와 T_y가 독립적이므로 $\mathrm{Cov}(v^{T(x)}, v^{T(y)}) = 0$

따라서

$$\mathrm{Cov}(v^{T(xy)}, v^{T(\overline{xy})}) = (\bar{A}_x - \bar{A}_{xy})(\bar{A}_y - \bar{A}_{xy}) = \left(\frac{1}{6} - \frac{6}{11}\right)\left(\frac{1}{2} - \frac{6}{11}\right)$$

$$= 0.017218$$

21 최종생존자상태 $T_{\overline{30:40}}$와 관련된 10년 기시급 유기생명연금에서 (30)과 (40)이 동시에 생존하면 100원을 지급하고, (30)이 사망하면 60원을 지급하고 (40)이 사망하면 30원을 지급하는 최종생존자연금의 APV를 구하시오.

풀이

$_tp_{\overline{xy}} = {}_tp_y\,{}_tq_x + {}_tp_x\,{}_tq_y + {}_tp_x\,{}_tp_y(\mathrm{C+B+D})$이므로 주어진 문제는 각각의 경우에 급부를 제공하는 최종생존자연금의 문제이다. 급부의 지급이 발생할 확률을 고려해서 최종생존자연금의 APV를 구하면

$$\mathrm{APV} = \sum_{k=0}^{9} v^k \left[100\,{}_kp_{30:40} + 60\,{}_kp_{40}(1-{}_kp_{30}) + 30\,{}_kp_{30}(1-{}_kp_{40})\right]$$

$$= \sum_{k=0}^{9} v^k \left(60\,{}_kp_{40} + 30\,{}_kp_{30} + 10\,{}_kp_{30:40}\right)$$

$$= 60\,\ddot{a}_{40:\overline{10|}} + 30\,\ddot{a}_{30:\overline{10|}} + 10\,\ddot{a}_{30:40:\overline{10|}}$$

22 독립적인 (x), (y)의 사망률이 다음과 같을 때 $\ddot{a}_{\overline{xy}}$를 구하시오. $i = 0.05$이다.

t	q_{x+t}	q_{y+t}
0	0.1	0.2
1	0.3	0.4
2	0.6	0.7
3	1.0	1.0

풀이

$$p_{\overline{xy}} = 1 - q_{\overline{xy}} = 1 - (0.1)(0.2) = 0.98$$

$$2p_{\overline{xy}} = 1 - {}_2q_{\overline{xy}} = 1 - ({}_2q_x)({}_2q_y) = 1 - [1 - (p_x)(p_{x+1})][1 - (p_y)(p_{y+1})]$$

$$= 1 - [1 - (0.9)(0.7)][1 - (0.8)(0.6)] = 1 - (0.37)(0.52) = 0.8076$$

또는

$$2p_{\overline{xy}} = {}_2p_x + {}_2p_y - {}_2p_x\,{}_2p_y = (0.9)(0.7) + (0.8)(0.6) - (0.9)(0.7)(0.8)(0.6)$$

$$= 0.63 + 0.48 - 0.3024 = 0.8076$$

$$3p_{\overline{xy}} = {}_3p_x + {}_3p_y - {}_3p_x\,{}_3p_y$$

$$= (0.9)(0.7)(0.4) + (0.8)(0.6)(0.3) - (0.9)(0.7)(0.4)(0.8)(0.6)(0.3)$$

$$= 0.252 + 0.144 - 0.036288 = 0.359712$$

따라서

$$\ddot{a}_{\overline{xy}} = 1 + \frac{0.98}{1.05} + \frac{0.8076}{1.05^2} + \frac{0.359712}{1.05^3} = 2.9765831$$

23 (x)와 (y)의 미래생존기간은 독립적이다. 다음과 같은 가정이 주어졌다.

(i) $\mu_x = 0.02$ (ii) $\mu_y = 0.01$ (iii) $\delta = 0.05$

(x), (y)가 가입한 완전연속 생사혼합보험은 10년 안에 두 번째 사망이 발생하면 1,000원을 지급한다. 보험료는 (x), (y)가 동시생존시 최대 10년 동안 납입될 때 연납평준순보험료를 구하시오.

:: 풀이

연납평준순보험료를 구하기 위하여 $\bar{A}_{\overline{xy}:\,\overline{10|}}$, $\bar{a}_{xy:\,\overline{10|}}$의 값이 필요하다. T_x, T_y가 지수분포를 따르므로

$$\bar{A}_{x:\,\overline{n|}} = \frac{\mu}{\mu+\delta}\left(1 - e^{-(\mu+\delta)n}\right) + e^{-(\mu+\delta)n}$$

$$\bar{a}_{x:\,\overline{n|}} = \frac{1}{\mu+\delta}\left(1 - e^{-(\mu+\delta)n}\right)$$

이고 T_{xy}는 $\mu = \mu_x + \mu_y = 0.03$의 지수분포를 따르므로

$$\bar{A}_{x:\,\overline{10|}} = \frac{0.02}{0.02+0.05}\left[1 - e^{-(0.02+0.05)(10)}\right] + e^{-(0.02+0.05)(10)} = 0.6404181$$

$$\bar{A}_{y:\,\overline{10|}} = \frac{0.01}{0.01+0.05}\left[1 - e^{-(0.01+0.05)(10)}\right] + e^{-(0.01+0.05)(10)} = 0.6240097$$

$$\bar{A}_{xy:\,\overline{10|}} = \frac{0.03}{0.03+0.05}\left[1 - e^{-(0.03+0.05)(10)}\right] + e^{-(0.03+0.05)(10)} = 0.6558306$$

이다. 따라서

$$\bar{A}_{\overline{xy}:\,\overline{10|}} = \bar{A}_{x:\,\overline{10|}} + \bar{A}_{y:\,\overline{10|}} - \bar{A}_{xy:\,\overline{10|}}$$

$$= 0.6404181 + 0.6240097 - 0.6558306 = 0.6085972$$

$$\bar{a}_{xy:\overline{10|}} = \frac{1}{0.03+0.05}\left[1-e^{-(0.03+0.05)(10)}\right] = 6.8833879$$

따라서 연납평준순보험료는

$$P = \frac{1000\,\bar{A}_{\overline{xy}:\overline{10|}}}{\bar{a}_{xy:\overline{10|}}} = \frac{1000\times0.6085972}{6.8833879} = 88.4153572$$

24 (x), (y)의 미래생존기간은 독립적이다. 다음과 같은 자료가 주어질 때 $P_{\overline{xy}}$를 구하시오.

(i) $P_x = 0.010888$ (ii) $P_y = 0.018772$ (iii) $P_{xy} = 0.023535$ (iv) $i = 0.06$

⋮ 풀이

$P_x = \dfrac{1}{\ddot{a}_x} - d$를 이용하면

$$\ddot{a}_x = \frac{1}{P_x+d} = \frac{1}{0.010888+(0.06/1.06)} = 14.8166$$

$$\ddot{a}_y = \frac{1}{P_y+d} = \frac{1}{0.018772+(0.06/1.06)} = 13.2668$$

$$\ddot{a}_{xy} = \frac{1}{P_{xy}+d} = \frac{1}{0.023535+(0.06/1.06)} = 12.4784$$

위의 결과를 이용하면

$$\ddot{a}_{\overline{xy}} = \ddot{a}_x + \ddot{a}_y - \ddot{a}_{xy} = 14.8166+13.2668-12.4784 = 15.605$$

$$P_{\overline{xy}} = \frac{1}{\ddot{a}_{\overline{xy}}} - d = \frac{1}{15.605} - \frac{0.06}{1.06} = 0.0074783$$

25 독립적인 (x), (x)가 보험금 1원의 완전이산 최종생존자 종신보험에 가입하였다. 보험금은 연말에 지급되고 보험료는 종신납이다. 보험료는 동시생존상태에서는 P이고 한 명이 사망하면 $0.7P$이다. 다음과 같은 조건하에서 P를 구하시오.

(i) $A_x = 0.10$ (ii) $A_{xx} = 0.15$ (iii) $d = 0.055$

⋮ 풀이

$A_x = 1 - d\,\ddot{a}_x$이므로 $\ddot{a}_x = \dfrac{1-A_x}{d} = \dfrac{1-0.10}{0.055} = 16.36$

$$\ddot{a}_{xx} = \frac{1-A_{xx}}{d} = \frac{1-0.15}{0.055} = 15.455$$

$$\ddot{a}_{\overline{xx}} = \ddot{a}_x + \ddot{a}_x - \ddot{a}_{xx} = 2(16.36) - 15.455 = 17.265$$

$$A_{\overline{xx}} = A_x + A_x - A_{xx} = 2(0.10) - 0.15 = 0.05$$

보험료의 EPV를 구해보자. 두 가지 방법으로 고려해보자. 동시생존자상태에서 $0.3P$를 기본으로 하고 최종생존자상태에서 $0.7P$를 추가하면 되므로

$$\text{EPV1} = 0.3P\,\ddot{a}_{xx} + 0.7P\,\ddot{a}_{\overline{xx}}$$

또는 동시생존자상태에서 P를 고려하고 한 명만 생존해 있는 경우 $0.7P$를 고려하면 되므로

$$\text{EPV2} = P\,\ddot{a}_{xx} + 0.7P\,(\ddot{a}_{\overline{xx}} - \ddot{a}_{xx})$$

EPV1과 EPV2는 같은 것을 알 수 있다.

$$\text{EPV1} = 0.3P(15.455) + 0.7P(17.265) = 16.722P$$

따라서

$$P = \frac{A_{\overline{xx}}}{\text{EPV1}} = \frac{0.05}{16.722} = 0.0029901$$

26 사망표가 $\mu_x = A + Bc^x$, $\mu_y = A + Bc^y$인 Makeham 법칙을 따른다고 가정할 때 $\bar{a}_{xy}$의 값은 $c^w = c^x + c^y$와 새로운 이력 $\delta' = \delta + A$를 만족시키는 단생명 (w)의 $\bar{a}'_w$임을 보이시오.

◆ 풀이

$$\bar{a}_{xy} = \int_0^\infty v^t\,{}_t p_{xy}\,dt = \int_0^\infty e^{-\delta t} \exp\!\left(-\int_0^t \mu_{x+s} + \mu_{y+s}\,ds\right) dt$$

$$= \int_0^\infty e^{-\delta t} \exp\!\left(-\int_0^t 2A + Bc^s(c^x + c^y)\,ds\right) dt$$

$c^w = c^x + c^y$로부터

$$\bar{a}_{xy} = \int_0^\infty e^{-\delta t}\, e^{-tA}\, \exp\!\left(-\int_0^t A + Bc^{w+s}\,ds\right) dt$$

$$= \int_0^\infty e^{-(\delta+A)t}\,{}_t p_w\,dt = \int_0^\infty v'^t\,{}_t p_w\,dt = \bar{a}'_w$$

27 피보험자 (x)와 (y)는 독립적이고 다음과 같은 가정이 주어졌다.

(i) $x = 60$, $y = 50$ (ii) $q_{60} = 0.08$, $q_{50} = 0.06$

(iii) 각 연령구간에서 사망가정은 각각 UDD이다.

주어진 가정을 이용하여 다음을 구하시오.

(a) ${}_{0.2}q_{60:50}$ (b) ${}_{0.5}q_{60.2:50.2}$

(c) $T_{60:50}$도 각 연령구간에서 UDD를 따르는지 검증하시오.

:: 풀이

(a) UDD가정하에서 $_tp_x = 1 - {}_tq_x = 1 - t\,q_x$이므로

$$_{0.2}q_{60:50} = 1 - {}_{0.2}p_{60:50} = 1 - (1 - {}_{0.2}q_{60})(1 - {}_{0.2}q_{50})$$
$$= 1 - [1 - (0.2)q_{60}][1 - (0.2)q_{50}]$$
$$= 1 - [1 - (0.2)(0.08)][1 - (0.2)(0.06)] = 0.027808$$

(b) $_{0.5}q_{60.2:50.2}$를 구하기 위하여 다음 식을 이용한다.

$$_{0.2|0.5}q_{60:50} = {}_{0.7}q_{60:50} - {}_{0.2}q_{60:50} = {}_{0.2}p_{60:50}\,{}_{0.5}q_{60.2:50.2}$$
$$_{0.7}q_{60:50} = 1 - {}_{0.7}p_{60:50} = 1 - (1 - {}_{0.7}q_{60})(1 - {}_{0.7}q_{50})$$
$$= 1 - [1 - (0.7)q_{60}][1 - (0.7)q_{50}]$$
$$= 1 - [1 - (0.7)(0.08)][1 - (0.7)(0.06)] = 0.095648$$
$$_{0.2|0.5}q_{60:50} = 0.095648 - 0.027808 = (1 - 0.027808)\,{}_{0.5}q_{60.2:50.2}$$

따라서

$$_{0.5}q_{60.2:50.2} = \frac{0.095648 - 0.027808}{1 - 0.027808} = 0.069780454$$

(c) $q_{60:50} = 1 - p_{50:60} = 1 - (0.92)(0.94) = 0.1352$

$T_{60:50}$이 UDD를 따른다면

$_{0.2}q_{50:47} = (0.2)q_{60:50} = (0.2)(0.1352) = 0.02704$이 성립해야 한다.

T_{60}과 T_{50}이 각각 UDD를 따를 때 $_{0.2}q_{60:50} = 0.027808$이다.

$(0.2)q_{60:50} \ne {}_{0.2}q_{60:50} = 0.027808$이므로 $T_{60:50}$은 UDD가정을 따르지 않는 것을 알 수 있다. 따라서 T_{60}과 T_{50}이 각각 UDD가정을 따른다고 해서 $T_{60:50}$의 UDD가정이 성립하는 것은 아니다.

28 남자 (x)와 여자 (y)의 미래생존기간은 독립적이다. 다음과 같은 가정들이 주어졌다. (x)는 경험생명표(남)을 사용하고, (y)는 경험생명표(여)를 사용한다. (f는 경험생명표(여)를 이용한 값들이다)

(i) $x = 50$, $y = 47$

(ii) $l_{50} = 96244.38$, $l_{60} = 92116.01$, $l_{61} = 91508.05$

$l_{47}^f = 97889.92$, $l_{57}^f = 96574.44$, $l_{58}^f = 96390.95$

(iii) (x)와 (y)의 사망은 각 연령구간에서 UDD가정이다.

다음을 계산하시오.

(a) $_{10.6}p_{50:47}$ (b) $\mu_{50+10.6:47+10.6}$

::: **풀이**

(a) $_{10.6}p_{50:47} = {}_{10.6}p_{50}\ {}_{10.6}p_{47}$ 이므로 $_{10.6}p_{50}$ 과 $_{10.6}p_{47}$ 을 계산하여야 한다.

(i) 남자의 경우 $q_{60} = 1 - \dfrac{91508.05}{92116.01} = 0.006599938491$

UDD가정이므로 $_{t}p_{x} = 1 - t\,q_{x}$ 이다.

$$_{10.6}p_{50} = {}_{10}p_{50}\ {}_{0.6}p_{60} = \frac{l_{60}}{l_{50}}(1 - 0.6\,q_{60})$$

$$= \frac{92116.01}{96244.38}(1 - (0.6)(0.006599938491)) = 0.953315237$$

(ii) 여자의 경우 $q_{57}^{f} = 1 - \dfrac{96390.95}{96574.44} = 0.001899985131$

UDD가정이므로 $_{t}p_{x} = 1 - t\,q_{x}$ 이다.

$$_{10.6}p_{47}^{f} = {}_{10}p_{47}^{f}\ {}_{0.6}p_{57}^{f} = \frac{l_{57}^{f}}{l_{47}^{f}}(1 - 0.6\,q_{57}^{f})$$

$$= \frac{96574.44}{97889.92}\left[1 - (0.6)(0.001899985131)\right] = 0.985436968$$

따라서

$$_{10.6}p_{50:47} = {}_{10.6}p_{50}\ {}_{10.6}p_{47}^{f} = (0.953315237)(0.985436968) = 0.939432076$$

(b) $\mu_{60.6:57.6} = \mu_{60.6} + \mu_{57.6}^{f}$

UDD가정하에서

$$\mu_{x+t} = \frac{\dfrac{d}{dt}\ {}_{t}q_{x}}{1 - t\,q_{x}} = \frac{q_{x}}{1 - t\,q_{x}}$$

이므로

$$\mu_{60.6} = \frac{q_{60}}{1 - 0.6\,q_{60}} = \frac{0.006599938491}{1 - (0.6)(0.006599938491)} = 0.006626177911$$

$$\mu_{57.6}^{f} = \frac{q_{57}^{f}}{1 - 0.6\,q_{57}^{f}} = \frac{0.001899985131}{1 - (0.6)(0.001899985131)} = 0.001902153569$$

따라서

$$\mu_{60.6:57.6} = \mu_{60.6} + \mu_{57.6} = (0.006626177911) + (0.001902153569)$$
$$= 0.00852833148$$

29 (x), (y) 미래생존기간은 독립적이고 다음과 같은 생존분포를 따른다. (y) 가 (x) 의 사망후 5년에서 10년 사이에 사망할 확률을 구하시오 $(x = 60,\ y = 70)$.

(i) $l_{x} = 110 - x$ (ii) $\mu_{y} = 0.02$

풀이

(x)의 사망시점을 기준으로 하면 $P = \Pr(T_x + 5 < T_y < T_x + 10)$을 구하는 것이므로 P는

$$P = \int_0^{50} \left(\frac{1}{50}\right)(_{t+5}p_y - _{t+10}p_y)\,dt$$

여기서

$$_{t+5}p_y - _{t+10}p_y = e^{-0.02(t+5)} - e^{-0.02(t+10)} = e^{-0.02t}(e^{-0.1} - e^{-0.2})$$

따라서

$$P = \int_0^{50} \left(\frac{1}{50}\right)(e^{-0.1} - e^{-0.2})(e^{-0.02t})\,dt$$

$$= \left(\frac{1}{50}\right)(e^{-0.1} - e^{-0.2})(50)(1 - e^{-1}) = 0.0544298$$

---

30 (x), (y) 미래생존기간은 독립적이며 $\omega = 110$인 De Moivre 법칙을 따른다. $x = 50$, $y = 60$일 때 (60)이 (i) 80세 이전에 사망하고 (ii) (70)이 사망한 후에 사망하는 두 가지 조건을 만족시키는 확률을 구하시오.

풀이

(70)의 사망시점을 t로 하면

$$f_{T(70)}(t) = \frac{1}{40}$$

t를 기준으로 (60)은 $20 - t$기간에 사망해야 하므로 그 확률은

$$_tp_{60} - _{20}p_{60} = \frac{50-t}{50} - \frac{30}{50} = \frac{20-t}{50}$$이다. 따라서 구하는 확률은

$$\int_0^{20} \left(\frac{1}{40}\right)\left(\frac{20-t}{50}\right)\,dt = \left(\frac{1}{2000}\right)\left(20t - \frac{1}{2}t^2\right)\Big|_0^{20} = \frac{1}{20}$$

---

31 (x), (y) 미래생존기간은 독립적이다$(x = 60, y = 50)$. 다음 조건하에서 (60)이 (i) 10년 안에 사망하는데 (ii) (50)보다 먼저 사망하는 확률을 구하시오.

(i) $l_x = 100 - x$ (ii) $\mu_y = 0.03$

풀이

(60)의 사망시점을 기준으로 하고, $f_{T(60)}(t)$과 (50)이 t이상 생존하는 확률을 곱하고 0에서 10까지 적분한다.

$$f_{T(60)}(t) = \frac{1}{40}$$

$$_tp_{50} = e^{-0.03t}$$

이므로 구하는 확률을

$$\int_0^{10} \frac{1}{40} e^{-0.03t} \, dt = \frac{1}{40} \frac{1}{0.03} (1 - e^{-0.3}) = 0.2159848$$

32 독립적인 (60), (80)이 각각 동일한 ω를 갖는 De Moivre 법칙을 따른다. $_{\infty}q_{60\,:\,\overset{2}{80}} = \frac{1}{3}$일 때 ω를 구하시오.

::: 풀이

적분을 할 때 T_{80}을 조건으로 한다.

$$_{\infty}q_{60\,:\,\overset{2}{80}} = \int_0^{\infty} {}_t q_{60} \, {}_t p_{80} \, \mu_{80+t} \, dt = \int_0^{\omega-80} {}_t q_{60} \frac{1}{\omega-80} \, dt$$

$$= \frac{1}{\omega-80} \int_0^{\omega-80} \frac{t}{\omega-60} \, dt = \frac{(\omega-80)^2}{2(\omega-80)(\omega-60)} = \frac{\omega-80}{2(\omega-60)}$$

따라서

$$\frac{\omega-80}{2(\omega-60)} = \frac{1}{3}, \qquad\qquad 3(\omega-80) = 2(\omega-60)$$

이므로 $\omega = 120$

33 (x), (y)의 미래생존기간은 독립적이다. 다음과 같은 가정하에서 $\bar{A}_{xy}^2$를 구하시오.

(i) $\mu_x = 0.01$ (ii) $\mu_y = 0.03$ (iii) $\delta = 0.05$

::: 풀이

x위에 숫자가 2가 있으므로 2를 기준으로 적분을 해야한다. 피적분함수에 $f_{T(x)}(t)$가 나타나야한다.

$$\bar{A}_{xy}^2 = \int_0^{\infty} v^t \, {}_t q_y \, {}_t p_x \, \mu_{x+t} \, dt = \int_0^{\infty} e^{-0.05t} (1 - e^{-0.03t}) e^{-0.01t} \, 0.01 \, dt$$

$$= 0.01 \int_0^{\infty} e^{-0.06t} \, dt - 0.01 \int_0^{\infty} e^{-0.09t} \, dt$$

$$= \frac{0.01}{0.06} - \frac{0.01}{0.09} = \frac{1}{6} - \frac{1}{9} = \frac{1}{18}$$

34 (50)과 (60)의 미래생존기간은 독립적이다. (50)과 (60)의 생존분포는 $\omega = 100$인 De Moivre 법칙을 따른다. $\bar{a}_{60} = 12$일 때 $\bar{A}_{50\,:\,\overset{1}{60}}$을 구하시오.

::: 풀이

(50)이 먼저 사망하려면 40년 기간 안에 이루어져야 한다. 따라서

$$\bar{A}_{50\,:\,\overset{1}{60}} = \int_0^{40} v^t \left(\frac{1}{50}\right) {}_t p_{60} \, dt = \frac{1}{50} \int_0^{40} v^t \, {}_t p_{60} \, dt$$

여기서 $\displaystyle\int_0^{40} v^t \, {}_tp_{60} \, dt = \bar{a}_{60} = 12$ 이므로

$$\bar{A}^{\,1}_{50:\overline{60}} = \frac{\bar{a}_{60}}{50} = \frac{12}{50} = 0.24$$

35 독립적인 (x) 와 (y) 의 가정은 다음과 같다$(x = 30,\ y = 40)$.

(i) $\mu_{x+t} = 0.02$ \qquad (ii) $l_y = 100 - y,\ 0 \le y < 100$ \qquad (iii) $\delta = 0.05$

사망시점을 t 라고 하고 (x) 가 두 번째에 사망하면 보험금 $\dfrac{1000}{t}$ 을 받는다. 이 보험급부의 APV를 구하시오.

풀이

$${}_tq_y = {}_tq_{40} = \frac{t}{60}$$

$${}_tp_x \, \mu_{x+t} = {}_tp_{30} \, \mu_{30+t} = 0.02 \, e^{-0.02t}$$

따라서

$$\text{APV} = \int_0^{60} e^{-0.05t} \, 0.02 \, e^{-0.02t} \left(\frac{1000}{t}\right) \left(\frac{t}{60}\right) dt = \frac{3}{6} \int_0^{60} e^{-0.07t} \, dt$$

$$= \left(\frac{3}{6}\right) \left(\frac{1 - e^{-0.07(60)}}{0.07}\right) = 7.0357459$$

36 독립적인 (x), (x) 가 동일한 생명표의 사망률을 따른다. 어떤 이자율 i 하에서 $\bar{A}_x = 0.485$, $\bar{A}_{xx} = 0.6$ 이다. 같은 가정하에서 $\bar{A}^{\,2}_{xx}$ 를 구하시오.

풀이

(x), (y) 가 독립적일 때

$$\mu_{x+t:y+t} = \mu_{x+t} + \mu_{y+t}$$

$y = x$ 이므로

$$\mu_{x+t:y+t} = 2 \, \mu_{x+t}$$

$\bar{A}^{\,2}_{xx}$ 를 구해보자.

$$\bar{A}^{\,2}_{xx} = \int_0^{\infty} v^t \, {}_tq_x \, {}_tp_x \, \mu_{x+t} \, dt = \int_0^{\infty} v^t (1 - {}_tp_x) \, {}_tp_x \, \mu_{x+t} \, dt$$

$$= \bar{A}_x - \int_0^{\infty} v^t \, {}_tp_{xx} \, \mu_{x+t} \, dt = \bar{A}_x - \frac{1}{2} \int_0^{\infty} v^t \, {}_tp_{xx} \, \mu_{x+t:x+t} \, dt$$

$$= 0.485 - \frac{1}{2}(0.6) = 0.185$$

37 독립적인 (x)와 (y)는 30년만기 완전연속 연생정기보험에 가입하였다. 보험급부는 (x)가 (y)보다 먼저 사망한 경우 10,000원, (y)가 (x)보다 먼저 사망한 경우 20,000원의 급부가 지급된다. 보험료는 연속적 연액 P가 (x), (y)의 동시 생존시에 최대 10년간 납입된다. 다음과 같은 가정이 주어졌다.

(i) $l_x = 100 - x$, $0 \le x \le 100$ (ii) $l_y = 110 - y$, $0 \le y \le 110$ (iii) $i = 0$

$x = 40$, $y = 60$일 때 다음을 구하시오.

(a) 보험료의 현가   (b) 사망보험금의 APV   (c) 보험료의 연액 P

::: 풀이

(a) $i = 0$이므로 보험료의 현가 EPV는

$$\text{EPV} = P\,\bar{a}_{40:60:\overline{10|}} = P\,\overset{\circ}{e}_{40:60:\overline{10|}}$$

가 된다.

$$_{t}p_{xy} = {}_{t}p_x\,{}_{t}p_y = \left(\frac{60-t}{60}\right)\left(\frac{50-t}{50}\right)$$

$$\overset{\circ}{e}_{40:60:\overline{10|}} = \int_0^{10} \left(\frac{60-t}{60}\right)\left(\frac{50-t}{50}\right)\,dt = \frac{1}{3000}\int_0^{10} (50-t)^2 + 10(50-t)\,dt$$

$$= \left(\frac{1}{3000}\right)\left[\left(\frac{-(50-t)^3}{3}\right) + (10)\frac{-(50-t^2)}{2}\right]_0^{10}$$

$$= \frac{1}{3000}\left[\frac{50^3 - 40^3}{3} + (10)\frac{50^2 - 40^2}{2}\right] = 8.2777778$$

따라서

$$\text{EPV} = 8.2777778\,P$$

(b) 보험급부의 APV는

$$\text{APV} = 10000\,\bar{A}_{xy:\overline{30|}}^{\ 1} + 20000\,\bar{A}_{xy:\overline{30|}}^{\ 1}$$

$$\bar{A}_{xy:\overline{30|}}^{\ 1} = \int_0^{30} \frac{1}{60}\frac{50-t}{50}\,dt = \frac{1}{3000}\left(50t - \frac{1}{2}t^2\right)\Big|_0^{30} = \frac{1050}{3000}$$

$$\bar{A}_{xy:\overline{30|}}^{\ 1} = \int_0^{30} \frac{60-t}{60}\frac{1}{50}\,dt = \frac{1}{3000}\left(60t - \frac{1}{2}t^2\right)\Big|_0^{30} = \frac{1350}{3000}$$

따라서

$$\text{APV} = 10000\left(\frac{1050}{3000}\right) + 20000\left(\frac{1350}{3000}\right) = 12500$$

(c) $P = \dfrac{\text{APV}}{\text{EPV}} = \dfrac{12500}{8.27777778} = 1510.06711$

38 독립적인 (x), (y)는 종신연금에 가입하였다. 이 연금은 다음과 같은 급부를 제공한다.

(i) (x), (y) 동시생존시 매 연초 5,000원 지급

(ii) (y)사망, (x)생존시 2,000원 지급

(iii) (x)사망, (y)생존시 1,000원 지급

다음과 같은 자료하에서

(iv) $\ddot{a}_x = 11.2$ (v) $\ddot{a}_y = 13.3$ (vi) $\ddot{a}_{xy} = 10.2$

이 연금의 APV를 구하시오.

풀이

$$\begin{aligned}
\text{APV} &= 5000\,\ddot{a}_{xy} + 2000\,\ddot{a}_{y|x} + 1000\,\ddot{a}_{x|y} \\
&= 5000\,\ddot{a}_{xy} + 2000\,(\ddot{a}_x - \ddot{a}_{xy}) + 1000\,(\ddot{a}_y - \ddot{a}_{xy}) \\
&= 2000\,\ddot{a}_x + 1000\,\ddot{a}_y + 2000\,\ddot{a}_{xy} \\
&= 2000(11.2) + 1000(13.3) + 2000(10.2) = 56100
\end{aligned}$$

39 독립적인 피보험자 (x), (x)가 가입한 보험금 1원의 종신납입 완전이산 최종생존자 종신보험을 고려한다. 연납평준순보험료가 두 명이 생존하는 경우 $4P$이고, 한 명만 생존하는 경우 P이다. 다음과 같은 조건이 주어졌을 때 P를 구하시오.

(i) $\ddot{a}_x = 13.26683$ (ii) $A_{xx} = 0.3404941$ (iii) $i = 0.06$

풀이

주어진 조건으로부터 A_x와 $\ddot{a}_{xx}$를 구해보자.

$$A_x = 1 - d\,\ddot{a}_x = 1 - \frac{0.06}{1.06}(13.26683) = 0.249047$$

$$\ddot{a}_{xx} = \frac{1 - A_{xx}}{d} = \frac{1 - 0.3404941}{0.06/1.06} = 11.6512709$$

$A_{\overline{xy}} = A_x + A_y - A_{xy}$이고 $y = x$이므로

보험급부의 APV $= A_{\overline{xx}} = 2A_x - A_{xx} = 2(0.249047) - 0.3404941 = 0.1575999$

보험료의 현가 EPV를 구해보자. 만일 (x)와 (y)라면

$$\text{EPV} = 4P\,\ddot{a}_{xy} + P(\ddot{a}_{x|y} + \ddot{a}_{y|x}) = 4P\,\ddot{a}_{xy} + P(\ddot{a}_x + \ddot{a}_y - 2\,\ddot{a}_{xy})$$이다.

여기서 $y = x$이므로

$$\begin{aligned}
\text{EPV} &= P\left[4\ddot{a}_{xx} + 2(\ddot{a}_x - \ddot{a}_{xx})\right] = 2P(\ddot{a}_{xx} + \ddot{a}_x) \\
&= 2P(11.6512709 + 13.26683) = 49.8362018
\end{aligned}$$

따라서 P는

$$P = \frac{A_{\overline{xx}}}{49.8362018} = \frac{0.1575999}{49.8362018} = 0.00316236$$

40 독립적인 (x), (y)가 가입한 완전연속 종신보험은 두 번째 사망자가 발생할 때 보험금 1원을 지급한다. 보험료는 (y)가 사망하고 (x)가 생존시만 납입한다. 다음 가정하에서 종신납 평준순보험료의 연액 P를 구하시오.

(i) $\mu_{x+t} = 0.01$ (ii) $\mu_{y+t} = 0.02$ (iii) $\delta = 0.05$

:: 풀이

구하는 P는

$$P = \frac{\bar{A}_{\overline{xy}}}{\bar{a}_{y|x}}$$

$$\bar{a}_x = \frac{1}{0.01+0.05} = \frac{1}{0.06}, \qquad \bar{a}_{xy} = \frac{1}{0.03+0.05} = \frac{1}{0.08}$$

$$\bar{a}_{y|x} = \bar{a}_x - \bar{a}_{xy} = \frac{1}{0.06} - \frac{1}{0.08} = 4.1666667$$

$$\bar{A}_x = \frac{0.01}{0.01+0.05} = \frac{1}{6}, \qquad \bar{A}_y = \frac{0.02}{0.02+0.05} = \frac{2}{7}$$

$$\bar{A}_{xy} = \frac{0.03}{0.03+0.05} = \frac{3}{8}$$

$$\bar{A}_{\overline{xy}} = \bar{A}_x + \bar{A}_y - \bar{A}_{xy} = \frac{1}{6} + \frac{2}{7} - \frac{3}{8} = 0.0773810$$

따라서

$$P = \frac{\bar{A}_{\overline{xy}}}{\bar{a}_{y|x}} = \frac{0.0773810}{4.1666667} = 0.0185714$$

41 독립적인 (50)과 (60)의 가정이 다음과 같을 때 $\bar{a}_{50|60:\overline{10|}}$을 구하시오.

(i) $\mu_{50+t} = 0.005$ (ii) $\mu_{60+t} = 0.01$ (iii) $\delta = 0.05$

:: 풀이

$$\bar{a}_{50|60:\overline{10|}} = \bar{a}_{60:\overline{10|}} - \bar{a}_{50:60:\overline{10|}}$$

$$\bar{a}_{60:\overline{10|}} = \frac{1-e^{-0.06(10)}}{0.01+0.05} = 7.5198061$$

$$\bar{a}_{50:60:\overline{10|}} = \frac{1-e^{-0.065(10)}}{0.005+0.01+0.05} = 7.3531419$$

$$\bar{a}_{50|60:\overline{10|}} = 7.5198061 - 7.3531419 = 0.1666642$$

42 $\bar{A}_{\overline{x:\overline{n|}}} = \bar{A}_x - \bar{A}_{x:\overline{n|}} + \bar{A}_{\overline{n|}}$ (여기서 $\bar{A}_{\overline{n|}} = v^n$이다)을 증명하시오.

:: 풀이

일반적인 원리로 $\bar{A}_{\overline{x:\overline{n|}}}$을 전개하면

$$\overline{A}_{\overline{x:\overline{n}|}} = \overline{A}_x + \overline{A}_{\overline{n}|} - \overline{A}_{x:\overline{n}|} \text{ 이다.}$$

$\overline{A}_{\overline{n}|} = v^n$ 을 의미한다.

43 $\ddot{a}_{40|\overline{50:\overline{10}|}}$ 을 구하시오. 그리고 그 의미를 기술하시오.

::: 풀이

$$\ddot{a}_{40|\overline{50:\overline{10}|}} = \ddot{a}_{40|\overline{50:\overline{10}|}} - \ddot{a}_{40:\overline{50:\overline{10}|}}$$

$$\ddot{a}_{\overline{50:\overline{10}|}} = \ddot{a}_{\overline{10}|} + {}_{10}E_{50}\,\ddot{a}_{60}$$

$$\ddot{a}_{40:\overline{50:\overline{10}|}} = \ddot{a}_{40:50} + \ddot{a}_{40:\overline{10}|} - \ddot{a}_{40:50:\overline{10}|}$$

이 연금은 (50)의 사망과 10년 중 나중에 발생하는 사상의 시점까지 기시급연금 1원이 지급되는데(적어도 10년 지급되고 10년 후에는 (50)의 생존시까지 지급), (40)이 사망하는 때부터 지급된다. (40)이 생존하고 있으면 연금지급이 없다.

44 다음을 증명하시오.

(a) $\dfrac{\partial}{\partial x}\,\mathring{e}_{xy} = \mu_x\,\mathring{e}_{xy} - {}_\infty q^1_{xy}$ (b) $\dfrac{\partial}{\partial x}\,\bar{a}_{xy} = \mu_x\,\bar{a}_{xy} - \bar{A}^1_{xy}$

(c) $\dfrac{\partial}{\partial x}\,\bar{a}_{y|x} = \mu_x\,\bar{a}_{y|x} - \bar{A}^2_{xy}$

::: 풀이

(a) $\dfrac{d}{dx}\,{}_tp_x = {}_tp_x(\mu_x - \mu_{x+t})$ 를 이용하면

$$\frac{\partial}{\partial x}\,\mathring{e}_{xy} = \frac{d}{dx}\int_0^\infty {}_tp_{xy}\,dt = \int_0^\infty \left(\frac{d}{dx}\,{}_tp_x\right){}_tp_y\,dt$$

$$= \int_0^\infty {}_tp_x(\mu_x - \mu_{x+t})\,{}_tp_y\,dt = \int_0^\infty {}_tp_{xy}(\mu_x - \mu_{x+t})\,dt$$

$$= \mu_x\int_0^\infty {}_tp_{xy}\,dt - \int_0^\infty {}_tp_{xy}\,\mu_{x+t}\,dt = \mu_x\,\mathring{e}_{xy} - {}_\infty q^1_{xy}$$

(b) $\dfrac{d}{dx}\,{}_tp_x = {}_tp_x(\mu_x - \mu_{x+t})$ 를 이용하면

$$\frac{\partial}{\partial x}\,\bar{a}_{xy} = \frac{d}{dx}\int_0^\infty v^t\,{}_tp_{xy}\,dt = \int_0^\infty v^t\left(\frac{d}{dx}\,{}_tp_x\right){}_tp_y\,dt$$

$$= \int_0^\infty v^t\,{}_tp_x(\mu_x - \mu_{x+t})\,{}_tp_y\,dt = \int_0^\infty v^t\,{}_tp_{xy}(\mu_x - \mu_{x+t})\,dt$$

$$= \mu_x\int_0^\infty v^t\,{}_tp_{xy}\,dt - \int_0^\infty v^t\,{}_tp_{xy}\,\mu_{x+t}\,dt = \mu_x\,\bar{a}_{xy} - \bar{A}^1_{xy}$$

(c) $\dfrac{d}{dx}\,_tp_x = {}_tp_x\,(\mu_x - \mu_{x+t})$를 이용하면

$$\frac{\partial}{\partial x}\,\bar{a}_{y|x} = \frac{d}{dx}\int_0^\infty v^t\,_tp_x\,_tq_y\,dt = \int_0^\infty v^t\left(\frac{d}{dx}\,_tp_x\right)_tq_y\,dt$$

$$= \int_0^\infty v^t\,_tp_x\,(\mu_x - \mu_{x+t})\,_tq_y\,dt$$

$$= \mu_x\int_0^\infty v^t\,_tp_x\,_tq_y\,dt - \int_0^\infty v^t\,_tp_x\,\mu_{x+t}\,_tq_y\,dt$$

$$= \mu_x\,\bar{a}_{y|x} - \bar{A}^2_{xy}$$

제 9 장

다중탈퇴모형

Ⅰ. 기초이론

1. 다중탈퇴표 관련 관계식(탈퇴원인이 2개인 경우)

(i) $d_x^{(1)} = l_x^{(\tau)} q_x^{(1)} = l_x^{(\tau)} q_x^{\prime (1)} \left(1 - \dfrac{1}{2} q_x^{\prime (2)}\right)$

$\quad d_x^{(2)} = l_x^{(\tau)} q_x^{(2)} = l_x^{(\tau)} q_x^{\prime (2)} \left(1 - \dfrac{1}{2} q_x^{\prime (1)}\right)$

(ii) $l_{x+1}^{(\tau)} = l_x^{(\tau)} - d_x^{(1)} - d_x^{(2)} = l_x^{(\tau)} \left(1 - q_x^{\prime (1)}\right)\left(1 - q_x^{\prime (2)}\right)$

(iii) $_t p_x^{(\tau)} = {_t p_x^{\prime (1)}} \, {_t p_x^{\prime (2)}}$

2. 다중탈퇴모형과 계산기수(탈퇴원인이 2개인 경우)

(i) $D_x^{(\tau)} = v^x l_x^{(\tau)}$

(ii) $C_x^{(1)} = d_x^{(1)} v^{x+1}, \qquad M_x^{(1)} = \displaystyle\sum_{k=0}^{\infty} C_{x+k}^{(1)}$

$\quad C_x^{(2)} = d_x^{(2)} v^{x+1}, \qquad M_x^{(2)} = \displaystyle\sum_{k=0}^{\infty} C_{x+k}^{(2)}$

(iii) $D_{x+t}^{*(\tau)} = v^t l_{x+t}^{(\tau)}, \qquad \displaystyle\sum_{t=0}^{n-1} D_{x+t}^{*(\tau)} = N_x^{*(\tau)} - N_{x+n}^{*(\tau)}$

(iv) $C_{x+t}^{*(1)} = d_{x+t}^{(1)} v^{t+1}, \qquad \displaystyle\sum_{t=0}^{n-1} C_{x+t}^{*(1)} = M_x^{*(1)} - M_{x+n}^{*(1)}$

$\quad C_{x+t}^{*(2)} = d_{x+t}^{(2)} v^{t+1}, \qquad \displaystyle\sum_{t=0}^{n-1} C_{x+t}^{*(2)} = M_x^{*(2)} - M_{x+n}^{*(2)}$

3. 계산기수를 이용한 보험료 계산(탈퇴원인이 2개인 경우)

(1) 일시납보험료

$$A = \frac{\left(M_x^{*(1)} - M_{x+n}^{*(1)}\right) + \left(M_x^{*(2)} - M_{x+n}^{*(2)}\right)}{D_x^{*(\tau)}} = \frac{\displaystyle\sum_{t=0}^{n-1} C_{x+t}^{*(1)} + \sum_{t=0}^{n-1} C_{x+t}^{*(2)}}{D_x^{*(\tau)}}$$

(2) 연납보험료

$$P = \frac{\left(M_x^{*(1)} - M_{x+n}^{*(1)}\right) + \left(M_x^{*(2)} - M_{x+n}^{*(2)}\right)}{N_x^{*(\tau)} - N_{x+n}^{*(\tau)}} = \frac{\displaystyle\sum_{t=0}^{n-1} C_{x+t}^{*(1)} + \sum_{t=0}^{n-1} C_{x+t}^{*(2)}}{\displaystyle\sum_{t=0}^{n-1} D_{x+t}^{*(\tau)}}$$

9.1 기본연습문제

01 다음과 같은 절대탈퇴율들이 주어졌을 때 다중탈퇴표를 작성하시오. 탈퇴원인 1은 사망, 탈퇴원인 2는 암발생을 나타낸다.

x	$q_x^{\prime(1)}$	$q_x^{\prime(2)}$
45	0.00178	0.001
46	0.00196	0.002
47	0.00215	0.003
48	0.00235	0.004
49	0.00258	0.005
50	0.00282	0.006

풀이

주어진 자료와 식 (9.1.2.11)와 식 (9.1.2.12)을 이용하면 다음과 같은 다중탈퇴표를 작성할 수 있다.

x	$l_x^{(\tau)}$	$d_x^{(1)}$	$d_x^{(2)}$	$q_x^{(1)}$	$q_x^{(2)}$	$p_x^{(\tau)}$
45	100000	177.91	99.91	0.0017791	0.0009991	0.9972218
46	99722	195.26	199.25	0.0019580	0.0019980	0.9960439
47	99328	213.23	297.66	0.0021468	0.0029968	0.9948565
48	98817	231.75	394.80	0.0023453	0.0039953	0.9936594
49	98190	252.70	490.32	0.0025736	0.0049936	0.9924329
50	97447	273.98	583.86	0.0028115	0.0059915	0.9911969

02 $i = 0.05$와 연습문제 1번에서 작성한 다중탈퇴표를 이용하여 $D_x^{*(\tau)}$, $C_x^{*(1)}$, $C_x^{*(2)}$ 등의 계산기수표를 작성하시오.

풀이

식 (9.1.3.18)부터 식 (9.1.3.23)을 이용하면 다음과 같은 계산기수표를 작성할 수 있다.

t	$D_{45+t}^{*(\tau)}$	$\sum_{k=0}^{t} D_{45+k}^{*(\tau)}$	$C_{45+t}^{*(1)}$	$\sum_{k=0}^{t} C_{45+k}^{*(1)}$	$C_{45+t}^{*(2)}$	$\sum_{k=0}^{t} C_{45+k}^{*(2)}$
0	100000.00		169.43905		95.15333	
1	94973.50		177.10659		180.72463	
2	90093.12		184.19968		257.13221	
3	85361.64		190.66539		324.80512	
4	80781.33	451209.60	197.99505	919.40576	384.17678	1241.99207
5	76352.43		204.44563		435.68442	

03 연습문제 1번에서 작성한 다중탈퇴표를 이용하여 피보험자 (45)가 가입한 5년납입 5년만기 정기보험의 일시납순보험료와 연납순보험료를 구하시오. 보험급부는 사망시 100,000원, 암발생시 50,000원을 지급한다. 보험급부는 급부지급사유 발생시 즉시 지급하며 위험률은 매연령마다 균등분포를 따른다고 가정한다. $i = 0.05$이다.

풀이

먼저 일시납순보험료를 구해보자. 일시납순보험료를 A라고 하면

$$A = \frac{i}{\delta} \frac{100000 \left(M_{45}^{*(1)} - M_{50}^{*(1)} \right) + 50000 \left(M_{45}^{*(2)} - M_{50}^{*(2)} \right)}{D_{45}^{*(\tau)}}$$

$$= \frac{i}{\delta} \frac{100000 \sum_{k=0}^{4} C_{45+k}^{*(1)} + 50000 \sum_{k=0}^{4} C_{45+k}^{*(2)}}{D_{45}^{*(\tau)}}$$

$$= \frac{0.05}{0.048790164} \frac{100000(919.40576) + 50000(1241.99207)}{100000}$$

$$= 1578.59870$$

가 된다. 연납순보험료 P 는

$$P = \frac{i}{\delta} \frac{100000\left(M_{45}^{*(1)} - M_{50}^{*(1)}\right) + 50000\left(M_{45}^{*(2)} - M_{50}^{*(2)}\right)}{N_{45}^{*(\tau)} - N_{50}^{*(\tau)}}$$

$$= \frac{i}{\delta} \frac{100000\sum_{k=0}^{4} C_{45+k}^{*(1)} + 50000\sum_{k=0}^{4} C_{45+k}^{*(2)}}{\sum_{k=0}^{4} D_{45+k}^{*(\tau)}}$$

$$= \frac{0.05}{0.048790164} \frac{100000(919.40576) + 50000(1241.99207)}{451209.60}$$

$$= 349.85929$$

04 탈퇴원인이 1, 2, 3인 절대탈퇴율이 다음 표와 같이 주어졌을 때 이 표를 이용하여 다중탈퇴표를 작성하시오.

x	$q_x^{'(1)}$	$q_x^{'(2)}$	$q_x^{'(3)}$
35	0.00065	0.001	0.05
36	0.00070	0.002	0.05
37	0.00076	0.003	0.05
38	0.00084	0.004	0.05
39	0.00094	0.005	0.05
40	0.00106	0.006	0.05
41	0.00119	0.007	0.05
42	0.00133	0.008	0.05
43	0.00147	0.009	0.05
44	0.00162	0.010	0.05
45	0.00178	0.011	0.05

풀이

주어진 자료와 식 (9.1.2.20)을 이용하면 다음과 같은 다중탈퇴표를 작성할 수 있다.

x	$l_x^{(\tau)}$	$d_x^{(1)}$	$d_x^{(2)}$	$d_x^{(3)}$	$q_x^{(1)}$	$q_x^{(2)}$	$q_x^{(3)}$	$p_x^{(\tau)}$
35	100000	63.34	97.47	4995.88	0.00063	0.00097	0.04996	0.94843
36	94843	64.67	184.88	4735.77	0.00068	0.00195	0.04993	0.94744
37	89858	66.49	262.74	4484.46	0.00074	0.00292	0.04991	0.94643
38	85044	69.51	331.53	4241.93	0.00082	0.00390	0.04988	0.94541
39	80401	73.51	391.77	4008.13	0.00091	0.00487	0.04985	0.94436
40	75928	78.24	443.94	3783.00	0.00103	0.00585	0.04982	0.94330
41	71623	82.81	488.54	3566.48	0.00116	0.00682	0.04980	0.94223
42	67485	87.16	526.04	3358.52	0.00129	0.00779	0.04977	0.94115
43	63513	90.62	556.92	3159.05	0.00143	0.00877	0.04974	0.94007
44	59707	93.84	581.67	2968.00	0.00157	0.00974	0.04971	0.93898
45	56063	96.77	600.75	2785.26	0.00173	0.01072	0.04968	0.93788

05 $i = 0.05$와 연습문제 4번에서 작성한 다중탈퇴표를 이용하여 $D_x^{*(\tau)}$, $C_x^{*(1)}$, $C_x^{*(2)}$, $C_x^{*(3)}$ 등의 계산기수표를 작성하시오.

풀이

식 (9.1.3.18)부터 식 (9.1.3.23)을 이용하면 다음과 같은 계산기수표를 작성할 수 있다.

t	$D_{35+t}^{*(\tau)}$	$\sum_{k=0}^{t} D_{35+k}^{*(\tau)}$	$C_{35+t}^{*(1)}$	$\sum_{k=0}^{t} C_{35+k}^{*(1)}$
0	100000.00		60.32722	
1	90326.96		58.65432	
2	81503.85		57.43289	
3	73464.48		57.18867	
4	66146.38		57.59324	
5	59491.52		58.38248	
6	53445.99		58.85289	
7	47960.27		58.99603	
8	42988.23		58.41714	
9	38487.41	653815.10	57.60905	583.45393
10	34417.87		56.57762	

t	$C_{35+t}^{*(2)}$	$\sum\limits_{k=0}^{t} C_{35+k}^{*(2)}$	$C_{35+t}^{*(3)}$	$\sum\limits_{k=0}^{t} C_{35+k}^{*(3)}$
0	92.82722		4757.97722	
1	167.69186		4295.47925	
2	226.96091		3873.84233	
3	272.75445		3489.84668	
4	306.96510		3140.47774	
5	331.27858		2822.93528	
6	347.19402		2534.63243	
7	356.04137		2273.17632	
8	358.99699		2036.35131	
9	357.09606	2817.80658	1822.09539	31046.81394
10	351.24378		1628.48416	

06 연습문제 3번에서 작성한 다중탈퇴표를 이용하여 피보험자 (35)가 가입한 10년납입, 10년만기 정기보험의 일시납순보험료와 연납순보험료를 구하시오. 보험급부는 연말급이며 탈퇴원인 1이 발생시 100,000원, 탈퇴원인 2가 발생시 50,000원, 탈퇴원인 3이 발생시 30,000원을 지급한다. $i = 0.05$ 이다.

풀이

먼저 일시납순보험료를 구해보자. 일시납순보험료를 A라고 하면

$$A = \frac{100000\left(M_{35}^{*(1)} - M_{45}^{*(1)}\right) + 50000\left(M_{35}^{*(2)} - M_{45}^{*(2)}\right) + 30000\left(M_{35}^{*(3)} - M_{45}^{*(3)}\right)}{D_{35}^{*(\tau)}}$$

$$= \frac{100000\sum\limits_{k=0}^{9} C_{35+k}^{*(1)} + 50000\sum\limits_{k=0}^{9} C_{35+k}^{*(2)} + 30000\sum\limits_{k=0}^{9} C_{35+k}^{*(3)}}{D_{35}^{*(\tau)}}$$

$$= \frac{100000(583.45393) + 50000(2817.80658) + 30000(31046.81394)}{100000}$$

$$= 11306.40141$$

가 된다. 연납순보험료 P는

$$P = \frac{100000\left(M_{35}^{*(1)} - M_{45}^{*(1)}\right) + 50000\left(M_{35}^{*(2)} - M_{45}^{*(2)}\right) + 30000\left(M_{35}^{*(3)} - M_{45}^{*(3)}\right)}{N_{35}^{*(\tau)} - N_{45}^{*(\tau)}}$$

$$= \frac{100000\sum\limits_{k=0}^{9} C_{35+k}^{*(1)} + 50000\sum\limits_{k=0}^{9} C_{35+k}^{*(2)} + 30000\sum\limits_{k=0}^{9} C_{35+k}^{*(3)}}{\sum\limits_{k=0}^{9} D_{35+k}^{*(\tau)}}$$

$$= \frac{100000(583.45393) + 50000(2817.80658) + 30000(31046.81394)}{653815.10}$$
$$= 1729.29646$$

07 연습문제 6번의 보험상품을 이용하여 제7보험연도말 순보식 책임준비금을 구하시오.

풀이

제7보험연도말에서 보험급부에 대한 APV는

$$\text{APV} = \frac{100000\left(M_{42}^{*(1)} - M_{45}^{*(1)}\right) + 50000\left(M_{42}^{*(2)} - M_{45}^{*(2)}\right)}{D_{42}^{*(\tau)}}$$
$$+ \frac{30000\left(M_{42}^{*(3)} - M_{45}^{*(3)}\right)}{D_{42}^{*(\tau)}}$$
$$= \frac{100000\left(\sum\limits_{k=0}^{2} C_{42+k}^{*(1)}\right) + 50000\left(\sum\limits_{k=0}^{2} C_{42+k}^{*(2)}\right) + 30000\left(\sum\limits_{k=0}^{2} C_{42+k}^{*(3)}\right)}{D_{42}^{*(\tau)}}$$
$$= \frac{100000(175.02222) + 50000(1072.13442) + 30000(87459.89975)}{47960.27}$$
$$= 56190.38614$$

제7보험연도말에서 보험료 1원의 현가 EPV는

$$\text{EPV} = \ddot{a}_{42:\overline{3}|} = \frac{N_{42}^{*(\tau)} - N_{45}^{*(\tau)}}{D_{42}^{*(\tau)}} = \frac{\sum\limits_{k=0}^{2} D_{42+k}^{*(\tau)}}{D_{42}^{*(\tau)}} = \frac{129435.91}{47960.27} = 2.69882$$

따라서 제7보험연도말 책임준비금은

$$_{7}V = \text{APV} - P \times \text{EPV} = 56190.38614 - (1729.29646)(2.69882)$$
$$= 51523.32627$$

08 탈퇴원인 1은 질병(1)을, 탈퇴원인 2는 질병(2)를, 탈퇴원인 3은 질병(3)을 나타낸다. 피보험자 (50)이 가입한 완전이산 3년만기 정기보험은 질병(1) 발생시 100,000원, 질병(2) 발생시 200,000원, 질병(3) 발생시 300,000원을 지급한다. $i = 0.05$이고 다음의 자료가 주어졌다.

x	$l_x^{(\tau)}$	$d_x^{(1)}$	$d_x^{(2)}$	$d_x^{(3)}$
50	100000	10	20	30
51	99940	20	30	40
52	99830	50	60	70
53	99630	50	70	80
54	99420	50	80	80

보험료가 수지상등의 원칙에 의하여 계산될 때 이 보험의 일시납순보험료를 구하시오.

풀이

질병(1)에 대한 APV1은

$$APV1 = 100000\left(v\, q_{50}^{(1)} + v^2\, {}_{1|}q_{50}^{(1)} + v^3\, {}_{2|}q_{50}^{(1)}\right)$$

$$= 100000\left[\left(\frac{1}{1.05}\right)\left(\frac{10}{100000}\right) + \left(\frac{1}{1.05}\right)^2\left(\frac{20}{100000}\right) + \left(\frac{1}{1.05}\right)^3\left(\frac{50}{100000}\right)\right]$$

$$= 70.856$$

질병(2)에 대한 APV2는

$$APV2 = 200000\left(v\, q_{50}^{(2)} + v^2\, {}_{1|}q_{50}^{(2)} + v^3\, {}_{2|}q_{50}^{(2)}\right)$$

$$= 200000\left[\left(\frac{1}{1.05}\right)\left(\frac{20}{100000}\right) + \left(\frac{1}{1.05}\right)^2\left(\frac{30}{100000}\right) + \left(\frac{1}{1.05}\right)^3\left(\frac{40}{100000}\right)\right]$$

$$= 161.624$$

질병(3)에 대한 APV3은

$$APV3 = 300000\left(v\, q_{50}^{(3)} + v^2\, {}_{1|}q_{50}^{(3)} + v^3\, {}_{2|}q_{50}^{(3)}\right)$$

$$= 300000\left[\left(\frac{1}{1.05}\right)\left(\frac{50}{100000}\right) + \left(\frac{1}{1.05}\right)^2\left(\frac{60}{100000}\right) + \left(\frac{1}{1.05}\right)^3\left(\frac{70}{100000}\right)\right]$$

$$= 487.528$$

수지상등의 원칙에 의한 NSP = APV1 + APV2 + APV3 = 720.008

심·화·학·습·문·제 9.1

※ 1~5번은 다음 자료를 이용하여 구하시오.

탈퇴원인 1은 질병1로 인한 사망을, 탈퇴원인 2는 질병2로 인한 사망을 나타낸다. 피보험자 (30)이 가입한 완전이산 5년만기 정기보험은 질병1로 인한 사망시 100,000원,

질병2로 인한 사망시 200,000원을 지급한다. $i = 0.05$이고 다음의 자료가 주어졌다.

x	$l_x^{(\tau)}$	$d_x^{(1)}$	$d_x^{(2)}$
30	10000	5	10
31	9985	6	12
32	9967	7	14
33	9946	8	16
34	9922	9	18
35	9895	10	20

1 보험료가 수지상등의 원칙이 적용되어 계산될 때 이 보험의 일시납순보험료를 구하시오.

::: 풀이

질병1로 인한 사망시 APV1은

$$\text{APV1} = 100000\left(v\, q_{30}^{(1)} + v^2\,{}_{1|}q_{30}^{(1)} + v^3\,{}_{2|}q_{30}^{(1)} + v^4\,{}_{3|}q_{30}^{(1)} + v^5\,{}_{4|}q_{30}^{(1)}\right)$$

$$= 100000\left[\left(\frac{1}{1.05}\right)\left(\frac{5}{10000}\right) + \left(\frac{1}{1.05}\right)^2\left(\frac{6}{10000}\right) + \left(\frac{1}{1.05}\right)^3\left(\frac{7}{10000}\right)\right.$$

$$\left. + \left(\frac{1}{1.05}\right)^4\left(\frac{8}{10000}\right) + \left(\frac{1}{1.05}\right)^5\left(\frac{9}{10000}\right)\right] = 298.84$$

질병2로 인한 사망시 APV2는

$$\text{APV2} = 200000\left(v\, q_{30}^{(2)} + v^2\,{}_{1|}q_{30}^{(2)} + v^3\,{}_{2|}q_{30}^{(2)} + v^4\,{}_{3|}q_{30}^{(2)} + v^5\,{}_{4|}q_{30}^{(2)}\right)$$

$$= 200000\left[\left(\frac{1}{1.05}\right)\left(\frac{10}{10000}\right) + \left(\frac{1}{1.05}\right)^2\left(\frac{12}{10000}\right) + \left(\frac{1}{1.05}\right)^3\left(\frac{14}{10000}\right)\right.$$

$$\left. + \left(\frac{1}{1.05}\right)^4\left(\frac{16}{10000}\right) + \left(\frac{1}{1.05}\right)^5\left(\frac{18}{10000}\right)\right] = 1195.37$$

$$\text{NSP} = \text{APV1} + \text{APV2} = 298.84 + 1195.37 = 1494.21$$

2 매년초에 연납보험료가 최대 5년간 납입될 때 연납평준순보험료를 구하시오.

::: 풀이

보험료납입에 대한 EPV3는

$$\text{EPV3} = P\left(1 + v\, p_{30}^{(\tau)} + v^2\,{}_2p_{30}^{(\tau)} + v^3\,{}_3p_{30}^{(\tau)} + v^4\,{}_4p_{30}^{(\tau)}\right)$$

$$= P\left[1 + \left(\frac{1}{1.05}\right)\left(\frac{9985}{10000}\right) + \left(\frac{1}{1.05}\right)^2\left(\frac{9967}{10000}\right) + \left(\frac{1}{1.05}\right)^3\left(\frac{9946}{10000}\right)\right.$$

$$\left. + \left(\frac{1}{1.05}\right)^4\left(\frac{9922}{10000}\right)\right]$$

$$= 4.5318P$$

심화학습문제 1번에서 APV1 $= 298.84$, APV2 $= 1195.37$ 이고 수지상등의 원칙에 의해 APV1 $+$ APV2 $=$ EPV3이므로 $4.5304P = 298.84 + 1195.37 = 1494.21$ 이다. 따라서

$$P = 329.82$$

3 제3보험연도말 순보식 책임준비금을 구하시오.

풀이

$_3V$ 를 구하기 위해 33세에서 보험급부의 APV와 $\ddot{a}_{33:\overline{2|}}$ 를 구해보자.

$$\text{APV} = 100000\left(v\,q_{33}^{(1)} + v^2{}_{1|}q_{33}^{(1)}\right) + 200000\left(v\,q_{33}^{(2)} + v^2{}_{1|}q_{33}^{(2)}\right)$$

$$= 100000\left[\left(\frac{1}{1.05}\right)\left(\frac{8}{9946}\right) + \left(\frac{1}{1.05}\right)^2\left(\frac{9}{9946}\right)\right]$$

$$+ 200000\left[\left(\frac{1}{1.05}\right)\left(\frac{16}{9946}\right) + \left(\frac{1}{1.05}\right)^2\left(\frac{18}{9946}\right)\right] = 793.4$$

$$\ddot{a}_{33:\overline{2|}} = 1 + v\,p_{33}^{(\tau)} = 1 + \left(\frac{1}{1.05}\right)\left(\frac{9922}{9946}\right) = 1.9501$$

심화학습문제 2번에서 $P = 329.82$ 이므로

$$_3V = \text{APV} - P\,\ddot{a}_{33:\overline{2|}} = 793.4 - (1.9501)(329.82) = 150.22$$

4 $i = 0.05$ 와 주어진 자료를 이용하여 $D_{30+t}^{*(\tau)}$, $C_{30+t}^{*(1)}$, $C_{30+t}^{*(2)}$ 의 계산기수표를 작성하시오.

풀이

x	$D_{30+t}^{*(\tau)}$	$\sum\limits_{t=0}^{4} D_{30+t}^{*(\tau)}$	$C_{30+t}^{*(1)}$	$\sum\limits_{t=0}^{4} C_{30+t}^{*(1)}$	$C_{30+t}^{*(2)}$	$\sum\limits_{t=0}^{4} C_{30+t}^{*(1)}$
30	10000.00		4.75952		9.52143	
31	9509.53		5.43891		10.88109	
32	9040.37		6.04262		12.08949	
33	8591.75		6.57634		13.15797	
34	8162.88	45304.53	7.04536	29.86276	14.09712	59.74711
35	7753.03		7.45465		14.91684	

5 심화학습문제 4번의 계산기수표를 이용하여 심화학습문제 1, 2, 3번을 구하시오.

풀이

$$\text{NSP} = \frac{100000\left[M_{30}^{*(1)} - M_{35}^{*(1)}\right] + 200000\left[M_{30}^{*(2)} - M_{35}^{*(2)}\right]}{D_{30}^{*(\tau)}}$$

$$= \frac{100000 \sum\limits_{t=0}^{4} C_{30+t}^{*(1)} + 200000 \sum\limits_{t=0}^{4} C_{30+t}^{*(2)}}{D_{30}^{*(\tau)}}$$

$$= \frac{100000(29.86276) + 200000(59.74711)}{10000} = 1494.21$$

$$P = \frac{100000 \left[M_{30}^{*(1)} - M_{35}^{*(1)} \right] + 200000 \left[M_{30}^{*(2)} - M_{35}^{*(2)} \right]}{N_{30}^{*(\tau)} - N_{35}^{*(\tau)}}$$

$$= \frac{100000 \sum\limits_{t=0}^{4} C_{30+t}^{*(1)} + 200000 \sum\limits_{t=0}^{4} C_{30+t}^{*(2)}}{\sum\limits_{t=0}^{4} D_{30+t}^{*(\tau)}}$$

$$= \frac{100000(29.86276) + 200000(59.74711)}{45304.53} = 329.82$$

$$_3V = \frac{100000 \left[M_{33}^{*(1)} - M_{35}^{*(1)} \right] + 200000 \left[M_{33}^{*(2)} - M_{35}^{*(2)} \right]}{D_{33}^{*(\tau)}} - P \frac{N_{33}^{*(\tau)} - N_{35}^{*(\tau)}}{D_{33}^{*(\tau)}}$$

$$= \frac{100000 \sum\limits_{t=0}^{1} C_{33+t}^{*(1)} + 200000 \sum\limits_{t=0}^{1} C_{33+t}^{*(2)}}{D_{33}^{*(\tau)}} - (329.82) \frac{\sum\limits_{t=0}^{1} D_{33+t}^{*(\tau)}}{D_{33}^{*(\tau)}}$$

$$= \frac{100000(6.57634 + 7.04536) + 200000(13.15797 + 14.09712)}{8591.75}$$

$$- \frac{329.82(8591.75 + 8162.88)}{8591.75} = 149.82$$

Ⅱ. 일반이론

1. 다중탈퇴모형과 다중탈퇴표

(1) 다중탈퇴모형과 탈퇴확률

(i) $\displaystyle\int_0^t f_{T,J}(s,j)\,ds = \Pr\{(0 < T \le t) \cap (J = j)\}$

(ii) $\displaystyle {}_t q_x^{(j)} = \int_0^t {}_s p_x^{(\tau)}\,\mu_{x+s}^{(j)}\,ds$

(iii) $\displaystyle f_J(j) = \int_0^\infty f_{T,J}(s,j)\,ds = {}_\infty q_x^{(j)} \quad j = 1, 2, \dots, m$

$\displaystyle f_T(t) = \sum_{j=1}^m f_{T,J}(t,j), \qquad F_T(t) = \int_0^t f_T(s)\,ds$

(iv) $\displaystyle {}_t q_x^{(\tau)} = \sum_{j=1}^m {}_t q_x^{(j)}$

$\displaystyle {}_t p_x^{(\tau)} = \Pr(T > t) = 1 - {}_t q_x^{(\tau)} = \exp\left(-\int_0^t \mu_{x+s}^{(\tau)}\,ds\right)$

$\displaystyle \mu_{x+t}^{(\tau)} = \frac{f_T(t)}{1 - F_T(t)} = -\frac{d}{dt}\ln {}_t p_x^{(\tau)} = \sum_{j=1}^m \mu_{x+t}^{(j)}$

$\displaystyle \mu_{x+t}^{(j)} = \frac{f_{T,J}(t,j)}{1 - F_T(t)} = \frac{f_{T,J}(t,j)}{{}_t p_x^{(\tau)}} = \frac{1}{{}_t p_x^{(\tau)}}\frac{d}{dt}\,{}_t q_x^{(j)}$

(v) $f_{T,J}(t,j) = {}_t p_x^{(\tau)}\,\mu_{x+t}^{(j)}$

$\displaystyle f_J(j) = {}_\infty q_x^{(j)}, \qquad f_T(t) = {}_t p_x^{(\tau)}\,\mu_{x+t}^{(\tau)}$

$\displaystyle f_{J|T}(j|t) = \frac{f_{T,J}(t,j)}{f_T(t)} = \frac{\mu_{x+t}^{(j)}}{\mu_{x+t}^{(\tau)}}$

(vi) $\Pr\{(K = k) \cap (J = j)\} = {}_k p_x^{(\tau)}\,q_{x+k}^{(j)}$

(vii) $\displaystyle q_{x+k}^{(\tau)} = \int_0^1 {}_s p_{x+k}^{(\tau)}\,\mu_{x+k+s}^{(\tau)}\,ds = \sum_{j=1}^m q_{x+k}^{(j)}$

(2) 다중탈퇴표에서 사용되는 기본 관계식

(i) $_n d_x^{(j)} = \sum_{t=0}^{n-1} d_{x+t}^{(j)}$ $\qquad$ $_n d_x^{(\tau)} = \sum_{j=1}^{m} {_n d_x^{(j)}}$

(ii) $d_x^{(\tau)} = \sum_{j=1}^{m} d_x^{(j)}$ $\qquad$ $_n q_x^{(\tau)} = \dfrac{_n d_x^{(\tau)}}{l_x^{(\tau)}} = \dfrac{\sum_{j=1}^{m} {_n d_x^{(j)}}}{l_x^{(\tau)}} = \sum_{j=1}^{m} {_n q_x^{(j)}}$

2. 다중탈퇴율 관련 기본 관계식

(i) $_t p'^{(j)}_x = \exp\left[-\int_0^t \mu_{x+s}^{(j)}\, ds\right]$

(ii) $_t p_x^{(\tau)} = \exp\left[-\int_0^t \mu_{x+s}^{(\tau)}\, ds\right] = \prod_{i=1}^{m} {_t p'^{(j)}_x}$

3. 절대탈퇴율의 계산

(1) CFDMD가정하에서 절대탈퇴율의 계산

(i) $\mu_{x+t}^{(j)} = \mu_x^{(j)},$ $\qquad$ $\mu_{x+t}^{(\tau)} = \mu_x^{(\tau)}$ $\qquad$ $(0 \le t < 1)$

(ii) $0 \le s \le 1$인 경우

$$_s p_x^{(\tau)} = \exp\left(-\int_0^s \mu_{x+r}^{(\tau)}\, dr\right) = \exp(-\mu_x^{(\tau)} s) = (e^{-\mu_x^{(\tau)}})^s = (p_x^{(\tau)})^s$$

$$_s q_x^{(j)} = \int_0^s {_t p_x^{(\tau)}}\, \mu_{x+t}^{(j)}\, dt = \frac{\mu_{x+0}^{(j)}}{\mu_{x+0}^{(\tau)}} \int_0^s {_t p_x^{(\tau)}}\, \mu_{x+t}^{(\tau)}\, dt = \frac{\mu_{x+0}^{(j)}}{\mu_{x+0}^{(\tau)}} {_s q_x^{(\tau)}}$$

(iii) $_r p'^{(j)}_x = (_r p_x^{(\tau)})^{{_s q_x^{(j)}}/{_s q_x^{(\tau)}}} = (_r p_x^{(\tau)})^{q_x^{(j)}/q_x^{(\tau)}}$ $\qquad$ $(0 \le s \le 1,\ 0 \le r \le 1)$

$p'^{(j)}_x = (p_x^{(\tau)})^{{_s q_x^{(j)}}/{_s q_x^{(\tau)}}} = (p_x^{(\tau)})^{q_x^{(j)}/q_x^{(\tau)}}$ $\qquad$ $(0 \le s \le 1,\ 0 \le r \le 1)$

(2) UDDMD가정하에서 절대탈퇴율의 계산

(i) $_t q_x^{(\tau)} = t\, q_x^{(\tau)},$ $\qquad$ $_t q_x^{(j)} = t\, q_x^{(j)}$

(ii) $_t p_x^{(\tau)}\, \mu_{x+t}^{(j)} = q_x^{(j)}$

(iii) $\mu_{x+t}^{(j)} = \dfrac{\dfrac{d}{dt}\,{}_tq_x^{(j)}}{{}_tp_x^{(\tau)}} = \dfrac{\dfrac{d}{dt}\left(t\cdot q_x^{(j)}\right)}{1-{}_tq_x^{(\tau)}} = \dfrac{q_x^{(j)}}{1-t\,q_x^{(\tau)}}$

(iv) ${}_sp'^{(j)}_x = \exp\left[-\int_0^s \mu_{x+t}^{(j)}\,dt\right] = \left({}_sp_x^{(\tau)}\right)^{q_x^{(j)}/q_x^{(\tau)}}$

4. 다중탈퇴율의 계산

(1) CFDMD와 UDDMD가정에서 다중탈퇴율의 계산

(i) ${}_sq_x^{(j)} = \dfrac{\ln {}_rp'^{(j)}_x}{\ln {}_rp_x^{(\tau)}}\,{}_sq_x^{(\tau)}$

(ii) $\displaystyle\prod_{j=1}^{m} {}_rp'^{(j)}_x = {}_rp_x^{(\tau)}$

(iii) $q_x^{(\tau)} = 1 - p_x^{(\tau)}$

(iv) $q_x^{(j)} = \dfrac{\ln p'^{(j)}_x}{\ln p_x^{(\tau)}}\,q_x^{(\tau)}$

(2) UDDSD가정에서 다중탈퇴율의 계산

(i) ${}_tp'^{(j)}_x = 1 - t\,q'^{(j)}_x \qquad (0 \le t \le 1)$

(ii) ${}_tp'^{(j)}_x\,\mu_{x+t}^{(j)} = \dfrac{d}{dt}\left(-{}_tp'^{(j)}_x\right) = q'^{(j)}_x$

(iii) $\mu_{x+t}^{(j)} = \dfrac{-\dfrac{d}{dt}\,{}_tp'^{(j)}_x}{{}_tp'^{(j)}_x} = \dfrac{q'^{(j)}_x}{1-t\,q'_x}$

(iv) ${}_sq_x^{(j)} = \displaystyle\int_0^s {}_tp_x^{(\tau)}\,\mu_{x+t}^{(j)}\,dt = q'^{(j)}_x \int_0^s \prod_{i=1,i\neq j}^{m}\left(1-t\,q'^{(i)}_x\right)dt$

(v) $q_x^{(1)} = q'^{(1)}_x\left[1-\dfrac{1}{2}\left(q'^{(2)}_x+q'^{(3)}_x\right)+\dfrac{1}{3}q'^{(2)}_x\,q'^{(3)}_x\right]\quad (m=3)$

(vi) $q_x^{(1)} = q'^{(1)}_x\left(1-\dfrac{1}{2}q'^{(2)}_x\right)\quad (m=2)$

5. 다중탈퇴급부의 APV

(i) $\bar{A}_x^{(j)} = \int_0^\infty v^t \, _t p_x^{(\tau)} \, \mu_{x+t}^{(j)} \, dt$

(ii) $\bar{A} = \sum_{j=1}^m \int_0^\infty B_{x+t}^{(j)} \, v^t \, _t p_x^{(\tau)} \, \mu_{x+t}^{(j)} \, dt$

6. 계약의 변경

(1) 해약환급금과 보험옵션

(i) 납제보험(감액완납보험)의 보험금에 관한 관계식

$$_k CV = b_k \, A(k), \qquad b_k = \frac{_k CV}{A(k)}$$

표 [1] $b_k = {_k W} = {_k V} / A(k)$인 경우 보험옵션

보험금 사망즉시급, 보험료 연속납	보험금 연말급, 보험료 연납
종신보험	
$_k \overline{W}(\bar{A}_x) = \dfrac{\bar{A}_{x+k} - \bar{P}(\bar{A}_x) \, \bar{a}_{x+k}}{\bar{A}_{x+k}}$	$_k W_x = \dfrac{A_{x+k} - P_x \, \ddot{a}_{x+k}}{A_{x+k}}$
$= 1 - \dfrac{\bar{P}(\bar{A}_x)}{\bar{P}(\bar{A}_{x+k})}$	$= 1 - \dfrac{P_x}{P_{x+k}}$
h년납입 종신보험$(k < h)$	
$_k^h \overline{W}(\bar{A}_x) = \dfrac{\bar{A}_{x+k} - {_h \bar{P}}(\bar{A}_x) \, \ddot{a}_{x+k:\overline{h-k}|}}{\bar{A}_{x+k}}$	$_k^h W_x = \dfrac{A_{x+k} - {_h P_x} \, \ddot{a}_{x+k:\overline{h-k}|}}{A_{x+k}}$
$= 1 - \dfrac{_h \bar{P}(\bar{A}_x)}{_{h-k} \bar{P}(\bar{A}_{x+k})}$	$= 1 - \dfrac{_h P_x}{_{h-k} P_{x+k}}$
n년만기 생사혼합보험$(k < n)$	
$_k \overline{W}(\bar{A}_{x:\overline{n}|}) = \dfrac{\bar{A}_{x+k:\overline{n-k}|} - \bar{P}(\bar{A}_{x:\overline{n}|}) \, \bar{a}_{x+k:\overline{n-k}|}}{\bar{A}_{x+k:\overline{n-k}|}}$	$_k W_{x:\overline{n}|} = \dfrac{A_{x+k:\overline{n-k}|} - P_{x:\overline{n}|} \, \ddot{a}_{x+k:\overline{n-k}|}}{A_{x+k:\overline{n-k}|}}$
$= 1 - \dfrac{\bar{P}(\bar{A}_{x:\overline{n}|})}{\bar{P}(\bar{A}_{x+k:\overline{n-k}|})}$	$= \dfrac{1 - P_{x:\overline{n}|}}{P_{x+k:\overline{n-k}|}}$

(ii) 연장정기보험의 보험기간 s 관련 관계식

$$_kCV = \bar{A}^{1}_{x+k\,:\,\overline{s|}}$$

(2) 계약의 변경

$$_kCV + k\text{시점의 미래보험료의 APV(변경되는 계약)}$$
$$= k\text{시점의 미래급부와 사업비의 APV(변경되는 계약)}$$

9.2 기본연습문제

01 다음과 같은 탈퇴력과 총탈퇴력을 갖는 이중탈퇴모형을 고려해보자.

(i) $\mu^{(1)}_{30+t} = \dfrac{1}{50-t},\ 0 \le t < 50$ (ii) $\mu^{(\tau)}_{30+t} = \dfrac{90-2t}{2000-90t+t^2},\ 0 \le t < 40$

(30)에 대해서 탈퇴시까지의 기간이라는 확률변수를 T, 탈퇴원인이라는 확률변수를 J라고 할 때 다음을 구하시오.

(a) (30)이 40세와 41세 사이에 탈퇴원인 2로 인해 탈퇴할 확률
    (즉 $\Pr\left[(10 < T \le 11) \cap (J = 2)\right] = {}_{10|}q^{(2)}_{30}$)

(b) (30)이 탈퇴원인 1로 인해 탈퇴할 확률(즉, $\Pr(J = 1) = {}_{\infty}q^{(1)}_{30}$)

(c) $f_{J|T}(1\,|\,20)$

풀이

$$\mu^{(\tau)}_{30+t} = \frac{90-2t}{2000-90t+t^2} = \frac{90-2t}{(40-t)(50-t)} = \frac{1}{50-t} + \frac{1}{40-t}$$

$$\mu^{(\tau)}_{30+t} = \mu^{(1)}_{30+t} + \mu^{(2)}_{30+t} \text{이므로 } \mu^{(2)}_{30+t} = \frac{1}{40-t}$$

$$_tp^{(\tau)}_{30} = \exp\left[-\int_0^t \mu^{(\tau)}_{30+s}\,ds\right] = \exp\left[-\int_0^t \left(\frac{1}{50-s} + \frac{1}{40-s}\right)ds\right]$$

$$= \exp\left[\ln\left(\frac{50-t}{50}\right) + \ln\left(\frac{40-t}{40}\right)\right] = \frac{(50-t)(40-t)}{2000}$$

(a) $\Pr\left[(10 < T \le 11) \cap (J = 2)\right] = {}_{10|}q_{30}^{(2)} = \int_{10}^{11} {}_{t}p_{30}^{(\tau)} \mu_{30+t}^{(2)} \, dt$

$$= \int_{10}^{11} \frac{(50-t)(40-t)}{2000}\left(\frac{1}{40-t}\right) dt = \frac{1}{2000}\left[50t - \frac{1}{2}t^2\right]_{10}^{11} = 0.01975$$

(b) $\Pr(J = 1) = {}_{\infty}q_{30}^{(1)} = \int_{0}^{\infty} {}_{s}p_{30}^{(\tau)} \mu_{30+s}^{(1)} \, ds$

$$= \int_{0}^{40} \frac{(50-s)(40-s)}{2000}\left(\frac{1}{50-s}\right) ds = \frac{1}{2000}\left[40s - \frac{1}{2}s^2\right]_{0}^{40} = 0.4$$

(c) $f_{J|T}(1|20) = \dfrac{\mu_{30+20}^{(1)}}{\mu_{30+20}^{(\tau)}} = \dfrac{1/(50-20)}{(90-2(20))/(2000 - 90(20) + (20)^2)} = \dfrac{2}{5} = 0.4$

02 다음과 같이 $l_x^{(\tau)}$와 $d_x^{(j)}$가 나타나는 삼중탈퇴표를 완성시키고, $q_x^{(j)}$, $q_x^{(\tau)}$, $p_x^{(\tau)}$가 나타나는 삼중탈퇴표를 만드시오. 그리고 두 개의 삼중탈퇴표를 이용하여 ${}_{2}p_{35}^{(\tau)}$, ${}_{2|3}q_{35}^{(3)}$를 계산하여 동일한 결과가 나오는 것을 확인하시오.

x	$l_x^{(\tau)}$	$d_x^{(1)}$	$d_x^{(2)}$	$d_x^{(3)}$	$d_x^{(\tau)}$
35	10000	—	70	100	—
36	9800	54	—	150	294
37	—	70	—	200	—
38	9126	86	130	—	—
39	8670	100	160	—	520

풀이

$l_{x+1}^{(\tau)} = l_x^{(\tau)} - d_x^{(\tau)}$, $d_x^{(\tau)} = d_x^{(1)} + d_x^{(2)} + d_x^{(3)}$임을 이용하면, 다음과 같이 삼중탈퇴표를 완성시킬 수 있다.

x	$l_x^{(\tau)}$	$d_x^{(1)}$	$d_x^{(2)}$	$d_x^{(3)}$	$d_x^{(\tau)}$
35	10000	30	70	100	200
36	9800	54	90	150	294
37	9506	70	110	200	380
38	9126	86	130	240	456
39	8670	100	160	260	520

또한 $q_x^{(j)} = \dfrac{d_x^{(j)}}{l_x^{(\tau)}}$, $q_x^{(\tau)} = q_x^{(1)} + q_x^{(2)} + q_x^{(3)}$, $p_x^{(\tau)} = 1 - q_x^{(\tau)}$임을 이용하면 다음과 같은 탈

퇴확률이 나타나는 삼중탈퇴표를 만들 수 있다.

x	$q_x^{(1)}$	$q_x^{(2)}$	$q_x^{(3)}$	$q_x^{(\tau)}$	$p_x^{(\tau)}$
35	0.003	0.007	0.01	0.02	0.98
36	0.00551	0.00918	0.01531	0.03	0.97
37	0.00736	0.01157	0.02104	0.03997	0.96003
38	0.00942	0.01425	0.02630	0.04997	0.95003
39	0.01153	0.01845	0.02999	0.05997	0.94003

따라서 $_n d_x^{(j)} = \sum\limits_{t=0}^{\infty} d_{x+t}^{(j)}$와 두 삼중탈퇴표를 이용하면

$$_2 p_{35}^{(\tau)} = \frac{l_{37}^{(\tau)}}{l_{35}^{(\tau)}} = \frac{9506}{10000} = 0.9506$$

$$_2 p_{35}^{(\tau)} = p_{35}^{(\tau)} \, p_{36}^{(\tau)} = (0.98)(0.97) = 0.9506$$

$$_{2|3} q_{35}^{(3)} = \frac{_3 d_{37}^{(3)}}{l_{35}^{(\tau)}} = \frac{d_{37}^{(3)} + d_{38}^{(3)} + d_{39}^{(3)}}{l_{35}^{(\tau)}} = \frac{200 + 240 + 260}{10000} = 0.07$$

$$_{2|3} q_{35}^{(3)} = {}_2 p_{35}^{(\tau)} \, _3 q_{37}^{(3)} = p_{35}^{(\tau)} \, p_{36}^{(\tau)} \left(q_{37}^{(3)} + p_{37}^{(\tau)} \, q_{38}^{(3)} + p_{37}^{(\tau)} \, p_{38}^{(\tau)} \, q_{39}^{(3)} \right)$$

$$= (0.98)(0.97)[0.02104 + (0.96003)(0.0263)$$

$$+ (0.96003)(0.95003)(0.02999)] = 0.07$$

이며 동일한 결과가 나옴을 알 수 있다.

03 탈퇴원인이 사고로 인한 사망($J = 1$), 질병으로 인한 사망($J = 2$)인 이중탈퇴모형을 고려한다. 다음의 자료를 이용하여

(i) $\mu_{x+t}^{(1)} = \begin{cases} 0.015, & t \le 20 \\ 0.02, & t > 20 \end{cases}$ (ii) $\mu_{x+t}^{(2)} = \begin{cases} 0.025, & t \le 20 \\ 0.04, & t > 20 \end{cases}$

$_{30} q_x^{(\tau)}$, $_{25|10} q_x^{(1)}$을 구하시오.

풀이

(a) 자료 (i), (ii)로부터 총탈퇴력은 $\mu_{x+t}^{(\tau)} = \begin{cases} 0.04, & t \le 20 \\ 0.06, & t > 20 \end{cases}$

$t \le 20$인 경우 $_t p_x^{(\tau)} = e^{-0.04 t}$

$t > 20$인 경우 $_t p_x^{(\tau)} = e^{-0.04(20)} e^{-0.06(t-20)}$

이므로

$$_{30} q_x^{(\tau)} = \int_0^{30} {}_t p_x^{(\tau)} \, \mu_{x+t}^{(\tau)} \, dt$$

$$= \int_0^{20} {}_tp_x^{(\tau)} \, \mu_{x+t}^{(\tau)} \, dt + \int_{20}^{30} {}_tp_x^{(\tau)} \, \mu_{x+t}^{(\tau)} \, dt$$

$$\int_0^{20} {}_tp_x^{(\tau)} \, \mu_{x+t}^{(\tau)} \, dt = \int_0^{20} e^{-0.04t} (0.04) \, dt = 0.04 \left(\frac{1 - e^{-0.04 \times 20}}{0.04} \right)$$

$$= 0.550671$$

$$\int_{20}^{30} {}_tp_x^{(\tau)} \, \mu_{x+t}^{(\tau)} \, dt = \int_{20}^{30} e^{-0.04(20)} \, e^{-0.06(t-20)} (0.06) \, dt$$

$t - 20 = s$인 치환적분법을 사용하면(부록1의 식 $(I-32)$ 참고)

$$= 0.06 \, e^{-0.04(20)} \int_0^{10} e^{-0.06s} \, ds$$

$$= 0.06 \, e^{-0.04(20)} \left(\frac{1 - e^{-0.06 \times 10}}{0.06} \right) = 0.202732$$

따라서

$${}_{30}q_x^{(\tau)} = 0.550671 + 0.202732 = 0.753403$$

(b) [풀이 1]

(a)에서 구한 $t > 20$인 경우의 ${}_tp_x^{(\tau)}$를 이용하면

$$ {}_{25|10}q_x^{(1)} = \int_{25}^{35} {}_tp_x^{(\tau)} \, \mu_{x+t}^{(1)} \, dt$$

$$= \int_{25}^{35} e^{-0.04(20)} \, e^{-0.06(t-20)} (0.02) \, dt$$

$t - 20 = s$인 치환적분법을 사용하면(부록1의 식 $(I-32)$ 참고)

$$= 0.02 \, e^{-0.04(20)} \int_5^{15} e^{-0.06s} \, ds$$

$$= 0.02 \, e^{-0.04(20)} \left(\frac{e^{-0.06 \times 5} - e^{-0.06 \times 15}}{0.06} \right) = 0.050063$$

[풀이 2]

${}_{25|10}q_x^{(1)}$을 구하기 위해 ${}_{25}p_x^{(\tau)}$와 ${}_{10}q_{x+25}^{(1)}$을 구해보자.

(a)에서 구한 $t > 20$인 경우의 ${}_tp_x^{(\tau)}$를 이용하면

$${}_{25}p_x^{(\tau)} = e^{-0.04(20)} \, e^{-0.06(5)} = 0.332871$$

${}_sp_{x+25}^{(\tau)} = e^{-0.06s}$이므로

$${}_{10}q_{x+25}^{(1)} = \int_0^{10} {}_sp_{x+25}^{(\tau)} \, \mu_{(x+25)+s}^{(1)} \, ds = \int_0^{10} e^{-0.06s} (0.02) \, ds$$

$$= 0.02 \left(\frac{1 - e^{-0.06 \times 10}}{0.06} \right) = 0.150396$$

따라서

$$_{25|10}q_x^{(1)} = _{25}p_x^{(\tau)} \, _{10}q_{x+25}^{(1)} = (0.332871)(0.150396) = 0.050062$$

04 다음과 같은 이중탈퇴표와 조건이 주어졌을 때 $q_{41}^{(1)}$을 구하시오.

(i) $_{1|}q_{40}^{(2)} = 0.08$

(ii)

x	$l_x^{(\tau)}$	$q_x^{\prime(1)}$	$q_x^{\prime(2)}$
40	10000	0.1	0.2
42	5900	–	–

풀이

$_tp_x^{(\tau)} = \prod_{j=1}^{m} \, _tp_x^{\prime(j)}$이므로 $p_{40}^{(\tau)} = (0.9)(0.8) = 0.72$

따라서 $l_{41}^{(\tau)} = l_{40}^{(\tau)} \, p_{40}^{(\tau)} = (10000)(0.72) = 7200$이다.

조건 (i)로부터 $_{1|}q_{40}^{(2)} = p_{40}^{(\tau)} \, q_{41}^{(2)} = \dfrac{l_{41}^{(\tau)}}{l_{40}^{(\tau)}} \dfrac{d_{41}^{(2)}}{l_{41}^{(\tau)}} = \dfrac{d_{41}^{(2)}}{l_{40}^{(\tau)}} = \dfrac{d_{41}^{(2)}}{10000} = 0.08$이므로

$d_{41}^{(2)} = (10000)(0.08) = 800$이고

$l_{42}^{(\tau)} = l_{41}^{(\tau)} - d_{41}^{(1)} - d_{41}^{(2)}$이므로

$5900 = 7200 - d_{41}^{(1)} - 800, \quad d_{41}^{(1)} = 500$

따라서 $q_{41}^{(1)} = \dfrac{d_{41}^{(1)}}{l_{41}^{(\tau)}} = \dfrac{500}{7200} = 0.0694$

05 각각의 연관된 단일탈퇴환경에서 $T_j(x)$를 탈퇴시까지의 기간을 나타내는 확률변수로 정의하고, 다중탈퇴환경에서 탈퇴시까지의 기간을 나타내는 확률변수를 $T = \min[T_1(x), T_2(x)]$로 정의하자. $\mu_{x+t}^{(\tau)} = \mu_{x+t}^{(1)} + \mu_{x+t}^{(2)}$가 성립하여 $_tp_x^{(\tau)} = \prod_{j=1}^{2} \, _tp_x^{\prime(j)}$가 성립하기 위한 조건을 설명하시오.

풀이

두 개의 탈퇴원인을 가정한다. 각각의 연관된 단일탈퇴환경에서 $T_j(x)$를 탈퇴시까지 기간을 나타내는 확률변수로 정의하면 $T_j(x)$의 생존함수는 $S_{T_j}(t) = \Pr(T_j(x) > t)$, $j = 1, 2$로 나타낼 수 있다. $T_1(x)$와 $T_2(x)$의 결합생존함수는

$$S_{T_1, T_2}(t_1, t_2) = \Pr[(T_1(x) > t_1) \cap (T_2(x) > t_2)]$$

다중탈퇴환경에서 탈퇴시까지 기간이라는 확률변수 T는 $\min[T_1(x), T_2(x)]$이므로 이 생

존함수는

$$S_T(t) = S_{T_1, T_2}(t, t)$$

$T_1(x)$와 $T_2(x)$가 독립적이라면

$$\frac{d}{dt} \ln S_{T_1, T_2}(t, 0) = -\frac{d}{dt} S_{T_1}(t) = \mu'^{(1)}_{x+t}$$

$$\frac{d}{dt} \ln S_{T_1, T_2}(0, t) = -\frac{d}{dt} S_{T_2}(t) = \mu'^{(2)}_{x+t}$$

$$S_T(t) = S_{T_1}(t) S_{T_2}(t) = S_{T_1, T_2}(t, 0) S_{T_1, T_2}(0, t)$$

$$\mu^{(\tau)}_{x+t} = -\frac{d}{dt} \ln S_{T_1}(t) S_{T_2}(t) = \mu'^{(1)}_{x+t} + \mu'^{(2)}_{x+t} = \mu^{(1)}_{x+t} + \mu^{(2)}_{x+t}$$

$T_1(x)$와 $T_2(x)$가 독립적이 아니라면 다음 식이 성립할 수 있다.

$$\mu^{(\tau)}_{x+t} = -\frac{d}{dt} \ln S_{T_1, T_2}(t, t) \neq -\frac{d}{dt} \ln S_{T_1, T_2}(t, 0) - \frac{d}{dt} \ln S_{T_1, T_2}(0, t)$$

앞의 식들을 정리 해석하면 다음과 같다. $T_1(x)$와 $T_2(x)$가 독립적이라면 단일탈퇴환경에서 구한 탈퇴력을 식 (9.2.3.6)의 기본 관계식에 대입하여 $_tp^{(\tau)}_x$를 구하는데 사용할 수 있다. 그러나 $T_1(x)$와 $T_2(x)$가 종속적이라면 식 (9.2.3.6)의 기본 관계식을 만족하지 않을 수 있기 때문에 단일탈퇴환경에서 구한 탈퇴력을 이용하여 $_tp^{(\tau)}_x$를 구하는 경우 $_tp^{(\tau)}_x$가 다중 탈퇴모형에서 탈퇴시까지 기간 $T = \min[T_1(x), T_2(x)]$의 생존함수라는 것을 확신할 수 없다.

　　이와 같은 문제는 8장에서 $T = T_{xy} = \min[T_x, T_y]$의 분포를 다룰 때도 발생하였던 문제이다. T의 값은 관찰될 수 있는 값이다. 이런 이유로 절대탈퇴율의 분포로부터 다중탈퇴율의 분포를 작성하는 경우 단일탈퇴환경하에서의 변수들은 독립적이라고 가정하는 것이 필요하다.

06 $T_1(x)$와 $T_2(x)$의 결합 p.d.f가 다음과 같다.

$$f_{T_1, T_2}(s, t) = \begin{cases} \dfrac{s+t}{125}, & 0 < s < 5, \, 0 < t < 5 \\ 0, & \text{그외 구간} \end{cases}$$

$T = \min(T_1, T_2)$라고 할 때

$$-\frac{d}{dt} \ln S_T(t) \neq -\left[\frac{d}{dt} \ln S_{T_1, T_2}(t, 0) + \frac{d}{dt} S_{T_1, T_2}(0, t) \right]$$

이 성립하는지를 검증하시오.

풀이

양변에 -1을 곱해주면

$$\frac{d}{dt}\ln S_T(t) \neq \frac{d}{dt}\ln S_{T_1,T_2}(t,0) + \frac{d}{dt}\ln S_{T_1,T_2}(0,t)$$ 임을 보이는 것과 같다.

$$S_T(t) = 1 - \frac{1}{125}\left(5t^2 + 25t - t^3\right)$$

$$S_{T_1,T_2}(t,0) = \frac{1}{50}\left(50 - 5t - t^2\right) = S_{T_1,T_2}(0,t)$$ 이므로

$$\frac{d}{dt}\ln S_T(t) = \frac{3t^2 + 10t - 25}{125 - (5t^2 + 25t - t^3)}$$

$$\frac{d}{dt}\ln S_{T_1,T_2}(t,0) = \frac{2t+5}{t^2 + 5t - 50} = \frac{d}{dt}\ln S_{T_1,T_2}(0,t)$$

그러므로

$$\frac{d}{dt}\ln S_T(t) = \frac{3t^2 + 10t - 25}{125 - (5t^2 + 25t - t^3)} \neq 2\left(\frac{2t+5}{t^2 + 5t - 50}\right)$$

자세한 내용은 제8장의 예제 (8.2.2.1)과 관련된 예제들을 참조하면 된다.

07 $T_1(x)$와 $T_2(x)$는 독립적이고 각각 다음과 같은 확률밀도함수를 가지고 있다.

$$f(s) = \begin{cases} 0.01(s+5), & 0 < s < 10 \\ 0, & \text{그외 구간} \end{cases}$$

$T = \min(T_1, T_2)$라고 할 때

$$-\frac{d}{dt}\ln S_T(t) = -\left[\frac{d}{dt}\ln S_{T_1,T_2}(t,0) + \frac{d}{dt}\ln S_{T_1,T_2}(0,t)\right]$$

이 성립하는지를 검증하시오.

풀이

양변에 -1을 곱해주면

$$\frac{d}{dt}\ln S_T(t) = \frac{d}{dt}\ln S_{T_1,T_2}(t,0) + \frac{d}{dt}\ln S_{T_1,T_2}(0,t)$$ 임을 보이는 것과 같다.

$$S_T(t) = \left[1 - 0.005(t^2 + 10t)\right]^2$$

$$S_{T_1,T_2}(t,0) = \left[1 - 0.005(t^2 + 10t)\right] = S_{T_1,T_2}(0,t)$$ 이므로

$$\frac{d}{dt}\ln S_T(t) = 2\left(\frac{-0.005(2t+10)}{1 - 0.005(t^2 + 10t)}\right)$$

$$\frac{d}{dt}\ln S_{T_1,T_2}(t,0) = \frac{-0.005(2t+10)}{1 - 0.005(t^2 + 10t)} = \frac{d}{dt}\ln S_{T_1,T_2}(0,t)$$

그러므로

$$-\frac{d}{dt}\ln S_T(t) = -\frac{d}{dt}\ln S_{T_1, T_2}(t, 0) - \frac{d}{dt}\ln S_{T_1, T_2}(0, t)$$

자세한 내용들은 연습문제 8.2의 1~8번을 참조하면 된다.

08 다음과 같은 삼중탈퇴모형을 고려한다. 탈퇴원인은 사망($J=1$), 장해($J=2$), 해약($J=3$)이다.

x	$q_x^{\prime(1)}$	$q_x^{\prime(2)}$	$q_x^{\prime(3)}$
50	0.01	0.02	0.05
51	0.02	0.03	0.05
52	0.03	0.04	0.05

각 탈퇴원인이 CFDMD가정을 따른다고 할 때, $_2q_{51}^{(2)}$를 구하시오.

［풀이］

$_2q_{51}^{(2)}$를 구하기 위해 $p_{51}^{(\tau)}$, $q_{51}^{(2)}$, $q_{52}^{(2)}$를 구해보자.

(i) $_tp_x^{(\tau)} = \prod_{j=1}^{m} {}_tp_x^{\prime(j)}$이므로 $p_{51}^{(\tau)} = p_{51}^{\prime(1)}\, p_{51}^{\prime(2)}\, p_{51}^{\prime(3)} = (0.98)(0.97)(0.95) = 0.90307$

(ii) 각 탈퇴원인이 CFDMD가정을 따르므로 식 (9.2.4.30)을 이용하면

$p_{51}^{\prime(2)} = \left(p_{51}^{(\tau)}\right)^{q_{51}^{(2)}/q_{51}^{(\tau)}}$ 이다.

따라서 위 식으로부터 $q_{51}^{(2)}$를 구해보면

$$(1 - q_{51}^{\prime(2)}) = p_{51}^{\prime(2)} = \left(p_{51}^{(\tau)}\right)^{q_{51}^{(2)}/(q_{51}^{(\tau)})} \qquad \cdots\cdots ①$$

$$0.97 = (0.90307)^{q_{51}^{(2)}/(1-0.90307)}$$

$$\ln 0.97 = \frac{q_{51}^{(2)}}{(1-0.90307)}\ln 0.90307$$

$$q_{51}^{(2)} = 0.028958$$

또는 식 (9.2.5.6)을 이용하면 바로 구할 수 있으나 식 (9.2.5.6)은 기억하기 어려우므로 $\dfrac{q_{51}^{(j)}}{q_{51}^{(\tau)}}$(partition property)가 나타나는 공식 ①을 이용하는 것이 기억하기 편하다.

(iii) $q_{51}^{(2)}$를 구하는 방법과 동일한 방법으로 $q_{52}^{(2)}$를 구해보면

$$p_{52}^{(\tau)} = p_{52}^{\prime(1)}\, p_{52}^{\prime(2)}\, p_{52}^{\prime(3)} = (0.97)(0.96)(0.95) = 0.88464$$

$$p_{52}^{\prime(2)} = \left(p_{52}^{(\tau)}\right)^{q_{52}^{(2)}/q_{52}^{(\tau)}} \text{을 } q_{52}^{(2)}\text{에 대하여 정리하면}$$

$$0.96 = (0.88464)^{q_{52}^{(2)}/(1-0.88464)}$$

$$\ln 0.96 = \frac{q_{52}^{(2)}}{(1 - 0.88464)} \ln 0.88464$$

$$q_{52}^{(2)} = 0.038419$$

따라서 (i), (ii), (iii)의 결과를 이용하면

$$_2q_{51}^{(2)} = q_{51}^{(2)} + p_{51}^{(\tau)} q_{52}^{(2)} = 0.028958 + (0.90307)(0.038419) = 0.063653$$

09 다음과 같은 삼중탈퇴모형을 고려한다. 탈퇴원인은 사고로 인한 사망($J=1$), 질병으로 인한 사망($J=2$), 장해($J=3$)이다.

x	$l_x^{(\tau)}$	$d_x^{(1)}$	$d_x^{(2)}$	$d_x^{(3)}$
30	1000	12	25	33
31	—	15	32	—
32	837	—	—	—

각 탈퇴원인이 UDDMD가정을 따른다고 할 때, $q'^{(3)}_{31}$을 구하시오.

풀이

$q'^{(3)}_{31}$을 구하기 위해 $l_{31}^{(\tau)}$, $p_{31}^{(\tau)}$, $q_{31}^{(3)}$, $q_{31}^{(\tau)}$를 구해보자.

(i) $l_{31}^{(\tau)} = l_{30}^{(\tau)} - d_{30}^{(1)} - d_{30}^{(2)} - d_{30}^{(3)} = 1000 - 12 - 25 - 33 = 930$

(ii) $p_{31}^{(\tau)} = \dfrac{l_{32}^{(\tau)}}{l_{31}^{(\tau)}} = \dfrac{837}{930} = 0.9$

(iii) $q_{31}^{(3)} = \dfrac{d_{31}^{(3)}}{l_{31}^{(\tau)}} = \dfrac{l_{31}^{(\tau)} - l_{32}^{(\tau)} - d_{31}^{(1)} - d_{31}^{(2)}}{l_{31}^{(\tau)}}$

$$= \frac{930 - 837 - 15 - 32}{930} = 0.049462$$

(iv) $q_{31}^{(\tau)} = 1 - p_{31}^{(\tau)} = 0.1$

(v) $\dfrac{q_{31}^{(3)}}{q_{31}^{(\tau)}} = \dfrac{0.049462}{0.1}$ (이 분할비율을 이용하므로 partition property라고 한다)

각 탈퇴원인이 UDDMD가정을 따르므로 $p'^{(3)}_{31} = \left(1 - q'^{(3)}_{31}\right) = \left(p_{31}^{(\tau)}\right)^{q_{31}^{(3)}/q_{31}^{(\tau)}}$ 이다.

위에서 구한 (ii), (iii), (iv)를 이용하면

$$1 - q'^{(3)}_{31} = (0.9)^{0.049462/0.1} = 0.949221$$

따라서 $q'^{(3)}_{31} = 0.050779$

10 다음과 같은 이중탈퇴모형하에서 $q_{30}^{(1)}$을 구하시오.

(i) $\mu_{30.4}^{(1)} = \dfrac{5}{198}$ 　　　　　　　(ii) $q_{30}^{(2)} = 0.05$

(iii) $(30, 31)$구간에서 각 탈퇴원인은 UDDSD가정을 따른다.

　　풀이

$q_{30}^{(1)}$을 구하기 위해 $q_{30}'^{(1)}$, $q_{30}'^{(2)}$을 구해보자.

(i)과 $\mu_{x+t}^{(j)} = \dfrac{q_x'^{(j)}}{1 - t\, q_x'^{(j)}}$를 이용하면 $\dfrac{5}{198} = \dfrac{q_{30}'^{(1)}}{1 - (0.4)\, q_{30}'^{(1)}}$이므로

　　$q_{30}'^{(1)} = 0.025$

또한 (ii)와 (iii)을 이용하면

$$q_{30}^{(2)} = q_{30}'^{(2)}\left(1 - \frac{1}{2}\, q_{30}'^{(1)}\right)$$

$$0.05 = q_{30}'^{(2)}\left(1 - \frac{1}{2}\times 0.025\right)$$

$$q_{30}'^{(2)} = 0.050633$$

따라서

$$q_{30}^{(1)} = q_{30}'^{(1)}\left(1 - \frac{1}{2}\, q_{30}'^{(2)}\right) = 0.025\left(1 - \frac{1}{2}\times 0.050633\right) = 0.024367$$

11 다음과 같은 절대탈퇴율이 주어졌다고 가정하자.

(i) $q_x'^{(1)} = 0.1$ 　　　　　　　(ii) $q_x'^{(2)} = 0.5$

이를 이용하여 다음의 3가지 가정하에서 $_{0.7}q_x^{(1)}$과 $_{0.7}q_x'^{(1)}$을 구하시오.

(a) 구간 $(x, x+1)$에서 각 탈퇴원인과 총탈퇴가 이중탈퇴표에서 균등분포를 하는 가정 (UDDMD가정)

(b) 구간 $(x, x+1)$에서 각 탈퇴원인이 단일탈퇴표에서 균등분포를 하는 가정 (UDDSD가정)

(c) 구간 $(x, x+1)$에서 각 탈퇴원인의 탈퇴력과 총탈퇴력이 상수인 가정 (CFDMD가정)

　　풀이

(a) (i) $_{0.7}q_x^{(1)}$을 구해보자.

UDDMD가정하에서 $_sp_x'^{(j)} = \left(_sp_x^{(\tau)}\right)^{q_x^{(j)}/q_x^{(\tau)}}$이므로 $p_x'^{(1)} = \left(p_x^{(\tau)}\right)^{q_x^{(1)}/q_x^{(\tau)}}$

따라서 $q_x^{(1)}$을 구하기 위해 $p_x^{(\tau)}$, $q_x^{(\tau)}$, $p_x'^{(1)}$을 구해보자.

$$p_x^{(\tau)} = (1 - q_x'^{(1)})(1 - q_x'^{(2)}) = (0.9)(0.5) = 0.45$$

$$q_x^{(\tau)} = 1 - p_x^{(\tau)} = 0.55$$

$$p_x'^{(1)} = 1 - q_x'^{(1)} = 0.9$$

이므로 $0.9 = (0.45)^{q_x^{(1)}/0.55}$, $\qquad q_x^{(1)} = 0.07257$

UDDMD가정하에서 $_t q_x^{(j)} = t\, q_x^{(j)}$ 이므로

$$_{0.7}q_x^{(1)} = 0.7\, q_x^{(1)} = 0.7 \times 0.07257 = 0.050799$$

(ii) $_{0.7}q_x'^{(1)}$ 을 구해보자.

UDDMD가정하에서 $_s p_x'^{(j)} = (_s p_x^{(\tau)})^{q_x^{(j)}/q_x^{(\tau)}}$ 이므로 $_{0.7}p_x'^{(1)} = \left(_{0.7}p_x^{(\tau)}\right)^{q_x^{(1)}/q_x^{(\tau)}}$

$$_{0.7}p_x^{(\tau)} = 1 - {}_{0.7}q_x^{(\tau)} = 1 - (0.7)\, q_x^{(\tau)} = 0.615 \text{이므로}$$

$$_{0.7}p_x'^{(1)} = (0.615)^{0.07257/0.55} = 0.937871 \text{이며}$$

$$_{0.7}q_x'^{(1)} = 1 - {}_{0.7}p_x'^{(1)} = 0.062129$$

(b) (i) $_{0.7}q_x^{(1)}$ 을 구해보자.

UDDSD가정으로부터 $_s q_x^{(1)} = q_x'^{(1)}\left(s - \dfrac{q_x'^{(2)}}{2}s^2\right)$ 이므로

$$_{0.7}q_x^{(1)} = q_x'^{(1)}\left(0.7 - \frac{q_x'^{(2)}}{2}(0.7^2)\right) = 0.1\left(0.7 - \frac{0.5}{2}\times 0.7^2\right) = 0.05775$$

(ii) $_{0.7}q_x'^{(1)}$ 을 구해보자.

$$_{0.7}q_x'^{(1)} = (0.7)\, q_x'^{(1)} = 0.07$$

(c) (i) $_{0.7}q_x^{(1)}$ 을 구해보자.

[풀이 1]

CFDMD가정하에서 $p_x'^{(j)} = \left(p_x^{(\tau)}\right)^{_s q_x^{(j)}/_s q_x^{(\tau)}}$ 이므로 $p_x'^{(1)} = \left(p_x^{(\tau)}\right)^{_{0.7}q_x^{(1)}/_{0.7}q_x^{(\tau)}}$

$$p_x^{(\tau)} = p_x'^{(1)}\, p_x'^{(2)} = (1 - q_x'^{(1)})(1 - q_x'^{(2)}) = (1 - 0.1)(1 - 0.5) = 0.45$$

따라서

$$0.9 = (0.45)^{0.7 q_x^{(1)}/\left[1 - (0.45)^{0.7}\right]}$$

$$_{0.7}q_x^{(1)} = \frac{\ln 0.9}{\ln 0.45} \times \left[1 - (0.45)^{0.7}\right] = 0.056499$$

[풀이 2]

CFDMD가정하에서 $\dfrac{_s q_x^{(j)}}{_s q_x^{(\tau)}} = \dfrac{\mu_x^{(j)}}{\mu_x^{(\tau)}} = \dfrac{-\ln p_x'^{(j)}}{-\ln p_x^{(\tau)}}$ 이므로 $_{0.7}q_x^{(1)} = \dfrac{-\ln p_x'^{(1)}}{-\ln p_x^{(\tau)}}\,_{0.7}q_x^{(\tau)}$

$$\ln p_x^{(\tau)} = \ln 0.45, \quad _{0.7}p_x^{(\tau)} = \left(p_x^{(\tau)}\right)^{0.7} = (0.45)^{0.7}$$

따라서

$$_{0.7}q_x^{(1)} = \frac{-\ln 0.9}{-\ln 0.45}\left[1 - (0.45)^{0.7}\right] = 0.056499$$

[풀이 3]

CFDMD가정하에서 $\mu_x^{(j)} = -\ln p'^{(j)}_x$ 이므로

$$\mu_x^{(1)} = -\ln p'^{(1)}_x = -\ln 0.9$$

따라서

$$_{0.7}q_x^{(1)} = \int_0^{0.7} {_t}p_x^{(\tau)}\,\mu_{x+t}^{(1)}\,dt$$

$$= \int_0^{0.7}\left[p_x^{(\tau)}\right]^t(-\ln 0.9)\,dt = \int_0^{0.7}(0.45)^t(-\ln 0.9)\,dt$$

$$= \frac{-\ln 0.9}{\ln 0.45}\left[(0.45)^{0.7} - 1\right] = 0.056499$$

(ii) $_{0.7}q'^{(1)}_x$을 구해보자.

[풀이 1]

$$_{0.7}q'^{(1)}_x = 1 - {_{0.7}}p'^{(1)}_x = 1 - \left[p'^{(1)}_x\right]^{0.7} = 1 - (0.9)^{0.7} = 0.071098$$

[풀이 2]

CFDMD가정하에서 $_rp'^{(j)}_x = \left(_rp_x^{(\tau)}\right)^{sq_x^{(j)}/sq_x^{(\tau)}}$ 이므로

$$_{0.7}p'^{(1)}_x = \left(_{0.7}p_x^{(\tau)}\right)^{0.7q_x^{(1)}/{_{0.7}}q_x^{(\tau)}}$$

$$= \left[(0.45)^{0.7}\right]^{0.056499/\left[1-(0.45)^{0.7}\right]} = 0.928901$$

따라서

$$_{0.7}q'^{(1)}_x = 1 - {_{0.7}}p'^{(1)}_x = 1 - 0.928901 = 0.071099$$

절대탈퇴율 $q'^{(1)}_x$이 주어지고 절대탈퇴율 $_{0.7}q'^{(1)}_x$을 구하는 경우는 [풀이 1]을 이용하는 것이 간편하고 [풀이 2]는 절대탈퇴율과 다중탈퇴율의 관계를 이용하는 것이므로 바람직하지 못하다.

12 다음과 같은 다중탈퇴율이 주어졌다.

(i) $q_x^{(1)} = 0.15$ (ii) $q_x^{(2)} = 0.3$

이를 이용하여 다음의 3가지 가정하에서 $_{0.3}q_{x+0.2}^{(2)}$와 $_{0.3}q'^{(2)}_{x+0.2}$를 구하시오.

(a) 구간 $(x, x+1)$에서 각 탈퇴원인과 총탈퇴가 이중탈퇴표에서 균등분포를 하는 가정 (UDDMD가정)

(b) 구간 $(x, x+1)$에서 각 탈퇴원인이 단일탈퇴표에서 균등분포를 하는 가정

(UDDSD가정)

(c) 구간 $(x, x+1)$에서 각 탈퇴원인의 탈퇴력과 총탈퇴력이 상수인 가정
(CFDMD가정)

풀이

(a) (i) $_{0.3}q^{(2)}_{x+0.2}$를 구하기 위해 $_{0.2|0.3}q^{(2)}_x$와 $_{0.2}p^{(\tau)}_x$를 구해보자.

UDDMD가정하에서 $_tp^{(\tau)}_x\,\mu^{(j)}_{x+t} = q^{(j)}_x$이므로

$$_{0.2|0.3}q^{(2)}_x = \int_{0.2}^{0.5} {}_tp^{(\tau)}_x\,\mu^{(2)}_{x+t}\,dt = q^{(2)}_x \int_{0.2}^{0.5} 1\,dt$$

$$= (0.3)\,q^{(2)}_x = (0.3)(0.3) = 0.09$$

$q^{(\tau)}_x = q^{(1)}_x + q^{(2)}_x = 0.15 + 0.3 = 0.45$이므로

$$_{0.2}p^{(\tau)}_x = 1 - {}_{0.2}q^{(\tau)}_x = 1 - 0.2\,q^{(\tau)}_x = 1 - (0.2)(0.45) = 0.91$$

따라서 $_{0.2|0.3}q^{(2)}_x = {}_{0.2}p^{(\tau)}_x\,{}_{0.3}q^{(2)}_{x+0.2}$이므로

$$_{0.3}q^{(2)}_{x+0.2} = \frac{_{0.2|0.3}q^{(2)}_x}{_{0.2}p^{(\tau)}_x} = \frac{0.09}{0.91} = 0.098901$$

(ii) $_{0.3}q^{\prime(2)}_{x+0.2}$를 구하기 위해 $\mu^{(2)}_{x+0.2}$를 구해보자.

UDDMD가정하에서 $\mu^{(j)}_{x+t} = \dfrac{q^{(j)}_x}{1 - t\,q^{(\tau)}_x}$이므로

$$\mu^{(2)}_{x+t} = \frac{q^{(2)}_x}{1 - t\,q^{(\tau)}_x} = \frac{0.3}{1 - 0.45t}, \quad 0 \le t < 1$$

따라서

$$_{0.3}q^{\prime(2)}_{x+0.2} = 1 - {}_{0.3}p^{\prime(2)}_{x+0.2}$$

$$= 1 - \exp\left(-\int_{0.2}^{0.5} \frac{0.3}{1 - 0.45t}\,dt\right)$$

$$= 1 - \exp\left(\frac{0.3}{0.45} \ln\frac{1 - 0.45 \times 0.5}{1 - 0.45 \times 0.2}\right)$$

$$= 0.101523$$

(b) (i) $_{0.3}q^{\prime(2)}_{x+0.2}$를 구하기 위해 $q^{\prime(2)}_x$를 구해보자.

UDDSD가정에서 $m = 2$인 경우

$$q^{(1)}_x = q^{\prime(1)}_x\left(1 - \frac{1}{2}\,q^{\prime(2)}_x\right), \quad q^{(2)}_x = q^{\prime(2)}_x\left(1 - \frac{1}{2}\,q^{\prime(1)}_x\right)$$이므로

$$0.15 = q^{\prime(1)}_x\left(1 - \frac{1}{2}\,q^{\prime(2)}_x\right), \quad 0.3 = q^{\prime(2)}_x\left(1 - \frac{1}{2}\,q^{\prime(1)}_x\right)$$이다.

위의 두 식을 차감하면

$$0.3 - 0.15 = q_x'^{(2)}\left(1 - \frac{1}{2}q_x'^{(1)}\right) - q_x'^{(1)}\left(1 - \frac{1}{2}q_x'^{(2)}\right)$$

$$0.15 = q_x'^{(2)} - q_x'^{(1)}$$

이 식을 $0.3 = q_x'^{(2)}\left(1 - \frac{1}{2}q_x'^{(1)}\right)$에 대입하면

$$0.3 = q_x'^{(2)}\left[1 - \frac{1}{2}(q_x'^{(2)} - 0.15)\right] = 1.075\,q_x'^{(2)} - \frac{1}{2}\left[q_x'^{(2)}\right]^2$$

이 2차방정식을 $q_x'^{(2)}$에 대하여 풀면, $q_x'^{(2)} = 0.329597$ 또는 1.820403

따라서 $q_x'^{(2)} = 0.329597$이며 $q_x'^{(1)} = 0.179597$이다.

UDDSD가정하에서 $_t p_x'^{(j)} = 1 - t\,q_x'^{(j)}$이므로

$$_{0.2}p_x'^{(2)} = 1 - 0.2\,q_x'^{(2)} = 1 - (0.2)(0.329597)$$

또한 $_{0.2|0.3}\,q_x'^{(2)} = 0.3\,q_x'^{(2)} = (0.3)(0.329597)$

$_{0.2|0.3}\,q_x'^{(2)} = {}_{0.2}p_x'^{(2)}\,{}_{0.3}q_{x+0.2}'^{(2)}$ 이므로

$$_{0.3}q_{x+0.2}'^{(2)} = \frac{_{0.2|0.3}\,q_x'^{(2)}}{_{0.2}p_x'^{(2)}} = \frac{0.3\,q_x'^{(2)}}{1 - 0.2\,q_x'^{(2)}} = \frac{(0.3)(0.329597)}{1 - (0.2)(0.329597)}$$

$$= 0.105857$$

(ii) $_{0.3}q_{x+0.2}^{(2)}$를 구하기 위해 $_{0.2}p_x^{(\tau)}$, $_{0.2|0.3}q_x^{(2)}$를 구해보자.

$$_{0.2}p_x^{(\tau)} = {}_{0.2}p_x'^{(1)}\,{}_{0.2}p_x'^{(2)} = (1 - 0.2\,q_x'^{(1)})(1 - 0.2\,q_x'^{(2)})$$

$$= (1 - 0.2 \times 0.179597)(1 - 0.2 \times 0.329597) = 0.900529$$

$$_{0.2|0.3}q_x^{(2)} = \int_{0.2}^{0.5} {}_t p_x^{(\tau)}\,\mu_{x+t}^{(2)}\,dt = \int_{0.2}^{0.5} {}_t p_x'^{(1)}\,{}_t p_x'^{(2)}\,\mu_{x+t}^{(2)}\,dt$$

$$= \int_{0.2}^{0.5} {}_t p_x'^{(1)}\,q_x'^{(2)}\,dt$$

$$= q_x'^{(2)}\int_{0.2}^{0.5}(1 - t\,q_x'^{(1)})\,dt = q_x'^{(2)}\left(0.3 - \frac{0.21\,q_x'^{(1)}}{2}\right)$$

$$= 0.329597\left(0.3 - \frac{(0.21)(0.179597)}{2}\right) = 0.092664$$

따라서 $_{0.2|0.3}q_x^{(2)} = {}_{0.2}p_x^{(\tau)}\,{}_{0.3}q_{x+0.2}^{(2)}$이므로

$$_{0.3}q_{x+0.2}^{(2)} = \frac{_{0.2|0.3}q_x^{(2)}}{_{0.2}p_x^{(\tau)}} = \frac{0.092664}{0.900529} = 0.1029$$

(c) (i) $_{0.3}q_{x+0.2}'^{(2)}$를 구해보자.

CFDMD가정하에서 $p_x'^{(j)} = \left(p_x^{(\tau)}\right)^{q_x^{(j)}/q_x^{(\tau)}}$이므로

$$p'^{(2)}_x = \left(p^{(\tau)}_x\right)^{q^{(2)}_x / q^{(\tau)}_x} = (0.55)^{0.3/0.45} = 0.671287$$

$$\mu^{(2)}_x = -\ln p'^{(2)}_x = -\ln(0.671287) = 0.398558$$

따라서

$$_{0.3}q'^{(2)}_{x+0.2} = 1 - {}_{0.3}p'^{(2)}_{x+0.2} = 1 - e^{-\mu^{(2)}_x(0.3)} = 1 - e^{-(0.398558)(0.3)} = 0.112696$$

(ii) $_{0.3}q^{(2)}_{x+0.2}$를 구해보자.

$$p^{(\tau)}_x = 1 - q^{(\tau)}_x = 1 - 0.45 = 0.55 \text{이므로} \quad \mu^{(\tau)}_x = -\ln 0.55$$

$$_tp^{(\tau)}_{x+0.2} = \left[p^{(\tau)}_x\right]^t, \ (0.2+t<1) \ , \qquad \mu^{(2)}_{x+0.2+t} = \mu^{(2)}_x, \quad (0.2+t<1) \text{이므로}$$

$$_{0.3}q^{(2)}_{x+0.2} = \int_0^{0.3} {}_tp^{(\tau)}_{x+0.2} \, \mu^{(2)}_{x+0.2+t} \, dt = \int_0^{0.3} \left(p^{(\tau)}_x\right)^t \mu^{(2)}_x \, dt$$

$$= \int_0^{0.3} (0.55)^t \times 0.398558 \, dt = \frac{0.398558}{\ln 0.55} \left[(0.55)^{0.3} - 1\right] = 0.109458$$

13 탈퇴원인이 사망($J=1$), 해약($J=2$)인 이중탈퇴모형을 고려해보자. 사망은 UDDSD 가정을 따르며, 해약은 절대탈퇴율 $q'^{(2)}_x$로 (a) 연중앙에서만 발생, (b) 연도 $\frac{3}{4}$시점 에서만 발생한다고 가정하자. 다음의 가정을 이용하여 $d^{(1)}_x$을 구하시오.

(i) $l^{(\tau)}_x = 10000$ (ii) $q'^{(2)}_x = 0.25$ (iii) $l^{(\tau)}_{x+1} = 6375$

풀이

$$p^{(\tau)}_x = (1-q'^{(2)}_x)(1-q'^{(1)}_x) \text{이므로}$$

$$p^{(\tau)}_x = \frac{l^{(\tau)}_{x+1}}{l^{(\tau)}_x} = \frac{6375}{10000} = (1-0.25)(1-q'^{(1)}_x)$$

$0.6375 = 0.75(1-q'^{(1)}_x)$로부터 $q'^{(1)}_x = 0.15$

(a) 사망은 UDDSD가정을 따르므로 처음 0.5년에는 $10000(0.15)(0.5) = 750$명의 사망 자가 발생한다. 남은 0.5년 동안에 해약의 원인이 없다면 발생하였을 사망자수 750명 중 해약으로 인하여 관찰되지 못한 사람수는 $750 \times 0.25 = 187.5$명이다. 따라서

$$d^{(1)}_x = 750 + (750 - 187.5)$$
$$= [10000(0.15)(0.5)] + [10000(0.15)(0.5)(1-0.25)]$$
$$= 750 + 562.5 = 1312.5$$

(b) 문제의 조건이 해약의 1년 중 $\frac{3}{4}$시점에서만 발생한다고 하면 $\frac{1}{4}$년 동안 해약으로 인하여 관찰되지 못한 사람수는 $10000 \times 0.15 \times 0.25 \times 0.25 = 93.75$명이다. 따라서

$$d^{(1)}_x = [10000(0.15)(0.75)] + [10000(0.15)(0.25)(1-0.25)]$$

$$= 1125 + 281.25 = 1125 + (375 - 93.75)$$
$$= 1406.25$$

14 탈퇴원인이 사망($J=1$), 장해($J=2$), 해약($J=3$)인 삼중탈퇴모형을 고려해보자. 탈퇴원인 1과 2는 각각 절대탈퇴율이 $q_x^{\prime(1)}$, $q_x^{\prime(2)}$이고 UDDSD가정을 따르며, 해약은 절대탈퇴율 $q_x^{\prime(3)}$로 연도말에만 발생한다고 가정하자. 다음의 주어진 조건을 이용하여 다중탈퇴율 $q_x^{(1)}$, $q_x^{(2)}$, $q_x^{(3)}$을 구하시오.

(i) $q_x^{\prime(1)} = 0.015$ (ii) $q_x^{\prime(2)} = 0.04$ (iii) $q_x^{\prime(3)} = 0.15$

풀이

$t \geq 0$에 대하여 $_t p_x^{(\tau)} = {}_t p_x^{\prime(1)} \, {}_t p_x^{\prime(2)} \, {}_t p_x^{\prime(3)}$이다.

해약은 연도말에만 발생하므로 $t=1$에서 $_t q_x^{\prime(3)}$, $_t q_x^{(\tau)}$ 및 $_t p_x^{\prime(\tau)}$, $_t p_x^{(\tau)}$는 불연속이다.

따라서 t의 범위에 따른 $_t p_x^{(\tau)}$는

$$0 \leq t < 1 \text{인 경우} \quad {}_t p_x^{(\tau)} = p_x^{\prime(1)} \, p_x^{\prime(2)} \, (1)$$
$$1 \leq t < 2 \text{인 경우} \quad {}_t p_x^{(\tau)} = p_x^{\prime(1)} \, p_x^{\prime(2)} \, (1 - q_x^{\prime(3)})$$

UDDSD가정을 이용하면

$$q_x^{(1)} = \int_0^1 {}_t p_x^{(\tau)} \, \mu_{x+t}^{(1)} \, dt = \int_0^1 {}_t p_x^{\prime(1)} \, {}_t p_x^{\prime(2)} \, (1) \, \mu_{x+t}^{(1)} \, dt = q_x^{\prime(1)} \int_0^1 \left(1 - t \, q_x^{\prime(2)}\right) dt$$

$$= q_x^{\prime(1)} \left(1 - \frac{1}{2} q_x^{\prime(2)}\right) = 0.015 \left(1 - \frac{1}{2} \times 0.04\right) = 0.0147 \qquad \cdots\cdots ①$$

이와 유사하게

$$q_x^{(2)} = q_x^{\prime(2)} \left(1 - \frac{1}{2} q_x^{\prime(1)}\right) = 0.04 \left(1 - \frac{1}{2} \times 0.015\right) = 0.0397 \qquad \cdots\cdots ②$$

$q_x^{(3)}$을 구해보자.

$$q_x^{(\tau)} = q_x^{(1)} + q_x^{(2)} + q_x^{(3)} = 1 - p_x^{(\tau)} = 1 - p_x^{\prime(1)} \, p_x^{\prime(2)} \left(1 - q_x^{\prime(3)}\right) \qquad \cdots\cdots ③$$

을 이용하면

$$q_x^{(3)} = q_x^{(\tau)} - \left(q_x^{(1)} + q_x^{(2)}\right)$$
$$= ③ - (① + ②)$$
$$= \left[1 - p_x^{\prime(1)} \, p_x^{\prime(2)} \left(1 - q_x^{\prime(3)}\right)\right] - \left[q_x^{\prime(1)} + q_x^{\prime(2)} - q_x^{\prime(1)} \, q_x^{\prime(2)}\right]$$

이 된다.

$1 - q_x^{\prime(1)} - q_x^{\prime(2)} + q_x^{\prime(1)} \, q_x^{\prime(2)} = \left(1 - q_x^{\prime(1)}\right)\left(1 - q_x^{\prime(2)}\right) = p_x^{\prime(1)} \, p_x^{\prime(2)}$이므로

$$q_x^{(3)} = p_x^{\prime(1)} \, p_x^{\prime(2)} \, q_x^{\prime(3)} \qquad \cdots\cdots ④$$

$$= (1 - 0.015)(1 - 0.04)(0.15) = 0.14184$$

따라서 해약이 연도말에만 발생한다고 하면 간단히 ④를 이용하면 된다.

15 탈퇴원인은 사망$(J=1)$, 장해$(J=2)$, 해약$(J=3)$이며 절대탈퇴율$(q_x'^{(1)},\ q_x'^{(2)})$의 UDDSD 가정이 성립된다고 하고, 해약은 절대탈퇴율 $q_x'^{(3)}$로 연도중앙과 연도말에만 각각 $(1/2)q_x'^{(3)}$씩 발생한다고 가정하자. 이 경우 다중탈퇴율 $q_x^{(1)}$, $q_x^{(2)}$, $q_x^{(3)}$를 구하시오.

풀이

t의 범위에 따른 $_tp_x^{(\tau)}$는

$$0 \le t < \frac{1}{2} \text{에서 } _tp_x^{(\tau)} = {_tp'}_x^{(1)}{_tp'}_x^{(2)}(1)$$

$$\frac{1}{2} \le t < 1 \text{에서 } _tp_x^{(\tau)} = {_tp'}_x^{(1)}{_tp'}_x^{(2)}\left(1 - \frac{1}{2}q_x'^{(3)}\right)$$

$$1 \le t < 1\frac{1}{2} \text{에서 } _tp_x^{(\tau)} = {_tp'}_x^{(1)}{_tp'}_x^{(2)}\left(1 - q_x'^{(3)}\right)$$

t의 범위에 따른 $_tp_x^{(\tau)}$를 이용하면

$$q_x^{(1)} = \int_0^{\frac{1}{2}} {_tp_x^{(\tau)}}\,\mu_{x+t}^{(1)}\,dt + \int_{\frac{1}{2}}^1 {_tp_x^{(\tau)}}\,\mu_{x+t}^{(1)}\,dt$$

$$= q_x'^{(1)} \int_0^{\frac{1}{2}} (1 - t\,q_x'^{(2)})\,dt + q_x'^{(1)}\left(1 - \frac{1}{2}q_x'^{(3)}\right)\int_{\frac{1}{2}}^1 (1 - t\,q_x'^{(2)})\,dt$$

$$= q_x'^{(1)}\left(1 - \frac{1}{2}q_x'^{(2)} - \frac{1}{4}q_x'^{(3)} + \frac{3}{16}q_x'^{(2)}q_x'^{(3)}\right)$$

이와 유사하게 $q_x^{(2)}$는 다음이 성립한다.

$$q_x^{(2)} = q_x'^{(2)}\left(1 - \frac{1}{2}q_x'^{(1)} - \frac{1}{4}q_x'^{(3)} + \frac{3}{16}q_x'^{(1)}q_x'^{(3)}\right)$$

$q_x^{(3)}$을 구해보자.

$$q_x^{(3)} = 1 - p_x^{(\tau)} - q_x^{(1)} - q_x^{(2)}$$

$p_x^{(\tau)}$는 $t=1$인 경우이므로 $1 \le t < 1\frac{1}{2}$의 $_tp_x^{(\tau)}$를 적용하면

$$= 1 - p_x'^{(1)}p_x'^{(2)}(1 - q_x'^{(3)}) - q_x^{(1)} - q_x^{(2)}$$

위에서 구한 $q_x^{(1)}$와 $q_x^{(2)}$를 대입하여 정리하면

$$q_x^{(3)} = q_x'^{(3)}\left(1 - \frac{3}{4}q_x'^{(1)} - \frac{3}{4}q_x'^{(2)} + \frac{5}{8}q_x'^{(1)}q_x'^{(2)}\right)$$

16 피보험자 (x)가 가입한 보험은 r세 전에 사고$(J=1)$로 사망하면 $3B$를, r세 전에 사고 이외의 원인$(J=2)$으로 사망하면 B를 지급하고, r세 이후에 사망하면 B를 지급한다. 보험금 현가함수 Z를 이용하여 다음을 구하시오.

(a) 일시납순보험료 π (b) $\mathrm{Var}(Z)$

풀이

보험금 현가함수를 Z라고 하면 다음과 같다.

$$Z = \begin{cases} 3B\,v^T, & J=1 & 0 < T \le r-x \\ B\,v^T, & J=2 & 0 < T \le r-x \\ B\,v^T, & J=1,2 & T > r-x \end{cases}$$

(a) $\pi = E(Z) = \displaystyle\int_0^{r-x} 3B\,v^t\,{}_tp_x^{(\tau)}\,\mu_{x+t}^{(1)}\,dt + \int_0^{r-x} B\,v^t\,{}_tp_x^{(\tau)}\,\mu_{x+t}^{(2)}\,dt + \int_{r-x}^{\infty} B\,v^t\,{}_tp_x^{(\tau)}\,\mu_{x+t}^{(\tau)}\,dt$

$$= B\left[2\int_0^{r-x} v^t\,{}_tp_x^{(\tau)}\,\mu_{x+t}^{(1)}\,dt + \int_0^{\infty} v^t\,{}_tp_x^{(\tau)}\,\mu_{x+t}^{(\tau)}\,dt \right]$$

이 된다.

(b) Z의 분산을 구해보면

$\mathrm{Var}(Z) = E(Z^2) - [E(Z)]^2$

$$= \int_0^{r-x} 9B^2 v^{2t}\,{}_tp_x^{(\tau)}\,\mu_{x+t}^{(1)}\,dt + \int_0^{r-x} B^2 v^{2t}\,{}_tp_x^{(\tau)}\,\mu_{x+t}^{(2)}\,dt$$

$$+ \int_{r-x}^{\infty} B^2 v^{2t}\,{}_tp_x^{(\tau)}\,\mu_{x+t}^{(\tau)}\,dt - \pi^2$$

$$= \int_0^{r-x} 8B^2 v^{2t}\,{}_tp_x^{(\tau)}\,\mu_{x+t}^{(1)}\,dt + \int_0^{\infty} B^2 v^{2t}\,{}_tp_x^{(\tau)}\,\mu_{x+t}^{(\tau)}\,dt - \pi^2$$

$$= B^2\left[8\int_0^{r-x} v^{2t}\,{}_tp_x^{(\tau)}\,\mu_{x+t}^{(1)}\,dt + \int_0^{\infty} v^{2t}\,{}_tp_x^{(\tau)}\,\mu_{x+t}^{(\tau)}\,dt \right] - \pi^2$$

17 피보험자 (x)가 가입한 보험은 r세 전에 사고$(J=1)$로 사망하면 $3B$를, r세 전에 사고 이외의 원인$(J=2)$으로 사망하면 B를 지급하고, r세 이후에 사망하면 B를 지급한다. 미래손실 ${}_0L$을 이용하여 다음을 구하시오.

(a) $E({}_0L)=0$이 되는 일시납순보험료 π (b) $\mathrm{Var}({}_0L)$

풀이

이 보험의 일시납보험료를 π라고 하면 미래손실 ${}_0L$은 다음과 같다.

$${}_0L = \begin{cases} 3B\,v^T - \pi, & J=1 & 0 < T \le r-x \\ B\,v^T - \pi, & J=2 & 0 < T \le r-x \\ B\,v^T - \pi, & J=1,2 & T > r-x \end{cases}$$

(a) $E(_0L) = \int_0^{r-x} (3Bv^t - \pi) \, _tp_x^{(\tau)} \, \mu_{x+t}^{(1)} \, dt + \int_0^{r-x} (Bv^t - \pi) \, _tp_x^{(\tau)} \, \mu_{x+t}^{(2)} \, dt$

$$+ \int_{r-x}^{\infty} (Bv^t - \pi) \, _tp_x^{(\tau)} \, \mu_{x+t}^{(\tau)} \, dt$$

$$= B\left[2\int_0^{r-x} v^t \, _tp_x^{(\tau)} \, \mu_{x+t}^{(1)} \, dt + \int_0^{\infty} v^t \, _tp_x^{(\tau)} \, \mu_{x+t}^{(\tau)} \, dt \right] - \pi$$

여기서

$$\int_0^{r-x} -\pi \, _tp_x^{(\tau)} \, \mu_{x+t}^{(1)} \, dt + \int_0^{r-x} -\pi \, _tp_x^{(\tau)} \, \mu_{x+t}^{(2)} \, dt + \int_{r-x}^{\infty} -\pi \, _tp_x^{(\tau)} \, \mu_{x+t}^{(\tau)} \, dt$$

$$= -\pi \left(\int_0^{r-x} \, _tp_x^{(\tau)} \, \mu_{x+t}^{(1)} \, dt + \int_0^{r-x} \, _tp_x^{(\tau)} \, \mu_{x+t}^{(2)} \, dt \right) - \pi \int_{r-x}^{\infty} \, _tp_x^{(\tau)} \, \mu_{x+t}^{(\tau)} \, dt$$

$$= -\pi \int_0^{r-x} \, _tp_x^{(\tau)} \, \mu_{x+t}^{(\tau)} \, dt - \pi \int_{r-x}^{\infty} \, _tp_x^{(\tau)} \, \mu_{x+t}^{(\tau)} \, dt$$

$\int_0^{\infty} \, _tp_x^{(\tau)} \, \mu_{x+t}^{(\tau)} \, dt = 1$ 이므로

$$= -\pi \int_0^{\infty} \, _tp_x^{(\tau)} \, \mu_{x+t}^{(\tau)} \, dt = -\pi \text{ 를 이용하였다.}$$

따라서 $E(_0L) = 0$ 이 되는 π 는

$$\pi = B\left[2\int_0^{r-x} v^t \, _tp_x^{(\tau)} \, \mu_{x+t}^{(1)} \, dt + \int_0^{\infty} v^t \, _tp_x^{(\tau)} \, \mu_{x+t}^{(\tau)} \, dt \right]$$

(b) $E(_0L) = 0$ 이므로 $\text{Var}(_0L) = E(_0L^2)$ 이다.

$$_0L^2 = \begin{cases} (3Bv^T - \pi)^2, & J=1 & 0 < T \le r-x \\ (Bv^T - \pi)^2, & J=2 & 0 < T \le r-x \\ (Bv^T - \pi)^2, & J=1,2 & T > r-x \end{cases}$$

$$= \begin{cases} 9B^2v^{2T} - 6Bv^T\pi + \pi^2, & J=1 & 0 < T \le r-x \\ B^2v^{2T} - 2Bv^T\pi + \pi^2, & J=2 & 0 < T \le r-x \\ B^2v^{2T} - 2Bv^T\pi + \pi^2, & J=1,2 & T > r-x \end{cases}$$

$\text{Var}(_0L) = E(_0L^2)$

$$= \int_0^{r-x} (8B^2v^{2t} - 4Bv^t\pi) \, _tp_x^{(\tau)} \, \mu_{x+t}^{(1)} \, dt$$

$$+ \int_0^{\infty} (B^2v^{2t} - 2Bv^t\pi + \pi^2) \, _tp_x^{(\tau)} \, \mu_{x+t}^{(\tau)} \, dt$$

$$= 8B^2 \int_0^{r-x} v^{2t} \, _tp_x^{(\tau)} \, \mu_{x+t}^{(1)} \, dt + B^2 \int_0^{\infty} v^{2t} \, _tp_x^{(\tau)} \, \mu_{x+t}^{(\tau)} \, dt$$

$$+ \pi^2 \int_0^\infty {}_t p_x^{(\tau)} \mu_{x+t}^{(\tau)} dt$$

$$- 2\pi B \left[2 \int_0^{r-x} v^t {}_t p_x^{(\tau)} \mu_{x+t}^{(1)} dt + \int_0^\infty v^t {}_t p_x^{(\tau)} \mu_{x+t}^{(\tau)} dt \right]$$

$$\int_0^\infty {}_t p_x^{(\tau)} \mu_{x+t}^{(\tau)} dt = 1, \quad B \left[2 \int_0^{r-x} v^t {}_t p_x^{(\tau)} \mu_{x+t}^{(1)} dt + \int_0^\infty v^t {}_t p_x^{(\tau)} \mu_{x+t}^{(\tau)} dt \right] = \pi \text{이므로}$$

$$\mathrm{Var}({}_0 L) = E({}_0 L^2) = B^2 \left[8 \int_0^{r-x} v^{2t} {}_t p_x^{(\tau)} \mu_{x+t}^{(1)} dt + \int_0^\infty v^{2t} {}_t p_x^{(\tau)} \mu_{x+t}^{(\tau)} dt \right] - \pi^2$$

18 탈퇴원인이 사고로 인한 사망($J=1$), 질병으로 인한 사망($J=2$)인 이중탈퇴모형을 고려하자. 피보험자 (30)은 보험가입후 처음 20년 안에 사고로 인하여 사망하게 되면 300,000원의 사망보험금을 지급하고 보험가입후 20년 이후에 사고나 질병으로 사망하게 되면 150,000원의 사망보험금을 지급하는 사망즉시급 종신보험에 가입하였다. 피보험자 (30)의 사력이 $\mu_{30+t}^{(1)} = 0.002\,(t \geq 0)$이고, $\mu_{30+t}^{(\tau)} = 0.01$, $\delta = 0.05$라고 가정할 때 이 보험의 일시납순보험료를 구하시오.

풀이

이 사망보험금은 다음과 같이 두 가지 경우의 사망보험금의 합으로 생각할 수 있다.

(i) 사망하면 기본적으로 150,000원을 사망보험금으로 받는 경우

(ii) 보험가입후 20년 안에 사고로 인해서 사망하면 150,000원의 사망보험금을 추가로 받는 경우

따라서 각각의 경우에 대해 보험수리적현가(APV)를 구하면 다음과 같다.

(i)의 경우, $\displaystyle APV1 = 150000\, \bar{A}_{30} = 150000\, \frac{\mu^{(\tau)}}{\mu^{(\tau)} + \delta}$

$$= 150000\, \frac{0.01}{0.01 + 0.05} = 25000$$

$${}_t p_{30}^{(\tau)} = \exp\left(-\int_0^t \mu_{30+s}^{(\tau)} \, ds \right) = \exp\left(-\int_0^t 0.01 \, ds \right) = e^{-0.01t} \text{이므로}$$

(ii)의 경우, $\displaystyle APV2 = 150000 \int_0^{20} v^t f_{T,J}(t, 1) \, dt$

$$= 150000 \int_0^{20} e^{-\delta t} \, {}_t p_{30}^{(\tau)} \, \mu_{30+t}^{(1)} \, dt$$

$$= 150000 \int_0^{20} e^{-0.05t}\, e^{-0.01t}\, (0.002) \, dt$$

$$= 150000\,(0.002) \int_0^{20} e^{-0.06t} \, dt$$

$$= 150000\,(0.002)\left(\frac{1 - e^{-0.06\,(20)}}{0.06}\right) = 3494.03$$

따라서 이 보험의 일시납순보험료는

$$\text{APV} = \text{APV1} + \text{APV2} = 25000 + 3494.03 = 28494.03$$

19 탈퇴원인이 사고로 인한 사망($J = 1$), 질병으로 인한 사망($J = 2$)인 이중탈퇴모형을 고려해보자. 피보험자 (45)는 사고로 인한 사망의 경우 보험금 20원을, 질병으로 인해 사망한 경우 보험금 10원을 사망즉시 지급하는 일시납 종신보험에 가입하였다.

(i) $\mu_{45+t}^{(1)} = 0.003$, $t \geq 0$ (ii) $\bar{A}_{45} = 0.13793$ (iii) $^2\bar{A}_{45} = 0.07407$ (iv) $\delta = 0.05$

(v) 수지상등의 원칙에 의해서 계산된 일시납순보험료를 P로 나타내기로 한다.

위 가정들을 이용하여 다음을 구하시오.

(a) 이 보험에 대해서 미래손실 확률변수 $_0L$을 P를 이용하여 나타내시오.

(b) P를 구하시오.

(c) $E(_0L)$, $E(_0L^2)$, $\mathrm{Var}(_0L)$을 구하시오.

> **풀이**

(a) $_0L = \begin{cases} 20v^t - P & T > 0,\, J = 1 \\ 10v^t - P & T > 0,\, J = 2 \end{cases}$

(b) $P = 10\bar{A}_{45} + 10\bar{A}_{45}^{(1)}$

$$\bar{a}_{45} = \frac{1 - \bar{A}_{45}}{\delta} = \frac{1 - 0.13793}{0.05} = 17.2414 \text{이므로}$$

$$10\bar{A}_{45}^{(1)} = 10\,\frac{\mu_{45+t}^{(1)}}{\mu_{45+t}^{(\tau)} + \delta} = 10\,\bar{a}_{45}\,\mu_{45+t}^{(1)}$$

$$= (10)(17.2414)(0.003) = 0.517242$$

따라서

$$P = 10\bar{A}_{45} + 10\bar{A}_{45}^{(1)} = 10\bar{A}_{45} + (10)\,\bar{a}_{45}\,\mu_{45+t}^{(1)}$$

$$= (10)(0.13793) + (0.517242) = 1.896542$$

(c) Z_1을 사고로 인한 사망, Z_2를 질병사망의 보험금현가함수라고 하자.

$Z_1 Z_2 = 0$이다. [$Z_1 (Z_2)$이 발생하면 $Z_2 (Z_1)$는 0이다]

$$E(_0L^2) = E\big[(Z_1 + Z_2 - P)^2\big]$$

$$= E(Z_1^2) + E(Z_2^2) + P^2 - 2P\,E(Z_1) - 2P\,E(Z_2)$$

$E(_0L^2)$을 구하는 과정에 다음의 결과들을 이용한다.

$$E(Z_1^2) = 400 \int_0^\infty v^{2t} \, {}_tp_{45}^{(\tau)} \, \mu_{45+t}^{(1)} \, dt$$

$$E(Z_2^2) = 100 \int_0^\infty v^{2t} \, {}_tp_{45}^{(\tau)} \left(\mu_{45+t}^{(\tau)} - \mu_{45+t}^{(1)} \right) \, dt$$

$$\int_0^\infty v^{2t} \, {}_tp_{45}^{(\tau)} \, \mu_{45+t}^{(\tau)} \, dt = {}^2\bar{A}_{45} = 0.07407$$

$$\int_0^\infty v^{2t} \, {}_tp_{45}^{(\tau)} \, dt = {}^2\bar{a}_{45} = \frac{1 - {}^2\bar{A}_{45}}{2\delta} = \frac{1 - 0.07407}{2(0.05)} = 9.2593$$

$$E(Z_1 + Z_2) = P$$

따라서

$$E({}_0L^2) = 400 \int_0^\infty v^{2t} \, {}_tp_{45}^{(\tau)} \, \mu_{45+t}^{(1)} \, dt + 100 \int_0^\infty v^{2t} \, {}_tp_{45}^{(\tau)} \left(\mu_{45+t}^{(\tau)} - \mu_{45+t}^{(1)} \right) \, dt$$

$$+ P^2 - 2P \, E(Z_1 + Z_2)$$

$$= 100 \int_0^\infty v^{2t} \, {}_tp_{45}^{(\tau)} \, \mu_{45+t}^{(\tau)} \, dt + 300 \int_0^\infty v^{2t} \, {}_tp_{45}^{(\tau)} \, \mu_{45+t}^{(1)} \, dt - P^2$$

$$= 100(0.07407) + 300(0.003)(9.2593) - (1.896542)^2 = 12.143498$$

$$E({}_0L) = 0$$

$$\text{Var}({}_0L) = E({}_0L^2) - \left[E({}_0L) \right]^2 = 12.143498$$

20 식 (9.2.6.5)에서 보험기간 n년, $B_{x+t}^{(1)} = t$, $B_{x+t}^{(2)} = 0$, $t > 0$일 때 UDDMD가정하에서
$$\bar{A} = \sum_{k=0}^{n-1} v^{k+1} \, {}_kp_x^{(\tau)} \, q_{x+k}^{(1)} \left(\frac{i}{\delta} \right) \left(k + \frac{1}{\delta} - \frac{1}{i} \right)$$ 로 나타낼 수 있음을 보이시오.

풀이

$$\bar{A} = \int_0^n t \, v^t \, {}_tp_x^{(\tau)} \, \mu_{x+t}^{(1)} \, dt$$

$t = k + s$로 하면

$$= \sum_{k=0}^{n-1} v^k \, {}_kp_x^{(\tau)} \int_0^1 (k+s) v^s \, {}_sp_{x+k}^{(\tau)} \, \mu_{x+k+s}^{(1)} \, ds$$

UDDMD의 가정에 의해 ${}_sp_{x+k}^{(\tau)} \, \mu_{x+k+s}^{(1)} = q_{x+k}^{(1)}$ 이므로

$$\bar{A} = \sum_{k=0}^{n-1} v^{k+1} \, {}_kp_x^{(\tau)} \, q_{x+k}^{(1)} \int_0^1 (k+s)(1+i)^{1-s} \, ds$$ 이며,

$\int_0^1 (k+s)(1+i)^{1-s} \, ds$ 부분은 부분적분법을 사용하면($u' = (1+i)^{1-s}$, $v = k+s$)

$$\int_0^1 (k+s)(1+i)^{1-s}\, ds$$

$$= \left[(k+s)\frac{-1}{\ln(1+i)}(1+i)^{1-s} \right]_0^1 - \int_0^1 \frac{-1}{\ln(1+i)}(1+i)^{1-s}\, ds$$

$$= \frac{ki}{\delta} - \frac{1}{\delta} + \frac{1}{\delta}\int_0^1 (1+i)^{1-s}\, ds$$

$$= \frac{ki}{\delta} - \frac{1}{\delta} + \frac{i}{\delta^2} = \frac{i}{\delta}\left(k + \frac{1}{\delta} - \frac{1}{i} \right)$$

그러므로

$$\bar{A} = \sum_{k=0}^{n-1} v^{k+1}\, {}_k p_x^{(\tau)}\, q_{x+k}^{(1)}\, \frac{i}{\delta}\left(k + \frac{1}{\delta} - \frac{1}{i} \right)$$

21 보험금 연말급, 연납보험료를 가정한다. 모든 탈퇴원인($J=1, 2$)으로 인한 보험금 1원의 종신보험을 주계약으로 하고 사고($J=1$)로 인한 보험금 1원의 종신보험을 특약으로 가입한 경우로 가정하여 연납보험료와 평준순보식 책임준비금을 구하시오.

풀이

이 경우 모든 탈퇴원인으로 인한 주계약 사망보험의 연납평준순보험료는

$$P_{30}^{(\tau)} = \frac{\displaystyle\sum_{k=0}^{\infty} v^{k+1}\, {}_k p_{30}^{(\tau)}\, q_{30+k}^{(\tau)}}{\displaystyle\sum_{k=0}^{\infty} v^k\, {}_k p_{30}^{(\tau)}}$$

이 되고 특약보험료는

$$P_{30}^{(1)} = \frac{\displaystyle\sum_{k=0}^{\infty} v^{k+1}\, {}_k p_{30}^{(\tau)}\, q_{30+k}^{(1)}}{\displaystyle\sum_{k=0}^{\infty} v^k\, {}_k p_{30}^{(\tau)}}$$

이 된다. 특약이 있는 보험의 총책임준비금은

$$_k V = \sum_{h=0}^{\infty} v^{h+1}\, {}_h p_{30+k}^{(\tau)}\, q_{30+k+h}^{(\tau)} + \sum_{h=0}^{\infty} v^{h+1}\, {}_h p_{30+k}^{(\tau)}\, q_{30+k+h}^{(1)}$$

$$- \left(P_{30}^{(\tau)} \sum_{h=0}^{\infty} v^h\, {}_h p_{30+k}^{(\tau)} + P_{30}^{(1)} \sum_{h=0}^{\infty} v^h\, {}_h p_{30+k}^{(\tau)} \right)$$

이 된다. 이 특약이 포함된 보험의 총책임준비금은 주계약의 책임준비금과 탈퇴원인 $J=1$ 로 인한 사망을 담보하는 특약의 책임준비금을 합한 금액이다. 주계약의 책임준비금은 6 장에서 고찰한 $q_x = q_x^{(\tau)} = q_x^{(1)} + q_x^{(2)}$를 이용한 보험금 연말급, 연납보험료의 책임준비금 과 동일하다.

22 탈퇴원인이 사망($J = 1$), 해약($J = 2$)인 이중탈퇴모형을 고려한다. 피보험자 (35)는 3년만기 완전이산 정기보험에 가입하였다. 보험급부는 사망시 10,000원의 사망보험금을 지급하고 해약급부는 없다. 해약률을 고려하여 보험료를 산출할 때, 다음과 같은 가정하에서 이 보험의 연납평준순보험료를 구하시오. ($i = 0.05$)

x	$l_x^{(\tau)}$	$d_x^{(1)}$	$d_x^{(2)}$
35	1000	—	40
36	950	20	50
37	—	30	—

풀이

연납평준순보험료를 구하기 전에 필요한 확률을 계산해보자.

$$q_{35}^{(1)} = \frac{d_{35}^{(1)}}{l_{35}^{(\tau)}} = \frac{l_{35}^{(\tau)} - l_{36}^{(\tau)} - d_x^{(2)}}{l_{35}^{(\tau)}} = \frac{1000 - 950 - 40}{1000} = \frac{10}{1000} = 0.01$$

$$p_{35}^{(\tau)} = \frac{l_{36}^{(\tau)}}{l_{35}^{(\tau)}} = \frac{950}{1000} = 0.95$$

$$q_{36}^{(1)} = \frac{d_{36}^{(1)}}{l_{36}^{(\tau)}} = \frac{20}{950} = 0.021053$$

$$p_{36}^{(\tau)} = \frac{l_{37}^{(\tau)}}{l_{36}^{(\tau)}} = \frac{l_{36}^{(\tau)} - d_x^{(1)} - d_x^{(2)}}{l_{36}^{(\tau)}} = \frac{950 - 20 - 50}{950} = \frac{880}{950} = 0.926316$$

$$q_{37}^{(1)} = \frac{d_{37}^{(1)}}{l_{37}^{(\tau)}} = \frac{30}{880} = 0.034091$$

따라서 보험급부에 대한 APV1은

$$APV1 = 10000 \left(v q_{35}^{(1)} + v^2 p_{35}^{(\tau)} q_{36}^{(1)} + v^3 {}_2p_{35}^{(\tau)} q_{37}^{(1)} \right)$$

$$= 10000 \left[\left(\frac{1}{1.05} \right)(0.01) + \left(\frac{1}{1.05} \right)^2 (0.95)(0.021053) \right.$$

$$\left. + \left(\frac{1}{1.05} \right)^3 (0.95)(0.021053)(0.926316)(0.034091) \right] = 535.8$$

APV1은 표로부터 직접 구할 수도 있다. (표가 주어진 경우 이 방법이 간편함)

$$APV1 = 10000 \left[\frac{1}{1.05} \frac{10}{1000} + \frac{1}{(1.05)^2} \frac{20}{1000} + \frac{1}{(1.05)^3} \frac{30}{1000} \right]$$

$$= 535.79527 \text{(동일한 결과)}$$

보험료납입에 대한 EPV2는

$$EPV2 = P \left(1 + v p_{35}^{(\tau)} + v^2 {}_2p_{35}^{(\tau)} \right)$$

$$= P\left[1+\left(\frac{1}{1.05}\right)(0.95)+\left(\frac{1}{1.05}\right)^2(0.95)(0.926316)\right] = 2.702948P$$

EPV2는 표로부터 직접 구할 수도 있다. (표가 주어진 경우 이 방법이 간편함)

$$\text{EPV2} = P\left[1+\frac{1}{1.05}\frac{950}{1000}+\frac{1}{(1.05)^2}\frac{880}{1000}\right] = 2.702948P \text{(동일한 결과)}$$

수지상등의 원칙에 의해서

$$P = \frac{\text{APV1}}{2.702948} = \frac{535.8}{2.702948} = 198.228$$

23 탈퇴원인이 사망($J=1$), 해약($J=2$)인 이중탈퇴모형을 고려해보자. 피보험자 (60)은 보험금 10,000원인 3년만기 완전이산 정기보험에 가입하였다. 사망은 절대탈퇴율 $q'^{(1)}_{60+t}$로 UDDSD 가정이 성립하고 해약은 절대탈퇴율 $q'^{(2)}_{60+t}$로 연도말에만 발생한다고 가정하자. 이 계약은 해약환급금을 지급하지 않는다. 다음과 같은 가정이 주어졌다.

(i) 각 탈퇴원인에 대한 절대탈퇴율은 다음과 같다.

t	$q'^{(1)}_{60+t}$	$q'^{(2)}_{60+t}$
0	0.10	0.12
1	0.15	0.16
2	0.20	0.18

(ii) 사업비는 매 보험연도초에 영업보험료의 6%씩 부과된다.　(iii) $i=0.05$

보험료산출시 해약률을 고려할 때, 다음을 구하시오.

(a) 사망급부에 대한 APV를 구하시오.

(b) 수지상등의 원칙을 이용하여 영업보험료를 구하시오.

풀이

사망은 연속적이고 해약은 연말에만 발생하므로

$$q^{(1)}_{61} = q'^{(1)}_{61}, \qquad\qquad q^{(1)}_{62} = q'^{(1)}_{62}$$

$$p^{(\tau)}_{60} = (1-q'^{(1)}_{60})(1-q'^{(2)}_{60}) = (0.9)(0.88) = 0.792$$

$$p^{(\tau)}_{61} = (1-q'^{(1)}_{61})(1-q'^{(2)}_{61}) = (0.85)(0.84) = 0.714$$

(a) 사망급부에 대한 APV1

$$\text{APV1} = 10000\left[v\,q^{(1)}_{60} + v^2\,p^{(\tau)}_{60}\,q^{(1)}_{61} + v^3\,{}_2p^{(\tau)}_{60}\,q^{(1)}_{62}\right]$$

$$= 10000\left[\left(\frac{1}{1.05}\right)(0.1)+\left(\frac{1}{1.05}\right)^2(0.792)(0.15)+\left(\frac{1}{1.05}\right)^3(0.792)(0.714)(0.2)\right]$$

$$= 3006.91$$

(b) 사업비에 대한 APV2는

$$\text{APV2} = 0.06G\left[1+v\,p_{60}^{(\tau)}+v^2\,_2p_{60}^{(\tau)}\right]$$

$$= 0.06G\left[1+\left(\frac{1}{1.05}\right)(0.792)+\left(\frac{1}{1.05}\right)^2(0.792)(0.714)\right]$$

$$= 0.136032G$$

보험료납입에 대한 EPV3는

$$\text{EPV3} = G\left(1+v\,p_{60}^{(\tau)}+v^2\,_2p_{60}^{(\tau)}\right) = G\left[1+\left(\frac{1}{1.05}\right)(0.792)+\left(\frac{1}{1.05}\right)^2(0.792)(0.714)\right]$$

$$= 2.2672G$$

EPV3 = APV1 + APV2이므로

$$2.2672G = 3006.91+0.136032G$$

$$G = 1410.92$$

참고로, 만일 이 보험에 대하여 일시납보험료가 납입되는 경우를 고려하면 해약률을 0으로 생각할 수 있다. 이 경우 사망급부의 APV^*는

$$\text{APV}^* = 10000\left[\frac{0.1}{1.05}+\frac{0.9\times0.15}{(1.05)^2}+\frac{0.9\times0.85\times0.2}{(1.05)^3}\right] = 3498.542274$$

이 경우 첫 번째 해에 해약이 발생하지 않으므로 두 번째 해에 사망자수가 증가한다. 따라서 APV^*는 APV1보다 커지게 된다.

24 탈퇴원인이 사망($J=1$), 장해($J=2$)인 이중탈퇴모형을 고려해보자. 피보험자 (50)은 이중탈퇴모형을 이용해서 만든 보험에 가입하였다. 다음과 같은 가정이 주어졌을 때 이 보험급부에 대한 APV를 구하시오.

(i) $\mu_{50+t}^{(1)} = \dfrac{0.3}{60-t}$,　　$\mu_{50+t}^{(2)} = \dfrac{0.7}{60-t}$,　　　$0<t<60$

(ii) $^i\bar{a}_{50+t} = 25\,e^{-0.02t}$　　　　　　　(iii) $i=0.05$

(iv) 사망급부는 사망시 보험금 10,000원을 사망즉시 지급하며, 장해급부는 장해시 연속적 연액 1,000원을 연속연금($^i\bar{a}$)의 형태로 즉시 지급한다.

　　풀이

보험급부의 APV를 구하기 위해 필요한 $_tp_{50}^{(\tau)}$를 구해보자.

$$\mu_{50+t}^{(\tau)} = \mu_{50+t}^{(1)}+\mu_{50+t}^{(2)} = \frac{1}{60-t}$$

이므로

$$_tp_{50}^{(\tau)} = \exp\left(-\int_0^t \mu_{50+s}^{(\tau)}\, ds\right) = \exp\left(-\int_0^t \frac{1}{60-s}\, ds\right)$$

$$= \exp\left[\,[\ln(60-s)]_0^t\,\right] = \frac{60-t}{60}$$

이 보험급부에 대한 APV를 사망급부에 대한 APV1과 장해급부에 대한 APV2로 나누어서 구해보자.

$$\text{APV1} = 10000\int_0^{60} e^{-\delta t}\,_tp_{50}^{(\tau)}\,\mu_{50+t}^{(1)}\, dt = 10000\int_0^{60} e^{-0.05t}\left(\frac{60-t}{60}\right)\left(\frac{0.3}{60-t}\right) dt$$

$$= \frac{10000(0.3)}{60}\int_0^{60} e^{-0.05t}\, dt = \frac{10000(0.3)}{60}\left(\frac{1-e^{-0.05(60)}}{0.05}\right) = 950.21$$

$$\text{APV2} = \int_0^{60} e^{-\delta t}\,_tp_{50}^{(\tau)}\,\mu_{50+t}^{(2)}\,(1000\,^i\bar{a}_{50+t})\, dt$$

$$= \int_0^{60} e^{-0.05t}\left(\frac{60-t}{60}\right)\left(\frac{0.7}{60-t}\right)(1000)(25)\,e^{-0.02t}\, dt$$

$$= \frac{25000(0.7)}{60}\int_0^{60} e^{-0.07t}\, dt = \frac{25000(0.7)}{60}\left(\frac{1-e^{-0.07(60)}}{0.07}\right) = 4104.19$$

따라서 이 보험급부에 대한 APV는

$$\text{APV} = \text{APV1} + \text{APV2} = 950.21 + 4104.19 = 5054.4$$

25 식 (9.2.7.5)와 식 (9.2.7.6)을 유도하기 위하여 다음을 구하시오.

(a) $\dfrac{d}{dt}\,_t\bar{V} = \bar{P} + \delta\,_t\bar{V} - \mu_{x+t}^{(1)}[1-\,_t\bar{V}]$와 $\dfrac{d}{dt}\,_tp_x^{(\tau)} = -\,_tp_x^{(\tau)}[\mu_{x+t}^{(1)}+\mu_{x+t}^{(2)}]$을 이용하여

$\dfrac{d}{dt}[v^t\,_tp_x^{(\tau)}\,_t\bar{V}] = v^t\,_tp_x^{(\tau)}[\bar{P} - \mu_{x+t}^{(1)} - \mu_{x+t}^{(2)}\,_t\bar{V}]$임을 보이시오.

(b) $\dfrac{d}{dt}[\,_t\bar{V}^*] = \bar{P}^* + \delta\,_t\bar{V}^* - \mu_{x+t}^{(1)}[1-\,_t\bar{V}^*] - \mu_{x+t}^{(2)}[\,_t\bar{V}-\,_t\bar{V}^*]$와

$\dfrac{d}{dt}\,_tp_x^{(\tau)} = -\,_tp_x^{(\tau)}[\mu_{x+t}^{(1)}+\mu_{x+t}^{(2)}]$을 이용하여

$\dfrac{d}{dt}[v^t\,_tp_x^{(\tau)}\,_t\bar{V}^*] = v^t\,_tp_x^{(\tau)}[\bar{P}^* - \mu_{x+t}^{(1)} - \mu_{x+t}^{(2)}\,_t\bar{V}]$임을 보이시오.

> **풀이**

(a) $\dfrac{d}{dt}[v^t\,_tp_x^{(\tau)}\,_t\bar{V}] = \left(\dfrac{d}{dt}v^t\right)_tp_x^{(\tau)}\,_t\bar{V} + v^t\left(\dfrac{d}{dt}\,_tp_x^{(\tau)}\right)_t\bar{V} + v^t\,_tp_x^{(\tau)}\left(\dfrac{d}{dt}\,_t\bar{V}\right)$

$\dfrac{d}{dt}\,_t\bar{V} = \bar{P} + \delta\,_t\bar{V} - \mu_{x+t}^{(1)}[1-\,_t\bar{V}]$와 $\dfrac{d}{dt}\,_tp_x^{(\tau)} = -\,_tp_x^{(\tau)}[\mu_{x+t}^{(1)}+\mu_{x+t}^{(2)}]$에 의해

$$\frac{d}{dt}\left[v^t \, _tp_x^{(\tau)} \, _t\bar{V}\right] = -\delta \, _tp_x^{(\tau)} \, _t\bar{V} + v^t \, _t\bar{V}\left[-_tp_x^{(\tau)}\left(\mu_{x+t}^{(1)}+\mu_{x+t}^{(2)}\right)\right]$$

$$+ v^t \, _tp_x^{(\tau)}\left[\bar{P}+\delta \, _t\bar{V}-\mu_{x+t}^{(1)}\left(1-_t\bar{V}\right)\right]$$

$$= -\delta \, v^t \, _tp_x^{(\tau)} \, _t\bar{V}(①) - v^t \, _t\bar{V} \, _tp_x^{(\tau)} \, \mu_{x+t}^{(1)}(②)$$

$$- v^t \, _t\bar{V} \, _tp_x^{(\tau)} \, \mu_{x+t}^{(2)} + v^t \, _tp_x^{(\tau)} \, \bar{P}$$

$$+ v^t \, _tp_x^{(\tau)} \, \delta \, _t\bar{V}(①) - v^t \, _tp_x^{(\tau)} \, \mu_{x+t}^{(1)} + v^t \, _tp_x^{(\tau)} \, \mu_{x+t}^{(1)} \, _t\bar{V}(②)$$

$$-① + ① = 0, \ -② + ② = 0 이므로$$

$$= -v^t \, _t\bar{V} \, _tp_x^{(\tau)} \, \mu_{x+t}^{(2)} + v^t \, _tp_x^{(\tau)} \, \bar{P} - v^t \, _tp_x^{(\tau)} \, \mu_{x+t}^{(1)}$$

$$= v^t \, _tp_x^{(\tau)}\left[\bar{P}-\mu_{x+t}^{(1)}-\mu_{x+t}^{(2)} \, _t\bar{V}\right]$$

(b) $\frac{d}{dt}\left[v^t \, _tp_x^{(\tau)} \, _t\bar{V}^*\right] \doteq \left(\frac{d}{dt}v^t\right) \, _tp_x^{(\tau)} \, _t\bar{V}^* + v^t\left(\frac{d}{dt} \, _tp_x^{(\tau)}\right) \, _t\bar{V}^* + v^t \, _tp_x^{(\tau)}\left(\frac{d}{dt} \, _t\bar{V}^*\right)$

$\frac{d}{dt}\left(_t\bar{V}^*\right) = \bar{P}^* + \delta \, _t\bar{V}^* - \mu_{x+t}^{(1)}\left(1-_t\bar{V}^*\right) - \mu_{x+t}^{(2)}\left(_t\bar{V}-_t\bar{V}^*\right)$ 와

$\frac{d}{dt} \, _tp_x^{(\tau)} = -_tp_x^{(\tau)}\left(\mu_{x+t}^{(1)}+\mu_{x+t}^{(2)}\right)$ 에 의해

$$\frac{d}{dt}\left(v^t \, _tp_x^{(\tau)} \, _t\bar{V}^*\right) = -\delta \, _tp_x^{(\tau)} \, _t\bar{V}^* + v^t \, _t\bar{V}^*\left[-_tp_x^{(\tau)}\left(\mu_{x+t}^{(1)}+\mu_{x+t}^{(2)}\right)\right]$$

$$+ v^t \, _tp_x^{(\tau)}\left[\bar{P}^*+\delta \, _t\bar{V}^*-\mu_{x+t}^{(1)}\left(1-_t\bar{V}^*\right)-\mu_{x+t}^{(2)}\left(_t\bar{V}-_t\bar{V}^*\right)\right]$$

$$= -\delta \, v^t \, _tp_x^{(\tau)} \, _t\bar{V}^*(③) - v^t \, _t\bar{V}^* \, _tp_x^{(\tau)} \, \mu_{x+t}^{(1)}(④) - v^t \, _t\bar{V}^* \, _tp_x^{(\tau)} \, \mu_{x+t}^{(2)}(⑤)$$

$$+ v^t \, _tp_x^{(\tau)} \, \bar{P}^* + v^t \, _tp_x^{(\tau)} \, \delta \, _t\bar{V}^*(③)$$

$$- v^t \, _tp_x^{(\tau)} \, \mu_{x+t}^{(1)} + v^t \, _tp_x^{(\tau)} \, \mu_{x+t}^{(1)} \, _t\bar{V}^*(④)$$

$$- v^t \, _tp_x^{(\tau)} \, \mu_{x+t}^{(2)} \, _t\bar{V} + v^t \, _tp_x^{(\tau)} \, \mu_{x+t}^{(2)} \, _t\bar{V}^*(⑤)$$

$$-③ + ③ = 0, \ -④ + ④ = 0, \ -⑤ + ⑤ = 0 이므로$$

$$= v^t \, _tp_x^{(\tau)} \, \bar{P}^* - v^t \, _tp_x^{(\tau)} \, \mu_{x+t}^{(1)} - v^t \, _tp_x^{(\tau)} \, \mu_{x+t}^{(2)} \, _t\bar{V}$$

$$= v^t \, _tp_x^{(\tau)}\left(\bar{P}^* - \mu_{x+t}^{(1)} - \mu_{x+t}^{(2)} \, _t\bar{V}\right)$$

26 연습문제 25번에서 구한 (a)결과 − (b)결과를 $t=0$부터 $t=\infty$까지 적분을 하여서 식 (9.2.7.5), 식 (9.2.7.6)으로 나타난 $\bar{P}^*=\bar{P}$, $_t\bar{V}^*=_t\bar{V}$임을 보이시오.

풀이

(a)결과 − (b)결과

$$= \frac{d}{dt}\left(v^t \, _tp_x^{(\tau)} \, _t\bar{V}\right) - \frac{d}{dt}\left(v^t \, _tp_x^{(\tau)} \, _t\bar{V}^*\right) = v^t \, _tp_x^{(\tau)}\left(\bar{P}-\bar{P}^*\right) \cdots \cdots ①$$

식 ①에 $t=0$부터 $t=\infty$까지 적분을 하고, $t=0$에서 책임준비금은 0이므로 ${}_0\bar{V} = {}_0\bar{V}^* = 0$을 이용하면

$$\int_0^\infty \frac{d}{dt}\left(v^t \,{}_tp_x^{(\tau)} \,{}_t\bar{V}\right) dt - \int_0^\infty \frac{d}{dt}\left(v^t \,{}_tp_x^{(\tau)} \,{}_t\bar{V}^*\right) dt = \int_0^\infty v^t \,{}_tp_x^{(\tau)} \left(\bar{P} - \bar{P}^*\right) dt$$

여기서 $\int_a^b \frac{d}{dt} f(t)\, dt = f(b) - f(a)$를 이용하면

$$(\text{좌변}) = \left(v^\infty \,{}_\infty p_x^{(\tau)} \,{}_\infty\bar{V} - v^0 \,{}_0p_x^{(\tau)} \,{}_0\bar{V}\right) - \left(v^\infty \,{}_\infty p_x^{(\tau)} \,{}_\infty\bar{V}^* - v^0 \,{}_0p_x^{(\tau)} \,{}_0\bar{V}^*\right)$$

$$= {}_0\bar{V} - {}_0\bar{V}^* = 0$$

$$(\text{우변}) = \left(\bar{P} - \bar{P}^*\right) \int_0^\infty v^t \,{}_tp_x^{(\tau)} \, dt = \left(\bar{P} - \bar{P}^*\right) \bar{a}_x^{(\tau)}$$

따라서 $0 = \left(\bar{P} - \bar{P}^*\right) \bar{a}_x^{(\tau)}$이므로 $\bar{P} = \bar{P}^*$이다.

$\bar{P} = \bar{P}^*$를 이용하여 식 ①로부터

$$\frac{d}{dt} v^t \,{}_tp_x^{(\tau)} \left({}_t\bar{V} - {}_t\bar{V}^*\right) = 0 \cdots\cdots ②$$

임을 알 수 있다.

모든 $t \geq 0$에 대해서 식 ②의 양변을 0에서 t까지 적분을 하면

$$(\text{좌변}) = \int_0^t \frac{d}{dt} v^t \,{}_tp_x^{(\tau)} \left({}_t\bar{V} - {}_t\bar{V}^*\right) dt$$

여기서 $\int_a^b \frac{d}{dt} f(t)\, dt = f(b) - f(a)$를 이용하면

$$= v^t \,{}_tp_x^{(\tau)} \left({}_t\bar{V} - {}_t\bar{V}^*\right) - v^0 \,{}_0p_x^{(\tau)} \left({}_0\bar{V} - {}_0\bar{V}^*\right)$$

$$= v^t \,{}_tp_x^{(\tau)} \left({}_t\bar{V} - {}_t\bar{V}^*\right) - \left({}_0\bar{V} - {}_0\bar{V}^*\right)$$

$$= v^t \,{}_tp_x^{(\tau)} \left({}_t\bar{V} - {}_t\bar{V}^*\right)$$

$$(\text{우변}) = \int_0^t 0 \, dt = 0$$

따라서 $v^t \,{}_tp_x^{(\tau)} \left({}_t\bar{V} - {}_t\bar{V}^*\right) = 0$이므로 ${}_t\bar{V} = {}_t\bar{V}^*$이다.

27 (x)가 가입한 연속생명연금은 $x+n$세부터 연액 1원의 연금을 지급한다. n년의 거치 기간 중의 사망급부$(J=1)$와 해약급부$(J=2)$는 보험료 계산시 사용된 이자율로 부리된 순보험료의 원리금합계이다. 보험료는 x와 $x+n$ 기간 동안 연속적으로 납입되는데 $x+n$보다 작은 경우 탈퇴가 일어날 때까지 납입된다. 연금지급이 개시된 후부터는 해약은 없다고 가정할 때 다음을 구하시오.

(a) 연납순보험료 (b) t 연도말 순보험료식 책임준비금

풀이

(a) 미래손실(현가)를 $_0L$이라고 하면

$$_0L = \begin{cases} \pi\, v^T\, \bar{s}\,_{\overline{T}|} - \pi\, \bar{a}\,_{\overline{T}|}, & 0 \le T \le n, \quad J = 1, 2 \\ v^n\, \bar{a}\,_{\overline{T-n}|} - \pi\, \bar{a}\,_{\overline{n}|}, & T > n, \qquad J = 1 \end{cases}$$

$\pi\, v^t\, \bar{s}\,_{\overline{T}|} - \pi\, \bar{a}\,_{\overline{T}|} = 0$이므로

$$E(_0L) = \int_n^\infty (v^n\, \bar{a}\,_{\overline{t-n}|} - \pi\, \bar{a}\,_{\overline{n}|})\,_tp_x^{(\tau)}\, \mu_{x+t}^{(1)}\, dt$$

$$v^n\,_np_x^{(\tau)}\, \bar{a}_{x+n} = \pi\, \bar{a}\,_{\overline{n}|}\,_np_x^{(\tau)}$$

따라서 $\pi = \dfrac{v^n\, \bar{a}_{x+n}}{\bar{a}\,_{\overline{n}|}} = \dfrac{\bar{a}_{x+n}}{\bar{s}\,_{\overline{n}|}}$

(b) $_tV = \displaystyle\int_0^{n-t} (\pi\, v^s\, \bar{s}\,_{\overline{t+s}|} - \pi\, \bar{a}\,_{\overline{s}|})\,_sp_{x+t}^{(\tau)}\, \mu_{x+t+s}^{(\tau)}\, ds$

$$+ \int_{n-t}^\infty (v^{n-t}\, \bar{a}\,_{\overline{s-(n-t)}|} - \pi\, \bar{a}\,_{\overline{n-t}|})\,_sp_{x+t}^{(\tau)}\, \mu_{x+t+s}^{(1)}\, ds$$

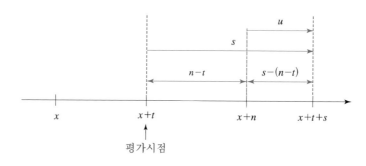

$A = \pi\, v^s\, \bar{s}\,_{\overline{t+s}|} - \pi\, \bar{a}\,_{\overline{s}|}$는 그림으로 보면 $\pi\, \bar{s}\,_{\overline{t}|}$이다.

$$A = \pi\, \frac{e^{-\delta s}(e^{\delta(t+s)} - 1) - (1 - e^{-\delta s})}{\delta} = \pi\, \frac{e^{\delta t} - e^{-\delta s} - 1 + e^{\delta s}}{\delta}$$

$$= \pi\, \frac{e^{\delta t} - 1}{\delta} = \pi\, \bar{s}\,_{\overline{t}|}$$

$_sp_{x+t}^{(\tau)}\, \mu_{x+t+s}^{(1)} = {}_{n-t}p_{x+t}^{(\tau)}\,_{s-(n-t)}p_{x+n}^{(\tau)}\, \mu_{x+n+s-(n-t)}^{(1)}$를 이용하면

$$B = v^{n-t}\, \bar{a}\,_{\overline{s-(n-t)}|}\,_sp_{x+t}^{(\tau)}\, \mu_{x+t+s}^{(1)} = v^{n-t}\,_{n-t}p_{x+t}^{(\tau)}\,_{s-(n-t)}p_{x+n}^{(\tau)}\, \mu_{x+n+s-(n-t)}^{(1)}$$

$s - (n-t) = u$라고 하면

$$\int_{n-t}^\infty\,_{s-(n-t)}p_{x+n}^{(\tau)}\, \mu_{x+n+s-(n-t)}^{(1)}\, \bar{a}\,_{\overline{x-(n-t)}|}\, ds$$

$$= \int_0^\infty {}_u p_{x+n}^{(\tau)} \, \mu_{x+n+u}^{(1)} \, \bar{a}_{\overline{u}|} \, du = \bar{a}_{x+n}$$

따라서

$$B = v^{n-t} \, {}_{n-t} p_{x+t}^{(\tau)} \, \bar{a}_{x+n} = {}_{n-t|} \bar{a}_{x+t} \quad \cdots\cdots \ ①$$

$C = \int_{n-t}^\infty {}_s p_{x+t}^{(\tau)} \, \mu_{x+t+s}^{(1)} \, ds$는 n년 이후에는 해약이 없으므로 $C = {}_{n-t} p_{x+t}^{(\tau)}$가 된다.

따라서

$${}_t V = \pi \, \bar{s}_{\overline{t}|} \left(1 - {}_{n-t} p_{x+t}^{(\tau)}\right) + v^{n-t} \, {}_{n-t} p_{x+t}^{(\tau)} \, \bar{a}_{x+n} - \pi \, \bar{a}_{\overline{n-t}|} \, {}_{n-t} p_{x+t}^{(\tau)} \quad \cdots\cdots \ ②$$

$D = \pi\left(\bar{s}_{\overline{t}|} + \bar{a}_{\overline{n-t}|}\right)$는 그림에서 보면 $\pi \, v^{n-t} \, \bar{s}_{\overline{n}|}$이다.

$\bar{s}_{\overline{t}|} = v^{n-t}\left(\bar{s}_{\overline{n}|} - \bar{s}_{\overline{n-t}|}\right)$이므로

$$D = \pi\left(\bar{s}_{\overline{t}|} + \bar{a}_{\overline{n-t}|}\right) = \pi\left[v^{n-t}\left(\bar{s}_{\overline{n}|} - \bar{s}_{\overline{n-t}|}\right) + \bar{a}_{\overline{n-t}|}\right]$$

$$= \pi \, v^{n-t} \, \bar{s}_{\overline{n}|} = v^{n-t} \, \bar{a}_{x+n} \ ((a)의 \ 결과를 \ 이용)$$

D의 결과를 이용하면

$$-\pi\left(\bar{s}_{\overline{t}|} + \bar{a}_{\overline{n-t}|}\right) {}_{n-t} p_{x+t}^{(\tau)} = -v^{n-t} \, \bar{a}_{x+n} \, {}_{n-t} p_{x+t}^{(\tau)}$$

$$= -v^{n-t} \, {}_{n-t} p_{x+t}^{(\tau)} \, \bar{a}_{x+n} = -{}_{n-t|} \bar{a}_{x+t} \quad \cdots\cdots \ ③$$

①식과 ③식을 ②식에 대입하면 ②식에서 $\pi \, \bar{s}_{\overline{t}|}$만 남는다.

따라서

$${}_t V = \pi \, \bar{s}_{\overline{t}|}$$

이 문제를 해석하면 거치기간 동안의 보험료와 책임준비금은 사망률 고려 없이 이자만을 고려하므로 탈퇴원인이 없는 모델(zero decrement model)에서 유도된 것으로 생각해 볼 수 있다.

28 현재 50세인 피보험자(남)는 20년 전에 보험금 10,000원, 30년납입, 30년만기 완전이산 생사혼합보험에 가입하였다. 다음과 같은 가정이 주어졌을 때, 감액된 생존보험급부를 구하시오.

(i) 보험금 및 보험료의 APV의 계산시 제7회 경험생명표(남)와 $i = 0.05$를 사용하였다.

(ii) 보험가입시 보험료는 수지상등의 원칙에 의해서 계산되었다.

(iii) 피보험자는 보험가입후 20년이 지난 시점에서 보험료는 더 이상 납입하지 않고 해약환급금(순보식 책임준비금과 동일)을 기초로 보험금을 조정하기로 하였다. 조정 내용은 50세에서의 미래손실의 기대값을 변화시키지 않는 조건하에서 사망보험금은 10,000원을 유지하고 생존보험급부는 감액된 금액을 받기로 하였다.

풀이

감액된 생존보험급부를 S라고 하면 S를 구하기 위해

${}_{20}V$와 $10000A^{1}_{50:\overline{10|}}$, $A_{50:\frac{1}{10|}}$을 구해보자.

$$
{}_{20}V = 10000\left(1 - \frac{\ddot{a}_{50:\overline{10|}}}{\ddot{a}_{30:\overline{30|}}}\right) = 10000\left(1 - \frac{7.987834}{15.940855}\right)
$$

$$
= 4989.08
$$

$$
10000A^{1}_{50:\overline{10|}} = 320.47
$$

$$
A_{50:\frac{1}{10|}} = 0.58758
$$

새로운 보험급부는 해약환급금과 보험수리적 현가가 동일하여야 하므로

$$
{}_{20}V = 10000A_{50:\overline{10|}} + SA_{50:\frac{1}{10|}}
$$

이다. 따라서 $4989.08 = 320.47 + 0.58758\,S$

$$
S = 7945.49
$$

29 피보험자 (30)은 보험금 10,000원의 완전연속 종신보험에 가입하였다. 다음과 같은 가정들이 주어졌을 때,

(i) $\mu_{30+t} = \begin{cases} 0.02 & t < 10 \\ 0.04 & t \geq 10 \end{cases}$　　　(ii) $\delta = 0.05$

(iii) 20시점의 해약환급금은 20시점의 순보식 책임준비금의 100%이다.

피보험자는 보험가입후 20년이 지난 시점에서 보험료를 더 이상 납부하지 않기로 결정하고, 종신보험은 유지하되 감액된 보험금을 받기로 하였다. 이때 감액된 보험금을 구하시오.

풀이

감액된 보험금을 S라고 하면 S를 구하기 위해 ${}_{20}V$, $\bar{A}_{50}$을 구해보자.

$$
\bar{a}_{50} = \int_{0}^{\infty} v^{t}\,{}_{t}p_{50}\,dt = \int_{0}^{\infty} e^{-0.05t}\,e^{-0.04t}\,dt = 11.1111
$$

$\bar{a}_{30}$은 구간에 따라 사력이 상이하므로

$$
\bar{a}_{30} = \bar{a}_{30:\overline{10|}} + \bar{A}_{30:\frac{1}{10|}}\,\bar{a}_{40} = \int_{0}^{10} v^{t}\,{}_{t}p_{30}\,dt + e^{-0.07(10)}\int_{0}^{\infty} v^{t}\,{}_{t}p_{40}\,dt
$$

$$
= \frac{1 - e^{-(\mu+\delta)(10)}}{\mu+\delta} + e^{-0.7}\times\frac{1}{\mu+\delta} = \frac{1 - e^{-0.7}}{0.07} + e^{-0.7}\times\frac{1}{0.09}
$$

$$
= 12.709253
$$

가정 (iii)으로부터

$$_{20}V = (10000)\left(1 - \frac{\bar{a}_{50}}{\bar{a}_{30}}\right)$$

$$= (10000)\left(1 - \frac{11.1111}{12.709253}\right) = 1257.472017$$

$$\bar{A}_{50} = \frac{\mu}{\mu + \delta} = \frac{0.04}{0.09} = 0.44444$$

다음 식을 만족하는 S 를 구하면 된다.

$$_{20}V = S\,\bar{A}_{50}$$

$$S = \frac{_{20}V}{\bar{A}_{50}} = \frac{1257.472017}{0.44444} = 2829.34$$

30 피보험자 (30)은 보험금 100,000원의 50년만기 완전연속 생사혼합보험에 가입하였다. 다음과 같은 가정과 조건이 주어졌을 때,

(i) $l_x = 110 - x, \qquad 0 \leq x < 110$ (ii) $\delta = 0.05$

(iii) $\bar{A}_{30:\overline{50|}} = 0.26026$, $\bar{A}_{45:\overline{35|}} = 0.31924$, $\bar{A}_{60:\overline{20|}} = 0.47358$

(iv) k시점의 해약환급금은 k시점의 순보식 책임준비금과 동일하다.

(a) 제15보험연도말 책임준비금과 제30보험연도말 책임준비금을 구하시오.

(b) k시점에 피보험자는 보험료는 더 이상 납입하지 않고 해약환급금을 이용하여 보험금 100,000원의 연장정기보험(extended term insurance)으로 계약을 변경하고자 한다. $k = 15$, $k = 30$인 경우, 연장정기보험의 보험기간을 구하시오. 만약 연장정기보험의 보험기간이 원보험계약의 남은 기간보다 큰 경우는 사용되지 않은 해약환급금으로 구입할 수 있는 생존보험의 생존보험급부를 구하시오.

풀이

(a) $_{15}V = 100000\left(\dfrac{\bar{A}_{45:\overline{35|}} - \bar{A}_{30:\overline{50|}}}{1 - \bar{A}_{30:\overline{50|}}}\right) = 100000\left(\dfrac{0.31924 - 0.26026}{1 - 0.26026}\right)$

$\qquad = 7973.0$

$_{30}V = 100000\left(\dfrac{\bar{A}_{60:\overline{20|}} - \bar{A}_{30:\overline{50|}}}{1 - \bar{A}_{30:\overline{50|}}}\right) = 100000\left(\dfrac{0.47358 - 0.26026}{1 - 0.26026}\right)$

$\qquad = 28837.2$

(b) (i) $k = 15$인 경우

$$\bar{A}^{\,1}_{x:\overline{n|}} = \int_0^n e^{-\delta t}\,\frac{1}{\omega - x}\,dt = \frac{1 - e^{-\delta n}}{(\omega - x)\delta}$$

$$_nE_x = e^{-\delta n}\left(\frac{\omega - x - n}{\omega - x}\right), \quad x + n \le \omega$$

다음 식을 만족하는 s를 찾으면 된다.

$$_{15}V = 100000\,\bar{A}\,^1_{45:\,\overline{s}|}$$

$$7973 = 100000\left[\frac{1 - e^{-(0.05)s}}{(65)(0.05)}\right]$$

$$e^{-(0.05)s} = 0.7408775, \qquad\qquad s = 5.9983997$$

(ii) $k = 30$인 경우

(i)과 동일하게 다음 식을 만족하는 s를 찾아보자.

$$_{30}V = 100000\,\bar{A}\,^1_{60:\,\overline{s}|}$$

$$28837.2 = 100000\left[\frac{1 - e^{-(0.05)s}}{(50)(0.05)}\right]$$

$$e^{-(0.05)s} = 0.27907, \qquad\qquad s = 25.52585$$

$30 + 25.52585 > 50$이므로 50년만기를 초과한다. (즉, $s > (50 - 30) = 20$이다)

$$100000\,\bar{A}\,^1_{60:\,\overline{20}|} = 100000\left[\frac{1 - e^{-(0.05)(20)}}{(50)(0.05)}\right] = 25284.82$$

$25284.82 < 28837.2 = {}_{30}V$이므로

다음을 만족하는 S를 찾으면 된다.

$$_{30}V = 25284.82 + S\,_{20}E_{60}$$

$$_{20}E_{60} = e^{-(0.05)(20)}\left(\frac{50 - 20}{50}\right) = 0.220728$$

$$28837.2 = 25284.82 + S\,(0.220728)$$

$$S = 16093.92556$$

31 피보험자 (20)은 보험금 10,000원의 50년만기 완전연속 생사혼합보험에 가입하였다. 다음과 같은 가정이 주어졌을 때,

(i) $\mu_x = 0.02, \quad x \ge 0$ (ii) $\delta = 0.05$

(iii) k시점의 해약환급금은 k시점의 순보식 책임준비금과 동일하다.

(a) 제20보험연도말 책임준비금과 제35보험연도말 책임준비금을 구하시오.

(b) k시점에 피보험자는 보험료는 더 이상 납입하지 않고 해약환급금을 이용하여 보험금 10,000원의 연장정기보험(extended term insurance)으로 계약을 변경하고자 한다. $k = 20$, $k = 35$인 경우, 연장정기보험의 보험기간을 구하시오. 만약 연장정기보험의 보험기간이 원보험계약의 남은 기간보다 큰 경우는 사용되지 않은 해약환

급금으로 구입할 수 있는 생존보험의 생존보험급부를 구하시오.

풀이

(a) 책임준비금을 구하기 위해, $\bar{a}_{20:\overline{50|}}$, $\bar{a}_{40:\overline{30|}}$, $\bar{a}_{55:\overline{15|}}$ 를 구해보자.

$$\bar{a}_{20:\overline{50|}} = \frac{1-e^{-(\mu+\delta)(n)}}{\mu+\delta} = \frac{1-e^{-0.07\times50}}{0.07} = 13.854323$$

$$\bar{a}_{40:\overline{30|}} = \frac{1-e^{-(\mu+\delta)(n)}}{\mu+\delta} = \frac{1-e^{-0.07\times30}}{0.07} = 12.536337$$

$$\bar{a}_{55:\overline{15|}} = \frac{1-e^{-(\mu+\delta)(n)}}{\mu+\delta} = \frac{1-e^{-0.07\times15}}{0.07} = 9.286604$$

이므로

$$_{20}V = 10000\left(1 - \frac{\bar{a}_{40:\overline{30|}}}{\bar{a}_{20:\overline{50|}}}\right) = 10000\left(1 - \frac{12.536337}{13.854323}\right) = 951.32$$

$$_{35}V = 10000\left(1 - \frac{\bar{a}_{55:\overline{15|}}}{\bar{a}_{20:\overline{50|}}}\right) = 10000\left(1 - \frac{9.286604}{13.854323}\right) = 3296.96$$

(b) (i) $k=20$인 경우

$$\bar{A}^{1}_{x:\overline{n|}} = \bar{A}_x - {}_nE_x\,\bar{A}_{x+n} = \frac{\mu\left(1-e^{-(\mu+\delta)n}\right)}{\mu+\delta}$$

다음 식을 만족하는 s를 찾으면 된다.

$$_{20}V = 10000\,\bar{A}^{1}_{40:\overline{s|}}$$

$$951.32 = 10000\left[\frac{0.02\left[1-e^{-(0.07)s}\right]}{0.07}\right]$$

$$e^{-(0.07)s} = 0.667038, \qquad\qquad s = 5.7844$$

(ii) $k=35$인 경우

$$10000\,\bar{A}^{1}_{55:\overline{15|}} = 10000\left[\frac{0.02\left[1-e^{-(0.07)(15)}\right]}{0.07}\right] = 1857.32$$

$$10000\,\bar{A}^{1}_{55:\overline{15|}} = 1857.32 < 3296.96 = {}_{35}V \text{이므로}$$

$$_{35}V - 10000\,\bar{A}^{1}_{55:\overline{15|}} = 3296.96 - 1857.32 = 1439.64$$

는 생존보험을 구입하는데 사용될 수 있다.

$$1439.64 = S\,{}_{15}E_{55} = S\,e^{-(0.07)(15)}$$

$$S = \frac{1439.64}{e^{-0.07(15)}} = 4113.3988$$

32 피보험자 (30)은 보험금 10,000원의 25년납입, 30년만기 완전연속 생사혼합보험에 가입하였다. 보험가입 20년 후 피보험자는 보험료의 납부는 그대로 하고 생존보험으로 계약을 변경하기로 하였다. 다음의 가정을 이용하여 변경된 계약의 생존보험급부를 구하시오.

(i) $\mu_x = 0.01$, $x \geq 0$　　　　　(ii) $\delta = 0.05$

(iii) 20시점의 해약환급금과 20시점의 순보식 책임준비금은 동일하다.

풀이

$_{20}V$를 구하기 위해 $\bar{A}_{50:\overline{10|}}$, $\bar{a}_{50:\overline{5|}}$, $\bar{A}_{30:\overline{30|}}$, $\bar{a}_{30:\overline{25|}}$를 구해보자. 사력이 상수로 일정하므로

$$\bar{A}_{30:\overline{30|}} = \frac{\mu + \delta\,e^{-(\mu+\delta)n}}{\mu+\delta} = \frac{0.01 + 0.05\,e^{-0.06(30)}}{0.06} = 0.30442$$

$$\bar{A}_{50:\overline{10|}} = \frac{0.01 + 0.05\,e^{-0.06(10)}}{0.06} = 0.62401$$

이며,

$$\bar{a}_{30:\overline{25|}} = \frac{1 - e^{-(\mu+\delta)n}}{\mu+\delta} = \frac{1 - e^{-0.06(25)}}{0.06} = 12.94783$$

$$\bar{a}_{50:\overline{5|}} = \frac{1 - e^{-0.06(5)}}{0.06} = 4.31970$$

임을 알 수 있다. 따라서

$$_{25}\bar{P}(\bar{A}_{30:\overline{30|}}) = \frac{\bar{A}_{30:\overline{30|}}}{\bar{a}_{30:\overline{25|}}} = 0.02351$$

$$_{20}V = 10000\left[\bar{A}_{50:\overline{10|}} - _{25}\bar{P}(\bar{A}_{30:\overline{30|}})\,\bar{a}_{50:\overline{5|}}\right]$$

$$= 10000\left[0.6240 - (0.02351)(4.31970)\right] = 5224.5$$

$$\bar{A}_{50:\overline{10|}}^{\ 1} = e^{-(\mu+\delta)n} = e^{-0.06(10)} = 0.54881$$

따라서

$$_{20}V + (10000)\,_{25}\bar{P}(\bar{A}_{30:\overline{30|}})\,\bar{a}_{50:\overline{5|}} = S\bar{A}_{50:\overline{10|}}^{\ 1}$$ 이므로

$$5224.5 + (235.1)(4.31970) = 0.54881S$$

$$S = 11370.17$$

33 2020년 연초에 56세인 A의 연급여는 10,000이다. A의 연급여는 매년 연말에 변경된다. 탈퇴원인 $J = d$는 사망을, 탈퇴원인 $J = r$은 퇴직을 나타내며 다른 탈퇴원인은 56세 이후에는 표 [9.2.9.2]에 따라 발생하지 않는 것으로 가정한다. A의 퇴직연금플랜은 재직 중 60세 이전에 사망시 연급여의 5배를 사망즉시 지급한다. 사망은 연 중

앙에 발생한다고 가정하고 APV 계산시 사용하는 이자율은 4%이다. 표 [9.2.9.1]의 승급표(salary scale)와 표 [9.2.9.2]의 종업원재직잔존표를 이용하여 사망급부의 APV를 구하시오.

풀이

표 [9.2.9.2]의 종업원재직잔존표로부터 다음을 알 수 있다.

x	$l_x^{(\tau)}$	$d_x^{(d)}$	$d_x^{(w)}$	$d_x^{(i)}$	$d_x^{(r)}$
56	18106	555	0	0	4042
57	13509	461	0	0	6454
58	6594	266	0	0	2824
59	3504	132	0	0	2385
60	987	0	0	0	987

연령 $56+k$ 에서의 사망확률은

$$_k p_{56}^{(\tau)} \, q_{56+k}^{(d)} = \frac{d_{56+k}^{(d)}}{l_{56}^{(\tau)}} = \frac{d_{56+k}^{(d)}}{l_{56}^{(\tau)}}$$

연간급여 10,000은 $(56, 57)$구간에 적용될 수 있다. 사망이 $(56+k, 56+k+1)$에서 발생한다면 사망보험금은 $5 \times \dfrac{s_{56+k}}{s_{56}} \times 10000$이 되며 $k+\dfrac{1}{2}$ 시점에서 지급된다. $(56+k, 56+k+1)$구간에 지급되는 사망보험금의 APV는

$$\frac{50000}{1.04^{k+0.5}} \times \frac{d_{56+k}^{(d)}}{l_{56}^{(\tau)}} \times \frac{s_{56+k}}{s_{56}}$$

60세 이전만 사망급부를 고려하므로 APV를 구하기 위하여 승급표로부터 필요한 값을 구하고, $k = 0, 1, 2, 3$을 적용하여 합하면

$$\frac{50000}{l_{56}^{(\tau)} s_{56}} \times \sum_{k=0}^{3} \frac{d_{56+k}^{(d)}}{1.04^{k+0.5}} \times s_{56+k}$$

$$= 0.562427 \times \left(\frac{555 \times 4.91}{1.04^{0.5}} + \frac{461 \times 5.21}{1.04^{1.5}} + \frac{266 \times 5.53}{1.04^{2.5}} + \frac{132 \times 5.86}{1.04^{3.5}} \right)$$

$$= 3905.84$$

심·화·학·습·문·제 9.2

1 다음과 같은 탈퇴력과 총탈퇴력을 갖는 이중탈퇴모형을 고려해보자.

(i) $\mu_{40+t}^{(1)} = \dfrac{1}{60-t}$, $0 \leq t < 60$ (ii) $\mu_{40+t}^{(2)} = 0.05$, $0 \leq t < 60$

(40)에 대해서 탈퇴시까지의 기간이라는 확률변수를 T, 탈퇴원인이라는 확률변수를 J라고 할 때 다음을 구하시오.

(a) (40)이 50세와 52세 사이에 탈퇴원인 1로 인해 탈퇴할 확률

     (즉 $\Pr[(10 < T \leq 12) \cap (J=1)] = {}_{10|2}q_{40}^{(1)}$)

(b) (40)이 탈퇴원인 1로 인해 탈퇴할 확률(즉 $\Pr(J=1) = {}_{\infty}q_{40}^{(1)}$)

(c) $f_{J|T}(2|30)$

풀이

$$
{}_t p_{40}^{(\tau)} = \exp\left[-\int_0^t \mu_{40+s}^{(\tau)}\, ds\right] = \exp\left[-\int_0^t \frac{1}{60-s} + 0.05\, ds\right]
$$

$$
= \exp\left[\ln\left(\frac{60-t}{60}\right) - 0.05t\right] = \left(\frac{60-t}{60}\right) e^{-0.05t}
$$

(a) $\Pr[(10 < T \leq 12) \cap (J=1)] = {}_{10|2}q_{40}^{(1)} = \displaystyle\int_{10}^{12} {}_t p_{40}^{(\tau)}\, \mu_{40+t}^{(1)}\, dt$

$$
= \int_{10}^{12} \left(\frac{60-t}{60}\right) e^{-0.05t} \left(\frac{1}{60-t}\right) dt = \frac{1}{60} \int_{10}^{12} e^{-0.05t}\, dt
$$

$$
= \frac{1}{60}\left(\frac{e^{-0.05(10)} - e^{-0.05(12)}}{0.05}\right) = 0.01924
$$

(b) $\Pr(J=1) = {}_{\infty}q_{40}^{(1)} = \displaystyle\int_0^{\infty} {}_s p_{40}^{(\tau)}\, \mu_{40+s}^{(1)}\, ds$

$$
= \int_0^{60} \left(\frac{60-t}{60}\right) e^{-0.05t} \left(\frac{1}{60-t}\right) dt
$$

$$
= \frac{1}{60} \int_0^{60} e^{-0.05t} dt = \left(\frac{1}{60}\right)\left(\frac{1 - e^{-0.05(60)}}{0.05}\right) = 0.316738
$$

(c) $f_{J|T}(2|30) = \dfrac{\mu_{40+30}^{(2)}}{\mu_{40+30}^{(\tau)}} = \dfrac{0.05}{\left(\dfrac{1}{30}\right) + 0.05} = 0.6$

2 다음과 같은 이중탈퇴표를 완성시키고 $p_{42}^{(\tau)}$와 $_3q_{40}^{(2)}$를 구하시오.

x	$q_x^{(1)}$	$q_x^{(2)}$	$q_x^{(\tau)}$	$l_x^{(\tau)}$	$d_x^{(1)}$	$d_x^{(2)}$
40	–	–	0.04	–	200	–
41	–	–	0.1	–	–	672
42	0.05	0.1	–	8640	–	–

::: **풀이** :::

$$l_{x+1}^{(\tau)} = l_x^{(\tau)} - d_x^{(\tau)}, \qquad d_x^{(\tau)} = d_x^{(1)} + d_x^{(2)}, \qquad q_x^{(\tau)} = q_x^{(1)} + q_x^{(2)}$$

임을 이용하면 다음과 같이 이중탈퇴표를 완성시킬 수 있다.

x	$q_x^{(1)}$	$q_x^{(2)}$	$q_x^{(\tau)}$	$l_x^{(\tau)}$	$d_x^{(1)}$	$d_x^{(2)}$
40	0.02	0.02	0.04	10000	200	200
41	0.03	0.07	0.1	9600	288	672
42	0.05	0.1	0.15	8640	432	864

$$p_{42}^{(\tau)} = \frac{l_{43}^{(\tau)}}{l_{42}^{(\tau)}} = \frac{l_{42}^{(\tau)} - d_{42}^{(1)} - d_{42}^{(2)}}{l_{42}^{(\tau)}} = \frac{8640 - 432 - 864}{8640} = 0.85$$

또는 $p_{42}^{(\tau)} = 1 - q_{42}^{(\tau)} = 1 - 0.15 = 0.85$

$$_3q_{40}^{(2)} = \frac{d_{40}^{(2)} + d_{41}^{(2)} + d_{42}^{(2)}}{l_{40}^{(\tau)}} = \frac{200 + 672 + 864}{10000} = 0.1736$$

또는 $_3q_{40}^{(2)} = q_{40}^{(2)} + p_{40}^{(\tau)} \, q_{41}^{(2)} + p_{40}^{(\tau)} \, p_{41}^{(\tau)} \, q_{42}^{(2)}$

$$= 0.02 + (0.96)(0.07) + (0.96)(0.9)(0.1) = 0.1736$$

3 탈퇴원인이 사고로 인한 사망($J = 1$), 질병으로 인한($J = 2$)인 이중탈퇴모형을 고려한다. 다음의 자료를 이용하여

(i) $\mu_{x+t}^{(1)} = \begin{cases} 0.01 & t \le 20 \\ 0.03 & t > 20 \end{cases}$ \qquad (ii) $\mu_{x+t}^{(2)} = \begin{cases} 0.02 & t \le 10 \\ 0.04 & t > 10 \end{cases}$

(a) $_{15}q_x^{(1)}$를 구하시오. \qquad (b) $_{15|15}q_x^{(2)}$를 구하시오.

::: **풀이** :::

(a) 자료 (i), (ii)로부터 총탈퇴력은 $\mu_{x+t}^{(\tau)} = \begin{cases} 0.03, & t \le 10 \\ 0.05, & 10 < t \le 20 \\ 0.07, & t > 20 \end{cases}$

$t \le 10$인 경우 $_tp_x^{(\tau)} = e^{-0.03t}$

$10 < t \le 20$인 경우 ${}_tp_x^{(\tau)} = e^{-0.03(10)}\, e^{-0.05(t-10)}$

$t > 20$인 경우 ${}_tp_x^{(\tau)} = e^{-0.03(10)}\, e^{-0.05(10)}\, e^{-0.07(t-20)}$

이므로

$$
{}_{15}q_x^{(1)} = \int_0^{15} {}_tp_x^{(\tau)}\, \mu_{x+t}^{(1)}\, dt
$$

$$
= \int_0^{10} {}_tp_x^{(\tau)}\, \mu_{x+t}^{(1)}\, dt + \int_{10}^{15} {}_tp_x^{(\tau)}\, \mu_{x+t}^{(1)}\, dt
$$

$$
\int_0^{10} {}_tp_x^{(\tau)}\, \mu_{x+t}^{(1)}\, dt = \int_0^{10} e^{-0.03t}\,(0.01)\, dt
$$

$$
= 0.01\left(\frac{1 - e^{-0.03 \times 10}}{0.03}\right) = 0.086394
$$

$$
\int_{10}^{15} {}_tp_x^{(\tau)}\, \mu_{x+t}^{(1)}\, dt = \int_{10}^{15} e^{-0.03(10)}\, e^{-0.05(t-10)}\,(0.01)\, dt
$$

$t - 10 = s$인 치환적분법을 사용하면(부록1의 식 (I−32) 참고)

$$
= 0.01\, e^{-0.03(10)} \int_0^5 e^{-0.05s}\, ds
$$

$$
= 0.01\, e^{-0.03(10)}\left(\frac{1 - e^{-0.05 \times 5}}{0.05}\right) = 0.032774
$$

따라서

$$
{}_{15}q_x^{(1)} = 0.086394 + 0.032774 = 0.119168
$$

(b) [풀이 1]

(a)에서 구한 $10 < t \le 20$인 경우의 ${}_tp_x^{(\tau)}$와 $t > 20$인 경우의 ${}_tp_x^{(\tau)}$를 이용하면

$$
{}_{15|15}q_x^{(2)} = \int_{15}^{30} {}_tp_x^{(\tau)}\, \mu_{x+t}^{(2)}\, dt
$$

$$
= \int_{15}^{20} {}_tp_x^{(\tau)}\, \mu_{x+t}^{(2)}\, dt + \int_{20}^{30} {}_tp_x^{(\tau)}\, \mu_{x+t}^{(2)}\, dt
$$

$$
\int_{15}^{20} {}_tp_x^{(\tau)}\, \mu_{x+t}^{(2)}\, dt = \int_{15}^{20} e^{-0.03(10)}\, e^{-0.05(t-10)}\,(0.04)\, dt
$$

$t - 10 = s$인 치환적분법을 사용하면(부록1의 식 (I−32) 참고)

$$
= 0.04\, e^{-0.03(10)} \int_5^{10} e^{-0.05s}\, ds
$$

$$
= 0.04\, e^{-0.03(10)}\left(\frac{e^{-0.05 \times 5} - e^{-0.05 \times 10}}{0.05}\right)
$$

$$
= 0.102097
$$

$$\int_{20}^{30} {}_tp_x^{(\tau)} \; \mu_{x+t}^{(2)} \; dt = \int_{20}^{30} e^{-0.03(10)} \; e^{-0.05(10)} \; e^{-0.07(t-20)} \; (0.04) \; dt$$

$t - 20 = s$ 인 치환적분법을 사용하면(부록1의 식 $(\mathrm{I}-32)$ 참고)

$$= 0.04 \, e^{-0.08(10)} \int_{0}^{10} e^{-0.07s} \; ds$$

$$= 0.04 \, e^{-0.08(10)} \left(\frac{1 - e^{-0.07 \times 10}}{0.07} \right) = 0.129256$$

따라서

$$_{15|15}q_x^{(2)} = 0.102097 + 0.129256 = 0.231353$$

[풀이 2]

$_{15|15}q_x^{(2)}$ 를 구하기 위해 $_{15}p_x^{(\tau)}$ 와 $_{15}q_{x+15}^{(2)}$ 를 구해보자.

(a)에서 구한 $_tp_x^{(\tau)}$ 를 이용하면 $_{15}p_x^{(\tau)} = e^{-0.03(10)} \, e^{-0.05(5)} = 0.57695$

$s \le 5$ 인 경우 $_sp_{x+15}^{(\tau)} = e^{-0.05s}$

$s > 5$ 인 경우 $_sp_{x+15}^{(\tau)} = e^{-0.05(5)} \, e^{-0.07(s-5)}$

이므로

$$_{15}q_{x+15}^{(2)} = \int_{0}^{15} {}_sp_{x+15}^{(\tau)} \; \mu_{(x+15)+s}^{(2)} \; ds$$

$$= \int_{0}^{5} {}_sp_{x+15}^{(\tau)} \; \mu_{(x+15)+s}^{(2)} \; ds + \int_{5}^{15} {}_sp_{x+15}^{(\tau)} \; \mu_{(x+15)+s}^{(2)} \; ds$$

$$\int_{0}^{5} {}_sp_{x+15}^{(\tau)} \; \mu_{(x+15)+s}^{(2)} \; ds = \int_{0}^{5} e^{-0.05s} \; (0.04) \; ds$$

$$= 0.04 \left(\frac{1 - e^{-0.05 \times 5}}{0.05} \right) = 0.176959$$

$$\int_{5}^{15} {}_sp_{x+15}^{(\tau)} \; \mu_{(x+15)+s}^{(2)} \; ds = \int_{5}^{15} e^{-0.05(5)} \; e^{-0.07(s-5)} \; (0.04) \; ds$$

$s - 5 = u$ 인 치환적분법을 사용하면(부록1의 식 $(\mathrm{I}-32)$ 참고)

$$= 0.04 \, e^{-0.05(5)} \int_{0}^{10} e^{-0.07u} \; du$$

$$= 0.04 \, e^{-0.05(5)} \left(\frac{1 - e^{-0.07 \times 10}}{0.07} \right) = 0.224034$$

따라서

$$_{15}q_{x+15}^{(2)} = 0.176959 + 0.224034 = 0.400993$$

그러므로

$$_{15|15}q_x^{(2)} = {}_{15}p_x^{(\tau)} \; {}_{15}q_{x+15}^{(2)} = (0.57695)(0.400993) = 0.231353 \, (\text{동일한 결과})$$

4 다음과 같은 이중탈퇴모형하에서 $_{10}q^{(2)}_{25}$ 를 구하시오.

(i) $\mu^{(1)}_{25+t} = 0.3\,\mu^{(\tau)}_{25+t},\ t>0$ (ii) $\mu^{(\tau)}_{25+t} = c,\ t>0$ (iii) $p'^{(1)}_{25} = 0.98$

::: **풀이** ─────────────

$_{10}q^{(2)}_{25}$ 를 구하기 위해 $_tp^{(\tau)}_{25}\,\mu^{(2)}_{25+t}$ 를 구해보자.

$$p'^{(1)}_{25} = \exp\left(-\int_0^1 \mu^{(1)}_{25+t}\,dt\right) = \exp\left(-\int_0^1 0.3\,c\,dt\right) = e^{-0.3c} = 0.98$$

이므로 $c = 0.06734$

$$_tp^{(\tau)}_{25} = \exp\left(-\int_0^t \mu^{(\tau)}_{25+s}\,ds\right) = \exp\left(-\int_0^t c\,ds\right) = e^{-0.06734t}$$

$$\mu^{(2)}_{25+t} = \mu^{(\tau)}_{25+t} - \mu^{(1)}_{25+t} = 0.7\,\mu^{(\tau)}_{25+t} = (0.7)(0.06734) = 0.047138$$

따라서

$$_{10}q^{(2)}_{25} = \int_0^{10} {_tp^{(\tau)}_{25}}\,\mu^{(2)}_{25+t}\,dt = \int_0^{10} e^{-0.06734t}\,(0.047138)\,dt$$

$$= (0.047138)\left(\frac{1 - e^{-0.06734 \times 10}}{0.06734}\right) = 0.34302$$

5 다음과 같은 삼중탈퇴모형을 고려한다.

(i) $q^{(1)}_{60} = 0.01$ (ii) $q^{(2)}_{60} = 0.03$ (iii) $q^{(3)}_{60} = 0.06$

(iv) 각 탈퇴원인은 UDDMD가정을 따른다.

위의 가정을 이용하여 $q'^{(1)}_{60},\ q'^{(2)}_{60},\ q'^{(3)}_{60}$ 을 구하시오.

::: **풀이** ─────────────

UDDMD가정하에서 $p'^{(j)}_x = \left(p^{(\tau)}_x\right)^{q^{(j)}_x / q^{(\tau)}_x}$, $q'^{(j)}_x = 1 - p'^{(j)}_x$ 이므로

$$q'^{(j)}_{60} = 1 - p'^{(j)}_{60} = 1 - (p^{(\tau)}_{60})^{q^{(j)}_{60}/q^{(\tau)}_{60}}$$

$$q^{(\tau)}_{60} = q^{(1)}_{60} + q^{(2)}_{60} + q^{(3)}_{60} = 0.1, \quad p^{(\tau)}_{60} = 1 - q^{(\tau)}_{60} = 0.9$$

이므로

$$q'^{(1)}_{60} = 1 - (0.9)^{0.01/0.1} = 0.010481$$

$$q'^{(2)}_{60} = 1 - (0.9)^{0.03/0.1} = 0.031113$$

$$q'^{(3)}_{60} = 1 - (0.9)^{0.06/0.1} = 0.06126$$

6 다음과 같은 이중탈퇴모형하에서 $_{0.6}q^{(1)}_{30.4}$ 을 구하시오.

(i) $q'^{(1)}_{30} = 0.03$ (ii) $q'^{(2)}_{30} = 0.07$ (iii) 각 탈퇴원인은 UDDMD가정을 따른다.

:: 풀이

${}_{0.6}q^{(1)}_{30.4}$을 구하기 위해 ${}_{0.4}p^{(\tau)}_{30}$와 ${}_{0.4|0.6}q^{(1)}_{30}$을 구해보자.

$$p^{(\tau)}_{30} = p'^{(1)}_{30}\, p'^{(2)}_{30} = \left(1 - q'^{(1)}_{30}\right)\left(1 - q'^{(2)}_{30}\right)$$
$$= (1 - 0.03)(1 - 0.07) = 0.9021$$
$$q^{(\tau)}_{30} = 1 - p^{(\tau)}_{30} = 0.0979$$

이므로

$$_{0.4}p^{(\tau)}_{30} = 1 - {}_{0.4}q^{(\tau)}_{30} = 1 - 0.4\, q^{(\tau)}_{30} = 0.96084$$

UDDMD가정하에서 $p'^{(j)}_{x} = \left(p^{(\tau)}_{x}\right)^{q^{(j)}_{x}/q^{(\tau)}_{x}}$이므로 $p'^{(1)}_{30} = \left(p^{(\tau)}_{30}\right)^{q^{(1)}_{30}/q^{(\tau)}_{30}}$

$$(1 - 0.03) = (0.9021)^{q^{(1)}_{30}/0.0979}$$

$$q^{(1)}_{30} = \frac{\ln(1 - 0.03)}{\ln(0.9021)} \times 0.0979 = 0.028943$$

UDDMD가정하에서 $_{t}p^{(\tau)}_{x}\, \mu^{(j)}_{x+t} = q^{(j)}_{x}$이므로

$$_{0.4|0.6}q^{(1)}_{30} = \int_{0.4}^{1} {}_{t}p^{(\tau)}_{30}\, \mu^{(1)}_{30+t}\, dt = q^{(1)}_{30}\int_{0.4}^{1} 1\, dt = 0.6\, q^{(1)}_{30} = 0.017366$$

따라서 $_{0.4|0.6}q^{(1)}_{30} = {}_{0.4}p^{(\tau)}_{30}\, {}_{0.6}q^{(1)}_{30.4}$이므로

$$_{0.6}q^{(1)}_{30.4} = \frac{{}_{0.4|0.6}q^{(1)}_{30}}{{}_{0.4}p^{(\tau)}_{30}} = \frac{0.017366}{0.96084} = 0.018074$$

7 식 (9.2.5.22)와 $q^{(2)}_{x}$와 $q^{(3)}_{x}$의 유사한 결과를 이용하여 $q^{(1)}_{x} + q^{(2)}_{x} + q^{(3)}_{x} = q^{(\tau)}_{x}$가 됨을 보이시오.

:: 풀이

$$q^{(1)}_{x} = q'^{(1)}_{x}\left[1 - \frac{1}{2}\left(q'^{(2)}_{x} + q'^{(3)}_{x}\right) + \frac{1}{3}q'^{(2)}_{x}\, q'^{(3)}_{x}\right]$$

$$q^{(2)}_{x} = q'^{(2)}_{x}\left[1 - \frac{1}{2}\left(q'^{(1)}_{x} + q'^{(3)}_{x}\right) + \frac{1}{3}q'^{(1)}_{x}\, q'^{(3)}_{x}\right]$$

$$q^{(3)}_{x} = q'^{(3)}_{x}\left[1 - \frac{1}{2}\left(q'^{(1)}_{x} + q'^{(2)}_{x}\right) + \frac{1}{3}q'^{(1)}_{x}\, q'^{(2)}_{x}\right]$$

이 관계식을 $q^{(1)}_{x} + q^{(2)}_{x} + q^{(3)}_{x}$에 대입하여 정리하면

$$q^{(1)}_{x} + q^{(2)}_{x} + q^{(3)}_{x} = q'^{(1)}_{x} + q'^{(2)}_{x} + q'^{(3)}_{x} - \left(q'^{(1)}_{x}\, q'^{(2)}_{x} + q'^{(1)}_{x}\, q'^{(3)}_{x} + q'^{(2)}_{x}\, q'^{(3)}_{x}\right)$$
$$+ q'^{(1)}_{x}\, q'^{(2)}_{x}\, q'^{(3)}_{x}$$
$$= 1 - \left(1 - q'^{(1)}_{x}\right)\left(1 - q'^{(2)}_{x}\right)\left(1 - q'^{(3)}_{x}\right)$$
$$= 1 - p'^{(1)}_{x}\, p'^{(2)}_{x}\, p'^{(3)}_{x} = 1 - p^{(\tau)}_{x}$$

$$= q_x^{(\tau)}$$

8 다음과 같은 가정을 갖는 이중탈퇴모형하에서 $\mu_{40.6}^{(2)}$를 구하시오.

(i) 각 탈퇴원인은 UDDSD가정을 따른다.

(ii) $l_{40}^{(\tau)} = 1000$ (iii) $q'^{(1)}_{40} = 0.3$ (iv) $d_{40}^{(2)} = 75$

풀이

UDDSD가정하에서 $\mu_{x+t}^{(j)} = \dfrac{q'^{(j)}_x}{1 - t\, q'^{(j)}_x}$ 이므로

$\mu_{40.6}^{(2)}$를 구하기 위해 $q'^{(2)}_{40}$를 구해보자.

$$q_{40}^{(2)} = \frac{d_{40}^{(2)}}{l_{40}^{(\tau)}} = \frac{75}{1000} = 0.075$$

UDDSD가정하에서 $s = 1$이고, $m = 2$인 경우 $q_x^{(2)} = q'^{(2)}_x\left(1 - \dfrac{1}{2}\, q'^{(1)}_x\right)$ 이므로

$$q_{40}^{(2)} = q'^{(2)}_{40}\left(1 - \frac{1}{2}\, q'^{(1)}_{40}\right)$$

$$0.075 = q'^{(2)}_{40}\left(1 - \frac{1}{2}(0.3)\right)$$

따라서 $q'^{(2)}_{40} = \dfrac{0.075}{1 - \dfrac{1}{2}(0.3)} = 0.08824$

$$\mu_{40.6}^{(2)} = \frac{q'^{(2)}_{40}}{1 - 0.6\, q'^{(2)}_{40}} = \frac{0.08824}{1 - (0.6)(0.08824)} = 0.09317$$

9 다음과 같은 삼중탈퇴표를 고려한다.

x	$q'^{(1)}_x$	$q'^{(2)}_x$	$q^{(3)}_x$
40	0.3	0.2	0.2
41	0.2	0.17	0.25
42	0.1	0.15	0.3

각 탈퇴원인은 UDDSD가정을 따른다고 할 때, $_3q_{40}^{(2)}$를 구하시오.

풀이

계산에 앞서 $q'^{(3)}_{40}$, $q'^{(3)}_{41}$, $q'^{(3)}_{42}$을 구해보자.

UDDSD가정하에서 $s = 1$이고, $m = 3$인 경우 $q_x^{(j)}$를 구하는 식을 이용하면

$$q_x^{(3)} = q'^{(3)}_x \left[1 - \frac{1}{2}\left(q'^{(1)}_x + q'^{(2)}_x\right) + \frac{1}{3} q'^{(1)}_x q'^{(2)}_x \right] \text{이므로}$$

$$q_{40}^{(3)} = q'^{(3)}_{40} \left[1 - \frac{1}{2}\left(q'^{(1)}_{40} + q'^{(2)}_{40}\right) + \frac{1}{3} q'^{(1)}_{40} q'^{(2)}_{40} \right]$$

$$0.2 = q'^{(3)}_{40} \left[1 - \frac{1}{2}(0.3 + 0.2) + \frac{1}{3}(0.3)(0.2) \right]$$

따라서 $q'^{(3)}_{40} = 0.25974$

동일한 방법으로 $q'^{(3)}_{41}$, $q'^{(3)}_{42}$을 구해보면

$$q'^{(3)}_{41} = 0.30254, \qquad q'^{(3)}_{42} = 0.30019$$

$_3q_{40}^{(2)} = q_{40}^{(2)} + {}_{1|}q_{40}^{(2)} + {}_{2|}q_{40}^{(2)} = q_{40}^{(2)} + p_{40}^{(\tau)} q_{41}^{(2)} + {}_2p_{40}^{(\tau)} q_{42}^{(2)}$ 이므로

위에서와 같이 UDDSD가정하에서 $s = 1$이고, $m = 3$인 경우 $q_x^{(j)}$를 구하는 식을 이용하여 $q_{40}^{(2)}$, $q_{41}^{(1)}$, $q_{42}^{(2)}$를 구하고 $p_{40}^{(\tau)}$, $_2p_{40}^{(\tau)}$를 구해보자.

$$q_{40}^{(2)} = q'^{(2)}_{40} \left[1 - \frac{1}{2}\left(q'^{(1)}_{40} + q'^{(3)}_{40}\right) + \frac{1}{3} q'^{(1)}_{40} q'^{(3)}_{40} \right]$$

$$= 0.2 \left[1 - \frac{1}{2}(0.3 + 0.25974) + \frac{1}{3}(0.3)(0.25974) \right] = 0.14922$$

$$q_{41}^{(2)} = q'^{(2)}_{41} \left[1 - \frac{1}{2}\left(q'^{(1)}_{41} + q'^{(3)}_{41}\right) + \frac{1}{3} q'^{(1)}_{41} q'^{(3)}_{41} \right]$$

$$= 0.17 \left[1 - \frac{1}{2}(0.2 + 0.30254) + \frac{1}{3}(0.2)(0.30254) \right] = 0.13071$$

$$q_{42}^{(2)} = q'^{(2)}_{41} \left[1 - \frac{1}{2}\left(q'^{(1)}_{42} + q'^{(3)}_{42}\right) + \frac{1}{3} q'^{(1)}_{42} q'^{(3)}_{42} \right]$$

$$= 0.15 \left[1 - \frac{1}{2}(0.1 + 0.30019) + \frac{1}{3}(0.1)(0.30019) \right] = 0.12149$$

$$p_{40}^{(\tau)} = p'^{(1)}_{40} p'^{(2)}_{40} p'^{(3)}_{40} = (1 - 0.3)(1 - 0.2)(1 - 0.25974) = 0.41455$$

$${}_2p_{40}^{(\tau)} = p_{40}^{(\tau)} p_{41}^{(\tau)} = 0.41455 \left(p'^{(1)}_{41} p'^{(2)}_{41} p'^{(3)}_{41} \right)$$

$$= 0.41455 (1 - 0.2)(1 - 0.17)(1 - 0.30254)$$

$$= 0.19198$$

따라서

$$_3q_{40}^{(2)} = 0.14922 + (0.41455)(0.13071) + (0.19198)(0.12149) = 0.22673$$

10 다음과 같은 절대탈퇴율이 주어졌다고 가정하자.

(i) $q'^{(1)}_x = 0.2,$ \qquad (ii) $q'^{(2)}_x = 0.1$

이를 이용하여 다음의 3가지 가정하에서 $_{0.2|0.6}q_x^{(2)}$와 $_{0.2|0.6}q'^{(2)}_x$를 구하시오.

(a) 구간 $(x, x+1)$에서 각 탈퇴원인과 총탈퇴가 이중탈퇴표에서 균등분포를 하는 가정
(UDDMD가정)

(b) 구간 $(x, x+1)$에서 각 탈퇴원인이 단일탈퇴표에서 균등분포를 하는 가정
(UDDSD가정)

(c) 구간 $(x, x+1)$에서 각 탈퇴원인의 탈퇴력과 총탈퇴력이 상수인 가정
(CFDMD가정)

풀이

(a) (i) $_{0.2|0.6}q_x^{(2)}$를 구해보자.

UDDMD가정하에서 $p'^{(j)}_x = \left(p_x^{(\tau)}\right)^{q_x^{(j)}/q_x^{(\tau)}}$ 이므로 $p'^{(2)}_x = \left(p_x^{(\tau)}\right)^{q_x^{(2)}/q_x^{(\tau)}}$

$$p_x^{(\tau)} = p'^{(1)}_x \, p'^{(2)}_x = \left(1 - q'^{(1)}_x\right)\left(1 - q'^{(2)}_x\right) = (1 - 0.2)(1 - 0.1) = 0.72$$

를 이용하면

$$0.9 = (0.72)^{q_x^{(2)}/(1 - 0.72)}$$

$$q_x^{(2)} = \frac{\ln(0.9)}{\ln(0.72)} \times (1 - 0.72) = 0.089804$$

UDDMD가정하에서 $_t p_x^{(\tau)} \, \mu_{x+t}^{(j)} = q_x^{(j)}$ 이므로

$$_{0.2|0.6}q_x^{(2)} = \int_{0.2}^{0.8} {}_t p_x^{(\tau)} \, \mu_{x+t}^{(2)} \, dt = \int_{0.2}^{0.8} q_x^{(2)} \, dt = 0.6 \, q_x^{(2)} = 0.053882$$

(ii) $_{0.2|0.6}q'^{(2)}_x$를 구하기 위해 $_{0.2}p'^{(2)}_x$와 $_{0.8}p'^{(2)}_x$를 구해보자.

UDDMD가정하에서 $_s p'^{(j)}_x = \left(_s p_x^{(\tau)}\right)^{q_x^{(j)}/q_x^{(\tau)}}$ 이므로 $_s p'^{(2)}_x = \left(_s p_x^{(\tau)}\right)^{q_x^{(2)}/q_x^{(\tau)}}$

$_s p_x^{(\tau)} = 1 - {}_s q_x^{(\tau)} = 1 - s\, q_x^{(\tau)} = 1 - 0.28\, s$ 이므로

$$_{0.2}p'^{(2)}_x = \left[1 - (0.28)(0.2)\right]^{\frac{0.089804}{0.28}} = 0.981686$$

$$_{0.8}p'^{(2)}_x = \left[1 - (0.28)(0.8)\right]^{\frac{0.089804}{0.28}} = 0.921882$$

따라서

$$_{0.2|0.6}q'^{(2)}_x = {}_{0.2}p'^{(2)}_x - {}_{0.8}p'^{(2)}_x = 0.981686 - 0.921882 = 0.059804$$

(b) (i) UDDSD가정하에서 $_t p'^{(j)}_x \, \mu_{x+t}^{(j)} = q'^{(j)}_x$ 이므로

$$_{0.2|0.6}q'^{(2)}_x = \int_{0.2}^{0.8} {}_t p'^{(2)}_x \, \mu_{x+t}^{(2)} \, dt = q'^{(2)}_x \int_{0.2}^{0.8} 1 \, dt = 0.6 \, q'^{(2)}_x = 0.06$$

(ii) $$_{0.2|0.6}q_x^{(2)} = \int_{0.2}^{0.8} {}_t p_x^{(\tau)} \, \mu_{x+t}^{(2)} \, dt = \int_{0.2}^{0.8} {}_t p'^{(1)}_x \, {}_t p'^{(2)}_x \, \mu_{x+t}^{(2)} \, dt$$

$$= q'^{(2)}_x \int_{0.2}^{0.8} \left(1 - t\, q'^{(1)}_x\right) dt = q'^{(2)}_x \left(0.6 - \frac{0.6}{2}\, q'^{(1)}_x\right)$$

$$= 0.1 \left(0.6 - \frac{0.6}{2} \times 0.2 \right) = 0.054$$

(c) [풀이 1]

(i) $_{0.2|0.6}\, q'^{(2)}_x$를 구하기 위해 $_{0.2}\, p'^{(2)}_x$와 $_{0.8}\, p'^{(2)}_x$를 구해보자.

CFDMD가정하에서 $_r p'^{(j)}_x = \left[p'^{(j)}_x \right]^r$이므로

$$_{0.2}\, p'^{(2)}_x = \left[p'^{(2)}_x \right]^{0.2} = \left[1 - q'^{(2)}_x \right]^{0.2} = (0.9)^{0.2}$$

$$_{0.8}\, p'^{(2)}_x = \left[p'^{(2)}_x \right]^{0.8} = \left[1 - q'^{(2)}_x \right]^{0.8} = (0.9)^{0.8}$$

따라서

$$_{0.2|0.6}\, q'^{(2)}_x = {}_{0.2}\, p'^{(2)}_x - {}_{0.8}\, p'^{(2)}_x = (0.9)^{0.2} - (0.9)^{0.8} = 0.059982$$

(ii) $_{0.2|0.6}\, q^{(2)}_x$를 구해보자.

CFDMD가정하에서 $\mu^{(j)}_x = -\ln p'^{(j)}_x$이므로

$$\mu^{(2)}_x = -\ln p'^{(2)}_x = -\ln 0.9$$

$$p^{(\tau)}_x = p'^{(1)}_x \, p'^{(2)}_x = (1 - q'^{(1)}_x)(1 - q'^{(2)}_x) = (1 - 0.2)(1 - 0.1) = 0.72$$

따라서

$$_{0.2|0.6}\, q^{(2)}_x = \int_{0.2}^{0.8} {}_t p^{(\tau)}_x \, \mu^{(2)}_{x+t} \, dt = \int_{0.2}^{0.8} \left(p^{(\tau)}_x \right)^t (-\ln 0.9) \, dt$$

$$= \int_{0.2}^{0.8} (0.72)^t (-\ln 0.9) \, dt$$

$$= \frac{-\ln 0.9}{\ln 0.72} \left[(0.72)^{0.8} - (0.72)^{0.2} \right]$$

$$= 0.053728$$

[풀이 2]

(i) $_{0.2|0.6}\, q'^{(2)}_x$를 구해보자.

CFDMD가정하에서 $\mu^{(j)}_{x+t} = \mu^{(j)}_x = -\ln p'^{(j)}_x \ (0 \le t \le 1)$이므로

$$\mu^{(2)}_{x+t} = \mu^{(2)}_x = -\ln p'^{(2)}_x = -\ln 0.9$$

$$_r p'^{(j)}_x = \exp \left(-\int_0^r \mu^{(j)}_{x+t} \, dt \right) = e^{-\left(\mu^{(j)}_{x+t} \right) r} \ (0 \le r \le 1)$$이므로

$$_r p'^{(2)}_x = e^{-\left(\mu^{(2)}_{x+t} \right) r} = e^{-(-\ln 0.9) r} = e^{r \ln 0.9}$$

따라서

$$_{0.2|0.6}\, q'^{(2)}_x = {}_{0.2}\, p'^{(2)}_x - {}_{0.8}\, p'^{(2)}_x = e^{0.2 \ln 0.9} - e^{0.8 \ln 0.9} = 0.059982$$

(ii) $_{0.2|0.6}\, q^{(2)}_x$를 구해보자.

$$0.2|0.6 \, q_x^{(2)} = \int_{0.2}^{0.8} {}_t p_x^{(\tau)} \, \mu_{x+t}^{(2)} \, dt = \int_{0.2}^{0.8} {}_t p_x'^{(1)} \, {}_t p_x'^{(2)} \, \mu_{x+t}^{(2)} \, dt$$

$$= \int_{0.2}^{0.8} e^{t \ln 0.8} \, e^{t \ln 0.9} \, (-\ln 0.9) \, dt$$

$$= (-\ln 0.9) \int_{0.2}^{0.8} \exp\left[\ln(0.8)^t \, (0.9)^t\right] \, dt$$

$$= (-\ln 0.9) \int_{0.2}^{0.8} \exp\left[\ln(0.8)(0.9)\right]^t \, dt$$

$$= (-\ln 0.9) \int_{0.2}^{0.8} (0.72)^t \, dt$$

$$= \frac{-\ln 0.9}{\ln 0.72} \left[(0.72)^{0.8} - (0.72)^{0.2}\right] = 0.053728 \quad \text{(동일한 결과)}$$

11 탈퇴원인이 사망($J=1$), 해약($J=2$)인 이중탈퇴모형을 고려해보자. 탈퇴원인 1(사망)은 UDDSD가정을 따르며, 해약은 절대탈퇴율 $q_x'^{(2)}$로 연도말에만 발생한다고 가정하자. 다음의 주어진 조건을 이용하여 $p_x'^{(2)}$을 구하시오.

(i) $l_x^{(\tau)} = 1000$ (ii) $q_x^{(1)} = 0.2$ (iii) $d_x^{(2)} = 1.5 \, d_x^{(1)}$

::: 풀이

해약이 연도말에 발생하므로 $q_x^{(1)} = q_x'^{(1)} = 0.2$이고,

$$q_x^{(2)} = p_x'^{(1)} \, q_x'^{(2)} = 0.8 \, q_x'^{(2)} \qquad \cdots\cdots ①$$

이다. 조건 (ii)와 (iii)으로부터

$$q_x^{(2)} = 1.5 \, q_x^{(1)} = (1.5)(0.2) = 0.3 \qquad \cdots\cdots ②$$

식 ①과 ②로부터

$$q_x'^{(2)} = \frac{0.3}{0.8} = 0.375$$

따라서 $p_x'^{(2)} = 0.625$

12 다음과 같은 이중탈퇴모형하에서 $q_x^{(1)}$을 구하시오.

(i) 탈퇴원인 1은 UDDSD가정을 따르며 절대탈퇴율 $q_x'^{(1)} = 0.1$이다.

(ii) 탈퇴원인 2는 각 연령에 0.25년이 지난 시점에서 연간탈퇴의 30%가 발생하고 각 연령의 0.75년이 지난 시점에서 연간탈퇴의 70%가 발생한다. 또한 절대탈퇴율 $q_x'^{(2)} = 0.2$이다.

::: 풀이

t 의 범위에 따른 ${}_t p_x^{(\tau)}$를 구해보자.

$0 \le t < 0.25$에서 ${}_t p_x^{(\tau)} = {}_t p'^{(1)}_x (1)$

$0.25 \le t < 0.75$에서 ${}_t p_x^{(\tau)} = {}_t p'^{(1)}_x \left(1 - 0.3\, q'^{(2)}_x\right)$

$0.75 \le t < 1$에서 ${}_t p_x^{(\tau)} = {}_t p'^{(1)}_x \left(1 - q'^{(2)}_x\right)$

따라서

$$q_x^{(1)} = \int_0^1 {}_t p_x^{(\tau)}\, \mu_{x+t}^{(1)}\, dt$$

$$= \int_0^{0.25} {}_t p_x^{(\tau)}\, \mu_{x+t}^{(1)}\, dt + \int_{0.25}^{0.75} {}_t p_x^{(\tau)}\, \mu_{x+t}^{(1)}\, dt + \int_{0.75}^1 {}_t p_x^{(\tau)}\, \mu_{x+t}^{(1)}\, dt$$

각각을 나누어서 구해보자.

탈퇴원인 1은 UDDSD가정을 따르므로 ${}_t p'^{(1)}_x\, \mu_{x+t}^{(1)} = q'^{(1)}_x$을 이용하면

$$\int_0^{0.25} {}_t p_x^{(\tau)}\, \mu_{x+t}^{(1)}\, dt = \int_0^{0.25} {}_t p'^{(1)}_x (1)\, \mu_{x+t}^{(1)}\, dt = q'^{(1)}_x \int_0^{0.25} 1\, dt$$

$$= (0.1)(0.25)$$

$$\int_{0.25}^{0.75} {}_t p_x^{(\tau)}\, \mu_{x+t}^{(1)}\, dt = \int_{0.25}^{0.75} {}_t p'^{(1)}_x \left(1 - 0.3\, q'^{(2)}_x\right) \mu_{x+t}^{(1)}\, dt$$

$$= q'^{(1)}_x \left(1 - 0.3\, q'^{(2)}_x\right) \int_{0.25}^{0.75} 1\, dt$$

$$= (0.1)(1 - 0.3 \times 0.2)(0.75 - 0.25)$$

$$\int_{0.75}^1 {}_t p_x^{(\tau)}\, \mu_{x+t}^{(1)}\, dt = \int_{0.75}^1 {}_t p'^{(1)}_x \left(1 - q'^{(2)}_x\right) \mu_{x+t}^{(1)}\, dt$$

$$= q'^{(1)}_x \left(1 - q'^{(2)}_x\right) \int_{0.75}^1 1\, dt$$

$$= (0.1)(1 - 0.2)(1 - 0.75)$$

따라서

$$q_x^{(1)} = (0.1)(0.25) + (0.1)(1 - 0.3 \times 0.2)(0.75 - 0.25)$$

$$+ (0.1)(1 - 0.2)(1 - 0.75)$$

$$= 0.1 \left[0.25 + (1 - 0.3 \times 0.2)(0.5) + (1 - 0.2)(0.25)\right] = 0.092$$

13 $J = 1$은 사고로 인한 사망, $J = 2$는 질병으로 인한 사망을 나타낸다고 한다. 피보험자 (40)은 사고로 인한 사망의 경우 급여의 5배를 사망보험금으로 지급하고, 질병을 원인으로 사망한 경우 사망보험금 200,000원을 지급하는 사망즉시급 종신보험에 가

입하였다. 다음의 가정을 이용하여 이 종신보험의 일시납순보험료를 구하시오.

(i) $\mu_{40+t}^{(1)} = 0.012$, $\mu_{40+t}^{(2)} = 0.015$, $t \geq 0$ (ii) $\delta = 0.05$

(iii) 피보험자 (40)의 t시점 급여는 $40000\,e^{0.04t}$, $t \geq 0$이다.

:: 풀이

$_t p_{40}^{(\tau)} = e^{-0.027t}$이므로 이 종신보험의 일시납순보험료는

$$\begin{aligned}
\text{NSP} &= 5 \int_0^\infty (40000\,e^{0.04t})\,v^t\,_t p_{40}^{(\tau)}\,\mu_{40+t}^{(1)}\,dt + \int_0^\infty 200000\,v^t\,_t p_{40}^{(\tau)}\,\mu_{40+t}^{(2)}\,dt \\
&= 5 \int_0^\infty 40000\,e^{0.04t}\,e^{-0.05t}\,e^{-0.027t}\,0.012\,dt \\
&\quad + \int_0^\infty 200000\,e^{-0.05t}\,e^{-0.027t}\,0.015\,dt \\
&= 200000 \left[\int_0^\infty 0.012\,e^{-0.037t}\,dt + \int_0^\infty 0.015\,e^{-0.077t}\,dt \right] \\
&= 200000 \left(\frac{0.012}{0.037} + \frac{0.015}{0.077} \right) \\
&= 103825.9
\end{aligned}$$

14 탈퇴원인이 사고로 인한 사망($J=1$), 질병으로 인한 사망($J=2$), 장해($J=3$)인 삼중탈퇴모형을 고려해보자. 피보험자 (40)은 삼중탈퇴모형을 이용하여 개발한 10년 납입, 40년만기 보험에 가입하였다. 다음과 같은 가정하에서 이 보험의 연속납평준순보험료의 연액을 구하시오.

(i) 사고로 인해 사망하면 100,000원의 사망급부를 사망즉시 지급하고, 질병으로 인해 사망하면 50,000원의 사망급부를 사망즉시 지급하며, 장해가 발생하면 10,000원의 장해급부를 즉시 지급한다.

(ii) $t \geq 0$에 대해서 $\mu_{40+t}^{(1)} = 0.001$, $\mu_{40+t}^{(2)} = 0.004$, $\mu_{40+t}^{(3)} = 0.01$

(iii) $\delta = 0.05$ (iv) 보험료는 수지상등의 원칙에 의해서 계산되었다.

:: 풀이

[풀이 1]

$\mu_{40+t}^{(\tau)} = 0.001 + 0.004 + 0.01 = 0.015$이므로

$$_t p_{40}^{(\tau)} = \exp\left(-\int_0^t \mu_{40+s}^{(\tau)}\,ds \right) = \exp\left(-\int_0^t 0.015\,ds \right) = e^{-0.015t}\text{이다.}$$

(i) 먼저 각각의 탈퇴원인으로 인해 발생하는 보험급부에 대한 APV를 구해보자. 탈퇴원인 i로 인해 발생하는 보험급부에 대한 APV는

$$100000\,\bar{A}^{(1)} = 100000 \int_0^{40} e^{-\delta t}\; {}_t p_{40}^{(\tau)}\; \mu_{40+t}^{(1)}\; dt$$

$$= 100000 \int_0^{40} e^{-0.05t}\, e^{-0.015t}\, (0.001)\, dt$$

$$= 100 \int_0^{40} e^{-0.065t}\, dt = 100\left(\frac{1 - e^{-0.065\,(40)}}{0.065}\right) = 1424.19$$

$$50000\,\bar{A}^{(2)} = 50000 \int_0^{40} e^{-\delta t}\; {}_t p_{40}^{(\tau)}\; \mu_{40+t}^{(2)}\; dt$$

$$= 50000 \int_0^{40} e^{-0.05t}\, e^{-0.015t}\, (0.004)\, dt$$

$$= 200 \int_0^{40} e^{-0.065t}\, dt = 200\left(\frac{1 - e^{-0.065\,(40)}}{0.065}\right) = 2848.39$$

$$10000\,\bar{A}^{(3)} = 10000 \int_0^{40} e^{-\delta t}\; {}_t p_{40}^{(\tau)}\; \mu_{40+t}^{(3)}\; dt$$

$$= 10000 \int_0^{40} e^{-0.05t}\, e^{-0.015t}\, (0.01)\, dt$$

$$= 100 \int_0^{40} e^{-0.065t}\, dt = 100\left(\frac{1 - e^{-0.065\,(40)}}{0.065}\right) = 1424.19$$

따라서 보험급부에 대한 APV는

$$\bar{A} = 100000\,\bar{A}^{(1)} + 50000\,\bar{A}^{(2)} + 10000\,\bar{A}^{(3)} = 5696.77$$

(ii) 보험료납입에 대한 EPV를 구해보자.

$$\text{EPV} = \bar{a}_{40\,:\,\overline{10|}} = \int_0^{10} e^{-\delta t}\; {}_t p_{40}^{(\tau)}\; dt = \int_0^{10} e^{-0.05t}\, e^{-0.015t}\, dt$$

$$= \int_0^{10} e^{-0.065t}\, dt = \frac{1 - e^{-0.065\,(10)}}{0.065} = 7.35314$$

따라서 수지상등의 원칙에 의해 연속납평준순보험료의 연액 P 는

$$P = \frac{\bar{A}}{\bar{a}_{40\,:\,\overline{10|}}} = \frac{5696.77}{7.35314} = 774.74$$

[풀이 2]

CFM가정하에서

$$\bar{A}^{(i)} = \int_0^n e^{-\delta t}\, e^{-\mu^{(\tau)} t}\, \mu^{(i)}\, dt = \frac{\mu^{(i)}\left[1 - e^{-(\mu^{(\tau)} + \delta)\,n}\right]}{\mu^{(\tau)} + \delta}$$

$$\mu^{(\tau)} = 0.001 + 0.004 + 0.001 = 0.015$$

$$\bar{a}_{x:\overline{n}|} = \frac{1 - e^{-(\mu^{(\tau)} + \delta)\,n}}{\mu^{(\tau)} + \delta}$$

보험급부의 APV를 구해보면

$$\bar{A} = 100000\left[\bar{A}^{(1)} + 0.5\,\bar{A}^{(2)} + 0.1\,\bar{A}^{(3)}\right]$$

$$\bar{A}^{(1)} = \frac{0.001\,(1 - e^{-0.065\,(40)})}{0.015 + 0.05} = 0.0142419$$

$$\bar{A}^{(2)} = \frac{0.004\,(1 - e^{-0.065\,(40)})}{0.015 + 0.05} = 0.0569678$$

$$\bar{A}^{(3)} = \frac{0.01\,(1 - e^{-0.065\,(40)})}{0.015 + 0.05} = 0.1424195$$

$$\bar{A} = 100000\left[0.0142419 + 0.5\,(0.0569678) + 0.1\,(0.1424195)\right]$$
$$= 5696.775$$

보험료 1원에 대한 EPV는

$$\bar{a}_{40:\overline{10}|} = \frac{1 - e^{-0.065\,(10)}}{0.015 + 0.05} = 7.3531419$$

따라서 연속납평준순보험료의 연액 P는

$$P = \frac{\bar{A}}{\bar{a}_{40:\overline{10}|}} = \frac{5696.775}{7.3531419} = 774.74025$$

15 탈퇴원인이 사고로 인한 사망($J=1$), 질병으로 인한 사망($J=2$)인 이중탈퇴모형을 고려해보자. 피보험자 (60)은 사고로 인한 사망의 경우 10,000원을, 질병으로 사망한 경우에는 5,000원을 사망보험금으로 지급하는 3년만기 완전이산 정기보험에 가입하였다. 다음과 같은 가정이 주어졌다.

(i) $i = 0.05$

(ii) 다중탈퇴표는 다음과 같다.

t	$l_{60+t}^{(\tau)}$	$d_{60+t}^{(1)}$	$d_{60+t}^{(2)}$
0	5000	8	20
1	4972	12	30
2	4930	20	50

(a) 수지상등의 원칙으로 계산된 연납순보험료를 구하시오.

(b) 제1보험연도말, 제2보험연도말 순보험료식 책임준비금을 구하시오.

∷ 풀이

(a) 보험료의 EPV1은

$$\text{EPV1} = P\left(1 + vp_{60}^{(\tau)} + v^2\,p_{60}^{(\tau)}\right) = P\left[1 + \left(\frac{1}{1.05}\right)\left(\frac{4972}{5000}\right) + \left(\frac{1}{1.05}\right)^2\left(\frac{4930}{5000}\right)\right]$$

$$= 2.84138\,P$$

보험급부의 APV2는

$$\text{APV2} = 10000\left(v\,q_{60}^{(1)} + v^2\,_{1|}q_{60}^{(1)} + v^3\,_{2|}q_{60}^{(1)}\right) + 5000\left(v\,q_{60}^{(2)} + v^2\,_{1|}q_{60}^{(2)} + v^3\,_{2|}q_{60}^{(2)}\right)$$

$$= 10000\left[\left(\frac{1}{1.05}\right)\left(\frac{8}{5000}\right) + \left(\frac{1}{1.05}\right)^2\left(\frac{12}{5000}\right) + \left(\frac{1}{1.05}\right)^3\left(\frac{20}{5000}\right)\right]$$

$$+ 5000\left[\left(\frac{1}{1.05}\right)\left(\frac{20}{5000}\right) + \left(\frac{1}{1.05}\right)^2\left(\frac{30}{5000}\right) + \left(\frac{1}{1.05}\right)^3\left(\frac{50}{5000}\right)\right]$$

$$= 10000(0.007156) + 5000(0.01789) = 161.01$$

따라서 수지상등의 원칙으로부터

$$P = \frac{\text{APV2}}{2.84138} = \frac{161.01}{2.84138} = 56.66613$$

(b) $_3V = 0$이므로

$$(_2V + P)(1.05) = q_{62}^{(1)} \times 10000 + q_{62}^{(2)} \times 5000 + p_{62}^{(\tau)}(0)$$

$$(_2V + 56.66613)(1.05) = \frac{20}{4930} \times 10000 + \frac{50}{4930} \times 5000 + 0$$

따라서 $_2V = 30.26519$

$$(_1V + P)(1.05) = q_{61}^{(1)} \times 10000 + q_{61}^{(2)} \times 5000 + p_{61}^{(\tau)}(30.26519)$$

$$(_1V + 56.66613)(1.05) = \frac{12}{4972} \times 10000 + \frac{30}{4972} \times 5000 + \frac{4930}{4972} \times 30.26519$$

따라서 $_1V = 23.63257$

16 탈퇴원인이 사고로 인한 사망($J = 1$), 질병으로 인한 사망($J = 2$)인 이중탈퇴모형을 고려해보자. 피보험자 (50)은 4년만기 완전이산 정기보험에 가입하였다. 다음의 가정을 이용하여 $E(_1L | K_{50} \geq 1)$을 구하시오.

(i)

x	$l_x^{(\tau)}$	$d_x^{(1)}$	$d_x^{(2)}$
50	1000	4	10
51	986	8	20
52	958	15	40
53	903	26	60

(ii) 사망급부는 사고로 인한 사망시 10,000원을 지급하고, 질병으로 인한 사망시 3,000원을 지급한다.

(iii) 연납평준순보험료는 200원이다.　　　(iv) $i = 0.05$

풀이

사고로 인한 사망시 지급되는 사망급부에 대한 APV를 $A^{1\ (1)}_{51:\overline{3}|}$, 질병으로 인한 사망시 지급되는 사망급부에 대한 APV를 $A^{1\ (2)}_{51:\overline{3}|}$ 라고 나타내면

$$A^{1\ (1)}_{51:\overline{3}|} = v\,q^{(1)}_{51} + v^2\,_{1|}q^{(1)}_{51} + v^3\,_{2|}q^{(1)}_{51}$$

$$= \left(\frac{1}{1.05}\right)\left(\frac{8}{986}\right) + \left(\frac{1}{1.05}\right)^2\left(\frac{15}{986}\right) + \left(\frac{1}{1.05}\right)^3\left(\frac{26}{986}\right) = 0.044305$$

$$A^{1\ (2)}_{51:\overline{3}|} = v\,q^{(2)}_{51} + v^2\,_{1|}q^{(2)}_{51} + v^3\,_{2|}q^{(2)}_{51}$$

$$= \left(\frac{1}{1.05}\right)\left(\frac{20}{986}\right) + \left(\frac{1}{1.05}\right)^2\left(\frac{40}{986}\right) + \left(\frac{1}{1.05}\right)^3\left(\frac{60}{986}\right) = 0.108681$$

보험료납입에 대한 EPV를 $\ddot{a}_{51:\overline{3}|}$ 라고 나타내면

$$\ddot{a}_{51:\overline{3}|} = 1 + v\,p^{(\tau)}_{51} + v^2\,_2p^{(\tau)}_{51} = 1 + \left(\frac{1}{1.05}\right)\left(\frac{958}{986}\right) + \left(\frac{1}{1.05}\right)^2\left(\frac{903}{986}\right)$$

$$= 2.756013$$

따라서

$$_1V = 10000\,A^{1\ (1)}_{51:\overline{3}|} + 3000\,A^{1\ (2)}_{51:\overline{3}|} - 200\,\ddot{a}_{51:\overline{3}|}$$

$$= (10000)(0.044305) + (3000)(0.108681) - (200)(2.756013)$$

$$= 217.8904$$

17 탈퇴원인이 사망($J=1$), 해약($J=2$)인 이중탈퇴모형을 고려한다. 피보험자 (35)가 가입한 3년만기 완전이산 정기보험은 다음과 같은 가정을 따른다.

(i) $\mu^{(1)}_{35+t} = 0.01, \quad t \ge 0$ (ii) $i = 0.05$

(iii) 해약은 절대탈퇴율 $q'^{(2)}_{35+t} = 0.02, \quad t = 0, 1, 2, \cdots$ 로 매 보험연도말에 발생한다.

(iv) 사망급부는 20,000원으로 해약하기 전에 지급하며 해약시 급부는 없다. 해약률을 고려하여 보험료를 산출할 때, 이 보험의 일시납순보험료(NSP)를 구하시오.

풀이

$$p'^{(1)}_x = e^{-0.01}$$

따라서 $p^{(\tau)}_x = p'^{(1)}_x\left(1 - q'^{(2)}_x\right) = e^{-0.01}(1 - 0.02) = 0.98\,e^{-0.01}$

해약은 연말에만 발생하므로

$$q^{(1)}_x = q'^{(1)}_x = 1 - e^{-0.01}$$

각 연도별 사망확률을 구해보자.

$$q^{(1)}_{35} = q'^{(1)}_{35} = 1 - p'^{(1)}_{35} = 1 - e^{-0.01} = 0.00995$$

$$_{1|}q^{(1)}_{35} = p^{(\tau)}_{35}\,q^{(1)}_{36} = p^{(\tau)}_{35}\left(1 - p'^{(1)}_{36}\right) = \left(0.98\,e^{-0.01}\right)\left(1 - e^{-0.01}\right)$$

$$= (0.970249)(0.00995)$$

$$_{2|}q_{35}^{(1)} = {}_{2}p_{35}^{(\tau)}\, q_{37}^{(1)} = p_{35}^{(\tau)}\, p_{36}^{(\tau)} \left(1 - p'_{37}^{(1)}\right) = \left(0.98\, e^{-0.01}\right)^{2} \left(1 - e^{-0.01}\right)$$

$$= (0.970249)^{2}(0.00995)$$

해약급부는 0이므로 사망급부만 고려하면 된다.

$$\text{NSP} = 20000 \left[\left(\frac{1}{1.05}\right) q_{35}^{(1)} + \left(\frac{1}{1.05}\right)^{2}\, {}_{1|}q_{35}^{(1)} + \left(\frac{1}{1.05}\right)^{3}\, {}_{2|}q_{35}^{(1)} \right] = 526.48$$

18 탈퇴원인이 사망($J = 1$), 해약($J = 2$)인 이중탈퇴모형을 고려해보자. 피보험자 (50)은 보험금 10,000원, 4년만기, 전기납입 완전이산 생사혼합보험에 가입하였다. 사업비는 매년 보험료의 3%와 100원을 부과한다. 또한, 계약자가 제2보험연도와 제3보험연도 동안에 해약하면 기납입보험료의 80%를 해약환급금으로 지급한다.

(i) $q_{50+k}^{(2)} = 0.05, \qquad k = 0, 1, 2, \cdots$

(ii) $q_{50}^{(1)} = 0.01,\ q_{51}^{(1)} = 0.02,\ q_{52}^{(1)} = 0.03,\ q_{53}^{(1)} = 0.04$

다음을 구하시오.

(a) 수지상등의 원칙으로 계산된 영업보험료를 구하시오.

(b) (a)에서 구한 영업보험료를 이용하여 제1보험연도말, 제2보험연도말, 제3보험연도말 영업보험료식 책임준비금을 구하시오.

::: 풀이

(a)와 (b)를 구하기 위하여 다음을 구해보자.

$$q_{50}^{(\tau)} = q_{50}^{(1)} + q_{50}^{(2)} = 0.01 + 0.05 = 0.06$$

$$q_{51}^{(\tau)} = q_{51}^{(1)} + q_{51}^{(2)} = 0.02 + 0.05 = 0.07$$

$$q_{52}^{(\tau)} = 0.08, \qquad q_{53}^{(\tau)} = 0.09$$

(a) 보험료수입의 EPV1은

$$\text{EPV1} = G\,\ddot{a}_{50:\overline{4}|} = G\left(1 + v\, p_{50}^{(\tau)} + v^{2}\, {}_{2}p_{50}^{(\tau)} + v^{3}\, {}_{3}p_{50}^{(\tau)}\right)$$

$$= G\left[1 + \left(\frac{1}{1.05}\right)(0.94) + \left(\frac{1}{1.05}\right)^{2}(0.94)(0.93) + \left(\frac{1}{1.05}\right)^{3}(0.94)(0.93)(0.92) \right]$$

$$= 3.382917\, G$$

사망급부의 APV2는

$$\text{APV2} = 10000\left(v\, q_{50}^{(1)} + v^{2}\, p_{50}^{(\tau)}\, q_{51}^{(1)} + v^{3}\, {}_{2}p_{50}^{(\tau)}\, q_{52}^{(1)} + v^{4}\, {}_{3}p_{50}^{(\tau)}\, q_{53}^{(1)} \right)$$

$$= 10000\left[\left(\frac{1}{1.05}\right)(0.01) + \left(\frac{1}{1.05}\right)^{2}(0.94)(0.02) + \left(\frac{1}{1.05}\right)^{3}(0.94)(0.93)(0.03) \right.$$

$$+ \left(\frac{1}{1.05}\right)^4 (0.94)(0.93)(0.92)(0.04)\Bigg] + 10000\, v^4\, {}_4p_{50}^{(\tau)} = 7109.01$$

해약급부의 APV3는

$$\text{APV3} = 0.8 \left[2G\, v^2\, p_{50}^{(\tau)}\, q_{51}^{(2)} + 3G\, v^3\, {}_2p_{50}^{(\tau)}\, q_{52}^{(2)} \right]$$

$$= 0.8 \left[2G \left(\frac{1}{1.05}\right)^2 (0.94)(0.05) + 3G \left(\frac{1}{1.05}\right)^3 (0.94)(0.93)(0.05) \right]$$

$$= 0.158829\, G$$

사업비의 APV4는

$$\text{APV4} = (0.03\, G + 100)\, \ddot{a}_{50:\overline{4}|} = (0.03\, G + 100)(3.382917)$$

$$= 0.101488\, G + 338.2917$$

EPV1 = APV2 + APV3 + APV4이므로

$$3.382917\, G = 7109.01 + 0.158829\, G + 0.101488\, G + 338.2917$$

이 된다. 따라서

$$G = 2384.97$$

(b) ${}_4V^g = 10000$을 이용하면

$$\left[{}_3V^g + G(1-\gamma) - e \right](1+i) = q_{53}^{(1)}\, S + q_{53}^{(2)} \times 0 + p_{53}^{(\tau)}\, {}_4V^g$$

$$\left[{}_3V^g + (2384.97)(0.97) - 100 \right](1.05) = 10000(0.04) + 10000(0.91)$$

따라서 ${}_3V^g = 6834.20$이 된다. ${}_3V^g$을 이용하면

$$\left[{}_2V^g + G(1-\gamma) - e \right](1+i) = 10000\, q_{52}^{(1)} + (0.8 \times 3G)q_{52}^{(2)} + p_{52}^{(\tau)}\, {}_3V^g$$

$$\left[{}_2V^g + (2384.97)(0.97) - 100 \right](1.05)$$

$$= (10000)(0.03) + (0.8)(3)(2384.97)(0.05) + (6834.20)(0.92)$$

따라서 ${}_2V^g = 4332.92$가 된다. ${}_2V^g$을 이용하면

$$\left[{}_1V^g + G(1-\gamma) - e \right](1+i) = 10000\, q_{51}^{(1)} + (0.8 \times 2G)\, q_{51}^{(2)} + p_{51}^{(\tau)}\, {}_2V^g$$

$$\left[{}_1V^g + (2384.97)(0.97) - 100 \right](1.05)$$

$$= (10000)(0.02) + (0.8)(2)(2384.97)(0.05) + (4332.92)(0.93)$$

따라서 ${}_1V^g = 1996.5$가 된다.

19 피보험자 (40)이 가입한 보험금 1,000원, 40년만기, 전기납입 생사혼합보험에 대하여 다음과 같은 가정이 주어졌다.

(i) $P_{40:\overline{40}|} = 0.011$ (ii) $A_{55:\overline{25}|} = 0.35$ (iii) $i = 0.05$

이때 보험가입후 15년이 지난 시점에서 납제보험(감액완납보험)의 보험금을 구하시오. 단, 15연도말 해약환급금은 15연도말 순보식 책임준비금과 동일하다.

풀이

보험금 1원에 대한 보험에서 $_{15}CV = {}_{15}V$인 특별한 경우의 납제보험의 보험금 b_{15}를 구해보자.

$$P_{55:\overline{25|}} = \frac{d\,A_{55:\overline{25|}}}{1 - A_{55:\overline{25|}}} = \frac{(0.05\,/\,1.05)\,(0.35)}{1 - 0.35} = 0.025641$$

이므로

$$b_{15} = {}_{15}W_{40:\overline{40|}} = 1 - \frac{P_{40:\overline{40|}}}{P_{55:\overline{25|}}} = 1 - \frac{0.011}{0.025641} = 0.571$$

따라서 $1000\,b_{15} = 571$

20 피보험자 (35)는 보험금 10,000원의 25년납입 완전이산 종신보험에 가입하였다. 피보험자는 보험가입후 20년이 지난 시점에서 보험료는 더 이상 납입하지 않고, 해약환급금만을 이용하여 보험계약을 변경하기로 하였다. 새로운 보험계약은 종신보험은 유지하되 감액된 보험금을 받기로 하였다. 과거 보험에 적용되는 책임준비금은 초년도 정기식방법(FTP방법)을 이용하여 산출하고 해약환급금은 책임준비금과 동일하다고 가정한다. 변경된 계약의 보험금을 구하시오(단, $i = 0.05$이며, 제7회 경험생명표(남)을 이용하시오).

풀이

변경된 계약의 보험금을 S라고 하면 S를 구하기 위해 A_{55}와 $_{20}V$를 구해보자.

$$A_{55} = 0.291019$$

$$_{20}V = 10000\left(A_{55} - P_{36}\,\ddot{a}_{55}\right) = 10000\left(A_{55} - \frac{A_{36}}{\ddot{a}_{36}}\,\ddot{a}_{55}\right)$$

$$= 10000\left(0.291019 - \frac{0.13155}{18.237457} \times 14.888609\right) = 1836.25$$

따라서 다음 식을 만족하는 S를 구하면 된다.

$$_{20}V = S\,A_{55}$$

$$S = \frac{_{20}V}{A_{55}} = \frac{1836.25}{0.291019} = 4763.43$$

21 피보험자 (30)은 보험금 30,000원의 40년만기 완전이산 생사혼합보험에 가입하였다. 다음과 같은 가정이 주어졌을 때 감액된 생존보험급부를 구하시오.

(i) 보험금 및 보험료의 APV의 계산시 제7회 경험생명표(남)와 $i = 0.05$를 사용하였다.

(ii) 보험가입시 보험료는 수지상등의 원칙에 의해서 계산되었다.

(iii) 피보험자는 보험가입 후 25년이 지난 시점에서 보험료는 더 이상 납입하지 않고 해약환급금을 기초로, 새로운 보험계약으로 변경하기로 하였다. 새로운 보험계약은 사망보험금은 30,000원을 유지하되 생존보험급부는 감액된 금액을 받기로 하였다.

(iv) 25시점의 해약환급금은 25시점의 순보식 책임준비금과 동일하다.

::: 풀이

감액된 생존보험급부를 S라고 하면 S를 구하기 위해

$_{25}V$와 $30000 A_{55:\overline{15}|}^1$, $A_{55:\overline{15}|}^{1}$ 을 구해보자.

$$_{25}V = 30000\left(1 - \frac{\ddot{a}_{55:\overline{15}|}}{\ddot{a}_{30:\overline{40}|}}\right) = 30000\left(1 - \frac{10.479559}{17.63373}\right)$$

$$= 12171.23$$

$$30000 A_{55:\overline{15}|}^1 = 2388.16$$

$$A_{55:\overline{15}|}^{1} = 0.421368$$

새로운 보험급부는 해약환급금과 보험수리적 현가가 동일하여야 하므로

$$_{25}V = 30000 A_{55:\overline{15}|}^1 + S A_{55:\overline{15}|}^{1}$$

이다. 따라서 $12171.23 = 2388.16 + 0.421368 S$

$$S = 23217.40$$

22 피보험자 (20)은 보험금 10,000원의 40년만기 완전연속 생사혼합보험에 가입하였다. 다음과 같은 가정과 조건이 주어졌을 때,

(i) $l_x = 90 - x$, $\quad 0 \le x < 90$ (ii) $\delta = 0.05$

(iii) $\bar{A}_{20:\overline{40}|} = 0.30505$, $\bar{A}_{30:\overline{30}|} = 0.37052$, $\bar{A}_{45:\overline{15}|} = 0.54941$

(iv) k시점의 해약환급금은 k시점의 순보식 책임준비금과 동일하다.

(a) 제10보험연도말 책임준비금과 제25보험연도말 책임준비금을 구하시오.

(b) k시점에 피보험자는 보험료는 더 이상 납입하지 않고 해약환급금을 이용하여 보험금 10,000원의 연장정기보험(extended term insurance)으로 계약을 변경하고자 한다. $k = 10$, $k = 25$인 경우, 연장정기보험의 보험기간을 구하시오. 만약 연장정기보험의 보험기간이 원보험계약의 남은 기간보다 큰 경우는 사용되지 않은 해약환급금으로 구입할 수 있는 생존보험의 생존보험급부를 구하시오.

::: 풀이

(a) $_{10}V = 10000\left(\frac{\bar{A}_{30:\overline{30}|} - \bar{A}_{20:\overline{40}|}}{1 - \bar{A}_{20:\overline{40}|}}\right) = 10000\left(\frac{0.37052 - 0.30505}{1 - 0.30505}\right)$

$$= 942.08$$

$$_{25}V = 10000 \left(\frac{\bar{A}_{45:\overline{15|}} - \bar{A}_{20:\overline{40|}}}{1 - \bar{A}_{20:\overline{40|}}} \right) = 10000 \left(\frac{0.54941 - 0.30505}{1 - 0.30505} \right)$$

$$= 3516.22$$

(b) (i) $k = 10$인 경우

$$\bar{A}^{\,1}_{x:\overline{n|}} = \int_0^n e^{-\delta t} \frac{1}{\omega - x} \, dt = \frac{1 - e^{-\delta n}}{(\omega - x)\,\delta}$$

$$_nE_x = e^{-\delta n} \left(\frac{\omega - x - n}{\omega - x} \right), \qquad x + n \leq \omega$$

다음 식을 만족하는 s를 찾으면 된다.

$$_{10}V = 10000 \bar{A}^{\,1}_{30:\overline{s|}}$$

$$942.08 = 10000 \left[\frac{1 - e^{-(0.05)s}}{(60)(0.05)} \right]$$

$$e^{-(0.05)s} = 0.717376, \qquad s = 6.64310$$

(ii) $k = 25$인 경우

(i)과 동일하게 다음 식을 만족하는 s를 찾아보자.

$$_{25}V = 10000 \bar{A}^{\,1}_{45:\overline{s|}}$$

$$3516.22 = 10000 \left[\frac{1 - e^{-(0.05)s}}{(45)(0.05)} \right]$$

$$e^{-(0.05)s} = 0.20885, \qquad s = 31.32278$$

$25 + 31.32278 > 40$이므로 40년만기를 초과한다.(즉, $s > (40 - 25) = 15$이다)

$$10000 \, \bar{A}^{\,1}_{45:\overline{15|}} = 10000 \left[\frac{1 - e^{-(0.05)(20)}}{(45)(0.05)} \right] = 2345.04$$

$2345.04 < 3516.22 = {}_{25}V$이므로

다음을 만족하는 S를 찾으면 된다.

$$_{25}V = 2345.04 + S \, _{15}E_{45}$$

$$_{15}E_{45} = e^{-(0.05)(15)} \left(\frac{45 - 15}{45} \right) = 0.314911$$

$$3516.22 = 2345.04 + S \, (0.314911)$$

$$S = 3719.08253$$

23 피보험자 (30)은 보험금 10,000원의 40년만기 완전연속 생사혼합보험에 가입하였다. 다음과 같은 가정과 조건이 주어졌을 때,

(i) $\mu_x = 0.03, \quad x \geq 0$ (ii) $\delta = 0.05$

(iii) k시점의 해약환급금은 k시점의 순보식 책임준비금과 동일하다.

(a) 제15보험연도말 책임준비금과 제35보험연도말 책임준비금을 구하시오.

(b) k시점에 피보험자는 보험료는 더 이상 납입하지 않고 해약환급금을 이용하여 보험금 10,000원의 연장정기보험(extended term insurance)으로 계약을 변경하고자 한다. $k = 15$, $k = 35$인 경우, 연장정기보험의 보험기간을 구하시오. 만약 연장정기보험의 보험기간이 원보험계약의 남은 기간보다 큰 경우는 사용되지 않은 해약환급금으로 구입할 수 있는 생존보험의 생존보험급부를 구하시오.

풀이

(a) 책임준비금을 구하기 위해, $\bar{a}_{30:\overline{40|}}$, $\bar{a}_{45:\overline{25|}}$, $\bar{a}_{65:\overline{5|}}$를 구해보자.

$$\bar{a}_{30:\overline{40|}} = \frac{1 - e^{-(\mu+\delta)(n)}}{\mu+\delta} = \frac{1 - e^{-0.08 \times 40}}{0.08} = 11.990472$$

$$\bar{a}_{45:\overline{25|}} = \frac{1 - e^{-(\mu+\delta)(n)}}{\mu+\delta} = \frac{1 - e^{-0.08 \times 25}}{0.08} = 10.808309$$

$$\bar{a}_{65:\overline{5|}} = \frac{1 - e^{-(\mu+\delta)(n)}}{\mu+\delta} = \frac{1 - e^{-0.08 \times 5}}{0.08} = 4.120999$$

이므로

$$_{15}V = 10000 \left(1 - \frac{\bar{a}_{45:\overline{25|}}}{\bar{a}_{30:\overline{40|}}} \right) = 10000 \left(1 - \frac{10.808309}{11.990472} \right) = 985.92$$

$$_{35}V = 10000 \left(1 - \frac{\bar{a}_{55:\overline{15|}}}{\bar{a}_{20:\overline{50|}}} \right) = 10000 \left(1 - \frac{4.120999}{11.990472} \right) = 6563.11$$

(b) (i) $k = 15$인 경우

$$\bar{A}^1_{x:\overline{n|}} = \bar{A}_x - {}_nE_x\,\bar{A}_{x+n} = \frac{\mu\left(1 - e^{-(\mu+\delta)n}\right)}{\mu+\delta}$$

다음 식을 만족하는 s를 찾으면 된다.

$$_{15}V = 10000\,\bar{A}^1_{45:\overline{s|}}$$

$$985.92 = 10000 \left[\frac{0.03\left(1 - e^{-(0.08)s}\right)}{0.08} \right]$$

$$e^{-(0.08)s} = 0.737088, \quad s = 3.8131$$

(ii) $k = 35$인 경우

$$10000\,\bar{A}^1_{65:\overline{5|}} = 10000 \left[\frac{0.03\left(1 - e^{-(0.08)(5)}\right)}{0.08} \right] = 1236.30$$

$$10000\,\bar{A}^1_{65:\overline{5|}} = 1236.30 < 6563.11 = {}_{35}V \text{이므로}$$

$$_{35}V - 10000\bar{A}\,_{65:\,\overline{5}|}^{\;\;1} = 6563.11 - 1236.30 = 5326.81$$

은 생존보험을 구입하는데 사용될 수 있다.

$$5326.81 = S\; _{5}E_{65} = S\; e^{-(0.08)(5)}$$

$$S = \frac{5326.81}{e^{-(0.08)(5)}} = 7946.67$$

24 30세에 입사하여 40세가 된 A는 55세부터 60세 사이에서 조기퇴직을 할 수 있고 60세에 도달하면 무조건 퇴직한다. A의 현재 연급여는 10,000이다. A의 연급여는 $s_{40+t} = e^{0.03t}$에 따라 계속 증가하는 것으로 가정하며 APV를 구하는 이자율은 4%이다. A의 예상되는 연간퇴직연금액은, 재직기간×퇴직 바로 전 연급여의 2%이며, 퇴직급부는 퇴직시부터 바로 지급되는 연속연금의 형태이다. $40+t$시점에서 총퇴직급부는, 연속연금의 현가×연간퇴직연금액이며, 60세에 도달하면 무조건 퇴직한다. 다음과 같은 조건하에서 예상되는 연간퇴직연금액의 APV를 구하시오.

(i) $^{r}\bar{a}_{x} = 20\,e^{-0.01t}$, $x \geq 55$인 모든 연령(t는 40세 이후의 기간)

(ii) $\mu_{40+t}^{(\tau)} = \begin{cases} 0.05, & 0 < t \leq 15 \\ 0.15, & 15 < t \leq 20 \end{cases}$

(iii) $\mu_{40+t}^{(r)} = \begin{cases} 0, & 0 < t \leq 15 \\ 0.1, & 15 < t \leq 20 \end{cases}$

:: 풀이

$$R(30, 10, t) = 0.02\,(10+t) \times 10000\,\frac{s_{40+t}}{s_{40}} = 200\,(10+t)\,e^{0.03t}$$

$$_{t}p_{40}^{(\tau)} = \begin{cases} e^{-0.05t} & 0 < t \leq 15 \\ _{15}p_{40}\; _{t-15}p_{55} = e^{-0.05 \times 15 - 0.15(t-15)} = e^{1.5 - 0.15t} & 15 < t < 20 \end{cases}$$

$t \geq 20$에서는 모두 퇴직하므로 $_{t}p_{40}^{(\tau)} = 0$

조기퇴직에 대한 APV를 구해보면

$$\text{APV}(1) = \int_{15}^{20} v^{t}\; _{t}p_{40}^{(\tau)}\, \mu_{40+t}^{(r)}\, R(30, 10, t)\; ^{r}\bar{a}_{40+t}\; dt$$

$$= \int_{15}^{20} e^{-0.04t}\,(e^{1.5-0.15t} \times 0.1)\,200\,(10+t)\,e^{0.03t}\,20\,e^{-0.01t}\; dt$$

$$= 400\,e^{1.5} \int_{15}^{20} (10+t)\,e^{-0.17t}\; dt \quad (u' = e^{-0.17t},\; v = 10+t)$$

$$= 400\,e^{1.5} \left[\left[\frac{1}{-0.17}\,e^{-0.17t}\,(10+t) \right]_{15}^{20} - \int_{15}^{20} -\frac{1}{0.17}\,e^{-0.17t}\; dt \right]$$

$$= 400\,e^{1.5}\left[\left[\frac{30}{-0.17}\,e^{-0.17(20)} - \frac{25}{-0.17}\,e^{-0.17(15)}\right] + \frac{1}{0.17}\int_{15}^{20}e^{-0.17t}\,dt\right]$$

$$= 400\,e^{1.5}\left[\left[\frac{30}{-0.17}\,e^{-0.17(20)} - \frac{25}{-0.17}\,e^{-0.17(15)}\right] + \frac{1}{0.17}\left[\frac{1}{-0.17}\,e^{-0.17t}\right]_{15}^{20}\right]$$

$$= 400\,e^{1.5}\left[\left[\frac{30}{-0.17}\,e^{-0.17(20)} + \frac{25}{0.17}\,e^{-0.17(15)}\right]\right.$$

$$\left. + \frac{1}{0.17^2}\left[-e^{-0.17(20)} + e^{-0.17(15)}\right]\right]$$

$$= 400\,e^{1.5}(5.59319736 + 1.547003323) = 12800.06$$

A가 60세에 퇴직하는 확률은 $e^{1.5-0.15\times20} = e^{-1.5}$이다. 따라서 60세에 지급할 퇴직급부에 대한 APV는

$$\text{APV}(2) = {}_{20}p_{40}^{(\tau)}\,v^{20}\,R(30,10,20)\,{}^r\bar{a}_{60}$$

$$= e^{-1.5}\times e^{-0.04\times20}\times200(10+20)\,e^{0.03\times20}\times20\,e^{-0.01\times20}$$

$$= 200\times30\times20\times e^{-1.9} = 17948.23$$

$$\text{APV} = \text{APV}(1) + \text{APV}(2)$$

$$= 17948.23 + 12800.06 = 30748.29$$

제 **10** 장

다중상태모형

Ⅰ. 기초이론

1. 이산시간 마르코프연쇄의 전이확률

(1) 전이확률의 정의

  (i) 시간동질 전이확률 : $p^{ij} = \Pr(Y_{n+1} = j \,|\, Y_n = i)$

  (ii) 시간비동질 전이확률 : $p_n^{ij} = \Pr(Y_{n+1} = j \,|\, Y_n = i)$

  (iii) $0 \le p_n^{ij} \le 1, \qquad \displaystyle\sum_{j=0}^{m} p_n^{ij} = 1$

(2) m단계 전이확률의 정의

$$_m p_n^{ij} = \Pr(Y_{n+m} = j \,|\, Y_n = i)$$

  (i) 시간동질인 경우: $_m P_n = P\,P \cdots P = P^m$의 (i, j)성분

  (ii) 시간비동질인 경우: $_m P_n = P_n\,P_{n+1}\,P_{n+2} \cdots P_{n+m-1}$의 (i, j)성분

2. 채프만-콜모고로프 방정식(CKE: Chapman-Kolmogorov equation)

(1) CKE의 정의

$$_{m+n} p_0^{ij} = \sum_{k \in S} {_n p_0^{ik}} \,{_m p_n^{kj}}, \quad m, n \ge 0, \; i, j \in S$$

(2) CKE의 행렬표현

  (i) $_{n+m} P_0 = {_n P_0}\,{_m P_n}$

  (ii) 시간동질인 경우: $_n P_0 = {_{n-1} P_0}\,{_1 P_{n-1}} = P^{n-1}\,P = P^n$

  (iii) 시간비동질인 경우: $_n P_0 = P_0\,P_1\,P_2 \cdots P_{n-1}$

  (iv) 보험수리학에 응용되는 경우: $_{t+s} P_x = {_s P_x}\,{_t P_{x+s}}$

  (v) 특수예

$$
_2P_x = P_x \times P_{x+1} = \begin{bmatrix} p_x^{00} & p_x^{01} & p_x^{02} \\ p_x^{10} & p_x^{11} & p_x^{12} \\ 0 & 0 & 1 \end{bmatrix} \begin{bmatrix} p_{x+1}^{00} & p_{x+1}^{01} & p_{x+1}^{02} \\ p_{x+1}^{10} & p_{x+1}^{11} & p_{x+1}^{12} \\ 0 & 0 & 1 \end{bmatrix}
$$

$$
= \begin{bmatrix} p_x^{00} p_{x+1}^{00} + p_x^{01} p_{x+1}^{10} & p_x^{00} p_{x+1}^{01} + p_x^{01} p_{x+1}^{11} & p_x^{00} p_{x+1}^{02} + p_x^{01} p_{x+1}^{12} + p_x^{02} \\ p_x^{10} p_{x+1}^{00} + p_x^{11} p_{x+1}^{10} & p_x^{10} p_{x+1}^{01} + p_x^{11} p_{x+1}^{11} & p_x^{10} p_{x+1}^{02} + p_x^{11} p_{x+1}^{12} + p_x^{12} \\ 0 & 0 & 1 \end{bmatrix}
$$

$$
P_x \times P_{x+1} = _2P_x = \begin{bmatrix} _2p_x^{00} & _2p_x^{01} & _2p_x^{02} \\ _2p_x^{10} & _2p_x^{11} & _2p_x^{12} \\ 0 & 0 & 1 \end{bmatrix}
$$

3. 상태벡터

(1) 상태벡터의 정의

(i) $\boldsymbol{\pi}_n = (\pi_{0n} \ \pi_{1n} \dots \pi_{(m-1)n})$

(ii) $\displaystyle\sum_{i=0}^{m-1} \pi_{in} = 1$

(2) 상태벡터와 전이확률행렬

(i) 전이확률행렬이 시간동질인 경우

$$\boldsymbol{\pi}_{n+1} = \boldsymbol{\pi}_n P$$

$$\boldsymbol{\pi}_{n+r} = \boldsymbol{\pi}_n P^r$$

(ii) 전이확률행렬이 시간비동질인 경우

$$\boldsymbol{\pi}_{n+1} = \boldsymbol{\pi}_n P_n$$

$$\boldsymbol{\pi}_{n+r} = \boldsymbol{\pi}_n P_n P_{n+1} P_{n+2} \cdots P_{n+r-1}$$

10.1 기본연습문제

01 다음 그림과 같은 미로를 생각하자. 미로 속에 있는 쥐는 한 방에서 인접한 다른 방으로 갈 때 균등분포를 따라서 움직인다. 예를 들어 방 0에서 1과 3으로 갈 확률은 각각 $\frac{1}{2}$이고, 방 4에서 인접한 방으로 갈 확률은 각각 $\frac{1}{3}$이다. Y_n을 n번 움직인 직후 쥐가 있는 방의 번호라고 하자. 이때의 전이확률행렬을 구하시오.

$$
\begin{array}{|c|c|c|}
\hline
0 & 1 & 2 \\
\hline
3 & 4 & 5 \\
\hline
\end{array}
$$

풀이

확률과정 $Y = \{Y_n,\ n = 0,\ 1,\ 2,\ \cdots\}$의 상태공간은 명백하게 $\{0,\ 1,\ \cdots,\ 5\}$이다. 미로 안에 있는 쥐가 다음에 갈 방의 번호는 현재의 위치에만 의존하므로 Y는 마르코프연쇄가 된다. 또한 Y의 전이확률행렬은 다음과 같다.

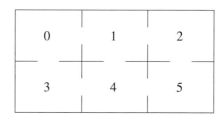

$$
P = \begin{array}{c} \\ 0 \\ 1 \\ 2 \\ 3 \\ 4 \\ 5 \end{array}
\begin{array}{c}
\begin{array}{cccccc} 0 & 1 & 2 & 3 & 4 & 5 \end{array} \\
\begin{bmatrix}
0 & \frac{1}{2} & 0 & \frac{1}{2} & 0 & 0 \\
\frac{1}{3} & 0 & \frac{1}{3} & 0 & \frac{1}{3} & 0 \\
0 & \frac{1}{2} & 0 & 0 & 0 & \frac{1}{2} \\
\frac{1}{2} & 0 & 0 & 0 & \frac{1}{2} & 0 \\
0 & \frac{1}{3} & 0 & \frac{1}{3} & 0 & \frac{1}{3} \\
0 & 0 & \frac{1}{2} & 0 & \frac{1}{2} & 0
\end{bmatrix}
\end{array}
$$

02 상태공간이 {0(건강), 1(질병), 2(사망)}으로 주어진다. 전이는 연말에 한 번씩 발생하며 다음과 같은 조건이 주어졌다.

(i) 매해 사망확률은 0.1이다.

(ii) 연초에 건강한 사람들은 연말에 0.3의 확률로 질병상태가 된다.

(iii) 연초에 질병상태인 사람들은 연말에 질병상태에서 건강상태로 회복될 확률이

0.2이다.

(a) 현재 건강한 사람이 3년 말에 질병상태일 확률을 구하시오.

(b) 현재 건강한 사람이 4년 안에 질병상태가 되고 회복될 확률을 구하시오.

> **풀이**

(a) 주어진 조건을 이용하여 전이확률행렬을 구하면 다음과 같다.

$$P = \begin{bmatrix} 0.6 & 0.3 & 0.1 \\ 0.2 & 0.7 & 0.1 \\ 0 & 0 & 1 \end{bmatrix}$$

현재 건강상태에 있으므로 상태벡터는 $(1 \ 0 \ 0)$이다.

1년 뒤의 상태벡터는

$$(1 \ 0 \ 0) \begin{bmatrix} 0.6 & 0.3 & 0.1 \\ 0.2 & 0.7 & 0.1 \\ 0 & 0 & 1 \end{bmatrix} = (0.6 \ 0.3 \ 0.1) \text{이며}$$

2년 뒤의 상태벡터는

$$(0.6 \ 0.3 \ 0.1) \begin{bmatrix} 0.6 & 0.3 & 0.1 \\ 0.2 & 0.7 & 0.1 \\ 0 & 0 & 1 \end{bmatrix} = (0.42 \ 0.39 \ 0.19) \text{이고}$$

3년 뒤의 상태벡터는

$$(0.42 \ 0.39 \ 0.19) \begin{bmatrix} 0.6 & 0.3 & 0.1 \\ 0.2 & 0.7 & 0.1 \\ 0 & 0 & 1 \end{bmatrix} = (0.33 \ 0.399 \ 0.271) \text{이다.}$$

따라서 현재 건강한 사람이 3년 말에 질병상태일 확률은 0.399이다.

(b) 다음과 같이 총 3가지의 경우가 존재한다.

(i) 첫 번째 해에 질병상태가 되었다가 회복되는 경우

첫 번째 해에 질병상태가 될 확률은 0.3이다. 질병상태가 되었다가 두 번째 해에 회복될 확률은 0.2, 세 번째 해에 회복될 확률은 $0.7 \times 0.2 = 0.14$, 네 번째 해에 회복될 확률은 $0.7 \times 0.7 \times 0.2 = 0.098$이다.

따라서 첫 번째 해에 질병상태가 되었다가 회복되는 확률은

$$0.3(0.2 + 0.14 + 0.098) = 0.1314$$

(ii) 두 번째 해에 질병상태가 되었다가 회복되는 경우

두 번째 해에 질병상태가 될 확률은 $0.6 \times 0.3 = 0.18$이다. 질병상태가 되었다가 세 번째 해에 회복될 확률은 0.2, 네 번째 해에 회복될 확률은 $0.7 \times 0.2 = 0.14$이다.

따라서 두 번째 해에 질병상태가 되었다가 회복되는 확률은

$$0.18(0.2 + 0.14) = 0.0612$$

(iii) 세 번째 해에 질병상태가 되었다가 회복되는 경우

세 번째 해에 질병상태가 될 확률은 $0.6 \times 0.6 \times 0.3 = 0.108$이고, 질병상태가 되었다가 네 번째 해에 회복될 확률은 0.2이다.

따라서 세 번째 해에 질병상태가 되었다가 회복되는 확률은

$$0.108 \times 0.2 = 0.0216$$

위 3가지 경우의 확률을 합하면 현재 건강한 사람이 4년 안에 질병상태가 되고 회복될 확률이 된다. 따라서 $0.1314 + 0.0612 + 0.0216 = 0.2142$ 이다.

03 H손해보험사는 0시점(첫 번째 해)에 운전자들을 A급(상태 0)과 B급(상태 1)으로 나누고 매년말에 재분류를 실시한다. 어떤 피보험자 C에 대한 시간비동질 마르코프연쇄의 전이확률들은 $k = 0, 1, 2, \cdots$ 에 대하여

$$p_k^{00} = 0.8 + \frac{0.1}{k+2}, \quad p_k^{01} = 0.2 - \frac{0.1}{k+2}, \quad p_k^{10} = 0.3 - \frac{0.1}{k+2}, \quad p_k^{11} = 0.7 + \frac{0.1}{k+2}$$

로 주어졌다. C는 두 번째 해 초에 A급으로 분류가 되었다. C가 네 번째 해 초에 A급으로 분류될 확률을 구하시오.

풀이

두 번째 해 초(첫 번째 해 말)부터 시작하는 문제이므로 두 번째 해 초(첫 번째 해 말)에서의 상태벡터는 (1 0)이다. 네 번째 해 초에 A급으로 분류될 확률을 구하는 것이므로 π_{03} 값이 필요하다. 이를 위해 전이확률행렬을 구하면 다음과 같다.

$$P_1 = \begin{bmatrix} 0.8 + \dfrac{0.1}{3} & 0.2 - \dfrac{0.1}{3} \\ 0.3 - \dfrac{0.1}{3} & 0.7 + \dfrac{0.1}{3} \end{bmatrix}, \qquad P_2 = \begin{bmatrix} 0.8 + \dfrac{0.1}{4} & 0.2 - \dfrac{0.1}{4} \\ 0.3 - \dfrac{0.1}{4} & 0.7 + \dfrac{0.1}{4} \end{bmatrix}$$

세 번째 해 초에서의 상태벡터는 $\left(0.8 + \dfrac{0.1}{3} \quad 0.2 - \dfrac{0.1}{3}\right)$ 이고

네 번째 해 초에서의 상태벡터는

$$(0.83333 \quad 0.16667) \begin{bmatrix} 0.8 + \dfrac{0.1}{4} & 0.2 - \dfrac{0.1}{4} \\ 0.3 - \dfrac{0.1}{4} & 0.7 + \dfrac{0.1}{4} \end{bmatrix} = (0.73333 \quad 0.26667)$$

이다. 따라서 C가 네 번째 해 초에서 A급으로 분류될 확률은 0.73333이다.

04 노블카운티에는 다음과 같은 세 종류의 시설이 있다.

　　　시설 0(상태 0) = 건강한 사람들이 거주하는 시설
　　　시설 1(상태 1) = 일시간병이 필요한 사람들이 거주하는 시설
　　　시설 2(상태 2) = 영구간병이 필요한 사람들이 거주하는 시설

전이는 연말에만 발생하는 시간동질 마르코프연쇄를 가정하고 연간 전이확률행렬은 다음과 같다.

$$\begin{bmatrix} 0.7 & 0.2 & 0.1 \\ 0.05 & 0.8 & 0.15 \\ 0 & 0 & 1 \end{bmatrix}$$

시점 0에 100명의 건강한 사람들이 시설 0(상태 0)에서 시작한다. 이 사람들의 미래 상태는 각각 독립적이다. 100명의 건강한 사람들 중에서 3년 안에 시설 2(상태 2)로 전이할 사람 수의 분산을 구하시오.

풀이

3년 안에 상태 2로 전이할 확률은 π_{23}의 값과 같다.

π_{23}의 값은 다음과 같은 행렬의 계산을 통해

$$(1 \quad 0 \quad 0) \begin{bmatrix} 0.7 & 0.2 & 0.1 \\ 0.05 & 0.8 & 0.15 \\ 0 & 0 & 1 \end{bmatrix} = (0.7 \quad 0.2 \quad 0.1)$$

$$(0.7 \quad 0.2 \quad 0.1) \begin{bmatrix} 0.7 & 0.2 & 0.1 \\ 0.05 & 0.8 & 0.15 \\ 0 & 0 & 1 \end{bmatrix} = (0.5 \quad 0.3 \quad 0.2)$$

$$(0.5 \quad 0.3 \quad 0.2) \begin{bmatrix} 0.7 & 0.2 & 0.1 \\ 0.05 & 0.8 & 0.15 \\ 0 & 0 & 1 \end{bmatrix} = (0.365 \quad 0.34 \quad 0.295)$$

$\pi_{23} = 0.295$임을 알 수 있다.

건강한 사람들 중에서 3년 안에 상태 2로 전이하는 사람 수는 이항확률변수로 볼 수 있으며 $n = 100$, $p = 0.295$인 이항분포를 따른다.

따라서 분산은 $100(0.295)(1 - 0.295) = 20.7975$

05 다중상태모형 9(노인요양시설모형)를 고려한다. 상태 0은 건강(독립거주), 상태 1은 일시간병, 상태 2는 영구간병, 상태 3은 사망을 나타낸다. 시간동질 마르코프모형을 고려한다. 전이는 매년말에 발생한다고 가정하고 전이확률행렬은 다음과 같다.

$$\begin{bmatrix} 0.7 & 0.15 & 0.1 & 0.05 \\ 0.5 & 0.2 & 0.2 & 0.1 \\ 0 & 0 & 0.6 & 0.4 \\ 0 & 0 & 0 & 1 \end{bmatrix}$$

노인요양시설에서는 각각의 상태에 따라 속해 있는 시설이 다르므로 노인요양시설의 거주자의 연간 비용은 거주자의 상태에 의존하며 다음과 같다($n = 0, 1, 2, 3, \cdots$)

상태	비용
건강(독립거주)	$100(1 + 0.05)^n$
일시간병	$200(1 + 0.05)^n$
영구간병	$300(1 + 0.05)^n$

모든 비용은 연초에 지불되며 이자율은 5%이다. 현재 일시간병상태(상태 1)에 있는 사람이 향후 4년간 거주하는 비용의 현가의 기대값을 구하시오.

풀이

모든 비용은 연초에 지불되고 현재 상태 1에 있으므로 첫 해의 비용은 200이다. 그 다음해부터 비용은 각 상태에 있을 확률에 각각의 비용을 곱하여 합하면 되므로 다음과 같이 구할 수 있다. 첫 번째 해($n = 0$)의 연초의 상태벡터는 $(0 \ 1 \ 0 \ 0)$이므로 두 번째 해 ($n = 1$)의 연초의 상태벡터는 $(0.5 \ 0.2 \ 0.2 \ 0.1)$이다. 따라서 두 번째 해의 비용은 $100(1.05)(0.5) + 200(1.05)(0.2) + 300(1.05)(0.2) = 1.05(150)$이다.

세 번째 해($n = 2$)의 연초의 상태벡터는

$$(0.5 \ 0.2 \ 0.2 \ 0.1) \begin{bmatrix} 0.7 & 0.15 & 0.1 & 0.05 \\ 0.5 & 0.2 & 0.2 & 0.1 \\ 0 & 0 & 0.6 & 0.4 \\ 0 & 0 & 0 & 1 \end{bmatrix} = (0.45 \ 0.115 \ 0.21 \ 0.225)$$

이므로 세 번째 해의 비용은

$100(1.05)^2(0.45) + 200(1.05)^2(0.115) + 300(1.05)^2(0.21) = 1.05^2(131)$이며

네 번째 해($n = 3$)의 연초의 상태벡터는

$$(0.45 \ 0.115 \ 0.21 \ 0.225) \begin{bmatrix} 0.7 & 0.15 & 0.1 & 0.05 \\ 0.5 & 0.2 & 0.2 & 0.1 \\ 0 & 0 & 0.6 & 0.4 \\ 0 & 0 & 0 & 1 \end{bmatrix} = (0.3725 \ 0.0905 \ 0.194 \ 0.343)$$

이므로 네 번째 해의 비용은

$$100(1.05)^3(0.3725) + 200(1.05)^3(0.0905) + 300(1.05)^3(0.194)$$
$$= 1.05^3(113.55)$$

이다. 따라서 향후 4년간 거주하는 비용의 현가의 기대값은

$$\text{APV} = 200 + \frac{1.05(150)}{1.05} + \frac{1.05^2(131)}{1.05^2} + \frac{1.05^3(113.55)}{1.05^3} = 594.55$$

06 다음의 (a), (b)를 구하고, (a)와 (b)의 관련성을 설명하시오.

(a) 다음과 같이 4개의 상태를 갖는 이산시간 마르코프모형을 고려한다. 상태0은 건강을, 상태1은 질병을, 상태2는 장해를, 상태3은 사망을 나타낸다. 전이는 매보험연도말에만 이루어지며, 매보험연도의 전이확률행렬은 시간동질이며 다음과 같다.

$$P = \begin{bmatrix} 0.6 & 0.1 & 0.1 & 0.2 \\ 0.1 & 0.5 & 0.2 & 0.2 \\ 0 & 0 & 0.8 & 0.2 \\ 0 & 0 & 0 & 1 \end{bmatrix}$$

현재 건강상태(상태0)에 있는 피보험자 (x)가 가입한 전기납입 종신보험은 피보험자가 제t보험연도말에 사망하면 제t보험연도말에 t원을 사망급부로 지급한다.

$(x \geq 0,\ t = 1, 2, 3, \cdots)$ 이때 이 보험의 일시납순보험료(NSP)를 구하시오.

(b) 다음과 같이 4개의 상태를 갖는 이산시간 마르코프모형을 고려한다. 상태0은 건강을, 상태1은 질병을, 상태2는 장해를, 상태3은 사망을 나타낸다. 전이는 매연도말에만 이루어지며, 매연도의 전이확률행렬은 시간동질이며 다음과 같다.

$$P = \begin{bmatrix} 0.6 & 0.1 & 0.1 & 0.2 \\ 0.1 & 0.5 & 0.2 & 0.2 \\ 0 & 0 & 0.8 & 0.2 \\ 0 & 0 & 0 & 1 \end{bmatrix}$$

현재 건강상태(상태0)에 있는 x세의 사람에 대하여$(x \geq 0)$, 이 사람이 사망상태(상태3)로 들어갈(enter) 때까지의 시간(기간)을 T라고 할 때 $E(T)$를 구하시오.

(c) (a)와 (b)의 관련성을 설명하시오.

풀이

(a) [풀이 1]

보험의 일시납순보험료(NSP)는 보험급부의 보험수리적 현가(APV)와 동일하므로 보험급부의 APV를 구해보자. 보험급부의 APV를 구하기 위해 각 보험연도말에 사망할 확률을 구해보자. 전이확률행렬로부터 상태0에서 상태3으로, 상태1에서 상태3으로, 상태2에서 상태3으로 전이할 확률은 0.2로 동일하므로 예제 (10.2.2.5)를 참고하면 상태1과 상태2는 무시할 수 있다. 따라서 단일탈퇴모형으로 생각할 수 있다. 이를 이용하여 각 보험연도말에 사망할 확률을 구하면 다음과 같다.

제1보험연도말에 사망할 확률 $= q_x = 0.2$

제2보험연도말에 사망할 확률 $= {}_{1|}q_x = p_x\, q_{x+1} = (0.8)(0.2)$

제3보험연도말에 사망할 확률 $= {}_{2|}q_x = p_x\, p_{x+1}\, q_{x+2} = (0.8)^2(0.2)$

$$\vdots \qquad\qquad \vdots$$

제t보험연도말에 사망할 확률 $= {}_{t-1|}q_x = p_x\, p_{x+1}\, \cdots\, p_{x+t-2}\, q_{x+t-1}$

$$= (0.8)^{t-1}(0.2)$$

따라서 보험급부의 APV1은

$$\text{APV1} = \sum_{t=1}^{\infty} t\,{}_{t-1|}q_x = \sum_{t=1}^{\infty} t\,(0.8)^{t-1}(0.2)$$

이며, 위 식을 전개하고 다음과 같은 방법을 이용하면 APV1을 구할 수 있다.

$$\text{APV1} = (0.2) + 2(0.8)(0.2) + 3(0.8)^2(0.2) + 4(0.8)^3(0.2) + \cdots$$

$$(0.8)\text{APV1} = \qquad\qquad (0.8)(0.2) + 2(0.8)^2(0.2) + 3(0.8)^3(0.2) + \cdots$$

이므로

$$\text{APV1} - (0.8)\text{APV1}$$

$$= (0.2) + [2(0.8) - (0.8)](0.2) + [3(0.8)^2 - 2(0.8)^2](0.2)$$

$$+ \left[4\,(0.8)^3 - 3\,(0.8)^3 \right](0.2) + \cdots$$

$$(0.2)\,\text{APV1} = 0.2 + (0.8)(0.2) + (0.8)^2(0.2) + (0.8)^3(0.2) + \cdots$$

$$\text{APV1} = 1 + (0.8) + (0.8)^2 + (0.8)^3 + \cdots$$

이는 초항이 1이고 공비가 0.8인 무한등비수열의 합을 나타낸다.
따라서

$$\text{APV1} = \frac{1}{1 - 0.8} = 5$$

[풀이 2]

이 방법은 상태0과 상태1, 상태2를 모두 고려한 풀이로 [풀이 1]에서 상태3으로의 전이확률이 같을 때 상태1과 상태2를 무시할 수 있는 풀이에 대한 설명이 될 수 있다. 각 보험연도말에서의 상태벡터를 구해보자. 현재 건강상태에 있으므로 상태벡터는 $(1\ \ 0\ \ 0\ \ 0)$이다. 전이확률을 이용하면 제1보험연도말에서의 상태벡터는 $(0.6\ \ 0.1\ \ 0.1\ \ 0.2)$이다. 동일한 계산으로 제2보험연도말에서의 상태벡터는 $(0.37\ \ 0.11\ \ 0.16,\ 0.36)$ 제3보험연도말에서의 상태벡터는 $(0.233\ \ 0.092\ \ 0.187\ \ 0.488)$ 등을 구할 수 있다. 상태벡터를 이용하여 각 보험연도말에 사망할 확률을 구하면,

제1보험연도말에 사망할 확률 $= 1 \times 0.2 + 0 \times 0.2 + 0 \times 0.2 = 0.2$

제2보험연도말에 사망할 확률 $= 0.6 \times 0.2 + 0.1 \times 0.2 + 0.1 \times 0.2$
$$= (0.2)(0.6 + 0.1 + 0.1) = (0.2)(0.8)$$

제3보험연도말에 사망할 확률 $= 0.37 \times 0.2 + 0.11 \times 0.2 + 0.16 \times 0.2$
$$= (0.2)(0.37 + 0.11 + 0.16) = (0.2)(0.64)$$
$$= (0.2)(0.8)^2$$

$$\vdots \qquad\qquad\qquad \vdots$$

이를 반복하면 다음과 같은 일반식을 얻을 수 있다.

제t보험연도말에 사망할 확률 $= (0.2)(0.8)^{t-1}$

따라서 보험급부의 APV2는 [풀이 1]과 동일함을 알 수 있다.

$$\text{APV2} = \sum_{t=1}^{\infty} t\,(0.2)(0.8)^{t-1} = \sum_{t=1}^{\infty} t\,(0.8)^{t-1}(0.2) = \text{APV1} = 5$$

(b) [풀이 1]

전이확률행렬로부터 상태0에서 상태3으로, 상태1에서 상태3으로, 상태2에서 상태3으로 전이할 확률은 0.2로 동일하므로 예제 (10.2.2.5)를 참고하면 상태1은 무시할 수 있다. 따라서 단일탈퇴모형으로 생각할 수 있다. 현재 건강상태에 있는 사람이 사망상태로 들어갈 때까지의 시간(기간)을 $T = t\ (t = 1,\ 2,\ 3,\ \cdots)$라고 하자. 전이는 매연도말에만 발생하고, t차연도말에 사망상태로 들어가면 사망상태로 들어갈 때까지의 시간(기간)은 t년이 되므로

$$\Pr(T = t) = \text{제}t\text{보험연도말에 사망할 확률}$$

이 된다. 이는 식 (2.2.7.15), 식 (2.2.7.16)과는 다르다. 따라서

$$\Pr(T = 1) = q_x = 0.2$$

$$\Pr(T = 2) = {}_{1|}q_x = p_x \ q_{x+1} = (0.8)(0.2)$$

$$\Pr(T = 3) = {}_{2|}q_x = p_x \ p_{x+1} \ q_{x+2} = (0.8)^2(0.2)$$

$$\vdots \qquad\qquad \vdots$$

$$\Pr(T = t) = {}_{t-1|}q_x = p_x \ p_{x+1} \cdots p_{x+t-2} \ q_{x+t-1} = (0.8)^{t-1}(0.2)$$

따라서 $E(T)$는

$$E(T) = \sum_{t=1}^{\infty} t \ \Pr(T = t) = \sum_{t=1}^{\infty} t \ {}_{t-1|}q_x = \sum_{t=1}^{\infty} t \ (0.8)^{t-1}(0.2)$$

이 식은 (a)의 APV1을 구하는 식과 동일하므로 $E(T) = \text{APV1} = 5$

[풀이 2]

각 보험연도말에서의 상태벡터를 구해보자. 현재 건강상태에 있으므로 상태벡터는 $(1\ 0\ 0\ 0)$이다. 전이확률을 이용하면 제1연도말에서의 상태벡터는 $(0.6\ 0.1\ 0.1\ 0.2)$이다. 동일한 계산으로 제2연도말에서의 상태벡터는 $(0.37\ 0.11\ 0.16\ 0.36)$, 제3연도말에서의 상태벡터는 $(0.233\ 0.092\ 0.187\ 0.488)$ 등을 구할 수 있다. $\Pr(T = t)$는 제t보험연도말에 사망할 확률과 동일하므로 (a)의 [풀이 2]와 같은 과정으로 $\Pr(T = t)$를 구하면

$$\Pr(T = 1) = \text{제1보험연도에 사망할 확률}$$
$$= 1 \times 0.2 + 0 \times 0.2 + 0 \times 0.2 = 0.2$$

$$\Pr(T = 2) = \text{제2보험연도에 사망할 확률}$$
$$= 0.6 \times 0.2 + 0.1 \times 0.2 + 0.1 \times 0.2$$
$$= (0.2)(0.6 + 0.1 + 0.1) = (0.2)(0.8)$$

$$\Pr(T = 3) = \text{제3보험연도에 사망할 확률}$$
$$= 0.37 \times 0.2 + 0.11 \times 0.2 + 0.16 \times 0.2$$
$$= (0.2)(0.37 + 0.11 + 0.16) = (0.2)(0.64)$$
$$= (0.2)(0.8)^2$$

$$\vdots \qquad\qquad \vdots$$

이를 반복하면 다음과 같은 일반식을 얻을 수 있다.

$$\Pr(T = t) = \text{제}t\text{보험연도말에 사망할 확률} = (0.2)(0.8)^{t-1}$$

따라서 $E(T)$는

$$E(T) = \sum_{t=1}^{\infty} t \ \Pr(T = t) = \sum_{t=1}^{\infty} t \ (0.2)(0.8)^{t-1} = 5$$

(c) (a)에서 다루는 보험은 제1보험연도말에 사망하면 보험금 1원, 제2보험연도말에 사망하면 보험금 2원, 제3보험연도말에 사망하면 보험금 3원 등 매년 보험금이 1원씩 증가

하는 누가종신보험이라고 할 수 있다. 따라서 이 보험급부의 APV는 매해 증가하는 보험급부에 해당 급부발생확률을 곱하고 모두 합하여 계산하였다.

한편, (b)에서 사망상태로 들어갈 때까지의 시간(기간)의 기대값 $E(T)$는 사망상태로 들어갈 때까지의 시간(기간)에 해당 발생확률을 곱하고 모두 합하여 계산하는데 이산시간 마르코프모형이므로 사망상태로 들어갈 때까지의 시간(기간)은 1년, 2년, 3년, … 등이다. 1년, 2년, 3년, … 을 (a)의 보험급부 1원, 2원, 3원, … 으로 생각하면 (b)가 본질적으로 (a)와 풀이방법이 동일하다는 것을 알 수 있다. 이 두 문제가 동일한 풀이를 가지려면 이 문제와 같이 전이가 연말에만 발생하여야 하며, 만약 전이가 연중앙에 발생하면(예제 (10.1.4.8) 참고) (a)와 (b)는 다른 풀이가 된다.

07 A보험회사는 질병을 보장하는 새로운 보험상품을 개발하려고 한다. 보험상품 개발 시 다음 그림과 같이 2개의 상태를 갖는 이산시간 마르코프연쇄를 이용하려고 한다. 여기서 상태 0은 건강을, 상태 1은 질병을 나타낸다.

이 보험상품을 개발하기 위해 다음과 같은 가정들을 사용한다.

(i) 건강한 피보험자 (50)이 가입하는 4년납입 건강보험이며 보험기간은 4년이다.

(ii) 다중상태모형에서의 전이는 매 보험연도말에만 이루어지며, 피보험자가 매 보험연도말에 질병상태(상태 1)에 있으면 질병급부로 7,000원을 지급한다.

(iii) 전이확률은 다음 표를 따른다고 한다.

x	p_x^{00}	p_x^{01}	p_x^{10}	p_x^{11}
50	0.80	0.20	0.70	0.30
51	0.78	0.22	0.67	0.33
52	0.76	0.24	0.64	0.36
53	0.74	0.26	0.61	0.39

(iv) 보험료는 수지상등의 원칙이 적용되어 계산되며 건강상태에 있는 피보험자가 매 보험연도초에 납입한다.

(v) 예정이율 $i = 5\%$이다.

(a) 이 보험의 질병급부에 대한 APV를 구하시오.

(b) 이 보험의 연납평준순보험료를 구하시오.

(c) 상태 0에서의 책임준비금 $_2V^{(0)}$와 상태 1에서의 책임준비금 $_2V^{(1)}$를 구하시오.

풀이

(a) 질병급부에 대한 APV를 구하기 위해 경과기간별 상태벡터를 구하면, 50세에서의 상태벡터는 $(1\ \ 0)$이고, 50+1세에서의 상태벡터는 $(0.8\ \ 0.2)$, 50+2세에서의 상태벡터는 $(0.758\ \ 0.242)$, 50+3세에서의 상태벡터는 $(0.73096\ \ 0.26904)$, 50+4세에서의 상태벡터는 $(0.7050248\ \ 0.2949752)$이다.

질병급부가 매 보험연도말에 질병상태(상태 1)에 있으면 지급되므로, 매 보험연도말에 질병상태에 있을 확률, 즉, 경과기간별 상태벡터의 π_{1n}만을 고려하면 된다. 따라서 질병급부에 대한 APV는

$$\text{APV} = 7000\left(\frac{0.2}{1.05} + \frac{0.242}{1.05^2} + \frac{0.26904}{1.05^3} + \frac{0.2949752}{1.05^4}\right) = 6195.43$$

(b) 보험료 1원의 납입에 대한 EPV를 구하면

$$\text{EPV} = 1 + \frac{0.8}{1.05} + \frac{0.758}{1.05^2} + \frac{0.73096}{1.05^3} = 3.08086$$

수지상등의 원칙에 의하여 $P = \dfrac{\text{APV}}{\text{EPV}} = \dfrac{6195.43}{3.08086} = 2010.94$

(c) (i) $_2V^{(0)}$를 구해보자. 제2보험연도말에 건강상태에 있다는 조건하에서 책임준비금을 고려하므로 제2보험연도말에서의 상태벡터는 $(1\ \ 0)$이다. 따라서 제3보험연도말의 상태벡터는 $(0.76\ \ 0.24)$가 되고, 제4보험연도말에 질병상태에 있을 확률은 $0.76 \times 0.26 + 0.24 \times 0.39 = 0.2912$가 된다. 여기서 주의할 점은 전이확률이 시간비동질적이기 때문에 (a)에서 구한 상태벡터는 여기서 사용할 수 없고 새롭게 구하여야 한다. 따라서 질병급부에 대한 APV1은

$$\text{APV1} = 7000\left(\frac{0.24}{1.05} + \frac{0.2912}{1.05^2}\right) = 3448.89$$

제2보험연도말에 피보험자가 건강상태에 있으므로 제2보험연도말에서 향후 보험료의 EPV2는

$$\text{EPV2} = 2010.94\left(1 + \frac{0.76}{1.05}\right) = 3466.48$$

따라서 제2보험연도말 책임준비금 $_2V^{(0)}$는

$$_2V^{(0)} = \text{APV1} - \text{EPV2} = -17.59$$

(ii) $_2V^{(1)}$를 구해보자. 제2보험연도말에 질병상태에 있다는 조건하에서 책임준비금을 고려하므로 제2보험연도말에서의 상태벡터는 $(0\ \ 1)$이다. 따라서 제3보험연도말의 상태벡터는 $(0.64\ \ 0.36)$가 되고, 제4보험연도말에 질병상태에 있을 확률은 $0.64 \times 0.26 + 0.36 \times 0.39 = 0.3068$이 된다.

따라서 질병급부에 대한 APV3은

$$APV3 = 7000 \left(\frac{0.36}{1.05} + \frac{0.3068}{1.05^2} \right) = 4347.94$$

제2보험연도말에 피보험자가 질병상태에 있으므로 보험료는 3시점에 건강상태에 있으면 보험료를 납입하므로 보험료의 EPV4는

$$EPV4 = 2010.94 \left(\frac{0.64}{1.05} \right) = 1225.72$$

따라서 제2보험연도말 책임준비금 $_2V^{(1)}$는

$$_2V^{(1)} = APV3 - EPV4 = 3122.22$$

08 A보험회사는 다음 그림과 같은 3개의 상태를 갖는 이산시간 마르코프모형을 이용하여 보험상품을 개발하려고 한다. 상태 0은 건강을, 상태 1은 영구장해를, 상태 2는 사망을 나타낸다.

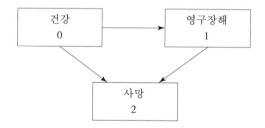

이 보험상품을 개발하기 위해 사용하는 가정들은 다음과 같다.

(i) 건강한 피보험자 (45)가 가입하는 3년납입 보험이며 보험기간은 10년이다.

(ii) 다중상태모형에서의 전이는 매 보험연도말에만 이루어지며, 피보험자가 매 보험연도말에 영구장해상태(상태 1)에 있으면 3,000원의 장해급부를 지급한다.

(iii) 전이확률행렬은 다음과 같다.

$$P_{45} = \begin{bmatrix} 0.75 & 0.15 & 0.1 \\ 0 & 0.75 & 0.25 \\ 0 & 0 & 1 \end{bmatrix}, \quad P_{46} = \begin{bmatrix} 0.7 & 0.17 & 0.13 \\ 0 & 0.70 & 0.30 \\ 0 & 0 & 1 \end{bmatrix},$$

$$P_{47} = \begin{bmatrix} 0.65 & 0.20 & 0.15 \\ 0 & 0.65 & 0.35 \\ 0 & 0 & 1 \end{bmatrix}, \quad P_{45+t} = \begin{bmatrix} 1 & 0 & 0 \\ 0 & 0 & 1 \\ 0 & 0 & 1 \end{bmatrix} \qquad (t = 3, \cdots, 9)$$

(iv) 보험료는 수지상등의 원칙이 적용되어 계산되며 건강상태에 있는 피보험자가 매 보험연도초에 납입한다.

(v) 예정이율 $i = 5\%$이다.

(a) 이 보험급부에 대한 APV를 구하시오.

(b) 이 보험의 연납평준순보험료를 구하시오.

(c) 제2보험연도말 책임준비금 $_2V^{(0)}$, $_2V^{(1)}$를 구하시오.

풀이

(a) 보험가입 시점을 0시점이라고 하고 각 시점의 상태벡터를 전이확률행렬을 이용하여 구하면 다음과 같다. 0시점의 상태벡터는 $(1 \quad 0 \quad 0)$, 1시점의 상태벡터는 $(0.75 \quad 0.15 \quad 0.1)$, 2시점의 상태벡터는 $(0.525 \quad 0.2325 \quad 0.2425)$, 3시점의 상태벡터는 $(0.34125 \quad 0.256125$

$0.402625)$이다. P_{48}부터 P_{54}까지 전이확률행렬이 $\begin{bmatrix} 1 & 0 & 0 \\ 0 & 0 & 1 \\ 0 & 0 & 1 \end{bmatrix}$로 동일하므로, 4시점 이

후의 상태벡터는 $(0.34125 \quad 0 \quad 0.65875)$로 동일하다. 장해급부는 매 보험연도말에 영구장해상태에 있으면 지급되므로 매 시점에 상태 1에 있을 확률, 즉 $\pi_{1n}(n = 1, 2,$ $\cdots, 10)$이 필요하다. 여기서 보험가입 시점에 건강상태(상태 0)에 있는 피보험자에 대하여 4시점 이후에 상태 1에 있을 확률은 0이므로, 이 보험의 급부에 대한 APV1은

$$\text{APV1} = 3000\left(\frac{0.15}{1.05} + \frac{0.2325}{1.05^2} + \frac{0.256125}{1.05^3} + \frac{0}{1.05^4} + \cdots + \frac{0}{1.05^{10}}\right)$$
$$= 3000\left(\frac{0.15}{1.05} + \frac{0.2325}{1.05^2} + \frac{0.256125}{1.05^3}\right) = 1724.98$$

(b) 보험료는 건강상태에 있는 피보험자들만 최대 3년간 납입하므로, 매 연도별 건강상태에 있을 확률을 고려해 보험료 1원의 납입에 대한 EPV2를 구하면

$$\text{EPV2} = 1 + \frac{0.75}{1.05} + \frac{0.525}{1.05^2} = 2.19048$$

수지상등의 원칙에 의하여 $P = \dfrac{\text{APV1}}{\text{EPV2}} = \dfrac{1724.98}{2.19048} = 787.49$

(c) (i) 2시점에 건강상태에 있다는 조건하에서 책임준비금을 고려하므로 2시점에서의 상태벡터는 $(1 \quad 0 \quad 0)$이다. 3시점의 상태벡터는 $(0.65 \quad 0.2 \quad 0.15)$가 되고, 여기서부터는

전이확률행렬이 $\begin{bmatrix} 1 & 0 & 0 \\ 0 & 0 & 1 \\ 0 & 0 & 1 \end{bmatrix}$로 동일하므로, 3시점 이후의 상태벡터는 $(0.65 \quad 0 \quad 0.35)$로

동일하다. 따라서 장해급부에 대한 APV는

$$\text{APV3} = 3000\left(\frac{0.2}{1.05} + \frac{0}{1.05^2} + \cdots + \frac{0}{1.05^8}\right) = 3000\left(\frac{0.2}{1.05}\right) = 571.43$$

2시점에 피보험자가 건강상태에 있으므로 향후 보험료 납입의 2시점에서의 EPV는 EPV4 = 787.49이다.

따라서 2시점에서 상태 0에서의 책임준비금 $_2V^{(0)}$는

$$_2V^{(0)} = \text{APV3} - \text{EPV4} = 571.43 - 787.49 = -216.06$$

(ii) 2시점에 영구장해상태에 있다는 조건하에서 책임준비금을 고려하므로 2시점에서의 상태벡터는 $(0 \quad 1 \quad 0)$이다. 3시점의 상태벡터는 $(0 \quad 0.65 \quad 0.35)$가 되고, 여기서부

터는 전이확률행렬이 $\begin{bmatrix} 1 & 0 & 0 \\ 0 & 0 & 1 \\ 0 & 0 & 1 \end{bmatrix}$로 동일하므로, 3시점 이후의 상태벡터는 (0 0 1)로 동일하다. 따라서 장해급부에 대한 APV는

$$\text{APV5} = 3000\left(\frac{0.65}{1.05} + \frac{0}{1.05^2} + \cdots + \frac{0}{1.05^8}\right) = 3000\left(\frac{0.65}{1.05}\right) = 1857.14$$

2시점에 피보험자가 영구장해상태에 있으므로 보험료의 납입은 없다. 따라서 2시점에서 상태 1에서의 책임준비금 $_2V^{(1)}$는

$$_2V^{(1)} = \text{APV5} = 1857.14$$

09 A보험회사는 건강보험상품을 개발하기 위해서 다음 그림과 같은 3개의 상태를 갖는 이산시간 마르코프모형을 이용하려고 한다. 상태 0은 건강을, 상태 1은 경중질병을, 상태 2는 중증질병을 나타낸다.

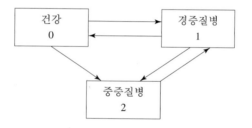

이 보험상품을 개발하기 위해 다음과 같은 가정들을 사용한다.
(i) 건강한 피보험자 (55)가 가입하는 4년납입 건강보험이며 보험기간은 4년이다.
(ii) 다중상태모형에서의 전이는 매 보험연도말에만 이루어지며, 피보험자가 매 보험연도말에 경중질병상태(상태 1)에 있으면 질병급부로 10,000원을 지급하고, 중증질병상태(상태 2)에 있으면 질병급부로 20,000원을 지급한다.
(iii) 전이확률은 다음과 같다.

x	p_x^{00}	p_x^{01}	p_x^{10}	p_x^{11}	p_x^{12}	p_x^{21}
55	0.65	0.30	0.55	0.25	0.20	0.15
56	0.60	0.30	0.50	0.35	0.15	0.10
57	0.55	0.30	0.45	0.45	0.10	0.05
58	0.50	0.30	0.40	0.55	0.05	0.05

(iv) 보험료는 수지상등의 원칙이 적용되어 계산되며 건강상태에 있는 피보험자가 매 보험연도초에 납입한다.
(v) 예정이율 $i = 5\%$이다.

(a) 이 보험의 질병급부에 대한 APV를 구하시오.

(b) 이 보험의 연납평준순보험료를 구하시오.

(c) 건강상태에 있는 피보험자만 보험료를 납입할 때, 제2보험연도말 $_2V^{(0)}$와 $_2V^{(1)}$를 구하시오.

(d) 건강상태에 있는 피보험자와 경증질병상태에 있는 피보험자가 보험료를 납입할 때 연납평준순보험료를 구하시오.

> **풀이**

(a) 질병급부의 APV는 경증질병급부의 APV1과 중증질병급부의 APV2로 나누어서 구하기로 한다. 이를 위해 보험가입 시점을 0시점이라고 하고 각 시점의 상태벡터를 주어진 전이확률들을 이용하여 구하면 다음과 같다. 0시점의 상태벡터는 (1 0 0), 1시점의 상태벡터는 (0.65 0.3 0.05), 2시점의 상태벡터는 (0.54 0.305 0.155), 3시점의 상태벡터는 (0.43425 0.307 0.25875), 4시점의 상태벡터는 (0.339925 0.3120625 0.3480125)이다. 경증질병급부와 중증질병급부 모두 매 보험연도말에 각각의 상태에 있으면 지급되므로 매 시점에 상태 1과 상태 2에 있을 확률, 즉 π_{1n}과 $\pi_{2n}(n=1, 2, 3, 4)$이 필요하다. 따라서 APV1과 APV2는

$$\text{APV1} = 10000\left(\frac{0.3}{1.05} + \frac{0.305}{1.05^2} + \frac{0.307}{1.05^3} + \frac{0.3120625}{1.05^4}\right) = 10842.91$$

$$\text{APV2} = 20000\left(\frac{0.05}{1.05} + \frac{0.155}{1.05^2} + \frac{0.25875}{1.05^3} + \frac{0.3480125}{1.05^4}\right) = 13960.75$$

따라서 질병급부에 대한 APV는 APV = APV1 + APV2 = 24803.66이다.

(b) 보험료는 건강상태에 있는 피보험자들만 납입하므로, 매 연도별 건강상태에 있을 확률을 이용하여 보험료 1원의 납입에 대한 EPV를 구하면

$$\text{EPV3} = 1 + \frac{0.65}{1.05} + \frac{0.54}{1.05^2} + \frac{0.43425}{1.05^3} = 2.48397$$

수지상등의 원칙에 의하여 $P = \dfrac{\text{APV}}{\text{EPV3}} = \dfrac{24803.66}{2.48397} = 9985.49$

(c) (i) 2시점에 건강상태에 있다는 조건하에서 책임준비금을 고려하므로 2시점에서의 상태벡터는 (1 0 0)이다. 3시점의 상태벡터는 (0.55 0.3 0.15)가 되고, 4시점의 상태벡터는 (0.395 0.3375 0.2675)이다.

따라서 경증질병급부에 대한 APV4는

$$\text{APV4} = 10000\left(\frac{0.3}{1.05} + \frac{0.3375}{1.05^2}\right) = 5918.37$$

중증질병급부에 대한 APV5는

$$\text{APV5} = 20000\left(\frac{0.15}{1.05} + \frac{0.2675}{1.05^2}\right) = 7709.75$$

2시점에 피보험자가 건강상태에 있으므로 향후 보험료의 2시점에서의 EPV는

$$EPV6 = 9985.49\left(1 + \frac{0.55}{1.05}\right) = 15215.98$$

따라서 2시점에서 상태 0에서의 책임준비금 $_2V^{(0)}$는

$$_2V^{(0)} = APV4 + APV5 - EPV6 = 5918.37 + 7709.75 - 15215.98 = -1587.86$$

(ii) 2시점에 경증질병상태에 있다는 조건하에서 책임준비금을 고려하므로 2시점에서의 상태벡터는 (0 1 0)이다. 3시점의 상태벡터는 (0.45 0.45 0.1)이 되고, 4시점의 상태벡터는 (0.405 0.3875 0.2075)이다. 따라서 경증질병급부에 대한 APV7은

$$APV7 = 10000\left(\frac{0.45}{1.05} + \frac{0.3875}{1.05^2}\right) = 7800.45$$

중증질병급부에 대한 APV8은

$$APV8 = 20000\left(\frac{0.1}{1.05} + \frac{0.2075}{1.05^2}\right) = 5668.93$$

2시점에 피보험자가 경증질병상태에 있으므로 보험료의 납입은 3시점에만 있다. 따라서 향후 보험료의 2시점에서의 EPV는

$$EPV9 = 9985.49\left(\frac{0.45}{1.05}\right) = 4279.50$$

따라서 2시점에서 상태 1에서의 책임준비금 $_2V^{(1)}$는

$$_2V^{(1)} = APV7 + APV8 - EPV9 = 7800.45 + 5668.93 - 4279.50 = 9189.88$$

(d) 건강상태에 있는 피보험자와 경증질병상태에 있는 피보험자가 보험료를 납입하므로 보험료 1원의 납입에 대한 EPV10은

$$EPV10 = 1 + \frac{0.65 + 0.3}{1.05} + \frac{0.54 + 0.305}{1.05^2} + \frac{0.43425 + 0.307}{1.05^3} = 3.31152$$

수지상등의 원칙에 의해서 $P = \dfrac{APV}{EPV10} = \dfrac{24803.66}{3.31152} = 7490.11$

10 A보험회사는 다음 그림과 같은 4개의 상태를 갖는 마르코프모형을 이용하여 연생보험상품을 개발하려고 한다. 상태 0은 피보험자 (x), (y) 둘 다 생존을, 상태 1은 피보험자 (x)만 생존을, 상태 2는 피보험자 (y)만 생존을, 상태 3은 피보험자 (x), (y) 둘 다 사망을 나타낸다.

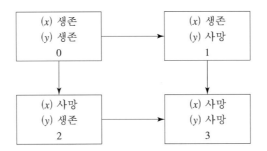

연생보험 상품개발시 사용하는 공통적인 가정들은 다음과 같다.

(i) 상태 0에 있는 x세와 y세의 피보험자가 가입하는 3년납입, 3년만기 연생보험이다.

(ii) 다중상태모형에서의 전이는 매 보험연도말에만 이루어진다.

(iii) 전이확률행렬은 다음과 같다.

$$P_0 = \begin{bmatrix} 0.77 & 0.15 & 0.08 & 0 \\ 0 & 0.8 & 0 & 0.2 \\ 0 & 0 & 0.83 & 0.17 \\ 0 & 0 & 0 & 1 \end{bmatrix}, \qquad P_1 = P_2 = \begin{bmatrix} 0.70 & 0.19 & 0.11 & 0 \\ 0 & 0.75 & 0 & 0.25 \\ 0 & 0 & 0.80 & 0.20 \\ 0 & 0 & 0 & 1 \end{bmatrix}$$

(iv) 예정이율 $i = 5\%$이다.

이때 다음과 같은 연생보험의 연납평준순보험료를 구하시오.

(a) 보험연도말에 (y)가 생존한 상태에서 (x)가 사망시 사망보험금 20,000원을 지급하며, 보험료는 수지상등의 원칙이 적용되어 계산되며 피보험자가 상태 0에 있는 경우만 매 보험연도초에 납입하는 연생보험.

(b) 보험연도말에 (x), (y) 중 첫 번째 사망자 발생시 사망보험금 20,000원을 지급하며, 보험료는 수지상등의 원칙이 적용되어 계산되며 피보험자가 상태 0에 있는 경우만 매 보험연도초에 납입하는 연생보험.

(c) 보험연도말에 (x), (y) 모두 사망시 사망보험금 20,000원을 지급하며, 보험료는 수지상등의 원칙이 적용되어 계산되며 피보험자가 상태 0, 1, 2에 있는 경우 매 보험연도초에 납입하는 연생보험.

풀이

보험가입시의 시점을 0시점이라고 하였을 때 각 시점의 상태벡터를 구하면 다음과 같다. 0시점의 상태벡터는 (1 0 0 0), 1시점의 상태벡터는 (0.77 0.15 0.08 0), 2시점의 상태벡터는 (0.539 0.2588 0.1487 0.0535), 3시점의 상태벡터는 (0.3773 0.29651 0.17825 0.14794)이다.

(a) 보험연도말에 (y)가 생존한 상태에서 (x)가 사망시 사망급부가 발생하므로 상태 0에서 상태 2로 전이시 사망급부가 발생한다고 생각하면 된다. 제1보험연도말에 상태 2로 전이할 확률은 0.08이고, 제2보험연도말에 상태 2로 전이할 확률은 1시점에 상태 0에 있을 확률 0.77에서 상태 2로 전이할 확률 0.11을 곱한 $0.77 \times 0.11 = 0.0847$이다. 제3보

험연도말에 상태 2로 전이할 확률은 2시점에 상태 0에 있을 확률 0.539에서 상태 2로 전이할 확률 0.11을 곱한 $0.539 \times 0.11 = 0.05929$이다. 따라서 사망급부에 대한 APV는

$$APV1 = 20000 \left(\frac{0.08}{1.05} + \frac{0.0847}{1.05^2} + \frac{0.05929}{1.05^3} \right) = 4084.66$$

보험료는 상태 0에 있는 경우만 납입하므로, 보험료 1원의 납입에 대한 EPV를 구하면

$$EPV2 = 1 + \frac{0.77}{1.05} + \frac{0.539}{1.05^2} = 2.22222$$

수지상등의 원칙에 의하여 $P = \dfrac{APV1}{EPV2} = \dfrac{4084.66}{2.22222} = 1838.10$

(b) 보험연도말에 (x), (y)중 첫 번째 사망자 발생시 사망급부가 지급되므로 상태 0에서 벗어나면 사망급부가 발생한다고 생각하면 된다. 제1보험연도말에 상태 0을 벗어날 확률은 상태 1로 전이할 확률 0.15와 상태 2로 전이할 확률 0.08을 더하면 된다. 같은 방식으로 제2보험연도말에 상태 0을 벗어날 확률은 $0.77 \times (0.19 + 0.11) = 0.231$이 며, 제3보험연도말에 상태 0을 벗어날 확률은 $0.539 \times (0.19 + 0.11) = 0.1617$이다. 따라서 사망급부에 대한 APV는

$$APV3 = 20000 \left(\frac{0.23}{1.05} + \frac{0.231}{1.05^2} + \frac{0.1617}{1.05^3} \right) = 11365.08$$

보험료 1원의 납입에 대한 EPV는 (a)에서의 EPV2와 동일하므로, 수지상등의 원칙에 의하여

$$P = \frac{APV3}{EPV2} = \frac{11365.08}{2.22222} = 5114.29$$

(c) 보험연도말에 (x), (y) 모두 사망시 사망급부가 지급되므로 상태 3으로 전이시 사망급부가 발생한다고 생각하면 된다. 1시점에서는 사망급부가 발생하지 않으며, 2시점의 사망확률은 0.0535, 3시점의 사망확률은 $0.14794 - 0.0535 = 0.09444$이다. 따라서 사망급부에 대한 APV를 구하면

$$APV4 = 20000 \left(\frac{0.0535}{1.05^2} + \frac{0.09444}{1.05^3} \right) = 2602.14$$

보험료는 상태 0, 상태 1 그리고 상태 2에 있는 경우에 납입하므로, 보험료 1원의 납입에 대한 EPV를 구하면

$$EPV5 = 1 + \frac{1-0}{1.05} + \frac{1-0.0535}{1.05^2} = 2.81088$$

수지상등의 원칙에 의하여 $P = \dfrac{APV4}{EPV5} = \dfrac{2602.14}{2.81088} = 925.74$

11 A보험회사는 다음 그림과 같은 4개의 상태를 갖는 이산시간 마르코프연쇄를 이용한 다중상태모형을 이용하여 보험상품을 개발하려고 한다. 상태 0은 건강을, 상태 1은

질병 1에 걸려있는 상태를, 상태 2는 질병 2에 걸려있는 상태를, 상태 3은 사망을 나타낸다.

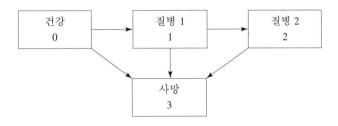

이 보험상품을 개발하기 위하여 사용하는 가정들은 다음과 같다.

(i) 건강한 피보험자 (50)이 가입하는 4년납입 보험이며 보험기간은 4년이다.

(ii) 다중상태모형에서의 전이는 매 보험연도말에만 이루어지며, 피보험자가 매 보험연도말에 상태 1에 있으면 10,000원의 질병급부를 지급하고, 상태 1에서 상태 2로 전이시 30,000원의 질병급부를 지급한다.

(iii) 전이확률은 다음과 같다.

x	p_x^{00}	p_x^{01}	p_x^{11}	p_x^{12}	p_x^{13}	p_x^{23}
50	0.80	0.15	0.65	0.30	0.05	0.30
51	0.75	0.20	0.55	0.35	0.10	0.40
52	0.70	0.20	0.45	0.40	0.15	0.50
53	0.65	0.25	0.35	0.45	0.20	0.60

(iv) 보험료는 수지상등의 원칙이 적용되어 계산되며 건강상태에 있는 피보험자가 매 보험연도초에 납입한다.

(v) 예정이율 $i = 5\%$이다.

(a) 이 보험급부에 대한 APV를 구하시오.

(b) 이 보험의 연납평준순보험료를 구하시오.

(c) 제2보험연도말 책임준비금 $_2V^{(0)}$, $_2V^{(1)}$, $_2V^{(2)}$를 구하시오.

> **풀이**

주어진 전이확률과 $p_x^{i0} + p_x^{i1} + p_x^{i2} + p_x^{i3} = 1$ $(i = 0, 1, 2, 3)$을 이용하고, 상태 0에서 상태 2로 직접 전이는 일어나지 않는다는 사실과 상태 3이 흡수상태라는 사실을 이용하여 전이확률행렬을 구하면 다음과 같다.

$$\boldsymbol{P}_{50} = \begin{bmatrix} 0.8 & 0.15 & 0 & 0.05 \\ 0 & 0.65 & 0.3 & 0.05 \\ 0 & 0 & 0.7 & 0.30 \\ 0 & 0 & 0 & 1 \end{bmatrix}, \qquad \boldsymbol{P}_{51} = \begin{bmatrix} 0.75 & 0.20 & 0 & 0.05 \\ 0 & 0.55 & 0.35 & 0.10 \\ 0 & 0 & 0.60 & 0.40 \\ 0 & 0 & 0 & 1 \end{bmatrix},$$

$$P_{52} = \begin{bmatrix} 0.7 & 0.20 & 0 & 0.10 \\ 0 & 0.45 & 0.4 & 0.15 \\ 0 & 0 & 0.5 & 0.50 \\ 0 & 0 & 0 & 1 \end{bmatrix}, \qquad P_{53} = \begin{bmatrix} 0.65 & 0.25 & 0 & 0.1 \\ 0 & 0.35 & 0.45 & 0.2 \\ 0 & 0 & 0.40 & 0.6 \\ 0 & 0 & 0 & 1 \end{bmatrix}$$

이를 이용하여 경과기간별 상태벡터를 구하면, 50세에서의 상태벡터는 $(1\ \ 0\ \ 0\ \ 0)$이고, 제1보험연도말의 상태벡터는 $(0.8\ \ 0.15\ \ 0\ \ 0.05)$, 제2보험연도말의 상태벡터는 $(0.6\ \ 0.2425\ \ 0.0525\ \ 0.105)$, 제3보험연도말의 상태벡터는 $(0.42\ \ 0.229125\ \ 0.12325\ \ 0.227625)$, 제4보험연도말의 상태벡터는 $(0.273\ \ 0.18519375\ \ 0.15240625\ \ 0.3894)$이다.

(a) 보험급부의 APV를 질병 1에 대한 질병급부의 APV1, 질병 2에 대한 질병급부의 APV2로 나누어서 구하기로 한다.

질병 1에 대한 질병급부는 상태 1에 있으면 발생하므로 π_{1n}이 필요하다. 따라서 APV1은

$$\text{APV1} = 10000\left(\frac{0.15}{1.05} + \frac{0.2425}{1.05^2} + \frac{0.229125}{1.05^3} + \frac{0.18519375}{1.05^4} \right) = 7130.98$$

제1보험연도말에 상태 2로의 전이는 발생하지 않는다. 제2보험연도말에 상태 2로 전이할 확률은 제1보험연도말에 상태 1에 있을 확률인 0.15에 상태 2로 전이할 확률인 0.35를 곱한 $0.15 \times 0.35 = 0.0525$가 된다. 제3보험연도말에 상태 2로 전이할 확률은 제2보험연도말에 상태 1에 있을 확률인 0.2425에 상태 2로 전이할 확률인 0.4를 곱한 $0.2425 \times 0.4 = 0.097$이 된다. 여기서 주의할 점은 제2보험연도에 적용되는 전이확률행렬은 P_{51}이고, 제3보험연도에 적용되는 전이확률행렬은 P_{52}이므로 전이확률이 달라진다는 점이다. 마찬가지로 제4보험연도말에 상태 2로 전이할 확률은 $0.229125 \times 0.45 = 0.10310625$이다. 따라서 APV2는

$$\text{APV2} = 30000\left(\frac{0.0525}{1.05^2} + \frac{0.097}{1.05^3} + \frac{0.10310625}{1.05^4} \right) = 6487.11$$

따라서 보험급부에 대한 APV는

$$\text{APV} = \text{APV1} + \text{APV2} = 13618.09$$

(b) 보험료 1원의 납입에 대한 EPV3을 구하면

$$\text{EPV3} = 1 + \frac{0.8}{1.05} + \frac{0.6}{1.05^2} + \frac{0.42}{1.05^3} = 2.66893$$

수지상등의 원칙에 의하여 $P = \dfrac{\text{APV}}{\text{EPV3}} = \dfrac{13618.09}{2.66893} = 5102.45$

(c) (i) $_2V^{(0)}$는 제2보험연도말에 건강상태에 있다는 조건하에서의 책임준비금이므로 제2보험연도말에서의 상태벡터는 $(1\ \ 0\ \ 0\ \ 0)$이고 제3보험연도말에서의 상태벡터는 $(0.7\ \ 0.2\ \ 0\ \ 0.1)$, 제4보험연도말에서의 상태벡터는 $(0.455\ \ 0.245\ \ 0.09\ \ 0.21)$이다. 질병 1에 대한 질병급부의 APV4, 질병 2에 대한 질병급부의 APV5를 구해보면

$$\text{APV4} = 10000\left(\frac{0.2}{1.05} + \frac{0.245}{1.05^2} \right) = 4126.98$$

$$\text{APV5} = 30000 \left(\frac{0.2 \times 0.45}{1.05^2} \right) = 2448.98$$

보험료에 대한 EPV6을 구해보면

$$\text{EPV6} = 5102.45 \left(1 + \frac{0.7}{1.05} \right) = 8504.08$$

따라서 건강상태에 있는 피보험자에 대한 책임준비금 $_2V^{(0)}$는

$$_2V^{(0)} = \text{APV4} + \text{APV5} - \text{EPV6} = 4126.98 + 2448.98 - 8504.08 = -1928.12$$

(ii) $_2V^{(1)}$는 제2보험연도말에 상태 1에 있다는 조건하에서의 책임준비금이므로 제2보험연도말에서의 상태벡터는 (0 1 0 0)이고 제3보험연도말에서의 상태벡터는 (0 0.45 0.4 0.15), 제4보험연도말에서의 상태벡터는 (0 0.1575 0.3625 0.48)이다. 질병 1에 대한 질병급부의 APV7, 질병 2에 대한 질병급부의 APV8을 구해보면

$$\text{APV7} = 10000 \left(\frac{0.45}{1.05} + \frac{0.1575}{1.05^2} \right) = 5714.29$$

$$\text{APV8} = 30000 \left(\frac{0.4}{1.05} + \frac{0.45 \times 0.45}{1.05^2} \right) = 16938.78$$

상태 1에서 보험료의 납입은 없다. 따라서

$$_2V^{(1)} = \text{APV7} + \text{APV8} = 5714.29 + 16938.78 = 22653.07$$

(iii) $_2V^{(2)}$는 제2보험연도말에 상태 2에 있다는 조건하에서의 책임준비금이다. 여기서는 향후 급부의 발생도 없고, 보험료의 납입도 없으므로 $_2V^{(2)} = 0$

12 A보험회사는 다음 그림과 같은 4개의 상태를 갖는 이산시간 마르코프모형을 이용하여 개발한 보험상품의 보험료를 산출하였다. 상태 0은 건강을, 상태 1은 일시적 간병상태를, 상태 2는 영구적 간병상태를, 상태 3은 사망을 나타낸다.

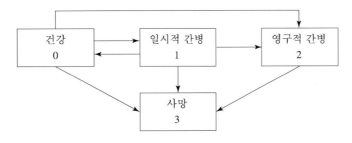

이 보험상품을 개발하기 위해 다음과 같은 가정들을 사용하였다.

(i) 건강한 피보험자 (75)가 가입하는 4년납입 보험이며 보험기간은 4년이다.

(ii) 다중상태모형에서의 전이는 매 보험연도말에만 이루어지며, 피보험자가 매 보험연도말에 상태 1에 있으면 급부 20,000원을 지급하고, 상태 2에 있으면 급부

40,000원을 지급한다. 매 보험연도말에 상태 3으로 전이시 사망보험금 50,000원을 지급한다.

(iii) 전이확률은 다음과 같다.

x	p_x^{00}	p_x^{01}	p_x^{02}	p_x^{10}	p_x^{11}	p_x^{12}	p_x^{23}
75	0.40	0.30	0.20	0.15	0.50	0.20	0.50
76	0.35	0.30	0.25	0.15	0.50	0.20	0.55
77	0.30	0.30	0.25	0.15	0.45	0.25	0.60
78	0.25	0.35	0.25	0.10	0.45	0.25	0.65

(iv) 보험료는 수지상등의 원칙이 적용되어 계산되며 건강상태에 있는 피보험자가 매 보험연도초에 납입한다.

(v) 예정이율 $i = 5\%$이다.

(a) 전이확률행렬 P_{75}을 구하시오.

(b) 이 보험의 급부에 대한 APV를 구하시오.

(c) 이 보험의 연납평준순보험료를 구하시오.

(d) 제2보험연도말 책임준비금 $_2V^{(0)}$, $_2V^{(1)}$, $_2V^{(2)}$를 구하시오.

풀이

(a) $$P_{75} = \begin{bmatrix} 0.40 & 0.30 & 0.20 & 0.10 \\ 0.15 & 0.50 & 0.20 & 0.15 \\ 0 & 0 & 0.50 & 0.50 \\ 0 & 0 & 0 & 1 \end{bmatrix}$$

(b) 경과기간별 상태벡터를 전이확률행렬을 이용하여 구하면, 75세에서의 상태벡터는 $(1\ 0\ 0\ 0)$이고, 제1보험연도말의 상태벡터는 $(0.4\ 0.3\ 0.2\ 0.1)$, 제2보험연도말의 상태벡터는 $(0.185\ 0.27\ 0.25\ 0.295)$, 제3보험연도말의 상태벡터는 $(0.096\ 0.177\ 0.21375\ 0.51325)$, 제4보험연도말의 상태벡터는 $(0.0417\ 0.11325\ 0.1430625\ 0.7019875)$이다.

보험급부의 APV는 상태 1에서 발생하는 급부의 APV1, 상태 2에서 발생하는 급부의 APV2와 사망급부에 대한 APV3으로 나누어서 구하기로 한다.

매 보험연도말에 상태 1에 있으면 급부가 발생하므로 상태 1에서 급부가 발생할 확률은 $\pi_{1n}(n = 1, 2, 3, 4)$이다. 따라서 상태 1에서 발생하는 급부의 APV는

$$APV1 = 20000\left(\frac{0.3}{1.05} + \frac{0.27}{1.05^2} + \frac{0.177}{1.05^3} + \frac{0.11325}{1.05^4}\right) = 15533.65$$

매 보험연도말에 상태 2에 있으면 급부가 발생하므로 상태 2에서 급부가 발생할 확률은 $\pi_{2n}(n = 1, 2, 3, 4)$이다. 따라서 상태 2에서 발생하는 급부의 APV는

$$\text{APV2} = 40000\left(\frac{0.2}{1.05} + \frac{0.25}{1.05^2} + \frac{0.21375}{1.05^3} + \frac{0.1430625}{1.05^4}\right) = 28783.07$$

사망급부에 대한 APV는 사망상태가 흡수상태이므로 각 보험연도별 사망확률은 당 연도 상태벡터의 π_{3n}과 전 연도 상태벡터의 $\pi_{3(n-1)}$의 차이이다. 제2보험연도말에서의 사망확률은 $0.295 - 0.1 = 0.195$, 제3보험연도말에서의 사망확률은 $0.51325 - 0.295 = 0.21825$, 제4보험연도말에서의 사망확률은 $0.7019875 - 0.51325 = 0.1887375$이다. 따라서 사망급부에 대한 APV는

$$\text{APV3} = 50000\left(\frac{0.1}{1.05} + \frac{0.195}{1.05^2} + \frac{0.21825}{1.05^3} + \frac{0.1887375}{1.05^4}\right) = 30795.81$$

따라서 보험급부에 대한 APV는 APV = APV1 + APV2 + APV3 = 75112.53이다.

(c) 보험료는 건강상태에 있는 피보험자 납입하므로, 매 보험연도별 건강상태에 있을 확률을 이용하여 보험료 1원의 납입에 대한 EPV4를 구하면

$$\text{EPV4} = 1 + \frac{0.4}{1.05} + \frac{0.185}{1.05^2} + \frac{0.096}{1.05^3} = 1.63168$$

수지상등의 원칙에 의하여

$$P = \frac{\text{APV}}{\text{EPV4}} = \frac{75112.53}{1.63168} = 46033.86\text{이다}.$$

(d) (i) $_2V^{(0)}$는 제2보험연도말에 건강상태에 있다는 조건하에서의 책임준비금이므로 제2보험연도말에서의 상태벡터는 $(1 \quad 0 \quad 0 \quad 0)$이다. 제3보험연도말에서의 상태벡터는 $(0.3 \quad 0.3 \quad 0.25 \quad 0.15)$이고, 제4보험연도말에서의 상태벡터는 $(0.105 \quad 0.24 \quad 0.2375 \quad 0.4175)$이다.

따라서 향후 상태 1에서 발생할 급부의 APV5는

$$\text{APV5} = 20000\left(\frac{0.3}{1.05} + \frac{0.24}{1.05^2}\right) = 10068.03$$

향후 상태 2에서 발생할 급부의 APV6은

$$\text{APV6} = 40000\left(\frac{0.25}{1.05} + \frac{0.2375}{1.05^2}\right) = 18140.59$$

향후의 사망급부에 대한 APV7은

$$\text{APV7} = 50000\left(\frac{0.15}{1.05} + \frac{0.2675}{1.05^2}\right) = 19274.38$$

향후 납입되는 보험료의 EPV는 상태 0에 있을 확률을 이용하여 구하면

$$\text{EPV8} = 46033.86\left(1 + \frac{0.3}{1.05}\right) = 59186.39$$

따라서 제2보험연도말에 건강상태에 있는 피보험자에 대한 책임준비금 $_2V^{(0)}$는

$$_2V^{(0)} = \text{APV5} + \text{APV6} + \text{APV7} - \text{EPV8} = -11703.39\text{이다}.$$

(ii) $_2V^{(1)}$은 제2보험연도말에 상태 1에 있다는 조건하에서의 책임준비금이므로 제2보험연도말에서의 상태벡터는 $(0\ \ 1\ \ 0\ \ 0)$이다. 제3보험연도말에서의 상태벡터는 $(0.15\ \ 0.45\ \ 0.25\ \ 0.15)$이고, 제4보험연도말에서의 상태벡터는 $(0.0825\ \ 0.255\ \ 0.2375\ \ 0.425)$이다. 책임준비금 $_2V^{(0)}$을 구할 때와 같이 발생할 급부들의 확률을 이용하여 향후 발생할 급부들의 APV9를 구하면

$$\text{APV9} = 20000\left(\frac{0.45}{1.05} + \frac{0.255}{1.05^2}\right) + 40000\left(\frac{0.25}{1.05} + \frac{0.2375}{1.05^2}\right)$$

$$+ 50000\left(\frac{0.15}{1.05} + \frac{0.275}{1.05^2}\right)$$

$$= 13197.28 + 18140.59 + 19614.51 = 50952.38$$

이다. 향후 납입되는 보험료의 EPV는 상태 0에 있을 확률을 이용하여 구하면

$$\text{EPV10} = 46033.86\left(\frac{0.15}{1.05}\right) = 6576.27 \text{이 된다.}$$

따라서 제2보험연도말에 상태 1에 있는 피보험자에 대한 책임준비금 $_2V^{(1)}$는

$$_2V^{(1)} = \text{APV9} - \text{EPV10} = 44376.11 \text{이다.}$$

(iii) $_2V^{(2)}$는 제2보험연도말에 상태 2에 있다는 조건하에서의 책임준비금이므로 제2보험연도말에서의 상태벡터는 $(0\ \ 0\ \ 1\ \ 0)$이다. 제3보험연도말에서의 상태벡터는 $(0\ \ 0\ \ 0.4\ \ 0.6)$이고, 제4보험연도말에서의 상태벡터는 $(0\ \ 0\ \ 0.14\ \ 0.86)$이다. 앞에서와 같이 발생할 급부의 확률을 이용하여 향후 발생할 급부의 APV를 구하면

$$\text{APV11} = 40000\left(\frac{0.4}{1.05} + \frac{0.14}{1.05^2}\right) + 50000\left(\frac{0.6}{1.05} + \frac{0.26}{1.05^2}\right) = 60680.27 \text{이다.}$$

보험료는 건강상태에 있는 피보험자들만 납입하므로 보험료의 납입은 없다. 따라서 제2보험연도말에 상태 2에 있는 피보험자에 대한 책임준비금 $_2V^{(2)}$는

$$_2V^{(2)} = \text{APV11} - 0 = 60680.27 \text{이다.}$$

13 A보험회사는 다음 그림과 같은 4개의 상태를 갖는 마르코프모형을 이용하여 보험상품을 개발하였다. 상태 0은 건강을, 상태 1은 질병을, 상태 2는 사망을, 상태 3은 CI 진단을 나타낸다.

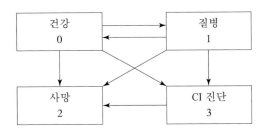

이 보험상품을 개발하기 위해서 다음과 같은 가정들을 사용하였다.

(i) 건강한 피보험자 (50)이 가입하는 3년납입 보험이며 보험기간은 3년이다.

(ii) 다중상태모형에서의 전이는 매 보험연도말에만 이루어지며, 피보험자가 매 보험연도말에 질병상태에 있으면 10,000원을 질병급부로 지급하고, CI진단을 받으면(상태 0, 1에서 상태 3으로 전이시) 급부 20,000원을 지급한다. 매 보험연도말에 상태 0, 1, 3에서 사망상태(상태 2)로 전이시 사망보험금 15,000원을 지급한다.

(iii) 전이확률은 다음과 같다.

x	p_x^{01}	p_x^{02}	p_x^{03}	p_x^{10}	p_x^{12}	p_x^{13}	p_x^{32}
50	0.40	0.05	0.03	0.50	0.10	0.10	0.85
51	0.43	0.07	0.05	0.47	0.13	0.12	0.87
52	0.45	0.10	0.07	0.45	0.15	0.14	0.90

(iv) 보험료는 수지상등의 원칙이 적용되어 계산되며 건강상태에 있는 피보험자가 매 보험연도초에 납입한다.

(v) 예정이율 $i = 5\%$이다.

(a) P_{50}, P_{51}, P_{52}를 구하시오.

(b) 이 보험급부에 대한 APV를 구하시오.

(c) 이 보험의 연납평준순보험료를 구하시오.

(d) 제2보험연도말에서 책임준비금 $_2V^{(0)}$, $_2V^{(1)}$를 구하시오.

풀이

(a) 주어진 전이확률과 $p_x^{i0} + p_x^{i1} + p_x^{i2} + p_x^{i3} = 1$ $(i = 0, 1, 2, 3)$을 이용하고, 상태 2가 흡수상태라는 사실을 이용하여 전이확률행렬을 만들면 다음과 같다.

$$P_{50} = \begin{bmatrix} 0.52 & 0.4 & 0.05 & 0.03 \\ 0.50 & 0.3 & 0.10 & 0.10 \\ 0 & 0 & 1 & 0 \\ 0 & 0 & 0.85 & 0.15 \end{bmatrix}, \qquad P_{51} = \begin{bmatrix} 0.45 & 0.43 & 0.07 & 0.05 \\ 0.47 & 0.28 & 0.13 & 0.12 \\ 0 & 0 & 1 & 0 \\ 0 & 0 & 0.87 & 0.13 \end{bmatrix},$$

$$P_{52} = \begin{bmatrix} 0.38 & 0.45 & 0.10 & 0.07 \\ 0.45 & 0.26 & 0.15 & 0.14 \\ 0 & 0 & 1 & 0 \\ 0 & 0 & 0.90 & 0.10 \end{bmatrix}$$

(b) 경과기간별 상태벡터를 (a)에서 구한 전이확률행렬을 이용하여 구하면, 50세에서의 상태벡터는 $(1\ 0\ 0\ 0)$이고, 제1보험연도말의 상태벡터는 $(0.52\ 0.4\ 0.05\ 0.03)$, 제2보험연도말의 상태벡터는 $(0.422\ 0.3356\ 0.1645\ 0.0779)$, 제3보험연도말의 상태벡터는 $(0.31138\ 0.277156\ 0.32715\ 0.084314)$이다.

이 보험급부의 APV는 상태 1에 있으면 발생하는 질병급부의 APV1, 상태 2로 전이시 발생하는 사망급부의 APV2, 상태 3으로 전이시 발생하는 급부의 APV3으로 나누어 구하기로 하자.

매 보험연도말에 상태 1에 있으면 급부가 발생하므로 질병급부의 APV1은

$$\text{APV1} = 10000 \left(\frac{0.4}{1.05} + \frac{0.3356}{1.05^2} + \frac{0.277156}{1.05^3} \right) = 9247.69$$

상태 2는 흡수상태이므로 급부가 발생할 확률은 당 연도 상태벡터의 π_{2n}과 전 연도 상태벡터의 $\pi_{2(n-1)}$의 차이이다. 따라서 제1보험연도말의 사망확률은 0.05이고, 제2보험연도말의 사망확률은 $0.1645-0.05 = 0.1145$이며, 제3보험연도말의 사망확률은 $0.32715-0.1645 = 0.16265$이다. 따라서 매 보험연도말에 상태 2로 전이시 발생하는 급부의 APV2는

$$\text{APV2} = 15000 \left(\frac{0.05}{1.05} + \frac{0.1145}{1.05^2} + \frac{0.16265}{1.05^3} \right) = 4379.66$$

상태 3으로 전이시 발생하는 급부의 발생확률은 제1보험연도말에는 0.03, 제2보험연도말에는 $0.52 \times 0.05 + 0.4 \times 0.12 = 0.074$, 제3보험연도말에는 $0.422 \times 0.07 + 0.3356 \times 0.14 = 0.076524$이다. 따라서 매 보험연도말에 상태 3으로 전이시 발생하는 급부의 APV3은

$$\text{APV3} = 20000 \left(\frac{0.03}{1.05} + \frac{0.074}{1.05^2} + \frac{0.076524}{1.05^3} \right) = 3235.92$$

따라서 이 보험급부의 APV는

$$\text{APV} = \text{APV1} + \text{APV2} + \text{APV3} = 16863.27$$

(c) 보험료 1원의 납입에 대한 EPV를 구하면

$$\text{EPV} = 1 + \frac{0.52}{1.05} + \frac{0.422}{1.05^2} = 1.87800$$

따라서 수지상등의 원칙에 의하여

$$P = \frac{\text{APV}}{\text{EPV}} = \frac{16863.27}{1.87800} = 8979.38$$

(d) (i) $_2V^{(0)}$는 제2보험연도말에 건강상태에 있다는 조건하에서의 책임준비금이므로 제2

보험연도말에서의 상태벡터는 (1 0 0 0)이며, 제3보험연도말에서의 상태벡터는 (0.38 0.45 0.1 0.07)이다.

따라서 향후 상태 1, 상태 2, 상태 3에서 발생할 급부의 APV는

$$\text{APV4} = 10000\left(\frac{0.45}{1.05}\right) = 4285.71$$

$$\text{APV5} = 15000\left(\frac{0.1}{1.05}\right) = 1428.57$$

$$\text{APV6} = 20000\left(\frac{0.07}{1.05}\right) = 1333.33$$

향후 납입되는 보험료의 EPV7은

$$\text{EPV7} = 8979.38$$

따라서 제2보험연도말에 건강상태에 있는 피보험자에 대한 책임준비금 $_2V^{(0)}$는

$$_2V^{(0)} = \text{APV4} + \text{APV5} + \text{APV6} - \text{EPV7} = -1931.77$$

(ii) $_2V^{(1)}$는 제2보험연도말에 상태 1에 있다는 조건하에서의 책임준비금이므로 제2보험연도말에서의 상태벡터는 (0 1 0 0)이며, 제3보험연도말에서의 상태벡터는 (0.45 0.26 0.15 0.14)이다. 따라서 향후 상태 1, 상태 2, 상태 3에서 발생할 급부의 APV는

$$\text{APV8} = 10000\left(\frac{0.26}{1.05}\right) = 2476.19$$

$$\text{APV9} = 15000\left(\frac{0.15}{1.05}\right) = 2142.86$$

$$\text{APV10} = 20000\left(\frac{0.14}{1.05}\right) = 2666.67$$

따라서 제2보험연도말에 상태 1에 있는 피보험자에 대한 책임준비금 $_2V^{(1)}$는

$$_2V^{(1)} = \text{APV8} + \text{APV9} + \text{APV10} = 7285.72$$

심·화·학·습·문·제 10.1

1 시간동질 마르코프모형을 가정한다. S커피전문점에서는 고객의 등급을 골드등급과 일반등급으로 분류한다. 현재 골드등급에 있는 고객이 다음 해에도 골드등급에 있을 확률은 0.8이고, 현재 일반등급에 있는 피보험자가 다음 해에 골드등급에 있을 확률은 0.4이다. 현재(0시점) 일반등급에 있는 고객이 4년 후에 골드등급에 있을 확률을

구하시오.

::: 풀이

골드등급에 있는 고객의 상태를 상태 0, 일반등급에 있는 고객의 상태를 상태 1이라고 하자. 문제의 조건을 이용하여 전이확률행렬을 구하면 다음과 같다.

$$P = \begin{bmatrix} 0.8 & 0.2 \\ 0.4 & 0.6 \end{bmatrix}$$

현재(0시점) 일반등급에 있으므로 상태벡터로 표시하면 $(0 \; 1)$이다.

따라서 현재부터 1년 후의 상태벡터를 전이확률행렬 P를 이용하여 구하면 $(0.4 \; 0.6)$이다.

현재부터 2년 후의 상태벡터를 $(0.4 \; 0.6)$과 전이확률행렬 P를 이용하여 구하면

$$(0.4 \; 0.6) \begin{bmatrix} 0.8 & 0.2 \\ 0.4 & 0.6 \end{bmatrix} = (0.56 \; 0.44)$$

현재부터 3년 후의 상태벡터를 구하면

$$(0.56 \; 0.44) \begin{bmatrix} 0.8 & 0.2 \\ 0.4 & 0.6 \end{bmatrix} = (0.624 \; 0.376)$$

따라서 현재(0시점) 일반등급에 있는 고객이 4년 후에 골드등급에 있을 확률은
$0.624(0.8) + 0.376(0.4) = 0.6496$이다.

2 시간동질 마르코프모형을 가정한다. 자동차보험의 피보험자 등급은 S등급과 A등급으로 분류된다. A등급의 피보험자가 S등급의 피보험자보다 더 많은 보험료를 납입한다고 하자. 다음과 같은 조건이 주어질 때, n시점에 S등급에 있는 피보험자가 $n+3$시점에 A등급으로 재분류될 확률을 구하시오. 재분류는 매년 말에 이루어진다.
(i) n시점에서 S등급인 피보험자가 $n+1$시점에서 A등급으로 재분류될 확률은 0.1
(ii) n시점에서 A등급인 피보험자가 $n+2$시점에서 S등급일 확률은 0.65

::: 풀이

S등급인 피보험자의 상태를 상태 0이라 하고, A등급인 피보험자의 상태를 상태 1이라고 하자. 상태가 0과 1 두 개밖에 없으므로 상태 0에 있을 확률과 상태 1에 있을 확률의 합은 1이다. 조건 (i)로부터 다음과 같은 전이확률행렬을 구할 수 있다.

$$P = \begin{bmatrix} 0.9 & 0.1 \\ x & 1-x \end{bmatrix}$$

조건 (ii)로부터 $_2p_n^{10} = 0.65$라는 것을 알 수 있으며 $_2p_n^{10}$은 P의 두 번째 행과 P의 첫 번째 열의 곱의 합이다. 따라서

$$x(0.9) + (1-x)x = 0.65$$

이 식을 정리하면

$$x^2 - 1.9x + 0.65 = 0$$

과 같은 이차방정식을 얻게 되며 이를 풀면

$$x = \frac{1.9 \pm \sqrt{(1.9)^2 - 4(0.65)}}{2} = 1.4525 \text{ 또는 } 0.4475$$

확률은 1보다 작아야 하기 때문에 $x = 0.4475$

따라서 전이확률행렬은 다음과 같다.

$$P = \begin{bmatrix} 0.9 & 0.1 \\ 0.4475 & 0.5525 \end{bmatrix}$$

n시점에 피보험자는 S등급에 있으므로 상태벡터로 나타내면 (1 0)이다. 각 시점에서의 상태벡터를 구하면 $n+1$시점에서는 (0.9 0.1), $n+2$시점에서는 (0.85475 0.14525), $n+3$시점에서는 (0.834274375 0.165725625)이다.

따라서 n시점에 S등급에 있는 피보험자가 $n+3$시점에 A등급으로 재분류될 확률은 0.165725625이다.

3 다음과 같이 3개의 상태를 갖는 이산시간 마르코프연쇄를 이용한 모형을 고려한다. 상태 0은 건강을, 상태 1은 장해를, 상태 2는 사망을 나타낸다. 매 연도의 전이확률 행렬이

$$P = \begin{bmatrix} 0.7 & 0.2 & 0.1 \\ 0 & 0.6 & 0.4 \\ 0 & 0 & 1 \end{bmatrix}$$

로 주어지고 현재 70%의 피보험자가 건강상태에 있고 30%의 피보험자가 장해상태에 있는 피보험자 집단을 가정할 때 다음을 구하시오.

(a) 현재부터 4년 후에 건강상태, 장해상태, 사망상태에 있을 피보험자 수를 피보험자 집단의 비율로 나타내시오.

(b) 현재 장해상태에 있는 피보험자가 4년 후에 장해상태에 있을 확률을 구하시오.

(c) 현재 건강상태에 있는 피보험자가 4번째 해에 사망할 확률을 구하시오.

풀이

(a) 현재 피보험자 집단의 분포를 나타내는 상태벡터는 (0.7 0.3 0)이고 매 연도의 전이 확률행렬 P가 주어져 있으므로 다음해의 상태벡터는

$$(0.7 \ 0.3 \ 0) \begin{bmatrix} 0.7 & 0.2 & 0.1 \\ 0 & 0.6 & 0.4 \\ 0 & 0 & 1 \end{bmatrix} = (0.49 \ 0.32 \ 0.19)$$

이다. 동일한 방법으로 현재부터 2년 후의 상태벡터를 구하면 (0.343 0.29 0.367)이며, 현재부터 3년 후의 상태벡터는 (0.2401 0.2426 0.5173), 현재부터 4년 후의 상태벡터는 (0.16807 0.19358 0.63835)이다.

따라서 현재부터 4년 후에 건강상태, 장해상태, 사망상태에 있을 피보험자 집단의 비율은 각각 16.807%, 19.358%, 63.835%이다.

(b) 현재 장해상태에 있는 피보험자이므로 상태벡터로 표시하면 (0 1 0)이다. 따라서

1년 후의 상태벡터는

$$(0 \quad 1 \quad 0)\begin{bmatrix} 0.7 & 0.2 & 0.1 \\ 0 & 0.6 & 0.4 \\ 0 & 0 & 1 \end{bmatrix} = (0 \quad 0.6 \quad 0.4)$$

이며, 2년 후의 상태벡터는 $(0 \quad 0.36 \quad 0.64)$, 3년 후의 상태벡터는 $(0 \quad 0.216 \quad 0.784)$, 4년 후의 상태벡터는 $(0 \quad 0.1296 \quad 0.8704)$이다.

따라서 현재 장해상태에 있는 피보험자가 4년 후에 장해상태에 있을 확률은 0.1296이다.

(c) 현재 건강상태에 있는 피보험자이므로 상태벡터로 표시하면 $(1 \quad 0 \quad 0)$이다. 현재 건강상태에 있는 피보험자가 4번째 해에 사망할 확률은 3번째 해의 말까지는 사망하지 않고, 3번째 해의 말에서 4번째 해의 말 사이에 사망할 확률로부터 구할 수 있으므로, 3번째 해의 말에 건강상태에 있거나 장해상태에 있을 확률에 그 다음해에 사망할 확률을 곱하면 된다. 따라서 현재부터 1년 후의 상태벡터를 전이확률행렬 P를 이용하여 구하면

$$(1 \quad 0 \quad 0)\begin{bmatrix} 0.7 & 0.2 & 0.1 \\ 0 & 0.6 & 0.4 \\ 0 & 0 & 1 \end{bmatrix} = (0.7 \quad 0.2 \quad 0.1)$$

동일한 방법으로 현재부터 2년 후의 상태벡터는 $(0.49 \quad 0.26 \quad 0.25)$, 현재부터 3년 후의 상태벡터는 $(0.343 \quad 0.254 \quad 0.403)$임을 알 수 있다. 따라서 현재 건강상태에 있는 피보험자가 4번째 해에 사망할 확률은 $0.343(0.1) + 0.254(0.4) = 0.1359$이다.

이를 다른 방법으로 구해보자.

사망상태에 있으면 건강상태나 장해상태로 전이할 수 없으므로 사망상태는 흡수상태이다. 따라서 4번째 해에 사망할 확률은 현재부터 4년 후의 상태벡터의 π_{24}에서 현재부터 3년 후의 상태벡터의 π_{23}을 차감하여 구할 수 있다. 현재부터 4년 후의 상태벡터는 $(0.2401 \quad 0.221 \quad 0.5389)$이므로 현재 건강상태에 있는 피보험자가 4번째 해에 사망할 확률은 $\pi_{24} - \pi_{23} = 0.5389 - 0.403 = 0.1359$로 위에서 계산한 결과와 동일함을 알 수 있다.

4 다음과 같이 3개의 상태를 갖는 이산시간 마르코프모형을 고려한다. 상태 0은 건강을, 상태 1은 질병을, 상태 2는 사망을 나타낸다. 전이확률행렬을 다음과 같이 가정한다.

$$P_0 = \begin{bmatrix} 0.7 & 0.3 & 0 \\ 0.6 & 0.3 & 0.1 \\ 0 & 0 & 1 \end{bmatrix}, \qquad P_1 = \begin{bmatrix} 0.6 & 0.30 & 0.10 \\ 0.5 & 0.35 & 0.15 \\ 0 & 0 & 1 \end{bmatrix}, \qquad P_2 = \begin{bmatrix} 0.6 & 0.25 & 0.15 \\ 0.4 & 0.45 & 0.15 \\ 0 & 0 & 1 \end{bmatrix}$$

각각의 피보험자의 전이는 독립적이며 현재(0시점) 1,000명의 피보험자 집단이 상태 0에 있다고 가정할 때 다음을 구하시오.

(a) 처음 3년간 사망하는 사람 수 $_3D_0$의 기대값과 분산

(b) 3년 후에 건강상태에 있는 사람 수 $_3H_0$의 기대값과 분산

(c) $\mathrm{Cov}(_3D_0,\ _3H_0)$

::: 풀이

현재(0시점) 1,000명의 피보험자 집단이 상태 0에 있다고 가정하였으므로 분포를 나타내는 상태벡터는 $(1\ \ 0\ \ 0)$이다. 전이확률행렬을 이용하여 각 시점에서의 상태벡터를 구해보자. 0시점의 상태벡터와 전이확률행렬을 이용하면 1시점에서는 $(0.7\ \ 0.3\ \ 0)$, 2시점에서는 $(0.57\ \ 0.315\ \ 0.115)$, 3시점에서는 $(0.468\ \ 0.28425\ \ 0.24775)$임을 알 수 있다.

(a) 처음 3년간 사망하는 확률은 π_{23}이므로 0.24775이다. 피보험자 집단에서 3년간 사망하는 사람 수는 이항확률변수[피보험자는 사망했거나 혹은 사망 이외(건강 + 질병)로 본다]로 볼 수 있으며 $n=1000$, $p=0.24775$인 이항분포를 따른다. 따라서 $_3D_0$의 기대값은 $np=1000\,(0.24775)=247.75$이고, 분산은 $np(1-p)=1000\,(0.24775)$ $(0.75225)=186.3699375$가 된다.

(b) 3년 후에 건강상태에 있을 확률은 π_{03}이므로 0.468이다. 피보험자 집단에서 3년 후에 건강상태에 있는 사람 수는 이항확률변수[피보험자는 건강하거나 혹은 건강 이외(질병 + 사망)로 본다]로 볼 수 있으며 $n=1000$, $p=0.468$인 이항분포를 따른다. 따라서 $_3H_0$의 기대값은 $np=1000\,(0.468)=468$이고, 분산은 $np(1-p)=1000\,(0.468)$ $(0.532)=248.976$이 된다.

(c) $_3S_0$를 출발시점에 상태 0에 있는 1,000명의 피보험자 집단에서 3년 후에 질병상태에 있는 사람 수라고 하면 $_3H_0+_3D_0=1000-_3S_0$이다. 3년 후에 질병상태에 있을 확률을 나타내는 것이 π_{13}이므로 0.28425이다. $_3S_0$ 또한 $_3D_0$, $_3H_0$와 같이 이항확률변수로 볼 수 있으므로 $n=1000$, $p=0.28425$인 이항분포를 따른다. 따라서 분산은 $np(1-p)=1000\,(0.28425)(0.71575)=203.4519375$가 된다.

$$\mathrm{Var}(_3H_0+_3D_0)=\mathrm{Var}(1000-_3S_0)=\mathrm{Var}(_3S_0)\text{이고}$$

$$\mathrm{Var}(_3H_0)+2\,\mathrm{Cov}(_3H_0,_3D_0)+\mathrm{Var}(_3D_0)=\mathrm{Var}(_3S_0)\text{이므로}$$

$$\mathrm{Cov}(_3D_0,_3H_0)=\frac{1}{2}(203.4519375-248.976-186.3699375)=-115.947$$

5 시간비동질 이산시간 마르코프모형을 가정한다. 상태공간은 $\{0,\ 1,\ 2\}$로 주어졌다. k시점에서 $k+1$시점으로의 연간 전이확률은 다음과 같다.

	$k=0,\ 1$			$k=2,\ 3,\ 4,\cdots$		
i	p^{i0}_{x+k}	p^{i1}_{x+k}	p^{i2}_{x+k}	p^{i0}_{x+k}	p^{i1}_{x+k}	p^{i2}_{x+k}
0	0.7	0.2	0.1	0	0.4	0.6
1	0	0	1	0	0	1
2	0	0	1	0	0	1

피보험자가 0시점에 상태 0에서 출발한다. 전이는 각 연도의 연말에 발생한다고 가정한다. $i=0.05$일 때 다음을 구하시오.

(a) 상태 0이나 상태 1에 있는 경우 매 연도초에 1,000원씩이 지급된다고 할 때 이 급부의 APV를 구하시오.

(b) 상태 1에 있는 경우 연말에 1,000원의 급부가 주어질 때 이 급부의 APV를 구하시오.

::: 풀이

출발시(0시점)의 상태벡터는 (1 0 0)이다. 1시점 상태벡터는 (0.7 0.2 0.1)이다.
2시점의 상태벡터는

$$(0.7 \ 0.2 \ 0.1) \begin{bmatrix} 0.7 & 0.2 & 0.1 \\ 0 & 0 & 1 \\ 0 & 0 & 1 \end{bmatrix} = (0.49 \ 0.14 \ 0.37)$$

3시점의 상태벡터는

$$(0.49 \ 0.14 \ 0.37) \begin{bmatrix} 0 & 0.4 & 0.6 \\ 0 & 0 & 1 \\ 0 & 0 & 1 \end{bmatrix} = (0 \ 0.196 \ 0.804)$$

4시점의 상태벡터는

$$(0 \ 0.196 \ 0.804) \begin{bmatrix} 0 & 0.4 & 0.6 \\ 0 & 0 & 1 \\ 0 & 0 & 1 \end{bmatrix} = (0 \ 0 \ 1)$$

4시점의 상태벡터로부터 네 번째 해 초에는 모든 사람이 상태 2로 전이하는 것을 알 수 있다.

(a) 상태 0이나 상태 1에 있는 경우 매년초에 급부가 지급되므로 이 급부의 APV1은

$$\text{APV1} = 1000 \left(1 + \frac{\pi_{01} + \pi_{11}}{1.05} + \frac{\pi_{02} + \pi_{12}}{1.05^2} + \frac{\pi_{03} + \pi_{13}}{1.05^3} + \cdots \right)$$

$$= 1000 \left(1 + \frac{0.7 + 0.2}{1.05} + \frac{0.49 + 0.14}{1.05^2} + \frac{0.196}{1.05^3} \right) = 2597.88360$$

(b) 상태 1에 있을 때 매년말에 급부가 지급되므로 이 급부의 APV2는

$$\text{APV2} = 1000 \left(\frac{\pi_{11}}{1.05} + \frac{\pi_{12}}{1.05^2} + \frac{\pi_{13}}{1.05^3} + \cdots \right)$$

$$= 1000 \left(\frac{0.2}{1.05} + \frac{0.14}{1.05^2} + \frac{0.196}{1.05^3} \right) = 486.77249$$

6 다음의 (a), (b)를 구하고, (a)와 (b)의 관련성을 설명하시오.

(a) 다음과 같이 3개의 상태를 갖는 이산시간 마르코프모형을 고려한다. 상태0은 건강을, 상태1은 질병을, 상태2는 사망을 나타낸다. 전이는 매보험연도말에만 이루

어지며, 매보험연도의 전이확률행렬은 시간동질이며 다음과 같다.

$$P = \begin{bmatrix} 0.6 & 0.3 & 0.1 \\ 0.2 & 0.7 & 0.1 \\ 0 & 0 & 1 \end{bmatrix}$$

현재 건강상태(상태0)에 있는 피보험자 (x)가 가입한 전기납입 종신보험은 피보험자가 제t보험연도말에 사망하면 제t보험연도말에 t원을 사망급부로 지급한다. $(x \geq 0,\ t = 1, 2, 3, \cdots)$ 이때 이 보험의 일시납순보험료(NSP)를 구하시오.

(b) 다음과 같이 3개의 상태를 갖는 이산시간 마르코프모형을 고려한다. 상태0은 건강을, 상태1은 질병을, 상태2는 사망을 나타낸다. 전이는 매연도말에만 이루어지며, 매연도의 전이확률행렬은 시간동질이며 다음과 같다.

$$P = \begin{bmatrix} 0.6 & 0.3 & 0.1 \\ 0.2 & 0.7 & 0.1 \\ 0 & 0 & 1 \end{bmatrix}$$

현재 건강상태(상태0)에 있는 x세의 사람에 대하여$(x \geq 0)$, 이 사람이 사망상태(상태2)로 들어갈(enter) 때까지의 시간(기간)을 T라고 할 때 $E(T)$를 구하시오.

(c) (a)와 (b)의 관련성을 설명하시오.

풀이

(a) [풀이 1]

보험의 일시납순보험료(NSP)는 보험급부의 보험수리적 현가(APV)와 동일하므로 보험급부의 APV를 구해보자. 보험급부의 APV를 구하기 위해 각 보험연도말에 사망할 확률을 구해보자. 전이확률행렬로부터 상태0에서 상태2로, 상태1에서 상태2로 전이할 확률은 0.1로 동일하므로 예제 (10.2.2.5)를 참고하면 상태1은 무시할 수 있다. 따라서 단일탈퇴모형으로 생각할 수 있다. 이를 이용하여 각 보험연도말에 사망할 확률을 구하면 다음과 같다.

제1보험연도말에 사망할 확률 $= q_x = 0.1$

제2보험연도말에 사망할 확률 $= {}_{1|}q_x = p_x\, q_{x+1} = (0.9)(0.1)$

제3보험연도말에 사망할 확률 $= {}_{2|}q_x = p_x\, p_{x+1}\, q_{x+2} = (0.9)^2 (0.1)$

$\qquad\qquad\vdots\qquad\qquad\qquad\qquad\vdots$

제t보험연도말에 사망할 확률 $= {}_{t-1|}q_x = p_x\, p_{x+1}\, \cdots\, p_{x+t-2}\, q_{x+t-1}$
$$= (0.9)^{t-1}(0.1)$$

따라서 보험급부의 APV1은

$$\text{APV1} = \sum_{t=1}^{\infty} t\, {}_{t-1|}q_x = \sum_{t=1}^{\infty} t\, (0.9)^{t-1}(0.1)$$

이며, 위 식을 전개하고 다음과 같은 방법을 이용하면 APV1을 구할 수 있다.

$$\text{APV1} = (0.1) + 2(0.9)(0.1) + 3(0.9)^2(0.1) + 4(0.9)^3(0.1) + \cdots$$

$$(0.9)\text{APV1} = (0.9)(0.1) + 2(0.9)^2(0.1) + 3(0.9)^3(0.1) + \cdots$$

$\text{APV1} - (0.9)\text{APV1}$을 하면

$$(0.1)\text{APV1} = 0.1 + (0.9)(0.1) + (0.9)^2(0.1) + (0.9)^3(0.1) + \cdots$$

$$\text{APV1} = 1 + (0.9) + (0.9)^2 + (0.9)^3 + \cdots$$

따라서

$$\text{APV1} = \frac{1}{1 - 0.9} = 10$$

[풀이 2]

이 방법은 상태0과 상태1을 모두 고려한 풀이이다.

각 보험연도말에서의 상태벡터를 구해보자. 현재 건강상태에 있으므로 상태벡터는 $(1\ 0\ 0)$이다. 전이확률을 이용하면 제1보험연도말에서의 상태벡터는 $(0.6\ 0.3\ 0.1)$이다. 동일한 계산으로 제2보험연도말에서의 상태벡터는 $(0.42\ 0.39\ 0.19)$, 제3보험연도말에서의 상태벡터는 $(0.33\ 0.399\ 0.271)$ 등을 구할 수 있다. 상태벡터를 이용하여 각 보험연도말에 사망할 확률을 구하면,

제1보험연도말에 사망할 확률 $= 1 \times 0.1 + 0 \times 0.1 = 0.1$

$$\begin{aligned}\text{제2보험연도말에 사망할 확률} &= 0.6 \times 0.1 + 0.3 \times 0.1 = (0.1)(0.6 + 0.3) \\ &= (0.1)(0.9)\end{aligned}$$

$$\begin{aligned}\text{제3보험연도말에 사망할 확률} &= 0.42 \times 0.1 + 0.39 \times 0.1 \\ &= (0.1)(0.42 + 0.39) = (0.1)(0.81) \\ &= (0.1)(0.9)^2\end{aligned}$$

$$\vdots \qquad\qquad \vdots$$

이를 반복하면 다음과 같은 일반식을 얻을 수 있다.

제t보험연도말에 사망할 확률 $= (0.1)(0.9)^{t-1}$

따라서 보험급부의 APV2는 [풀이 1]과 동일함을 알 수 있다.

$$\text{APV2} = \sum_{t=1}^{\infty} t(0.1)(0.9)^{t-1} = \sum_{t=1}^{\infty} t(0.9)^{t-1}(0.1) = \text{APV1} = 10$$

(b) [풀이 1]

전이확률행렬로부터 상태0에서 상태2로, 상태1에서 상태2로 전이할 확률은 0.1로 동일하므로 예제 (10.2.2.5)를 참고하면 상태1은 무시할 수 있다. 따라서 단일탈퇴모형으로 생각할 수 있다. 현재 건강상태에 있는 사람이 사망상태로 들어갈 때까지의 시간(기간)을 $T = t\,(t = 1, 2, 3, \cdots)$라고 하자. 전이는 매연도말에만 발생하므로 t차연도말에 사망상태로 들어간다면 사망상태로 들어갈 때까지의 시간(기간)은 t년이 되므로

$\Pr(T = t) =$ 제t보험연도말에 사망할 확률

이 된다. 따라서 (a)의 [풀이 1]로부터

$$\Pr(T = t) = {}_{t-1|}q_x = p_x \, p_{x+1} \cdots p_{x+t-2} \, q_{x+t-1} = (0.9)^{t-1}(0.1)$$

따라서 $E(T)$는

$$E(T) = \sum_{t=1}^{\infty} t \Pr(T = t) = \sum_{t=1}^{\infty} t \, {}_{t-1|}q_x = \sum_{t=1}^{\infty} t \, (0.9)^{t-1}(0.1)$$

이 식은 (a)의 APV1을 구하는 식과 동일하므로 $E(T) = \text{APV1} = 10$

[풀이 2]

각 보험연도말에서의 상태벡터를 구해보자. 현재 건강상태에 있으므로 상태벡터는 (1 0 0)이다. 전이확률을 이용하면 제1연도말에서의 상태벡터는 (0.6 0.3 0.1)이다. 동일한 계산으로 제2연도말에서의 상태벡터는 (0.42 0.39 0.19), 제3연도말에서의 상태벡터는 (0.33 0.399 0.271) 등을 구할 수 있다. $\Pr(T = t)$는 제t보험연도말에 사망할 확률과 동일하므로 (a)의 [풀이 2]와 같은 과정으로 $\Pr(T = t)$를 구하면

$$\Pr(T = t) = \text{제}t\text{보험연도말에 사망할 확률} = (0.1)(0.9)^{t-1}$$

따라서 $E(T)$는

$$E(T) = \sum_{t=1}^{\infty} t \Pr(T = t) = \sum_{t=1}^{\infty} t \, (0.1)(0.9)^{t-1} = 10$$

(c) (b)에서 사망상태로 들어갈 때까지의 시간(기간)의 기대값 $E(T)$는 사망상태로 들어갈 때까지의 시간(기간)에 해당 발생확률을 곱하고 모두 합하여 계산하는데 이산시간 마르코프모형이므로 사망상태로 들어갈 때까지의 시간(기간)은 1년, 2년, 3년, … 등이다. 1년, 2년, 3년, … 을 (a)의 보험급부 1원, 2원, 3원, … 으로 생각하면 (b)가 본질적으로 (a)와 풀이방법이 동일하다는 것을 의미한다. 이 두 문제가 동일한 풀이를 가지려면 이 문제와 같이 전이가 연말에만 발생하여야 하며, 만약 전이가 연중앙에 발생하면 (예제 (10.1.4.8) 참고) (a)와 (b)는 다른 풀이가 된다.

7 4개의 상태를 갖는 이산시간 마르코프모형을 이용한 보험을 고려한다. 상태공간은 {0(건강), 1(암 이외 질병), 2(암), 3(사망)}이다. 해약이 고려되지 않는 경우의 전이확률행렬은 시간동질이며 다음과 같다.

$$P_0 = P_1 = P_2 = \begin{bmatrix} 0.75 & 0.15 & 0.10 & 0 \\ 0.15 & 0.50 & 0.20 & 0.15 \\ 0 & 0 & 0.70 & 0.3 \\ 0 & 0 & 0 & 1 \end{bmatrix}$$

전이는 각 보험연도의 중간에 일어나며, 매 보험연도말에 피보험자가 상태 1에 있으면 1,000원을 질병급부로 지급하고, 상태 2에 있으면 5,000원을 암급부로 지급한다. 사망시 급부는 없다. 보험기간은 3년이며 예정이율 $i = 0.05$이다. 또한 이 보험에 대하여 다음과 같은 가정을 한다.

(i) 이 보험은 건강한 피보험자만 가입하는 3년납입 질병보험이다.

(ii) 보험료는 건강한 피보험자가 매 보험연도초에 P원을 납부한다.

(iii) 제2보험연도초와 제3보험연도초에 보험료를 납부하기 직전에 피보험자가 건강상태(상태 0)에 있으면 10%가 해약을 한다.

이때 다음을 구하시오.

(a) 보험가입시(0시점) 10,000명의 건강한 피보험자가 이 질병보험에 가입하였다. 3년 후(3시점)에 상태 0에 있을 것으로 예상되는 피보험자의 수

(b) 이 보험급부에 대한 APV

(c) 수지상등의 원칙을 이용하여 계산된 보험료 P

풀이

(a) 이 문제는 해약을 고려하므로 상태 3을 사망 및 해약으로 재정의하기로 하자. 해약은 보험연도말이 끝나고 보험연도초에 보험료를 납부하기 전에 발생하므로 제1보험연도말까지는 해약의 영향이 없으므로 제1보험연도는 전이확률행렬 P_0를 사용한다. 그러나 제2보험연도초와 제3보험연도초에는 해약이 발생하므로 문제에서 주어진 전이확률행렬이 아닌 새로운 전이확률행렬을 사용해야 한다.

제1보험연도말을 기준으로 제2보험연도말까지의 전이확률행렬 P_1^*를 구해보자. P_1^*의 첫 번째 행을 구해보자. 제2보험연도초에 상태 0에서 10%의 해약이 발생하므로[1]

$$p_1^{00*} = 0.9 \times 0.75 = 0.675, \qquad p_1^{01*} = 0.9 \times 0.15 = 0.135,$$

$$p_1^{02*} = 0.9 \times 0.1 = 0.09, \qquad p_1^{03*} = 0 + 0.1 = 0.1$$

이다. p_1^{03*}은 해약으로 전이하는 확률 0.1을 추가로 고려한 결과이다. 또한

$$p_1^{00*} + p_1^{01*} + p_1^{02*} + p_1^{03*} = 1$$

도 확인할 수 있다.

따라서 새로운 전이확률행렬 P_1^*, P_2^*는

$$P_1^* = P_2^* = \begin{bmatrix} 0.675 & 0.135 & 0.09 & 0.10 \\ 0.15 & 0.50 & 0.20 & 0.15 \\ 0 & 0 & 0.70 & 0.30 \\ 0 & 0 & 0 & 1 \end{bmatrix}$$

로 나타낼 수 있다.

$_{n+m}P_0 = {_n}P_0 \, {_m}P_n$인 채프만-콜모고로프 방정식을 이용하면

$$_2P_0^* = P_0 \, P_1^* = \begin{bmatrix} 0.52875 & 0.17625 & 0.1675 & 0.1275 \\ 0.17625 & 0.27025 & 0.2535 & 0.30 \\ 0 & 0 & 0.49 & 0.51 \\ 0 & 0 & 0 & 1 \end{bmatrix}$$

---

1) 해약으로 인하여 상태 1이나 상태 2로 가는 사람들은 그만큼 줄어들기 때문에 p_1^{00}, p_1^{01}, p_1^{02}는 그만큼 줄어드는 것을 반영해야 한다. 줄어든 것들의 합은 상태 3(해약)으로 간다.

$$_3P_0^* = {}_2P_0^* \; P_2^* = \begin{bmatrix} 0.38334375 & 0.15950625 & 0.2000875 & 0.2570625 \\ 0.15950625 & 0.15891875 & 0.2473625 & 0.4342125 \\ 0 & 0 & 0.343 & 0.657 \\ 0 & 0 & 0 & 1 \end{bmatrix}$$

이다. 따라서 보험가입시 상태 0에 있는 피보험자가 3년 후에 상태 0에 있을 확률은 $_3p_0^{00*} = 0.38334375$이므로, 보험가입시 10,000명의 건강한 피보험자 중 3833.4375명이 3년 후에 상태 0에 있을 것으로 예상된다.

(b) 보험급부의 APV를 질병급부에 대한 APV1과 암급부에 대한 APV2로 나누어 구해보자. 질병급부는 매 보험연도말에 상태 1에 있으면 발생하므로

$$\text{APV1} = 1000\left(\frac{0.15}{1.05} + \frac{0.17625}{1.05^2} + \frac{0.15950625}{1.05^3}\right) = 440.51$$

암급부는 매 보험연도말에 상태 2에 있으면 발생하므로

$$\text{APV2} = 5000\left(\frac{0.1}{1.05} + \frac{0.1675}{1.05^2} + \frac{0.2000875}{1.05^3}\right) = 2100.04$$

따라서 보험급부의 APV는

$$\text{APV} = \text{APV1} + \text{APV2} = 440.51 + 2100.04 = 2540.55$$

(c) 해약을 고려하지 않는다면 제3보험연도초에 상태 0에 있을 확률($_2p_0^{00}$)은 $_{m+n}p_0^{ij} = \sum_{k \in S} {}_np_0^{ik} \, {}_mp_n^{kj}$인 채프만-콜모고로프 방정식에 의해

$$_2p_0^{00} = p_0^{00} \, p_1^{00} + p_0^{01} \, p_1^{10} = 0.75 \times 0.75 + 0.15 \times 0.15$$

로 나타낼 수 있다. 이 확률에 해약을 고려한다면 다음과 같이 나타낸다.

$$_2p_0^{00*} \times 0.9 = p_0^{00} \, p_1^{00*} \times 0.9 + p_0^{01} \, p_1^{10} \times 0.9$$
$$= (0.75) \times (0.9 \times 0.75) \times 0.9 + (0.15) \times (0.15) \times 0.9 = 0.475875$$

따라서 보험료 1원의 EPV는

$$\text{EPV} = 1 + \frac{0.75 \times 0.9}{1.05} + \frac{0.475875}{1.05^2} = 2.07449$$

수지상등의 원칙에 의하여 $P = \dfrac{\text{APV}}{\text{EPV}} = \dfrac{2540.55}{2.07449} = 1224.66$

8 A보험회사는 다음 그림과 같은 3개의 상태를 갖는 이산시간 마르코프연쇄를 이용한 다중상태모형을 이용하여 보험상품을 개발하였다. 상태 0은 건강을, 상태 1은 영구장해를, 상태 2는 사망을 나타낸다.

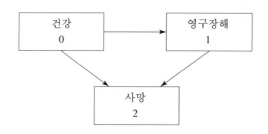

이 보험상품을 개발하기 위해 다음과 같은 가정들을 사용하였다.

(i) 건강한 피보험자 (35)가 가입하는 4년납입 보험이며 보험기간은 4년이다.

(ii) 다중상태모형에서의 전이는 매 보험연도말에만 이루어지며, 피보험자가 매 보험연도말에 영구장해상태(상태 1)에 있으면 10,000원의 장해급부를 지급하고, 보험연도말에 사망상태(상태 2)로 전이시 사망보험금 15,000원을 지급한다.

(iii) 전이확률행렬은 다음과 같다.

$$\boldsymbol{P}_{35} = \begin{bmatrix} 0.85 & 0.10 & 0.05 \\ 0 & 0.80 & 0.20 \\ 0 & 0 & 1 \end{bmatrix}, \qquad \boldsymbol{P}_{36} = \begin{bmatrix} 0.8 & 0.10 & 0.10 \\ 0 & 0.77 & 0.23 \\ 0 & 0 & 1 \end{bmatrix},$$

$$\boldsymbol{P}_{37} = \boldsymbol{P}_{38} = \begin{bmatrix} 0.75 & 0.15 & 0.10 \\ 0 & 0.75 & 0.25 \\ 0 & 0 & 1 \end{bmatrix}$$

(iv) 보험료는 수지상등의 원칙이 적용되어 계산되며 건강상태에 있는 피보험자가 매 보험연도초에 납입한다.

(v) 예정이율 $i = 5\%$이다.

(a) 이 보험급부에 대한 APV를 구하시오.

(b) 이 보험의 연납평준순보험료를 구하시오.

(c) 제2보험연도말 책임준비금 $_2V^{(0)}$, $_2V^{(1)}$를 구하시오.

풀이

(a) 보험급부의 APV는 장해급부의 APV1과 사망급부의 APV2로 나누어서 구하기로 한다. 이를 위해 보험가입 시점을 0시점이라고 하고 각 시점의 상태벡터를 구하면 다음과 같다.

0시점의 상태벡터는 (1 0 0), 1시점의 상태벡터는 (0.85 0.1 0.05), 2시점의 상태벡터는 (0.68 0.162 0.158), 3시점의 상태벡터는 (0.51 0.2235 0.2665), 4시점의 상태벡터는 (0.3825 0.244125 0.373375)이다. 장해급부는 매 보험연도말에 상태 1에 있으면 발생하므로, $\pi_{1n} (n = 1,2,3,4)$을 이용하면 장해급부에 대한 APV1은

$$\text{APV1} = 10000 \left(\frac{0.1}{1.05} + \frac{0.162}{1.05^2} + \frac{0.2235}{1.05^3} + \frac{0.244125}{1.05^4} \right) = 6360.87$$

각 보험연도말에 사망할 확률은 당 연도의 상태벡터의 π_{2n}과 전 연도의 $\pi_{2(n-1)}$의 차이이다. 따라서 2번째 해의 사망확률은 $0.158-0.05 = 0.108$이고, 3번째 해의 사망확률은 $0.2665-0.158 = 0.1085$, 4번째 해의 사망확률은 $0.373375-0.2665 = 0.106875$이다. 이를 이용하면 사망급부에 대한 APV2는

$$\text{APV2} = 15000\left(\frac{0.05}{1.05}+\frac{0.108}{1.05^2}+\frac{0.1085}{1.05^3}+\frac{0.106875}{1.05^4}\right) = 4908.46$$

따라서 보험급부에 대한 APV는

$$\text{APV} = \text{APV1} + \text{APV2} = 6360.87 + 4908.46 = 11269.33$$

(b) 보험료 1원의 납입에 대한 EPV를 구하면

$$\text{EPV3} = 1 + \frac{0.85}{1.05} + \frac{0.68}{1.05^2} + \frac{0.51}{1.05^3} = 2.86686$$

수지상등의 원칙에 의하여 $P = \dfrac{\text{APV}}{\text{EPV3}} = \dfrac{11269.33}{2.86686} = 3930.90$

(c) (i) 2시점에 건강상태에 있다는 조건하에서 책임준비금을 고려하므로 2시점에서의 상태벡터는 $(1\ \ 0\ \ 0)$이다. 3시점의 상태벡터는 $(0.75\ \ 0.15\ \ 0.1)$이 되고, 4시점의 상태벡터는 $(0.5625\ \ 0.225\ \ 0.2125)$가 된다. 상태 2는 흡수상태이므로 제4보험연도에서의 사망확률은 $0.2125-0.1 = 0.1125$이다. 따라서 장해급부와 사망급부에 대한 APV는

$$\text{APV4} + \text{APV5} = 10000\left(\frac{0.15}{1.05}+\frac{0.225}{1.05^2}\right) + 15000\left(\frac{0.1}{1.05}+\frac{0.1125}{1.05^2}\right)$$
$$= 3469.39 + 2959.18 = 6428.57$$

2시점에서 향후 보험료의 EPV는

$$\text{EPV6} = 3930.90\left(1+\frac{0.75}{1.05}\right) = 6738.69$$

따라서

$$_2V^{(0)} = \text{APV4} + \text{APV5} - \text{EPV6} = 3469.39 + 2959.18 - 6738.69 = -310.12$$

(ii) 2시점에 영구장해상태에 있다는 조건하에서 책임준비금을 고려하므로 2시점에서의 상태벡터는 $(0\ \ 1\ \ 0)$이다. 3시점의 상태벡터는 $(0\ \ 0.75\ \ 0.25)$가 되고, 4시점의 상태벡터는 $(0\ \ 0.5625\ \ 0.4375)$가 된다. 상태 2는 흡수상태이므로 제4보험연도에서의 사망확률은 $0.4375-0.25 = 0.1875$이다. 따라서 장해급부와 사망급부에 대한 APV는 각각

$$\text{APV7} = 10000\left(\frac{0.75}{1.05}+\frac{0.5625}{1.05^2}\right) = 12244.90$$

$$\text{APV8} = 15000\left(\frac{0.25}{1.05}+\frac{0.1875}{1.05^2}\right) = 6122.45$$

2시점에 피보험자가 영구장해상태에 있으므로 보험료의 납입은 없다. 따라서

$$_2V^{(1)} = \text{APV7} + \text{APV8} = 12244.90 + 6122.45 = 18367.35$$

9 A보험회사는 다음 그림과 같은 3개의 상태를 갖는 이산시간 마르코프연쇄를 이용한 다중상태모형을 이용하여 보험상품을 개발하였다. 상태 0은 건강을, 상태 1은 질병을, 상태 2는 사망을 나타낸다.

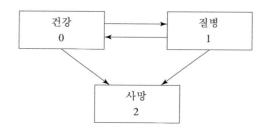

이 보험상품을 개발하기 위해 다음과 같은 가정들을 사용하였다.

(i) 건강한 피보험자 (40)이 가입하는 4년납입 건강보험이며 보험기간은 4년이다.

(ii) 다중상태모형에서의 전이는 매 보험연도말에만 이루어지며, 피보험자가 매 보험연도말에 질병상태(상태 1)에 있으면 8,000원의 질병급부를 지급하고, 보험연도말에 사망상태로 전이시 30,000원의 사망보험금을 지급한다.

(iii) $t = 1,2,3$에 대하여 전이확률은 다음과 같다.

$$p_{40}^{01} = 0.35, \ p_{40}^{02} = 0.05, \ p_{40}^{11} = 0.3, \ p_{40}^{12} = 0.1$$

$$p_{40+t}^{01} = 0.4, \ p_{40+t}^{02} = 0.05, \ p_{40+t}^{11} = 0.32, \ p_{40+t}^{12} = 0.12 + 0.03t$$

(iv) 보험료는 수지상등의 원칙이 적용되어 계산되며 매 보험연도초에 납입한다.

(v) 예정이율 $i = 5\%$이다.

(a) 이 보험급부에 대한 APV를 구하시오.

(b) 건강상태에 있는 피보험자만 보험료를 납입할 때, 이 보험의 연납평준순보험료를 구하시오.

(c) 건강상태에 있는 피보험자만 보험료를 납입할 때, 제2보험연도말 책임준비금 $_2V^{(0)}$과 $_2V^{(1)}$을 구하시오.

(d) 건강상태에 있는 피보험자와 질병상태에 있는 피보험자가 보험료를 납입할 때 연납평준순보험료를 구하시오.

::: 풀이

(a) 주어진 전이확률과 $p_x^{i0} + p_x^{i1} + p_x^{i2} = 1$ $(i = 0, 1, 2)$을 이용하고, 상태 2가 흡수상태라는 사실을 이용하여 전이확률행렬을 구하면 다음과 같다.

$$P_{40} = \begin{bmatrix} 0.6 & 0.35 & 0.05 \\ 0.6 & 0.30 & 0.10 \\ 0 & 0 & 1 \end{bmatrix}, \qquad P_{41} = \begin{bmatrix} 0.55 & 0.40 & 0.05 \\ 0.53 & 0.32 & 0.15 \\ 0 & 0 & 1 \end{bmatrix}$$

$$P_{42} = \begin{bmatrix} 0.55 & 0.40 & 0.05 \\ 0.50 & 0.32 & 0.18 \\ 0 & 0 & 1 \end{bmatrix}, \qquad P_{43} = \begin{bmatrix} 0.55 & 0.40 & 0.05 \\ 0.47 & 0.32 & 0.21 \\ 0 & 0 & 1 \end{bmatrix}$$

보험급부의 APV는 질병급부의 APV1과 사망급부의 APV2로 나누어서 구하기로 한다. 이를 위해 경과기간별 상태벡터를 구하면, 40세에서의 상태벡터는 (1 0 0), 제1보험연도말의 상태벡터는 (0.6 0.35 0.05), 제2보험연도말의 상태벡터는 (0.5155 0.352 0.1325), 제3보험연도말의 상태벡터는 (0.459525 0.31884 0.221635), 제4보험연도말의 상태벡터는 (0.40259355 0.2858388 0.31156765)이다.

질병급부는 매 보험연도말에 질병상태에 있으면 지급되므로 매 시점에 상태 1에 있을 확률, 즉 π_{1n}이 필요하다. 따라서 질병급부에 대한 APV는

$$APV1 = 8000\left(\frac{0.35}{1.05} + \frac{0.352}{1.05^2} + \frac{0.31884}{1.05^3} + \frac{0.2858388}{1.05^4} \right) = 9305.55$$

보험연도별 사망확률은 당 연도의 상태벡터의 π_{2n}과 전 연도의 $\pi_{2(n-1)}$의 차이이므로

$$APV2 = 30000\left(\frac{0.05}{1.05} + \frac{0.1325 - 0.05}{1.05^2} + \frac{0.221635 - 0.1325}{1.05^3} \right.$$

$$\left. + \frac{0.31156765 - 0.221635}{1.05^4} \right) = 8203.05$$

따라서 보험급부에 대한 APV는

$$APV = APV1 + APV2 = 17508.6$$

(b) 보험료 1원의 납입에 대한 EPV를 구하면

$$EPV = 1 + \frac{0.6}{1.05} + \frac{0.5155}{1.05^2} + \frac{0.459525}{1.05^3} = 2.43596$$

수지상등의 원칙에 의하여 $P = \dfrac{APV}{EPV} = \dfrac{17508.6}{2.43596} = 7187.56$

(c) (i) $_2V^{(0)}$는 제2보험연도말에 건강상태에 있다는 조건하에서의 책임준비금이므로 제2보험연도말에서의 상태벡터는 (1 0 0)이다. 따라서 제3보험연도말에서의 상태벡터는 (0.55 0.4 0.05)이고, 제4보험연도말에서의 상태벡터는 (0.4905 0.348 0.1615)이다. 따라서 질병급부에 대한 APV3과 사망급부에 대한 APV4 및 제2보험연도말에서 향후 보험료의 EPV5는

$$\text{APV3} = 8000\left(\frac{0.4}{1.05} + \frac{0.348}{1.05^2}\right) = 5572.79$$

$$\text{APV4} = 30000\left(\frac{0.05}{1.05} + \frac{0.1615 - 0.05}{1.05^2}\right) = 4462.59$$

$$\text{EPV5} = 7187.56\left(1 + \frac{0.55}{1.05}\right) = 10952.47$$

따라서

$$_2V^{(0)} = \text{APV3} + \text{APV4} - \text{EPV5} = 5572.79 + 4462.59 - 10952.47 = -917.09$$

(ii) $_2V^{(1)}$은 제2보험연도말에 질병상태에 있다는 조건하에서의 책임준비금이므로 제2보험연도말에서의 상태벡터는 (0 1 0)이다. 따라서 제3보험연도말에서의 상태벡터는 (0.5 0.32 0.18)이고, 제4보험연도말에서의 상태벡터는 (0.4254 0.3024 0.2722)이다. 따라서 따라서 질병급부에 대한 APV6과 사망급부에 대한 APV7은

$$\text{APV6} = 8000\left(\frac{0.32}{1.05} + \frac{0.3024}{1.05^2}\right) = 4632.38$$

$$\text{APV7} = 30000\left(\frac{0.18}{1.05} + \frac{0.2722 - 0.18}{1.05^2}\right) = 7651.70$$

제2보험연도말에 피보험자가 질병상태에 있으므로 제3보험연도초에는 보험료를 납입하지 않지만, 제3보험연도말의 상태벡터는 (0.5 0.32 0.18)이므로, 제4보험연도초에 건강상태에 있을 확률은 0.5이다. 따라서 제2보험연도말에서 향후 보험료의 EPV는

$$\text{EPV8} = 7187.56\left(\frac{0.5}{1.05}\right) = 3422.65$$

따라서

$$_2V^{(1)} = \text{APV6} + \text{APV7} - \text{EPV8} = 4632.38 + 7651.70 - 3422.65 = 8861.43$$

(d) 보험료를 건강상태(상태 0)에 있는 피보험자와 질병상태(상태 1)에 있는 피보험자가 납입하므로, 보험료 1원의 납입에 대한 EPV9는

$$\text{EPV9} = 1 + \frac{0.6 + 0.35}{1.05} + \frac{0.5155 + 0.352}{1.05^2} + \frac{0.459525 + 0.31884}{1.05^3} = 3.36399$$

따라서 수지상등의 원칙에 의해서

$$P = \frac{\text{APV}}{\text{EPV9}} = \frac{17508.6}{3.36399} = 5204.71$$

10 A보험회사는 질병에 관련하여 보험상품을 개발하였다. 보험상품 개발시 다음 그림과 같이 4개의 상태를 갖는 이산시간 마르코프모형을 이용하였다. 여기서 상태 0은 건강을, 상태 1은 질병 1을, 상태 2는 질병 2, 상태 3은 사망을 나타낸다.

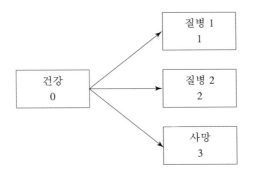

이 보험상품을 개발하기 위해 다음과 같은 조건들을 가정하였다.

(i) 건강한 피보험자 (50)이 가입하는 3년납입, 3년만기 정기보험이다.

(ii) 다중상태모형에서의 전이는 매 보험연도말에만 이루어지며, 피보험자가 매 보험연도말에 질병 1(상태 1)로 전이시 질병급부 5,000원을 지급하고, 질병 2(상태 2)로 전이시 질병급부 30,000원을 지급하고, 사망시(상태 3) 사망보험금 15,000원을 지급한다.

(iii) $t = 0, 1, 2$에 대하여 전이확률행렬은 다음과 같다.

$$\boldsymbol{P}_{50+t} = \begin{bmatrix} 0.7 & 0.15-0.01t & 0.1+0.01t & 0.05 \\ 0 & 1 & 0 & 0 \\ 0 & 0 & 1 & 0 \\ 0 & 0 & 0 & 1 \end{bmatrix}$$

(iv) 보험료는 수지상등의 원칙이 적용되어 계산되며 건강상태에 있는 피보험자가 매 보험연도초에 납입한다.

(v) 예정이율 $i = 5\%$이다.

(a) 이 보험급부에 대한 APV를 구하시오.

(b) 이 보험의 연납평준순보험료를 구하시오.

풀이

(a) 주어진 전이확률을 이용하여 전이확률행렬을 구하면 다음과 같다.

$$\boldsymbol{P}_{50} = \begin{bmatrix} 0.7 & 0.15 & 0.1 & 0.05 \\ 0 & 1 & 0 & 0 \\ 0 & 0 & 1 & 0 \\ 0 & 0 & 0 & 1 \end{bmatrix}, \qquad \boldsymbol{P}_{51} = \begin{bmatrix} 0.7 & 0.14 & 0.11 & 0.05 \\ 0 & 1 & 0 & 0 \\ 0 & 0 & 1 & 0 \\ 0 & 0 & 0 & 1 \end{bmatrix},$$

$$\boldsymbol{P}_{52} = \begin{bmatrix} 0.7 & 0.13 & 0.12 & 0.05 \\ 0 & 1 & 0 & 0 \\ 0 & 0 & 1 & 0 \\ 0 & 0 & 0 & 1 \end{bmatrix}$$

여기서 상태 1, 상태 2, 상태 3은 모두 흡수상태이다. 보험가입시를 0시점이라고 하고 시점별 상태벡터를 구하면 다음과 같다. 피보험자는 보험가입시 건강상태에 있으므로 0시점에서의 상태벡터는 (1 0 0 0)이다. 1시점에서의 상태벡터는 (0.7 0.15 0.1

0.05), 2시점에서의 상태벡터는 (0.49 0.248 0.177 0.085), 3시점에서의 상태벡터는 (0.343 0.3117 0.2358 0.1095)이다. 상태 1,2,3은 모두 흡수상태이므로 급부가 발생할 확률은 당 연도 상태벡터의 π_{in}과 전 연도 상태벡터의 $\pi_{i(n-1)}$의 차이이다 ($i = 1,2,3$). 따라서 각 상태(i)별로 발생하는 급부에 대한 APV를 APVi($i = 1,2,3$)라고 하면,

$$APV1 = 5000\left(\frac{0.15}{1.05} + \frac{0.248 - 0.15}{1.05^2} + \frac{0.3117 - 0.248}{1.05^3}\right) = 1433.86$$

$$APV2 = 30000\left(\frac{0.1}{1.05} + \frac{0.177 - 0.1}{1.05^2} + \frac{0.2358 - 0.177}{1.05^3}\right) = 6476.19$$

$$APV3 = 15000\left(\frac{0.05}{1.05} + \frac{0.085 - 0.05}{1.05^2} + \frac{0.1095 - 0.085}{1.05^3}\right) = 1507.94$$

따라서 보험급부에 대한 APV는 APV = APV1 + APV2 + APV3 = 9417.99이다.

(b) 보험료 1원의 납입에 대한 EPV를 구하면

$$EPV = 1 + \frac{0.7}{1.05} + \frac{0.49}{1.05^2} = 2.11111 이다.$$

수지상등의 원칙에 의하여

$$P = \frac{APV}{EPV} = \frac{9417.99}{2.11111} = 4461.16$$

11 A보험회사는 다음 그림과 같은 4개의 상태를 갖는 마르코프모형을 이용하여 연생보험상품의 보험료를 산출하였다. 상태 0은 피보험자 (x), (y) 둘 다 생존을, 상태 1은 피보험자 (x)만 생존을, 상태 2는 피보험자 (y)만 생존을, 상태 3은 피보험자 (x), (y) 둘 다 사망을 나타낸다.

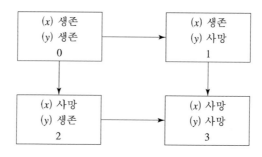

연생보험 상품개발시 사용한 공통적인 가정들은 다음과 같다.

(i) 상태 0에 있는 x세와 y세의 피보험자가 가입하는 4년납입 4년만기 연생보험이다.

(ii) 다중상태모형에서의 전이는 매 보험연도말에만 이루어진다.

(iii) 전이확률은 다음과 같다.

$$P_0 = \begin{bmatrix} 0.85 & 0.08 & 0.07 & 0 \\ 0 & 0.86 & 0 & 0.14 \\ 0 & 0 & 0.87 & 0.13 \\ 0 & 0 & 0 & 1 \end{bmatrix}, \qquad P_1 = \begin{bmatrix} 0.78 & 0.12 & 0.10 & 0 \\ 0 & 0.83 & 0 & 0.17 \\ 0 & 0 & 0.85 & 0.15 \\ 0 & 0 & 0 & 1 \end{bmatrix}$$

$$P_2 = P_3 = \begin{bmatrix} 0.69 & 0.18 & 0.13 & 0 \\ 0 & 0.80 & 0 & 0.20 \\ 0 & 0 & 0.78 & 0.22 \\ 0 & 0 & 0 & 1 \end{bmatrix}$$

(iv) 보험료는 수지상등의 원칙이 적용되어 계산되며 매 보험연도초에 납입한다.

(v) 예정이율 $i = 5\%$이다.

이때 다음과 같은 연생보험의 연납평준순보험료를 구하시오.

(a) 보험연도말에 (x)가 사망한 상태에서 (y)가 사망시 사망보험금 30,000원을 지급하는 연생보험. 단, 상태 0, 2에 있는 피보험자만 보험료를 납부한다.

(b) 보험연도말에 (y)가 사망한 상태에서 (x)가 사망시 사망보험금 30,000원을 지급하는 연생보험. 단, 상태 0, 1에 있는 피보험자만 보험료를 납부한다.

(c) 보험연도말에 (x), (y) 모두 사망시 사망보험금 30,000원을 지급하는 연생보험. 단, 상태 0에 있는 피보험자만 보험료를 납부한다.

(d) 보험연도말에 (x), (y) 모두 사망시 사망보험금 30,000원을 지급하는 연생보험. 단, 상태 0, 1, 2에 있는 피보험자가 보험료를 납부한다.

풀이.

보험가입시의 시점을 0시점이라고 하였을 때, 각 시점의 상태벡터를 구하면 0시점의 상태벡터는 (1 0 0 0), 1시점의 상태벡터는 (0.85 0.08 0.07 0), 2시점의 상태벡터는 (0.663 0.1684 0.1445 0.0241), 3시점의 상태벡터는 (0.45747 0.25406 0.1989 0.08957), 4시점의 상태벡터는 (0.3156543 0.2855926 0.2146131 0.18414)이다.

(a) 보험연도말에 (x)가 사망한 상태에서 (y)가 사망시 사망급부가 발생하므로 상태 2에서 상태 3으로 전이시 사망급부가 발생한다고 생각하면 된다. 0시점에 상태 0에서 출발하므로 1시점에서는 사망급부는 발생하지 않는다. 사망급부가 발생하는 경우는

(i) 1시점에 상태 2에 있다가 2시점에 상태 3으로 전이하는 경우,

(ii) 2시점에 상태 2에 있다가 3시점에 상태 3으로 전이하는 경우,

(iii) 3시점에 상태 2에 있다가 4시점에 상태 3으로 전이하는 경우.

이렇게 세 가지 경우가 있다. 1시점에 상태 2에 있을 확률은 1시점 상태벡터로부터 0.07임을 알 수 있고, 상태 2에 있다가 그 다음 시점에 상태 3에 있을 확률은 0.15이므로 1시점에 상태 2에 있다가 2시점에 상태 3으로 전이하는 확률은 $0.07 \times 0.15 = 0.0105$이다. 2시점에 상태 2에 있다가 3시점에 상태 3으로 전이하는 확률도 동일한 방법으로 구할 수 있으며 $0.1445 \times 0.22 = 0.03179$이다. 3시점에 상태 2에 있다가 4시점에 상태 3으로 전이하는 확률은 $0.1989 \times 0.22 = 0.043758$이다. 따라서 사

망급부에 대한 APV는

$$\text{APV1} = 30000\left(\frac{0.0105}{1.05^2} + \frac{0.03179}{1.05^3} + \frac{0.043758}{1.05^4}\right) = 2189.55$$

보험료는 상태 0, 2에 있는 경우에 납입하므로, 보험료 1원의 납입에 대한 EPV는

$$\text{EPV2} = 1 + \frac{0.85+0.07}{1.05} + \frac{0.663+0.1445}{1.05^2} + \frac{0.45747+0.1989}{1.05^3} = 3.17561$$

수지상등의 원칙에 의하여 $P = \dfrac{\text{APV1}}{\text{EPV2}} = \dfrac{2189.55}{3.17561} = 689.49$

(b) 보험연도말에 (y)가 사망한 상태에서 (x)가 사망시 사망급부가 발생하므로 상태 1에서 상태 3으로 전이시 사망급부가 발생한다고 생각하면 된다. 2차연도에 사망급부가 발생할 확률은 $0.08 \times 0.17 = 0.0136$, 3차연도에는 $0.1684 \times 0.2 = 0.03368$, 4차연도에는 $0.25406 \times 0.2 = 0.050812$이므로 사망급부에 대한 APV는

$$\text{APV3} = 30000\left(\frac{0.0136}{1.05^2} + \frac{0.03368}{1.05^3} + \frac{0.050812}{1.05^4}\right) = 2496.98$$

보험료는 상태 0, 1에 있는 경우에 납입하므로, 보험료 1원의 납입에 대한 EPV는

$$\text{EPV4} = 1 + \frac{0.85+0.08}{1.05} + \frac{0.663+0.1684}{1.05^2} + \frac{0.45747+0.25406}{1.05^3} = 3.25446$$

수지상등의 원칙에 의하여 $P = \dfrac{\text{APV3}}{\text{EPV4}} = \dfrac{2496.98}{3.25446} = 767.25$

(c) 보험연도말에 (x), (y) 모두 사망시 사망급부가 지급되므로 상태 3으로 전이시 사망급부가 발생한다고 생각하면 된다. 1시점에서는 사망급부가 발생하지 않으며, 2시점의 사망확률은 0.0241, 3시점의 사망확률은 $0.08957 - 0.0241 = 0.06547$, 4시점의 사망확률은 $0.18414 - 0.08957 = 0.09457$이다. 따라서 사망급부에 대한 APV는

$$\text{APV5} = 30000\left(\frac{0.0241}{1.05^2} + \frac{0.06547}{1.05^3} + \frac{0.09457}{1.05^4}\right) = 4686.53$$

보험료는 상태 0에 있는 경우에 납입하므로, 보험료 1원의 납입에 대한 EPV는

$$\text{EPV6} = 1 + \frac{0.85}{1.05} + \frac{0.663}{1.05^2} + \frac{0.45747}{1.05^3} = 2.80606$$

수지상등의 원칙에 의하여 $P = \dfrac{\text{APV5}}{\text{EPV6}} = \dfrac{4686.53}{2.80606} = 1670.15$

(d) 보험료는 상태 0, 1, 2에 있는 경우에 납입하므로, 보험료 1원의 납입에 대한 EPV는

$$\text{EPV7} = 1 + \frac{1-0}{1.05} + \frac{1-0.0241}{1.05^2} + \frac{1-0.08957}{1.05^3} = 3.62401$$

사망급부에 대한 APV는 (c)에서의 APV5와 동일하므로 수지상등의 원칙에 의하여

$$P = \frac{\text{APV5}}{\text{EPV7}} = \frac{4686.53}{3.62401} = 1293.19$$

12 A보험회사는 다음 그림과 같은 4개의 상태를 갖는 마르코프모형을 이용하여 연생보험상품을 개발하였다. 상태 0은 피보험자 (x), (y) 둘 다 생존을, 상태 1은 피보험자 (x)만 생존을, 상태 2는 피보험자 (y)만 생존을, 상태 3은 피보험자 (x), (y) 둘 다 사망을 나타낸다.

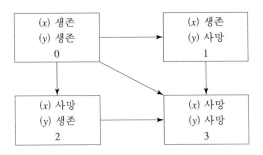

이 보험상품을 개발하기 위해 다음과 같은 가정들을 사용하였다.

(i) 상태 0에 있는 x세와 y세의 피보험자가 가입하는 3년납입 3년만기 연생보험이다.

(ii) 다중상태모형에서의 전이는 매 보험연도말에만 이루어진다.

(iii) 전이확률행렬은 다음과 같다.

$$P_0 = \begin{bmatrix} 0.86 & 0.08 & 0.05 & 0.01 \\ 0 & 0.90 & 0 & 0.10 \\ 0 & 0 & 0.93 & 0.07 \\ 0 & 0 & 0 & 1 \end{bmatrix}, \qquad P_1 = \begin{bmatrix} 0.81 & 0.10 & 0.07 & 0.02 \\ 0 & 0.85 & 0 & 0.15 \\ 0 & 0 & 0.88 & 0.12 \\ 0 & 0 & 0 & 1 \end{bmatrix}$$

$$P_2 = \begin{bmatrix} 0.72 & 0.15 & 0.10 & 0.03 \\ 0 & 0.83 & 0 & 0.17 \\ 0 & 0 & 0.85 & 0.15 \\ 0 & 0 & 0 & 1 \end{bmatrix}$$

(iv) 보험료는 수지상등의 원칙이 적용되어 계산되며 피보험자 (x)가 생존해 있는 한 매 보험연도초에 납입한다.

(v) 예정이율 $i = 5\%$이다.

이때 다음과 같은 연생보험의 연납평준순보험료를 구하시오.

(a) 매보험연도 초에 (x), (y)가 동시에 생존한 상태에서 매보험연도말에 (x), (y) 중 한명이라도 사망시 사망보험금 15,000원을 지급하는 연생보험.

(b) 보험연도말에 (x), (y) 모두 사망시 사망보험금 15,000원을 지급하는 연생보험.

::: 풀이

보험가입시의 시점을 0시점이라고 하였을 때 각 시점의 상태벡터를 구하면 다음과 같다. 0시점의 상태벡터는 (1 0 0 0), 1시점의 상태벡터는 (0.86 0.08 0.05 0.01), 2시점의 상태벡터는 (0.6966 0.154 0.1042 0.0452), 3시점의 상태벡터는 (0.501552 0.23231 0.15823 0.107908)이다.

(a) 보험연도말에 (x), (y) 중 한명이라도 사망시 사망급부가 발생하므로 상태 0에서 벗어나면 사망급부가 발생한다고 생각하면 된다. 제1보험연도말에 상태 0을 벗어날 확률은 상태 1로 전이할 확률 0.08과 상태 2로 전이할 확률 0.05, 그리고 상태 3으로 전이할 확률 0.01을 더한 0.14이다. 같은 방식으로 제2보험연도말에 상태 0을 벗어날 확률은 $0.86 \times (0.1 + 0.07 + 0.02) = 0.1634$이며, 제3보험연도말에 상태 0을 벗어날 확률은 $0.6966 \times (0.15 + 0.1 + 0.03) = 0.195048$이다. 따라서 사망급부에 대한 APV1은

$$\text{APV1} = 15000 \left(\frac{0.14}{1.05} + \frac{0.1634}{1.05^2} + \frac{0.195048}{1.05^3} \right) = 6750.48$$

보험료는 상태 0, 1에 있는 경우에 납입하므로 보험료 1원에 대한 EPV2는

$$\text{EPV2} = 1 + \frac{0.86 + 0.08}{1.05} + \frac{0.6966 + 0.154}{1.05^2} = 2.66676$$

보험료는 수지상등의 원칙에 의하여

$$P = \frac{\text{APV1}}{\text{EPV2}} = \frac{6750.48}{2.66676} = 2531.34$$

(b) 보험연도말에 (x), (y) 모두 사망시 사망급부가 지급되므로 상태 3으로 전이시 사망급부가 발생한다고 생각하면 된다. 상태벡터를 이용하면 1시점의 사망확률은 0.01, 2시점의 사망확률은 $0.0452 - 0.01 = 0.0352$, 3시점의 사망확률은 $0.107908 - 0.0452 = 0.062708$이다. 따라서 사망급부에 대한 APV3은

$$\text{APV3} = 10000 \left(\frac{0.01}{1.05} + \frac{0.0352}{1.05^2} + \frac{0.062708}{1.05^3} \right) = 956.21$$

보험료 1원에 대한 EPV는 (a)에서의 EPV2와 동일하므로 수지상등의 원칙에 의하여

$$P = \frac{\text{APV3}}{\text{EPV2}} = \frac{956.21}{2.66676} = 358.57$$

13 A보험회사는 다음 그림과 같은 4개의 상태를 갖는 이산시간 마르코프모형을 이용하여 CI보험상품을 개발하려고 한다. 상태 0은 건강을, 상태 1은 피보험자가 CI진단을 받은 상태를, 상태 2는 CI진단을 받지 않은 피보험자의 사망을, 상태 3은 CI진단을 받은 피보험자의 사망을 나타낸다.

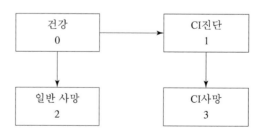

이 CI보험상품을 개발하기 위해 사용하는 가정들은 다음과 같다.

(i) 건강한 피보험자 (60)이 가입하는 4년납입 보험이며 보험기간은 4년이다.

(ii) 다중상태모형에서의 전이는 매 보험연도말에만 이루어지며, 피보험자가 매 보험연도말에 상태 1로 전이시 급부 15,000원을 지급하고, 상태 2로 전이시 사망보험금 30,000원을 지급한다. 매 보험연도말에 상태 3으로 전이시 사망보험금 15,000원을 지급한다.

(iii) 전이확률행렬은 다음과 같다.

$$P_{60} = \begin{bmatrix} 0.60 & 0.30 & 0.10 & 0 \\ 0 & 0.25 & 0 & 0.75 \\ 0 & 0 & 1 & 0 \\ 0 & 0 & 0 & 1 \end{bmatrix}, \quad P_{61} = \begin{bmatrix} 0.60 & 0.30 & 0.10 & 0 \\ 0 & 0.20 & 0 & 0.80 \\ 0 & 0 & 1 & 0 \\ 0 & 0 & 0 & 1 \end{bmatrix},$$

$$P_{62} = \begin{bmatrix} 0.55 & 0.30 & 0.15 & 0 \\ 0 & 0.15 & 0 & 0.85 \\ 0 & 0 & 1 & 0 \\ 0 & 0 & 0 & 1 \end{bmatrix}, \quad P_{63} = \begin{bmatrix} 0.50 & 0.35 & 0.15 & 0 \\ 0 & 0.10 & 0 & 0.90 \\ 0 & 0 & 1 & 0 \\ 0 & 0 & 0 & 1 \end{bmatrix}$$

(iv) 보험료는 수지상등의 원칙이 적용되어 계산되며 건강상태에 있는 피보험자가 매 보험연도초에 납입한다.

(v) 예정이율 $i = 5\%$이다.

(a) 이 CI보험의 보험급부에 대한 APV를 구하시오.

(b) 이 CI보험의 연납평준순보험료를 구하시오.

(c) 제2보험연도말 책임준비금 $_2V^{(0)}$, $_2V^{(1)}$를 구하시오.

:: 풀이

경과기간별 상태벡터를 주어진 전이확률행렬을 이용하여 구하면, 60세에서의 상태벡터는 (1 0 0 0)이고, 제1보험연도말의 상태벡터는 (0.6 0.3 0.1 0), 제2보험연도말의 상태벡터는 (0.36 0.24 0.16 0.24), 제3보험연도말의 상태벡터는 (0.198 0.144 0.214 0.444), 제4보험연도말의 상태벡터는 (0.099 0.0837 0.2437 0.5736)이다.

(a) 이 보험급부의 APV를 상태 1로 전이시 발생하는 급부의 APV1, 상태 2로 전이시 발생하는 급부의 APV2, 상태 3으로 전이시 발생하는 급부의 APV3으로 나누어 구하기로 한다.

매 보험연도말에 상태 1로 전이시 급부가 발생하므로 급부가 발생할 확률은 제1보험연도말에는 0.3, 제2보험연도말에는 $0.6 \times 0.3 = 0.18$, 제3보험연도말에는 $0.36 \times 0.3 = 0.108$, 제4보험연도말에는 $0.198 \times 0.35 = 0.0693$이다. 따라서 매 보험연도말에 상태 1로 전이시 발생하는 급부의 APV1은

$$\text{APV1} = 15000 \left(\frac{0.3}{1.05} + \frac{0.18}{1.05^2} + \frac{0.108}{1.05^3} + \frac{0.0693}{1.05^4} \right) = 8989.31$$

상태 2와 상태 3은 흡수상태이므로 급부가 발생할 확률은 당 연도 상태벡터의 π_{in}과

전 연도 상태벡터의 $\pi_{i(n-1)}$의 차이이다$(i = 2, 3)$. 따라서 제1보험연도말의 각각의 사망확률은 0.1, 0이고, 제2보험연도말의 사망확률은 각각 $0.16 - 0.1 = 0.06$, 0.24이다. 제3보험연도말의 사망확률은 각각 $0.214 - 0.16 = 0.054$, $0.444 - 0.24 = 0.204$이며, 제4보험연도말의 사망확률은 각각 $0.2437 - 0.214 = 0.0297$, $0.5736 - 0.444 = 0.1296$이다. 따라서 매 보험연도말에 상태 2와 상태 3으로 전이시 발생하는 급부의 APV를 각각 구하면

$$\text{APV2} = 30000 \left(\frac{0.1}{1.05} + \frac{0.06}{1.05^2} + \frac{0.054}{1.05^3} + \frac{0.0297}{1.05^4} \right) = 6622.24$$

$$\text{APV3} = 15000 \left(\frac{0.24}{1.05^2} + \frac{0.204}{1.05^3} + \frac{0.1296}{1.05^4} \right) = 7507.98$$

따라서 이 보험급부의 APV는

$$\text{APV} = \text{APV1} + \text{APV2} + \text{APV3} = 23119.53 \text{이다.}$$

(b) 보험료 1원의 납입에 대한 EPV를 구하면

$$\text{EPV} = 1 + \frac{0.6}{1.05} + \frac{0.36}{1.05^2} + \frac{0.198}{1.05^3} = 2.0690$$

따라서 수지상등의 원칙에 의하여

$$P = \frac{\text{APV}}{\text{EPV}} = \frac{23119.53}{2.0690} = 11174.25$$

(c) (i) $_2V^{(0)}$은 제2보험연도말에 건강상태에 있다는 조건하에서의 책임준비금이므로 제2보험연도말에서의 상태벡터는 (1 0 0 0)이다. 제3보험연도말에서의 상태벡터는 (0.55 0.3 0.15 0)이고, 제4보험연도말에서의 상태벡터는 (0.275 0.2225 0.2325 0.27)이다.

따라서 향후 상태 1, 상태 2, 상태 3에서 발생할 급부의 APV는

$$\text{APV4} = 15000 \left(\frac{0.3}{1.05} + \frac{0.55 \times 0.35}{1.05^2} \right) = 6904.76$$

$$\text{APV5} = 30000 \left(\frac{0.15}{1.05} + \frac{0.2325 - 0.15}{1.05^2} \right) = 6530.61$$

$$\text{APV6} = 15000 \left(\frac{0.27}{1.05^2} \right) = 3673.47$$

향후 납입되는 보험료의 EPV7은

$$\text{EPV7} = 11174.25 \left(1 + \frac{0.55}{1.05} \right) = 17027.43$$

따라서 제2보험연도말에 건강상태에 있는 피보험자에 대한 책임준비금 $_2V^{(0)}$는

$$_2V^{(0)} = \text{APV4} + \text{APV5} + \text{APV6} - \text{EPV7} = 81.41$$

(ii) $_2V^{(1)}$은 제2보험연도말에 상태 1에 있다는 조건하에서의 책임준비금이므로 제2보험연도말에서의 상태벡터는 (0 1 0 0)이다. 제3보험연도말에서의 상태벡터는 (0 0.15

0 0.85)이고, 제4보험연도말에서의 상태벡터는 (0 0.015 0 0.985)이다. 따라서 향후 발생할 급부의 APV8은

$$APV8 = 15000\left(\frac{0.85}{1.05} + \frac{0.985 - 0.85}{1.05^2}\right) = 13979.59$$

향후 보험료의 납입은 없으므로 제2보험연도말에 상태 1에 있는 피보험자에 대한 책임준비금 $_2V^{(1)}$는

$$_2V^{(1)} = APV8 = 13979.59$$

Ⅱ. 일반이론

1. 다중상태모형 2와 전이확률

(1) 전이력의 정의

(i) $\mu_x^{ij} = \lim\limits_{h \to 0^+} \dfrac{{}_hp_x^{ij}}{h}, \ i \neq j$

(ii) ${}_tp_x^{\overline{ii}} = \exp\left(-\int_0^t \sum\limits_{j=0, j \neq i}^{n} \mu_{x+s}^{ij} \, ds\right)$

(2) 다중상태모형 2와 기본 전이확률

(i) ${}_tp_x^{\overline{00}} = \exp\left(-\int_0^t \mu_{x+s}^{01} + \mu_{x+s}^{02} \, ds\right)$

(ii) ${}_tp_x^{\overline{11}} = \exp\left(-\int_0^t \mu_{x+s}^{12} \, ds\right)$

(iii) ${}_tp_x^{01} = \int_0^t {}_sp_x^{\overline{00}} \, \mu_{x+s}^{01} \, \exp\left(-\int_s^t \mu_{x+u}^{12} \, du\right) ds$

$\qquad = \int_0^t {}_sp_x^{\overline{00}} \, \mu_{x+s}^{01} \, {}_{t-s}p_{x+s}^{\overline{11}} \, ds$

(3) 전이력이 모두 상수인 경우, ${}_tp_0^{01}$ (다중상태모형 2)

(i) $\mu^{01} + \mu^{02} \neq \mu^{12}$인 경우: ${}_tp_0^{01} = \mu^{01} \, e^{-(\mu^{12})t} \left(\dfrac{1 - e^{-(\mu^{01} + \mu^{02} - \mu^{12})t}}{\mu^{01} + \mu^{02} - \mu^{12}}\right)$

(ii) $\mu^{01} + \mu^{02} = \mu^{12}$인 경우: ${}_tp_0^{01} = \mu^{01} \, e^{-(\mu^{12})t} \, t$

2. 콜모고로프 전진방정식(KFE)과 다중상태모형

(1) 콜모고로프 전진방정식(KFE)

$$\frac{d}{dt}\left({}_tp_x^{ij}\right) = \sum_{k=0, k \neq j}^{n} \left({}_tp_x^{ik} \, \mu_{x+t}^{kj} - {}_tp_x^{ij} \, \mu_{x+t}^{jk}\right) = \sum_{k=0, k \neq j}^{n} {}_tp_x^{ik} \, \mu_{x+t}^{kj} - {}_tp_x^{ij} \, \mu_{x+t}^{j\bullet}$$

초기조건: $_0p_x^{ii} = 1$, $_0p_x^{ij} = 0 \, (i \neq j)$

$$\mu_{x+t}^{j\bullet} = \sum_{k=0, k \neq j}^{n} \mu_{x+t}^{jk}$$

(2) KFE와 다중상태모형 2

$$\frac{d}{dt} \, _tp_x^{01} = \, _tp_x^{00} \, \mu_{x+t}^{01} - \, _tp_x^{01} \, \mu_{x+t}^{12}$$

초기조건: $_0p_x^{00} = 1$, $_0p_x^{01} = 0$

(3) KFE와 다중상태모형 3

(i) KFE의 성분형식

$$\frac{d}{dt} \, _tp_x^{00} = -\, _tp_x^{00} \, (\mu_{x+t}^{01} + \mu_{x+t}^{02}) + \, _tp_x^{01} \, \mu_{x+t}^{10}$$

$$\frac{d}{dt} \, _tp_x^{01} = \, _tp_x^{00} \, \mu_{x+t}^{01} - \, _tp_x^{01} \, (\mu_{x+t}^{10} + \mu_{x+t}^{12})$$

초기조건은 $_0p_x^{00} = 1$, $_0p_x^{01} = 0$

$$\frac{d}{dt} \, _tp_x^{10} = -\, _tp_x^{10} \, (\mu_{x+t}^{01} + \mu_{x+t}^{02}) + \, _tp_x^{11} \, \mu_{x+t}^{10}$$

$$\frac{d}{dt} \, _tp_x^{11} = \, _tp_x^{10} \, \mu_{x+t}^{01} - \, _tp_x^{11} \, (\mu_{x+t}^{10} + \mu_{x+t}^{12})$$

초기조건은 $_0p_x^{10} = 0$, $_0p_x^{11} = 1$

(ii) 오일러방법을 이용한 KFE의 표현

$$_{t+h}p_x^{00} \approx \, _tp_x^{00} + h\left[-\, _tp_x^{00} \, (\mu_{x+t}^{01} + \mu_{x+t}^{02}) + \, _tp_x^{01} \, \mu_{x+t}^{10}\right]$$

$$_{t+h}p_x^{01} \approx \, _tp_x^{01} + h\left[-\, _tp_x^{01} \, (\mu_{x+t}^{10} + \mu_{x+t}^{12}) + \, _tp_x^{00} \, \mu_{x+t}^{01}\right]$$

초기값 $_0p_x^{00} = 1$, $_0p_x^{01} = 0$

$$_{t+h}p_x^{10} \approx \, _tp_x^{10} + h\left[-\, _tp_x^{10} \, (\mu_{x+t}^{01} + \mu_{x+t}^{02}) + \, _tp_x^{11} \, \mu_{x+t}^{10}\right]$$

$$_{t+h}p_x^{01} \approx \, _tp_x^{11} + h\left[-\, _tp_x^{11} \, (\mu_{x+t}^{10} + \mu_{x+t}^{12}) + \, _tp_x^{10} \, \mu_{x+t}^{01}\right]$$

초기값은 $_0p_x^{10} = 0$, $_0p_x^{11} = 1$

3. 다중상태모형의 보험료와 책임준비금

(1) 보험급부의 형태에 따른 APV

(i) 특정 전이로부터 발생하는 보험급부의 APV

$$\text{APV1} = \int_0^m b_t \, \upsilon^t \, {}_tp_x^{ij} \, \mu_{x+t}^{jk} \, dt$$

(ii) 특정 상태를 떠날 때 발생하는 보험급부의 APV

$$\text{APV2} = \int_0^m \sum_{k \neq j} b_t \, \upsilon^t \, {}_tp_x^{ij} \, \mu_{x+t}^{jk} \, dt = \int_0^m b_t \, \upsilon^t \, {}_tp_x^{ij} \, \mu_{x+t}^{j\bullet} \, dt$$

(iii) 특정 상태 k에 진입할 때마다 발생하는 보험급부의 APV

$$\text{APV3} = \int_0^m \sum_{j \neq k} b_t \, \upsilon^t \, {}_tp_x^{ij} \, \mu_{x+t}^{jk} \, dt$$

(iv) 특정 상태 j에 있는 경우 발생하는 보험급부의 APV

$$\bar{a}_{x:\overline{m}|}^{ij} = \int_0^m \upsilon^t \, {}_tp_x^{ij} \, dt$$

매 연도초에 특정 상태 j에 있는 경우 지급되는 급부의 APV

$$\ddot{a}_{x:\overline{m}|}^{ij} = \sum_{t=0}^{m-1} \upsilon^t \, {}_tp_x^{ij}$$

(2) 다중상태모형의 책임준비금

(i) 다중상태모형의 Thiele의 미분방정식

$$\frac{d}{dt} \, {}_tV^{(i)} = \delta_t \, {}_tV^{(i)} - B_t^{(i)} - \sum_{j=0, j\neq i}^{n} \mu_{x+t}^{ij} \left(S_t^{(ij)} + {}_tV^{(j)} - {}_tV^{(i)} \right)$$

(ii) 오일러방법을 이용하기 위한 다중상태모형의 Thiele의 미분방정식

$$_{t-h}V^{(i)} = {}_tV^{(i)} (1 - \delta_t \, h) + h \, B_t^{(i)} + h \sum_{j=0, j\neq i}^{n} \mu_{x+t}^{ij} \left(S_t^{(ij)} + {}_tV^{(j)} - {}_tV^{(i)} \right)$$

4. 다중상태모형과 다중탈퇴모형

(1) 기본식

$$_tp_x^{00} = {}_tp_x^{\overline{00}} = \exp\left(- \int_0^t \sum_{i=1}^{m} \mu_{x+s}^{0i} \, ds \right)$$

$$_tp_x^{0j} = \int_0^t \exp\left(-\int_0^s \sum_{i=1}^m \mu_{x+r}^{0i}\,dr\right)\mu_{x+s}^{0j}\,ds = \int_0^t {}_tp_x^{00}\,\mu_{x+s}^{0j}\,ds$$

(2) 단수부분의 탈퇴가정

(i) UDTMD / UDDMD가정

$$_tp_x^{0j} = t\,p_x^{0j}$$

(ii) CFTMD / CFDMD가정

$$\mu_{x+t}^{0j} = \mu_x^{0j}, \qquad _tp_x^{0j} = \frac{p_x^{0j}}{p_x^{0\bullet}}(1-(p_x^{00})^t)$$

(3) 독립률(절대탈퇴율)의 계산

(i) UDTMD(UDDMD)가정

$$_tp_x^{0k} = t\,p_x^{0k}, \qquad _tp_x^{00}\,\mu_{x+t}^{0j} = p_x^{0j}$$

$$\mu_{x+t}^{0j} = \frac{p_x^{0j}}{1-t\,p_x^{0\bullet}}, \qquad p_x'^{(j)} = (p_x^{00})^{(p_x^{0j}/p_x^{0\bullet})}$$

(ii) CFTMD(CFDMD)가정

$$\mu_x^{0j} = \mu_x^{0\bullet}\,\frac{p_x^{0j}}{p_x^{0\bullet}}, \qquad p_x'^{(j)} = (p_x^{00})^{(p_x^{0j}/p_x^{0\bullet})}$$

(4) 다중탈퇴율의 계산

(i) UDTMD(UDDMD)가정과 CFTMD(CFDMD)가정

$$p_x^{0j} = \frac{\ln p_x'^{(j)}}{\ln p_x^{00}}\,p_x^{0\bullet}$$

(ii) UDTSD(UDDSD) 가정

$$_tq_x'^{(j)} = t\,q_x'^{(j)}, \qquad _tp_x'^{(j)}\,\mu_{x+t}^{0j} = q_x'^{(j)}$$

5. 다중상태모형과 연생모형

(1) 종속적 연생모형

전이확률의 정의

$$_tp_{xy}^{ii} = {}_tp_{xy}^{\overline{ii}}, \quad i=0,\,1,\,2,\,3$$

$$_tp_x^{00} = \exp\left(-\int_0^t (\mu_{x+s:y+s}^{01} + \mu_{x+s:y+s}^{02})\, ds\right)$$

$$_tp_{xy}^{11} = \exp\left(-\int_0^t \mu_{x+s}^{13}\, ds\right) \qquad\qquad _tp_y^{22} = \exp\left(-\int_0^t \mu_{y+s}^{23}\, ds\right)$$

$$_tp_{xy}^{01} = \int_0^t {_sp_{xy}^{00}}\, \mu_{x+s:y+s}^{01}\, {_{t-s}p_{x+s}^{11}}\, ds, \quad _tp_{xy}^{02} = \int_0^t {_sp_{xy}^{00}}\, \mu_{x+s:y+s}^{02}\, {_{t-s}p_{y+s}^{22}}\, ds$$

$$_tq_{xy}^1 = \int_0^t {_rp_{xy}^{00}}\, \mu_{x+r:y+r}^{02}\, dr, \qquad\qquad _tq_{xy}^2 = \int_0^t {_rp_{xy}^{01}}\, \mu_{x+r}^{13}\, dr$$

$$_tq_x = {_tq_{xy}^1} + {_tq_{xy}^2} = \int_0^t {_sp_{xy}^{00}}\, \mu_{x+s:y+s}^{02}\, ds + \int_0^t {_sp_{xy}^{01}}\, \mu_{x+s}^{13}\, ds$$

(2) 다중상태모형 6의 연금과 보험(종속적 연생모형)

(i) 연금의 APV(다중상태모형 6: 종속적 연생모형)

$$\bar{a}_y = \int_0^\infty e^{-\delta t} ({_tp_{xy}^{00}} + {_tp_{xy}^{02}})\, dt = \bar{a}_{xy}^{00} + \bar{a}_{xy}^{02}$$

$$\bar{a}_x = \int_0^\infty e^{-\delta t} ({_tp_{xy}^{00}} + {_tp_{xy}^{01}})\, dt = \bar{a}_{xy}^{00} + \bar{a}_{xy}^{01}$$

$$\bar{a}_{xy} = \int_0^\infty e^{-\delta t}\, {_tp_{xy}^{00}}\, dt = \bar{a}_{xy}^{00}$$

$$\bar{a}_{\overline{xy}} = \int_0^\infty e^{-\delta t} ({_tp_{xy}^{00}} + {_tp_{xy}^{01}} + {_tp_{xy}^{02}})\, dt$$

$$\bar{a}_{x|y} = \int_0^\infty e^{-\delta t}\, {_tp_{xy}^{02}}\, dt = \bar{a}_{xy}^{02}$$

(ii) 보험의 APV(다중상태모형 6: 종속적 연생모형)

$$\bar{A}_x = \int_0^\infty e^{-\delta t} ({_tp_{xy}^{00}}\, \mu_{x+t:y+t}^{02} + {_tp_{xy}^{01}}\, \mu_{x+t}^{13})\, dt = \bar{A}_{xy}^1 + \bar{A}_{xy}^2$$

$$\bar{A}_{xy} = \int_0^\infty e^{-\delta t}\, {_tp_{xy}^{00}} (\mu_{x+t:y+t}^{01} + \mu_{x+t:y+t}^{02})\, dt = \bar{A}_{xy}^{01} + \bar{A}_{xy}^{02}$$

$$\bar{A}_{\overline{xy}} = \int_0^\infty e^{-\delta t} ({_tp_{xy}^{01}}\, \mu_{x+t}^{13} + {_tp_{xy}^{02}}\, \mu_{y+t}^{23})\, dt$$

$$\bar{A}_{xy}^1 = \int_0^\infty e^{-\delta t}\, {_tp_{xy}^{00}}\, \mu_{x+t:y+t}^{02}\, dt = \bar{A}_{xy}^{02}$$

$$\bar{A}_{xy:\overline{n|}}^1 = \int_0^n e^{-\delta t}\, {_tp_x^{00}}\, \mu_{x+t:y+t}^{02}\, dt$$

$$\bar{A}^2_{xy} = \int_0^\infty e^{-\delta t} \, {}_t p^{01}_{xy} \, \mu^{13}_{x+t} \, dt$$

(3) 공통충격모형

(i) 지수공통충격모형(다중상태모형 7)

$$T_x = \min(T_x^*, Z), \qquad T_y = \min(T_y^*, Z)$$

$$T_{xy} = \min(T_x^*, T_y^*, Z), \qquad T_{\overline{xy}} = \max(T_x^*, T_y^*, Z)$$

T_x는 모수가 $\mu_x + \lambda$인 지수분포를 따르며, T_y는 모수가 $\mu_y + \lambda$인 지수분포를 따르며, T_{xy}는 모수가 $\mu_x + \mu_y + \lambda$인 지수분포를 따른다.

(ii) 지수공통충격모형과 전이확률

$$\mu^{0\bullet}_t = \mu_{x+t} + \mu_{y+t} + \lambda = \mu_x + \mu_y + \lambda$$

$${}_t p^{00}_{xy} = \exp\left(-\int_0^t (\mu_x + \mu_y + \lambda)\,ds\right) = e^{-(\mu_x + \mu_y + \lambda)t}$$

$${}_t p^{01}_{xy} = e^{-(\mu_x + \lambda)t}(1 - e^{-\mu_y t}), \qquad\qquad {}_t p^{02}_{xy} = e^{-(\mu_y + \lambda)t}(1 - e^{-\mu_x t})$$

$${}_t p^{03}_{xy} = 1 - {}_t p^{00}_{xy} - {}_t p^{01}_{xy} - {}_t p^{02}_{xy} = 1 - e^{-(\mu_x + \lambda)t} - e^{-(\mu_y + \lambda)t} + e^{-(\mu_x + \mu_y + \lambda)t}$$

10.2 기본연습문제

01 다중상태모형 2(영구장해모형)를 고려한다. 다음과 같은 조건이 주어질 때 ${}_{10}p^{\overline{00}}_{30}$를 구하시오.

(i) $\mu^{01}_x = 0.0002\,x^{3/2}$ (ii) $\mu^{02}_x = 0.0001\,x^{3/2}$ (iii) $\mu^{12}_x = 0.0006\,x^{3/2}$

풀이

조건 (iii)은 여기서는 사용되지 않는다.

$${}_{10}p^{\overline{00}}_{30} = \exp\left(-\int_0^{10} \mu^{01}_{30+s} + \mu^{02}_{30+s}\,ds\right)$$

$$= \exp\left(-\int_0^{10} 0.0002\,(30+s)^{\frac{3}{2}} + 0.0001\,(30+s)^{\frac{3}{2}}\,ds\right)$$

$$= \exp\left(-\int_0^{10} 0.0003\,(30+s)^{\frac{3}{2}}\,ds\right)$$

$$= \exp\left[-0.0003\left[\frac{2}{5}\,(40)^{\frac{5}{2}} - \frac{2}{5}\,(30)^{\frac{5}{2}}\right]\right]$$

$$= e^{-0.62277} = 0.53646$$

02 다음과 같은 다중상태모형을 고려한다.

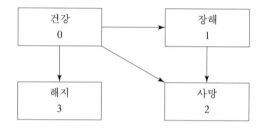

다음과 같은 조건하에서 건강(상태 0)한 50세의 피보험자가 60세에 장해상태(상태 1)에 있을 확률을 구하시오.

(i) $\mu_x^{01} = 0.05$ (ii) $\mu_x^{02} = 0.02$ (iii) $\mu_x^{03} = 0.10$ (iv) $\mu_x^{12} = 0.03$

풀이

$$_sp_{50}^{00} = \exp\left(-\int_0^s \mu_{50+u}^{01} + \mu_{50+u}^{02} + \mu_{50+u}^{03}\,du\right)$$

$$= \exp\left(-\int_0^s 0.05 + 0.02 + 0.1\,du\right)$$

$$= e^{-(0.05+0.02+0.1)\,s} = e^{-0.17s}$$

따라서

$$_{10}p_{50}^{00} = e^{-0.17\times 10} = 0.18268$$

시간동질 마르코프모형이므로 $_{10-s}p_{50+s}^{11} = e^{-0.03(10-s)}$

따라서

$$_{10}p_{50}^{01} = \int_0^{10} {_sp_{50}^{00}}\,\mu_{50+s}^{01}\,{_{10-s}p_{50+s}^{11}}\,ds$$

$$= \int_0^{10} e^{-0.17s}\,(0.05)\,e^{-0.03(10-s)}\,ds = 0.05\,e^{-0.03\times 10}\int_0^{10} e^{-0.14s}\,ds$$

$$= 0.05\, e^{-0.03 \times 10} \left(\frac{1 - e^{-0.14 \times 10}}{0.14} \right) = 0.19933$$

또는 전이력이 모두 상수인 경우 $_t p_x^{01}$을 구하는 식을 이용하여 $_{10}p_{50}^{01}$를 구해보면

$$_{10}p_{50}^{01} = 0.05\, e^{-0.03(10)} \left(\frac{1 - e^{-(0.05 + 0.02 + 0.1 - 0.03)(10)}}{0.05 + 0.02 + 0.1 - 0.03} \right)$$

$$= 0.05\, e^{-0.03(10)} \left(\frac{1 - e^{-0.14(10)}}{0.14} \right) = 0.19933$$

03 다중상태모형 2(영구장해모형)를 고려한다. 다음과 같은 조건이 주어질 때 40세의 건강(상태 0)한 피보험자가 55세와 60세 사이에서 사망상태(상태 2)로 들어갈(enter) 확률을 구하시오.

(i) $\mu_x^{01} = 0.12$ (ii) $\mu_x^{02} = 0.08$ (iii) $\mu_x^{12} = 0.1$

  ⬛ **풀이**

55세와 60세에 사망상태로 들어갈 확률을 각각 구해야 한다. 40세에서 $40+t$ 세에 사망상태로 들어갈 확률은 $1 - {_t p_{40}^{00}} - {_t p_{40}^{01}}$로 구할 수 있다.

$$_t p_{40}^{00} = \exp\left(-\int_0^t \mu_{40+s}^{01} + \mu_{40+s}^{02} \, ds \right) = e^{-(0.12 + 0.08)t} = e^{-0.2t} \text{이고,}$$

전이력이 모두 상수인 경우 $_t p_x^{01}$을 구하는 식을 이용하면

$$_t p_{40}^{01} = 0.12\, e^{-0.1t} \left(\frac{1 - e^{-0.1t}}{0.1} \right) = 1.2\, e^{-0.1t}(1 - e^{-0.1t})$$

임을 알 수 있다.

$$_{15}p_{40}^{00} = e^{-0.2 \times 15} = 0.04979, \quad {_{15}p_{40}^{01}} = 1.2\, e^{-0.1 \times 15}(1 - e^{-0.1 \times 15}) = 0.20801$$

$$_{20}p_{40}^{00} = e^{-0.2 \times 20} = 0.01832, \quad {_{20}p_{40}^{01}} = 1.2\, e^{-0.1 \times 20}(1 - e^{-0.1 \times 20}) = 0.14042$$

따라서 55세와 60세에 사망상태로 들어갈 확률을 각각 구하면 다음과 같다.

$$_{15}p_{40}^{02} = 1 - {_{15}p_{40}^{00}} - {_{15}p_{40}^{01}} = 0.7422, \quad {_{20}p_{40}^{02}} = 1 - {_{20}p_{40}^{00}} - {_{20}p_{40}^{01}} = 0.84126$$

따라서 55세와 60세 사이에서 사망상태로 들어갈 확률은

$$_{20}p_{40}^{02} - {_{15}p_{40}^{02}} = 0.84126 - 0.7422 = 0.09906$$

04 다중상태모형 2(영구장해모형)를 고려한다. 다음과 같은 조건이 주어졌을 때 상태 0(건강)에 있는 30세 사람이 40세에 상태 2에 있을 확률을 구하시오($x < 80$).

(i) $\mu_x^{01} = \dfrac{2}{80 - x}$ (ii) $\mu_x^{02} = \mu_x^{12} = \dfrac{1}{80 - x}$

풀이

이 문제는 $_{10}p_{30}^{02}$를 구하는 문제이다.

$$_sp_{30}^{00} = \exp\left[-\int_0^s (\mu_{x+t}^{01} + \mu_{x+t}^{02})\, dt\right] = \exp\left(-\int_0^s \frac{3}{50-t}\, dt\right) = \left(\frac{50-s}{50}\right)^3$$

이므로 $_{10}p_{30}^{00} = 0.512$

$$_{10-s}p_{30+s}^{11} = \exp\left(-\int_s^{10} \mu_{x+t}^{12}\, dt\right) = \exp\left(-\int_s^{10} \frac{1}{50-t}\, dt\right) = \frac{40}{50-s}$$

$$_{10}p_{30}^{01} = \int_0^{10} {_sp_{30}^{00}}\, \mu_{30+s}^{01}\, {_{10-s}p_{30+s}^{11}}\, ds$$

$$= \int_0^{10} \left(\frac{50-s}{50}\right)^3 \left(\frac{2}{50-s}\right)\left(\frac{40}{50-s}\right) ds = 0.288$$

$_{10}p_{30}^{00} + {_{10}p_{30}^{01}} + {_{10}p_{30}^{02}} = 1$이므로 $_{10}p_{30}^{02} = 0.2$

$0 \to 2$로 직접 가는 확률과 $0 \to 1 \to 2$로 상태 1을 거쳐서 가는 확률을 이용하여 $_{10}p_{30}^{02} = 0.2$이 되는 것은 각자 확인해 보도록 하자.

05 다중상태모형 2(영구장해모형)를 고려한다. 다음과 같은 조건이 주어질 때 0시점에서 건강(상태 0)한 50세의 피보험자가 50.2세에 장해상태(상태 1)에 있을 확률을 콜모고르프 전진방정식(KFE)을 이용하여 구하시오. 수치해석방법은 $h = 0.1$인 오일러방법을 사용하시오.

(i) $\mu_x^{01} = 0.006x$ (ii) $\mu_x^{02} = 0.005x$ (iii) $\mu_x^{12} = 0.007x$

풀이

$$_{t+h}p_x^{00} \approx {_tp_x^{00}} + h\left[-{_tp_x^{00}}(\mu_{x+t}^{01} + \mu_{x+t}^{02}) + {_tp_x^{01}}\, \mu_{x+t}^{10}\right]$$

$$_{t+h}p_x^{01} \approx {_tp_x^{01}} + h\left[-{_tp_x^{01}}(\mu_{x+t}^{10} + \mu_{x+t}^{12}) + {_tp_x^{00}}\, \mu_{x+t}^{01}\right]$$

임을 이용하면

$$_{0.1}p_{50}^{00} = {_0p_{50}^{00}} - h(\mu_{50}^{01} + \mu_{50}^{02}) = 1 - 0.1[0.006(50) + 0.005(50)] = 0.945$$

$$_{0.1}p_{50}^{01} = {_0p_{50}^{01}} + h\, \mu_{50}^{01} = 0 + (0.1)[0.006(50)] = 0.03$$

따라서

$$_{0.2}p_{50}^{01} = {_{0.1}p_{50}^{01}} + h\left(-{_{0.1}p_{50}^{01}}\, \mu_{50.1}^{12} + {_{0.1}p_{50}^{00}}\, \mu_{50.1}^{01}\right)$$

$$= 0.03 + 0.1\left[-0.03(0.007 \times 50.1) + 0.945(0.006 \times 50.1)\right]$$

$$= 0.05735$$

06 $x < 90$에 대하여 다음과 같은 전이력을 갖는 다중상태모형 2를 생각한다.

(i) $\mu_x^{01} = \dfrac{0.8}{90-x}$　　　(ii) $\mu_x^{02} = \dfrac{0.2}{90-x}$　　　(iii) $\mu_x^{12} = 0.2$

피보험자 (40)은 5년납입 보험에 가입하였다. 보험기간은 5년이다. 매년말에 피보험자가 장해상태에 있으면 장해급부 3,000원을 지급하고, 5년 안에 사망시 사망한 해의 말에 사망보험금 20,000원을 지급한다. 수지상등의 원칙에 따라 계산된 보험료는 건강한 피보험자가 연초에 납입한다. 이 보험의 연납평준순보험료를 구하시오. 단 $i = 0.05$이다(가정불성립).

> **풀이**

(i) 보험급부에 대한 APV를 장해급부에 대한 APV1과 사망급부에 대한 APV2로 나누어서 구하기로 한다. 장해급부에 대한 APV1을 구하기 위한 전이확률은 다음과 같이 구할 수 있다.

$$_t p_{40}^{00} = \exp\left[-\int_0^t (\mu_{40+s}^{01} + \mu_{40+s}^{02})\,ds\right] = \exp\left[-\int_0^t \frac{1}{50-s}\,ds\right] = \frac{50-t}{50}$$

$$_t p_{40}^{01} = \int_0^t {}_s p_{40}^{\overline{00}}\, \mu_{40+s}^{01}\, {}_{t-s} p_{40+s}^{\overline{11}}\,ds = \int_0^t \left(\frac{50-s}{50}\right)\left(\frac{0.8}{50-s}\right)\left(\frac{50-t}{50-s}\right)ds$$

$$= \frac{0.8\,(50-t)}{50}\int_0^t \frac{1}{50-s}\,ds = \frac{0.8\,(50-t)}{50}\ln\left(\frac{50}{50-t}\right)$$

장해급부는 상태 1에 있으면 지급되므로, 각 보험연도말에 상태 1에 있을 확률을 구하면 다음과 같다.

$$p_{40}^{01} = \frac{0.8\,(49)}{50}\ln\left(\frac{50}{49}\right) = 0.01584, \quad {}_2p_{40}^{01} = \frac{0.8\,(48)}{50}\ln\left(\frac{50}{48}\right) = 0.03135$$

$$_3p_{40}^{01} = 0.04653, \quad {}_4p_{40}^{01} = 0.06137, \quad {}_5p_{40}^{01} = 0.07586$$

따라서 장해급부에 대한 APV1은

$$\text{APV1} = 3000\left(\frac{0.01584}{1.05} + \frac{0.03135}{1.05^2} + \frac{0.04653}{1.05^3} + \frac{0.06137}{1.05^4} + \frac{0.07586}{1.05^5}\right)$$

$$= 580.93$$

사망급부의 APV2를 구하기 위해 $_t p_{40}^{02}$를 구해보자.

$_t p_{40}^{02} = 1 - {}_t p_{40}^{00} - {}_t p_{40}^{01}$이므로 $_t p_{40}^{00} = \dfrac{50-t}{50}$를 이용하면,

$$p_{40}^{02} = 1 - \frac{49}{50} - 0.01584 = 0.00416, \quad {}_2p_{40}^{02} = 1 - \frac{48}{50} - 0.03135 = 0.00865$$

$$_3p_{40}^{02} = 0.01347, \quad {}_4p_{40}^{02} = 0.01863, \quad {}_5p_{40}^{02} = 0.02414$$

이다. 사망상태는 흡수상태이기 때문에 매 보험연도별 사망확률은 $_{t+1}p_{40}^{02} - {}_t p_{40}^{02}\,(t = 0, 1, 2, 3, 4)$이다. 따라서 사망급부에 대한 APV2는

$$APV2 = 20000 \left(\frac{0.00416}{1.05} + \frac{0.00865 - 0.00416}{1.05^2} + \frac{0.01347 - 0.00865}{1.05^3} \right.$$

$$\left. + \frac{0.01863 - 0.01347}{1.05^4} + \frac{0.02414 - 0.01863}{1.05^5} \right) = 415.21$$

따라서 보험급부에 대한 APV는

$$APV = APV1 + APV2 = 580.93 + 415.21 = 996.14$$

(ii) 보험료는 건강상태에 있는 피보험자가 납입하므로 $_tp_{40}^{00} = \frac{50-t}{50}$ 로부터 $p_{40}^{00} = \frac{49}{50}$,
$_2p_{40}^{00} = \frac{48}{50}$, $_3p_{40}^{00} = \frac{47}{50}$, $_4p_{40}^{00} = \frac{46}{50}$ 이므로, 보험료 1원의 납입에 대한 EPV는

$$EPV = 1 + \frac{1}{1.05}\left(\frac{49}{50}\right) + \frac{1}{1.05^2}\left(\frac{48}{50}\right) + \frac{1}{1.05^3}\left(\frac{47}{50}\right) + \frac{1}{1.05^4}\left(\frac{46}{50}\right) = 4.37298$$

수지상등의 원칙에 의하여 $P = \dfrac{APV}{EPV} = \dfrac{996.14}{4.37298} = 227.79$

07 식 (10.2.6.23)의 우변 $\displaystyle\int_0^n \left(\bar{a}^{11}_{x+t:\overline{n-t}|}\right) e^{-\delta t} {_tp_x^{\overline{00}}} \mu_{x+t}^{01} \, dt$ 가

$$\frac{\mu_x^{01}}{\mu_x^{01} + \mu_x^{02} - \mu_x^{12}} \left[\frac{1 - \exp\left[-(\delta + \mu_x^{12})n\right]}{\delta + \mu_x^{12}} - \frac{1 - \exp\left[-(\delta + \mu_x^{01} + \mu_x^{02})n\right]}{\delta + \mu_x^{01} + \mu_x^{02}} \right] = \bar{a}^{01}_{x:\overline{n}|}$$

과 같음을 증명하시오.

> **풀이**

$$\bar{a}^{01}_{x:\overline{n}|} = \int_0^n \left(\bar{a}^{11}_{x+t:\overline{n-t}|}\right) e^{-\delta t} {_tp_x^{\overline{00}}} \mu_{x+t}^{01} \, dt$$

$\bar{a}^{11}_{x+t:\overline{n-t}|}$ 을 $\bar{a}^{11}_{x:\overline{n}|} = \dfrac{1 - \exp\left[-(\delta + \mu_x^{12})n\right]}{\delta + \mu_x^{12}}$ 를 이용하여 나타내면

$$= \int_0^n \frac{1 - \exp\left[-(\delta + \mu_x^{12})(n-t)\right]}{\delta + \mu_x^{12}} e^{-\delta t} \, e^{-(\mu_x^{01} + \mu_x^{02})t} \mu_x^{01} \, dt$$

$$= \frac{\mu_x^{01}}{\delta + \mu_x^{12}} \int_0^n \left(1 - \exp\left[-(\delta + \mu_x^{12})(n-t)\right]\right) e^{-(\delta + \mu_x^{01} + \mu_x^{02})t} \, dt$$

$$= \frac{\mu_x^{01}}{\delta + \mu_x^{12}} \left[\frac{1 - \exp\left[-(\delta + \mu_x^{01} + \mu_x^{02})n\right]}{\delta + \mu_x^{01} + \mu_x^{02}} \right.$$

$$\left. - \left(\exp\left[-(\delta + \mu_x^{12})n\right]\right) \times \frac{1 - \exp\left[-(\mu_x^{01} + \mu_x^{02} - \mu_x^{12})n\right]}{\mu_x^{01} + \mu_x^{02} - \mu_x^{12}} \right]$$

식 (10.2.6.12)의 형태를 만들기 위하여 다음과 같은 식 변형 절차를 밟아보자.

$$= \frac{\mu_x^{01}}{\delta + \mu_x^{12}} \left[\frac{1 - \exp\left[-(\delta + \mu_x^{01} + \mu_x^{02})n\right]}{\delta + \mu_x^{01} + \mu_x^{02}} \right.$$

$$\left. - \frac{\exp\left[-(\delta + \mu_x^{12})n\right]}{\mu_x^{01} + \mu_x^{02} - \mu_x^{12}} + \frac{\exp\left[-(\delta + \mu_x^{01} + \mu_x^{02})n\right]}{\mu_x^{01} + \mu_x^{02} - \mu_x^{12}} \right]$$

$$= \frac{\mu_x^{01}}{\delta + \mu_x^{12}} \left[\frac{1}{\delta + \mu_x^{01} + \mu_x^{02}} - \frac{\exp\left[-(\delta + \mu_x^{12})n\right]}{\mu_x^{01} + \mu_x^{02} - \mu_x^{12}} \right.$$

$$\left. + \frac{(\delta + \mu_x^{12}) \exp\left[-(\delta + \mu_x^{01} + \mu_x^{02})n\right]}{(\delta + \mu_x^{01} + \mu_x^{02})(\mu_x^{01} + \mu_x^{02} - \mu_x^{12})} \right]$$

$$= \frac{\mu_x^{01}}{(\delta + \mu_x^{12})(\delta + \mu_x^{01} + \mu_x^{02})} - \frac{\mu_x^{01} \exp\left[-(\delta + \mu_x^{12})n\right]}{(\delta + \mu_x^{12})(\mu_x^{01} + \mu_x^{02} - \mu_x^{12})}$$

$$+ \frac{\mu_x^{01} \exp\left[-(\delta + \mu_x^{01} + \mu_x^{02})n\right]}{(\delta + \mu_x^{01} + \mu_x^{02})(\mu_x^{01} + \mu_x^{02} - \mu_x^{12})}$$

$\mu_x^{01} + \mu_x^{02} - \mu_x^{12}$가 분모에 나타날 수 있게 변형하면,

$$= \frac{\mu_x^{01}}{\mu_x^{01} + \mu_x^{02} - \mu_x^{12}} \left[\frac{\mu_x^{01} + \mu_x^{02} - \mu_x^{12}}{(\delta + \mu_x^{12})(\delta + \mu_x^{01} + \mu_x^{02})} \right.$$

$$\left. + \frac{\exp\left[-(\delta + \mu_x^{01} + \mu_x^{02})n\right]}{\delta + \mu_x^{01} + \mu_x^{02}} - \frac{\exp\left[-(\delta + \mu_x^{12})n\right]}{\delta + \mu_x^{12}} \right]$$

$$= \frac{\mu_x^{01}}{\mu_x^{01} + \mu_x^{02} - \mu_x^{12}} \left[\frac{\delta + \mu_x^{01} + \mu_x^{02} - (\mu_x^{12} - \delta)}{(\delta + \mu_x^{12})(\delta + \mu_x^{01} + \mu_x^{02})} \right.$$

$$\left. + \frac{\exp\left[-(\delta + \mu_x^{01} + \mu_x^{02})n\right]}{\delta + \mu_x^{01} + \mu_x^{02}} - \frac{\exp\left[-(\delta + \mu_x^{12})n\right]}{\delta + \mu_x^{12}} \right]$$

$$= \frac{\mu_x^{01}}{\mu_x^{01} + \mu_x^{02} - \mu_x^{12}} \left[\frac{1 - \exp\left[-(\delta + \mu_x^{12})n\right]}{\delta + \mu_x^{12}} - \frac{1 - \exp\left[-(\delta + \mu_x^{01} + \mu_x^{02})n\right]}{\delta + \mu_x^{01} + \mu_x^{02}} \right]$$

08 상태공간 $\{0(건강), 1(질병), 2(사망)\}$의 시간비동질 마르코프모형인 다중상태모형 3 (질병모형)을 고려한다. 피보험자 (x)가 가입한 소득상실보상보험은 피보험자가 질병 상태에 있으면 연속적 연액 1,000원을 질병급부로 지급하고, 사망하면 10,000원을 사망즉시 지급한다. 보험기간은 10년이다. 연속납평준순보험료는 건강상태에 있는 사람만 최대 10년 동안 연속적으로 납입하며 보험료의 연액은 410원이다. 다음과 같은 가정들을 이용한다.

$$\mu_{x+10}^{01} = 0.06, \quad \mu_{x+10}^{02} = 0.01, \quad \mu_{x+10}^{10} = 0.03, \quad \mu_{x+10}^{12} = 0.02$$

$$\mu_{x+9.9}^{01} = 0.059, \ \mu_{x+9.9}^{02} = 0.009, \ \mu_{x+9.9}^{10} = 0.029, \ \mu_{x+9.9}^{12} = 0.019$$

$$\mu_{x+9.8}^{01} = 0.058, \ \mu_{x+9.8}^{02} = 0.008, \ \mu_{x+9.8}^{10} = 0.028, \ \mu_{x+9.8}^{12} = 0.018$$

$\delta = 0.05$이다. $t = 9.7$에서 상태 0과 상태 1에서의 책임준비금 $_{9.7}V^{(0)}$, $_{9.7}V^{(1)}$를 Thiele의 미분방정식(TDE)을 이용하여 구하시오. 구하는 수치해석방법은 $h = 0.1$인 오일러방법을 이용하시오.

풀이

$$_{t-h}V^{(0)} = {}_tV^{(0)}(1-\delta h) - Ph + h\,\mu_{x+t}^{01}\,({}_tV^{(1)} - {}_tV^{(0)}) + h\,\mu_{x+t}^{02}\,(S - {}_tV^{(0)})$$

$$_{t-h}V^{(1)} = {}_tV^{(1)}(1-\delta h) + Bh + h\,\mu_{x+t}^{10}\,({}_tV^{(0)} - {}_tV^{(1)}) + h\,\mu_{x+t}^{12}\,(S - {}_tV^{(1)})$$

을 $_{10}V^{(0)} = {}_{10}V^{(1)} = 0$을 이용하여 후진적으로 계산하면

$$_{9.9}V^{(0)} = 0(1-0.005) - 0.1(410) + 0.1(0.01)(10000-0) = -31$$

$$_{9.9}V^{(1)} = 0(1-0.005) + 0.1(1,000) + 0.1(0.02)(10000-0) = 120$$

$$_{9.8}V^{(0)} = -31(1-0.005) - 0.1(410)$$
$$+ 0.1[(0.059)[120-(-31)] + (0.009)[10000-(-31)]] = -61.9262$$

$$_{9.8}V^{(1)} = 120(1-0.005) + 0.1(1,000)$$
$$+ 0.1[(0.029)[-31-(120)] + (0.019)[10000-(120)]] = 237.7341$$

$$_{9.7}V^{(0)} = -61.9262(1-0.005) - 0.1(410)$$
$$+ 0.1[(0.058)[237.7341-(-61.9262)] + (0.008)[10000-(-61.9262)]]$$
$$= -92.829$$

$$_{9.7}V^{(1)} = 237.7341(1-0.005) + 0.1(1,000)$$
$$+ 0.1[(0.028)[-61.9262-(237.7341)] + (0.018)[10000-(237.7341)]]$$
$$= 353.2785$$

09 시간동질 연속시간 마르코프모형인 다중상태모형 3(질병모형)을 가정한다. 이 모형이 적용된 보험은 피보험자 (x)가 질병상태(상태 1)에 있으면 연속적 연액 1,000원을 질병급부로 지급하는 보험이며, 피보험자의 사망시 사망보험금은 주어지지 않는다. 보험기간은 2년이다. 다음과 같은 조건이 주어지고 보험료는 건강(상태 0)상태인 사람들만 최대 2년 동안 연속적으로 납부한다.

(i) $\mu_{x+t}^{01} = 0.20, \ \mu_{x+t}^{02} = 0.04, \ \mu_{x+t}^{10} = 0.15, \ \mu_{x+t}^{12} = 0.08, \ t \geq 0$ \qquad (ii) $\delta = 0.05$

연속납평준순보험료의 연액 90원과 120원을 이용하여 초기준비금 $_0V^{(0)}$를 각각 구하고 이를 기초로 수지상등의 원칙을 만족시키는 연속납평준순보험료의 연액을 구하시오. $_0V^{(0)}$를 구하는 방법은 Thiele의 미분방정식을 이용하고, 수치해석방법은

$h = 1$의 오일러방법을 이용하시오.

보험기간이 2년이므로 1시점에서의 각 상태에서의 책임준비금을 생각하면 상태 0에서는 급부의 지급은 없고 보험료만 납입(연속적 납입)하게 된다. 상태 1에서는 1,000원의 질병 급부를 지급하고 보험료의 납입은 없다. 따라서 연속납평준순보험료의 연액이 90원인 경우 1시점에서의 각 상태의 책임준비금은

$$_1V^{(0)} = 0 - 90 = -90$$

$$_1V^{(1)} = 1000 - 0 = 1000 \text{이다.}$$

따라서

$$_0V^{(0)} = -90(1 - 0.05) - 90 + 0.2\,[1000 - (-90)] + 0.04\,[0 - (-90)] = 46.1$$

연속납평준순보험료의 연액이 120원인 경우도 동일하게 계산하면

$$_1V^{(0)} = 0 - 120 = -120$$

$$_1V^{(1)} = 1000 - 0 = 1000$$

$$_0V^{(0)} = -120(1 - 0.05) - 120 + 0.2\,[1000 - (-120)] + 0.04\,[0 - (-120)]$$

$$= -5.2$$

이 된다. 수지상등의 원칙을 만족시키는 연속납평준순보험료라면 $_0V^{(0)} = 0$이 될 것이다. 선형보간법을 이용하여 $_0V^{(0)} = 0$이 되게 하는 연속납평준순보험료의 연액을 구하면

$$90 + 30\left(\frac{46.1}{46.1 + 5.2}\right) = 116.96$$

10 상태공간이 $\{0, 1, 2, 3\}$인 다중상태모형 4를 고려한다. 이 모형에서 가능한 전이는 상태 0에서 상태 1, 상태 0에서 상태 2, 그리고 상태 0에서 상태 3뿐이다. 다음과 같은 가정을 이용하여 p_x^{01}를 구하시오$(t \geq 0)$.

(i) $\mu_{x+t}^{01} = 0.2$ (ii) $\mu_{x+t}^{02} = 0.3$ (iii) $\mu_{x+t}^{03} = 0.4$

다음과 같이 두 가지 방법을 이용하여 구할 수 있다.

[방법 1] p_x^{01}의 정의를 이용한 방법

$$p_x^{01} = \int_0^1 {}_tp_x^{\overline{00}}\,\mu_{x+t}^{01}\,dt$$

$${}_tp_x^{\overline{00}} = \exp\left(-\int_0^t 0.9\,ds\right) = e^{-0.9t} \text{이므로}$$

$$p_x^{01} = \int_0^1 e^{-0.9t}(0.2)\, dt = 0.2\left(\frac{1-e^{-0.9\times 1}}{0.9}\right) = 0.13187$$

[방법 2] $\mu_x^{0j} = \mu_x^{0\bullet}\,\dfrac{p_x^{0j}}{p_x^{0\bullet}}$ 를 이용한 방법

$\mu_x^{0j} = \mu_x^{0\bullet}\,\dfrac{p_x^{0j}}{p_x^{0\bullet}}$ 를 p_x^{0j} 에 대하여 정리하면

$p_x^{0j} = \dfrac{\mu_x^{0j}}{\mu_x^{0\bullet}}\,p_x^{0\bullet}$ 이고, $t \ge 0$ 에 대하여 $\mu_{x+t}^{0j} = \mu_x^{0j}$ 이므로

$$p_x^{01} = \frac{\mu_x^{01}}{\mu_x^{0\bullet}}\,p_x^{0\bullet} = \frac{0.2}{0.9}\,q_x^{(\tau)} = \frac{0.2}{0.9}\,(1-e^{-0.9}) = 0.13187$$

11 다음과 같은 이중탈퇴표가 주어졌다.

x	p_x^{01}	p_x^{02}
25	0.003	0.01
26	0.004	0.03
27	0.005	0.05
28	0.006	0.07
29	0.007	0.09

탈퇴들은 이중탈퇴표 하에서균등분포(UDDMD)를 한다고 가정할 때 다음을 구하시오.

(a) $\mu_{27.7}^{02}$ 을 계산하시오. (b) $p_{27.7}^{00}$ 을 계산하시오.

  풀이

(a) 탈퇴들은 이중탈퇴표 하에서 균등분포(UDDMD)를 한다고 가정하였으므로

$$p_{27}^{00} = 1 - p_{27}^{0\bullet} = 1 - (p_{27}^{01} + p_{27}^{02})$$

$$_{0.7}p_{27}^{00}(= \,_{0.7}p_{27}^{(\tau)}) = 1 - 0.7\,p_{27}^{0\bullet} = 1 - 0.7\,(0.005 + 0.05) = 0.9615$$

이므로

$$\mu_{27.7}^{02}(= \mu_{27+0.7}^{(1)}) = \frac{p_{27}^{02}}{_{0.7}p_{27}^{00}}\left(= \frac{q_{27}^{(2)}}{_{0.7}p_{27}^{(\tau)}}\right) = \frac{0.05}{0.9615} = 0.052$$

(b) $p_{27.7}^{00}$ 는 다음과 같이 두 확률의 곱으로 나타낼 수 있다.

$$p_{27.7}^{00} = \,_{0.3}p_{27.7}^{00}\,_{0.7}p_{28}^{00}(= \,_{0.3}p_{27.7}^{(\tau)}\,_{0.7}p_{28}^{(\tau)})$$

$$_{0.7}p_{28}^{00} = 1 - 0.7\,p_{28}^{0\bullet}(= \,_{0.7}p_{28}^{(\tau)} = 1 - 0.7\,q_{28}^{(\tau)}) = 1 - 0.7\,(0.076) = 0.9468$$

이고, $_{0.7}p_{27}^{00}\,_{0.3}p_{27.7}^{00} = p_{27}^{00}(_{0.7}p_{27}^{(\tau)}\,_{0.3}p_{27.7}^{(\tau)} = p_{27}^{(\tau)})$ 이므로

(a)에서 구한 $_{0.7}p_{27}^{00}(=_{0.7}p_{27}^{(\tau)})=0.9615$를 이용하면

$$0.9615 \,_{0.3}p_{27.7}^{00} = 1 - 0.055$$

그러므로 $_{0.3}p_{27.7}^{00}(=_{0.3}p_{27.7}^{(\tau)})=0.98284$이며, 따라서

$$p_{27.7}^{00} = {}_{0.3}p_{27.7}^{00} \,_{0.7}p_{28}^{00} = (0.98284)(0.9468) = 0.93055$$

12 다중상태모형 6(종속적 연생모형)을 고려한다. 남편 (x)와 부인 (y)가 가입한 보험은 다음과 같은 급부를 제공한다.

(i) 첫 번째 사망자가 발생하면 1,000원을 사망즉시 지급

(ii) 첫 번째 사망자의 사망시점부터 연속적 연액 200원의 연속연금을 두 번째 사망 전까지 지급

(iii) 3,000원을 두 번째 사망시에 즉시 지급하는데 (x)가 두 번째에 사망하는 경우만 지급

$t \geq 0$에 대하여 다음과 같은 가정들이 주어졌다.

$$\mu_{x+t:y+t}^{01} = 0.06, \qquad \mu_{x+t:y+t}^{02} = 0.08, \qquad \mu_{x+t:y+t}^{03} = 0$$

$$\mu_{x+t}^{13} = 0.12, \qquad \mu_{y+t}^{23} = 0.10, \qquad \delta = 0.05$$

(a) 연속납평준순보험료는 첫 번째 사망자가 발생할 때까지 연속적으로 납입될 때 보험료의 연액 P를 구하시오.

(b) $i = 0, 1, 2$에 대하여 $_tV^{(i)}$의 변화율을 Thiele의 미분방정식으로 나타내시오.

> **풀이**

(a) (1) 각각의 경우에 대하여 발생하는 보험급부의 APV를 구하면 다음과 같다.

(i)의 경우 발생하는 보험급부의 APV

$$
\begin{aligned}
\text{APV1} &= 1000 \int_0^\infty e^{-\delta t} \,_tp_{xy}^{00} \left(\mu_{x+t:y+t}^{01} + \mu_{x+t:y+t}^{02} \right) dt \\
&= 1000 \int_0^\infty e^{-0.05\,t} e^{-(0.06+0.08)t} (0.06 + 0.08) \, dt \\
&= 1000 \, (0.14) \int_0^\infty e^{-0.19\,t} \, dt = \frac{1000\,(0.14)}{0.19} = 736.84211
\end{aligned}
$$

(ii)의 경우 발생하는 보험급부의 APV

$$
\begin{aligned}
_tp_{xy}^{01} &= \int_0^t \,_sp_{xy}^{00} \, \mu_{x+s:y+s}^{01} \,_{t-s}p_{x+s}^{11} \, ds \\
&= \int_0^t e^{-0.14s} \, (0.06) \, e^{-0.12(t-s)} \, ds
\end{aligned}
$$

$$= 0.06 \, e^{-0.12t} \int_0^t e^{-0.02s} \, ds = 0.06 \, e^{-0.12t} \left(\frac{1 - e^{-0.02t}}{0.02} \right)$$

$${}_t p_{xy}^{02} = 0.08 \, e^{-0.1t} \left(\frac{1 - e^{-0.04t}}{0.04} \right)$$

이므로

$$\text{APV2} = 200 \int_0^\infty e^{-\delta t} \left({}_t p_{xy}^{01} + {}_t p_{xy}^{02} \right) \, dt$$

$$= 200 \int_0^\infty e^{-0.05\,t} \left[0.06 \, e^{-0.12t} \left(\frac{1 - e^{-0.02t}}{0.02} \right) \right.$$

$$\left. + 0.08 \, e^{-0.1t} \left(\frac{1 - e^{-0.04t}}{0.04} \right) \right] \, dt$$

$$= 200 \int_0^\infty 3 \, e^{-0.17\,t} + 2 \, e^{-0.15\,t} - 5 \, e^{-0.19\,t} \, dt$$

$$= 200 \left(\frac{3}{0.17} + \frac{2}{0.15} - \frac{5}{0.19} \right) = 932.92054$$

(iii)의 경우 발생하는 보험급부의 APV

$$\text{APV3} = 3000 \int_0^\infty e^{-\delta t} \, {}_t p_{xy}^{01} \, \mu_{x+t}^{13} \, dt$$

$$= 3000 \int_0^\infty e^{-0.05t} \, (0.06) \, e^{-0.12t} \left(\frac{1 - e^{-0.02t}}{0.02} \right) (0.12) \, dt$$

$$= \frac{3000 \, (0.06) \, (0.12)}{0.02} \int_0^\infty e^{-0.17t} \left(1 - e^{-0.02t} \right) \, dt$$

$$= \frac{3000 \, (0.06) \, (0.12)}{0.02} \left(\frac{1}{0.17} - \frac{1}{0.19} \right) = 668.73065$$

따라서

$$\text{APV} = \text{APV1} + \text{APV2} + \text{APV3} = 736.84211 + 932.92054 + 668.73065$$

$$= 2338.4933$$

(2) 연속적 연액 1원의 보험료 납입에 대한 EPV를 구해보자.

$$\text{EPV} = \int_0^\infty e^{-\delta t} \, {}_t p_{xy}^{00} \, dt = \int_0^\infty e^{-0.05t} \, e^{-0.14t} \, dt$$

$$= \int_0^\infty e^{-0.19t} \, dt = \frac{1}{0.19} = 5.26316$$

수지상등의 원칙에 의하여 $P = \dfrac{\text{APV}}{\text{EPV}} = \dfrac{2338.4933}{5.26316} = 444.31355$

(b) $\quad \dfrac{d}{dt} \, {}_t V^{(i)} = \delta_t \, {}_t V^{(i)} - B_t^{(i)} - \displaystyle\sum_{j=0,\, j \neq i}^{n} \mu_{x+t}^{ij} \left(S_t^{(ij)} + {}_t V^{(j)} - {}_t V^{(i)} \right)$

이므로

$$\frac{d}{dt}\,_tV^{(0)} = 0.05\,_tV^{(0)} + 444.31355 - 0.06\,(1000 + \,_tV^{(1)} - \,_tV^{(0)})$$

$$- 0.08\,(1000 + \,_tV^{(2)} - \,_tV^{(0)})$$

$$\frac{d}{dt}\,_tV^{(1)} = 0.05\,_tV^{(1)} - 200 - 0.12\,(3000 - \,_tV^{(1)})$$

$$\frac{d}{dt}\,_tV^{(2)} = 0.05\,_tV^{(2)} - 200 + 0.1\,_tV^{(2)}$$

13 다중상태모형 7(공통충격모형)을 고려한다. 남편 (x), 부인 (y)가 15년납입 연생종신 보험에 가입하였다. 보험의 급부지급조건은 (y)가 먼저 사망하면 2,000원, (x), (y)가 동시에 사망하면 4,000원이 지급된다.

$t \geq 0$에 대하여 다음과 같은 가정들이 주어졌다.

$$\mu^{01}_{x+t:y+t} = 0.07, \qquad\qquad \mu^{02}_{x+t:y+t} = 0.09, \qquad\qquad \mu^{03}_{x+t:y+t} = 0.03$$

$$\mu^{13}_{x+t} = 0.15, \qquad\qquad \mu^{23}_{y+t} = 0.20, \qquad\qquad \delta = 0.05$$

(a) 이 보험급부의 APV를 구하시오.

(b) 보험료는 (y)가 생존해 있는 한 연속적으로 납입될 때 연속납평준순보험료의 연 액 P를 구하시오.

> **풀이**

(a) 보험급부의 APV를 구하기 위해 $\bar{A}^{01}_{xy}$ 과 $\bar{A}^{03}_{xy}$ (경로: $0 \to 3$)을 구해보자.

$$_tp^{00}_{xy} = \exp\left(-\int_0^t \sum_{t=1}^3 \mu^{0i}_{x+s:y+s}\,ds\right) = \exp\left(-\int_0^t 0.07 + 0.09 + 0.03\,ds\right)$$

$$= e^{-0.19t}$$

이므로

$$\bar{A}^{01}_{xy} = \int_0^\infty e^{-\delta t}\,_tp^{00}_{xy}\,\mu^{01}_{x+t:y+t}\,dt = \int_0^\infty e^{-0.05t}\,e^{-0.19t}\,(0.07)\,dt$$

$$= 0.07 \int_0^\infty e^{-0.24t}\,dt = \frac{0.07}{0.24} = 0.29167$$

$$\bar{A}^{03}_{xy}\,(\text{경로: } 0 \to 3) = \int_0^\infty e^{-\delta t}\,_tp^{00}_{xy}\,\mu^{03}_{x+t:y+t}\,dt = \int_0^\infty e^{-0.05t}\,e^{-0.19t}\,(0.03)\,dt$$

$$= 0.03 \int_0^\infty e^{-0.24t}\,dt = \frac{0.03}{0.24} = 0.125$$

따라서 보험급부의 APV는

$$\text{APV} = 2000\bar{A}_{xy}^{01} + 4000\bar{A}_{xy}^{03}\,(\text{경로: } 0 \to 3)$$

$$= 2000\,(0.29167) + 4000\,(0.125) = 1083.34$$

(b) 보험료는 (y)가 생존해 있는 한 납입하므로 연속적 연액 1원의 보험료 납입에 대한 EPV를 $\bar{a}_{xy:\,\overline{15|}}^{00}$과 $\bar{a}_{xy:\,\overline{15|}}^{02}$로 나누어서 구해보자.

$$\bar{a}_{xy:\,\overline{15|}}^{00} = \int_0^{15} e^{-\delta t}\,{}_tp_{xy}^{00}\,dt = \int_0^{15} e^{-0.05t}\,e^{-0.19t}\,dt = \frac{1-e^{-0.24\times15}}{0.24}$$

$$= 4.05282$$

$$_tp_{xy}^{02} = \int_0^t {}_sp_{xy}^{00}\,\mu_{x+s:y+s}^{02}\,{}_{t-s}p_{y+s}^{22}\,ds = \int_0^t e^{-0.19s}\,(0.09)\,e^{-0.2(t-s)}\,ds$$

$$= 0.09\,e^{-0.2t}\left(\frac{1-e^{0.01t}}{-0.01}\right)$$

이므로

$$\bar{a}_{xy:\,\overline{15|}}^{02} = \int_0^{15} e^{-\delta t}\,{}_tp_{xy}^{02}\,dt = \int_0^{15} e^{-0.05t}\,0.09\,e^{-0.2t}\left(\frac{1-e^{0.01t}}{-0.01}\right)dt$$

$$= \frac{0.09}{0.01}\int_0^{15} e^{-0.25t}\,(e^{0.01t}-1)\,dt$$

$$= \frac{0.09}{0.01}\left[\left(\frac{1-e^{-0.24\times15}}{0.24}\right) - \left(\frac{1-e^{-0.25\times15}}{0.25}\right)\right] = 1.32120$$

따라서 연속적 연액 1원의 보험료 납입에 대한 EPV는

$$\text{EPV} = \bar{a}_{xy:\,\overline{15|}}^{00} + \bar{a}_{xy:\,\overline{15|}}^{02} = 4.05282 + 1.32120 = 5.37402$$

수지상등의 원칙에 의하여 $P = \dfrac{\text{APV}}{\text{EPV}} = \dfrac{1083.34}{5.37402} = 201.59$

14 A보험회사는 다음 그림과 같은 2개의 상태를 갖는 연속시간 마르코프연쇄를 이용한 다중상태모형을 이용하여 보험상품을 개발하려 한다. 상태 0은 건강을, 상태 1은 사망을 나타낸다.

이 보험상품을 개발하기 위해 다음과 같은 가정을 사용한다.

(i) 건강한 피보험자 (40)이 가입하는 10년납입, 20년만기 정기보험이다.

(ii) 전이력은 모든 $40 \leq x < 110$에 대하여 $\mu_x^{01} = \dfrac{1}{110-x}$, 이력은 $\delta = 0.05$로 가정한다.

(iii) 피보험자가 사망하는 경우 사망보험금 10,000원을 사망즉시 지급한다.

(iv) 보험료는 수지상등의 원칙이 적용되어 계산되며 건강상태에 있는 피보험자가

연속적으로 납입한다.

(a) 이 보험의 사망급부에 대한 APV를 구하시오.

(b) 이 보험의 연속납평준순보험료의 연액 P를 구하시오.

(c) 제7보험연도말 책임준비금 $_7V^{(0)}$를 구하시오.

풀이

(a) 사망급부에 대한 APV를 구하기 위한 전이확률을 구해보자.

$$_t p_{40}^{00} = \,_t p_{40}^{\overline{00}} = \exp\left(-\int_0^t \mu_{40+s}^{01} \, ds\right) = \exp\left(-\int_0^t \frac{1}{70-s} \, ds\right) = \frac{70-t}{70}$$

따라서 사망급부에 대한 APV는

$$\text{APV} = 10000\bar{A}_{40:\overline{20}|}^{01} = 10000 \int_0^{20} e^{-\delta t} \,_t p_{40}^{00} \, \mu_{40+t}^{01} \, dt$$

$$= 10000 \int_0^{20} e^{-0.05t} \frac{70-t}{70} \left(\frac{1}{70-t}\right) dt = \frac{10000}{70} \int_0^{20} e^{-0.05t} \, dt$$

$$= 1806.06$$

(b) 연속적 연액 1원의 보험료 납입에 대한 EPV를 구해보자. EPV를 구하기 위해 우선 $\int_0^{10} e^{-0.05t} (70-t) \, dt$의 계산을 해보자.

$u' = e^{-0.05t}$, $v = 70-t$라고 하고, 부분적분법을 이용하면

$$\int_0^{10} e^{-0.05t}(70-t) \, dt = \left[\frac{-1}{0.05} e^{-0.05t}(70-t)\right]_0^{10} - \int_0^{10} \frac{-1}{0.05} e^{-0.05t}(-1) \, dt$$

$$= \left[\frac{-1}{0.05} e^{-0.05 \times 10}(60) - \frac{-1}{0.05}(70)\right] - \frac{1}{0.05}\int_0^{10} e^{-0.05t} \, dt$$

$$= 514.77547$$

따라서 EPV는

$$\text{EPV} = \bar{a}_{40:\overline{10}|}^{00} = \int_0^{10} e^{-\delta t} \,_t p_{40}^{00} \, dt = \int_0^{10} e^{-0.05t} \frac{70-t}{70} \, dt$$

$$= \frac{1}{70} \int_0^{10} e^{-0.05t}(70-t) \, dt = \frac{1}{70}(514.77547) = 7.35394$$

수지상등의 원칙에 의하여 $P = \dfrac{\text{APV}}{\text{EPV}} = \dfrac{1806.06}{7.35394} = 245.59$

(c) 제7보험연도말 책임준비금 $_7V^{(0)}$을 구하기 위해서 $\bar{A}_{47:\overline{13}|}^{01}$과 $\bar{a}_{47:\overline{3}|}^{00}$을 구해보자.

$$\bar{A}_{47:\overline{13}|}^{01} = \int_0^{13} e^{-\delta t} \,_t p_{47}^{00} \, \mu_{47+t}^{01} \, dt = \int_0^{13} e^{-0.05t} \frac{63-t}{63} \left(\frac{1}{63-t}\right) dt$$

$$= \frac{1}{63} \int_0^{13} e^{-0.05t} \, dt = \frac{1}{63}\left(\frac{1-e^{-0.05 \times 13}}{0.05}\right) = 0.15173$$

$$\bar{a}^{00}_{47:\overline{3|}} = \int_0^3 e^{-\delta t} \,_t p^{00}_{47} \, dt = \int_0^3 e^{-0.05t} \frac{63-t}{63} \, dt = 2.72117 \text{이므로}$$

$$_7V^{(0)} = 10000 \bar{A}^{01}_{47:\overline{13|}} - 245.59 \, \bar{a}^{00}_{47:\overline{3|}}$$

$$= 10000(0.15173) - 245.59(2.72117) = 849.01$$

15 A보험회사는 다음 그림과 같은 3개의 상태를 갖는 마르코프모형을 이용하여 보험상품의 보험료를 산출하였다. 상태 0은 건강을, 상태 1은 영구장해를, 상태 2는 사망을 나타낸다.

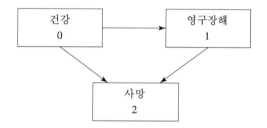

이 보험상품을 개발하기 위해 다음과 같은 가정들을 사용하였다.

(i) 건강한 피보험자 (30)이 가입하는 20년납입 보험이며 보험기간은 종신이다.

(ii) 전이력은 모든 $x \geq 30$에 대하여 $\mu^{01}_x = 0.1$, $\mu^{02}_x = 0.05$, $\mu^{12}_x = 0.2$, 이력은 $\delta = 0.05$ 로 가정한다.

(iii) 피보험자가 영구장해상태(상태 1)에 있으면 연속적 연액 12,000원을 장해급부로 지급하고, 사망하면 사망보험금 35,000원을 사망즉시 지급한다.

(iv) 보험료는 수지상등의 원칙이 적용되어 계산되며 건강상태에 있는 피보험자가 연속적으로 납입한다.

(a) 이 보험급부에 대한 APV를 구하시오.

(b) 이 보험의 연속납평준순보험료의 연액 P를 구하시오.

(c) 제15보험연도말 책임준비금 $_{15}V^{(0)}$, $_{15}V^{(1)}$를 구하시오.

풀이

(a) 보험급부의 APV를 장해급부의 APV1과 사망급부의 APV2로 나누어서 구하기로 하자. 먼저 장해급부의 APV1을 구하기 위한 전이확률을 구해보자.

$$_sp^{00}_{30} = \,_sp^{\overline{00}}_{30} = \exp\left(-\int_0^s \mu^{01}_{30+u} + \mu^{02}_{30+u} \, du\right) = e^{-0.15s}$$

$$_{t-s}p^{11}_{30+s} = \,_{t-s}p^{\overline{11}}_{30+s} = \exp\left(-\int_0^{t-s} \mu^{12}_{30+s+u} \, du\right) = e^{-0.2(t-s)}$$

$$
{}_t p_{30}^{01} = \int_0^t {}_s p_{30}^{\overline{00}} \; \mu_{30+s}^{01} \; {}_{t-s} p_{30+s}^{\overline{11}} \; ds = \int_0^t e^{-0.15s} (0.1) \, e^{-0.2(t-s)} \, ds
$$

$$
= 0.1 \, e^{-0.2t} \left(\frac{1 - e^{0.05t}}{-0.05} \right)
$$

따라서 장해급부의 APV1은

$$
\text{APV1} = 12000 \, \bar{a}_{30}^{01} = 12000 \int_0^\infty e^{-\delta t} \, {}_t p_{30}^{01} \, dt
$$

$$
= 12000 \int_0^\infty e^{-0.05t} \, 0.1 \, e^{-0.2t} \left(\frac{1 - e^{0.05t}}{-0.05} \right) dt
$$

$$
= \frac{12000 \, (0.1)}{0.05} \int_0^\infty e^{-0.25t} \, (e^{0.05t} - 1) \, dt = \frac{12000 \, (0.1)}{0.05} \left(\frac{1}{0.2} - \frac{1}{0.25} \right)
$$

$$
= 24000
$$

사망급부의 APV2를 구하기 위해 다음의 Part B와 Part D를 구해보자.

$$
\text{Part B} = \int_0^\infty e^{-\delta t} \, {}_t p_{30}^{00} \, \mu_{30+t}^{02} \, dt = \int_0^\infty e^{-0.05t} \, e^{-0.15t} \, (0.05) \, dt
$$

$$
= 0.05 \int_0^\infty e^{-0.2t} \, dt = 0.25
$$

$$
\text{Part D} = \int_0^\infty e^{-\delta t} \, {}_t p_{30}^{01} \, \mu_{30+t}^{12} \, dt = \int_0^\infty e^{-0.05t} \, (0.1) \, e^{-0.2t} \left(\frac{1 - e^{0.05t}}{-0.05} \right) (0.2) \, dt
$$

$$
= \frac{(0.1)(0.2)}{0.05} \int_0^\infty e^{-0.25t} \, (e^{0.05t} - 1) \, dt = \frac{(0.1)(0.2)}{0.05} \left(\frac{1}{0.2} - \frac{1}{0.25} \right)
$$

$$
= 0.4
$$

따라서 사망급부의 APV2는

$$
\text{APV2} = 35000 \, \bar{A}_{30}^{02} = 35000 \int_0^\infty e^{-\delta t} \left({}_t p_{30}^{00} \, \mu_{30+t}^{02} + {}_t p_{30}^{01} \, \mu_{30+t}^{12} \right) dt
$$

$$
= 35000 (\text{Part B} + \text{Part D}) = 22750
$$

따라서 보험급부의 APV는

$$
\text{APV} = \text{APV1} + \text{APV2} = 24000 + 22750 = 46750
$$

(b) 연속적 연액 1원의 보험료 납입에 대한 EPV를 구해보자.

$$
\text{EPV} = \bar{a}_{30:\overline{20|}}^{00} = \int_0^{20} e^{-\delta t} \, {}_t p_{30}^{00} \, dt = \int_0^{20} e^{-0.05t} \, e^{-0.15t} \, dt = \int_0^{20} e^{-0.2t} \, dt
$$

$$
= \frac{1 - e^{-0.2 \times 20}}{0.2} = 4.90842
$$

따라서 수지상등의 원칙에 의하여 $P = \dfrac{\text{APV}}{\text{EPV}} = \dfrac{46750}{4.90842} = 9524.45$

(c) (i) 상태 0에서의 제15보험연도말 책임준비금 ${}_{15}V^{(0)}$를 구하기 위하여 $\bar{a}_{45:\overline{5|}}^{00}$을 구해

보자.

$$\bar{a}_{45:\overline{5|}}^{00} = \int_0^5 e^{-\delta t}\,_tp_{45}^{00}\,dt = \int_0^5 e^{-0.05t}\,e^{-0.15t}\,dt = \frac{1-e^{-0.2\times5}}{0.2} = 3.16060$$

전이력이 상수이므로 제15보험연도말에서 향후 보험급부에 대한 APV는 보험가입시점(0시점)에서의 보험급부에 대한 APV와 동일하다. 따라서 제15보험연도말에서 향후 보험급부에 대한 APV를 APV1이라고 하면 APV1 = 46750이다.

따라서 제15보험연도말 책임준비금 $_{15}V^{(0)}$는

$$_{15}V^{(0)} = \text{APV1} - 9524.45\,\bar{a}_{45:\overline{5|}}^{00} = 46750 - 9524.45\,(3.16060) = 16647.02$$

(ii) 상태 1에서의 제15보험연도말 책임준비금 $_{15}V^{(1)}$를 구하기 위하여 $\bar{a}_{45}^{11}$과 $\bar{A}_{45}^{12}$를 구해보자.

$$\bar{a}_{45}^{11} = \int_0^\infty e^{-\delta t}\,_tp_{45}^{11}\,dt = \int_0^\infty e^{-0.05t}\,e^{-0.2t}\,dt = \frac{1}{0.25} = 4$$

$$\bar{A}_{45}^{12} = \int_0^\infty e^{-\delta t}\,_tp_{45}^{11}\,\mu_{45+t}^{12}\,dt = \int_0^\infty e^{-0.05t}\,e^{-0.2t}\,(0.2)\,dt = 0.2\left(\frac{1}{0.25}\right) = 0.8$$

향후 보험료의 납입은 없으므로 15시점의 책임준비금 $_{15}V^{(1)}$는

$$_{15}V^{(1)} = 12000\,\bar{a}_{45}^{11} + 35000\bar{A}_{45}^{12} = 12000\,(4) + 35000\,(0.8) = 76000$$

16 A보험회사는 다음 그림과 같은 3개의 상태를 갖는 연속시간 마르코프모형을 이용하여 보험상품을 개발하려고 한다. 상태 0은 건강을, 상태 1은 영구장해를, 상태 2는 사망을 나타낸다.

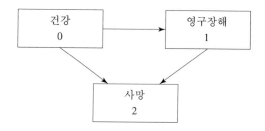

이 보험상품을 개발하기 위해 다음과 같은 가정들을 사용한다. 이 보험의 연속납평준순보험료의 연액을 구하시오.

(i) 건강한 피보험자 (40)이 가입하는 10년납입 보험이며 보험기간은 종신이다.

(ii) 전이력은 모든 $x \geq 40$에 대하여 $\mu_x^{01} = 0.1$, $\mu_x^{02} = 0.06$, $\mu_x^{12} = 0.15$, 이력은 $\delta = 0.05$로 가정한다.

(iii) 피보험자가 보험가입 후 영구장해상태로 있으면 연속적 연액 600원의 장해급부

를 지급한다. 단, 대기기간 1개월이 지나야 지급되고 대기기간 안에는 어떤 급부도 주어지지 않는다.

(iv) 보험료는 수지상등의 원칙이 적용되어 계산되며 건강상태에 있는 피보험자가 연속적으로 납입한다.

풀이

(i) 장해급부의 APV를 구하기 위한 전이확률을 구해보자.

$$_sp_{40}^{00} = {_sp_{40}^{\overline{00}}} = \exp\left(-\int_0^s \mu_{40+u}^{01} + \mu_{40+u}^{02}\, du\right) = e^{-0.16s}$$

$$_{t-s}p_{40+s}^{11} = {_{t-s}p_{40+s}^{\overline{11}}} = \exp\left(-\int_0^{t-s} \mu_{40+s+u}^{12}\, du\right) = e^{-0.15(t-s)}$$

급부가 지급되는 시점을 t라고 하고 연속적 연액 600원의 급부가 지급되는 확률을 $_tp_{40}^{01}*$라고 하자. 피보험자가 상태 1로 처음 들어가는 시점을 s라고 하면 s의 확률밀도는 $_sp_{40}^{\overline{00}}\,\mu_{40+s}^{01}$이 된다. $_tp_{40}^{01}*$에 공헌하는 s는 $\left(0,\, t-\dfrac{1}{12}\right)$ 사이의 모든 s값들이다. s는 $t-\dfrac{1}{12}$보다 클 수 없다. 따라서 구하는 확률은

$$_tp_{40}^{01}* = \int_0^{t-(1/12)} {_sp_{40}^{\overline{00}}}\,\mu_{40+s}^{01}\,{_{t-s}p_{40+s}^{\overline{11}}}\, ds$$

$$= \int_0^{t-(1/12)} e^{-0.16s}\,0.1\,e^{-0.15(t-s)}\, ds$$

$$= 0.1\,e^{-0.15t}\left(\frac{1-e^{-0.01\,[t-(1/12)]}}{0.01}\right)$$

따라서 장해급부에 대한 APV는

$$\text{APV} = 600\int_0^\infty e^{-\delta t}\,{_tp_{40}^{01}*}\, dt$$

$$= 600\int_0^\infty e^{-0.05t}\,0.1\,e^{-0.15t}\left(\frac{1-e^{-0.01\,[t-(1/12)]}}{0.01}\right) dt = 1404.75$$

(ii) 연속적 연액 1원의 보험료 납입에 대한 EPV를 구해보자.

$$\text{EPV} = \bar{a}_{40:\overline{10|}}^{00} = \int_0^{10} e^{-\delta t}\,{_tp_{40}^{00}}\, dt$$

$$= \int_0^{10} e^{-0.05t}\,e^{-0.16t}\, dt = \frac{1-e^{-0.21\times10}}{0.21} = 4.17878$$

따라서 수지상등의 원칙에 의하여 연속납평준순보험료의 연액 P는

$$P = \frac{\text{APV}}{\text{EPV}} = \frac{1404.75}{4.17878} = 336.16$$

※ 기본연습문제 17번부터 19번까지는 다음과 같은 상황하에서 답을 구하시오.

A보험회사는 다음 그림과 같은 3개의 상태를 갖는 연속시간 마르코프모형을 이용하여 보험상품들을 개발하려고 한다. 상태 0은 건강을, 상태 1은 질병을, 상태 2는 사망을 나타낸다.

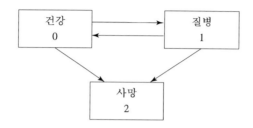

이 보험상품들을 개발하기 위해 공통적으로 다음과 같은 가정들을 사용한다.

(i) 건강한 피보험자 (50)이 가입하고, 보험기간은 6년이다.

(ii) 전이력은 모든 $x \geq 50$에 대하여

$\mu_x^{01} = 0.0005\, e^{0.07x},\ \mu_x^{02} = 0.000011\, e^{0.11x},\ \mu_x^{10} = 2\, e^{-0.05x},\ \mu_x^{12} = 0.0008\, e^{0.05x},$

이력은 $\delta = 0.05$로 가정한다.

(iii) 보험료는 수지상등의 원칙이 적용되어 계산되며 보험료 납입시점에 건강상태에 있는 피보험자가 납입한다.

17 (a) 콜모고로프 전진방정식과 $h = \dfrac{1}{4}$인 오일러방법을 사용하여 전이확률 $_tp_{50}^{00}$, $_tp_{50}^{01}$, $_tp_{50}^{02}$, $_tp_{50}^{10}$, $_tp_{50}^{11}$, $_tp_{50}^{12}\,(0 \leq t \leq 6)$를 구하시오.

(b) 건강상태에 있는 피보험자가 분기말에 질병상태에 있으면 분기말에 3,000원을 지급하고, 피보험자가 사망하면 사망한 분기말에 사망보험금 90,000원을 지급하는 보험급부에 대한 APV

(c) (b)의 보험에 대하여 최대 6년 동안 매 분기초에 납입하는 3개월납 보험료 $P1$

풀이

(a) 본 문제의 마르코프모형은 다중상태모형 3으로서, 현재 상태 0에 있는 확률과정이 미래시점에 상태 1에 있을 확률은 $_tp_x^{01} = \displaystyle\int_0^t {}_sp_x^{\overline{00}}\, \mu_{x+s}^{01}\, {}_{t-s}p_{x+s}^{\overline{11}}\, ds$로 계산할 수 없다. 따라서 전이확률을 구하기 위해서는 콜모고로프 전진방정식을 이용해야 한다. 오일러방법을 이용하여 전이확률을 근사적으로 표현하면 다음과 같다.

$${}_{t+h}p_x^{00} \approx {}_tp_x^{00} + h\left[-{}_tp_x^{00}(\mu_{x+t}^{01} + \mu_{x+t}^{02}) + {}_tp_x^{01}\, \mu_{x+t}^{10} \right]$$

$${}_{t+h}p_x^{01} \approx {}_tp_x^{01} + h\left[-{}_tp_x^{01}(\mu_{x+t}^{10} + \mu_{x+t}^{12}) + {}_tp_x^{00}\, \mu_{x+t}^{01} \right]$$

$${}_{t+h}p_x^{10} \approx {}_tp_x^{10} + h\left[-{}_tp_x^{10}(\mu_{x+t}^{01} + \mu_{x+t}^{02}) + {}_tp_x^{11}\, \mu_{x+t}^{10} \right]$$

$$_{t+h}p_x^{01} \approx {}_tp_x^{11} + h\left[-{}_tp_x^{11}\left(\mu_{x+t}^{10} + \mu_{x+t}^{12}\right) + {}_tp_x^{10}\,\mu_{x+t}^{01}\right]$$

이 식들은 식 (10.2.5.6)부터 식 (10.2.5.9)까지에 나타나 있다. 초기값은 ${}_0p_{50}^{00} = 1$, ${}_0p_{50}^{01} = 0$, ${}_0p_{50}^{10} = 0$, ${}_0p_{50}^{11} = 1$이고, 주어진 $h = 1/4$를 이용하여 전이확률을 구하면 다음의 표와 같이 나타낼 수 있다. 표 [1]에 나와 있는 값들은 소수점 5자리 또는 소수점 6자리로 반올림해서 표시한 값이다.

(b) 질병급부의 APV를 APV1, 사망급부의 APV를 APV2라고 하자.

$$\text{APV1} = 12000\, a_{50:\overline{6}|}^{(4)01} = \frac{12000}{4}\sum_{k=1}^{24} v^{(k/4)}\,{}_{(k/4)}p_{50}^{01}$$

$$= \frac{12000}{4}\left(v^{(1/4)}\,{}_{(1/4)}p_{50}^{01} + v^{(2/4)}\,{}_{(2/4)}p_{50}^{01} + \cdots + v^6\,{}_6p_{50}^{01}\right)$$

$$= \frac{12000}{4}\left[(0.98758)(0.00414) + \cdots + (0.74082)(0.07981)\right]$$

$$= 2593.36$$

매 분기마다 사망급부가 발생할 확률은 ${}_{(k+1)/4}p_{50}^{02} - {}_{k/4}p_{50}^{02}(k = 0,\ 1,\ \cdots,\ 23)$이므로 사망급부의 APV는

$$\text{APV2} = 90000\, A_{50:\overline{6}|}^{(4)02} = 90000\sum_{k=0}^{23} v^{(k+1)/4}\left({}_{(k+1)/4}p_{50}^{02} - {}_{(k/4)}p_{50}^{02}\right)$$

$$= 90000\left[v^{(1/4)}\left({}_{(1/4)}p_{50}^{02} - {}_0p_{50}^{02}\right) + \cdots + v^6\left({}_6p_{50}^{02} - {}_{(23/4)}p_{50}^{02}\right)\right]$$

$$= 90000\left[0.98758\,(0.00067 - 0) + \cdots + 0.74082\,(0.02417 - 0.02278)\right]$$

$$= 1833.6$$

따라서 보험급부에 대한 APV는

$$\text{APV} = \text{APV1} + \text{APV2} = 4426.96$$

(c) 보험료 납입의 EPV3을 구하기 위하여 $\ddot{a}_{50:\overline{6}|}^{(4)00}$이 필요하다.

표 [1] KFE와 오일러방법을 이용한 전이확률의 계산

t	$_tp_{50}^{00}$	$_tp_{50}^{01}$	$_tp_{50}^{02}$	$_tp_{50}^{10}$	$_tp_{50}^{11}$	$_tp_{50}^{12}$
0	1	0	0	0	1	0
$\frac{1}{4}$	0.99519	0.00414	0.00067	0.04104	0.95652	0.00244
$\frac{2}{4}$	0.99048	0.00815	0.00137	0.07961	0.91556	0.00483
$\frac{3}{4}$	0.98585	0.01205	0.00210	0.11586	0.87697	0.00717
1	0.98131	0.01585	0.00285	0.14994	0.84059	0.00947
$1\frac{1}{4}$	0.97683	0.01954	0.00363	0.18198	0.80628	0.01174
$1\frac{2}{4}$	0.97242	0.02315	0.00443	0.21210	0.77393	0.01397
$1\frac{3}{4}$	0.96806	0.02668	0.00526	0.24043	0.74340	0.01617
2	0.96374	0.03014	0.00612	0.26706	0.71459	0.01834
$2\frac{1}{4}$	0.95946	0.03353	0.00701	0.29211	0.68740	0.02049
$2\frac{2}{4}$	0.95522	0.03685	0.00793	0.31565	0.66173	0.02262
$2\frac{3}{4}$	0.9510	0.04013	0.00888	0.33778	0.63750	0.02472
3	0.94679	0.04335	0.00986	0.35858	0.61461	0.02681
$3\frac{1}{4}$	0.94260	0.04653	0.01087	0.37813	0.59299	0.02889
$3\frac{2}{4}$	0.93842	0.04968	0.01191	0.39648	0.57256	0.03095
$3\frac{3}{4}$	0.93424	0.05278	0.01298	0.41372	0.55327	0.03301
4	0.93006	0.05586	0.01408	0.42990	0.53505	0.03505
$4\frac{1}{4}$	0.92587	0.05891	0.01522	0.44508	0.51783	0.03710
$4\frac{2}{4}$	0.92167	0.06194	0.01639	0.45930	0.50157	0.03913
$4\frac{3}{4}$	0.91746	0.06495	0.01760	0.47263	0.48620	0.04117
5	0.91322	0.06794	0.01884	0.48510	0.47169	0.04321
$5\frac{1}{4}$	0.90896	0.07092	0.02012	0.49676	0.45799	0.04525
$5\frac{2}{4}$	0.90468	0.07389	0.02143	0.50765	0.44505	0.04730
$5\frac{3}{4}$	0.90036	0.07685	0.02278	0.51781	0.43284	0.04935
6	0.89602	0.07981	0.02417	0.52728	0.42131	0.05141

$$\ddot{a}_{50:\overline{6}|}^{(4)00} = \frac{1}{4}\sum_{k=0}^{23} v^{(k/4)}{}_{(k/4)}p_{50}^{00} = \frac{1}{4}\left(1 + v^{(1/4)}{}_{(1/4)}p_{50}^{00} + \cdots + v^{(23/4)}{}_{(23/4)}p_{50}^{00}\right)$$

$$= \frac{1}{4}\left[1 + (0.98758)(0.99519) + \cdots + (0.75014)(0.90036)\right] = 4.96517$$

따라서 보험료 납입의 EPV3은

$$\text{EPV3} = 4\times P1\,\ddot{a}_{50:\overline{6}|}^{(4)00} = 19.86068\,P1$$

수지상등의 원칙에 의하여 $P1 = \dfrac{\text{APV}}{19.86068} = \dfrac{4426.96}{19.86068} = 222.90$

18 (a) 건강상태에 있는 피보험자가 분기말에 질병상태에 있으면 분기말에 3,000원을 지급하고, 피보험자가 사망하면 사망보험금 90,000원을 사망즉시 지급하는 보험급부에 대한 APV

(b) (a)의 보험에 대하여 최대 6년 동안 매 반기초에 납입하는 6개월납 보험료 $P2$

풀이

(a) 질병급부의 APV를 APV1, 사망급부의 APV를 APV2라고 하자. 먼저 질병급부는 문제 47번의 질병급부와 동일하므로 APV1 = 2593.36이다.

APV2를 구하기 위해서

$$\bar{A}_{50:\overline{6}|}^{02} = \int_0^6 v^t\left({}_tp_{50}^{00}\,\mu_{50+t}^{02} + {}_tp_{50}^{01}\,\mu_{50+t}^{12}\right)dt = \int_0^6 f_1(t)\,dt$$

를 구해보자. ${}_tp_{50}^{00}$과 ${}_tp_{50}^{01}$ 등은 콜모고로프 전진방정식과 오일러방법을 이용하여 h구간마다 구할 수 있으므로 APV2를 적분을 해서 구할 수는 없다. h구간마다의 값이 주어지는 경우 수치해석방법을 이용하면 APV2의 적분을 구할 수 있다.[1]

피적분함수 $f_1(t) = v^t\left({}_tp_{50}^{00}\,\mu_{50+t}^{02} + {}_tp_{50}^{01}\,\mu_{50+t}^{12}\right)$의 값을 $h = \dfrac{1}{4}$구간마다 구하면 표 [2]와 같다.

따라서 Trapezium rule을 사용하면

$$\bar{A}_{50:\overline{6}|}^{02} = \int_0^6 v^t\left({}_tp_{50}^{00}\,\mu_{50+t}^{02} + {}_tp_{50}^{01}\,\mu_{50+t}^{12}\right)dt = \int_0^6 f_1(t)\,dt$$

$$\fallingdotseq \frac{(1/4)}{2}\left[(0.00269+0.00424) + 2(0.00276+0.00283+\cdots\right.$$
$$\left. +0.00398+0.00404+0.00411+0.00417)\right] = 0.02082244\,^{[2]}$$

이며, Simpson's rule을 사용하면 다음과 같다.

---

1) 예제 (10.2.2.11)에서는 함수는 주어지는데 적분을 하기 어려운 경우에 수치해석방법을 이용하여 적분을 하였다. 여기서는 함수자체가 주어지지 않는 경우이므로 차이점을 비교하기 바란다.

2) Simpson's rule을 사용하였을 때와의 차이점을 보여주기 위해 $\bar{A}_{40:\overline{2}|}^{02}$의 결과값은 소수점 8자리까지 보여주지만, APV 등의 계산을 할 경우에는 다시 소수점 6자리에서 반올림한 값을 사용한다.

표 [2] 사망급부의 APV를 구하기 위한 피적분함수 $f_1(t)$

t	v^t	$_tp_{50}^{00}$	μ_{50+t}^{02}	$_tp_{50}^{01}$	μ_{50+t}^{12}	$f_1(t)$
0	1	1	0.00269	0	0.00975	0.00269
$\frac{1}{4}$	0.98758	0.99519	0.00277	0.00414	0.00987	0.00276
$\frac{2}{4}$	0.97531	0.99048	0.00284	0.00815	0.00999	0.00283
$\frac{3}{4}$	0.96319	0.98585	0.00292	0.01205	0.01012	0.00289
1	0.95123	0.98131	0.00301	0.01585	0.01025	0.00296
$1\frac{1}{4}$	0.93941	0.97683	0.00309	0.01954	0.01038	0.00303
$1\frac{2}{4}$	0.92774	0.97242	0.00317	0.02315	0.01051	0.00309
$1\frac{3}{4}$	0.91622	0.96806	0.00326	0.02668	0.01064	0.00315
2	0.90484	0.96374	0.00335	0.03014	0.01077	0.00322
$2\frac{1}{4}$	0.89360	0.95946	0.00345	0.03353	0.01091	0.00328
$2\frac{2}{4}$	0.88250	0.95522	0.00354	0.03685	0.01104	0.00335
$2\frac{3}{4}$	0.87153	0.9510	0.00364	0.04013	0.01118	0.00341
3	0.86071	0.94679	0.00374	0.04335	0.01132	0.00347
$3\frac{1}{4}$	0.85002	0.94260	0.00385	0.04653	0.01147	0.00354
$3\frac{2}{4}$	0.83946	0.93842	0.00396	0.04968	0.01161	0.00360
$3\frac{3}{4}$	0.82903	0.93424	0.00407	0.05278	0.01176	0.00366
4	0.81873	0.93006	0.00418	0.05586	0.01190	0.00373
$4\frac{1}{4}$	0.80856	0.92587	0.00430	0.05891	0.01205	0.00379
$4\frac{2}{4}$	0.79852	0.92167	0.00442	0.06194	0.01221	0.00385
$4\frac{3}{4}$	0.78860	0.91746	0.00454	0.06495	0.01236	0.00392
5	0.77880	0.91322	0.00467	0.06794	0.01251	0.00398
$5\frac{1}{4}$	0.76913	0.90896	0.00480	0.07092	0.01267	0.00404
$5\frac{2}{4}$	0.75957	0.90468	0.00493	0.07389	0.01283	0.00411
$5\frac{3}{4}$	0.75014	0.90036	0.00507	0.07685	0.01299	0.00417
6	0.74082	0.89602	0.00521	0.07981	0.01316	0.00424

$$\bar{A}^{02}_{50:\overline{6}|} = \int_0^6 v^t \left({}_t p^{00}_{50} \, \mu^{02}_{50+t} + {}_t p^{01}_{50} \, \mu^{12}_{50+t} \right) dt = \int_0^6 f_1(t) \, dt$$

$$\coloneqq \frac{(1/4)}{3} \left[(0.00269 + 0.00424) + 4(0.00276 + 0.00289 + \cdots \right.$$

$$\left. + 0.00417) + 2(0.00283 + 0.00296 + \cdots + 0.00411) \right] = 0.02082253$$

따라서 APV2 $= 90000 \, \bar{A}^{02}_{50:\overline{6}|} = 1873.8$ 이며, 보험급부에 대한 APV는

APV $=$ APV1 $+$ APV2 $= 4467.16$ 이다.

(b) 보험료 납입의 EPV3을 구하기 위하여 $\ddot{a}^{(2)00}_{50:\overline{6}|}$ 이 필요하다.

$$\ddot{a}^{(2)00}_{50:\overline{6}|} = \frac{1}{2} \sum_{k=0}^{11} v^{(k/2)} {}_{(k/2)} p^{00}_{50} = \frac{1}{2} \left[1 + v^{(1/2)} {}_{(1/2)} p^{00}_{50} + \cdots + v^{(11/2)} {}_{(11/2)} p^{00}_{50} \right]$$

$$= \frac{1}{2} \left[1 + (0.97531)(0.99048) + (0.95123)(0.98131) + \cdots \right.$$

$$\left. + (0.7788)(0.91322) + (0.75957)(0.90468) \right] = 5.00756$$

따라서 보험료 납입의 EPV3은

$$\text{EPV3} = 2 \times P2 \, \ddot{a}^{(2)00}_{50:\overline{6}|} = 10.01512 \, P2$$

수지상등의 원칙에 의하여 $P2 = \dfrac{\text{APV}}{10.01512} = \dfrac{4467.16}{10.01512} = 446.04$

19 (a) 건강상태에 있는 피보험자가 질병상태에 있으면 연속적 연액 12,000원을 지급하고, 피보험자가 사망하면 사망보험금 90,000원을 사망즉시 지급하는 보험급부에 대한 APV

(b) (a)의 보험에 대하여 최대 6년 동안 연속적으로 납입하는 연속납평준순보험료의 연액 $P3$

(c) (a)의 보험에 대하여 최대 6년 동안 매년 초에 납입하는 연납평준순보험료 $P4$

풀이

(a) 질병급부의 APV를 APV1, 사망급부의 APV를 APV2라고 하자. 먼저 사망급부는 문제 48번의 사망급부와 동일하므로 APV2 $= 1873.8$ 이다.

$$\text{APV1} = 12000 \, \bar{a}^{01}_{50:\overline{6}|} = 12000 \int_0^6 v^t \, {}_t p^{01}_{50} \, dt = 12000 \int_0^6 f_2(t) \, dt$$

여기서도 Trapezium rule과 Simpson's rule을 이용하여 구하기로 한다. 피적분함수 $f_2(t) = v^t {}_t p^{01}_{50}$ 의 값을 $h = \dfrac{1}{4}$ 구간마다 구하면 다음과 같다. 여기서 뒤에서 보험료 납입의 EPV 계산시 사용되는 피적분함수 $f_3(t) = v^t {}_t p^{00}_{50}$ 의 값도 $h = \dfrac{1}{4}$ 구간마다 미리 계산하기로 한다.

Trapezium rule을 사용하면

$$\bar{a}^{01}_{50:\overline{6}|} = \int_0^6 v^t \,_t p^{01}_{50} \, dt = \int_0^6 f_2(t) \, dt$$

$$\doteqdot \frac{(1/4)}{2} \left[(0 + 0.05913) + 2(0.00409 + 0.00795 + 0.01161 + \cdots \right.$$

$$\left. + 0.05122 + 0.05291 + 0.05455 + 0.05613 + 0.05765) \right] = 0.20872301$$

이며, Simpson's rule을 사용하면 다음과 같다.

$$\bar{a}^{01}_{50:\overline{6}|} = \int_0^6 v^t \,_t p^{01}_{50} \, dt = \int_0^6 f_2(t) \, dt$$

$$\doteqdot \frac{(1/4)}{3} \left[(0 + 0.05913) + 4(0.00409 + 0.01161 + \cdots \right.$$

$$\left. + 0.05765) + 2(0.00795 + 0.01507 + \cdots + 0.05613) \right] = 0.20878037$$

따라서 질병급부의 APV1은

$$\text{APV1} = 12000 \, \bar{a}^{01}_{50:\overline{6}|} = 2504.64 \qquad \text{(Trapezium rule)}$$

$$= 2505.36 \qquad \text{(Simpson's rule)}$$

이며, 보험급부의 APV3은

$$\text{APV3} = \text{APV1} + \text{APV2} = 4378.44 \qquad \text{(Trapezium rule)}$$

$$= 4379.16 \qquad \text{(Simpson's rule)}$$

(b) 보험료 납입에 대한 EPV4를 구하기 위해 $\bar{a}^{00}_{50:\overline{6}|}$이 필요하다.

$\bar{a}^{00}_{50:\overline{6}|} = \int_0^6 v^t \,_t p^{00}_{50} \, dt$도 수치해석방법으로 구해야 하며, 표 [3]에서 구한 피적분함수 $f_3(t) = v^t \,_t p^{00}_{50}$의 값을 이용하여 Trapezium rule을 사용하면

$$\bar{a}^{00}_{50:\overline{6}|} = \int_0^6 v^t \,_t p^{00}_{50} \, dt = \int_0^6 f_3(t) \, dt$$

$$\doteqdot \frac{(1/4)}{2} \left[(1 + 0.66378) + 2(0.98283 + 0.96602 + 0.94957 + \cdots \right.$$

$$\left. + 0.71122 + 0.69911 + 0.68717 + 0.67540) \right] = 4.92314144$$

이며, Simpson's rule을 사용하면 다음과 같다.

$$\bar{a}^{00}_{50:\overline{6}|} = \int_0^6 v^t \,_t p^{00}_{50} \, dt = \int_0^6 f_3(t) \, dt$$

$$\doteqdot \frac{(1/4)}{3} \left[(1 + 0.66378) + 4(0.98283 + 0.94957 + \cdots \right.$$

$$\left. + 0.67540) + 2(0.96602 + 0.93345 + \cdots + 0.68717) \right] = 4.92301992$$

따라서 보험료 납입의 EPV는

$$\text{EPV4} = 4.92314 \, P3 \qquad \text{(Trapezium rule)}$$

$$= 4.92302 \, P3 \qquad \text{(Simpson's rule)}$$

표 [3] 질병급부의 APV와 보험료의 EPV를 구하기 위한 $f_2(t)$와 $f_3(t)$

t	v^t	${}_t p_{50}^{01}$	$f_2(t)$	${}_t p_{50}^{00}$	$f_3(t)$
0	1	0	0	1	1
$\frac{1}{4}$	0.98758	0.00414	0.00409	0.99519	0.98283
$\frac{2}{4}$	0.97531	0.00815	0.00795	0.99048	0.96602
$\frac{3}{4}$	0.96319	0.01205	0.01161	0.98585	0.94957
1	0.95123	0.01585	0.01507	0.98131	0.93345
$1\frac{1}{4}$	0.93941	0.01954	0.01836	0.97683	0.91765
$1\frac{2}{4}$	0.92774	0.02315	0.02148	0.97242	0.90215
$1\frac{3}{4}$	0.91622	0.02668	0.02445	0.96806	0.88695
2	0.90484	0.03014	0.02727	0.96374	0.87203
$2\frac{1}{4}$	0.89360	0.03353	0.02996	0.95946	0.85737
$2\frac{2}{4}$	0.88250	0.03685	0.03252	0.95522	0.84298
$2\frac{3}{4}$	0.87153	0.04013	0.03497	0.9510	0.82883
3	0.86071	0.04335	0.03731	0.94679	0.81491
$3\frac{1}{4}$	0.85002	0.04653	0.03955	0.94260	0.80123
$3\frac{2}{4}$	0.83946	0.04968	0.04170	0.93842	0.78776
$3\frac{3}{4}$	0.82903	0.05278	0.04376	0.93424	0.77451
4	0.81873	0.05586	0.04573	0.93006	0.76147
$4\frac{1}{4}$	0.80856	0.05891	0.04763	0.92587	0.74862
$4\frac{2}{4}$	0.79852	0.06194	0.04946	0.92167	0.73597
$4\frac{3}{4}$	0.78860	0.06495	0.05122	0.91746	0.72350
5	0.77880	0.06794	0.05291	0.91322	0.71122
$5\frac{1}{4}$	0.76913	0.07092	0.05455	0.90896	0.69911
$5\frac{2}{4}$	0.75957	0.07389	0.05613	0.90468	0.68717
$5\frac{3}{4}$	0.75014	0.07685	0.05765	0.90036	0.67540
6	0.74082	0.07981	0.05913	0.89602	0.66378

수지상등의 원칙에 의하여

$$P3 = \frac{\text{APV3}}{4.92314} = \frac{4378.44}{4.92314} = 889.36 \qquad \text{(Trapezium rule)}$$

$$= \frac{\text{APV3}}{4.92302} = \frac{4379.19}{4.92302} = 889.53 \qquad \text{(Simpson's rule)}$$

(c) 보험료 납입의 EPV5를 구하기 위하여 $\ddot{a}^{00}_{50:\overline{6}|}$ 이 필요하다.

$$\ddot{a}^{00}_{50:\overline{6}|} = \sum_{k=0}^{5} v^k \, {}_k p^{00}_{50} = 1 + v \, p^{00}_{50} + v^2 \, {}_2 p^{00}_{50} + v^3 \, {}_3 p^{00}_{50} + v^4 \, {}_4 p^{00}_{50}$$

$$= 1 + (0.95123)(0.98131) + \cdots + (0.81873)(0.93006) = 5.09307$$

이다. 따라서 보험료 납입의 EPV5는

$$\text{EPV5} = P4 \; \ddot{a}^{00}_{50:\overline{6}|} = 5.09307 \, P4$$

수지상등의 원칙에 의하여

$$P4 = \frac{\text{APV3}}{5.09307} = \frac{4378.44}{5.09307} = 859.69 \qquad \text{(Trapezium rule)}$$

$$= \frac{\text{APV3}}{5.09307} = \frac{4379.19}{5.09307} = 859.83 \qquad \text{(Simpson's rule)}$$

20 A보험회사는 질병과 관련하여 보험상품을 개발하였는데, 다음 그림과 같이 4개의 상태를 갖는 연속시간 마르코프모형을 이용하였다. 여기서 상태 0은 건강을, 상태 1은 질병 1을, 상태 2는 질병 2를, 상태 3은 질병 3을 나타낸다(가정불성립).

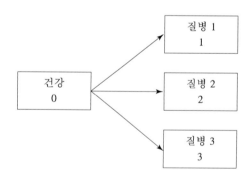

이 보험상품을 개발하기 위해 다음과 같은 가정들을 사용하였다.

(i) 건강한 피보험자 (30)이 가입하는 20년납입 보험이며, 보험기간은 40년이다.

(ii) 전이력은 모든 $30 \le x < 80$에 대하여 $\mu^{01}_x = 0.1$, $\mu^{02}_x = \dfrac{0.4}{80-x}$, $\mu^{03}_x = \dfrac{0.6}{80-x}$, 이력은 $\delta = 0.05$이다.

(iii) 피보험자가 질병 1에 걸리면 질병급부 10,000원을 즉시 지급하고, 질병 2에 걸리면 질병급부 40,000원을 즉시 지급하며, 질병 3에 걸리면 질병급부 20,000원을 즉

시 지급한다.

(iv) 보험료는 수지상등의 원칙이 적용되어 계산되며 건강상태에 있는 피보험자가 연속적으로 납입한다.

(a) 이 보험급부에 대한 APV를 구하시오.
(b) 이 보험의 연속납평준순보험료의 연액 P를 구하시오.

> **풀이**

(a) 이 보험급부에 대한 APV를 질병 1에 대한 질병급부의 APV1, 질병 2에 대한 질병급부의 APV2, 질병 3에 대한 질병급부의 APV3으로 나누어서 구해보자. 각각의 APV를 구하기 위해서 전이확률을 구해보자.

$$_tp_{30}^{00} = {_tp_{30}^{\overline{00}}} = \exp\left[-\int_0^t (\mu_{30+s}^{01}+\mu_{30+s}^{02}+\mu_{30+s}^{03})\, ds\right] = e^{-0.1t}\left(\frac{50-t}{50}\right)$$

따라서 질병 1에 대한 질병급부의 APV1은

$$\text{APV1} = 20000\int_0^{40} e^{-\delta t}\, _tp_{30}^{00}\, \mu_{30+t}^{01}\, dt$$

$$= 20000\int_0^{40} e^{-0.05t}\, e^{-0.1t}\left(\frac{50-t}{50}\right)(0.1)\, dt$$

$$= \frac{20000\,(0.1)}{50}\int_0^{40} e^{-0.15t}\,(50-t)\, dt \qquad (u' = e^{-0.15t},\ v = 50-t)$$

$$= \frac{20000\,(0.1)}{50}\,(288.83381) = 11553.35$$

$$\text{APV2} = 40000\int_0^{40} e^{-0.05t}\, e^{-0.1t}\left(\frac{50-t}{50}\right)\left(\frac{0.4}{50-t}\right)dt = 2128.05$$

$$\text{APV3} = 20000\int_0^{40} e^{-0.05t}\, e^{-0.1t}\left(\frac{50-t}{50}\right)\left(\frac{0.6}{50-t}\right)dt = 1596.03$$

따라서 보험급부에 대한 APV는

$$\text{APV} = \text{APV1} + \text{APV2} + \text{APV3} = 15277.43$$

(b) 연속적 연액 1원의 보험료에 대한 EPV는

$$\text{EPV} = \int_0^{20} e^{-\delta t}\, _tp_{40}^{00}\, dt = \int_0^{20} e^{-0.05t}\, e^{-0.1t}\left(\frac{50-t}{50}\right)dt\ (u' = e^{-0.15t},\ v = 50-t)$$

$$= \frac{1}{50}\,(281.14423) = 5.62288$$

이므로, 연속납평준순보험료의 연액 P는

$$P = \frac{\text{APV}}{\text{EPV}} = \frac{15277.43}{5.62288} = 2717.01$$

※ 기본연습문제 21번부터 23번까지는 다음과 같은 상황하에서 답을 구하시오.

A보험회사는 다음 그림과 같은 4개의 상태를 갖는 마르코프모형을 이용하여 연생보험상품을 개발하였다. 상태 0은 피보험자 (x), (y) 둘 다 생존을, 상태 1은 피보험자 (x)만 생존을, 상태 2는 피보험자 (y)만 생존을, 상태 3은 피보험자 (x), (y) 둘 다 사망을 나타낸다.

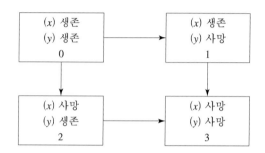

연생보험 상품개발시 사용한 공통적인 가정들은 다음과 같다.

(i) 상태 0에 있는 x세와 y세의 피보험자가 가입하는 10년납입 연생보험이다.

(ii) 전이력은 모든 $t \geq 0$에 대하여 $\mu^{01}_{x+t:y+t} = 0.05$, $\mu^{02}_{x+t:y+t} = 0.1$, $\mu^{13}_{x+t} = 0.2$, $\mu^{23}_{y+t} = 0.3$, 이력은 $\delta = 0.05$이다.

(iii) 보험료는 수지상등의 원칙이 적용되어 계산되며 (x)가 생존하는 한 연속적으로 납입한다.

21 이때 (x)의 사망시 사망즉시급 10,000원을 지급하는 종신보험에 대하여 연속납평준 순보험료의 연액과 책임준비금 $_5V^{(0)}$, $_5V^{(1)}$, $_5V^{(2)}$를 구하시오.

> **풀이**

(i) 사망급부에 대한 APV1을 구하기 위한 전이확률을 구해보자.

$$_tp^{00}_{xy} = {}_tp^{\overline{00}}_{xy} = \exp\left[-\int_0^t (\mu^{01}_{x+s:y+s} + \mu^{02}_{x+s:y+s})\, ds\right] = e^{-0.15t}$$

$$_tp^{01}_{xy} = \int_0^t {}_sp^{00}_{xy}\, \mu^{01}_{x+s:y+s}\, {}_{t-s}p^{11}_{x+s}\, ds$$

$$= \int_0^t e^{-0.15s}(0.05)\, e^{-0.2(t-s)}\, ds = 0.05\, e^{-0.2t}\left(\frac{1 - e^{0.05t}}{-0.05}\right)$$

사망급부에 대한 APV1을 구하기 위해 다음과 같이 Part B, Part F를 구해보자.

$$\text{Part B} = \int_0^\infty e^{-\delta t}\, {}_tp^{00}_{xy}\, \mu^{02}_{x+t:y+t}\, dt = \int_0^\infty e^{-0.05t}\, e^{-0.15t}(0.1)\, dt = 0.5$$

$$\text{Part F} = \int_0^\infty e^{-\delta t}\, {}_tp^{01}_{xy}\, \mu^{13}_{x+t}\, dt = \int_0^\infty e^{-0.05t}(0.05)\, e^{-0.2t}\left(\frac{1 - e^{0.05t}}{-0.05}\right)(0.2)\, dt$$

$$= 0.2 \int_0^\infty e^{-0.25t} (e^{0.05t} - 1) \, dt = 0.2$$

따라서 사망급부에 대한 APV1은

$$\text{APV1} = 10000 \bar{A}_x = 10000 \int_0^\infty e^{-\delta t} ({}_t p_{xy}^{00} \mu_{x+t:y+t}^{02} + {}_t p_{xy}^{01} \mu_{x+t}^{13}) \, dt$$

$$= 10000 (\text{Part B} + \text{Part F}) = 10000(0.5 + 0.2) = 7000$$

(ii) 이 보험의 연속납평준순보험료의 연액을 $P1$이라고 하면, 보험료는 (x)가 생존해 있는 경우만 납입하므로 연속적 연액 1원의 보험료에 대한 EPV2를 구하기 위해 Part L과 Part M을 구해보자.

$$\text{Part L} = \int_0^{10} e^{-\delta t} {}_t p_{xy}^{00} \, dt = \int_0^{10} e^{-0.05t} e^{-0.15t} \, dt = 4.32332$$

$$\text{Part M} = \int_0^{10} e^{-\delta t} {}_t p_{xy}^{01} \, dt = \int_0^{10} e^{-0.05t} (0.05) e^{-0.2t} \left(\frac{1 - e^{0.05t}}{-0.05} \right) dt$$

$$= \int_0^{10} e^{-0.25t} (e^{0.05t} - 1) \, dt = 0.65166$$

따라서

$$\text{EPV2} = \bar{a}_{x:\overline{10}|} = \int_0^{10} e^{-\delta t} ({}_t p_{xy}^{00} + {}_t p_{xy}^{01}) \, dt = \text{Part L} + \text{Part M} = 4.97498$$

수지상등의 원칙에 의하여 $P1 = \dfrac{\text{APV1}}{\text{EPV2}} = \dfrac{7000}{4.97498} = 1407.04$

(iii) 책임준비금 ${}_5V^{(0)}$를 구하기 위해 $\bar{a}_{x+5:\overline{5}|}$를 구해보자.

앞에서와 같이 먼저 Part L과 Part M을 구해보면

$$\text{Part L} = \int_0^5 e^{-\delta t} {}_t p_{x+5:y+5}^{00} \, dt = \int_0^5 e^{-0.05t} e^{-0.15t} \, dt = 3.16060$$

$$\text{Part M} = \int_0^5 e^{-\delta t} {}_t p_{x+5:y+5}^{01} \, dt = \int_0^5 e^{-0.25t} (e^{0.05t} - 1) \, dt = 0.30662$$

이므로

$$\bar{a}_{x+5:\overline{5}|} = \int_0^5 e^{-\delta t} ({}_t p_{x+5:y+5}^{00} + {}_t p_{x+5:y+5}^{01}) \, dt = \text{Part L} + \text{Part M} = 3.46722$$

전이력이 상수이므로 제5보험연도말에서 사망급부에 대한 APV는 보험가입시점에서 구한 사망급부에 대한 APV1과 동일하다.

따라서 제5보험연도말 책임준비금 ${}_5V^{(0)}$는

$${}_5V^{(0)} = \text{APV1} - 1407.04 \, \bar{a}_{x+5:\overline{5}|} = 7000 - 1407.04(3.46722) = 2121.48$$

(iv) 책임준비금 ${}_5V^{(1)}$를 구하기 위해 Part I와 $\bar{a}_{x+5:\overline{5}|}^{11}$를 구해보자.

$$\text{Part I} = \int_0^{60} e^{-\delta t} \, _t p_{x+5}^{11} \, \mu_{(x+5)+t}^{13} \, dt = \int_0^{60} e^{-0.05t} \, e^{-0.2t} \, (0.2) \, dt = 0.8$$

$$\bar{a}_{x+5:\,\overline{5}|}^{11} = \int_0^5 e^{-\delta t} \, _t p_{x+5}^{11} \, dt = \int_0^5 e^{-0.05t} \, e^{-0.2t} \, dt = 2.85398$$

따라서 제5보험연도말 책임준비금 $_5V^{(1)}$는

$$_5V^{(1)} = 10000\,(\text{Part I}) - 1407.04 \, \bar{a}_{x+5:\,\overline{5}|}^{11}$$

$$= 10000\,(0.8) - 1407.04\,(2.85398) = 3984.34$$

(v) 상태 2에서 (x)는 사망상태에 있으므로 $_5V^{(2)} = 0$

22 이때 (i) (y)가 사망하고 그 이후에 (x)가 사망하며, (ii) (x)의 사망이 보험가입후 15년과 30년 사이에서 발생하는 경우 사망즉시급 20,000원을 지급하는 15년거치, 15년만기 정기보험에 대하여 연속납평준순보험료의 연액과 책임준비금 $_{20}V^{(0)}$, $_{20}V^{(1)}$, $_{20}V^{(2)}$를 구하시오.

> **풀이**

(i) 사망급부에 대한 APV3은 $20000 \, _{15|}\bar{A}_{xy:\,\overline{15}|}^2$ 이므로

$$\text{APV3} = 20000 \, _{15|}\bar{A}_{xy:\,\overline{15}|}^2 = 20000 \int_{15}^{30} e^{-\delta t} \, _t p_{xy}^{01} \, \mu_{x+t}^{13} \, dt$$

$$= 20000 \int_{15}^{30} e^{-0.05t} \, (0.05) \, e^{-0.2t} \left(\frac{1 - e^{0.05t}}{-0.05} \right) (0.2) \, dt$$

$$= 20000\,(0.2) \int_{15}^{30} e^{-0.25t} \, (e^{0.05t} - 1) \, dt = 578.73$$

(ii) 이 보험의 연속납평준순보험료의 연액을 $P2$라고 하면, 연속적 연액 1원의 보험료에 대한 EPV는 연습문제 21번의 EPV2와 동일하게 4.97498이며, 수지상등의 원칙에 의해서

$$P2 = \frac{\text{APV3}}{\text{EPV2}} = \frac{578.73}{4.97498} = 116.33$$

(iii) 책임준비금 $_{20}V^{(0)}$을 구하기 위해 $\bar{A}_{x+20:\,y+20:\,\overline{10}|}^2$를 구해보자.

$$\bar{A}_{x+20:\,y+20:\,\overline{10}|}^2 = \int_0^{10} e^{-\delta t} \, _t p_{x+20:\,y+20}^{01} \, \mu_{(x+20)+t}^{13} \, dt$$

$$= \int_0^{10} e^{-0.05t} \, (0.05) \, e^{-0.2t} \left(\frac{1 - e^{0.05t}}{-0.05} \right) (0.2) \, dt$$

$$= 0.2 \int_0^{10} e^{-0.25t} \, (e^{0.05t} - 1) \, dt = 0.13033$$

보험료의 납입은 이미 끝났으므로 제20보험연도말 책임준비금 $_{20}V^{(0)}$는

$$_{20}V^{(0)} = 20000\,\bar{A}\frac{2}{x+20\,:\,y+20\,:\,\overline{10|}} = 20000\,(0.13033) = 2606.6$$

(iv) 책임준비금 $_{20}V^{(1)}$을 구하기 위해 $\bar{A}^{13}_{x+20\,:\,\overline{10|}}$을 구해보자.

$$\bar{A}^{13}_{x+20\,:\,\overline{10|}} = \int_0^{10} e^{-\delta t}\,_t p^{11}_{x+20}\,\mu^{13}_{(x+20)+t}\,dt$$

$$= \int_0^{10} e^{-0.05t}\,e^{-0.2t}\,(0.2)\,dt = 0.73433$$

위에서와 같이 보험료의 납입은 이미 끝났으므로 책임준비금 $_{20}V^{(1)}$는

$$_{20}V^{(1)} = 20000\,\bar{A}^{13}_{x+20\,:\,\overline{10|}} = 20000\,(0.73433) = 14686.6$$

(v) 상태 2에서 (x)는 사망상태에 있으므로 $_{20}V^{(2)} = 0$

23 (x)가 사망하고 그 이후에 (y)가 사망시 사망즉시급 10,000원을 지급하는 종신보험에 대하여 연속납평준순보험료의 연액과 책임준비금 $_5V^{(0)}$, $_5V^{(1)}$, $_5V^{(2)}$를 구하시오.

> **풀이**

(i) 사망급부에 대한 APV4를 구하기 위한 전이확률을 구해보자.

$$_t p^{02}_{xy} = \int_0^t {}_s p^{00}_{xy}\,\mu^{02}_{x+s\,:\,y+s}\,{}_{t-s} p^{22}_{y+s}\,ds$$

$$= \int_0^t e^{-0.15s}\,(0.1)\,e^{-0.3(t-s)}\,ds = 0.1\,e^{-0.3t}\left(\frac{1-e^{0.15t}}{-0.15}\right)$$

따라서 사망급부에 대한 APV4는

$$\text{APV4} = 10000\,\bar{A}\frac{2}{xy} = 10000\int_0^\infty e^{-\delta t}\,{}_t p^{02}_{xy}\,\mu^{23}_{y+t}\,dt$$

$$= \frac{10000\,(0.1)\,(0.3)}{0.15}\int_0^\infty e^{-0.35t}\,(e^{0.15t}-1)\,dt = 4285.71$$

(ii) 이 보험의 연속납평준순보험료의 연액을 $P3$이라고 하면, 연속적 연액 1원의 보험료에 대한 EPV는 연습문제 21번의 EPV2와 동일하게 4.97498이며, 수지상등의 원칙에 의해

$$P3 = \frac{\text{APV4}}{\text{EPV2}} = \frac{4285.71}{4.97498} = 861.45$$

(iii) 책임준비금 $_5V^{(0)}$를 구하기 위해 $\bar{a}_{x+5\,:\,\overline{5|}}$를 구해보면 연습문제 21번에서 구한 $\bar{a}_{x+5\,:\,\overline{5|}}$와 동일하므로

$$\bar{a}_{x+5\,:\,\overline{5|}} = 3.46722$$

또한 전이력이 상수이므로 제5보험연도말에서 사망급부에 대한 APV는 보험가입시점에서 구한 사망급부에 대한 APV4와 동일하다.

따라서 제5보험연도말 책임준비금 $_5V^{(0)}$는

$$_5V^{(0)} = \text{APV4} - 861.45\,\bar{a}_{x+5:\overline{5}|}$$

$$= 4285.71 - 861.45\,(3.46722) = 1298.87$$

(iv) 책임준비금 $_5V^{(1)}$를 구하기 위해 $\bar{a}^{11}_{x+5:\overline{5}|}$를 구해보자. $\bar{a}^{11}_{x+5:\overline{5}|}$는 연습문제 21번에서 구한 $\bar{a}^{11}_{x+5:\overline{5}|}$과 동일하므로 $\bar{a}^{11}_{x+5:\overline{5}|} = 2.85398$이다. 상태 1에서 (x)는 생존해 있는데 (y)는 사망상태에 있으므로, 향후 사망급부는 발생하지 않는다. 따라서 제5보험연도말 책임준비금 $_5V^{(1)}$는

$$_5V^{(1)} = -861.45\,\bar{a}^{11}_{x+5:\overline{5}|} = -861.45\,(2.85398) = -2458.56$$

(v) 책임준비금 $_5V^{(2)}$를 구하기 위해 $\bar{A}^{23}_{y+5}$을 구해보자.

$$\bar{A}^{23}_{y+5} = \int_0^\infty e^{-\delta t}\,{}_tp^{22}_{y+5}\,\mu^{23}_{(y+5)+t}\,dt = \int_0^\infty e^{-0.05t}\,e^{-0.3t}\,(0.3)\,dt = 0.85714$$

상태 2에서 (x)는 사망상태에 있으므로 보험료의 납입은 없다. 따라서

$$_5V^{(2)} = 10000\,\bar{A}^{23}_{y+5} = 10000\,(0.85714) = 8571.4$$

24 A보험회사는 다음 그림과 같은 4개의 상태를 갖는 지수공통충격모형을 이용하여 연생보험상품을 개발하려고 한다. 상태 0은 피보험자 (x), (y) 둘 다 생존을, 상태 1은 피보험자 (x)만 생존을, 상태 2는 피보험자 (y)만 생존을, 상태 3은 피보험자 (x), (y) 둘 다 사망을 나타낸다. 여기서 λ는 공통충격시의 전이력을 나타낸다.

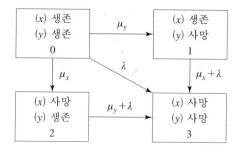

연생보험 상품개발시 사용하는 공통적인 가정들은 다음과 같다.

(i) 상태 0에 있는 x세와 y세의 피보험자가 가입하는 20년납입, 30년만기 연생보험이다.

(ii) 공통충격이 배제된 확률변수$(T_x^*,\ T_y^*)$와 공통충격 확률변수(Z)는 모두 서로 독립적이다. 따라서 전이력은 모든 $t \geq 0$에 대하여 $\mu^{01}_{x+t:y+t} = \mu_y = 0.15$, $\mu^{02}_{x+t:y+t} = \mu_x = 0.1$, $\mu^{03}_{x+t:y+t} = \lambda = 0.02$, $\mu^{13}_{x+t} = \mu_x + \lambda = 0.12$, $\mu^{23}_{y+t} = \mu_y + \lambda = 0.17$로 가정하고, 이력은 $\delta = 0.05$이다.

(iii) 사망보험금은 (y)의 사망시 (x)는 생존해 있거나, 또는 (x)와 동시사망시 사망보험금 10,000원을 사망즉시 지급한다.

(iv) 보험료는 수지상등의 원칙이 적용되어 계산되며 (x)가 생존해 있는 경우만 연속적으로 납입한다.

이 종신연생보험의 연속납평준순보험료의 연액 P와 책임준비금 $_{10}V^{(0)}$를 구하시오.

풀이

이 문제의 계산시 필요한 전이확률을 구해보자.

$$_tp_{xy}^{00} = \exp\left[-\int_0^t (\mu_{x+s:y+s}^{01} + \mu_{x+s:y+s}^{02} + \mu_{x+s:y+s}^{03})\, ds\right]$$

$$= \exp\left(-\int_0^t (\mu_y + \mu_x + \lambda)\, ds\right) = e^{-0.27t}$$

$$_{t-s}p_{x+s}^{11} = \exp\left(-\int_0^{t-s} \mu_{x+s+u}^{13}\, du\right) = \exp\left[-\int_0^{t-s} (\mu_x + \lambda)\, du\right] = e^{-0.12(t-s)}$$

$$_tp_{xy}^{01} = \int_0^t {}_sp_{xy}^{00}\, \mu_{x+s:y+s}^{01}\, {}_{t-s}p_{x+s}^{11}\, ds$$

$$= \int_0^t e^{-0.27s}\, (0.15)\, e^{-0.12(t-s)}\, ds = 0.15\, e^{-0.12t}\left(\frac{1 - e^{-0.15t}}{0.15}\right)$$

(i) 위에서 구한 전이확률을 이용해서 사망급부에 대한 APV를 구하기 위한 Part A와 Part C를 구해보자.

$$\text{Part A} = \int_0^{30} e^{-\delta t}\, {}_tp_{xy}^{00}\, \mu_{x+t:y+t}^{01}\, dt = \int_0^{30} e^{-0.05t}\, e^{-0.27t}\, (0.15)\, dt$$

$$= 0.15 \int_0^{30} e^{-0.32t}\, dt = 0.15\left(\frac{1 - e^{-0.32 \times 30}}{0.32}\right) = 0.46872$$

$$\text{Part C} = \int_0^{30} e^{-\delta t}\, {}_tp_{xy}^{00}\, \mu_{x+t:y+t}^{03}\, dt = \int_0^{30} e^{-0.05t}\, e^{-0.27t}\, (0.02)\, dt$$

$$= 0.02 \int_0^{30} e^{-0.32t}\, dt = 0.02\left(\frac{1 - e^{-0.32 \times 30}}{0.32}\right) = 0.0625$$

따라서 사망급부에 대한 APV는

$$\text{APV} = 10000 \int_0^{\infty} e^{-\delta t}\, {}_tp_{xy}^{00}\, (\mu_{x+t:y+t}^{01} + \mu_{x+t:y+t}^{03})\, dt$$

$$= 10000\,(\text{Part A} + \text{Part C}) = 10000\,(0.46872 + 0.0625) = 5312.2$$

(ii) 연속적 연액 1원의 보험료의 EPV를 구해보자.

$$_tp_x = {}_tp_{xy}^{00} + {}_tp_{xy}^{01} = e^{-0.27t} + 0.15\, e^{-0.12t}\left(\frac{1 - e^{-0.15t}}{0.15}\right) = e^{-0.12t}$$

이므로

$$\text{EPV} = \bar{a}_{x:\overline{20|}} = \int_0^{20} e^{-\delta t} \, {}_t p_x \, dt = \int_0^{20} e^{-0.05t} \, e^{-0.12t} \, dt$$

$$= \frac{1 - e^{-0.17 \times 20}}{0.17} = 5.68604$$

따라서 수지상등의 원칙에 의해 연속납평준순보험료의 연액 P는

$$P = \frac{\text{APV}}{\text{EPV}} = \frac{5312.2}{5.68604} = 934.25$$

(iii) 책임준비금 ${}_{10}V^{(0)}$를 구하기 위해서 Part A와 Part C와 $\bar{a}_{x+10:\overline{10|}}$ 을 구해보자.

$$\text{Part A} = \int_0^{20} e^{-\delta t} \, {}_t p_{x+10:y+10}^{00} \, \mu_{y+10} \, dt = \int_0^{20} e^{-0.05t} \, e^{-0.27t} \, (0.15) \, dt$$

$$= 0.15 \int_0^{20} e^{-0.32t} \, dt = 0.15 \left(\frac{1 - e^{-0.32 \times 20}}{0.32} \right) = 0.46797$$

$$\text{Part C} = \int_0^{20} e^{-\delta t} \, {}_t p_{x+10:y+10}^{00} \, \lambda \, dt = \int_0^{20} e^{-0.05t} \, e^{-0.27t} \, (0.02) \, dt$$

$$= 0.02 \int_0^{20} e^{-0.32t} \, dt = 0.02 \left(\frac{1 - e^{-0.32 \times 20}}{0.32} \right) = 0.0624$$

$$\bar{a}_{x+10:\overline{10|}} = \int_0^{10} e^{-\delta t} \, {}_t p_x \, dt = \int_0^{10} e^{-0.05t} \, e^{-0.12t} \, dt$$

$$= \frac{1 - e^{-0.17 \times 10}}{0.17} = 4.80774$$

따라서 제10보험연도말 책임준비금 ${}_{10}V^{(0)}$는

$$\begin{aligned}
{}_{10}V^{(0)} &= 10000 \, (\text{Part A} + \text{Part C}) - 934.25 \, \bar{a}_{x+10:\overline{10|}} \\
&= 10000 \, (0.46799 + 0.0624) - 934.25 \, (4.80774) = 812.27
\end{aligned}$$

 심·화·학·습·문·제 10.2

1 다중상태모형 2(영구장해모형)를 고려한다. 다음과 같은 조건이 주어질 때 50세의 건강(상태 0)한 피보험자가 70세가 되었을 때 사망상태(상태 2)에 있을 확률을 구하시오.

(i) $\mu_x^{01} = 0.15$,   (ii) $\mu_x^{02} = 0.06$,   (iii) $\mu_x^{12} = 0.2$

:: 풀이

$$_s p_{50}^{00} = \exp\left(-\int_0^s 0.21 \, du\right) = e^{-0.21s}$$

따라서

$$_{20} p_{50}^{00} = 0.01500$$

시간동질 마르코프모형이므로

$$_{20-s} p_{50+s}^{11} = e^{-0.2(20-s)} = e^{-0.2 \times 20} \, e^{0.2s}$$

따라서

$$_{20} p_{50}^{01} = \int_0^{20} {}_s p_{50}^{00} \, \mu_{50+s}^{01} \, {}_{20-s} p_{50+s}^{11} \, ds = \int_0^{20} e^{-0.21s} \, (0.15) \, e^{-0.2(20-s)} \, ds$$

$$= 0.15 \, e^{-0.2 \times 20} \int_0^{20} e^{-0.01s} \, ds = 0.15 \, e^{-0.2 \times 20} \left(\frac{1 - e^{-0.01 \times 20}}{0.01}\right)$$

$$= 0.04980$$

또는 전이력이 모두 상수인 경우 $_t p_x^{01}$을 구하는 식을 이용하여 $_{20} p_{50}^{01}$을 구해보면

$$_{20} p_{50}^{01} = 0.15 \, e^{-0.2(20)} \left(\frac{1 - e^{-(0.15+0.06-0.2)(20)}}{0.15+0.06-0.2}\right)$$

$$= 0.15 \, e^{-0.2(20)} \left(\frac{1 - e^{-0.01(20)}}{0.01}\right) = 0.04980$$

따라서

$$_{20} p_{50}^{02} = 1 - 0.01500 - 0.04980 = 0.9352$$

2 시간동질 연속시간 마르코프모형을 적용한 다중상태모형 2(영구장해모형)를 고려한다. 다음과 같은 조건이 주어질 때 45세의 건강(상태 0)한 피보험자가 60세와 75세 사이에서 장해상태(상태 1)로 들어갈(enter) 확률을 구하시오.

(i) $\mu_x^{01} = 0.15$,   (ii) $\mu_x^{02} = 0.1$,   (iii) $\mu_x^{12} = 0.2$

:: 풀이

60세와 75세에 장해상태로 들어갈 확률을 각각 구해야 한다. 현 시점(0시점)에서 t시점에 장해상태로 들어갈 확률은 $_t p_0^{01} = \int_0^t {}_s p_0^{00} \, \mu_s^{01} \, ds$이다. 이 문제의 경우 피적분함수에 $_{t-s} p_s^{\overline{11}}$이 들어가 있지 않는데 그 이유는 장해상태에 머물러 있는 것이 아니고 장해상태로 들어가는(enter) 확률을 구하기 때문이다.

45세와 60세 사이에 장해상태로 들어갈 확률을 A, 45세와 75세 사이에 장해상태로 들어갈 확률을 B라고 하면

$$A = \int_0^{15} e^{-(0.15+0.1)s}(0.15)\,ds = 0.15\left(\frac{1-e^{-0.25\times15}}{0.25}\right)$$

$$B = \int_0^{30} e^{-(0.15+0.1)s}(0.15)\,ds = 0.15\left(\frac{1-e^{-0.25\times30}}{0.25}\right)$$

따라서 60세와 75세 사이에서 장해상태로 들어갈 확률은

$$B - A = 0.15\left(\frac{e^{-0.25\times15}-e^{-0.25\times30}}{0.25}\right) = 0.01378\,\text{이다.}$$

3 시간동질 연속시간 마르코프모형인 다중상태모형 2(영구장해모형)를 고려한다. 피보험자 (x)를 고려한다.

(a) 전이력이 다음과 같을 때 $_{30}p_x^{02}$를 구하시오$(t \ge 0)$.

(i) $\mu_{x+t}^{01} = \begin{cases} 0.10, & t \le 15 \\ 0.15, & t > 15 \end{cases}$ (ii) $\mu_{x+t}^{02} = 0.04$ (iii) $\mu_{x+t}^{12} = 0.04$

(b) 전이력이 다음과 같을 때 $_{30}p_x^{02}$를 구하시오$(t \ge 0)$.

(i) $\mu_{x+t}^{01} = \begin{cases} 0.10, & t \le 15 \\ 0.15, & t > 15 \end{cases}$ (ii) $\mu_{x+t}^{02} = 0.04$ (iii) $\mu_{x+t}^{12} = 0.08$

(c) (b)의 조건에서 $_{30}p_x^{01}$을 채프만-콜모고로프 방정식(CKE)을 이용하여 구하시오.

(d) (b)의 조건에서 $_{30}p_x^{02}$를 채프만-콜모고로프 방정식(CKE)을 이용하여 구하시오.

(e) (b)의 조건에서 상태 0에 있는 피보험자 (40)이 상태 0에 계속 남아 있을 기대시간(expected time)을 구하시오.

풀이

(a) 상태 0과 상태 1에서 상태 2로의 전이력이 0.04로 같으므로 상태 1은 무시할 수 있다. 따라서 $_{30}p_x^{02} = {}_{30}q_x = 1 - e^{-0.04(30)} = 0.69881$이다.

(b) $_{30}p_x^{02}$를 구하기 위해 $_{30}p_x^{00}$을 구해보자.

(i) $t \le 15$일 때

$$_tp_x^{00} = {}_tp_x^{\overline{00}} = e^{-(0.1+0.04)t} = e^{-0.14t}$$

x세가 주어진 조건에서 $_tp_x^{00}$은 시간동질이므로 x세부터의 경과기간 t에만 의존한다.

(ii) $t > 15$일 때

다중상태모형 2이므로 $_tp_x^{ii} = {}_tp_x^{\overline{ii}}$이고, $_{t+h}p_x^{\overline{ii}} = {}_tp_x^{\overline{ii}}\,{}_hp_{x+t}^{\overline{ii}}$를 이용하면

$$_tp_x^{00} = {}_{15}p_x^{00}\,{}_{t-15}p_{x+15}^{00}$$

$$= \exp\left[-\int_0^{15}(0.1+0.04)\,dr\right]\exp\left[-\int_{15}^{t}(0.15+0.04)\,dr\right]$$

$$= \exp\left[-\int_0^{15} 0.14 \, dr - \int_{15}^t 0.19 \, dr\right]$$

$$= \exp\left[-0.14(15) - 0.19(t-15)\right] = e^{0.75 - 0.19t}$$

가 된다. 따라서 $_{30}p_x^{00} = e^{0.75-0.19(30)} = 0.00708$이다.

$_{30}p_x^{02}$를 구하기 위해 $_{30}p_x^{01}$을 구해보자.

$_{30}p_x^{01}$을 구할 때 전이력 μ_{x+t}^{01}이 경과기간 $t=15$에서 달라지므로 $t \le 15$인 경우와 $t > 15$인 경우의 $_t p_x^{00}$을 각각 이용한다. 또한 전이력 μ_{x+t}^{12}가 상수인 경우에는 $\mu_{x+t}^{12} = \dfrac{1}{\omega - x - t}$인 경우와는 다르게 $_{t-s}p_{x+s}^{11}$은 시간동질이므로 $x+s$세부터의 경과기간 $t-s$에만 의존하며 $x+s$에는 의존하지 않는다. 따라서

$$_{t-s}p_{x+s}^{11} = {}_{t-s}p_{x+s}^{\overline{11}} = \exp\left(-\int_0^{t-s} \mu_{x+r}^{12} \, dr\right) = e^{-0.08(t-s)}$$

다중상태모형 2이므로

$$_{30}p_x^{01} = \int_0^{30} {}_s p_x^{\overline{00}} \, \mu_{x+s}^{01} \, {}_{30-s}p_{x+s}^{\overline{11}} \, ds$$

$$= \int_0^{15} {}_s p_x^{\overline{00}} \, \mu_{x+s}^{01} \, {}_{30-s}p_{x+s}^{\overline{11}} \, ds + \int_{15}^{30} {}_s p_x^{\overline{00}} \, \mu_{x+s}^{01} \, {}_{30-s}p_{x+s}^{\overline{11}} \, ds$$

$$= \int_0^{15} e^{-0.14s} (0.1) \, e^{-0.08(30-s)} \, ds + \int_{15}^{30} e^{0.75-0.19s} (0.15) \, e^{-0.08(30-s)} \, ds$$

$$= 0.08972 + 0.04064 = 0.13036$$

임을 알 수 있다. 따라서 $_{30}p_x^{02} = 1 - {}_{30}p_x^{00} - {}_{30}p_x^{01} = 0.86256$이다.

(c) 채프만-콜모고로프 방정식(CKE)을 이용하면

$$_{30}p_x^{01} = {}_{15}p_x^{00} \, {}_{15}p_{x+15}^{01} + {}_{15}p_x^{01} \, {}_{15}p_{x+15}^{11} + {}_{15}p_x^{02} \, {}_{15}p_{x+15}^{21}$$

임을 알 수 있다. $_{15}p_{x+15}^{21} = 0$이므로 $_{30}p_x^{01} = {}_{15}p_x^{00} \, {}_{15}p_{x+15}^{01} + {}_{15}p_x^{01} \, {}_{15}p_{x+15}^{11}$이다. 위식의 우변의 전이확률들을 계산하면 다음과 같다.

$$_{15}p_x^{00} = {}_{15}p_x^{\overline{00}} = e^{-0.14 \times 15} = 0.12246$$

$$_{15}p_x^{01} = 0.1 \, e^{-0.08 \times 15} \left(\frac{1 - e^{-(0.1 + 0.04 - 0.08) \times 15}}{0.1 + 0.04 - 0.08}\right) = 0.29790$$

$$_{15}p_{x+15}^{01} = 0.15 \, e^{-0.08 \times 15} \left(\frac{1 - e^{-(0.15 + 0.04 - 0.08) \times 15}}{0.15 + 0.04 - 0.08}\right) = 0.33184$$

$$_{15}p_{x+15}^{11} = {}_{15}p_{x+15}^{\overline{11}} = e^{-0.08 \times 15} = 0.30119$$

위의 결과를 이용하면

$$_{30}p_x^{01} = 0.12246(0.33184) + 0.29790(0.30119) = 0.13036$$이다.

(d) 채프만-콜모고로프 방정식(CKE)을 이용하면

$$_{30}p_x^{02} = {}_{15}p_x^{00}\,{}_{15}p_{x+15}^{02} + {}_{15}p_x^{01}\,{}_{15}p_{x+15}^{12} + {}_{15}p_x^{02}\,{}_{15}p_{x+15}^{22}$$

임을 알 수 있다. $_{15}p_{x+15}^{22} = {}_{15}p_{x+15}^{\overline{22}} = 1$이므로

$$_{30}p_x^{02} = {}_{15}p_x^{00}\,{}_{15}p_{x+15}^{02} + {}_{15}p_x^{01}\,{}_{15}p_{x+15}^{12} + {}_{15}p_x^{02}$$ 이다.

$_{15}p_x^{00}$, $_{15}p_x^{01}$의 값은 (c)에서 구하였으므로 그대로 사용하면

$$_{15}p_x^{02} = 1 - {}_{15}p_x^{00} - {}_{15}p_x^{01} = 1 - 0.12246 - 0.29790 = 0.57964$$

또한 $_{15}p_{x+15}^{00} = {}_{15}p_{x+15}^{\overline{00}} = e^{-0.19\times15} = 0.05784$이고, $_{15}p_{x+15}^{01}$의 값은 (c)에서 구하였

으므로 $_{15}p_{x+15}^{02} = 1 - {}_{15}p_{x+15}^{00} - {}_{15}p_{x+15}^{01} = 1 - 0.05784 - 0.33184 = 0.61032$이다.

$_sp_{x+15}^{11} = {}_sp_{x+15}^{\overline{11}} = e^{-0.08s}$임을 이용하면

$$_{15}p_{x+15}^{12} = \int_0^{15} {}_sp_{x+15}^{\overline{11}}\,\mu_{(x+15)+s}^{12}\,ds = \int_0^{15} e^{-0.08s}\,(0.08)\,ds = 0.69881$$

따라서 $_{30}p_x^{02} = 0.12246(0.61032) + 0.29790(0.69881) + 0.57964 = 0.86256$이다.

(e) μ_{x+t}^{01}이 $t = 15$에서 값이 달라지므로 상태 0으로부터 나가는 전이력의 합을 구하면 다음과 같다.

$$\int_0^t \mu_{40+s}^{0\bullet}\,ds = \int_0^t 0.14\,ds = 0.14t \qquad\qquad 0 \le t \le 15$$

$$= \int_0^{15} 0.14\,ds + \int_{15}^t 0.19\,ds = 0.14(15) + 0.19(t-15) \quad t > 15$$

따라서 $_tp_{40}^{00} = {}_tp_{40}^{\overline{00}} = \exp\left(-\int_0^t \mu_{40+s}^{0\bullet}\,ds\right) = e^{-0.14t} \qquad\qquad 0 \le t \le 15$

$$= e^{-0.14(15)}\,e^{-0.19(t-15)} \qquad\qquad t > 15$$

상태 0에 있는 피보험자 (40)이 상태 0에 계속 남아 있을 기대시간은

$$\int_0^\infty {}_tp_{40}^{00}\,dt = \int_0^{15} e^{-0.14t}\,dt + \int_{15}^\infty e^{-0.14(15)}\,e^{-0.19(t-15)}\,dt$$

$t - 15 = s$인 치환적분법을 이용하면 (부록 1의 식 (I–32) 참조)

$$= \left(\frac{1 - e^{-0.14(15)}}{0.14}\right) + e^{-0.14(15)} \int_0^\infty e^{-0.19s}\,ds$$

$$= \left(\frac{1 - e^{-0.14(15)}}{0.14}\right) + e^{-0.14(15)}\left(\frac{1}{0.19}\right) = 6.91268$$

4 다중상태모형 2를 고려한다. 다음과 같은 조건이 주어졌을 때 상태 0(건강)에 있는 40세 사람이 55세에 상태 2에 있을 확률을 구하시오($x < 100$)(가정불성립).

(i) $\mu_x^{01} = \dfrac{1}{100-x}$ (ii) $\mu_x^{02} = 0.02,\ \mu_x^{12} = 0.07$

:: 풀이

이 문제는 $_{15}p_{40}^{02}$를 구하는 문제이다. 이를 위해 $_{15}p_{40}^{00}$과 $_{15}p_{40}^{01}$을 구해보자.

$$_s p_{40}^{00} = \exp\left[-\int_0^s (\mu_{40+t}^{01} + \mu_{40+t}^{02})\, dt\right]$$

$$= \exp\left(-\int_0^s \frac{1}{60-t} + 0.02\, dt\right) = \frac{60-s}{60}\, e^{-0.02s}$$

따라서 $_{15}p_{40}^{00} = \dfrac{60-15}{60}\, e^{-0.02\times 15} = 0.55561$

$$_{t-s}p_{40}^{11} = {}_{t-s}p_{40}^{\overline{11}} = \exp\left(-\int_0^{t-s} \mu_{40+u}^{12}\, du\right) = e^{-0.07\,(t-s)}$$

$$_t p_{40}^{01} = \int_0^t {}_s p_{40}^{00}\ \mu_{40+s}^{01}\ {}_{t-s}p_{40+s}^{11}\, ds$$

$$= \int_0^t \frac{60-s}{60}\, e^{-0.02s}\, \frac{1}{60-s}\, e^{-0.07(t-s)}\, ds$$

$$= \frac{1}{60}\, e^{-0.07t} \int_0^t e^{0.05s}\, ds = \frac{1}{60}\, e^{-0.07t} \left(\frac{1-e^{0.05t}}{-0.05}\right)$$

따라서 $_{15}p_{40}^{01} = \dfrac{1}{60}\, e^{-0.07\times 15}\left(\dfrac{1-e^{0.05\times 15}}{-0.05}\right) = 0.13029$

$_{15}p_{40}^{02} = 1 - {}_{15}p_{40}^{00} - {}_{15}p_{40}^{01}$이므로 $_{15}p_{40}^{02} = 0.3141$이다.

5 시간비동질 마르코프모형인 다중상태모형 2(영구장해모형)를 고려한다. 다음과 같은 조건이 주어졌을 때 상태 0(건강)에 있는 40세 사람이 55세에 상태 2에 있을 확률을 구하시오($x < 110$).

(i) $\mu_x^{01} = \dfrac{0.7}{110-x}$, (ii) $\mu_x^{02} = \dfrac{0.3}{110-x}$, (iii) $\mu_x^{12} = \dfrac{1}{110-x}$

:: 풀이

이 문제는 $_{15}p_{40}^{02}$를 구하는 문제이다. 다중상태모형 2이므로

$$_s p_{40}^{00} = {}_s p_{40}^{\overline{00}} = \exp\left[-\int_0^s (\mu_{40+t}^{01} + \mu_{40+t}^{02})\, dt\right]$$

$$= \exp\left(-\int_0^s \frac{1}{70-t}\, dt\right) = \frac{70-s}{70}$$

따라서 $_{15}p_{40}^{00} = \dfrac{55}{70} = 0.78571$

예제 (10.2.2.8)로부터 $_{t-s}p_{40+s}^{11} = \dfrac{70-t}{70-s}$임을 이용하면,

$$_tp_{40}^{01} = \int_0^t {}_sp_{40}^{\overline{00}} \ \mu_{40+s}^{01} \ {}_{t-s}p_{40+s}^{\overline{11}} \ ds = \int_0^t \left(\frac{70-s}{70}\right)\left(\frac{0.7}{70-s}\right)\left(\frac{70-t}{70-s}\right) ds$$

$$= \frac{0.7\,(70-t)}{70} \int_0^t \frac{1}{70-s} \ ds = \frac{0.7\,(70-t)}{70} \ln\left(\frac{70}{70-t}\right)$$

따라서 $_{15}p_{40}^{01} = \dfrac{0.7\,(55)}{70} \ln\left(\dfrac{70}{55}\right) = 0.13264$

$_{15}p_{40}^{00} + {}_{15}p_{40}^{01} + {}_{15}p_{40}^{02} = 1$ 이므로 $_{15}p_{40}^{02} = 0.08165$

$0 \to 2$로 직접 가는 확률과 $0 \to 1 \to 2$로 상태 1을 거쳐서 가는 확률을 이용하여 $_{15}p_{40}^{02}$ $= 0.08165$가 되는 것도 직접 확인해 보기를 바란다.

6 다중상태모형 2(영구장해모형)를 고려한다. 건강(상태 0), 장해(상태 1), 사망(상태 2)의 세 가지 상태이고 $t \geq 0$에 대하여 다음과 같은 가정들이 주어졌다.

(i) $\mu_{x+t}^{01} = 0.04$,　　(ii) $\mu_{x+t}^{02} = 0.01$,　　(iii) $\mu_{x+t}^{12} = 0.10$,　　(iv) $\delta = 0.05$

피보험자 (x)가 가입한 종신납 보험은 피보험자가 장해상태에 있으면 연속적 연액 1,000원의 장해급부를 지급하고, 건강상태에서 사망하면 사망보험금 10,000원을 사망즉시 지급하고, 장해상태에서 사망하면 급부는 없다. 보험기간은 종신이다. 수지상등의 원칙에 따라 계산된 보험료는 건강상태에 있는 피보험자가 납입한다. 이 보험의 연속납평준순보험료의 연액 P를 구하시오.

■ 풀이

(i) 사망급부에 대한 APV1을 구해보자. 상태 0에 있다가 상태 2로 직접 전이시 급부가 발생하므로

$$_tp_x^{00} = \exp\left(-\int_0^t 0.04 + 0.01 \ ds\right) = e^{-0.05t}$$

$$\text{APV1} = 10000 \int_0^\infty e^{-\delta t} \ {}_tp_x^{00} \ \mu_{x+t}^{02} \ dt = 10000 \int_0^\infty e^{-0.05t} e^{-0.05t} 0.01 \ dt$$

$$= 10000\,(0.01) \int_0^\infty e^{-0.1t} \ dt = \frac{10000\,(0.01)}{(0.1)} = 1000$$

(ii) 장해급부에 대한 APV2를 구해보자.

$$_tp_x^{01} = \mu_{x+t}^{01} \ e^{-\left(\mu_{x+t}^{12}\right)t}\left(\frac{1 - e^{-\left(\mu_{x+t}^{01} + \mu_{x+t}^{02} - \mu_{x+t}^{12}\right)t}}{\mu_{x+t}^{01} + \mu_{x+t}^{02} - \mu_{x+t}^{12}}\right)$$

$$= 0.04 \ e^{-0.1t}\left(\frac{1 - e^{-(0.04+0.01-0.1)t}}{0.04+0.01-0.1}\right) = 0.04 \ e^{-0.1t}\left(\frac{1 - e^{0.05t}}{-0.05}\right) \text{이므로}$$

$$\text{APV2} = 1000 \int_0^\infty e^{-\delta t} \ {}_tp_x^{01} \ dt = 1000 \int_0^\infty e^{-0.05t} 0.04 \ e^{-0.1t}\left(\frac{1 - e^{0.05t}}{-0.05}\right) dt$$

$$= 1000 \left(\frac{0.04}{0.05} \right) \int_0^\infty e^{-0.15t} (e^{0.05t} - 1) \, dt = 2666.67$$

(iii) 연속적 연액 1원의 보험료에 대한 EPV3을 구해보자.

$$\text{EPV3} = \int_0^\infty e^{-\delta t} \,_t p_x^{00} \, dt = \int_0^\infty e^{-0.05t} e^{-0.05t} \, dt = \frac{1}{\mu^{01} + \mu^{02} + \delta} = 10$$

따라서 수지상등의 원칙에 의해 연속납평준순보험료의 연액 P는

$$P = \frac{\text{APV1} + \text{APV2}}{\text{EPV3}} = \frac{1000 + 2666.67}{10} = 366.667$$

7 시간동질 마르코프모형인 다중상태모형 2(영구장해모형)를 고려한다. 전이력은 모든 $x \geq 0$에 대하여 $\mu_x^{01} = 0.1$, $\mu_x^{02} = 0.05$, $\mu_x^{12} = 0.07$이며, $i = 0.05$를 가정한다. 현재 상태 0에 있는 건강한 피보험자 (x)에 대하여 다음을 구하시오.

(a) 피보험자가 상태 0에 있는 동안 즉 피보험자가 건강한 상태에 있는 한(if the insured is healthy) 최대 10년 동안 매 분기초에 200원씩 지급되는 기시급연금의 연금급부에 대한 APV를 구하시오.

(b) 매 분기초에 건강상태(상태 0)에 있는 피보험자가 (한 분기 동안 전이가 발생한 결과) 매 분기말(최초 급부지급시점)에 상태 1에 있으면 그 때부터 장해급부 지급이 시작된다. 장해급부는 장해상태가 계속되면 첫 번째 급부가 지급된 때부터 매달 200원씩 최대 10년간 지급된다. 보험기간은 종신이다. 이 보험급부의 APV를 구하시오.

⋮ 풀이

(a) $\text{APV} = 200 \sum_{t=0}^{39} \frac{1}{(1.05)^{t/4}} e^{-0.15(t/4)} = 200 \sum_{t=0}^{39} \left(\frac{e^{-0.15}}{1.05} \right)^{(t/4)}$

$\qquad = 200 \left[1 - \left(\frac{e^{-0.15}}{1.05} \right)^{(40/4)} \right] \bigg/ \left[1 - \left(\frac{e^{-0.15}}{1.05} \right)^{(1/4)} \right] = 3560.10$

(b) (i) 우선 상태 0에서 매 분기말 상태 1에 있을 때 1원의 보험금을 지급하는 보험의 APV를 계산해 보자. k시점에 보험급부를 받는 확률은($k = \frac{1}{4}, \frac{2}{4}, \cdots$)

$\quad \Pr(K = k) = \,_{k-(1/4)} p_x^{00} \,_{1/4} p_{x+k-(1/4)}^{01}$

$$= e^{-0.15 \left(k - \frac{1}{4} \right)} \times 0.1 \, e^{-0.07 \times \frac{1}{4}} \left(\frac{1 - e^{-(0.1 + 0.05 - 0.07) \times \frac{1}{4}}}{0.1 + 0.05 - 0.07} \right)$$

이고, k시점에 발생하는 보험금 1원에 대한 APV를 APV1이라고 하면, APV1은

$$\text{APV1} = \sum_{t=1}^\infty \frac{1}{(1.05)^{(t/4)}} e^{-0.15 \left(\frac{t}{4} - \frac{1}{4} \right)} \times 0.1 \, e^{-0.07 \times \frac{1}{4}} \left(\frac{1 - e^{-(0.1 + 0.05 - 0.07) \times \frac{1}{4}}}{0.1 + 0.05 - 0.07} \right)$$

$$= 0.1 \, e^{-0.07 \times \frac{1}{4}} \left(\frac{1 - e^{-0.08 \times \frac{1}{4}}}{0.08} \right) \frac{1}{(1.05)^{(1/4)}} \times \sum_{t=0}^{\infty} \frac{1}{(1.05)^{(t/4)}} \, e^{-\frac{0.15 t}{4}}$$

$$= 0.1 \, e^{-0.07 \times \frac{1}{4}} \left(\frac{1 - e^{-0.08 \times \frac{1}{4}}}{0.08} \right) \frac{1}{(1.05)^{(1/4)}} \times \frac{1}{1 - (e^{-0.15}/1.05)^{(1/4)}}$$

$$= 0.49559$$

(ii) 상태 1에서 첫 번째 연금이 k시점부터 지급된다면 k시점에서 상태 1에 있는 한 지급되는 이 기시급연금의 연금급부의 APV를 APV2라고 하면 APV2는

$$\text{APV2} = 2400 \, \ddot{a}^{(12) \, 11}_{x+k : \overline{10|}} = 200 \sum_{t=0}^{119} \frac{1}{(1.05)^{t/12}} \, e^{-0.07 \left(\frac{t}{12} \right)}$$

$$= 200 \left(\frac{1 - (e^{-0.07}/1.05)^{(1/12) \times 120}}{1 - (e^{-0.07}/1.05)^{1/12}} \right) = 14114.02$$

이 값은 k에 관계없이 일정하므로 연금급부는 상수이다. APV2가 k시점의 보험금이 되며, APV1은 k시점의 보험금 1원에 대한 APV이다.

(iii) 따라서 이 보험급부의 APV는

$$\text{APV} = \text{APV2} \times \text{APV1} = 14114.02 \times 0.49559 = 6994.77$$

8 다중상태모형 2(영구장해모형)를 고려한다. 상태공간이 {0(건강), 1(장해), 2(사망)}이고 다음의 가정이 주어졌다($x \geq 0$).

(i) $\mu_x^{01} = \begin{cases} 0.015, & x \leq 40 \\ 0.03, & x > 40 \end{cases}$, (ii) $\mu_x^{02} = 0.01$,

(iii) $\mu_x^{12} = 0.15$, (iv) $\delta = 0.05$

피보험자 (30)이 가입한 20년납입 보험은 피보험자가 장해상태에 있으면 연속적 연액 1,000원을 장해급부로 지급한다. 보험기간은 40년이다. 보험료는 수지상등의 원칙에 의하여 계산되며 건강상태에 있는 피보험자가 납입할 때 연속납평준순보험료의 연액 P를 구하시오.

::: 풀이

보험료 산출을 위하여 상태 0에 있을 때 연액 1원을 최대 20년 연속적으로 지급하는 연속연금의 EPV를 구해보자. 이 연금의 기대현가는 10년 연속유기생명연금의 기대현가와 10년거치 10년 연속유기생명연금의 기대현가의 합으로 나타낼 수 있다.

$$\bar{a}^{00}_{30 : \overline{10|}} = \int_0^{10} e^{-\delta s} \, {}_s p_{30}^{00} \, ds = \frac{1 - e^{-(0.05 + 0.015 + 0.01)(10)}}{0.05 + 0.015 + 0.01} = 7.03511$$

$$_{10|}\bar{a}^{00}_{30 : \overline{10|}} = v^{10} \, {}_{10}p_{30}^{00} \, \bar{a}^{00}_{40 : \overline{10|}} = e^{-0.05(10)} \, e^{-(0.015 + 0.01)(10)} \int_0^{10} e^{-\delta s} \, {}_s p_{40}^{00} \, ds$$

$$= e^{-(0.05+0.015+0.01)(10)}\left(\frac{1-e^{-(0.05+0.03+0.01)(10)}}{0.05+0.03+0.01}\right) = 3.11463$$

이므로

$$\text{EPV} = \bar{a}^{00}_{30:\overline{20|}} = \bar{a}^{00}_{30:\overline{10|}} + {}_{10|}\bar{a}^{00}_{30:\overline{10|}} = 7.03511 + 3.11463 = 10.14974$$

장해급부의 APV를 계산하려면 먼저 ${}_t p^{01}_{30}$을 계산하여야 한다. 예제 (10.2.6.6)과 같이 3가지의 경우로 나누어 계산해보자.

(i) 장해가 10시점 이전에 발생($s<10$)하고, $t \le 10$인 경우:

$${}_t p^{01*}_{30} = \mu^{01} e^{-\mu^{12}t}\left(\frac{1-e^{-(\mu^{01}+\mu^{02}-\mu^{12})t}}{\mu^{01}+\mu^{02}-\mu^{12}}\right)$$

$$= 0.015\,e^{-0.15t}\left(\frac{1-e^{-(0.015+0.01-0.15)t}}{0.015+0.01-0.15}\right) = 0.12\,(e^{-0.025t}-e^{-0.15t})$$

(ii) 장해가 10시점 이전에 발생하고($s<10$), $t>10$인 경우:

$${}_t p^{01*}_{30} = \int_0^{10} e^{-0.025s}\,(0.015)\,e^{-0.15(t-s)}\,ds$$

$$= 0.015\,e^{-0.15t}\int_0^{10} e^{0.125s}\,ds = 0.29884\,e^{-0.15t}$$

(iii) 장해가 10시점 이후에 발생하고($s>10$), $t>10$인 경우:

$${}_t p^{01**}_{30} = \int_{10}^{t} {}_s p^{00}_{30}\,\mu^{01}_{30+s}\,{}_{t-s}p^{11}_{30+s}\,ds$$

$$= \int_{10}^{t} e^{-0.025(10)}\,e^{-0.04(s-10)}\,(0.03)\,e^{-0.15(t-s)}\,ds$$

$$= 0.03\,e^{0.15}\,e^{-0.15t}\int_{10}^{t} e^{0.11s}\,ds = 0.31686\,e^{-0.15t}\,(e^{0.11t}-e^{1.1})$$

이제 최대 40년 동안 피보험자가 장해상태에 있을 때 연속적 연액 1원을 지급하는 장해급부의 APV1을 구해보자.

$$\int_0^{10} e^{-\delta t}\,{}_t p^{01*}_{30}\,dt = 0.32541, \quad \int_{10}^{40} e^{-\delta t}\,{}_t p^{01*}_{30}\,dt = 0.20172,$$

$$\int_{10}^{40} e^{-\delta t}\,{}_t p^{01**}_{30}\,dt = 0.69267 \text{이므로}$$

$$\text{APV1} = \int_0^{40} e^{-\delta t}\,{}_t p^{01}_{30}\,dt = \int_0^{40} e^{-\delta t}\,({}_t p^{01*}_{30} + {}_t p^{01**}_{30})\,dt$$

$$= \int_0^{10} e^{-\delta t}\,{}_t p^{01*}_{30}\,dt + \int_{10}^{40} e^{-\delta t}\,{}_t p^{01*}_{30}\,dt + \int_{10}^{40} e^{-\delta t}\,{}_t p^{01**}_{30}\,dt = 1.2198$$

따라서 장해상태에 있을 때 연속적 연액 1,000원이 지급되는 장해급부의 APV는

$$\text{APV} = 1000 \times \text{APV1} = 1219.8$$

따라서 연속납평준순보험료의 연액 P는

$$P = \frac{\text{APV}}{\text{EPV}} = \frac{\text{APV}}{\bar{a}^{00}_{30:\overline{20|}}} = \frac{1219.8}{10.14974} = 120.18$$

9 다음 그림과 같이 3개의 상태를 갖는 연속시간 마르코프모형을 고려한다. 상태 0은 건강을, 상태 1은 1단계 질병을, 상태 2는 2단계 질병을 나타낸다.

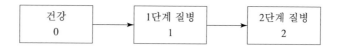

피보험자 (x)는 2단계 질병상태로 전이할 때 보험금 1,000원이 지급되는 종신납 보험에 가입하였다. 보험기간은 종신이다. 연속납평준순보험료의 연액 P는 수지상등의 원칙에 따라 계산되고 상태 0에 있는 경우에만 납입된다. 다음과 같은 조건이 주어질 때 P를 구하시오.

(i) 모든 $t \geq 0$에 대하여 $\mu^{01}_{x+t} = 0.03$, $\mu^{12}_{x+t} = 0.20$ (ii) $\delta = 0.05$

:: 풀이

상태 1에 있는 피보험자에 대하여 상태 2로 전이시 보험금 1,000원을 지급하는 보험급부에 대한 APV1은

$$\text{APV1} = \frac{1000\mu^{12}}{(\mu^{12} + \delta)} = 1000\left(\frac{0.2}{0.25}\right) = 800$$

이고, 상태 0에 있는 피보험자에 대하여 상태 1로 전이시 APV1을 보험금으로 지급하는 보험의 NSP를 APV2로 하면

$$\text{APV2} = (\text{APV1})\frac{\mu^{01}}{\mu^{01} + \delta} = 800\left(\frac{0.03}{0.08}\right) = 300$$

연속적 연액 1원의 보험료에 대한 EPV3은

$$\text{EPV3} = \frac{1}{\mu^{01} + \delta} = \frac{1}{0.03 + 0.05} = 12.5$$

따라서 연속납평준순보험료의 연액 P는

$$P = \frac{\text{APV2}}{\text{EPV3}} = \frac{300}{12.5} = 24$$

※ 심화학습문제 10번부터 14번까지 다음과 같은 상황하에서 답을 구하시오.
다중상태모형 2(영구장해모형)를 고려하며 다음과 같은 가정들이 주어졌다$(x \geq 0)$.

$$\mu^{01}_x = 0.05, \ \mu^{02}_x = 0.03, \ \mu^{12}_x = 0.09, \ \delta = 0.05$$

보험기간은 종신이며, 피보험자 (x)는 보험 가입시 건강(상태 0)한 사람이다.

10 피보험자가 영구장해상태가 된 후 6개월 내에 사망이 발생하는 경우 10,000원의 사망즉시급이 지급되는 급부의 APV를 구하시오.

풀이

영구장해상태(상태1)에 들어서는(enter) 시점을 s라고 하자. $x+s$시점에서 사망급부 10,000원의 APV는

$$10000\,\bar{A}^{12}_{x+s\,:\,\overline{0.5}|} = 10000 \int_0^{0.5} e^{-\delta r}\,_r p^{\overline{11}}_{x+s}\,\mu^{12}_{x+s+r}\,dr$$

$$= 10000 \int_0^{0.5} e^{-0.05\,r}\,e^{-0.09\,r}\,0.09\,dr$$

$$= 10000\,(0.09)\left(\frac{1-e^{-0.14\times0.5}}{0.14}\right) = 434.61$$

이 값은 s에 의존하지 않으며 10,000원 사망급부의 APV는 $434.61\,\bar{A}^{01}_x$이 된다.

$$\bar{A}^{01}_x = \int_0^\infty e^{-\delta s}\,_s p^{\overline{00}}_x\,\mu^{01}_{x+s}\,ds$$

$$= \int_0^\infty e^{-0.05 s}\,e^{-0.08 s}\,(0.05)\,ds = 0.05 \int_0^\infty e^{-0.13 s}\,ds = 0.38462$$

따라서 APV $= 434.61\,\bar{A}^{01}_x = 434.61\times0.38462 = 167.16$

11 피보험자가 보험가입 후 영구장해상태에 있을 때 연속적 연액 700원을 지급하는 장해급부의 APV를 구하시오.

풀이

급부가 지급되는 시점을 t(피보험자의 연령은 $x+t$)라고 하고 시점 t에 영구장해상태에 있을 확률을 구해보자. 상태 0에서 상태 1로 들어가는 시점을 $s\,(s<t)$라고 하면 [즉, $Y(x+s)=1$] s시점 이후부터 Y는 t시점까지 상태 1에 있어야 한다.

$$\int_0^t {}_s p^{\overline{00}}_x\,\mu^{01}_{x+s}\,{}_{t-s} p^{\overline{11}}_{x+s}\,ds = \int_0^t e^{-0.08 s}\,(0.05)\,e^{-0.09(t-s)}\,ds$$

$$= 0.05\,e^{-0.09 t}\left(\frac{1-e^{0.01 t}}{-0.01}\right)$$

따라서 APV는

$$700 \int_0^\infty e^{-0.05 t}\,0.05\,e^{-0.09 t}\left(\frac{1-e^{0.01 t}}{-0.01}\right)\,dt$$

$$= \frac{700\,(0.05)}{0.01} \int_0^\infty e^{-0.14 t}\,(e^{0.01 t}-1)\,dt$$

$$= \frac{700\,(0.05)}{0.01}\left(\frac{1}{0.13}-\frac{1}{0.14}\right) = 1923.08$$

12 피보험자가 보험가입 후 영구장해상태에 있을 때 연속적 연액 900원을 지급하는 장해급부의 APV를 구하시오. 단, 첫 번째 대기기간 6개월이 지나야 지급되고 대기기간 안에는 어떤 급부도 주어지지 않는다.

풀이

급부가 지급되는 시점을 t라고 하고 연속적 연액 900원의 급부가 지급되는 확률을 $_t p_x^{01}*$라고 하자. 피보험자가 상태 1로 처음 들어가는 시간을 s라고 하면 s의 확률밀도는 $_s p_x^{\overline{00}} \mu_{x+s}^{01}$이 된다. s는 $t-0.5$보다 클 수 없다. 따라서 구하는 확률은

$$_t p_x^{01}* = \int_0^{t-0.5} {}_s p_x^{\overline{00}} \mu_{x+s}^{01} {}_{t-s} p_{x+s}^{\overline{11}} \, ds$$

$$= \int_0^{t-0.5} e^{-0.08s} 0.05 \, e^{-0.09(t-s)} \, ds$$

$$= 0.05 \, e^{-0.09t} \left(\frac{1 - e^{0.01(t-0.5)}}{-0.01} \right)$$

따라서 연속적 연액 900원의 장해급부의 APV는

$$900 \int_{0.5}^{\infty} e^{-0.05t} 0.05 \, e^{-0.09t} \left(\frac{1 - e^{0.01(t-0.5)}}{-0.01} \right) \, dt$$

$$= \frac{900(0.05)}{0.01} \int_{0.5}^{\infty} e^{-0.14t} \left(e^{0.01(t-0.5)} - 1 \right) \, dt$$

$$= \frac{900(0.05)}{0.01} \int_{0.5}^{\infty} e^{-0.01 \times 0.5} e^{-0.13t} - e^{-0.14t} \, dt$$

$$= \frac{900(0.05)}{0.01} \left(e^{-0.01 \times 0.5} \frac{e^{-0.13 \times 0.5}}{0.13} - \frac{e^{-0.14 \times 0.5}}{0.14} \right)$$

$$= 2305.37$$

13 피보험자가 보험가입 후 영구장해상태로 전이하고, 대기기간 6개월이 종료될 때까지 계속 영구장해상태에 있으면 대기기간이 종료될 때 장해급부 2,000원이 일시금으로 지급되는 급부의 APV를 구하시오. 단 대기기간 안에는 어떤 급부도 제공되지 않는다.

풀이

급부가 지급되는 시점을 t라고 하면 이 급부에 대한 확률밀도는 피보험자가 $(t-0.5)$시점에 상태 1로 이동하고 0.5년 동안 상태 1에 머무는 확률이다. 여기에서는 s가 $(t-0.5)$이라는 한 시점만 해당된다. 심화학습문제 12번에서는 $_t p_x^{01}*$를 형성하는데 영향을 주는 s는 $(0, t-0.5)$ 구간 모두인데 반하여 여기에서는 급부의 확률밀도에 영향을 주는 s는 $(t-0.5)$ 하나이다. 따라서 확률밀도는

$$g(t) = {}_{t-0.5}p_x^{\overline{00}}\ \mu_{x+t-0.5}^{01}\ {}_{0.5}p_{x+t-0.5}^{\overline{11}}$$
$$= e^{-0.08(t-0.5)}(0.05)\,e^{-0.09\times0.5} = 0.05\,e^{-0.01\times0.5}\,e^{-0.08t}$$

이 일시금 급부에 대한 APV는

$$2000\int_{0.5}^{\infty} e^{-0.05t}\,0.05\,e^{-0.01\times0.5}\,e^{-0.08t}\,dt$$
$$= 2000\,(0.05)\,e^{-0.01\times0.5}\left(\frac{e^{-0.13\times0.5}}{0.13}\right) = 717.23$$

14 심화학습문제 10번에서 영구장해상태(상태 1)로 들어가는 시점을 s, 급부가 제공되는 시점을 t로 설정하여 사망급부의 APV를 구하시오.

풀이

상태 0에서 상태 1로 전이하는 시점을 S, 상태 1에서 상태 2로 전이라는 시점을 T(즉, T는 급부제공시점)라고 하고 급부가 t시점에 제공되는 확률을 계산해보자. t시점에 이 사상이 발생하려면 피보험자가 상태 0에서 상태 1로 t보다 6개월보다 작은 시점에 이동하고, 그런 후에 t시점에 상태 2로 전이하여야 한다. S에 대한 확률밀도를 구하기 위하여 다음을 우선 구해보자.

$$\Pr(s < S < s+ds,\ t < T < t+dt) = {}_sp_x^{\overline{00}}\ \mu_{x+s}^{01}\ ds\ {}_{t-s}p_{x+s}^{\overline{11}}\ \mu_{x+t}^{12}\ dt$$
$$= e^{-0.08s}(0.05\ ds)\,e^{-0.09(t-s)}(0.09\ dt) = 0.0045\,e^{-0.09t}\,e^{0.01s}\,ds\,dt$$

사망급부는 대기기간인 6개월 안에 발생하여야 하므로 사망급부의 APV를 구할 때 s와 t에 대하여 적분을 하여야 한다. 이 때 s에 대하여 먼저 적분하고 후에 t에 대하여 적분하는 방법은 s의 범위($t-0.5 < s < t$일 때)를 $(t-s,\ t)$에 대하여 적분하여야 하므로 답을 구하기 어렵다. 따라서 t에 대하여 먼저 적분하고 s에 대하여 후에 적분하는 것이 간편하다. 따라서 APV는

$$10000\int_0^{\infty}\int_s^{s+0.5} e^{-0.05t}\,0.0045\,e^{-0.09t}\,e^{0.01s}\,dt\,ds$$
$$= \frac{10000\,(0.0045)}{0.14}\int_0^{\infty} e^{0.01s}\left[e^{-0.14s} - e^{-0.14(s+0.5)}\right]ds$$
$$= \frac{10000\,(0.0045)}{0.14}\int_0^{\infty} e^{-0.13s}\left(1 - e^{-0.14\times0.5}\right)ds$$
$$= \frac{10000\,(0.0045)}{0.14}\left(1 - e^{-0.14\times0.5}\right)\left(\frac{1}{0.13}\right)$$
$$= 167.16$$

15 시간동질 마르코프모형은 다음과 같다.

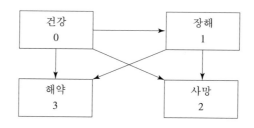

피보험자 (x)가 가입한 보험은 장해상태에 있으면 연속적 연액 500원을 장해급부로 지급하고, 사망시 사망보험금 10000원을 사망즉시 지급하고, 장해상태에서 해약하면 일시금으로 2000원을 즉시 지급한다. 보험료는 건강상태나 장해상태에 있을 때 연속적 연액 200원이 납입된다. 다음과 같은 가정하에서 $\frac{d}{dt}\,_4V^{(1)}$를 구하시오.

(i) $\mu^{01}_{x+4} = 0.05$, $\mu^{02}_{x+4} = 0.008$, $\mu^{03}_{x+4} = 0.1$, $\mu^{12}_{x+4} = 0.03$, $\mu^{13}_{x+4} = 0.02$

(ii) $_4V^{(0)} = 3000$과 $_4V^{(1)} = 6000$ (iii) $\delta_t = 0.025\,t$

풀이

$\delta_4 = 0.1$이므로 TDE를 이용하면

$$\frac{d}{dt}\,_4V^{(1)} = \delta_4\,_4V^{(1)} - B_4^{(1)} + P_4^{(1)} - \mu^{12}_{x+4}(S_4^{(12)} + {}_4V^{(2)} - {}_4V^{(1)})$$

$$- \mu^{13}_{x+4}(S_4^{(13)} + {}_4V^{(3)} - {}_4V^{(1)})$$

$$= 0.1(6000) - 500 + 200 - 0.03(10000 - 6000)$$

$$- 0.02(2000 - 6000) = 260$$

16 다중상태모형 2(영구장해모형)를 고려한다. 상태 0은 건강, 상태 1은 영구장해, 상태 2는 사망을 나타낸다. 건강상태(상태 0)에 있는 피보험자 (20)이 20년납입 보험에 가입하였다. 보험기간은 종신이다. 이 보험은 피보험자가 사망하면 사망보험금 30,000원이 사망즉시 지급되고, 영구장해상태 (상태 1)에 있으면 연속적 연액 1,000원이 장해급부로 지급된다. 보험료는 피보험자가 건강상태 (상태 0)에 있으면 연속적으로 납입된다. 다음과 같은 가정이 주어졌다. $(x \geq 20)$

$$\mu^{01}_x = 0.15, \quad \mu^{02}_x = 0.1, \quad \mu^{12}_x = 0.2, \quad \delta = 0.06$$

(a) 이 보험의 연속납평준순보험료의 연액 P를 구하시오.

(b) 책임준비금 산출기준은 보험료 산출기준과 동일하다고 가정할 때 피보험자가 상태 0과 상태 1에 있을 때의 책임준비금인 $_{15}V^{(0)}$과 $_{15}V^{(1)}$를 구하시오.

(c) $i = 0, 1$에 대하여 $_tV^{(i)}$의 변화율을 Thiele의 미분방정식으로 나타내시오.

(d) $t = 15$인 경우 $_{15}V^{(0)}$, $_{15}V^{(1)}$의 변화율을 구하시오.

풀이

(a) 보험료 납입의 EPV를 먼저 구해보자. 연속납평준순보험료의 연액을 P라고 하면

$$P\,\bar{a}_{20:\overline{20|}} = P \int_0^{20} e^{-\delta t}\,_t p_{20}^{00}\,dt = P \int_0^{20} e^{-0.06t}\,e^{-(0.15+0.1)t}\,dt$$

$$= P\left(\frac{1 - e^{-0.31 \times 20}}{0.31}\right) = 3.21926\,P$$

또는 $\bar{a}_{x:\overline{n|}}^{00} = \dfrac{1 - \exp\left[-(\delta + \mu_x^{01} + \mu_x^{02})n\right]}{\delta + \mu_x^{01} + \mu_x^{02}}$ 을 이용하여

$$\bar{a}_{20:\overline{20|}}^{00} = \frac{1 - e^{-(0.06+0.15+0.1)(20)}}{0.06 + 0.15 + 0.1} = 3.21926$$임을 구할 수 있다.

모든 급부의 APV를 구해보자. 보험급부 계산시 필요한 $_t p_{20}^{01}$을 구해보자.

$$_t p_{20}^{01} = \int_0^t {}_s p_{20}^{00}\,\mu_{20+s}^{01}\,_{t-s} p_{20+s}^{11}\,ds = \int_0^t e^{-0.25s}\,(0.15)\,e^{-0.2(t-s)}\,ds$$

$$= 0.15\,e^{-0.2t} \int_0^t e^{-0.05s}\,ds = 0.15\,e^{-0.2t}\left(\frac{1 - e^{-0.05t}}{0.05}\right)$$

사망급부의 APV를 구하기 위해 $\bar{A}_{20}^{02}$를 구해보자.

$$\bar{A}_{20}^{02} = \int_0^\infty e^{-\delta t}\left({}_t p_{20}^{00}\,\mu_{20+t}^{02} + {}_t p_{20}^{01}\,\mu_{20+t}^{12}\right)dt$$

$$= \int_0^\infty e^{-0.06t}\left[0.1\,e^{-0.25t} + 0.15\,e^{-0.2t}\left(\frac{1 - e^{-0.05t}}{0.05}\right)(0.2)\right]dt$$

$$= \int_0^\infty 0.6\,e^{-0.26t} - 0.5\,e^{-0.31t}\,dt = \frac{0.6}{0.26} - \frac{0.5}{0.31} = 0.69479$$

또는 식 (10.2.6.15)를 이용하여 (단 $n \to \infty$로 계산해야 한다)

$$\bar{A}_{20}^{02} = 0.1 \times \frac{1}{0.31} + 0.2 \times \frac{0.15}{0.05}\left(\frac{1}{0.26} - \frac{1}{0.31}\right) = 0.69479$$

로도 구할 수 있다. 또한 장해급부에 대한 APV를 구하기 위해 $\bar{a}_{20}^{01}$을 구해보자.

$$\bar{a}_{20}^{01} = \int_0^\infty e^{-\delta t}\,_t p_{20}^{01}\,dt = \int_0^\infty e^{-0.06t}\,(0.15)\,e^{-0.2t}\left(\frac{1 - e^{-0.05t}}{0.05}\right)dt$$

$$= \frac{0.15}{0.05} \int_0^\infty e^{-0.26t} - e^{-0.31t}\,dt = \frac{0.15}{0.05}\left(\frac{1}{0.26} - \frac{1}{0.31}\right) = 1.86104$$

또는 식 (10.2.6.12)를 이용하여

$$\bar{a}_{20}^{01} = \frac{0.15}{0.05}\left(\frac{1}{0.26} - \frac{1}{0.31}\right) = 1.86104$$

로도 구할 수 있다.

따라서 수지상등의 원칙에 의하여 연속납평준순보험료의 연액 P는

$$P = \frac{30000\,\bar{A}_{20}^{02} + 1000\,\bar{a}_{20}^{01}}{\bar{a}_{20:\overline{20}|}^{00}} = \frac{30000(0.69479) + 1000(1.86104)}{3.21926} = 7052.78$$

(b) (i) $t=15$시점의 책임준비금 $_{15}V^{(0)}$를 구하기 위하여 $\bar{a}_{35:\overline{5}|}^{00}$, $\bar{A}_{35}^{02}$와 $\bar{a}_{35}^{01}$이 필요하다. 전이력이 나이와 상관없이 상수이므로 $\bar{A}_{35}^{02} = \bar{A}_{20}^{02}$, $\bar{a}_{35}^{01} = \bar{a}_{20}^{01}$이며, $\bar{a}_{35:\overline{5}|}^{00}$은 (a)의 결과를 이용하면 쉽게 구할 수 있다. (a)에서는 $t=20$을 사용하였고 여기서는 $t=5$를 사용하면 된다.

$\bar{a}_{20:\overline{20}|}^{00}$에서 $-0.31\times 20 = -(\delta + \mu^{01} + \mu^{02})\,t$이므로 $(t=20)$

$$\bar{a}_{35:\overline{5}|}^{00} = \frac{1 - e^{-0.31\times 5}}{0.31} = 2.54114$$

따라서

$$_{15}V^{(0)} = 30000\,\bar{A}_{35}^{02} + 1000\,\bar{a}_{35}^{01} - P\,\bar{a}_{35:\overline{5}|}^{00}$$

$$= 30000(0.69479) + 1000(1.86104) - 7052.78(2.54114) = 4782.64$$

(ii) $t=15$시점에서 책임준비금 $_{15}V^{(1)}$를 구하기 위하여 $\bar{a}_{35}^{11}$, $\bar{A}_{35}^{12}$이 필요하다.

$$\bar{a}_{35}^{11} = \int_0^\infty e^{-\delta t}\,_tp_{35}^{11}\,dt = \int_0^\infty e^{-0.06t}\,e^{-0.2t}\,dt = 3.84615$$

$$\bar{A}_{35}^{12} = \int_0^\infty e^{-\delta t}\,_tp_{35}^{11}\,\mu_{35+t}^{12}\,dt = \int_0^\infty e^{-0.06t}\,e^{-0.2t}\,0.2\,dt = 0.76923$$

또는 $\bar{a}_{x:\overline{n}|}^{11} = \dfrac{1 - \exp\left[-(\delta + \mu_x^{12})n\right]}{\delta + \mu_x^{12}}$과 $\bar{A}_{x:\overline{n}|}^{12} = \mu_x^{12}\,\dfrac{1 - \exp\left[-(\delta + \mu_x^{12})n\right]}{\delta + \mu_x^{12}}$을 이용하면(단 $n \to \infty$로 계산해야 한다)

$$\bar{a}_{35}^{11} = \frac{1}{0.26} = 3.84615, \qquad \bar{A}_{35}^{12} = \frac{0.2}{0.26} = 0.76923$$

을 구할 수 있다. 상태 1에 있을 때 보험료의 납입은 없으므로

$$_{15}V^{(1)} = 30000\,\bar{A}_{35}^{12} + 1000\,\bar{a}_{35}^{11}$$

$$= 30000(0.76923) + 1000(3.84615) = 26923.05$$

(c)
$$\frac{d}{dt}\,_tV^{(i)} = \delta_t\,_tV^{(i)} - B_t^{(i)} - \sum_{j=0,j\neq 1}^{n} \mu_{x+t}^{ij}(S_t^{(ij)} + {_tV^{(j)}} - {_tV^{(i)}})$$

$$\frac{d}{dt}\,_tV^{(0)} = 0.06\,_tV^{(0)} + 7052.78 - 0.15\,(_tV^{(1)} - {_tV^{(0)}}) - 0.1\,(30000 - {_tV^{(0)}})$$

$$\frac{d}{dt}\,_tV^{(1)} = 0.06\,_tV^{(1)} - 1000 - 0.2\,(30000 - {_tV^{(1)}})$$

(d) (c)의 결과를 이용하면

$_{15}V^{(0)}$의 변화율

$$= 0.06(4782.64) + 7052.78 - 0.15(26923.05 - 4782.64)$$

$$- 0.1(30000 - 4782.64) = 1496.94$$

$_{15}V^{(1)}$의 변화율

$$= 0.06(26923.05) - 1000 - 0.2(30000 - 26923.05) = -0.007$$

17 다중상태모형 4($m=4$인 다중탈퇴모형)를 고려한다. 5개의 상태가 존재하고 상태 0에서 상태 1, 2, 3, 4로만 전이가 가능하고 상태 0으로 재진입할 수 없다. 다음과 같은 조건하에서 p_{50}^{04}을 구하시오($t \geq 0$).

(i) $\mu_{50+t}^{01} = 0.03$,   (ii) $\mu_{50+t}^{02} = 0.05$,   (iii) $\mu_{50+t}^{03} = 0.07$,   (iv) $\mu_{50+t}^{04} = 0.1$

∷ 풀이

다중탈퇴모형이므로

$$p_{50}^{04} = \int_0^1 {}_s p_{50}^{00} \, \mu_{50+s}^{04} \, ds$$

$$_s p_{50}^{00} = e^{-(0.03+0.05+0.07+0.1)s} = e^{-0.25s}$$

따라서

$$p_{50}^{04} = \int_0^1 e^{-0.25s}(0.1) \, ds = 0.1 \left(\frac{1 - e^{-0.25 \times 1}}{0.25} \right) = 0.08848$$

18 다음과 같은 이중탈퇴표가 주어졌다.

x	p_x^{01}	p_x^{02}
70	0.02	0.15
71	0.03	0.16
72	0.04	0.17
73	0.05	0.18
74	0.06	0.19

탈퇴들은 매년 관련된 단일탈퇴표 하에서 균등분포(UDDSD)를 따른다고 할 때,

(a) $q_{71}^{\prime(1)}$을 계산하시오.   (b) $\mu_{71.3}^{01}$을 계산하시오.

∷ 풀이

(a) 탈퇴들은 매년 관련된 단일탈퇴표 하에서 균등분포(UDDSD)를 따른다고 가정하였으므로

$$\mu_{71.3}^{01} = \mu_{71+0.3}^{(1)} = \frac{q'^{(1)}_{71}}{1 - {}_{0.3}q'^{(1)}_{71}} = \frac{q'^{(1)}_{71}}{1 - 0.3\,q'^{(1)}_{71}}$$

이다.

$$0.03 = q'^{(1)}_{71}\left(1 - \frac{q'^{(2)}_{71}}{2}\right) \quad (식\ ①)$$

$$0.16 = q'^{(2)}_{71}\left(1 - \frac{q'^{(1)}_{71}}{2}\right) \quad (식\ ②)$$

임을 알 수 있고, (식 ②－식 ①)을 하면 $0.13 = q'^{(2)}_{71} - q'^{(1)}_{71}$을 얻을 수 있다.

$q'^{(2)}_{71} = q'^{(1)}_{71} + 0.13$로 정리하여 식 ②에 대입하면

$$0.16 = \left(q'^{(1)}_{71} + 0.13\right)\left(1 - \frac{q'^{(1)}_{71}}{2}\right)$$

라는 2차방정식을 얻게 되어 이를 풀면 $q'^{(1)}_{71} = 1.83734$ 또는 0.03266를 얻는다.
$q'^{(1)}_{71}$는 확률이므로 $q'^{(1)}_{71} = 0.03266$이다.

(b) (a)의 결과를 이용하면

$$\mu_{71.3}^{01} = \mu_{71+0.3}^{(1)} = \frac{q'^{(1)}_{71}}{1 - 0.3\,q'^{(1)}_{71}}$$

이므로

$$\mu_{71.3}^{01} = \frac{0.03266}{1 - 0.3 \times 0.03266} = 0.03298$$

19 다중상태모형 6(종속적 연생모형)을 고려한다. (x)와 (y)가 가입한 동시생존자 n년납
입 정기보험은 보험기간이 n년이고, 보험금 1원의 사망즉시급이고 보험료는 (x),
(y) 동시 생존시만 연속적으로 납입된다.
$t \geq 0$에서 다음과 같은 가정이 주어졌다.

$\mu_{x+t:y+t}^{01} = 0.06,$ $\qquad$ $\mu_{x+t:y+t}^{02} = 0.08,$ $\qquad$ $\mu_{x+t:y+t}^{03} = 0,$

$\mu_{x+t}^{13} = 0.12,$ $\qquad$ $\mu_{y+t}^{23} = 0.10,$ $\qquad$ $\delta = 0.05$

(a) 연속납평준순보험료의 연액 P를 구하시오.

(b) $i = 0,\ 1,\ 2$에 대하여 ${}_t V^{(i)}$의 변화율을 Thiele의 미분방정식으로 나타내시오.

:: 풀이

(a) 보험료는 수지상등의 원칙에 의하여 결정되므로 $P = \dfrac{\bar{A}{}^{\,1}_{xy\,:\,\overline{n}|}}{\bar{a}_{xy\,:\,\overline{n}|}}$이다.

동시생존자 정기보험이므로 보험금 1원은 경로 $0 \to 1$, $0 \to 2$를 따를 때 지급된다.

따라서

$$\bar{A}\,\frac{1}{xy:\overline{n}|} = \bar{A}_{xy:\overline{n}|} = \int_0^n e^{-\delta t}\,{}_t p_{xy}^{00}\left(\mu_{x+t:y+t}^{01} + \mu_{x+t:y+t}^{02}\right)dt$$

$$= \int_0^n e^{-0.05t}\,e^{-(0.06+0.08)t}\,(0.06+0.08)\,dt = 0.14\left(\frac{1-e^{-0.19(n)}}{0.19}\right)$$

보험료 계산을 위해 $\bar{a}_{xy:\overline{n}|}$을 구해보면

$$\bar{a}_{xy:\overline{n}|} = \bar{a}_{xy:\overline{n}|}^{00} = \int_0^n e^{-\delta t}\,{}_t p_{xy}^{00}\,dt = \int_0^n e^{-0.05t}\,e^{-(0.06+0.08)t}\,dt$$

$$= \frac{1-e^{-0.19(n)}}{0.19}$$

따라서

$$P = \frac{\bar{A}\,\frac{1}{xy:\overline{n}|}}{\bar{a}_{xy:\overline{n}|}} = \frac{0.14\left(\dfrac{1-e^{-0.19(n)}}{0.19}\right)}{\left(\dfrac{1-e^{-0.19(n)}}{0.19}\right)} = 0.14$$

(b) $\dfrac{d}{dt}\,{}_t V^{(i)} = \delta_t\,{}_t V^{(i)} - B_t^{(i)} - \sum_{j=0,j\neq i}^n \mu_{x+t}^{ij}\left(S_t^{(ij)} + {}_t V^{(j)} - {}_t V^{(i)}\right)$이므로

(i) $0 < t < n$인 경우

$$\frac{d}{dt}\,{}_t V^{(0)} = 0.05\,{}_t V^{(0)} + 0.14 - 0.06\left(1 - {}_t V^{(0)}\right) - 0.08\left(1 - {}_t V^{(0)}\right)$$

(ii) $t = n$인 경우

$$\frac{d}{dt}\,{}_t V^{(0)} = 0$$

동시생존자 정기보험이므로 ${}_t V^{(1)} = {}_t V^{(2)} = 0 \ (0 < t \leq n)$이다. 따라서

$$\frac{d}{dt}\,{}_t V^{(1)} = \frac{d}{dt}\,{}_t V^{(2)} = 0$$

20 A보험회사는 다음 그림과 같은 3개의 상태를 갖는 연속시간 마르코프모형을 이용하여 보험상품을 개발하려고 한다. 상태 0은 건강을, 상태 1은 영구장해를, 상태 2는 사망을 나타낸다(가정불성립).

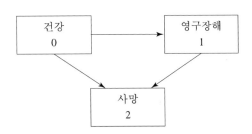

이 보험상품을 개발시 다음과 같은 가정들을 사용한다.

(i) 건강한 피보험자 (40)이 가입하는 10년납입 보험이며 보험기간은 종신이다.

(ii) 전이력은 모든 $40 \leq x \leq 90$에 대하여 $\mu_x^{01} = \dfrac{1}{90-x}$, $\mu_x^{02} = 0.1$, $\mu_x^{12} = 0.2$, 이력은 $\delta = 0.05$로 가정한다.

(iii) 피보험자가 영구장해상태(상태 1)에 있으면 연속적 연액 10,000원을 장해급부로 지급하고, 사망하면 사망즉시 사망보험금 30,000원을 지급한다.

(iv) 보험료는 수지상등의 원칙이 적용되어 계산되며 건강상태에 있는 피보험자가 연속적으로 납입한다.

(a) 이 보험급부에 대한 APV를 구하시오.

(b) 이 보험의 연속납평준순보험료의 연액 P를 구하시오.

(c) 제5보험연도말 책임준비금 $_5V^{(0)}$, $_5V^{(1)}$를 구하시오.

풀이

(a) 장해급부의 APV1과 사망급부의 APV2로 나누어서 보험급부의 APV를 구하기로 한다. 장해급부의 APV1을 구하기 위한 전이확률을 구해보자.

$$_sp_{40}^{00} = {}_sp_{40}^{\overline{00}} = \exp\left(-\int_0^s \mu_{40+u}^{01} + \mu_{40+u}^{02} \, du\right)$$

$$= \exp\left(-\int_0^s \frac{1}{50-u} + 0.1 \, du\right) = \left(\frac{50-s}{50}\right)e^{-0.1s}$$

$$_{t-s}p_{40+s}^{11} = {}_{t-s}p_{40+s}^{\overline{11}} = \exp\left(-\int_0^{t-s} \mu_{40+s+u}^{12} \, du\right) = e^{-0.2(t-s)}$$

$$_tp_{40}^{01} = \int_0^t {}_sp_{40}^{\overline{00}} \, \mu_{40+s}^{01} \, {}_{t-s}p_{40+s}^{\overline{11}} \, ds$$

$$= \int_0^t \left(\frac{50-s}{50}\right)e^{-0.1s}\left(\frac{1}{50-s}\right)e^{-0.2(t-s)} \, ds$$

$$= \frac{e^{-0.2t}(1-e^{0.1t})}{50(-0.1)}$$

여기서 구한 $_tp_{40}^{01}$은 식 (10.2.2.24)로부터도 구할 수 있다.

따라서 장해급부의 APV1은

$$\text{APV1} = 10000\,\bar{a}_{40}^{01} = 10000\int_0^\infty e^{-\delta t} \, {}_tp_{40}^{01} \, dt$$

$$= 10000\int_0^\infty e^{-0.05t} \frac{e^{-0.2t}(1-e^{0.1t})}{50(-0.1)} \, dt$$

$$= \frac{10000}{50(0.1)}\int_0^\infty e^{-0.25t}(e^{0.1t}-1) \, dt = 5333.33$$

사망급부의 APV2를 구하기 위해 다음의 Part B와 Part D를 구해보자.

$$\text{Part B} = \int_0^\infty e^{-\delta t} \, {}_tp_{40}^{00} \, \mu_{40+t}^{02} \, dt = \int_0^\infty e^{-0.05t} \left(\frac{50-t}{50}\right) e^{-0.1t} (0.1) \, dt$$

$u' = e^{-0.15t}$, $v = 50-t$라고 하고 부분적분법을 이용하면

$\int_0^\infty e^{-0.15t} (50-t) \, dt = 288.89$이므로

$$\text{Part B} = \frac{0.1}{50} \int_0^\infty e^{-0.15t} (50-t) \, dt = \frac{0.1}{50} (288.89) = 0.57778$$

$$\text{Part D} = \int_0^\infty e^{-\delta t} \, {}_tp_{40}^{01} \, \mu_{40+t}^{12} \, dt = \int_0^\infty e^{-0.05t} \frac{e^{-0.2t}(1-e^{0.1t})}{50(-0.1)} (0.2) \, dt$$

$$= \frac{0.2}{50(0.1)} \int_0^\infty e^{-0.25t} (e^{0.1t}-1) \, dt = 0.10667$$

따라서 사망급부의 APV2는

$$\text{APV2} = 30000 \, \bar{A}_{40}^{02} = 30000 \int_0^\infty e^{-\delta t} \left({}_tp_{40}^{00} \, \mu_{40+t}^{02} + {}_tp_{40}^{01} \, \mu_{40+t}^{12} \right) dt$$

$$= 30000(\text{Part B} + \text{Part D}) = 20533.5$$

따라서 보험급부의 APV는

$$\text{APV} = \text{APV1} + \text{APV2} = 5333.33 + 20533.5 = 25866.83$$

(b) 연속적 연액 1원의 보험료 납입에 대한 EPV를 구해보자.

$$\text{EPV} = \bar{a}_{40:\overline{10|}}^{00} = \int_0^{10} e^{-\delta t} \, {}_tp_{40}^{00} \, dt = \int_0^{10} e^{-0.05t} \left(\frac{50-t}{50}\right) e^{-0.1t} \, dt$$

$$= \frac{1}{50} \int_0^{10} e^{-0.15t} (50-t) \, dt = \frac{1}{50} (239.30441) = 4.78609$$

$$(u' = e^{-0.15t}, \quad v = 50-t)$$

수지상등의 원칙에 의하여 $P = \dfrac{\text{APV}}{\text{EPV}} = \dfrac{25866.83}{4.78609} = 5404.58$

(c) (i) 5시점의 책임준비금 ${}_5V^{(0)}$를 구하기 위하여 $\bar{a}_{45}^{01}$, $\bar{A}_{45}^{02}$와 $\bar{a}_{45:\overline{5|}}^{00}$을 구해보자.

(a), (b)에서의 계산 방법과 동일하게 하면

$$\bar{a}_{45}^{01} = \int_0^\infty e^{-\delta t} \, {}_tp_{45}^{01} \, dt = \int_0^\infty e^{-0.05t} \frac{e^{-0.2t}(1-e^{0.1t})}{45(-0.1)} \, dt$$

$$= \frac{1}{45(0.1)} \int_0^\infty e^{-0.25t} (e^{0.1t}-1) \, dt = 0.59259$$

$\bar{A}_{45}^{02}$를 구성하는 Part B와 Part D를 구해보자.

$$\text{Part B} = \int_0^\infty e^{-\delta t} \, {}_tp_{45}^{00} \, \mu_{45+t}^{02} \, dt = \int_0^\infty e^{-0.05t} \left(\frac{45-t}{45}\right) e^{-0.1t} (0.1) \, dt$$

$$= \frac{0.1}{45} \int_0^\infty e^{-0.15t} (45-t)\, dt = \frac{0.1}{45}(255.55556) = 0.56790$$

$$(u' = e^{-0.15t}, \; v = 45-t)$$

$$\text{Part D} = \int_0^\infty e^{-\delta t} \, {}_tp_{45}^{01} \; \mu_{45+t}^{12} \, dt$$

$$= \int_0^\infty e^{-0.05t} \frac{e^{-0.2t}(1-e^{0.1t})}{45(-0.1)}(0.2)\, dt = 0.11852$$

위의 결과를 이용하면

$$\bar{A}_{45}^{02} = \int_0^\infty e^{-\delta t} \left({}_tp_{45}^{00} \, \mu_{45+t}^{02} + {}_tp_{45}^{01} \, \mu_{45+t}^{12} \right) dt = \text{Part B} + \text{Part D} = 0.68642$$

$$\bar{a}_{45:\overline{5}|}^{00} = \int_0^5 e^{-\delta t} \, {}_tp_{45}^{00} \, dt = \int_0^5 e^{-0.05t} \left(\frac{45-t}{45} \right) e^{-0.1t}\, dt$$

$$= \frac{1}{45} \int_0^5 e^{-0.15t}(45-t)\, dt = \frac{1}{45}(150.58521) = 3.346338$$

$$(u' = e^{-0.15t}, \; v = 45-t)$$

따라서 5시점의 책임준비금 ${}_5V^{(0)}$는

$${}_5V^{(0)} = 10000\, \bar{a}_{45}^{01} + 30000\, \bar{A}_{45}^{02} - 5404.58\, \bar{a}_{45:\overline{5}|}^{00}$$

$$= 10000(0.59259) + 30000(0.68642) - 5404.58(3.346338) = 8432.95$$

(ii) 5시점의 책임준비금 ${}_5V^{(1)}$을 구하기 위하여 $\bar{a}_{45}^{11}$과 $\bar{A}_{45}^{12}$를 구해보자.

$$\bar{a}_{45}^{11} = \int_0^\infty e^{-\delta t} \, {}_tp_{45}^{11}\, dt = \int_0^\infty e^{-0.05t}\, e^{-0.2t}\, dt = 4$$

$$\bar{A}_{45}^{12} = \int_0^\infty e^{-\delta t} \, {}_tp_{45}^{11} \, \mu_{45+t}^{12}\, dt = \int_0^\infty e^{-0.05t}\, e^{-0.2t}(0.2)\, dt = 0.8$$

향후 보험료의 납입은 없으므로 5시점의 책임준비금 ${}_5V^{(1)}$는

$${}_5V^{(1)} = 10000\, \bar{a}_{45}^{11} + 30000\, \bar{A}_{45}^{12} = 10000(4) + 30000(0.8) = 64000$$

21 A보험회사는 다음 그림과 같은 3개의 상태를 갖는 연속시간 마르코프모형을 이용하여 보험상품을 개발하고 보험료를 산출하였다. 상태 0은 건강을, 상태 1은 영구장해를, 상태 2는 사망을 나타낸다.

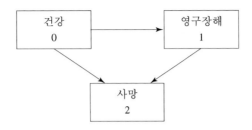

이 보험상품을 개발하기 위해 사용한 가정들은 다음과 같다.

(i) 건강한 피보험자 (60)이 가입하는 4년납입 보험이며 보험기간은 4년이다.

(ii) 전이력은 모든 $60 \leq x < 120$에 대하여 $\mu_x^{01} = \dfrac{0.75}{120-x}$, $\mu_x^{02} = \dfrac{0.25}{120-x}$, $\mu_x^{12} = \dfrac{1}{120-x}$, $i = 0.05$로 가정한다.

(iii) 피보험자가 매 보험연도말에 영구장해상태에 있으면 연말에 7,000원을 장해급부로 지급하고, 피보험자가 4년 안에 사망하면 사망한 해의 말에 15,000원의 사망보험금을 지급한다.

(iv) 보험료는 수지상등의 원칙에 의하여 결정되고, 보험료 납입시점에 건강상태에 있는 피보험자가 연초에 납입한다.

(a) 이 보험급부의 APV를 구하시오.

(b) 이 보험의 연납평준순보험료 P를 구하시오.

풀이

(a) (i) 장해급부의 APV1을 구하기 위한 전이확률을 구해보자.

$$_t p_{60}^{00} = \exp\left[-\int_0^t (\mu_{60+s}^{01} + \mu_{60+s}^{02})\, ds\right] = \exp\left(-\int_0^t \frac{1}{60-s}\, ds\right) = \frac{60-t}{60}$$

$$_{t-s} p_{60+s}^{11} = {}_{t-s} p_{60+s}^{\overline{11}} = \frac{_t p_{60}^{\overline{11}}}{_s p_{60}^{\overline{11}}} = \frac{\exp\left(-\displaystyle\int_0^t \frac{1}{60-u}\, du\right)}{\exp\left(-\displaystyle\int_0^s \frac{1}{60-u}\, du\right)}$$

$$= \exp\left(-\int_s^t \frac{1}{60-u}\, du\right) = \frac{60-t}{60-s}$$

$$_t p_{60}^{01} = \int_0^t {}_s p_{60}^{\overline{00}}\, \mu_{60+s}^{01}\, {}_{t-s} p_{60+s}^{\overline{11}}\, ds$$

$$= \int_0^t \left(\frac{60-s}{60}\right)\left(\frac{0.75}{60-s}\right)\left(\frac{60-t}{60-s}\right) ds$$

$$= \frac{0.75\,(60-t)}{60} \int_0^t \frac{1}{60-s}\, ds = \frac{0.75\,(60-t)}{60} \ln\left(\frac{60}{60-t}\right)$$

따라서

$$p_{60}^{01} = \frac{0.75\,(59)}{60}\ln\left(\frac{60}{59}\right) = 0.01240, \quad {}_2p_{60}^{01} = \frac{0.75\,(58)}{60}\ln\left(\frac{60}{58}\right) = 0.02458$$

$${}_3p_{60}^{01} = \frac{0.75\,(57)}{60}\ln\left(\frac{60}{57}\right) = 0.03655, \quad {}_4p_{60}^{01} = \frac{0.75\,(56)}{60}\ln\left(\frac{60}{56}\right) = 0.04830$$

이므로 장해급부에 대한 APV1은

$$\text{APV1} = 7000\left(\frac{0.01240}{1.05} + \frac{0.02458}{1.05^2} + \frac{0.03655}{1.05^3} + \frac{0.04830}{1.05^4}\right) = 737.90$$

(ii) 사망급부의 APV2를 구하기 위해 ${}_tp_{60}^{02}$를 구해보자.

${}_tp_{60}^{02}$는 상태 0에서 상태 2로 직접 가는 경로의 확률과 상태 0에서 상태 1을 거쳐 상태 2로 가는 경로의 확률을 각각 구해서 계산하는 방법도 있으나, 여기서는 $1 = {}_tp_{60}^{00} + {}_tp_{60}^{01} + {}_tp_{60}^{02}$를 이용하여 구하기로 한다. 이 식을 이용하면

$$p_{60}^{02} = 1 - \frac{59}{60} - 0.01240 = 0.00427, \quad {}_2p_{60}^{02} = 1 - \frac{58}{60} - 0.02458 = 0.00875$$

$${}_3p_{60}^{02} = 1 - \frac{57}{60} - 0.03655 = 0.01345, \quad {}_4p_{60}^{02} = 1 - \frac{56}{60} - 0.04830 = 0.01837$$

사망상태는 흡수상태이기 때문에 매 보험연도별 사망확률은 ${}_{t+1}p_{70}^{02} - {}_tp_{70}^{02}\,(t=0, 1, 2, 3)$이다. 따라서 사망급부에 대한 APV2는

$$\text{APV2} = 15000\left(\frac{0.00427}{1.05} + \frac{0.00875 - 0.00427}{1.05^2} + \frac{0.01345 - 0.00875}{1.05^3}\right.$$
$$\left. + \frac{0.01837 - 0.01345}{1.05^4}\right) = 243.57$$

따라서 보험급부에 대한 APV는

$$\text{APV} = \text{APV1} + \text{APV2} = 981.47$$

(b) 보험료는 건강상태에 있는 피보험자들만 납입하므로 ${}_tp_{60}^{00} = \frac{60-t}{60}$로부터

$$p_{60}^{00} = \frac{59}{60}, \quad {}_2p_{60}^{00} = \frac{58}{60}, \quad {}_3p_{60}^{00} = \frac{57}{60}$$

따라서 보험료 1원의 납입에 대한 EPV는

$$\text{EPV} = 1 + \frac{1}{1.05}\left(\frac{59}{60}\right) + \frac{1}{1.05^2}\left(\frac{58}{60}\right) + \frac{1}{1.05^3}\left(\frac{57}{60}\right) = 3.63395$$

수지상등의 원칙에 의하여 $P = \dfrac{\text{APV}}{\text{EPV}} = \dfrac{981.47}{3.63395} = 270.08$

22 A보험회사는 다음 그림과 같은 3개의 상태를 갖는 연속시간 마르코프모형을 이용하여 두 종류의 보험상품을 개발하였다. 상태 0은 건강을, 상태 1은 영구장해를, 상태 2는 사망을 나타낸다.

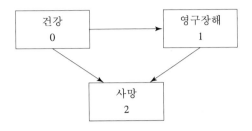

이 보험상품을 개발하기 위해 공통적으로 다음과 같은 가정들을 사용하였다.

(i) 건강한 피보험자 (40)이 가입하는 5년납입 보험이다. 보험기간은 20년이다.

(ii) 전이력은 모든 $x \geq 40$에 대하여 $\mu_x^{01} = 0.12$, $\mu_x^{02} = 0.2$, $\mu_x^{12} = 0.3$, 이력은 $\delta = 0.05$로 가정한다.

(iii) 보험료는 수지상등의 원칙이 적용되어 계산되며 건강상태에 있는 피보험자가 연속적으로 납입한다.

이때 다음과 같은 보험의 연속납평준순보험료의 연액을 구하시오.

(a) 피보험자가 영구장해상태가 된 후 5개월 내에 사망이 발생하는 경우 8,000원의 사망즉시급이 지급되는 보험. 단, 보험기간 안에 장해가 발생한 경우는 보장한다.

(b) 피보험자가 보험가입 후 영구장해상태로 전이하고, 대기기간 5개월이 종료될 때까지 계속 영구장해상태에 있으면 대기기간이 종료될 때 장해급부 8,000원이 일시금으로 지급되는 보험. 단, 대기기간 안에는 어떤 급부도 제공되지 않는다.

풀이

(a) (i) 보험급부의 APV를 구하기 위한 전이확률을 구해보자.

$$_s p_{40}^{00} = {}_s p_{40}^{\overline{00}} = \exp\left(-\int_0^s \mu_{40+u}^{01} + \mu_{40+u}^{02} \, du\right) = e^{-0.32s}$$

$$_r p_{40+s}^{11} = {}_r p_{40+s}^{\overline{11}} = \exp\left(-\int_0^r \mu_{40+s+u}^{12} \, du\right) = e^{-0.3r}$$

영구장해상태(상태 1)에 들어서는(enter) 시점을 s라고 하면, $40+s$ 시점에서 사망급부 8,000원의 APV1은

$$\text{APV1} = 8000 \bar{A}_{40+s:\overline{(5/12)}}^{12} = 8000 \int_0^{5/12} e^{-\delta r} \, {}_r p_{40+s}^{\overline{11}} \, \mu_{40+s+r}^{12} \, dr$$

$$= 8000 \int_0^{5/12} e^{-0.05r} \, e^{-0.3r} \, (0.3) \, dr = 8000 \, (0.3)\left(\frac{1-e^{-0.35 \times (5/12)}}{0.35}\right)$$

$$= 930.50$$

이 값은 s에 의존하지 않으며 이 사망보험금을 지급하는 보험급부의 APV는 $930.50 \, \bar{A}_{40:\overline{20}}^{01}$이 된다.

$$\bar{A}^{01}_{40:\overline{20|}} = \int_0^{20} e^{-\delta s}\, {}_s p^{\overline{00}}_{40}\, \mu^{01}_{40+s}\, ds = \int_0^{20} e^{-0.05s}\, e^{-0.32s}\, 0.12\, ds = 0.32413$$

따라서 APV $= 930.50\, \bar{A}^{01}_{40:\overline{20|}} = 930.50 \times 0.32413 = 301.60$

이와 같은 과정을 다시 나타내면 $8000\bar{A}^{12}_{40+s:\overline{(5/12)|}}$ 가 상태 0에서 상태 1로 전이할 때 받는 보험금이므로 다음과 같이 나타낼 수 있다.

$$\text{APV} = \int_0^{20} \left(8000\bar{A}^{12}_{40+s:\overline{(5/12)|}}\right) e^{-\delta s}\, {}_s p^{\overline{00}}_{40}\, \mu^{01}_{40+s}\, ds = 301.60$$

(ii) 연속적 연액 1원의 보험료 납입에 대한 EPV를 구해보자.

$$\text{EPV} = \bar{a}^{00}_{40:\overline{5|}} = \int_0^5 e^{-\delta t}\, {}_t p^{00}_{40}\, dt = \int_0^5 e^{-0.05t}\, e^{-0.32t}\, dt = 2.27774$$

따라서 수지상등의 원칙에 의하여 연속납평준순보험료의 연액 P는

$$P = \frac{\text{APV}}{\text{EPV}} = \frac{301.60}{2.27774} = 132.41$$

(b) (i) 장해급부의 APV를 구하기 위해 다음과 같이 생각해 보자. 장해급부가 지급되는 시점을 t라고 하면, 이 급부에 대한 확률밀도는 피보험자가 $\left(t - \dfrac{5}{12}\right)$ 시점에 상태 1로 이동하고 $\dfrac{5}{12}$ 년 동안 상태 1에 머무는 확률이다. 급부의 확률밀도에 영향을 주는 s는 $\left(t - \dfrac{5}{12}\right)$ 하나이다. 따라서 확률밀도는

$$\begin{aligned} g(t) &= {}_{t-(5/12)} p^{\overline{00}}_{40}\, \mu^{01}_{40+t-(5/12)}\, {}_{(5/12)} p^{\overline{11}}_{40+t-(5/12)} \\ &= e^{-0.32[t-(5/12)]}\, (0.12)\, e^{-0.3\times(5/12)} = 0.12\, e^{0.02\times(5/12)}\, e^{-0.32t} \end{aligned}$$

따라서 이 장해급부에 대한 APV는

$$\text{APV} = 8000 \int_{(5/12)}^{\infty} e^{-0.05t}\, 0.12\, e^{0.02\times(5/12)}\, e^{-0.32t}\, dt = 2242.51$$

(ii) 연속적 연액 1원의 보험료 납입에 대한 EPV를 구해보자.

연속적 연액 1원의 보험료 납입에 대한 EPV는 (a)에서의 EPV와 동일하게 2.27774이며, 수지상등의 원칙에 의해서 연속납평준순보험료의 연액 P는

$$P = \frac{\text{APV}}{\text{EPV}} = \frac{2242.51}{2.27774} = 984.53$$

23 A보험회사는 다음 그림과 같은 4개의 상태를 갖는 마르코프모형을 이용하여 연생연금상품을 개발하려고 한다. 상태 0은 피보험자 (x), (y) 둘 다 생존을, 상태 1은 피보험자 (x)만 생존을, 상태 2는 피보험자 (y)만 생존을, 상태 3은 피보험자 (x), (y) 둘 다 사망을 나타낸다(가정불성립).

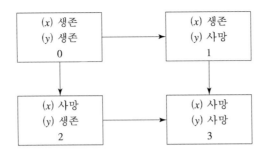

연생연금 상품개발시 사용하는 공통적인 가정들은 다음과 같다.

(i) 상태 0에 있는 x세와 y세의 피보험자가 가입하는 연생연금이다.

(ii) 전이력은 모든 $0 \le t < 80$에 대하여 $\mu_{x+t:y+t}^{01} = \dfrac{0.6}{80-t}$, $\mu_{x+t:y+t}^{02} = \dfrac{0.4}{80-t}$, $\mu_{x+t}^{13} =$ 0.15, $\mu_{y+t}^{23} = 0.2$, 이력은 $\delta = 0.05$이다.

다음과 같은 연생연금의 일시납순보험료(즉, 연금급부의 APV)를 구하시오.

(a) (x)가 사망한 이후부터 (y)가 생존하는 동안 연금연액 5,000원을 연속적으로 지급하는 종신유족연금(reversionary annuity)

(b) (y)가 생존하는 동안 연금연액 1,000원을 지급하는 20년 유기연속연금

(c) (x), (y)가 동시에 생존하는 경우 최대 20년간 연금연액 1,000원을 연속적으로 지급하는 동시생존자 연생연금

(d) (x), (y)가 모두 사망할 때까지 최대 20년간 연금연액 1,000원을 연속적으로 지급하는 최종생존자 연생연금

::: 풀이

연금급부에 대한 APV를 구하기 위한 전이확률을 구해보자.

$$_t p_{xy}^{00} = \exp\left[-\int_0^t (\mu_{x+s:y+s}^{01} + \mu_{x+s:y+s}^{02})\, ds\right] = \frac{80-t}{80}$$

$$_t p_{xy}^{01} = \int_0^t {}_s p_{xy}^{00}\, \mu_{x+s:y+s}^{01}\, {}_{t-s} p_{x+s}^{11}\, ds$$

$$= \int_0^t \left(\frac{80-s}{80}\right)\left(\frac{0.6}{80-s}\right) e^{-0.15(t-s)}\, ds = \frac{0.6}{80} e^{-0.15t}\left(\frac{1-e^{0.15t}}{-0.15}\right)$$

$$_t p_{xy}^{02} = \int_0^t {}_s p_{xy}^{00}\, \mu_{x+t:y+t}^{02}\, {}_{t-s} p_{y+s}^{22}\, ds$$

$$= \int_0^t \left(\frac{80-s}{80}\right)\left(\frac{0.4}{80-s}\right) e^{-0.2(t-s)}\, ds = \frac{0.4}{80} e^{-0.2t}\left(\frac{1-e^{0.2t}}{-0.2}\right)$$

(a) 연금급부에 대한 APV1은 $5000\, \bar{a}_{x|y}$이므로,

$$\text{APV1} = 5000\, \bar{a}_{x|y} = 5000 \int_0^\infty e^{-\delta t}\, {}_t p_{xy}^{02}\, dt$$

$$= 5000 \int_0^\infty e^{-0.05t} \frac{0.4}{80} e^{-0.2t} \left(\frac{1-e^{0.2t}}{-0.2} \right) dt$$

$$= \frac{5000(0.4)}{80(0.2)} \int_0^\infty e^{-0.25t} (e^{0.2t} - 1) \ dt = 2000$$

(b) 연금급부에 대한 APV2를 구하기 전에 먼저 Part L, Part N을 구해보자.

$u' = e^{-0.05t}$, $v = 80 - t$라고 하고 부분적분법을 이용하면

$$\int_0^{20} e^{-0.05t} (80 - t) \ dt = 905.69645 \text{이므로}$$

$$\text{Part L} = \int_0^{20} e^{-\delta t} \ {}_t p_{xy}^{00} \ dt = \int_0^{20} e^{-0.05t} \left(\frac{80-t}{80} \right) dt$$

$$= \frac{1}{80} \int_0^{20} e^{-0.05t} (80 - t) \ dt = \frac{1}{80} (905.69645) = 11.32121$$

$$\text{Part N} = \int_0^{20} e^{-\delta t} \ {}_t p_{xy}^{02} \ dt = \int_0^{20} e^{-0.05t} \frac{0.4}{80} e^{-0.2t} \left(\frac{1-e^{0.2t}}{-0.2} \right) dt$$

$$= \frac{0.4}{80(0.2)} \int_0^{20} e^{-0.25t} (e^{0.2t} - 1) \ dt = 0.21673$$

따라서 연금급부에 대한 APV2는

$$\text{APV2} = 1000 \bar{a}_{y:\overline{20|}} = 1000 \int_0^{20} e^{-\delta t} ({}_t p_{xy}^{00} + {}_t p_{xy}^{02}) \ dt$$

$$= 1000(\text{Part L} + \text{Part N}) = 1000(11.53794) = 11537.94$$

(c) 연금급부에 대한 APV3은 $1000 \bar{a}_{xy:\overline{20|}}$ 이므로, (b)에서 구한 Part L의 결과를 이용하면

$$\text{APV3} = 1000 \bar{a}_{xy:\overline{20|}} = 1000 \int_0^{20} e^{-\delta t} \ {}_t p_{xy}^{00} \ dt$$

$$= 1000 \ (\text{Part L}) = 1000 (11.32121) = 11321.21$$

(d) 연금급부에 대한 APV4는 $1000 \bar{a}_{\overline{xy}:\overline{20|}}$ 이므로,

$$\text{APV4} = 1000 \bar{a}_{\overline{xy}:\overline{20|}} = 1000 \int_0^{20} e^{-\delta t} ({}_t p_{xy}^{00} + {}_t p_{xy}^{01} + {}_t p_{xy}^{02}) \ dt$$

$$= 1000 \int_0^{20} e^{-\delta t} ({}_t p_{xy}^{00} + {}_t p_{xy}^{02}) \ dt + 1000 \int_0^{20} e^{-\delta t} \ {}_t p_{xy}^{01} \ dt$$

$$= 1000 \bar{a}_{y:\overline{20|}} + 1000 \int_0^{20} e^{-\delta t} \ {}_t p_{xy}^{01} \ dt$$

이다. 여기서 Part M을 구해보자.

$$\text{Part M} = \int_0^{20} e^{-\delta t} \ {}_t p_{xy}^{01} \ dt = \int_0^{20} e^{-0.05t} \frac{0.6}{80} e^{-0.15t} \left(\frac{1-e^{0.15t}}{-0.15} \right) dt$$

$$= \frac{0.6}{80\,(0.15)} \int_0^{20} e^{-0.2t} (e^{0.15t} - 1)\,dt = 0.38670$$

따라서 연금급부에 대한 APV4는

$$\text{APV4} = 1000\,\bar{a}_{y:\overline{20|}} + 1000(\text{Part M}) = 11537.94 + 1000(0.38670) = 11924.64$$

24 A보험회사는 다음 그림과 같은 4개의 상태를 갖는 연속시간 마르코프모형을 이용하여 보험상품을 개발하려 한다. 상태 0은 건강을, 상태 1은 경증질병을, 상태2는 중증질병을, 상태 3은 사망을 나타낸다.

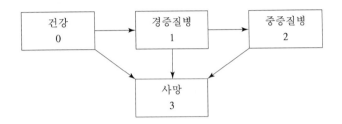

이 보험상품을 개발하기 위해 다음과 같은 가정들을 사용한다.

(i) 건강한 피보험자 (50)이 가입하는 10년납입 보험이며 보험기간은 종신이다.

(ii) 전이력은 모든 $x \geq 50$에 대하여 $\mu_x^{01} = 0.15$, $\mu_x^{03} = 0.1$, $\mu_x^{12} = 0.3$, $\mu_x^{13} = 0.3$, $\mu_x^{23} = 0.5$, 이력은 $\delta = 0.05$로 가정한다.

(iii) 건강상태에 있는 피보험자가 경증질병상태(상태 1)에 있으면 연속적 연액 7,000원을 경증질병급부로 지급하고, 중증질병상태(상태 2)로 전이시 중증질병급부 20,000원을 즉시 지급하며, 사망시 급부는 없다.

(iv) 보험료는 수지상등의 원칙이 적용되어 계산되며 건강상태에 있는 피보험자가 연속적으로 납입한다.

(a) 이 보험급부에 대한 APV를 구하시오.

(b) 이 보험의 연속납평준순보험료의 연액 P를 구하시오.

(c) 제3보험연도말 책임준비금 $_3V^{(0)}$, $_3V^{(1)}$를 구하시오.

풀이

(a) 보험급부에 대한 APV를 경증질병급부의 APV1과 중증질병급부의 APV2로 나누어서 구해보자. APV1과 APV2를 구하기 위한 전이확률은 다음과 같다.

$$_t p_{50}^{00} = {}_t p_{50}^{\overline{00}} = \exp\left[-\int_0^t (0.15 + 0.1)\,ds \right] = e^{-0.25t}$$

$$_{t-s}p_{50+s}^{\overline{11}} = \exp\left(-\int_0^{t-s} (0.3+0.3)\,du\right) = e^{-0.6\,(t-s)}$$

$$_{t}p_{50}^{01} = \int_0^t {_s}p_{50}^{00}\, \mu_{50+s}^{01}\, {_{t-s}}p_{50+s}^{\overline{11}}\, ds = \int_0^t e^{-0.25\,s}\,(0.15)\,e^{-0.6\,(t-s)}\,ds$$

$$= 0.15\,e^{-0.6t}\left(\frac{1-e^{0.35t}}{-0.35}\right) \quad (식\ (10.2.2.20)에서\ \mu^{0\bullet} = 0.25,\ \mu^{1\bullet} = 0.6임)$$

위 전이확률들을 이용하여 APV1과 APV2를 구해보면

$$\text{APV1} = 7000\,\bar{a}_{50}^{01} = 7000\int_0^\infty e^{-\delta t}\,{_t}p_{50}^{01}\,dt$$

$$= 7000\int_0^\infty e^{-0.05t}\,(0.15)\,e^{-0.6t}\left(\frac{1-e^{0.35t}}{-0.35}\right)dt$$

$$= \frac{7000\,(0.15)}{-0.35}\int_0^\infty e^{-0.65t}\,(1-e^{0.35t})\,dt = 5384.62$$

$$\text{APV2} = 20000\,\bar{A}_{50}^{02} = 20000\int_0^\infty e^{-\delta t}\,{_t}p_{50}^{01}\,\mu_{50+t}^{12}\,dt$$

$$= 20000\int_0^\infty e^{-0.05t}\,(0.15)\,e^{-0.6t}\left(\frac{1-e^{0.35t}}{-0.35}\right)(0.3)\,dt = 4615.38$$

또는 $\text{APV2} = 20000\,\bar{A}_{50}^{02} = 20000\,\mu_{50+t}^{12}\int_0^\infty e^{-\delta t}\,{_t}p_{50}^{01}\,dt$

$$= 20000\,(0.3)\,\bar{a}_{50}^{01} = 20000\,(0.3)\left(\frac{5384.62}{7000}\right) = 4615.38$$

로도 구할 수 있다.

따라서 보험급부에 대한 APV는

$$\text{APV} = \text{APV1} + \text{APV2} = 5384.62 + 4615.38 = 10000$$

(b) 연속적 연액 1원의 보험료의 EPV를 구해보자.

$$\text{EPV} = \bar{a}_{50:\overline{10|}}^{00} = \int_0^{10} e^{-0.05t}\,{_t}p_{50}^{00}\,dt = \int_0^{10} e^{-0.05t}\,e^{-0.25t}\,dt = 3.16738$$

수지상등의 원칙에 의하여 $P = \dfrac{\text{APV}}{\text{EPV}} = \dfrac{10000}{3.16738} = 3157.18$

(c) (i) 제3보험연도말 책임준비금 $_3V^{(0)}$을 구하기 위하여 $\bar{a}_{53:\overline{7|}}^{00}$을 구해보자.

$$\bar{a}_{53:\overline{7|}}^{00} = \int_0^7 e^{-\delta t}\,{_t}p_{53}^{00}\,dt = \int_0^7 e^{-0.05t}\,e^{-0.25t}\,dt = 2.92515$$

전이력이 상수이므로 제3보험연도말에서 보험급부에 대한 APV는 보험가입시점에서 구한 보험급부에 대한 APV와 동일하다.

따라서 제3보험연도말 책임준비금 $_3V^{(0)}$는

$$_3V^{(0)} = \text{APV} - 3157.18\,\bar{a}^{00}_{53:\overline{7}|} = 10000 - 3157.18\,(2.92515) = 764.77$$

(ii) 제3보험연도말 책임준비금 $_3V^{(1)}$을 구하기 위해 $\bar{a}^{11}_{53}$과 $\bar{A}^{12}_{53}$를 구해보자.

$$\bar{a}^{11}_{53} = \int_0^\infty e^{-\delta t}\,_tp^{11}_{53}\,dt = \int_0^\infty e^{-0.05t}\,e^{-0.6t}\,dt = 1.53846$$

$$\bar{A}^{12}_{53} = \int_0^\infty e^{-\delta t}\,_tp^{11}_{53}\,\mu^{12}_{53+t}\,dt = \int_0^\infty e^{-0.05t}\,e^{-0.6t}\,(0.3)\,dt = 0.461538$$

향후 보험료의 납입은 없으므로 제3보험연도말 책임준비금 $_3V^{(1)}$는

$$_3V^{(1)} = 7000\,\bar{a}^{11}_{53} + 20000\,\bar{A}^{12}_{53} = 7000\,(1.53846) + 20000\,(0.461538)$$

$$= 19999.98$$

25 A보험회사는 다음 그림과 같은 4개의 상태를 갖는 마르코프모형을 이용하여 CI보험 상품을 개발하였다. 상태 0은 건강을, 상태 1은 피보험자가 CI진단을 받은 상태를, 상태 2는 CI진단을 받지 않은 피보험자의 사망을, 상태 3은 CI진단을 받은 피보험자의 사망을 나타낸다.

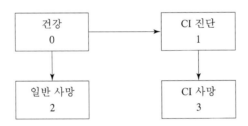

이 보험상품을 개발하기 위해 다음과 같은 가정들을 사용하였다.

(i) 건강한 피보험자 (45)가 가입하는 15년납입 보험이며, 보험기간은 20년이다.

(ii) 전이력은 모든 $x \geq 45$에 대하여 $\mu^{01}_x = 0.25$, $\mu^{02}_x = 0.3$, $\mu^{13}_x = 0.85$, 이력은 $\delta = 0.05$로 가정한다.

(iii) 건강상태에 있는 피보험자가 CI진단을 받으면 급부 30,000원을 즉시 지급하고, CI진단을 받은 피보험자가 사망하면 사망보험금 30,000원을 사망즉시 지급한다. 또한 CI진단을 받지 않은 피보험자가 사망하면 사망보험금 60,000원을 사망즉시 지급한다.

(iv) 보험료는 수지상등의 원칙이 적용되어 계산되며 건강상태에 있는 피보험자가 연속적으로 납입한다.

(a) 이 보험급부에 대한 APV를 구하시오.

(b) 이 보험의 연속납평준순보험료의 연액 P를 구하시오.

(c) 제10보험연도말 책임준비금 $_{10}V^{(0)}$, $_{10}V^{(1)}$를 구하시오.

:: 풀이

(a) 보험급부의 APV를 CI진단을 받으면 발생하는 급부의 APV1, CI진단을 받은 피보험자가 사망하면 발생하는 사망급부의 APV2, CI진단을 받지 않은 피보험자가 사망하면 발생하는 사망급부의 APV3으로 나누어서 구해보자. APV1과 APV2, APV3을 구하기 위한 전이확률은 다음과 같다.

$$_tp_{45}^{00} = {}_tp_{45}^{\overline{00}} = \exp\left[-\int_0^t (0.25+0.3)\,ds\right] = e^{-0.55t}$$

$$_{t-s}p_{45+s}^{\overline{11}} = \exp\left(-\int_0^{t-s} 0.85\,du\right) = e^{-0.85(t-s)}$$

$$_tp_{45}^{01} = \int_0^t {}_sp_{45}^{\overline{00}}\,\mu_{45+s}^{01}\,{}_{t-s}p_{45+s}^{\overline{11}}\,ds = \int_0^t e^{-0.55s}(0.25)\,e^{-0.85(t-s)}\,ds$$

$$= 0.25\,e^{-0.85t}\left(\frac{1-e^{0.3t}}{-0.3}\right) \quad (\text{식 (10.2.2.20)에서 } \mu^{0\bullet} = 0.55,\ \mu^{1\bullet} = 0.85\text{임})$$

위 전이확률들을 이용하여 APV1과 APV2, APV3을 구해보면

$$\text{APV1} = 30000\,\bar{A}_{45:\overline{20|}}^{01} = 30000\int_0^{20} e^{-\delta t}\,{}_tp_{45}^{00}\,\mu_{45+t}^{01}\,dt$$

$$= 30000\int_0^{20} e^{-0.05t}\,e^{-0.55t}(0.25)\,dt = 12499.92$$

$$\text{APV2} = 30000\,\bar{A}_{45:\overline{20|}}^{03} = 30000\int_0^{20} e^{-\delta t}\,{}_tp_{45}^{01}\,\mu_{45+t}^{13}\,dt$$

$$= 30000\int_0^{20} e^{-0.05t}(0.25)\,e^{-0.85t}\left(\frac{1-e^{0.3t}}{-0.3}\right)(0.85)\,dt = 11805.34$$

$$\text{APV3} = 60000\,\bar{A}_{45:\overline{20|}}^{02} = 60000\int_0^{20} e^{-\delta t}\,{}_tp_{45}^{00}\,\mu_{45+t}^{02}\,dt = 29999.82$$

따라서 보험급부에 대한 APV는

$$\text{APV} = \text{APV1} + \text{APV2} + \text{APV3} = 12499.92 + 11805.34 + 29999.82$$

$$= 54305.08$$

(b) 연속적 연액 1원의 보험료의 EPV를 구해보자.

$$\text{EPV} = \bar{a}_{45:\overline{15|}}^{00} = \int_0^{15} e^{-\delta t}\,{}_tp_{45}^{00}\,dt = \int_0^{15} e^{-0.05t}\,e^{-0.55t}\,dt = 1.66646$$

수지상등의 원칙에 의하여 $P = \dfrac{\text{APV}}{\text{EPV}} = \dfrac{54305.08}{1.66646} = 32587.09$

(c) (i) 제 10보험연도말 책임준비금 $_{10}V^{(0)}$를 구하기 위하여 $\bar{A}_{55:\overline{10|}}^{01}$, $\bar{A}_{55:\overline{10|}}^{03}$, $\bar{A}_{55:\overline{10|}}^{02}$ 그리고 $\bar{a}_{55:\overline{5|}}^{00}$을 구해보자.

$$\bar{A}_{55:\overline{10|}}^{01} = \int_0^{10} e^{-\delta t} {}_t p_{55}^{00} \mu_{55+t}^{01} \, dt = \int_0^{10} e^{-0.05t} e^{-0.55t} (0.25) \, dt = 0.41563$$

$$\bar{A}_{55:\overline{10|}}^{03} = \int_0^{10} e^{-\delta t} {}_t p_{55}^{01} \mu_{55+t}^{13} \, dt$$

$$= \int_0^{10} e^{-0.05t} \, 0.25 \, e^{-0.85t} \left(\frac{1-e^{0.3t}}{-0.3} \right) (0.85) \, dt = 0.39069$$

$$\bar{A}_{55:\overline{10|}}^{02} = \int_0^{10} e^{-\delta t} {}_t p_{55}^{00} \mu_{55+t}^{02} \, dt = 0.49876$$

$$\bar{a}_{55:\overline{5|}}^{00} = \int_0^5 e^{-\delta t} {}_t p_{55}^{00} \, dt = \int_0^5 e^{-0.05t} e^{-0.55t} \, dt = 1.58369$$

따라서 제10보험연도말 책임준비금 $_{10}V^{(0)}$는

$$_{10}V^{(0)} = 30000 \, (\bar{A}_{55:\overline{10|}}^{01} + \bar{A}_{55:\overline{10|}}^{03}) + 60000 \, \bar{A}_{55:\overline{10|}}^{02} - 32587.09 \, \bar{a}_{55:\overline{5|}}^{00}$$

$$= 30000 \, (0.41563 + 0.39069) + 60000 \, (0.49876) - 32587.09 \, (1.58369)$$

$$= 2507.35$$

(ii) 제10보험연도말 책임준비금 $_{10}V^{(1)}$를 구하기 위해 $\bar{A}_{55:\overline{10|}}^{13}$을 구해보자.

$$\bar{A}_{55:\overline{10|}}^{13} = \int_0^{10} e^{-\delta t} {}_t p_{55}^{11} \mu_{55+t}^{13} \, dt = \int_0^{10} e^{-0.05t} e^{-0.85t} (0.85) \, dt = 0.94433$$

향후 보험료의 납입은 없으므로 제10보험연도말 책임준비금 $_{10}V^{(1)}$는

$$_{10}V^{(1)} = 60000 \bar{A}_{55:\overline{10|}}^{13} = 60000 \, (0.94433) = 56659.8$$

제 **11** 장

현금흐름분석

Ⅱ. 일반이론

1. 자산할당(Asset Share)

(i) 경험적 자산할당

$$_tAS = \frac{\left[_{t-1}AS + G_{t-1}(1-\gamma_{t-1}) - e_{t-1}\right](1+i) - q_{x+t-1}(S_t+R_t)}{1 - q_{x+t-1}}$$

$$_tAS = \frac{\left[_{t-1}AS + G_{t-1} - E_{t-1}\right](1+i) - q_{x+t-1}(S_t+R_t)}{1 - q_{x+t-1}}$$

(ii) 예정적 자산할당

$$\left[_{t-1}AS + G_{t-1}(1-\gamma_{t-1}) - e_{t-1}\right](1+i_t) = q_{x+t-1}(S_t+R_t) + p_{x+t-1}\,_tAS$$

$$\left[_{t-1}AS + G_{t-1} - E_{t-1}\right](1+i_t) = q_{x+t-1}(S_t+R_t) + p_{x+t-1}\,_tAS$$

2. 수익성분석

(i) $\Pr_t = \left[_{t-1}V + G_{t-1} - (G_{t-1}\gamma_{t-1} + e_{t-1})\right](1+i_t)$

$\qquad - \left[(S_t+R_t)q_{x+t-1} + p_{x+t-1}\,_tV\right]$

$\quad = \left[_{t-1}V + G_{t-1} - E_{t-1}\right](1+i_t)$

$\qquad - \left[(S_t+R_t)q_{x+t-1} + p_{x+t-1}\,_tV\right]$

$\quad = \left[G_{t-1} - E_{t-1}\right](1+i_t) - (S_t+R_t)q_{x+t-1}$

$\qquad + (1+i_t)\,_{t-1}V - p_{x+t-1}\,_tV$

(ii) $\Delta_tV^* = (1+i_t)\,_{t-1}V - p_{x+t-1}\,_tV$

(iii) $\Delta_tV = p_{x+t-1}\,_tV - (1+i_t)\,_{t-1}V$

(iv) $DAC_t = \dfrac{5-t}{5}(\alpha'_1 + \alpha'_2 G),\quad t = 1, 2, 3, 4, 5$ (5년만기 정기보험)

$\quad \Delta DAC_t = p_{x+t-1}DAC_t - DAC_{t-1},\quad t = 1, 2, 3, 4, 5$

3. 이익의 측정

(i) $NPV = \sum_{t=1}^{n} \Pi_t \, v_r^t$

(ii) $PM = \dfrac{\sum_{t=1}^{n} \dfrac{\Pi_t}{(1+r)^t}}{\sum_{t=0}^{n-1} \dfrac{G_t \, {}_t p_x}{(1+r)^t}}$

4. 이원별 손익

(i) 이차

$$\Pr_t^i = N\left[{}_{t-1}V + G_{t-1} - E_{t-1}\right](i_t' - i_t)$$

(ii) 비차

$$\Pr_t^e = -N\left[E'_{t-1} - E_{t-1}\right](1 + i_t') - N(R_t' - R_t)q_{x+t-1}$$
$$+ N\left[(DAC_t' - DAC'_{t-1}) - (DAC_t' \, q_{x+t-1})\right] \quad (A\,\text{부분})$$
$$- N\left[(DAC_t - DAC_{t-1}) - (DAC_t \, q_{x+t-1})\right] \quad (B\,\text{부분})$$

(iii) 위험률차

$$\Pr_t^d = -N\left[\left[(S_t + R_t') - ({}_tV - DAC_t')\right](q'_{x+t-1} - q_{x+t-1})\right]$$

* DAC을 고려하지 않는 경우나 영업보험료식 책임준비금 사용시는 DAC = 0 으로 함.

5. 다중탈퇴모형과 현금흐름분석

(1) 다중탈퇴모형과 자산할당

(i) ${}_tAS = \dfrac{\left[{}_{t-1}AS + G_{t-1}(1 - \gamma_{t-1}) - e_{t-1}\right](1 + i_t) - (S_t + R_t^{(d)})q_{x+t-1}^{(d)} - ({}_tCV + R_t^{(w)})q_{x+t-1}^{(w)}}{1 - q_{x+t-1}^{(d)} - q_{x+t-1}^{(w)}}$

(ii) ${}_tAS = \dfrac{\left[{}_{t-1}AS + G_{t-1} - E_{t-1}\right](1 + i_t) - (S_t + R_t^{(d)})q_{x+t-1}^{(d)} - ({}_tCV + R_t^{(w)})q_{x+t-1}^{(w)}}{1 - q_{x+t-1}^{(d)} - q_{x+t-1}^{(w)}}$

(iii) $\left[{}_{t-1}AS + G_{t-1}(1 - \gamma_{t-1}) - e_{t-1}\right](1 + i_t)$

$$= p_{x+t-1}^{(\tau)} \, {}_t AS + q_{x+t-1}^{(d)} (S_t + R_t^{(d)}) + q_{x+t-1}^{(w)} ({}_t CV + R_t^{(w)})$$

$$\text{(iv)} \quad [{}_{t-1}AS + G_{t-1} - E_{t-1}](1+i_t)$$

$$= p_{x+t-1}^{(\tau)} \, {}_t AS + q_{x+t-1}^{(d)} (S_t + R_t^{(d)}) + q_{x+t-1}^{(w)} ({}_t CV + R_t^{(w)})$$

(2) 다중탈퇴모형과 수익성분석

$$\text{Pr}_t = ({}_{t-1}V + G_{t-1} - E_{t-1})(1+i_t) - q_{x+t-1}^{(d)} (S_t + R_t^{(d)})$$

$$- q_{x+t-1}^{(w)} ({}_t CV + R_t^{(w)}) - p_{x+t-1}^{(\tau)} \, {}_t V$$

(3) 다중탈퇴모형과 이원분석

(i) 이차

$$\text{Pr}_t^i = N [{}_{t-1}V + G_{t-1} - E_{t-1}](i_t' - i_t)$$

(ii) 비차

$$\text{Pr}_t^e = -N [E'_{t-1} - E_{t-1}](1+i_t')$$

$$- N(R_t'^{(d)} - R_t^{(d)}) q_{x+t-1}^{(d)} - N(R_t'^{(w)} - R_t^{(w)}) q_{x+t-1}^{(w)}$$

$$+ N [(DAC_t' - DAC'_{t-1}) - DAC_t'(q_{x+t-1}^{(d)} - q_{x+t-1}^{(w)})] \qquad (E\text{부분})$$

$$- N [(DAC_t - DAC_{t-1}) - DAC_t(q_{x+t-1}^{(d)} - q_{x+t-1}^{(w)})] \qquad (F\text{부분})$$

(iii) 위험률차

$$\text{Pr}_t^d = -N \left[\left[(S_t + R_t'^{(d)}) - ({}_t V - DAC_t') \right] (q_{x+t-1}'^{(d)} - q_{x+t-1}^{(d)}) \right]$$

(iv) 해약률차

$$\text{Pr}_t^w = N \left[\left[({}_t V - DAC_t') - ({}_t CV + R_t'^{(w)}) \right] (q_{x+t-1}'^{(w)} - q_{x+t-1}^{(w)}) \right]$$

6. 현금흐름을 이용한 보험료산출

(i) $PreTaxDistEarn_t = Prem_t + InvInc_t - Exp_t - Benefit_t - Surr_t - \Delta V_t + \Delta DAC_t$

(ii) $AfterTaxDistEarn_t$

$$= PreTaxDistEarn_t (1 - TaxRate) - \Delta TargetCap_t + InvIncTC (1 - TaxRate)$$

11.2 기본연습문제

01 식 (11.2.7.10)에서 $\Delta DAC_t = p_{x+t-1}\, DAC_t - DAC_{t-1}$을 계약시를 기준으로 유지자 총액개념을 이용하여 유도하시오.

풀이

수익성분석표에서 t보험연도별로 ΔDAC_t가 나타나는데 t연도 행에 나타나는 항목의 값은 t연도초에 유지자를 조건으로 하는 값들이다. 따라서 총액 ΔDAC_t를 l_{x+t-1}로 나누면 t연도초의 유지자를 조건으로 하는 ΔDAC_t를 구할 수 있다.

t	총액으로서의 ΔDAC_t	(총 $\Delta DAC_t / l_{x+t-1}$)
1	총 $\Delta DAC_1 = l_{x+1}\, DAC_1 - l_x\, DAC_0$	$\Delta DAC_1 = p_x\, DAC_1 - DAC_0$
2	총 $\Delta DAC_2 = l_{x+2}\, DAC_2 - l_{x+1}\, DAC_1$	$\Delta DAC_2 = p_{x+1}\, DAC_2 - DAC_1$
3	총 $\Delta DAC_3 = l_{x+3}\, DAC_3 - l_{x+2}\, DAC_2$	$\Delta DAC_3 = p_{x+2}\, DAC_3 - DAC_2$
4	총 $\Delta DAC_4 = l_{x+4}\, DAC_4 - l_{x+3}\, DAC_3$	$\Delta DAC_4 = p_{x+3}\, DAC_4 - DAC_3$
5	총 $\Delta DAC_5 = l_{x+5}\, DAC_5 - l_{x+4}\, DAC_4$	$\Delta DAC_5 = p_{x+4}\, DAC_5 - DAC_4$

※ 기본연습문제 2번부터 6번까지 다음의 가정을 이용하시오.

피보험자 (60)이 가입한 보험금 100,000원, 4년납입, 4년만기 완전이산 생사혼합보험을 고려한다. 이익이 추가된 연납보험료는 27,000원이다. 보험료 산출기준과 책임준비금 산출기준은 동일하며, 책임준비금 산출기준(q_x)과 실제경험치(q'_x)가 다음과 같이 주어졌다고 가정한다.

책임준비금(보험료) 산출기준

이 자 율		4%	
위 험 률		$q_{60+t-1} = 0.0066 + 0.001\,(t-1)$	
사 업 비	1차연도	보험금액	$\alpha_1 = 1000$
		보 험 료	$\alpha_2 = 30\%$
	유지비 (1차연도부터)	보험금액	30
		보 험 료	3.0%

실제경험치

이 자 율			$i_1' = 4\%,\ i_2' = 5\%,$ $i_3' = 5\%,\ i_4' = 4.5\%$	
위 험 률			$q'_{60} = 0.006,\ q'_{61} = 0.007$ $q'_{62} = 0.008,\ q'_{63} = 0.009$	
사 업 비	1차연도		보험금액	$\alpha_1' = 900$
			보 험 료	$\alpha_2' = 27\%$
	유지비 (1차연도부터)		보험금액	27
			보 험 료	2.7%

02 주어진 실제경험치 자료를 이용하여 과거법 자산할당, 혹은 경험적 자산할당(actual asset share)을 보험연도별로 구하시오.

> 풀이

주어진 경험치들을 식 (11.2.2.4)에 대입하여 계산하면 경험적 $_tAS$를 다음과 같이 구할 수 있다. $E_0 = 8190 + 756 = 8946,\ E_1 = E_2 = \cdots = E_5 = 756$이다.

$$_1AS = \frac{(27000 - 8946) \times 1.04\ -\ 0.006(100000)}{1 - 0.006} = 18285.88$$

$$_2AS = \frac{(18285.88 + 27000 - 756) \times 1.05\ -\ 0.007(100000)}{1 - 0.007} = 46381.04$$

$$_3AS = \frac{(46381.04 + 27000 - 756) \times 1.05\ -\ 0.008(100000)}{1 - 0.008} = 76064.81$$

$$_4AS = \frac{(76064.81 + 27000 - 756) \times 1.045\ -\ 0.009(100000)}{1 - 0.009} = 106975.48$$

03 주어진 실제경험치 자료와 순보식 책임준비금을 사용하여 이원분석을 수행하고자 한다.

(a) 영업보험료가 27,000일 때 기대이익(expected profit) Pr_t를 구하시오.

(b) 영업보험료 27,000과 실제경험치를 이용하여 실제이익(actual profit) Pr_t'를 구하시오.

(c) 보험연도별 손익(gain)을 구하시오.

(d) 제2보험연도 손익을 이원별로 분해하여 이원별손익을 계산하시오. 계산순서는 이자율, 사업비, 위험률 순으로 수행하시오.

(e) 제2보험연도 손익을 이원별로 분해하여 이원별손익을 계산하시오. 계산순서는 이자율, 위험률, 사업비 순으로 수행하시오.

풀이

(a) 책임준비금 산출기준으로 수익성분석을 수행하면 다음 표와 같다. 표에서 Pr_t들이 기대이익이다.

기대이익 Pr_t의 계산(책임준비금 산출기준, 단생명모형)

t	G_{t-1}	E_{t-1}	I_t	EDB_t	$\Delta_t V$	ΔDAC_t	Pr_t
1	27000	9940	682.40	660	23180.64	6799.96	681.71
2	27000	840	1046.40	760	23080.64	-2309.58	1056.18
3	27000	840	1046.40	860	22980.64	-2294.57	1071.19
4	27000	840	1046.40	960	22880.64	-2275.00	1090.76

(b) 실제경험치를 이용한 실제이익은 다음 표와 같다. 표에서 Pr_t'들이 실제이익이다.

실제이익 Pr_t'의 계산(실제경험치, 단생명모형)

t	G_{t-1}	E'_{t-1}	I_t'	EDB_t'	$\Delta_t V'$	$\Delta DAC_t'$	Pr_t'
1	27000	8946	722.16	600	23194.64	6105.65	1087.16
2	27000	756	1312.20	700	22875.92	-2076.17	1904.11
3	27000	756	1312.20	800	22547.47	-2063.88	2144.85
4	27000	7 56	1312.20	900	22574.49	-2047.50	1902.99

(c) $GN_t = \text{Pr}_t' - \text{Pr}_t$이므로 보험연도별 손익(gain)은 다음과 같다.

손익의 계산(단생명 생사혼합보험, 순보식)

t	Pr_t'	Pr_t	GN_t
1	1087.16	681.71	405.45
2	1904.11	1056.18	847.93
3	2144.85	1071.19	1073.66
4	1902.99	1090.76	812.23

(d) 제2보험연도의 이원분석을 이자율, 사업비, 위험률 순으로 수행해보자.

t	1	2	3	4
$_t V$	23334.65	47711.28	73230.15	100000.00
DAC_t	6825.00	4550.00	2275.00	0.00
DAC_t'	6142.50	4095.00	2047.50	0.00

먼저 이자율차익을 구하면

$$0.05(23334.65 + 27000 - 840) = 2474.732 \ \text{(실제)}$$

$$0.04(23334.65+27000-840) = 1979.786 \ (\text{예상})$$

$$\text{Pr}_2^i = 2474.732-1979.789 = 494.946$$

이 된다. 사업비차익을 구하면

$$756(1.05) = 793.8 \ (\text{실제})$$

$$A = (4095-6142.50)-(0.0076 \times 4095) = -2078.622 \ (\text{DAC관련 실제})$$

$$840(1.05) = 882 \ (\text{예상})$$

$$B = (4550-6825)-(0.0076 \times 4550) = -2309.58 \ (\text{DAC관련 예상})$$

$$\text{Pr}_2^e = -(793.8-882)+(-2078.622+2309.58) = 319.158$$

이 된다. 위험률차익을 구하면

$$(100000-47711.28+4095)(0.007) = 394.686 \ (\text{실제})$$

$$(100000-47711.28+4095)(0.0076) = 428.516 \ (\text{예상})$$

$$\text{Pr}_2^d = -(394.686-428.516) = 33.830$$

이 된다. 위의 결과를 이용하면 다음과 같은 이원분석표를 만들 수 있다. 제2보험연도의 $\text{Pr}_2^i + \text{Pr}_2^e + \text{Pr}_2^d = 847.93$는 (c)에서 구한 $\text{Pr}_2{'} - \text{Pr}_2 = 847.93$와 일치함을 알 수 있다.

이원분석표(이자율, 사업비, 위험률 순, 순보식)

t	$\text{Pr}_t{'} - \text{Pr}_t$	Pr_t^i	Pr_t^e	Pr_t^d	합계
1	405.45	0.00	355.76	49.68	405.45
2	847.93	494.95	319.16	33.83	847.93
3	1073.66	738.71	317.66	17.29	1073.66
4	812.23	496.95	315.28	0.00	812.23

(e) 제2보험연도의 이원분석을 이자율, 위험률, 사업비 순으로 수행해보자.

먼저 이자율차익을 구하면

$$0.05(23334.65+27000-840) = 2474.732 \ (\text{실제})$$

$$0.04(23334.65+27000-840) = 1979.786 \ (\text{예상})$$

$$\text{Pr}_2^i = 2474.732-1979.789 = 494.946$$

이 된다. 위험률차익을 구하면

$$(100000-47711.28+4550)(0.007) = 397.871 \ (\text{실제})$$

$$(100000-47711.28+4550)(0.0076) = 431.974 \ (\text{예상})$$

$$\text{Pr}_2^d = -(397.871-431.974) = 34.103$$

이 된다. 사업비차익을 구하면

$$756(1.05) = 793.8 \ (\text{실제})$$

$$A = (4095-6142.50)-(0.007 \times 4095) = -2076.165 \ (\text{DAC관련 실제})$$

$$840(1.05) = 882 \quad \text{(예상)}$$

$$B = (4550 - 6825) - (0.007 \times 4550) = -2306.850 \quad \text{(DAC관련 예상)}$$

$$\text{Pr}_2^e = -(793.8 - 882) + (-2076.165 + 2306.850) = 318.885$$

이 된다. 위의 결과를 이용하면 다음과 같은 이원분석표를 만들 수 있다. 이원분석의 순서를 다르게 하면 Pr_2^d와 Pr_2^e가 약간 다르게 계산되지만 $\text{Pr}_2^i + \text{Pr}_2^d + \text{Pr}_2^e$ 는 847.93 으로 같다.

이원분석표(이자율, 위험률, 사업비 순, 순보식)

t	$\text{Pr}_t' - \text{Pr}_t$	Pr_t^i	Pr_t^e	Pr_t^d	합계
1	405.45	0.00	355.35	50.09	405.45
2	847.93	494.95	318.89	34.10	847.93
3	1073.66	738.71	317.52	17.43	1073.66
4	812.23	496.95	315.28	0.00	812.23

04 주어진 실제경험치와 순보식 책임준비금을 사용하여 이원분석을 수행하는 경우 다음을 구하시오.

(a) DAC_t'와 DAC_t, $\Delta DAC_t'$와 ΔDAC_t, $\Delta DAC_t' - \Delta DAC_t$를 보험연도별로 구하시오.

(b) 제1보험연도의 $-\alpha'(1 + i_1') + DAC_1'$와 $-\alpha(1 + i_1') + DAC_1$을 비교하시오.

풀이

(a) $DAC_t' = \dfrac{5-t}{5}\alpha'$, $DAC_t = \dfrac{5-t}{5}\alpha$

$\Delta DAC_t' = p_{x+t-1} DAC_t' - DAC_{t-1}'$, $\Delta DAC = p_{x+t-1} DAC_t - DAC_{t-1}$을 이용하면 다음과 같은 표를 얻을 수 있다. 표에 나타난 합계부분은 계약체결비용이 회계상 처리되는 값이다.

DAC_t'와 $\Delta DAC_t'$

t	(1) $-\alpha'$	(2) $-\alpha'(1 + i_1')$	(3) DAC_t'	(4) $\Delta DAC_t'$	(5) $= (2) + (4)$
1	-8190	-8517.60	6142.50	6101.96	-2415.64
2			4095.00	-2078.62	-2078.62
3			2047.50	-2065.11	-2065.11
4			0.00	-2047.50	-2047.50

DAC_t와 ΔDAC_t

t	(1) $-\alpha$	(2) $-\alpha(1+i_1')$	(3) DAC_t	(4) ΔDAC_t	(5) $=(2)+(4)$
1	-9100	-9464	6825.00	6779.96	-2684.05
2			4550.00	-2309.58	-2309.58
3			2275.00	-2294.57	-2294.57
4			0.00	-2275.00	-2275.00

$-(\alpha'-\alpha)$와 $\Delta DAC_t' - \Delta DAC_t (=A-B)$

t	(1) $-[\alpha'-\alpha]$	(2) $-[\alpha'-\alpha](1+i_1')$	(3) $\Delta DAC_t' - \Delta DAC_t$	(4) $=(2)+(3)$
1	910	946.40	-678.00	268.40
2			230.96	230.96
3			229.46	229.46
4			227.50	227.50

(b) 제1보험연도에는 $A-B = \Delta DAC_t' - \Delta DAC_t$ 외에도 $-\alpha'(1+i_1')$와 $-\alpha(1+i_1')$를 동시에 고려하여야 예상과 실제의 계약체결비용의 효과를 고찰할 수 있다. 그러나 식 (11.2.7.19)에서 $[-(\alpha'-\alpha)(1+i_1')]$는 $[-(E'_{t-1}-E_{t-1})(1+i_1')]$에서 고려되었음을 감안하여야 한다.

05 주어진 실제경험치 자료와 영업보험료식 책임준비금을 사용하여 이원분석을 수행하고자 한다.

(a) 영업보험료가 27,000일 때 기대이익(expected profit) Pr_t를 구하시오.

(b) 영업보험료 27,000과 실제경험치를 이용하여 실제이익(actual profit) Pr_t'를 구하시오.

(c) 보험연도별 손익(gain)을 구하시오.

(d) 제2보험연도 손익을 이원별로 분해하여 이원별손익을 계산하시오. 계산순서는 이자율, 사업비, 위험률 순으로 수행하시오.

(e) 제2보험연도 손익을 이원별로 분해하여 이원별손익을 계산하시오. 계산순서는 이자율, 위험률, 사업비 순으로 수행하시오. 이 경우 결과가 (d)와 같은 이유를 설명하시오.

풀이

(a) 책임준비금 산출기준으로 수익성분석을 수행하면 다음 표와 같다. 표에서 Pr_t들이 기대이익이다.

기대이익 Pr_t의 계산(책임준비금 산출기준, 단생명모형)

t	G_{t-1}	E_{t-1}	I_t	EDB_t	$_tV^g$	$\Delta\,_tV^g$	Pr_t
1	27000	9940	682.40	660	16564.98	16455.65	626.75
2	27000	840	1046.40	760	43094.11	25539.01	907.39
3	27000	840	1046.40	860	70866.33	25439.01	907.39
4	27000	840	1046.40	960	100000.00	25339.01	907.39

(b) 실제경험치를 이용한 실제이익은 다음 표와 같다. 표에서 Pr_t'들이 실제이익이다.

실제이익 Pr_t'의 계산(실제경험치, 단생명모형)

t	G_{t-1}	E'_{t-1}	I'_t	EDB'_t	$\Delta\,_tV'^g$	Pr_t'
1	27000	8946	722.16	600	16455.59	1710.57
2	27000	756	1312.20	700	25399.22	1456.98
3	27000	756	1312.20	800	25050.59	1705.61
4	27000	756	1312.20	900	25044.68	1480.30

(c) $GN_t = \mathrm{Pr}_t' - \mathrm{Pr}_t$이므로 보험연도별 손익(gain)은 다음과 같다.

손익의 계산(단생명 생사혼합보험, 영업보험료식)

t	Pr_t'	Pr_t	GN_t
1	1710.57	626.75	1083.82
2	1456.98	907.39	549.59
3	1705.61	907.39	798.22
4	1480.30	907.39	572.91

(d) 제2보험연도의 이원분석을 이자율, 사업비, 위험률 순으로 수행해보자.

먼저 이자율차익을 구하면

$$0.05(16564.98 + 27000 - 840) = 2136.249 \ \text{(실제)}$$

$$0.04(16564.98 + 27000 - 840) = 1708.999 \ \text{(예상)}$$

$$\mathrm{Pr}_2^i = 2136.249 - 1708.999 = 427.250$$

이 된다. 사업비차익을 구하면

$$756(1.05) = 793.8 \ \text{(실제)}$$

$$840(1.05) = 882 \ \text{(예상)}$$

$$\mathrm{Pr}_2^e = -(793.8 - 882) = 88.2$$

이 된다. 위험률차익을 구하면

$$(100000 - 43094.11)(0.007) = 398.341 \ \text{(실제)}$$

$$(100000 - 43094.11)(0.0076) = 432.485 \ \text{(예상)}$$

$$\text{Pr}_2^d = -(398.341 - 432.485) = 34.144$$

이 된다. 위의 결과를 이용하면 다음과 같은 이원분석표를 만들 수 있다. 제2보험연도의 $\text{Pr}_2^i + \text{Pr}_2^e + \text{Pr}_2^d = 549.59$는 (c)에서 구한 $\text{Pr}_2{}' - \text{Pr}_2 = 549.59$와 일치함을 알 수 있다.

이원분석표(이자율, 사업비, 위험률 순, 영업보험료식)

t	$\text{Pr}_t{}' - \text{Pr}_t$	Pr_t^i	Pr_t^e	Pr_t^d	합계
1	1083.82	0.00	1033.76	50.06	1083.82
2	549.59	427.25	88.20	34.14	549.59
3	798.22	692.54	88.20	17.48	798.22
4	572.91	485.13	87.78	0.00	572.91

(e) 제2보험연도의 이원분석을 이자율, 위험률, 사업비 순으로 수행해보자.

먼저 이자율차익을 구하면

$$0.05(16564.98 + 27000 - 840) = 2136.249 \ \text{(실제)}$$

$$0.04(16564.98 + 27000 - 840) = 1708.999 \ \text{(예상)}$$

$$\text{Pr}_2^i = 2136.249 - 1708.999 = 427.250$$

이 된다. 위험률차익을 구하면

$$(100000 - 43094.11)(0.007) = 398.341 \ \text{(실제)}$$

$$(100000 - 43094.11)(0.0076) = 432.485 \ \text{(예상)}$$

$$\text{Pr}_2^d = -(398.341 - 432.485) = 34.144$$

이 된다. 사업비차익을 구하면

$$756(1.05) = 793.8 \ \text{(실제)}$$

$$840(1.05) = 882 \ \text{(예상)}$$

$$\text{Pr}_2^e = -(793.8 - 882) = 88.2$$

이 된다. 위의 결과를 이용하면 다음과 같은 이원분석표를 만들 수 있다. 이 연습문제에서는 사업비에 사망보험금 지급비용과 해약환급금 지급비용이 존재하지 않는 것을 가정하고 있다. 그러므로 사업비차익과 위험률차익은 서로 연관되는 부분이 없어 사업비차익과 위험률차익의 순서를 변경하여 이원분석을 수행하여도 위험률차익과 사업비차익은 순서를 변경하기 전과 동일하다. $\text{Pr}_2^i + \text{Pr}_2^d + \text{Pr}_2^e$ 는 549.59으로 같다.

이원분석표(이자율, 위험률, 사업비 순, 영업보험료식)

t	$\mathrm{Pr}_t' - \mathrm{Pr}_t$	Pr_t^i	Pr_t^e	Pr_t^d	합계
1	1083.82	0.00	1033.76	50.06	1083.82
2	549.59	427.25	88.20	34.14	549.59
3	798.22	692.54	88.20	17.48	798.22
4	572.91	485.13	87.78	0.00	572.91

06 주어진 실제경험치 자료와 영업보험료식 책임준비금을 사용하여 이원분석을 수행하고자 한다.

(a) 책임준비금 산출기준 하에서 수지상등의 원칙을 만족시키는 영업보험료 G 를 구하시오.

(b) 영업보험료 G 를 이용하여 기대이익(expected profit) Pr_t 를 구하시오.

(c) 영업보험료 G 와 실제경험치를 이용하여 실제이익(actual profit) Pr_t' 를 구하시오.

(d) 보험연도별 손익(gain)을 구하시오.

(e) 제2보험연도 손익을 이원별로 분해하여 이원별손익을 계산하시오. 계산순서는 이자율, 사업비, 위험률 순으로 수행하시오.

(f) 제2보험연도 손익을 이원별로 분해하여 이원별손익을 계산하시오. 계산순서는 사업비, 이자율, 위험률 순으로 수행하시오.

풀이

(a) 책임준비금 산출기준 하에서 수지상등의 원칙을 만족시키는 영업보험료 G 는 다음과 같이 구할 수 있다.

$$G = \frac{SA_{x:\overline{n}|} + \alpha_1 + e\ddot{a}_{x:\overline{n}|}}{(1-\gamma)\ddot{a}_{x:\overline{n}|} - \gamma_0}$$

$$= \frac{100000(0.8563251) + 1000 + 30(3.7355462)}{(1-0.03)(3.7355462) - 0.3} = 26100.53$$

(b) 책임준비금 산출기준으로 수익성분석을 수행하면 다음 표와 같다. 수지상등의 원칙을 이용하여 구한 영업보험료와 영업보험료식 책임준비금을 이용하여 수익성분석을 할 경우 재귀식에 의하여 매 연도의 기대이익인 Pr_t 는 0이다.

기대이익 Pr_t의 계산(책임준비금 산출기준, 단생명모형)

t	G_{t-1}	E_{t-1}	I_t	EDB_t	$_tV^g$	$\Delta_t V^g$	Pr_t
1	26100.53	9643.17	658.29	660	16564.98	16455.65	0.00
2	26100.53	813.02	1011.50	760	43094.11	25539.01	0.00
3	26100.53	813.02	1011.50	860	70866.33	25439.01	0.00
4	26100.53	813.02	1011.50	960	100000.00	25339.01	0.00

(c) 실제경험치를 이용한 실제이익은 다음 표와 같다. 표에서 $\text{Pr}_t{}'$들이 실제이익이다.

실제이익 $\text{Pr}_t{}'$의 계산(실제경험치, 단생명모형)

t	G_{t-1}	E'_{t-1}	I'_t	EDB'_t	$\Delta_t V'^g$	$\text{Pr}_t{}'$
1	26100.53	8678.86	696.87	600	16465.59	1052.95
2	26100.53	731.71	1268.44	700	25399.22	538.04
3	26100.53	731.71	1268.44	800	25050.59	786.66
4	26100.53	731.71	1141.60	900	25044.68	565.73

(d) $GN_t = \text{Pr}_t{}' - \text{Pr}_t = \text{Pr}_t{}' - 0 = \text{Pr}_t{}'$이므로 수지상등의 원칙이 적용된 영업보험료와 영업보험료식 책임준비금을 이용하여 기대이익을 구하면 기대이익이 0이므로 손익 (gain)은 실제이익(actual profit)이 된다. 보험연도별 손익(gain)은 다음과 같다.

손익의 계산(단생명 생사혼합보험, 영업보험료식)

t	$\text{Pr}_t{}'$	Pr_t	GN_t
1	1052.95	0.00	1052.95
2	538.04	0.00	538.04
3	786.66	0.00	786.66
4	565.73	0.00	565.73

(e) 제2보험연도의 이원분석을 이자율, 사업비, 위험률 순으로 수행해보자.

먼저 이자율차익을 구하면

$$0.05(16564.98 + 26100.53 - 813.016) = 2092.625 \ \text{(실제)}$$
$$0.04(16564.98 + 26100.53 - 813.016) = 1674.100 \ \text{(예상)}$$
$$\text{Pr}_2^i = 2136.249 - 1708.999 = 427.250$$

이 된다. 사업비차익을 구하면

$$731.71(1.05) = 768.300 \ \text{(실제)}$$
$$813.016(1.05) = 853.67 \ \text{(예상)}$$
$$\text{Pr}_2^e = -(768.30 - 853.67) = 85.37$$

이 된다. 위험률차익을 구하면

$$(100000 - 43094.11)(0.007) = 398.341 \ (\text{실제})$$

$$(100000 - 43094.11)(0.0076) = 432.485 \ (\text{예상})$$

$$\text{Pr}_2^d = -(398.341 - 432.485) = 34.144$$

이 된다. 위의 결과를 이용하면 다음과 같은 이원분석표를 만들 수 있다. 제2보험연도의 $\text{Pr}_2^i + \text{Pr}_2^e + \text{Pr}_2^d = 538.04$는 (d)에서 구한 $\text{Pr}_2{}' - \text{Pr}_2 = 538.04$와 일치함을 알 수 있다.

이원분석표(이자율, 사업비, 위험률 순, 영업보험료식)

t	$\text{Pr}_t{}' - \text{Pr}_t$	Pr_t^i	Pr_t^e	Pr_t^d	합계
1	1052.95	0.00	1002.89	50.06	1052.95
2	538.04	418.52	85.37	34.14	538.04
3	786.66	683.82	85.37	17.48	786.66
4	565.73	480.77	84.96	0.00	565.73

(f) 제2보험연도의 이원분석을 사업비, 이자율, 위험률 순으로 수행해보자.

먼저 사업비차익을 구하면

$$731.7143(1.04) = 760.983 \ (\text{실제})$$

$$813.01586(1.04) = 845.5364 \ (\text{예상})$$

$$\text{Pr}_2^e = -(760.983 - 845.5364) = 84.55$$

이 된다. 이자율차익을 구하면

$$0.05(16564.98 + 26100.53 - 731.7143) = 2096.690 \ (\text{실제})$$

$$0.04(16564.98 + 26100.53 - 731.7143) = 1677.352 \ (\text{예상})$$

$$\text{Pr}_2^i = 2096.690 - 1677.352 = 419.338$$

이 된다. 위험률차익을 구하면

$$(100000 - 43094.11)(0.007) = 398.341 \ (\text{실제})$$

$$(100000 - 43094.11)(0.0076) = 432.485 \ (\text{예상})$$

$$\text{Pr}_2^d = -(398.341 - 432.485) = 34.144$$

이 된다. 위의 결과를 이용하면 다음과 같은 이원분석표를 만들 수 있다. 이원분석의 순서를 다르게 하면 Pr_2^i와 Pr_2^e가 약간 다르게 계산되지만 $\text{Pr}_2^e + \text{Pr}_2^i + \text{Pr}_2^d$는 538.04으로 같다.

이원분석표(사업비, 이자율, 위험률 순, 영업보험료식)

t	$\mathrm{Pr}_t{}' - \mathrm{Pr}_t$	Pr_t^i	Pr_t^e	Pr_t^d	합계
1	1052.95	0.00	1002.89	50.06	1052.95
2	538.04	419.34	84.55	34.14	538.04
3	786.66	684.63	84.55	17.48	786.66
4	565.73	481.18	84.55	0.00	565.73

※ 기본연습문제 7번부터 10번까지 다음의 가정을 이용하시오.

피보험자 (60)이 가입한 보험금 100,000원, 4년납입, 4년만기 완전이산 생사혼합보험을 고려한다. 이익이 추가된 연납보험료는 27,000원이다. 모든 사망과 해약은 연말에 발생한 다고 가정하고, t보험연도의 모든 사망이 발생한 후에 t보험연도의 해약이 발생한다고 가 정한다. 보험료 산출기준과 책임준비금 산출기준은 동일하며, 책임준비금 산출기준과 실 제경험치가 다음과 같이 주어졌다고 가정한다. 해약환급금은 $_tCV = {}_tV - \dfrac{4-t}{4}(\alpha_1 + \alpha_2 G)$ 로 계산한다. 11장에서 $q_x^{*(d)}$와 $q_x^{*(w)}$는 예정(예상)절대사망률과 예정(예상)절대해약률 을 나타내고 $q_x^{*'(d)}$와 $q_x^{*'(w)}$는 절대사망률의 경험치와 절대해약률의 경험치를 나타낸 다. $q_x^{(d)}$와 $q_x^{(w)}$는 다중탈퇴모형하에서의 예정(예상)사망률과 예정(예상)해약률을 나타 내고 $q_x'^{(d)}$와 $q_x'^{(w)}$는 다중탈퇴모형하에서의 사망률의 경험치와 해약률의 경험치를 나 타내는 것으로 기호를 재정의 한다. 11장에서는 $'$가 경험치를 나타내므로 이에 준하 여 통일한 것이다(9장에서는 $'$가 절대율을 나타냈었음).

책임준비금(보험료) 산출기준

이자율		4%	
절대위험률		$q_{60+t-1}^{*(d)} = 0.0066 + 0.001(t-1)$	
절대해약률		0	
사 업 비	1차연도	보험금액	$\alpha_1 = 1000$
		보 험 료	$\alpha_2 = 30\%$
	유지비 (1차연도부터)	보험금액	30
		보 험 료	3.0%
	지급비용	사망보험금	$R_t^{(d)} = 5000$
		해약환급금	$R_t^{(w)} = 100$

실제경험치

이자율		$i_1' = 4\%, \ i_2' = 5\%,$ $i_3' = 5\%, \ i_4' = 4.5\%$	
절대위험률		$q_{60}^{*'(d)} = 0.006, \ q_{61}^{*'(d)} = 0.007$ $q_{62}^{*'(d)} = 0.008, \ q_{63}^{*'(d)} = 0.009$	
절대해약률		$q_{60}^{*'(w)} = 0.12, \ q_{61}^{*'(w)} = 0.11$ $q_{62}^{*'(w)} = 0.10, \ q_{63}^{*'(w)} = 0.09$	
사업비	1차연도	보험금액	$\alpha_1' = 900$
		보 험 료	$\alpha_2' = 27\%$
	유지비 (1차연도부터)	보험금액	27
		보 험 료	2.7%
	지급비용	사망보험금	$R_t'^{(d)} = 4500$
		해약환급금	$R_t'^{(w)} = 90$

07 주어진 실제경험치 자료를 이용하여 과거법 자산할당, 혹은 경험적 자산할당(actual asset share)을 보험연도별로 구하시오.

풀이

11장에서는 실제경험치에 ′를 사용하므로 9장과의 기호의 혼돈을 피하기 위하여 단생명 절대위험률과 절대해약률은 $q_{x+t-1}^{*(d)}$와 $q_{x+t-1}^{*(w)}$를 사용하기로 한다. 사망은 보험연도말에만 발생하고 해약은 사망이 발생한 후에만 발생하므로

$q_{x+t-1}^{(d)} = q_{x+t-1}^{*(d)}$ (예정) $q_{x+t-1}'^{(d)} = q_{x+t-1}^{*'(d)}$ (경험)

$q_{x+t-1}^{(w)} = (1 - q_{x+t-1}^{*(d)}) q_{x+t-1}^{*(w)}$ (예정) $q_{x+t-1}'^{(w)} = (1 - q_{x+t-1}^{*'(d)}) q_{x+t-1}^{*'(w)}$ (경험)

를 적용할 수 있어서 다중탈퇴모형하에서의 $q_{x+t-1}^{(d)}$, $q_{x+t-1}^{(w)}$ 및 $q_{x+t-1}'^{(d)}$, $q_{x+t-1}'^{(w)}$를 구할 수 있다. 다중탈퇴율이 처음부터 주어지면 그 자료를 이용하면 된다. $q_{x+t-1}^{(d)}$와 $q_{x+t-1}^{(w)}$는 다중탈퇴모형하에서의 예정치(예상치)를 나타내고, $q_{x+t-1}'^{(d)}$와 $q_{x+t-1}'^{(w)}$는 다중탈퇴모형하에서의 실제 경험치를 나타낸다. 예정(예상)사망률과 예정(예상)해약률은 책임준비금 산출기준을 의미한다. 앞으로의 문제들에서 $q_{x+t-1}^{*(w)}$ (예정)은 0으로 설정되므로 위의 식을 이용해도 $q_{x+t-1}^{(w)} = 0$이고 $q_{x+t-1}'^{(w)}$ (경험)는 위의 식을 이용하여 구한다. $q_{x+t-1}'^{(d)}$는 $q_{x+t-1}^{*'(d)}$와 동일하고 $q_{x+t-1}'^{(w)}$를 구하면 다음 표와 같다.

t	0	1	2	3	4
$_tV$	0.00	23334.65	47711.28	73230.15	100000.00
$_tCV$	0.00	16509.65	43161.28	70955.15	100000.00
$q'^{(w)}_{x+t-1}$	0.00	0.119280	0.109230	0.099200	0.089190

주어진 경험치들을 식 (11.2.8.2)에 대입하여 계산하면 경험적 $_tAS$를 다음과 같이 구할 수 있다. $E_0 = 8190 + 756 = 8946$, $E_1 = E_2 = \cdots = E_5 = 756$ 이다.

$$_1AS = \frac{(27000 - 8946)(1 + i_1') - q'^{(d)}_{60}(100000 + 4500) - q'^{(w)}_{60}(16509.65 + 90)}{1 - q'^{(d)}_{60} - q'^{(w)}_{60}}$$

$$= \frac{(27000 - 8946)(1.04) - 0.006(100000 + 4500) - 0.119280(16509.65 + 90)}{1 - 0.006 - 0.119280}$$

$$= 18484.95$$

$$_2AS = \frac{(18484.95 + 27000 - 756)(1.05) - 0.007(104500) - 0.109230(43161.28 + 90)}{1 - 0.007 - 0.109230}$$

$$= 46968.73$$

$$_3AS = \frac{(46968.73 + 27000 - 756)(1.05) - 0.008(104500) - 0.099200(70955.15 + 90)}{1 - 0.008 - 0.099200}$$

$$= 77273.40$$

$$_4AS = \frac{(77273.40 + 27000 - 756)(1.045) - 0.009(104500) - 0.089190(100000 + 90)}{1 - 0.009 - 0.089190}$$

$$= 109012.05$$

08 주어진 실제경험치 자료와 순보식 책임준비금을 사용하여 이원분석을 수행하고자 한다.

(a) 영업보험료가 27,000일 때 기대이익(expected profit) Pr_t를 구하시오.

(b) 영업보험료 27,000과 실제경험치를 이용하여 실제이익(actual profit) Pr_t'를 구하시오.

(c) 보험연도별 손익(gain)을 구하시오.

(d) 제2보험연도 손익을 이원별로 분해하여 이원별손익을 계산하시오. 계산순서는 이자율, 사업비, 위험률, 해약률 순으로 수행하시오.

(e) 제2보험연도 손익을 이원별로 분해하여 이원별손익을 계산하시오. 계산순서는 이자율, 위험률, 사업비, 해약률 순으로 수행하시오.

> **풀이**

다중탈퇴모형하에서의 $q^{(d)}_{x+t-1}$, $q^{(w)}_{x+t-1}$ 및 $q'^{(d)}_{x+t-1}$, $q'^{(w)}_{x+t-1}$는 연습문제 7번과 같이 구할

수 있다. 11장에서 $q_{x+t-1}^{(d)}$, $q_{x+t-1}^{(w)}$, $p_{x+t-1}^{(\tau)}$는 다중탈퇴모형하에서의 예정치(예상치)를 나타내며 $q'^{(d)}_{x+t-1}$, $q'^{(w)}_{x+t-1}$, $p'^{(\tau)}_{x+t-1}$는 다중탈퇴모형하에서의 실제 경험치를 나타낸다.

(a) 책임준비금 산출기준으로 산출한 기대이익은 다음 표와 같다. 표에서 Pr_t가 기대이익이다.

기대이익 Pr_t의 계산(책임준비금 산출기준, 다중탈퇴모형)

t	G_{t-1}	E_{t-1}	I_t	EDB_t	$ER_t^{(d)}$	ESB_t
1	27000	9940	682.40	660	33.00	0.00
2	27000	840	1046.40	760	38.00	0.00
3	27000	840	1046.40	860	43.00	0.00
4	27000	840	1046.40	960	48.00	0.00

t	$ER_t^{(w)}$	$\Delta_t V$	ΔDAC_t	Pr_t	$_{t-1}p_x^{(\tau)}$	Π_t
1	0.00	23180.64	6779.96	648.71	1.000000	648.71
2	0.00	23080.64	-2309.58	1018.18	0.993400	1011.46
3	0.00	22980.64	-2294.57	1028.19	0.985850	1013.65
4	0.00	22880.64	-2275.00	1042.76	0.977372	1019.16

t	$_{t-1}V$	$_{t-1}CV$	$q_{x+t-1}^{(d)}$	$q_{x+t-1}^{(w)}$	$p_{x+t-1}^{(\tau)}$	DAC_t
1	0.00	0.00	0.0066	0.00	0.99340	6825.00
2	23334.65	16509.65	0.0076	0.00	0.99240	4550.00
3	47711.28	43161.28	0.0086	0.00	0.99140	2275.00
4	73230.15	70955.15	0.0096	0.00	0.99040	0.00
5	100000.00	100000.00				

(b) 실제경험치를 이용한 실제이익을 구하면 다음과 같다.

실제이익 Pr_t'의 계산(실제경험치, 다중탈퇴모형)

t	G_{t-1}	E'_{t-1}	I_t'	EDB_t'	$ER'^{(d)}_t$	ESB_t'
1	27000	8946	722.16	5372.97	600	1969.27
2	27000	756	1312.20	-2523.46	700	4714.51
3	27000	756	1312.20	-2266.99	800	7038.75
4	27000	756	1180.98	-2047.50	900	8919.00

t	$ER'^{(w)}_t$	$\Delta_t V'$	$\Delta DAC'_t$	Pr'_t	$_{t-1}p'^{(\tau)}_x$	Π'_t
1	10.74	20411.28	5372.97	1130.84	1.000000	1130.84
2	9.83	17664.42	-2523.46	1912.48	0.874720	1672.89
3	8.93	15283.03	-2266.99	2122.49	0.773051	1640.80
4	8.03	13655.49	-2047.50	1854.46	0.690180	1279.91

t	$_{t-1}V$	$_{t-1}CV$	$q'^{(d)}_{x+t-1}$	$q'^{(w)}_{x+t-1}$	$p'^{(\tau)}_{x+t-1}$	DAC'_t
1	0.00	0.00	0.006	0.119280	0.874720	6142.50
2	23334.65	16509.65	0.007	0.109230	0.883770	4095.00
3	47711.28	43161.28	0.008	0.099200	0.892800	2047.50
4	73230.15	70955.15	0.009	0.089190	0.901810	0.00
5	100000.00	100000.00				

(c) $GN_t = \text{Pr}'_t - \text{Pr}_t$ 이므로 보험연도별 손익(gain)은 다음과 같다.

보험연도별 손익(다중탈퇴모형, 순보식)

t	Pr'_t	Pr_t	GN_t
1	1130.84	648.71	482.12
2	1912.48	1018.18	894.30
3	2122.49	1028.19	1094.30
4	1854.46	1042.76	811.70

(d) 제2보험연도의 이원분석을 이자율, 사업비, 위험률, 해약률 순으로 수행해보자.
먼저 이자율차익을 구하면

$$0.05(23334.65 + 27000 - 840) = 2474.732 \ \text{(실제)}$$
$$0.04(23334.65 + 27000 - 840) = 1979.786 \ \text{(예상)}$$
$$\text{Pr}^i_2 = 2474.732 - 1979.786 = 494.946$$

이 된다. 사업비차익을 구하면

$$756(1.05) + 4500(0.0076) = 828.00 \ \text{(실제)}$$
$$E = (4095 - 6142.50) - (0.0076 \times 4095) = -2078.622 \ \text{(DAC관련 실제)}$$
$$840(1.05) + 5000(0.0076) = 920.00 \ \text{(예상)}$$
$$F = (4550 - 6825) - (0.0076 \times 4550) = -2309.580 \ \text{(DAC관련 예상)}$$
$$\text{Pr}^e_2 = -(828 - 920) + (-2078.622 + 2309.580) = 322.958$$

이 된다. 위험률차익을 구하면

$$(100000 + 4500 - 47711.28 + 4095)(0.007) = 426.186 \ \text{(실제)}$$

$$(100000 + 4500 - 47711.28 + 4095)(0.0076) = 462.716 \ (\text{예상})$$

$$\text{Pr}_2^d = -(426.186 - 462.716) = 36.53$$

이 된다. 해약률차익을 구하면

$$K = 47711.28 - 4095 = 43616.28, \ L = 43161.28 + 90 = 43251.28$$

$$K - L = 365$$

$$(K - L)(0.109230) = 39.869 \ (\text{실제})$$

$$(K - L)(0.00) = 0.00 \ (\text{예상})$$

$$\text{Pr}_2^w = 39.869 - 0.00 = 39.869$$

이 된다. 위의 결과를 이용하면 다음과 같은 이원분석표를 만들 수 있다. 제2보험연도의 $\text{Pr}_2^i + \text{Pr}_2^e + \text{Pr}_2^d + \text{Pr}_2^w = 894.30$는 (c)에서 구한 $\text{Pr}_2{'} - \text{Pr}_2 = 894.30$와 일치함을 알 수 있다.

이원분석표(이자율, 사업비, 위험률, 해약률 순, 순보식)

t	$\text{Pr}_t{'} - \text{Pr}_t$	Pr_t^i	Pr_t^e	Pr_t^d	Pr_t^w	합계
1	482.12	0.00	359.06	52.38	70.67	482.12
2	894.30	494.95	322.96	36.53	39.87	894.30
3	1094.30	738.71	321.96	19.99	13.64	1094.30
4	811.70	496.95	320.08	2.70	-8.03	811.70

(e) 제2보험연도의 이원분석을 이자율, 위험률, 사업비, 해약률 순으로 수행해보자.

먼저 이자율차익을 구하면

$$0.05(23334.65 + 27000 - 840) = 2474.732 \ (\text{실제})$$

$$0.04(23334.65 + 27000 - 840) = 1979.786 \ (\text{예상})$$

$$\text{Pr}_2^i = 2474.732 - 1979.786 = 494.946$$

이 된다. 위험률차익을 구하면

$$(100000 + 5000 - 47711.28 + 4550)(0.007) = 432.871 \ (\text{실제})$$

$$(100000 + 5000 - 47711.28 + 4550)(0.0076) = 469.974 \ (\text{예상})$$

$$\text{Pr}_2^d = -(432.871 - 469.974) = 37.103$$

이 된다. 사업비차익을 구하면

$$756(1.05) + 4500(0.007) = 825.30 \ (\text{실제})$$

$$E = (4095 - 6142.50) - (0.007 \times 4095) = -2076.165 \ (\text{DAC관련 실제})$$

$$840(1.05) + 5000(0.007) = 917.00 \ (\text{예상})$$

$$F = (4550 - 6825) - (0.007 \times 4550) = -2306.850 \ (\text{DAC관련 예상})$$

$$\text{Pr}_2^e = -(825.30 - 917) + (-2076.165 + 2306.850) = 322.385$$

이 된다. 해약률차익을 구하면

$$K = 47711.28 - 4095 = 43616.28, \ L = 43161.28 + 90 = 43251.28$$

$$K - L = 365$$

$$(K-L)(0.109230) = 39.869 \ \text{(실제)}$$

$$(K-L)(0.00) = 0.00 \ \text{(예상)}$$

$$\text{Pr}_2^w = 39.869 - 0.00 = 39.869$$

이 된다. 위의 결과를 이용하면 다음과 같은 이원분석표를 만들 수 있다. 이원분석의
순서를 다르게 하면 Pr_2^d와 Pr_2^e가 약간 다르게 계산되지만 $\text{Pr}_2^i + \text{Pr}_2^d + \text{Pr}_2^e + \text{Pr}_2^w$ 는
-202.13로 같다.

이원분석표(이자율, 위험률, 사업비, 해약률 순, 순보식)

t	$\text{Pr}_t' - \text{Pr}_t$	Pr_t^i	Pr_t^e	Pr_t^d	Pr_t^w	합계
1	482.12	0.00	385.35	53.09	70.67	482.12
2	894.30	494.95	322.39	37.10	39.87	894.30
3	1094.30	738.71	321.52	20.43	13.64	1094.30
4	811.70	496.95	319.78	3.00	-8.03	811.70

09 주어진 실제경험치 자료와 영업보험료식 책임준비금을 사용하여 이원분석을 수행하
고자 한다.

(a) 영업보험료가 27,000일 때 기대이익(expected profit) Pr_t를 구하시오.

(b) 영업보험료 27,000과 실제경험치를 이용하여 실제이익(actual profit) Pr_t'를 구하
시오.

(c) 보험연도별 손익(gain)을 구하시오.

(d) 제2보험연도 손익을 이원별로 분해하여 이원별손익을 계산하시오. 계산순서는
이자율, 사업비, 위험률, 해약률 순으로 수행하시오.

(e) 제2보험연도 손익을 이원별로 분해하여 이원별손익을 계산하시오. 계산순서는
사업비, 이자율, 위험률, 해약률 순으로 수행하시오.

> 풀이

다중탈퇴모형하에서의 $q_{x+t-1}^{(d)}$, $q_{x+t-1}^{(w)}$ 및 $q_{x+t-1}'^{(d)}$, $q_{x+t-1}'^{(w)}$는 연습문제 7번과 같이 구할
수 있다. 11장에서 $q_{x+t-1}^{(d)}$, $q_{x+t-1}^{(w)}$, $p_{x+t-1}^{(\tau)}$는 다중탈퇴모형하에서의 예정치(예상치)를
나타내며 $q_{x+t-1}'^{(d)}$, $q_{x+t-1}'^{(w)}$, $p_{x+t-1}'^{(\tau)}$는 다중탈퇴모형하에서의 실제 경험치를 나타낸다.

(a) 책임준비금 산출기준으로 산출한 기대이익은 다음 표와 같다. 표에서 Pr_t가 기대이익
이다.

기대이익 Pr_t의 계산(책임준비금 산출기준, 다중탈퇴모형)

t	G_{t-1}	E_{t-1}	I_t	EDB_t	$ER_t^{(d)}$	ESB_t
1	27000	9940	682.40	660	33.00	0.00
2	27000	840	1046.40	760	38.00	0.00
3	27000	840	1046.40	860	43.00	0.00
4	27000	840	1046.40	960	48.00	0.00

t	$ER_t^{(w)}$	$\Delta_t V^{\mathrm{g}}$	ΔDAC_t	Pr_t	$_{t-1}p_x^{(\tau)}$	Π_t
1	0.00	16452.93	0.00	596.47	1.000000	596.47
2	0.00	25544.85	0.00	863.55	0.993400	857.85
3	0.00	25439.85	0.00	863.55	0.985850	851.33
4	0.00	25334.85	0.00	863.55	0.977372	844.01

t	$_{t-1}V^{\mathrm{g}}$	$_{t-1}CV$	$q_{x+t-1}^{(d)}$	$q_{x+t-1}^{(w)}$	$p_{x+t-1}^{(\tau)}$
1	0.00	0.00	0.0066	0.00	0.99340
2	16562.24	16509.65	0.0076	0.00	0.99240
3	43097.12	43161.28	0.0086	0.00	0.99140
4	70870.34	70955.15	0.0096	0.00	0.99040
5	100000.00	100000.00			

(b) 실제경험치를 이용한 실제이익을 구하면 다음과 같다.

실제이익 Pr_t'의 계산(실제경험치, 다중탈퇴모형)

t	G_{t-1}	E'_{t-1}	I_t'	EDB_t'	$ER_t'^{(d)}$	ESB_t'
1	27000	8946	722.16	600	27.00	1969.27
2	27000	756	1312.20	700	31.50	4714.51
3	27000	756	1312.20	800	36.00	7038.75
4	27000	756	1180.98	900	40.50	8919.00

t	$ER_t'^{(w)}$	$\Delta_t V'^{\mathrm{g}}$	$\Delta DAC_t'$	Pr_t'	$_{t-1}p_x'^{(\tau)}$	Π_t'
1	10.74	14487.32	0.00	1681.83	1.000000	1681.83
2	9.83	20697.59	0.00	1402.77	0.874720	1227.03
3	8.93	18021.06	0.00	1651.46	0.773051	1276.66
4	8.03	16121.50	0.00	1435.95	0.690180	991.07

t	$_{t-1}V^{g}$	$_{t-1}CV$	$q'^{(d)}_{x+t-1}$	$q'^{(w)}_{x+t-1}$	$p'^{(\tau)}_{x+t-1}$
1	0.00	0.00	0.006	0.119280	0.874720
2	16562.24	16509.65	0.007	0.109230	0.883770
3	43097.12	43161.28	0.008	0.099200	0.892800
4	70870.34	70955.15	0.009	0.089190	0.901810
5	100000.00	100000.00			

(c) $GN_t = \text{Pr}_t' - \text{Pr}_t$ 이므로 보험연도별 손익(gain)은 다음과 같다.

보험연도별 손익(다중탈퇴모형, 영업보험료식)

t	Pr_t'	Pr_t	GN_t
1	1681.83	596.47	1085.36
2	1402.77	863.55	539.22
3	1651.46	863.55	787.91
4	1435.95	863.55	572.40

(d) 제2보험연도의 이원분석을 이자율, 사업비, 위험률, 해약률 순으로 수행해보자.

먼저 이자율차익을 구하면

$$0.05(16562.24 + 27000 - 840) = 2136.112 \ (\text{실제})$$

$$0.04(16562.24 + 27000 - 840) = 1708.890 \ (\text{예상})$$

$$\text{Pr}_2^i = 2136.112 - 1708.890 = 472.222$$

이 된다. 사업비차익을 구하면

$$756(1.05) + 4500(0.0076) = 828.00 \ (\text{실제})$$

$$840(1.05) + 5000(0.0076) = 920.00 \ (\text{예상})$$

$$\text{Pr}_2^e = -(828 - 920) = 92.00$$

이 된다. 위험률차익을 구하면

$$(100000 + 4500 - 43097.12)(0.007) = 429.820 \ (\text{실제})$$

$$(100000 + 4500 - 43097.12)(0.0076) = 466.662 \ (\text{예상})$$

$$\text{Pr}_2^d = -(429.820 - 466.662) = 36.842$$

이 된다. 해약률차익을 구하면

$$K = 43097.12, \ L = 43161.28 + 90 = 43251.28, \ K - L = -154.17$$

$$(K-L)(0.109230) = -16.84 \ (\text{실제})$$

$$(K-L)(0.00) = 0.00 \ (\text{예상})$$

$$\text{Pr}_2^w = -16.84 - 0.00 = -16.84$$

이 된다. 위의 결과를 이용하면 다음과 같은 이원분석표를 만들 수 있다. 제2보험연도의 $\mathrm{Pr}_2^i + \mathrm{Pr}_2^e + \mathrm{Pr}_2^d + \mathrm{Pr}_2^w = 539.22$는 (c)에서 구한 $\mathrm{Pr}_2{}' - \mathrm{Pr}_2 = 539.22$와 일치함을 알 수 있다.

이원분석표(이자율, 사업비, 위험률, 해약률 순, 영업보험료식)

t	$\mathrm{Pr}_t{}' - \mathrm{Pr}_t$	Pr_t^i	Pr_t^e	Pr_t^d	Pr_t^w	합계
1	1085.36	0.00	1037.06	52.76	-4.46	1085.36
2	539.22	427.22	92.00	36.84	-16.84	539.22
3	787.91	692.57	92.50	20.18	-17.34	787.91
4	572.40	485.15	92.58	2.70	-8.03	572.40

(e) 제2보험연도의 이원분석을 사업비, 이자율, 위험률, 해약률 순으로 수행해보자. 먼저 사업비차익을 구하면

$$756(1.04) + 4500(0.0076) = 820.44 \quad (실제)$$
$$840(1.04) + 5000(0.0076) = 911.60 \quad (예상)$$
$$\mathrm{Pr}_2^e = -(820.44 - 911.60) = 91.16$$

이 된다. 이자율차익을 구하면

$$0.05(16562.24 + 27000 - 756) = 2140.312 \quad (실제)$$
$$0.04(16562.24 + 27000 - 756) = 1712.250 \quad (예상)$$
$$\mathrm{Pr}_2^i = 2140.312 - 1712.250 = 428.062$$

이 된다. 위험률차익을 구하면

$$(100000 + 4500 - 43097.12)(0.007) = 429.820 \quad (실제)$$
$$(100000 + 4500 - 43097.12)(0.0076) = 466.662 \quad (예상)$$
$$\mathrm{Pr}_2^d = -(429.820 - 466.662) = 36.842$$

이 된다. 해약률차익을 구하면

$$K = 43097.12, \ L = 43161.28 + 90 = 43251.28, \ K - L = -154.17$$
$$(K-L)(0.109230) = -16.84 \quad (실제)$$
$$(K-L)(0.00) = 0.00 \quad (예상)$$
$$\mathrm{Pr}_2^w = -16.84 - 0.00 = -16.84$$

이 된다. 위의 결과를 이용하면 다음과 같은 이원분석표를 만들 수 있다. 이원분석의 순서를 다르게 하면 Pr_2^i와 Pr_2^e가 약간 다르게 계산되지만 $\mathrm{Pr}_2^e + \mathrm{Pr}_2^i + \mathrm{Pr}_2^d + \mathrm{Pr}_2^w$ 는 539.22로 같다.

이원분석표(사업비, 이자율, 위험률, 해약률 순, 영업보험료식)

t	$\text{Pr}_t' - \text{Pr}_t$	Pr_t^i	Pr_t^e	Pr_t^d	Pr_t^w	합계
1	1085.36	0.00	1037.06	52.76	-4.46	1085.36
2	539.22	428.06	91.16	36.84	-16.84	539.22
3	787.91	693.41	91.66	20.18	-17.34	787.91
4	572.40	485.57	92.16	2.70	-8.03	572.40

10 주어진 실제경험치 자료와 영업보험료식 책임준비금을 사용하여 이원분석을 수행하고자 한다.

(a) 책임준비금 산출기준 하에서 수지상등의 원칙을 만족시키는 영업보험료 G 를 구하시오.

(b) 영업보험료 G 일 때 기대이익(expected profit) Pr_t 를 구하시오.

(c) 영업보험료 G 와 실제경험치를 이용하여 실제이익(actual profit) Pr_t' 를 구하시오.

(d) 보험연도별 손익(gain)을 구하시오.

(e) 제2보험연도 손익을 이원별로 분해하여 이원별손익을 계산하시오. 계산순서는 이자율, 사업비, 위험률, 해약률 순으로 수행하시오.

(f) 제2보험연도 손익을 이원별로 분해하여 이원별손익을 계산하시오. 계산순서는 사업비, 이자율, 위험률, 해약률 순으로 수행하시오.

풀이

다중탈퇴모형하에서의 $q_{x+t-1}^{(d)}$, $q_{x+t-1}^{(w)}$ 및 $q_{x+t-1}'^{(d)}$, $q_{x+t-1}'^{(w)}$ 는 연습문제 7번과 같이 구할 수 있다. 11장에서 $q_{x+t-1}^{(d)}$, $q_{x+t-1}^{(w)}$, $p_{x+t-1}^{(\tau)}$ 는 다중탈퇴모형하에서의 예정치(예상치)를 나타내며 $q_{x+t-1}'^{(d)}$, $q_{x+t-1}'^{(w)}$, $p_{x+t-1}'^{(\tau)}$ 는 다중탈퇴모형하에서의 실제 경험치를 나타낸다.

(a) 책임준비금 산출기준 하에서 수지상등의 원칙을 만족시키는 영업보험료 G 는 다음과 같이 구할 수 있다.

$$G = \frac{(S+R_{x+t-1}^{(d)}) A_{x:\overline{n}|}^{1} + S A_{x:\overline{n}|}^{\ \ 1} + \alpha_1 + e\ddot{a}_{x:\overline{n}|}}{(1-\gamma)\ddot{a}_{x:\overline{n}|} - \gamma_0}$$

$$= \frac{105000(0.02888402) + 100000(0.8274411) + 1000 + 30(3.7355462)}{(1-0.03)(3.7355462) - 0.3}$$

$$= 26143.98$$

(b) 책임준비금 산출기준으로 수익성분석을 수행하면 다음 표와 같다. 수지상등의 원칙을 이용하여 구한 영업보험료와 영업보험료식 책임준비금을 이용하여 수익성분석을 할 경우 재귀식에 의하여 매 연도의 기대이익인 Pr_t 는 0이다.

기대이익 Pr_t의 계산(책임준비금 산출기준, 다중탈퇴모형)

t	G_{t-1}	E_{t-1}	I_t	EDB_t	$ER_t^{(d)}$	ESB_t
1	26143.98	9657.51	659.46	660	33.00	0.00
2	26143.98	814.32	1013.19	760	38.00	0.00
3	26143.98	814.32	1013.19	860	43.00	0.00
4	26143.98	814.32	1013.19	960	48.00	0.00

t	$ER_t^{(w)}$	$\Delta_t V^g$	ΔDAC_t	Pr_t	$_{t-1}p_x^{(\tau)}$	Π_t
1	0.00	16452.93	0.00	0.00	1.000000	0.00
2	0.00	25544.85	0.00	0.00	0.993400	0.00
3	0.00	25439.85	0.00	0.00	0.985850	0.00
4	0.00	25334.85	0.00	0.00	0.977372	0.00

t	$_{t-1}V^g$	$_{t-1}CV$	$q_{x+t-1}^{(d)}$	$q_{x+t-1}^{(w)}$	$p_{x+t-1}^{(\tau)}$
1	0.00	0.00	0.0066	0.00	0.99340
2	16562.24	16702.25	0.0076	0.00	0.99240
3	43097.12	43289.68	0.0086	0.00	0.99140
4	70870.34	71019.35	0.0096	0.00	0.99040
5	100000.00	100000.00			

(c) 실제경험치를 이용한 실제이익을 구하면 다음과 같다.

실제이익 Pr_t'의 계산(실제경험치, 다중탈퇴모형)

t	G_{t-1}	E'_{t-1}	I'_t	EDB'_t	$ER_t'^{(d)}$	ESB'_t
1	26143.98	8691.76	698.09	600	27.00	1992.24
2	26143.98	732.89	1270.55	700	31.50	4728.53
3	26143.98	732.89	1270.55	800	36.00	7045.12
4	26143.98	732.89	1143.50	900	40.50	8919.00

t	$ER_t'^{(w)}$	$\Delta_t V'^g$	$\Delta DAC_t'$	Pr_t'	$_{t-1}p_x'^{(\tau)}$	Π_t'
1	10.74	14487.32	0.00	1033.01	1.000000	1033.01
2	9.83	20697.59	0.00	514.20	0.874720	449.78
3	8.93	18021.06	0.00	770.54	0.773051	595.67
4	8.03	16121.50	0.00	565.57	0.690180	390.34

t	$_{t-1}V^g$	$_{t-1}CV$	$q'^{(d)}_{x+t-1}$	$q'^{(w)}_{x+t-1}$	$p'^{(\tau)}_{x+t-1}$
1	0.00	0.00	0.006	0.119280	0.874720
2	16562.24	16702.25	0.007	0.109230	0.883770
3	43097.12	43289.68	0.008	0.099200	0.892800
4	70870.34	71019.35	0.009	0.089190	0.901810
5	100000.00	100000.00			

(d) $GN_t = \mathrm{Pr}_t' - \mathrm{Pr}_t = \mathrm{Pr}_t' - 0 = \mathrm{Pr}_t'$ 이므로 수지상등의 원칙이 적용된 영업보험료와 영업보험료식 책임준비금을 이용하여 기대이익을 구하면 기대이익이 0이므로 손익 (gain)은 실제이익(actual profit)이 된다. 보험연도별 손익(gain)은 다음과 같다.

보험연도별 손익(다중탈퇴모형, 영업보험료식)

t	Pr_t'	Pr_t	GN_t
1	1033.01	0.00	1033.01
2	514.20	0.00	514.20
3	770.54	0.00	770.54
4	565.57	0.00	565.57

(e) 제2보험연도의 이원분석을 이자율, 사업비, 위험률, 해약률 순으로 수행해보자.

먼저 이자율차익을 구하면

$$0.05(16562.24 + 26143.98 - 814.32) = 2094.595 \ (\text{실제})$$
$$0.04(16562.24 + 26143.98 - 814.32) = 1675.676 \ (\text{예상})$$
$$\mathrm{Pr}_2^i = 2094.595 - 1675.676 = 418.919$$

이 된다. 사업비차익을 구하면

$$732.888(1.05) + 4500(0.0076) = 803.732 \ (\text{실제})$$
$$814.319(1.05) + 5000(0.0076) = 893.035 \ (\text{예상})$$
$$\mathrm{Pr}_2^e = -(803.732 - 893.035) = 89.30$$

이 된다. 위험률차익을 구하면

$$(100000 + 4500 - 43097.12)(0.007) = 429.820 \ (\text{실제})$$
$$(100000 + 4500 - 43097.12)(0.0076) = 466.662 \ (\text{예상})$$
$$\mathrm{Pr}_2^d = -(429.820 - 466.662) = 36.842$$

이 된다. 해약률차익을 구하면

$$K = 43097.12, \ L = 43289.68 + 90 = 43379.68, \ K - L = -282.57$$
$$(K-L)(0.109230) = -30.86 \ (\text{실제})$$
$$(K-L)(0.00) = 0.00 \ (\text{예상})$$

$$\text{Pr}_2^w = -30.86 - 0.00 = -30.86$$

이 된다. 위의 결과를 이용하면 다음과 같은 이원분석표를 만들 수 있다. 제2보험연도의 $\text{Pr}_2^i + \text{Pr}_2^e + \text{Pr}_2^d + \text{Pr}_2^w = 514.20$는 (d)에서 구한 $\text{Pr}_2{}' - \text{Pr}_2 = 514.20$과 일치함을 알 수 있다.

이원분석표(이자율, 사업비, 위험률, 해약률 순, 영업보험료식)

t	$\text{Pr}_t{}' - \text{Pr}_t$	Pr_t^i	Pr_t^e	Pr_t^d	Pr_t^w	합계
1	1033.01	0.00	1007.68	52.76	-27.44	1033.01
2	514.20	418.92	89.30	36.84	-30.86	514.20
3	770.54	684.27	89.80	20.18	-23.71	770.54
4	565.57	481.00	89.90	2.70	-8.03	565.57

(f) 제2보험연도의 이원분석을 사업비, 이자율, 위험률, 해약률 순으로 수행해보자.
먼저 사업비차익을 구하면

$$732.888(1.04) + 4500(0.0076) = 796.403 \ (\text{실제})$$
$$814.319(1.04) + 5000(0.0076) = 884.892 \ (\text{예상})$$
$$\text{Pr}_2^e = -(796.403 - 884.892) = 88.489$$

이 된다. 이자율차익을 구하면

$$0.05(16562.24 + 26143.98 - 732.888) = 2098.667 \ (\text{실제})$$
$$0.04(16562.24 + 26143.98 - 732.888) = 1678.933 \ (\text{예상})$$
$$\text{Pr}_2^i = 2098.667 - 1678.933 = 419.733$$

이 된다. 위험률차익을 구하면

$$(100000 + 4500 - 43097.12)(0.007) = 429.820 \ (\text{실제})$$
$$(100000 + 4500 - 43097.12)(0.0076) = 466.662 \ (\text{예상})$$
$$\text{Pr}_2^d = -(429.820 - 466.662) = 36.842$$

이 된다. 해약률차익을 구하면

$$K = 43097.12, \ L = 43289.68 + 90 = 43379.68, \ K - L = -282.57$$
$$(K-L)(0.109230) = -30.86 \ (\text{실제})$$
$$(K-L)(0.00) = 0.00 \ (\text{예상})$$
$$\text{Pr}_2^w = -30.86 - 0.00 = -30.86$$

이 된다. 위의 결과를 이용하면 다음과 같은 이원분석표를 만들 수 있다. 이원분석의 순서를 다르게 하면 Pr_2^i와 Pr_2^e가 약간 다르게 계산되지만 $\text{Pr}_2^e + \text{Pr}_2^i + \text{Pr}_2^d + \text{Pr}_2^w$ 는 514.20로 같다.

이원분석표(사업비, 이자율, 위험률, 해약률 순, 영업보험료식)

t	$\mathrm{Pr}_t' - \mathrm{Pr}_t$	Pr_t^i	Pr_t^e	Pr_t^d	Pr_t^w	합계
1	1033.01	0.00	1007.68	52.76	-27.44	1033.01
2	514.20	419.73	88.49	36.84	-30.86	514.20
3	770.54	685.08	88.99	20.18	-23.71	770.54
4	565.57	481.41	89.49	2.70	-8.03	565.57

11 다음과 같은 정기보험의 보험료 및 책임준비금 산출방법서와 보험료분석보고서를 작성하시오.

표 [1] 정기보험상품 개요

구 분	상품내용
보험기간	5년/10년/15년/20년 만기, 60세/70세/80세/90세 만기
보험료 납입기간	일시납, 5년/10년/15년/20년납, 60세/70세/80세납
보험료 납입주기	일시납, 월납, 3월납, 6월납, 연납
가입나이	만 15세 ~ 60세
배당여부	배당 없음
급 부 (사망보험금)	피보험자(보험대상자)가 보험기간 중 사망하였을 때 :보험가입금액의 100%
보험료 납입면제	보험료 납입기간 중 피보험자(보험대상자)가 장해분류표 중 동일한 재해 또는 재해이외의 동일한 원인으로 여러 신체부위의 장해지급률을 더하여 50%이상의 장해상태가 되었을 경우 차회 이후의 보험료 납입을 면제
이율	연복리 0.00%
위험률	－무배당 예정 경험사망률 －무배당 예정 질병 및 재해장해 50%이상 발생률

사업비	구 분		일시납	단·전기납
	계약체결비용	α		
		α_1		
	계약관리비용 (유지관련비용)	β		
		β_1		
	계약관리비용 (기타비용)	β_5		

> 풀이

무배당 ○○정기보험
보험료 및 책임준비금 산출방법서(예시)[1]

1. 보험료의 산출에 관한 사항

가. 시산보험료 산출에 관한 사항
 - (별첨2) "시산보험료 산출" 참조

나. 수익성 분석에 관한 사항
 - (별첨3) "보험료분석보고서" 참조

(1) 최적 기초율에 관한 사항
 - 최적위험률
 - 최적해지율
 - 최적사업비율
 - 투자수익률
 - 할인율
 - 기타비용(법인세율 등)
 - RBC기준 지급여력
 - 유지관리 비용에 대한 인플레이션
 - 판매물량 및 속성

(2) 목표수익률에 관한 사항

- 수익성 지표: $\text{PM}(\%) = \dfrac{\text{PV(처분가능이익)}}{\text{PV(수입보험료)}} = \dfrac{\sum\limits_{j=1}^{m \times 12} E_t \times (1+i_r)^{\frac{-j}{12}}}{\sum\limits_{j=1}^{m \times 12} P_j \times (1+i_r)^{\frac{-j}{12}}}$

(주)
- $E_t = (P_t - A_t - S_t - W_t + I_t - \Delta V_t + \Delta K_t) \times (1-T) - R_t$
- $P_t = t$보험월에 납입된 보험료의 월말 원리합계(매 납입주기초 납입자에게 수취)
- $A_t = t$보험월에 집행된 사업비의 월말 원리합계(회사가 정한 방법에 따라 매 월초 발생)
- $S_t = t$보험월에 지출된 보험금의 월말 원리합계(매 월초 급부대상자에 대해 월말 발생)
- $W_t = t$보험월에 지출된 해지환급금의 월말 원리합계(매 월초 유지자에 대해 월말 발생)
- $I_t = t$보험월에 발생한 투자수익의 월말 원리합계(월말)

---

1) 현재 보험업계에서 사용되는 대표적인 양식을 인용하였음.

- $\Delta V_t = t$ 보험월말 책임준비금(계약자적립금)의 증가분(월말)
- $\Delta K_t = t$ 보험월말 이연자산의 증가분(월말)
- $T = $ 법인세율
- $R_t = t$ 보험월에 지출된 자본비용(월말)
- $i_r = $ 위험할인율

다. 최종 영업보험료 결정
  - 시산보험료에 대하여 최적기초율을 통한 수익성 분석 결과가 상품수익성 목표에 부합하여 최종 영업보험료로 결정함

2. 책임준비금 계산에 관한 사항

가. 기초율 및 계산기수에 관한 사항

(1) 기초율
  - (별첨1) "기초율 적용내역"에 따름

(2) 계산기수
  - (별첨2) "시산보험료 산출"의 정의에 따름

나. 보험연도말 책임준비금
  - 보험연도말 책임준비금은 "(별첨1) 기초율 적용내역"의 적용 기초율과 표준 기초율을 적용한 책임준비금 중 큰 것으로 함

(1) 일시납 (기본형(1종)만 해당)

$$_tV^1_{x:\overline{n}|} = \frac{SUMT}{D_{x+t}}$$

(2) 단기납 및 전기납
  - $t \leq m$

$$_tV^{1\,(km)}_{x:\overline{n}|} = \frac{SUMT - P \times N^{\#}}{D_{x+t}}$$

  - $t > m$

$$_tV^{1\,(km)}_{x:\overline{n}|} = \frac{SUMT}{D_{x+t}}$$

단, $SUMT = \overline{M}_{x+t} - \overline{M}_{x+n}$

$$\overline{M}_{x+t} = \sum_{k=t}^{\omega-x} h_k \times \overline{C}_{x+k}$$

[기본형(1종)] $h_k = 1$

[체증형(2종)] $h_k = k < (xa-x) : 1$

$$(xa-x) \leq k < m : 1+0.1 \times \{k-(xa-x)+1\}$$

$$k \geq m : 1+0.1 \times \{m-(xa-x)\}$$

xa: 세형 나이(55세, 60세, 65세, 70세, 75세)

$$N^{\#} = N'_{x+t} - N'_{x+m}$$

$$P = {}_mP^1_{x:\overline{n|}}$$

$$P' = {}_mP'^1_{x:\overline{n|}}$$

$$_mP^1_{x:\overline{n|}} = \frac{SUM}{N'_{x+t} - N'_{x+m}}$$

$$_mP'^1_{x:\overline{n|}} = \frac{_mP^1_{x:\overline{n|}} + (\alpha_1 + \alpha \times {}_kP^1_{x:\overline{n|}}) \times D'_x/(N'_x - N'_{x+m}) + \beta_1}{(1-\beta-\beta_5)}$$

단, $SUM = \overline{M}_{x+t} - \overline{M}_{x+n}$

다. 회계연도말 책임준비금
 – 보험연도말 책임준비금은 "(별첨1) 기초율 적용내역"의 적용 기초율과 표준 기초율을 적용한 책임준비금 중 큰 것으로 함

(1) 보험료적립금

$$_{t+\frac{\theta}{12}}V^1_{x:\overline{n|}} = {}_tV^{1(km)}_{x:\overline{n|}} + \frac{\theta}{12} \times ({}_{t+1}V^{1(km)}_{x:\overline{n|}} - {}_tV^1_{x:\overline{n|}})$$

(2) 미경과보험료 적립금

연납	6개월납	3개월납	월납
$\dfrac{12-\theta}{12}{}_mP'^{1(1)}_{x:\overline{n|}}$	$\dfrac{6-\theta}{6}{}_mP'^{1(2)}_{x:\overline{n|}}$	$\dfrac{3-\theta}{3}{}_mP'^{1(4)}_{x:\overline{n|}}$	0

다만, θ: 납입경과월수

$_mP'^{1(m)}_{x:\overline{n|}}$: 납입주기별 영업보험료, "(별첨2) 시산보험료 산출" 참조

(단, 사업방법서에 따라 회사가 보험료를 할인한 경우는 할인금액을 차감한다)

3. 해지환급금의 계산에 관한 사항

가. 기초율 및 계산기수에 관한 사항

(1) 기초율
 – (별첨1) "기초율 적용내역"에 따름

(2) 계산기수

－ (별첨2) "시산보험료 산출"의 정의에 따름

나. 해지환급금의 계산

$$_tW_{x:\overline{n}|}^{1\,(km)} = \max[\,^{적용}_tV_{x:\overline{n}|}^{1\,(km)} - \frac{12 \times m - t}{12 \times m} \times \alpha',\quad ^{표준}_tV(w)_{x:\overline{n}|}^{1\,(km)} - \frac{12 \times m - t}{12 \times m} \times ^{표준}\alpha',\,0\,]$$

(주)

① $m > 7$일 때, $m = 7$로 함

  $t \geq 12 \times m$일 때, $\dfrac{12 \times m - t}{12 \times m} \times \alpha' = 0$으로 함

  다만, 일시납은 $\dfrac{12 \times m - t}{12 \times m} \times \alpha' = 0$으로 함

  m: 보험료 납입기간(년수)

  n: 납입경과월수

② $^{적용}_tV_{x:\overline{n}|}^{1\,(km)}$: (별첨1) "기초율 적용내역"의 적용 기초율을 적용한 책임준비금

  $^{표준}_tV(w)_{x:\overline{n}|}^{1\,(km)}$: (별첨1) "기초율 적용내역"의 표준 기초율(표준이율의 125% 및 표준위험률 적용)을 적용한 책임준비금

  $\alpha' = \min(\,^{적용}\alpha',\,^{표준}\alpha')$

  $^{적용}\alpha' = {}_kP_{x:\overline{n}|}^1 \times \alpha + \alpha_1$

  $^{표준}\alpha' = {}_kP_{x:\overline{n}|}^{1\,표준} \times 5\% \times \min(n,20) + 10/1000 \times S$

  ${}_kP_{x:\overline{n}|}^{1\,표준}$, ${}_kP_{x:\overline{n}|}^1$은 (별첨1) "기초율 적용내역"과 (별첨2) "시산보험료 산출" 4. 참조

③ km:

연납	6개월납	3개월납	월납
1	2	4	12

4. 보험가입금액, 보험종목, 보험기간 또는 보험료납입기간의 변경에 관한 사항

가. 보험가입금액의 감액

  －보험가입금액을 감액할 때에는 감액부분은 해지된 것으로 보고 다음 공식에 의하여 산출된 금액을 계약자에게 지급함

  $$지급액 = \frac{_tW_{x:\overline{n}|}^{1\,(km)} \times (S - S')}{S}$$

  $_tW_{x:\overline{n}|}^{1\,(km)}$: 당초 계약에 대한 변경 당시의 해지환급금 해당액

  S: 당초 계약의 보험가입금액

  S': 감액후의 보험가입금액

나. 보험종목, 보험기간 또는 보험료납입기간의 변경

– 보험종목, 보험기간 또는 보험료 납입기간을 변경할 경우에는 다음 방법에 의하여 계산한 금액을 추가 납입하도록 하거나 장래의 보험료에 충당함

$$\left| {}_tW^{1(km)}_{x:\overline{n}|} - {}_tW^{1(km)}_{x:\overline{n}|} \right|$$

${}_tW'^{1(km)}_{x:\overline{n}|} < {}_tW^{1(km)}_{x:\overline{n}|} < 0$인 경우는 $W^{1(km)}_{x:\overline{n}|} - {}_tW'^{1(km)}_{x:\overline{n}|}$을 '0'으로 처리함

${}_tW^{1(km)}_{x:\overline{n}|}$: 당초 계약에 대한 해지환급금 해당액

${}_tW'^{1(km)}_{x:\overline{n}|}$: 변경된 계약에 대한 해지환급금 해당액

다. 감액완납보험으로의 변경

– 다음 공식에 의하여 산출된 금액을 감액완납 보험가입금액으로 함

$$감액완납보험\ 가입금액 = S \times \frac{{}_tW^{1(km)}_{x:\overline{n}|}}{{}_tW'^{1(km)}_{x:\overline{n}|}}$$

S: 당초의 보험가입금액

${}_tW^{1(km)}_{x:\overline{n}|}$: 당초 계약에 대한 변경당시의 해지환급금 해당액

${}_tW'^{1(km)}_{x:\overline{n}|}$: 변경 당시의 일시납 해지환급금 해당액

라. 보험종목의 변경

– 보험종목의 변경은 계약전환특약의 규정에 따름

5. 기타 보험수리에 관한 사항

가. 보험료를 선납할 때의 할인은 3개월분 이상의 보험료를 선납할 때에 한하여 계산하며 할인율은 "(별첨1) 기초율 적용내역" 2.2. 책임준비금 계산에 관한 사항의 표준기초율 중 표준이율로 계산한다.

나. 보험료 납입기간 중 보험료 및 책임준비금 산출방법서의 해지환급금을 지급하는 경우 해지 당월 보장을 위해 공제한 위험보험료 중 해지시까지 보장하고 남은 금액을 아래와 같이 일할 계산하여 해지환급금과 별도로 반환한다.

$$당월\ 보장을\ 위해\ 공제한\ 위험보험료 \times \frac{월\ 기간내\ 미경과일수}{월\ 기간내\ 일수}$$

(1) 당월 보장을 위해 공제한 위험보험료: 보험업감독업무시행세칙 [별표13] 2. 가.의 위험보험료 산정방식에 따른 월기준 위험보험료 또는 연기준 위험보험료를 12로 나누어 계산한 월환산 위험보험료(다만, 기초율은 (별첨1) "기초율 적용내역"에 따른다)

(2) 월기간내 미경과일수: 해지일 이후 최초 도래하는 월계약해당일 전일 – 해지일

(3) 월기간내 일수: 해지일 이후 최초 도래하는 월계약해당일 해지일 직전 월계약해당일

(별첨1)

기초율 적용내역

1. 계약체결비용 및 계약관리비용에 관한 사항

구 분		일시납	단·전기납
계약체결비용	α		
	α_1		
계약관리비용 (유지관련비용)	β		
	β_1		
계약관리비용 (기타비용)	β_5		

※ 기준연납순보험료($_kP^1_{x:\overline{n|}}$): (별첨2) "시산보험료 산출" 참조

2. 이율 및 위험률에 관한 사항

구 분			적 요
2. 책임준비금 계산에 관한 사항	적용 기초율	이율	− 연 0.00% 복리
		위험률	− 무배당 예정 경험사망률(q^s_x) 보험개발원 상품요율 제000-000호(2014.5.30)에 의한 무배당 예정 경험사망률을 사용함 − 무배당 예정 질병 및 재해장해 50%이상 발생률(q^1_x) 보험개발원 상품요율 제000-000호(2014.5.30)에 의한 무배당 예정 질병장해 50%이상 발생률 및 보험개발원 ※ 무배당 예정질병 및 재해장해 50%이상 장해발생률 =무배당 예정 질병장해 50%이상 발생률(q^{a50}_x) +무배당 예정 재해장해 50%이상 발생률(q^{b50}_x)
	표준 기초율	이율	− 표준이율: 2014. 4월~2015. 3월 기준 연 0.00% 복리
		위험률	− 표준위험률의 생존사망률(q^s_x) 보험업감독업무시행세칙[별표23] 표준위험률(제4-4조 제3항 관련)에 의한 사망률을 사용함

			– 표준위험률의 50%이상 재해장해발생률(q_x^{b50}) 보험업감독업무시행세칙[별표23] 표준위험률(제4-4조 제3항 관련)에 의한 재해장해발생률을 사용함 – 상기 이외의 위험률은 적용기초율의 위험률과 동일
3. 해지환급금의 계산에 관한 사항	적용기초율	이율	– "2. 책임준비금의 계산에 관한 사항" 적용기초율과 동일
		위험률	
	표준기초율	이율	– "2. 책임준비금의 계산에 관한 사항" 표준이율의 125%
		위험률	– "2. 책임준비금의 계산에 관한 사항" 표준기초율과 동일
	$_kP^1{}_{x:\overline{n}}$ 표준	이율	– "2. 책임준비금의 계산에 관한 사항" 표준기초율과 동일
		위험률	
	$_kP^1{}_{x:\overline{n}}$	이율	– "2. 책임준비금의 계산에 관한 사항" 적용기초율과 동일
		위험률	
5. 기타보험수리에 관한 사항	가.		– "2. 책임준비금의 계산에 관한 사항" 표준기초율과 동일
	나.		– "2. 책임준비금의 계산에 관한 사항" 적용기초율과 동일

(별첨2)

시산보험료 산출

1. 위험률에 관한 사항

가. 무배당 예정 경험사망률(q_x^s)

– 보험개발원 상품요율 제2014-0000호(2014.0.0)에 의한 무배당 예정 경험사망률을 사용함

나. 무배당 예정 질병 및 재해장해 50%이상 발생률(q_x^1)

– 보험개발원 상품요율 제2014-0000호(2014.0.0)에 의한 무배당 예정 질병장해 50%이상 발생률 및 보험개발원 상품요율 제2014-0000호(2014.0.0) 의한 무배당 예정 재해장해 50%이상 발생률을 사용함

※ 무배당 예정 질병 및 재해장해 50%이상 장해발생률

= 무배당 예정 질병장해 50%이상 발생률(q_x^{a50}) + 무배당 예정 재해장해 50%이상 발생률(q_x^{b50})

2. 이율(i)에 관한 사항

– 연 0.00% 복리로 함

3. 계약체결비용 및 계약관리비용에 관한 사항

– (별첨1) "기초율 적용내역"에 따름

4. 보험료의 계산에 관한 사항

가. 일시납 (기본형(1종)만 해당)

(1) 순보험료

$$\bar{A}^1_{x:\overline{n}|} = \frac{SUM}{D'_x}$$

(2) 영업보험료

$$\bar{A}'^1_{x:\overline{n}|} = \frac{\bar{A}^1_{x:\overline{n}|}}{(1-\alpha-\beta-\beta_5)}$$

나. 단기납

(1) 기준연납순보험료

$$_kP^1_{x:\overline{n}|} = \frac{SUM}{N'_k}$$

다만, $k = \text{Min}\{보험기간,\ 20년\}$

$$N'_k = N'_x - N'_{x+k}$$

(2) 순보험료

$$_mP^{1(m')}_{x:\overline{n}|} = \frac{SUM}{N^*}$$

(3) 영업보험료

$$_mP'^{1(m')}_{x:\overline{n}|} = \frac{_mP^{1(m')}_{x:\overline{n}|} + (\alpha_1 + \alpha \times _kP^1_{x:\overline{n}|}) \times \dfrac{D'_x}{N^*} + \beta_1/m'}{(1-\beta-\beta_5)}$$

여기서, m':

연납	6개월납	3개월납	월납
1	2	4	12

n: 보험기간

m: 보험료 납입기간

t: 경과년수

x: 피보험자(보험대상자) 나이

$l_x = l'_x = 1.0$

$l_{x+t+1} = l_{x+t} \times (1 - q^s_{x+t})$

$l'_{x+t+1} = l'_{x+t} \times (1 - q^s_{x+t} - q^1_{x+t} + \dfrac{q^s_{x+t} \times q^1_{x+t}}{2})$

$\quad$ 단, $q^s_{x+t} + q^1_{x+t} - \dfrac{q^s_{x+t} \times q^1_{x+t}}{2} > 1$의 경우에는

$\qquad q^s_{x+t} + q^1_{x+t} - \dfrac{q^s_{x+t} \times q^1_{x+t}}{2} = 1$로 적용함

$d_{x+t} = l_{x+t} \times q^s_{x+t}$

$N^* = m' \times \{ N'_x - N'_{x+m} - (m-1)/(2 \times m') \times (D'_x - D'_{x+m}) \}$

$D_{x+t} = l_{x+t} \times v^t$

$D'_{x+t} = l'_{x+t} \times v^t$

$N'_x = \displaystyle\sum_{t=0}^{\omega-x} D'_{x+t}$

$\bar{M}_x = \displaystyle\sum_{t=0}^{\omega-x} h_t \times \bar{C}_{x+t}$: 사망자 현가의 누계

$\quad$ [기본형(1종)] $\qquad h_t = 1$

$\quad$ [체증형(2종)] $\qquad h_t = t < (xa-x) : 1$

$\qquad\qquad\qquad\qquad (xa-x) \leq t < m : 1 + 0.1 \times \{ t - (xa-x) + 1 \}$

$\qquad\qquad\qquad\qquad t \geq m : 1 + 0.1 \times \{ m - (xa-x) \}$

xa: 세형 나이(55세, 60세, 65세, 70세, 75세)

$\bar{C}_{x+t} = d_{x+t} \times v^{(t+0.5)}$

$v = \dfrac{1}{1+i}$

$SUM = \bar{M}_x - \bar{M}_{x+n}$

(별첨3)

무배당 OO정기보험
보험료분석보고서

1. 수익성분석 가정에 관한 사항

최종 승인된 FY2014 상품적용 최적가정을 사용함

가. 최적위험률

– 적용위험률에 A/E Ratio(지급률: Claim Ratio)를 곱하여 적용

※ 적용위험률은 "(별첨1) 기초율 적용내역 2. 2. 책임준비금 계산에 관한 사항"에 따름

– A/E Ratio

- 최근 3년 이상 당사 경험통계를 사용
- 예정위험보험료 대비 실제지급보험금액의 비율(급부별 및 경과기간별 연단위로 선택효과 반영)

※ A/E Ratio 산출결과

경과년	1년	2년	3년	4년	5년	6년	7년	8년	9년	10년	11년	12년	13년	14년	15년
사망															
질병장해50%↑															
재해장해50%↑															

경과년	16년	17년	18년	19년	20년	21년	22년	23년	24년	25년	26년	27년	28년	29년	30년
사망															
질병장해50%↑															
재해장해50%↑															

나. 최적해지율

– 경험통계를 기준으로 1~10차연도에 대하여 연해지율을 산출하고, 보험연도초기의 변동성을 반영하기 위하여 2차연도 이전은 월해지율을 산출함

1차월	2차월	3차월	4차월	5차월	6차월	7차월	8차월	9차월	10차월	11차월	12차월

13차월	14차월	15차월	16차월	17차월	18차월	19차월	20차월	21차월	22차월	23차월	24차월

36차월	48차월	60차월	72차월	84차월	96차월	108차월	120차월↑

※ 비일시납, 사망보장, 대면채널

다. 최적사업비율

– 회사 전체의 발생비용을 대상으로 직전 1년의 실제 경험통계를 사용하여 계정과목 및
채널별 배분된 통계자료를 바탕으로 산출하여 적용함

- 직접비 (수수료)

– 채널별/항목별 수수료 지급액에 따라 기타수수료 지급률을 산출하고 채널별 상품수
수료 규정에 따라 분급률표를 산출하여 배분함

- 간접비 (계약관리비용 및 계약체결비용 중 간접비)

– 계정별 사업비를 적절한 원가동인 항목에 매칭하여 채널별, 납방별, 상품군별로 구분
하고 원가동인 금액/건수로 나누어 상품별, 채널별 단위당 사업비를 산출함

- 기타비용

– 직전 1년 동안 집행된 기타비용(협회비/세금과공과)을 실제 사업비 배분기준에 따라
기타비용을 배분하여 계정별 수입보험료, 해약식 적립금 대비 비율을 산출함

※ 직접비, 간접비 등의 최적사업비율 예시는 회사전체 채널 또는 주요채널 선택 가능하며, 단위실적당
수수료 지급체계는 회사별 상황을 고려하여 작성 가능

① 직접비(보장성 상품)

☐ FP채널

구 분	총환산 월초대비 수수료율(%), 월납
초 회	
2-12회	
13회	
13-24회	
25-36회	

☐ AM채널

구 분	총환산 월초대비 수수료율(%), 월납
초 회	
2-12회	
13-24회	
25-36회	

* 회사별 단위실적당 수수료(기타 월보험료, 연납순보험료 등) 지급 체계에 맞게 사용 가능

② 간접비(대면채널)

신계약비		유지비	
건당 Cost(원)	비례비(%)	건당 Cost(원)	비례비(%)

〈총환산월초〉

구 분	환산월초
10년납 미만	
10~14년납	
15~19년납	
20년납 이상	
일시납	

※ 기본형 기준

③ 기타비용

보험료	책임준비금

라. 투자수익률

- 신규자산의 투자수익률은 신규자산 포트폴리오를 기준으로 개별자산 수익률*을 가중 평균하여 신규자산 수익률을 산출한 뒤, 투자비용을 차감하여 산출함
  * 개별 자산의 예상투자수익률은 과거 투자경험 및 시장의 중단기 전망자료를 근거로 산출
- 산출시점 이후 5개년 예상투자수익률을 산출하며, 5년 이후는 5차년도 예상투자수익 률을 적용

구분(FY)	2012	2013	2014	2015	2016↑
(%)					

마. 적립이율
- 해당없음

바. 할인율: 00%
- 할인율 산출방법론(CAPM 등)을 기초로 변동성 및 재무건전성을 고려하여 산출

사. 기타비용 (법인세율 등)
- 법인세법에 명시된 세율 적용
- 법인세율: 22.0%

아. RBC기준 지급여력: 000%
- 금감원 기준의 RBC 표준모형을 기초로 하며, 개별 상품의 위험들을 반영하여 RBC 표준모형의 각 위험별 지수를 사용
- 단, 신계약의 금리리스크 상쇄효과 반영

자. 분석기간: 전보험기간

차. 유지관리 비용에 대한 인플레이션:
- 한국은행의 소비자 물가지수 등락률의 평균을 건당 유지비에 적용함
※ 회사별 실정에 따라 미적용 가능

카. 판매물량 및 속성
- 실적사용기간: 2014. 0月 ~ 2014. 0月
- 판매 물량은 기존 유사상품의 실적 및 채널의 물량계획을 고려하여 향후 1년간의 예상 판매 물량을 적용
• 신계약 기간: 1년
* 판매 분포는 과거 유사상품의 경험 판매 분포를 근거로 목표시장 등을 반영하여 결정

2. 수익성분석에 관한 사항

가. 수익성분석 산출과정

구 분	산 출 과 정
① 수입보험료	수입보험료(할인후 보험료 수입)
② 지급보험금	지급보험금(사망, 생존, 만기, 해약, 인출)
③ 최적사업비	최적사업비(계약체결비용, 계약관리비용)
④ 보험수지차	= ① − ② − ③
⑤ 투자수지차	=[(전월말 책임준비금 − 미상각신계약비) + 당월보험수입 − 당월보험지출]의 이자분 * 이자는 자산이익률(i, 투자수익−투자비용)으로 산출
⑥ 총수지차	= ④ + ⑤
⑦ 준비금증감	= 당월말 책임준비금 − 전월말 책임준비금
⑧ 이연자산증감	= 당월말 이연자산 − 전월말 이연자산
⑨ 세전손익	= ⑥ − ⑦ + ⑧
⑩ 세후손익	= ⑨ × (1−법인세율)
⑪ 지급여력증감 −RBC기준	= RC증감액 − RC × i × (1−법인세율) * RC = RBC × 150% − (해약식준비금 초과분 − 이연자산)
⑫ 처분가능이익	= ⑩ − ⑪

- 주지표: PM(Profit Margin)
• PM(%): 「처분가능이익(⑫)」의 현가를「수입보험료(①)」현가로 나눈 값이며 이때 할인율은 주주요구수익률임

나. 수익성 분석 결과: 수익성 가이드라인을 충족함
※ 미충족시 그 사유

□ 상품 전체

구분	주지표
	PM(%)
가이드라인	0%
수익성 분석 결과	0.00%

다. 속성별 수익성 분석 결과

－납입기간별 PM(%) (가입금액 1억원, FP채널)

구분	연령	10년납	20년납	일시납
남자	20세			
	30세			
	40세			
	50세			
여자	20세			
	30세			
	40세			
	50세			

3. 민감도분석

가. 민감도분석: 투자수익률, 사업비율, 해지율, 지급률 등의 증감에 따른 수익성 지표변동 수준을 분석

나. 민감도분석 결과

－상품 전체

구 분		PM(처분가능이익)
Base		
투자수익률	10 bp ↑	
	10 bp ↓	
사업비	10.0% ↑	
	10.0% ↓	
해지율	10.0% ↑	
	10.0% ↓	
지급률	10.0% ↑	
	10.0% ↓	

4. 상품개발 수익성분석 기준 준수 여부

구분	주요내용	Y	N
1	회사에서 인증된 계리 Software사용 여부	○	
2	회사 기준에 부합되는 가정 적용 여부	○	
3	수익성 가이드라인 준수 여부	○	
4	민감도 분석 영향 검토 여부	○	
5	기타 검토 의견: 없음(수익성 가이드라인을 벗어난 경우 합리적인 근거 및 사유)		

5. 별   첨

※ 지급률 등에 대한 상세가정이 필요한 경우에 별첨으로 표시

 심·화·학·습·문·제 11.2

※ 심화학습문제 1번부터 3번까지는 다음의 가정을 이용하시오.

피보험자 (60)이 가입한 보험금 100,000원, 4년납입, 4년만기 완전이산 생사혼합보험을 고려한다. 이익이 추가된 연납보험료는 27,000원이다. 보험료 산출기준과 책임준비금 산출기준은 동일하며, 책임준비금 산출기준과 수익성분석 산출기준이 다음과 같이 주어졌다고 가정한다.

책임준비금(보험료) 산출기준

이자율		4%	
위험률		$q_{60+t-1} = 0.0066 + 0.001(t-1)$	
사 업 비	1차연도	보험금액	$\alpha_1 = 1000$
		보 험 료	$\alpha_2 = 30\%$
	유지비 (1차연도부터)	보험금액	30
		보 험 료	3.0%

수익성분석 산출기준

이자율		4.5%	
위험률		$q_{60+t-1} = 0.006 + 0.001(t-1)$	
사 업 비	1차연도	보험금액	$\alpha'_1 = 900$
		보 험 료	$\alpha'_2 = 27\%$
	유지비 (1차연도부터)	보험금액	27
		보 험 료	2.7%

1 0시점에 10,000개의 계약이 출발했으며 수익성분석 산출기준 자료가 미래 예상자료 라고 할 때, 미래법 자산할당 혹은 예정적 자산할당(projected asset share)을 연도별 로 구하시오.

풀이

$_tAS$ 를 계산하는데 필요한 항목들을 이용하여 현금흐름표로 나타내면 다음과 같다. 재귀 식을 이용하면 $_tAS$ 를 쉽게 구할 수는 있지만 현금흐름표를 작성해 보면 $_tAS$ 를 구하는 과정을 이해할 수 있다. 표에서 EDB 는 예상 보험금 지급액, NCF_t(net cash flow)는 t 시점 에 남아 있는 현금누계액을 나타낸다.

t	$_{t-1}AS$	G_{t-1}	E_{t-1}	I_t	q_{x+t-1}
1	0.00	27000	8946.00	812.43	0.006
2	18376.69	27000	756.00	2007.93	0.007
3	46252.39	27000	756.00	3262.34	0.008
4	75563.23	27000	756.00	4581.33	0.009

t	EDB_t	NCF_t	p_{x+t-1}	$_tAS$
1	600	18266.43	0.9940	18376.69
2	700	45928.62	0.9930	46252.39
3	800	74958.73	0.9920	75563.23
4	900	105488.56	0.9910	106446.58

재귀식 (11.2.2.4)를 이용하여 예정적 $_tAS$ 를 구해보자. $_tAS$ 를 산출할 때 보험연도말 사망 자수와 보험연도초 생존자수를 이용하여 구할 수도 있고 식 (11.2.2.4)의 재귀식 공식처럼 q_{x+t-1}과 p_{x+t-1}을 이용하여 구할 수도 있다. 주어진 가정과 자료에 맞게 계산하면 된다. 여기서는 학습목적상 처음 3개의 $_tAS$ 는 사망자수와 생존자수를, 나머지 2개는 사망률을 이용하여 구해보자. 제2보험연도말 사망자수는 $l_{x+1} q_{x+1} = 9940(0.007) = 69.58$이다.

$$_1AS = \frac{10000(27000-8946)(1.045) - 60(100000)}{10000-60} = 18376.69$$

$$_2AS = \frac{9940(18376.69+27000-756)(1.045) - 69.58(100000)}{9940-69.58} = 46252.39$$

$$_3AS = \frac{9870.42(46252.39+27000-756)(1.045) - 78.963(100000)}{9870.42-78.963} = 75563.23$$

$$_4AS = \frac{(75563.23+27000-756)(1.045) - q_{63}(100000)}{1-q_{63}} = 106446.58$$

표를 이용하여 구한 $_tAS$ 와 재귀식을 이용하여 구한 $_tAS$ 가 동일함을 알 수 있다.

2 책임준비금은 순보식 책임준비금을 사용하고, 주어진 자료를 이용하여 수익성분석을 수행할 때 다음을 구하시오.

(a) DAC 을 고려하지 않는 경우의 수익성분석표를 작성하시오.

(b) DAC 을 고려하는 경우의 수익성분석표를 작성하시오.

(c) (b)의 경우 이익벡터 **Pr** 과 profit signiture Π 를 구하시오.

(d) (b)의 경우 위험할인율 11%를 이용하여 NPV 와 프로핏마진을 구하시오.

풀이

(a) DAC 을 고려하지 않는 경우의 수익성분석표는 다음과 같다.

t	G_{t-1}	E_{t-1}	I_t	EDB_t	$\Delta_t V$	Pr_t
1	27000	8946.00	812.43	600	23194.64	-4928.21
2	27000	756.00	1180.98	700	22992.59	3732.39
3	27000	756.00	1180.98	800	22786.02	3838.96
4	27000	756.00	1180.98	900	22574.49	3950.49

(b) DAC 을 고려하는 경우의 수익성분석표는 다음과 같다.

t	G_{t-1}	E_{t-1}	I_t	EDB_t	$\Delta_t V$	ΔDAC_t	Pr_t
1	27000	8946.00	812.43	600	23194.64	6105.65	1177.43
2	27000	756.00	1180.98	700	22992.59	-2076.17	1656.22
3	27000	756.00	1180.98	800	22786.02	-2063.88	1775.08
4	27000	756.00	1180.98	900	22574.49	-2047.50	1902.99

t	1	2	3	4
$_tV$	2334.65	47711.28	73230.15	100000.00
DAC_t	6142.50	4095.00	2047.50	0.00

(c) 이익벡터 **Pr** 은 $(1177.43,\ 1656.22,\ 1775.08,\ 1902.99)'$ 이며 profit signiture Π 는

(1177.43, 1646.28, 1752.08, 1863.30)$'$ 이다.

t	Pr_t	$_{t-1}p_x$	Π_t
1	1177.43	1.000000	1177.43
2	1656.22	0.994000	1646.28
3	1775.08	0.987042	1752.08
4	1902.99	0.979146	1863.30

(d) 위험수익률 11%일 때의 NPV와 프로핏마진은 다음과 같이 구할 수 있다.

$$NPV = \sum_{t=1}^{4} v_r^t \, \Pi_t = 1060.75 + 1336.16 + 1281.10 + 1227.42 = 4905.43$$

$$\sum_{t=0}^{3} v_r^t \, G_t \, _tp_x = 27000.00 + 24178.38 + 21629.85 + 19330.46 = 92138.68$$

$$PM = \frac{\displaystyle\sum_{t=1}^{4} \frac{\Pi_t}{(1+r)^t}}{\displaystyle\sum_{t=0}^{3} \frac{G_t \, _tp_x}{(1+r)^t}} = \frac{4905.43}{92138.68} = 0.053240$$

3 책임준비금은 영업보험료식 책임준비금을 사용하고, 주어진 자료를 이용하여 수익성분석을 수행할 때 다음을 구하시오.

(a) 0시점을 고려하는 수익성분석표를 작성하시오.

(b) 0시점을 고려하지 않는 수익성분석표를 작성하시오.

(c) (b)의 경우 이익벡터 **Pr**과 profit signiture **Π**를 구하시오.

(d) (b)의 경우 위험할인율 11%를 이용하여 NPV와 프로핏마진을 구하시오.

풀이

(a) 0시점을 고려하는 경우의 수익성분석표는 다음과 같다.

t	G_{t-1}	E_{t-1}	I_t	EDB_t	$\Delta_t V^g$	Pr_t
0		8190.00				-8190.00
1	27000	756.00	1180.98	600	16465.59	10359.39
2	27000	756.00	1180.98	700	25482.05	3732.39
3	27000	756.00	1180.98	800	25266.06	3838.96
4	27000	756.00	1180.98	900	25044.68	3950.49

(b) 0시점을 고려하지 않는 경우의 수익성분석표는 다음과 같다.

t	G_{t-1}	E_{t-1}	I_t	EDB_t	$\Delta_t V^g$	Pr_t
1	27000	8946.00	812.43	600	16465.59	1800.84
2	27000	756.00	1180.98	700	25482.05	1242.93
3	27000	756.00	1180.98	800	25266.06	1358.92
4	27000	756.00	1180.98	900	25044.68	1480.30

(c) 이익벡터 $\mathbf{Pr}$ 은 $(1800.84, 1242.93, 1358.92, 1480.30)'$ 이며 profit signature $\mathbf{\Pi}$ 는 $(1800.84, 1235.48, 1341.31, 1449.43)'$ 이다.

t	Pr_t	$_{t-1}p_x$	Π_t
1	1800.84	1.000000	1800.84
2	1242.93	0.994000	1235.48
3	1358.92	0.987042	1341.31
4	1480.30	0.979146	1449.43

(d) 위험수익률 11%일 때의 NPV 와 프로핏마진은 다음과 같이 구할 수 있다.

$$NPV = \sum_{t=1}^{4} v_r^t \, \Pi_t = 1622.38 + 1002.74 + 980.75 + 954.78 = 4560.66$$

$$\sum_{t=0}^{3} v_r^t \, G_t \, {}_t p_x = 27000.00 + 24178.38 + 21629.85 + 19330.46 = 92138.68$$

$$PM = \frac{\sum_{t=1}^{4} \dfrac{\Pi_t}{(1+r)^t}}{\sum_{t=0}^{3} \dfrac{G_t \, {}_t p_x}{(1+r)^t}} = \frac{4560.66}{92138.68} = 0.049498$$

※ 심화학습문제 4번부터 6번까지는 다음의 가정을 이용하시오.

피보험자 (60)이 가입한 보험금 100,000원, 4년납입, 4년만기 완전이산 생사혼합보험을 고려한다. 이익이 추가된 연납보험료는 27,000원이다. 모든 사망과 해약은 연말에 발생한다고 가정하고, t보험연도의 모든 사망이 발생한 후에 t보험연도의 해약이 발생한다고 가정한다. 보험료 산출기준과 책임준비금 산출기준은 동일하며, 책임준비금 산출기준과 수익성분석 산출기준이 다음과 같이 주어졌다고 가정한다. 11장에서 $q_x^{*(d)}$ 와 $q_x^{*(w)}$ 는 절대사망률과 절대해약률을 나타내고 $q_x^{(d)}$ 와 $q_x^{(w)}$ 는 다중탈퇴모형하에서의 사망률과 해약률을 나타낸다.

책임준비금(보험료) 산출기준

이자율			4%	
절대위험률			$q^{*(d)}_{60+t-1} = 0.0066 + 0.001\,(t-1)$	
절대해약률			0	
사업비	1차연도	보험금액	$\alpha_1 = 1000$	
		보 험 료	$\alpha_2 = 30\%$	
	유지비 (1차연도부터)	보험금액	30	
		보 험 료	3.0%	
	지급비용	사망보험금	5000	
		해약환급금	100	

수익성분석 산출기준

이자율			4.5%	
절대위험률			$q^{*(d)}_{60+t-1} = 0.006 + 0.001\,(t-1)$	
절대해약률			$q^{*(w)}_{60+t-1} = 0.12 - 0.01\,(t-1)$	
사업비	1차연도	보험금액	$\alpha'_1 = 900$	
		보 험 료	$\alpha'_2 = 27\%$	
	유지비 (1차연도부터)	보험금액	27	
		보 험 료	2.7%	
	지급비용	사망보험금	$R^{(d)}_t = 4500$	
		해약환급금	$R^{(w)}_t = 90$	

4 수익성분석 산출기준 자료가 미래 예상자료라고 할 때, 미래법 자산할당 혹은 예정적 자산할당(projected asset share)을 연도별로 구하시오.

풀이

11장에서는 실제경험치에 ′를 사용하므로 9장과의 기호의 혼돈을 피하기 위하여 단생명 절대위험률과 절대해약률은 $q^{*(d)}_{x+t-1}$ 와 $q^{*(w)}_{x+t-1}$ 를 사용하기로 한다. 사망은 보험연도말에만 발생하고 해약은 사망이 발생한 후에만 발생하므로

$$q^{(d)}_{x+t-1} = q^{*(d)}_{x+t-1}\,(\text{예정}) \qquad\qquad q^{(d)}_{x+t-1} = q^{*(d)}_{x+t-1}\,(\text{수익성})$$

$$q^{(w)}_{x+t-1} = (1 - q^{*(d)}_{x+t-1})\,q^{*(w)}_{x+t-1}\,(\text{예정}) \qquad q^{(w)}_{x+t-1} = (1 - q^{*(d)}_{x+t-1})\,q^{*(w)}_{x+t-1}\,(\text{수익성})$$

를 적용할 수 있어서 다중탈퇴모형하에서의 $q^{(d)}_{x+t-1},\ q^{(w)}_{x+t-1}$ (예정) 및 $q^{(d)}_{x+t-1},\ q^{(w)}_{x+t-1}$ (수익성분석)를 구할 수 있다. 다중탈퇴율이 처음부터 주어지면 그 자료를 이용하면 된다. 수익성분석에 사용될 $q^{(w)}_{x+t-1}$ 를 구하면 다음 표와 같다.

t	1	2	3	4
$q_{x+t-1}^{(w)}$ (수익성분석)	0.119280	0.109230	0.099200	0.089190

식 (11.2.8.2)를 이용하여 $_tAS$ 를 재귀적으로 구할 수도 있으나 다음과 같은 표를 만들면 $_tAS$ 를 구하는 과정을 잘 이해할 수 있을 것이다.

$_tAS$ 계산표에서 2차연도의 항목들을 계산해보자. 이자계산은

$$I_2 = 0.05\left(_1AS + G_1 - E_1\right) = 0.045\left(18588.15 + 27000 - 756\right) = 2017.45$$

이다. 사망급부 및 지급비용과 해약급부 및 지급비용을 계산해보면

$$EDB_2 + ER_2^{(d)} = \left(100000 + 4500\right) \times q_{61}^{(d)} = 700 + 31.50$$

$$ESB_2 + ER_2^{(w)} = \left(_2V - \frac{4-2}{4}\left(\alpha_1 + \alpha_2\right) + R_2^{(w)}\right) \times q_{61}^{(w)}$$

$$= \left(43161.28 + 90\right) \times q_{61}^{(w)} = 4714.51 + 9.83$$

여기서 $_2V$ 는 책임준비금 산출기준으로 구한 값이고 $_tV$ 와 $_tCV$ 는 아래의 표에서 주어진 값으로 보면 된다($\alpha_1 = 1000$, $\alpha_2 = 30\%$). $_2AS$ 를 구하면

$$_2AS = \frac{NCF_2}{1 - q_{61}^{(d)} - q_{61}^{(w)}} = \frac{NCF_2}{p_{61}^{(\tau)}} = \frac{41393.76}{0.883770} = 46837.70$$

주어진 자료를 이용하고 이와 같은 과정을 거치면 다음 표를 얻을 수 있다.

다중탈퇴모형에서의 $_tAS$ 계산

t	$_{t-1}AS$	G_{t-1}	E_{t-1}	I_t	EDB_t	$ER_t^{(d)}$
1	0.00	27000	8946	812.43	600	27.00
2	18588.15	27000	756	2017.45	700	31.50
3	46837.70	27000	756	3288.68	800	36.00
4	76710.01	27000	756	4632.93	900	40.50

t	ESB_t	$ER_t^{(w)}$	NCF_t	$p_{x+t-1}^{(\tau)}$	AS_t
1	1969.27	10.74	16259.42	0.874720	18588.15
2	4714.51	9.83	41393.76	0.883770	46837.70
3	7038.75	8.93	68486.70	0.892800	76710.01
4	8019.00	8.03	97719.42	0.901810	108359.21

t	$_{t-1}V$	$_{t-1}CV$	$q^{(d)}_{x+t-1}$	$q^{(w)}_{x+t-1}$
1	0.00	0.00	0.006	0.119280
2	23334.65	16509.65	0.007	0.109230
3	47711.28	43161.28	0.008	0.099200
4	73230.15	70955.15	0.009	0.089190
5	100000.00	100000.00		

5 책임준비금은 순보식 책임준비금을 사용하고, 주어진 자료를 이용하여 수익성분석을 수행할 때 다음을 구하시오.

(a) DAC을 고려하지 않는 경우의 수익성분석표를 작성하시오.

(b) DAC을 고려하는 경우의 수익성분석표를 작성하시오.

(c) (b)의 경우 이익벡터 **Pr**과 profit signiture **Π**를 구하시오.

(d) (b)의 경우 위험할인율 11%를 이용하여 NPV와 프로핏마진을 구하시오.

:: 풀이

다중탈퇴모형하에서의 $q^{(d)}_{x+t-1}$와 $q^{(w)}_{x+t-1}$ (예정치, 수익성분석기준)는 심화학습문제 4번과 같이 구한다.

(a) DAC을 고려하지 않는 경우의 수익성분석표는 다음과 같다.

t	G_{t-1}	E_{t-1}	I_t	EDB_t	$ER^{(d)}_t$
1	27000	8946	812.43	600	27.00
2	27000	756	1180.98	700	31.50
3	27000	756	1180.98	800	36.00
4	27000	756	1180.98	900	40.50

t	ESB_t	$ER^{(w)}_t$	$\Delta_t V$	ΔDAC_t	Pr_t
1	1969.27	10.74	20411.28	0.00	−4151.86
2	4714.51	9.83	17781.09	0.00	4188.05
3	7038.75	8.93	15521.59	0.00	4019.71
4	8919.00	8.03	13655.49	0.00	3901.96

t	$_{t-1}V$	$_{t-1}CV$	$q^{(d)}_{x+t-1}$	$q^{(w)}_{x+t-1}$	$p^{(\tau)}_{x+t-1}$
1	0.00	0.00	0.006	0.119280	0.874720
2	23334.65	16509.65	0.007	0.109230	0.883770
3	47711.28	43161.28	0.008	0.099200	0.892800
4	73230.15	70955.15	0.009	0.089190	0.901810
5	100000.00	100000.00			

(b) *DAC*을 고려하는 경우의 수익성분석표는 다음과 같다.

t	G_{t-1}	E_{t-1}	I_t	EDB_t	$ER_t^{(d)}$
1	27000	8946	812.43	600	27.00
2	27000	756	1180.98	700	31.50
3	27000	756	1180.98	800	36.00
4	27000	756	1180.98	900	40.50

t	ESB_t	$ER_t^{(w)}$	$\Delta_t V$	ΔDAC_t	Pr_t
1	1969.27	10.74	20411.28	5372.97	1221.11
2	4714.51	9.83	17781.09	-2523.46	1664.59
3	7038.75	8.93	15521.59	-2266.99	1752.72
4	8919.00	8.03	13655.49	-2047.50	1854.46

t	$_{t-1}V$	$_{t-1}CV$	$q_{x+t-1}^{(d)}$	$q_{x+t-1}^{(w)}$	$p_{x+t-1}^{(\tau)}$	DAC_t
1	0.00	0.00	0.006	0.119280	0.874720	6142.50
2	23334.65	16509.65	0.007	0.109230	0.883770	4095.00
3	47711.28	43161.28	0.008	0.099200	0.892800	2047.50
4	73230.15	70955.15	0.009	0.089190	0.901810	0.00
5	100000.00	100000.00				

(c) 이익벡터 **Pr** 은 $(1221.11, 1664.59, 1752.72, 1854.46)'$ 이며 profit signiture **Π** 는 $(1221.11, 1456.05, 1354.94, 1279.91)'$ 이다.

t	Pr_t	$_{t-1}p_x$	Π_t
1	1221.11	1.000000	1221.11
2	1664.59	0.874720	1456.05
3	1752.72	0.773051	1354.94
4	1854.46	0.690180	1279.91

(d) 위험수익률 11%일 때의 *NPV*와 프로핏마진은 다음과 같이 구할 수 있다.

$$NPV = \sum_{t=1}^{4} v_r^t \, \Pi_t = 1100.10 + 1181.76 + 990.72 + 843.12 = 4115.70$$

$$\sum_{t=0}^{3} v_r^t \, G_t \, {}_t p_x = 27000.00 + 21276.97 + 16940.50 + 13625.65 = 78843.12$$

$$PM = \frac{\displaystyle\sum_{t=1}^{4} \frac{\Pi_t}{(1+r)^t}}{\displaystyle\sum_{t=0}^{3} \frac{G_t \, {}_t p_x}{(1+r)^t}} = \frac{4115.70}{78843.12} = 0.052201$$

6 책임준비금은 영업보험료식 책임준비금을 사용하고, 주어진 자료를 이용하여 수익성분석을 수행할 때 다음을 구하시오.

(a) 0시점을 고려하는 수익성분석표를 작성하시오.

(b) 0시점을 고려하지 않는 수익성분석표를 작성하시오.

(c) (b)의 경우 이익벡터 **Pr**과 profit signiture **Π**를 구하시오.

(d) (b)의 경우 위험할인율 11%를 이용하여 NPV 와 프로핏마진을 구하시오.

풀이

다중탈퇴모형하에서의 $q_{x+t-1}^{(d)}$ 와 $q_{x+t-1}^{(w)}$ (예정치, 수익성분석기준)는 심화학습문제 4번과 같이 구한다.

(a) 0시점을 고려하는 경우의 수익성분석표는 다음과 같다.

t	G_{t-1}	E_{t-1}	I_t	EDB_t	$ER_t^{(d)}$
0		8190			
1	27000	756	1180.98	600	27.00
2	27000	756	1180.98	700	31.50
3	27000	756	1180.98	800	36.00
4	27000	756	1180.98	900	40.50

t	ESB_t	$ER_t^{(w)}$	$\Delta_t V^g$	ΔDAC_t	Pr_t
0					-8190.00
1	1969.27	10.74	14487.32	0.00	10330.65
2	4714.51	9.83	20780.40	0.00	1188.74
3	7038.75	8.93	18236.55	0.00	1304.75
4	8919.00	8.03	16121.50	0.00	1435.95

t	$_{t-1}V$	$_{t-1}CV$	$q_{x+t-1}^{(d)}$	$q_{x+t-1}^{(w)}$	$p_{x+t-1}^{(\tau)}$
1	0.00	0.00	0.006	0.119280	0.874720
2	16562.24	16509.65	0.007	0.109230	0.883770
3	43097.12	43161.28	0.008	0.099200	0.892800
4	70870.34	70955.15	0.009	0.089190	0.901810
5	100000.00	100000.00			

(b) 0시점을 고려하지 않는 경우의 수익성분석표는 다음과 같다.

t	G_{t-1}	E_{t-1}	I_t	EDB_t	$ER_t^{(d)}$
1	27000	8946	812.43	600	27.00
2	27000	756	1180.98	700	31.50
3	27000	756	1180.98	800	36.00
4	27000	756	1180.98	900	40.50

t	ESB_t	$ER_t^{(w)}$	$\Delta_t V^g$	ΔDAC_t	Pr_t
1	1969.27	10.74	14487.32	0.00	1772.10
2	4714.51	9.83	20780.40	0.00	1188.74
3	7038.75	8.93	18236.55	0.00	1304.75
4	8919.00	8.03	16121.50	0.00	1435.95

t	$_{t-1}V$	$_{t-1}CV$	$q_{x+t-1}^{(d)}$	$q_{x+t-1}^{(w)}$	$p_{x+t-1}^{(\tau)}$
1	0.00	0.00	0.006	0.119280	0.874720
2	16562.24	16509.65	0.007	0.109230	0.883770
3	43097.12	43161.28	0.008	0.099200	0.892800
4	70870.34	70955.15	0.009	0.089190	0.901810
5	100000.00	100000.00			

(c) 이익벡터 $\mathbf{Pr}$ 은 $(1772.10,\ 1188.74,\ 1304.75,\ 1435.95)'$ 이며 profit signature $\mathbf{\Pi}$ 는 $(1772.10,\ 1039.82,\ 1008.64,\ 991.07)'$ 이다.

t	Pr_t	$_{t-1}p_x$	Π_t
1	1772.10	1.000000	1772.10
2	1188.74	0.874720	1039.82
3	1304.75	0.773051	1008.64
4	1435.95	0.690180	991.07

(d) 위험수익률 11%일 때의 NPV 와 프로핏마진은 다음과 같이 구할 수 있다.

$$NPV = \sum_{t=1}^{4} v_r^t\, \Pi_t = 1596.49 + 843.94 + 737.51 + 652.85 = 3830.78$$

$$\sum_{t=0}^{3} v_r^t\, G_t\, {}_tp_x = 27000.00 + 21276.97 + 16940.50 + 13625.65 = 78843.12$$

$$PM = \frac{\displaystyle\sum_{t=1}^{4} \frac{\Pi_t}{(1+r)^t}}{\displaystyle\sum_{t=0}^{3} \frac{G_t\, {}_tp_x}{(1+r)^t}} = \frac{3830.78}{78843.12} = 0.048587$$

※ 심화학습문제 7번부터 10번까지는 다음의 가정을 이용하시오.

이 가정들은 과거에 고금리상품을 판매한 후 실제투자수익률이 하락하는 경우를 나타내고 있다. 피보험자 (55)가 가입한 보험금 100,000원, 10년납입, 10년만기 완전이산 생사혼합보험을 고려한다. 상품판매시 이익이 추가된 10년납입 연납보험료는 7,800원이다. 모든 사망과 해약은 연말에 발생한다고 가정하고, t보험연도의 모든 사망이 발생한 후에 t보험연도의 해약이 발생한다고 가정한다. 보험료 산출기준과 책임준비금 산출기준은 동일하며, 책임준비금 산출기준과 실제경험치가 다음과 같이 주어졌다고 가정한다. 해약환급금은 $_tCV = {_tV} - \dfrac{7-t}{7}(\alpha_1 + \alpha_2 G)$로 계산한다. 11장에서 $q_x^{*(d)}$와 $q_x^{*(w)}$는 예정(예상)절대사망률과 예정(예상)절대해약률을 나타내고 $q_x^{*\prime(d)}$와 $q_x^{*\prime(w)}$는 절대사망률의 경험치와 절대해약률의 경험치를 나타낸다. $q_x^{(d)}$와 $q_x^{(w)}$는 다중탈퇴모형 하에서의 예정(예상)사망률과 예정(예상)해약률을 나타내고 $q_x^{\prime(d)}$와 $q_x^{\prime(w)}$는 다중탈퇴 모형하에서의 사망률의 경험치와 해약률의 경험치를 나타내는 것으로 기호를 재정의한다. 11장에서는 $\prime$가 경험치를 나타내므로 이에 준하여 통일한 것이다(9장에서는 $\prime$가 절대율을 나타냈었음).

책임준비금(보험료) 산출기준

이자율		7.5%	
절대위험률		$q_{55+t-1}^{*(d)} = 0.0045 + 0.004\,(t-1)$	
절대해약률		0	
사업비	1차연도	보험금액	$\alpha_1 = 1000$
		보 험 료	$\alpha_2 = 25\%$
	유지비 (1차연도부터)	보험금액	25
		보 험 료	2.5%
	지급비용	사망보험금	0
		해약환급금	0

실제경험치

이자율			$i_1' = 6\%,\ i_2' \sim i_4' = 5\%,$ $i_5' \sim i_7' = 4.5\%,\ i_8' \sim i_{10}' = 4\%$
절대위험률			$q_{55+t-1}^{*\,'(d)} = 0.004 + 0.0004\,(t-1)$
절대해약률			$q_{55+t-1}^{*\,'(w)} = 0.12 - 0.01\,(t-1)$
사업비	1차연도	보험금액	$\alpha'_1 = 980$
		보 험 료	$\alpha'_2 = 24.5\%$
	유지비 (1차연도부터)	보험금액	24.50
		보 험 료	2.45%
	지급비용	사망보험금	0
		해약환급금	0

7 (a) 주어진 실제경험치 자료를 이용하여 과거법 자산할당, 혹은 경험적 자산할당 (actual asset share)을 보험연도별로 구하시오.

(b) $NAS_t = {}_t AS - ({}_t V - DAC_t')$ 를 보험연도별로 구하시오.

::: 풀이

11장에서는 실제경험치에 $'$를 사용하므로 9장과의 기호의 혼돈을 피하기 위하여 단생명 절대위험률과 절대해약률은 $q_{x+t-1}^{*(d)}$ 와 $q_{x+t-1}^{*(w)}$ 를 사용하기로 한다. 사망은 보험연도말에만 발생하고 해약은 사망이 발생한 후에만 발생하므로

$$q_{x+t-1}^{(d)} = q_{x+t-1}^{*(d)}(\text{예정}) \qquad\qquad q_{x+t-1}'^{(d)} = q_{x+t-1}^{*\,'(d)}(\text{경험})$$

$$q_{x+t-1}^{(w)} = (1 - q_{x+t-1}^{*(d)})\,q_{x+t-1}^{*(w)}(\text{예정}) \qquad q_{x+t-1}'^{(w)} = (1 - q_{x+t-1}^{*\,'(d)})\,q_{x+t-1}^{*\,'(w)}(\text{경험})$$

를 적용할 수 있어서 다중탈퇴모형하에서의 $q_{x+t-1}^{(d)}$, $q_{x+t-1}^{(w)}$ 및 $q_{x+t-1}'^{(d)}$, $q_{x+t-1}'^{(w)}$ 를 구할 수 있다. 다중탈퇴율이 처음부터 주어지면 그 자료를 이용하면 된다. $q_{x+t-1}^{(d)}$ 와 $q_{x+t-1}^{(w)}$ 는 다중탈퇴모형하에서의 예정치(예상치)를 나타내고, $q_{x+t-1}'^{(d)}$ 와 $q_{x+t-1}'^{(w)}$ 는 다중탈퇴모형하에서의 실제 경험치를 나타낸다. 예정(예상)사망률과 예정(예상)해약률은 책임준비금 산출기준을 의미한다. 앞으로의 문제들에서 $q_{x+t-1}^{*(w)}$(예정)은 0으로 설정되므로 위의 식을 이용해도 $q_{x+t-1}^{(w)} = 0$이고 $q_{x+t-1}'^{(w)}$(경험)는 위의 식을 이용하여 구한다. $q_{x+t-1}'^{(d)}$ 는 $q_{x+t-1}^{*\,'(d)}$ 와 동일하고 $q_{x+t-1}'^{(w)}$ 를 구하면 다음 표와 같다.

t	$_tV$	$_tCV$	$q'^{(w)}_{x+t-1}$
0	0.00	0.00	0.00
1	6964.82	4436.24	0.119520
2	14451.46	12344.32	0.109516
3	22508.09	20822.38	0.099520
4	31187.44	29923.16	0.089532
5	40547.31	39704.46	0.079552
6	50651.07	50229.64	0.069580
7	61568.19	61568.19	0.059616
8	73374.92	73374.92	0.049660
9	86154.91	86154.91	0.039712
10	100000.00	100000.00	0.029772

(a) 주어진 경험치들을 식 (11.2.8.2)에 대입하여 계산하면 경험적 $_tAS$를 다음과 같이 구할 수 있다. $E_0 = 2891.00 + 215.60 = 3106.6$, $E_1 = E_2 = \cdots = E_{10} = 215.6$이다.

$$_1AS = \frac{(7800 - 3106.60) \times (1 + i_1') - q'^{(d)}_{55}(100000) - q'^{(w)}_{55}(4436.24)}{1 - q'^{(d)}_{55} - q'^{(w)}_{55}}$$

$$= \frac{(7800 - 3106.60) \times 1.06 - 0.004(100000) - 0.119520(4436.24)}{1 - 0.004 - 0.119520} = 4614.80$$

$$_2AS = \frac{(4614.80 + 7800 - 215.60) \times 1.05 - 0.0044(100000) - 0.109516(12344.32)}{1 - 0.0044 - 0.109516}$$

$$= 12433.66$$

$$_3AS = \frac{(12433.66 + 7800 - 215.60) \times 1.05 - 0.0048(100000) - 0.099520(20822.38)}{1 - 0.0048 - 0.099520}$$

$$= 20617.54$$

$$_4AS = \frac{(20617.54 + 7800 - 215.60) \times 1.05 - 0.0052(100000) - 0.089532(29923.16)}{1 - 0.0052 - 0.089532}$$

$$= 29176.95$$

$$_5AS = \frac{(29176.95 + 7800 - 215.60) \times 1.05 - 0.0056(100000) - 0.079552(39704.46)}{1 - 0.0056 - 0.079552}$$

$$= 37926.56$$

$$_6AS = \frac{(37926.56 + 7800 - 215.60) \times 1.05 - 0.0060(100000) - 0.069580(50229.64)}{1 - 0.0060 - 0.069580}$$

$$= 47017.56$$

$$_7AS = \frac{(47017.56 + 7800 - 215.60) \times 1.05 - 0.0064(100000) - 0.059616(61568.19)}{1 - 0.0064 - 0.059616}$$

$$= 56476.98$$

$$_8AS = \frac{(56476.98 + 7800 - 215.60) \times 1.04 - 0.0068(100000) - 0.049660(73374.92)}{1 - 0.0068 - 0.049660}$$

$$= 66027.98$$

$$_9AS = \frac{(66027.98 + 7800 - 215.60) \times 1.04 - 0.0072(100000) - 0.039712(86154.91)}{1 - 0.0072 - 0.039712}$$

$$= 75979.86$$

$$_{10}AS = \frac{(75979.86 + 7800 - 215.60) \times 1.04 - 0.0076(100000) - 0.029772(100000)}{1 - 0.0076 - 0.029772}$$

$$= 86398.52$$

(b) NAS_t를 보험연도별로 구하면 다음 표와 같다.

t	$_tAS$	$_tV$	DAC_t'	NAS_t
1	4614.80	6964.82	2478.00	127.99
2	12433.66	14451.46	2065.00	47.19
3	20617.54	22508.09	1652.00	-238.55
4	29176.95	31187.44	1239.00	-771.50
5	37926.56	40547.31	826.00	-1794.75
6	47017.56	50651.07	413.00	-3220.51
7	56476.98	61568.19	0.00	-5091.21
8	66027.98	73374.92	0.00	-7346.94
9	75979.86	86154.91	0.00	-10175.05
10	86398.52	100000.00	0.00	-13601.48

8 책임준비금(보험료) 산출기준을 이용하여 다음을 구하시오.

(a) 책임준비금(보험료) 산출기준(영업보험료식 책임준비금 사용)하에서 기대수익 $\Pr_t = 0$으로 하는 영업보험료를 구하시오.

(b) 영업보험료가 7,800일 때 책임준비금(보험료) 산출기준(순보식 책임준비금 사용)을 이용한 기대이익(expected profit) $\Pr_t$와 위험할인율 10%를 사용하여 프로핏마진을 구하시오.

풀이

다중탈퇴모형하에서의 $q_{x+t-1}^{(d)}$, $q_{x+t-1}^{(w)}$는 심화학습문제 7번과 같이 구할 수 있다.

(a) 책임준비금 산출기준하에서 수지상등의 원칙을 만족시키는 영업보험료 G는 다음과 같이 구할 수 있다.

$$G = \frac{(S + R_{x+t-1}^{(d)}) A_{x:\overline{n|}}^1 + S A_{x:\overline{n|}}^{\ 1} + \alpha_1 + e\ddot{a}_{x:\overline{n|}}}{(1-\gamma)\ddot{a}_{x:\overline{n|}} - \gamma_0}$$

$$= \frac{100000(0.496085415) + 1000 + 25(7.222775715)}{(1 - 0.025)(7.222775715) - 0.25} = 7477.56$$

(b) 책임준비금 산출기준으로 산출한 기대이익은 다음 표와 같다. 표에서 Pr_t가 기대이익이다.

기대이익 Pr_t의 계산(책임준비금 산출기준, 다중탈퇴모형)

t	G_{t-1}	E_{t-1}	I_t	EDB_t	$ER_t^{(d)}$
1	7800	3170	347.25	450	0.00
2	7800	220	568.50	490	0.00
3	7800	220	568.50	530	0.00
4	7800	220	568.50	570	0.00
5	7800	220	568.50	610	0.00
6	7800	220	568.50	650	0.00
7	7800	220	568.50	690	0.00
8	7800	220	568.50	730	0.00
9	7800	220	568.50	770	0.00
10	7800	220	568.50	810	0.00

t	ESB_t	$ER_t^{(w)}$	$\Delta_t V$	ΔDAC_t	Pr_t
1	0.00	0.00	6933.47	2517.19	110.97
2	0.00	0.00	6893.47	-431.75	333.27
3	0.00	0.00	6853.47	-430.36	334.66
4	0.00	0.00	6813.47	-428.64	336.39
5	0.00	0.00	6773.47	-426.57	338.46
6	0.00	0.00	6733.47	-424.17	340.86
7	0.00	0.00	6693.47	-421.43	343.60
8	0.00	0.00	6653.47	0.00	765.03
9	0.00	0.00	6613.47	0.00	765.03
10	0.00	0.00	6573.47	0.00	765.03

t	$_{t-1}V$	$_{t-1}CV$	$q_{x+t-1}^{(d)}$	$q_{x+t-1}^{(w)}$	$p_{x+t-1}^{(\tau)}$	DAC_t
1	0.00	0.00	0.0045	0.00	0.99550	2528.57
2	6964.82	4436.24	0.0049	0.00	0.99510	2107.14
3	14451.46	12344.32	0.0053	0.00	0.99470	1685.71
4	22508.09	20822.38	0.0057	0.00	0.99430	1264.29
5	31187.44	29923.16	0.0061	0.00	0.99390	842.86
6	40547.31	39704.46	0.0065	0.00	0.99350	421.43
7	50651.07	50229.64	0.0069	0.00	0.99310	0.00
8	61568.19	61568.19	0.0073	0.00	0.99270	0.00
9	73374.92	73374.92	0.0077	0.00	0.99230	0.00
10	86154.91	86154.91	0.0081	0.00	0.99190	0.00
11	100000.00	100000.00				

위험수익률 10%일 때의 프로핏마진은 다음과 같이 구할 수 있다.

t	Pr_t	$_{t-1}p_x$	Π_t
1	110.97	1.000000	110.97
2	333.27	0.995500	331.77
3	334.66	0.990622	331.52
4	336.39	0.985372	331.47
5	338.46	0.979755	331.60
6	340.86	0.973779	331.92
7	343.60	0.967449	332.41
8	765.03	0.960774	735.02
9	765.03	0.953760	729.65
10	765.03	0.946416	724.03

$$NPV = \sum_{t=1}^{10} v_r^t\, \Pi_t$$

$$= 100.88 + 274.19 + 249.08 + 226.40 + 205.90 + 187.36 + 170.58$$

$$+ 342.89 + 309.44 + 279.15 = 2345.87$$

$$\sum_{t=0}^{9} v_r^t\, G_t\, {}_tp_x = 7800.00 + 7059.00 + 6385.83 + 5774.53 + 5219.65 + 4716.19$$

$$+ 4259.58 + 3845.62 + 3470.50 + 3130.71 = 51661.61$$

$$PM = \frac{\displaystyle\sum_{t=1}^{10} \frac{\Pi_t}{(1+r)^t}}{\displaystyle\sum_{t=0}^{9} \frac{G_t\, {}_tp_x}{(1+r)^t}} = \frac{2345.87}{51661.61} = 0.045408$$

9 주어진 실제경험치 자료와 순보식 책임준비금을 사용하여 이원분석을 수행하고자 한다.

(a) 영업보험료 7,800과 실제경험치를 이용하여 실제이익(actual profit) $Pr_t{}'$와 위험할인율 10%를 사용하여 프로핏마진을 구하시오.

(b) 보험연도별 손익(gain)을 구하시오.

(c) 제9보험연도 손익을 이원별로 분해하여 이원별손익을 계산하시오. 계산순서는 이자율, 사업비, 위험률, 해약률 순으로 수행하시오.

(d) 제9보험연도 손익을 이원별로 분해하여 이원별손익을 계산하시오. 계산순서는 이자율, 위험률, 사업비, 해약률 순으로 수행하시오.

풀이

다중탈퇴모형하에서의 $q_{x+t-1}^{(d)}$, $q_{x+t-1}^{(w)}$ 및 $q'^{(d)}_{x+t-1}$, $q'^{(w)}_{x+t-1}$는 심화학습문제 7번과 같이 구할 수 있다. 11장에서 $q_{x+t-1}^{(d)}$, $q_{x+t-1}^{(w)}$, $p_{x+t-1}^{(\tau)}$는 다중탈퇴모형하에서의 예정치(예상치)를 나타내며 $q'^{(d)}_{x+t-1}$, $q'^{(w)}_{x+t-1}$, $p'^{(\tau)}_{x+t-1}$는 다중탈퇴모형하에서의 실제경험치를 나타낸다.

(a) 실제경험치를 이용하여 산출한 실제이익은 다음 표와 같다. 표에서 $Pr_t{}'$가 실제이익이다.

실제이익 $Pr_t{}'$의 계산(실제경험치, 다중탈퇴모형)

t	G_{t-1}	E'_{t-1}	I'_t	EDB'_t	$ER'^{(d)}_t$
1	7800	3106.60	281.60	400	0.00
2	7800	215.60	379.22	440	0.00
3	7800	215.60	379.22	480	0.00
4	7800	215.60	379.22	520	0.00
5	7800	215.60	341.30	560	0.00
6	7800	215.60	341.30	600	0.00
7	7800	215.60	341.30	640	0.00
8	7800	215.60	303.38	680	0.00
9	7800	215.60	303.38	720	0.00
10	7800	215.60	303.38	760	0.00

t	ESB_t'	$ER_t'^{(w)}$	Δ_tV'	$\Delta DAC_t'$	Pr_t'
1	530.22	0.00	6104.52	2171.92	112.18
2	1351.90	0.00	5492.15	-648.24	31.33
3	2072.24	0.00	4986.01	-585.34	-159.97
4	2679.08	0.00	4599.05	-530.37	-365.33
5	3158.37	0.00	4503.75	-483.34	-779.96
6	3494.98	0.00	4450.92	-444.21	-1064.41
7	3670.45	0.00	4573.34	-413.00	-1371.09
8	3643.80	0.00	5201.25	0.00	-1637.27
9	3421.38	0.00	5803.29	0.00	-2056.90
10	2977.20	0.00	6661.70	0.00	-2511.12

t	$_{t-1}V$	$_{t-1}CV$	$q_{x+t-1}'^{(d)}$	$q_{x+t-1}'^{(w)}$	$p_{x+t-1}'^{(\tau)}$	DAC_t'
1	0.00	0.00	0.0040	0.119520	0.876480	2478.00
2	6964.82	4436.24	0.0044	0.109516	0.886084	2065.00
3	14451.46	12344.32	0.0048	0.099520	0.895680	1652.00
4	22508.09	20822.38	0.0052	0.089532	0.905268	1239.00
5	31187.44	29923.16	0.0056	0.079552	0.914848	826.00
6	40547.31	39704.46	0.0060	0.069580	0.924420	413.00
7	50651.07	50229.64	0.0064	0.059616	0.933984	0.00
8	61568.19	61568.19	0.0068	0.049660	0.943540	0.00
9	73374.92	73374.92	0.0072	0.039712	0.953088	0.00
10	86154.91	86154.91	0.0076	0.029772	0.962628	0.00
11	100000.00	100000.00				

위험수익률 10%일 때의 프로핏마진은 다음과 같이 구할 수 있다.

t	Pr_t'	$_{t-1}p_x'$	Π_t'
1	112.18	1.000000	112.18
2	31.33	0.876480	27.46
3	-159.97	0.776635	-124.24
4	-365.33	0.695616	-254.13
5	-779.96	0.629719	-491.15
6	-1064.41	0.576097	-613.32
7	-1371.09	0.532556	-730.18
8	-1637.27	0.497399	-814.38
9	-2056.90	0.469316	-965.33
10	-2511.12	0.447299	-1123.22

$$NPV = \sum_{t=1}^{10} v_r^t \, \Pi_t{}'$$
$$= 101.98 + 22.69 - 93.34 - 173.57 - 304.97 - 346.14 - 374.70$$
$$- 379.91 - 409.40 - 433.05 = -2390.41$$

$$\sum_{t=0}^{9} v_r^t \, G_{t\ t}p_x{}' = 7800.00 + 6215.04 + 5006.41 + 4076.49 + 3354.83 + 2790.15$$
$$+ 2344.79 + 1990.90 + 1707.73 + 1479.65 = 36765.98$$

$$PM = \frac{\sum_{t=1}^{10} \dfrac{\Pi_t{}'}{(1+r)^t}}{\sum_{t=0}^{9} \dfrac{G_{t\ t}p_x{}'}{(1+r)^t}} = \frac{-2390.41}{36765.98} = -0.065017$$

(b) $GN_t = \mathrm{Pr}_t{}' - \mathrm{Pr}_t$ 이므로 보험연도별 손익(gain)은 다음과 같다.

보험연도별 손익(다중탈퇴모형, 순보식)

t	$\mathrm{Pr}_t{}'$	Pr_t	GN_t
1	112.18	110.97	1.21
2	31.33	333.27	− 301.94
3	− 159.97	334.66	− 494.63
4	− 365.33	336.39	− 701.72
5	− 779.96	338.46	− 1118.41
6	− 1064.41	340.86	− 1405.27
7	− 1371.09	343.60	− 1714.69
8	− 1637.27	765.03	− 2402.30
9	− 2056.90	765.03	− 2821.92
10	− 2511.12	765.03	− 3276.15

(c) 제9보험연도의 이원분석을 이자율, 사업비, 위험률, 해약률 순으로 수행해보자.
먼저 이자율차익을 구하면

$$0.04(73374.92 + 7800 - 220) = 3238.197 \ (실제)$$
$$0.075(73374.92 + 7800 - 220) = 6071.619 \ (예상)$$
$$\mathrm{Pr}_9^i = 3238.197 - 6071.619 = -2833.422$$

이 된다. 사업비차익을 구하면

$$215.60(1.04) = 224.224 \ (실제)$$
$$220(1.04) = 228.80 \ (예상)$$
$$\mathrm{Pr}_9^e = -(224.224 - 228.80) = 4.576$$

이 된다. 위험률차익을 구하면

$$(100000 - 86154.91)(0.0072) = 99.685 \ (실제)$$

$$(100000 - 86154.91)(0.0077) = 106.607 \quad (\text{예상})$$
$$\text{Pr}_9^d = -(99.685 - 106.607) = 6.922$$

이 된다. 순보식 책임준비금과 해약환급금은 제7보험연도부터 동일하며 DAC 은 7년 상각으로 제7보험연도부터는 0이 되므로 해약률차익을 구하면

$$K = 86154.91, \ L = 86154.91$$
$$K - L = 0$$
$$(K-L)(0.039712) = 0.00 \quad (\text{실제})$$
$$(K-L)(0.00) = 0.00 \quad (\text{예상})$$
$$\text{Pr}_9^w = 0.00 - 0.00 = 0.00$$

이 된다. 위의 결과를 이용하면 다음과 같은 이원분석표를 만들 수 있다. 제2보험연도의 $\text{Pr}_9^i + \text{Pr}_9^e + \text{Pr}_9^d + \text{Pr}_9^w = -2821.92$는 (b)에서 구한 $\text{Pr}_9' - \text{Pr}_9 = -2821.92$와 일치함을 알 수 있다.

이원분석표(이자율, 사업비, 위험률, 해약률 순, 순보식)

t	$\text{Pr}_t' - \text{Pr}_t$	Pr_t^i	Pr_t^e	Pr_t^d	Pr_t^w	합계
1	1.21	−69.45	16.86	47.76	6.04	1.21
2	−301.94	−363.62	13.26	43.81	4.62	−301.94
3	−494.63	−550.79	13.23	39.57	3.36	−494.63
4	−701.72	−752.20	13.19	35.03	2.26	−701.72
5	−1118.41	−1163.02	13.13	30.14	1.34	−1118.41
6	−1405.27	−1443.82	13.08	24.88	0.59	−1405.27
7	−1714.69	−1746.93	13.08	19.22	0.00	−1714.69
8	−2402.30	−2420.19	4.58	13.31	0.00	−2402.30
9	−2821.92	−2833.42	4.58	6.92	0.00	−2821.92
10	−3276.15	−3280.72	4.58	0.00	0.00	−3276.15

(d) 제2보험연도의 이원분석을 이자율, 위험률, 사업비, 해약률 순으로 수행해보자.
먼저 이자율차익을 구하면

$$0.04(73374.92 + 7800 - 220) = 3238.197 \quad (\text{실제})$$
$$0.075(73374.92 + 7800 - 220) = 6071.619 \quad (\text{예상})$$
$$\text{Pr}_9^i = 3238.197 - 6071.619 = -2833.422$$

이 된다. 위험률차익을 구하면

$$(100000 - 86154.91)(0.0072) = 99.685 \quad (\text{실제})$$
$$(100000 - 86154.91)(0.0077) = 106.607 \quad (\text{예상})$$
$$\text{Pr}_9^d = -(99.685 - 106.607) = 6.922$$

이 된다. 사업비차익을 구하면

$$215.60(1.04) = 224.224 \ \text{(실제)}$$
$$220(1.04) = 228.80 \ \text{(예상)}$$
$$\text{Pr}_9^e = -(224.224 - 228.80) = 4.576$$

이 된다. 순보식 책임준비금과 해약환급금은 제7보험연도부터 동일하며 DAC 은 7년 상각으로 제7보험연도부터는 0이 되므로 해약률차익을 구하면

$$K = 86154.91, \ L = 86154.91$$
$$K - L = 0$$
$$(K-L)(0.039712) = 0.00 \ \text{(실제)}$$
$$(K-L)(0.00) = 0.00 \ \text{(예상)}$$
$$\text{Pr}_9^w = 0.00 - 0.00 = 0.00$$

이 된다. 위의 결과를 이용하면 다음과 같은 이원분석표를 만들 수 있다. 이원분석의 순서를 다르게 하여도 $\text{Pr}_9^i + \text{Pr}_9^d + \text{Pr}_9^e + \text{Pr}_9^w$ 는 -2821.92로 같다.

이원분석표(이자율, 위험률, 사업비, 해약률 순, 순보식)

t	$\text{Pr}_t{}' - \text{Pr}_t$	Pr_t^i	Pr_t^e	Pr_t^d	Pr_t^w	합계
1	1.21	-69.45	16.83	47.78	6.04	1.21
2	-301.94	-363.62	13.23	43.83	4.62	-301.94
3	-494.63	-550.79	13.21	39.59	3.36	-494.63
4	-701.72	-752.20	13.18	35.04	2.26	-701.72
5	-1118.41	-1163.02	13.12	30.15	1.34	-1118.41
6	-1405.27	-1443.82	13.08	24.89	0.59	-1405.27
7	-1714.69	-1746.93	13.03	19.22	0.00	-1714.69
8	-2402.30	-2420.19	4.58	13.31	0.00	-2402.30
9	-2821.92	-2833.42	4.58	6.92	0.00	-2821.92
10	-3276.15	-3280.72	4.58	0.00	0.00	-3276.15

10 주어진 실제경험치 자료와 영업보험료식 책임준비금을 사용하여 이원분석을 수행하고자 한다.

(a) 영업보험료가 7,800일 때 책임준비금(보험료) 산출기준을 이용한 기대이익(expected profit) Pr_t와 위험할인율 10%를 사용하여 프로핏마진을 구하시오.

(b) 영업보험료 7,800과 실제경험치를 이용하여 실제이익(actual profit) $\text{Pr}_t{}'$와 위험할인율 10%를 사용하여 프로핏마진을 구하시오.

(c) 보험연도별 손익(gain)을 구하시오.

(d) 제9보험연도 손익을 이원별로 분해하여 이원별손익을 계산하시오. 계산순서는 이자율, 사업비, 위험률, 해약률 순으로 수행하시오.

(e) 제9보험연도 손익을 이원별로 분해하여 이원별손익을 계산하시오. 계산순서는 사업비, 이자율, 위험률, 해약률 순으로 수행하시오.

풀이

다중탈퇴모형하에서의 $q_{x+t-1}^{(d)}$, $q_{x+t-1}^{(w)}$ 및 $q_{x+t-1}'^{(d)}$, $q_{x+t-1}'^{(w)}$ 는 심화학습문제 7번과 같이 구할 수 있다. 11장에서 $q_{x+t-1}^{(d)}$, $q_{x+t-1}^{(w)}$, $p_{x+t-1}^{(\tau)}$ 는 다중탈퇴모형하에서의 예정치(예상치)를 나타내며 $q_{x+t-1}'^{(d)}$, $q_{x+t-1}'^{(w)}$, $p_{x+t-1}'^{(\tau)}$ 는 다중탈퇴모형하에서의 실제 경험치를 나타낸다.

(a) 책임준비금(보험료) 산출기준을 이용하여 산출한 기대이익은 다음 표와 같다. 표에서 Pr_t가 기대이익이다.

기대이익 Pr_t의 계산(책임준비금(보험료) 산출기준, 다중탈퇴모형)

t	G_{t-1}	E_{t-1}	I_t	EDB_t	$ER_t^{(d)}$
1	7800	3170	347.25	450	0.00
2	7800	220	568.50	490	0.00
3	7800	220	568.50	530	0.00
4	7800	220	568.50	570	0.00
5	7800	220	568.50	610	0.00
6	7800	220	568.50	650	0.00
7	7800	220	568.50	690	0.00
8	7800	220	568.50	730	0.00
9	7800	220	568.50	770	0.00
10	7800	220	568.50	810	0.00

t	ESB_t	$ER_t^{(w)}$	$\Delta_t V^g$	ΔDAC_t	Pr_t
1	0.00	0.00	4275.95	0.00	251.30
2	0.00	0.00	7320.54	0.00	337.96
3	0.00	0.00	7280.54	0.00	337.96
4	0.00	0.00	7240.54	0.00	337.96
5	0.00	0.00	7200.54	0.00	337.96
6	0.00	0.00	7160.54	0.00	337.96
7	0.00	0.00	7120.54	0.00	337.96
8	0.00	0.00	7080.54	0.00	337.96
9	0.00	0.00	7040.54	0.00	337.96
10	0.00	0.00	7000.54	0.00	337.96

t	$_{t-1}V^g$	$_{t-1}CV$	$q_{x+t-1}^{(d)}$	$q_{x+t-1}^{(w)}$	$p_{x+t-1}^{(\tau)}$
1	0.00	0.00	0.0045	0.00	0.99550
2	4295.27	4436.24	0.0049	0.00	0.99510
3	11996.74	12344.32	0.0053	0.00	0.99470
4	20284.55	20822.38	0.0057	0.00	0.99430
5	29212.94	29923.16	0.0061	0.00	0.99390
6	38841.38	39704.46	0.0065	0.00	0.99350
7	49235.06	50229.64	0.0069	0.00	0.99310
8	60465.44	61568.19	0.0073	0.00	0.99270
9	72610.94	73374.92	0.0077	0.00	0.99230
10	85757.64	86154.91	0.0081	0.00	0.99190
11	100000.00	100000.00			

위험수익률 10%일 때의 프로핏마진은 다음과 같이 구할 수 있다.

t	Pr_t	$_{t-1}p_x$	Π_t
1	251.30	1.000000	251.30
2	337.96	0.995500	336.44
3	337.96	0.990622	334.79
4	337.96	0.985372	333.02
5	337.96	0.979755	331.12
6	337.96	0.973779	329.10
7	337.96	0.967449	326.96
8	337.96	0.960774	324.70
9	337.96	0.953760	322.33
10	337.96	0.946416	319.85

$$NPV = \sum_{t=1}^{10} v_r^t \, \Pi_t$$

$$= 228.46 + 278.05 + 251.53 + 227.45 + 205.60 + 185.77 + 167.78$$

$$+ 151.48 + 136.70 + 123.32 = 1956.14$$

$$\sum_{t=0}^{9} v_r^t \, G_t \, {}_t p_x = 7800.00 + 7059.00 + 6385.83 + 5774.53 + 5219.65 + 4716.19$$

$$+ 4259.58 + 3845.62 + 3470.50 + 3130.71 = 51661.61$$

$$PM = \frac{\displaystyle\sum_{t=1}^{10} \frac{\Pi_t}{(1+r)^t}}{\displaystyle\sum_{t=0}^{9} \frac{G_t \, {}_t p_x}{(1+r)^t}} = \frac{1956.14}{51661.61} = 0.037864$$

(b) 실제경험치를 이용하여 산출한 실제이익은 다음 표와 같다. 표에서 $\text{Pr}_t{}'$가 실제이익이다.

실제이익 Pr_t'의 계산(실제경험치, 다중탈퇴모형)

t	G_{t-1}	E'_{t-1}	I'_t	EDB'_t	$ER'^{(d)}_t$
1	7800	3106.60	281.60	400	0.00
2	7800	215.60	379.22	440	0.00
3	7800	215.60	379.22	480	0.00
4	7800	215.60	379.22	520	0.00
5	7800	215.60	341.30	560	0.00
6	7800	215.60	341.30	600	0.00
7	7800	215.60	341.30	640	0.00
8	7800	215.60	303.38	680	0.00
9	7800	215.60	303.38	720	0.00
10	7800	215.60	303.38	760	0.00

t	ESB'_t	$ER'^{(w)}_t$	$\Delta_t V'^{\,g}$	$\Delta DAC'_t$	Pr'_t
1	530.22	0.00	3764.72	0.00	280.06
2	1351.90	0.00	6120.08	0.00	51.63
3	2072.24	0.00	5571.88	0.00	-160.51
4	2679.08	0.00	5146.77	0.00	-382.23
5	3158.57	0.00	5006.44	0.00	-799.31
6	3494.98	0.00	4924.62	0.00	-1093.90
7	3670.45	0.00	5023.12	0.00	-1407.87
8	3643.80	0.00	5627.28	0.00	-2063.30
9	3421.38	0.00	6219.19	0.00	-2472.80
10	2977.20	0.00	7074.86	0.00	-2924.28

t	$_{t-1}V^{\,g}$	$_{t-1}CV$	$q'^{(d)}_{x+t-1}$	$q'^{(w)}_{x+t-1}$	$p'^{(\tau)}_{x+t-1}$
1	0.00	0.00	0.0040	0.119520	0.876480
2	4295.27	4436.24	0.0044	0.109516	0.886084
3	11996.74	12344.32	0.0048	0.099520	0.895680
4	20284.55	20822.38	0.0052	0.089532	0.905268
5	29212.94	29923.16	0.0056	0.079552	0.914848
6	38841.38	39704.46	0.0060	0.069580	0.924420
7	49235.06	50229.64	0.0064	0.059616	0.933984
8	60465.44	61568.19	0.0068	0.049660	0.943540
9	72610.94	73374.92	0.0072	0.039712	0.953088
10	85757.64	86154.91	0.0076	0.029772	0.962628
11	100000.00	100000.00			

위험수익률 10%일 때의 프로핏마진은 다음과 같이 구할 수 있다.

t	Pr_t'	$_{t-1}p_x'$	Π_t'
1	280.06	1.000000	280.06
2	51.63	0.876480	45.26
3	-160.51	0.776635	-124.65
4	-382.23	0.695616	-265.88
5	-799.31	0.629719	-503.34
6	-1093.90	0.576097	-630.20
7	-1407.87	0.532556	-749.77
8	-2063.30	0.497399	-1026.28
9	-2472.80	0.469316	-1160.52
10	-2924.28	0.447299	-1308.03

$$NPV = \sum_{t=1}^{10} v_r^t \, \Pi_t'$$
$$= 254.60 + 37.40 - 93.65 - 181.60 - 312.53 - 355.73 - 384.75$$
$$- 478.77 - 492.18 - 504.30 = -2511.51$$

$$\sum_{t=0}^{9} v_r^t \, G_t \,_t p_x' = 7800.00 + 6215.04 + 5006.41 + 4076.49 + 3354.83 + 2790.15$$
$$+ 2344.79 + 1990.90 + 1707.73 + 1479.65 = 36765.98$$

$$PM = \frac{\sum_{t=1}^{10} \dfrac{\Pi_t'}{(1+r)^t}}{\sum_{t=0}^{9} \dfrac{G_t \,_t p_x'}{(1+r)^t}} = \frac{-2511.51}{36765.98} = -0.068311$$

(c) $GN_t = \text{Pr}_t' - \text{Pr}_t$ 이므로 보험연도별 손익(gain)은 다음과 같다.

보험연도별 손익(다중탈퇴모형, 영업보험료식)

t	Pr_t'	Pr_t	GN_t
1	280.06	251.30	28.76
2	51.63	337.96	-286.33
3	-160.51	337.96	-498.47
4	-382.23	337.96	-720.19
5	-799.31	337.96	-1137.27
6	-1093.90	337.96	-1431.86
7	-1407.87	337.96	-1745.83
8	-2063.30	337.96	-2401.26
9	-2472.80	337.96	-2810.76
10	-2924.28	337.96	-3262.24

(d) 제9보험연도의 이원분석을 이자율, 사업비, 위험률, 해약률 순으로 수행해보자.

먼저 이자율차익을 구하면

$$0.04\,(72610.94 + 7800 - 220) = 3207.638 \;\; (\text{실제})$$

$$0.075\,(72610.94 + 7800 - 220) = 6014.321 \;\; (\text{예상})$$

$$\mathrm{Pr}_9^i = 3207.638 - 6014.321 = -2806.683$$

이 된다. 사업비차익을 구하면

$$215.60\,(1.04) = 224.224 \;\; (\text{실제})$$

$$220\,(1.04) = 228.80 \;\; (\text{예상})$$

$$\mathrm{Pr}_9^e = -(224.224 - 228.80) = 4.576$$

이 된다. 위험률차익을 구하면

$$(100000 - 85757.64)(0.0072) = 102.545 \;\; (\text{실제})$$

$$(100000 - 85757.64)(0.0077) = 109.666 \;\; (\text{예상})$$

$$\mathrm{Pr}_9^d = -(102.545 - 109.666) = 7.121$$

이 된다. 해약률차익을 구하면

$$K = 85757.64,\; L = 86154.91,\; K - L = -397.27$$

$$(K-L)(0.039712) = -15.78 \;\; (\text{실제})$$

$$(K-L)(0.00) = 0.00 \;\; (\text{예상})$$

$$\mathrm{Pr}_9^w = -15.78 - 0.00 = -15.78$$

이 된다. 위의 결과를 이용하면 다음과 같은 이원분석표를 만들 수 있다. 제2보험연도
의 $\mathrm{Pr}_9^i + \mathrm{Pr}_9^e + \mathrm{Pr}_9^d + \mathrm{Pr}_9^w = -2810.76$는 (c)에서 구한 $\mathrm{Pr}_9{}' - \mathrm{Pr}_9 = -2810.76$과
일치함을 알 수 있다.

이원분석표(이자율, 사업비, 위험률, 해약률 순, 영업보험료식)

t	$\mathrm{Pr}'_t - \mathrm{Pr}_t$	Pr_t^i	Pr_t^e	Pr_t^d	Pr_t^w	합계
1	347.82	-69.45	67.20	47.85	-16.85	28.76
2	-17.49	-296.88	4.62	44.00	-38.07	-286.33
3	-277.18	-489.42	4.62	39.86	-53.52	-498.47
4	-543.41	-696.61	4.62	35.39	-63.59	-720.19
5	-1001.56	-1103.79	4.60	30.58	-68.66	-1137.27
6	-1333.34	-1392.64	4.60	25.38	-69.20	-1431.86
7	-1680.09	-1704.45	4.60	19.77	-65.74	-1745.83
8	-2363.32	-2381.59	4.58	13.69	-37.94	-2401.26
9	-2794.99	-2806.68	4.58	7.12	-15.78	-2810.76
10	-3262.24	-3266.82	4.58	0.00	0.00	-3262.24

(e) 제2보험연도의 이원분석을 이자율, 위험률, 사업비, 해약률 순으로 수행해보자.
먼저 사업비차익을 구하면

$$215.60(1.075) = 231.77 \ (실제)$$
$$220(1.075) = 236.50 \ (예상)$$
$$\text{Pr}_9^e = -(231.77 - 236.50) = 4.730$$

이 된다. 이자율차익을 구하면

$$0.04(72610.94 + 7800 - 215.60) = 3207.814 \ (실제)$$
$$0.075(72610.94 + 7800 - 215.60) = 6014.651 \ (예상)$$
$$\text{Pr}_9^i = 3207.814 - 6014.651 = -2806.837$$

이 된다. 위험률차익을 구하면

$$(100000 - 85757.64)(0.0072) = 102.545 \ (실제)$$
$$(100000 - 85757.64)(0.0077) = 109.666 \ (예상)$$
$$\text{Pr}_9^d = -(102.545 - 109.666) = 7.121$$

이 된다. 해약률차익을 구하면

$$K = 85757.64, \ L = 86154.91, \ K - L = -397.27$$
$$(K - L)(0.039712) = -15.78 \ (실제)$$
$$(K - L)(0.00) = 0.00 \ (예상)$$
$$\text{Pr}_9^w = -15.78 - 0.00 = -15.78$$

이 된다. 위의 결과를 이용하면 다음과 같은 이원분석표를 만들 수 있다. 이원분석의 순서를 다르게 하면 Pr_9^i와 Pr_9^e가 약간 다르게 계산되지만 $\text{Pr}_9^e + \text{Pr}_9^i + \text{Pr}_9^d + \text{Pr}_9^w$ 는 -2810.76으로 같다.

이원분석표(사업비, 이자율, 위험률, 해약률 순, 영업보험료식)

t	$\text{Pr}_t' - \text{Pr}_t$	Pr_t^i	Pr_t^e	Pr_t^d	Pr_t^w	합계
1	28.76	-70.40	68.16	47.85	-16.85	28.76
2	-286.33	-296.99	4.73	44.00	-38.07	-286.33
3	-498.47	-489.53	4.73	39.86	-53.52	-498.47
4	-720.19	-696.72	4.73	35.39	-63.59	-720.19
5	-1137.27	-1103.92	4.73	30.58	-68.66	-1137.27
6	-1431.86	-1392.77	4.73	25.38	-69.20	-1431.86
7	-1745.83	-1704.58	4.73	19.77	-65.74	-1745.83
8	-2401.26	-2381.74	4.73	13.69	-37.94	-2401.26
9	-2810.76	-2806.84	4.73	7.12	-15.78	-2810.76
10	-3262.24	-3266.97	4.73	0.00	0.00	-3262.24

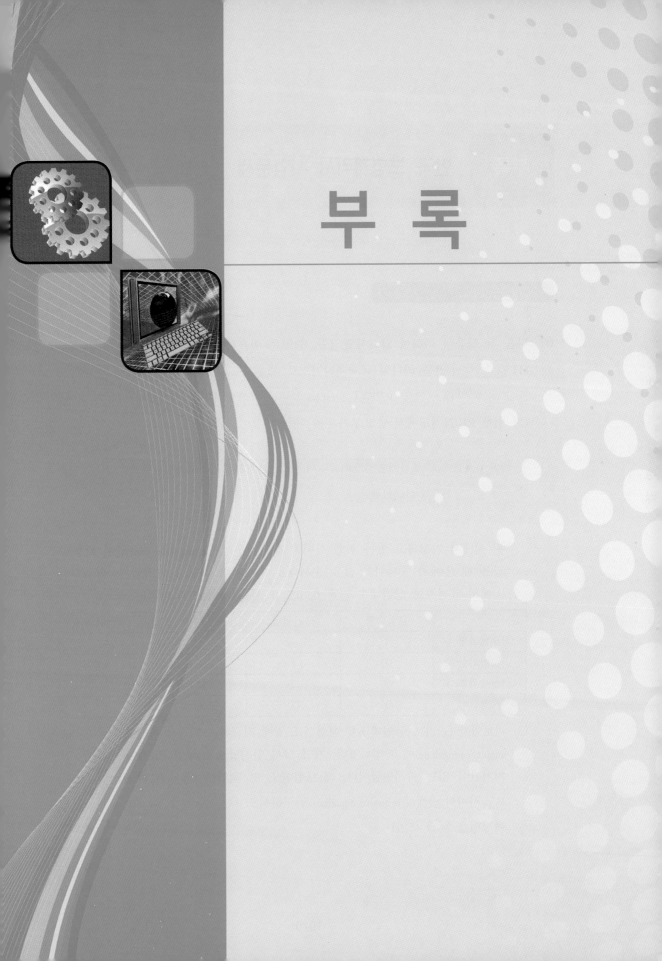

부 록

01 다음 각 물음에 대하여 답하시오. (단, 증명은 필요하지 않음) (15점)

(1) ☐ 안을 하나의 국제계리기호로 채우시오. (5점)

$$_kV^{\{m\}}(\bar{A}_{x:\overline{n|}}) = {}_k^nV^{\{m\}}(\bar{A}_x) + (1 - \boxed{}) \times {}_kV^{\{m\}}{}_{x:\overline{n|}}^{\quad 1}$$

(2) 현행 RBC 제도에서 총요구자본은 다음과 같이 산출한다.

> 총요구자본 $= \sqrt{(\text{보험위험액})^2 + (\text{금리위험액}+\text{신용위험액})^2 + (\text{시장위험액})^2}$
> $+ \text{운영위험액}$

위 식에서 가정하고 있는 위험 사이의 상관계수행렬(correlation matrix)이 다음과 같을 때 ①에서 ⑥까지의 값을 순서대로 적으시오. (단, 운영위험은 제외하며, ①에서 ⑥까지의 상관계수 값은 0, 0.5, 1 가운데 하나임) (5점)

	보험위험	금리위험	신용위험	시장위험
보험위험	1	–	–	–
금리위험	①	1	–	–
신용위험	②	③	1	–
시장위험	④	⑤	⑥	1

(3) 피보험자 (x)가 연금연액 b를 보험연도 말에 지급하는 기말급 종신연금(whole life annuity-immediate)에 가입하였다. 가입 당시 일시납으로 구입하였으며, 연금은 거치기간이 없는 즉시연금이다. 제t보험연도 말 책임준비금을 V_t라 할 때, V_t와 V_{t+1}사이의 관계식(recursive equation)을 구하시오. (단, $t = 1, 2, 3, \cdots, \omega - x - 1$, 예정이율 $= i$) (5점)

02 보험계리사 홍길동은 프랑스 루이14세 때 개발한 톤틴제도(tontine scheme)의 수익구조를 파악하려고 한다. 분석을 위한 기본 가정이 다음과 같을 때 물음에 답하시오. (10점)

> - 판매당시($t = 0$)에 (x)인 톤틴연금 구매자 총수는 l_x명이며, 구매자는 각각 C를 일시금으로 지불함.
> - 총 판매금액에 대하여 매년 이율 i의 이자가 발생하며, 매년 발생한 이자는 연도 말($t = 1, 2, 3, \cdots, \omega - x$)에 생존한 구매자들에게 균등하게 지급함.
> - 구매자 모두가 사망하면 톤틴제도는 종료됨.

(1) 연도 말 t시점에서 생존자 각자에게 지급되는 톤틴연금액(amount of tontine annuity)을 b_t라 할 때, b_t를 수식으로 표현하시오. (2점)

(2) 톤틴제도의 지속기간을 나타내는 확률변수를 D라고 할 때, $K_j(x)$ ($j = 1, 2, 3, \cdots, l_x$)를 사용하여 D를 정의하시오. (단, $K_j(x)$는 j번째 (x)인 구매자의 개산여명을 나타내며, 사망은 연 중앙에서 발생하는 것으로 가정함) (3점)

(3) 톤틴제도는 수지상등의 관점에서 구매자보다는 판매자에게 유리하다는 것을 증명하시오. (5점)

03 피보험자 (x), 사망 즉시 사망보험금 1을 지급하는 종신보험에 대하여 다음 조건을 이용하여 물음에 답하시오. (10점)

> - (x)의 장래생존기간을 나타내는 확률변수 $T(x)$의 확률밀도함수(p.d.f.)는 다음과 같음.
>
> $$g(t) = \begin{cases} \dfrac{1}{\theta}, & 0 < t < \theta \\[2mm] 0, & 기타(otherwise) \end{cases}$$
>
> - 이력 $= \delta\,(> 0)$
> - 확률변수 Z는 사망보험금의 현재가치를 나타냄.

(1) Z의 분산을 구하시오. (5점)

(2) Z의 p 백분위수(pth percentile, $0 < p < 100$)를 구하시오. (5점)

04 한국보험(주)가 다음과 같은 3종류의 상품을 판매하고 있다.

> • (정기보험): 사망연도 말에 사망보험금 20,000을 지급하는 10년 만기 전기연납 정기보험
> • (생존보험): 만기 생존시에 만기보험금 10,000을 지급하는 10년 만기 전기연납 생존보험
> • (유기생명연금): 매년 말 1,000을 지급하는 5년 만기 일시납 기말급 즉시생명연금

상품판매 현황은 2009년 1월 1일에 만 40세인 피보험자들에 대하여 정기보험 6,000 건, 생존보험 2,000건을 계약하였으며, 만 43세인 피보험자들에 대하여 1,000건의 유기생명연금을 판매하였다. 피보험자는 하나의 보험계약만을 체결하며 각 피보험자의 생사는 서로 독립적이다. 단, 부가보험료는 고려하지 않는다. 아래의 기수표를 이용하여 다음 물음에 답하시오. (단, 소수점 이하 셋째 자리에서 반올림함) (15점)

x	D_x	N_x	M_x
40	1091	14145	104
41	1013	13054	102
42	940	12041	100
43	872	11101	98
44	810	10229	96
45	752	9419	95
46	698	8667	93
47	648	7969	91
48	600	7321	90
49	556	6721	88
50	516	6165	86

(1) 제3보험연도 말(즉, 2011년 말)에 유효한 보험계약에 대하여 정기보험, 생존보험 그리고 유기생명연금 각 1건당 위험보험금(sum at risk or net amount at risk)을 각각 구하시오. (10점)

(2) 제3보험연도 초(즉, 2011년 초)에 정기보험의 유효 계약건수는 5980건이며 2011 년도에 5건의 사망사고가 발생하였을 때 제3보험연도의 사차손익(mortality profit or loss)을 구하시오. (단, 예정이율은 5%이며 중도해약은 없음) (5점)

05 보험계리사 홍길동은 피보험자 (x)가 사망 시 해당 보험년도 말에 사망보험금 B를 지급하는 n년 만기 정기보험을 개발하려고 한다. 영업보험료(G)는 매 보험년도 초

에 납입하는 전기연납 평준보험료이며, 영업보험료 산정을 위한 정보는 아래와 같다. 다음 물음에 답하시오. (15점)

- 예정이율 $= i$
- 신계약비는 제1보험년도 초에 100이 부가됨.
- 유지비는 제2보험년도 이후(제2보험년도 포함)에만 보험료 납입시에 10이 부가됨.
- 수금비는 제1회 영업보험료에 대하여 10% 그리고 그 이후 납입하는 영업보험료에 대해서는 2%가 부가됨.
- 중도해약은 없음.

(1) 상기 상품의 계약시점에서 보험회사가 인식하여야 할 총미래손실의 현재가치를 나타내는 확률변수(gross prospective loss random variable)를 GPL_0라고 할 때, 이를 정의하시오. (5점)

(2) 상기와 동일한 조건에서 피보험자 (55)가 3년 만기 정기보험을 계약할 경우에 납입하여야 할 전기연납 영업보험료(G)와 제1보험연도 말에 예상되는 순현금흐름(expected net cash-flow)의 값을 아래의 자료를 활용하여 각각 구하시오. (단, 현금흐름은 예정이율로 부리되며, 소수점 이하 셋째 자리에서 반올림함) (10점)

- $i = 0.05$
- $B = 10,000$
- $q_{54} = 0.003$, $q_{55} = 0.005$, $q_{56} = 0.006$, $q_{57} = 0.008$, $q_{58} = 0.011$

06 보험계리사 홍길동은 ABC보험의 보험금지급 건당 보험금의 기댓값과 분산을 계산하고자 한다. 아래의 조건을 이용하여 다음 물음에 답하시오. (15점)

- 담보하는 사고 1건에 대하여 사고발생금액 X는 0~1000까지 연속균등분포를 따름.
- 사고발생금액이 700 미만인 경우에는 사고발생금액에서 100을 공제한 금액을 보험금으로 지급함.
- 사고발생금액이 700 이상인 경우에는 보험금으로 600을 지급함.
  (예를 들어, 사고발생금액이 800인 경우 min{800, 700} − 100 = 600을 지급함)
- 확률변수 Y는 보험금지급 건당 보험금을 나타냄.

(1) Y의 누적분포함수(c.d.f.)의 그래프를 그리시오. (5점)
(2) Y의 기대값을 구하시오. (5점)
(3) Y의 분산을 구하시오. (5점)

07 다음은 한국보험(주)의 보험가격위험액을 구하는 방법에 대한 설명이다. 이 방법과 주어진 아래의 조건을 이용하여 다음 물음에 답하시오.
(단, 소수점 이하 셋째 자리에서 반올림함) (10점)

> • 보험종목별로 지급보험금의 기댓값과 분산을 구한 후, 보험종목간 상관관계를 감안하여 산출함.
> • 각 보험종목의 지급보험금 기댓값은 해당 보험종목의 수입보험료라 가정함.
> • 각 보험종목의 지급보험금 표준편차는 해당 보험종목의 지급보험금 기댓값에 해당 보험종목의 지급보험금 변동률을 곱하여 산출함.
> • 전체 지급보험금은 각 보험종목별 지급보험금을 합한 값임.
> • 전체 지급보험금은 정규분포를 따른다고 가정함.
> • 보험가격위험액은 전체 지급보험금 분포의 99.5% Value at Risk($VaR_{99.5}$)임.

• 보험종목별 수입보험료

보험종목	자동차보험	화재보험	운전자보험
수입보험료	1,000	300	200

• 보험종목간 지급보험금의 상관계수 행렬

	자동차보험	화재보험	운전자보험
자동차보험	1	0.25	0.50
화재보험	0.25	1	0.25
운전자보험	0.50	0.25	1

• 보험종목별 지급보험금 변동률

보험종목	자동차보험	화재보험	운전자보험
지급보험금 변동률	0.10	0.10	0.05

• 표준정규분포의 누적분포함수 $\Phi(x)$ 값

x	2.33	2.43	2.58	2.81
$\Phi(x)$	0.99	0.9925	0.995	0.9975

(1) 지급보험금의 분산을 구하시오. (5점)

(2) 보험가격위험액을 구하시오. (5점)

08 한국보험(주)는 블랙박스와 후방카메라의 설치 유무에 따른 요율 상대도를 이용하여 자동차 보험의 그룹별 요율을 산정하려고 한다. 여기서 요율 상대도란 그룹간 손해율의 비율을 의미한다. 예를 들어 남자의 손해율이 77%, 여자의 손해율이 70%일 때 여자를 기준으로 남자의 요율 상대도는 1.10으로 산출한다. 아래의 주어진 정보를 이용하여 다음 물음에 답하시오. (단, 소수점 이하 셋째 자리에서 반올림함) (10점)

구 분	차량 당 평균손해액		전체 차량 수		전체 경과보험료	
	B_1	B_2	B_1	B_2	B_1	B_2
C_1	180	120	100	1,000	25,000	125,000
C_2	100	40	100	1,000	13,333	66,667

단, B_1 : 블랙박스가 설치되지 않은 차량들의 그룹

  B_2 : 블랙박스가 설치되어 있는 차량들의 그룹

  C_1 : 후방카메라가 설치되지 않은 차량들의 그룹

  C_2 : 후방카메라가 설치되어 있는 차량들의 그룹

(1) $B_2 \cap C_2$, 즉 블랙박스와 후방카메라가 모두 설치되어 있는 차량의 그룹에 대한 손해율을 구하시오. (3점)

(2) $B_2 \cap C_2$를 기준으로 $B_1 \cap C_1$의 요율 상대도를 구하시오. (2점)

(3) 그룹별 요율은 최소편차 접근법(Bailey's minimum bias approaches)을 적용하여 구하려고 한다. 최소편차 접근법은 아래의 균형방정식의 해가 수렴할 때까지 반복한 뒤, 그 수렴 값을 이용하여 그룹별 요율을 구하는 방법이다.

> • t-단계 균형방정식
>
> $$\sum_{i=1}^{2} N_{ij} \times R_{ij} = \sum_{i=1}^{2} N_{ij} \times b_{i,t-1} \times c_{j,t} \quad \text{for } j = 1, 2$$
>
> $$\sum_{j=1}^{2} N_{ij} \times R_{ij} = \sum_{j=1}^{2} N_{ij} \times b_{i,t} \times c_{j,t} \quad \text{for } i = 1, 2$$
>
> 단, N_{ij} : $B_i \cap C_j$의 차량 수
>
> R_{ij} : $B_2 \cap C_2$를 기준으로 할 때 $B_i \cap C_j$의 요율 상대도

반복계산의 시작점으로 $b_{1,0} = 1.5$, $b_{2,0} = 1.0$이 주어질 때, $c_{1,1}$, $c_{2,1}$, $b_{1,1}$ 그리고 $b_{2,1}$ 각각의 값을 구하시오. (5점)

01 다음 각 물음에 대하여 답하시오. (15점)

(1) 젠센 부등식(Jensen's inequality)을 기술하시오. (5점)
(단, 필요한 조건을 기술하여야 함. 증명은 불필요함)

(2) ⬜ 안을 하나의 국제계리기호로 채우시오. (단, 증명은 불필요함) (5점)

$$\frac{d}{dx}\bar{a}_x = (\boxed{} + \delta) \times \bar{a}_x - 1$$

(3) 확률변수 $X_i(i = 1, 2, \cdots, n)$는 i번째 보험계약의 보험금 청구금액을 나타낸다. X_i는 각각 서로 독립이고 $E(X_i) = \mu$, $Var(X_i) = \sigma^2$인 동일한 분포를 따른다. 보험사업자가 직면하게 될 총 청구금액의 변동계수(Coefficient of Variation)를 구하시오. (5점)

02 우리나라 전체 국민은 임의의 특정질병에 대해 저위험군 80%, 고위험군 20%로 구성되어 있다. 1년 동안 저위험군 중 10%가 발병을 하고, 고위험군 중 30%가 발병을 한다. 이때, 발병을 한 저위험군 중 60%는 100만원을 청구하고 40%는 500만원을 청구한다. 한편 발병을 한 고위험군 중 50%는 100만원을 청구하고 50%는 500만원을 청구한다. 다음의 물음에 답하시오. (10점)

(1) 갑의 전년도 청구금액은 0원이고 을의 전년도 청구금액은 100만원일 때, 갑과 을 모두 저위험군일 확률(posterior probability)을 구하시오. (단, 갑과 을의 청구금액은 서로 독립임. 소수점 이하 셋째 자리에서 반올림함) (5점)

(2) 올해 한국보험(주)에는 갑과 을 두 명의 피보험자가 가입하였고, 갑의 전년도 청구금액은 0원이고 을의 전년도 청구금액은 100만원이다. 올해 한국보험(주)에 청구될 금액의 기댓값(posterior mean)을 구하시오. (단, 갑과 을의 청구금액은 서로 독립임. 소수점 이하 둘째 자리에서 반올림함) (5점)

03 한국보험(주)는 유럽재보험(주)와 재보험계약체결의 협의를 위하여 손해빈도와 손해심도 정보를 아래와 같이 추정하였다.

• 빈도정보
i번째 손해가 발생할 때 까지의 시간을 나타내는 연속확률변수를 W_i로 정의하면
(단, $W_0 = 0$), $T_i = W_i - W_{i-1}(i = 1, 2, \cdots)$는 아래의 조건을 만족한다.
$- T_1, T_2, T_3, \cdots$는 서로 독립이다.

> $-T_i$의 확률밀도함수(p.d.f.) : $f_{T_i}(t) = \lambda e^{-\lambda t}$, $\lambda > 0$, $t \geq 0$.
>
> - 심도정보
> i번째 손해액을 나타내는 연속확률변수 X_i는 서로 독립이며, 다음과 같은 동일한 확률밀도함수(p.d.f.)를 갖는다.
>
> $$f_{X_i}(x) = \frac{1}{\mu} e^{-x/\mu}, \ x \geq 0, \ \mu > 0$$
>
> - $X_1, X_2, \cdots$와 $T_1, T_2, \cdots$는 서로 독립이다.

다음으로, 한국보험(주)로부터 빈도 및 심도 자료를 제공받은 유럽재보험(주)는 초과손해액재보험(Excess of Loss Reinsurance) 조건을 다음과 같이 제안하였다.

> - 각 손해액에 대하여 약정된 일정 금액 $D(> 0)$를 초과하는 부분의 손해액만을 보상한다. (즉, 손해액이 D를 초과하지 않으면 보상하지 않음)
> - 2014년 1월 1일 기준시점 이후 발생하는 처음 n개의 보험사고에 대해서만 상기와 같이 재보험처리하며, $(n+1)$번째 이후의 보험사고는 보상하지 않는다. (단, $n = 1, 2, \cdots$)
> - 한국보험(주)은 2014년 1월 1일 기준시점에 일시납 재보험료를 유럽재보험(주)에 납입하며, 유럽재보험(주)는 손해액이 발생하는 순간 초과손해액 재보험금을 한국보험(주)에게 즉시 지급한다.

상기와 같은 초과손해액재보험 계약을 체결할 경우 일시납 재보험료를 $n, \mu, \lambda, D, \delta$의 함수로 표현하시오. (단, 이력(force of interest)은 $\delta(> 0)$이며, 수지상등 원칙을 적용하고 재보험관련 사업비는 고려하지 않음) (10점)

04 한국보험(주)가 다음과 같은 다중상태 모형(multiple state model)에 근거하여 3년 만기 질병보험을 개발한다. (15점)

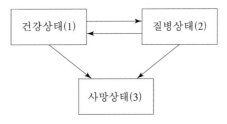

(화살표는 상태전이방향을 나타냄)

상기 질병보험 상품개발을 위한 기본 조건은 다음과 같다.

- 유진단 계약으로써 (x)인 피보험자는 가입 당시 건강상태(1)에 있어야 한다.
- 보험기간은 3년, 매 보험연도 초에 납입될 연납평준보험료는 π이며 전기납이다. (단, 사업비는 고려하지 않음)
- 연시에 납입된 보험료 π는 연(年) 이율 5.0%로 부리된다.
- 사망보험금은 당해 보험연도 말에 2,000을 지급한다.
- 피보험자가 매 보험년도 말에 질병상태(2)에 있으면 당해 보험년도 말에 1,000을 지급한다. 이 경우 차년도 보험료는 납입 면제된다.

그리고 상태전이(state transition)에 관한 경험 자료를 분석한 결과는 아래와 같다.

- ${}_tP_x^{ij} = i$상태에 있는 (x)인 피보험자가 $x+t$ $(t = 1, 2, 3)$세에 j상태에 있을 확률 (transition probability)을 나타낸다.
- ${}_tP_x^{11} = 0.9 \times 0.95^t$ 그리고 ${}_tP_x^{12} = 0.1 \times 0.95^t$

(1) (x)인 피보험자가 상기 질병보험계약을 체결하였을 경우에 k보험연도 말에 기대되는 손익(expected profit or loss)을 EC_k $(k = 1, 2, 3)$라고 할 때, EC_1, EC_2, EC_3을 각각 π의 함수로 표현하시오. (각 3점)

(2) 연(年) 예정이율 $i = 5.0\%$일 때 수지상등의 원칙에 따른 전기 연납평준보험료 π를 구하시오. (단, 소수점 이하 셋째 자리에서 반올림함) (6점)

05 $T(x)$, $T(y)$ 각각은 피보험자 (x), (y)의 장래생존기간을 나타내는 확률변수이고, 이들의 결합누적분포함수(joint c.d.f)가 아래와 같다. 즉,

$$F_{T(x),T(y)}(a, b) = \begin{cases} 0.00005\left[a^4 + b^4 - (b-a)^4\right] & \text{if } 0 < a \le 10,\ 0 < b \le 10 \\ 0.5 + 0.00005\left[a^4 - (10-a)^4\right] & \text{if } 0 < a < 10,\ b > 10 \\ 0.5 + 0.00005\left[b^4 - (10-b)^4\right] & \text{if } a > 10,\ 0 < b < 10 \\ 1 & \text{if } a > 10,\ b > 10 \end{cases}$$

다음을 계산하시오. (12점)

(1) $E\left[T(xy)\right]$ (5점)

(2) $\text{Cov}(T(xy), T(\overline{xy}))$ (7점)

06 (x)인 피보험자 홍길동은 사망 시에 해당 보험연도 말에 사망보험금 S를 지급하는 전기 연납 종신보험에 가입하였다. 홍길동은 가입 후 k년 경과 시점에 보험료 납입

을 중단하고 아래와 같은 부부연금계약(couple annuity contract) 보험상품으로 계약을 변경하고자 한다. (단, 사업비는 고려하지 않음)

> • $(x+k)$, $(y+k)$에 대한 전환계약의 보장내용은 아래와 같다.
> – 전환 직후 처음 n년 동안은 매 보험연도 초에 θ을 지급하는 기시 확정연금
> – n년 기시 확정연금 지급이 완료된 이후에는 매 보험연도 초에 홍길동의 배우자만 생존한 경우에 θ을 지급하는 생잔연금(reversionary annuity)

위와 같이 계약을 변경할 경우에 계약 전환 재원으로 k년 경과 시점의 순보험료식 책임준비금 전액을 일시납으로 활용한다. 이와 같은 조건에서 θ를 아래의 국제계리 기호를 선별적으로 사용하여 표현하시오. (13점)

$$\ddot{a}_x,\ \ddot{a}_y,\ \ddot{a}_{x+k},\ \ddot{a}_{y+k},\ \ddot{a}_{x+k\,y+k},\ \ddot{a}_{x+k+n},\ \ddot{a}_{y+k+n}$$

$$\ddot{a}_{x:\overline{n|}},\ \ddot{a}_{y:\overline{n|}},\ \ddot{a}_{x+k:\overline{n|}},\ \ddot{a}_{y+k:\overline{n|}},\ \ddot{a}_{x+k\,y+k:\overline{n|}},\ \ddot{a}_{\overline{n|}},\ \ddot{a}_{\overline{k+n|}}$$

07 다음은 한국보험(주)의 보험가격위험액을 구하는 방법에 대한 설명이다.

> • 보험가격위험액
> $$=\left\{\sum_{\text{보험보장구분}}(\text{보유위험보험료}\times\text{조정위험계수})\right\}\times\max\left(1,\ \frac{50\%}{\text{보유율}}\right)$$
> • 보유위험보험료 = 원수위험보험료 − 출재위험보험료
> • 조정위험계수 = max{기본위험계수 × 갱신조정률 + 손해율조정률, 기본위험계수
> × 갱신조정률 × 70%}
> • 손해율조정률 = (보장별손해율 − 기준손해율) × 50%
> • 보유율 = $\dfrac{\text{보유위험보험료 총액}}{\text{원수위험보험료 총액}}$
> • 보험보장구분별 기본위험계수, 기준손해율, 갱신조정률
>
> | 보험보장구분 | 기본위험계수 | 기준손해율 | 갱신조정률
(갱신형보장) |
> |---|---|---|---|
> | 사망
장해 | 0.3
0.7 | 0.9 | 0.6 |
>
> ※ 위 표의 기본위험계수는 95% 신뢰수준을 적용한 수치임.

- 기본위험계수 $= \dfrac{\text{최대연간손실예상액} - \text{평균연간손실예상액}}{\text{평균연간손실예상액}}$
- 최대연간손실예상액은 일년 동안 일정 신뢰수준 하에서 발생할 수 있는 최대손실액을 의미하는 VaR(Value at Risk)로 측정
- 연간손실예상액은 정규분포를 따른다고 가정
- 표준정규분포의 누적분포함수 $\Phi(x)$ 값

x	1.64	1.96	2.33	2.58
$\Phi(x)$	0.95	0.975	0.99	0.995

- 보장구분별 위험보험료 및 손해율

보험보장구분	원수위험보험료	출재위험보험료	보장별 손해율
Ⅰ. 사 망	450	250	
1. 비갱신형	0	0	–
2. 갱 신 형	450	250	100%
Ⅱ. 장 해	550	350	
1. 비갱신형	550	350	40%
2. 갱 신 형	0	0	–

상기와 같이 주어진 조건을 이용하여 다음 물음에 답하시오. (10점)

(1) 한국보험(주)의 보험가격위험액을 구하시오. (단, 소수점 이하 첫째 자리에서 반올림함) (5점)

(2) 기본위험계수 산출시 현행 신뢰수준인 95%를 99%로 조정하였을 때, 한국보험(주)의 보험가격위험액을 구하시오. (단, 소수점 이하 첫째 자리에서 반올림함) (5점)

08 다음은 한국보험(주)의 XXXX연도말 요약 손익계산서 내용이다. 주어진 자료를 이용하여 다음 물음에 답하시오. (15점)

- 수입보험료 : 40,000
- 실제사업비 : 3,100
- 기타수입 : 250
- 당기이익 : 800
- 투자수입 : 7,000
- 투자지출 : 500
- 기타지출 : 500
- 지급보험금

만기보험금	해약환급금	생존축하금	사망관련보험금	배당금	계
1,800	12,000	1,500	1,300	50	16,650

• 준비금

구분	보험료 적립금	미경과 보험료	지급준비금 (사망관련지급준비금)	배당준비금	계
연시	75,000	0	700 (100)	60	75,760
연말	100,390	0	1,000 (150)	70	101,460

※ 저축보험료 : 33,700　　위험보험료 : 3,100　　사망당시준비금 : 300
　납입면제보험료 : 50

(1) 이차손익을 구하시오. (7점)
(2) 위험률차손익을 구하시오. (8점)

2014년도 (37회)

01 아래의 정보를 이용하여 $_{m|}\ddot{a}_x$ 를 구하시오. (5점)

• 생존함수 $S(x) = \left(\dfrac{1}{2 \times v}\right)^x$

• $v = \dfrac{1}{1+i}$ (단, m은 양의 정수. $i > 0$)

02 아래의 선택표를 사용하여 $_{2|4}q_{[20]+1}$ 및 $_{2|4}q_{[22]+3}$의 값을 각각 계산하시오. (5점)
(단, 소수점 이하 여섯째 자리에서 반올림)

가입연령 [x]	$l_{[x]}$	$l_{[x]+1}$	$l_{[x]+2}$	$l_{[x]+3}$	l_{x+4}	도달연령 [x+4]
20	98,200	98,192	98,183	98,173	98,162	24
21	98,150	98,142	98,133	98,123	98,111	25
22	98,020	98,012	98,003	97,992	97,980	26
23	97,970	97,962	97,952	97,941	97,928	27
24	97,922	97,913	97,903	97,891	97,876	28
25	97,797	97,788	97,777	97,764	97,748	29
26	97,748	97,738	97,726	97,711	97,693	30
27	97,698	97,688	97,675	97,659	97,639	31

03 생명표의 소수연령(fractional ages)과 관련된 다음의 물음에 각각 답하시오. (10점)

(1) x세의 사망률(q_x)이 0.1로 주어졌을 때, UDD(Uniform Distribution of Deaths) 가정하에서의 중앙사망률(m_x)과 Balducci(Hyperbolic) 가정하에서의 중앙사망률 (m_x)을 각각 계산하시오. (4점)

(단, ln0.9 = −0.10536, 소수점 이하 여섯째 자리에서 반올림)

(2) Balducci 가정하에서 $l_{x+s} = (a+bs)^{-1}$로 주어질 경우, $_sq_x = \dfrac{s \times q_x}{1-(1-s)q_x}$ 임을 보이시오. (6점)

04 한국생명보험회사의 2013년도 월별 자산 및 투자수입 현황이 아래의 표와 같다. Hardy 공식을 이용하여 이 회사의 연평균 자산의 수익률 i를 계산하시오. (5점) (단, 소수점 이하 여섯째 자리에서 반올림)

구 분	1월	2월	3월	4월	5월	6월
기시자산	1,100	1,200	1,300	1,400	1,500	1,600
기말자산	1,200	1,300	1,400	1,500	1,600	1,700
투자수입	10	12	12	12	13	13

구 분	7월	8월	9월	10월	11월	12월
기시자산	1,700	1,800	1,900	2,000	2,100	2,200
기말자산	1,800	1,900	2,000	2,100	2,200	2,300
투자수입	13	12	10	14	14	15

05 연령이 30세인 피보험자는 기간에 따라 연납순보험료를 차등 설정한 아래의 25년 만기 양로보험에 가입하였다.

- 보험금 지급기준
  - 사망시 해당 연도말에 보험가입금액 1, 만기 생존시 만기일에 보험가입금액 1 지급
- 기간별 연납순보험료
  - 1~5년차: 사망시 해당 연도말에 보험가입금액 1을 지급하는 전기납 종신보험 의 평준 연납순보험료(X)와 동일하게 설정
  - 6~25년차: 최초 5년간의 부족액을 보전하기 위하여 수지상등의 원칙에 따라 계 산된 평준 연납순보험료(Y)

아래의 기수표를 이용하여 다음 물음에 각각 답하시오. (10점)

(단, 소수점 이하 여섯째 자리에서 반올림)

x	D_x	N_x	M_x
30	35,178	827,244	7,328
35	29,493	663,110	7,191
40	24,683	525,583	7,030
45	20,589	410,605	6,820
50	17,064	314,923	6,526
55	14,022	235,866	6,151

(1) 평준 연납순보험료(X)와 평준 연납순보험료(Y)를 각각 계산하시오. (5점)

(2) 보험 가입 후 10년도 말의 책임준비금을 과거법 및 장래법으로 각각 계산하시오. (5점)

06 피보험자 (x)는 사망시 사망보험금을 해당 연도말에 지급하는 한국생명 유배당 종신보험에 2011년 6월 25일 가입한 이후 현재까지 t년이 경과하였다. 다음 물음에 각각 답하시오. (10점)

(1) 아래의 정보와 책임준비금 재귀식을 이용하여 연납순보험료(π_t)를 구성하는 위험보험료 및 저축보험료와 사망보험금(b_{t+1})을 각각 계산하시오. (5점)

- 연(年) 예정이율 $i = 0.05$
- $q_{x+t} = 0.0105$
- $\pi_t = 3,500$
- $_tV = 8,000$
- $_{t+1}V = 10,500$

(2) 아래의 정보와 (1)의 위험보험료 값을 사용하여 2014사업년도 중에 발생하는 위험률차 배당금을 계산하시오. (5점)

(단, 소수점 이하 여섯째 자리에서 반올림)

- 가입연령: x세
- 성별: 남자
- 2014년도 적용 회사별률: 95%
- 위험률차 배당률 $= 100\% - \dfrac{\text{배당기준 사망률}}{\text{산출기초 사망률}} \times \text{회사별률}$

• 산출기초 사망률 및 배당기준 사망률 (남자)

연령	$x-1$	x	$x+1$	$x+2$	$x+3$	$x+4$
산출기초 사망률	0.00064	0.00066	0.00073	0.00081	0.00087	0.00098
배당기준 사망률	0.00060	0.00063	0.00068	0.00074	0.00081	0.00091

07 동일한 연령의 두 피보험자 (x)와 (y)에 대하여, 서로 독립인 사망시점 확률변수 $T^*(x)$와 $T^*(y)$의 개별 생존함수가 다음과 같이 동일한 균일분포를 따른다.

$$S_{T^*(x)}(t) = S_{T^*(y)}(t) = 1 - \frac{t}{\omega}, \quad 0 \le t \le \omega.$$

두 피보험자에게 재난적 사고가 발생하면 항상 동시에 사망하게 되는데, 현재시점으로부터 이러한 재난적 사고가 발생하기까지의 시간을 나타내는 확률변수 T의 생존함수 또한 동일한 균일분포를 따른다.

$$S_T(t) = 1 - \frac{t}{\omega}, \quad 0 \le t \le \omega.$$

확률변수 T는 $T^*(x)$, $T^*(y)$와 각각 독립일 때, 두 피보험자가 동시에 사망할 확률 $\Pr(T(x) = T(y))$을 계산하시오.

이 때, $T(x) = \min(T^*(x), T)$이다. (풀이과정과 답을 적으시오.) (10점)

08 피보험자가 취할 수 있는 이산형 마르코프 확률과정의 상태는 다음과 같고,

상태(1)	상태(2)	상태(3)
건강	질병	사망

시간 $t(=0, 1, 2, \cdots)$의 상태에서 $t+1$시점의 상태로의 전이 행렬은 다음과 같을 때,

$$\begin{array}{cc} & \begin{array}{ccc} \text{건강} & \text{질병} & \text{사망} \end{array} \\ \begin{array}{c} \text{건강} \\ \text{질병} \\ \text{사망} \end{array} & \begin{bmatrix} \frac{1}{2} & \frac{1}{4} & \frac{1}{4} \\ \frac{1}{4} & \frac{1}{2} & \frac{1}{4} \\ 0 & 0 & 1 \end{bmatrix} \end{array}$$

아래의 물음에 풀이과정과 답을 각각 적으시오. (15점)

(1) 현재시점$(t=0)$에서 건강한 상태의 피보험자가 시점 $t=2$에서 사망상태일 확률을 계산하시오. (5점)

(2) 현재시점($t=0$)에서 건강한 상태의 피보험자가 사망할 때까지 걸리는 시간의 기댓값을 계산하시오. (10점)

09 피보험자 (x)는 n년 만기 전기연납 양로보험에 가입하였으나, 4년 경과시점에서 해약환급금 $_4W$를 재원으로 $n-4$년 만기 일시납 양로보험으로 변경하였다. 아래의 정보를 이용하여 다음 물음에 각각 답하시오. (15점)

(단, 소수점 이하 여섯째 자리에서 반올림)

> - (변경전) n년 만기 전기연납 양로보험($n > 7$)
>   - 사망시 해당 연도말에 보험가입금액 1, 만기 생존시 만기일에 보험가입금액 1 지급
>   - 예정신계약비: 보험가입금액 1에 대하여 0.025를 계약년도 초에 부가
>   - 해약공제액은 예정신계약비를 7년에 걸쳐서 균등 상각
> - (변경후) $n-4$년 만기 일시납 양로보험
>   - 사망시 해당 연도말에 보험가입금액 S, 만기 생존시 만기일에 보험가입금액 S 지급
>   - 납입후 유지비: 보험가입금액 1에 대하여 0.003을 매년 초에 부가
>   - 납입후 유지비 외 사업비는 없음
> - 연(年) 예정이율 $i = 0.05$
> - $\ddot{a}_{x:\overline{n|}} = 10.7$
> - $\ddot{a}_{x+4:\overline{n-4|}} = 7.95$

(1) 4년 경과시점의 해약환급금($_4W$)을 계산하시오. (7점)

(2) $n-4$년 만기 일시납 양로보험의 보험가입금액(S)을 계산하시오. (8점)

10 다음 식이 성립함을 증명하시오. (15점)

$$_k^hV_{x:\overline{n|}}^{(m)} = {}_k^hV_{x:\overline{n|}} + \beta(m)\,_hP_{x:\overline{n|}}^{(m)}\,_kV_{x:\overline{h|}}^{1}, \quad k < h.$$

$$\left(\text{단, } \ddot{a}_{x:\overline{h|}}^{(m)} = \ddot{a}_{\overline{1|}}^{(m)}\,\ddot{a}_{x:\overline{h|}} - \beta(m)\,A_{x:\overline{h|}}^{1} \text{을 활용하시오}\right).$$

저자 약력

오 창 수(吳昌洙)

- 연세대학교 행정학과 졸업
- 미국 University of Iowa, 보험수리학(통계학) 석사
- 미국 University of Iowa, 경영학 석사, 경영학 박사
- 미국 University of Iowa, 경영대학 강사(보험학·재무관리 강의)
- 미국보험계리사(ASA), 한국보험계리사
- 미국보험계리사협회(Society of Actuaries) 회원(1989~현재)
- 국민연금 대표계리사, 국민연금 재정추계자문위원, 수리추계자문위원(보건복지부)
- 금융공공기관 경영예산심의회위원, 금융발전심의회위원(금융위원회)
- 금융분쟁조정위원회위원, 금융감독자문위원회위원, 보험계리기준위원회위원(금융감독원)
- 국제회계기준 도입준비단 위원(금융감독원)
- 한국리스크관리학회회장, 한국계리학회회장
- 한양대학교 경영학부 교수

주요저서
- 「현대통계학」(공저), 박영사, 1995
- 「생명보험론」(공저), 박영사, 2001
- 「리스크와 보험」(공저), 문영사, 2013
- 「최신보험수리학」 제3보정판(공저), 박영사, 2015 외 다수

김 경 희(金景嬉)

- 이화여자대학교 수학과 졸업
- 미국 University of Iowa 보험수리학 석사(M.S. in Actuarial Science)
- 미국 University of Iowa 대학원 박사과정(통계학) 수료
- 한양대학교 대학원 강사

주요저서
- 「보험수리학개론」(공저), 보험연수원, 1997
- 「생명보험론」(공저), 박영사, 2001
- 「최신보험수리학」 제3보정판(공저), 박영사, 2015

최신보험수리학 연습

초판발행	2014년 9월 30일
중판발행	2024년 12월 26일
공저자	오창수 · 김경희
펴낸이	안종만 · 안상준
편 집	김선민 · 배우리
기획/마케팅	조성호
표지디자인	홍실비아
제 작	고철민 · 김원표
펴낸곳	(주) 박영사

서울특별시 금천구 가산디지털2로 53, 210호(가산동, 한라시그마밸리)
등록 1959. 3. 11. 제300-1959-1호(倫)

전 화	02)733-6771
f a x	02)736-4818
e-mail	pys@pybook.co.kr
homepage	www.pybook.co.kr
ISBN	979-11-303-0103-7 93320

정 가   53,000원